Christiane Meiner-Teubner

Kinder- und Kindheitsbilder in den Existenzsicherungsgesetzen

Christiane Meiner-Teubner

Kinder- und Kindheitsbilder in den Existenzsicherungsgesetzen

Eine Analyse der Leistungen für Bildung und Teilhabe und die Wirkung der legislativen Kinder- und Kindheitsbilder auf die Lebenssituation der Kinder

BELTZ JUVENTA

Die Autorin

Christiane Meiner-Teubner, Jg. 1982, Dr. phil., ist wissenschaftliche Mitarbeiterin an der TU Dortmund in der Arbeitsstelle Kinder- und Jugendhilfestatistik sowie wissenschaftliche Referentin am Deutschen Jugendinstitut im Projekt „Nationale Bildungsberichterstattung“. Ihre Arbeitsschwerpunkte sind Strukturfragen und Rahmenbedingungen der Kindertagesbetreuung, Sozialberichterstattung sowie Lebenslagen von Kindern in Armutslagen und mit Fluchterfahrungen.

Die vorliegende Arbeit wurde von der Fakultät für Sozial- und Verhaltenswissenschaften der Friedrich-Schiller-Universität Jena im Jahr 2015 als Dissertation zur Erlangung des akademischen Grades eines Doktors der Philosophie (Dr. phil.) angenommen.

FSC
www.fsc.org
MIX
Papier aus verantwortungsvollen Quellen
FSC® C089473

Dieses Buch ist erhältlich als:
ISBN 978-3-7799-3758-6 Print
ISBN 978-3-7799-4782-0 E-Book (PDF)

1. Auflage 2018

in der Verlagsgruppe Beltz · Weinheim Basel
Werderstraße 10, 69469 Weinheim

Herstellung: Ulrike Poppel
Satz: Helmut Rohde, Euskirchen
Druck und Bindung: Beltz Bad Langensalza GmbH, Bad Langensalza
Printed in Germany

Weitere Informationen zu unseren Autor_innen und Titeln finden Sie unter: www.beltz.de

Inhalt

Abkürzungsverzeichnis

Abs.	Absatz
ADHS	Aufmerksamkeitsdefizit- und Hyperaktivitätssyndrom
Alg II-V	Arbeitslosengeld II/Sozialgeld-Verordnung – Verordnung zur Berechnung von Einkommen sowie zur Nichtberücksichtigung von Einkommen und Vermögen beim Arbeitslosengeld II/Sozialgeld
AO	Abgabenordnung
Art.	Artikel
AsylbLG	Asylbewerberleistungsgesetz
AsylVfG	Asylverfahrensgesetz
AufenthG	Aufenthaltsgesetz – Gesetz über den Aufenthalt, die Erwerbstätigkeit und die Integration von Ausländern im Bundesgebiet
AWO	Arbeiterwohlfahrt
BAB	Berufsausbildungsbeihilfe
BAföG	Bundesausbildungsförderungsgesetz – Bundesgesetz über individuelle Förderung der Ausbildung
BayEUG	Bayerisches Gesetz über das Erziehungs- und Unterrichtswesen
BbgSchulG	Brandenburgisches Schulgesetz
BEEG	Bundeselterngeld- und Erziehungszeitgesetz – Gesetz zum Elterngeld und zur Elternzeit
BGB	Bürgerliches Gesetzbuch
BKGG	Bundeskindergeldgesetz
BremSchulG	Bremisches Schulgesetz
BSG	Bundessozialgericht
BSGH	Bundessozialhilfegesetz
bspw.	beispielsweise
BVG	Bundesversorgungsgesetz – Gesetz über die Versorgung der Opfer des Krieges
bzw.	beziehungsweise
EinglHVO	Eingliederungshilfe-Verordnung – Verordnung nach § 60 des Zwölften Buches Sozialgesetzbuch
EStG	Einkommenssteuergesetz
EVS	Einkommens- und Verbrauchsstichprobe

evtl.	eventuell
FeV	Fahrerlaubnis-Verordnung – Verordnung über die Zulassung von Personen zum Straßenverkehr
FrühV	Frühförderungsverordnung – Verordnung zur Früherkennung und Frühförderung behinderter und von Behinderung bedrohter Kinder
DGE	Deutsche Gesellschaft für Ernährung
DV	Deutscher Verein für öffentliche und private Fürsorge e.V.
GG	Grundgesetz
GlüStV	Glücksspielstaatsvertrag – Staatsvertrag zum Glücksspielwesen in Deutschland
Hervorh. i. Orig.	Hervorhebung im Original
HHG	Häftlingshilfegesetz – Gesetz über Hilfsmaßnahmen für Personen, die aus politischen Gründen außerhalb der Bundesrepublik Deutschland in Gewahrsam genommen wurden
HmbSG	Hamburgisches Schulgesetz
HS	Halbsatz
HSchG	Hessisches Schulgesetz
ICF	International Classification of Functioning, Disability and Health (deutsche Übersetzung: Internationale Klassifikation der Funktionsfähigkeit, Behinderung und Gesundheit)
IfSG	Impfschutzgesetz – Gesetz zur Verhütung und Bekämpfung von Infektionskrankheiten beim Menschen
ISS	Institut für Sozialarbeit und Sozialpädagogik e.V.
i. S.	im Sinne
i. S. v.	im Sinne von
IQ	Intelligenzquotient
KiföG	Kinderförderungsgesetz – Gesetz zur Förderung von Kindern in Kindertageseinrichtungen und in Kindertagespflege
Kita	Kindertagesstätte
LPartG	Lebenspartnerschaftsgesetz – Gesetz über die Eingetragene Lebenspartnerschaft
Nr.	Nummer
NSchG	Niedersächsisches Schulgesetz
OEG	Opferentschädigungsgesetz – Gesetz über die Entschädigung für Opfer von Gewalttaten
ÖPNV	Öffentlicher Personennahverkehr
PEKiP	Prager-Eltern-Kind-Programm
RBEG	Regelbedarfs-Ermittlungsgesetz – Gesetz zur Ermittlung der Regelbedarfe nach § 28 des Zwölften Buches Sozialgesetzbuch

RBSFV 2013	Regelbedarfsstufen-Fortschreibungsverordnung 2013 – Verordnung zur Bestimmung des für die Fortschreibung der Regelbedarfsstufen nach § 28a des Zwölften Buches Sozialgesetzbuch maßgeblichen Vomhundertsatzes sowie zur Ergänzung der Anlage zu § 28 des Zwölften Buches Sozialgesetzbuch für das Jahr 2013
Rn.	Randnummer
RSV	Regelsatzverordnung – Verordnung zur Durchführung des § 28 des Zwölften Buches Sozialgesetzbuch
S.	Satz
SchG	Schulgesetz für Baden-Württemberg
SchulG	Schulgesetz[1]
SchulG	Schulgesetz – Schleswig-Holsteinisches Schulgesetz
SchulG	Schulgesetz – Schulgesetz für das Land Berlin
SchulG	Schulgesetz für den Freistaat Sachsen
SchulG LSA	Schulgesetz des Landes Sachsen-Anhalt
SchulG M-V	Schulgesetz für das Land Mecklenburg-Vorpommern
SchulG NRW	Schulgesetz NRW – Schulgesetz für das Land Nordrhein-Westfalen
SGB	Sozialgesetzbuch
SGB I	Erstes Buch Sozialgesetzbuch – Allgemeiner Teil
SGB II	Zweites Buch Sozialgesetzbuch – Grundsicherung für Arbeitssuchende
SGB III	Drittes Buch Sozialgesetzbuch – Arbeitsförderung
SGB VIII	Achtes Buch Sozialgesetzbuch – Kinder- und Jugendhilfe
SGB IX	Neuntes Buch Sozialgesetzbuch – Rehabilitation und Teilhabe behinderter Menschen
SGB X	Zehntes Buch Sozialgesetzbuch – Sozialverwaltungsverfahren und Sozialdatenschutz
SGB XII	Zwölftes Buch Sozialgesetzbuch – Sozialhilfe
sog.	sogenannt
SVG	Soldatenversorgungsgesetz
ThürSchulG	Thüringer Schulgesetz
u. a.	unter anderem
u. a. m.	und anderes mehr
u. ä.	und ähnliche

1 Das Schulgesetz für Rheinland-Pfalz wird ohne Verweis auf das Land abgekürzt, sodass die amtliche Abkürzung ‚SchulG' lautet zudem findet sich auch der Landesname in seiner Beschreibung nicht wieder.

UN BRK	UN Behindertenrechtskonvention – Übereinkommen über die Rechte von Menschen mit Behinderung
usw.	und so weiter
u. U.	unter Umständen
UVG	Unterhaltsvorschussgesetz – Gesetz zur Sicherung des Unterhalts von Kindern allein stehender Mütter und Väter durch Unterhaltsvorschüsse oder -ausfallleistungen
WoGG	Wohngeldgesetz
ZAST	Zentrale Anlaufstelle für Asylbewerber und Asylbewerberinnen
z. B.	zum Beispiel
ZDG	Zivildienstgesetz – Gesetz über den Zivildienst der Kriegsdienstverweigerer
zit. n.	zitiert nach

Vorwort

Im Jahr 2010 hat das Bundesverfassungsgericht in einem Urteile festgestellt, dass die Regelsätze zur Sicherung des sozio-kulturellen Existenzminimums von Kindern und Jugendlichen unzureichend und insofern mit den Anforderungen des Grundgesetzes (Garantie der Menschenwürde, Gewährleistung des Sozialstaatsprinzips) unvereinbar seien. Damit hat eine lange öffentliche und fachwissenschaftliche Debatte ein Ende gefunden.

Zudem verpflichtete das Bundesverfassungsgericht den Gesetzgeber, den verfassungswidrigen Zustand bis zum 1. Januar 2011 zu beseitigen. Damit war die zeitliche und sachliche Zielperspektive formuliert. Als normative Orientierung habe dafür zu gelten: „Kinder sind keine kleinen Erwachsenen. Ihr Bedarf, der zur Sicherstellung eines menschenwürdigen Existenzminimums gedeckt werden muss, hat sich an kindlichen Entwicklungsphasen auszurichten und an dem, was für die Persönlichkeitsentfaltung eines Kindes erforderlich ist.“ (BVerfG – 1 BvL 1/09, Rn. 191)

Der Gesetzgeber ist seiner Verpflichtung nachgekommen und hat zum 1. Januar 2011 das sog. ‚Bildungs- und Teilhabepaket‘ in Kraft gesetzt. Damit sollen künftig die kindspezifischen Besonderheiten in der Ausgestaltung des sozio-kulturellen Existenzminimums berücksichtigt werden; diese Leistungen sind jedoch – im Unterschied zu den Regelleistungen – antragspflichtig.

Inzwischen liegt der Abschlussbericht einer externen Evaluation des Bildungs- und Teilhabepakets vor. Dabei zeigt sich, dass die Inanspruchnahme der Leistungen seit der Einführung kontinuierlich gestiegen ist, aber weit davon entfernt bleibt, alle Berechtigen auch tatsächlich zu erreichen. Das ist besonders problematisch, weil der Gesetzgeber mit dem Bildungs- und Teilhabepakte die bis dato fehlende Ausrichtung der Grundsicherung an kindspezifischen Bedarfslagen ausgleichen soll. Andererseits lässt sich feststellen: „Wer Leistungen für Bildung und Teilhabe beantragt, erhält dafür in der überwiegenden Mehrheit der Fälle auch die gewünschte Förderung.“[2] Wenn denn alle Anträge auf

2 SOFI/IAB (2016): Evaluation der bundesweiten Inanspruchnahme und Umsetzung der Leistungen für Bildung und Teilhabe. Schlussbericht. Göttingen/Nürnberg, S. 61. www.bmas.de/SharedDocs/Downloads/DE/PDF-Meldungen/2016/evaluation-des-bildungspaketes-langbericht.pdf;jsessionid=67A79A8556CB98DA6F42D4844A065296?__blob=publicationFile&v=1 (Abfrage: 17.6.2017).

Leistungen positiv beschieden werden, dann macht die Antragspflicht keinen Sinn. Ja mehr noch: Mit der Antragspflicht werden Kinder und Jugendliche im Falle der Nichtbeantragung um die Ansprüche gebracht, die das Bundesverfassungsgericht ihnen zwingend zuerkannt hat, damit sie in unserer Gesellschaft ein menschenwürdiges Leben (i. S. d. Art. 1 GG) führen können.

Die Untersuchung von Christiane Meiner-Teubner stellt demgegenüber eine interne Evaluation des Bildungs- und Teilhabepakets dar. Sie geht der Frage nach, welches Bild von Kind(ern) und Kindheit die Ausgestaltung des Bildungs- und Teilhabepakets bestimmt, um zu prüfen, ob die vom Bundesverfassungsgericht eingeforderte kindzentrierte Perspektive in diesem Hilfeangebot auch tatsächlich realisiert wird. Zunächst ist positiv zu verzeichnen, dass Kinder und Jugendliche in diesem Kontext erstmals als eigenständige Personen mit eigenständigen Rechtsansprüchen (auf materielle Leistungen) auftreten; hier wären durchaus Lehren für das SGB VIII zu ziehen. Aber damit sind auch schon die Positiva benannt. Denn bei genauerer Analyse, die hier vorgelegt wird, fallen sogleich die Schwierigkeiten auf. Christiane Meiner-Teubner arbeitet unterschiedliche Dimensionen heraus, die die Probleme deutlich zutage treten lassen. Hier nur zwei Beispiele:

Bildung: Frühkindliche Bildungsinstitutionen erscheinen im Bildungs- und Teilhabepaket als Orte der Bewahrung und Betreuung, nicht aber der Bildung. Sodann tritt Schule (zunächst) unter dem Gesichtspunkt devianter Karriereverläufe auf (z. B. als gefährdete Versetzung); Bildung gerät durchgängig nicht als eigenständiger Wert in den Blick, sondern immer nur instrumentell als notwendige Bemühung um einen später verwertbaren Schulabschluss bzw. zur Vermittelbarkeit auf den ersten Arbeitsmarkt. Die Spezifik jeweils besonderer Fähigkeiten und Kompetenzen von Kindern aus armutsbetroffenen Haushalten wird schlicht ausgeblendet. ‚Wer materiell arm ist, ist auch kognitiv förderbedürftig' – so lässt sich die ebenso schlichte wie unzutreffende latent transportierte Zuschreibung des Bildungs- und Teilhabepakets bestimmen.

Gesundheit: Leistungsberechtigte Kinder sind gesund – diese Unterstellung durchzieht das Bildungs- und Teilhabepaket. In den einschlägigen Regelungen besteht kein grundsätzliches Interesse an einer gesundheitsbewussten Lebensweise, es wird lediglich davon ausgegangen, dass sich die leistungsberechtigen Kinder in ihrer Freizeit regelmäßig sportlich betätigen. Darüber hinaus unterstellt der Gesetzgeber, so pointiert Christiane Meiner-Teubner das Problem, „allen Altersgruppen und unabhängig von ihrem Geschlecht einen in etwa gleich hohen Bedarf an Lebensmittelkosten, egal ob es sich um ein zweijähriges Mädchen oder einen 14-jährigen Jungen handelt." Von einer Ausrichtung an kindlichen Entwicklungsphasen, wie es das Bundesverfassungsgericht ausdrücklich verlangt, kann keine Rede sein.

Allein diese beiden Dimensionen machen deutlich, dass die Regelungsformen und -gehalte des Bildungs- und Teilhabepaktes weit davon entfernt sind, kindspezifische Besonderheiten des Aufwachsens und der entsprechenden Berücksichtigung in ihrer finanziellen Grundsicherung auch nur näherungsweise Rechnung zu tragen. Christiane Meiner-Teubners Analyse geht jedoch tiefer und weiter. Sie arbeitet minutiös das Bild von Kind(ern) und Kindheit des Gesetzgebers heraus. Er sieht, so das Ergebnis ihrer Untersuchung, Kinder und Kindheit im Bildungs- und Teilhabepaket fast durchgängig negativ bzw. defizitär im Verhältnis zum (richtigen) Erwachsenen. Aus dieser Logik erklärt sich auch, dass Kindheit keine eigenständige Bedeutung im Hier und Jetzt der von Armut betroffenen Kinder beigemessen wird, sie ist ein instrumentell zu gestaltender Vorlauf für das ‚eigentliche', später stattfindende (Berufs-)Leben – das dann unabhängig von staatlichen Transferleistungen erfolgen soll. Dass die Ausgestaltung des Bildungs- und Teilhabepakets diese Zielperspektive nahegerade konterkariert, wird mit geradezu chirurgischer Präzision herausgearbeitet.

Es gehört zu den Vorzügen der vorliegenden Untersuchung, ebenso detailliert wie sachlich die Problemgehalte des Bildungs- und Teilhabepakets herausgearbeitet zu haben. Christiane Meiner-Teubner setzt mit ihrer Untersuchung insofern neue Maßstäbe einer erziehungswissenschaftlich-politologischen Analyse, die sich mit Blick auf rechtliche Normierungen und diesseits von politischen Pro- oder Kontra-Zuordnungen der Mühe der sachlichen Auseinandersetzung unterzieht, um die gewonnen Erkenntnisse sowohl der wissenschaftlichen als auch – bestenfalls – der politischen Debatte zugänglich zu machen. Insofern ist es Christiane Meiner-Teubner vorzüglich gelungen, den Brückenschlag zwischen Wissenschaft und Politik herzustellen. Es bleibt zu hoffen, dass die Akteure beider Systeme die Chance zur Begegnung nutzen. Das wäre für beide Partner hilfreich – im Interesse der Kinder und Jugendlichen, die heute in Armut aufwachsen müssen und denen eine wirkliche Chance auf ein eigenständiges Leben eröffnet werden muss. Christiane Meiner-Teubner liefert mit ihrer Untersuchung einen Neuanstoß zu einer dringend notwendigen Debatte der sozialstaatlichen Weiterentwicklung.

Prof. Dr. Roland Merten

Einleitung

„Kinder sind die Zukunft unserer Gesellschaft."

Mit diesem scheinbar allgegenwärtigen Slogan werden zwei zentrale Aspekte hervorgehoben: Erstens werden Kinder als Notwendigkeit für das Fortbestehen der Gesellschaft fokussiert. Zweitens können die Kompetenzen und das Wissen der Gesellschaft nach dieser Ansicht nur durch die nachwachsende Generation erhalten bleiben, wodurch schließlich der Wohlstand andauern und erweitert werden kann (vgl. Zeiher 2013, S. 36). Ihnen wird damit ein Erbe übergeben, das sie auf der Grundlage weitreichender Unterstützungen und Hilfen in ihren ersten beiden Lebensjahrzehnten im Erwachsenenalter weiterführen sollen. Dieses Vorhaben scheint ohne größere Schwierigkeiten realisierbar zu sein, da ein Verständnis von Kindern als sog. ‚aktive Lerner' vorherrscht (vgl. Betz/de Moll 2013, S. 47). Dieses umfasst die Annahme, dass sich Kinder aus eigenem Antrieb heraus bilden wollen und dies durch zusätzliche fördernde Unterstützung von Erwachsenen verstärkt wird (vgl. Betz/de Moll 2013, S. 46). Allerdings scheint dieses Bild von Kindern nicht auf die gesamte Gruppe zuzutreffen, da die attribuierten Ressourcen vornehmlich Kindern in Armutslagen häufig abgesprochen werden. Diese werden vielmehr als passiv und defizitär beschrieben (vgl. Betz/de Moll 2013, S. 47). Laut Medienberichten seien sie gesundheitlich belastet, verfügen über unzureichende soziale Kompetenzen und weisen niedrige Sprachkompetenzen auf (vgl. Hermann 2013). Zudem würden sie unter Konzentrationsschwäche, Hyperaktivität und einer gestörten Motorik leiden, hätten Schwierigkeiten in der Schule, nähmen nicht an den Aktivitäten der Gleichaltrigen teil, sodass sie von deren Strukturen ausgegrenzt seien. Schließlich seien sie in einem überdurchschnittlichen Maß gewaltbereit (vgl. Thiele 2001).

Diese Zuschreibungen scheinen sich jedoch nicht allein auf von Armut betroffene Kinder zu reduzieren, sondern zeigen sich bereits in einem erheblichen Maß bei Familien, die für diese negativen Entwicklungen ihrer Kinder verantwortlich gemacht werden (vgl. u. a. Hermann 2013; Thiele 2001; Baier 2014). Insbesondere seit der Debatte um die sog. ‚Hartz IV-Gesetze' und der damit verbundenen Einführung des SGB II werden diese Menschen in der medialen Öffentlichkeit als „‚Arbeitsscheue[...]' und ‚Faulenzer[...]'" (Nolte, P., zit. n. Butterwegge 2015, S. 251), als „Sozialschmarotzer" (Butterwegge 2015, S. 261;

266), als „Haufen skrupelloser Betrüger/innen und Faulpelze […], die in einer ‚sozialen Hängematte' " (Butterwegge 2015, S. 263) liegen, und als „Drückeberger […], die unwillig, säumig oder vergesslich" (Hoeren 2012) sind, beschrieben.

Glaubt man den Medien, besteht das größte Problem dieser Menschen nicht in ihrer Armutsbetroffenheit, sondern vor allem in dem „massenhafte[n] Konsum von Fast Food und TV […][sowie] dem klassenspezifischen Konsumdreieck aus Tabak, Alkohol und Lottospiel" (Nolte 2003) sowie ihrem zunehmenden Verlust von „Werte[n] wie Leistung und Disziplin, Bildung und Benehmen, Höflichkeit und Toleranz" (Nolte 2003). Fehlen den Familien externe Interventionen, kann dies laut Medienberichten schließlich bei den Kindern sogar zu „körperliche[r] und psychische[r] Verwahrlosung [führen], bis zu dem Punkt, an dem das ganze Leben nicht mehr zu reparieren ist" (Brandt 2010).

Den Kindern, die in Armut aufwachsen, wird damit zwar nicht die Schuld an ihrer Lage zugesprochen, allerdings besteht ihnen gegenüber bereits ein deutlich negativ geprägtes Bild. Zusammenfassend ergibt sich daraus, dass den von Armut betroffenen Kindern neben diesen Diffamierungen eine Schutzbedürftigkeit zugeschrieben wird. Dieser Bedarf bezieht sich auf die Handlungen und Haltungen ihrer Eltern, denen eine Vielzahl unzureichender Kompetenzen in der Erziehung und Bildung ihrer Kinder unterstellt wird. Folglich herrscht ein ambivalentes Bild der Kinder vor, das einerseits dadurch bestimmt ist, dass die Kinder dem negativen Einfluss ihrer Eltern ausgesetzt sind und daher als unschuldig für ihre missliche Lage gelten. Die Darstellung ihrer Situation wird zumeist auch mit Mitleidsbekundungen verbunden (vgl. u. a. Meyer-Timpe 2007). Andererseits übernehmen die Kinder im Laufe der Zeit eine Reihe an negativ konnotierte Verhaltensweisen und Haltungen ihrer Eltern und entwickeln sich dementsprechend in eine gleiche, unerwünschte Richtung. Damit verbunden ist, dass sowohl die Familien im Allgemeinen als auch die Kinder im Besonderen den Normalitätsstandards der Gesellschaft nicht entsprechen. Sie gelten nicht als Humankapitalressource, sondern reduzieren vielmehr den Wohlstand der Gesellschaft, da sie über die sozialen Sicherungssysteme finanziert werden und ausschließlich die Steuergelder der erwerbstätigen Bevölkerung in Anspruch nehmen. Folglich werden sie aufgrund ihrer aktuellen Situation nicht als Ressource, sondern als Last angesehen.

Demgegenüber werden nur selten Zeitungsartikel über die Bestrebungen von armutsbetroffenen Familien zur Unterstützungen ihrer Kinder, von ihren Ängsten, Sorgen und Problemen veröffentlicht. Genauso selten sind Beiträge zu finden, die sich mit dem Leben der in diesen Familien aufwachsenden Kinder beschäftigen, die trotz der finanziellen Unterversorgung eine gesunde Ernährung erhalten, ein gleiches Bildungsniveau wie die Gleichaltrigen aufweisen, die im Erwachsenenalter eine Erwerbstätigkeit anstreben und positiv in Peer-Groups eingebunden sind. Derartige Verhaltensweisen und Ressourcen lassen sich allerdings in wissenschaftlichen Forschungen über Familien, die von Armut betroffen sind, finden (vgl. u. a. Hock/Holz/Wüstendörfer 2000a; Chassé 2010; Wüstendörfer 2008), sodass es scheinbar einen Widerspruch zwischen dem vorherrschenden Bild von Kindern in Armut und ihrer tatsächlichen Lebenssituation gibt.

Die dargestellten Medienberichte sind nicht ausschließlich auf die Annahmen von Journalist*innen zurückzuführen, denen man eine einseitige Berichterstattung unterstellen könnte. Bei einer Reihe von Formulierungen handelt es sich um solche, die Politiker*innen in diversen Reden oder Interviews verwendet haben. So spricht Altbundeskanzler Gerhard Schröder die Leistungsberechtigten bspw. als „Drückeberger" an (vgl. u. a. o. A. 2001). Guido Westerwelle – zu diesem Zeitpunkt Bundesaußenminister – bezeichnet sie nach Interpretation von Buntenbach (2010, S. 650) „mehr oder weniger offen als wertlose Schmarotzer". Und Ursula von der Leyen – damalige Bundesministerin für Arbeit und Soziales – unterstellt den betroffenen Familien, dass sie die Geldleistungen für ihre Kinder nicht bedarfsgerecht einsetzen (vgl. Lambeck 2011).

Die zitierten Politiker*innen gehören in ihren Amtsrollen zu den Personen die Gesetze erarbeiten und über ihr Inkrafttreten entscheiden. Diese sog. ‚Gesetzgeber*innen'[3] entscheiden u. a. über die Rechtsgrundlagen für Menschen in

---

3 In der vorliegenden Arbeit wird unter dem Begriff ‚Gesetzgeber' nicht vordergründig die politische Instanz verstanden. Vielmehr steht der Zusammenschluss einzelner Personen im Mittelpunkt, die dieses Amt ausführen. Um dem*der Leser*in diese Betrachtungsweise immer wieder ins Bewusstsein zu rufen und damit gleichzeitig die politisch korrekte Ansprache sowohl der männlichen als auch der weiblichen Personen, die an der Gesetzgebung beteiligt sind, Rechnung zu tragen, wurde die personalisierte Form ‚die Gesetzgeber*innen' eingeführt. Darüber hinaus werden Institutionen wie Träger o. ä. nicht gegendert, wenn ihr objektiver Charakter im Vordergrund steht.
Darüber hinaus hat der Begriff ‚Gesetzgeber' den Vorteil, dass er im allgemeinen Sprachgebrauch eine Gruppe von Menschen impliziert. Die Verwendung der sonst im Text genutzten gleichzeitigen Nennung beider Geschlechter hätte dazu geführt, dass mit der Begrifflichkeit ‚der*die Gesetzgeber*in' der Anschein entstehen könnte, es handle sich lediglich um eine Person. In Anbetracht dessen gelingt es der Formulierung „die Gesetzgeber*innen" am besten, beide Geschlechter einzubeziehen und gleichzeitig dem Umstand Rechnung zu tragen, dass es sich um eine Gruppe von Menschen handelt. Diese Menschen haben wiederum Ansichten, welche hier hinsichtlich ihres Kinder- und Kindheitsverständnisses geprüft werden. Die Verwendung der Formulierung „ihren Ansichten nach" u. ä. bezieht sich ausschließlich darauf, dass die an der Gesetzgebung beteiligten Personen jeweils eine einzelne Ansicht haben. Diese weichen im Ergebnis jedoch nicht voneinander ab, sodass mit dieser Formulierung nur berücksichtigt wird, dass mehrere Personen hinter der Ansicht stehen, es sich jedoch nicht um differente Ansichten handeln muss.

Armutslagen, führen potenzielle Veränderungen durch und nehmen möglicherweise vollständige Neuregelungen vor, mit dem Ziel Lösungsstrategien für dieses Problem umzusetzen.

Aus der Perspektive des Konzepts der Adressat*innenorientierung zeigt sich, dass das Verständnis der Gesetzgeber*innen von Familien und Kindern in Armutslagen, die gesetzlichen Regelungen erheblich beeinflusst. Sie erstellen die Regelungen auf der Grundlage ihres Verständnisses über die Lebensweisen, Bedarfe und Ressourcen der von Armut betroffenen Kinder. Bayer/Hübenthal (2012) gelingt es, diese These zu bestätigen, indem sie die Bedeutung von normativen Vorstellungen und Konstruktionen von Elterngruppen auf die „wohlfahrtsstaatlichen Regulierungen von Kinderarmut" untersuchen. Dabei wird deutlich, dass die Art und der Umfang der letztendlich gewährten Hilfen stark von diesen Bildern beeinflusst werden. Entsprechen Eltern dem Bild des idealtypischen Paares, erhalten sie verstärkt positive Anreize, um in dieser Weise ihr Leben weiter zu gestalten. Entsprechen Eltern diesem Bild hingegen nicht, werden negative Anreize gesetzt. Diese sich dadurch gekennzeichnet, dass eine immer stärkere Reduzierung von Leistungen und eine Verringerung des Lebensstandards erfolgt. Bei den letztgenannten Familien handelt es sich insbesondere um diejenigen, die von Armut betroffen sind. Allerdings zeigen die oben dargestellten Beschreibungen, dass Kinder im Unterschied zu Erwachsenen nicht ausschließlich unter dem Fokus negativer Zuschreibungen adressiert werden. Vielmehr werden ihre aktuelle Situation und ihre Handlungsweisen den negativen elterlichen Einflüssen zugeschrieben, wodurch die Kinder als die Leidtragenden angesehen werden.

Im Anschluss an diese Darstellungen stellen sich nun die Fragen, ob die Gesetzgeber*innen Kinder, die in Armut aufwachsen, in ihren Gesetzen in der beschriebenen Weise adressieren, welche Ressourcen und Bedarfe die Gesetzgeber*innen den Kindern auf der Grundlage dieser Bilder zusprechen. In einem weiteren Schritt stellt sich dann aber auch die Frage, wie das gesetzgeberische Verständnis von Kindern und Kindheit die Möglichkeit der Armutsreduzierung bei den Adressat*innen beeinflusst.

Im Ergebnis führt das zu der primären Frage:
Welches Verständnis von Kindern und Kindheit liegt den Existenzsicherungsgesetzen zugrunde? Oder mit anderen Worten ausgedrückt, wie konstruieren die Existenzsicherungsgesetzgeber*innen Kindheit sowie die Lebenssituation von Kindern in Armutslagen?

Ausgehend davon ist weiterhin zu fragen:
Welche Auswirkungen haben diese Bilder von Kindern und von Kindheit auf die Möglichkeiten und Grenzen der Armutsreduzierung bei den Adressat*innen? Zu den Auswirkungen zählen sowohl die Unterstützungen und Hilfen, die den Kindern aufgrund der konkreten gesetzlichen Regelungen bereitgestellt werden, als auch die Handlungen, die die Adressat*innen aufgrund der transportierten Bilder vornehmen.

Durch den Einbezug von Studien zu den Lebenslagen von armutsbetroffenen Kindern werden schließlich Anhaltspunkte identifiziert, inwiefern die gesetzgeberischen Kinder- und Kindheitsbilder und die auf dieser Grundlage erstellten gesetzlichen Lösungsstrategien die Bewältigung der Armutssituation von Kindern zulässt und fördert.

Zwar können keine Aussagen darüber getroffen werden, wie sich die impliziten Zuschreibungen bei den Adressat*innen auf der individuellen Ebene auswirken und wie die Adressat*innen mit diesen Unterstellungen umgehen. Allerdings können anhand des Konzepts der Adressat*innenorientierung erste Hinweise darauf gefunden werden, in welcher Weise die Zuschreibungen auf der Handlungsebene wirken können.

Darüber hinaus lässt die Rekonstruktion der Ressourcenausstattung der Kinder erstens einen Vergleich mit der realen Ressourcenausstattung der Kinder zu, die anhand spezifischer Studien dargestellt werden kann. Zweitens können Aussagen über die konstruierte Lebenssituation der Kinder und die ihnen damit zugesprochenen Standards getroffen werden.

Die Kinder- und Kindheitsbilder der Gesetzgeber*innen lassen sich auf der Grundlage der Existenzsicherungsgesetze und den dazugehörigen Gesetzesbegründungen und -kommentierung rekonstruieren. Bei den Existenzsicherungsgesetzen handelt es sich um diejenigen Gesetze, die ausschließlich Menschen in Armutslagen adressieren und ihnen Unterstützungen zur Bewältigung dieser Situation bereitstellen wollen. Aufgrund des umfangreichen Analysematerials können aber nicht alle Regelungen, die eine Auswirkung auf die Lebenssituationen von Kindern haben, berücksichtigt werden. In Anbetracht dessen erfolgt die Auswertung des Analysematerials mit dem Fokus auf den Leistungen für Bildung und Teilhabe. Diese Regelungen wurden speziell für Kinder und Jugendliche erstellt und sind deshalb die zentralen Inhalte der Auswertung. Darüber hinaus wird insbesondere der Bildung und in einem geringeren Maß der Teilhabe der höchste Stellenwert bei der Reduzierung von Armut bei Kindern zugesprochen, sodass diese Leistungen auch im Rahmen der zweiten Fragestellung bedeutsam sind.

Die maßgebliche Leistung der Arbeit besteht vornehmlich in der Rekonstruktion der gesetzgeberischen Vorstellungen über die Lebenssituation und die Bedarfe der Kinder, die von Armut betroffen sind. Dies ermöglicht in einem ersten Schritt – unter kindheitstheoretischer Perspektive – die Herausarbeitung der

> „[…] grundlegende[n] Vorstellung und Wissensbestände bzw. -vorräte und argumentative[n] Repertoires über Kind und Kindheit als soziale Konstruktion“ (Lange/Mierendorff 2009, S. 204)

in dem spezifischen Feld der Existenzsicherung. Dementsprechend werden – im Anschluss an die theoretischen Grundlagen (Kap. 1) und die methodische Vorgehensweise (Kap. 2) – die durch die Gesetzgeber*innen transportierten Bilder über eine Teilgruppe von Kindern rekonstruiert (Kap. 3). In Kapitel 4 werden die rekonstruierten Bilder dargestellt. Kapitel 5 beinhaltet eine Reflexion der verwendeten Kategorien und Unterkategorien sowie die Diskussion zu den Auswirkungen der Kinder- und Kindheitsbilder der Gesetzgeber*innen auf die Möglichkeit der Bewältigung der Armutssituation der Kinder.

1 Der Einfluss der gesetzgeberischen Konstruktion von Adressat*innen auf deren Problembewältigungsmöglichkeiten

Ausgehend von den Erkenntnissen zum Bild von Existenzsicherungsbezieher*innen und empirischen Ergebnissen über ihre Lebenssituation und ihr Verhalten werden im vorliegenden Kapitel die Grundlagen der Adressat*innenforschung dargestellt und ihre Potenziale für die Beantwortung der Frage nach den Auswirkungen des gesetzgeberischen Verständnisses von Kindern und Kindheit auf die Bewältigung von Armut im Kindesalter herausgearbeitet.

Arbeiten zu den Auswirkungen der gesetzlichen Regelungen auf die Möglichkeiten der Armutsreduzierung weisen darauf hin, dass finanzielle Unterstützungen zu gering sind: Kerstin/Clausen (2007) stellen bspw. fest, dass die Leistungen nicht für eine gesunde und ausgewogene Ernährung von Kindern ausreichen. Martens (2008) zeigt, dass der Bedarf von Kindern an Büchern, Kommunikationstechnologie, außerschulischem Unterricht und Kulturveranstaltungen etc. mit den Unterstützungen nicht hinreichend gedeckt werden kann. Und Hock/Holz/Wüstendörfer (2000a) stellen fest, dass Kinder in Armutslagen weitaus mehr immaterielle Unterstützungen benötigen, als durch die Existenzsicherungsgesetze abgedeckt werden. Diese wie auch eine Vielzahl weiterer Forschungen (vgl. dazu weiterführend Meiner 2010) zu den Bedarfslagen von Kindern in Armut und die über die staatlichen Existenzsicherungssysteme bereitgestellten Hilfen untersuchen allerdings nur die Höhe der sozialpolitischen Leistungen. Das heißt, im Fokus ihrer Analysen befindet sich das Ergebnis der gesetzgeberischen Diskussionen i. S. d. konkreten zur Verfügung gestellten Mittel für die Betroffenen. Unberücksichtigt bleiben sowohl die Intentionen der Gesetzgeber*innen, die zu diesen Regelungen führen, als auch die dahinter stehenden Annahmen bezüglich der Zielgruppen. Lediglich die Kritik der früheren Berechnung der Kinderregelsätze weist darauf hin, dass die Gesetzgeber*innen Kinder als kleine Erwachsene ansahen. Das führte dazu, dass sie Kindern identische Bedarfe jedoch in einem prozentual geringeren Maß wie älteren Menschen zusprachen (vgl. u. a Martens 2008, S. VI; Segbers 2011, S. 4).

Sowohl Kaufmann (2013) als auch Butterwegge (2015) machen in ihren Darstellungen zu den Bildern von Arbeitslosen und SGB II-Empfänger*innen deutlich, dass das gesetzgeberische Bild von den Adressat*innen die Ausgestaltung der Hilfen stark beeinflusst. Sie werden bspw. – wie einführend dargestellt – als „Faulpelze“ bezeichnet, die ‚keine Lust haben zu arbeiten und es sich mit den finanziellen Hilfen, die die staatliche Gemeinschaft ihnen zur Verfügung stellt, gut gehen lassen‘. Auf dieser Grundlage wurden die Existenzsicherungsgesetze erarbeitet und revidiert sowie nachfolgende Annahmen und Argumentationen zur Begründung verwendet.

Armut wird unter dem Gesichtspunkt der unzureichenden finanziellen Eigenversorgung verstanden, durch die keine autonome Sicherung des Lebensunterhalts möglich ist. Eine selbstständige monetäre Existenzsicherung gelingt über Erwerbstätigkeit, sodass Armut vornehmlich durch die Integration in den Arbeitsmarkt bewältigt werden kann (vgl. Spindler 2013, Rn. 2). Damit zielen die Leistungen der Armutsreduzierung auf die (Wieder-)Herstellung von Beschäftigungsfähigkeit, welche sowohl durch die Grundprämisse der Nutzung bestehender Fähigkeiten und Kompetenzen im Rahmen von „Fördern und Fordern“ als auch durch Investitionen in das Humankapital über den gesamten Lebenslauf hinweg (lebenslanges Lernen) gelingen soll. Der Begriff ‚Beschäftigungsfähigkeit‘ deutet bereits dem Wortlaut nach auf den engen Zusammenhang zur Handlungsfähigkeit hin, welche im Kontext des Arbeitsmarkts zu verstehen ist (vgl. Olk 2008, S. 294 f.).

Demnach sind institutionelle, aber insbesondere individuelle Unternehmungen vorzunehmen, um diese (Wieder-)Herstellung von Beschäftigungsfähigkeit erreichen zu können. Dies spiegelt sich u. a. im SGB II für die erwerbsfähigen Leistungsempfänger*innen bspw. durch die Eingliederungsvereinbarungen oder den Zwang wider, nahezu jede Arbeit annehmen zu müssen, da ansonsten Sanktionierungen in Form von Leistungskürzungen erfolgen (vgl. Olk 2008, S. 295). Derartige Sanktionen sind auch im AsylbLG enthalten, nach dem Personen, die wegen ihres Aufenthaltsstatus keine Arbeitserlaubnis erhalten, dazu aufgefordert werden, sich an der „Aufrechterhaltung und Betreibung der Einrichtung“ (§ 5 AsylbLG), in der sie untergebracht sind, und anderen gemeinnützigen Einrichtungen zu beteiligen. Nicht erwerbsfähige Personen in Armutssituationen werden bspw. über das SGB XII zu gemeinnütziger Arbeit aufgefordert, sofern sie zumindest bedingt Tätigkeiten ausführen können (vgl. Olk 2008, S. 295). Damit wird deutlich, dass die Neuausrichtung immer weniger „an Maximen wie sozialem Schutz, Sicherheit und der Verringerung von Ungleichheiten“ (Bayer/Hübenthal 2012, S. 178) ausgerichtet ist. Vielmehr wird den Betroffenen im Bedarfsfall lediglich ein „nichtkonditioniertes Recht auf materielle Existenzsicherung“ (Olk 2008, S. 295) zugesprochen.

Das zentrale Ziel der Existenzsicherung besteht folglich nur auf den ersten Blick in der materiellen Absicherung von Personen, die aus verschiedenen Gründen ihr Leben nicht aus eigenen Mitteln und Kräften bestreiten können. Die Gesetzgeber*innen sehen ihre Aufgabe und Unterstützungsleistung vielmehr in der Bereitstellung materieller Ressourcen, die die Betroffenen befähigen, einen anerkannten Mindeststandard zu decken und in ihrer gesellschaftlichen Umwelt handeln und leben zu können. Durch die Gewährung finanzieller Mittel soll nicht nur die Beschaffung materieller Güter, sondern auch die Teilnahme an gesellschaftlichen Aktivitäten ermöglicht werden.

Mit der veränderten sozialpolitischen Herangehensweise wird gleichzeitig eine Handlungsunfähigkeit unterstellt. Die Grundsicherungsleistungen dienen nicht mehr nur der materiellen Absicherung und damit der Sicherstellung des physischen Existenzminimums. Vielmehr werden die Adressat*innen aktiv in eine Veränderung ihrer Lebenssituation eingebunden mit der Absicht, dass sie ihr Leben (wieder) aus eigenen Kräften bestreiten können. Ziel der Leistungen kann daher nicht mehr nur die Absicherung mit materiellen Gütern sein, sondern auch die (Wieder-)Herstellung von Handlungskompetenzen. Dabei orientieren sich die Gesetzgeber*innen nicht mehr nur an einer Verbesserung der gegenwärtigen Situation, sondern nehmen mit ihrer Neuausrichtung der Aktivierung auch die zeitliche Dimension in den Blick, sodass sie auf eine Verbesserung der Gesamtsituation abzielen. Das heißt, es ist nicht mehr nur wichtig, das aktuelle Existenzminimum sicherzustellen, vielmehr sollen die Adressat*innen auch dazu befähigt werden, die notwendigen Ressourcen zukünftig (wieder) selbst erwirtschaften zu können und damit die Lebenssituation im Allgemeinen zu meistern (vgl. Klinkhammer 2010, S. 205). Im Mittelpunkt steht folglich das (Wieder-)Erlangen der Handlungsfähigkeit über die eigene Lebensführung (vgl. Binder 2014, S. 420). Damit sprechen die Gesetzgeber*innen den Regelungen auch eine pädagogische Funktion zu. Sie nehmen an, dass die gegenwärtige Lebenssituation und das aktuelle Handeln von normativen Standards abweichen. Diese Situation soll zu einem gesellschaftlich als normal empfundenen Leben verändert werden. In Anbetracht dessen sehen sie die Betroffenen als Adressat*innen i. S. einer pädagogischen Grundlegung an. Folglich wird ihnen zugeschrieben, dass sie sich selbst aktiv um eine Verbesserung ihrer Situation kümmern müssen, indem sie eine Erwerbstätigkeit aufnehmen. Dies kann nach Ansicht der Gesetzgeber*innen allerdings nur gelingen, wenn sie dazu intensive Reize verspüren wie die Reduzierung ihrer finanziellen Unterstützungen bei Ablehnung einer Erwerbstätigkeit oder die Bereitstellung so geringer materieller Hilfen, dass keinerlei Luxus möglich ist.

Bei all diesen Annahmen scheint jedoch der Umstand unberücksichtigt zu bleiben, dass seit Jahren der Anteil der erwerbsfähigen Leistungsberechtigten konstant bei rund 25 % liegt, (vgl. Statistik der Grundsicherung für Arbeitsuchende der Bundesagentur für Arbeit und eigene Berechnung) und damit etwa jede*r vierte Leistungsempfänger*in lediglich aufstockende Hilfen erhält. Demnach gehen sie einer Erwerbstätigkeit nach. Das erzielte Einkommen reicht aber nicht zur Absicherung ihres Existenzminimums aus. Von sog. ‚Faulpelzen, die es sich auf Kosten des Staates gut gehen lassen', kann in diesen Fällen wohl kaum die Rede sein.

Damit zeigt sich bereits, dass die gesetzgeberischen Konstruktionen über die Zielgruppe eine hohe Bedeutung für die Ausgestaltung der Leistungen haben. Auf der theoretischen Grundlage des Konzepts der Adressat*innenorientierung können darüber hinaus die weiteren Zusammenhänge und Einflussfaktoren dargestellt werden. Bei diesem Konzept handelt es sich zwar um eine Theorie aus der Sozialen Arbeit. Diese wurde für pädagogische Interventionen erarbeitet und ist damit auf den ersten Blick scheinbar wenig mit der Armutsreduzierung verbunden, da Armutsreduzierung vordergründig auf eine Verbesserung der materiellen Lage ausgerichtet ist. Allerdings konnte bereits gezeigt werden, dass die Existenzsicherungsgesetze auch pädagogische Elemente beinhalten. Zudem hebt das Konzept der Adressat*innenorientierung stark auf die Bedeutung von Ressourcen ab, wobei es sich nicht ausschließlich um die immateriellen Ressourcen handelt, sondern auch die materiellen Ressourcen einbezogen werden können. Damit liegt eine weitere wichtige Gemeinsamkeit vor.

Nach Lüders/Rauschenbach (2001) wird

> „[...][m]it dem Begriff ‚Adressatenforschung' [...] der Zusammenhang zwischen individuellen und kollektiven Bedarfs-, Nachfrage- und Problemlagen von Kindern, Jugendlichen und Erwachsenen einerseits, den institutionellen Strukturen, Angeboten, Maßnahmen und Interventionen andererseits sowie den jeweils vermittelten Definitions- und Zuschreibungsprozessen betont." (Lüders/Rauschenbach 2001, S. 565 f.)

Sie beziehen sich zwar in diesem Zitat auf die Adressat*innenforschung im Rahmen der Sozialen Arbeit, jedoch heben sie die hohe Bedeutung der

> „analytische[n] Verzahnung der gesellschaftlichen Konstruktion des Bedarfs und der gesellschaftlichen Konstruktion der AdressatInnen" (Bitzan/Bolay 2011, S. 18)

hervor, welche für den vorliegenden Kontext von hoher Relevanz ist. Damit stehen erstens die den Adressat*innen unterstellten Notwendigkeiten im Mittelpunkt, über die sie aktuell nicht verfügen, und zweitens das ihnen unterstellte Bild. Das heißt das, was sie hinsichtlich der Adressat*innen und ihren Lebenslagen annehmen. Diese Konstruktionen liegen nicht nur auf gesellschaftlicher und institutioneller Ebene vor, auch die Gesetzgeber*innen haben ein Verständnis von den Menschen, die sie in den jeweiligen rechtlichen Bestimmungen adressieren. Dementsprechend kann von einem Dreiecksverhältnis sozialpolitischer Adressierung gesprochen werden kann.

Abb. 1: Dreiecksverhältnis sozialpolitischer Adressierung

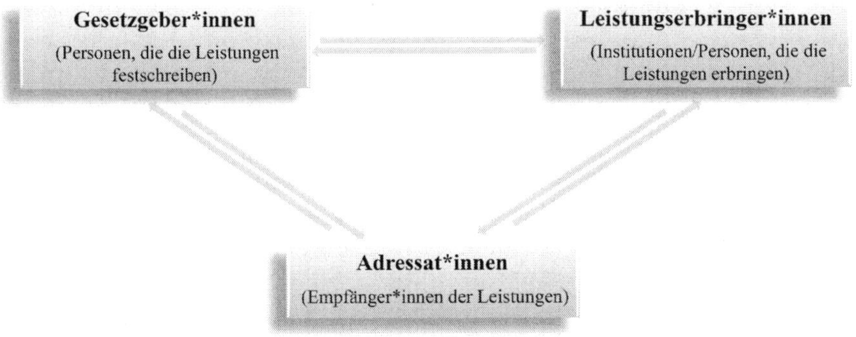

Quelle: Bitzan/Bolay 2011; eigene Darstellung

Auf die Bewältigung von sozialen Problemlagen nehmen dementsprechend drei Akteur*innen Einfluss (vgl. Abb. 1). Dabei handelt es sich erstens um die Personen und Personengruppen, die mit den sozialpolitischen Leistungen adressiert werden und die diese Leistungen empfangen (Adressat*innen). Ihnen gegenüber stehen die Personen, die für die Festschreibung der sozialpolitischen Leistungen verantwortlich sind, d. h. die Gesetzgeber*innen. Schließlich werden die Institutionen, Einrichtungen und Personen relevant, die für die Erbringung der Hilfen und Unterstützungen verantwortlich sind (z. B. Arbeitsagenturen, Sozialämter, Kinder- und Jugendhilfeeinrichtungen) (Leistungserbringer).

Das zentrale Merkmal in der Adressat*innenforschung ist die Annahme, dass die Adressat*innen ein Problem aufweisen und diesbezüglich nicht mehr bzw. nur eingeschränkt handlungsfähig sind. Die (Wieder-)Herstellung der Handlungsfähigkeit gilt demnach als zentrales Ziel, welches – vermittelt über sozialstaatliche Leistungen – erreicht werden soll. Aufgrund dieser (Neu-)Orientierung an der Handlungsfähigkeit und der damit verbundenen Ablösung der Begriffe ‚Klient*innen' und ‚Kund*innen' durch den Begriff ‚Adressat*innen' rückt der Eigensinn und das Eigenhandeln in den Mittelpunkt. Das heißt, Personen werden unter dem Aspekt betrachtet, dass sie sich selbst bilden und dadurch verändern. Damit wendet sich der Begriff gegen die ursprünglichen Implikationen eines Machtgefälles zwischen den Leistungsgewährenden bzw. -erbringenden und den Betroffenen (Klient*in-Begriff) und einer versachlichten Leistungsbeziehung (Kund*in-Begriff) (vgl. Bitzan/Bolay 2011, S. 18). Gleichzeitig werden die Betroffenen nicht mehr allein mit ihrem Problem wahrgenommen, vielmehr werden sie als prinzipiell handlungsfähige Personen fokussiert, die wegen eines institutionell zugesprochenen und festgestellten Hilfebedarfs Unterstützung benötigen (vgl. Bitzan/Bolay 2011, S. 18), aber auch Potenziale aufweisen. Bei der Zuschreibung des Adressat*innenstatus greifen ganz unterschiedliche Deutungen, Zumutungen, Wahrnehmungen und Problematisierungen ineinander (vgl. Bitzan/Bolay 2013, S. 39 ff.), sodass den Betroffenen ein spezifisches Bild unterstellt wird, wie sie zu sein scheinen und wie sie sein sollen.

Im Mittelpunkt der Adressat*innenorientierung steht – wie bereits erwähnt – die Herstellung von Handlungsfähigkeit bei den Betroffenen (Bitzan/Bolay 2011, S. 19) durch sozialpolitische Leistungen, um die individuellen Probleme und Schwierigkeiten bewältigen zu können. Im Rahmen der Reduzierung und Vermeidung von Armut handelt es sich konkret um die Befähigung zu einer eigenständigen Lebensführung, was – wie eingangs beschrieben – nach den Vorstellungen der Gesetzgeber*innen vornehmlich durch die (Wieder-)Herstellung der Erwerbsfähigkeit möglich ist. Damit heben sie explizit den Bezugspunkt der Handlungsbefähigung und Handlungsfähigkeit hervor. Diese Sichtweise betrifft in hohem Maß Kinder, da ein notwendiges Ziel der Existenzsicherungsgesetzgeber*innen darin besteht, dass Kindern die Mittel und Möglichkeiten bereitgestellt werden, damit sie in ihrem späteren Leben unabhängig von staatlichen Transferleistungen leben können (vgl. Deutscher Bundestag 2010b, S. 42).

Damit ist bereits angedeutet, dass Armut als gesellschaftlich anerkannt und damit als soziales Problem gilt (vgl. Groenemeyer 2011, S. 1390 f.). Nur in diesem Fall erfolgen eine gesellschaftliche Problembearbeitung und damit auch die Erarbeitung von Lösungsstrategien auf gesetzlichen Grundlagen. Indem Armut als soziales Problem definiert wird, liegt die Grundvoraussetzung für die Nutzung des Konzepts der Adressat*innenorientierung vor, dass nach den Gründen und Zusammenhängen sozialer Probleme fragt, um anhand dessen professionelles Handeln zu optimieren (vgl. Oelerich/Schaarschuch 2013, S. 88). Für die vorliegende Fragestellung tritt dieser letzte Schritt in den Hintergrund, da das professionelle Handeln der Leistungserbringer keine Relevanz in der Fragestellung einnimmt. Das Potenzial dieser Theorie für die vorliegende Fragestellung besteht darin, dass die beiden Akteure ‚Gesetzgeber*innen' und ‚Adressat*innen' in den Blick genommen werden und ihre Bedeutung für die Bewältigung des sozialen Problems herausgearbeitet wird. In Anbetracht dessen sind zunächst die nachfolgenden Fragen anhand des Konzepts der Adressat*innenorientierung zu beantworten.

(1) Wie wird das individuelle Problem der Betroffenheit von Armut zu einem sozialen Problem?
(2) Wie erfolgt die Bewältigung von individuellen und sozialen Problemen bei den Adressat*innen?
(3) Was ist unter Handlungsfähigkeit zu verstehen? Und
(4) in welcher Weise können die Gesetzgeber*innen das Bewältigungshandeln der Adressat*innen beeinflussen?

Die ersten drei Fragen werden im nachfolgenden Kapitel 1.1 bearbeitet, bevor im Kapitel 1.2 der Einfluss der Gesetzgeber*innen auf die Bewältigung sozialer Problemlagen dargestellt wird. Anschließend werden in Kapitel 1.3 die Auswirkungen subjektiver Zuschreibungen auf die Adressat*innen erläutert.

1.1 Bewältigung von Problemlagen und die Bedeutung der Handlungsfähigkeit

Zur Beantwortung der Frage nach der Bewältigung individueller und sozialer Probleme, bleibt zu klären, was unter Problemen verstanden wird, wie ein individuelles Problem zu einem sozialen Problem wird und welche Bedeutung sie im Rahmen des Konzepts der Adressat*innenorientierung einnehmen.

Bedeutung von Problemen und deren Bewältigung im Konzept der Adressat*innenorientierung

Ausgangspunkt der Überlegungen zur Adressat*innenorientierung stellen Probleme dar. Probleme können in individuelle und soziale Probleme unterschieden werden. Der Wechsel von der Mikro- auf die Makroebene findet statt, wenn individuelle Problemlagen, die zumeist auf eine Reihe von Menschen zutreffen, von der Öffentlichkeit als gesamtgesellschaftliches Problem definiert werden (vgl. Groenemeyer 2011, S. 1390 f.). Probleme im Allgemeinen werden als Herausforderungen verstanden, welche nicht nur als Aufgaben wahrgenommen werden (vgl. Fröhlich-Gildhoff/Dörner/Rönnau 2007, S. 25). Vielmehr stehen die Betroffenen vor der Schwierigkeit, dass

> „[...] ein unerwünschter Anfangszustand in einen erwünschten Endzustand transformiert werden soll, diese Transformation jedoch durch eine ‚Barriere' behindert wird. Von Problemen ist also die Rede, wenn die Mittel zum Erreichen eines Zieles

unbekannt sind oder die bekannten Mittel auf neue Weise kombiniert werden müssen, aber auch, wenn über das angestrebte Ziel keine klaren Vorstellungen existieren […].“ (Beinbrech 2003, S. 48)

Mit dieser Definition von Problemen wird deutlich, dass zusätzliche Ressourcen und/oder Kompetenzen benötigt werden, die bei den Betroffenen (noch) nicht vorliegen. Dabei können sowohl die Ressourcen fehlen, durch die der erwünschte Endzustand hergestellt werden soll als auch das Wissen, welche Ressourcen einzusetzen sind und wie der Endzustand konkret aussehen soll. Es können auch mehrere dieser Unbestimmtheiten gleichzeitig auftreten. Um ein Problem bewältigen zu können, sind nach Hüther/Dohne (2006) neben Wissen auch spezifische komplexe Fähigkeiten notwendig, wie

> „[…] vorausschauend zu denken und zu handeln (Gestaltungskompetenz), komplexe Probleme zu erkennen (Problemlösungskompetenz) und die Folgen des eigenen Handelns abzuschätzen (Handlungskompetenz, Umsicht), die Aufmerksamkeit auf die Lösung eines bestimmten Problems zu fokussieren und sich dabei entsprechend zu konzentrieren (Motivation und Konzentrationsfähigkeit), Fehler und Fehlentwicklungen bei der Suche nach Lösungen zu erkennen und rechtzeitig korrigieren zu können (Einsicht und Flexibilität) und sich bei der Lösung von Aufgaben nicht von aufkommenden Gefühlen überwältigen zu lassen (Frustrationstoleranz, Impulskontrolle)[…].“ (Hüther/Dohne 2006)

Bei dieser Vielzahl von Einzelkompetenzen werden verschiedene Handlungen in den Blick genommen, die für den individuellen Prozess einer erfolgreichen Problembewältigung notwendig sind. Unter Bewältigung werden

> „[…] alle Reaktionsweisen und Versuche [verstanden; CM], die […][Personen] in einem spezifischen Kontext einsetzen, um Belastungen zu vermeiden, zu überwinden oder erträglich zu gestalten, unabhängig vom Erfolg ihrer Bemühungen.“ (Richter 2000, S. 90)

Der Fokus liegt demnach auf den Handlungen bzw. der Herstellung von Handlungsfähigkeit, um das vorliegende Problem bewältigen zu können. Folglich kann es sich im Rahmen dieser Definition und der damit verbundenen Konzeptualisierung von Problembewältigung sowohl um kleinere eher alltägliche Schwierigkeiten handeln, die kurzfristig lösbar sind, als auch um weitreichende Probleme, deren Bewältigung eine längere Zeitspanne verlangt. Im Rahmen der psychologischen Bewältigungsforschung, auf die sich Böhnisch in seiner Theorie der Lebensbewältigung bezieht und die dem Konzept der Adressat*innenorientierung zugrunde liegt, wird darüber hinaus der Faktor Stress in das Konzept eingebunden. Eine Herausforderung, wird nach dieser Ansicht zu einem Problem, wenn die vorhandenen Fähigkeiten, Fertigkeiten und Wissensbestände nicht dazu ausreichen eine Situation zu bearbeiten. Dieser Zustand wird

> „[...] als niederschlagend, bedrohlich oder herausfordernd wahrgenommen [...]" (Lazarus 1990, S. 204)

und löst psychischen Stress aus. Vor diesem Hintergrund bedeutet Bewältigung eine Auseinandersetzung sowohl mit den externen als auch den internen Anforderungen, vor die die Personen gestellt werden. Demnach umfasst Bewältigung

> „[...] sowohl beobachtbares Verhalten und instrumentelles Handeln als auch kognitive Prozesse, emotionale und physiologische Reaktionen, die ihrem Wesen nach als Handlungsregulation fungieren" (Schuhmacher/Reschke zit. n. Hollstein/Huber/Schweppe 2010, S. 19),

sodass zusätzlich der psychosoziale Einfluss auf die Handlungsfähigkeiten und -kompetenzen aufgegriffen wird.

Böhnisch kritisiert an dieser psychologischen Sichtweise das Fehlen des gesellschaftlichen Einflusses auf die individuelle Bewältigung von Problemen. Vor allem mit Blick auf soziale Probleme, die einer gesellschaftlichen Konstruktion und Priorisierung unterliegen, ist diesem Aspekt eine besondere Bedeutung zuzuschreiben. Böhnisch (2012, S. 47) wird diesem Kritikpunkt in seinem Konzept der Lebensbewältigung gerecht, indem er

> „[...] das Verhältnis von Individuum und Gesellschaft und das Zusammenwirken von gesellschaftspolitischen, sozialstrukturellen und psychosozialen Einflussfaktoren [...][in den Blick nimmt; CM]. Entsprechend kann der gesellschaftliche Ort, an dem psychosoziale Probleme entstehen können, aufgeschlossen werden und die mit dem Bewältigungshandeln verbundenen Betroffenheiten und Befindlichkeiten der Akteurinnen und Akteure erkannt und ihr darauf bezogenes Verhalten nachvollzogen werden." (Hollstein/Huber/Schweppe 2010, S. 19 f.)

Seiner Ansicht nach sind die sozialen Probleme für die Betroffenen in erster Linie immer persönliche Probleme, die sich auf der psychosozialen Ebene befinden. Diese Auswirkungen entstehen aber aufgrund von gesellschaftspolitischen und sozialstrukturellen Veränderungen bzw. Bedingungen. Die Betroffenen nehmen die Umstände i. d. R. als kritische Lebensumstände wahr. Im Allgemeinen gelten diese Problemlagen aber als Abweichung von der Norm (vgl. Böhnisch/Lenz/Schröer 2009, S. 9). Das heißt, gesellschaftliche Veränderungen führen bei einer Reihe von Personen zu neuen Herausforderungen, die sie nicht sofort und ohne zusätzliche Ressourcen bewältigen können. Sie selbst nehmen dies in der rückblickenden Betrachtung ihres Lebenslaufs als kritisches Lebensereignis wahr, da sie diesen Veränderungen nicht in gleicher Weise gerecht werden konnten wie Personen, die diese unbeschadet oder positiv bewältigen konnten.

Problembewältigung als subjektiv empfundene Handlungsunfähigkeit

Ausgangspunkt des Lebensbewältigungskonzepts nach Böhnisch stellen die individuellen Bewältigungsprobleme dar, die in der „[...] Folge gesellschaftlich bedingter sozialer Desintegration" (Böhnisch 2001, S. 1119) entstehen. Das heißt, Herausforderungen, die auf individueller Ebene nach Bewältigung verlangen, treten hervor, wenn Personen von gesellschaftlichen Strukturen und Normzuständen ausgeschlossen sind und sie sich damit als ausgegrenzt und überflüssig wahrnehmen (vgl. Böhnisch 2012, S. 46). Ausgehend von dem Beispiel ‚Arbeitslosigkeit' heißt das, die Betroffenen sind nicht in den Arbeitsmarkt integriert, der aber als zentrales Kriterium der modernen Arbeitsteilung gilt und deren Integrität als Normalzustand angesehen wird. Diese Ausgrenzung aus dem gesellschaftlichen Strukturmoment – als eine zentrale Schwierigkeit der aktuellen Lebenssituation – tritt insbesondere aufgrund der damit verbundenen subjektiv empfundenen Handlungsunfähigkeit in der kritischen Lebenssituation in Erscheinung, weil die aktuell vorhandenen personalen und sozialen Ressourcen nicht ausreichen, um das „psychosoziale Gleichgewicht" (Böhnisch 2001, S. 1119) wieder herzustellen. Mit anderen Worten: Das Selbstbild des Individuums weicht von seinen Vorstellungen und Wünschen über sein Selbst ab und wirkt in der Weise handlungsleitend, dass das Individuum nach Mitteln und Möglichkeiten sucht, um dieses Ungleichgewicht (wieder) zu beheben (vgl. Abb. 2). Für das Beispiel heißt das, dass die betroffenen Personen grundsätzlich den Normen und Strukturen der Gesellschaft entsprechen wollen und in diese integriert sein wollen.

Mit Blick auf Kinder, die in Armut aufwachsen, liegt im Vergleich zu Erwachsenen ein anderes Problem vor. Das kann bspw. darin bestehen, dass sie nicht über die gleichen finanziellen Ressourcen verfügen wie die Gleichaltrigen, weswegen sie nicht alle Strukturen nutzen können, die ein Leben ohne Armut auszeichnet. Dementsprechend erfüllen sie nicht die Normen und sind desintegriert.

Abb. 2: Adressat*innenorientierung 1: Entstehung der Empfindung von Handlungsunfähigkeit

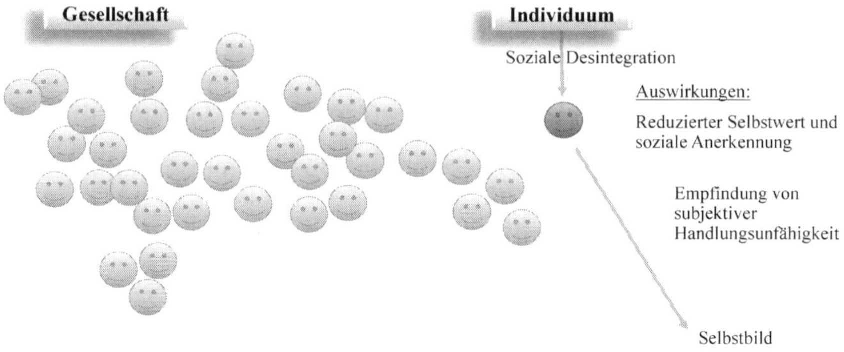

Quelle: eigene Darstellung

Böhnisch geht davon aus, dass Subjekte zur (Wieder-)Herstellung von Handlungsfähigkeit und insbesondere des psychosozialen Gleichgewichts, von insgesamt vier Impulsen angetrieben werden. Dabei handelt es sich um die psychosozialen Faktoren der (a) sozialen Eingebundenheit, (b) der sozialen Orientierung sowie (c) dem positiven Selbstwertgefühl und (d) der Selbstwirksamkeit (vgl. Böhnisch 2001, S. 1120). Nach diesen richten sich die Handlungen von Subjekten aus.

Soziale Eingebundenheit und Anerkennung

Unter sozialer Eingebundenheit und Anerkennung versteht Böhnisch, dass ausreichend sozialer Rückhalt im sozialen Umfeld gegeben ist. Aufgrund der immer höheren Anforderungen der gesellschaftlichen Gegebenheiten wie Flexibilität, Mobilität und Risikobereitschaft, die auch mit Unsicherheiten verbunden sind, verlangen Menschen nach einer Konstante, nach Verlässlichkeit, die sie in ihrem sozialen Umfeld suchen (vgl. Böhnisch 2012, S. 59). Dieses bietet den Menschen, vor allem wenn kritische Lebensereignisse eintreten, Vertrauen und Schutz. Sie müssen nicht sofort mit Ausgrenzung, Abwertungsprozessen und Selbstwertverlust (vgl. Hollstein/Huber/Schweppe 2010, S. 25) in allen Lebensbereichen rechnen.

Soziale Orientierung

Mit sozialer Orientierung beschreibt Böhnisch das Zurechtfinden in der (sozialen) Welt, wofür Regelmäßigkeiten erfahrbar sein müssen. Liegt das nicht vor, äußert sich der Zustand in Rückzug und Apathie (vgl. Hollstein/Huber/Schweppe 2010, S. 22 f.). Das heißt, finden sich Personen in der Gesellschaft auf der sozialen Ebene in der Weise zurecht, dass sie sich integriert fühlen und somit an den gesellschaftlichen Strukturen teilhaben, finden sie sich in der Welt zurecht. Dabei ist das Wiedererkennen der eigenen lebensweltlichen Bezüge in den Vorgängen und Prozessen der Gesellschaft notwendig. Nur wenn sich die Personen in den sozialen Strukturen der Gesellschaft mit ihrer Lebenswelt wiederfinden, kann soziale Orientierung gelingen. Finden sie nur unzureichend Anknüpfungspunkte, entsteht eine Orientierungslosigkeit, die den Rückzug aus den gegebenen Strukturen zur Folge hat.

Positives Selbstwertgefühl

Unter dem dritten Impuls – dem positiven Selbstwertgefühl – versteht Böhnisch das Empfinden von Anerkennung durch Dritte. Selbstwertverlust tritt i. d. R. auf, wenn kritische Lebensereignisse eintreten, die als unnormal angesehen werden bzw. eine ablehnende Haltung durch Dritte mit sich bringen. Gelangen Menschen in ein kritisches Lebensereignis, nehmen sie dies in erster Linie als individuelles Betroffen sein wahr, dass mit Gefühlen wie Hilflosigkeit und Ausgrenzung verbunden ist. Zudem reflektieren sie ihre „sozialen Rollen und Verhaltensmuster" nicht, die ihnen aufgrund ihrer Milieuzugehörigkeit inhärent und i. d. R. unbewusst sind (vgl. Böhnisch 2005, S. 47).

Selbstwirksamkeit

Schließlich handelt es sich bei dem vierten Impuls – der Selbstwirksamkeit – um das unbedingte Streben nach Handlungsfähigkeit, um Anerkennung von Dritten zu erhalten. Das kann jedoch gleichzeitig zu sozial abweichendem Verhalten führen. Menschen, die ein kritisches Lebensereignis bewältigen müssen, versuchen zumindest in der Weise soziale Integration zu erreichen, wie ihre Kompetenzen es ihren Ansichten nach zulassen. Fehlen ihnen die Möglichkeiten und Mittel, um wieder in die gesamtgesellschaftlichen Normzustände zurückzufinden, versuchen sie, zumindest in dem für sie noch als erreichbar scheinenden sozialen Netzwerk eingebunden zu bleiben.

> „Dies können entsprechend der Logik des Bewältigungsparadigmas auch sozial abweichende Verhaltensformen sein, wenn sie Anerkennung und Selbstwirksamkeit" (Böhnisch 2012, S. 48)

zumindest in spezifischen Situationen versprechen. Das begründet sich daher, dass Menschen zuerst nach subjektiver Handlungsfähigkeit streben, welche bereits in einem kleineren sozialen Kontext herstellbar ist und erst nachfolgend die sozialen Normen berücksichtigt, sodass sie die späteren sozialen und gesellschaftlichen Folgen ihres Handelns unberücksichtigt lassen (vgl. Böhnisch 2012, S. 53). Dieser Umstand wird nur zum Problem, wenn das Handeln zur

(Wieder-)Herstellung der subjektiven Handlungsfähigkeit nicht mit den Normen und Strukturen der Gesellschaft übereinstimmt (vgl. Böhnisch 2012, S. 52).

Weiterhin hängt die Ausgestaltung dieser vier Handlungsmotivatoren auf der individuellen Ebene unmittelbar mit den vorliegenden Lebenslagen der Betroffenen zusammen, d. h. mit den persönlichen, sozialen und materiellen Ressourcen, über die sie verfügen, aber auch auf diejenigen, auf die sie keinen Zugriff haben (vgl. Abb. 3). Dies äußert sich bspw. darin, dass materielle Ressourcen die soziale Lebenslage und damit die sozialen Ressourcen stark beeinflussen (vgl. Hollstein/Huber/Schweppe 2010, S. 21). Je nachdem über welche Fähigkeiten bzw. personalen Ressourcen Individuen verfügen, gelingt es ihnen besser oder schlechter, die vorhandenen sozialen und materiellen Ressourcen so einzusetzen, dass sie damit ihre eigenen Vorstellungen und Wünsche umsetzen können (vgl. Glöckler 2011, S. 19).

Abb. 3: Adressat*innenorientierung 2: Lebenslagen als Einflussfaktor auf die Handlungsfähigkeit

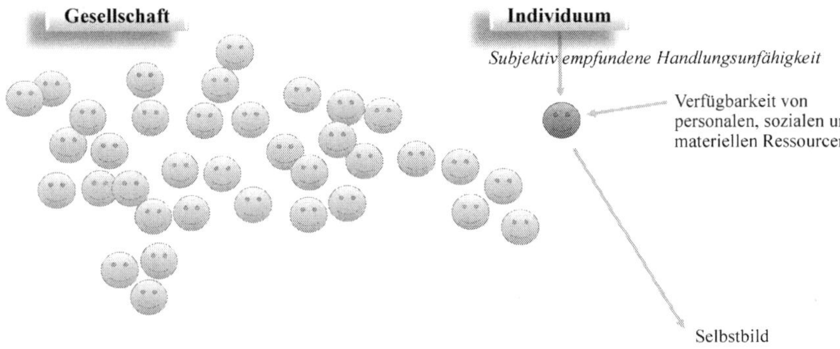

Quelle: eigene Darstellung

Neben diesen inneren Motivatoren bestimmen nach Böhnisch – welcher sich auf Bourdieu bezieht – auch gesellschaftliche Faktoren das Handeln von Individuen und somit die Möglichkeiten der Ausbildung von Handlungsfähigkeit. Seiner Ansicht nach sind

> „[…] Bewältigungsmuster […] nicht situativ beliebig, sondern werden aus einer psycho-sozialen Grundstruktur der Persönlichkeit heraus aktiviert, die der Einzelne aus seinen Herkunftsmilieus heraus erworben hat und die in seiner weiteren biografischen Entwicklung strukturierend wirken“ (Böhnisch/Lenz/Schröer 2009, S. 35).

Die Bewältigung von Herausforderungen und Problemen hängt demnach nicht nur von der spezifischen (Problem-)Situation ab, sondern auch von den Persönlichkeitseigenschaften, die durch das Herkunftsmilieu vermittelt wurden.

Unter Milieus werden

> „[…] Gruppen Gleichgesinnter zusammen[gefasst], die gemeinsame Werthaltungen und Mentalitäten aufweisen und auch die Art gemeinsam haben, ihre Beziehungen zu Mitmenschen einzurichten und ihre Umwelt in ähnlicher Weise zu sehen und zu gestalten“ (Hradil 2005, S. 45).

Die beschriebenen Werthaltungen sind den Menschen i. d. R. nicht bewusst und verändern sich nur sehr langsam (vgl. Hradil 2005, S. 422). Zudem richten sie sich nicht nach den objektiven Lebensumständen (z. B. Bildungsstand, Einkommenshöhe, Stellung im Beruf), aber werden durch diese zu einem gewissen Teil mitbestimmt (vgl. Hradil 2005, S. 426). Milieus haben damit eigene Normalitätsstandards, welche sowohl gesellschaftskonform als auch abweichend von den gesellschaftlichen Normen sein können. Zudem existieren aufgrund des Vorhandenseins der milieuspezifischen Grundsätze eigentümliche Ausgrenzungsmerkmale (vgl. Böhnisch 2012, S. 52).

Die Erfahrungen, die innerhalb dieses Milieus (persönliche Stellung im Milieu) und über die Milieuzugehörigkeit (Stellung des Milieus in der Gesellschaft) vermittelt werden, bestimmen schließlich die individuellen Wahrnehmungs-, Denk- und Handlungsstrukturen und beeinflussen auch das Selbstbild (vgl. Abb. 4).

Abb. 4: Adressat*innenorientierung 3: Einfluss impliziter Prinzipien auf das menschliche Handeln

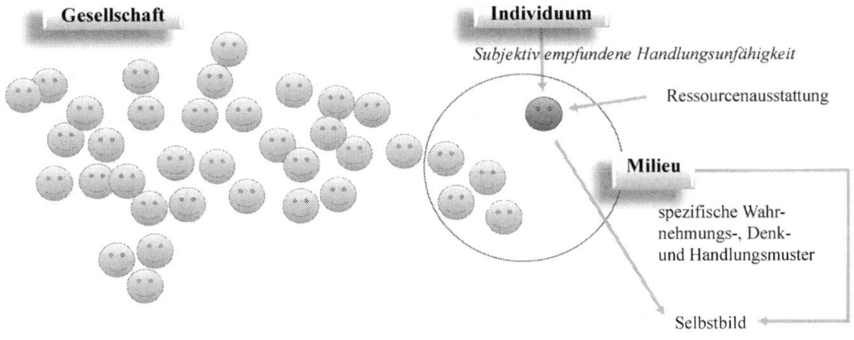

Quelle: eigene Darstellung

Personen, die dem gleichen Milieu zugeordnet werden, weisen demnach ähnliche bis gleiche Grundprinzipien des Handelns auf, die die Struktur ihres Herangehens an Probleme bestimmen. Das bedeutet allerdings nicht, dass Mitglieder desselben Milieus in gleichen Situationen identische Handlungsmuster zeigen. Durch die gesellschaftlich vermittelten Prägungen der Individuen wird vielmehr nur ein Rahmen festgesetzt, in dem sie sich bewegen. Die konkreten Praxen erfolgen individuell (vgl. Bourdieu 2014, S. 239). Demnach greift der Mensch in vergleichbaren Situationen auf die in seinem bisherigen Leben erlernten und bereits erprobten Handlungsweisen zurück, welche jedoch keinem willentlich bestimmten und rational erklärbaren Schema folgen, sondern unbewusst als passend erkannt werden (vgl. Barlösius 2004, S. 120). Erleben Menschen Situationen, denen sie noch keine vergleichbaren Situationen zuordnen können, durchdenken sie bewusst verschiedene, ihnen zugängliche Handlungsoptionen und setzen die für sie am besten rational erklärbaren Handlungspraxen ein (vgl. Barlösius 2004, S. 121). Treten kritische Lebensereignisse erstmals auf, folgt der noch nicht bekannte Teil an Handlungsbedarfen, einem theoretisch begründeten und bewussten Handeln. Hingegen erfolgen Handlungsbedarfe, die sich auf bekannte Situationen beziehen, nicht auf der Grundlage bewusster Entscheidungen. Demnach beeinflusst auch das Wissen über bisher vorgenommene Handlungen das gegenwärtige Handeln, da der Mensch darauf achtet, dass es keine Brüche in seinen Handlungsweisen und Selbstkonstitutionen gibt, da

> „[...] das bisher Gelebte und Erfahrene nicht einfach abbricht oder radikal entwertet wird“ (Böhnisch 2012, S. 58).

Menschen wollen sich also ‚selbst treu bleiben‘ und richten ihr Bewältigungshandeln danach aus. Diese impliziten Prinzipien des menschlichen Handelns, die aus den milieuspezifischen Wahrnehmungs-, Denk- und Deutungsmustern erwachsen, bezeichnet Bourdieu als Habitus (vgl. Bourdieu 2014, S. 101).

Sowohl Bourdieu als auch Böhnisch – der sich in seinem Lebensbewältigungskonzept insbesondere im Rahmen der Konkretisierung der sozialen Orientierung auf Bourdieus Habituskonzept bezieht – gehen davon aus, dass bei der Bewältigung von kritischen Lebensereignissen und Problemen die Einflussfaktoren des Handelns derartig hohe Bedeutung erlangen, dass dadurch Handlungen erzeugt werden, die

> „[...] von den herrschenden und geltenden normativen Mustern der Sozialintegration [...] [abweichen sowie] gegen die Regeln und gesellschaftlich einverständliche[n] Formen des sozialen Zusammenlebens [...]“ (Böhnisch 2012, S. 58)

verstoßen. Die Gegensätze zwischen den individuellen Einflussfaktoren werden zu Ungunsten der gesellschaftlichen Vorstellung und Erwartungen aufgehoben. Da die individuellen Faktoren nicht beobachtbar und für Personen außerhalb des Milieus und ohne eigene Betroffenheit von der konkreten Problemlage kaum nachvollziehbar sind, stoßen die vorgenommenen Handlungen auf Unverständnis. Dies liegt insbesondere daran, dass sie von außen nicht rational begründbar sind.

Heterogenität der Problembewältigung durch Kinder in Armutslagen

Diese Vielzahl von Einflussfaktoren auf menschliches Handeln und Problembewältigung zeigt, dass Probleme von Adressat*innen auf sehr heterogene Weise bearbeitet werden können. Das trifft auch auf die Situation von Kindern zu, die in Armut leben. Allein der Faktor, dass ihre Familien über unterdurchschnittliche finanzielle Ressourcen verfügen, bedeutet nicht, dass ihre weitere Lebenssituation und ihr Umgang mit den Auswirkungen gleich sind. Genau zu diesen Ergebnissen kommen die Studien von Meier/Preuße/Sunnus (2003), Chassé/Zander/Rasch (2007) und Hock/Holz/Wüstendörfer (2000a und 2000b), die jeweils in unterschiedlicher Weise aufzeigen, dass Armut im Familienhaushalt nicht pauschalisiert werden kann. Die Verfügbarkeit über ein zu geringes Einkommen bedeutet nicht gleichzeitig, dass die Personen über einen niedrigen Bildungsstand verfügen, dass sie mit gesundheitlichen Einschränkungen leben müssen und dass sie nur geringe soziale Kompetenzen aufweisen. Zusammenhänge zwischen den sog. ‚Lebenslagen' bestehen zwar, können aber bei Armutslagen nicht a priori angenommen werden.

Die Ergebnisse der Studien geben Aufschluss über die Lebenssituationen von Kindern, die in Armutslagen aufwachsen, und ermöglichen eine erste Beschreibung ihrer Situation. Auf der Grundlage dieser Befunde und den – nachfolgend noch zu rekonstruierenden – Kinder- und Kindheitsbildern der Gesetzgeber*innen können Anhaltspunkte für die Möglichkeiten und Grenzen der Armutsbewältigung der Kinder identifiziert werden. In Anbetracht dessen werden nachfolgend Ergebnisse der Studien dargestellt. Dabei handelt es sich um die Zuordnung der Kinder und ihrer Familien zu sog. ‚Armutstypen'. Diese werden jeweils erst benannt und anschließend beschrieben.

Vier Familienarmutstypen nach Meier/Preuße/Sunnus

Meier/Preuße/Sunnus (2003) konnten die heterogenen Auswirkungen von Armut i. S. finanzieller Unterversorgung erstmal eindrücklich durch die Darstellung von Familienarmutstypen aufzeigen. Im Ergebnis bestehen nach ihren Erkenntnissen vier Armutstypen

Typ 1: die ‚verwalteten Armen',
Typ 2: die ‚erschöpften Einzelkämpfer',
Typ 3: die ‚ambivalenten Jongleure' und
Typ 4: die ‚vernetzten Aktiven'.

Unter dem Armutstyp 1: den ‚verwalteten Armen' werden die Familien zusammengefasst, die von einer generationenübergreifende Armut betroffen sind und sich nunmehr mit dieser Situation arrangieren, d. h. sie haben keine Hoffnung mehr auf ein Leben ohne überdurchschnittlich hohe, materielle Einschränkungen. Sie haben unterdessen resigniert. Ihre äußerst geringe Erwerbsorientierung beruht sowohl auf den kaum vorhandenen Chancen auf dem Arbeitsmarkt aufgrund der geringen Bildungs- und Ausbildungskarriere als auch auf der Problematik der sog. ‚entglittenen Zeitstrukturen'. Ihnen gelingt es nur schwer drei bis vier Termine in der Woche zu koordinieren (vgl. Meier/Preuße/Sunnus 2003, S. 337). Diese Problematik wirkt sich in besonderer Weise auf ihre Kinder aus, die ohne die Hilfe ihrer Eltern genau solch einen geregelten Tagesablauf bewältigen müssen, um den Anforderungen des Bildungssystems gerecht zu werden. Zudem können sie ihren Kindern wegen ihres niedrigen Bildungsstands bei schulischen Problemen, selbst wenn sie es wollen, nicht helfen. Darüber hinaus sind sie

> „weder mental noch alltagspraktisch in der Lage, ihren Kindern Daseinskompetenzen wie Bindungs- und Konfliktfähigkeit, Durchhaltevermögen, emotionale Stabilität oder haushälterische Grundkompetenzen zu vermitteln" (Meier/Preuße/Sunnus 2003, S. 331).

Bei diesem Familienarmutstyp handelt es sich um solche Familien, die ihren Lebensunterhalt ausschließlich durch Transferleistungen finanzieren, da sie nicht über Einkünfte aus Erwerbstätigkeit verfügen.

Die ‚erschöpften Einzelkämpfer' als zweiter Armutstyp sind gekennzeichnet durch ihre überdurchschnittlich hohe Arbeitsbelastung im Familien- und Berufsalltag. Sie stehen vor der Herausforderung neben ihrer i. d. R. gering entlohnten Vollzeitbeschäftigung auch die familiären und haushaltsbezogenen Aufgaben zu erfüllen sowie gleichzeitig mit den geringen finanziellen Mitteln zu wirtschaften (vgl. Meier/Preuße/Sunnus 2003, S. 332). Teilweise haben sie neben ihren Kindern noch pflegebedürftige Familienangehörige zu versorgen (vgl. Meier/Preuße/Sunnus 2003, S. 333). Weiterhin können sie aufgrund ihres Erwerbsstatus oft nicht auf finanzielle Vergünstigungen zurückgreifen und sind somit im Vergleich zu den Transferleistungsempfänger*innen zusätzlich benachteiligt (vgl. Meier/Preuße/Sunnus 2003, S. 332). Allerdings besteht bei diesem Armutstyp auch die Möglichkeit, dass sie sog. ‚Aufstockungen' auf ihr

Erwerbseinkommen über das SGB II erhalten, da ihre Jobs nicht im dem Maße entlohnt werden, dass sie – teilweise trotz Vollzeiterwerbstätigkeit – den Lebensunterhalt ihrer Familien sichern können.

Ferner fühlen sie sich mit ihren Problemlagen von offizieller Seite meist allein gelassen, da ihnen keine angemessenen öffentlichen Hilfeangebote zur Verfügung gestellt werden. Die damit verbundenen psychischen Belastungen führen außerdem zu innerfamiliären Konflikten und teilweise zu einem Erziehungsstil, der durch vermehrte Strafen und mit weniger Zuwendung verbunden ist (vgl. Meier/Preuße/Sunnus 2003, S. 332).

Charakteristisch für den Armutstyp 3: die ‚ambivalenten Jongleure' ist insbesondere das fehlende vorausschauende Denken, um die Konsequenzen für ihr Handeln realistisch einschätzen zu können (vgl. Meier/Preuße/Sunnus 2003, S. 301). Sie befinden sich zumeist in eher unproblematischen Ausgangssituationen, gelangen jedoch durch risikobehaftete Entscheidungen sequenziell immer wieder in Armutssituationen (vgl. Meier/Preuße/Sunnus 2003, S. 334). Aufgrund der dadurch entstandenen hohen Verschuldung stehen sie unter erhöhtem psychischen Stress, der das Familienklima beeinflusst. Trotz dieser Schwierigkeiten nutzen sie keine institutionellen Hilfeangebote. Die Belastungen führen zu psychischem Stress, welcher sich wiederum negativ auf das Familienklima sowie das Erziehungsverhalten auswirken kann (vgl. Meier/Preuße/Sunnus 2003, S. 301 f.). Nichtsdestotrotz verfügen sie über grundlegende Alltagskompetenzen wie Eigenverantwortlichkeit, Wahrnehmung der Bedürfnisse ihrer Kinder und geeignete Alltagsstrukturen für die Versorgung des Haushaltes und deren Mitglieder (vgl. Meier/Preuße/Sunnus 2003, S. 302). Bei dieser Gruppe handelt es sich um Familien, die nur kurzzeitig aber durchaus in regelmäßigen Abständen von existenzsichernden Leistungen leben, jedoch über die Kompetenzen und Fähigkeiten verfügen, diese Situation aus eigenen Kräften zu verlassen.

Der Armutstyp 4: die ‚vernetzten Aktiven' zeichnen sich durch ihre Vielzahl von Ressourcen aus. Mit Hilfe des Bildes einer alleinerziehenden Studentin werden bereits die wesentlichen Merkmale dieses Armutstyps ersichtlich. Personen in diesem Familienarmutstyp verfügen über ein breites familiäres und soziales Netzwerk, welches ihnen neben materiellen Hilfen, Sach- und Dienstleistungen auch emotionale Unterstützung bietet. Weiterhin nehmen sie institutionelle Hilfen selbstbewusst in Anspruch und stehen in dieser Weise für ihre Rechte ein (vgl. Meier/Preuße/Sunnus 2003, S. 302 f.). Trotz zum Teil schwerer persönlicher Enttäuschungen gelingt ihnen eine positive Bewältigung ihres eigenen und des Alltags ihrer Kinder. Sowohl aufgrund ihres hohen Bildungsstandes als auch wegen der Vielzahl weiterer persönlicher Ressourcen verfügen sie über vielfältige Daseins- und Alltagskompetenzen (vgl. Meier/Preuße/

Sunnus 2003, S. 335). Diese Gruppe steht aber vor besonderen Schwierigkeiten hinsichtlich ihrer Alltagsbewältigung, wenn eine Person aus dem Netzwerk ausfällt, da ihr Arrangement dann nicht mehr funktioniert (vgl. Meier/Preuße/Sunnus 2003, S. 303 f.). Ihren Lebensunterhalt können sie mutmaßlich durch verschiedene Transferleistungen sichern. Befinden sie sich aktiv im Studium, erhalten sie bspw. Leistungen nach dem BAföG. Haben sie ihr Studium abgeschlossen, haben sie i. d. R. Anspruch auf Leistungen nach dem SGB II.

Kinderarmutstypen nach Hock/Holz/Wüstendörfer

Über diesen vornehmlich familienbezogenen Blick hinaus haben sich die Autor*innen der sog. ‚AWO-ISS-Studie' das Ziel gesetzt, sog. ‚Kinderarmutstypen' zu identifizieren, sodass sie – ausgehend von einer familienbezogenen Sichtweise – die Auswirkungen von Armut auf die Lebenslagen der Kinder fokussieren. Ausgehend von der materiellen Ausstattung der Familie wird bestimmt, ob Armut vorliegt. Anschließend wird untersucht, wie sich die familiäre materielle Deprivation auf die Lebenslagen der Kinder auswirkt. Weiterführend zeigen sie die Hilfe- und Unterstützungsbedarfe dieser Familien auf.

Hock/Holz/Wüstendörfer (2000a) konnten fünf Typen von Armut im Kindesalter ermitteln. Dabei handelt es sich um

Typ 1: ‚Wohlergehen des Kindes trotz eingeschränkter materieller Ressourcen'
Typ 2: ‚Armut als „Nebenproblem" einer gravierenden sozio-emotionalen Belastung'
Typ 3: ‚Armut als aktuell begrenzte Benachteiligung und latente Gefahr'
Typ 4: ‚Armut als massive materielle und kulturelle Benachteiligung'
Typ 5: ‚Armut als multiple Deprivation'.

Der Typ 1: ‚Wohlergehen des Kindes trotz eingeschränkter materieller Ressourcen' zeichnet sich dadurch aus, dass Kinder trotz der finanziellen Unterversorgung im Familienhaushalt keine Einschränkungen hinnehmen müssen. Ihre Eltern schränken die Befriedigung der eigenen Bedürfnisse stark ein. Die dadurch frei werdenden Ressourcen setzen sie vollständig für ihre Kinder ein, sodass die Kinder von der finanziellen Unterversorgung nicht betroffen sind. Auch auf der immateriellen Ebene sorgen sie in einer solchen Weise für ihre Kinder, sodass sie keine ungewöhnliche Entwicklung zeigen (vgl. Hock/Holz/Wüstendörfer 2000a, S. 141).

Dieser Kinderarmutstyp besitzt eine inhaltliche Nähe zum Familienarmutstyp der vernetzten Aktiven, da die Kinder dieser Familien kaum bis keine Einschränkungen in ihren Bedarfen hinnehmen müssen.

Hock/Holz/Wüstendörfer (2000a, S. 152) weisen weiterhin darauf hin, dass diese Familien Hilfen im materiellen Bereich wie die Erhöhung des Kindergeldes oder der Transferleistungen benötigen, aber vor allem ein ausreichend gut ausgebautes Netzwerk an institutionellen Betreuungsangeboten für ihre Kinder, damit sie die Möglichkeit erhalten, eine Erwerbstätigkeit aufzunehmen oder auszuweiten. Außerdem benötigen sie punktuelle fachliche Unterstützung bspw. im materiellen Bereich, wenn sie verschuldet sind, oder im psychisch-therapeutischen Bereich, um die belastenden Lebensereignisse aufzuarbeiten und bewältigen zu können.

Für die Kinder des Typ 2: ‚Armut als „Nebenproblem" einer gravierenden sozio-emotionalen Belastung' ist die finanzielle Unterversorgung der Familie kaum bis gar nicht bedeutsam. Aufgrund eines als einschneidend wahrgenommenen Lebensereignisses (wie den Verlust eines Elternteils wegen Trennung oder Scheidung der Eltern), das sich kurz vor oder zum gleichen Zeitpunkt ereignet hat wie das Eintreten der Armutslage, rückt die materielle Situation für die Kinder in den Hintergrund. Entsprechend der Bewältigungsstrategie des verbleibenden Elternteils können die Kinder diese psychische Belastung besser oder schlechter verarbeiten. Die materielle Situation kann sich dabei nachteilig auswirken (vgl. Hock/Holz/Wüstendörfer 2000a, S. 142).

Dieser Armutstyp kann auf den ersten Blick keinem Familienarmutstyp nach Meier/Preuße/Sunnus zugeordnet werden, da die Charakteristika dieses Kinderarmutstyps aufgrund der fehlenden kindspezifischen Sichtweise in keinem der Familienarmutstypen aufgezeigt werden. Möglich wäre aber, dass diese Situation bei den ambivalenten Jongleuren auftritt. Ist eine Trennung vom*von der Partner*in zu erwarten, aber die Eltern nehmen trotzdem noch große Anschaffungen wie den Kauf eines Familienautos oder eines Hauses vor, ohne dass sie über die dafür notwendigen finanziellen Mittel verfügen, verschulden sie sich stark. Mit der Trennung benötigen die Partner diese Anschaffungen nicht mehr, sodass sie sich hoch verschuldet haben, ohne den Kauf für sich effektiv nutzen zu können.

Bei den Hilfebedarfen, die Hock/Holz/Wüstendörfer (2000a, S. 152) für diesen Kinderarmutstyp aufzeigen, handelt es sich um die Sicherung der Erwerbstätigkeit des alleinerziehenden Elternteils. Das sehen sie vor allem durch die Bereitstellung eines adäquaten institutionellen Betreuungsangebotes sowohl im frühen Kindesalter als auch in der Schulzeit sichergestellt. Weiterhin benötigen diese Familien u. U. längere Freistellungen von der Erwerbstätigkeit bei einer schweren Krankheit ihrer Kinder. In diesen Fällen brauchen sie insoweit Unterstützung, dass sie in dieser Zeit keine (großen) finanziellen Einschränkungen hinnehmen müssen. Darüber hinaus sprechen die Autor*innen den Eltern psychische Hilfebedarfe zu, damit sie ihre Belastungen bewältigen können und sich diese nicht negativ auf ihre Kinder auswirken.

Im Typ 3: ‚Armut als aktuell begrenzte Benachteiligung und latente Gefahr' liegen neben der finanziellen Unterversorgung zusätzliche schwerwiegende Problemlagen der Eltern vor wie Suchtprobleme, regelmäßig wiederkehrende Partnerschaftskonflikte und/oder sehr geringe soziale und kulturelle Kompetenzen. Diese Problemlagen spiegeln sich u. a. in ständiger Überlastung der Eltern wider. Die gravierendere Schwierigkeit besteht auch für ihre Kinder nicht in der finanziellen Deprivation, sondern in den psychischen Belastungen, die sich negativ auf ihre soziale Lage auswirken, sodass Defizite in den weiteren Lebenslagenbereichen erkennbar sind (vgl. Hock/Holz/Wüstendörfer 2000a, S. 143 f.).

Diese Familien scheinen zwar weder von generationenübergreifender Armut betroffen zu sein, noch scheinen sie zu resignieren. Die Auswirkungen auf die Kinder passen jedoch zum Familienarmutstyp der verwalteten Armen.

Als Hilfebedarfe sprechen Hock/Holz/Wüstendörfer (2000a, S. 153) diesem Kinderarmutstyp problemspezifische Unterstützungen zu, die insbesondere über ein verbessertes und weiter ausgebautes Netzwerk sozialpädagogischer Einrichtungen durchgeführt werden sollten. Dazu zählen sie bspw. ein

> „qualifiziertes Vorsorge und Beratungsnetz vor und nach der Geburt des Kindes mit Ausrichtung auf eine soziale Betreuung und Beratung" (Hock/Holz/Wüstendörfer 2000a, S. 153)

sowie eine stärkere sozialbetreuerische und sozialintegrativere Ausrichtung von Kindertagesbetreuungsangeboten. Dabei sollen die Familien im Allgemeinen und ihre Kinder im Besonderen als Menschen mit Ressourcen wahrgenommen werden und in ihren Kompetenzen gestärkt werden. Erst im Anschluss sollten die Professionellen an den Schwächen der Mitglieder dieses Armutstyps arbeiten.

Bei dem Typ 4: ‚Armut als massive materielle und kulturelle Benachteiligung' handelt es sich um Ausländer*innen mit unsicherem Aufenthaltsstatus. Ihre finanzielle Situation und materielle Ausstattung ist noch geringer als die von Deutschen, die von Armut betroffen sind. Dies liegt an den niedrigeren Sozialleistungen[4], den fehlenden Arbeitserlaubnissen der Eltern und wird da-

---

4 Zum Zeitpunkt als die Studie erstellt wurde, lagen die finanziellen Mittel, die Ausländer*innen mit unsicherem Aufenthaltsstatus (über das AsylbLG) gewährt wurden, noch

durch verschärft, dass die Familien Geld für eine drohende Ausreise ansparen. Darüber hinaus können die Eltern ihre Kinder nicht in schulischen Angelegenheiten unterstützen, da ihnen die notwendigen sprachlichen Kenntnisse fehlen. Die Kinder lernen die deutsche Sprache meist in den Bildungseinrichtungen.

Trotz der niedrigen finanziellen Ausstattung gelingt es den Familien zumeist besser mit diesen Mitteln zu wirtschaften als deutschen Familien, da sie oftmals bereits in ihren Herkunftsländern lernen mussten, mit sehr geringen Mitteln auszukommen. Zusätzlich beziehen sich die fremdkulturellen Defizite zumeist auf die unzureichenden Deutschkenntnisse. In ihrem Herkunftsland haben sie i. d. R. die schulische und eine berufliche Ausbildung erfolgreich absolviert, die ihnen in Deutschland jedoch nicht anerkannt wird. Gleichzeitig versuchen sie ihre Kinder bestmöglich zu fördern und bringen ihnen ein hohes Maß an emotionaler Zuwendung entgegen (vgl. Hock/Holz/Wüstendörfer 2000a, S. 145 f.).

Dieser Kinderarmutstyp kann keinem Familienarmutstyp zugeordnet werden, da Meier/Preuße/Sunnus die Gruppe der Ausländer*innen, die nicht über eine dauerhafte Aufenthaltserlaubnis verfügen, aus ihrem Sampling ausgeschlossen haben (vgl. Meier/Preuße/Sunnus 2003, S. 159 f.).

Familien, die diesem Kinderarmutstyp zugeordnet werden, benötigen nach Hock/Holz/Wüstendörfer (2000a, S. 153 f.) vor allem Sicherheit hinsichtlich ihres Aufenthaltsstatus. Ihrem Erachten nach sind die Gesetze so anzupassen, dass die Unsicherheit insbesondere für Familien mit Kindern reduziert wird. Weiterhin benötigen diese Familien frühzeitig die Möglichkeit, sich mit den in Deutschland vorherrschenden Strukturen vertraut machen zu können. Von besonderer Wichtigkeit ist dabei das Erlernen der deutschen Sprache, was den Kindern vornehmlich durch einen ganztägigen Besuch einer Kindertageseinrichtung ermöglicht werden kann, sodass sie später mit den Kompetenzen für einen erfolgreichen Schulbesuch ausgestattet sind. Neben den Kindern sollen auch die Eltern Unterstützung beim Erlernen aller notwendigen Kompetenzen für ein Leben in Deutschland erhalten. Schließlich ist nach Hock/Holz/Wüstendörfer die Zuständigkeit des Jugendamtes für diese Kinder auszuweiten.

---

deutlich unter der Höhe der Leistungen, die Bezieher*innen von Existenzsicherungsleistungen (zu diesem Zeitpunkt vor allem Sozialhilfe) erhielten.

Bei dem Typ 5: ‚Armut als multiple Deprivation' handelt es sich um diejenigen Kinder, bei denen neben der finanziellen Unterversorgung auch in den anderen Lebensbereiche Deprivationen vorliegen. Die Eltern haben sich in ihrer Situation eingerichtet und sehen weder für sich selbst noch für ihre Kinder Zukunftsperspektiven. Sie verfügen nur über geringe kulturelle und soziale Fähigkeiten und haben im Kampf gegen die Vielzahl von Problemen (Arbeitslosigkeit, Partnerschaftsprobleme, dauerhafte Einschränkungen aufgrund unzureichender finanzieller Mittel etc.) resigniert und „die Orientierung an ‚Normalitätsstandards' aufgegeben" (Hock/Holz/Wüstendörfer 2000a, S. 146). Für die Kinder wirkt sich dieser Zustand nicht nur im materiellen, kulturellen und sozialen Bereich aus, sondern führt auch zu gesundheitlichen Problemen und Entwicklungsdefiziten. Leben mehrere Kinder in solchen Haushalten wirken die älteren Kinder mit ihren Problemen und Schwierigkeiten zumeist negativ auf die Situation der jüngeren Kinder (vgl. Hock/Holz/Wüstendörfer 2000a, S. 146). Bei diesem Kinderarmutstyp sind vielfältige Überschneidungen zum Familienarmutstyp der verwalteten Armen zu erkennen.

Hock/Holz/Wüstendörfer (2000a, S. 154) weisen aufgrund der inhaltlichen Nähe zu Typ 3 ‚Armut als aktuell begrenzte Benachteiligung und latente Gefahr' darauf hin, dass beide Typen grundsätzlich die gleichen Hilfen benötigen. Da Armutstyp 3 lediglich von einer frühzeitigeren Armutsbetroffenheit und damit länger andauernden negativen Einflüsse auf die Kinder gekennzeichnet ist, besteht hier verstärkt die Möglichkeit, dass „gravierende nichtmaterielle Probleme" (Hock/Holz/Wüstendörfer 2000a, S. 154) vorliegen, die nicht zu lösen sind. In diesen Fällen sollen die Kinder so oft und so lange wie möglich außerhalb der Familie gefördert werden.

Die Autor*innen der beiden Studien zeigen damit den engen Zusammenhang zwischen elterlichen (Bewältigungs-)Kompetenzen, Fähigkeiten sowie Handlungen und der Lebenssituation ihrer Kinder auf. Sie denken die Lebenssituation der von Armut betroffenen Kinder im Kontext der Familie und beziehen sich nicht nur auf die Lebenslagen der Kinder. Zudem wird deutlich, dass sich eine finanzielle Unterversorgung nicht auf andere Lebenslagen von Kindern auswirken muss. Es kann nicht davon ausgegangen werden, dass die Lebenslagen von Kindern bei finanzieller Unterversorgung in gleicher Weise eingeschränkt werden. Vielmehr können sich die Lebenslagen der von Armut betroffenen Kinder in jeglicher Weise ausprägen, sodass im Ergebnis nicht von einer einheitlichen Gruppe von Kindern gesprochen werden kann. Für eine Verringerung dieser Armutsfolgen benötigen sie auf der Grundlage ihrer heterogenen Ressourcenausstattungen und Bedürfnisse unterschiedliche Unterstützungen und Hilfen innerhalb der verschiedenen Lebensbereiche. Lediglich der

Bedarf an finanziellen Mitteln offenbart sich hier als Gemeinsamkeit. Bei gelegentlich vorhandenen Bedürfnissen (d. h. nicht etwa Ernährung, Kleidung etc., sondern bspw. eine Feier zur Einschulung oder einem Fahrrad) kann nicht von vornherein eine Gleichheit in den Bedürfnissen angenommen werden. Außerdem wird deutlich, dass sich die Ergebnisse der beiden Studien trotz des veränderten Blickes – Meier/Preuße/Sunnus aus Sicht von Familien und Hock/Holz/Wüstendörfer aus Sicht der Kinder und ihrer Familien – nicht grundsätzlich voneinander unterscheiden. Sie kommen zu sehr ähnlichen Ergebnissen bei denen sie immer wieder darauf verweisen, dass die Hilfen insbesondere auch bei den Eltern anzusetzen sind. Dementsprechend gehen sie nicht von einer elternunabhängigen Problembewältigung aus.

Armuts- und Bewältigungstypen nach Chassé/Zander/Rasch

Chassé/Zander/Rasch (2007) kommen in ihrer sog. ‚Jenaer Kinderarmutsstudie' zu sehr ähnlichen Ergebnissen. Demnach sind Kinder bezüglich ihrer konkreten materiellen, aber auch der sozialen und kulturellen Lage in besonderer Weise von den familiären Ressourcen abhängig. Die allgemeine Verfügbarkeit der familiären Ressourcen wird durch die Eltern bestimmt, da sie die Verantwortung für die innerfamiliäre Ver- und Zuteilung der Ressourcen übernehmen und die Priorität hinsichtlich der Nutzung festlegen. Schließlich bestimmt sich die Verfügbarkeit auch darüber, wie die Eltern mit den Ressourcen umgehen. Vor diesem Hintergrund können die Armutsbetroffenheit und ihre Folgen bei Eltern und ihren Kindern voneinander abweichen (vgl. Chassé/Zander/Rasch 2007, S. 211). Die Autor*innen bezeichnen die identifizierten Typen wie folgt

Typ 1: ‚Elterliche Armut – Kindliche Kompensation'
Typ 2: ‚Kindliche Benachteiligungen in unterschiedlichen Kombinationen'
Typ 3: ‚Stark und mehrfach benachteiligte Kinder'.

Diese drei Armutstypen sind den Typen der AWO-ISS-Studie sehr ähnlich. Nachfolgende Tabelle zeigt bereits, welche Typen der drei Studien in ihren Charakteristika vergleichbar sind (vgl. Tab. 1).

Tab. 1: Gegenüberstellung der Armutstypen der Studien Meier/Preuße/Sunnus, Hock/Holz/Wüstendörfer und Chassé/Zander/Rasch

	Meier/Preuße/Sunnus	Hock/Holz/Wüstendörfer	Chassé/Zander/Rasch
Bezeichnung der Armutstypen	**Typ 1:** Die ‚verwalteten Armen'	**Typ 3:** Armut als aktuell begrenzte Benachteiligung und latente Gefahr **Typ 5:** Armut als multiple Deprivation	**Typ 3:** ‚Stark und mehrfach benachteiligte Kinder'
	Typ 2: Die ‚erschöpften Einzelkämpfer'	**Typ 2:** Armut als „Nebenproblem" einer gravierenden sozio-emotionalen Belastung	**Typ 2:** ‚Kindliche Benachteiligung in unterschiedlichen Kombinationen'
	Typ 3: Die ‚ambivalenten Jongleure'	**Typ 2:** Armut als „Nebenproblem" einer gravierenden sozio-emotionalen Belastung	
	Typ 4: Die ‚vernetzten Aktiven'	**Typ 1:** ‚Wohlergehen des Kindes trotz eingeschränkter materieller Ressourcen'	**Typ 1:** ‚Elterliche Armut – Kindliche Kompensation'
		Typ 4: Armut als massive materielle und kulturelle Benachteiligung	

Quelle: eigene Darstellung

Chassé/Zander/Rasch beschreiben ihren Typ 1: ‚Elterliche Armut – Kindliche Kompensation' im Wesentlichen mit den gleichen Merkmalen wie Hock/Holz/Wüstendörfer ihren Kinderarmutstyp 1: ‚Wohlergehen des Kindes trotz eingeschränkter materieller Ressourcen' (vgl. Chassé/Zander/Rasch 2007, S. 273 ff.). Sie charakterisieren den Armutstyp ‚Elterliche Armut – Kindliche Kompensation' zusammenfassend wie folgt

> „Die Kinder […] sind zwar familienbezogen materiell arm, doch mit vieldimensionalen und zahlreichen außerfamilialen Kompensationsmöglichkeiten; es sind – subjektiv relativ – wenig belastete Kinder mit großem Sozialraum, Aktionsraum, großer Kontaktvielfalt, vergleichsweise vielen Möglichkeiten der Interessenverfolgung sowie kaum beeinträchtigende Gestaltungsmöglichkeiten des Kinderlebens." (Chassé/Zander/Rasch 2007, S. 300)

Weiterhin lassen sich die beiden sehr ähnlichen Kinderarmutstypen 3 und 5 (‚Armut als aktuell begrenzte Benachteiligung und latente Gefahr' sowie ‚Armut als multiple Deprivation') nach Hock/Holz/Wüstendörfer mit dem Typ 3: ‚Stark und mehrfach benachteiligte Kinder' nach Chassé/Zander/Rasch (2007,

S. 276 ff.) vergleichen. Zusammenfassend stellen Chassé/Zander/Rasch ihren Typ 3 wie folgt dar.

> „Die Eltern und Familien sind meist stark belastet; die Kinder sind in allen wichtigen Lebensbereichen stark benachteiligt. Die Kinder selbst sind z. T. zusätzlich durch Umzüge und Schulwechsel belastet – es sind Kinder ohne Alltagsstrukturen und in vernachlässigenden Elternbeziehungen, wenig elterliche Aufmerksamkeit und Kontrolle des Kinderlebens. Die Kinder haben wenig oder keine Spielkameradschaften und Freundschaften, große Probleme in Schule und Gleichaltrigenbeziehungen. Fast alle Lebens- und Sozialisationsbereiche bieten kaum Anerkennung für die Kinder und insgesamt sind wenig entwicklungsfördernde Strukturen vorhanden." (Chassé/Zander/Rasch 2007, S. 302)

Den dritten Kinderarmutstyp nach Chassé/Zander/Rasch bezeichnen sie als Typ 2: ‚Kindliche Benachteiligungen in unterschiedlichen Kombinationen'. Dieser ähnelt dem Kinderarmutstyp 2: ‚Armut als „Nebenproblem" einer gravierenden sozio-emotionalen Belastung' (vgl. Chassé/Zander/Rasch 2007, S. 297 f.) und dem Familienarmutstyp 2: ‚Die erschöpften Einzelkämpfer' (vgl. Chassé/Zander/Rasch 2007, S. 299). Kinder dieses Armutstyps zeigen Einschränkungen in einzelnen, aber nicht in allen Lebensbereichen. Trotzdem sind sie stark belastet. Ein Teil der Kinder findet allerdings externe Unterstützungspotenziale, sodass die Autor*innen innerhalb dieses Armutstyps noch einmal zwischen zwei Gruppen unterscheiden: erstens den ‚Kindern mit wenig wirksamen Kompensationsmöglichkeiten im Kinderleben' und zweitens den ‚Kindern mit extern erschlossenen Bewältigungsmöglichkeiten'. Die erste Gruppe zeichnet sich durch die folgenden Charakteristika aus

> „Die Kinder sind mäßig, aber unbefriedigend integriert, haben z. T. auch Probleme mit Gleichaltrigenbeziehungen, teils wegen fehlender Unterstützung durch die Eltern, der Lage der Wohnung und teils wegen Hänseleien. Es sind dies:
>
> - Kinder mit vergleichsweise geringen Kompensationsmöglichkeiten durch Netzwerke
> - Kinder mit geringer Förderung und mäßiger Ermöglichung durch die Eltern
> - Im Einzelfall [...][haben sie] dennoch wegen der elterlichen Ressourcen gute Entwicklungschancen." (Chassé/Zander/Rasch 2007, S. 301)

Die zweite Gruppe – den Kindern mit extern erschlossenen Bewältigungsmöglichkeiten – unterscheiden sie wiederum in diejenigen, die (1) diese Bewältigungsmöglichkeiten selbst erschlossen haben, in (2) Kinder, die von der aktiven Erweiterung des Netzwerks mindestens eines Elternteils profitieren und (3) den Kindern mit institutionellen Kompensationsmöglichkeiten (vgl. Tab. 2).

Tab. 2: Armutstypen nach Chassé/Zander/Rasch

<table>
<tr><td>Typ 1:
‚Elterliche Armut – Kindliche Kompensation'</td><td></td><td></td></tr>
<tr><td rowspan="4">Typ 2:
‚Kindliche Benachteiligung in unterschiedlichen Kombinationen'</td><td rowspan="3">Typ 2a:
‚Kindern mit extern erschlossenen Bewältigungsmöglichkeiten'</td><td>Typ 2a-1:
Kinder, die die Bewältigungsmöglichkeiten selbst erschlossen haben</td></tr>
<tr><td>Typ 2a-2:
Kinder, die von der aktiven Erweiterung des Netzwerks mindestens eines Elternteils profitieren</td></tr>
<tr><td>Typ 2a-3:
Kindern mit institutionellen Kompensationsmöglichkeiten</td></tr>
<tr><td>Typ 2b:
‚Kindern mit wenig wirksamen Kompensationsmöglichkeiten im Kinderleben'</td><td></td></tr>
<tr><td>Typ 3:
‚Stark und mehrfach benachteiligte Kinder'</td><td></td><td></td></tr>
</table>

Quelle: eigene Darstellung

Die erste Gruppe, also die ‚Kinder, die die Bewältigungsmöglichkeiten selbst erschlossen haben' ist dem Armutstyp 1 nah, da diese Kinder eine Vielzahl von Kompensationsmöglichkeiten bspw. in der Schule, im kindlichen oder im familiären Netzwerk aufweisen und die Armutsfolgen dadurch nicht zu starken Belastungen werden oder zu einer Vielzahl von Einschränkungen führen (vgl. Chassé/Zander/Rasch 2007, S. 301). Die zweite Gruppe – die ‚Kinder, die von der aktiven Erweiterung des Netzwerks mindestens eines Elternteils profitieren' – ist gekennzeichnet durch starke innerfamiliäre Konflikte, aber einer guten sozialen Integration der Kinder und eines ausgebauten Netzwerks eines Elternteils (vgl. Chassé/Zander/Rasch 2007, S. 302). Schließlich ist die Lebenssituation der Kinder der dritten Gruppe – den ‚Kindern mit institutionellen Kompensationsmöglichkeiten' – durch starke Belastungen innerhalb der Familie und durch die unzureichenden Bewältigungskompetenzen der Eltern gekennzeichnet. Weiterhin zeigen die Kinder schulische Schwierigkeiten sowie Verhaltensauffälligkeiten. Die starken Benachteiligungen können allerdings durch das institutionelle Netzwerk der Kinder reduziert werden.

Anhand dieser Armutstypen arbeiten Chassé/Zander/Rasch zusätzlich sog. ‚Bewältigungstypen' der Kinder heraus, die sie wie folgt benennen

Typ 1: ‚Die von Armut eher unbeeindruckten mit reichem und vielfältigem Kinderleben',
Typ 2: ‚Die Kämpfenden, deren Chancen begrenzt sind',
Typ 3: ‚Die Leidenden' und
Typ 4: ‚Die mehrfach Leidenden' (vgl. Chassé/Zander/Rasch 2007, S. 260).

Dem Bewältigungstyp 1 ordnen sie den Armutstyp 1 zu (vgl. Tab. 3). Der Bewältigungstyp 2 wird von Kindern des Armutstyps 2 mit der zweiten Ausprägung – den Kindern mit extern erschlossenen Bewältigungsmöglichkeiten – zugeschrieben. Die Gruppe mit der ersten Ausprägung des zweiten Armutstyps – den Kindern mit wenig wirksamen Kompensationsmöglichkeiten im Kinderleben – bewältigt ihre Armutsfolgen nach dem Bewältigungstyp 3. Und den Bewältigungstyp 4 ordnen sie schließlich dem Armutstyp 3 zu (vgl. Chassé/Zander/Rasch 2007, S. 260).

Tab. 3: Armuts- und Bewältigungstypen nach Chassé/Zander/Rasch

Armutstyp	Bewältigungstyp
Typ 1: Elterliche Armut – Kindliche Kompensation	**Typ 1:** Die von Armut eher unbeeindruckten mit reichen und vielfältigem Kinderleben
Typ 2: Kindliche Benachteiligung in unterschiedlichen Kombinationen Gruppe 2: Kinder mit extern erschlossenen Bewältigungsmöglichkeiten	**Typ 2:** Die Kämpfenden, deren Chancen begrenzt sind
Typ 2: Kindliche Benachteiligung in unterschiedlichen Kombinationen Gruppe 1: Kinder mit wenig wirksamen Kompensationsmöglichkeiten im Kinderleben	**Typ 3:** Die Leidenden
Typ 3: Stark und mehrfach benachteiligte Kinder	**Typ 4:** Die mehrfach Leidenden

Quelle: Chassé/Zander/Rasch 2007, S. 260 ff.; eigene Darstellung

Nach Chassé/Zander/Rasch hängt dementsprechend das Bewältigungsverhalten der Kinder von dem jeweiligen Armutstyp ab, in den sie eingeordnet werden. Das begründet sich daraus, dass sie das Bewältigungsverhalten nicht nur als Verhaltensweisen von Kindern im Umgang mit der materiellen Unterversorgungslage und den daraus resultierenden Folgen in den Blick nehmen, sondern auch den Einfluss der Handlungsweisen der Eltern berücksichtigen.

Der Bewältigungstyp 1: ‚Die von Armut eher unbeeindruckten mit reichen und vielfältigem Kinderleben' ist den Kindern zugeordnet, die durch die Vielzahl positiver Bewältigungsstrategien der Eltern kaum bis keine Einschränkungen und Belastungen hinnehmen müssen. Dieser Bewältigungstyp ist durch vielfältige Kompetenzen und Fähigkeiten der Kinder gekennzeichnet. Zudem werden diese Kinder in hohem Maße durch Personen aus ihrem Umkreis unterstützt. Innerhalb ihrer Familie wird über die eigene materielle Unterversorgung gesprochen. Die Kinder greifen die elterlichen Bewältigungsformen wie sparen, sich einschränken und verzichten auf und wenden diese in gleicher Weise an (vgl. Chassé/Zander/Rasch 2007, S. 271). Daneben verfügen diese Kinder und ihre Eltern über ein breites unterstützendes institutionelles und familiäres Netzwerk. Dadurch werden den Kindern trotz der eingeschränkten materiellen eine Reihe von Möglichkeiten eröffnet wie Freizeitfahrten oder Besuche von Bildungsangeboten. Weiterhin erhalten die Kinder die Vielzahl von Kontakten zu Gleichaltrigen und Erwachsenen aufrecht, was dazu führt, dass sie in ganz unterschiedlichen Bildungsbereichen gefördert und in ihren sozialen Kompetenzen gestärkt werden (vgl. Chassé/Zander/Rasch 2007, S. 272).

Kinder, die dem Bewältigungstyp 2: ‚Die Kämpfenden, deren Chancen begrenzt sind' zugeordnet werden, gelingt es, externe Unterstützungen in Form von Personen außerhalb der Kernfamilie zu akquirieren und zu aktivieren. Das erfolgt bspw. durch die selbst organisierte und aktive Nutzung institutioneller Angebote bspw. im Rahmen der Schule, der Kinder- und Jugendhilfe oder von Kirchgemeinden. Bei Problemen und Schwierigkeiten wenden sie sich an andere Personen und kommunizieren ihren Hilfebedarf (vgl. Chassé/Zander/Rasch 2007, S. 296). In ihrer Familie erhalten sie diesbezüglich nur unzureichende Unterstützungen, was allerdings nicht zu einer resignierenden Haltung der Kinder führt (vgl. Chassé/Zander/Rasch 2007, S. 297). Darüber hinaus bewältigen die Kinder innerfamiliäre Konflikte mit ihren Eltern, die nicht gelöst werden, u. a. durch aggressives sowie sog. ‚Fehlverhalten' (vgl. Chassé/Zander/Rasch 2007, S. 299).

Charakteristisch für die Kinder im Bewältigungstyp 3: ‚Die Leidenden' sind die geringen elterlichen und netzwerkbezogenen Unterstützungen, die sie für sich aktivieren können. Ihre Eigenbemühungen zur Bewältigung der Auswirkungen der materiellen Unterversorgungslage bleiben meist ohne Erfolg und werden weder durch ihre Eltern noch durch weitere Personen unterstützt. Das hält die Kinder aber nicht davon ab, weitere Anstrengungen für eine positive Armutsfolgenbewältigung zu unternehmen (vgl. Chassé/Zander/Rasch 2007,

S. 290). Weiterhin führt das Übergehen der Bedarfe und Wünsche von Kindern durch ihre Eltern sowie die Nichtkommunikation über den Umgang mit der Armutssituation bei den Kindern zu Schwindeln, Schweigen und Rückzug (vgl. Chassé/Zander/Rasch 2007, S. 257) aber auch zu Verhaltensproblemen wie aggressivem Verhalten und verstecktem Protest (vgl. Chassé/Zander/Rasch 2007, S. 292 ff.).

Bewältigungsverhalten, das bei Kindern im Bewältigungstyp 4: ‚Die mehrfach Leidenden' aufzufinden ist, beschreiben die Autor*innen als Formen des Verdrängens, Nichtthematisierens und Ausweichens. Negative Auswirkungen von Armut deuten die Kinder für sich in einer positiven Weise um, sodass z. B. die negative Situation der Nichtteilnahme an einer Klassenfahrt durch das Argument, dass sie ‚Ruhe für sich selbst haben', nach außen hin in etwas Positives umgedeutet wird. Zudem versuchen sie Problemen aus dem Weg zu gehen, indem sie regelmäßig ihre Aktivitäten wechseln und Personen ausweichen (vgl. Chassé/Zander/Rasch 2007, S. 281). Die Kinder verfügen aber

> „[...] kaum [über] Formen, mit ihrem wenig befriedigenden Kinderleben umzugehen." (Chassé/Zander/Rasch 2007, S. 281)

Ihr Bewältigungsverhalten ist auf wenige Handlungsweisen eingeschränkt, was insbesondere den unzureichenden und wenig unterstützenden Kontakten zu Gleichaltrigen, Familienmitgliedern und weiteren Personen geschuldet ist. Mithin fehlen ihnen die notwendigen Unterstützungen und Hilfen, um zu sog. ‚erfolgversprechenden' Bewältigungsweisen zu gelangen (vgl. Chassé/Zander/Rasch 2007, S. 283). Das zeigt sich u. a. dadurch, dass ihre Eltern ihnen i. d. R. die Armutslage und damit in Verbindung stehende Probleme verschweigen wie einen möglichen Wohnungsverlust. In Anbetracht dessen verstehen die Kinder die Einschränkungen nicht und können diese nicht nachvollziehen. Sollten die Eltern dieses Bewältigungstyps mit ihren Kindern über die materielle Unterversorgungslage sprechen, helfen sie ihren Kindern nicht bei der Bewältigung der Einschränkungen (vgl. Chassé/Zander/Rasch 2007, S. 286). Im Ergebnis führt das bei den Kinder zu sog. ‚Fluchten' z. B. in Phantasiewelten oder mediale Fernsehwelten (vgl. Chassé/Zander/Rasch 2007, S. 257) sowie u. U. zu einer erhöhten Krankheitsanfälligkeit (vgl. Chassé/Zander/Rasch 2007, S. 260). Diese Bewältigungsformen führen allerdings nicht zu einer positiven Gestaltung ihrer sozialen Beziehungen (vgl. Chassé/Zander/Rasch 2007, S. 260) und damit kaum zu einer Bewältigung ihrer weiteren Probleme.

Chassé/Zander/Rasch zeigen damit einen engen Zusammenhang zwischen den Armuts- und den Bewältigungstypen auf. Sie gehen davon aus, dass das Bewältigungsverhalten von Kindern in hohem Maß von den Kompetenzen und Fähigkeiten ihrer Eltern abhängt, die auch die Fähigkeit des Aufbaus und der Aufrechterhaltung eines umfangreichen Netzwerks und die Weitergabe erfolgreicher Bewältigungsstrategien umfasst. Ihren Erkenntnissen entsprechend besteht ein positiver Zusammenhang zwischen dem Bewältigungsverhalten der Eltern und dem ihrer Kinder. Fähigkeiten und Kompetenzen, die die Eltern aufweisen, zeigen auch ihre Kinder (vgl. Chassé/Zander/Rasch 2007, S. 256 ff.). Nur ein kleiner Teil des Bewältigungsverhaltens ist als Eigenleistung der Kinder zu sehen. Ihrem Erachten nach liegt es an den Kindern, Bewältigungsangebote, die von Dritten ermöglicht werden, tatsächlich zu nutzen wie den Aufbau und die Pflege von Freundschaften (vgl. Chassé/Zander/Rasch 2007, S. 258). Den Autor*innen gelingt es mit ihrer Studie sowohl die Auswirkungen materieller Unterversorgungslagen differenziert darzustellen und dabei – in gleicher Weise wie die beiden Studien von Meier/Preuße/Sunnus (2003) und Hock/Holz/Wüstendörfer (2000a) – aufzuzeigen, dass Armut nicht gleich Armut ist. Vielmehr bringen materielle Unterversorgungslagen differente Folgen mit sich und führen dementsprechend zu mehreren sog. ‚Armutstypen'. Zusätzlich verdeutlichen Chassé/Zander/Rasch durch ihre Bewältigungstypen, wie Kinder mit diesen Situationen umgehen und ihre Problemlagen zu bearbeiten versuchen, sodass sie zu jedem Armutstyp einen sog. ‚Bewältigungstyp' zuordnen. Dabei vernachlässigen sie jedoch die Ergebnisse der Resilienzforschung, die aufzeigen, dass Kinder ihre schwierigen Lebensereignisse bzw. die Armutslage und die damit verbundenen Folgen nicht immer nach dem Vorbild ihrer Eltern bewältigen (vgl. u. a. Wustmann 2011; Fröhlich-Gildhoff/Dörner/Rönnau 2007; Rönnau-Böse/Fröhlich-Gildhoff 2010; Zander 2011). Demnach gibt es Kinder, die deutlich geringere Belastungen aufweisen als anzunehmen wäre. Trotz zahlloser Belastungen entwickeln sie sich unauffällig oder positiv und weisen keine negativen Abweichungen im Vergleich zu Kindern auf, die ohne derartige Belastungen aufwachsen (vgl. Wustmann 2011, S. 18). Mithin kann das positive Bewältigungsverhalten der Kinder durch weitere, insbesondere personale Faktoren beeinflusst werden, die in der Resilienzforschung wie folgt benannt werden

> „positive Temperamentseigenschaften [...], intellektuelle Fähigkeiten, erstgeborenes Kind, weibliches Geschlecht, [...] Selbstwahrnehmung, Selbstwirksamkeit, Selbststeuerung, [...][s]oziale Kompetenzen, Umgang mit Stress [und] Problemlösefähigkeiten" (Rönnau-Böse/Fröhlich-Gildhoff 2010, S. 19).

Ausgehend von genau diesen personalen Faktoren untersucht Richter (2000) die unterschiedlichen Arten der Bewältigung von materieller Unterversorgung bei Grundschüler*innen. Dabei konnte sie vier sog. ‚Bewältigungstypen' identifizieren.

Bewältigungstyp 1: ‚mit sich selbst ausmachen'
Bewältigungstyp 2: ‚emotionale Unterstützung suchen bzw. gewähren'
Bewältigungstyp 3: ‚„anstatt"-Haltung/Handlung'
Bewältigungstyp 4: ‚an die Umwelt weitergeben'

Um diese zu erläutern, benennt sie erstens Schlagworte, mittels derer sie zusammengefasst die Haltungen und Handlungen der Kinder beschreibt. Zweitens erläutert sie diese Typen noch einmal ausführlich anhand ausgewählter Beispiele ihres Datenmaterials. In dieser Reihenfolge werden ihrer Ergebnisse nachfolgend dargestellt.

Der Bewältigungstyp 1: ‚mit sich selbst ausmachen' zeichnet sich schlagwortartig durch folgende Haltungen und Handlungen aus: Anspruchssenkung, sich gleichgültig machen, hoffen und aufschieben, abwarten, Rückzug, ausweichen, Armut tabuisieren, sparen, sich selbst helfen und sich ablenken (z. B. lesen) (vgl. Richter 2000, S. 94).

Die Bewältigung der Armutslage geschieht bei Kinder, die diesem Typ zugeordnet werden können, im Vergleich zu den anderen Kindern verstärkt „durch Steuerung und Regulation emotionaler Reaktionen" (Richter 2000, S. 94) und kaum über Handlungen. Im Vordergrund steht hierbei insbesondere das Merkmal, dass die Kinder keine Hilfe oder Unterstützung durch Dritte suchen und ihre Belastungen für sich behalten. Dieses Verhalten scheint insbesondere mit starken Schamgefühlen sowie dem Bedürfnis nach Kontrolle über die Situation verbunden zu sein (vgl. Richter 2000, S. 94). Demnach versuchen die Kinder ihre eigenen Ressourcen zu aktivieren, um handlungsfähig und selbstständig zu bleiben. Damit ist auch verbunden, dass sie ihre Bedürfnisse verleugnen, wodurch ihnen wiederum Lösungen verschlossen bleiben. Sie gehen Konflikten aus dem Weg, was zukünftig zu einer fehlenden Konfliktfähigkeit führen kann (vgl. Richter 2000, S. 95). Insgesamt kann diese Form des Bewältigungsverhaltens, in der die Kinder auf sich selbst gestellt sind, zu Überforderungen führen.

Richter geht davon aus, dass diese Handlungen und Haltungen zu zwei verschiedenen Zuständen führen können. Erstens ist

> „der Rückzug in eine von Hoffnungslosigkeit und Resignation bestimmte Haltung [möglich], die ein Sich-Einrichten in der Situation nach sich zieht und die Loslösung aus der bestehenden Situation verhindert
> *oder*
> [es erfolgt] eine externalisierende, durch (Selbst-)Zerstörung und Gewalt bestimmte Kompensationshandlung, die vordergründig dem Abbau belastender Spannungen dient, und evtl. langfristig empfindliche Sanktionen nach sich ziehen wird." (Richter 2000, S. 95 f.)

Folglich ist bei diesem Bewältigungstyp eine Ähnlichkeit zum Bewältigungstyp 4: ‚Die mehrfach Leidenden' nach Chassé/Zander/Rasch (2007) zu erkennen.

Den Bewältigungstyp 2: ‚emotionale Unterstützung suchen bzw. gewähren' charakterisiert Richter (2000, S. 96) durch folgende Haltungen und Handlungen: sich gegenseitig unterstützen, sich mitteilen, Hilfe und Verbündete suchen, sich entschuldigen.

Kinder, die ihre belastende Situation nach diesem Typ bewältigen, nehmen ihre Situation als veränderbar wahr. Sie kann durch eigenes Handeln, verbessert oder erträglicher gestaltet werden. Das wird insbesondere dadurch möglich, dass die Kinder ihre Bedürfnisse und belastendenden Ereignisse erkennen. Dies dient ihnen als Grundlage, darüber sprechen und sich mitteilen zu können, wodurch sie wiederum Unterstützungen aus ihrem sozialen Umfeld aktivieren. Von besonderer Bedeutung ist dabei die Verfügbarkeit von (Bezugs-)Personen, die die benötigten Hilfen leisten und den Kindern gleichzeitig aufzeigen, dass dieses aktive Handeln von Erfolg gekrönt ist (vgl. Richter 2000, S. 97).

Dieser Bewältigungstyp ist in überdurchschnittlichem Maß geschlechtsspezifisch. Das heißt, vornehmlich Mädchen zeigen diese Verhaltensweisen, was vor allem auf ihre deutlich stärker ausgebauten Netzwerke zurückzuführen ist. Zudem kann Richter auf der Grundlage ihrer Erkenntnisse aufzeigen, dass

> „Mädchen […] häufiger Bewältigungsformen unter Nutzung sozialer Ressourcen [wählen], während Jungen sich tendenziell für problemmeidende Bewältigungsformen entscheiden." (Richter 2000, S. 97)

Der Bewältigungstyp nach Chassé/Zander/Rasch, der diesen Bewältigungstyp am nächsten kommt, ist Typ 1: ‚Die von Armut eher unbeeindruckten mit reichen und vielfältigem Kinderleben'. An dieser Stelle lässt sich gut erkennen, dass sich die Bewältigungstypen aufgrund ihrer veränderten Herangehensweise unterscheiden, da bei dem Bewältigungstyp 1 nach Chassé/Zander/Rasch bereits eine Vielzahl positiver Einflussfaktoren aus dem sozialen Umfeld auf die Kinder einwirken, ohne dass sie dafür (aktive) Anstrengungen vornehmen mussten.

Der Bewältigungstyp 3: ‚„anstatt"-Haltung/Handlung' zeichnet sich durch die folgenden Haltungen und Handlungen aus: rationalisieren, Wunschdenken, andere abwerten, projizieren, kompensieren, manipulieren, blockiert sein und impulsiv konsumieren (vgl. Richter 2000, S. 99).

Kinder, die nach diesem Bewältigungstyp handeln, nehmen in hohem Maß Selbsttäuschungen vor, durch die Empfindungen verändert und reguliert werden. Dies erfolgt insbesondere indem sie Konflikte oder Problemlagen negieren, verdrängen und/oder tabuisieren (vgl. Richter 2000, S. 99). Auf der emotionalen Ebene geschieht das in der Weise, dass sie nicht mit

> „Gefühle[n] von Ratlosigkeit, Überforderung, Neid oder Scham [...] in Kontakt kommen und so einer Überlastung zumindest vorübergehend ausweichen können." (Richter 2000, S. 99)

Durch diese Bewältigungsweisen verhindern sie, dass Probleme direkt bearbeitet und Lösungen gefunden werden, z. B. indem Kompetenzen und Fähigkeiten weiterentwickelt und genutzt werden. Weiterhin ziehen sich die Kinder zunehmend aus Gleichaltrigenstrukturen zurück, da sie Unterschiede zwischen sich selbst und den anderen Kindern wahrnehmen sowie aus Aktivitäten und Lebensmustern der Gleichaltrigen ausgeschlossen werden (vgl. Richter 2000, S. 99). Dieses Bewältigungsmuster wird ebenfalls vor allem Mädchen zugeschrieben (vgl. Richter 2000, S. 100). Bei Chassé/Zander/Rasch (2007) ist derartiges Verhalten ein Teil des Bewältigungstyp 4: ‚Die mehrfach Leidenden'.

Schließlich lassen sich Handlungen der Kinder des Bewältigungstyp 4: ‚an die Umwelt weitergeben' folgendermaßen beschreiben: impulsives Reagieren, fordern, sich abgrenzen, klauen und betrügen sowie drohen (vgl. Richter 2000, S. 102).

Dieser Bewältigungstyp ist gekennzeichnet durch externalisierendes Verhalten. Kinder wirken durch ausagierendes Verhalten aktiv auf eine konflikthafte Situation ein, was meist in destruktivem Handeln endet, da keine langfristigen Lösungen gefunden werden, sondern lediglich ein kurzfristiger sog. ‚Druckausgleich' erfolgt (vgl. Richter 2000, S. 101). Derartiges Verhalten nimmt mit dem Alter zu (vgl. Richter 2000, S. 102). Richter konnte bei diesem Bewältigungstyp keine Hinweise auf geschlechtsspezifische Bewältigungsweisen finden (vgl. Richter 2000, S. 103). Chassé/Zander/Rasch ordnen derartige Handlungsweisen den beiden Bewältigungstypen 2: ‚Die kämpfenden, deren Chancen begrenzt sind' und 3: ‚Den Leidenden' zu.

Des Weiteren geht Richter davon aus, dass Kinder nicht in einen spezifischen Bewältigungstyp eingeordnet werden können. Vielmehr können einzelne Armutsfolgen von einer Person durch unterschiedliche Bewältigungstypen bearbeitet werden (vgl. Richter 2000, S. 101), sodass Kinder bspw. die Auswirkung A anhand der Strategie des Typs 2 und die Auswirkung B durch die Strategien des Typs 3 bewältigen. Dies lässt sich auch durch den Vergleich mit den Bewältigungstypen nach Chassé/Zander/Rasch feststellen. Ferner hebt Richter hervor, dass Kinder über spezifische Persönlichkeitseigenschaften (wie das Geschlecht oder ihr Temperament) sowie weitere Ressourcen verfügen, die ihnen als sog. ‚Schutzfaktoren' bei der Bewältigung von Armut helfen können oder die Armutsfolgen verringern. Gleichzeitig existieren Risikofaktoren, die eine Reduzierung der Auswirkungen von materiellen Unterversorgungslagen verhindern oder verringern.

Resümierend konnte anhand der Ergebnisse der Studien gezeigt werden, dass materielle Unterversorgung zu heterogenen Folgen in anderen Bereichen des Lebens führen kann. Die damit verbundenen Herausforderungen bewältigen Kinder in ganz unterschiedlicher Weise, was sowohl auf ihre Ressourcen (insbesondere bei Chassé/Zander/Rasch und Richter) als auch auf ihre Persönlichkeitsmerkmale (Richter) zurückgeführt wird. Damit zeigt sich ein enger Zusammenhang mit den Erkenntnissen von Böhnisch und Bourdieu, die von vielfältigen Einflussfaktoren auf das Bewältigungshandeln sprechen, welche sich auf verfügbare Ressourcen, persönliche Merkmale sowie auf durch äußere Einflüsse erworbene Merkmale richten.

1.2 Einfluss der Gesetzgeber*innen auf die Bewältigung sozialer Problemlagen

Ausgehend vom Konzept der Adressat*innenorientierung hängen der Umgang und die Bewältigung von Problemen mit weiteren als den bislang beschriebenen personenbezogenen Mechanismen zusammen. So beeinflussen auch die gesetzlichen Festschreibungen die Bewältigung von Problemen maßgeblich, da den Gesetzgeber*innen die Deutungshoheit über Unterstützungsmöglichkeiten bei Problemen zukommt. Konkret bestimmen sie darüber,

(1) was als soziales Problem angesehen wird,
(2) welche Kriterien erfüllt werden müssen, damit eine Person berechtigt ist, Unterstützung zu erhalten;
(3) ob dieses Problem sozialstaatliche Unterstützung nötig macht oder ob die Betroffenen, dies durch andere Ressourcen bewältigen sollen (z. B. durch Verwandte, Einrichtungen der freien Wohlfahrtspflege, Ehrenamtliche) und
(4) sie legen das Maß der Unterstützung fest (vgl. Lessenich 2011, S. 1433).

Die konkrete Ausgestaltung der einzelnen Aspekte wird nachfolgend beschrieben.

Bedingungen, aufgrund derer Probleme als soziale Probleme definieren werden

Individuelle Probleme werden für die Gesetzgeber*innen relevant, wenn sie eine Vielzahl von Menschen betreffen und/oder wenn sie (durch soziale Bewegungen) in der Öffentlichkeit und den Medien in Form von Skandalisierungen und Dramatisierungen offen gelegt und (neu) diskutiert werden (vgl. Groenemeyer 2011, S. 1390 f.).

> „Grundlage dieser Problematisierung ist häufig die Vorstellung von für allgemein verbindlich erachteten gesellschaftlichen Wertvorstellungen, z. B. von Menschenwürde, Gleichheit oder Gerechtigkeit, gegen die die problematisierten Verhältnisse oder Verhaltensweisen verstoßen sollen“ (Groenemeyer 2011, S. 1391).

Damit verbunden ist die Forderung, dass den Betroffenen Schutz und/oder Hilfe zu gewähren ist (vgl. Groenemeyer 2012, S. 21). Wird ein Problem schließlich als ein soziales Problem definiert, wie dies für Armut spätestens mit den Anfängen der modernen Sozialpolitik im 19. Jahrhundert erfolgte, werden den Adressat*innen nicht nur Ressourcen zur Bewältigung zugesprochen, vielmehr unterliegen sie – durch die Veröffentlichungen und Vergesellschaftlichung des Problems – ab diesem Zeitpunkt auch einer politischen und kollektiven Kontrolle (vgl. Groenemeyer 2011, S. 1391). Vor diesem Hintergrund haben nicht nur die Gesetzgeber*innen einen erheblichen Einfluss auf die Problembewältigung von Individuen, sondern auch die Gesellschaft mit ihren Normen und Wertvorstellungen sowie deren gesellschaftlicher Bearbeitung.

Festlegung zu den Unterstützungen, die den berechtigten Personen zugesprochen werden

Die zweite Festschreibungskategorie betrifft die zu erfüllenden Kriterien, aufgrund derer Personen dazu berechtigt werden, Unterstützung zu erhalten. Dabei handelt es sich im Wesentlichen um subjektive Zuschreibungen durch die Gesetzgeber*innen, wobei sie in zwei Schritten vorgehen. Im ersten Schritt bestimmen sie darüber, welches Merkmal bzw. welche Merkmale das soziale Problem kennzeichnen (vgl. Abb. 5).

Abb. 5: Adressat*innenorientierung 4: Zuschreibung der kennzeichnenden Merkmale des sozialen Problems durch die Gesetzgeber*innen

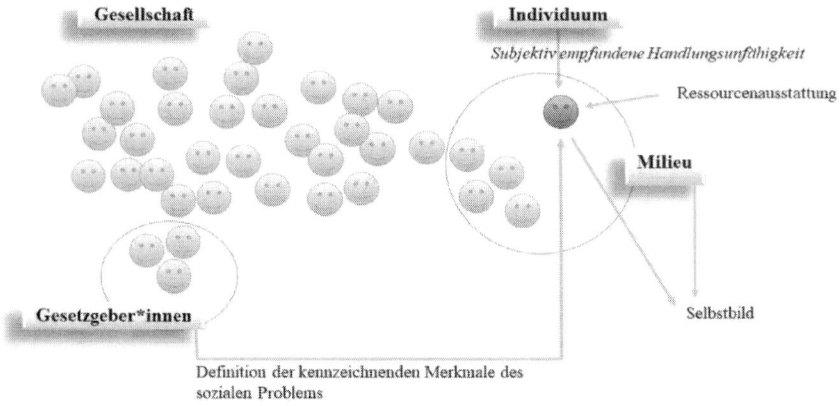

Quelle: eigene Darstellung

Bei diesen Merkmalen handelt es sich um Eigenschaften, die entsprechend der Ansichten der Gesetzgeber*innen das soziale Problem charakterisieren, z. B. dass Personen eine Fähigkeit fehlt oder dass sie spezifische Güter nicht besitzen. In Bezug auf Armut definieren sie diese Merkmale als das Fehlen ausreichender finanzieller Ressourcen, um den eigenen und gegebenenfalls den Lebensstandard der Familie sichern zu können bzw. um für das eigene und das menschenwürdige Daseins der Angehörigen sorgen zu können (vgl. § 1 SGB II; § 19 Abs. 1 SGB XII; § 3 AsylbLG). Unter Lebensunterhalt sind insbesondere die Ressourcen zu verstehen, die mit finanziellen Mitteln erworben werden können. Diese sollen zur Befriedigung der materiellen Bedürfnisse beitragen. Speziell auf Kinder bezogen heißt das, dass im Familienhaushalt keine ausreichenden finanziellen Mittel verfügbar sind, um den Lebensstandard bzw. das menschenwürdige Dasein der Kinder sicherzustellen.

Im zweiten Schritt nehmen die Gesetzgeber*innen Zuschreibungen vor, welche Ressourcenausstattung Personen brauchen, um das Problem bewältigen zu können (vgl. Abb. 6).

Abb. 6: Adressat*innenorientierung 5: Einfluss der gesetzgeberischen Vorstellungen von der Ressourcenausstattung

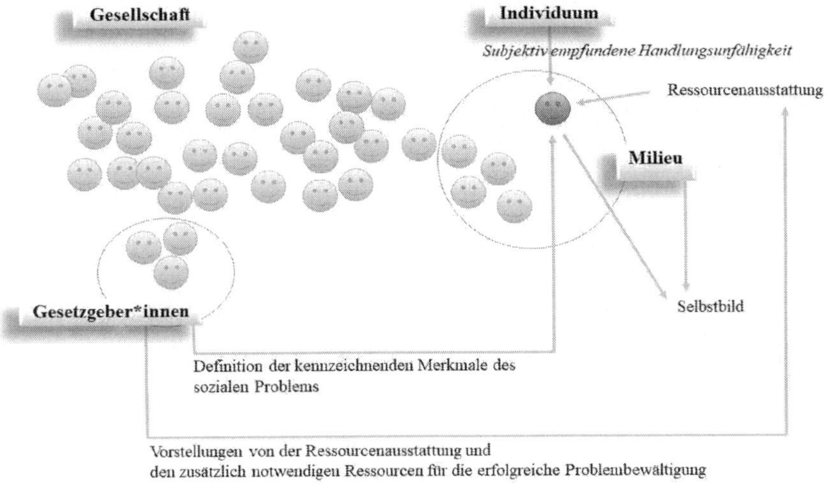

Quelle: eigene Darstellung

Das heißt einerseits, dass die Gesetzgeber*innen Vorstellungen davon haben, welche Ressourcen Personen zur Problembewältigung benötigen. Andererseits sprechen sie den betreffenden Personen diese Ressourcen ab. Hierbei können sie differenziert vorgehen und berücksichtigen, dass unterschiedliche Ressourcenausstattungen zum gleichen Problem führen oder sie gehen davon aus, dass das Problem mit dem Fehlen ganz spezifischer Ressourcen einhergeht. Für den ersten Fall führt das dazu, dass sie ungleiche Ressourcen für die heterogenen Adressat*innengruppen konstatieren. Der zweite Fall impliziert, dass für alle Adressat*innen die gleichen Ressourcen bereitzustellen sind, da identische Ressourcendefizite unterstellt werden. Damit nehmen die Gesetzgeber*innen subjektive Zuschreibungen hinsichtlich der Bedarfe der Adressat*innen vor. Diese Zuschreibungen rufen wiederum eine allgemeine Aufmerksamkeit hervor, gelten als bearbeitungsbedürftig und implizieren eine Intervention von außen bzw. durch Dritte (vgl. Bitzan/Bolay 2013, S. 42 f.).

Die Gesetzgeber*innen legen damit einerseits fest, welcher Personenkreis einen offiziellen Hilfebedarf hinsichtlich des spezifischen Problems hat. Andererseits sprechen sie allen anderen Personen diesen Unterstützungsbedarf unabhängig davon ab, ob sich unter den Nichtberechtigten Personen befinden können, die ihre Problemlage subjektiv in gleicher Weise einschätzen würden und die sich aus eigenem Problemempfinden Unterstützungen bzw. Hilfen wünschen (vgl. Graßhoff 2008, S. 403).

Im Kontext von Armut werden – wie oben beschrieben – Personen adressiert, deren Existenzminimum nicht durch sie selbst oder durch Dritte (insbesondere bei Kindern) gesichert ist. Zur Bestimmung der Höhe dieses Existenzminimums legt die Bundesregierung im zweijährlichem Rhythmus einen sog. ‚Existenzminimumbericht' vor, in dem die genauen Beträge für die beiden kommenden Jahre enthalten sind. Dabei unterscheiden sie zwischen dem sog. ‚sächliche Existenzminimum' und den steuerlichen Freibeträgen. Beim letztgenannten Wert handelt es sich gleichzeitig um das steuerlich zu verschonende Existenzminimum (vgl. Deutscher Bundestag 2011a, S. 2) und somit um das Existenzminimum, über das jede in Deutschland lebende Person verfügen sollte. Für das Jahr 2012[5] sind das die folgenden Werte.

Tab. 4: Sächliches Existenzminimum und steuerliche Freibeträge 2012

	Erwachsene		Kinder	
	Jährlich	Monatlich	Jährlich	Monatlich
Regelbedarf	4.584 €	374 €	2.988 €	249 €
Kosten der Unterkunft	2.724 €	227 €	876 €	73 €
Heizkosten	684 €	57 €	180 €	15 €
Leistungen für Bildung und Teilhabe			228 €	19 €
Summe des sächlichen Existenzminimums:	**7.896 €**	**658 €**	**4.272 €**	**356 €**
Steuerlicher Freibetrag für Kranken- und Pflegeversicherungsschutz	108 €	9 €	96 €	8 €
Steuerlicher Freibetrag für Betreuungs- und Erziehungs- oder Ausbildungsbedarf			2.640 €	220 €
Summe der steuerlichen Freibeträge:	**8.004 €**	**667 €**	**7.008 €**	**584 €**

Quelle: Deutscher Bundestag 2011a; eigene Darstellung

Das staatlich festgesetzte Existenzminimum, welches durch den steuerlichen Freibetrag benannt wird, befindet sich 2012 auf dem monetären Niveau von 8.004 Euro jährlich (bzw. 667 Euro im Monat) für Erwachsene und 7.008 Euro

5 Es wird das Existenzminimum von 2012 berichtet, da es als Grundlage für die folgende Analyse der Sozialgesetze dient, mithilfe derer die Existenzsicherungsgesetze identifiziert werden. Diese Analyse wurde im Jahr 2012 durchgeführt, sodass zu diesem Zeitpunkt kein aktuellerer Existenzminimumbericht vorlag.

jährlich (bzw. 584 Euro im Monat) für Kinder (vgl. Tab. 4). Diese Werte sagen jedoch noch nichts über die konkreten Ressourcen aus, die die Gesetzgeber*innen den Adressat*innen zu- oder absprechen. Diese sind erst in den jeweiligen Gesetzen konkret ausformuliert und werden in Kapitel 3 ausführlich analysiert.

Weiterhin haben die Gesetzgeber*innen Vorstellungen von den Zielen, die sie durch die Bereitstellung der fehlenden Ressourcen erreichen wollen. Dabei muss es sich nicht ausschließlich um die Bewältigung des konkreten sozialen Problems in seiner Gesamtheit handeln. Vielmehr können Teilziele oder übergreifende Ziele berücksichtigt werden. Hier stehen nicht nur alltägliche Lebenssituationen und Bewältigungsprobleme im Mittelpunkt, sondern bereits die Frage, welche Auswirkungen diese Probleme auf die Lebensführung haben und wie diese professionell bearbeitet werden können. Den Adressat*innen werden folglich spezifische Bedarfe, die als unterstützungsnotwendig angesehen werden, aus den öffentlichen und besonders den politischen Aushandlungsprozessen zugeschrieben.

Im Kontext der Kinderarmutsreduzierung handelt es sich um drei Ziele, die die Gesetzgeber*innen verfolgen. Erstens soll der Lebensstandard bzw. das menschenwürdige Dasein der Kinder gesichert werden. Zweitens sollen die Kinder (spätestens im Erwachsenenalter) unabhängig von den existenzsichernden Leistungen leben und drittens soll eine Ausgrenzung der Kinder aus der Gesellschaft verhindert werden (vgl. Deutscher Bundestag 2010b, S. 42).

Dieser Zustand der Betroffenheit von Armut wird gleichzeitig durch die Gesetzgeber*innen als Problem definiert, sodass sie als ein Teil dieses sozialen Problems gelten, wodurch sie aus der „Normalität und der Unauffälligkeit des Alltags" (Bitzan/Bolay 2013, S. 43) herausgelöst werden. Da es sich um ein soziales Problem handelt, wird es nicht mehr einem Einzelnen angelastet, sondern betrifft eine ganze Gruppe von Menschen bzw. hier im Speziellen von Kindern. Nicht dem Einzelnen wird das Problem schuldhaft zugesprochen, sondern einer Reihe weiterer Personen (vgl. Böhnisch 2012, S. 55), die somit eine Gemeinschaft bilden. Bevor also Leistungen und Hilfen gewährt werden, sind normative Entscheidungen und Aushandlungen zum Verständnis über die Adressat*innen durch die Gesetzgeber*innen erfolgt.

Neben den personenbezogenen Zuschreibungen – also den Ressourcen und Unterstützungsbedarfen – haben die Gesetzgeber*innen weiterhin ein Verständnis von den Milieus mit ihren spezifischen Denk-, Deutungs- und Handlungsmustern, zu denen sie die Adressat*innen zuordnen (vgl. Abb. 7). Diese Zuschreibungen sind mindestens implizit in den Gesetzestexten und -materialien enthalten und finden sich in Bezug auf Kinder nur teilweise in den öffentlichen Diskussionen wieder.

Abb. 7: Adressat*innenorientierung 6: Einfluss der gesetzgeberischen Vorstellungen vom Milieu, dem die Adressat*innen zugeordnet werden

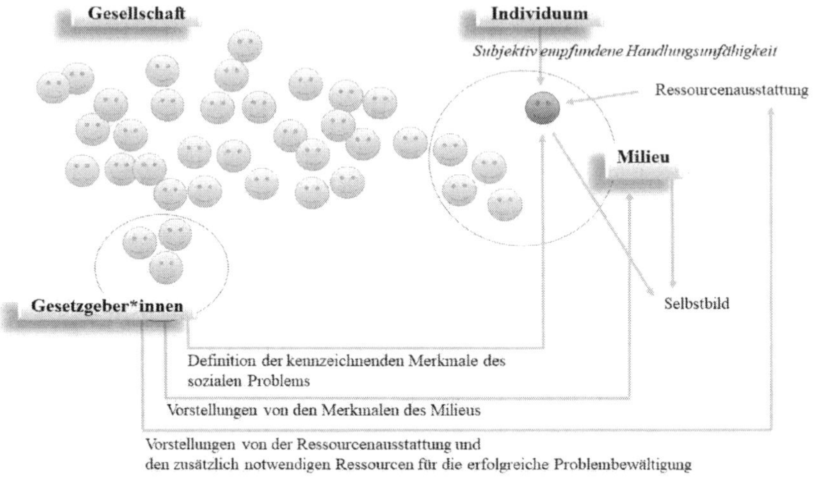

Quelle: eigene Darstellung

Diese Zuschreibungen können wie die Unterstellungen im Rahmen der Ressourcenausstattung bei einem positiven Passungsverhältnis zur Erweiterung „sozialer Erfahrungen und Handlungsfähigkeit führen“ (Bitzan/Bolay 2013, S. 48). Beim Vorliegen eines Widerspruchs bezüglich der Passung der Zuschreibungen und den Selbstkonstruktionen der Adressat*innen kann dies ebenso zu Selbststigmatisierungen und Dramatisierungen beitragen (vgl. Bitzan/Bolay 2013, S. 48). Dementsprechend besteht eine hohe Notwendigkeit in einer solchen Passung, damit die Problemlagen der Adressat*innen in der gewünschten Weise bewältigt werden können. Existieren demgegenüber eine Reihe von Widersprüchen, erscheint eine Bewältigung der Probleme durch die Adressat*innen nur schwer möglich. Die gesetzgeberischen Ziele können damit nur schwer erreicht werden.

Festschreibung der Akteure, die die Unterstützung ausführen sollen

In Rahmen der dritten Festschreibungskategorie bestimmen die Gesetzgeber*innen darüber, wer für die Unterstützung und Bereitstellung von Hilfen für die Adressat*innen zuständig ist. Sie behalten sich also das Recht vor, das Problem selbst zu bearbeiten, die Verantwortung an Dritte (z. B. Angehörige bzw. die privaten Haushalte, Wohlfahrtsverbände oder den Markt) weiterzugeben oder sich die Aufgaben mit spezifischen Akteur*innen zu teilen. Je nachdem wem sie die Aufgabe übertragen, ergeben sich unterschiedliche Bearbeitungsstrategien der Verantwortlichen gegenüber den Adressat*innen (vgl.

Lessenich 2011, S. 1433 f.). Lessenich verdeutlicht dies – in Anlehnung an Esping-Andersen – an dem Bsp. von Schulabbrecher*innen. Übertragen die Gesetzgeber*innen dem Markt diese Aufgabe, hat dieser Arbeitsplätze für Unqualifizierte im Niedriglohnbereich bereitzustellen, damit sie durch derartige Jobs ihren Lebensunterhalt verdienen können und gegebenenfalls darüber soweit ausgebildet werden, dass sie später in ein Normalbeschäftigungsverhältnis wechseln können. Legen die Gesetzgeber*innen die Verantwortlichkeit in die Familie, bleiben die Schulabbrecher*innen zumeist erst einmal im Haushalt der Eltern wohnen und werden von ihnen mitversorgt. Auf Dauer wird es aber ein Bestreben geben, dass die Schulabbrecher*innen einen qualifizierenden Abschluss nachholen, um sich und gegebenenfalls ihre Familie selbst versorgen zu können. Schließlich können die Gesetzgeber*innen den Staat – zumindest in Teilen – selbst für die Bearbeitung dieses Problems verantwortlich machen, indem sie den Schulabbrecher*innen finanzielle Mittel für den Lebensunterhalt zur Verfügung stellen und/oder Programme zur Nachqualifizierung einrichten (vgl. Lessenich 2011, S. 1433).

Für die Adressat*innen ergeben sich daraus sehr unterschiedliche Bewältigungsmöglichkeiten und Anforderungen, die durch die verantwortende Ebene an sie gestellt werden. Diese Anforderungen rufen wiederum ganz unterschiedliche Handlungsweisen bei den Adressat*innen hervor, die nicht nur durch die konkrete Unterstützungsleistung, sondern durch die Begründungen für die Wahl der Leistung mitbestimmt ist.

Die Absicherung des Lebensstandards der Kinder und deren menschenwürdigem Dasein liegt nach Ansicht der Gesetzgeber*innen vorrangig in der Hand ihrer Eltern, was sich aus Art. 6 Abs. 2 GG ergibt. Sie werden zwar staatlich durch die Zahlung von Kindergeldleistungen gefördert, allerdings reichen diese Zuwendungen nicht zur Sicherung des gesamten Existenzminimums von Kindern aus. Gelingt es den Eltern weder aus eigenen Kräften noch durch die Unterstützung von Dritten die weiteren notwendigen Ressourcen zu erlangen, sehen die Gesetzgeber*innen es als ihre Pflicht an, den Familien diese Mittel zur Verfügung zu stellen, sodass sie diese Aufgabe nicht an andere weitergeben.

Festlegungen über das Maß bzw. den Umfang der Hilfen

Nach der (1) Festschreibung eines sozialen Problems, der (2) Aufstellung der Kriterien, die das Problem kennzeichnen, der Konstruktion der vorhandenen und benötigten Ressourcen zur Problembewältigung wie auch der spezifischen Handlungs-, Denk- und Deutungsmuster sowie der (3) Bestimmung der Akteur*innen, die im sozialstaatlichen Kontext die Unterstützung der Personen übernehmen sollen, bestimmen die Gesetzgeber*innen nach Lessenich (2011) auch über (4) das Maß bzw. den Umfang, in dem Hilfen gewährt werden sollen.

Im Rahmen der zweiten Zuschreibungskategorie haben die Gesetzgeber*innen den ausgewählten Personen spezifische Rollen zugesprochen, wie die Personen ihren Ansichten nach sind. Diese dienen in der vierten Zuschreibungskategorie zur Konstruktion der Leistungen, die nach Ansicht der Gesetzgeber*innen die Problembewältigung ermöglichen, anhand derer aber gleichzeitig das Maß der individuellen Bewältigungsmöglichkeiten mitbestimmt wird. Je nach Umfang und konkreter Ausgestaltung der Leistungen, die für den vorliegenden Kontext erst durch eine Analyse der spezifischen Gesetzestexte und -materialien dargestellt werden können, können die Personen ihre zugesprochenen Probleme besser oder schlechter bewältigen. Nutzen die Adressat*innen die Leistungen nicht in der ihnen vorgegeben bzw. unterstellten Weise, durchbrechen sie die aufgestellten Normen und Rollenzuschreibungen (vgl. Bitzan/Bolay 2013, S. 46) und wiedersetzen sich den politischen und gesellschaftlichen Erwartungen. Mit anderen Worten ausgedruckt, wenn kein umfassendes Passungsverhältnis der Zuschreibungen mit den Adressat*innen besteht, kann die Nutzung von zugesprochenen Leistungen den gesetzgeberisch angenommenen Zweck nicht erfüllen und die Probleme können nicht optimal bzw. in der gewünschten Weise bewältigt werden. Das liegt bspw. vor, wenn andere Ressourcen benötigt werden als ihnen unterstellt werden. Die Gesetzgeber*innen lassen das allerdings unberücksichtigt und unterstellen den Adressat*innen in solchen Fällen eine Unfähigkeit des Umgangs mit den Ressourcen. Mit einem Bild lässt sich dieser Umstand wie folgt darstellen: Einer Gruppe von Menschen wird das Problem zugesprochen, dass sie keine Türen öffnen können, weil ihnen das dazu notwendige Mittel fehlt. Die Gesetzgeber*innen gehen davon aus, dass es sich um einen Schlüssel handelt und stellen ihnen einen solchen zur Verfügung. Ihrem Erachten nach haben sie damit die Handlungsfähigkeit der Adressat*innen in Bezug auf das Problem wieder hergestellt. Die Tür lässt sich jedoch nicht mit einem Schlüssel, sondern nur mit einer Schlüsselkarte öffnen. Mithin sind die Adressat*innen trotz Hilfe weiterhin handlungsunfähig, da ihnen nicht das Mittel gewährt wurde, das sie tatsächlich benötigen. Da sie die Tür weiterhin nicht öffnen können, lösen sie weder ihr Problem, noch erfüllen sie die politischen und gesellschaftlichen Erwartungen, die an sie gerichtet sind.

Die Zuschreibungen innerhalb der Gesetzestexte beeinflussen schließlich nicht nur die Adressat*innen, d. h. die Leistungsempfänger*innen. Da ihnen die Unterstützungen über spezifische Träger bereitgestellt werden, sei es bei den Geldleistungen des SGB II die Jobcenter bzw. die Arbeitsagenturen, bei den Leistungsempfänger*innen von Sozialhilfe und Asylbewerberleistungen die Sozialämter oder sei es bei Dienstleistungen die jeweils ausführenden Professionellen. Auch sie und ihre Vorstellungen über die Adressat*innen werden durch die – den Gesetzen inhärenten – Konstruktionen beeinflusst und geprägt. Da sie nicht nur in dieser Funktion agieren, sondern auch Teil der Gemeinschaft sind, beeinflussen ihre Vorstellungen wiederum die gesellschaftliche Haltung gegenüber den Leistungsempfänger*innen, sodass von einem Kreislauf gesprochen werden kann. Die Bedeutung der letztgenannten Gruppe für die Bewältigung von Armutslagen bleibt in der vorliegenden Arbeit unberücksichtigt, da dies für die Beantwortung der Fragestellung unberücksichtigt bleiben kann.

1.3 Subjektive Zuschreibungen und ihre Auswirkungen

Das dargestellte Machtverhältnis der Gesetzgeber*innen über die Adressat*innen wirkt sich folglich in der Weise aus, dass die Gesetzgeber*innen darüber entscheiden, welche Personen als Menschen mit einer sozialen Problemlage definiert werden. Zusätzlich bestimmen sie über das, was die Adressat*innen benötigen und somit auch darüber, was ihnen als Unterstützung bereitgestellt wird.

Die damit verbundenen Fragen beantworten die Gesetzgeber*innen in Abhängigkeit von den Wert- und Normvorstellungen, die aktuell in der Gesellschaft vorherrschen, d. h. bezüglich der Frage nach der Herstellung von Gerechtigkeit. Dabei ist zu berücksichtigen, dass die Gesetzgeber*innen ihre Vorstellungen und Einstellungen aus ihrem individuellen und milieuspezifischen Blick heraus vornehmen. In diesem Zusammenhang schreibt Ebert (2012):

> „Es wäre unsinnig anzunehmen, die Gerechtigkeitsvorstellungen der Menschen seien unabhängig von ihrer gesellschaftlichen Situation und ihrer materiellen Interessenlage. Die Menschen antworten auf die gesellschaftliche Situation, in der sie sich befinden. Teil dieser Antwort ist, dass sie den Anteil an Gütern und Rechten beanspruchen, der ihnen nach ihrer Meinung zusteht, und dass sie umgekehrt von den anderen die Erfüllung ihrer Pflichten und die Übernahme von Lasten einfordern. Daher ist es nicht verwunderlich, dass die Menschen je nach sozialer Lage Gerechtigkeitsfragen kontrovers beurteilen. [...] Wir sind [...][aber] in der Lage, von unseren Interessenstandpunkten zu abstrahieren und die berechtigten Interessen anderer Menschen zu würdigen und zu respektieren. Wir können, wenn wir wollen, unsere eigene Position anhand von Maßstäben, von denen wir annehmen, dass sie auch von unseren Interessengegnern akzeptiert werden können, kritisch überprüfen. Wir können das Für und Wider abwägen und Kompromisse zwischen unseren eigenen und fremden Interessen schließen." (Ebert 2012, S. 19)

Ebert verdeutlicht an dieser Stelle, dass die Gesetzgeber*innen in ihrer beruflichen Funktion zugleich ihre individuellen Interessen einbeziehen. Im Rahmen der Festschreibungen integrieren sie gleichsam – zumindest in einem gewissen Rahmen – die Auswirkungen, die diese auf ihre eigene Situation mit sich bringen. Das kann sich in ganz unterschiedlicher Weise auswirken. Gehen die Gesetzgeber*innen bspw. davon aus, selbst einmal die Leistungen in Anspruch nehmen zu müssen, werden diese mutmaßlich weiter ausgebaut sein als wenn sie diesen Fall ausschließen und gleichzeitig eine eigene Kostenbelastung (z. B. über Steuererhöhungen) sehen.

Die Adressat*innen müssen schließlich die den Gesetzen (und den Diskussionen um die Gesetze) inhärenten, normativen Zuschreibungen in ihr Selbstbild integrieren. Wenn das den Leistungen vorgelagerte normative Verständnis der Gesetzgeber*innen mit deren individuellen Bestrebungen der Adressat*innen übereinstimmt und damit ein positives Selbstwertgefühl sowie die Anerkennung der Adressat*innen in ihrer Situation, ihrem Handeln und ihren Lebensumständen Berücksichtigung findet, können Hilfen angeboten werden, die eine effektive und effiziente Bearbeitung der (sozialen) Probleme ermöglichen. Werden die Adressat*innen mit ihrer eigenen Perspektive (d. h. in ihren Verarbeitungsstrategien) sowie ihren tatsächlichen Handlungsmöglichkeiten und -beschränkungen (d. h. in ihrer Lebenssituation) wahrgenommen, ist eine Passung zwischen den Leistungen und den Nutzungsmöglichkeiten der Adressat*innen möglich. Stimmen diese nicht überein, erscheint die Leistung nicht das erreichen zu können, was die Gesetzgeber*innen bezwecken wollen.

Böhnisch (2012) zeigt in diesem Zusammenhang mit Blick auf den Lebensverlauf auf, dass negative und defizitbehaftete Zuschreibungen von Menschen übernommen werden. Werden ihnen diese immer wieder entgegengebracht, richten sie sich in ihnen ein (vgl. Böhnisch 2012, S. 55).

Diese subjektiven Zuschreibungen können sich in zweierlei Hinsicht auf die Adressat*innen auswirken. Sie können diese Zuordnung als

> „Privileg, also als Anerkennung und Zuwendung (Chancen, Bildung oder Hilfe bekommen) oder – im ungünstigsten Fall – als Beschämung (es nicht allein zu schaffen, nicht ‚in Ordnung' zu sein)" (Bitzan/Bolay 2013, S. 43)

und Scheitern wahrnehmen. Leistungen, die mit den Ressourcen und Bedürfnissen der Adressat*innen übereinstimmen und in ihren Ausgestaltungsmöglichkeiten flexibel auf individuelle Bedarfe reagieren können, vermögen danach wohl am besten, eine Bewältigung der Situation zu ermöglichen. Dazu benötigen die Gesetzgeber*innen im Vorfeld ihrer Festschreibungen ein breites Wissen über die Personen, die sie mit Ressourcen ausstatten wollen, damit ihnen eine Problembewältigung ermöglicht wird.

Adamy (2006) beschreibt die Empfindungen von Existenzsicherungsbezieher*innen insbesondere als Schuld- und Schamgefühle,

> „[...] die sich bei Sozialhilfeempfängern wie bei Arbeitslosen schnell einstellen [können], wenn sie ihre eigene Existenz selbst nicht mehr sichern können, soziale Kontakte abgebrochen oder verloren sind. Sehr schnell gerät der gesamte Lebensrhythmus aus den Fugen. Zeitstruktur und soziale Zugehörigkeit verändern sich. Da die Lebensgestaltung generell in starkem Maße durch Erwerbsarbeit und Arbeitsorientierung geprägt ist, wächst die Bedeutung von Arbeit für die eigene Identität, insbesondere bei jenen, die im erwerbsfähigen Alter ihre eigene Existenz und die ihrer Familie nicht sichern können und keine Arbeit finden. Teils resignieren sie aber auch vor den Anforderungen der Arbeitswelt." (Adamy 2006, S. 99 f.)

Mit den vorgenommenen subjektiven Zuschreibungen der Gesetzgeber*innen bezüglich der vorhandenen und fehlenden Ressourcen sowie der Handlungs-, Denk- und Wahrnehmungsmuster der Adressat*innen in den Gesetzen schreiben sie gleichzeitig fest, welche Unterstützungen den Adressat*innen helfen, um das vorliegende Problem bewältigen zu können. Ihren Ansichten nach stellen sie den Adressat*innen die Mittel zur Verfügung, die ihre Zielgruppe benötigt. Damit steuern sie – aus gesetzgeberischer Sicht – alles Notwendige bei, sodass die weitere Verantwortung auf die Adressat*innen übertragen wird. Die Gesetzgeber*innen haben alles ihnen Mögliche getan. Die Frage, ob die Unterstützungen tatsächlich auf die individuellen Bedarfe der Adressat*innen passen, stellt sich nun nicht mehr, sondern wird als gegeben angenommen. Die Verantwortung über die Nutzung und den richtigen Einsatz der zugesprochenen Hilfen liegt damit bei den Adressat*innen (vgl. Bitzan/Bolay 2013, S. 40), sodass sie für die abschließende Problembewältigung allein verantwortlich gemacht werden (vgl. Kessl 2008, S. 266). Können die Adressat*innen ihre Problemlage, trotz der durch die Gemeinschaft zur Verfügung gestellten Unterstützungen, nicht bewältigen, wird ihnen ein individuelles Versagen zugeschrieben. Die Frage der Passung der Hilfen auf die Adressat*innen wird nicht (mehr) gestellt (vgl. Graßhoff 2008, S. 401 f.). Vielmehr wird ihnen unterstellt, die Gesellschaftsmitglieder auszunutzen, die diese Leistungen (bspw. über die Finanzierung durch die Steuereinnahmen) bereitstellen.

Resümierend ergibt sich aus der Berücksichtigung des Konzeptes der Adressat*innenorientierung, dass die gesetzgeberischen Zuschreibungen und Unterstellungen nicht unabhängig von den vorgenommenen Umverteilungen, den miterzeugten Handlungsweisen und dem Alltag der Adressat*innen betrachtet werden können. Dementsprechend bestimmt das Verständnis der Gesetzgeber*innen über die Ausstattung der Adressat*innen. Zweitens wird das Empfinden der Adressat*innen über sich selbst sowie die damit einhergehenden Handlungen durch die von den Gesetzgeber*innen erzeugten Wissensbestände und Aussagen über die Zielgruppe beeinflusst. Dabei können auf individueller Ebene keine Aussagen darüber getroffen werden, in welcher Weise die Adressat*innen diese deuten und interpretieren sowie ob sie diese für sich annehmen oder ablehnen (vgl. Bischoff/Betz 2011). Allerdings können Handlungsmöglichkeiten aufgezeigt werden, die mit den unterschiedlichen Umgangsweisen zusammenhängen. Schließlich wird durch die beiden vorgenannten Punkte das konkrete Alltagsleben der Personen in besonderer Weise bestimmt, sodass ihnen verschiedene Möglichkeiten eröffnet werden oder verschlossen bleiben. Daraus ergibt sich die Frage, ob die Adressat*innen tatsächlich die an sie gestellten Anforderungen mit den geleisteten Hilfen bewältigen können.

Das folgende Zitat von Bitzan/Bolay fasst dieses Problem treffend zusammen.

> „Wer also ‚Adressat_in' wird, bestimmt sich weder aus der Handlung eines ‚autonomen' Subjekts noch allein aus einem sozialpolitisch-institutionellen Definitionsprozess. Vielmehr treffen unterschiedliche Deutungen, Zumutungen, Wahrnehmungen und Problematisierungen zusammen, ohne dass sie immer zusammenpassen würden – das erzeugt Widersprüche, die die Adressat_innen aushalten bzw. bewältigen müssen." (Bitzan/Bolay 2013, S. 41)

Die vorliegende Arbeit knüpft an diese Ausführungen an und wird die Zuschreibungen, die in den Existenzsicherungsgesetzen enthalten sind, herausarbeiten und die dadurch festgeschriebenen Handlungsspielräume der Leistungsempfänger*innen offenlegen. Zudem werden erste Aussagen über (1) den Einfluss der Zuschreibungen auf die Adressat*innengruppe, (2) über die Zuschreibungen, die sie in ihre Selbstkonstruktionen aufnehmen müssen und (3) über das Passungsverhältnis zwischen den Unterstützungen und ihrer individuellen Bedarfslagen getroffen. Grundsätzlich können jedoch allein aus der Rekonstruktion der Zuschreibungen keine abschließenden Aussagen getroffen werden, wie sich diese auf das individuelle Handeln einzelner Adressat*innen auswirken, da Handlungen durch eine Vielzahl von Einflussfaktoren bestimmt werden. Allerdings verdeutlicht die Offenlegung der Zuschreibungen, welche Botschaften die rechtlichen Regelungen an die Adressat*innen senden, die diese mit ihrem Selbstkonzept verbinden müssen. Darüber hinaus kann durch die in den Gesetzen enthaltenen Unterstützungen und das ihnen zugrunde liegende Verständnis von den Leistungsempfänger*innen das Maß der Reduzierung der Ungleichheit und Armutslage offengelegt werden.

2 Methodische Grundlagen zur Untersuchung der Kinder- und Kindheitsbilder der Existenzsicherungsgesetzgeber*innen

Zur Beantwortung der Frage nach den Kinder- und Kindheitbildern in den Existenzsicherungsgesetzen werden nachfolgend verschiedene begriffliche Bestimmungen geklärt und die Methode, die für die Analyse eingesetzt wurde, dargestellt. In Anbetracht dessen ergibt sich für das vorliegende Kapitel folgendes Vorgehen: Zuerst wird die Zielgruppe der Untersuchung bestimmt und die verschiedenen Verwendungsweisen des Begriffs ‚Kinder' aufgezeigt. Zweitens werden diejenigen Gesetze aus den Sozialgesetzen herausgefiltert, die ausschließlich auf die Absicherung des menschenwürdigen Daseins i. S. des Existenzminimums abzielen. Hierbei dient das durch die Bundesregierung aufgestellte Existenzminimum als Orientierungsgröße (vgl. Kap. 1.2). Drittens wird begründet, warum die Methode der strukturierten Inhaltsanalyse am besten für die Beantwortung der Fragestellung geeignet ist. Zudem werden ihre einzelnen Schritte kurz dargestellt. Schließlich werden viertens die für die Analyse notwendigen sog. ‚Kategorien und Unterkategorien' erarbeitet.

2.1 Spezifizierung der Zielgruppe ‚Kinder'

Die Zielgruppe wird durch zwei Merkmale gekennzeichnet. Erstens ist sie beschrieben als ‚Kinder' und zweitens handelt es sich um den Teil der Kinder, die in Armut leben, sodass zuerst darzustellen ist, was unter dem Begriff ‚Kinder' zu verstehen ist, um nachfolgend zu bestimmen, welche Kinder von Armut betroffen sind.

Im alltäglichen Sprachgebrauch werden verschiedene Begriffe mit dem Wortbestandteil ‚Kind' verwendet. Diese scheinen nicht synonym anwendbar zu sein, sondern Unterschiedliches zu implizieren. Daher wird nachfolgend zunächst dargestellt, was unter den verschiedenen Kindbegriffen zu verstehen ist und festgehalten, welche Begrifflichkeiten für die weitere Untersuchung relevant sind. Anschließend wird der Begriff ‚Kinder' mit verschiedenen Altersfestsetzungen verbunden und bestimmt, auf welche Altersgruppe sich die nachfolgende Analyse bezieht.

2.1.1 Definitionen: Kinder – Kindheit – Kindsein – Kindschaft

In der Auseinandersetzung mit den ersten Lebensjahren von Menschen findet in der pädagogischen und soziologischen Diskussion zumeist nicht nur der Begriff ‚Kind', sofern von der Einzahl gesprochen wird, oder ‚Kinder', wenn der Plural genutzt wird, Anwendung. Gleichzeitig wird regelmäßig von Kindheit gesprochen (vgl. dazu u. a. Bamler/Werner/Wustmann 2010; Kränzl-Nagl/Mierendorff 2007; Honig 2008, S. 189). Vor allem im Rahmen der neueren kindheitssoziologischen Forschung wird auf die Differenz hingewiesen, dass beide Begriffe verschiedene Ebenen bezeichnen (vgl. dazu eine ausführliche Darstellung bei Honig 2009). Unter Kindheit wird dementsprechend die im generationalen Verhältnis betrachtete Lebensphase verstanden. Der Begriff ‚Kinder' umfasst hingegen die Subjekte, die sich aktiv

> „ihre Welt aneignen und sie nach Bedürfnissen zu gestalten versuchen." (Hurrelmann 2003, S. 7)

Aufgrund dessen kommt es zu einer Unterscheidung zwischen Kinder- und Kindheitsforschung. Andresen/Hurrelmann (2010) stellen Kinderforschung als das Forschungsfeld vor, das auf die Sicht- und Handlungsweisen der Kinder selbst gerichtet ist. Die Kinderforschung

> „[...] interessiert sich für die subjektiven Einschätzungen der Lebenswelt und für die Selbst- und Körperwahrnehmungen von einzelnen Kindern." (Andresen/Hurrelmann 2010, S. 57)

Kindheitsforschung setzt sich demgegenüber mit der Frage auseinander,

> „[...] wie sich die Lebensphase Kindheit entwickelt und verändert hat und welche kulturellen, sozialen und politischen Vorstellungen von Kindern in einer Gesellschaft existieren [...]. Sie untersucht Vorstellungen vom Kind, Konzepte von Kindheit, das Verhältnis zwischen Kindheit, Jugend und Erwachsenenalter und den Zusammenhang von Kindheit, Erziehung und Entwicklung" (Andresen/Hurrelmann 2010, S. 56).

Nauck/Joos gehen in ihren Handbuchbeiträgen zu Kinder und Kindheit (Nauck/Joos 2005; Nauck/Joos/Meyer 2001) über diese Zweiteilung hinaus und unterscheiden weiterhin die beiden forschungsfeldspezifischen Idealtypen Kindsein und Kindschaft. Diese Differenzierung beruht auf der Annahme, dass zum einen zwischen den konkreten Lebensverhältnissen innerhalb der sozialstrukturellen Platzierung und den institutionalisierten Kindheitsmustern sowie zum anderen zwischen einer altersspezifisch definierten Phase im individuellen Lebensverlauf und der generationenspezifischen Analyse zu trennen ist (vgl. Nauck/Joos/Meyer 2001, S. 372) (vgl. Tab. 5). Im Rahmen der Altersspezifik stehen Kinder in ihrer Entwicklung im Vordergrund. Bei der Betrachtung von Generationenverhältnissen werden hingegen die Beziehungen zwischen Kindern und Erwachsenen bspw. in Bezug auf das Erziehungsverhalten untersucht, wobei auch Über- und Unterordnungsverhältnisse bzw. Machtverhältnisse von Bedeutung sein können (vgl. Oehlmann 2012, S. 51 ff.). In nachfolgender Tabelle sind diese Kindbegriffe nach ihren Differenzierungsmerkmalen zusammenfassend dargestellt.

Tab. 5: Idealtypen der Forschungsfelder über Kinder nach Nauck/Joos

	sozialstrukturell	Institutionell
Altersgruppe (individuell)	Altersgruppe in der Sozialstruktur **(1) Kinder**	Normative Regulierung der Altersgruppe **(2) Kindheit**
Generation (relational)	Leben in dyadischen Beziehungen zu Eltern **(3) Kindsein**	Normative Regulierung des Generationenbezugs **(4) Kindschaft**

Quelle: Nauck/Joos 2001, S. 372; eigene Darstellung

Als (1) Kinder definieren Nauck/Joos

> „[…] eine *Altersgruppe*, die sich in ihren sozialen Beziehungen zu ihrer Umwelt konstituiert und ein eigenes Element der Sozialstruktur einer Gesellschaft bildet" (Nauck/Joos 2005, S. 927; Hervorh. i. Orig.).

Kinder sind in dem hier verwendeten Zusammenhang diejenigen Personen, die aufgrund des Merkmals jungen Lebens dieser Gruppe zugeordnet werden, wobei keine starre Grenze festgelegt ist, sondern dies lediglich in Abgrenzung zu anderen Altersgruppen wie z. B. Jugendlichen zu betrachten ist. Im Rahmen von Untersuchungen mit dem Gegenstand Kinder werden diese nicht nur als homogene Gruppe verstanden, sondern auch die Folgen unterschiedlicher Lebensbedingungen erforscht. Mit anderen Worten, handelt es sich um Personen, die aufgrund ihres Alters als sog. ‚Kinder' bezeichnet werden, wobei deren

Auseinandersetzung mit der Umwelt bzw. den verschiedenen Lebenslagen interessiert (vgl. Nauck/Joos/Meyer 2001, S. 372). Darüber hinaus bildet die Frage nach dem Wohlbefinden von Kindern einen Teilbereich des in diesem Rahmen untersuchten Feldes (vgl. Heinzel/Kränzl-Nagl/Mierendorff 2012, S. 18).

(2) Kindheit als zweiter Idealtypus meint

> „[...] eine durch allgemeine Leitbilder, Rechtsnormen und Sitten konstituierte *Institution*, mit der Wissen und Wertvorstellungen über dieses Segment im Lebenslauf in einer Kultur verankert werden." (Nauck/Joos 2005, S. 928; Hervorh. i. Orig.)

Kindheit im hier verstandenen Sinne bezieht sich auf das Phänomen einer Altersgruppe, die mit Rechten, Pflichten und sonstigen Zuschreibungen behaftet ist, welche i. d. R. von der Erwachsenengeneration festgelegt werden, sodass implizit das Generationen- und das damit in Verbindung stehende Machtverhältnis zugrunde liegen (vgl. Nauck/Joos/Meyer 2001, S. 372 f.).

(3) Kindsein nach der Auffassung von Nauck/Joos

> „[...] wird durch das gemeinsame Leben im Generationenbezug von Kindern und ihren Eltern, d. h. durch die individuellen Interaktionen in Eltern-Kind-Beziehungen, konstituiert." (Nauck/Joos 2005, S. 928)

Ist von Kindsein die Rede, kommt es nicht zu einer altersspezifischen Einschränkung der benannten Personen. Es handelt sich speziell um Personen in der Beziehung zu ihren Eltern. Diese Generationenbeziehung besteht über die gesamte Lebensphase hinweg (vgl. Nauck/Joos/Meyer 2001, S. 373). Ein Teilaspekt der Forschung für diesen Bereich, der vor allem für die Diskussionen um existenzsichernde Regelsätze relevant ist, besteht in der Untersuchung, wie Ressourcen innerhalb von Familien verteilt werden (vgl. Heinzel/Kränzl-Nagl/Mierendorff 2012, S. 18).

Unter (4) Kindschaft verstehen die Autor*innen den

> „[...] zur Elternschaft komplementären Generationenbezug, in dem die spezifischen Rechte und Pflichten zwischen den Generationen geregelt werden und der somit den speziellen Institutionalisierungsaspekt der lebenslangen Beziehungen zwischen Generationen z. B. in Form zumeist implizit geschlossener ›Generationenverträge‹ über wechselseitige Hilfeleistungen, ökonomische Transfers und Erb-

schaften sowie die Legitimität von Eltern- und Kindesrecht beinhaltet." (Nauck/Joos 2005, S. 928)

Bei der Auseinandersetzung mit ,Kindschaft' handelt es sich folglich um die normativen Regelungen zwischen den Generationen.

Nauck/Joos weichen mit ihren Definitionen vom allgemein anerkannten soziologischen und erziehungswissenschaftlichen Verständnis des Begriffs ,Kindheit' ab. Dieser bedeutet für sie gerade nicht die Beziehung zwischen den Generationen. Vielmehr beschreibt dieser ihren Ansichten nach die vorgegebenen Bedingungen unter denen Kinder in einer Gesellschaft aufwachsen.

Vor dem Hintergrund der zu bearbeitenden Forschungsfrage ist nach der Definition von Nauck/Joos in erster Linie der Begriff ,Kinder' zu verwenden, in dem das gegenwärtige Aufwachsen dieser Personengruppe mit ihren Bedürfnissen, Besonderheiten und Bedingungen für ein menschenwürdiges Aufwachsen in den Blick genommen wird. Im Rahmen der anschließenden Untersuchung der gesetzlichen Rahmenbedingungen stehen nun nicht mehr nur Kinder mit ihren Lebenslagen im Mittelpunkt. Vielmehr soll in den gesetzlichen Festlegungen das normative Verständnis dieser Gruppe untersucht werden. Dieser institutionelle Blick impliziert, dass nach der Definition von Nauck/Joos bei dem zu untersuchenden Phänomen von Kindheit zu sprechen ist. Schließlich werden die Vorstellungen der Gesetzgeber*innen über Umverteilungen, Hilfen etc. zwischen den Familienmitgliedern relevant, sodass auch das Kindsein Bedeutung erlangt.

2.1.2 Altersfestsetzungen für den Kinderbegriff

Im Anschluss an diese Erläuterung der Verwendung und Definition des Begriffs ,Kinder' ist die Bestimmung der empirisch zu fassenden Merkmale der Zielgruppe insbesondere mit Blick auf die nachfolgende Analyse vorzunehmen. Es handelt sich dabei um die Frage, was Kinder in ihrer aktuellen Lebensphase auszeichnet. In den verschiedenen Wissenschaftsdisziplinen liegen dafür unterschiedliche Annahmen vor. Werden aus Sicht der Erziehungswissenschaft unter Kindern, die Personen verstanden, die sich erst noch bestimmte Fähigkeiten, Fertigkeiten und Eigenschaften aneignen sollen, die entscheidend für ihr weiteres Leben sind, gelten demgegenüber in der Rechtswissenschaft Personen als Kinder, wenn Tatbestände wie Unmündigkeit und Geschäftsunfähigkeit vorliegen oder ihnen die Schulpflicht zugeschrieben wird (vgl. Mierendorff 2010, S. 15). Je nach Wissenschaftsdisziplin wird ein anderer Schwerpunkt aus dem

Leben der Zielgruppe betrachtet, was sich in unterschiedlicher Weise auf den Umgang mit Kindern in Forschung und Fachpraxis auswirkt.

Zur Bestimmung der Kennzeichen des Begriffs ‚Kinder' ist weiterhin eine Abgrenzung zu anderen Altersgruppen unabdingbar. Dies erweist sich jedoch als problematisch, da allgemeingültige Festlegungen nicht vorhanden sind. Ein oft verwendetes aber dennoch umstrittenes Kriterium stellt das Lebensalter dar. Eine universelle Altersschwelle, ab wann von der darauffolgenden Altersgruppe bzw. Generation gesprochen werden kann, ist nicht vorhanden. Neben dem Lebensalter, welches insbesondere im Recht Anwendung findet, wird vor allem in der Psychologie oder der Pädagogik die Bewältigung von speziellen Entwicklungsaufgaben als Abgrenzungskriterium genutzt.

Der Gebrauch unterschiedlicher Altersschwellen führt zu einer Ausweitung oder Eingrenzung des Kinderbegriffs sowie zu einem Ein- oder Ausschluss von Personengruppen. In der sozialwissenschaftlichen Forschung wird entweder ab der Geburt oder im Anschluss an das Säuglingsalter oder die Kleinkindphase von Kindern gesprochen. An die Altersgruppe der Kinder schließt sich in dieser Forschungsrichtung das Jugendalter an (vgl. dazu u. a. Hornstein/Thole 2005, S. 529; Wilkening/Freund/Martin 2009, S. 2 f.). Beginn und Ende der Lebensphase wird nicht über das Lebensalter bestimmt, sondern über den Entwicklungsstand der Personen.

Im Recht unterliegt der Begriff ‚Kinder' zwei unterschiedlichen Abgrenzungsmerkmalen. Im Verwandtschaftsrecht des BGB (§ 1589) wird von ‚Kindern' in einem Generationenverständnis gesprochen. Das heißt, das Gesetz gebraucht den Begriff ‚Abstammung'. Im Erbrecht ist von Kindern als

> „Abkömmlinge ersten Grades [...] unabhängig von ihrem Lebensalter" (Weidenkaff 2011, S. 682)

die Rede (vgl. §§ 1924, 1925 BGB). I. S. v. Nauck/Joos handelt es sich hierbei um das ‚Kindsein'. Darüber hinaus gilt das Lebensalter als weiteres Abgrenzungsmerkmal, wobei für die gesetzlichen Regelungen kein einheitlicher Schwellenwert vorliegt. So werden Kinder bspw. mit dem Status der Minderjährigkeit verbunden (vgl. Kränzl-Nagl/Mierendorff 2007, S. 4). Im Laufe der Lebensjahre erlangen die Kinder zwar immer neue Rechte, allerdings sind sie erst im Alter von 18 Jahren voll geschäftsfähig und damit mündig (vgl. § 2 BGB). Sie können ab diesem Zeitpunkt ihre Rechte im Geschäftsbereich selbst wahrnehmen, müssen aber gleichzeitig für ihre Pflichten unabhängig von ihren Eltern als Personensorgeberechtigte einstehen (vgl. Münder/Ernst 2009, S. 141 ff.). Folglich gelten sie im Vertragsrecht mit der Vollendung des 18. Lebensjahres nicht mehr als Kinder, wohl aber bleibt diese Stellung im Familien- und Erbrecht ohne Begrenzung durch den Lebensaltersstatus bestehen.

Die Altersgrenze, die zwischen Minder- und Volljährigen unterscheidet und die Minderjährige als Kinder bezeichnet, liegt auch dem internationalen Gesetzeswerk für die Rechte von Kindern – der sog. ‚UN-Kinderrechtskonvention' – zugrunde. Die Bezeichnung ‚Kinder' wird demnach auch im internationalen Recht an die Mündigkeit gebunden, wobei gerade an dieser Stelle deutlich wird, dass es sich um eine willkürliche Festlegung des Erreichens von Eigenschaften der sog. ‚geistigen Reife' handelt. Ab einem bestimmten Alter werden diese Charaktermerkmale jeder Person zugesprochen.[6]

In den nationalen Gesetzen lassen sich noch weitere Altersfestlegungen für das Kindesalter finden. So existiert im Kinder- und Jugendhilferecht (SGB VIII) – als einem Teil des Sozialrechts mit seinen zentralen Bestimmungen für ein förderliches und gesundes Aufwachsen von Kindern – eine zweifache altersbezogene Abgrenzung des Begriffs ‚Kinder'. Zum einen wird in § 7 Abs. 1 SGB VIII eine Trennung zwischen Kindern (bis unter 14 Jahre alt), Jugendlichen (14 bis unter 18 Jahre alt) und jungen Volljährigen (18 bis unter 27 Jahre alt) vorgenommen. Zum anderen erfolgt in § 7 Abs. 2 SGB VIII eine altersgemäße Erweiterung des Begriffs ‚Kinder' auf alle Personen, die das 18. Lebensjahr noch nicht vollendet haben.

Für die Existenzsicherungsgesetze lässt sich festhalten, dass der Begriff ‚Kinder' in unterschiedlicher Weise Anwendung findet. Im SGB II (in der geänderten Fassung der Bekanntgabe vom 13. Mai 2011) erfolgt erstmals seit der Einführung dieses Gesetzes eine Trennung zwischen den Begriffen ‚Kinder' und ‚Jugendliche'. Dort wird jedoch keine genaue Begriffsdefinition vorgenommen. Diese wird aber durch das Gesetz zur Ermittlung der Regelbedarfe nach § 28 des Zwölften Buches Sozialgesetzbuch (RBEG) ersichtlich, welches die Grundlage für die Regelbedarfe im SGB II darstellt. Hier bezeichnen die Gesetzgeber*innen alle Personen als Kinder, die jünger als 14 Jahre alt sind. Personen „vom Beginn des 15. bis zur Vollendung des 18. Lebensjahres" (§ 6 Abs. 2 RBEG) definieren sie als Jugendliche. Diese Klassifikation richtet sich nach den Regelbedarfsstufen des SGB II und SGB XII, allerdings findet sie nicht durchgängig in gleicher Weise Anwendung. Teilweise werden die Personengruppen der Kinder und Jugendlichen als minderjährige Kinder bezeichnet (vgl. dazu u. a. § 21 Abs. 3 SGB II). Im Zusammenhang mit der Zugehörigkeit zu einer Bedarfsgemeinschaft sprechen die Gesetzgeber*innen von Kindern, wenn die Zielgruppe jünger als 24 Jahre alt ist (vgl. § 7 Abs. 3 SGB II) und weiten damit den Begriff ‚Kinder' in den jeweiligen Kontexten um vier bzw. zehn Jahre aus.

---

6 Eine Ausnahme bilden hier Menschen mit einer geistigen oder seelischen Behinderung, denen diese Eigenschaft zum Teil nach Erreichen der Volljährigkeit aufgrund funktionaler Einschränkungen nicht zugesprochen wird.

Ausgehend von diesen Befunden werden in der vorliegenden Untersuchung alle Menschen als Kinder bezeichnet, die das 15. Lebensjahr noch nicht begonnen haben. Dadurch werden alle Personen eingeschlossen, die in den zu analysierenden Gesetzestexten als Kinder bezeichnet werden, da Personen im Alter von unter 15 Jahren immer als Kinder bezeichnet werden. Darüber hinaus werden Festschreibungen in die Untersuchung aufgenommen, die Termini verwenden, die neben den unter 15-Jährigen auch ältere Personen betreffen. Auch diesen liegt ein implizites Verständnis von Kindern und Kindheit zugrunde und trifft damit auf die relevante Personengruppe zu. Unberücksichtigt bleiben die Regelungen, die ausschließlich für Personen gelten, die das 15. Lebensjahr bereits vollendet haben.

2.2 Auswahl von Gesetzen zur Sicherung des Existenzminimums von Kindern

Nach der Bestimmung der Zielgruppe liegt eine weitere Notwendigkeit in der Ermittlung derjenigen Gesetze vor, die auf die Absicherung des Lebensunterhalts von Kindern i. S. des Existenzminimums zielen. Dazu dient das durch die Bundesregierung festgelegte Existenzminimum als Schwellenwert, dass – wie bereits in Tab. 4 dargestellt (vgl. Kap. 1.2) – im Jahr 2012[7] für Kinder[8] bei jährlich 7.008 Euro (bzw. 584 Euro im Monat) lag (vgl. Deutscher Bundestag 2011a). Diese Höhe wird den jeweiligen Leistungen der zu überprüfenden Gesetze mit Stand 2012 gegenübergestellt. Das Ergebnis dieser Analyse gibt Auskunft über die Gesetzestexte (sowie die dazugehörigen Gesetzesbegründungen und -kommentierungen), in denen anschließend die Kinder- und Kindheitsbilder der Gesetzgeber*innen rekonstruiert werden.

7 Die Orientierung am Existenzminimum von 2012 ist damit zu begründen, dass in diesem Jahr die Analyse vorgenommen wurde, ob es sich bei den einzelnen Sozialgesetzen konkret um Existenzsicherungsgesetze handelt. Die Aktualität der Ergebnisse wird dadurch nicht beeinflusst. Zwar wurden die Regelbedarfe in den Gesetzen mittlerweile angehoben, gleichzeitig stieg das sächliche Existenzminimum, sodass keine Veränderungen bei der Bestimmung der Existenzsicherungsgesetze vorliegen. Eine Ausnahme liegt beim AsylbLG vor. Die Regelsätze waren aufgrund des Urteils des BVerfG vom 18. Juli 2012 [Az. 1 BvL 10/10 und 2/11, Rn. 117] bis 28. Februar 2015 verfassungswidrig, sodass in diesem Falle die ab 1. März 2015 gültigen Regelungen als Grundlage für die Auswahl der Gesetzestexte genutzt wurden.

8 Unter dem Begriff ‚Kinder' werden in den Existenzminimumberichten alle Personen bis zur Vollendung des 18. Lebensjahres verstanden.

Gesetze, die das Existenzminimum durch die Bereitstellung von Unterstützungsleistungen sichern sollen, werden als Gesetze verstanden, die primär und eigenständig zur sozialen Gerechtigkeit und zur sozialen Sicherheit beitragen und demnach als dem Sozialrecht zugehörig gelten (vgl. Kokemoor 2010, S. 2). Das System der sozialen Sicherung bzw. im juristischen Sinne das Sozialrecht unterlag lange Zeit einer klassischen Dreiteilung in (1) Sozialversicherung, (2) Versorgung und (3) Fürsorge. Da sich neuere Gesetze teilweise in keine der drei Kategorien einordnen lassen, kam es zu einer neuen Einteilung in (1) Vorsorge, (2) Entschädigung sowie (3) soziale Hilfe und Förderung (vgl. Kokemoor 2010, S. 10). Der Kategorie (1) Vorsorge werden die Sozialversicherungen (Kranken-, Arbeitslosen-, Renten-, Pflege- und Unfallversicherung) zugeordnet. (2) Soziale Entschädigung

> „[...] dient der Sicherung gegen schädigende Ereignisse, gegen die eine Vorsorge nicht möglich oder nicht tunlich ist, und die im Verantwortungsbereich der Allgemeinheit liegen (wie zB [sic!] Krieg, Katastrophen, lebensrettendes Eintreten für andere)" (Waltermann 2011, S. 37).

Die Kategorie (3) soziale Hilfe und Förderung beinhaltet Gesetze, die ihrem Anspruch nach

> „[...] Chancengleichheit und gleiche soziale Entfaltungsmöglichkeiten [herstellen] sowie [...] das Existenzminimum bei besonderer Leistungsschwäche oder in sonstigen Notlagen" (Kokemoor 2010, S. 174)

absichern. Zur Bestimmung der Existenzsicherungsgesetze ist nur die Kategorie (3) zu berücksichtigen, da hier explizit die Absicherung eines minimalen Lebensstandards als eines der beiden Teilaufgaben benannt wird.

Gesetze, die im Regelfall in die Kategorie soziale Hilfe und Förderung eingeordnet werden, sind das AsylbLG, das BAföG, das BKGG, das BEEG, das SGB II, das SGB VIII, das SGB IX, das SGB XII und das WoGG. Unter sozialer Hilfe wird die grundlegende Absicherung eines menschenwürdigen Lebens verstanden. Mit sozialer Förderung ist eine Verbesserung der Chancengleichheit gemeint (vgl. Waltermann 2011, S. 37). Folgt man dieser Definition, dient der Bereich der sozialen Hilfe zur Festlegung der zu untersuchenden Gesetze. Bei der Zuordnung der Gesetze in die beiden Bereiche herrscht jedoch keine einheitliche, fachwissenschaftliche Meinung (vgl. Tab. 6). In nachfolgender Tabelle sind vier Beispiele der Einordnung namhafter Sozialrechtler abgebildet.

Tab. 6: Unterscheidung sozialrechtlicher Gesetze

	Muckel	Waltermann	Eichenhofer	Kokemoor
Soziale Hilfe	AsylbLG SGB XII	SGB II SGB XII	AsylbLG SGB VIII SGB XII	AsylbLG SGB II SGB XII
Soziale Förderung	BAföG BEEG BKGG SGB VIII SGB IX WoGG	BAföG BEEG BKGG SGB VIII SGB IX WoGG	BAföG BEEG BKGG SGB II SGB IX WoGG	BAföG BEEG BKGG SGB VIII SGB IX WoGG
Einordnung in andere Bereich	SGB II (Vorsorge)	AsylbLG (nicht aufgeführt)		

Quelle: Muckel 2009; Waltermann 2011; Eichenhofer 2010; Kokemoor 2010; eigene Darstellung

Die Auflistung belegt, dass keine einheitliche Meinung über die Zuordnung der Gesetze herrscht, sodass im Folgenden der Achte Existenzminimumbericht als Grundlage für die Bestimmung der Existenzsicherungsgesetze herangezogen wird, da dieser das Existenzminimum für das Jahr 2012 beinhaltet. Mit diesem Bericht wird das Ziel der Festsetzung eines monetären Betrages verfolgt, der einer Person zuzusichern ist, damit sie ihren eigenen notwendigen Lebensunterhalt bestreiten kann (vgl. Deutscher Bundestag 2011a, S. 1). Um die Existenzsicherungsgesetze ausfindig zu machen sowie dem Anspruch der Arbeit zu entsprechen, die gesetzgeberischen Kinder- und Kindheitsbilder herauszuarbeiten, sind

(1) die Leistungen der einzelnen Gesetze aus dem Bereich soziale Hilfe und Förderung zu untersuchen und
(2) es ist zu prüfen, ob die Gesetze für die Zielgruppe relevant sind.

Nur wenn beide Kriterien erfüllt sind, handelt es sich um ein Gesetz, das im Weiteren Beachtung findet. Die Gesetze werden in alphabetischer Reihenfolge geprüft, allerdings werden zuerst die Gesetz, die im Bereich ‚Soziale Hilfe' eingeordnet werden, untersucht und im Anschluss diejenigen, die dem Bereich ‚Soziale Förderung' zugeschrieben werden.

AsylbLG

Das AsylbLG regelt

> „[…] die materiellen Leistungen an Asylbewerber, geduldete Ausländer und Kriegs- bzw. Bürgerkriegsflüchtlinge zur Sicherstellung ihres Existenzminimums während ihres Aufenthalts in Deutschland" (Birk 2008, S. 918).

Anspruchsberechtigte, die in einer sog. ‚Erstaufnahmeeinrichtung' untergebracht sind, sollen den Bedarf zur Deckung des physischen Existenzminimums vorrangig in Form von Sachleistungen erhalten. U. U. können einzelne Leistungen auch als Wertgutscheine, unbare oder Geldleistungen erbracht werden (vgl. § 3 AsylbLG). Zudem erhalten Alleinstehende Geldleistungen – im Gesetz und auf dieser Grundlage auch in Tab. 7 werden diese als Barbetrag bezeichnet – in Höhe von 140 Euro im Monat. Ehe- und Lebenspartner*innen werden monatlich 126 Euro gewährt, für Kinder zwischen dem sechsten und dem 14. Lebensjahr 90 Euro und für unter Sechsjährige 82 Euro im Monat (vgl. § 3 Abs. 1 AsylbLG).

Tab. 7: Regelsatzhöhe im AsylbLG[9]

	Allein-stehende	Ehe- und Lebens-partner*in	Haushalts-angehörige Erwachsene	Kinder: 15. bis 18. Le-bensjahr	Kinder: 6. bis 14. Lebens-jahr	Unter 6-Jährige
Grund-leistungen	212 €	190 €	170 €	194 €	154 €	130 €
Barbetrag	140 €	126 €	111 €	83 €	90 €	82 €
Insgesamt	352 €	316 €	281 €	277 €	244 €	212 €

Quelle: § 3 Abs. 1, 2 AsylbLG; eigene Darstellung

Leben die Leistungsempfänger*innen z. B. in einer Gemeinschaftsunterkunft oder sind sie dezentral untergebracht, sollen sie sie zur Deckung des physischen Existenzminimums keine Sachleistungen oder Wertgutscheine erhalten. Ihnen werden dafür i. d. R. Geldleistungen in Höhe von monatlich 212 Euro für Alleinstehende, jeweils 190 Euro im Monat für Ehe- und Lebenspartner*innen, monatlich 154 Euro für Kinder zwischen dem sechsten und dem 14. Lebensjahr

9 Bei den dargestellten Regelleistungen handelt es sich bereits um diejenigen, die ab der Neuregelung vom 1.3.2015 in Kraft getreten sind. Das AsylbLG ist damit das einzige Gesetz, bei dem nicht der Stand von 2012 berichtet wird, da die damaligen Regelleistungen am 18. Juli 2012 vom BVerfG für verfassungswidrig erklärt wurden.

sowie 130 Euro pro Monat für unter Sechsjährige zur Verfügung gestellt (vgl. § 3 Abs. 2 AsylbLG) (vgl. Tab. 7). Zusätzlich erhalten sie einen sog. ‚Barbetrag', sodass Kindern zwischen dem sechsten und dem 14. Lebensjahr monatlich insgesamt 244 Euro und unter Sechsjährigen 212 Euro im Monat gewährt werden.

Sind die Leistungsberechtigten in einer Erstaufnahmeeinrichtung untergebracht, werden die Kosten der Unterkunft bereits beglichen. Leben sie außerhalb einer solchen Einrichtung, werden diese Kosten gesondert erbracht und zusätzlich zu den oben benannten Regelleistungen gewährt (vgl. § 3 Abs. 2 S. 3 AsylbLG).

Die Auflistung der Grundleistungen und des Barbetrags in Höhe von monatlich 212 Euro bzw. 244 Euro für Kinder je nach Altersgruppe zeigt, dass die Anspruchsberechtigten ihr Leben unterhalb der Grenze des soziokulturellen Existenzminimums bestreiten müssen. Dies entspricht auch der gesetzgeberischen Intention, dass

> „[...] die Leistungen nach dem AsylbLG [...] nicht dem Ziel [dienen], die Existenz des Leistungsberechtigten zum Zwecke eines dauerhaften, sozial integrierten Lebens in der Bundesrepublik zu sichern" (Muckel 2009, S. 419).

Gleichzeitig wird deutlich, dass nicht allen in Deutschland lebenden Personen der – auf der Grundlage des Existenzminimumberichts anzuerkennende – Mindestbedarf eingeräumt wird. Es kommt an dieser Stelle zu einer Unterscheidung zwischen der Gruppe der sog. ‚rechtmäßig' in Deutschland lebenden Personen und den Personen, die lediglich geduldet sind oder über deren rechtmäßigen Aufenthalt noch nicht abschließend entschieden wurde.

Da sowohl Kinder Unterstützungen nach diesem Gesetz erhalten als auch diese Leistungen das Existenzminimum nicht überschreitet, werden im AsylbLG beide Kriterien zur Auswahl der Gesetze erfüllt, sodass dieses Gesetz auf das gesetzgeberische Verständnis von Kindern und Kindheit untersucht wird.

SGB II und SGB XII

Das SGB II und das SGB XII zielen explizit auf die Sicherung des soziokulturellen Existenzminimums. Zudem werden sie als Berechnungsgrundlage für das staatlich festgesetzte Existenzminimum genutzt (vgl. Beschluss des BVerfG vom 10. November 1998 [2 BvL 42/93, Rn. 169 ff.]). Dabei verfügen alle in einem Haushalt lebenden Personen über einen Leistungsanspruch, sofern sie

„[...] ihren notwendigen Lebensunterhalt nicht oder nicht ausreichend aus eigenen Kräften und Mitteln, insbesondere aus ihrem Einkommen und Vermögen, beschaffen können" (§ 19 Abs. 1 S. 1 SGB XII; vgl. dazu auch § 9 Abs. 1 SGB II).

Kinder werden zudem in beiden Gesetzen explizit als Leistungsberechtigte aufgeführt (vgl. § 7 Abs. 3 Nr. 4 SGB II, § 27a SGB XII). Dementsprechend gehören diese beiden Rechtsgrundlagen zum Untersuchungsgegenstand der Arbeit, wobei vom SGB XII nur die ersten drei Kapitel Bedeutung erlangen. Bei dem ersten Kapitel handelt es sich um allgemeine Vorschriften und Regelungen. Das zweite Kapitel regelt den Leistungsanspruch. Die beiden daran anschließenden Kapitel beschreiben die zwei einzigen Leistungsarten des SGB XII, die den existenziellen Lebensunterhalt abdecken. Im dritten Kapitel wird die Hilfe zum Lebensunterhalt festgeschrieben, die auch für die Zielgruppe der vorliegenden Analyse relevant ist (vgl. § 27 SGB XII). Die im vierten Kapitel verortete sog. ‚Grundsicherung im Alter und bei Erwerbsminderung' schließt die Altersgruppe der Kinder vom Leistungsbezug aus (vgl. § 41 SGB XII), sodass diese Vorschriften für die Untersuchung bedeutungslos sind. In den Kapiteln fünf bis neun werden Regelungen zu Hilfen in besonderen Lebenslagen getroffen, die nicht als existenzsichernde Leistungen i. S. der Fragestellung zu definieren sind, weil es sich um keine fortlaufenden Hilfen zur Sicherung des Lebensunterhaltes handelt (vgl. Schellhorn 2010, Rn. 21). Sie können lediglich relevant werden, insofern Regelungen getroffen werden, die die Leistungsempfänger*innen der ersten drei Kapitel betreffen. Weisen diese auch besondere Lebenslagen gemäß den nachfolgenden Kapiteln auf, werden sie berücksichtigt. Dies trifft insbesondere auf die Leistungen für Menschen mit (drohender) Behinderung zu, die im sechsten Kapitel geregelt sind.

SGB VIII

Die Aufgabe des SGB VIII besteht in der Förderung der Entwicklung junger Menschen zu eigenverantwortlichen und gemeinschaftsfähigen Persönlichkeiten sowie der Unterstützung und Ergänzung der Erziehung in der Familie (vgl. Waltermann 2011, S. 241). Um diesem Anspruch gerecht werden zu können, hat die

„[...] Jugendhilfe insbesondere junge Menschen in ihrer individuellen und sozialen Entwicklung [zu] fördern und dazu bei[zu]tragen, Benachteiligungen zu vermeiden oder abzubauen, sowie Eltern und andere Erziehungsberechtigte bei der Erziehung [zu] beraten und [zu] unterstützen. Ferner soll sie die Kinder und Jugendlichen vor Gefahren für ihr Wohl schützen und dazu beitragen, positive Lebensbedingungen für junge Menschen und ihre Familien sowie eine kinder- und familienfreundliche Umwelt zu erhalten und zu schaffen" (Schmitt 2011a, S. 683).

Das Gesetz zielt somit nicht auf die Gewährung finanzieller Leistungen zur Sicherung der Existenz, sondern auf die Herstellung von Bedingungen, damit Kindern unabhängig von ihrer (sozialen) Herkunft ein gedeihliches Aufwachsen in der Familie und ihrem sozialen Umfeld ermöglicht wird, welches vordergründig auf die Erziehung und Bildung der Kinder in der Familie fokussiert (vgl. Winkler 2011, Rn. 5). Dies trägt zur Herstellung sozialer Gerechtigkeit und sozialer Sicherheit insbesondere durch Dienstleistungen bei. Eines der Handlungsprinzipien des SGB VIII besteht nach Münder (2009) in der Existenzsicherung und Alltagsbewältigung i. S. der Sicherung von Grundbedürfnissen als Voraussetzung einer selbstbestimmten Lebensführung. Durch das SGB VIII werden Eltern bspw. Möglichkeiten der außerhäuslichen Kinderbetreuung geboten, insbesondere zur pädagogischen Förderung der Kinder und für die Zeit, in der die Eltern einer Erwerbstätigkeit nachgehen, um mindestens einen Teil des Lebensunterhaltes selbst zu sichern. Ein zweites Beispiel bildet die sog. ‚Sozialpädagogische Familienhilfe', deren inhaltliche Schwerpunkte nach Münder/Trenczek (2011, S. 101) vor allem in der erzieherischen Situation, dem Verhältnis der einzelnen Familienmitglieder zueinander und den Verhältnissen im sozialen Umfeld liegen. Darüber hinaus sind die materielle Situation und die Wohnsituation zu beachten und insofern zu fördern, als dass dadurch ein Beitrag zur Steigerung der alltagspraktischen Kompetenzen in der Familie geleistet werden kann. Unterstützung zur materiellen Lebenssicherung umfasst aber keine Geldleistungen. Vielmehr sollen die Sozialpädagog*innen den Familien helfen, kostendeckend mit den vorhandenen finanziellen Mitteln umzugehen. Sie beraten die Familien über Leistungen, die sie in Anspruch nehmen können. Sie weisen die Familien – sofern notwendig – auf das Angebot der Schuldnerberatung hin und begleiten die Familien bei der Beantragung.

Neben der Vielzahl von Dienstleistungen, die das SGB VIII bereit hält, können über § 39 SGB VIII auch materielle Leistungen beantragt werden, die den notwendigen Lebensunterhalt von Kindern und Jugendlichen in voll- und teilstationärer Unterbringung außerhalb der Herkunftsfamilie abdecken sollen. Auf diese sog. ‚Annexleistung' besteht nur ein Anspruch, wenn – wie der Name bereits impliziert – erzieherische Hilfen nach den §§ 32 bis 35 SGB VIII (teil- und vollstationäre Hilfen), § 35a Abs. 2 Nr. 2 bis 4 SGB VIII (Eingliederungshilfe für seelisch behinderte Kinder und Jugendliche) oder § 41 Abs. 2 SGB VIII (Hilfe für junge Volljährige) gewährt werden. Darüber hinaus besteht die Möglichkeit einer Leistungsgewährung nach § 39 SGB VIII insofern bereits Hilfen nach § 19 Abs. 3 SGB VIII (Jugendsozialarbeit) oder § 21 SGB VIII (Erbringung der Schulpflicht) in Anspruch genommen werden. Eine ausschließliche Unterstützung gemäß § 39 SGB VIII ohne sozialpädagogische Leistungsnutzung ist auch nicht möglich, wenn es sich nur um eine Weiterführung der materiellen

Hilfegewährung im Anschluss an eine Inanspruchnahme beider Leistungsarten handelt (vgl. Tammen 2009, Rn. 4).

Das SGB VIII schreibt in § 39 Abs. 2 S. 1 vor, dass der gesamte regelmäßig wiederkehrende Bedarf für den notwendigen Unterhalt über einen monatlich auszuzahlenden Pauschalbetrag gewährt werden soll. Dieser Betrag setzt sich zusammen aus den Kosten für den Sachaufwand (d. h. für Unterkunft inkl. Nebenkosten, Nahrung, Kleidung, Körperpflege, Schul- und Bildungsbedarf, Hausrat und Dingen des persönlichen Bedarfs (vgl. Tammen 2009, Rn. 10) sowie den Kosten für die Pflege und Erziehung (i. S. einer Vergütung für die Pflegepersonen, die gesetzlich nicht für die Pflege und Erziehung der Kinder zuständig sind). Mit der Sachaufwandspauschale sollen

> „[...] die laufenden Leistungen [...] auf der Grundlage der tatsächlichen Kosten gewährt werden, sofern sie einen angemessenen Umfang nicht übersteigen" (§ 39 Abs. 4 S. 1 SGB VIII).

Inbegriffen ist auch ein sog. ‚angemessener Barbetrag'. Die Höhe dieses Taschengeldes unterliegt einer altersbedingten Staffelung und soll den Kindern zur eigenen Verfügung gestellt werden. Eine Kürzung oder Streichung des Betrages durch die Pflegepersonen ist rechtswidrig (vgl. Fieseler o.J., S. 2).

Eine konkrete Leistungshöhe schreibt das SGB VIII weder für den Sachaufwand noch für die Kosten für Erziehung und Pflege vor, sondern verweist auf die Ausgestaltungshoheit der jeweils nach Landesrecht zuständigen Behörden (vgl. § 39 Abs. 5 S. 1 SGB VIII). Die Gesetzeskommentierungen weisen im Rahmen dieser Regelung auf die Empfehlungen des DV hin, woran sich die Pauschalbeträge der Länder orientieren und diese teilweise übernehmen. Um dem Anspruch gerecht zu werden, die Leistungen zwar pauschaliert jedoch an den tatsächlichen Kosten zu orientieren, nutzt der DV die Ergebnisse der EVS zu den Ausgaben von Paarhaushalten mit einem Kind (vgl. Tammen 2009, Rn. 23). Für 2012 schlägt der DV für die Null- bis unter Sechsjährigen eine monatliche Pauschale für die Sachkosten von 487 Euro vor, für die Sechs- bis unter Zwölfjährigen 564 Euro und für die Zwölf- bis unter 18-Jährigen 648 Euro. Die Empfehlung für die Kosten der Pflege und Erziehung unterliegt keiner Altersdifferenzierung und wird vom DV mit 227 Euro pro Monat angesetzt (vgl. Deutscher Verein für öffentliche und private Fürsorge e.V. 2011b, S. 2). Im bundesdeutschen Durchschnitt betragen die gewährten Leistungen zum Lebensunterhalt für die Null- bis unter Sechsjährigen 464 Euro, für die Sechs- bis unter Zwölfjährigen 538 Euro und für die Zwölf- bis unter 18-Jährigen 630 Euro.

Abgesehen von diesen pauschalierten Leistungen für den Lebensunterhalt können einmalige Beihilfen oder Zuschüsse u. a. für die Erstausstattung einer Pflegestelle, bei wichtigen persönlichen Anlässen (z. B. Taufe, Einschulung, Kommunion, Konfirmation, Beschneidungsfeiern, Jugendweihe), für Bewirtungskosten anlässlich solcher und Fahrtkosten zu diesen Festen, für Urlaubs- und Ferienreisen der Kinder sowie für Verwandten- oder Elternbesuche, aber auch für Klassenfahrten und Nachhilfeunterricht (vgl. Tammen 2009, Rn. 16) geltend gemacht werden.[10]

Darüber hinaus sind Pflegeeltern berechtigt, Kindergeld für ihre Pflegekinder zu beziehen (vgl. Schindler/Wiesner 2005, S. 4). Nach § 39 Abs. 6 SGB VIII ist das Kindergeld für das älteste Kind der Familie zur Hälfte (2012: 92 Euro) und für jüngere Kinder zu einem Viertel (46 Euro bzw. 47,50 Euro für das dritte und 53,75 Euro für jedes weitere Kind (vgl. Bundeszentrale für Steuern/Familienkasse der Bundesagentur für Arbeit 2012, S. 20) auf die Leistungen zum Lebensunterhalt anzurechnen. Den Restbetrag können die Familien allerdings nicht in allen Fällen als zusätzliche monetäre Leistungen nutzen. Beziehen die Pflegeeltern Hilfe nach dem SGB II oder SGB XII, wird der verbleibende Betrag als Einkommen der Pflegeeltern angerechnet (vgl. Schindler/Wiesner 2005, S. 5 f.), sodass nicht generell davon auszugehen ist, dass dem ältesten Kind einer Pflegefamilie bundesdurchschnittlich im Alter zwischen null und unter sechs Jahren 556 Euro, zwischen sechs und unter zwölf Jahren 630 Euro und zwischen zwölf und unter 18 Jahren 722 Euro zur Verfügung stehen.

Weiterhin besteht die Möglichkeit für Pflegefamilien zu den Leistungen nach § 39 SGB VIII zusätzlich Leistungen nach dem WoGG zu beantragen, wobei die Hälfte der pauschalierten Sachaufwendungsleistung auf das Einkommen der Pflegekinder (vgl. § 14 Abs. 2 Nr. 24 WoGG) und die Hälfte der Leistung zur Pflege und Erziehung auf das Einkommen der Pflegeeltern (vgl. § 14 Abs. 2 Nr. 25 WoGG) angerechnet wird. Es sind folglich dieselben Anrechnungsmodalitäten wie im SGB II und SGB XII gegeben.

Ein Vergleich der Leistungshöhen zum Lebensunterhalt nach § 39 SGB VIII mit der Höhe des sächlichen Existenzminimums von 356 Euro ergibt, dass alle Altersgruppen, die auf der Grundlage des § 39 SGB VIII Ansprüche geltend machen, mit ihren monetären Mitteln über der Existenzminimumgrenze liegen. Folglich kann bei diesen Leistungen nicht von einer Grundsicherungsleistung i. S. der vorliegenden Fragestellung gesprochen werden. Dies entspricht auch der Zielsetzung der Regelung. Demnach soll der Lebensstandard, der in Pflegefamilien besteht, die vornehmlich den mittleren Einkommensschichten ange-

---

10 Für Bremen liegt die Besonderheit vor, dass diese Zuschüsse und Beihilfen in einer zusätzlichen monatlichen Pauschale gewährt werden (vgl. Freie Hansestadt Bremen 2010, S. 929).

hören, gewährt werden und nicht nur eine soziokulturelle Existenzsicherung der Kinder erfolgen (vgl. Wiesner 2011a, Rn. 31). Die tatsächliche Höhe der Unterhaltskosten soll das sozialisatorische Kindeswohl sichern und einer ungleichen Behandlung von Pflege- und eigenen Kindern in einer Familie entgegenwirken (vgl. Tammen 2009, Rn. 18). Allerdings wird dieser Anspruch durch die Festlegung landesweit geltender, monatlicher Pauschalbeträge erheblich beeinträchtigt, die sich nicht an der konkreten Situation in den Pflegefamilien orientieren und folglich den individuellen familiären Lebenslagen nicht gerecht werden können (vgl. Tammen 2009, Rn. 20).

Vor dem Hintergrund, dass das SGB VIII vordergründig Dienstleistungen zur Unterstützung der Familien bei der Erziehung und Bildung ihrer Kinder sowie die einzige Existenzsicherungsleistung über dem staatlich festgesetzten Existenzminimum liegt, ist das Gesetz aus der weiteren Untersuchung zum Kinder- und Kindheitsverständnis in den Existenzsicherungsgesetzen auszuschließen. Allerdings ist es als wesentliche rechtliche Grundlage bezüglich der Betrachtung der Bedingungen des Aufwachsens und der Bedürfnisse von Kindern zu verstehen. Zudem haben alle Empfänger*innen der hier einbezogenen sozialrechtlichen Leistungen gleichzeitig Anspruch auf Leistungen aus dem SGB VIII, da dieses keine Kinder, Jugendlichen und Erwachsenen vom Bezug – z. B. aufgrund von zu hohem Einkommen oder wegen Anspruch auf andere Transferleistungen – ausschließt (vgl. Münder/Trenczek 2011, S. 17). Weiterhin handelt es sich bei diesem Gesetz um dasjenige, das grundlegende Regelungen für die hier untersuchte Zielgruppe und (die Verbesserung) ihrer Lebenssituation beinhaltet. Aus diesem Grund verweisen gerade die Existenzsicherungsgesetze immer wieder auf die Leistungen der Kinder- und Jugendhilfe des SGB VIII. Es kann folglich nicht als Existenzsicherungsgesetz i. S. der Untersuchung bezeichnet werden, verändert jedoch bei Inanspruchnahme u. U. die Situation von Kindern. Bei Verweis der Existenzsicherungsgesetzgeber*innen auf Leistungen im SGB VIII sind diese in die Untersuchung deshalb einzubeziehen, weil ein Teil des Kinder- und Kindheitsverständnisses transportiert wird.

BAföG

Im BAföG besteht der Anspruch auf Gewährung von finanziellen Unterstützungsleistungen für den Lebensunterhalt und die zur Ausbildung erforderlichen Mittel für Personen, die sich in einer schulischen oder hochschulischen Ausbildung befinden (vgl. §§ 1 und 2 Abs. 1 BAföG). Dabei wird das Ziel verfolgt,

„[…] jedem jungen Menschen die Möglichkeit zu geben, unabhängig von seiner sozialen und wirtschaftlichen Lage eine Ausbildung zu absolvieren, die seinen Fähigkeiten und Interessen entspricht. Eine qualifizierte Ausbildung soll nicht an fehlenden finanziellen Mitteln des Auszubildenden selbst bzw. seiner Eltern oder seines Ehegatten scheitern." (Tammen 2011, S. 502)

Die Förderungshöchstgrenze liegt bei Erwachsenen bei monatlich 670 Euro (vgl. § 13 Abs. 1 Nr. 2, Abs. 2 Nr. 2 BAföG; § 13a Abs. 1, 2 BAföG). Darüber hinaus haben die Eltern der Auszubildenden und Studierenden auf der Grundlage des EStG Anspruch auf Kindergeld sofern der junge Mensch das 25. Lebensjahr noch nicht vollendet hat. Das Kindergeld dient zusätzlich zur Sicherung seiner Existenz. Somit liegen die Leistungen für die in Ausbildung befindlichen Leistungsberechtigten bei 854 Euro und damit über dem festgesetzten, soziokulturellen Existenzminimum. Weiterhin hat dieser Personenkreis die festgesetzte Altersgrenze von Kindern bereits überschritten, da die Leistungsberechtigung frühestens mit dem Eintreten in die zehnte Klasse beginnt (vgl. § 2 Abs. 1 Nr. 1 BAföG). In der Regel ist dann das 15. Lebensjahr bereits erreicht. Im Jahr 2012 wurden lediglich 160 Personen unter 15 Jahren nach dem BAföG gefördert (vgl. Statistisches Bundesamt 2013b, S. 53). Da damit der Anteil an Personen, welcher die – für die Analyse aufgestellten – Auswahlkriterien erfüllen, so gering ist, zeigt sich, dass das Gesetz für Personen geschrieben wurde, die nicht mehr im hier verwendeten Sinne als Kinder definiert werden. Daher ist anzunehmen, dass die GesetzgeberInnen hier kein spezifisches Verständnis von ‚Kindern' in Ausbildung integriert haben.

Leben Kinder oder Pflegekinder im Haushalt der BAföG-Empfänger*innen, können die Letztgenannten für die Betreuung ihrer Kinder Leistungen in Höhe von maximal 113 Euro im Monat für das erste und für weitere Kinder 85 Euro monatlich beantragen (vgl. § 14b Abs. 1 S. 1 BAföG). Diese Förderung dient aber nicht der Sicherung des Lebensunterhaltes der Kinder, sondern der Absicherung ihrer Betreuung, während der BAföG-berechtigte Elternteil seiner Ausbildung nachgeht. Mit dieser Unterstützung sollen die finanziellen Aufwendungen bereitgestellt werden, die durch die unterschiedlichsten Formen der Fremdbetreuung entstehen (vgl. Fuchsloch 2012, Rn. 27). Der Lebensunterhalt der Kinder wird neben den Kindergeldleistungen je nach Einkommenssituation der Eltern gedeckt. Verfügt der/die Ehe- oder Lebenspartner*in des BAföG-berechtigten Elternteils über ein so hohes Einkommen, dass diese*r damit seinen eigenen und den Lebensunterhalt der Kinder sichern kann, bestehen keine weiteren Ansprüche auf Existenzsicherungsleistungen. Kann der Lebensunterhalt nicht komplett über das Einkommen des nicht BAföG-berechtigten Elternteils abgesichert werden, besteht ein Anspruch auf Wohngeld (vgl. BMVBS 2011a, S. 25). Weiterhin besteht die Möglichkeit, dass der nicht BAföG-berechtigte Elternteil keine Unterhaltszahlungen für die gemeinsamen Kinder mit einem*einer BAföG-Empfänger*in leistet, weil diese bspw. getrennt leben. In solchen Fällen kann der alleinerziehende Elternteil Ansprüche über das UVG geltend machen. Schließlich besteht die Möglichkeit, dass beide Elternteile BAföG erhalten und neben dem Kindergeld keine weiteren Einnahmen zur Sicherung der Existenz der Kinder vorweisen können. Eine finanzielle Unterstützung für den Lebensunterhalt von Kindern kann über das SGB II (Sozialgeld) erfolgen.

Bereits die dargestellten Möglichkeiten zur Existenzsicherung von Kindern bei mindestens einem BAföG-berechtigten Elternteil zeigen, dass Kinder von BAföG-Empfänger*innen nicht generell über gleiche finanzielle Ressourcen verfügen. Je nach Einkommen und Verfügbarkeit des nicht anspruchsberechtigten Elternteils differiert die Summe der Unterstützungsleistungen aufgrund unterschiedlicher gesetzlicher Anspruchsberechtigungen. Die Frage, ob das BAföG spezielle Regelungen bezüglich der Existenzsicherung von Kindern beinhaltet und somit als zu analysierendes Gesetz bewertet werden muss, ist zu verneinen. Weder haben Kinder von BAföG-Empfänger*innen im Rahmen des Gesetzes eigene Ansprüche auf Existenzsicherungsleistungen noch ihre Eltern stellvertretend für sie. Ihr Lebensunterhalt wird auf der Grundlage anderer Gesetze gesichert, die insofern zu analysieren sind, als dass diese Gesetze die Auswahlkriterien erfüllen. Das BAföG erfüllt die Auswahlkriterien demnach nicht.

Berufsausbildungsbeihilfe über das SGB III

Neben der Ausbildungsförderung von Studierenden sowie Schüler*innen in allgemein- und berufsbildenden Schulen durch das BAföG, besteht auch die Möglichkeit der Förderung von Auszubildenden in beruflicher Ausbildung und berufsvorbereitenden Bildungsmaßnahmen über die §§ 59 bis 76 SGB III. Diese Leistung wird als Berufsausbildungsbeihilfe (BAB) bezeichnet. Anspruchsberechtigt sind diejenigen Auszubildenden, die

> „[...] nicht im elterlichen Haushalt wohnen und deren Ausbildungsstätte nicht in angemessener Zeit von der elterlichen Wohnung aus erreichbar ist" (vgl. § 64 Abs. 1 S. 1 SGB III).

Darüber hinaus können Auszubildende, die nicht bei ihren Eltern leben, sich die elterliche Wohnung aber in der Nähe der Ausbildungsstätte befindet, trotzdem gefördert werden, insofern sie älter als 18 Jahre alt sind oder sie sich mit ihrem*ihrer Lebenspartner*in und/oder ihrem Kind einen Haushalt teilen (vgl. § 64 Abs. 1 S. 2 SGB III). Da Auszubildende im Vorfeld der Ausbildung die Vollzeitschulpflicht erfüllen müssen, überschreiten sie in der überwiegenden

Mehrzahl der Fälle die Altersgrenze für Kinder, die in dieser Untersuchung festgesetzt wurde. Beenden sie die Schule bzw. die Sekundarstufe I bereits vor Vollendung des 15. Lebensjahres, liegt die Annahme nahe, dass sie noch keine berufliche Ausbildung beginnen können, da diese als Erwerbstätigkeit zu betrachten ist. Im Jugendarbeitsschutzgesetz wird Kindern, die nicht mehr vollzeitschulpflichtig sind, jedoch die Möglichkeit eingeräumt, ein Berufsausbildungsverhältnis einzugehen (vgl. § 7 JuArbSchG). Demnach besteht die Möglichkeit, dass es Kinder gibt, die Anspruch auf diese Leistungen haben. Dieser Personenkreis ist jedoch sehr klein. Die Daten des Statistischen Bundesamtes zeigen, dass bspw. im Jahr 2012 355 Kinder von allgemeinbildenden Schulen abgingen (vgl. Statistisches Bundesamt 2013a, S. 322). Der Anteil derer, die im Anschluss sofort in eine berufliche Ausbildung übergehen, liegt mit hoher Wahrscheinlichkeit noch darunter, da bspw. für Schulabbrecher*innen, die Chancen auf einen Ausbildungsplatz eher gering sind (vgl. Solga/Wagner 2008, S. 214). Somit kann die Analyse dieser Regelungen erstens aufgrund der zu niedrigen Relevanz für Kinder vernachlässigt werden. Zweitens gilt in gleicher Weise wie im BAföG, dass dieses Gesetz für Jugendliche und junge Erwachsene, die sich in Ausbildung befinden, aufgestellt wurde und dem Gesetz daher mutmaßlich kein Verständnis von Kindern und Kindheit inhärent ist. Darüber hinaus findet sich im § 64 Abs. 3 S. 2 SGB III der Hinweis, dass BAB-Empfänger*innen mit aufsichtsbedürftigen Kindern – gleich wie BAföG-Empfänger*innen mit Kindern – Anspruch auf Kinderbetreuungskosten haben. Im Unterschied zum BAföG endet der Anspruch auf Kinderbetreuungskosten jedoch nicht für Kinder über zehn Jahren. Im vorliegenden Fall existiert keine Altersbegrenzung bei der Nutzung des Begriffs ‚Kinder', sodass diese Leistungen auch über das zehnte Lebensjahr hinaus in Anspruch genommen werden können (vgl. Fuchsloch 2012, Rn. 26). Es handelt sich bei dieser Leistung aber auch um eine finanzielle Unterstützung für die anfallenden Betreuungskosten der Kinder und nicht um die Sicherung ihres Lebensunterhalts. Dieser ist in gleicher Weise wie im Rahmen des BAföG zu sichern, d. h. je nach Einkommen und Verfügbarkeit des nicht BAB-anspruchsberechtigten Elternteils über dessen Einkommen und/oder über das WoGG, über das UVG oder über das SGB II. Auch hier haben weder die Eltern noch die Kinder selbst Ansprüche im Rahmen des SGB III zur Sicherung des Lebensunterhaltes der Kinder. Vor diesem Hintergrund kann diesen Regelungen kein Verständnis von Kindern und Kindheit zugrunde liegen, das zu erforschen ist, sodass die Leistungen des BAB aus dem SGB III nicht in die Analyse aufgenommen werden.

BEEG

Mit dem Elterngeld aus dem BEEG wird das Ziel verfolgt, einen wirtschaftlichen Ausgleich für die verringerten Erwerbsmöglichkeiten zu leisten, die den Eltern aufgrund der Erziehungstätigkeit in den ersten Monaten nach der Geburt ihrer Kinder entstehen (vgl. Buchner/Becker 2008, Rn. 1). Dabei geht es nicht um die Sicherung des soziokulturellen Existenzminimums, sondern um die Unterstützung von Familien, damit sie ihren Lebensstandards, den sie vor der Geburt ihres Kindes erreicht hatten, nur wenig reduzieren müssen. Die Anspruchsberechtigten erhalten daher unterschiedlich hohe Leistungen. Diese berechnen sich aus einem Prozentsatz des im Kalenderjahr vor der Geburt erzielten (Erwerbs-)Einkommens (vgl. § 2 BEEG). Fallen Eltern durch den geringeren Elterngeldbetrag unter die Existenzminimumgrenze, erhalten sie zusätzlich Arbeitslosengeld II, Sozialhilfe oder Kinderzuschlag, sodass sie von einem Einkommen leben, welches sich auf oder über der Existenzminimumgrenze befindet (vgl. dazu ausführlicher BMFSFJ 2011, S. 22 ff.) und sind damit über andere Sicherungssysteme abgesichert. Empfänger*innen von Elterngeld zählen damit nur unter spezifischen Voraussetzungen zur Gruppe der Armutsbetroffenen. Der Leistungsanspruch im BEEG zielt explizit nicht auf die Absicherung des Existenzminimums, vielmehr wird in diesem Gesetz von einem bereits vorhandenen Einkommen ausgegangen, das für einen festgesetzten Zeitraum – in etwas geringerem Umfang – ersetzt werden soll. Damit erfüllt das BEEG die Auswahlkriterien der Untersuchung nicht.

BKGG

Das BKGG beinhaltet die Regelungen zum Kindergeld und zum Kinderzuschlag. Es soll damit als Transferleistung zur Unterstützung von Familien bei der Erbringung des Kindesunterhaltes beitragen (vgl. Eichenhofer 2010, S. 272).

Kindergeld

Kindergeldbestimmungen finden sich aber nicht nur im BKGG, sondern auch in den §§ 32 ff. EStG. Die inhaltlichen Regelungen stimmen im Wesentlichen überein, lediglich die Gruppe der Anspruchsberechtigten unterscheidet sich zwischen den beiden Gesetzen. So gelten für beschränkt Steuerpflichtige die Bestimmungen aus dem BKGG und für unbeschränkt steuerpflichtige Eltern sind diejenigen aus dem EStG relevant. Nichtsdestotrotz beträgt das Kindergeld aus beiden Gesetzen zum Zeitpunkt der Analyse für das erste und zweite Kind 184 Euro pro Monat, für das dritte Kind 190 Euro pro Monat und für das vierte und jedes weitere Kind 215 Euro pro Monat (vgl. § 6 BKGG; § 66 Abs. 1 S. 1 EStG). Diese Beträge werden einkommensunabhängig ausgezahlt und dienen somit nicht explizit der Sicherung des soziokulturellen Existenzminimums.

Kinderzuschlag

Der Kinderzuschlag im Rahmen des BKGG (§ 6a BKGG) ist gesondert zu betrachten, da durch diese Regelung eine zusätzliche Intention verfolgt wird. Mit der finanziellen Bezuschussung von Eltern, die zwar ihren eigenen Lebensunterhalt, allerdings nicht den ihrer Kinder sichern können, sollte ein Anreizsystem zur Arbeitsaufnahme oder Fortführung von Erwerbstätigkeit trotz geringem Einkommen geschaffen werden (vgl. Kokemoor 2010, S. 187). Eltern mit einem Mindesteinkommen von 900 Euro (bei Alleinerziehende von 600 Euro) können daher Kinderzuschlag beantragen und sind damit nicht mehr auf aufstockende Leistungen aus dem SGB II angewiesen. Der Kinderzuschlag beträgt monatlich 140 Euro (vgl. § 6a Abs. 2 S. 1 BKGG). Das Kindergeld bleibt anrechnungsfrei und die Familien haben zusätzlich einen Anspruch auf Wohngeld nach dem WoGG. Weiterhin können die Eltern aufgrund ihrer Erwerbstätigkeit den steuerlichen Freibetrag für Betreuungs- und Erziehungs- oder Ausbildungsbedarf geltend machen. Ohne Berücksichtigung des Wohngeldes liegen die Einkünfte der Familien mit Kinderzuschlag für Kinder monatlich 13 Euro unter dem staatlich festgesetzten soziokulturellen Existenzminimum. Personen, die neben ihrem (Erwerbs-)Einkommen Anspruch auf Wohngeld haben, verfügen – wie später dargestellt wird – über monetäre Einkünfte oberhalb des Existenzminimumniveaus. Dementsprechend handelt es sich bei Empfänger*innen von Kinderzuschlag nicht um Personen, die die Auswahlkriterien zur Aufnahme in die nachfolgende Analyse erfüllen, sodass die Regelungen des (§ 6a) BKGG nicht auf ihr Kinder- und Kindheitsverständnis untersucht werden.

SGB IX

Das SGB IX zielt auf (1) die Prävention von Behinderungen und deren Folgen (vor allem in Bezug auf die Erwerbstätigkeit und Pflegebedürftigkeit), (2) eine Teilhabe am gesellschaftlichen Leben u. a. durch eine selbstständige Lebensführung und (3) das Entgegenwirken von behinderungsbedingten Benachteiligungen (vgl. Waltermann 2011, S. 260). Zur Erfüllung dieser Ziele sieht das SGB IX vier Leistungen vor.

„1. Leistungen zur medizinischen Rehabilitation,
2. Leistungen zur Teilhabe am Arbeitsleben,
3. Unterhaltssichernde und andere ergänzende Leistungen,
4. Leistungen zur Teilhabe am Leben in der Gemeinschaft“ (§ 5 SGB IX).

Anders als im dritten Punkt, der vornehmlich Geldleistungen beinhaltet, werden für die Leistungen 1, 2 und 4 insbesondere Sach- und Dienstleistungen gewährt. Die Umsetzung der in § 5 SGB IX aufgeführten Leistungen werden nicht über das SGB IX selbst erbracht, sondern über verschiedene Sozialgesetze. Das Gesetz ist gekennzeichnet durch seine Verbindung und Zusammenfassung der Vorschriften und Leistungen aus anderen Sozialgesetzen und wird als allgemeiner Teil des Rehabilitationsrechts verstanden (vgl. Kokemoor 2010, S. 189). Aufgrund dieser Allgemeingültigkeit ist kein Anhaltspunkt für den expliziten Auftrag des Gesetzes einer Absicherung des soziokulturellen Existenzminimums der Anspruchsberechtigten zu erkennen. Diese Aufgabe wird entsprechend der Logik des SGB IX durch ein anderes Gesetz erfüllt, sodass das SGB IX nicht in die weitere Untersuchung einzubeziehen ist. Allerdings wird es relevant, sofern Leistungen auf diese Zusatzleistungen für Menschen mit (drohender) Behinderung verweisen. In diesen Fällen werden die jeweiligen Leistungen in der Analyse des gesetzgeberischen Kinder- und Kindheitsverständnisses berücksichtigt.

WoGG

Die Bedeutung des Wohngeldes nach dem WoGG besteht in der Bezuschussung von Miet- oder sonstigen Lastenaufwendungen[11] für selbst genutzten, angemessenen Wohnraum. Anspruchsberechtigt sind Personen, denen die dafür anfallenden Kosten aufgrund von zu geringem Einkommen und Vermögen nicht zugemutet werden können (vgl. § 1 WoGG). Die Leistungshöhe berechnet sich jeweils nach (a) der Anzahl der zu berücksichtigenden Personen im Haushalt, (b) der zu berücksichtigenden Miethöhe oder der Höhe der sog. ‚Lasten' und (c) dem Gesamteinkommen (vgl. § 4 WoGG).

Die Angemessenheit der Miete richtet sich nach dem Wohnort, da gleicher Wohnraum regional zu sehr unterschiedlichen Mietpreisen angeboten wird. Vor diesem Hintergrund wurden sechs sog. ‚Mietstufen' festgelegt, die eine Berücksichtigung der unterschiedlichen Belastungen ermöglichen. Um Wohngeld in Anspruch nehmen zu können, darf eine festgesetzte, monatliche Einkommenshöchstgrenze nicht überschritten werden, die sich für die einzelnen Mietstufen unterscheidet. Für Einpersonenhaushalte liegt diese zwischen 780

---

11 Als Zuschüsse für Lastenaufwendungen werden Leistungen bezeichnet, die Anspruchsberechtigte erhalten, die über eigenen Wohnraum verfügen. Dabei handelt es sich um „[...] Ausgaben für den Kapitaldienst (Zinsen, Tilgung usw.) für solche Fremdmittel, die dem Bau, der Verbesserung oder dem Erwerb des Eigentums gedient haben, Instandhaltungskosten und Betriebskosten in einer bestimmten Höhe, Grundsteuer, zu entrichtende Verwaltungskosten" (BMVBS 2011, S. 17).

Euro in der niedrigsten Mietstufe I und 860 Euro in der höchsten Mietstufe IV (vgl. BMVBS 2011b, S. 12 ff.). Werden diese Einkommen nicht erreicht und befindet sich die Miete auf einem regional und haushaltsgrößenbezogenen, angemessenen Niveau, erhalten Personen Förderung nach dem WoGG. Diese Grenze kann als Betrag angenommen werden, der den Haushalten im Rahmen des WoGG als monatlich verfügbares Einkommen zugesprochen wird. Ein Vergleich der mittleren Einkommenshöchstgrenzen für Einpersonenhaushalte (820 Euro) mit der Höhe des soziokulturellen Existenzminimums zeigt, dass Empfänger*innen von Wohngeld ein monatliches Einkommen von rund 150 Euro über dem Existenzminimum zugesprochen wird. Auch die Ausführungen zur Aufgabe des Wohngeldes im sog. ‚Wohngeld- und Mieterbericht 2011' zeigen, dass es sich beim Wohngeld nicht um eine existenzsichernde Transferleistung handelt.

> „Wohngeld wird geleistet, damit einkommensschwächere Haushalte oberhalb der Grundsicherung die Wohnkosten für angemessenen und familiengerechten Wohnraum tragen können" (Deutscher Bundestag 2011b, S. 26).

Insofern ist das WoGG nicht in die nachfolgende Untersuchung aufzunehmen.

SGB I

Zusätzlich bestehen in weiteren Gesetzen Bestimmungen, die innerhalb der Beantwortung der Fragestellung von Bedeutung sein können, die jedoch nicht in die Unterteilung des Sozialrechts einzuordnen sind und damit noch keine Beachtung gefunden haben. Dabei handelt es sich um Regelungen im SGB I, die den allgemeinen Rahmen der Sozialgesetzbücher i. S.

> „[...] allgemeiner Bestimmungen zu Sozialleistungen und Leistungsträger sowie gemeinsame Vorschriften für alle Sozialleistungsbereiche" (Schmitt 2011b, S. 1097)

festlegt. Dementsprechend beinhaltet das SGB I grundlegende Regelungen für die folgenden Bücher sowie die Konzeption dieses rechtlichen Teilbereichs mit seinen Grundgedanken. Anzunehmen ist, dass bereits in diesen Bestimmungen Deutungen in Bezug auf das Verständnis von Kindern und Kindheit enthalten sind, die maßgeblichen Einfluss auf die Existenzsicherungsgesetze haben. Es wird in der Analyse zu prüfen sein, ob und in welchem Umfang dies notwendig erscheint.

GG

Weiterhin sind die grundgesetzlichen Bestimmungen zu Kindern zu beachten. Das GG als die Verfassung der Bundesrepublik und damit oberstes Gesetz, nach dem alle weiteren gesetzlichen Bestimmung aufzustellen sind, legt die fundamentalen Regeln für das Zusammenleben in der Gemeinschaft fest. So finden sich insbesondere in Art. 1 und in Art. 6 das Grundrecht der Menschenwürde und die Bestimmungen zum Schutz von Familien und Kindern. Diese bilden nicht nur die Grundlage für die Legitimation des staatlichen Tätigwerdens im Rahmen der Kinder- und Jugendhilfe (vgl. Nothacker 2011, S. 168) sowie des Familienrechts, sondern sind auch für das Grundverständnis von Kindheit und Kindern in den Gesetzen allgemein ausschlaggebend. Vor diesem Hintergrund sind die Gesetze bei höchstrichterlichen Entscheidungen immer auch an diesem Gesetzeswerk zu messen, sodass sich die Begründungen von Regelung(sanpassung)en auf das Grundgesetz und die zugrunde liegenden Kinder- und Kindheitsbildern beziehen.

BGB

Als weitere gesetzliche Grundlage für die nachfolgende Untersuchung sind die familienrechtlichen Regelungen im BGB zu beachten. Hier werden in den §§ 1297 bis 1921 Festlegungen insbesondere zu Partnerschaftsbeziehungen, Verwandtschaftsverhältnissen und den damit verbundenen Unterhaltsverpflichtungen, Erziehung der Kinder und elterliche Sorge sowie die Betreuung von Menschen mit (drohender) Behinderung und psychisch kranken Volljährigen getroffen. Dabei spielt das Verständnis von Kindern und Kindheit insbesondere mit Blick auf die Erziehung und das Aufwachsen innerhalb der Familie eine fundamentale Rolle. Eltern sind auf der Grundlage dieser Regelungen zur elterlichen Sorge und zur Gewährung des Kindeswohles auch bezüglich der Absicherung des soziokulturellen Existenzminimums ihrer Kinder zuständig. Damit sind Regelungen festgeschrieben worden, unter welchen Bedingungen Kinder aufwachsen sollten und welche Bedürfnisse ihnen zugesprochen werden. Die familienrechtlichen Bestimmungen richten sich an alle in Deutschland lebenden Familien und haben maßgeblichen Einfluss auf die Ausgestaltung der Lebensverhältnisse von Familien und Kindern vor allem hinsichtlich der innerfamiliären Beziehungen (vgl. Münder/Trenczek 2011, S. 14).

§ 1612a BGB

Darüber hinaus werden speziell in § 1612a BGB Regelungen zum Mindestunterhalt minderjähriger Kinder getroffen, die sich nach dem sächlichen Existenzminimum des § 32 Abs. 6 S. 1 EStG richten. Der darin verankerte sog. ‚Kinderfreibetrag' liegt 2012 bei 2.184 Euro. Der Mindestunterhalt errechnet sich anhand des doppelten Kinderfreibetrages für die Altersstufe der Sechs- bis unter Zwölfjährigen und beträgt monatlich 364 Euro. Den unter Sechsjährigen stehen 87 % dieses Betrages oder 317 Euro im Monat zu und Kindern ab dem 13. Lebensjahr werden 117 % bzw. 426 Euro zugesprochen. Auf diese Summe wird nach § 1612b BGB das Kindergeld in voller Höhe als Einkommen der Kinder angerechnet. Im Vergleich zum soziokulturellen Existenzminimum (356 Euro) liegt der Mindestunterhalt nach § 1612a BGB um 8 Euro darüber. Nach den Ausführungen von Münder (2009, S. 103) zum Mindestunterhalt, zielt der benannte Barunterhaltsbetrag allein auf die Existenzsicherung der minderjährigen Kinder und orientiert sich daher genau an diesem Existenzminimumbericht der Bundesregierung, sodass von einer Grundsicherung gesprochen werden kann.

Es handelt sich aber nicht – wie in den bisher untersuchten Gesetzen – um eine Regelung, durch die Leistungsansprüche gegenüber dem Staat geltend gemacht werden können, sondern um einen Mindestbetrag, der den betreffenden Kindern in der Regel durch die unterhaltspflichtigen Personen zu gewähren ist. Die altersspezifischen Beträge bilden die unterste Grenze, die nicht unterschritten werden darf. Je nach Einkommenssituation der barunterhaltspflichtigen Elternteile, die getrennt von ihren Kindern leben, variiert die Höhe der Kindesunterhaltszahlungen nach § 1610 Abs. 2 BGB und orientiert sich an der sog. ‚Lebensstellung', die durch die insgesamt zur Verfügung stehenden Mittel gekennzeichnet ist (vgl. Münder/Ernst 2009, S. 97). Die sog. ‚Düsseldorfer Tabelle' dient als grundlegende Leitlinie für die alters- und einkommensspezifischen Barunterhaltsbeträge, die bis zu einem Nettoeinkommen von 1.500 Euro dem Mindestunterhalt entsprechen.

Die Unterhaltsverpflichtungen werden jedoch trotz der eindeutigen rechtlichen Bestimmungen nicht in allen Fällen in vollem Umfang und teilweise überhaupt nicht eingehalten. Damit das Existenzminimum der Kinder trotzdem gesichert ist, können die Minderjährigen über das sog. ‚Unterhaltsvorschussgesetz' Ansprüche gegenüber dem Staat geltend machen, sodass zu prüfen ist, ob das UVG in die Untersuchung aufzunehmen ist. § 1612a BGB erfüllt die Kriterien zur Aufnahme in die Analysen nicht.

UVG

Die Höhe der Unterhaltsvorschussleistungen entspricht nach § 2 Abs. 1 UVG dem Mindestunterhalt nach § 1612a BGB. Entsprechend wird über § 2 Abs. 2 UVG das volle Kindergeld als Einkommen der Kinder angerechnet. Unberücksichtigt bleibt das Einkommen des alleinerziehenden Elternteils (vgl. BMFSFJ 2010, S. 8). Folglich kann der Elternteil, mit dem das anspruchsberechtigte Kind in einem Haushalt aufwächst, über ein Einkommen verfügen, das (weit) über der Existenzminimumgrenze für Zweipersonenhaushalte liegt. Mithin sind die Kinder trotz Anspruch auf Unterhaltsvorschuss nicht arm. Die Zahlen zur Einkommenssituation von alleinerziehenden Eltern gerade mit jüngeren Kindern zeigen allerdings, dass die beschriebene Situation nicht die Regel ist. 2010 galten bspw. 43 % der alleinerziehenden Haushalte nach der Zahlung staatlicher Transferleistungen als armutsgefährdet (vgl. Statistisches Bundesamt o.J.). Differenziertere Statistiken zur Einkommenssituation von Alleinerziehenden im Jahr 2008 zeigen, dass sie durchschnittlich über ein Haushaltsnettoeinkommen (ohne Transferleistungen) von 1.028 Euro im Monat verfügen. Lebt ein Kind im Haushalt, liegt dieses sogar durchschnittlich nur bei 1.000 Euro. Leben zwei und mehr Kinder im Haushalt, beträgt das Haushaltsnettoeinkommen durchschnittlich 1.097 Euro (vgl. Statistisches Bundesamt 2010, S. 40 und eigene Berechnungen). Darüber hinaus ist dem Datenreport (vgl. Krack-Roberg/Krieger/Weinmann 2011, S. 29) zu entnehmen, dass 90 % der Alleinerziehenden Frauen sind. Alleinerziehende Männer leben in der Mehrzahl der Fälle (72 %) mit älteren Kindern (ab zehn Jahren) zusammen. Zu vermuten ist, dass sich die Einkommenssituation von alleinerziehenden Vätern und ihren Kindern nicht so prekär darstellt wie bei alleinerziehenden Müttern. Je älter die Kinder sind, umso selbstständiger sind sie und können über einen längeren Zeitraum unbeaufsichtigt bleiben als jüngere Kinder, sodass sich eine Erwerbstätigkeit über eine längere Stundenanzahl einfacher mit den familiären Verpflichtungen vereinbaren lässt. Zudem sind Männer (16,2 %) seltener als Frauen (60,9 %) in atypischen Verhältnissen beschäftigt (vgl. Statistisches Bundesamt 2011c, S. 112 f.). Vor dem Hintergrund, dass Unterhaltsvorschuss nur für Kinder bis zur Vollendung des zwölften Lebensjahres gewährt wird, ist anzunehmen, dass ein nicht unerheblicher Anteil die Leistungen zur Existenzsicherung benötigt.

Nicht zuletzt zielt die Zahlung von Kindesunterhalt aus staatlichen Mitteln auf eine Existenzsicherung von Kindern, die mit einem alleinerziehenden Elternteil aufwachsen und wegen Tod oder einem ganzen oder teilweisen Entzug aus der Unterhaltszahlungsverpflichtung des anderen Elternteils keine ausreichende Unterstützung erhalten (vgl. Deutscher Verein für öffentliche und private Fürsorge e.V. 2011a, S. 3 f.). Vor diesem Hintergrund könnte das UVG als ein Existenzsicherungsgesetz im oben definierten Sinne zu verstehen sein. Allerdings besteht trotz der Sicherung des Existenzminimums über den Unterhaltsvorschuss die Möglichkeit, weitere Sozialleistungen in Anspruch zu nehmen. Den Adressat*innen können nicht nur zusätzliche Existenzsicherungsleistungen gewährt werden, sondern auch Leistungen, die über das Existenzminimum hinausgehen wie Kinderzuschlag (vgl. Conradis 2010, Rn. 25) oder Wohngeld (vgl. § 14 Abs. 2 Nr. 21 WoGG).

Mit dem UVG wird also nicht nur die Existenzsicherung von Kindern beabsichtigt, weswegen es nicht als Existenzsicherungsgesetz im oben definierten Sinne zu verstehen ist. Vielmehr leistet das Gesetz eine Unterstützung i. S. einer Zusatzleistung, wenn die barunterhaltsverpflichtete Person ihren Pflichten nicht oder nur teilweise nachkommt. Darüber hinaus können noch weitere – auch über das Existenzminimum hinausgehende – Leistungen in Anspruch genommen werden, wobei der Unterhaltsvorschuss jeweils als Einkommen der Kinder anzurechnen ist, aber Vorrang vor anderen Leistungen hat (vgl. Deutscher Verein für öffentliche und private Fürsorge e.V. 2011a, S. 9). Schließlich verdeutlicht die ausbleibende Anrechnung des Einkommens desjenigen Elternteils, bei dem die Kinder leben, dass die Gesetzgeber*innen mit diesen Regelungen nicht das Ziel einer Absicherung von Kindern auf dem niedrigsten finanziellen Niveau verfolgen.

Resümierend ist festzustellen, dass das AsylbLG, das SGB II und das SGB XII für die Anspruchsberechtigten eine Grundsicherung unterhalb bzw. auf dem Niveau des staatlich festgesetzten Existenzminimums gewähren. Zudem verfügen sie über Regelungen für Kinder unter 15 Jahren, sodass diese drei Gesetze auf das ihnen zugrundliegende Verständnis von Kindern und Kindheit untersucht werden.

Darüber hinaus sind diejenigen Regelungen aus dem SGB VIII, dem SGB IX, dem GG und dem BGB an gegebener Stelle in den Blick zu nehmen, auf die sich die Existenzsicherungsgesetze maßgeblich beziehen, da dort ein (eigenes) Verständnis von Kindern und Kindheit zugrunde liegt, dass Auswirkungen auf die Armuts- und Lebenssituation von Kindern haben kann.

Um ein Verständnis davon zu erhalten, um welchen Anteil es sich bei Kinder handelt, deren Lebensunterhalt durch staatliche Transferleistungen gesichert wird, ist in nachfolgender Tabelle die Entwicklung der Kinderarmutsquote seit der Einführung des SGB II und SGB XII zum 1. Januar 2005 für Deutschland differenziert nach Bundesländern dargestellt.

Tab. 8: Entwicklung der Kinderarmutsquoten von 2005 bis 2015 (Angaben in %)[12]

Bundesland	2005	2006	2007	2008	2009	2010	2011	2012	2013	2014	2015
Schleswig-Holstein	18,3	19,1	18,7	18,0	16,5	16,1	16,0	16,3	16,7	17,2	19,1
Hamburg	26,4	27,5	27,1	25,8	24,0	23,3	22,4	22,2	22,3	22,3	23,4
Niedersachsen	17,8	19,1	18,7	17,7	16,1	15,5	15,2	15,6	16,0	16,5	17,7
Bremen	35,7	36,8	36,1	34,0	32,0	32,3	30,9	31,7	32,8	33,4	35,9
Nordrhein-Westfalen	18,8	20,3	20,1	19,3	18,5	18,6	18,3	18,8	19,5	20,2	21,9
Hessen	15,7	16,8	16,6	16,2	15,5	14,9	14,5	14,8	15,2	15,8	17,0
Rheinland-Pfalz	13,5	14,3	14,1	13,5	12,9	12,4	11,8	12,0	12,6	13,2	14,9
Baden-Württemberg	9,7	10,3	9,8	9,2	9,2	8,8	8,2	8,4	8,7	9,1	10,5
Bayern	8,8	9,2	8,8	8,3	8,0	7,6	7,1	7,1	7,5	7,9	9,0
Saarland	18,3	19,2	19,0	18,0	17,0	16,8	16,4	16,9	17,7	18,3	21,1
Berlin	39,1	41,1	40,7	39,2	36,8	35,7	34,9	34,8	34,5	34,0	34,8
Brandenburg	26,8	28,4	27,1	25,0	22,7	21,1	20,3	20,1	20,0	19,5	20,0
Mecklenburg-Vorpommern	34,8	36,2	34,0	30,6	27,8	26,3	25,1	25,1	25,0	24,6	24,9
Sachsen	28,9	29,7	28,5	25,8	23,7	22,2	20,7	20,2	19,8	19,2	19,4
Sachsen-Anhalt	35,5	36,2	34,9	32,6	29,2	27,8	27,3	27,2	27,1	26,9	27,3
Thüringen	27,0	28,2	26,9	24,0	22,3	20,6	19,1	18,9	18,6	18,4	19,5
Westdeutschland	14,9	15,9	15,6	14,9	14,2	13,9	13,4	13,7	14,2	14,7	16,1
Ostdeutschland	30,1	31,2	29,8	27,2	24,8	23,2	22,1	24,8	24,5	24,1	24,7
Deutschland	**17,6**	**18,6**	**18,3**	**17,3**	**16,4**	**16,0**	**15,5**	**15,7**	**16,0**	**16,4**	**17,7**

Quelle: Bundesagentur für Arbeit; Statistisches Bundesamt; eigene Berechnungen

Im Jahr 2015 sind 17,7% aller in Deutschland lebenden Kinder von Armut betroffen (vgl. Tab. 8). Nach einem leichten Anstieg der Kinderarmutsquote im ersten Jahr nach der Reform des Existenzsicherungssystems sanken die Quoten

12 Mit der Neuerhebung der Bevölkerungszahlen (dem sog. ‚Zensus 2011') und der damit aufgezeigten Überschätzung des Bevölkerungsstandes in Deutschland, kann davon ausgegangen werden, dass der Anteil der Kinder, die von staatlichen Transferleistungen leben, an allen Kindern in diesem Alter gering über den angegebenen Werten liegt. Um eine Vergleichbarkeit über die Jahre beibehalten zu können, wurden die Quoten mit der Bevölkerungshochrechnung auf der Grundlage der Bevölkerungszählung von 1987 berechnet, da ansonsten der Trend eine Abweichung angeben würde, die allein auf die Berechnungsweise zurückzuführen wäre. Da jedoch die Entwicklung hier von höherer Bedeutung ist als die genaueren Prozentangaben in den letzten zwei berichteten Jahren, erscheint dieses Vorgehen die zielführendere Variante zu sein.

bis 2011 leicht um insgesamt drei Prozentpunkte. Seitdem steigt sie jedoch wieder an und erreichte im Jahr 2015 wieder den Wert von 2005. Damit lässt sich keine Reduzierung der Armutsquote beobachten, vielmehr schwankt diese im Beobachtungszeitraum zwischen 15,5 und 18,6 %, sodass in dem Zeitraum von über zehn Jahren dauerhaft jedes fünfte bis sechste in Deutschland lebende Kind von Armut betroffen war. Mit Blick auf die einzelnen Länder zeigen sich große Unterschiede. In Berlin und Bremen – den Ländern mit den höchsten Kinderarmutsquoten – wurden 2015 für mehr als jedes dritte Kind Existenzsicherungsleistungen gewährt. In den ostdeutschen Ländern konnten die Kinderarmutsquoten sichtbar reduziert werden, liegen jedoch immer noch über den Quoten der meisten westdeutschen Länder. Der geringste Anteil an von Armut betroffenen Kindern ist nach wie vor in Bayern und Baden-Württemberg zu finden, wo rund jedes zehnte Kind staatliche Transferleistungen bezieht.

2.3 Inhaltsanalyse als Methode zur Untersuchung von Gesetzestexten und Gesetzesmaterialien

Zur Rekonstruktion der Kinder- und Kindheitsbilder, die den Existenzsicherungsgesetzen zugrunde liegen, bietet sich die Methode der qualitativen Inhaltsanalyse an. Das Ziel einer Inhaltsanalyse besteht in der „Analyse von Material, das aus irgendeiner Art von *Kommunikation* stammt" (Mayring 2010, S. 11; Hervorh. i. Org.), die in fixierter Form vorliegen muss. Neben allen Formen von Dokumenten und Texten können dies auch Fotos, Filme, Videos, Gemälde oder plastische Darstellungen, Kulturgegenstände, Architektur etc. sein (vgl. Weischer 2007, S. 311). Im Rahmen dieser Analyseform sollen

> „durch die Aussagen über das zu analysierende Material Rückschlüsse auf bestimmte Aspekte der Kommunikation [...][gezogen und/oder] Aussagen über den ‚Sender' (z. B. dessen Absichten), über Wirkungen beim ‚Empfänger' oder Ähnliches [...]" (Mayring 2010, S. 13)

abgeleitet werden. Atteslander (2008, S. 182 f.) schließt sich der Meinung Mayrings an und stellt als Ziele von Inhaltsanalysen erstens die Beschreibung und Auswertung des eigentlichen Textinhaltes dar. Zweitens zielt diese Methode auf die Abbildung der Zusammenhänge der Entstehung und Verwendung durch die inhärenten, manifesten Merkmale der Texte. Im Zentrum steht also die „Erschließung der sozialen Wirklichkeit", die im Rahmen der folgenden drei Problembereiche untersucht werden kann.

„1. Man kann sich mit dem Sender beschäftigen, z. B.: Wer sagt was aus? In welcher sozialen Situation und mit welchem Zweck wird diese Aussage gemacht?
2. Man kann sich mit dem Empfänger beschäftigen, z. B.: An wen ist die Aussage gerichtet? Wie nimmt dieser die Aussage auf?
3. Man kann sich mit der sozialen Situation beschäftigen, in der der Kommunikationsprozess abläuft, z. B.: Welche Handlungsstrukturen liegen der Kommunikation zugrunde, welche Wert- und Normvorstellungen der Kommunikanten sind feststellbar?" (Atteslander 2008, S. 182 f.)

Unter einer sozialen Situation werden die Bedingungen verstanden, unter denen die Kommunikation i. S. der Übermittlung von Inhalten zwischen Sender*in und Empfänger*in stattfindet (vgl. Atteslander 2008, S. 182). Letztlich können durch die Inhaltsanalyse u. a. die Wirkungszusammenhänge zwischen Sender*in und Empfänger*in der Inhalte sowie die Bedingungen, aus denen der Text hervorgegangen ist, herausgearbeitet werden (vgl. Atteslander 2008, S. 183).

Mit Blick auf den Untersuchungsgegenstand zeigt sich, dass die gesetzlichen Regelungen einer Vorstellung über die Bedingungen unterliegen, unter denen Kinder leben und aufwachsen sowie was sie dafür benötigen, aber auch wie sie später einmal sein sollen. Dieses Bild der Existenzsicherungsgesetzgeber*innen fußt auf Normvorstellungen zur Lebenssituation der Untersuchungsgruppe sowie spezifischen Werten, die ihnen unterstellt werden, um am Leben in der Gemeinschaft teilzunehmen (z. B. Einhaltung der Schulpflicht). Folglich gilt es, diese Wert- und Normvorstellungen der Gesetzgeber*innen bei der Personengruppe der Kinder aufzudecken, um im Anschluss Aussagen darüber treffen zu können, welche Merkmale Kinder nach Ansicht der Gesetzgeber*innen – auch in Abgrenzung zu anderen Generationen – auszeichnen. Kurzgefasst sollen im Ergebnis mit diesen Erkenntnissen Aussagen über den Zweck der gesetzlichen Inhalte getroffen werden, d. h. welche Bedarfe und Ressourcen sprechen die Gesetzgeber*innen den Kindern im Leistungsbezug zu und welche Bilder von Kindern und Kindheit liegt diesen Annahmen zugrunde.

Das Spezifikum der Inhaltsanalyse im Vergleich zu anderen textanalytischen Methoden besteht in der systematischen Vorgehensweise, die in einer festgesetzten Reihenfolge stattfinden muss und sich nach expliziten Regeln zu richten hat, um dem Anspruch der intersubjektiven Nachprüfbarkeit gerecht zu werden. Ferner unterliegt das systematische Vorgehen im Rahmen der Inhaltsanalyse einem speziellen theoretischen Hintergrund, anhand dessen das Material analysiert wird (vgl. Mayring 2010, S. 12 f.). Dabei handelt es sich bei der Analyse um das Messen bzw. Quantifizieren der Inhalte der Kommunikation. Theoretische Konstrukte, die eine Vielzahl von Eigenschaften aufweisen, werden anhand von Bereichen untersucht, innerhalb derer Messungen i. S. einer Darstellung unterschiedlicher Ausprägungen vorgenommen werden können. Früh (2011) beschreibt dies sehr plastisch an folgendem Beispiel.

> „‚Ein Mensch‘ [...][ist] nicht messbar, sondern bspw. nur deren [sic!] Größe, Gewicht, Alter, Intelligenz, Mut, Konzentrationsfähigkeit etc. Es werden somit Merkmale von der Ganzheit wahrgenommener Phänomene analytisch ‚abgelöst‘. Jedes Objekt (z. B. Person A, Text X etc.) hat hinsichtlich des betrachteten Merkmals eine spezifische Ausprägung (z. B. 19 Jahre), sodass die Objekte bezüglich dieses Merkmals in einer bestimmten Relation stehen (z. B. jünger; doppelt so alt etc.).“ (Früh 2011, S. 29)

Für die vorliegende Untersuchung folgt daraus, dass die ausgewählten Texte bezüglich der Konstrukte Kinder und Kindheit nicht nur in dem Sinne wie das Phänomen ‚Mensch‘ im genannten Beispiel – also bezogen auf den Vergleich zwischen einzelnen Menschen –, sondern auch in Bezug auf den Vergleich zwischen Personengruppen im Generationenverhältnis untersucht werden. Dieses Verhältnis setzt sich aus spezifischen Merkmalen zusammen, die die Lebensverhältnisse und -weisen sowie die Charakteristika der Untersuchungsgruppe zu beschreiben im Stande sein müssen. Innerhalb dieser Kategorien sind die verschiedenen Ausprägungen herauszufiltern und zu vergleichen, um anschließend Interpretationen vornehmen zu können.

Die im weiteren Verlauf genutzte Methode der qualitativen Inhaltsanalyse stützt sich auf die Technik von Gläser/Laudel (2010). In Abgrenzung zur qualitativen Inhaltsanalyse nach Mayring verstehen die Autor*innen die im Vorfeld festgelegten Kategorien und Kernelement der Analyse nicht als abschließend bzw. unveränderlich. Durch die Inhaltsanalysetechnik nach Gläser/Laudel können noch während der Extraktion[13] des Textes neue Kategorien hinzugenommen und ursprüngliche verändert werden, wenn im Analysematerial noch zusätzliche, bisher unbeachtete Informationen auftauchen, die für die Analyse bedeutsam sind. Wird die Analyse nach Mayring vorgenommen, müssen die aus einer Theorie entwickelten Kategorien an einem Teil des Materials geprüft werden. Nach diesem Test und der evtl. notwendigen Anpassung der Kategorien werden die Inhalte des Analysematerials anhand der Kategorien untersucht. Informationen, die für die Fragestellung relevant sind, aber keiner spe-

13 Unter dem Prozess der Extraktion verstehen Gläser/Laudel (2010, S. 200): „den Text zu lesen und zu entscheiden, welche der in ihm enthaltenen Informationen für die Untersuchung relevant sind. Diese Informationen werden den Kategorien des Suchrasters zugeordnet, d. h. unter den entsprechenden Kategorien eingetragen.“

ziellen Kategorie zugeordnet werden können, werden nicht in die Analyse einbezogen (vgl. Mayring 2010). Die Öffnung eines nachträglichen Einbezugs weiterer Kategorien erscheint jedoch gerade vor dem Hintergrund notwendig, weil die Kategorien – wie nachfolgend noch detailliert aufgezeigt und begründet wird – aus einer sich im Wandel befindlichen Theorie entwickelt werden. Die Lebenslagen von Kindern mit ihren Bedürfnissen und Bedarfen ändern sich mit dem Wandel der Gesellschaft und ihren Bedingungen, sodass diese nicht als auf Dauer feststehend angesehen werden können. Eine Offenheit in den Kategorien und Unterkategorien scheint daher von hoher Bedeutung, zumal die Theorien, die der Zusammenstellung der Kategorien und Unterkategorien zugrunde liegen, möglicherweise noch nicht alle gesellschaftlichen Veränderungen berücksichtigen konnten.

Weiterhin dient das Mayringsche Verfahren zur Erhebung von Kategorienhäufigkeiten und der damit verbundenen quantitativen Analyse. Mit seiner Vorgehensweise können Bedeutungen von Informationen erhoben werden, allerdings erlaubt sie gerade nicht,

> „den Texten die komplexen Informationen zu entnehmen, die wir für die Aufklärung von Kausalmechanismen brauchen" (Gläser/Laudel 2010, S. 199).

Mit der offenen Form in den Kategorien und Unterkategorien nach Gläser/Laudel wird dieser Kritik Rechnung getragen und kann ein Mehr an Ergebnissen zu komplexen Zusammenhängen hervorgebracht werden. Für die vorliegende Forschungsfrage würde eine Nutzung des Verfahrens ausschließlich nach Mayring bedeuten, dass gerade die Zusammenhänge zwischen den verschiedenen Lebensbereichen unbeachtet blieben. Konkret hieße das, dass mit dem Gerüst, welche Faktoren die Lebenssituation von Kindern bestimmen, die durch die Gesetzgeber*innen zugeschriebene Bedeutung der einzelnen Einflussfaktoren herausgearbeitet werden könnte. Die Zusammenhänge zwischen den verschiedenen Lebensbereichen blieben aber mit der Mayringschen Technik unterbeleuchtet. Allein die Darstellung der unterstellten Bedeutung der Lebensbereiche und ihrer Verbindungen ermöglicht jedoch erst, das Verständnis in Gänze herauszuarbeiten.

2.3.1 Vorgehensweise im Rahmen der Inhaltsanalyse

Das Verfahren der qualitativen Inhaltsanalyse nach Gläser/Laudel besteht aus vier Hauptschritten (1) die Vorbereitung der Extraktion, (2) die Extraktion, (3) die Aufbereitung der Daten und (4) die Auswertung. Diese werden nachfolgend kurz dargestellt.

Vorbereitung der Extraktion

Die Vorbereitung der Extraktion lässt sich in drei Phasen unterscheiden: die methodische, die inhaltliche und die technische Vorbereitungsphase. Der Kern der methodischen Vorbereitung besteht in der Auswahl des konkreten Analysematerials sowie der Bestimmung der Analyseeinheit (vgl. Gläser/Laudel 2010, S. 209 ff.). Die Ergebnisse dieses Schrittes werden im nachfolgenden Abschnitt (2.3.2) dargestellt. Im Rahmen der (inhaltlichen) Vorbereitung der Extraktion, wird ein Suchraster mit Variablen (inkl. ihrer Dimensionen bzw. Ausprägungen)[14] und Kausalmechanismen anhand der theoretischen Vorüberlegungen konstruiert (vgl. Gläser/Laudel 2010, S. 206 ff.). Im Abschnitt 2.3.4 wird die theoretische Grundlage erläutert, um im folgenden Kapitel 2.4 das theoriegestützte Suchraster entwickeln und darstellen zu können. Im Rahmen der technischen Vorbereitungsphase wurde das Computerprogramm Excel ausgewählt, um den Textstellen des Analysematerials die Kategorien und Unterkategorien zuzuweisen (vgl. Gläser/Laudel 2010, S. 211).

Extraktion

Die Extraktion zeichnet sich dadurch aus, dass zu entscheiden ist, ob die Abschnitte der Texte relevante Informationen enthalten und zu welchen Kategorien und Unterkategorien sie zugeordnet werden können sowie wie mit Zuordnungsproblemen umgegangen wird (vgl. Gläser/Laudel 2010, S. 212). Als Abschnitte werden in den Gesetzestexten die einzelnen Absätze angesehen, in den Gesetzesbegründungen ist die Zuordnung in Abschnitten eingehalten und in den Kommentierungen gelten die einzelnen Randnummern als Abschnitte.

Zur Nachvollziehbarkeit der Zuordnung in schwierigen Fällen sind zudem sog. ‚Extraktionsregeln' aufzustellen, die die Gründe für die Zuordnung darstellen. Dies findet sich detailliert in Kapitel 5.1 wider.

Die weitere Analyse erfolgt nur noch anhand des Rohmaterials, dass den relevanten Textstellen und den zugeordneten Kategorien entspricht (vgl. Gläser/Laudel 2010, S. 218).

---

14 In der gesamten Arbeit wird für den Begriff ‚Variablen' der Begriff ‚Kategorie' verwendet und ihre Ausprägungen und Dimensionen werden als ‚Unterkategorien' bezeichnet.

Aufbereitung der Daten

Innerhalb der Aufbereitung der Daten werden die Informationen nach inhaltlichen Gesichtspunkten strukturiert (vgl. Gläser/Laudel 2010, S. 229 ff.). Dies erfolgt konkret durch die Zusammenführung der Inhalte zu jeder Unterkategorie in einem eigenen Excel-Datenblatt.[15]

Auswertung

Das Ziel der Auswertung besteht in der Beantwortung der Forschungsfrage nach den Kinder- und Kindheitsbildern der Gesetzgeber*innen anhand der gesammelten Informationen aus dem Analysematerial.

2.3.2 Das Analysematerial

Als Analysematerial für die Rekonstruktion der Kinder- und Kindheitsbilder dienen neben den Gesetzen auch die Gesetzesbegründungen und -kommentare. Als Existenzsicherungsgesetze wurden in Kapitel 2.2 das AsylbLG, das SGB II und das SGB XII identifiziert. Diese drei Gesamtwerke von Festlegungen werden als Gesetzestexte bezeichnet und dienen als fundamentales Analysematerial, da es sich hierbei um diejenigen Texte handelt, in denen die Gesetzgeber*innen anhand ihrer spezifischen Vorstellung zur Situation, zu den Möglichkeiten und Grenzen des anspruchsberechtigten Personenkreises deren Rechte und Pflichten niederschreiben. In der Summe können wegen der Fülle an Informationen und Materialien nicht alle Regelungen, die Kinder betreffen, analysiert und interpretiert werden, sodass sich auf einen Teil beschränkt werden musste. Da die Leistungen für Bildung und Teilhabe in allen drei Gesetzen enthalten sind und es sich dabei speziell um Regelungen für Kinder handelt, werden diese ausgewählt, um das gesetzgeberische Verständnis von Kindern und Kindheit abzubilden. Zudem werden die Regelungen zu den Regelleistungen den Kategorien und Unterkategorien zugewiesen. Allerdings werden nur die Ergebnisse dargestellt und interpretiert, die zum Verständnis der Ergebnisse der Analyse der Leistungen für Bildung und Teilhabe beitragen. Damit kann zwar dem Anspruch auf Vollständigkeit nicht genüge geleistet werden. Allerdings ist davon auszugehen, dass grundsätzliche Annahmen eruiert werden, die auch in den weiteren Leistungen zu finden sind. Lediglich das Verständnis, das sich auf spezielle Lebensbereiche außerhalb der Bereiche Bildung und Teilhabe bezieht, kann nicht abgebildet werden. Das sollte allerdings nicht zu einer Ver-

15 Bei Interesse können diese Ergebnisse bei der Autorin angefragt werden.

änderung des grundsätzlichen Verständnisses der Gesetzgeber*innen von Kindern und Kindheit in Armutslagen führen.

Als Analysematerial werden jeweils die aktuellen Fassungen der Gesetze genutzt, da nur in diesen das gegenwärtige Verständnis enthalten ist, auf das sich die einzelnen Mitglieder der gesetzgebenden Gewalt in jüngster Zeit einigen konnten. In diesem Zusammenhang muss allerdings bedacht werden, dass es sich bei Gesetzen immer um im Laufe der Zeit entstandene Regelwerke handelt, d. h. dass Gesetze regelmäßigen Veränderungen unterliegen. Ursächlich dafür sind z. B. (1) die sich ständig ändernden gesellschaftlichen Rahmenbedingungen, (2) die inhaltlichen Verflechtungen der Gesetze, sodass eine Änderung in einem Gesetz i. d. R. zu notwendigen Anpassungen in anderen Gesetzen führt oder (3) Urteile, die Teile eines Gesetzes für unvereinbar mit anderen Gesetzen erklären.

Das zweite Bündel an Analysematerialien bilden die Gesetzesbegründungen, da sie die mit den Regelungen verbundenen Intentionen und ihre Gründe beschreiben. Sie dienen der Rechtfertigung und Darstellung der Ursachen, warum die gesetzlichen Bestimmungen notwendig sind und warum sie zur Verbesserung der (Lebens-)Situation der Bevölkerung bzw. eines Teils der Bevölkerung beitragen. Innerhalb der Gesetzesbegründungen kommt das zugrunde liegende Verständnis verschiedener Themen noch einmal genauer zum Ausdruck, da die Gesetzgeber*innen darin ihre Vorstellungen anhand ihrer Argumentationen detaillierter darstellen. Daher dienen die Gesetzesbegründungen zu den geltenden Regelungen als zusätzliches Analysematerial.

Zu beachten ist, dass Begründungen jeweils nur für veränderte und neu aufgenommene Regelungen veröffentlicht werden. Demnach ist kein Gesamtwerk mit den Begründungen für alle gültigen Paragrafen des jeweiligen Gesetzes vorhanden. Als Analysematerial kann daher nicht nur die aktuellste Begründung, die zu den Existenzsicherungsgesetzen vorliegt, genutzt werden, sondern für die relevanten Paragrafen ist zu untersuchen, wann diese letztmalig geändert wurden, damit anschließend die dazugehörigen Gesetzesbegründungen ausfindig gemacht werden können. Im Ergebnis werden die für die Fragestellung relevanten Teile der folgenden Gesetzesbegründungen analysiert.

Für das AsylbLG:

Deutscher Bundestag (1993): Entwurf eines Gesetzes zur Neuregelung der Leistungen an Asylbewerber. BT-Drs. 12/4451.

Deutscher Bundestag (1995): Entwurf eines Ersten Gesetzes zur Änderung des Asylbewerberleistungsgesetzes und anderer Gesetze. BT-Drs. 13/2746.

Deutscher Bundestag (1998): Entwurf eines Zweiten Gesetzes zur Änderung des Asylbewerberleistungsgesetzes. BT-Drs. 13/10155.

Deutscher Bundestag (2014): Entwurf eines Gesetzes zur Änderung des Asylbewerberleistungsgesetzes und des Sozialgerichtsgesetzes. BT-Drs. 18/2592.

Für das SGB II und SGB XII:

Bundesrat (2004): Verordnung zur Durchführung des § 28 des Zwölften Buches Sozialgesetzbuch (Regelsatzverordnung – RSV). BR-Drs. 206/04.

Bundesrat (2010): Entwurf eines Gesetzes zur Ermittlung von Regelbedarfen und zur Änderung des Zweiten und Zwölften Buches Sozialgesetzbuch. BR-Drs. 661/10.

Bundesrat (2012): Verordnung zur Bestimmung des für die Fortschreibung der Regelbedarfsstufen nach § 28a des Zwölften Buches Sozialgesetzbuch maßgeblichen Vomhundertsatzes sowie zur Ergänzung der Anlage zu § 28 des Zwölften Buches Sozialgesetzbuch für das Jahr 2013 (Regelbedarfsstufen-Fortschreibungsverordnung 2013 – RBSFV 2013). BR-Drs. 553/12.

Deutscher Bundestag (2003a): Entwurf eines Gesetzes zur Einordnung des Sozialhilferechts in das Sozialgesetzbuch. BT-Drs. 15/1514.

Deutscher Bundestag (2003b): Entwurf eines Vierten Gesetzes für moderne Dienstleistungen am Arbeitsmarkt. BT-Drs. 15/1516.

Deutscher Bundestag (2006): Entwurf eines Gesetzes zur Fortentwicklung der Grundsicherung für Arbeitssuchende. BT-Drs. 16/1410.

Deutscher Bundestag (2009): Entwurf eines Gesetzes zur Sicherung von Beschäftigung und Stabilität in Deutschland. BT-Drs. 16/11740.

Deutscher Bundestag (2010a): Bericht des Ausschusses für Arbeit und Soziales. BT-Drs. 17/4095.

Deutscher Bundestag (2010b): Entwurf eines Gesetzes zur Ermittlung von Regelbedarfen und zur Änderung des Zweiten und Zwölften Buches Sozialgesetzbuch. BT-Drs. 17/3404.

Deutscher Bundestag (2013): Entwurf eines Gesetzes zur Änderung des Zweiten Buches Sozialgesetzbuch und anderer Gesetze. BT.-Drs. 17/12036.

Darüber hinaus werden die Gesetzestexte in den Gesetzeskommentierungen ausgelegt, sodass die Kommentierungen als drittes Bündel an Analysematerial genutzt wird. Die Kommentator*innen (i. d. R. sind dies Wissenschaftler*innen und namhafte Praktiker*innen wie Richter*innen oder Anwält*innen) beschreiben in diesen Texten, was die Paragrafen im Detail aussagen. Sie präzisieren die Regelungen bspw. in der Form, dass sie die Bedeutung der sog. ‚unbestimmten Rechtsbegriffe' erklären. Zudem wird in den Kommentierungen der Umgang der Gerichte mit einzelnen Regelungen dargestellt sowie die Umsetzung und Auslegung in der Praxis. In Anbetracht dessen wird unterstellt, dass die Aussagen der Kommentator*innen das widerspiegeln, was die Gesetzgeber*innen denken bzw. annehmen, sodass in der Untersuchung des Analysematerials begrifflich nicht zwischen Gesetzgeber*innen und Kommentator*innen unterschieden wird. Dies kann insbesondere daher als gerechtfertigt angesehen werden, da Kommentare zur Auslegung der Gesetzestexte dienen und den Nutzer*innen erklären wollen, was die Gesetzgeber*innen im Detail mit ihren Formulierungen meinen. Sollten die Kommentator*innen eine zu den Gesetzgeber*innen gegensätzliche Meinung vertreten, machen sie dies kenntlich. Wird in der Analyse auf diese Gegensätze Bezug genommen, wird dies konkret benannt und auf den*die jeweilige*n Kommentator*in verwiesen.

Den Gesetzeskommentaren wird ein derart hoher Stellenwert beigemessen, dass ihre Ausführungen in der juristischen Praxis teilweise bedeutsamer sind als die Gesetzestexte selbst. Sie dienen als Grundlage für das Handeln in der alltäglichen rechtlichen Praxis (vgl. Henne 2006, S. 3 ff.). Aufgrund der Bedeutsamkeit für die Handlungspraxis werden diese bereits interpretierten Vorstellungen in die Analyse aufgenommen. Ebenso wie die aktuellste Fassung der Gesetzestexte und -begründungen der gültigen Regelungen werden die jüngsten Kommentierungen, die zu den Existenzsicherungsgesetzen vorliegen, analysiert.[16] Es handelt sich konkret um folgende Quellen:[17]

Bieritz-Harder, R./Conradis, W./Thie, S. (2012): Sozialgesetzbuch XII. Sozialhilfe. Lehr- und Praxiskommentar. 9. Auflage. Baden-Baden: Nomos.

Coseriu, P./Eicher, W. (2011): juris PraxisKommentar SGB XII. Sozialhilfe/mit AsylbLG. 1. Auflage. Saarbrücken: Juris.[18]

Eicher, W. (2013): SGB II. Grundsicherung für Arbeitssuchende. Kommentar. 3. Auflage. München: Beck.

Grube, C. et al. (2012): SGB XII. Sozialhilfe mit Asylbewerberleistungsgesetz. Kommentar. 4. Auflage. München: Beck.

Münder, J. et al. (2011): Sozialgesetzbuch II. Grundsicherung für Arbeitsuchende. Lehr- und Praxiskommentar. 4. Auflage. Baden-Baden: Nomos.

Radüge, A. (2012): juris PraxisKommentar SGB II. Sozialgesetzbuch Zweites Buch – Grundsicherung für Arbeitssuchende. 3. Auflage. Saarbrücken: Juris.[19]

---

16 Die Gesetzeskommentierungen werden fortlaufend überarbeitet, sodass regelmäßig Neuauflagen erscheinen. Um eine abschließende Datenbasis zu erhalten, konnten Kommentare mit Erscheinungsdatum nach dem 1. August 2013 nicht mehr berücksichtigt werden.

17 Über diese Kommentare hinaus wurden noch Kommentierungen des SGB IX verwendet, die zusätzliche Ergebnisse zum Kinder- und Kindheitsverständnis der Gesetzgeber*innen bezüglich der Gruppe der Kinder mit (drohender) Behinderung im Existenzsicherungsbezug liefern konnten. Dabei handelt es sich um:
Kossens, M./von der Heide, D./Maaß, M. (2009): SGB IX. Rehabilitation und Teilhabe behinderter Menschen. Kommentar. 3. Auflage. München: Beck, E-Book.
Neumann, D./Pahlen, R./Majerski-Pahlen, M. (2010): Sozialgesetzbuch IX. Rehabilitation und Teilhabe behinderter Menschen. Kommentar. 12. Auflage. München: Beck, E-Book.

18 Die online-Version des Kommentars wird ständig aktualisiert. In die Analyse sind alle zusätzlichen Informationen bis zum Stand 1. August 2013 aufgenommen.

19 Die Online-Version des Kommentars wird ständig aktualisiert. In die Analyse sind alle zusätzlichen Informationen bis zum Stand 1. August 2013 aufgenommen.

Auffällig ist, dass für das SGB II und das SGB XII jeweils mehrere einschlägige Kommentare von unterschiedlichen Autor*innen vorliegen. Sofern das AsylbLG kommentiert wird, geschieht dies hingegen höchstens als Zusatz in SGB XII-Kommentaren, nicht aber in einem eigenständigen Werk. Dementsprechend liegt für die drei Gesetze in einem sehr heterogenen Umfang Analysematerial vor.

2.3.3 Fragestellungen der Analyse

Mit der Analyse des im vorangegangenen Abschnitt beschriebenen Materials werden Dokumente untersucht, anhand derer Aussagen über die Vorstellungen der Gesetzgeber*innen getroffen werden können. Die Gesetzgeber*innen sind im Rahmen des Kommunikationsprozesses als der*die Kommunikator*in bzw. Sender*in der Inhalte zu verstehen. Letztendlich geht es bei der Analyse darum, aufzuzeigen, wie die Gesetzgeber*innen einen speziellen sozio-kulturellen Hintergrund einschätzen und welche Ansichten sie über die Wirklichkeit von Kindern haben, die mit ihren Familien auf dem niedrigsten, materiellen Ausstattungsniveau leben. In Anbetracht dessen werden auch Fragen nach den Zusammenhängen zwischen materieller Ausstattung und anderen Ressourcen bedeutsam. Im Rahmen der Inhaltsanalyse soll untersucht werden, welche Spezifika der*die Kommunikator*in der sozialen Wirklichkeit bzw. einem spezifischen Gegenstandsbereich zuschreiben. Als Hauptfragestellungen für die Analyse ergeben sich daraus:

- Welche Bedürfnisse und Bedarfe werden den Kindern zugesprochen?
- Welche materiellen (und immateriellen) Ressourcen werden Kindern zuerkannt?
- Über welche (materiellen und) immateriellen Ressourcen bzw. Eigenschaften verfügen Kinder im Existenzsicherungsbezug nach Ansicht der Gesetzgeber*innen?
- Von welchen Zusammenhängen zwischen den anzuerkennenden und verfügbaren Ressourcen wird für die Untersuchungsgruppe ausgegangen?
- Wie unterscheiden sich diese Ressourcen im Vergleich zu den Ressourcen in anderen Lebensphasen?

Zudem ergibt sich daran anschließend die Frage:

- Was gestehen die Gesetzgeber*innen den Kindern für ihr Leben und ihr (gedeihliches) Aufwachsen zu?

2.3.4 Kategorienauswahl für die strukturierende Inhaltsanalyse

Ausgangspunkte für die Zusammenstellung der Kategorien und Unterkategorien der strukturierenden Inhaltsanalyse sind die Fragen, was Kinder als solche kennzeichnet und wie sich die Lebensphase Kindheit von anderen Lebensphasen abgrenzt. Damit sind Kinder in der Gesamtheit ihres Lebens in den Blick zu nehmen, sodass neben dem Individuum mit seinen lebensphasenspezifischen Eigenheiten auch deren Umwelt zu betrachten ist. Ausgehend von der individuellen Sichtweise stellt sich die Frage, was Menschen in ihren alltäglichen Praxen antreibt. Angenommen wird, dass es sich bei diesem Motor um ihre Bedürfnisse handelt, die befriedigt werden wollen (vgl. Mägdefrau 2007, S. 20 f.). Auf der Grundlage verschiedener Bedürfniskonzepte wird im weiteren Verlauf eine Liste erstellt, welche Bedürfnisse Kindern zugeschrieben werden und inwieweit sich diese Bedürfnisse von denen in anderen Lebensphasen unterscheiden können. Werden Kinder vor dem Hintergrund betrachtet, dass sie in eine Umwelt hineingeboren sind, bleibt zu überprüfen, welche Lebensbereiche für Kinder bedeutsam sind.

Durch die Berücksichtigung des Zusammenspiels der individuellen und der kollektiven Ebene liegt weiterhin die Annahme zugrunde, dass das Individuelle seine Ausprägung im Kollektiven findet, d. h. die verschiedenen Bedürfnisse treten in unterschiedlichen Lebensbereichen auf und können nur in Wechselwirkung mit der Umwelt befriedigt oder vernachlässigt werden. Zur Bestimmung der Lebensbereiche kann auf verschiedene Lebenslagenkonzepte zurückgegriffen werden. Diese wurden ursprünglich entwickelt, um die Lebensbedingungen und die Lebensverhältnisse insbesondere der erwachsenen Bevölkerung zu beschreiben und zu analysieren (vgl. Joos 2001, S. 52). Dabei werden sog. ‚Lebenslagendimensionen' ausfindig gemacht, anhand derer die Versorgung und Teilhabe operationalisiert wird.

Unter Lebenslagen versteht Weisser, der als einer der Begründer des Konzepts fungiert, den

> „Spielraum, der einem Menschen (einer Gruppe von Menschen) die äußeren Umstände nachhaltig für die Befriedigung der Interessen bieten, die den Sinn seines Lebens bestimmen." (Weisser 1956, S. 986)

Es handelt sich hierbei um verschiedene Teilbereiche, die das menschliche Leben auszeichnen und die sich sehr stark wechselseitig beeinflussen. Anhand der Differenzierung der Lebenssituation in verschiedene Teilbereiche bzw. sog. ‚Dimensionen' wird die Untersuchung von (Unter-)Versorgungslagen und deren Wechselwirkungen sowie die damit eröffneten oder verschlossenen

Handlungsspielräume ermöglicht (vgl. Voges 2002, S. 22). Eine abschließende Benennung der sog. ‚Lebenslagendimensionen' erfolgte bislang nicht.

Dieses Konzept wird insbesondere in der Armutsforschung genutzt, um Benachteiligungen in den unterschiedlichen Lebensbereichen bei finanziell deprivierten Personen und Familien zu messen. Erst in Folge der sog. ‚Infantialisierung der Armut' am Ende des 20. Jahrhunderts und der damit verbundenen Abkehr einer Berichterstattung über arme Familien hin zu einer Berichterstattung in deren Mittelpunkt Kinder stehen, die in finanziell deprivierten Elternhäusern aufwachsen, kam es zur Weiterentwicklung hin zu speziell kindzentrierten Konzepten (vgl. u. a. die sog. ‚AWO-ISS-Studie' (Holz/Laubenstein/Sthamer 2012) oder das Konzept des kindlichen Wohlergehens nach UNICEF (UNICEF 2007)). Auch den kindlichen Lebenslagenkonzepten liegt die Annahme zugrunde, dass die Lebenssituation in verschiedene Dimensionen unterteilt werden kann. Ihre Untersuchung ermöglicht die Aufdeckung von Ungleichverteilungen zwischen Personengruppen sowie von Differenzen im Verlauf des Aufwachsens auf sozialräumlicher und regionaler Ebene (vgl. Betz 2008, S. 124 ff.). Die Lebenslagen bezeichnen die äußeren Umstände, die den Rahmen für die Befriedigung der Interessen und Grundanliegen bieten. Weisser spricht in diesem Zusammenhang von sog. ‚(Handlungs-)Spielräumen' und verweist implizit darauf, dass sich Personen innerhalb einer Lebenslagendimension je nach ihren Bedürfnissen nur so weit bewegen können, wie es ihnen ihre vorhandenen Ressourcen erlauben (vgl. Weisser 1978, S. 275).

Darüber hinaus werden die

> „[…] Lebenslagen immer als sozialpolitisch *gestaltete bzw. beeinflusste* Lebensverhältnisse verstanden" (BMFSFJ 2002, S. 96; Hervorh. i. O.).

Politik gibt demnach die sozialstrukturell relevanten Dimensionen vor und nicht die eigentlichen Akteure. Unbeantwortet bleiben Fragen nach der Differenz zwischen objektiv vorhandenen und subjektiv wahrgenommenen Ressourcen sowie wie und auf welche Weise Menschen die gegebenen oder wahrgenommenen Spielräume tatsächlich nutzen (vgl. Betz 2008, S. 129). Das bedeutet, dass die Gesetzgeber*innen Spielräume vorgeben können, die ihren Ansichten nach die Befriedigung der Bedürfnisse ermöglichen. Da jedoch eine

> „fast unbegrenzte Zahl möglicher verschiedener Mittel [zur Bedürfnisbefriedigung existieren, welche zudem] auf sehr unterschiedliche Weise" (Mägdefrau 2007, S. 26)

realisiert werden können, stellt dieser Spielraum für einen spezifischen Akteur keine Möglichkeit der Bedürfnisbefriedigung dar. Trotz objektivem Vorhandensein, liegen im Einzelfall aber keine Ressourcen vor, die eine Bedürfnisbefriedigung erlauben. Da die Gesetzgeber*innen allerdings nicht für alle Eventualitäten Möglichkeiten schaffen können und auch nicht müssen, sondern auf die generelle Möglichkeit der Absicherung des physischen Existenzminimums und die Bereitstellung eines gewissen Maßes an Teilhabe am gesellschaftlichen Leben zielen, können sie ihr Ziel objektiv theoretisch bereits durch die Bereitstellung nur einer Variante erreichen. Inwieweit die Gesetzgeber*innen davon Gebrauch machen oder ihnen die Bereitstellung einer Auswahl an Spielräumen wichtig erscheint, wird in der Analyse zu prüfen sein.

Zudem ermöglicht eine Untersuchung danach, welche konkreten inhaltlichen Ausgestaltungen die Gesetzgeber*innen in den vorgegebenen Rahmen bzw. den zuerkannten Spielräumen für Kinder vornehmen, die weitere Rekonstruktion der Kinder- und Kindheitsbilder. Dies hängt damit zusammen, das die zuerkannten Bedürfnisbefriedigungsmittel Aussagen darüber ermöglichen, was die Gesetzgeber*innen Kindern als lebensnotwendig bzw. existenzsichernd i. S. eines menschenwürdigen Lebens unterstellen.[20]

Mit anderen Worten wird zu untersuchen sein, welche Handlungsspielräume bzw. Lebenslagendimensionen Kindern zugeschrieben werden, die nach Ansicht der Existenzsicherungsgesetzgeber*innen die Lebenssituation der Zielgruppe kennzeichnen. Auf der Grundlage der durch die Lebenslagenkonzepte entwickelten Kategorien können das Verständnis der Gesetzgeber*innen sowie die aus der Theorie entwickelten, kindspezifischen Lebensbereiche verglichen werden.

Die einzelnen Lebenslagen werden durch das Vorhandensein verschiedener Ressourcen bestimmt und dienen – laut Weisser – zur Befriedigung der in den Spielräumen bestehenden Interessen. Unter Berücksichtigung der Bedürfniskonzepte, sind unter den hier genannten Interessen die Bedürfnisse zu verstehen, die mittels verschiedener Ressourcen innerhalb der Lebenslagen befriedigt werden. Daher bilden die Lebenslagen die Kategorien der Analyse, welche ihre Ausdifferenzierung in Form von Unterkategorien durch die Bedürfnisse bzw. Interessen erhalten. Die letztgenannten werden in einem ersten Schritt anhand verschiedener Bedürfniskonzepte aufgelistet und anschließend in die verschie-

20 Den Bezug auf die Menschenwürde dürfen die Gesetzgeber*innen vor dem Hintergrund des Art. 1 GG nicht unbeachtet lassen, da mit diesem Gesetz festgeschrieben wurde, dass jedem in Deutschland lebenden Menschen das Recht auf ein menschenwürdiges Leben zugesichert werden muss. Folglich dürfen von diesem Recht keine Personen ausgeschlossen werden.

denen Lebenslagenbereiche eingeordnet, woraus ein Konzept entsteht, das die Merkmale bzw. Bedürfnisse von Kindern im Kontext der unterschiedlichen Umwelten und Lebenslagenbereiche darstellt.

Zu berücksichtigen bleibt aber, dass die Ressourcen speziell mit Blick auf Kinder einen stark normativen und normierenden Charakter haben. Gerade bei diesen Zuschreibungen wird deutlich, welche Faktoren als kindgerecht oder altersgemäß angesehen werden. Zum einen unterliegt die Ausgestaltung der Dimensionen nach Betz (2008, S. 128) einem impliziten Bild von Kindern, welches aus den Vorstellungen der Erwachsenengeneration hervorgeht. Vor dem Hintergrund ihrer Erinnerungen an die eigene Kindheit und den gegenwärtigen Gegebenheiten entwickeln sie ein Verständnis, wie Kinder sind bzw. sein sollen. Diesbezüglich kritisieren insbesondere Kindheitsforscher*innen, dass die betroffene Gruppe aus diversen Gründen nicht in diese Diskussionen einbezogen wird und es sich lediglich um Zuschreibungen handelt (vgl. beispielhaft Joos 2002, S. 44; Bamler/Werner/Wustmann 2010, S. 23). Mit der Untersuchung der durch die Gesetzgeber*innen zugesicherten und vernachlässigten Ressourcen im Existenzsicherungsbezug gilt es, die beschriebenen Vorstellungen im Folgenden ausfindig zu machen.

2.4 Einflussfaktoren auf die Lebenszusammenhänge von Kindern

Nachfolgend werden einschlägige Bedürfniskonzepte mit ihren unterstellten menschlichen Bedürfnissen im Allgemeinen und kindspezifischen Bedürfnissen im Besonderen dargestellt. Auf der Grundlage der Annahme, dass Bedürfnisse in unterschiedlicher Weise befriedigt werden können und diese Befriedigung von den Bedingungen geprägt ist, in und mit denen Menschen leben und sich entwickeln, werden im Vorfeld einschlägige Lebenslagenkonzepte vorgestellt und auf ihre Umfänglichkeit bezüglich der Beachtung aller Lebensbereiche hin gegenübergestellt sowie auf ihre Berücksichtigung kindspezifischer Lebenswelten überprüft. Das gewählte Lebenslagenkonzept (mit seinen Modifikationen) wird als Grundlage für die Kategorien der Inhaltsanalyse genutzt. Die Bedürfnisse werden dann in die kindlichen Lebenslagendimensionen, die die Kategorien bilden, eingeordnet.

Die Lebenslagenkonzepte wurden außerdem jeweils im Rahmen einer Studie (weiter-)entwickelt und dienten als Variablen für die Messung von Armutslagen, welche durch Indikatoren operationalisiert wurden. Die Aufstellungen der Indikatoren gründen im Wesentlichen auf Überlegungen zu Bedürfnissen von Kindern (vgl. u. a. Chassé/Zander/Rasch 2007, S. 55). Sie erheben keinen Anspruch auf Vollständigkeit, da sie in der jeweiligen Ausrichtung der Forschungsfrage generiert wurden (vgl. u. a. Chassé/Zander/Rasch 2007, S. 60). Eine alleinige Berücksichtigung der Lebenslagenkonzepte und deren Operationalisierung würde folglich nur einen Teil des kindlichen Lebens berücksichtigen. Durch die Hinzuziehung der Bedürfniskonzepte wird das Spektrum der Indikatoren erweitert. Im Ergebnis lassen sich aus der Verbindung der Lebenslagen- und Bedürfniskonzepte die Kategorien und Unterkategorien für die Inhaltsanalyse zusammenstellen, die die wesentlichen Bereiche der Lebenssituation von Kindern beinhalten.

2.4.1 Lebenslagenkonzepte und ihr Nutzen für eine Bestimmung der Lebenszusammenhänge von Kindern

In der Armutsforschung werden Konzepte entwickelt, die ermöglichen sollen, die Auswirkungen von finanzieller Unterversorgung auf die Lebenssituation von Menschen zu untersuchen, sodass in einem ersten Schritt die Kennzeichen einer Lebenssituation herauszuarbeiten sind. Speziell für die Darstellung von Armut bei Kindern liegen bislang drei Konzepte vor. Dabei handelt es sich um (1) das Konzept des kindlichen Wohlbefindens der UNICEF, (2) das Spielraumkonzept nach Chassé/Zander/Rasch und (3) das kindliche Lebenslagenkonzept der AWO-ISS-Studie[21], das insbesondere auf Hock/Holz/Wüstendörfer zurückzuführen ist. Zwar bestand die Intention der Entwicklung der Konzepte jeweils in der Erforschung der Folgen und Bewältigungsformen von Armut, allerdings liegt den Konzepten das Verständnis zugrunde, dass die finanzielle Unterversorgung alle Lebensbereiche und somit die gesamte Lebenssituation beeinflusst (vgl. Fajth/Holland 2007, S. 7 ff.; Chassé/Zander/Rasch 2007, S. 23 ff.; Hock/Holz/Wüstendörfer 2000a, S. 12 ff.). Dieser allumfassende Blick spiegelt sich in den – in der Lebenslagenforschung als Dimensionen bezeichneten – Bereiche wider, die in den Konzepten durch spezielle Indikatoren bestimmt und empirisch untersucht werden. Folglich beinhaltet die Zielstellung

21 Die Konzepte wurden jeweils in mehreren Publikationen veröffentlicht. Die konkreten Verweise auf die jeweiligen Publikationen sind in den nachfolgenden Beschreibungen der Konzepte zu finden.

der Konzepte, die Abbildung der Lebenssituation von Kindern. Diesem Anspruch müssen auch die Kategorien und Unterkategorien einer Inhaltsanalyse gerecht werden, da das implizite Verständnis von Kindern und Kindheit in den gesetzlichen Bestimmungen nur rekonstruiert werden kann, wenn die Dimensionen der kindlichen Lebenssituation so umfassend wie möglich in den Blick genommen werden. Da die Beschreibung der Dimensionen in den Studien nach deren Fragestellungen entstanden, zeigen sich teilweise Unterschiede. Für die Erarbeitung sind diese zu überprüfen und zu entscheiden, welche Aspekte für die vorliegende Untersuchung zu berücksichtigen sind.

Nachfolgend werden diese drei Konzepte zur Beantwortung der Forschungsfragen herangezogen, da diese am besten vermögen, die Lebenssituation und -wirklichkeit von Kindern wiederzugeben. Im Ergebnis zeigt sich, dass das kindliche Lebenslagenkonzept der AWO-ISS-Studie die Lebenssituation und -wirklichkeit von Kindern am umfassendsten abbildet, weswegen dieses Konzept als Grundlage für die Erarbeitung der Kategorien und Unterkategorien dient. Darüber hinaus werden Überlegungen angestellt, inwieweit zusätzliche Aspekte aus den Bedürfniskonzepten aufzunehmen sind. Dafür werden die Dimensionen und Indikatoren der drei Konzepte zu den Kategorien und Unterkategorien für die Inhaltsanalyse zusammengefasst, die mit Hilfe einer Gegenüberstellung der Inhalte der Lebenslagen- und Bedürfniskonzepte zusammengestellt werden.[22]

Letztlich kann nach der Zusammenstellung der Kategorien und Unterkategorien noch nicht davon ausgegangen werden, dass alle Dimensionen berücksichtigt sind, da die Autor*innen der Studien selbst darauf aufmerksam machen, dass nur die Aspekte in der Beschreibung der Dimensionen berücksichtigt wurden, die für ihre Forschungsfrage relevant waren. Daher ist im Rahmen der Analyse der Gesetzestexte, -begründungen und -kommentare weiterhin zu prüfen, ob zusätzliche Kategorien und Unterkategorien innerhalb der Textsammlungen genutzt wurden und im Rahmen der kindlichen Lebenslagenkonzepte bisher keine Beachtung fanden. Erst dadurch können die den Existenzsicherungsgesetzen zugrunde liegenden Kinder- und Kindheitsbilder umfassend dargestellt werden. Die Diskussion des durch die Analyse modifizierten Gerüsts findet in der zusammenfassenden Diskussion (Kapitel 5.1) statt.

Zur besseren Lesbarkeit sind nachfolgend alle Kategorien und Unterkategorien, die Bestandteile der Inhaltsanalyse sind, kursiv hervorgehoben.

---

22 Bei Interesse können diese Gegenüberstellungen bei der Autorin angefragt werden. Aufgrund des großen Umfangs sind sie hier nicht aufgenommen worden.

2.4.1.1 Kindliche Lebenslagenkonzepte im Überblick

Die drei kindlichen Lebenslagenkonzepte - (1) das Konzept des kindlichen Wohlbefindens, (2) das Spielraumkonzept nach Chassé/Zander/Rasch und (3) das kindliche Lebenslagenkonzept der AWO-ISS-Studie - werden nachfolgend in der Form präsentiert, dass zuerst deren Intention beschrieben wird, anschließend werden ihre Dimensionen benannt und anhand der in den Studien verwendeten Indikatoren beschrieben. Nicht zuletzt werden die Kriterien aufgeführt, die als Einflussfaktoren auf die Situation von Kindern in den jeweiligen Studien herausgearbeitet werden.

Konzept des kindlichen Wohlbefindens der UNICEF

Das Konzept des kindlichen Wohlbefindens begründet sich auf Forschungstätigkeiten, die das Kinderhilfswerk der Vereinten Nationen (UNICEF) in Auftrag gab. Die Intention der Institution bestand in der Untersuchung, in welcher Weise die kindlichen Entwicklungschancen in hochentwickelten Industriestaaten gewährleistet werden. Auf dieser Grundlage soll auf die Verbesserungspotenziale dieser Länder in verschiedenen Bereichen aufmerksam gemacht werden (vgl. Bertram 2008b, S. 11). UNICEF verfolgt das Ziel, nicht nur die Möglichkeiten von Kindern für ein gedeihliches und gutes Aufwachsen in den Blick zu nehmen, sondern dies im Gesamtgefüge der aktuellen gesellschaftlichen Gegebenheiten und deren Zukunftschancen zu betrachten.

Ihrer Ansicht nach sind für die Messung des kindlichen Wohlbefindens folgende Dimensionen relevant

(1) das materielle Wohlbefinden der Kinder,
(2) die (Aus-)Bildung,
(3) die Gesundheit und Sicherheit,
(4) die Familie und das Umfeld,
(5) das Verhalten und Risiko sowie
(6) das subjektive Wohlbefinden (vgl. Bertram 2008a, S. 51 ff.).

Für die Messung in Deutschland wurden die Indikatoren und Dimensionen genutzt, die in der nachfolgenden Tabelle 9 dargestellt sind.

Tab. 9: Dimensionen des Konzeptes des kindlichen Wohlbefindens

Dimension	Indikatoren
Materielles Wohlbefinden	Relative Armut Arbeitslosen-Haushalte Deprivation (bezüglich familiärem Wohlstand und Bildungsgütern)
Gesundheit und Sicherheit	Gesundheit im Alter unter einem Jahr Präventive Gesundheitsleistungen Sicherheit
Bildung	Schulerfolg/Schulleistungen Ausbildungsverbleib Übergang ins Erwerbsleben
Familie und Umfeld	Familienstruktur Familiäre Beziehungen Beziehungen zu Gleichaltrigen
Verhalten und Risiko	Gesundheitsverhalten Gesundheitliches Risikoverhalten Erfahrungen mit Gewalt
Subjektives Wohlbefinden	Gesundheit Schulleben Persönliches Wohlbefinden

Quelle: Bertram 2008a, S. 51 ff. Bertram/Kohl o.J., S. 53 ff.; eigene Darstellung

UNICEF verwendet in seinen Studien die Altersdefinition von Kindern, die der UN-Kinderrechtskonvention zugrunde liegt. Hier gelten alle Personen unter 18 Jahren als Kinder (vgl. Art. 1 UN-Kinderrechtskonvention), sodass nicht nur Indikatoren zu ‚jüngeren' Kindern, sondern auch zur Situation Jugendlicher (insbesondere mit Blick auf den Bereich Ausbildung oder Übergang ins Erwerbsleben) berücksichtigt sind. Für die Beantwortung der vorliegenden Forschungsfrage haben diese Indikatoren aufgrund der unterschiedlichen Begriffsdefinition zum Teil nur geringe bis keine Relevanz. Zudem findet die Altersspanne der frühen Kindheit (gerade mit Blick auf die Kategorie Bildung) in dem Konzept des kindlichen Wohlbefindens keine Beachtung. Letztlich steht in der Untersuchung von UNICEF auch nicht die Situation einzelner Kinder im Mittelpunkt, sondern die Darstellung der gesamten Population ohne explizit herauszufinden, welche Zusammenhänge zwischen verschiedenen Lebenssituationen bestehen. Es geht vielmehr um das Wissen über die relevanten Lebensbereiche in denen Kinder in Deutschland leben und aufwachsen.

Trotz der eher geringen Relevanz des Gesamtkonzeptes für die vorliegende Arbeit, konnten die einzelnen Indikatoren zur Zusammenstellung der Unterkategorien genutzt werden, da das Konzept einen Schwerpunkt auf den Bereich

Gesundheit legt, der in den anderen Studien keine so hohe Bedeutung einnimmt.

Das Spielraumkonzept nach Chassé/Zander/Rasch

Chassé/Zander/Rasch (2007) entwickeln in der sog. ‚Jenaer Kinderarmutsstudie' das Spielraumkonzept nach Nahnsen durch den Aspekt der Kindbezogenheit weiter. Grundlegend für die Operationalisierung der Lebenssituation gelten nach Nahnsen die „wichtigen Interessen" und „Grundanliegen" eines Menschen. Um diese für ein kindspezifisches Armutskonzept zu realisieren, stellen sich die Autor*innen die Frage nach den Grundbedürfnissen von Kindern und den Bedingungen für ein gedeihliches Aufwachsen (vgl. Chassé/Zander/Rasch 2007, S. 55). Sie gelangen zu dem Ergebnis, dass die fünf Dimensionen des Spielraumkonzepts übernommen werden können, die wie folgt bezeichnet werden:

(1) Einkommens- und Versorgungsspielraum,
(2) Lern- und Erfahrungsspielraum,
(3) Kontakt- und Kooperationsspielraum,
(4) Regenerations- und Mußespielraum und
(5) Dispositions- und Entscheidungsspielraum (vgl. Chassé/Zander/Rasch 2007, S. 62).

Allerdings weisen die Autor*innen darauf hin, dass die Ausprägungen und Gewichtungen an die Bedürfnisse von Kindern anzupassen sind, weil sich diese je nach Alter und Entwicklungsstand der Kinder unterscheiden. Kinder haben differente Bedürfnisse setzen ihre Prioritäten anders als Erwachsene (vgl. Chassé/Zander/Rasch 2007, S. 59). Die kindspezifische Weiterentwicklung des Konzeptes erfolgt, indem die benannten Dimensionen mit kindspezifischen Kategorien ausgestaltet werden und eine zusätzliche Dimension eingeführt wird, die sie bezeichnen als

(6) den elterlichen Einkommens- und Versorgungsspielraum (vgl. Chassé/Zander/Rasch 2007, S. 60).

Diese ist aus ihrer Sicht notwendig, da die Lebenssituation von Kindern nicht unabhängig von der ökonomischen Situation im Elternhaus betrachtet werden kann (vgl. Chassé/Zander/Rasch 2007, S. 60).

Schließlich weisen die Autor*innen darauf hin, dass es sich um keine abschließende Indikatorenbenennung handelt. Weitere Aspekte wurden wegen der Rücksicht auf die Operationalisierbarkeit im Rahmen ihrer Studie nicht beachtet (vgl. Chassé/Zander/Rasch 2007, S. 60).

Die einzelnen Dimensionen werden bei Chassé/Zander/Rasch wie folgt beschrieben:

Einkommens- und Versorgungsspielraum

Die im Rahmen des Einkommens- und Versorgungsspielraumes aufgegriffenen Indikatoren beziehen sich auf die allgemeine Grundversorgung von Kindern. Zur Operationalisierung nutzen Chassé/Zander/Rasch die drei Indikatoren (a) die innerfamiliäre Ressourcenaufteilung hinsichtlich der Absicherung des physischen Existenzminimums (Wohnung, Nahrung, Kleidung) und der wahrgenommenen Verfügbarkeit für die Kinder, (b) das Vorhandensein von Taschengeld und sonstigem verfügbaren Geld, z. B. aus Geschenken sowie (c) die Wahrnehmung der familiären Einkommenssituation durch die Kinder (vgl. Chassé/Zander/Rasch 2007, S. 62).[23]

Lern- und Erfahrungsspielraum

Im Rahmen des Lern- und Erfahrungsspielraumes werden Indikatoren aufgegriffen, die die Bildungsverläufe und -prozesse der Kinder im schulischen und außerschulischen Umfeld darstellen. Die Operationalisierung erfolgt über die fünf Indikatoren

„a) allgemeine und spezifische Anregung bzw. Förderung des Kindes durch Eltern und Umfeld/Netzwerk
b) [...] außerschulische Freizeitaktivitäten (wie [...] Musikschule, Sport, kulturelle Angebote [...])
c) [...] räumliche[...][r] Aktionsradius und [...] sozialräumliche[...][r] Erfahrungsraum
d) [...] Schule als bildungsmäßiges Lern- und Erfahrungsfeld
e) [...] Schule als sozialem Erfahrungsraum“ (Chassé/Zander/Rasch 2007, S. 62).

Innerhalb dieser Dimension untersuchen Chassé/Zander/Rasch nicht nur die vorhandenen und genutzten Angebote, sondern auch die Unterstützungen und Hilfen, die die Kinder erhalten oder die ihnen durch die Eltern und das Umfeld verweigert werden.

---

23 Die differenzierte Darstellung der untersuchten Dimensionen und Indikatoren sowie die Einordnung in die Kategorien und Unterkategorien der Inhaltsanalyse können – auch für die noch folgenden Dimensionen – bei Interesse bei der Autorin angefragt werden.

Kontakt- und Kooperationsspielraum

Der Kontakt- und Kooperationsspielraum beinhaltet Indikatoren hinsichtlich der sozialen Integration von Kindern. Die Autor*innen weisen bei diesem Spielraum explizit darauf hin, dass die Dimension zur Darstellung eines umfassenden Bildes noch weiter auszubauen ist. In der von ihnen vorgelegten Untersuchung beschränken sie sich auf die – ihrer Ansicht nach – wesentlichsten Bereiche (a) das vorhandene familiäre soziale Netzwerk, (b) das kindliche Netzwerk in der Schule und der Nachbarschaft, (c) die sozialen Teilhabemöglichkeiten z. B. bezüglich Schulfahrten, Geburtstagen oder Einschränkungen durch die Eltern, (d) die Möglichkeit der Nutzung der sozialen Infrastruktur (z. B. Angebote der Kinder- und Jugendhilfe, private Angebote für Kinder und Jugendliche oder Vereine) sowie (e) Spiel- und Freizeitmöglichkeiten (vgl. Chassé/Zander/Rasch 2007, S. 62). Bei dieser Dimension spielt vor allem die Ausgestaltung sowie die Qualität der Beziehung innerhalb der benannten Bereiche eine bedeutende Rolle (vgl. Chassé/Zander/Rasch 2007, S. 61).

Muße- und Regenerationsspielraum

Der Muße- und Regenerationsspielraum umfasst den Bereich der Entspannungs- und Ruhemöglichkeiten, die Kindern zur Verfügung stehen, um die alltäglichen und vor allem die Entwicklungsaufgaben bewältigen zu können sowie Strategien zu entwickeln, um nicht zu scheitern. Chassé/Zander/Rasch nutzen zur Operationalisierung Indikatoren bezüglich (a) des Wohnumfelds und der Wohnsituation, (b) der Freizeitaktivitäten (hierbei spielt auch die für die Kinder frei verfügbare Zeit zum Spielen eine wesentliche Rolle), (c) der Alltagsstruktur mit ihren Be- und Entlastungen für die Kinder, (d) des Familienklimas auch hinsichtlich der Qualität der Eltern-Kind-Beziehung sowie (e) der besonderen familiären Belastungen (vgl. Chassé/Zander/Rasch 2007, S. 62).

Dispositions- und Entscheidungsspielraum

Innerhalb der Dimension des Dispositions- und Entscheidungsspielraums wird die Frage nach der Möglichkeit, die eigenen Interessen und Wahlmöglichkeiten zu verfolgen, bearbeitet. Mit anderen Worten handelt es sich um die Ausgestaltungs- bzw. Mitgestaltungsmöglichkeiten der eigenen Lebenssituation durch die Kinder selbst. Die Autor*innen operationalisieren dies anhand der beiden Indikatoren

„a) inwiefern sich Kinder an der Ausgestaltung der sie betreffenden Dimensionen von Lebenslagen beteiligen (bezüglich Kleidung, Nahrung, Freizeitgestaltung, soziale Kontakte u. a. m.)

b) welche Wahlmöglichkeiten Kinder haben (z. B. was sie tun möchten, was sie interessieren würde)" (Chassé/Zander/Rasch 2007, S. 62).

Diese Dimension liegt quer zu den anderen Dimensionen, da sich die Indikatoren jeweils auf die Ausgestaltungsmöglichkeiten innerhalb einer der vier anderen Dimensionen beziehen. Dabei wird auch die wechselseitige Beeinflussung der Dimensionen untersucht.

Bei der Auswertung der Ergebnisse dieses Spielraumes sind immer wieder Doppelungen mit der Ergebnisdarstellung aus den anderen Spielräumen ersichtlich. Dies erscheint einerseits sachlogisch andererseits zeigen sich dadurch die Schwierigkeiten in der Untersuchung und Auswertung des Spielraumes.

Elterlicher Einkommens- und Versorgungsspielraum

Chassé/Zander/Rasch weisen mehrfach darauf hin, dass die Lebenssituation von Kindern und vor allem der kindliche Einkommens- und Versorgungsspielraum maßgeblich von dem elterlichen Einkommens- und Versorgungsspielraum abhängen. Daher untersuchen sie verschiedene Indikatoren zu dieser Dimension der Eltern. Im Speziellen handelt es sich um die fünf Indikatoren

„• Wohnen: Wohnungsqualität, Wohnzufriedenheit, Ausstattungsmerkmale
- Arbeit: Erwerbstätigkeit [...], gegenwärtiger Erwerbsstatus [...], schulische und berufliche Qualifikation und berufliche Biographie (Erwerbsverlauf)
- Einkommen/Einnahmen: Einkommenssituation des Haushaltes nach der Höhe sowie der Zusammensetzung des Einkommens in seinen Teilbereichen
- Ausgaben: Zusammensetzung der monatlichen Belastung, die der Haushalt zu tragen hat sowie den verbleibenden Ausgabenbestandteilen für notwendige Bedürfnisse wie Essen, Kleidung, Freizeit, Auto, Körperpflege, Gesundheit und Hobbys
- die Dauer der Armutsphase: [...] Dauer des Sozialhilfebezuges [...] [und] seine Einbettung in erwerbsbiographische Verläufe." (Chassé/Zander/Rasch 2007, S. 70 f.)

Dem Konzept von Chassé/Zander/Rasch liegt ferner die Annahme zugrunde, dass die Lebenssituation von Kindern durch weitere Faktoren beeinflusst wird. Sie gehen davon aus, dass die dargestellten Dimensionen in einem Wechselverhältnis zueinander stehen, sich also gegenseitig beeinflussen. Zudem werden die Lebenslagendimensionen durch die strukturellen Bedingungen der Gesellschaft bestimmt. Mit den unterschiedlichen Ressourcen, über die die Kinder verfügen, bewältigen sie ihre Situation in der Weise, wie es ihnen in ihren unterschiedlichen Lebenswelten möglich ist (vgl. Chassé/Zander/Rasch 2007, S. 52). Des Weiteren weist Zander (2009, S. 118) darauf hin, dass das Spielraumkonzept lediglich eine Momentaufnahme der Lebenssituation von Kindern darzustellen vermag. Anliegen ist es nicht, Verläufe und Veränderungen abzubilden. Damit werden Entwicklungsverläufe ausgeblendet, die vor allem im Rahmen einer existenzsichernden Gesetzgebung über einen längeren Zeitraum bedeutsam sind und für die Untersuchung des Analysematerials hohe Relevanz haben.

Das kindliche Lebenslagenkonzept der AWO-ISS-Studie

Den Kern der AWO-ISS-Studie bildet die Entwicklung

> „empirisch begründeter Erkenntnisse und Aussagen zur Lebenslage und zu den Lebenschancen von Kindern und Jugendlichen in sozial benachteiligten, armen Familien" (Hock/Holz/Wüstendörfer 1999, S. 2).

Die Forscher*innen untersuchen in ihrer Langzeitstudie, die aus mehreren Teilstudien besteht und jeweils unterschiedliche Altersgruppen fokussiert (vgl. Holz/Laubenstein/Sthamer 2012, S. 3), vor allem Armutsfolgen und dessen Bewältigungsformen im Kindesalter und vergleichen die Erkenntnisse mit dem Aufwachsen von Kindern aus nicht armen Verhältnissen. Um die Lebenssituation von Kindern insbesondere bei finanziell deprivierten Haushalten beschreiben zu können, machen sie die Dimensionen ausfindig, die ihrem Erachten nach die Lebenssituation von Kindern bestimmen. Zudem beschreiben sie weitere Faktoren, die die Lebenslagen von Kindern beeinflussen.

Die Lebenslagendimensionen

Ausgangspunkt der Erläuterungen des kindlichen Lebenslagenkonzeptes bilden die Lebenslagendimensionen, die sich direkt auf die Lebenssituation der Kinder auswirken. Hock/Holz/Wüstendörfer bezeichnen diese als (1) materielle Grundversorgung, (2) kulturelle Lage, (3) soziale Lage, (4) psychische und physische Lage sowie (5) die materielle Versorgung des Haushaltes, in der die Kinder leben (vgl. Abb. 8). Die letztgenannte Dimension wirkt sich besonders stark auf die materielle Grundversorgung der Kinder aus, aber beeinflusst auch die weiteren Dimensionen (vgl. Holz 2010, S. 37).

Abb. 8: Kindliche Lebenslagendimensionen nach Holz et al. 2006

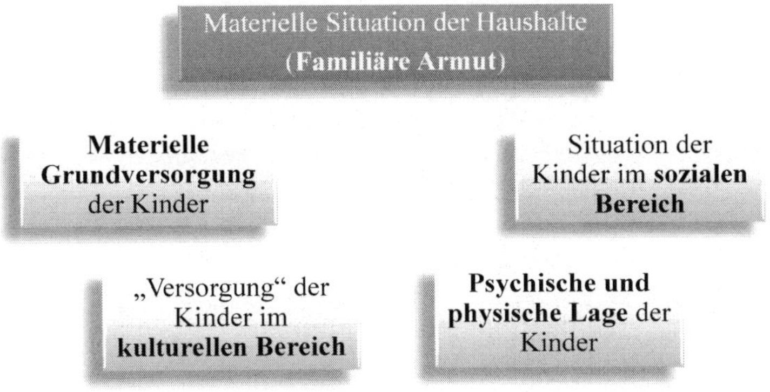

Quelle: Holz 2010, S. 37; eigene Darstellung

Materielle Grundversorgung von Kindern

Zu den Indikatoren der Dimension materielle Grundversorgung von Kindern zählen die Autor*innen der AWO-ISS-Studie (a) die Grundversorgung, bestehend aus Wohnen, Nahrung, Kleidung und Hygiene sowie (b) die materiellen Partizipationsmöglichkeiten i. S. der Teilnahme an kostenpflichtigen Mahlzeiten und Aktivitäten in Bildungseinrichtungen oder der Verfügbarkeit von Taschengeld. Je nach Entwicklungsstand der untersuchten Kinder verändert sich die Wertigkeit und Gewichtung der Bereiche.

„Versorgung" der Kinder im kulturellen Bereich

Die Indikatoren der sog. Dimension ‚„Versorgung" im kulturellen Bereich' wurden differenziert nach (a) der kognitiven Entwicklung gemessen am normativen Entwicklungsverlauf von Kindern (b) der Sprache (insbesondere i. S. v. Sprachverhalten bzw. -kompetenz und Kommunikationsverhalten), (c) der Schule (bspw. in Bezug auf die Inanspruchnahme von institutionellen Angeboten und die Förderung durch das familiäre und soziale Umfeld), (d) der Bildung (in Bezug auf die Kompetenzen und Leistungen) und (e) der kulturellen Kompetenz (vgl. Hock/Holz/Wüstendörfer 2000b, S. 13). Innerhalb der Befragung in den Kindertageseinrichtungen füllten die Autor*innen die letztgenannte Teildimension (‚kulturelle Kompetenz') mit den vier Bereichen Spiel-, Sprach- und Arbeitsverhalten sowie Motorik. In der Grundschuluntersuchung eruieren sie die Teildimension anhand der beiden Bereiche (1) Lern- und Erfahrungsmöglichkeiten sowie (2) Lernkompetenzen und Schulerfolg.

Versorgung der Kinder im sozialen Bereich

Die Darstellung des sozialen Bereichs erfolgt durch die beiden Indikatoren (a) soziale Kontakte und Kontaktmöglichkeiten (i. S. v. Umgang mit Konflikten; Vorhandensein und Intensität von sozialen Netzwerken) sowie (b) soziale Kompetenzen (i. S. des Umgangs mit anderen Personen wie Verwandten, Freund*innen, Nachbar*innen und Fremden; deviantes Verhalten) (vgl. Hock/Holz/Wüstendörfer 2000b, S. 13).

Psychische und physische Lage von Kindern

Die psychische und physische Lage ist für die Autor*innen gleichbedeutend mit einem erweiterten Gesundheitsverständnis, wobei der Gesundheitszustand i. V. m. dem Entwicklungsstand von Kindern zu verstehen ist (vgl. Hock/Holz/Wüstendörfer 2000b, S. 13). Sie legen die Definition der WHO zugrunde, die Gesundheit als den

> „Zustand des vollständigen körperlichen, geistigen und sozialen Wohlbefindens und nicht nur das Fehlen von Krankheit und Gebrechen" (WHO 1946, S. 1)

beschreibt. Die Indikatoren dieser Dimension bestehen aus der Untersuchung des Entwicklungsstandes, dem Vorhandensein und der Häufigkeit des Auftretens von Krankheiten, dem allgemeinen Wohlbefinden sowie den Maßnahmen zur Gesundheitsvorsorge (hier spielen auch sportliche Aktivitäten und gesundheitsgefährdendes Verhalten eine Rolle).

Materielle Versorgung des Haushaltes

Innerhalb dieser Dimension wird das tatsächlich verfügbare Einkommen i. S. der monatlich zur Verfügung stehenden monetären Ressourcen der Haushalte bzw. der Familien, in denen die Kinder leben, untersucht. Dabei legen die Autor*innen die beiden Armutsdefinitionen der Sozialhilfebedürftigkeit und der relativen Einkommensarmut für die Operationalisierung zugrunde. Dementsprechend fragen sie nach (1) dem Bezug mindestens einer der staatlichen Transferleistungen: Sozialhilfe, Arbeitslosenhilfe oder Leistungen nach dem AsylbLG sowie (2) ob das Einkommen unterhalb der 50%-Einkommensgrenze liegt (vgl. Hock/Holz/Wüstendörfer 2000b, S. 32). Die Ausprägungen innerhalb der Kategorien sind auf den Erhebungszeitraum zurückzuführen, in dem das SGB II und die Neuerungen im Rahmen der Sozialhilfe noch nicht in Kraft getreten waren sowie die 50%-Grenze noch die meistgenutzte Armutsschwelle war.[24] Zusätzlich berücksichtigen sie in einer Teilstudie die positiven und negativen Vermögenswerte (vgl. Holz et al. 2006, S. 39).

Weitere Einflussfaktoren auf die Lebenssituation von Kindern

Neben den Lebenslagendimensionen zeichnet sich die Lebenssituation von Kindern nach Ansicht der Autor*innen durch weitere Faktoren aus. Hock/Holz/Wüstendörfer beschreiben diese anhand der folgenden Abb. 9.

Abb. 9: Einflussfaktoren auf die Lebenssituation (armer) Kinder

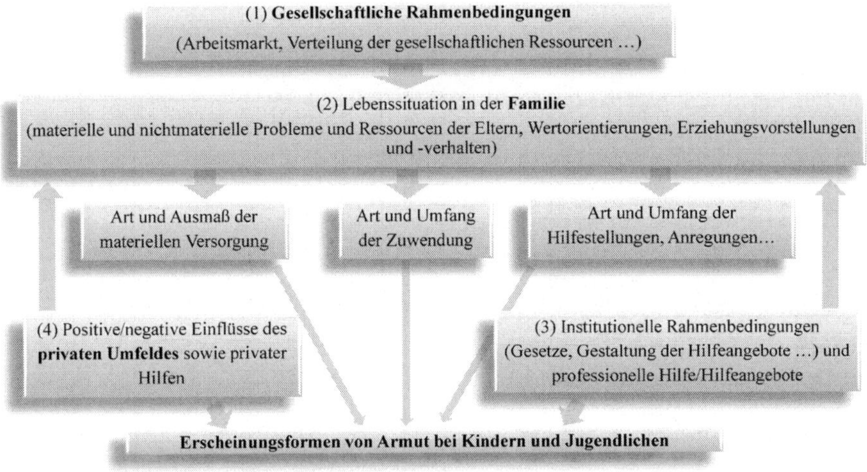

Quelle: Hock/Holz/Wüstendörfer 2000a, S. 16; Nachbildung

Die Lebenssituation in den Familien gilt neben den Lebenslagendimensionen als wichtigster Einflussfaktoren auf das Leben und Aufwachsen von Kindern. Dies spiegelt sich u. a. in der Aufnahme der materiellen Versorgung im elterlichen Haushalt als eine eigenständige Dimension wider. Die familiäre Lebenssituation zeichnet sich darüber hinaus durch die materiellen und immateriellen Ressourcen und Einschränkungen der Eltern, die Wertorientierungen, die Erziehungsvorstellung und das Erziehungsverhalten der Eltern aus. Weiterhin stellen Hock/Holz/Wüstendörfer (2000a, S. 15) auf der Grundlage von Schneewind (2010, S. 136) fest, dass die (a) Persönlichkeits- und Temperamentsmerkmale von Kindern, (b) die elterlichen Persönlichkeitsmerkmale, (c) die Beziehungserfahrungen der Eltern in der Herkunftsfamilie, (d) die Qualität der

24 Allerdings verwenden sie auch in jüngeren Publikationen die 50%-Schwelle und orientieren sich nicht an der nunmehr als Standard geltenden 60%-Schwelle.

Elternbeziehung, (e) die Arbeitsplatzerfahrungen der Eltern und (f) die soziale Unterstützung in engem Zusammenhang mit dem Erziehungsverhalten der Eltern stehen.

Darüber hinaus wirken sich gesellschaftliche und institutionelle Rahmenbedingungen, professionelle Hilfeangebote sowie das private Umfeld und private Hilfen auf die innerfamiliären Bedingungen aus. So beeinflussen bspw. die Arbeitsmarktsituation, die Höhe der Löhne und Gehälter, die Infrastruktur wie das Vorhandensein und die Möglichkeit der Inanspruchnahme von öffentlich geförderten Kindertagesbetreuungsangeboten, Freizeiteinrichtungen, Beratungsstellen oder Gesundheitsdiensten weiterhin die Lebenssituation der Familien. Nicht zu unterschätzen ist zudem der Einfluss des sozialen Eingebundenseins in das Umfeld sowie die daraus resultierenden Ressourcen und Möglichkeiten wie emotionale Unterstützung, materielle und immaterielle Hilfeleistungen (vgl. Hock/Holz/Wüstendörfer 2000a, S. 15 ff.).

2.4.1.2 Die Lebenslagenkonzepte im Vergleich und ihre Bedeutung für die Erstellung des Kategorien- und Unterkategoriensystems

Die kindlichen Lebenslagenkonzepte ermöglichen eine detaillierte Untersuchung der Lebenssituation von Kindern. Mit Hilfe der drei vorgestellten Konzepte konnte gezeigt werden, dass ihre Reichweite sehr unterschiedlich ist. In einer Reihe von Studien (vgl. z. B. Armuts- und Reichtumsberichte der Bundesregierung (Deutscher Bundestag 2001; Deutscher Bundestag 2005b; Deutscher Bundestag 2008b; Deutscher Bundestag 2012), Bericht über die Lage der Ausländerinnen und Ausländer in Deutschland (u. a. Die Beauftragte der Bundesregierung für Migration, Flüchtlinge und Integration 2014)) finden Lebenslagenkonzepte Anwendung. Diese legen ihren Fokus – in vergleichbarer Weise wie das Konzept des kindlichen Wohlbefindens der UNICEF – auf die Untersuchung einzelner Lebenslagendimensionen in Bezug auf das differente Vorhandensein spezieller Güter. Diese werden auf der Grundlage eines normativen Verständnisses über gutes Leben bzw. Bedürfnisse während der jeweiligen Entwicklungsphase festgelegt. Die Lebenslagen von Kindern – i. S. eines als normal angesehenen Lebens für einzelne Altersgruppen – bestimmen sich nach dem Verständnis der Erwachsenen. So fragt bspw. das Konzept des kindlichen Wohlbefindens nach dem Ausbildungsverbleib und dem Übergang in Erwerbstätigkeit nur für Jugendliche (vgl. Bertram 2008a, S. 42, 56). Inwieweit diese Themen jedoch schon für jüngere Kinder relevant sind, bleibt unbeachtet.

Die Nutzung von Ansätzen, die im Wesentlichen auf die Lebenslagendimensionen (wie Wohnen, Kleidung, Freizeitgestaltung, Bildung) beschränkt sind, vernachlässigen (a) die Zusammenhänge zwischen den Lebenslagen mit Blick auf Deprivationen in einzelnen oder allen Bereichen, (b) die Verknüpfung zwischen dem unterschiedlichen Versorgungsgrad innerhalb der Lebenslagen mit der Einbindung der Kinder in ihr familiäres und soziales Umfeld sowie (c) den daraus resultierenden Unterschieden im Bewältigungshandeln von Kindern und Familien. Darüber hinaus finden zwar das Alter und der Entwicklungsstand im Konzept des kindlichen Wohlbefindens implizit Eingang, in dem die Indikatoren zu den Lebenslagendimensionen altersspezifisch festgelegt werden. Jedoch unterliegt das Konzept nur einer punktuellen und keiner prozesshaften Herangehensweise, da die Entwicklungsverläufe von Kindern unberücksichtigt bleiben.

Sowohl das kindliche Spielraumkonzept von Chassé/Zander/Rasch als auch das kindliche Lebenslagenkonzept der AWO-ISS-Studie schenken den oben vernachlässigten Zusammenhängen sowie der Bedeutung der Bedürfnisse von Kindern und den gesellschaftlichen Rahmenbedingungen Beachtung. Dabei zeigen sich starke Parallelen zwischen den beiden letztgenannten Konzepten, die sich innerhalb der Lebenslagendimensionen weiter fortsetzen. Zwar besteht das kindliche Lebenslagenkonzept aus fünf Dimensionen, die andere Bezeichnungen tragen als die sechs Spielraumdimensionen bei Chassé/Zander/Rasch, allerdings benennen die Autor*innen die Indikatoren in den einzelnen Dimensionen in sehr ähnlicher Weise. Oft wird nach gleichen Ressourcen gefragt, die anschließend den different bezeichneten Dimensionen zugeordnet werden. Beispielhaft können hier die Fragen nach Taschengeld oder schulischen Leistungen angeführt werden, die in beiden Konzepten Beachtung finden.

Das kindliche Lebenslagenkonzept der AWO-ISS-Studie geht noch einen Schritt weiter als das kindliche Spielraumkonzept, indem es als maßgeblichen Einflussfaktor auf die Lebenssituation von Kindern neben den Eltern, den Gleichaltrigen sowie dem nahen sozialen Umfeld (Kontakt- und Kooperationsspielraum) auch das institutionelle Netzwerk der Familie aufnimmt. Zudem impliziert die Lebenslage „Versorgung des Kindes im sozialen Bereich“ nicht – wie im Spielraumkonzept in der Dimension „Kontakt- und Kooperationsspielraum“ – das Vorhandensein von Freund*innen sowie das Familienklima. Hock/Holz/Wüstendörfer beschränken sich in dieser Dimension vielmehr auf die sozialen Kompetenzen und Kontaktmöglichkeiten von Kindern. Die familiäre Situation wird als zusätzlicher sog. ‚Einflussfaktor‘ auf die Lebenssituation betrachtet. Dieser und alle weiteren Einflussfaktoren stehen im kindlichen Lebenslagenkonzept gleichbedeutend neben den Lebenslagendimensionen, da sie – wie der Name bereits impliziert – die Lebenssituation von Kindern in besonderer Weise beeinflussen, wodurch ihnen eine große Bedeutung für die Lebenswirklichkeit der Kinder zugeschrieben wird. Gleichzeitig wird deutlich, dass Kinder nie als isolierte Wesen betrachtet werden können, da sie immer von anderen Menschen und einem speziellen Kontext umgeben sind. Die quantitative und qualitative Beachtung dieser Einbettung bestimmt damit maßgeblich das Verständnis von Kindern.

Mit seinem spezifischen Kindbezug, der sonst nur bei dem Konzept von Chassé/Zander/Rasch und dem Konzept des kindlichen Wohlbefindens der UNICEF zu finden ist, stellen die Autor*innen der AWO-ISS-Studie die Kinder in den Mittelpunkt der Betrachtungen. Im kindlichen Lebenslagenkonzept werden erstmals die Besonderheiten von einzelnen Lebens- und Entwicklungsphasen in den Blick genommen und nicht mehr davon ausgegangen, dass diese für jedes Lebensalter durch einheitliche Dimensionen abgebildet werden können. Kindern werden andere Lebenslagen und Bedürfnisse als Erwachsenen zugesprochen, vor dem Hintergrund dass sie sich noch am Anfang ihres Lebens befinden und diverse Entwicklungsaufgaben bewältigen müssen, für die sie zum Großteil auf die Hilfe ihres sozialen Umfeldes angewiesen sind. Aufgrund dieser Abhängigkeit sowie der (teilweisen) Unfähigkeit, ihre Situation eigenständig ändern zu können, stehen sie vor anderen Herausforderung und Bedingungen als Erwachsene.

Die Situation, in der sich ein Mensch befindet, wird maßgeblich durch die sog. ‚Lebenslagendimensionen' wie die Versorgung mit Nahrung, Kleidung, der Wohnsituation, der gesundheitlichen Lage, dem Bildungsbereich, der Freizeitgestaltung etc. bestimmt. Diese Dimensionen üben wiederum untereinander einen starken wechselseitigen Einfluss aufeinander aus und können zu ganz unterschiedlichen Lebenssituationen führen. Darüber hinaus hängen diese Lebenssituationen mit der innerfamiliären Wirklichkeit zusammen, die sich nach Hock/Holz/Wüstendörfer (2000a, S. 16) in dreierlei Hinsicht widerspiegelt: (1) der Art und dem Ausmaß der materiellen Versorgung des Haushaltes, (2) der Art und dem Umfang der Zuwendung der Familienmitglieder untereinander (z. B. Erziehungsstil, gegenseitige Wertschätzung und Vertrauen zwischen den Elternteilen und ihren Kindern, den Eltern untereinander und zwischen den Geschwistern) sowie (3) der Art und dem Umfang der Hilfestellungen, Anregungen etc. für die Kinder.

Keine Bedeutung messen die Autor*innen der Zusammensetzung der Familien auf die Lebenslagendimensionen bei. Wird heute von Familie gesprochen, handelt es sich nicht nur um traditionelle Kleinfamilien bestehend aus den beiden Elternteilen und ein bis zwei Kindern, in denen der Vater durch seine Vollzeiterwerbstätigkeit das Familieneinkommen sichert und die Mutter für die Haushaltsführung und die Kindererziehung zuständig ist. Zwar wachsen Kinder in Deutschland zum überwiegenden Teil (ca. 80 %) in Familien mit zwei Elternteilen auf (vgl. Statistisches Bundesamt 2011a, S. 100), dabei kann allerdings noch keine Aussage darüber getroffen werden, ob es sich dabei um die leiblichen Eltern handelt, da die amtliche Statistik nicht zwischen Familien ausschließlich mit leiblichen Kindern, Patchwork- bzw. Stief- und Adoptivfamilien differenziert. Lediglich eine Unterscheidung innerhalb der Lebensgemeinschaften zwischen gleich- und zweigeschlechtlichen Lebensgemeinschaften wird vorgenommen, die auf Formen des Zusammenlebens von Erwachsenen mit nichtleiblichen Kindern hinweist (vgl. zu den differenten Lebensformen: Peuckert 2007, S. 41 ff.).

Weiterhin beeinflusst die Anzahl der Kinder bzw. Geschwister die Lebenswirklichkeit und insbesondere die Ausgestaltung der Lebenslagendimensionen. Haben die Kinder Geschwister, mit denen sie schon frühzeitig Erfahrungen im sozialen Umgang mit anderen Kindern gemacht haben und verfügen sie damit im Elternhaus über Spielgefährt*innen? Welche Einschränkungen oder Verbesserungen erfolgen auf materieller Ebene für Geschwisterkinder bspw. weil sie sich ein Zimmer teilen, Spielsachen gemeinsam nutzen oder weil Kinder die zu klein gewordene Kleidung der älteren Geschwister trägt? Welche Chancen und Grenzen bestehen auf der sozialen Ebene durch das Vorhandensein von Geschwistern z. B. durch die gegenseitige emotionale Unterstützung oder die geringere Zuwendung durch die Eltern, da diese Zuwendung durch alle Kinder geteilt wird? Soll der Anspruch einer umfassenden Untersuchung der Lebenssituation von Kindern vorgenommen werden, spielen folglich auch diese Aspekte eine tragende Rolle.

Die kinder- und insbesondere die familienspezifische Ebene stehen in Wechselwirkung mit den vorhandenen familiären, sozialen und institutionellen Netzwerken der Kinder und ihrer Familien. Die Personen und Institutionen im engeren sozialen Umfeld wirken in positiver oder negativer Weise auf die Lebenslagendimensionen und -situation ein. Zusätzlich werden die Lebenslagendimensionen, -situation und die Netzwerke durch die gesellschaftlichen Rahmenbedingungen (wie der Situation auf dem Arbeitsmarkt, der Infrastruktur oder dem Vorhandensein und der Möglichkeit der Inanspruchnahme von Gesundheitsdiensten, Kinderbetreuungsplätzen, Freizeiteinrichtungen etc.) beeinflusst (vgl. Hock/Holz/Wüstendörfer 2000a, S. 16 f.).

Abgesehen von den äußeren Faktoren in der Umgebung, bestimmen die Kinder ihre Lebenswirklichkeit direkt und indirekt auch selbst durch – im Weiteren bezeichnet als – interne Faktoren. Menschen haben (1) verschiedene Bedürfnisse, welche durch (2) ihren aktuellen Entwicklungsstand gekennzeichnet sind und die Lebenslagendimensionen sowie die sich daraus ergebende Lebenssituation moderieren.

Betz (2008, S. 129 f.) stellt in diesem Zusammenhang fest, dass die Lebenslagenkonzepte einen wesentlichen Aspekt vernachlässigen, auf den gerade auch Bourdieu hinweist. Die Lebenswirklichkeit der Menschen bestimmt sich nicht nur durch deren Lebenslagen, ihr soziales Umfeld, den Rahmenbedingungen,

Bedürfnissen und dem Entwicklungsstand, sondern auch durch die Einstellungen des Menschen im Umgang mit vorhandenen oder fehlenden Ressourcen innerhalb der Lebenslagendimensionen. Die unterschiedlichen Handlungspraxen trotz gleicher Ressourcen ergeben differente Bewältigungsmuster und führen zusätzlich zu ungleichen Lebenssituationen und -wirklichkeiten (vgl. Grundmann/Hoffmeister 2011, S. 203). Diese Orientierungs-, Deutungs- und Handlungsmuster entwickeln sich im Laufe des Lebens und sind individuell höchst unterschiedlich ausgeprägt (vgl. Silkenbeumer 2011, S. 623). Diese Aspekte bilden gleichzeitig wesentliche Merkmale des Konzepts der Adressat*innenorientierung. Im Rahmen staatlicher Hilfsprogramme zur Bewältigung schwieriger Lebenssituationen bewirkt eine Vernachlässigung der heterogenen Einstellungen, Deutungs- und Bewältigungsmuster den Schluss, dass gleiche Ressourcen bei gleichem Alter und einem homogenen Netzwerk einheitliche Handlungen hervorrufen würden. Dieser Kritik wird sich angeschlossen, sodass zusätzlich die Handlungsebene von Kindern in der Aufstellung der Unterkategorien einbezogen wird.

Zusammenfassend kann festgehalten werden, dass von den drei kindlichen Lebenslagenkonzepten der Ansatz der AWO-ISS-Studie die umfassendste Darstellung der relevanten Teilbereiche zur Beschreibung der Lebenssituation von Kindern aufweist. Ausgehend von den Bedürfnissen von Kindern, die sich mit Zunahme des Alters und Entwicklungsstandes in ihrer Intensität und Gewichtung ändern können sowie im Rahmen der vier Lebenslagendimensionen – materielle, kulturelle, soziale sowie psychische und physische Lage – durch eigenes Handeln erfüllen lassen, sind Kinder in verschiedene Netzwerke und gesellschaftliche Zusammenhänge eingebunden. Neben der Situation im Elternhaus und der Beziehung zu den Eltern beeinflussen auch Netzwerke im innerfamiliären, sozialen und institutionellen Umfeld das Vorhandensein von Ressourcen innerhalb der Lebenslagendimensionen sowie den Handlungsmöglichkeiten der Kinder. Darüber hinaus werden all diese Faktoren durch die gesellschaftlichen Rahmenbedingungen geprägt.

Diese Ergebnisse erlauben in einem ersten Schritt die Festschreibung folgender Kategorien für die Inhaltsanalyse: (1) *Kinder*, bei denen es sich explizit um Menschen mit ihren spezifischen Eigenschaften handelt. Dabei konnten die Unterkategorien (a) *Alter und Entwicklungsstand*, (b) *Kinder als Akteure*, (c) ihre *Einstellungen und Haltungen* sowie (d) *Partizipationsmöglichkeiten* herausgearbeitet werden. In einem zweiten Schritt sind die Lebenslagendimensionen von Kindern als relevant einzuschätzen, aus denen sich die vier Kategorien (2) *materielle Lage*, (3) *kulturelle Lage*, (4) *soziale Lage* sowie (5) *psychische und physische Lage* ergeben. Die jeweils dazugehörigen Unterkategorien werden im letzten Abschnitt des Kapitels detailliert beschrieben, da sie nicht nur auf die Lebenslagenkonzepte, sondern vor allem auf die nachfolgend untersuchten Bedürfniskonzepte zurückzuführen sind. Eine weitere Kategorie, die sich aus den beschriebenen Konzepten entnehmen lässt, ist die Kategorie (6) *Familien* mit (a) ihrer Zusammensetzung (*Familienkonstellationen und -formen*), (b) den Beziehungen zwischen ihren Mitgliedern (*innerfamiliäre Kommunikation*), (c) der *innerfamiliären Unterstützung*, die sich insbesondere auf die materielle Unterstützung zwischen den Familienmitgliedern bezieht, sowie (d) die *materielle Lage* der Familie. Ferner ist die Kategorie (7) *Netzwerke* bedeutsam, die mit den Unterkategorien das (a) *kindliche Netzwerk*, das (b) *familiäre Netzwerk*, das (c) *Netzwerk im nahen sozialen Umfeld* sowie das (d) *institutionelle Netzwerk* ausdifferenziert werden kann. Schließlich wird den kindlichen Lebenslagenkonzepten die Kategorie: (8) *gesellschaftliche Rahmenbedingungen* entnommen.

2.4.2 Bedürfniskonzepte und ihr Nutzen für die Bestimmung der Lebenszusammenhänge von Kindern

Hinter der Logik der Bedürfniskonzepte steht die Frage, was brauchen Menschen zum Menschsein? Daraus ergeben sich die weiteren Fragen, welche Grundbedürfnisse haben Menschen, um überleben zu können und was benötigen sie für ein menschenwürdiges und erfülltes Leben? Bedürfnisse sind – wenn sie als „begründetes Begehren, das in der menschlichen Existenz fundiert ist" (Andresen/Albus 2009, S. 13 nach Kamlah 1972 und Mallmann 1980) – kein beliebiges Begehren, sondern grundsätzlich überindividuell. Sie folgen allerdings auch einer normativen Konstruktion des*der Beobachter*in auf der Grundlage seines*ihres Verständnisses von dem, was ein Leben auszeichnet. Bedürfnisse an sich sind in ihrer Erscheinung nicht erkennbar. Sie zeigen sich erst durch die Mittel, die für ihre Befriedigung genutzt werden. Diese sog. ‚Bedürfnisbefriedigungsmittel' hängen neben den gesellschaftlichen Bedingungen auch von den eigenen körperlichen, geistigen und seelischen Möglichkeiten sowie der Stellung in der Gesellschaft und dem sozialen Umfeld ab (vgl. Andresen/Albus 2009, S. 30).

Mägdefrau (2007) legt auf der Grundlage der Diskussion verschiedener Bedürfnisdefinitionen und -konzepte eine noch differenziertere Bestimmung des Begriffs ‚Bedürfnisse' als Andresen/Albus vor und bestimmt acht zentrale Elemente:

„(1) Das Bedürfnis ist ein psycho-physisches Geschehen und zugleich ein soziales Phänomen, das somit individualpsychologische und sozialpsychologische Komponenten vereint.

(2) Es gibt einen unhintergehbaren Bestand an menschlichen Bedürfnissen, die der Mensch hat, allein aufgrund der Tatsache, dass er Mensch ist.

(3) Sind die wesentlichen Bedürfnisse des Menschen dauerhaft nicht befriedigt, kommt es zu sozialer Desintegration, Erkrankung oder gar Tod.

(4) Bedürfnisverwirklichung findet statt über eine fast unbegrenzte Zahl möglicher verschiedener Mittel und auf sehr unterschiedliche Weise.

(5) Diese Verwirklichungsmittel sind abhängig von der den Menschen umgebenden sozialen Umwelt, dem kulturellen bzw. ethnischen Hintergrund, dem Alter, dem Geschlecht, der sozialen Herkunft. Die Verwirklichungsmittel werden als ‚Anrechtekontingente' im Prozess der Sozialisation erworben.

(6) Bedürfnisse wandeln sich über die Bedürfnisverwirklichungsmittel (Plastizität der Bedürfnisse).

(7) Bedürfnisse beeinflussen menschliches Verhalten, vom Verhalten ist aber nicht ohne weiteres rückzuschließen auf ein bestimmtes zugrunde liegendes Bedürfnis.

(8) Die Art und Weise der vom Individuum gewählten Bedürfnisverwirklichung basiert auf Erfahrung. Insofern ist die Art und Weise der Befriedigung auch durch die Ermöglichung neuer Erfahrungen beeinflussbar." (Mägdefrau 2007, S. 26)

Anhand dieser Ausführungen wird erneut die Bedeutung von Bedürfnissen für die Lebenssituation und -wirklichkeit deutlich. Bedürfnisse gelten als so elementar, dass ohne ihre Befriedigung Desintegration, Erkrankungen oder sogar der Tod eintreten können. Nur mit ihrer Befriedigung ist ein menschenwürdiges Leben möglich.

Um diesem Anspruch gerecht werden zu können, ist der Frage nachzugehen, welche Bedürfnisse der Mensch hat. Sie zeigen sich – wie bereits angedeutet – nicht offensichtlich, sondern erst über ihre Befriedigung. Das bedeutet, bspw. das Bedürfnis nach Nahrung (Hunger) kommt erst in das Bewusstsein eines Außenstehenden, wenn die hungrige Person den Wunsch äußert, Nahrung aufnehmen zu wollen. Die Bedürfnisbefriedigung muss nicht über ein spezielles Mittel erfolgen. Vielmehr existiert eine Vielzahl von Möglichkeiten der Befriedigung, so kann der Hunger bspw. durch Brot, Gemüse, Obst oder Fleisch gestillt werden. Für die nachfolgende Analyse ergibt sich daraus, dass sich die Bedürfnisse in den Kategorien und Unterkategorien wiederfinden müssen. Dies kann über das Lebenslagenkonzept erfolgen, da die verschiedenen Dimensionen, in denen Bedürfnisse auftreten können, auf der Grundlage der Bedürfniskonzepte entwickelt wurden. Zudem ist im Rahmen der Analyse auf die differenten Wege der Befriedigung zu achten und zwar in der Weise, dass zu überprüfen ist, inwieweit den Gesetzgeber*innen das Vorhandensein der unterschiedlichen Befriedigungsmöglichkeiten bewusst ist und ob den Anspruchsberechtigten verschiedene Varianten zur Erfüllung vorgehalten werden, sodass sie nicht nur auf eine Möglichkeit beschränkt bleiben.

Über das Vorliegen von verschiedenen Befriedigungsoptionen hinaus wird dem Faktor des menschlichen Handelns Rechnung getragen, wodurch noch einmal die Bedeutung der Unterkategorie Kinder als Akteure hervorzuheben ist. Einerseits bestimmen die Bedürfnisse das Verhalten von Menschen an sich, da der Wunsch nach Bedürfnisbefriedigung Handeln auslöst (vgl. Mägdefrau 2007, S. 26). Andererseits kann die Befriedigung der Bedürfnisse sowohl durch eigenes als auch durch das Handeln Dritter erfolgen. Zudem findet es in teilweise äußerst ungleicher Art und Weise statt und wird durch die differenten Umwelten der Menschen sowie ihre persönlichen Merkmale und Erfahrungen beeinflusst (vgl. Mägdefrau 2007, S. 26). Somit ist davon auszugehen, dass die Bedürfnisse der Menschen in ganz unterschiedlicher Weise erfüllt werden. Mägdefrau verweist dabei explizit auf den Einfluss von sozialen Netzwerken, dem kulturellen bzw. ethnischen Hintergrund, dem Alter, dem Geschlecht und der sozialen Herkunft der Menschen, die die Befriedigungsweisen in hohem Maß bestimmen und damit nicht aus einer Analyse der Lebenssituation ausgeschlossen werden können. Dementsprechend sind zur Kategorie *Kinder* die weiteren Unterkategorien *ethnische Herkunft* und *Geschlecht* hinzuzufügen. Zudem werden die starken Zusammenhänge zwischen allen genannten Faktoren deutlich. Folglich ist in den Gesetzen zu untersuchen, inwieweit die Gesetzgeber*innen Zusammenhänge zwischen den einzelnen Einflussfaktoren berücksichtigen oder ob sie diese lediglich als unabhängig voneinander gegenüberstellen.

2.4.2.1 Menschliche Bedürfniskonzepte im Überblick

Nachfolgend wird untersucht, welche Bedürfnisse Menschen haben, um diese für die Kategorien und Unterkategorien der Inhaltsanalyse nutzbar zu machen.

Bedürfniskonzepte wurden in verschiedenen Fachdisziplinen – insbesondere der Psychologie – entwickelt. Im Ergebnis existieren verschiedene Konzepte, die sich teilweise stark ähneln, aber teilweise auch stark unterscheiden. Im Zentrum stand immer die Frage nach den überindividuellen ‚Wünschen' von Menschen, die als Bedürfnisse zu bezeichnen sind. In der erziehungswissenschaftlichen Forschung wird der Bedürfnisbegriff sehr häufig verwendet, allerdings ist dieser fachspezifisch kaum definiert und wird oft mit den Begriffen ‚Wünsche', ‚Interessen' und ‚Neigungen' gleichgesetzt (vgl. Mägdefrau 2007,

S. 79). Werden Bedürfniskonzepte in der (sozial-)pädagogischen Diskussion aufgegriffen, handelt es sich i. d. R. um Konzepte aus anderen Disziplinen und insbesondere um (1) die Bedürfnispyramide nach Maslow, (2) die Zehn-Punkte-Liste der zentralen Grundbefähigungen nach Nussbaum (vor allem im Rahmen des Capability-Approach) sowie (3) das Konzept zur systematischen Analyse von Lebensbedingungen aus der Bedürfnisperspektive nach Allardt (vor allem im Rahmen der Diskussionen um das Konzept des Wohlbefindens). Das letztgenannte Bedürfniskonzept nutzt Joos in ihren Untersuchungen zur Messung kindlicher Wohlfahrt und entwickelte es bereits für die vorliegende Zielgruppe weiter, sodass Allardts Konzept bei der Darstellung der Ergebnisse von Joos Berücksichtigung findet und nicht zusätzlich bei den menschlichen Bedürfniskonzepten aufgenommen ist.

Vor diesem Hintergrund werden nachfolgend die zwei genannten Konzepte kurz vorgestellt und die benannten Bedürfnisse mit ihren Ausprägungen für die Zusammenstellung der Kategorien und Unterkategorien in einer Tabelle zusammengetragen.[25] Angenommen wird, dass die Befriedigung von Bedürfnissen als zentrales Merkmal der Lebenssituation von Menschen fungiert. Das Bedürfnis, für dessen Befriedigung Ressourcen erforderlich sind, ist ein inneres Verlangen, das erfüllt werden muss, um (auf einem bestimmten Standard) leben zu können. Ressourcen befinden sich in der Lebensumwelt des jeweiligen Menschen und in ihm selbst. Werden also die Bedürfnisse untersucht, können darüber Rückschlüsse auf die bestimmenden Faktoren von Lebenswirklichkeit gezogen werden.

Die Bedürfnispyramide nach Maslow

Die Bedürfnispyramide nach Maslow kann wohl als eine der bekanntesten Theorien in diesem Feld bezeichnet werden. Sein Grundanliegen besteht in der Erforschung der Fragestellungen, was der menschlichen Motivation zugrunde liegt bzw. was den Menschen zu bestimmten Verhaltensweisen und Handlungen anleitet. Antworten fand er in der Untersuchung der menschlichen Bedürfnisse (vgl. Maslow 1981).

Im Ergebnis differenziert Maslow zwischen fünf Grundbedürfnissen (1) den physiologischen Bedürfnissen, (2) den Sicherheitsbedürfnissen, (3) den Bedürfnissen nach Liebe und Zugehörigkeit, (4) den Bedürfnissen nach Achtung und (5) den Bedürfnissen nach Selbstverwirklichung (Maslow 1981).

25 Diese Tabelle kann bei Interesse bei der Autorin angefragt werden.

Liste des guten Lebens nach Nussbaum

Martha Nussbaum stellt in ihrer Monografie ‚Gerechtigkeit oder Das gute Leben‘ eine Liste an Fähigkeiten und Bedürfnissen zusammen, die für sie das

> „Leben auszumachen [...] [scheinen], das wir als ein menschliches Leben betrachten.“ (Nussbaum 1999, S. 49)

Ihre Liste der Grundfähigkeiten des Menschen umfasst die folgenden zehn Punkte

> „1. Die Fähigkeit, ein volles Menschenleben bis zum Ende zu führen; nicht vorzeitig zu sterben oder zu sterben, bevor das Leben so reduziert ist, daß [sic!] es nicht mehr lebenswert ist.
> 2. Die Fähigkeit, sich guter Gesundheit zu erfreuen, sich angemessen zu ernähren; eine angemessene Unterkunft zu haben; Möglichkeiten zu sexueller Befriedigung zu haben; sich von einem Ort zu einem anderen zu bewegen.
> 3. Die Fähigkeit, unnötigen Schmerz zu vermeiden und freudvolle Erlebnisse zu haben.
> 4. Die Fähigkeit, die fünf Sinne zu benutzen, sich etwas vorzustellen, zu denken und zu urteilen.
> 5. Die Fähigkeit, Bindungen zu Dingen und Personen außerhalb unserer selbst zu haben; diejenigen zu lieben, die uns lieben und für uns sorgen, und über ihre Abwesenheit traurig zu sein; allgemein gesagt: zu lieben, zu trauern, Sehnsucht und Dankbarkeit zu empfinden.
> 6. Die Fähigkeit, sich eine Vorstellung vom Guten zu machen und kritisch über die eigene Lebensplanung nachzudenken.
> 7. Die Fähigkeit, für andere und bezogen auf andere zu leben, Verbundenheit mit anderen Menschen zu erkennen und zu zeigen, verschiedene Formen von familiären und sozialen Beziehungen einzugehen.
> 8. Die Fähigkeit, in Verbundenheit mit Tieren, Pflanzen und der ganzen Natur zu leben und pflegerisch mit ihnen umzugehen.
> 9. Die Fähigkeit, zu lachen, zu spielen und Freude an erholsamen Tätigkeiten zu haben.
> 10. Die Fähigkeit, sein eigenes Leben und nicht das von jemand anderem zu leben.
>
> 10a. Die Fähigkeit, sein eigenes Leben in seiner eigenen Umgebung und seinem eigenen Kontext zu leben.“ (Nussbaum 1999, S. 57 f.)

Diese Fähigkeiten bilden den minimalen Standard eines guten Lebens und sind daher ihrer Meinung nach von den Regierungen für alle Menschen sicherzustellen, insofern sie als gerechte Gesellschaften verstanden werden wollen (vgl. Nussbaum 1999, S. 58).

Nussbaum verwendet innerhalb der oben zitierten Liste an keiner Stelle den Begriff ‚Bedürfnis', sondern spricht immer von Fähigkeiten. Deutlich wird aber, dass hinter den Fähigkeiten immer konkrete Bedürfnisse anzunehmen sind, die, um befriedigt werden zu können, die benannten Fähigkeiten benötigen. Das zeigt sie u. a. anhand konkreter Beispiele in der vorangehenden Diskussion zur Erarbeitung der vorgestellten Liste auf. Im Vergleich zu anderen Bedürfnistheorien (vgl. dazu ausführlicher Mägdefrau 2007) baut Nussbaum in die ‚Kette' Bedürfnis – menschliches Handeln – Bedürfnisbefriedigung den zusätzlichen Aspekt der Fähigkeiten ein, die als Grundlage für das menschliche Handeln vorhanden sein müssen. Sodass sie von folgender Kette spricht: Bedürfnis – Fähigkeit – menschliches Handeln – Bedürfnisbefriedigung. Die beschriebenen Fähigkeiten bieten dementsprechend erst die Möglichkeit, die hinter ihnen liegenden Bedürfnisse durch Handeln zu befriedigen. An verschiedenen Stellen benennt sie die folgenden menschlichen Bedürfnisse: Die zweite Fähigkeit – sich einer guten Gesundheit zu erfreuen etc. – beruht auf dem Bedürfnis nach Essen und Trinken, dem Bedürfnis nach Schutz (insbesondere vor Witterungsbedingungen), sexuellem Verlangen und dem Bedürfnis nach Mobilität (zu Fuß und durch Hilfsmittel) (vgl. Nussbaum 1999, S. 50 f.). Hinter der vierten Fähigkeit nach der Benutzung der fünf Sinne steht u. a. das Streben bzw. das Bedürfnis nach Wissen (vgl. Nussbaum 1999, S. 52). Das Bedürfnis nach Bindung zu anderen Personen sowohl im familiären als auch im sozialen und politischen Kontext steht hinter der siebten Fähigkeit, Bindungen eingehen zu können (vgl. Nussbaum 1999, S. 53 f.). Nicht zuletzt benennt sie die Bedürfnisse nach Erholung, Lachen und Spielen als Grundlage für die neunte Fähigkeit zu genau deren Ausführung (vgl. Nussbaum 1999, S. 54 f.). Darüber hinaus benennt Nussbaum die Bedürfnisse nicht konkret, die hinter den anderen Fähigkeiten stehen. Wie aber aus ihren anderen Beschreibungen zu erkennen ist, handelt es sich bei den Fähigkeiten zumeist um solche, die bereits in ihrem Namen bzw. ihrer Beschreibung das Bedürfnis implizieren. Vor diesem Hintergrund kann folgende Zusammenstellung als Bedürfnisliste nach Nussbaum angenommen werden:

(1) Bedürfnis der Erhaltung des eigenen Lebens,

(2) Bedürfnisse der Befriedigung von Hunger und Durst sowie nach guter Gesundheit, nach einer Unterkunft und Kleidung, Bedürfnisse nach sexueller Befriedigung und Mobilität,

(3) Bedürfnisse der Vermeidung von Schmerz und dem Erleben von Freude, Bedürfnis Emotionen auszuleben und nicht ersticken zu müssen,

(4) Bedürfnis der Wissensaneignung durch die Nutzung der Sinne, Denken und die Vorstellungskraft,
(5) Bedürfnisse danach Liebe zu empfangen und zu geben, das Bedürfnis nach Bindungen zu anderen Personen aber auch zu Dingen,
(6) Bedürfnis der Erkenntnis, was das Gute und erstrebenswerte Leben ist, Bedürfnis nach kritischer Reflexion über seine eigene Lebensplanung,
(7) Bedürfnis der Bindungen bzw. Zugehörigkeit zu Personen im familiären, sozialen und politischen Umfeld, Bedürfnisse nach Anerkennung und Zugehörigkeit,
(8) Bedürfnisse eines pfleglichen Umgangs mit der eigenen Umwelt in Bezug auf Pflanzen, Tiere und die Natur,
(9) Bedürfnisse zu lachen, zu spielen und sich zu erholen sowie
(10) Bedürfnisse der Individualität und der politischen Mitgestaltungsmacht (vgl. Nussbaum 1999, S. 49 ff. und Andresen/Albus 2009, S. 21 f.).

2.4.2.2 Bedeutung menschlicher Bedürfniskonzepte für die Kategorien zur Erfassung der Kinder- und Kindheitsbilder

Die zwei Konzepte gehen jeweils von grundlegenden materiellen Bedürfnissen nach Nahrung, Kleidung, Wärme, Obdach etc. aus und bestimmen diese genauer als dies in den Lebenslagenkonzepten vorgenommen wird. Diese Bedürfnisse ähneln den Konzepten der absoluten und extremen Armut. In den Bedürfniskonzepten werden die Ressourcen in den Blick genommen, die der Absicherung des physischen Existenzminimums dienen und sich in der Bedürfnisforschung fast mit den sog. ‚Grundbedürfnissen' oder – wie es Andresen/Allbus (2009) bezeichnen – den Vitalbedürfnissen decken. Diese Form der Bedürfnisse findet sich u. a. im kindlichen Lebenslagenkonzept insbesondere in der Kategorie *materielle Lage* wieder. Auch die Bedürfnisse nach Bildung und Lernmöglichkeiten sind in beiden Konzepten enthalten, wobei sie noch einen Schritt weiter gehen und explizit auf das Bedürfnis nach Förderung eigener Potenziale und das Verlangen nach neuem Wissen hinweisen. Weiterhin kommt dem sozialen Bereich in den Bedürfniskonzepten eine wesentliche Bedeutung zu. So hebt Maslow das Bedürfnis nach dem Eingebundensein in ein familiäres und soziales Netzwerk hervor, wobei er partnerschaftliche Zuwendung und Sexualität als zusätzliches Bedürfnis benennt. Auf dieses weist auch Nussbaum hin.

Ein weiteres Bedürfnis, dass in beiden Konzepten vorzufinden ist und sich ausgehend vom Lebenslagenansatz in die Kategorie der *psychischen und physischen Lage* einordnen lässt, ist die Unterkategorie *Schutz vor Gewalt und Risi-*

ken. Zudem spricht Nussbaum von einem Bedürfnis nach *Erholung und Entspannung*, welches als weitere Unterkategorie aufgenommen wird.

Anhand dieser Auflistung von menschlichen Bedürfnissen konnte gezeigt werden, dass neben den im Rahmen der Lebenslagenkonzepte berücksichtigten Dimensionen, die als Kategorien dienen, noch weitere Bereiche bestehen, die sich auf die Lebenssituation von Menschen auswirken. Dabei kann festgestellt werden, dass in den Bedürfniskonzepten der *materiellen Lage*, die Funktion der Absicherung des Lebens zukommt, die als Grundlage für das Überleben fungiert. Darüber hinaus spielen vor allem solche Faktoren eine tragende Rolle, die nicht über materielle Mittel abgesichert werden können. Dabei handelt es sich bspw. um das Bedürfnis nach freier Meinungsäußerung, nach Selbstverwirklichung oder nach Zugehörigkeit und Liebe, welche als Unterkategorien in die Kategorie *soziale Lage* aufgenommen werden. Zugehörigkeit wird der Unterkategorie *Teilhabe* zugeordnet, Selbstverwirklichung den *sozialen Kompetenzen.*

2.4.2.3 Kindliche Bedürfniskonzepte im Überblick

Vereinzelt zeigte sich bei den beiden beschriebenen Bedürfniskonzepten bereits, dass Kinder und Erwachsene nicht in jedem Fall die gleichen Bedürfnisse haben. Beispielhaft sei hier das Bedürfnis nach Zuwendung und Liebe durch eine*n Partner*in gerade auch mit Blick auf Sexualität angeführt. Darin besteht einer der Gründe, weswegen neben den allgemeinen menschlichen Bedürfniskonzepten mittlerweile auch vereinzelte Forschungen bezüglich der Bedürfnisse von Kindern existieren. Diese alters- bzw. entwicklungsspezifische Differenzierung findet vor dem Hintergrund Anwendung, dass angenommen wird, dass sich gerade in den ersten Lebensjahrzehnten die Bedürfnisse stark in ihrem Ausmaß verändern und ein allgemeines Bedürfniskonzept die Wirklichkeit nicht abzubilden vermag (vgl. Joos 2001, S. 66) sowie Erwachsene teilweise andere Bedürfnisse verspüren als Kinder (vgl. Joos 2001, S. 78). Inwieweit der Sichtweise der beschriebenen, allgemeinen Konzepte tatsächlich widersprochen wird, dass Bedürfnisse überindividuell seien und sich je nach Entwicklungsstand lediglich in ihrer Intensität unterscheiden (vgl. Mägdefrau 2007, S. 9), wird nachfolgend in den Blick genommen.

Im Anschluss an die Darstellung der vier kindlichen Bedürfniskonzepte nach Mägdefrau, Huppertz, Brazelton/Greenspan und Joos, wird diskutiert, welche Erkenntnisse sich daraus für die Zusammenstellung der Kategorien und Unterkategorien ergeben. Darüber hinaus wird der Frage nachgegangen, inwieweit der Kritik am Konzept überindividueller Bedürfnisse Folge geleistet werden kann, da diese Annahme nach Ansicht Woodheads weitreichende Konsequenzen mit sich führt. Bühler-Niederberger fasst seine Argumentation wie folgt zusammen.

„Wird die Annahme universeller Bedürfnisse akzeptiert, so gilt als logische Konsequenz, dass zentrale Bedürfnisse nicht vom einzelnen Kind artikuliert werden, vielmehr sind sie allen Kindern eines bestimmten Alters eigen, und die psychologischen Experten bestimmen sie mit einer Autorität, der nicht widersprochen werden kann" (Bühler-Niederberger 2011, S. 187).

Die Bedürfnisliste nach Mädgefrau in Anlehnung an Mosler

Mägdefrau (2007) stellt in ihrer Untersuchung zu den Bedürfnissen von Hauptschüler*innen und ihren Befriedigungspotenzialen eine Liste an Grundbedürfnissen zusammen. Vor dem Hintergrund der Annahme, dass es sich bei Bedürfnissen um Phänomene handelt, die nicht sichtbar sind, versucht sie durch sog. ‚Bedürfnisbefriedigungsmittel' bzw. Verhaltensweisen Aussagen über die Wichtigkeit der Bedürfnisse zu treffen (vgl. Mägdefrau 2007, S. 93 f.).

Die Bedürfnisliste erstellt sie auf der Grundlage des basic needs-Ansatzes, der den generalisierenden Anspruch der Abbildung aller menschlichen Grundbedürfnisse verfolgt. Die Bedürfnisse werden als universell und angeboren betrachtet, deren Befriedigung erfolgt hingegen individuell und hängt von persönlichen sowie sozial induzierten Bedingungen ab. Erst die Differenzierung zwischen Bedürfnissen und Bedürfnisbefriedigungsmitteln erlaubt die Erstellung einer Liste von überindividuellen, überkulturellen und überzeitlichen Grundbedürfnissen (vgl. Mägdefrau 2007, S. 100 f.).

Mägdefrau verwendet die Bedürfnisklassifikation nach Mosler (1992), welcher von den folgenden neun Bedürfnissen spricht: (1) Vitalität, (2) Sexualität, (3) Sicherheit, (4) Kompetenz, (5) Zugehörigkeit, (6) Fürsorge, (7) Achtung, (8) Erlebnis und (9) Transzendenz. Mägdefrau klammert die Bedürfnisse nach Sexualität und Transzendenz für ihre Untersuchung aus, da dies ihrer Ansicht nach für ihre Zielgruppe noch nicht relevant ist bzw. sie diese nicht erheben kann. Moslers Theorie liegt die Annahme zugrunde, dass sich die einzelnen Bedürfnisse in sog. ‚Unter-Bedürfnisse' ausdifferenzieren lassen (vgl. Mägdefrau 2007, S. 60). Bedürfnisse versteht er dabei als Ziele i. S. v. Motiven menschlichen Handelns, die durch ganz unterschiedliche Mittel befriedigt werden können. Welche Mittel der Mensch dafür einsetzt, ist grundlegend von den Möglichkeiten abhängig, die die Umwelt bietet, d. h. von den Rahmenbedingungen, innerhalb derer der Mensch lebt (vgl. Mosler 1992, S. 4 ff.). Mägdefrau greift dies auf und stellt zu den Grundbedürfnissen jeweils sog. ‚Unter-Bedürfnisse' mit engem Bezug zu Moslers Theorie dar. Sie weist aber darauf hin, dass diese Liste nicht dem Anspruch auf Vollständigkeit genügt.

Bedürfnisse von Kindern bei Huppertz

Der Ausgangspunkt des kindlichen Bedürfniskonzeptes von Huppertz ist die Frage, was Kinder benötigen, um ein gelingendes Leben führen zu können (vgl. Mägdefrau 2007, S. 84). Sein Ziel besteht in der Erforschung, was Erwachsene leisten müssen, um Kindern ein solches Leben zu gewähren.

Als Bedürfnisse bezeichnet er nur das, was Kinder unbedingt zum Leben benötigen sowie das, was bei einer unterlassenen Befriedigung bei dem jungen Menschen negative Konsequenzen oder Schäden mit sich bringt (vgl. Huppertz 2008, S. 23). Huppertz geht von acht Bedürfnissen aus, die er benennt aber nicht detailliert erläutert. Seiner Ansicht nach haben Kinder das Bedürfnis nach (1) menschlicher Zuwendung, was in den ersten Jahren im Normalfall durch die Eltern befriedigt wird. Das Bedürfnis nach (2) sozialer Einbindung in eine stabile und überschaubare Gruppe bezieht sich in den ersten Jahren vornehmlich auf die Familie und mit zunehmendem Alter auch auf Gleichaltrige. Zum Bedürfnis nach (3) der anregenden Bildung durch Sachgegenstände und Themen in angemessener Weise führt er aus, dass dieses Bedürfnis bereits im Säuglingsalter vorhanden ist. Weiterhin bedürfen Kinder nach (4)

> „orientierte[r] Führung – *Erziehung* –, damit sich z. B. [...] [ihr] Gewissen bilden kann und es zur Selbständigkeit [sic!]" (Huppertz 2008, S. 23; Hervorh. i. Orig.)

gelangt. Das (5) Bedürfnis nach Anerkennung umfasst sowohl die Anerkennung ihrer Persönlichkeit als auch ihrer Leistungen. Weiterhin haben Kinder das (6) Bedürfnis *„etwas bewegen zu können"* (Huppertz 2008, S. 24; Hervorh. i. Orig.) sowohl im wörtlichen Sinne als auch durch die Einflussnahme im Rahmen verschiedenster Entscheidungsprozesse und Mitgestaltungsmöglichkeiten. Darüber hinaus benötigen Kinder (7) genügend Raum und Zeit sowie (8) Essen, Trinken, Wärme und gute Luft (vgl. Huppertz 2008, S. 24).

Die sieben Grundbedürfnisse von Kindern nach Brazelton/Greenspan

Brazelton/Greenspan beschreiben in ihrem Konzept sieben verschiedene Bedürfnisse, wobei es sich speziell um die Grundbedürfnisse von Säuglingen, Kleinkindern und ihren Familien handelt, ohne die die Weiterentwicklung der emotionalen, sozialen und intellektuellen Fähigkeiten ihrem Erachten nach nicht möglich ist (vgl. Brazelton/Greenspan 2008, S. 28). Sie zeigen gleichzeitig auf, welche negativen Folgen eine Nichterfüllung der Bedürfnisse für die Entwicklung mit sich bringt. Ihrer Theorie folgend, handelt es sich bei diesen Bedürfnissen um diejenigen nach

(1) „[...] beständigen liebevollen Beziehungen" (Brazelton/Greenspan 2008, S. 31),
(2) „[...] körperlicher Unversehrtheit, Sicherheit und Regulation" (Brazelton/Greenspan 2008, S. 109),
(3) „[...] Erfahrungen, die auf individuelle Unterschiede zugeschnitten sind" (Brazelton/Greenspan 2008, S. 147),
(4) „[...] entwicklungsgerechten Erfahrungen" (Brazelton/Greenspan 2008, S. 203),
(5) „[...] Grenzen und Strukturen" (Brazelton/Greenspan 2008, S. 247),
(6) „[...] stabilen, unterstützenden Gemeinschaften und nach kultureller Kontinuität" (Brazelton/Greenspan 2008, S. 269) sowie
(7) Zukunftssicherheit (vgl. Brazelton/Greenspan 2008, S. 295).

Kindliches Wohlfahrtskonzept nach Joos

Joos erarbeitet ihr kindliches Wohlfahrtskonzept auf der Grundlage der Allardtschen Theorie zur Analyse von Lebensbedingungen und deren Weiterentwicklung zu einem Konzept zur Messung individueller Wohlfahrt durch Hauser. Allardt spricht in seinem Konzept von drei sog. ‚Wohlfahrts- oder Lebensqualitätsdimensionen' als zentrale Kategorien von Bedürfnissen, die er mit ‚having', ‚loving' und ‚being' überschreibt. Dabei sind ‚havings' als materielle Bedürfnisse, ‚lovings' als soziale Bedürfnisse und ‚beings' als das Bedürfnis nach Persönlichkeitsentwicklung und Selbstverwirklichung zu verstehen (vgl. Allardt 1993). Hauser entwickelt diese aus Sicht eines Ökonomen und Sozialpolitikers im Rahmen seines Konzeptes zur Messung individueller Wohlfahrt zu einer Bedürfnisliste weiter. Dabei verschiebt er einzelne Aspekte innerhalb der drei Dimensionen und führt eine vierte Dimension – die gesellschaftsbezogenen Bedürfnisse – ein (vgl. Hauser 1996, S. 6 ff.). Darüber hinaus unterscheidet er zwischen Lebensstandard und Lebensqualität. Der individuell erreichte Lebensstandard kennzeichnet die sog. ‚Besitzbedürfnisse', die Allardt mit ‚havings' überschreibt. Lebensqualität beinhaltet die zusätzliche Befriedigung der drei weiteren Bedürfniskategorien (vgl. Hauser 1996, S. 9).

Diese Bedürfnisliste dient Joos (2001, S. 78 f.) als Grundlage ihres kindlichen Wohlfahrtskonzeptes. Dabei kommt sie zu folgendem Ergebnis: ‚Having' als Dimension, die die Besitzbedürfnisse umfasst, beinhaltet

(a) die monetären Ressourcen der Eltern,
(b) die eigenen monetären Ressourcen,
(c) die Nutzung staatlicher Leistungen,
(d) Betreuung und Erziehung,
(e) Bildung,
(f) Arbeit und Beschäftigung,

(g) Gesundheit,
(h) Wohnung sowie
(i) Kinder- und Jugendhilfe.

Die Zugehörigkeitsbedürfnisse oder ‚Loving' umfassen als zweite Dimension die Bereiche sich zugehörig fühlen zu

(a) einer Familie,
(b) einer ‚Gemeinschaft',
(c) Freund*innen/peer-groups,
(d) einer bestimmten Gesellschaft,
(e) einer bestimmten Religionsgemeinschaft und
(f) einer bestimmten nationalen/ethnischen Gemeinschaft.

‚Being' oder die ‚Bedürfnisse nach Selbstverwirklichung' bilden in ihrem Konzept die dritte Dimension, die sich zusammensetzt aus

(a) Freizeit,
(b) Lebensstil,
(c) Leistung und Zielerreichung,
(d) persönliches Ansehen,
(e) Unersetzbarkeit und Bedeutung für Andere,
(f) Mitwirkung an der demokratischen Willensbildung und
(g) der politischen Macht.

Die vierte Dimension, die ausschließlich mit der deutschen Bezeichnung ‚gesellschaftsbezogene Bedürfnisse' überschrieben ist, umfasst

(a) die ‚soziale' Wohlfahrt (‚lebbare Gesellschaft'),
(b) die Verteilungsgerechtigkeit zwischen den Generationen,
(c) die Erhaltung der natürlichen Lebensgrundlagen,
(d) keine scharfen Antagonismen (innerer Friede),
(e) den äußeren Frieden und
(f) keine Diskriminierung sowie ungerechtfertigte Privilegien (vgl. Joos 2001, S. 79).

2.4.2.4 Bedeutung kindlicher Bedürfniskonzepte für die Kategorien zur Erfassung der Kinder- und Kindheitsbilder

Für die dargestellten kindlichen Bedürfniskonzepte kann festgestellt werden, dass der materiellen (Grund-)Versorgung, wenn sie überhaupt als Bedürfnis aufgenommen wurde, nur eine geringe Bedeutung zugesprochen wird. Vordergründig enthalten die Konzepte erstens Bedürfnisse nach Erziehung und Bildung, zweitens Bedürfnisse, die sich auf die Beziehung zu Familienmitgliedern und dem sozialen sowie dem institutionellen Umfeld beziehen und drittens Bedürfnisse nach Anerkennung und Selbstwirksamkeit. Diese sind mit Blick auf die Erarbeitung der Kategorien und Unterkategorien für die Inhaltsanalyse in die Kategorien *soziale Lage* und *kulturelle Lage* einzuordnen. Als zusätzliche Ausprägung ist die Unterstützung in der Lebensbewältigung von Bedeutung, die in anderen Konzepten nicht enthalten ist. Diese Leistung übernehmen Personen, die eine Beziehung zu den Kindern haben, weswegen dieser Aspekt vor allem die Qualität des *kindlichen Netzwerks*, des *innerfamiliären Netzwerks* und des *Netzwerks im sozialen Umfeld* der Kinder beeinflusst. Daraus ergibt sich der Hinweis, dass Netzwerke nicht nur bezüglich ihres Vorhandenseins, sondern auch in Bezug auf die Qualität ihrer Beziehungen von entscheidender Bedeutung sind.

Mit den kindlichen Bedürfniskonzepten auf der einen Seite und den allgemein menschlichen Bedürfniskonzepten auf der anderen Seite zeigt sich, dass sich die Bedeutung und Intensität von spezifischen Bedürfnissen mit dem Alter verändert. Die dargestellten Bedürfnisse variieren in den einzelnen Konzepten aber nur wenig, sodass nicht davon ausgegangen werden kann, dass Kinder wesentlich andere Bedürfnisse als Erwachsene haben. Bei Kindern spielt vermehrt die Abhängigkeit zu den Erwachsenen eine Rolle, die einen wesentlichen Beitrag zur Befriedigung der Bedürfnisse von Kindern leisten, demgegenüber können Erwachsene ihre Bedürfnisse i. d. R. selbst erfüllen. Mit diesen Erkenntnissen zeigt sich erneut, dass das *Alter und* der *Entwicklungsstand* die Lebenssituation von Kindern beeinflusst.

Schließlich ist aus den Grundannahmen der Bedürfniskonzepte für die Zusammenstellung der Kategorien und Unterkategorien zu berücksichtigen, dass Kinder übergeordnete Bedürfnisse verspüren, die ihr Handeln antreiben, diese werden durch Bedarfe befriedigt. Darüber hinaus haben Kinder Wünsche, welche jedoch nicht überlebensnotwendig sind. Diese Systematik wird als eine weitere Unterkategorie (bezeichnet als *Bedürfnisse/Bedarfe/Wünsche*) in die Kategorie *Kinder* aufgenommen. Auf dieser Grundlage wird eine Untersuchung ermöglicht, die aufzeigen soll, welches Verständnis die Gesetzgeber*innen von der Bedeutung von Bedürfnissen, Bedarfen und Wünschen haben, welchen Stellenwert sie ihnen zuschreiben und welche konkreten Verlangen sie Kindern im Existenzsicherungsbezug zusprechen.

2.4.3 Die Kategorien- und Unterkategorienauswahl zur Rekonstruktion der Kinder- und Kindheitsbilder

Die Kinder- und Kindheitsbilder der Gesetzgeber*innen ergeben sich maßgeblich aus ihren normativen Vorstellungen von menschlichen und vor allem von kindspezifischen Lebenszusammenhängen. Relevant werden bspw. Überlegungen, in welchem Umfeld Kinder leben und aufwachsen, welche Bedürfnisse sie haben und anhand welcher Mittel diese gedeckt werden können, welche (materielle) Ausstattung sie besitzen (sollten), in welchen sozialen Kontexten sie eingebettet sind, welche Merkmale sie von Jugendlichen oder Erwachsenen unterscheidet etc. Mit dem Wissen, welche Merkmale die Lebenszusammenhänge kennzeichnen, kann ein implizites Verständnis von Kindern und der Lebensphase Kindheit rekonstruiert werden. Mit dem vorliegenden Kapitel werden die Erkenntnisse aus den Untersuchungen der Lebenslagen- und Bedürfniskonzepte zusammenfassend dargestellt und die einzelnen Kategorien und Unterkategorien mit ihrem verwendeten Verständnis beschrieben. Insgesamt handelt es sich um die aus der Theorie herausgearbeiteten zentralen Elemente von kindspezifischer Wirklichkeit und kindlichem Leben. Diese Auswahl dient schließlich zur Erfassung der Kinder- und Kindheitsbilder der Gesetzgeber*innen. Sie werden auf der Grundlage der jeweiligen Bestandteile der Kategorien und Unterkategorien mit ihrem zugeschriebenen Stellenwert erfasst.

Es konnte gezeigt werden, dass das kindliche Lebenslagenkonzept der AWO-ISS-Studie in detaillierter Weise derartige Dimensionen und Einflussfaktoren beschreibt, ohne die unterschiedlichen Ebenen (Kind, Familie, soziales Umfeld etc.) zu missachten. Da das Lebenslagenkonzept der AWO-ISS-Studie die Mannigfaltigkeit der Lebenswirklichkeit berücksichtigt und versucht, Kausalitäten in besonderer Weise einzubeziehen, sodass dieses als Basis verwendet wird. Ihre Dimensionen und Einflussfaktoren bilden im Wesentlichen die Kategorien der Inhaltsanalyse. Die Beschreibung der Kategorien durch Unterkategorien erfolgte in einer Gegenüberstellung und Zusammenfassung der Bedürfnisse sowie der Indikatoren und Items, die in den Studien verwendet wurden, die mit den drei kindlichen Lebenslagenkonzepten arbeiten. Die einzelnen Items der UNICEF-Studie, der AWO-ISS-Studie und der Jenaer Kinderarmutsstudie sowie den Bedürfnissen aus den sechs dargestellten Konzepten wurden in Kategorien zusammengefasst und als Unterkategorien den jeweiligen Kategorien zugeordnet. Im Ergebnis ließen sich für die Inhaltsanalyse folgend Kategorien und Unterkategorien herausarbeiten:

(1) *Kinder*
   a. *Bedürfnisse/Bedarfe/Wünsche*
   b. *Alter und Entwicklungsstand*
   c. *Kinder als Akteure*
   d. *Erfahrungen*
   e. *Einstellungen/Haltungen*
   f. *Ethnische Herkunft*
   g. *Partizipationsmöglichkeiten*
   h. *Geschlecht*

(2) *Materielle Lage*
   a. *Wohnen/Wohnumfeld*
   b. *Kleidung*
   c. *Ernährung*
   d. *Monetäre Ressourcen*
   e. *Ausstattung mit kindgerechten Gegenständen*
   f. *Mobilität*

(3) *Soziale Lage*
   a. *Umgang mit anderen Menschen*
   b. *Umgang mit (im)materiellen Ressourcen*
   c. *Soziale Kompetenzen*
   d. *Wahrnehmung von Emotionen/Empfindungen*
   e. *Teilhabe*

(4) *Kulturelle Lage*
   a. *Frühkindliche Bildung*
   b. *Schulische Bildung*
   c. *Außerschulische Bildung*
   d. *(Förderung) eigener Potenziale*
   e. *Wissensdurst*
   f. *Freizeitmöglichkeiten*
   g. *Medienbildung und -kompetenzen*

(5) *Psychische und physische Lage*
   a. *Physischer Gesundheitszustand*
   b. *Psychischer Gesundheitszustand*
   c. *Hygiene*
   d. *Erholung*
   e. *(Schutz vor) Gewalt/Risiken/Giftstoffen*
   f. *Gesundheitsbewusste Lebensweise*

(6) *Familie*
   a. *Familienkonstellationen und -formen*
   b. *Innerfamiliäre Kommunikation*
   c. *Innerfamiliäre Förderung*
   d. *Innerfamiliäre Unterstützung*
   e. *Materielle Lage*
   f. *Kulturelle Lage*
   g. *Alltagsgestaltung*
   h. *Einstellungen/Haltungen*
(7) *Netzwerke*
   a. *Kindliches Netzwerk*
   b. *Familiäres Netzwerk*
   c. *Netzwerk im sozialen Umfeld*
   d. *Institutionelles Netzwerk*
(8) *Gesellschaftliche Rahmenbedingungen.*

Kinder

Eine Lebenssituation bestimmt sich neben den äußeren Einflüssen auch durch das, was Menschen im Allgemeinen und *Kinder* im Besonderen selbst an Einflussfaktoren mitbringen. Dabei handelt es sich um folgende fünf Unterkategorien. Die Unterkategorien (a) *Bedürfnisse/Bedarfe/Wünsche* beschreibt die Bedeutung des Vorhandenseins spezifischer materieller und immaterieller Ressourcen für das Leben von Kindern. Bedürfnisse gelten als Motor menschlichen Handelns. I. S. v. begründeten Begehren können Bedürfnisse auf unterschiedliche Art und Weise befriedigt werden und treten erst durch die Nutzung von Befriedigungsmitteln in Erscheinung. Bei den Bedarfen handelt es sich um Verlangen nach spezifischen Ressourcen, um die Bedürfnisse befriedigen zu können. Wünsche verstehen sich i. S. des Bedürfnisverständnisses nach Andresen/Albus (2009) als Begehren, die beliebig sind und nicht grundlegend zur Bedürfnisbefriedigung beitragen. Konkret bedeutet das, dass das Bedürfnis Hunger durch die Ressource Nahrung befriedigt werden kann. Durch den Verzehr eines Apfels tritt dieses Bedürfnis in das Blickfeld eines Beobachters. Der Wunsch, nach einem Apfel ist aber beliebig, weil der Bedarf an Nahrung durch eine Vielzahl von Möglichkeiten (z. B. Bananen, Birnen, Brot u. v. m.) erfüllt werden kann und damit nicht notwendiger Weise zu erfüllen ist, um leben zu können.

Weiterhin wurde für die Kategorie *Kinder* die Unterkategorie (b) *Alter und Entwicklungsstand* aufgenommen. Hierbei liegt die Annahme zugrunde, dass sich Menschen im Laufe ihres Lebens aufgrund sozialer und physikalischer Einflüsse in vielfältigen Situationen entwickeln. Dabei werden sie immer wieder vor die Herausforderung gestellt, unterschiedlichste Anforderungen zu bewältigen. Dafür sind jeweils spezifische Handlungskompetenzen und Fähigkeiten notwendig, die sie sich im Laufe ihres Lebens aneignen und weiterentwickeln. Kinder benötigen aufgrund ihres noch kurzen Lebens und ihrer noch nicht abgeschlossenen Entwicklung z. B. von Organen, Körpergröße etc. teilweise Unterstützung bei der Bewältigung der verschiedenen Herausforderungen durch ihre Eltern oder Dritten.

Ausgehend vom Alter benennen verschiedene Autor*innen Anforderungen, die Kinder zu einem bestimmten Zeitpunkt in ihrem Lebenslauf bewältigen können sollten.[26] In diesem Falle wird von einer ‚normalen' Entwicklung gesprochen. Entwicklungspsychologische Studien zeigen aber eine große Heterogenität hinsichtlich des Entwicklungsstandes von Kindern eines Jahrganges, sodass davon auszugehen ist, dass die immer wieder suggerierte Homogenität von Gleichaltrigen, nicht die Realität widerspiegelt (vgl. Dollase 2006, S. 86). Der Entwicklungsstand nimmt folglich einen deutlich höheren Stellenwert ein als das Alter.

Unter der dritten Unterkategorie (c) *Kinder als Akteure* werden Kinder als autonom handelnde Subjekte zusammengefasst. Sie treffen selbst Entscheidungen, wonach sich auch ihr Handeln bestimmt. Von Handeln wird gesprochen, wenn sich der Gegenstand der Diskussion auf ein bewusstes und willentliches Tun bezieht, das sich wiederum auf die Gestaltung von Wirklichkeit richtet (vgl. Grundmann 2006, S. 57). Mit ihrem Handeln greifen Kinder folglich in das Geschehen ein und verändern es.

Weiterhin beeinflussen (d) *Erfahrungen*, die die Kinder im Laufe ihres bisherigen Lebens in ganz unterschiedlicher Hinsicht gesammelt haben, ihr Handeln, Denken sowie ihre Einstellungen und Haltungen. Diese (e) *Einstellungen/Haltungen* in Bezug auf die Selbst- und Fremdeinschätzung sowie die Wahrnehmung ihrer Lebensweise innerhalb der sog. ‚Lebenslagendimensionen' sind wiederum als Einflussgröße auf Lebenssituationen zu begreifen, da sich daran das Handeln von Kindern ausrichtet. Weiterhin umfasst die Unterkategorie (f) *ethnische Herkunft* die Zugehörigkeit zu einer speziellen Religion und/oder Kultur, innerhalb derer spezifische Werte, Vorstellungen, Sprachen, Rituale, Verhaltensweisen etc. vermittelt werden. Diese Unterkategorie ist in engem Zusammenhang mit der Unterkategorie *Einstellungen/Haltungen* zu sehen. Unter Umständen können sich dabei große Überschneidungen ergeben. Weiterhin beeinflussen die (g) *Partizipationsmöglichkeiten* die Lebenssituation von Kindern. Durch Möglichkeiten der freien Meinungsäußerung oder dem Übertragen von Entscheidungskompetenzen sowie Mitspracherecht werden den

26 Beispielhaft sei die Entwicklungstheorie nach Hurrelmann (2003, S. 71 ff.) benannt.

Kindern Kompetenzen zugesprochen, durch die sie ihre Lebenssituation aktiv mitgestalten können. Schließlich kann auch das (h) *Geschlecht* der Kinder auf ihre Situation Einfluss nehmen.

Materielle Lage

Die vier Lebenslagendimensionen der AWO-ISS-Studie, deren Bezeichnungen auch für die vier folgenden Kategorien verwendet werden, umfassen eine Reihe von Unterkategorien, die gleichzeitig einen ganz wesentlichen Teil der Lebenssituation kennzeichnen. Die *materielle Lage* von Kindern wird durch die Unterkategorien (a) *Wohnen und Wohnumfeld*, (b) *Kleidung*, (c) *Ernährung*, (d) *monetäre Ressourcen*, (e) die *Ausstattung mit kindgerechten Gegenständen* und der (f) *Mobilität* bestimmt.

Mit der Unterkategorie (a) *Wohnen und Wohnumfeld* sind die Wohnqualität und die Qualität des Wohnumfeldes gemeint. Dabei spielt die Größe und Ausstattung der Wohnung bezüglich der Nutzung durch die Kinder eine bedeutende Rolle, z. B. um in Ruhe Hausaufgaben erledigen zu können, (mit Freund*innen) spielen zu können oder einen Platz zu haben, an den sie sich zurückziehen können. Darüber hinaus dient die Wohnung dem Erhalt der menschlichen Existenz in der Weise, dass sie ein Obdach bietet und vor dem Einfluss der Witterung schützt, sofern eine angemessene Temperaturregulation (z. B. durch Heizung, dichte Fenster und eine angemessene Wohnungssubstanz) geboten ist. Das Wohnumfeld beschreibt die Gegend, in der die Kinder aufwachsen i. S. der Lage der Wohnung in Bezug auf das netzwerkbezogene und bauliche Umfeld. Die Unterkategorie (b) *Kleidung* beschreibt die Ausstattung der Kinder mit ihrer Größe entsprechender und witterungsgerechter Kleidung. Die Unterkategorie (c) *Ernährung* nimmt die ausreichende und regelmäßige Versorgung der Kinder mit Nahrungsmitteln und Getränken in den Blick.

Im Rahmen der Unterkategorie (d) *monetäre Ressourcen* kommen finanzielle Mittel in den Blick, über die die Kinder eigenständig verfügen können wie Taschengeld sowie eigenes Vermögen, das sie bspw. durch Geldgeschenke oder Ferienjobs ansammeln können. Die Unterkategorie (e) *Ausstattung mit kindgerechten Gegenständen* wird beschrieben durch das Vorhandensein von Gütern, die insbesondere Kindern zugesprochen werden wie Spielzeug oder Güter, die sie zur Bewältigung kindspezifischer Lebensweisen benötigen wie Materialien für die Schule.

Unter der Unterkategorie (f) *Mobilität* werden Chancen der Kinder zur Erkundung und Nutzung ihres Umfeldes sowie ihr sog. ‚Aktionsradius' zusammengefasst. Dabei handelt es sich bspw. um die Möglichkeit der Inanspruchnahme öffentlicher Nahverkehrsmittel, dem Vorhandensein eines Fahrrades, aber auch der Möglichkeit zu verreisen.

Soziale Lage

Die *soziale Lage* von Kindern wird beeinflusst durch den (a) *Umgang der Kinder mit anderen Menschen*, den (b) *Umgang der Kinder mit (im)materiellen Ressourcen*, (c) ihre *sozialen Kompetenzen*, der (d) *Wahrnehmung von Emotionen und Empfindungen* sowie der (e) *Teilhabe*.

Die Unterkategorie (a) *Umgang der Kinder mit anderen Menschen* beschreibt, wie sich die Kinder in Gemeinschaften einfügen. Kennzeichnend dafür sind ihr Verhalten und die Art, wie sie mit anderen Menschen sprechen, z. B. ob sie auf andere Menschen zugehen, wie sie mit anderen Kindern und Erwachsenen sprechen, ob sie eher Konflikte suchen oder versuchen, anderen zu helfen oder ob sie sich eher zurückziehen. Unter der Unterkategorie (b) *Umgang mit (im)materiellen Ressourcen* ist das Verhalten der Kinder gegenüber Tieren, Pflanzen und materiellen Gütern aus ihrer Umgebung zu verstehen, wobei insbesondere die Erhaltung der Lebenswelt Bedeutung erlangt.

Die Unterkategorie (c) *soziale Kompetenzen* umfasst vor allem die in der Resilienzforschung als Resilienzfaktoren bezeichneten Fähigkeiten Selbst- und Fremdwahrnehmung, Selbststeuerung, Selbstwirksamkeit, Umgang mit Stress sowie Problemlösefähigkeit (vgl. Fröhlich-Gildhoff/Rönnau-Böse 2009, S. 42). Unter der Unterkategorie (d) *Wahrnehmung von Emotionen und Empfindungen* werden die Möglichkeiten des Erlebens von Glück, Freude, Spaß, Liebe, Angst, Kummer etc. sowie das Weitergeben dieser Emotionen und Empfindungen nach außen bzw. an Dritte zusammengefasst.

Die Unterkategorie (e) *Teilhabe* beschreibt den Bedarf an Zugehörigkeit zu verschiedenen stabilen und zahlenmäßig begrenzten Gemeinschaften wie zu einer Familie, einer (oder mehreren) Gleichaltrigengruppe(n), in denen Kinder akzeptiert und anerkannt sind. Dabei ist die eigene Zugehörigkeit für die anderen Mitglieder von Bedeutung, weil Kinder in die Gemeinschaft sozial eingebunden sind und die ständige Abwesenheit einen Verlust für die Gemeinschaft darstellt.

Kulturelle Lage

Die Kategorie *kulturelle Lage* der Kinder beinhaltet die Unterkategorien (a) *frühkindliche Bildung* innerhalb derer durch unterschiedliche Institutionen (z. B. Kindertageseinrichtungen, Logopädie, Ergo- oder Physiotherapie) Kompetenzen und Fähigkeiten der Kinder bspw. ihr Spiel-, Sprach- und Arbeitsverhalten sowie ihre Motorik gefördert werden können. Hierbei sind – ebenso wie bei der schulischen Bildung – nicht die Institutionen an sich relevant, sondern die Bildungschancen und -inhalte, die Kinder mit den institutionell vermittelten Inhalten erlangen. Die (b) *schulische Bildung* gilt als zweite Unterkategorie. Hier richtet sich der Blick auf die schulischen Leistungen sowie die vermittelten

Inhalte und Kompetenzen, jedoch nicht auf die institutionellen Besonderheiten. Weiterhin beinhaltet die *kulturelle Lage* die Unterkategorie (c) *außerschulische Bildung*, durch die Kindern Lern- und Erfahrungsmöglichkeiten bspw. durch Hortangebote, Vereine oder Einrichtungen der Kinder- und Jugendhilfe geboten werden. Auch innerhalb dieser Unterkategorie sind die vermittelten Inhalte und Kompetenzen und nicht die Institutionen von Bedeutung.

Mit der Unterkategorie (d) *(Förderung) eigener Potenziale* sind insbesondere Hobbys, Interessen, Begabungen gemeint. Die Unterkategorie (e) *Wissensdurst* wird beschrieben durch das Verlangen von Kindern nach neuen Wissensbeständen, die Neugier seine Umwelt kennen zu lernen und somit zu neuem Wissen zu gelangen. Unter (f) *Freizeitmöglichkeiten* sind Aktivitäten zu verstehen, die Kinder vor allem aus eigenem Interesse in ihrer frei verfügbaren Zeit allein, mit Freund*innen, Familie oder Dritten verwirklichen sowie die dadurch weiterentwickelten Fähigkeiten und Kompetenzen. Die Unterkategorie (g) *Medienbildung und -kompetenzen* berücksichtigt das Erlernen der erforderlichen Kompetenzen für die Nutzung und einen kritischen Umgang mit Medien.

Psychische und physische Lage

Die *psychische und physische Lage* der Kinder kann beschrieben werden durch die Unterkategorien (a) *physischer Gesundheitszustand*, bei dem insbesondere die Gesundheit der Organe, Muskeln etc. in den Blick gelangen, hingegen bezieht sich der (b) *psychische Gesundheitszustand* auf das emotionale bzw. seelische Wohlbefinden.

Die Unterkategorie (c) *Hygiene* umfasst die Pflege des eigenen Körpers durch Anwendung von Pflegeprodukten und Hygieneartikeln sowie das Säubern des Körpers. Die Unterkategorie (d) *Erholung* stellt die Möglichkeit der Regeneration des Körpers durch Entspannungs-, Ruhe- und Schlafphasen dar. Diese Unterkategorie wird insbesondere durch das Vorhandensein ausreichender zeitlicher Kapazitäten moderiert. Die Unterkategorie (e) *(Schutz vor) Gewalt, Risiken und Giftstoffen* umfasst Aspekte wie den Schutz vor physischer und psychischer Gewalteinwirkungen sowie einer Umwelt ohne hohen Giftstoffanteil. Weiterhin wird die psychische und physische Lage der Kinder durch eine (f) *gesundheitsbewusste Lebensweise* beeinflusst, die bspw. durch gesunde Ernährung, regelmäßige Bewegung sowie ohne oder mit geringer Zufuhr an Giftstoffen wie Alkohol, Tabak und Drogen gekennzeichnet ist.

Familie

Die Kategorie *Familie* umfasst die Unterkategorien (a) *Familienkonstellationen und -formen*, bei der die Zusammensetzung der Familie in den Blick genommen wird, die (b) *innerfamiliäre Kommunikation*, die (c) *innerfamiliäre Förde-*

rung, die (d) *innerfamiliäre Unterstützung*, die (e) *materielle Lage* der Familie i. S. der Ausstattung mit finanziellen Ressourcen, die (f) *kulturelle Lage* i. S. des Bildungsstandes der Eltern, die (g) *Alltagsgestaltung* sowie die (h) *Einstellungen und Haltungen* der Eltern u. a. zu kindspezifischen Themen und Lebensweisen.

Die Unterkategorie (b) *innerfamiliäre Kommunikation* kann mit den Faktoren Beziehungen und dem Umgang zwischen den einzelnen Familienmitgliedern (Eltern untereinander, Eltern-Kind-Beziehung, Beziehung zwischen den Geschwistern) beschrieben werden sowie dem Familienklima, der Rolle einzelner Mitglieder innerhalb der Familie und dem Erziehungsverhalten der Eltern. Demgegenüber sind mit der (c) *innerfamiliären Förderung* diejenigen Handlungen gemeint, die durch die Familienmitglieder zur Hilfegewährung und Bildung des Kindes in ganz verschiedenen Bereichen beitragen. Schließlich wird unter der Unterkategorie (d) *innerfamiliäre Unterstützung* die Bereitstellung materieller Ressourcen zwischen den Familienmitgliedern verstanden.

Die Unterkategorie (g) *Alltagsgestaltung* beschreibt die Gestaltung des gemeinsamen Lebens im Familienalltag. Dabei handelt es sich um die Handlungsweisen, durch die Familien ihren Alltag gemeinsam gestaltet, bspw. um gemeinsame Rituale wie die gemeinschaftliche Einnahme der Mahlzeiten oder regelmäßige Zeitintervalle, die von Familienmitgliedern zu gemeinsamen Aktivitäten wie Vorlesen oder Spielen genutzt werden.

Netzwerke

Die Kategorie *Netzwerke* beinhaltet neben dem Vorhandensein von spezifischen Netzwerkpartner*innen in ihrer Quantität auch die Qualität i. S. der Leistungen bzw. Unterstützungen, die sie für die Kinder erbringen. Als Unterkategorien werden das (a) *kindliche Netzwerk*, das (b) *innerfamiliäre Netzwerk*, (c) das *Netzwerk im sozialen Umfeld* und das (d) *institutionelle Netzwerk* der Kinder berücksichtigt. Unter dem (a) *kindlichen Netzwerk* sind die Gleichaltrigen und Freund*innen der Kinder zu verstehen. Das (b) *innerfamiliäre Netzwerk* umfasst alle Personen, die zur Familie im weiteren Sinne, aber nicht zur Kernfamilie gehören, d. h. Großeltern, Tanten, Onkel, Cousins, Cousinen usw. Zum (c) *Netzwerk im sozialen Umfeld* sind bspw. Nachbar*innen und Freund*innen der Eltern zu zählen. Schließlich bezieht sich das (d) *institutionelle Netzwerk* auf diejenigen Einrichtungen, Institutionen und Personen, die im Rahmen des Lebens und Aufwachsens von Kindern relevant sind. Beispielhaft können hier Schule, Kindertagesstätten, medizinische Einrichtungen, Jugendamt sowie Arbeitsagenturen mit ihren direkten und indirekten Auswirkungen auf die Lebenssituation von Kindern angeführt werden.

Gesellschaftliche Rahmenbedingungen

Schließlich beeinflussen die gesellschaftlichen Rahmenbedingungen wie die Verfügbarkeit von Arbeit und Beschäftigung, die Lohn- und Gehaltssituation oder die wirtschaftliche Lage des Landes die Lebenssituation von Kindern.

Resümierend kann festgestellt werden, dass die Kategorien und Unterkategorien zwar für die Analyse nebeneinander stehen, jedoch ist bereits bei der Beschreibung ihrer Inhalte die Schwierigkeit der Abgrenzungen deutlich geworden. Zudem zeigt sich deutlich, dass die Kategorien und Unterkategorien in engem Zusammenhang stehen und die Veränderung eines Faktors eine Modifikation in mindestens einem anderen Bereich nach sich ziehen kann. Auf die Berücksichtigung solcher Zusammenhänge von Seiten der Gesetzgeber*innen ist im Rahmen der Analyse besonders zu achten und auf die Bedeutung für das Kinder- und Kindheitsverständnis zu beziehen.

3 Das gesetzgeberische Verständnis von Kindern und Kindheit im AsylbLG, SGB II und SGB XII

Das Verständnis der Existenzsicherungsgesetzgeber*innen von Kindern und Kindheit wird in zwei Schritten herausgearbeitet. In Kapitel 3.1 sind die Ergebnisse einer Begriffsanalyse dargestellt. Dafür wurden im AsylbLG, SGB II und SGB XII alle Begriffe ermittelt, die Kinder sowohl unmittelbar als auch im weitesten Sinne ansprechen. Mit der quantitativen und qualitativen Auswertung der Begriffe, die die Gesetzgeber*innen hinsichtlich ihrer Adressat*innen verwenden, können erste Aussagen darüber getroffen werden, welche Bedeutung Kindern als Individuen und nicht nur als Teil einer Gemeinschaft (z. B. der Haushaltsgemeinschaft oder der Bedarfsgemeinschaft) durch die Gesetzgeber*innen zugesprochen wird und in welchen Kontexten die Gesetzgeber*innen Kinder berücksichtigen (z. B. hinsichtlich Erziehung und Bildung oder im Familienkontext). Zudem lassen sich erste Aussagen über das gesetzgeberische Verständnis zur Lebensphase Kindheit treffen.

In Kapitel 3.2 folgt die Analyse der sog. ‚Leistungen für Bildung und Teilhabe'. Dabei handelt es sich um diejenigen Leistungen, die in allen Existenzsicherungsgesetzen enthalten sind und als einzige Leistungen ausschließlich auf die Erfüllung kindspezifischer Bedarfe gerichtet sind. Im AsylbLG und im SGB XII sind die Leistungen identisch, da der Anspruch im AsylbLG durch einen Verweis auf die Regelungen im SGB XII begründet wird und keine eigenen Formulierungen genutzt werden. Damit ist das Verständnis von Kindern und Kindheit unverändert vom SGB XII auf das AsylbLG zu übertragen. Im SGB II liegen minimale Abweichungen vor. In Anbetracht dessen werden diese Regelungen für alle drei Gesetze gemeinsam untersucht. Bei inhaltlichen Abweichungen in den Gesetzen wird an der jeweiligen Stelle darauf hingewiesen und eigenständige Analysen durchgeführt.

Aufgrund der inhaltlichen Breite der Gesetze konnten nicht alle Regelungen in die Analyse aufgenommen werden. Bereits die Auswertung der Leistungen für Bildung und Teilhabe ergab eine enorme Fülle an Ergebnissen. Auf eine Ausweitung der Analyse auf die weiteren Regelungen (insbesondere zu den sog. ‚Regelsätzen', den Kosten der Unterkunft und Heizung sowie den Mehrbedarfen), die auch als wichtige Teilbereiche der sozialstaatlichen Armutsreduzierung gelten, wurde daher größtenteils verzichtet. Zwar gäben diese einen noch umfangreicheren Überblick über die Bedarfe, Ressourcen und Lebenssituationen, die die Gesetzgeber*innen den Kindern im Existenzsicherungsbezug zusprechen. Ein grundsätzlich davon abweichendes Kinder- und Kindheitsverständnis ist jedoch nicht zu erwarten, was auch die Sichtung dieser Regelungen sowie die Zuordnung der Kategorien und Unterkategorien zum Analysematerial der Regelleistungen bestätigen.[27]

Darüber hinaus sind in den Ausführungen immer wieder Bezüge zu den weiteren Leistungen der Gesetze zu finden. Diese wurden an verschiedenen Stellen in die Analyse integriert, sodass die weiteren Bereiche nicht unberücksichtigt bleiben. Dementsprechend kann nicht von einer grundsätzlichen Einschränkung auf die kindbezogenen Leistungen für Bildung und Teilhabe gesprochen werden.

3.1 Verwendungsweisen kindbezogener Begrifflichkeiten in den Existenzsicherungsgesetzen

Die Regelungen, die die Zielgruppe betreffen, lassen sich nicht ausschließlich daran erkennen, dass der Begriff ‚Kind' oder ‚Kinder' verwendet wird. Vielmehr deutet eine Reihe von Bezeichnungen darauf hin, dass die jeweiligen Paragrafen (auch) auf Kinder anzuwenden sind und damit ein implizites Verständnis von Kindern und Kindheit transportiert wird.

Bei bestimmten Formulierungen, die die Gesetzgeber*innen verwenden, können Kinder nicht von vornherein aus der Geltung der Paragrafen ausgeschlossen werden. Gleichzeitig bleibt unklar, ob sie tatsächlich berücksichtigt sind. Dieser Aspekt wird bspw. bei den anzurechnenden Einkommen und Vermögen im SGB II deutlich. Nach § 11 Abs. 1 S. 4 SGB II ist das Kindergeld in voller Höhe als Einkommen auf die Leistungen der Kinder anzurechnen. Im darauffolgenden § 11a SGB II findet sich eine Auflistung von nicht zu berücksichtigendem Einkommen. Der Personenkreis, auf den die Festlegung anzuwenden ist, wird nicht ausdrücklich benannt, sodass anzunehmen ist, dass niemand von dieser Regelung ausgeschlossen ist und der § 11a Abs. 2 SGB II für Kinder in gleicher Weise wie für andere Personengruppen gilt. Dementsprechend werden monetäre Entschädigungsleistungen aufgrund einer Körper-

27 Bei Interesse können die Auswertungstabellen für die Regelleistungen und die Leistungen für Bildung und Teilhabe bei der Autorin angefragt werden.

verletzung, einer Verletzung der Gesundheit oder der sexuellen Selbstbestimmung nicht als Einkommen von Kindern angerechnet (vgl. § 253 Abs. 2 BGB).

Über alle hier untersuchten Gesetze hinweg zeigt sich, dass die Gesetzgeber*innen eine Vielzahl von Begriffen verwenden, die (a) auf die spezifische Relevanz allein für die Untersuchungsgruppe hinweisen, (b) auf den Geltungsbereich, der über die Untersuchungsgruppe hinausgeht und (c) der die Untersuchungsgruppe von den Regelungen ausschließt. Bereits diese Analyse der Verwendung der heterogenen Begrifflichkeiten in speziellen Kontexten führt zu ersten Erkenntnissen zum Kinder- und Kindheitsverständnis der Gesetzgeber*innen. So wird bspw. durch die Regelungen, die Kinder ausschließen, deutlich, dass Kindern andere Bedarfe als weiteren Altersgruppen unterstellt werden.

Gleichzeitig kann diese Herangehensweise nur als einführender Überblick dienen und noch nicht als detaillierte Analyse betrachtet werden. Erst mithilfe der Gesetzesbegründungen und -kommentierungen kann das implizite Kinder- und Kindheitsverständnis umfassend rekonstruiert werden, da in diesen Texten sowohl eine Vielzahl von unbestimmten Rechtsbegriffen erläutert wird als auch die Ursachen und Zusammenhänge der einzelnen gesetzlichen Formulierungen dargestellt sind. Die Begründungen und Kommentare zeigen folglich auf, was im Detail unter den einzelnen Regelungen zu verstehen ist, wie diese zu interpretieren und auszuführen sind.

Die Ergebnisse der Analyse werden nachfolgend für jedes Gesetz in der bereits bekannten alphabetisch geordneten Reihenfolge AsylbLG, SGB II und SGB XII dargestellt.

3.1.1 AsylbLG

Das AsylbLG beinhaltetet eine Vielzahl von Formulierungen, unter denen Kinder zu fassen sind wie der Begriff ‚Kinder' oder die Formulierung ‚Personen bis zur Vollendung des sechsten Lebensjahres'. Zudem nutzen die Gesetzgeber*innen Begriffe, die zwar Kinder implizieren können, diese jedoch nicht zwangsläufig gemeint sein müssen wie ‚Leistungsberechtigte' oder ‚Empfänger und Empfängerinnen'. In diesen Fällen wird untersucht, welche Erläuterungen den jeweiligen Begriff konkretisieren, um Erkenntnisse über die rechtliche Relevanz für Kinder zu erlangen und um sie anschließend in die Analyse der Begriffe zu den ersten Aussagen über das Kinder- und Kindheitsverständnis einzubeziehen.

Die unterschiedlichen Formulierungen sind in den nachfolgenden Tabellen mit der Anzahl ihrer Nennungen und den jeweiligen Fundstellen im Gesetz aufgelistet. Daran schließt sich jeweils deren Analyse an.

Für das AsylbLG lassen sich folgende Begriffe ermittelt: ‚Kinder', ‚Schüler*innen', ‚Eltern', ‚Haushaltsgemeinschaft', ‚Familie', ‚Leistungsberechtigte', ‚Asylberechtigte', ‚Bezieher*innen', ‚Empfänger*innen' und ‚Ausländer'.

Verwendung des Begriffs ‚Kinder'

Die Gesetzgeber*innen verwenden im AsylbLG zwölfmal den Begriff ‚Kinder'.

Tab. 10: Formulierungen im AsylbLG, die den Leistungsanspruch von Kindern implizieren – Kinder, Schüler*innen, Eltern und Haushaltsgemeinschaft

Begriff	Anzahl	Quelle
Kinder davon*:	12	
Kinder (ohne Konkretisierung)	1	§ 6 Abs. 1 AsylbLG
Kinder (Altersdifferenzierung)	7	§ 1 Abs. 1 Nr. 6 AsylbLG; § 2 Abs. 3 AsylbLG; § 3 Abs. 1 Nr. 5 und 6 AsylbLG; § 3 Abs. 2 Nr. 5 und 6 AsylbLG; § 10a Abs. 3 AsylbLG
Kinder, Jugendliche und junge Erwachsene	1	§ 3 Abs. 3 AsylbLG
Staatliche Leistungen für Kinder (institutionelle Betreuungsangebote)	4	§ 12 Abs. 2 Buchstabe aa AsylbLG; § 12 Abs. 2 Buchstabe bb AsylbLG; § 12 Abs. 2 Buchstabe ff. AsylbLG
Kinder im Sinne der Abstammung	2	§ 1 Abs. 1 Nr. 6 AsylbLG; § 2 Abs. 3 AsylbLG
Kinder als Teil des Haushalts	2	§ 2 Abs. 3 AsylbLG
Schülerinnen; Schüler	7	§ 12 Abs. 2 Buchstabe aa AsylbLG; § 12 Abs. 2 Buchstabe bb AsylbLG; § 12 Abs. 2 Buchstabe dd AsylbLG; § 12 Abs. 2 Buchstabe ff. AsylbLG
Eltern; Elternteile	3	§ 2 Abs. 3 AsylbLG
Haushaltsgemeinschaft	2	§ 2 Abs. 3 AsylbLG

* Mehrfachzuordnungen[28]

Quelle: AsylbLG; eigene Darstellung

28 Mit dem Begriff ‚Mehrfachzuordnungen' soll verdeutlich werden, dass der Begriff ‚Kinder' in einem Satz nur einmal verwendet worden sein kann, jedoch mehrere Kontexte in diesem Satz angesprochen werden, so schreiben die Gesetzgeber*innen bspw. von minderjährigen Kindern, die mit ihren Eltern in einem Haushalt leben. Dementsprechend findet sich der Begriff ‚Kinder' in dem Satz einmal und wird in der ersten Zeile der Tabelle auch nur einmal gezählt. Allerdings werden in dem Satz drei Kontexte angesprochen: die Alters-

Bereits aus Tab. 10 wird ersichtlich, dass die Gesetzgeber*innen den Begriff ‚Kinder' in unterschiedlichen Kontexten einsetzen, indem sie eine Reihe weiterer Termini voran- oder nachstellen. Innerhalb eines Satzes werden teilweise mehrere Kontexte aufgegriffen. Zur Illustration kann beispielhaft § 2 Abs. 3 AsylbLG angeführt werden.

„Minderjährige Kinder, die mit ihren Eltern oder einem Elternteil in einer Haushaltsgemeinschaft leben [...]."

In diesem Teilsatz wird auf drei Merkmale Bezug genommen, der Begriff ‚Kinder' wird jedoch nur einmal verwendet. Erstens wird Kindern das Merkmal Minderjährigkeit zugesprochen. Laut Definition handelt es sich dabei um die unter 18-Jährigen (vgl. Creifelds 2011, S. 1362), sodass hier auf das Merkmal des Alters verwiesen wird. Gleichzeitig umfasst der Begriff ‚Minderjährigkeit' eine eingeschränkte Handlungsfähigkeit, da ihnen in diesem Alter laut Gesetz noch nicht alle gesellschaftlichen Rechte und Pflichten zuerkannt werden (vgl. Creifelds 2011, S. 1362). So sind sie bspw. vor Vollendung des siebten Lebensjahres geschäftsunfähig (vgl. § 104 BGB) sowie zwischen dem vollendeten sieben und bis zur Vollendung des 17. Lebensjahres beschränkt geschäftsfähig (vgl. § 106 BGB). Damit wird den Minderjährigen gleichzeitig eine Abhängigkeit von Dritten zugesprochen, da ihnen noch nicht alle Möglichkeiten eröffnet werden, die über 18-Jährige haben. Im Zuge dessen gehen die Gesetzgeber*innen davon aus, dass Minderjährige ihr Leben noch nicht allein bewältigen können und Unterstützung benötigen.

Zweitens greifen die Gesetzgeber*innen im oben angeführten Zitat das Abstammungsmerkmal auf, was konkret durch die unmittelbare Aneinanderreihung der Worte ‚Kinder' und ‚ihre Eltern' deutlich wird. Durch das Personalpronomen ‚ihre' wird die unmittelbare Zusammengehörigkeit beschrieben, die über die Verwendungen der familiären Generationenbezeichnungen ‚Eltern' und ‚Kinder' hervorgehoben wird. Schließlich weisen sie drittens darauf hin, dass Kinder ein Bestandteil der Haushaltsgemeinschaft (mit ihren Eltern) sind und sie folglich davon ausgehen, dass Kinder mit mindestens einem Elternteil in einem gemeinsamen Haushalt leben.

differenzierung (minderjährig), das Abstammungsverhältnis (Kind – Eltern) und die Mitgliedschaft in einem Haushalt. Diese wurden in den nachfolgenden Zeilen einzeln gezählt, sodass die Summe der Kontext, in denen der Begriff ‚Kinder' verwendet wird, größer ist als die Anzahl in der ersten Zeile.

Unter Berücksichtigung der in Tab. 10 aufgeführten Kontexte zeigt sich, dass die Gesetzgeber*innen den Begriff ‚Kinder', ohne ihn durch weitere Worte genauer zu spezifizieren, lediglich ein einziges Mal verwenden.

Verwendung von Altersgrenzen

Die Gesetzgeber*innen verwenden den Begriff ‚Kinder' in mehr als der Hälfte der Fälle mit einer Alterseingrenzung. Damit wird deutlich, dass die Gesetzgeber*innen davon ausgehen, dass die Lebensphase Kindheit keine einheitlichen Lebensweisen und Bedarfe beinhaltet, sondern dass sie sich mit dem Erreichen eines bestimmten Alters ändern. Da diese Altersgrenzen nicht für alle Bedarfe festgeschrieben werden, sondern jeweils nur in konkreten Kontexten benannt werden, scheinen sich die Bedarfe von Kindern nicht grundsätzlich – d. h. über alle Lebenslagen hinweg – zu verändern. Vielmehr gehen die Gesetzgeber*innen davon aus, dass sich die Bedarfe je nach Alter in einzelnen Bereichen ändern, in den weiteren Bereichen bleiben sie konstant. Dabei gehen sie von ganz unterschiedlichen Altersgrenzen hinsichtlich der Veränderung von Bedarfen aus (vgl. Tab. 11).

Tab. 11: Formulierungen im AsylbLG, die den Leistungsanspruch von Kindern implizieren – Altersdifferenzierungen

Begriff	Anzahl	Quelle
Altersdifferenzierung im Kindesalter davon:	8	
neugeborenes Kind	1	§ 10a Abs. 3 AsylbLG
bis zur Vollendung des sechsten Lebensjahres	2	§ 3 Abs. 1 Nr. 6 AsylbLG; § 3 Abs. 2 Nr. 6 AsylbLG
Beginn des siebten bis zur Vollendung des 14. Lebensjahres	2	§ 3 Abs. 1 Nr. 5 AsylbLG; § 3 Abs. 2 Nr. 5 AsylbLG
minderjährige Kinder	3	§ 1 Abs. 1 Nr. 6 AsylbLG; § 2 Abs. 3 AsylbLG; § 6 Abs. 2 AsylbLG

Quelle: AsylbLG; eigene Darstellung

Altersgrenzen, die Kinder implizieren, verwenden die Gesetzgeber*innen achtmal. Diese Anzahl weicht von der oben angeführten Anzahl ab, da die Gesetzgeber*innen in § 6 Abs. 2 AsylbLG nur von ‚Minderjährigen' sprechen, ohne den Begriff ‚Kinder' hinzuzufügen. Sie substantivieren folglich die Altersbeschreibung, sodass diese Formulierung aus der oben verwendeten Folie herausfällt. Da an dieser Stelle jedoch die Altersdifferenzierungen untersucht werden und der Begriff ‚Minderjährige' mit ‚minderjährigen Kindern' gleichgesetzt werden kann, da beide in dem hier verstandenen Sinne das Gleiche meinen, ist diese Formulierung hier zu berücksichtigen.

Altersgrenzen werden für die Gesetzgeber*innen im AsylbLG für vier Gruppen relevant. Erstens kennen sie die sog. ‚Neugeborenen' („neugeborenes Kind"), die sie an einer Stelle benennen und mit der Beschreibung ‚neugeborenes' eine Besonderheit ihrer Lebenssituation hervorheben. Die Gesetzgeber*innen gehen davon aus, dass sich diese Kinder immer an dem Ort aufhalten, an dem sich ihre Mutter befindet.

> „Für ein neugeborenes Kind ist der gewöhnliche Aufenthalt der Mutter maßgeblich." (§ 10a Abs. 3 S. 5 AsylbLG)

Sie sprechen den Neugeborenen eine räumliche Verbundenheit mit ihrer Mutter zu, da diese den sog. ‚gewöhnlichen Aufenthalt' bestimmt. Die Formulierung ‚gewöhnlicher Aufenthalt' definiert den Ort, an dem sich Personen nicht nur vorübergehend, sondern über einen längeren Zeitraum aufhalten (vgl. § 30 Abs. 3 S. 2 SGB I; § 9 AO). Der zweite Elternteil ist ihrem Erachten nach hierbei nicht bedeutsam.

Der Terminus ‚gewöhnlicher Aufenthalt' wird von dem Begriff ‚Wohnsitz' unterschieden. Der ‚Wohnsitz' bezeichnet den Ort, an dem sich i. d. R. die Wohnung der Person befindet. Das lässt auch darauf schließen, dass sie diese nicht nur aktuell, sondern auch zukünftig benutzen (vgl. § 30 Abs. 3 S. 1 SGB I). Da die Gesetzgeber*innen hier nicht vom sog. ‚Wohnsitz', sondern vom ‚gewöhnlichen Aufenthalt' sprechen, heben sie noch einmal die Unsicherheit des Aufenthalts der Familien hervor. Sie sprechen ihnen keinen Ort zu, den sie in der Weise für sich nutzen, dass sie dort wohnen. Sie halten sich gewöhnlich dort auf.

Eine weitere Altersdifferenzierung, die für die Gesetzgeber*innen bedeutsam erscheint, ist der sechste Geburtstag. Ihrem Erachten nach haben Kinder bis zur Vollendung des sechsten Lebensjahres einen niedrigeren Bedarf an

> „Ernährung, Unterkunft, Heizung, Kleidung, Gesundheitspflege und Gebrauchs- und Verbrauchsgütern des Haushalts" (vgl. § 3 Abs. 2 AsylbLG i. V. m. § 3 Abs. 1 AsylbLG)

wie auch hinsichtlich der

> „persönlichen Bedürfnisse des täglichen Lebens" (vgl. § 3 Abs. 1 AsylbLG)

als ältere Kinder und Erwachsene. Folglich liegen innerhalb der Altersgruppen der Kinder unter sechs Jahren sowie der Kinder vom Beginn des siebten bis zur

Vollendung des 14. Lebensjahres jeweils gleiche Bedarfe in wesentlichen Bereichen des täglichen Lebens wie Wohnen, Ernährung, Kleidung, Hygieneartikel etc. vor. Diese Bedarfe unterscheiden sich ihrem Erachten nach lediglich in ihrer Höhe voneinander.

Die dritte Altersgrenze, die für die Gesetzgeber*innen bedeutsam erscheint, ist der 18. Geburtstag. Personen, die jünger sind, werden für sie als eine einheitliche Gruppe in Bezug auf die Leistungsberechtigung in Abhängigkeit zur Situation ihrer Eltern bedeutsam (vgl. § 1 Abs. 1 Nr. 6 AsylbLG; § 2 Abs. 3 AsylbLG). Das heißt, die Bedarfe und Lebenssituationen der Kinder bzw. Personen unter 18 Jahren hängen von denen ihrer Eltern oder des Elternteils ab, bei dem sie wohnen. Eine sog. ‚Leistungsberechtigung' unabhängig von mind. einem Elternteil kennen die Gesetzgeber*innen an diesen beiden Stellen nicht. Demnach sind Personen vor Vollendung des 18. Lebensjahres grundsätzlich in ihrer Lebenssituation, ihren Bedarfen und dem Ort, an dem sie sich gewöhnlich aufhalten, von den Personen im Erwachsenenalter abhängig, zu denen eine familiäre Beziehung in erster Generation besteht.

Durch die Verwendung der Formulierung ‚unbegleitete Minderjährige' (vgl. § 6 Abs. 2 AsylbLG) ist ersichtlich, dass die Gesetzgeber*innen eine Ausnahme kennen. Im Unterschied zu den beiden anderen Formulierungen, in denen die Altersgrenze der Minderjährigkeit genutzt wurde, sprechen sie an dieser Stelle nicht mehr von Kindern, was bereits einen ersten Hinweis liefert, dass sie sich hier eher die Gruppe der älteren Minderjährigen vorstellen. Das wird noch einmal deutlicher durch die bereits dargestellten Formulierungen zu den Neugeborenen. Hier gehen sie grundsätzlich davon aus, dass sich diese Kinder am gleichen Ort wie ihre Mutter aufhalten. Demnach besteht nach Ansicht der Gesetzgeber*innen die Möglichkeit, dass sich Minderjährige ohne ihre Eltern in Deutschland aufhalten. Darauf weisen sie durch den Zusatz ‚unbegleitet' hin. Weiterhin sprechen sie dieser Gruppe einen erhöhten Bedarf an medizinischen und sonstigen Hilfen zu, sodass das Merkmal des ‚unbegleitet seins' von Personen unter 18 Jahren ihrem Erachten nach zusätzliche Unterstützungsbedarfe hervorruft.

Mit Blick auf Tab. 10 wird deutlich, dass die Gesetzgeber*innen lebensphasenübergreifende Bedarfs- und Lebenslagen auch durch die Aneinanderreihung mehrerer Altersgruppen aufzeigen. In § 3 Abs. 3 AsylbLG verwenden sie die Formulierung ‚Kinder, Jugendliche und junge Erwachsene'. Ihnen schreiben sie einheitliche Bedarfe hinsichtlich Bildung und Teilhabe zu. Unter Berücksichtigung der weiteren Analysen kann bereits an dieser Stelle darauf verwiesen werden, dass die Gesetzgeber*innen diese lebensphasenübergreifenden Bedarfe (insbesondere in Bezug auf Bildung) nicht über das Alter der Kinder definieren.

Ihrem Erachten nach hängen diese Bedarfe vielmehr mit dem Besuch spezifischer Bildungsinstitutionen zusammen. Bedarfe können demnach entstehen, wenn sich innerhalb einer Lebensphase eine Situation verändert und die Kinder bspw. nicht mehr die Kindertagesbetreuungsangebote nutzen, sondern eine Schule besuchen. Das Lebensereignis ‚Einschulung' verändert folglich einen Teil der Bedarfe der Kinder, welche wiederum so lange erhalten bleiben, bis sie die Schule verlassen. Diese Phase geht über die Kindheit hinaus und betrifft zumindest noch einen Teil der Lebensphase Jugend. Auf diese lebensphasenübergreifenden Bedarfe, die von spezifischen Möglichkeiten und Pflichten der Kinder, Jugendlichen und u. U. der jungen Erwachsenen abhängen, verweisen auch die institutionenbezogenen Personenbezeichnungen, die im Gesetz zusätzlich Anwendung finden. Dabei handelt es sich um die Begriffe ‚Schülerinnen und Schüler' (vgl. § 12 Abs. 2 AsylbLG).

Die Gesetzgeber*innen gehen weiterhin davon aus, dass nicht nur der verpflichtende Besuch einer Schule zusätzliche Bedarfe auslöst, sondern sich spezifische Bedarfe der Kinder durch die freiwillige Inanspruchnahme von Kindertagesbetreuungsangeboten erhöhen (vgl. § 12 Abs. 2 AsylbLG). Gleichzeitig erkennen die Gesetzgeber*innen mit der Aufnahme der Leistung für Bildung und Teilhabe in das AsylbLG grundsätzlich an, dass Kinder, die Anspruch auf diese Hilfen haben, in gleicher Weise Bildungs- und Teilhabebedarfe wie Kinder mit einem gesicherten Aufenthaltsstatus aufweisen.

Verwendung von Begriffen, die sich auf das Abstammungsverhältnis sowie das Zusammenleben in einem Haushalt beziehen

Ferner nehmen die Gesetzgeber*innen die Kinder in ihrem Abstammungsverhältnis zu ihren Eltern wahr (vgl. § 1 Abs. 1 Nr. 6 AsylbLG; § 2 Abs. 3 AsylbLG) (vgl. Tab. 10). Dies wird insbesondere durch die Verwendung des Begriffs ‚Kinder' in Zusammenhang mit den Worten ‚ihren Eltern oder einem Elternteil' deutlich (vgl. § 2 Abs. 3 AsylbLG). Hier gehen sie wohl von einem biologischen Abstammungsverhältnis aus, was erstens durch die Verwendung des Personalpronomens ‚ihren' zwischen den beiden Begriffen deutlich wird und zweitens deshalb, weil sie im AsylbLG an keiner Stelle die Begriffe ‚Pflegekind' und ‚Stiefkind' oder ‚Stiefeltern' verwenden (vgl. insbesondere § 1 Abs. 1 Nr. 6 AsylbLG). Allerdings müssen die Kinder nicht grundsätzlich mit beiden Elternteilen zusammenleben, sondern können sich nach Ansicht der Gesetzgeber*innen auch nur mit einem Elternteil einen Haushalt teilen (vgl. § 2 Abs. 3 AsylbLG). Die Benennung der Haushaltsgemeinschaft von Kindern mit mindestens einem Elternteil stellt noch einmal mehr heraus, dass Kinder nach Ansicht der Gesetzgeber*innen i. d. R. mit ihren leiblichen Eltern zusammenwohnen und Kinder nicht allein leben oder mit Personen in dem Haushalt leben, zu denen kein Abstammungsverhältnis vorliegt.

Verwendung des Begriffs ‚Familie'

Die Bedeutung der Eltern für ihre Kinder betonen die Gesetzgeber*innen auch durch die fünffache Verwendung des Begriffs ‚Familie' als Wortbestandteil.

Tab. 12: Formulierungen im AsylbLG, die den Leistungsanspruch von Kindern implizieren – Familie

Begriff	Anzahl	Quelle
Familie davon:	5	
Familienstand	1	§ 11 Abs. 3 AsylbLG
Familienangehörige	4	§ 1a AsylbLG; § 7 Abs. 1 AsylbLG; § 7 Abs. 5 AsylbLG

Quelle: AsylbLG; eigene Darstellung

Die Gesetzgeber*innen verwenden den Begriff ‚Familie' in zwei verschiedenen Worten: dem ‚Familienstand' und den ‚Familienangehörigen'. Der Begriff ‚Familienstand' ist lediglich in der Hinsicht bedeutsam, dass der erwachsenenspezifische Status verheiratet, geschieden, verwitwet etc. fokussiert wird, sodass Kinder aufgrund der nicht vorhandenen Ehefähigkeit unberücksichtigt bleiben. Das heißt, Kindern wird das Recht zu heiraten aufgrund ihres Alters abgesprochen (vgl. § 1303 Abs. 1, 2 BGB), sodass hier eine Abgrenzung zwischen der Lebensphase Kindheit und den weiteren Lebensphasen vorliegt.

Mit dem Begriff ‚Familienangehörige' und dem damit verbundenen Verweis darauf, dass dieser Begriff den

„Ehegatten, Lebenspartner und [die] minderjährigen Kinder" (§ 1a AsylbLG)

der Leistungsberechtigten meint, heben die Gesetzgeber*innen hervor, dass die Eltern der Kinder nicht verheiratet sein müssen, da sie hier neben dem Ehegatten auch den*die Lebenspartner*in aufzählen. Indirekt zeigt sich außerdem, dass Kinder mit einem Stiefelternteil zusammenleben können, da die Gesetzgeber*innen keine Aussage darüber treffen, dass es sich bei dem*der Lebenspartner*in gleichzeitig um den zweiten leiblichen Elternteil handeln muss. Nach Ansicht der Gesetzgeber*innen wachsen die leistungsberechtigten Kinder aber zumindest mit einem leiblichen Elternteil auf.

Durch die Verwendung des Begriffs der ‚Familienangehörigen' schreiben die Gesetzgeber*innen den Personen, die gemeinsam in einem Haushalt leben und ein verwandtschaftliches Verhältnis im Sinne der Abstammung ersten Grades sowie der Partnerschaft aufweisen, gleiche Lebensverhältnisse zu. Dies wird bspw. daraus deutlich, dass das Einkommen und Vermögen aller Familienmitglieder auf die Unterstützungsleistungen anzurechnen sind (vgl. § 7 Abs. 1, 5 AsylbLG), sodass z. B. nicht eine Person über deutlich höhere finanzielle Ressourcen verfügen kann als die anderen Familienmitglieder im Haushalt.

Verwendung des Begriffs ‚Leistungsberechtigte'

Deutlich häufiger als die Begriffe ‚Kinder', ‚Jugendliche', ‚Erwachsene' o. ä. verwenden die Gesetzgeber*innen die Formulierung ‚Leistungsberechtige' oder ‚leistungsberechtigte Person' (insgesamt 38 Mal; vgl. Tab. 13).

Tab. 13: Formulierungen im AsylbLG, die den Leistungsanspruch von Kindern implizieren – Leistungsberechtigte, Asylberechtigte, Ausländer*innen und Empfänger*innen

Begriff	Anzahl	Quelle
Leistungsberechtigte; leistungsberechtigte Personen davon:	38	
in Zusammenhang mit Erwerbstätigkeit und Eigenschaften, die auf eine Erwerbstätigkeit hinweisen	4	§ 5 Abs. 1, 4 AsylbLG; § 8a AsylbLG
in Zusammenhang mit Altersgrenze ausschließlich oberhalb des Kindesalters benannt oder mit Merkmalen, die ausschließlich älteren Personen zugeordnet werden (z. B. weil sie als Haushaltsvorstand angesehen werden)	15	§ 1a AsylbLG; § 2 Abs. 1, 2 AsylbLG; § 3 Abs. 1 Nr. 1 bis 4 AsylbLG; § 3 Abs. 2 Nr. 1 bis 4 AsylbLG; § 3 Abs. 6 AsylbLG; § 7 Abs. 1, 5 AsylbLG
Leistungsberechtigte (ohne Konkretisierung)	15	§ 1 Abs. 1 AsylbLG; § 1a AsylbLG; § 3 Abs. 1 AsylbLG; § 7 Abs. 4 AsylbLG; § 9 Abs. 1, 3 AsylbLG; etc.
in Zusammenhang mit Altersgrenzen, die Kinder einschließen	4	§ 3 Abs. 1 Nr. 5, 6 AsylbLG; § 3 Abs. 2 Nr. 5, 6 AsylbLG
Asylberechtigte	1	§ 1 Abs. 3 Nr. 2 AsylbLG
Ausländer	3	§ 1 Abs. 1, 2 AsylbLG; § 1 Abs. 3 Nr. 2 AsylbLG
(Leistungs-)Empfängerinnen; (Leistungs-)Empfänger	10	§ 12 Abs. 1 Nr. 1 AsylbLG; § 12 Abs. 2 Buchstabe a bis e AsylbLG; § 12 Abs. 3 AsylbLG

Quelle: AsylbLG; eigene Darstellung

Die Formulierungen ‚Leistungsberechtigte' und ‚leistungsberechtigte Personen' verdeutlichen, dass die durch das Gesetz angesprochenen Personen insbesondere in der Rolle als ‚Berechtigte*r' betrachtet werden. Das impliziert, dass ihnen eine Legitimation bzw. ein Recht darauf erteilt wird, dass sie Leistungen nutzen dürfen. Damit ist gleichzeitig ein Machtverhältnis verbunden. Dritte bestimmen darüber, ob die Personen Hilfe benötigen („Hilfebedürftigkeit") und ob ihnen Leistungen gewährt werden. Ihnen wird folglich durch Dritte das Recht auf eine Unterstützung zugesprochen, damit sie ihre Bedarfe decken können. Zusätzlich ist damit eine Abhängigkeit der Personen verbunden, die sowohl in Bezug auf eine prinzipielle Gewährung der Leistungen i. S. des Zusprechens des Rechts auf Leistungsgewährung besteht als auch hinsichtlich des Umfangs der gewährten Leistungen.

Die Formulierungen ‚Leistungsberechtigte' und ‚leistungsberechtigte Personen' verwenden die Gesetzgeber*innen in unterschiedlichen Kombination, aus denen die Bedeutung für die Kinder geschlossen werden kann. Konkret heißt das, dass Formulierungen genutzt werden, durch die erstens ersichtlich wird, dass Kinder von dieser Regelung ausgeschlossen bleiben. Im Rahmen der zweiten Verwendungsform nehmen sie keine Konkretisierung des Terminus vor, sodass unklar bleibt, ob sich das festgeschriebene Recht oder die damit verbundenen Pflichten auch auf Kinder beziehen. Bei der dritten Form werden die Formulierungen in Zusammenhang mit Begriffen verwendet, die explizit darauf verweisen, dass Kinder einbezogen oder ausgeschlossen sind.

Am häufigsten verwenden sie mit 19 Nennungen Formulierungen, die Kinder entweder aufgrund des Alters (viermal) oder durch weitere Merkmale (15-mal) – wie Erwerbstätigkeit – ausschließen. Damit zeigen sie auf, dass eine Reihe von Lebenslagen und Bedarfen bestehen, die nicht auf Kinder zutreffen und somit eine Differenz in den Lebenslagen und/oder Bedarfen zwischen der Lebensphase Kindheit und weiteren Lebensphasen vorliegt. Dabei handelt es sich u. a. um die Erwerbstätigkeit oder um die Möglichkeit, Haushaltsvorstand sein zu können. Diese Merkmale werden Personen erst ab einem spezifischen Alter zugesprochen.

Weiterhin verwenden die Gesetzgeber*innen 15 Mal allgemeine Formulierungen, die keinen unmittelbaren Einbezug oder Ausschluss von Kindern aufzeigen. Aufgrund der unterlassenen Eingrenzung ist anzunehmen, dass alle Personen und somit auch Kinder berücksichtigt werden. Lediglich viermal nutzen sie das Adverb ‚leistungsberechtigte' in Zusammenhang mit Begriffen oder Altersgrenzen, aufgrund derer Kinder eingeschlossen werden. Im Vergleich dieser Formulierungen zeigt sich ein deutliches Übergewicht von Begrifflichkeiten, die Personen betreffen, die die Lebensphase Kindheit bereits hinter sich gelassen haben, gegenüber denen, die sich noch in dieser Lebensphase befinden.

Damit sprechen die Gesetzgeber*innen die Kinder seltener mit dem Zusatz der Leistungsberechtigung an als andere Altersgruppen.

Verwendung des Begriffs ‚Asyl'

Schließlich verwenden sie den Berechtigten-Begriff auch einmal durch die Voranstellung des Wortteils ‚Asyl' (vgl. § 1 Abs. 3 Nr. 2 AsylbLG). Hier heben sie keine allgemeine Berechtigung auf Leistungen hervor, sondern auf die Berechtigung zur Nutzung der konkreten Leistung des Asyls. Mithin betonen sie die Legitimation, sich über einen längeren Zeitraum in Deutschland aufhalten bzw. leben zu dürfen, um sich vor den Gefahren durch politische Verfolgung zu schützen, denen sie in ihrem Herkunftsland ausgesetzt sind (vgl. Creifelds 2011, S. 88). Mit dieser Formulierung stellen sie bereits einen konkreten Bedarf der leistungsberechtigten Personen in den Vordergrund.

*Verwendung der Formulierungen ‚Bezieher*innen' und ‚Empfänger*innen'*

Ferner sprechen die Gesetzgeber*innen die Adressat*innen durch weitere Begrifflichkeiten an. Dabei handelt es sich um die Formulierungen „Ausländer", „Personen, die diese Leistungen beziehen" sowie „Empfängerinnen und Empfänger". Die beiden letztgenannten Bezeichnungen weisen darauf hin, dass eine Gruppe von Personen existiert, denen das Recht auf Unterstützung und Hilfe bereits zugesprochen wurde und diese bereits erhalten. Diese Begriffe werden im Rahmen der Darstellung an die im Anschluss an die Hilfegewährung folgenden Arbeiten von Behörden (z. B. zur amtlichen Statistik) verwendet (vgl. § 12 AsylbLG). Durch diese begriffliche Unterscheidung zwischen Leistungsberechtigten und Bezieher*innen oder Empfänger*innen, scheinen sie nicht von identischen Gruppen auszugehen, sodass die Gruppe derjenigen, die Hilfen und Unterstützungen erhalten nicht mit der Gruppe übereinstimmen muss, die die Nutzungsvoraussetzungen erfüllen. In Bezug auf Kinder bedeutet das, dass möglicherweise mehr Kinder berechtigt sind, Leistungen des AsylbLG zu erhalten als es in der Realität tun.

Verwendung des Begriffs ‚Ausländer'

Nicht zuletzt schreiben die Gesetzgeber*innen mit der dreimaligen Verwendung des Begriffs „Ausländer" (vgl. § 1 Abs. 1 bis 3 AsylbLG) den mitberücksichtigten Kindern das Merkmal zu, nicht als Deutsche*r (i. S. d. Art. 116 Abs. 1 GG) zu gelten. Damit wird diese Eigenschaft zur Abgrenzung von weiteren Personen verwendet und als Besonderheit hervorgehoben.

Überblick über die Ergebnisse der Analyse

Tab. 14: Ergebnisse der Analyse der kindbezogenen Begrifflichkeiten im AsylbLG

Ergebnisse der Analyse	Kinder- und Kindheitsbilder
Kinder haben noch nicht die gleichen Rechte und Fähigkeiten wie Erwachsene, sodass sie insbesondere auf die Unterstützung ihrer Eltern (bzw. der Personensorgeberechtigten) angewiesen sind, um ihr Leben bewältigen zu können.	Kinder als abhängige Menschen von ihren Eltern
Kinder leben in der Regel mit ihren Eltern in einem Haushalt.	Kinder als Teil des Haushalts
Kinder haben die gleichen Bedarfe wie Jugendliche und Erwachsene, allerdings jeweils in einem geringeren quantitativen Umfang.	Kinder als kleine Erwachsene
Bedarfe von Kindern sind nicht nur von ihrem Alter abhängig, sondern auch vom Besuch einer Schule.	Schulkindheit
Leistungsberechtigte Kinder entscheiden nicht selbst über ihre Hilfebedürftigkeit. Diese Entscheidung wird von Dritten getroffen.	Kinder als abhängige Menschen von Dritten
Kindern wird die Möglichkeit abgesprochen Haushaltsvorstand oder erwerbstätig zu sein.	Kinder als sich entwickelnde, ‚unfertige' Menschen

Quelle: eigene Darstellung

3.1.2 SGB II

Im SGB II wird – wie auch im AsylbLG – eine Vielzahl von Termini verwendet, die den Begriff ‚Kinder' konkret verwenden oder durch die deutlich wird, dass Kinder berücksichtigt sind. Wiederum finden sich Formulierungen, die so allgemein formuliert sind, dass nicht auf den ersten Blick deutlich wird, ob die Regelungen auch auf Kinder anzuwenden sind. Diese unterschiedlichen Formulierungen werden in gleicher Weise wie für das AsylbLG für das SGB II dargestellt und untersucht.

Im SGB II verwenden die Gesetzgeber*innen die Begriffe ‚Kinder', ‚Bedarfsgemeinschaft', ‚Familie', ‚Kinder nach verschiedenen Altersdifferenzierungen', Schüler*innen', ‚Leistungsberechtigte', ‚Empfänger*innen' und ‚Bezieher*innen'.

Verwendung des Begriffs ‚Kinder'

Die Gesetzgeber*innen benutzen 57 Mal den Begriff ‚Kinder' (vgl. Tab. 15).

Tab. 15: Formulierungen im SGB II, die den Leistungsanspruch von Kindern implizieren – Kinder, Schüler*innen, Eltern und Bedarfsgemeinschaft

Begriff	Anzahl	Quelle
Kinder davon*:	57	
Kinder (ohne Konkretisierung)	4	§ 11 Abs. 1 SGB II; § 19 Abs. 2 SGB II; § 33 Abs. 1 SGB II; § 38 Abs. 2 SGB II
Kinder (Altersdifferenzierung)	14	§ 7 Abs. 3 Nr. 2, 4 SGB II; § 9 Abs. 3 SGB II; § 10 Abs. 1 Nr. 3 SGB II; § 11b Abs. 3 SGB II; § 12 Abs. 2 Nr. 1a SGB II; § 16a Nr. 1 SGB II; etc.
Kinder, Jugendliche und jungen Erwachsenen	3	§ 4 Abs. 2 SGB II; § 28 Abs. 1 SGB II
Kinder im Sinne der Abstammung	6	§ 7 Abs. 3 Nr. 2 SGB II; § 9 Abs. 3 SGB II; § 11b Abs. 1 Nr. 8 SGB II; § 33 Abs. 2 Nr. 3 SGB II; § 34b SGB II
alleinerziehend	1	§ 20 Abs. 2 SGB II
leibliche Kinder	1	§ 33 Abs. 2 Nr. 3 SGB II
Pflegekinder	5	§ 11a Abs. 3 Nr. 1 SGB II; § 77 Abs. 2 SGB II
Kinder als Teil des Haushaltsoder der Bedarfsgemeinschaft	11	§ 7 Abs. 3 Nr. 2 SGB II; § 9 Abs. 2, 3 SGB II; § 11 Abs. 1 SGB II; § 21 Abs. 3 Nr. 1 SGB II; § 31a Abs. 3 SGB II; § 38 Abs. 2 SGB II; etc.
mehrere Kinder in einem Haushalt	3	§ 11b Abs. 3 SGB II; § 21 Abs. 3 Nr. 1 SGB II; § 51a SGB II
unverheiratete Kinder	4	§ 7 Abs. 3 SGB II; § 9 Abs. 2 SGB II; § 34b SGB II
behinderte Kinder	1	§ 16a Nr. 1 SGB II
Kinder betreuen	3	§ 9 Abs. 3 SGB II; § 16a Nr. 1 SGB II; § 33 Abs. 2 Nr. 3 SGB II
Kinder versorgen	2	§ 7 Abs. 3a SGB II
Kinder pflegen	1	§ 21 Abs. 3 SGB II
Kinder erziehen	4	§ 1 Abs. 2 SGB II; § 10 Abs. 1 Nr. 3 SGB II

Begriff	Anzahl	Quelle
institutionelle Betreuung der Kinder	6	§ 10 Abs. 1 Nr. 3 SGB II; § 28 Abs. 2, 6 SGB II; § 77 Abs. 11 SGB II
Staatliche Leistungen für Kinder (Kindergeld nach BKGG, Kinderzuschlag nach § 6a)	9	§ 11 Abs. 1 SGB II; § 12a Nr. 2 SGB II; § 19 Abs. 2 SGB II; § 33 Abs. 1 SGB II; § 46 Abs. 6, 8 SGB II

* Mehrfachzuordnungen

Quelle: SGB II; eigene Darstellung

Wie Tab. 15 zeigt, verwenden die Gesetzgeber*innen – gleichsam wie im AsylbLG – den Begriff ‚Kinder' in Verbindung mit einer Reihe weiterer Termini. Auch in diesem Gesetz berücksichtigten sie innerhalb eines Sätze vermehrt mehrere Kontexte, so z. B. in § 7 Abs. 3 Nr. 1 SGB II in dem sie schreiben

„[…] die im Haushalt lebenden Eltern […] eines unverheirateten […] Kindes […]."

In dieser Wortgruppe werden allein drei Aspekte aufgegriffen: (1) das unverheiratete Kind; (2) die Abstammungsbeziehung („Eltern" – „Kind") und (3) die Haushaltsgemeinschaft, die die besagten Personen verbindet.

Die Gesetzgeber*innen nutzen siebenmal den Begriff ‚Kinder', ohne diesen weiter zu konkretisieren, während er 64 Mal zu einem konkreten Kontext zugeordnet werden konnte. Dabei handelt es sich um die Altersdifferenzierung, die an späterer Stelle noch detaillierter behandelt wird. Außerdem nutzen sie den Begriff ‚Kinder' insgesamt dreimal im Zusammenhang mit weiteren Lebensphasen, wodurch auch die Gesetzgeber*innen im SGB II unterstellen, dass sowohl Kinder als auch Jugendliche und teilweise auch junge Erwachsene in spezifischen Lebenslagen gleiche Bedarfe haben, da sich die Regelungen jeweils auf die benannten Gruppen in gleicher Weise beziehen. Hierbei handelt es sich um den Besuch einer Schule, sodass sich zeigt, dass auch die Gesetzgeber*innen des SGB II davon ausgehen, dass Bedarfe auftreten können, sobald und für die Zeit, in der diese Institution besucht wird.

Weiterhin gehen sie auf das Abstammungsverhältnis ein. Sie betrachten den Begriff ‚Kinder' folglich nicht nur als Lebensphase in einer festgesetzten Altersspanne, sondern sehen Kinder auch im Zusammenhang mit ihren Eltern. Der Begriff ‚Kinder' impliziert das Bestehen einer sog. ‚familiären Beziehung' zu den Eltern. Dieses Verhältnis erkennen sie nicht nur als ein leibliches (vgl. § 33 Abs. 2 Nr. 3 SGB II) bzw. biologisches Abstammungsverhältnis an, sondern gehen auch davon aus, dass Kinder mit einem leiblichen und einem Stiefelternteil (vgl. § 10 Abs. 1 Nr. 3 SGB II) oder in einer Pflegefamilie („Pflegekind"; § 11a Abs. 3 Nr. 1 SGB II) aufwachsen können. Zudem wohnen Kinder ihren

Ansichten nach nicht immer mit zwei Elternteilen in einer Wohnung, sondern können auch in „alleinerziehenden Haushalten" (§ 20 Abs. 2 SGB II) leben. Sie gehen damit von unterschiedlichen Familienzusammensetzungen aus, innerhalb derer die adressierten Kinder aufwachsen können.

Verwendung des Begriffs ‚Bedarfsgemeinschaft'

Eine erhöhte Bedeutung sprechen die Gesetzgeber*innen den Eltern für ihre Kinder zu, wenn sie gemeinsam in einem Haushalt bzw. einer Wohnung leben. Das wird deutlich, da sie die Begriffe ‚Eltern' und ‚Kinder' in Zusammenhang mit den Begriffen ‚Haushalt' und ‚Wohnung' (vgl. § 7 Abs. 3 SGB II; § 22 Abs. 5 Nr. 1 SGB II) oder ‚Bedarfsgemeinschaft' (vgl. § 9 Abs. 2 SGB II) verwenden. Demnach sind Familienmitglieder für die Gesetzgeber*innen zu allererst die Personen, mit denen die Kinder zusammenwohnen und nicht die Personen, von denen sie biologisch abstammen. Diese haushaltsbezogene Einheit ist für die Gesetzgeber*innen außerdem durch das Vorliegen gleicher Bedarfe charakterisiert, denn sie sprechen von sog. ‚Bedarfsgemeinschaften' und nicht von ‚Haushaltsgemeinschaften' wie im AsylbLG. Dementsprechend werden im SGB II – dem Wortlaut nach – die gemeinsamen Bedarfe in den Vordergrund gestellt.

Resümierend beschreiben die Gesetzgeber*innen Familien im Leistungsbezug des SGB II als Zusammenschluss von Personen in einem Haushalt, die zudem die gleichen Bedarfe haben. Kinder leben folglich mit ihren leiblichen, Stief- oder Pflegeeltern in einer Wohnung zusammen. Liegt der Bedarf an Leistungen aus dem SGB II vor, besteht dieser zumeist nicht nur für ein Haushaltsmitglied, sondern für alle im Haushalt lebenden Personen. Die Gesetzgeber*innen gehen in diesem Kontext weiterhin davon aus, dass in den Familien mehrere Kinder leben können (vgl. § 51a SGB II). Dadurch heben sie hervor, dass Kinder nicht zwangsläufig als Einzelkinder aufwachsen, sondern Geschwister haben können, mit denen sie zusammenleben.

Auch wenn Personen noch mit ihren Eltern zusammenwohnen, gehören sie nicht mehr zur Bedarfsgemeinschaft, wenn sie das 25. Lebensjahr vollendet haben (vgl. § 7 Abs. 3 Nr. 2 SGB II) oder verheiratet sind (vgl. § 9 Abs. 2 SGB II). Folglich unterstellen die Gesetzgeber*innen, dass Personen elternunabhängige Bedarfe haben, sobald sie heiraten und damit eine*n sog. ‚Lebenspartner*in' gefunden haben. Damit gehören sie ihren Ansichten nach nicht mehr zur sog. ‚Familie', sondern bilden eine separate Familie bzw. Bedarfsgemeinschaft. Diese Zugehörigkeit zur Bedarfsgemeinschaft löst sich ihrem Erachten nach auch auf, wenn Personen das 25. Lebensjahr vollenden. Mit dieser Altersgrenze ändern sich den Gesetzgeber*innen zufolge die Bedarfe der Personen in eigene, nicht mehr elternabhängige Bedarfe.

Weiterhin wird aus den Formulierungen, die u. a. den Begriff ‚Kinder' beinhalten, deutlich, dass die Gesetzgeber*innen Kindern eine Abhängigkeit von ihren Eltern unterstellen, die sie aufgrund ihres altersbezogenen Unterstützungsbedarfs aufweisen. Die Gesetzgeber*innen sprechen an verschiedenen Stellen davon, dass Eltern ihre Kinder pflegen (vgl. § 21 Abs. 3 SGB II), betreuen (vgl. § 9 Abs. 3 SGB II; § 33 Abs. 2 Nr. 3 SGB II), erziehen (vgl. § 1 Abs. 2 SGB II) und versorgen (vgl. § 7 Abs. 3a SGB II). Damit unterstellen sie Kindern den Bedarf an Pflege, Betreuung, Erziehung und Versorgung durch ihre Eltern. Dieser liegt allerdings nicht bei allen Kindern in gleichem Umfang vor. So sprechen die Gesetzgeber*innen besonders Minderjährigen und Kindern mit Behinderung den Bedarf an Pflege zu (vgl. § 16a Nr. 1 SGB II). Betreuung bedürfen Kinder ihrem Erachten nach, wenn eine Behinderung vorliegt sowie in den ersten sechs Lebensjahren. Dieser Bedarf kann auch durch institutionell organisierte Angebote – Kindertageseinrichtungen oder Kindertagespflege – übernommen werden (vgl. § 10 Abs. 1 Nr. 3 SGB II) und muss nicht zwangsläufig durch die Eltern gedeckt werden. Gleichzeitig wird sichtbar, dass die Gesetzgeber*innen davon ausgehen, dass Bedarfe von Kindern durch andere Personen und nicht nur durch die Eltern gesichert werden können.

Im Rahmen der Nutzung dieser Termini werden Kinder immer als passive Wesen dargestellt, die versorgt, betreut, gepflegt oder erzogen werden. Sie werden damit lediglich als Empfänger*innen dargestellt, denen an der Ausgestaltung dieser Leistungen selbst keine aktive Rolle zugesprochen wird.

Darüber hinaus zeigen die Gesetzgeber*innen auf, dass Kinder staatliche Transferleistungen erhalten (können), die insbesondere auf sie als Zielgruppe ausgerichtet sind. Dabei nehmen sie das Kindergeld und den Kinderzuschlag (vgl. § 11 Abs. 1 SGB II) in den Blick. Diese beiden Leistungen beeinflussen die Einkommenssituation der leistungsberechtigten Kinder.

Verwendung des Begriffs ‚Familie'

Neben den Formulierungen, die den Begriff ‚Kinder' enthalten, verwenden die Gesetzgeber*innen auch Formulierungen mit dem Begriff ‚Familie' (vgl. Tab 16). Da Kinder neben den erwachsenen Lebenspartner*innen als ein Bestandteil von Familien verstanden werden, können sich die Leistungen, die den Begriff ‚Familie' enthalten, auch an Kinder richten.

Tab. 16: Formulierungen im SGB II, die den Leistungsanspruch von Kindern implizieren – Familie

Begriffe	Anzahl	Quelle
Familie davon:	9	
Familienangehörige	2	§ 7 Abs. 1 SGB II
Vereinbarkeit Familie und Beruf	2	§ 18e Abs. 2, 4 SGB II
Familienphase	1	§ 18e Abs. 2 SGB II
familienspezifisch; familiengerecht	2	§ 1 Abs. 2 Nr. 4 SGB II; § 18e Abs. 3 SGB II
familienversichert	2	§ 26 Abs. 1, 2 SGB II

Quelle: SGB II; eigene Darstellung

Durch die spezifischen Verwendungsweisen des Begriffs ‚Familie' verdeutlichen die Gesetzgeber*innen erneut die Bedeutung der Eltern für ihre Kinder. Zwar nutzen sie den Begriff ‚Familie' lediglich neunmal und damit im Vergleich zu den Begriffen ‚Haushaltsgemeinschaft' und ‚Bedarfsgemeinschaft' deutlich seltener, sodass sie dem Zusammenleben von Personen eine grundlegendere Bedeutung zusprechen als dem Abstammungsverhältnis. Allerdings betonen sie in den verschiedenen Formulierungen mit dem Begriff ‚Familie', dass die Eltern ihre eigenen Lebenslagen für ihre (neugeborenen) Kinder verändern. So heben die Gesetzgeber*innen bspw. hervor, dass die Eltern insbesondere mit sehr jungen Kindern eine sog. ‚Familienphase' nehmen (vgl. § 18e Abs. 2 SGB II), in der i. d. R. mindestens ein Elternteil keine Erwerbstätigkeit ausübt. Damit dieser Elternteil wieder in den Beruf zurückkehren kann und nicht mehr ganztägig für ihre Kinder sorgen muss, können sie institutionelle Betreuungsangebote in Anspruch nehmen, die nach Ansicht der Gesetzgeber*innen insbesondere die Vereinbarkeit von Familienleben und Beruf ermöglichen (vgl. § 10 Abs. 1 Nr. 3 SGB II).

Zudem zeigen die Gesetzgeber*innen mit den Begriffen ‚familiengerecht' und ‚familienspezifisch' (§ 18e Abs. 3 SGB II; § 1 Abs. 2 Nr. 4 SGB II), dass diese Lebensform bzw. das Vorhandensein von Kindern in einem Haushalt eine veränderte Bedarfslage mit sich bringt. Diese Begriffe nutzen sie nur an zwei Stellen und jeweils in einem eher allgemeinen Kontext, sodass sie die veränderte Bedarfslage der Eltern zwar bedenken, ihr jedoch keine hohe Bedeutung beimessen.

Verwendung von Altersgrenzen

Neben der Verwendung des Begriffs ‚Kinder' setzen die Gesetzgeber*innen 27 Formulierungen ein, die Altersgrenzen beinhalten (vgl. Tab. 17). Diese betreffen sowohl allein Kinder in der hier verwendeten Definition. Andere beziehen einen breiteren Personenkreis ein.

Tab. 17: Formulierungen im SGB II, die den Leistungsanspruch von Kindern implizieren – Altersdifferenzierungen und Schüler*innen

Begriff	Anzahl	Quelle
Altersdifferenzierungen im Kindesaltersalter davon:	27	
Kind, das das dritte Lebensjahr vollendet hat	1	§ 10 Abs. 1 Nr. 3 SGB II
bis zur Vollendung des sechsten Lebensjahres	6	§ 9 Abs. 3 SGB II; § 21 Abs. 3 Nr. 1 SGB II; § 21 Abs. 7 Nr. 4 SGB II; § 23 Nr. 1 SGB II; § 33 Abs. 2 Nr. 3 SGB II; § 77 Abs. 4 Nr. 2 SGB II
15. Lebensjahr	3	§ 21 Abs. 7 Nr. 2 SGB II; § 23 Nr. 1 SGB II; § 77 Abs. 4 Nr. 4 SGB II
Kinder unter 16 Jahren	1	§ 21 Abs. 3 Nr. 1 SGB II
Beginn des siebten bis zur Vollendung des 14. Lebensjahres	3	§ 21 Abs. 7 Nr. 3 SGB II; § 23 Nr. 1 SGB II; § 77 Abs. 4 Nr. 3 SGB II
Leistungsberechtigten bis zur Vollendung des 18. Lebensjahres, Minderjährige	10	§ 11b SGB II; § 12 Abs. 2 Nr. 1a SGB II; § 16a Nr. 1 SGB II; § 21 Abs. 3 SGB II; § 28 Abs. 7 SGB II; § 31a Abs. 3 SGB II; § 33 Abs. 2 Nr. 2 SGB II; § 36 SGB II; § 77 Abs. 11 SGB II
Personen, die das 25. Lebensjahr noch nicht vollendet haben	3	§ 28 Abs. 1 SGB II; § 33 Abs. 2 Nr. 2 SGB II; § 34b SGB II
Schülerinnen, Schüler	21	§ 28 Abs. 1 bis 6 SGB II

Quelle: SGB II; eigene Darstellung

Wie Tab. 17 zeigt, verwenden die Gesetzgeber*innen sechs verschiedene Altersdifferenzierungen. Bei einigen lässt sich indirekt erkennen, dass sich die Gesetzgeber*innen an gesellschaftlichen Rahmenbedingungen orientieren wie dem Eintritt in das Erwerbsfähigenalter („15. Lebensjahres“; § 21 Abs. 7 Nr. 2 SGB II) oder die Volljährigkeit („bis zur Vollendung des 18. Lebensjahres“; § 31a Abs. 3 SGB II). Vermutet werden können derartige Zusammenhänge auch in Bezug auf den Beginn des Besuchs der Schule („bis zur Vollendung des sechsten Lebensjahres“; § 9 Abs. 3 SGB II). Zwar besteht im letztgenannten Falle nur ein ungefährer Zusammenhang, allerdings zeigen die Gesetzgeber*innen an anderer Stelle durch die Verwendung der Begriffe ‚Schülerinnen und Schüler‘, dass sie dem Eintritt in die Schule eine Veränderung von Lebenslagen und Bedarfen zuschreiben. Folglich kann darauf geschlossen werden, dass die Gesetzgeber*innen annehmen, dass sich die Lebenslagen und die Bedarfe von Kindern durch gesellschaftlich bedingte Übergänge ändern.

Außerdem zeigen die weiteren Altersdifferenzierungen, die nicht mit gesellschaftlichen Rahmenbedingungen in Verbindung gebracht werden können, dass die Gesetzgeber*innen zusätzliche Schnittstellen kennen, an denen sich Lebenslagen und Bedarfe verändern. Aus dieser ersten Analyse können diese jedoch nicht rekonstruiert werden. Für diejenigen Altersdifferenzierungen, die die Gesetzgeber*innen in den Leistungen für Bildung und Teilhabe verwenden, wird dies im Abschnitt 3.2.1.2 detailliert behandelt.

Darüber hinaus unterstellen die Gesetzgeber*innen mit den verschiedenen Altersdifferenzierungen, dass Kinder über die Lebensphase Kindheit hinweg keine grundsätzlich gleichen Bedarfe haben und in identischen Lebenslagen aufwachsen. Die Gesetzgeber*innen kennen dabei unterschiedliche Altersdifferenzierungen, die teilweise nur wenige Jahrgänge beinhalten (z. B. bei den Kindern „bis zur Vollendung des sechsten Lebensjahres“ handelt es sich um sechs Jahrgänge) zum Teil aber auch deutlich mehr Jahrgänge umfassen (wie bei den „Leistungsberechtigten bis zur Vollendung des 18. Lebensjahres“). Da sie diese jeweils spezifischen Lebenslagen zuordnen, zeigt sich, dass die Gesetzgeber*innen annehmen, dass Bedarfe und Lebenslagen über einen längeren Zeitraum gleich bleiben können, während sie sich in einer anderen Lebenslage nach kurzer Zeit verändern können. Damit besteht im Kindesalter keine Konstanz über alle Lebenslagen und den damit verbundenen Bedarfen hinweg. Vielmehr nehmen die Gesetzgeber*innen an, dass es in unregelmäßigen Abständen zu Veränderungen in jeweils einem Teil ihrer Lebens- und Bedarfslagen kommt.

Verwendung des Begriffs ‚Leistungsberechtigte‘

Weiterhin verwenden die Gesetzgeber*innen des SGB II genauso wie die Gesetzgeber*innen des AsylbLG Formulierungen wie ‚leistungsberechtigte Personen‘, ‚Leistungsberechtigte‘ etc. bei denen sie auch Kinder adressiert haben können.

Die Begriffe ‚Leistungsberechtigte‘, ‚Leistungsberechtigter‘ und ‚leistungsberechtigte Person‘ finden sich insgesamt 172-mal wieder (vgl. Tab. 18) und damit am häufigsten im Vergleich aller angeführten Begrifflichkeiten im Gesetzestext.

Tab. 18: Formulierungen im SGB II, die den Leistungsanspruch von Kindern implizieren – Leistungsberechtigte, Bezieher*innen und Empfänger*innen

Begriff	Anzahl	Quelle
Leistungsberechtigte; leistungsberechtigte Personen davon:	172	
in Zusammenhang mit Erwerbstätigkeit und Eigenschaften, die auf eine Erwerbstätigkeit hinweisen	105	§§ 1 Abs. 2 SGB II; § 7 SGB II; § 10 SGB II; § 11b SGB II; § 12 SGB II; § 13 Abs. 4 SGB II; § 14 SGB II; § 15 SGB II; etc.
in Zusammenhang mit Altersgrenze ausschließlich oberhalb des Kindesalters genannt oder mit Merkmalen, die ausschließlich älteren Personen zugeordnet werden (z. B. tätigen von Mietzahlungen)	11	§ 13 Abs. 2 SGB II; § 22 Abs. 1, 7 SGB II; § 25 SGB II; § 31a Abs. 3 SGB II; § 34b SGB II; § 44c Abs. 4 SGB II
Leistungsberechtigte (ohne Konkretisierung)	43	§ 1 Abs. 1 SGB II; § 5 Abs. 3 SGB II; § 7 SGB II; § 9 Abs. 2 SGB II; § 11a Abs. 5 SGB II; § 12 Abs. 2 Nr. 4 SGB II; § 12a SGB II; § 19 Abs. 2 SGB II; etc.
in Zusammenhang mit Nichterwerbsfähigkeit	2	§ 19 Abs. 1 SGB II; § 31a Abs. 4 SGB II
in Zusammenhang mit Altersgrenzen, die Kinder einschließen	11	§ 12 Abs. 2 Nr. 1a SGB II; § 21 Abs. 7 Nr. 2 bis 4 SGB II; § 28 Abs. 7 SGB II; § 33 Abs. 2 Nr. 2 SGB II; § 77 Abs. 4, 11 SGB II
Bezieherinnen; Bezieher	4	§ 26 Abs. 1, 2 SGB II
Empfängerinnen; Empfänger	7	§ 11a Abs. 4 SGB II; § 33 Abs. 4 SGB II

Quelle: SGB II; eigene Darstellung

Indem hier dieselbe Begrifflichkeit wie im AsylbLG Anwendung findet, ist von einer Übertragbarkeit der Ergebnisse auszugehen. Die Analyse des Berechtigten-Begriffs wird demnach nicht erneut dargestellt.

Weiterhin werden die Begrifflichkeiten auch im SGB II erstens in Verbindung mit Formulierungen genutzt, die Kinder ausschließen, zweitens ohne das weitere Konkretisierungen vorgenommen werden, sodass wiederum nicht unmittelbar deutlich wird, ob sich das Recht auf Kinder bezieht und drittens in Zusammenhang mit Begriffen, die explizit darauf verweisen, dass Kinder einbezogen sind. Bei der erstgenannten Gruppe handelt es sich um Formulierungen wie ‚erwerbsfähige Leistungsberechtigte', welche so und in ähnlicher Weise 105-mal genutzt werden sowie Formulierungen, die durch die Verwendung von Altersgrenzen aufzeigen, dass Kinder ausgeschlossen werden (z. B. „Leistungsberechtigte nach Vollendung des 63. Lebensjahres"; § 13 Abs. 2 SGB II) oder die Merkmale verwenden, die nur älteren Personen zugesprochen werden (z. B. das Vorhandensein einer „getrennt lebenden Ehegattin"; § 34b SGB II). Derartige Ausdrücke finden sich elfmal wieder. Mit dem Aufzeigen derjenigen Regelungen, die nicht die Kinder betreffen, wird deutlich, dass Kinder nicht ausschließlich die gleichen Bedarfe aufweisen wie andere Personen. Mit dem Hinweis auf die „Erwerbsfähigkeit" weisen die Gesetzgeber*innen auf eine Lebenslage hin, von der die Kinder ausgeschlossen sind, mit der sie jedoch eine Reihe von Bedarfen verbinden, die sie im Rahmen des SGB II regeln. Zudem unterstellen sie Differenzen in den Lebens- und Bedarfslagen aufgrund des Alters, indem sie eine Vielzahl von Rechten und Bedarfen benennen, die sie lediglich Personen ab dem erwerbsfähigen Alter zusprechen und Kinder damit ausschließen.

Regelungen, in denen ausschließlich der Begriff ‚Leistungsberechtigter' oder ähnliche Formulierungen verwendet werden, ohne dass diese weiter konkretisiert sind, nutzen die Gesetzgeber*innen im SGB II 43-mal. Aufgrund der unterlassenen, weiteren Eingrenzung ist anzunehmen, dass alle Personen gemeint sind. Kinder werden damit in gleicher Weise wie Jugendliche, Erwachsene und alle anderen Gruppen angesprochen, wodurch deutlich wird, dass die Gesetzgeber*innen auch Lebenslagen und Bedarfe kennen, die alle Personen unabhängig vom Alter und spezifischen Merkmalen betreffen. Dies zeigt sich noch einmal mehr unter Berücksichtigung der Zusammenhänge, in denen diese Anwendung finden. Den nicht weiter konkretisierten Begriff der ‚Leistungsberechtigten' nutzen die Gesetzgeber*innen bei allgemeinen Regelungen (z. B. § 1 Abs. 1 SGB II; § 7 SGB II), wenn sie auf den Anspruch auf andere Sozialleistungen im Allgemeinen (z. B. § 5 Abs. 3 SGB II; § 12a SGB II), auf einzelne Leistungen innerhalb des SGB II (z. B. Mehrbedarfe – § 21 Abs. 5 bis 7 SGB II) oder die Unterstützung durch Dritte (z. B. § 11a Abs. 5 SGB II; § 34b SGB II) verweisen, wenn sie Ausführungen im Zusammenhang mit der Verwendung finanzieller Ressourcen vorlegen (z. B. § 20 Abs. 1 SGB II; § 28 Abs. 4 SGB II; § 30 SGB II) sowie wenn sie allgemeine Regelungen aufstellen, die sie in Bezug auf die Leistungsgewährung treffen (z. B. § 32 Abs. 1 SGB II; §§ 41, 42 SGB II).

Schließlich nutzen die Gesetzgeber*innen die Möglichkeit, den Begriff der ‚Leistungsberechtigten' so einzuschränken, dass sie ausschließlich „nichterwerbsfähige" (zweifache Nutzung: § 19 Abs. 1 SGB II; § 31a Abs. 4 SGB II) und altersspezifische Gruppen in einzelnen Leistungen berücksichtigen, die vor allem Kinder betreffen (elffache Verwendung: z. B. § 33 Abs. 2 SGB II; § 77 Abs. 4 Nr. 2 bis 4 SGB II). Dadurch erkennen die Gesetzgeber*innen auch Lebenslagen und Bedarfe an, die insbesondere die Altersgruppe der Kinder und die Gruppe der Personen betreffen, die (noch) nicht erwerbsfähig sind. Die ungleiche Anzahl der Nennungen weist allerdings darauf hin, dass Regelungen insbesondere für erwerbsfähige Personen aufgestellt werden und Kinder nur eine untergeordnete Rolle spielen. Bereits hier liegt ein Hinweis darauf vor, dass es sich bei diesem Gesetz vor allem um ein solches für Erwachsene handelt und Kindern nur eine nachrangige Bedeutung zugesprochen wird.

Aus der Analyse wird deutlich, dass die Gesetzgeber*innen davon ausgehen, dass sowohl gleiche als auch unterschiedliche Lebenslagen und Bedarfe von Kindern und Personen, die erwerbsfähig sind, vorliegen, sodass nicht generell allen Menschen eine Einheitlichkeit zugesprochen wird. Diese Unterschiedlichkeit hängt ihrem Erachten nach mit der Erwerbsfähigkeit und dem Alter der Personen zusammen. Darüber hinaus sprechen die Gesetzgeber*innen den Kindern die gleiche Abhängigkeit gegenüber Dritten zu wie allen anderen Personengruppen, die sie als Leistungsberechtigte bezeichnen.

*Verwendung der Formulierungen ‚Bezieher*innen' und ‚Empfänger*innen'*

Neben dem Begriff der ‚Leistungsberechtigten', der auf die durch Dritte zugesprochene Gewährung von Hilfen rekurriert, nutzen die Gesetzgeber*innen siebenmal den Begriff ‚Empfänger' oder ‚Empfängerinnen'. Dieser lässt die Notwendigkeit einer vorgelagerten Erteilung einer Berechtigung bzw. einem zugesprochenen Recht durch Dritte unberücksichtigt. Unter ‚Empfänger*innen' sind vielmehr die Personen zu verstehen, die Leistung erhalten. Das Recht auf diese Leistungen wird ihnen zu diesem Zeitpunkt nicht mehr abgesprochen. Den Begriff ‚Empfänger*innen' verwenden die Gesetzgeber*innen u. a. im Zusammenhang mit den Leistungen durch Dritte, die nicht auf die Leistungen des SGB II anzurechnen sind (z. B. § 11a Abs. 4 SGB II). Damit verdeutlichen sie, dass sie für das Zusprechen des Unterstützungsbedarfs selbst nicht verantwortlich sind, sondern diese Leistungen unabhängig vom SGB II durch andere Institutionen, Einrichtungen und Personen gewährt werden.

Eine ähnliche Perspektive nehmen die Gesetzgeber*innen durch die Verwendung der Begriffe ‚Bezieher' und ‚Bezieherinnen' (vgl. § 26 Abs. 1 und 2 SGB II) ein. Allerdings beziehen sie sich dabei auf die Regelsätze des SGB II – dem Arbeitslosengeld II und dem Sozialgeld. Sie verwenden diese Begriffe im Kontext der Möglichkeit der Bereitstellung darüber hinausreichender Hilfen, sodass sie darauf verweisen, dass bereits die Regelbedarfe anerkannt sein müssen, bevor zusätzliche Bedarfe geprüft werden können. Damit gehen sie davon aus, dass Personen allgemeine Bedarfslagen haben. Diese können durch spezifische Lebenslagen zu erhöhten Bedarfen führen.

Durch die Verwendung der beiden letztgenannten Begrifflichkeiten wird deutlich, dass die Gesetzgeber*innen davon ausgehen, dass den leistungsberechtigten Kinder sowohl innerhalb des SGB II verschiedene Unterstützungen gewährt werden, also auch, dass sie noch weitere Hilfen über andere Gesetze erhalten können. Folglich gehen sie davon aus, dass die Kinder eine Reihe von Bedarfen aufweisen, die durch Dritte gesichert werden und damit weder von den Kindern selbst noch durch ihre Eltern, Verwandte, Freund*innen oder weitere Personen im sozialen Umfeld befriedigt werden.

Überblick über die Ergebnisse der Analyse

Tab. 19: Ergebnisse der Analyse der kindbezogenen Begrifflichkeiten im SGB II

Ergebnisse der Analyse	Kinder- und Kindheitsbilder
Kinder weisen für die Dauer, in der sie eine Schule besuchen, zusätzliche Bedarfe auf.	Schulkindheit
Kinder können in ganz unterschiedlichen Familienformen aufwachsen. Diese Familienformen werden darüber beschrieben, mit welchen Personen die Kinder in einem Haushalt zusammenleben.	Kinder als Teil des Haushalts
Personen, die gemeinsam in einem Haushalt leben, weisen zumeist auch die gleichen Bedarfe auf, sodass Kindern, wenn sie gemeinsam mit mindestens einem leistungsberechtigten Elternteil in einem Haushalt leben, auch der Bedarf an Unterstützung über das SGB II zugesprochen wird.	Kinder als Teil des Haushalts
Kinder haben einen (hohen) Bedarf an Pflege, Betreuung, Erziehung und Versorgung durch ihre Eltern.	Kinder als abhängige Menschen von ihren Eltern
Diese Bedarfe können allerdings auch Dritte erfüllen wie Kindertageseinrichtungen oder Tagespflegepersonen.	Kinder als abhängige Menschen von Dritten Institutionenkindheit
Die Bedarfe von Kindern verändern sich mit zunehmendem Alter.	Kinder als sich entwickelnde, ‚unfertige' Menschen
Kindern wird eine Vielzahl an Rechten und Pflicht abgesprochen, da sie (noch) nicht erwerbsfähig sind.	Kinder als sich entwickelnde, ‚unfertige' Menschen
Die Gesetzgeber*innen gehen davon aus, dass Kinder oder ihre Eltern ihre Bedarfe nicht sichern können, sodass die Kinder dafür Unterstützung durch Dritte benötigen.	Kinder als abhängige Menschen von Dritten

Quelle: eigene Darstellung

3.1.3 SGB XII

Im SGB XII werden – gleichermaßen wie im AsylbLG und im SGB II – eine Vielzahl von Termini genutzt, die darauf hinweisen, dass Kinder in den Regelungen einbezogen sind. Auch in diesem Gesetz werden sowohl Formulierungen verwendet, in denen der Begriff ‚Kinder' enthalten ist als auch solche, bei denen Kinder implizit (mit)genannt werden. Die Gesetzgeber*innen nutzen im SGB XII sehr ähnliche Begrifflichkeiten wie im AsylbLG und im SGB II. Teilweise stehen diese jedoch in einem anderen Kontext und implizieren daher ein differentes Verständnis.

Verwendung des Begriffs ‚Kinder'

Die Gesetzgeber*innen setzen den Begriff ‚Kinder' im SGB XII 43-mal ein (vgl. Tab. 20).

Tab. 20: Formulierungen im SGB XII, die den Leistungsanspruch von Kindern implizieren – Kinder, Eltern und Haushaltsgemeinschaft

Begriff	Anzahl	Quelle
Kinder davon*:	43	
Kinder (ohne Konkretisierung)	1	§ 30 Abs. 3 Nr. 2 SGB XII
Kinder (mit Altersdifferenzierungen)	15	§ 11 Abs. 4 SGB XII; § 19 Abs. 4 SGB XII; § 27 Abs. 2 SGB XII; § 30 Abs. 3 SGB XII; § 39 Nr. 1 SGB XII; § 82 Abs. 1 SGB XII; etc.
Kinder und/oder Jugendliche	5	§ 27a Abs. 1, 2 SGB XII; § 28 Abs. 4 SGB XII; § 34 Abs. 1 SGB XII; § 54 Abs. 3 SGB XII; § 107 SGB XII
Kinder im Sinne der Abstammung	5	§ 43 Abs. 3 SGB XII; § 94 Abs. 1 SGB XII; § 98 Abs. 2 SGB XII; § 107 SGB XII
alleinerziehend	2	§ 30 Abs. 3 SGB XII; Anlage § 28
leibliche Kinder	3	§ 19 Abs. 2 SGB XII; § 39 Nr. 1 SGB XII; § 94 Abs. 1 SGB XII
Pflegekinder	1	§ 54 Abs. 3 SGB XII

Begriff	Anzahl	Quelle
Kinder als Teil des Haushalts	6	§ 19 Abs. 2 SGB XII; § 27 Abs. 2 SGB XII; § 28 Abs. 3 SGB XII; § 30 Abs. 3 SGB XII; § 39 Nr. 1 SGB XII; § 107 SGB XII
mehrere Kinder in einem Haushalt	3	§ 30 Abs. 3 SGB XII; § 92a Abs. 3 SGB XII
unverheiratete Kinder	5	§ 27 Abs. 2 SGB XII; § 92a Abs. 3 SGB XII; § 93 Abs. 1 SGB XII; § 114 Nr. 2 SGB XII
Kinder betreuen	3	§ 19 Abs. 2 SGB XII; § 39 Nr. 1 SGB XII; § 94 Abs. 1 SGB XII
Kinder pflegen	5	§ 24 Abs. 1 Nr. 1 SGB XII; § 30 Abs. 3 SGB XII; § 64 Abs. 4, 5 SGB XII
Kinder erziehen	4	§ 11 Abs. 4 SGB XII; § 24 Abs. 1 Nr. 1 SGB XII; § 30 Abs. 3 SGB XII
institutionelle Betreuung der Kinder	8	§ 11 Abs. 4 SGB XII; § 34 Abs. 2 Nr. 2 SGB XII; § 34 Abs. 6 Nr. 2 SGB XII; § 131 Abs. 4 SGB XII
nicht eingeschulte Kinder	1	§ 92 Abs. 1 Nr. 1 SGB XII
staatliche Leistungen für Kinder (Kindergeld nach BKGG)	2	§ 82 Abs. 1 SGB XII; § 94 Abs. 2 SGB XII
Eltern	31	§ 19 Abs. 3, 4 SGB XII; § 27 Abs. 2 SGB XII; § 27a Abs. 4 SGB XII; § 39 Nr. 1 SGB XII; § 43 Abs. 3 SGB XII; § 85 Abs. 2, 3 SGB XII; etc.
Haushaltsgemeinschaft	5	§ 26 Abs. 1 SGB XII; § 38 Abs. 1 SGB XII; § 117 Abs. 1 SGB XII

* Mehrfachzuordnungen

Quelle: SGB XII; eigene Darstellung

Die Gesetzgeber*innen verwenden den Begriff ‚Kinder' auch im SGB XII nicht nur in einem Kontext, sondern zeigen durch die verschiedenen vor- und nachgestellten Begrifflichkeiten teilweise mehrere Zusammenhänge auf, in die sie die Lebenslagen und Bedarfe von Kindern einordnen. Beispielhaft kann dies an folgender Formulierung veranschaulicht werden:

> „Gehören minderjährige unverheiratete Kinder dem Haushalt ihrer Eltern oder eines Elternteils an [...].“ (§ 27 Abs. 2 S. 3 1. HS SGB XII)

Hier stellen sie den Kinderbegriff in die Kontexte (1) Altersbezug („minderjährige“) und (2) Abstammungsbeziehung („Kinder [...] ihrer Eltern“). Darüber hinaus zeigen sie auf, dass Kinder (3) unverheiratet sein können sowie, dass sie (4) mit ihren Eltern in einem gemeinsamen Haushalt leben können.

Die Gesetzgeber*innen verwenden den Begriff ‚Kinder‘ – wie aus Tab. 20 ersichtlich wird – in 15 verschiedenen Kontexten und einmal ohne dass unmittelbar eine spezielle Lebenslage oder ein bestimmter Bedarf zugeordnet wurde (vgl. § 30 Abs. 3 Nr. 2 SGB XII).

Konkret verwenden sie den Begriff ‚Kinder‘ 15-mal unter Bezugnahme auf spezielle Altersgrenzen (vgl. Tab. 21), sodass ihrem Erachten nach auch im SGB XII diese Lebensphase nicht unabhängig vom Alter berücksichtigt werden kann. Die Alterskategorien werden in nachfolgender Tabelle dargestellt und anschließend untersucht, bevor die Analyse der weiteren Begriffe und Formulierungen, die in Tab. 20 aufgezeigt sind, erfolgt.

Verwendung von Altersgrenzen

Tab. 21: Formulierungen im SGB XII, die den Leistungsanspruch von Kindern implizieren – Altersdifferenzierungen und Schüler*innen

Begriff	Anzahl	Quelle
Altersdifferenzierungen im Kindesalter davon:	15	
Kinder, die das dritte Lebensjahr vollendet haben	1	§ 11 Abs. 4 SGB XII
bis zur Vollendung des sechsten Lebensjahres/ Kinder unter sieben Jahren	5	§ 19 Abs. 4 SGB XII; § 30 Abs. 3 Nr. 1 SGB XII; § 39 Nr. 1 SGB XII; § 94 Abs. 1 SGB XII; Anlage § 28
Beginn des siebten bis zur Vollendung des 14. Lebensjahres	1	Anlage § 28
Kinder unter 16 Jahren	1	§ 30 Abs. 3 Nr. 1 SGB XII

Begriff	Anzahl	Quelle
Leistungsberechtigte bis zur Vollendung des 18. Lebensjahres; Minderjährige	7	§ 27 Abs. 2 SGB XII; § 30 Abs. 3 SGB XII; § 82 Abs. 1 SGB XII; § 92a Abs. 3 SGB XII; § 93 Abs. 1 SGB XII; § 108 Abs. 3 SGB XII; etc.
Schülerinnen; Schüler	21	§ 27a Abs. 1 SGB XII; § 34 Abs. 1 bis 6 SGB XII; § 131 Abs. 4 SGB XII

Quelle: SGB XII; eigene Darstellung

Tab. 21 zeigt im Vergleich zu Tab. 17, dass die Gesetzgeber*innen des SGB XII mit zwei Ausnahmen die gleichen Altersdifferenzierungen wie im SGB II verwenden. Im SGB XII bleiben die Personen im 15. Lebensjahr und die Personen, die das 25. Lebensjahr noch nicht vollendet haben, unbenannt. Beide Grenzen scheinen mit der Erwerbstätigkeit in Verbindung zu stehen, die im SGB II von grundlegender Bedeutung ist. Mit dem 15. Geburtstag gelten Personen als erwerbsfähig und erlangen damit ein neues Recht. Bis zum 25. Geburtstag besteht ein verstärktes Bestreben der Gesetzgeber*innen, diese Personen in eine berufliche Ausbildung und den Arbeitsmarkt einzugliedern (vgl. § 3 Abs. 2 SGB II). Dieser Fokus besteht im SGB XII nicht explizit, sodass anzunehmen ist, dass die beiden Altersgrenzen deshalb weder im SGB XII noch im AsylbLG zu finden sind.

Für die weiteren Altersdifferenzierungen können die Ergebnisse der Analyse aus dem SGB II übernommen werden. Auch hier zeigt sich, dass die Gesetzgeber*innen davon ausgehen, dass Kinder in einem bestimmten Alter spezielle Bedarfe haben und sich in spezifischen Lebenssituationen befinden. Diese können sich in Teilen zu einem späteren Zeitpunkt im Leben ändern.

*Verwendung des Begriffs ‚Schüler*innen'*

Nach Ansicht der Gesetzgeber*innen ändern sich Lebenslagen und Bedarfe mit dem Besuch einer Schule. Durch die Verwendung der Begriffe ‚Schülerinnen und Schüler' zeigen sie, dass die Erfüllung der Schulpflicht zu spezifischen Lebenslagen und Bedarfen führt, da Kinder, die diesen Status erreicht haben, zusätzliche Leistungen erhalten. Dies gilt in gleicher Weise für Kinder, die Kindertagesbetreuungsangebote nutzen (vgl. § 34 SGB XII). Auch hier weisen die Kinder nach Ansicht der Gesetzgeber*innen zusätzliche Bedarfe beim Besuch dieser Angebote auf. Dieser Aspekt ist in gleicher Weise im AsylbLG und im SGB II zu finden.

Ferner verwenden die Gesetzgeber*innen – wie in Tab. 20 dargestellt – den Begriff ‚Kinder' fünfmal in Verbindung mit dem Begriff ‚Jugendliche'. Sie scheinen davon auszugehen, dass Lebenslagen und Bedarfe von Kindern in Teilen mit denen von Jugendlichen übereinstimmen. Da sie jedoch an diesen Stellen explizit beide Gruppen ansprechen und an anderen Stellen differente Begrifflichkeiten verwenden, wird erkennbar, dass sie davon ausgehen, dass Kinder und Jugendliche eine gemeinsame Schnittmenge an Bedarfen haben, die ausschließlich auf diese beiden Gruppen zutreffen.

Verwendung des Begriffs ‚Eltern'

Neben diesen alters- und lebensphasenbezogenen Abgrenzungen der Kinder, zeigt sich aus den Formulierungen, dass die Gesetzgeber*innen Kinder in der Beziehung zu ihren Eltern wahrnehmen und dem Alter eine nachrangige Bedeutung beimessen. Das wird bspw. an den Stellen deutlich, an denen sie den Begriff ‚Kinder' in den Kontext von Unterhaltsverpflichtungen stellen (vgl. § 43 Abs. 3 SGB XII; § 94 Abs. 1 SGB XII).

Darüber hinaus verwenden sie 31-mal den Begriff ‚Eltern', der das Abstammungsverhältnis und die Zugehörigkeit zu zwei Generationen und damit auch einen Altersabstand dieser Personengruppe zu den Kindern impliziert, da die eigenen Kinder nur geboren werden können, wenn bereits die Eltern ein gewisses biologisches Alter erreicht haben.

Weiterhin sehen die Gesetzgeber*innen das Verwandtschaftsverhältnis zwischen Eltern und Kindern auch im SGB XII nicht ausschließlich als ein rein biologisches, sondern sprechen von Kinder i. S. der Generationenbeziehungen, wenn diese in einer nicht leiblichen Familie untergebracht sind („Pflegekind"; § 54 Abs. 3 SGB XII). Zudem gehen die Gesetzgeber*innen des SGB XII davon aus, dass Kinder nur bei einem Elternteil (vgl. § 107 SGB XII) aufwachsen können. Demgegenüber weisen sie nicht auf die Möglichkeit hin, dass Kinder mit einem leiblichen und einem Stiefelternteil in einem Haushalt leben können, wie sie dies für die Kinder im SGB II-Bezug und indirekt für die Kinder im AsylbLG berücksichtigen. Grundsätzlich zeigt sich auch im SGB XII, dass die Gesetzgeber*innen die Familienform, in der die Kinder leben, über den Haushalt definieren.

Verwendung des Begriffs ‚Haushaltsgemeinschaft'

Die Gesetzgeber*innen kennen keine sog. ‚Bedarfsgemeinschaften' wie im SGB II, sondern nur das Teilen eines gemeinsamen Haushalts wie im AsylbLG. Allerdings sprechen sie erstens an mehreren Stellen von sog. ‚Haushaltsgemeinschaften' (vgl. u. a. § 39 SGB XII; § 117 Abs. 1 SGB XII). Zweitens legen sie explizit fest, dass sie von einem gemeinsamen Wirtschaften ausgehen, sodass die Personen, die in dem Haushalt zusammenleben, gewöhnlich (aber nicht ausnahmslos) füreinander einstehen (vgl. § 39 SGB XII). Dieses gemeinsame Wirtschaften ist jedoch nicht mit den Implikationen des Begriffs ‚Bedarfsgemeinschaft' aus dem SGB II vergleichbar. Die benannten Ausführungen im SGB XII stehen zwar unter der Überschrift „Bedarfsdeckung", die zwar auf Bedarfe verweist, diese werden allerdings nicht als Gemeinsamkeit angesehen. Im Begriff ‚Bedarfsgemeinschaft' scheinen die Gesetzgeber*innen den Leistungsberechtigten, die in einem Haushalt zusammenleben, gemeinsame Bedarfe zuzusprechen. Im SGB XII gehen die Gesetzgeber*innen lediglich davon aus, dass die Leistungsberechtigten, die sich einen Haushalt teilen, zur Deckung der Bedarfe der weiteren Haushaltsmitglieder beitragen. Diese Bedarfe können voneinander unabhängig und verschieden sein. Die Haushaltsgemeinschaft besteht – wie oben bereits dargestellt – aus mindestens einem Erwachsenen und einem Kind. Darüber hinaus kann ein weiterer Erwachsener wie auch ein oder mehrere ihrer Kinder in diesem Haushalt leben. Die Gesetzgeber*innen gehen folglich davon aus, dass mehrere Kinder mit ihren Eltern zusammenwohnen (vgl. § 30 Abs. 3 SGB XII). Folglich gehen sie vom Bestehen ganz unterschiedlicher Familienkonstellationen aus, deren Anzahl an Mitgliedern variiert. Ihre Gemeinsamkeit besteht im Zusammenleben in einem Haushalt. Sie haben keine identischen Bedarfe, sind aber insofern als Gemeinschaft zu begreifen, als dass versucht wird, die auftretenden Bedarfe ihrer Mitglieder durch die gemeinsamen Mittel zu decken.

Darüber hinaus schreiben die Gesetzgeber*innen des SGB XII den Kindern – ebenso wie die Gesetzgeber*innen des SGB II – einen altersbezogenen Unterstützungsbedarf zu, den sie über die Verbindung des Begriffs ‚Kinder' mit den Begriffen ‚betreuen' (vgl. u. a. § 39 Nr. 1 SGB XII), ‚pflegen' (vgl. u. a. § 30 Abs. 3 SGB XII) und ‚erziehen' (vgl. u. a. § 11 Abs. 4 SGB XII) darstellen. Auch hier sprechen sie die Befriedigung der Bedarfe an Betreuung, Pflege und Erziehung insbesondere den Eltern der Kinder zu. Vor allem in Bezug auf die Gewährung der Erziehung ist die Anwesenheit der Eltern nach Ansicht der Gesetzgeber*innen notwendig (vgl. § 11 Abs. 4 SGB XII), sodass sie diese Aufgabe vornehmlich den Eltern zusprechen. Demgegenüber kann die Betreuung auch durch institutionelle Angebote wie Kindertageseinrichtungen oder Kindertagespflege übernommen werden (vgl. u. a. § 11 Abs. 4 SGB XII). In gleicher Weise wie im SGB II werden die Kinder im SGB XII ausschließlich als Empfänger*innen dargestellt. Eine aktive Rolle sprechen die Gesetzgeber*innen den Kindern nicht zu.

Weiterhin gehen die Gesetzgeber*innen im SGB XII davon aus, dass Kinder staatliche Leistungen erhalten, die allein ihnen zugesprochen werden. Dabei handelt es sich um das Kindergeld, das als Einkommen der Kinder verstanden wird (vgl. § 82 Abs. 1 SGB XII) und mit dem zumindest ein Teil ihrer Bedarfe befriedigen werden kann (vgl. § 27 SGB XII). Im Unterschied zu den SGB II-Gesetzgeber*innen bleibt der Kinderzuschlag nach § 6a BKGG unberücksichtigt.

Verwendung des Begriffs ‚Familie'

Neben dem gemeinsamen Wirtschaften und Zusammenleben in einem Haushalt sprechen die Gesetzgeber*innen Familien weitere Lebenslagen sowie Leistungen für die Kinder zu. Dies wird aus den Verwendungsweisen des Begriffs ‚Familie' deutlich (vgl. Tab. 22).

Tab. 22: Formulierungen im SGB XII, die den Leistungsanspruch von Kindern implizieren – Familie

Begriff	Anzahl	Quelle
Familie davon:	21	
Familienhaushalt	1	§ 28 Abs. 3 SGB XII
Familienangehörige; ihre Familie	2	§ 23 Abs. 3 SGB XII; § 90 Abs. 2 Nr. 6 SGB XII
familiengerecht; Verhältnisse in der Familie	3	§ 11 Abs. 4 Nr. 3 SGB XII; § 16 SGB XII
Familienzuschlag	2	§ 85 Abs. 1, 2 SGB XII
Ehe und Familie; Familienstand	2	§ 23 Abs. 5 SGB XII; § 118 Abs. 4 Nr. 2 SGB XII
Familienplanung	2	§ 49 SGB XII
andere Familie; Pflegefamilie	6	§ 27a Abs. 4 SGB XII; § 54 Abs. 3 SGB XII; § 85 Abs. 3 SGB XII; § 107 SGB XII
Kräfte in der Familie (zur Selbsthilfe)	1	§ 16 SGB XII
Zusammenhalt in der Familie	1	§ 16 SGB XII
Familien- und Erbstücke	1	§ 90 Abs. 2 Nr. 6 SGB XII

Quelle: SGB XII; eigene Darstellung

Durch die Verwendung verschiedener Begriffe mit dem Wortbestandteil ‚Familien' wie ‚familiengerecht' (vgl. § 16 SGB XII) oder ‚Familienzuschlag' (vgl.

§ 85 Abs. 1 Nr. 3 SGB XII) zeigt sich, dass die Gesetzgeber*innen dieser Lebensform andere Lebenslagen und Bedarfe als bspw. Singlehaushalten zuschreiben. Die Nutzung von Begriffen wie ‚Familienangehörige' (§ 23 Abs. 3 SGB XII) oder ‚ihrer Familie' (§ 90 Abs. 2 Nr. 6 SGB XII) implizieren weiterhin, dass von Familie nur gesprochen werden kann, wenn mindestens zwei Personen gemeint sind. Die weitere Analyse zeigt außerdem, dass die Gesetzgeber*innen davon ausgehen, dass der Begriff ‚Familie' unmittelbar mit dem Vorhandensein von Kindern in Bezug zu setzen ist. Die Kindbezogenheit ergibt sich noch nicht aus der Verwendung von verschiedenen Familienbegriffen. Sie wird erst dadurch deutlich, dass die Gesetzgeber*innen den Begriff ‚Ehe' (§ 23 Abs. 5 SGB XII) und den Begriff ‚Familienplanung' (§ 49 SGB XII) heranziehen.

Unter ‚Ehe' wird gemeinhin die Lebensform von zwei Erwachsenen verstanden, die miteinander verheiratet sind (vgl. § 1312 BGB). Die Lebensform ‚Ehe' wird zwar teilweise als Familie bezeichnet, da die Gesetzgeber*innen jedoch unterschiedliche Begriffe verwenden, scheinen sie unter ‚Familien' ausschließlich Gemeinschaften von Erwachsenen mit Kindern zu verstehen. Diese Argumentation wird gestärkt durch die Verwendung des Begriffs ‚Familienplanung', in dessen Kontext die Gesetzgeber*innen zusätzlich den Begriff ‚Empfängnis' verwenden. Mit der Verbindung der Begriffe ‚Planung' und ‚Familie' verdeutlichen sie, dass die Familie noch nicht in der gewünschten Form besteht, sondern noch ein Teil dafür fehlt. Die weitere Verbindung mit dem Begriff ‚Empfängnis' weist darauf hin, dass es sich um ein Kind handelt, welches gezeugt werden soll. In diesem Sinne wird deutlich, dass die Gesetzgeber*innen ‚Familie' als Gemeinschaft mit Kindern verstehen.

Weiterhin zeigen sie im Rahmen der begrifflichen Verwendungen von ‚Familie', dass Familie nicht nur als solche bezeichnet wird, wenn Personen mit ihren leiblichen Kindern in einem gemeinsamen Haushalt leben. Mit den Begriffen ‚Pflegefamilie' und der Formulierung „Unterbringung in anderen Familien" (§ 107 SGB XII) wird die Notwendigkeit der biologischen Abstammung innerhalb einer Familie negiert. Familien werden im SGB XII auch als solche bezeichnet, wenn zwischen den leistungsberechtigten Kindern und den Erwachsenen sowie den weiteren im Haushalt lebenden Kindern keine verwandtschaftliche Beziehung bestehen.

Schließlich sprechen die Gesetzgeber*innen den Familien spezifische Kompetenzen zu. Dabei handelt es sich erstens um Kräfte, die innerhalb einer Familie bestehen, damit sich diese bei Problemlagen selbst helfen können (vgl. § 16 SGB XII) sowie zweitens um den Zusammenhalt zwischen den Familienmitgliedern (vgl. § 16 SGB XII). Sie sprechen Familien folglich besondere Kompetenzen zu, die sich aus der Gemeinschaft der zusammenlebenden Personen herstellen und durch die die einzelnen Mitglieder gestärkt werden.

Verwendung des Begriffs ‚Leistungsberechtigte'

Neben den Begriffen, die bereits den Wortbestandteil ‚Kind' enthalten oder die deutlich darauf hinweisen, dass Kinder adressiert werden, nutzen die Gesetzgeber*innen im SGB XII weiterhin Begriffe, die nicht auf spezifische Personengruppen hinweisen. Auch im SGB XII nutzen sie u. a. Formulierungen wie ‚Leistungsberechtigte' oder ‚leistungsberechtigte Personen' (vgl. Tab. 23).

Tab. 23: Formulierungen im SGB XII, die den Leistungsanspruch von Kindern implizieren – Leistungsberechtigte und Empfänger*innen

Begriff	Anzahl	Quelle
Leistungsberechtigte; leistungsberechtigte Personen davon*:	153	
in Zusammenhang mit Erwerbstätigkeit oder Rentenalter	24	§ 11 Abs. 3, 4 SGB XII; § 39a Abs. 1 SGB XII; alle Regelungen im 4. Kapitel; etc.
in Zusammenhang mit Altersgrenze ausschließlich oberhalb des Kindesalters genannt oder mit Merkmalen, die ausschließlich älteren Personen zugeordnet werden (z. B. die Erziehung eigener Kinder oder die Führung eines Haushaltes)	26	§ 11 Abs. 4 SGB XII; § 21 SGB XII; § 26 Abs. 1 Nr. 1 SGB XII; § 27b Abs. 2 SGB XII; § 37 Abs. 2 SGB XII; § 35 Abs. 1 bis 3 SGB XII; § 41 Abs. 1 bis 3 SGB XII; § 68 Abs. 1 SGB XII; § 85 Abs. 3 SGB XII; § 93 Abs. 1 SGB XII; Anlage § 28; etc.
Leistungsberechtigte (ohne Konkretisierung)	88	§ 1 SGB XII; § 5 Abs. 3, 5 SGB XII; § 9 Abs. 2, 3 SGB XII; etc.
in Zusammenhang mit Altersgrenzen, die Kinder einschließen oder Merkmalen, die den Kinder zugesprochen werden	21	§ 19 Abs. 3 SGB XII; § 21 SGB XII; § 23 Abs. 2 SGB XII; § 26 Abs. 1 SGB XII; § 27a Abs. 3, 4 SGB XII; § 27b Abs. 2 SGB XII; etc.
Empfängerinnen; Empfänger	4	§ 94 Abs. 1 SGB XII; § 116 Abs. 1 SGB XII; § 126 Abs. 2 SGB XII; § 133a SGB XII

* Mehrfachzuordnungen

Quelle: SGB XII; eigene Darstellung

Die Begriffe ‚Leistungsberechtigte' und ‚leistungsberechtigte Personen' werden 153-mal verwendet und damit im Vergleich zu den bereits dargestellten Begriffen am häufigsten. Damit wählen die Gesetzgeber*innen überdurchschnittlich oft allgemeingültige Bezeichnungen, die gleichzeitig den Status der Adressat*innen kennzeichnen. Bei den Personen handelt es sich um diejenigen, denen die Berechtigung der Nutzung der Leistungen erteilt wird. Die Ergebnisse der Analyse des Begriffs ‚Leistungsberechtigte' aus dem AsylbLG können wiederum auf das SGB XII übertragen werden, da die Gesetzgeber*innen identische Begriffe verwenden. Ein Unterschied zeigt sich jedoch hinsichtlich der quantitativen Nutzung dieser Begriffe in den verschiedenen inhaltlichen Bereichen. Die Gesetzgeber*innen des SGB XII verwenden diese Begriffe in mehr als der Hälfte der Fälle in einem allgemeinen Kontext, sodass sowohl Kinder als auch alle weiteren Personengruppen gemeint sind bzw. sein können. Zwar können Regelungen nur für einen eingeschränkten Personenkreis gelten, diese wären jedoch erst durch eine detaillierte Auseinandersetzung mit deren Inhalten ersichtlich. Das ist jedoch nicht Gegenstand der vorliegenden Analyse. Eine Ausnahme besteht hierbei für das Vierte Kapitel des SGB XII, das mit „Grundsicherung im Alter und bei Erwerbsminderung" überschrieben ist und aufzeigt, dass die Regelungen nicht auf Kinder zutreffen. Diese Regelungen beziehen sich ausschließlich auf Personen, die sich entweder im erwerbsfähigen oder im Rentenalter befinden.

Weiterhin konkretisieren die Gesetzgeber*innen den Begriff ‚Leistungsberechtigte' in 21 Fällen in der Weise, dass sie Kinder ansprechen oder durch ihre Formulierungen implizieren. Demgegenüber werden Kinder in 50 Nennungen von den Regelungsinhalten ausgeschlossen. Dabei wird das Merkmal der ‚Erwerbstätigkeit' mit 24-facher Nennung deutlich seltener als Abgrenzungskriterium verwendet als im SGB II, in dem es 105-mal genutzt wird. Weitere bspw. familien(stands)bezogene Merkmale, wie die Eigenschaft verheiratet zu sein, werden in etwa gleichem Maß genutzt.

Damit scheint das SGB XII eine geringere Erwachsenenbezogenheit aufzuweisen als das SGB II, allerdings wurden allgemeine Begrifflichkeiten und erwachsenenspezifische Konkretisierungen trotzdem häufiger verwendet als Begriffe, die sich konkret an Kinder richten, sodass es sich auch bei diesem Gesetz nicht um ein spezifisches Gesetz für Kinder handelt, als vielmehr um ein solches für Erwachsene, dass nur in Teilen für jüngere Menschen geschrieben ist. Damit zeigt sich außerdem, dass die Gesetzgeber*innen auch im SGB XII davon ausgehen, dass Kinder in gleichen Lebenslagen aufwachsen und gleiche Bedarfe haben wie andere Personengruppen. Dies wird insbesondere aus der häufigen Verwendung der Begriffe ‚Leistungsberechtigte' und ‚leistungsberechtigte Personen' deutlich, die nicht weiter konkretisiert werden und damit für alle Empfänger*innen dieser Leistungen gelten.

*Verwendung des Begriffs ‚Empfänger*innen'*

Die Gesetzgeber*innen des SGB XII verwenden an vier Stellen den Begriff ‚Empfänger' bzw. ‚Empfängerinnen'. Sie vernachlässigen hierbei das Machtverhältnis, welches im Begriff der ‚Leistungsberechtigten' impliziert ist und gehen ausschließlich vom Erhalt von Leistungen bzw. Hilfen aus. Sie unterstellen damit, dass die Möglichkeit einer Leistungsverweigerung nicht mehr besteht sowie der Leistungsanspruch bereits eingefordert wurde und heben damit hervor, dass die Adressat*innen ihre Rechte aktiv beanspruchen. Dabei differenzieren sie nicht nach spezifischen Merkmalen, sondern gehen davon aus, dass sowohl Kinder als auch alle anderen Altersgruppen Empfänger*innen von Leistungen und Hilfen sein können.

Überblick über die Ergebnisse der Analyse

Tab. 24: Ergebnisse der Analyse der kindbezogenen Begrifflichkeiten im SGB XII

Ergebnisse der Analyse	Kinder- und Kindheitsbilder
Kinder weisen für die Dauer des Besuchs einer Kindertageseinrichtung zusätzliche Bedarfe auf.	Institutionenkindheit
Zudem weisen sie auch für die Dauer des Schulbesuchs zusätzliche Bedarfe auf.	Schulkindheit
Kinder leben in unterschiedlichen Familienformen, die über das Zusammenleben in einem Haushalt definiert wird.	Kinder als Teil des Haushalts
Die Mitglieder dieser Haushaltsgemeinschaft versuchen die Bedarfe der einzelnen Mitglieder durch die gemeinsamen Mittel zu sichern und sich gegenseitig zu unterstützen.	Kinder als Teil des Haushalts
Kinder weisen Bedarfe an Pflege, Betreuung und Erziehung durch ihre Eltern auf.	Kinder als abhängige Menschen von ihren Eltern
Der Bedarf an Betreuung kann auch durch Kindertagesbetreuungsangebote befriedigt werden.	Kinder als abhängige Menschen von Dritten
	Institutionenkindheit
Die Bedarfe von Kindern, die Leistungen empfangen oder beziehen, werden durch Dritte befriedigt.	Kinder als abhängige Menschen von Dritten
Die Bedarfe von Kindern verändern sich mit zunehmendem Alter.	Kinder als sich entwickelnde, ‚unfertige' Menschen

Quelle: eigene Darstellung

Resümee

Die Gesetzgeber*innen verwenden im AsylbLG, im SGB II und im SGB XII häufig die gleichen Begriffe. Nur wenige Bezeichnungen lassen sich ausschließlich in einem der Gesetze wiederfinden. Demnach können erste Gemeinsamkeiten aber auch Unterschiede im Vergleich der Kinder- und Kindheitsbilder der drei Gesetze aufgezeigt werden.

In allen drei Gesetzen spiegelt sich wider, dass die Gesetzgeber*innen vom Bestehen kindspezifischer Bedarfe ausgehen. Diese müssen allerdings nicht die gesamte Lebensphase Kindheit überdauern (z. B. die Nutzung frühkindlicher Bildungsangebote). Gleichzeitig bestehen Bedarfe, die in der Kindheit beginnen und mindestens in die nächste Lebensphase hineinreichen (z. B. der Besuch einer Schule und die dadurch auftretenden materiellen Bedarfe). Die Gesetzgeber*innen gehen folglich nicht davon aus, dass sich Bedarfe jeweils nur am Übergang von einer Lebensphase ändern. Darüber hinaus gibt es Bedarfe, die über alle Altersgruppe hinweg vorhanden sind und schließlich haben Personen, die die Lebensphase Kindheit bereits hinter sich gelassen haben, abweichende Bedarfe (z. B. Bedarfe, die mit der Erwerbstätigkeit zusammenhängen).

Eine weitere Gemeinsamkeit besteht darin, dass die Gesetzgeber*innen davon ausgehen, dass Kinder mit mindestens einem Elternteil in einem Haushalt zusammenleben. Zu dieser Gemeinschaft können noch weitere Personen gehören, die zur sog. ‚Familie' gehören wie der zweite Elternteil oder ein (unverheirateter) Stiefelternteil. Die Kinder sind von ihren Eltern abhängig, da sie nach Ansicht der Gesetzgeber*innen noch nicht über alle Rechte und Pflichten verfügen und deshalb noch kein eigenständiges Leben führen können. Darüber hinaus befinden sich die Personen, die in einem Haushalt zusammenleben, im Regelfall in einer gleichen Lebenssituation und haben gleiche Bedarfe, die lediglich in einzelnen Bereichen voneinander abweichen.

Weiterhin werden alle in den drei Gesetzen adressierten Personen als Menschen wahrgenommen, die ihre Bedarfe nicht selbst oder mit Hilfe der Mitglieder der Haushaltsgemeinschaft befriedigen können, sodass sie Unterstützungen durch Dritte benötigen.

Besonderheiten im AsylbLG

Die Gesetzgeber*innen gehen im AsylbLG von zwei Besonderheiten der in diesem Gesetz adressierten Kinder aus. Erstens gibt es Kinder, die sich ohne ihre Eltern in Deutschland aufhalten. Kinder sind ihren Ansichten nach aber prinzipiell von ihren Eltern abhängig. Da die sog. ‚unbegleiteten Minderjährigen' wegen der räumlichen Abwesenheit ihrer Eltern nicht auf deren Unterstützung zurückgreifen können, sprechen die Gesetzgeber*innen ihnen einen erhöhten Unterstützungsbedarf im Vergleich zu anderen leistungsberechtigten Kindern zu. Gleichzeit impliziert diese Annahme, dass die Gesetzgeber*innen davon ausgehen, dass die Eltern, sobald sie sich am gleichen Ort aufhalten, ihre Kinder unterstützen und ihnen bei der Bedarfssicherung helfen.

Besonderheiten im SGB II

Die Spezifika des SGB II bestehen darin, dass die Gesetzgeber*innen erstens von einem weiteren Familienbegriff ausgehen als die Gesetzgeber*innen des AsylbLG. Dieser betrifft zwar die Kernfamilie, allerdings können auch diverse Ausprägungen vorliegen (z. B. traditionelle Familien, Ein-Eltern-, Patchwork-, Pflege- und Mehrkinderfamilien). Familie ist folglich nicht durch die biologische Abstammung definiert, sondern über das Zusammenleben in einem Haushalt und dem Vorliegen gleicher Bedarfslagen. Sie besteht allerdings nicht mehr, wenn die jungen Menschen zwar im gleichen Haushalt wie ihre Eltern leben und ein biologisches Abstammungsverhältnis besteht, die Kinder allerdings eine weitere Familie mit einem*einer Partner*in gegründet oder das 25. Lebensjahr vollendet haben.

Zweitens gehen die Gesetzgeber*innen im SGB II von einer Abhängigkeit der Kinder von ihren Eltern aus, wie sie dies auch im AsylbLG tun. Allerdings gehen sie im SGB II noch einen Schritt weiter und benennen konkrete Hilfeleistungen, die Eltern ihren Kindern erbringen. Dabei handelt es sich um die Befriedigung der Bedarfe an Pflege, Betreuung, Erziehung und Versorgung. Die Höhe dieser Unterstützungsbedarfe verringert sich mit dem Alter der Kinder. Aufgrund der zusätzlichen Aufgaben, die die Eltern insbesondere durch junge Kinder haben, verändert sich ihre Lebenssituation bzw. die Verwendung ihrer Zeit. Gerade in den ersten Lebensjahren setzen die Eltern verstärkt zeitliche Ressourcen für ihre Kinder ein und reduzieren dafür ihre Erwerbstätigkeit.

Besonderheiten im SGB XII

Das SGB XII unterscheidet sich vom SGB II nur marginal. Eine Differenz besteht darin, dass die Gesetzgeber*innen des SGB XII den Begriff ‚Patchworkfamilie' nicht kennen und dieser Lebensform keine Bedeutung beimessen. Weiterhin gehen die Gesetzgeber*innen im SGB XII von einem gegenseitigen füreinander Einstehen in Bezug auf die materielle Sicherung der Bedarfe aller Mitglieder aus, die sie auch im AsylbLG kennen, jedoch nicht so stark hervorheben wie im SGB XII.

Resümierend kann hervorgehoben werden, dass die Gesetzgeber*innen aller drei Gesetze von einer Abhängigkeit der Kinder von ihren Eltern ausgehen. Die Gesetzgeber*innen des AsylbLG beziehen diese Abhängigkeit insbesondere auf die materiellen Bedarfe, während die Gesetzgeber*innen des SGB II und des SGB XII zusätzlich eine Abhängigkeit hinsichtlich immaterieller Bedarfe wie Pflege, Betreuung, Erziehung etc. hervorheben. Darüber hinaus sind Kinder nach Ansicht der Gesetzgeber*innen auch von Dritten abhängig, da die Eltern der Leistungsberechtigten die Bedarfe ihrer Kinder nicht aus eigenen Kräften sichern können.

3.2 Das gesetzgeberische Verständnis von Kindern und Kindheit in den Leistungen für Bildung und Teilhabe

Die Leistungen für Bildung und Teilhabe, die umgangssprachlich als Bildungs- und Teilhabepaket bezeichnet werden, sind im Jahr 2011 in das SGB II und SGB XII aufgenommen worden, nachdem das BVerfG die Berechnung der Kinderregelsätze im Vorfeld als verfassungswidrig erklärt hatte.[29] Das Gericht kritisierte explizit, dass der Bereich Bildung aus dem Regelbedarf für Alleinstehende herausgerechnet werde und die prozentuale Ableitung des Kinderregelsatzes vom Erwachsenenregelsatz dem entwicklungsbedingten Bedarf von Kindern (insbesondere im Bereich Bildung) nicht sichere (vgl. Urteil des BVerfG vom 9. Februar 2010 [Az. 1 BvL 1/09, 3/09 und 4/09, Rn. 115]).

In das AsylbLG wurden diese Leistungen erst mehr als vier Jahre später – zum 1. März 2015 – aufgenommen. Im Juli 2012 hatte das BVerfG diese Regelsätze als verfassungswidrig erklärt und die Gesetzgeber*innen zu einer Neuregelung aufgefordert (vgl. Urteil des BVerfG vom 18. Juli 2012 [Az. 1 BvL 10/10 und 2/11]).

Die Leistungen für Bildung und Teilhabe setzen sich aus sechs Einzelleistungen zusammen, von denen vier Bedarfe nur auf Antrag mit dem Nachweis eines zusätzlichen Hilfebedarfs gewährt werden. Dazu gehören die Leistungen für (1) eintägige Schul- oder Kita-Ausflüge und mehrtägige Klassenfahrten (§ 28 Abs. 2 SGB II; § 3 Abs. 3 AsylbLG i. V. m. § 34 Abs. 2 SG XII[30]), (2) Schülerbeförderung (§ 28 Abs. 4 SGB II; § 3 Abs. 3 AsylbLG i. V. m. § 34 Abs. 4 SG XII), (3) Lernförderung (§ 28 Abs. 5 SGB II; § 3 Abs. 3 AsylbLG i. V. m. § 34 Abs. 5 SG XII) und (4) Mittagsverpflegung für Kinder in Kindertagesbetreuung und Schule (§ 28 Abs. 6 SGB II; § 3 Abs. 3 AsylbLG i. V. m. § 34 Abs. 6 SG XII).

29 Leistungsberechtigten nach dem WoGG und dem § 6a BKGG wird diese Leistung mit Verweis auf das SGB XII gewährt.

30 Nachfolgend werden Ansprüche, die in den Leistungen für Bildung und Teilhabe geregelt sind und sowohl für Leistungsberechtigte im AsylbLG als auch im SGB XII bestehen in folgender Form zitiert: § 3 Abs. 3 AsylbLG i. V. m. § 34 [und dem jeweiligen Abs.] SGB XII. Im § 3 Abs. 3 AsylbLG wird der Anspruch auf die Leistungen der §§ 34, 34a SGB XII verwiesen. Im SGB XII sind diese ausformuliert. Zur besseren Lesbarkeit werden daher nicht der Verweis auf den jeweiligen Absatz im SGB XII, auf den sich das AsylbLG bezieht, und die jeweilige Fundstelle im SGB XII benannt. Die Doppelung wird nicht vorgenommen, gemeint sind jedoch immer die Verweise auf die Regelungen in beiden Gesetzen.

Ein weiterer Bedarf – (5) die Leistungen für die sog. ‚Teilhabe am sozialen und kulturellen Leben in der Gemeinschaft' nach § 28 Abs. 7 SGB II und § 3 Abs. 3 AsylbLG i. V. m. § 34 Abs. 7 SGB XII – muss zwar beantragt werden, allerdings muss keine besondere Voraussetzung vorliegen, damit der Betrag von monatlich zehn Euro für die Teilnahme an kulturellen Angeboten (z. B. in Sportvereinen, Musikschulen oder in Einrichtungen der Kinder- und Jugendarbeit) gewährt wird. Ein sechster Bedarf – der sog. ‚persönliche Schulbedarf' nach § 28 Abs. 3 SGB II und § 3 Abs. 3 AsylbLG i. V. m. § 34 Abs. 3 SGB XII – wird jeweils in dem Monat, in dem das Schuljahr bzw. das Schulhalbjahr beginnt, ohne Antrag gemeinsam mit den Regelleistungen ausgezahlt.

Die Leistungen für Bildung und Teilhabe mit ihren Begründungen und Kommentierungen bilden die Grundlage für die weitere Analyse, durch die die Kinder- und Kindheitsbilder der Existenzsicherungsgesetzgeber*innen herausgearbeitet werden. Die Ergebnisse der Inhaltsanalyse werden in den einzelnen Kategorien und Unterkategorien dargestellt, die der gleichen Reihenfolge wie Abschnitt 2.4.3 folgt.

Am Ende jeder Unterkategorie wird außerdem auf leistungsberechtigte Kinder mit Behinderung und auf leistungsberechtigte Kinder mit drohender Behinderung[31] eingegangen, die nachfolgend zusammengefasst als Kinder mit (drohender) Behinderung bezeichnet werden. Diese Sonderstellung ergibt sich daraus, dass sie aufgrund angenommener, veränderter Bedarfslagen zusätzliche Leistungen über das SGB XII (u. U. i. V. m. Leistungen des SGB IX) erhalten. Dadurch lässt sich für diese Gruppe von Leistungsberechtigten teilweise ein verändertes Kinder- und Kindheitsverständnis rekonstruieren. Im Anschluss endet jeder Abschnitt mit der tabellarischen Gegenüberstellung der zentralen Ergebnisse und dem jeweiligen Kinder- und Kindheitsbild, die auf der Grundlage der Ergebnisse herausgearbeitet werden konnten.

3.2.1 Kinder

Innerhalb der Kategorie *Kinder* können Annahmen der Gesetzgeber*innen zu den sieben Unterkategorien *Bedürfnisse/Bedarfe/Wünsche*, *Kinder als Akteure*, *Alter und Entwicklungsstand*, *Einstellungen/Haltungen*, *ethnische Herkunft*, *Partizipation* sowie *Geschlecht* herausgearbeitet und analysiert werden. Zur Unterkategorie *Erfahrungen* treffen sie keine Aussagen.

---

31 Nachfolgend werden diese beiden Gruppen verkürzt als Kinder mit (drohender) Behinderung bezeichnet. Dies dient zur besseren Lesbarkeit, impliziert aber keinerlei Wertungen.

Die berücksichtigten Unterkategorien werden in unterschiedlichem quantitativem Maß behandelt. Zu *Kinder als Akteure*, *Einstellungen/Haltungen*, *ethnische Herkunft*, *Partizipation* und *Geschlecht* äußern sich die Gesetzgeber*innen im Vergleich zu den zwei anderen Unterkategorien nur wenig. Deutlich bedeutsamer scheinen ihnen die Unterkategorie *Bedürfnisse/Bedarfe/Wünsche* zu sein. Quantitativ am stärksten vertreten sind Aussagen, die das *Alter und den Entwicklungsstand* betreffen. Diese sind sich allerdings inhaltlich sehr ähnlich.

3.2.1.1 Bedürfnisse/Bedarfe/Wünsche

Innerhalb dieser Unterkategorie lassen sich grundlegende Annahmen zu den Kinder- und Kindheitsbildern der Gesetzgeber*innen herausarbeiten. Das ist vor allem damit zu begründen, dass Bedürfnisse und Bedarfe als Faktoren verstanden werden, die Auskunft darüber geben, was Menschen zum Überleben und Leben benötigen sowie was sie sich aus bloßem Interesse ersehnen. In Anbetracht dessen wird nachfolgend zuerst dargestellt, was die Gesetzgeber*innen unter den Begriffen ‚Bedürfnisse', ‚Bedarfe' und ‚Wünsche' verstehen und in welchen Kontexten sie diese Begriffe einsetzen. Daraus wird ein erster Teil des gesetzgeberischen Verständnisses von Kindern und Kindheit herausgearbeitet. Im weiteren Verlauf wird dieses Verständnis durch die Analyse, wer für die Deckung der Bedarfe von Kindern verantwortlich ist, die verschiedenen Bedarfsarten sowie der gesetzgeberisch vorgeschriebenen Bedarfsermittlung konkretisiert. Die beiden letztgenannten Bereiche werden ausnahmsweise nicht nur hinsichtlich der Leistungen für Bildung und Teilhabe analysiert. Vielmehr werden weitere Regelungen des SGB II, des SGB XII und des AsylbLG einbezogen, um die allgemeine Logik der Gesetze zu verstehen und dadurch zu einer umfassenden Analyse und Klärung des Kinder- und Kindheitsverständnisses zu gelangen. Daran schließt sich die Darstellung und Untersuchung der konkreten Bedarfe an, die die Gesetzgeber*innen den Kindern in den Leistungen für Bildung und Teilhabe zusprechen sowie die Art und Weise, durch die die Gesetzgeber*innen die Bedarfserfüllung für die leistungsberechtigten Kinder im Rahmen der Leistungen für Bildung und Teilhabe vornehmen.

Gesetzgeberisches Verständnis der Begriffe ‚Bedürfnisse', ‚Bedarfe' und ‚Wünsche'

Die Gesetzgeber*innen nutzen im Rahmen der Leistungen für Bildung und Teilhabe die drei Begriffe ‚Bedürfnisse', ‚Bedarfe' und ‚Wünsche', wobei im Gesetzestext und den dazugehörigen Begründungen eine Tendenz zur Anwendung einer hierarchischen Systematik zu erkennen ist, die in den Kommentaren nicht durchgängig in gleicher Weise zu finden ist. Der Begriff ‚Bedürfnisse' findet durch die Gesetzgeber*innen insbesondere dann Anwendung, wenn er sich auf allgemeine, – mit Andresen/Albus (2009, S. 13) gesprochen – begründete Begehren bezieht, die auf eine bestimmte Personengruppe gerichtet sind. In den Fällen, in denen die Gesetzgeber*innen die begründeten Begehren durch vorangestellte Adjektive konkretisieren, bleiben sie inhaltlich trotzdem auf einer sehr allgemeinen Ebene. So lassen sich Aussagen wie „spezielle und altersabhängige Bedürfnisse" (Deutscher Bundestag 2010b, S. 42) oder „sozialintegrative[...] Bedürfnisse" (Deutscher Bundestag 2010b, S. 107) finden, die sie inhaltlich nicht näher ausformulieren. Weiterhin setzen sie den Begriff ‚Bedürfnisse' im Zusammenhang mit einem allgemeinen Verlangen ein. Dabei handelt es sich nicht um beliebige Begehren, sondern um Begehren, die auf eine Notwendigkeit für das (Über-)Leben hindeuten. Diese Notwendigkeit ergibt sich daraus, dass die Gesetzgeber*innen die Leistungen für Bildung und Teilhabe als einen wesentlichen Teil eines menschenwürdigen Existenzminimums ansehen (vgl. Deutscher Bundestag 2010b, S. 104).

Den Begriff ‚Bedarfe' verwenden die Gesetzgeber*innen quantitativ deutlich häufiger als ‚Bedürfnisse'. Sie benennen damit in der Regel diejenigen konkreter formulierten, begründeten Begehren, die sie Kindern unterstellen, um die allgemeinen Bedürfnisse befriedigen zu können wie den sog. ‚persönlichen Schulbedarf' oder Bedarfe für die sog. ‚Teilhabe am sozialen und kulturellen Leben in der Gemeinschaft' (vgl. § 28 Abs. 3, 7 SGB II; § 3 Abs. 3 AsylbLG i. V. m. § 34 Abs. 3, 7 SGB XII). Unter Bedarfen verstehen sie folglich diejenigen Begehrensgruppen, mit deren Hilfe die allgemeinen Begehren (also die Bedürfnisse) befriedigt werden können und damit das (Über-)Leben bzw. das menschenwürdige Existenzminimum gesichert ist. Hier nutzen sie die gleiche Logik wie in den Regelbedarfen. Sie gehen davon aus, dass ein gewisses Maß erfüllt sein muss. Ab einer von den Gesetzgeber*innen angenommenen Schwelle handelt es sich nicht mehr um eine Notwendigkeit, sondern um zusätzliche Ressourcen bzw. um eine über das Mindestmaß hinausgehende Ausstattung. Dieses Mehr gehört nicht mehr zum Bedarf bzw. zu den begründeten Begehren, sondern wird den beliebigen Begehren zugeschrieben.

Diese beliebigen Begehren stellen – um mit Andresen/Albus (2009, S. 13) zu sprechen – die Wünsche dar, deren spezifische Erfüllung keine Bedeutung für das (Über-)Leben beigemessen wird. Respektive kann von einem Verlangen und weniger von einem Begehren gesprochen werden, deren Berücksichtigung eine Bedeutung für die Effektivität der Befriedigung der Bedarfe erlangt, dem aber ansonsten keine Notwendigkeit für das (Über-)Leben zugesprochen wird. Verwenden die Gesetzgeber*innen in den Leistungen für Bildung und Teilhabe den Begriff ‚Wünsche', steht nicht der grundlegende Bedarf in Frage. Dieser ist feststehend. Jedoch bestehen nach Ansicht der Gesetzgeber*innen unterschiedliche Möglichkeiten der Befriedigung und der Dauer der Erfüllung der Bedarfe. Diese bilden die Grundlage für die sog. ‚Wünsche'. Aus einem Repertoire an Möglichkeiten können Kinder ihre Vorzüge äußern und erhalten damit einen gewissen Einfluss auf die Ausgestaltung der Bedarfserfüllung und Bedürfnisbefriedigung.

> „Die Berücksichtigung von Wünschen der Antragsteller erscheint unter dem Gesichtspunkt der Verbesserung der Erfolgsaussichten sinnvoll." (Luik 2013b, Rn. 45)

Kindern werden dementsprechend unterschiedliche Arten von Verlangen bzw. Begehren unterstellt. Bei den Bedürfnissen handelt es sich um allgemein formulierte Begehren, deren Befriedigung für das Leben grundlegend ist. Was dafür konkret notwendig ist, wird durch die sog. ‚Bedarfe' aufgelistet. Auch hierbei handelt es sich um feststehende Bedingungen zur Sicherung des Existenzminimums bzw. der lebensnotwendigen Ressourcen. Schließlich bestehen aber innerhalb der Befriedigung der Bedarfe verschiedene Möglichkeiten zur Umsetzung, die hinsichtlich der Ergebniserreichung im Einzelfall unterschiedlich effektiv sein können, sodass individuelle Begehren für das Maß der erfolgreichen Erfüllung verantwortlich sind. Diese Wahlmöglichkeiten stellen aber keine echten Optionen dar, sondern unterliegen einer Bewertung durch die verantwortlichen Institutionen, die über die tatsächliche Berücksichtigung entscheiden. Den Kindern wird damit ein (Mitsprache-)Recht suggeriert, das kein tatsächliches Recht demonstriert, sondern – sinnbildlich gesprochen – mit dem Wunschzettel an den Weihnachtsmann vergleichbar ist. Das heißt, Wünsche können und sollen zwar geäußert werden, ob sie umgesetzt werden, bestimmen jedoch allein die Leistungsträger.

Deckung der Bedarfe von Kindern

Die Annahmen der Gesetzgeber*innen, wie die Deckung der Bedarfe von Kindern erfolgt, lässt sich bereits daraus erkennen, dass sie die leistungsberechtigten Personen – unabhängig davon, ob sie Kinder, Jugendliche, Erwachsene oder andere Personengruppen ansprechen, – im Analysematerial immer wieder als sog. ‚Hilfebedürftige' bezeichnen. Dieser Begriff setzt sich aus den zwei Wortbestandteilen ‚Hilfe' und ‚Bedürftigkeit' zusammen, wobei Bedürftigkeit auf das Fehlen einer Bedarfs- bzw. Bedürfnisbefriedigung hindeutet. Unter Hinzuziehung des Wortes ‚Hilfe', das eine Unterstützung impliziert, lässt sich aus dem Begriff der ‚Bedarf bzw. das Bedürfnis nach externer Hilfe bzw. Unterstützung' herleiten. Damit wird gleichzeitig ein Bedarf oder ein Bedürfnis unterstellt, das die jeweiligen Personen aktuell nicht allein befriedigen können, sodass sie dafür auf die Unterstützung Dritter angewiesen sind.

Diese Hilfebedürftigkeit nimmt in den Leistungen für Bildung und Teilhabe eine andere Bedeutung ein als in den weiteren Leistungen des SGB II, des AsylbLG und des SGB XII, da sich darin die Hilfebedürftigkeit vornehmlich an Volljährige richtet. Ableiten lässt sich dies aus der überdurchschnittlich häufigen Nennung von Begriffen in den Gesetzen, die sich ausschließlich auf die Gruppe der volljährigen Personen richtet, die als Erwachsene bezeichnet werden (vgl. dazu ausführlich Kapitel 3.1). Kindern wird der Status der Hilfebedürftigkeit i. d. R. nur zugesprochen, wenn sie mit einer sog. ‚hilfebedürftigen Person' (i. d. R. ihren Eltern oder einem Elternteil) in einem Haushalt zusammenleben. Ist das nicht der Fall, werden die Kinder in den Analysematerialien nicht als ‚Hilfebedürftige' bezeichnet.

In den Leistungen für Bildung und Teilhabe verlassen die Gesetzgeber*innen diese Systematik. Hilfebedürftigkeit wird auch Kindern zugesprochen, deren Eltern zwar ihre eigenen und die Bedarfe ihrer Kinder aus dem selbst erwirtschafteten Einkommen decken können, jedoch die Bedarfe an Bildung und Teilnahme[32] darüber nicht gesichert sind.

> „Mit der gesonderten Berücksichtigung neben dem Regelbedarf und der eigenständigen Anspruchsgrundlage wird deutlich gemacht, dass die Bedarfe für Bildung und Teilhabe nach § 28 Abs 2 [sic!] bis 7 allein Hilfebedürftigkeit auslösen können (vgl [sic!] auch § 34a Abs 1 S 2 SGB XII [sic!]). Im SGB II würde es wegen der Besonderheiten der Bedarfsgemeinschaft für Fälle, in denen der Bedarf aller erwerbsfähigen Personen gedeckt ist, an einer erwerbsfähigen hilfebedürftigen Person zur Bildung einer Bedarfsgemeinschaft fehlen. Deshalb ist in § 7 Abs 2 S 3 [sic!] geregelt, dass ggf [sic!] nur ein Kind wegen der Bedarfe für Bildung und Teilhabe leistungsberechtigt sein kann." (Luik 2013b, Rn. 6)

Kindern wird folglich bei den lebensphasenspezifischen Bedarfen die Möglichkeit eines Begehrens nach Unterstützung durch Dritte zugesprochen, die durch eine Institution erfüllt werden. Gleichzeitig erhalten sie damit die negative Zuschreibung, dass sie ihre Bedarfe nicht eigenständig sichern können bzw. ihre Familien nicht die notwendigen Mittel aufbringen können, um die Bedarfe an Bildung und Teilnahme ihrer Kinder sichern zu können. Damit sind sie nicht nur von ihrer Familie, sondern auch von weiteren Personen und/oder Institutionen abhängig.

---

32 Wie später noch gezeigt wird, zielen die Leistungen für Bildung und Teilhabe nur auf die Deckung der Bedarfe an Teilnahme und nicht nach Teilhabe, daher wird in der gesamten Analyse von der Sicherung des Bedarfs nach Teilnahme gesprochen und nur wenn diese Leistungen mit ihrem Name angesprochen werden, wird die Begrifflichkeit ‚Leistungen für Bildung und Teilhabe' verwendet.

Bedarfsarten

Die Gesetzgeber*innen ordnen die Bedarfe, die sie den leistungsberechtigten Personen zusprechen, in verschiedene Arten ein, die in den drei Existenzsicherungsgesetzen nicht in gleicher Weise enthalten sind. Bei den hier angesprochenen Bedarfen handelt es sich um alle Bedarfe und nicht nur um diejenigen Bedarfe, die den Leistungen für Bildung und Teilhabe zugrunde liegen. Während sie im SGB II und SGB XII die gleichen Bedarfsarten kennen, gehen sie davon aus, dass die Leistungsberechtigten des AsylbLG eine geringere Anzahl an Bedarfsarten haben.

Die Gesetzgeber*innen des SGB II und des SGB XII sprechen den Leistungsberechtigten drei verschiedene Bedarfsarten zu, die sich aus der Berücksichtigung einer zeitlichen Perspektive ergeben: (1) Regelbedarfe, (2) Mehrbedarfe und (3) einmalige Bedarfe. Bei den (1) Regelbedarfen handelt es sich um den regelmäßig wiederkehrenden Bedarf an Ressourcen zur Sicherung des allgemeinen Lebensunterhalt (vgl. § 20 SGB II; § 27a SGB XII). In diese Gruppen ordnen sie auch den Bedarf an Hilfen für Unterkunft und Heizung ein, der der gleichen Logik wie der Bedarf an Unterstützung für den allgemeinen Lebensunterhalt folgt. Unter den (2) Mehrbedarfen sind solche Bedarfe zu verstehen, die nicht bei allen Leistungsberechtigten auftreten. Weisen sie derartige Bedarfe auf, liegen diese über einen längeren Zeitraum und nicht nur einmalig vor. Zu dieser Bedarfsart gehört bspw. der Bedarf an kostenintensiven Nahrungsmitteln aufgrund von Lebensmittelunverträglichkeiten (§ 21 Abs. 5 SGB II; § 30 SGB XII) aber auch die Leistungen für Bildung und Teilhabe (§ 28 SGB II und 34 SGB XII). Schließlich gelten auch die (3) einmaligen Bedarfe (§ 24 Abs. 3 SGB II; § 31 SGB XII) als Mehrbedarfe, jedoch unterliegen sie der Einschränkung, dass sie nicht über einen längeren Zeitraum auftreten, sondern i. d. R. nur einmalig vorkommen.

Die Gesetzgeber*innen des AsylbLG kennen die Regelbedarfe in gleicher Form wie die Gesetzgeber*innen des SGB II und SGB XII (vgl. § 3 Abs. 1, 2 AsylbLG). Im Vergleich zu den beiden letztgenannten Gesetzen verwenden die Gesetzgeber*innen des AsylbLG die Begriffe ‚einmalige Bedarfe' und ‚Mehrbedarfe' nicht. Allerdings kennen sie die Leistungen für Bildung und Teilhabe und gehen demnach bei den leistungsberechtigten Kindern auch von einem Mehrbedarf aus. Die weiteren Mehrbedarfe des SGB II und SGB XII unterstellen sie den Leistungsberechtigten des AsylbLG nicht. Zudem können die Leistungsberechtigten ihrem Erachten nach abweichende Bedarfe haben. Dabei handelt es sich jedoch nur um Einzelfälle, die eher selten auftreten wie Bedarfe zur Bekämpfung schwerer Krankheiten (vgl. § 4 AsylbLG). Schließlich können spezifische Lebenssituationen bestehen, durch die zusätzliche Bedarfe auftreten. Dabei nehmen die Gesetzgeber*innen keine zeitliche Einschränkung vor und lassen einen breiten Spielraum.

> „Sonstige Leistungen können insbesondere gewährt werden, wenn sie im Einzelfall zur Sicherung des Lebensunterhalts oder der Gesundheit unerläßlich [sic!], zur Deckung besonderer Bedürfnisse von Kindern geboten oder zur Erfüllung einer verwaltungsrechtlichen Mitwirkungspflicht erforderlich sind. Die Leistungen sind als Sachleistungen, bei Vorliegen besonderer Umstände als Geldleistung zu gewähren." (§ 6 Abs. 1 AsylbLG)

Durch diese unkonkrete Formulierung unterstellen sie, dass zahllose Varianten möglich sind, durch die zusätzliche Bedarfe auftreten. Dementsprechend verwenden sie zwar nicht die gleichen Begrifflichkeiten. Allerdings finden sich die drei Bedarfsarten in allen drei Gesetzen wieder.

Im Ergebnis wird deutlich, dass die Gesetzgeber*innen aller Existenzsicherungsgesetze davon ausgehen, dass der größte Teil der Bedarfe wiederkehrend auftritt und der gleichen Typisierung folgt (vgl. Deutscher Bundestag 2010b, S. 43). Außerdem können aufgrund spezifischer Eigenschaften (z. B. Besuch einer Schule (vgl. § 28 SGB II; § 3 Abs. 3 AsylbLG i. V. m. § 34 SGB XII), Lebensmittelunverträglichkeit (§ 21 Abs. 5 SGB II; § 30 Abs. 5 SGB XII)) zusätzliche regelmäßig wiederkehrende Bedarfe bei einzelnen Leistungsberechtigten oder bei Gruppen von Leistungsberechtigten mit den gleichen Eigenschaften vorliegen. Schließlich kann die Veränderung einer Lebenssituation dazu führen, dass in diesem Moment ein weiterer Bedarf befriedigt werden will z. B die Bekämpfung schwerer Krankheiten (vgl. § 24 Abs. 3 Nr. 2 SGB II; § 31 Abs. 1 Nr. 2 SGB XII; § 4 Abs. 2 AsylbLG). Damit unterstellen die Gesetzgeber*innen, dass die Lebenssituationen zwar bei der großen Mehrheit gleich sind, jedoch können bestimmte Eigenschaften und Lebensumstände zu darüber hinausgehenden Bedarfslagen führen.

Bedarfsermittlung

Die allgemeine Bedarfsermittlung im SGB II und im SGB XII erfolgt auf der Grundlage des Urteils des BVerfG vom 9. Februar 2010 [Az. 1 BvL 1/09, 3/09 und 4/09], in dem das Gericht die Gesetzgeber*innen beauftragte, Regelungen zu schaffen, die den

> „[...] Anspruch auf Gewährleistung eines menschenwürdigen Existenzminimums so [...][zu] konkretisieren, dass ‚alle existenznotwendigen Aufwendungen folgerichtig in einem transparenten und sachgerechten Verfahren nach dem tatsächlichen Bedarf, also realitätsgerecht', bemessen werden [...]." (Urteil des BVerfG vom 9. Februar 2010 [Az. 1 BvL 1/09, 3/09 und 4/09, Rn. 139]).

Die gleichen Anforderungen wurden mit dem Urteil des BVerfGs vom 18. Juli 2012 [Az. 1 BvL 10/10 und 2/11, Rn. 117] auch an die Bedarfsermittlung im AsylbLG gestellt und den Gesetzgeber*innen zufolge dadurch erfüllt, dass auf die gleiche Regelbedarfserhebungsmethode wie im SGB II und SGB XII zurückgegriffen wird (vgl. Deutscher Bundestag 2014, S. 14).

Diesen Auftrag beziehen die Gesetzgeber*innen vor allem auf die Ermittlung der sog. ‚Regelbedarfe' und kaum auf die weiteren Bedarfsarten.

Exkurs: Ermittlung der Regelbedarfe

Die Ermittlung der Regelbedarfe erfolgt auf der gesetzlichen Grundlage des RBEG, das die wesentlichen Bestimmungen über die Erhebung und Festsetzung der den Familien und Kindern im SGB II- und SGB XII-Bezug zugesprochenen materiellen Ausstattung regelt. Mit der Revision des AsylbLG gilt dieses auch für Kinder und Familien, die Anspruch auf diese Leistungen haben (vgl. Deutscher Bundestag 2014, S. 14). Im Grundgesetz wird zwar die Sicherung eines menschenwürdigen Lebens bzw. die Absicherung des soziokulturellen Existenzminimums gefordert, jedoch erfolgt keine Festschreibung genauer Summen und Inhalte, sondern nur die Verpflichtung zur Sicherstellung der physischen Existenz sowie eines Mindestmaßes an gesellschaftlicher, kultureller und politischer Teilhabe (vgl. Lenze 2011a, Rn. 12). Vor diesem Hintergrund stehen die Gesetzgeber*innen vor der Herausforderung, die konkrete Höhe des Existenzminimums zu bestimmen. Die dafür zutreffenden Entscheidungen implizieren auch ein spezifisches Verständnis von Kindern und Kindheit. Es ist legitim zu fragen, was bspw. die Festlegung der Verwendung des Statistikmodells oder die Nutzung der Daten der EVS mit einem impliziten Kinder- und Kindheitsverständnis zu tun haben kann. Bereits diese grundlegenden Festlegungen, bei denen verschiedene Faktoren ein- oder ausgeschlossen werden, wurden auf der Grundlage einer Vielzahl von Entscheidungen getroffen, die die

> „soziale Wirklichkeit zeit- und realitätsgerecht" (Wahrendorf 2012a, Rn. 4)

widerspiegeln sollen. Zur Erfüllung dieser Anforderung benötigen die Gesetzgeber*innen eine Vorstellung über die aktuelle Wirklichkeit von Kindern, die mittels einer Analyse der Festlegungen zur Regelbedarfsermittlung und -fortschreibung deutlich werden. Allgemein handelt es sich bei den gesetzlichen Bestimmungen um die Nutzung der (a) Statistikmethode, die auf der Grundlage der (b) EVS angewendet wird. Dazu werden weiterhin (c) die Referenzhaushalte festgelegt, deren Ausgaben nach (d) regelbedarfsrelevanten Ausgaben untersucht werden, sodass alle Ausgaben, die als nicht regelbedarfsrelevant angesehen werden, aus der weiteren Berechnung ausgeschlossen werden. Anschließend erfolgt eine Untersuchung spezifischer (e) Haushaltstypen, damit die kindspezifischen Ausgaben ermittelt werden können. Deren Ergebnisse werden schließlich in Bezug auf unterschiedliche Ausgaben nach (f) Altersgruppen untersucht. Der Weg dieser Ermittlung wird nachfolgend detailliert dargestellt und auf Hinweise zu den Kinder- und Kindheitsbildern der Gesetzgeber*innen hin untersucht.

Statistikmethode

Die (a) Statistikmethode zielt darauf ab,

> „[...] das tatsächliche und auf statistisch abgesicherter Grundlage (der Einkommens- und Verbrauchsstichprobe) ermittelte und nicht das normativ festgelegte Verbraucherverhalten im unteren Einkommensbereich zur Bemessung des Regelsatzes heranzuziehen." (Deutscher Bundestag 2010b, S. 50)

Damit sollen normative Setzungen bezüglich des Einsatzes finanzieller Mittel durch Personen im unteren Einkommensbereich verhindert werden. Zudem sollen Bedarfe auf der Grundlage des tatsächlichen Ausgabeverhaltens ermittelt werden. Die Gesetzgeber*innen gehen folglich davon aus, dass die Bedarfe am ehesten über eine Analyse des Ausgabeverhaltens erforscht werden können. Allerdings sollen damit keine konkreten Summen für einzelne Bedarfe festgelegt und den Leistungsberechtigten vorgeschrieben werden. Vielmehr liegt dem Statistikmodell die Logik zugrunde, dass Personen nicht exakt die gleichen Beträge für spezifische Produkte und Dienstleistungen ausgeben. Die tatsächlichen Ausgaben unterscheiden sich von Person zu Person trotz gleichem Einkommen (vgl. Deutscher Bundestag 2010b, S. 51). Vor diesem Hintergrund soll ein Betrag ermittelt werden, der die Bedarfe deckt, aber es werden keine Einschränkung hinsichtlich des tatsächlichen Einsatzes vorgenommen (vgl. Behrend 2012, Rn. 26).

Einkommens- und Verbrauchsstichprobe (EVS)

Die Ermittlung der Verbrauchsausgaben von Haushalten erfolgt über (b) die EVS, im Rahmen derer im fünfjährlichen Turnus rund 0,2 % der Privathaushalte in Deutschland u. a. nach ihrem Konsumverhalten befragt werden. Die Teilnehmer*innen müssen dafür über drei Monate ein sog. ‚Haushaltsbuch' über alle Einnahmen und Ausgaben des Haushaltes führen (vgl. Statistisches Bundesamt 2012). Da es sich hierbei um eine Haushalts- und keine Personenbefragung handelt, werden die Einnahmen und Ausgaben nicht auf einzelne Haushaltsmitglieder bezogen, sondern auf alle Personen im Haushalt. Damit geht die Erhebung vom Prinzip des gemeinsamen Wirtschaftens in einem Haushalt aus. Das heißt, die Einkünfte aller Personen werden als gemeinsame

Grundlage genutzt, um den kontingenten Lebensunterhalt zu bewältigen. Auch die Ausgaben werden nicht auf die einzelnen, sondern auf alle Haushaltsmitglieder bezogen. Dadurch ist kaum eine Differenzierung zwischen kind- und erwachsenenspezifischen Ausgaben möglich, sodass auch kaum Rückschlüsse auf kind- und erwachsenenspezifische Bedarfe gezogen werden können.

Die Gesetzgeber*innen weisen zwar darauf hin, dass sie von einem gemeinsamen Wirtschaften im Haushalt ausgehen (vgl. Bundesrat 2010, S. 198; Lenze 2011a, Rn. 33), dieses bezieht sich jedoch lediglich auf Einsparungen, die vorliegen, wenn bspw. mehrere Personen Haushaltsgeräte nutzen und diese nicht für jede im Haushalt lebende Person angeschafft werden müssen. Die gemeinsame Nutzung von Körperpflegeprodukten wie Zahnpasta, Toilettenpapier oder Badezusatz oder der Einkauf von Nahrungsmitteln für den gemeinsamen Verzehr durch alle Haushaltsmitglieder ohne eine vorherige Zuordnung nehmen sie nicht in den Blick. Demgegenüber unterstellen sie deutlich häufiger eine Trennung der verfügbaren Mittel, die konkret einer Person zugeordnet werden. Dies spiegelt sich insbesondere in der Systematik der Festlegung der Regelbedarfe wider, die pro Person erfolgt. Damit gehen sie grundsätzlich von einem Ausgabeverhalten aus, wonach jedes Familienmitglied Ausgaben für seine individuellen Bedarfe tätigt und i. d. R. keine familienbezogenen Ausgaben vorgenommen werden. Würden die Gesetzgeber*innen der Systematik der EVS folgen, müssten sie die Regelbedarfe nach Familienformen gewähren. Das heißt, sie müssten einen Regelbedarfssatz für Single-Haushalte, einen für Paarhaushalte, einen für Alleinerziehendenhaushalte mit einem Kind, einen für Paarhaushalte mit einem Kind, einen für Alleinerziehendenhaushalte mit zwei Kindern etc. aufstellen.

Die unterschiedlichen Logiken der EVS und der Festsetzung der Regelbedarfe führen dazu, dass Verhaltensweisen, die auf spezifische Bedarfe zurückzuführen sind, vernachlässigt werden. So werden bspw. haushaltsinterne Umverteilungen von finanziellen Ressourcen in der EVS nicht erfasst, da sich dadurch das Haushaltseinkommen nicht verändert. Damit werden Taschengeldzahlungen an Kinder bedeutungslos und bleiben unberücksichtigt (vgl. Statistische Ämter des Bundes und der Länder 2012, S. 4). Für die Systematik der Regelbedarfsfestsetzungen, die auf der Annahme individuellen Wirtschaftens der einzelnen Haushaltsmitglieder beruht, erlangt es jedoch Bedeutung, da sich dadurch das Elterneinkommen verringert und die verfügbaren finanziellen Ressourcen der Kinder erhöhen.

Referenzhaushalte und die Relevanz der Verbrauchsausgaben für den Regelbedarf

Weiterhin erfolgt die Regelbedarfsermittlung nicht auf der Grundlage der Daten aller durch die EVS befragten Teilnehmer*innen, sondern nur für die sog.

(c) ‚Referenzhaushalte' mit niedrigem Einkommen. Die konkrete Größe der Referenzgruppe wird anhand normativer Setzungen vorgenommen. Für die Ermittlung der Regelbedarfe der Erwachsenen werden die Daten von den 15 % an Haushalten mit dem niedrigsten Einkommen – unter Ausschluss der Haushalte im Existenzsicherungsbezug – verwendet. Die Ermittlung der Regelbedarfe für Kinder erfolgt hingegen anhand des Ausgabeverhaltens der 20 % an Familienhaushalten mit dem geringsten Einkommen – wiederum unter Ausschluss der Empfänger*innenhaushalte von Existenzsicherungsleistungen (vgl. Gutzler 2013, Rn. 100).[33] Darüber hinaus werden die auf die beschriebene Weise ermittelten Verbrauchsausgaben zusätzlich durch die Gesetzgeber*innen auf (d) ihre Relevanz für den Regelbedarf bewertet (vgl. Deutscher Bundestag 2010b, S. 51). Das bedeutet, dass nicht alle Ausgaben, die die Referenzhaushalte tätigen, in der Ermittlung der Regelbedarfshöhe berücksichtigt werden. Vielmehr werden die Güter und Dienstleistungen, die die Gesetzgeber*innen als nicht bedarfsrelevant einschätzen, aus den Ausgaben gestrichen, sodass sich im Endeffekt ein niedrigeres Leistungsniveau ergibt als die tatsächlichen Verbrauchsausgaben der Referenzgruppe.

Dieser Vorgehensweise scheint das Verständnis zugrunde zu liegen, dass die Gruppe der Referenzhaushalte zwar im Bereich des niedrigen Einkommens anzusehen ist, sie sich jedoch über der Existenzminimumgrenze befinden. Allein das Existenzminimum vermag es jedoch, ausschließlich Bedarfe abzudecken und keine Ausgaben für zusätzliche Wünsche zu berücksichtigen. Um die konkrete Summe des Existenzminimums zu erhalten, streichen sie alle Ausgaben, die ihrem Erachten nach nicht zum Überleben notwendig sind, sodass auf dieser Grundlage der Betrag errechnet wird, der nach Ansicht der Gesetzgeber*innen ausschließlich die Bedarfe absichert. Würden sie einen prozentualen Anteil an Ausgaben der Bevölkerung als minimalen Standard unterstellen, bräuchten sie nur die Ausgaben dieser Bevölkerungsgruppe in der Gesamtsumme zu erheben und nicht ihr Ausgabeverhalten, um daraus Einzelpositionen zu streichen.

Anhand der Streichungen legen die Gesetzgeber*innen offen, welche Güter und Dienstleistungen ihren Ansichten nach nicht zur Deckung von Bedarfen dienen, sondern lediglich als Luxus bzw. Wunscherfüllung zu betrachten sind. So schätzen sie bspw. einen PKW, Alkohol und Zimmerpflanzen nicht als re-

33 Da die EVS nur die Haushalte berücksichtigt, deren monatliches Haushaltsnettoeinkommen unter 18.000 Euro liegt, wird nicht die gesamte Bevölkerung in die Stichprobe einbezogen. Das heißt, wenn von 15 % bzw. 20 % der Haushalte mit dem niedrigsten Einkommen gesprochen wird, handelt es sich de facto um einen geringeren Anteil, da die Grundgesamtheit nicht der tatsächlichen Bevölkerung entspricht.

gelbedarfsrelevant ein (vgl. Bundesrat 2010, S. 200). Diese Güter dienen ihrem Erachten nach nicht zur Befriedigung von Bedarfen.

Haushaltstypen

Zur Bestimmung der endgültigen Höhe des Regelbedarfs für Kinder werden (e) andere Haushaltstypen genutzt als bei der Bestimmung der Höhe für Erwachsene. Die Kinderregelbedarfe ergeben sich aus der Untersuchung des Ausgabeverhaltens von Paarhaushalten mit einem Kind, während die Regelbedarfe von Erwachsenen aus dem Ausgabeverhalten von Einpersonenhaushalten errechnet werden (vgl. Bundesrat 2010, S. 89). Damit berücksichtigen sie bei ihrer Bemessung nur einen geringen Teil der möglichen Familienformen und vernachlässigen die Verschiedenartigkeit der Zusammensetzung von Familien. Dieses Vorgehen zeigt erneut, dass die Gesetzgeber*innen kein haushaltsbezogenes, sondern ein personenbezogenes Wirtschaften unterstellen, da sie lediglich die Frage nach personenspezifischem Ausgabeverhalten beantwortet wissen wollen. Darüber hinaus besteht die Stichprobe der Untersuchung für Familien mit Kindern unter sieben Jahren aus 237 Haushalten und für Familien mit Kindern zwischen sieben und 14 Jahren aus 184 Haushalten (vgl. Deutscher Bundestag 2010b, S. 144 ff.). Dieser äußerst geringe Stichprobenumfang, der das Kriterium der Repräsentativität nicht erfüllt, deutet gleichzeitig darauf hin, dass die Gesetzgeber*innen von einem sehr einheitlichen Ausgabeverhalten der Familien mit Kindern im unteren Einkommensbereich ausgehen, da sie trotz der geringen Fallzahl keine andere Berechnungsgrundlage wählen und sie den geringen Stichprobenumfang nicht einmal problematisieren. Daher ist anzunehmen, dass ihrem Erachten nach die damit erfüllten Bedarfe bei Familien im untersten Einkommensbereich sehr ähnlich bzw. gleich sind. Das wird auch dadurch bestärkt, dass sie mit dieser geringen Stichprobenanzahl abschließende Aussagen über die Bedarfe aller Kinder im Existenzsicherungsbezug treffen und ihren Ansichten nach keine Bedarfe vernachlässigt werden.

Altersstufen

Schließlich wird die Gruppe der Kinder in (f) zwei Altersstufen unterteilt: die unter Siebenjährigen und die Sieben- bis 14-jährigen. Das beruht darauf, dass durch eine Sonderauswertung der EVS aufgezeigt wurde, dass für die beiden Altersgruppen unterschiedliche Verbrauchsausgaben getätigt werden (vgl. Deutscher Bundestag 2010b, S. 52). Die Gesetzgeber*innen gehen demnach nicht von einer einheitlichen Bedarfslage im Kindesalter aus, sondern schreiben den jüngeren Kindern niedrigere Bedarfe zu als den älteren Kindern. Innerhalb der beiden Altersgruppen gehen sie allerdings von der gleichen Regelbedarfshöhe aus.

Aus der Bedarfsermittlung der Kinder wird deutlich, dass ihnen Ausgaben für weitestgehend gleiche Güter und Dienstleistungen zugesprochen werden wie Erwachsenen. Dies scheint aus der Logik der Untersuchung heraus folgerichtig, da Ausgaben für den Haushalt und nicht für einzelne Personen getätigt werden. Allerdings ist dadurch eine Zuordnung einzelner Güter und Dienstleistungen nur durch Vermutungen möglich und unterliegt keinen empirisch gesicherten Erkenntnissen.

Schließlich ergibt sich eine Gesamtsumme, die

> „die für die Gewährleistung des Existenzminimums erforderlichen Verbrauchsausgaben [beinhaltet]. Diese Summe stellt ein monatliches Budget dar, das nach dem SGB XII in Regelbedarfsstufen eingeteilt und in Form von Regelsätzen zur Deckung der in § 27a Absatz 1 SGB XII (Artikel 3 Nummer 8) gezahlt wird. Vergleichbares gilt für die Regelbedarfe nach § 20 Absatz 1 SGB II.
> Über die konkrete Verwendung dieses monatlichen Budgets entscheiden die Leistungsberechtigten eigenverantwortlich." (Deutscher Bundestag 2010b, S. 51)

Nach der ermittelten Höhe der Regelbedarfe nutzen die Gesetzgeber*innen wiederum die Logik des Statistikmodells, indem sie den Leistungsberechtigten einen eigenverantwortlichen Umgang mit den ihnen zur Verfügung gestellten Mitteln zusprechen. Das heißt, die einzeln untersuchten Ausgabenpositionen bleiben für die Leistungsberechtigten irrelevant, da sie die verfügbaren Ressourcen für diejenigen Bedarfe einsetzen sollen, die nach ihrem eigenen Empfinden als Bedarfe vorliegen. Damit ergibt sich eine Widersprüchlichkeit in der Bedarfsermittlung. Einerseits betonen die Gesetzgeber*innen immer wieder, dass die Bedarfe der Kinder nicht spiegelbildlich übertragbar sind. Vielmehr sollen die gewährten Leistungen flexibel eingesetzt werden, um erhöhte Bedarfe in einem Bereich durch geringere Bedarfe in einem anderen Bereich auszugleichen. Andererseits benennen sie ganz konkrete Bedarfe und gewähren für all jene Güter und Dienstleistungen keine Hilfen, die ihrem Erachten nach nicht zu den Bedarfen gehören, wodurch sie den suggerierten Handlungsspielraum auf ein Minimum einschränken.

Bedarfsermittlung in den Leistungen für Bildung und Teilhabe

Bei den Leistungen für Bildung und Teilhabe handelt es sich um spezifische Bedarfe von Kindern, die nach Ansicht der Gesetzgeber*innen im Vergleich zu den Regelbedarfen auf eine andere Art ermittelt werden können. Hier erfolgt im Vorfeld der Bedarfsfestsetzung keine eigene statistische Ermittlung der konkreten Bedarfe. Die Gesetzgeber*innen nutzen lediglich die ermittelten Bedarfe aus dem Regelbedarf, um den Eigenanteil von einem Euro bei den Mittagsverpflegungskosten (vgl. Luik 2013d, Rn. 12) und von fünf Euro bei der Schülerbeförderung (vgl. § 34 Abs. 4 SGB XII) sowie für die festgesetzten Leistungshöhen für den persönlichen Schulbedarf (vgl. Luik 2013d, Rn. 40) und für die Leistung für die sog. ‚Teilhabe am sozialen und kulturellen Leben in der Gemeinschaft' zu begründen (vgl. Deutscher Bundestag 2010b, S. 106).

Die Bildungs- und Teilhabeleistungen wurden demnach nicht auf der Grundlage einer eigenständigen Bedarfsermittlung bei Kindern vorgenommen, sondern auf der Grundlage der für verfassungswidrig erklärten Methode der Bedarfsfestsetzung bestimmt. Um hier die Bedarfslage von Kindern zu berücksichtigen – wie es das BVerfG forderte – wurden zusätzlich normative Setzungen durch die Gesetzgeber*innen vorgenommen. Damit weichen sie sowohl von ihrem Grundsatz der Möglichkeit der Bedarfsermittlung ab und werden gleichzeitig der Forderung des BVerfGs zur Unterlassung sog. ‚freihändiger Setzungen' von Bedarfen (vgl. Urteil des BVerfG vom 9. Februar 2010 [Az. 1 BvL 1/09, 3/09 und 4/09, Rn. 176]) nicht gerecht. Deutlich stärker zu gewichten ist dabei jedoch, dass die Gesetzgeber*innen mit diesem Vorgehen von der kritisierten Logik nicht grundsätzlich abweichen. Das heißt, die Bedarfslage hat sich nach Ansicht der Gesetzgeber*innen nicht wesentlich geändert, da weiterhin die gleichen Bedarfe befriedigt werden sollen, die bereits in der verfassungswidrigen Regelbedarfsbemessung enthalten war. Demnach wurden vor der Revision auch Leistungen zur Finanzierung von außerschulischen Bildungsangeboten oder für Schreibutensilien erbracht, diese wurden lediglich nicht explizit als Bedarfe für Bildung und Teilhabe bezeichnet, sondern in die Logik der erwachsenenspezifischen Bedarfe eingeordnet. Demnach gehen die Gesetzgeber*innen davon aus, dass Kinder und Erwachsene sehr ähnliche Bedarfe bspw. hinsichtlich konkreter Ausstattungsgegenstände oder Aktivitäten haben, die je nach Lebensphase in anderen Kontexten eingesetzt werden. So erhalten bspw. Erwachsene Hilfen für die Befriedigung des Bedarfs an Schreibmaterialien. Diese Unterstützungen wurden aus dem Regelbedarf der Kinder gestrichen und werden nun als zusätzliche, kindspezifische Bedarfe für den Schulbesuch durch die sog. ‚Leistung für den persönlichen Schulbedarf' bereitgestellt (vgl. Deutscher Bundestag 2008a, S. 16).

Konkrete Bedarfe

Konkret unterstellen die Gesetzgeber*innen Kindern im Vergleich zu Erwachsenen einen erhöhten Bedarf an Bildung und an Teilnahme. Diese Bedarfe können ihren Ansichten nach nicht getrennt voneinander berücksichtigt werden, sondern sind eng miteinander verwoben, was in den Kategorien *kulturelle Lage* (vgl. Abschnitt 3.2.4) und *soziale Lage* (vgl. Abschnitt 3.2.3) noch spezifischer aufgegriffen wird. Zur Befriedigung dieser beiden Bedarfe sind nach Ansicht der Gesetzgeber*innen sechs konkrete Bedarfe zu decken, die sich aus den einzelnen Leistungen ergeben. Dabei handelt es sich um (1) die Teilnahme an ein- und mehrtägigen Fahrten, die in Kindertageseinrichtungen und Schulen veranstaltet werden, um (2) das Vorhandensein von allen notwendigen Materialien, die für den Schulbesuch erforderlich sind, um (3) die Gelegenheit, die besuchte Schule durch kostenpflichtige Fortbewegungsmittel erreichen zu können, sofern sich diese nicht im unmittelbaren Wohnumfeld der Kinder befindet, um (4) die Möglichkeit schulische Lernleistungen außerhalb der Institution Schule zu verbessern und dadurch die Klassenstufe erfolgreich beenden zu können, um (5) die Teilnahme am gemeinsamen Mittagessen der Klasse oder der Gruppe, in der sich die Kinder im Rahmen der Kindertagesbetreuung befinden, und um (6) die Teilnahme an Freizeitaktivitäten, die von Gleichaltrigen genutzt werden und innerhalb derer die Potenziale der Leistungsberechtigten gefördert werden.

Erfüllung der Bedarfe an Bildung und Teilnahme

Damit Kinder ihre Bedarfe im Bereich Bildung und Teilnahme befriedigen können, bedürfen sie diverser Güter und Dienstleistungen, die normalerweise eingekauft werden können. Sofern die Gesetzgeber*innen die Bedarfe als existenznotwendig anerkennen, stellen sie den Kindern diese Güter und Dienstleistungen zur Verfügung. Die Kinder werden jedoch nicht in den Zahlungsverkehr einbezogen, sondern erhalten zumeist Gutscheine oder die Leistungsträger zahlen die Beträge direkt an die Anbieter (vgl. Luik 2013d, Rn. 54). Einzige Ausnahmen bilden die Leistung zur Ausstattung mit dem persönlichen Schulbedarf und die Übernahme der Kosten für die Schülerbeförderung, bei denen die Bedarfssicherung über Geldleistungen erfolgt (vgl. Deutscher Bundestag 2010a, S. 31).

Grundsätzlich müssen Bedarfe, die durch die Existenzsicherungsgesetze als lebensnotwendig anerkannt sind, von den Leistungsträgern sichergestellt werden, was sich dadurch zeigt, dass die Leistungsberechtigten darauf einen Rechtsanspruch haben. Das heißt, wenn Leistungsberechtigte die Kriterien der Hilfebedürftigkeit hinsichtlich des beantragten Bedarfs erfüllen, sind die Leistungsträger zur Bereitstellung der notwendigen Unterstützungen verpflichtet. Eine Ermessensregelung der Träger liegt in diesem Zusammenhang nicht vor. Folglich dürfen die Leistungsträger keine Einzelfallentscheidungen treffen. Demnach unterstellen die Gesetzgeber*innen diesen Bedarfen einen derart hohen Stellenwert, dass nur durch deren Befriedigung das menschenwürdige Existenzminimum von Kindern sichergestellt ist und nicht Dritte darüber entscheiden dürfen.

Allerdings tolerieren die Gesetzgeber*innen, dass die Leistungen für Bildung und Teilhabe nicht in jedem Fall die Bedarfe von Kindern absichern. Wo die spezifischen Angebote vor Ort nicht vorhanden sind, wird ihre unzureichende Befriedigung hingenommen. Werden in den Einrichtungen der frühkindlichen Bildung und den Schulen bspw. keine Ausflüge oder Klassenfahrten durchgeführt, weisen die Kinder zwar diesen Bedarf auf, weil bspw. Gleichaltrige, die andere Einrichtungen besuchen, von solchen Angeboten berichten. Die Gesetzgeber*innen unterstellen jedoch, dass dieser Bedarf nur in den Fällen existenznotwendig wird, wenn die Angebote tatsächlich verfügbar sind. Gleiches gilt für die Angebote im Rahmen der Leistung für die sog. ‚Teilhabe am sozialen und kulturellen Leben in der Gemeinschaft'. Mit dem Hinweis darauf, dass die Leistungsträger keine zusätzlichen Angebote schaffen müssen, sondern nur für die Bereitstellung der finanziellen Mittel für die Teilnahme verantwortlich sind (vgl. Leopold 2012b, Rn. 45), zeigen die Gesetzgeber*innen erneut, dass gleiche Bedarfe je nach Verfügbarkeit unterschiedliche Stellenwerte einnehmen. Sind sie für Kinder realisierbar, handelt es sich um existenznotwendige Bedarfe, sind sie nicht in unmittelbarer Nähe verfügbar, handelt es sich vielmehr um Wünsche, die nicht notwendigerweise befriedigt werden müssen. Diese Herangehensweise wird in folgendem Zitat beschrieben.

> „Die Träger der Leistungen für Bildung und Teilhabe, deren Aufgabe sich im Wesentlichen darauf beschränkt, die finanziellen Hürden für die Inanspruchnahme bestehender Teilhabeangebote zu beseitigen, haben keinen Sicherstellungsauftrag. Wo keine oder nur unzureichende Strukturen vor Ort bestehen, können allein durch Leistungen für Bildung und Teilhabe die sozialintegrativen Bedürfnisse von Kindern und Jugendlichen nicht befriedigt werden." (Deutscher Bundestag 2010b, S. 107)

Darüber hinaus schreiben die Gesetzgeber*innen den Kindern und ihren Eltern eine Selbstverantwortung hinsichtlich der Erfüllung ihrer Bedarfe zu. Die Leistungsberechtigten bzw. ihre Eltern müssen spezifische Pflichten erfüllen, bevor sie Hilfen durch die Leistungsträger erhalten. Dies zeigt sich durch die Antragspflicht in den Leistungen für Bildung und Teilhabe sowie im Rahmen weiterer Anforderungen, die an die Kinder und ihre Eltern gestellt werden, um ihre Bedarfe nachzuweisen wie das Vorlegen einer Schulbescheinigung zum Nachweis, dass sie eine Schule besuchen (vgl. Leopold 2012b, Rn. 78).

Die Gesetzgeber*innen schreiben den Kindern und ihren Eltern damit eine Selbstverantwortung zur Erfüllung ihrer Bedarfe zu. Treten sie nicht in Aktion, werden die Kinder in der Sicherung ihrer Bedarfe nicht unterstützt. Nur wenn Eltern die Mehrbedarfe ihrer Kinder anzeigen, können diese durch Dritte wahrgenommen und Hilfen zur Befriedigung gewährt werden.

Unterschiede zu den Leistungsberechtigten mit (drohender) Behinderung

Leistungsberechtigten mit (drohender) Behinderung werden zusätzliche Mehrbedarfe zugesprochen, die durch das Vorliegen des Merkmals (drohende) Behinderung begründet werden. Diese Mehrbedarfe werden über die sog. ‚Eingliederungshilfe' und die sog. ‚Hilfe zur Pflege' gesichert (vgl. u. a. Wahrendorf 2012b, Rn. 18) und sollen die mit der (drohenden) Behinderung verbundenen Auswirkungen reduzieren (vgl. Bieritz-Harder 2012d, Rn. 22). Der damit unterstellte Unterstützungsbedarf besteht insbesondere in einer verstärkten Unterstützung im Bereich Teilhabe, was sich aus dem Wort ableiten lässt. Der Begriff ‚Eingliederungshilfe' enthält den Wortbestandteil ‚eingliedern', der darauf verweist, dass die Gesetzgeber*innen damit einen Bedarf implizieren, ein Mitglied von etwas zu werden oder anders ausgedrückt: ein Teil eines größeren Ganzen sein zu wollen. Für die Gesetzgeber*innen besteht dieses größere Ganze in der Gesellschaft (vgl. Wahrendorf 2012b, Rn. 26).

Auf der Grundlage der zweiten Leistung – der Hilfe zur Pflege – zeigt sich, dass die Gesetzgeber*innen von einem zusätzlichen, regelmäßig wiederkehrenden Bedarf im Bereich Pflege ausgehen. Konkret verstehen sie darunter die

> „Hilfestellung bei den Verrichtungen des täglichen Lebens" (Wahrendorf 2012b, Rn. 18).

Demnach sprechen sie den Kindern mit (drohender) Behinderung einen Bedarf an Unterstützung zu, der sich auf die alltäglichen Handlungen, die über den gesamten Tag anfallen können, bezieht und nicht etwa nur auf einzelne Tätigkeiten.

Damit deuten sie bereits auf das Vorhandensein anderer Bedürfnisse bei leistungsberechtigten Kindern mit (drohender) Behinderung im Vergleich zu den Kindern im Bezug existenzsichernder Leistungen ohne Behinderung hin, die sie an anderer Stelle konkret ausformulieren. Zu diesen sog. ‚Grundbedürfnissen' der Menschen mit (drohender) Behinderung gehören ihrem Erachten nach

> „[...] Gehen, Stehen, Greifen, Sehen, Hören, Nahrungsaufnahme, elementare Körperpflege, selbständiges Wohnen und" (Wahrendorf 2012c, Rn. 14)

> „[...] die [...] erforderliche Erschließung eines gewissen körperlichen und geistigen Freiraums, der auch die Aufnahme von Informationen, die Kommunikation mit anderen zur Vermeidung von Vereinsamung' umfasst, sowie den ‚Erwerb einer elementaren Schulbildung' [...]." (Bieritz-Harder 2012d, Rn. 20)

Die Gesetzgeber*innen verwenden selbst den Begriff ‚Grundbedürfnis' und zeigen damit auf, dass es sich um die wichtigsten Begehren von Menschen handelt, die sie zur Sicherung eines menschenwürdigen Lebens benötigen. Aus der Auflistung der konkreten Bedürfnisse wird ein starker Bezug zu körperlichen und geistigen Einschränkungen deutlich, wodurch dieser Gruppe andere Bedürfnisse zugeschrieben werden als Kindern ohne Behinderung. Die Gesetzgeber*innen gehen folglich davon aus, dass Kinder mit (drohender) Behinderung ihren Körper in gleicher Weise einsetzen können wie Kinder ohne Behinderung. Gelingt ihnen dies nicht allein durch den Einsatz ihres Körpers, begehren sie zumindest nach Hilfsmitteln, um die gleichen Ergebnisse erzielen zu können. Das heißt, sollten sie im Gehen eine Einschränkung erfahren, liegt ihr Bedarf in der Bereitstellung einer Mobilitätshilfe (wie Rollstuhl, Gehhilfen oder diverse mobilitätsfördernde Therapien), damit sie ohne fremde Hilfe mobil sein können.

Aus dieser Darstellung zeigt sich, dass es sich um elementarere Bedarfe handelt als diejenigen, die im SGB II, SGB XII und AsylbLG für Menschen ohne Behinderung aufgenommen sind. So schreiben die Gesetzgeber*innen den Kindern mit (drohender) Behinderung im vorliegenden Zitat insbesondere das Bedürfnis zu, Nahrung aufnehmen zu können und sprechen damit eine spezifische Körperfunktionen an. Demgegenüber ist im SGB II, SGB XII und AsylbLG der Bedarf an Nahrung festgeschrieben, bei dem nicht mehr die Aufnahme durch den eigenen Körper im Vordergrund steht, sondern die Lebensmittel, die durch den Körper aufgenommen werden wollen (vgl. Bundesrat 2004, S. 7). Die Gesetzgeber*innen unterstellen den Kindern mit (drohender) Behinderung vorrangig das Bedürfnis nach einem

„[...] Ausgleich der durch die Behinderung bedingten Mängel [...]." (Wahrendorf 2012c, Rn. 15)

Ihren Ansichten nach verspüren Kinder mit (drohender) Behinderung nicht vorrangig den Bedarf an Gegenständen, sondern den Bedarf, in gleicher Weise handeln zu können wie Kinder ohne Behinderung. Dementsprechend unterstellen sie den Kindern immer eine Vergleichshaltung i. S. eines Vorhandenseins von Möglichkeiten, wie sie die Gruppe der Anderen – der Kinder ohne Behinderung – haben. Sie bilden damit nach Ansicht der Gesetzgeber*innen eine separate Gruppe, bei der versucht werden soll, deren Andersartigkeit zu erleichtern. Mit der Verwendung der Begriffe ‚Mängel' und ‚Einschränkungen' sowie Formulierungen wie ‚defizitäre Körperfunktion ausgleichen' (vgl. Bieritz-Harder 2012d, Rn. 20) gehen die Gesetzgeber*innen zudem davon aus, dass diese Kinder ein Defizit i. S. eines negativ konnotierten Fehlens von Eigenschaften und Fähigkeiten aufweisen.

Weiterhin wird durch die Verwendung des Begriffs ‚Ausgleich' deutlich, dass die Gesetzgeber*innen eine Kompensation vornehmen wollen, was aber nicht darauf hindeutet, dass die Kinder mit (drohender) Behinderung damit den Kindern ohne Behinderung gleich werden sollen. Der Mangel bzw. das Defizit besteht ihrem Erachten nach trotz des Ausgleichs auch weiterhin. Es kann lediglich eine Minderung der Auswirkungen erfolgen. Diese Sichtweise wird noch einmal deutlicher, da die Gesetzgeber*innen den Kindern mit (drohender) Behinderung nur einen sog. ‚Basisausgleich' zusprechen (vgl. Bieritz-Harder 2012d, Rn. 22) und damit lediglich auf eine Reduzierung der ‚gröbsten' Auswirkungen hinwirken und nicht auf eine bestmögliche Verringerung der Folgen.

Zur Reduzierung der Auswirkungen und der Befriedigung der Grundbedürfnisse ist es nach Ansicht der Gesetzgeber*innen notwendig, die „individuellen Bedürfnisse" (Bieritz-Harder 2012c, Rn. 36) der Kinder mit (drohender) Behinderung zu berücksichtigen und daran die Hilfen und Unterstützungsleistungen für die Kinder auszurichten. Diese individuellen Bedürfnisse werden maßgeblich durch die persönliche Lebenssituation, das Alter, das Geschlecht, die Familie sowie die ethnische Herkunft der Kinder beeinflusst (vgl. Bieritz-Harder 2012c, Rn. 36). Vor diesem Hintergrund zeigt sich, dass die Gesetzgeber*innen die Gruppe der Kinder mit (drohender) Behinderung als heterogene Gruppe betrachten, die ihnen unterschiedliche Unterstützungen zusprechen, die einzelfallbezogen gewährt werden sollen.

Weiterhin sprechen die Gesetzgeber*innen den Kindern mit (drohender) Behinderung neben den Bedürfnissen und Bedarfen auch das Vorhandensein von Wünschen bspw. hinsichtlich ihrer Unterbringungsform (bei den Eltern, bei Pflegeeltern, teilstationär oder stationär) zu. Diese werden in gleicher Weise wie bei Kindern ohne Behinderung nicht als existenznotwendig angesehen, sollen jedoch, sofern diese geäußert werden, in Entscheidungen über Leistungen berücksichtigt werden (vgl. Bieritz-Harder 2012c, Rn. 36) – allerdings nur wenn sie keine Mehrkosten verursachen (vgl. Wahrendorf 2012c, Rn. 34). Da Wünsche also maximal zur Verbesserung der Situation von Kindern dienen, müssen sie bei Kindern mit (drohender) Behinderung nicht umgesetzt werden (vgl. Wehrhahn 2011, Rn. 51). Dabei differenzieren die Existenzsicherungsgesetzgeber*innen nicht zwischen Kindern mit und ohne Behinderung.

Zusammenfassend werden die Kinder mit (drohender) Behinderung im Existenzsicherungsbezug im Vergleich zu Leistungsberechtigten ohne Behinderung mit übergeordneten Bedürfnissen wahrgenommen, die es zuvörderst zu befriedigen gilt, bevor die weiteren existenznotwendigen Bedarfe zum Tragen kommen. Weiterhin ist das Merkmal (drohende) Behinderung so ungleich ausprägt, dass sich dadurch für die Kinder sehr unterschiedliche Bedarfe ergeben, die individuell auszugestalten sind.

Überblick über die Ergebnisse der Analyse

Tab. 25: Ergebnisse der Analyse der Unterkategorie: *Bedürfnisse/Bedarfe/Wünsche*

<table>
<tr><th>Ergebnisse der Analyse</th><th>Kinder- und Kindheitsbilder</th></tr>
<tr><td rowspan="2">Kinder weisen Bedürfnisse und Bedarfe auf, die befriedigt werden müssen, damit ihre Existenz gesichert ist. Sie können ihre Bedarfe allerdings nach Ansicht der Gesetzgeber*innen nicht selbst sichern, was zu einer Abhängigkeit von anderen Personen führt.</td><td>Die ‚unterstützungsbedürftigen' Kinder</td></tr>
<tr><td>Kinder als abhängige Menschen von Dritten</td></tr>
<tr><td rowspan="2">Zuvörderst sind Eltern für die Befriedigung der Bedarfe ihrer Kinder zuständig, sodass Kinder in einem Abhängigkeitsverhältnis zu ihren Eltern stehen.</td><td>Die ‚unterstützungsbedürftigen' Kinder</td></tr>
<tr><td>Kinder als abhängige Menschen von ihren Eltern</td></tr>
<tr><td>Können ihre Eltern die Bedarfe nicht aus eigenen Mitteln und Kräften sichern, wird diese Aufgabe von Dritten übernommen.</td><td>Kinder als abhängige Menschen von Dritten</td></tr>
<tr><td>Kinder im Leistungsbezug weisen sehr ähnliche Bedarfe und Lebenssituationen auf, die zu gleichen Bedarfsbefriedigungsarten führen.</td><td>Die Andersartigkeit der Kinder im Leistungsbezug</td></tr>
<tr><td>Kinder haben Bedarfe an gleichen Ausstattungsgegenständen wie Erwachsene, diese benötigen sie allerdings teilweise in anderen Lebenssituationen. Bei diesen Situationen handelt es sich um solche, die als kindspezifisch angesehen werden (z. B. im Kontext von Schule).</td><td>Kinder als kleine Erwachsene</td></tr>
<tr><td>Damit Dritte die Bedarfe von Kindern decken, die ihre Eltern nicht (ausreichend) sichern können, müssen die Eltern dies bei den entsprechenden Institutionen anzeigen und ihnen die notwendigen Unterlagen zukommen lassen, die für die Bedarfsermittlung vorzulegen sind.</td><td>Kinder als abhängige Menschen von ihren Eltern</td></tr>
<tr><td>Kinder mit (drohender) Behinderung haben gegenüber anderen Kindern noch zusätzliche Bedürfnisse und Bedarfe, die sich vor allem auf die Verrichtung der Dinge des täglichen Lebens beziehen.</td><td>Die ‚atypischen' Kinder</td></tr>
</table>

Ergebnisse der Analyse	Kinder- und Kindheitsbilder
Kinder mit (drohender) Behinderung weisen nach Ansicht der Gesetzgeber*innen spezifische ‚Defizite' bzw. ‚Mängel' auf, die zu Handlungseinschränkungen führen. Dadurch weisen diese Kinder zusätzliche Bedarfe auf, da sie im Ergebnis die gleichen Bedarfe wie Gleichaltrige haben (z. B. mobil zu sein).	Die ‚atypischen' Kinder
Die Einschränkungen der Kinder mit (drohender) Behinderung können ganz unterschiedlich sein, was zu heterogenen Bedarfen dieser Kinder führt.	Die ‚atypischen' Kinder

Quelle: eigene Darstellung

3.2.1.2 Alter und Entwicklungsstand

Das *Alter und der Entwicklungsstand* der Kinder werden für die Gesetzgeber*innen insbesondere dann wichtig, wenn es um die Ermittlung und die daraus abgeleitete Höhe der zu gewährenden Leistungen geht. Hierbei wird dem Entwicklungsstand – im Vergleich zum Alter – eine deutlich geringere Bedeutung zugesprochen.

Alter der Kinder

Anhand des Alters bestimmen die Gesetzgeber*innen unterschiedliche Gruppen, die sie zumeist durch die gängigen Generationenbezeichnungen umschreiben und gleichzeitig voneinander abgrenzen. Dadurch implizieren sie eine Verschiedenheit in den Bedarfen dieser Lebensphasen. Sie greifen vor allem auf die Altersgrenzen des Regelsatzes zurück, bei denen sie Personen als Kinder bezeichnen, wenn sie das 14. Lebensjahr noch nicht vollendet haben. Für die daran anschließende Altersgruppe (15. bis zur Vollendung des 18. Lebensjahres) verwenden sie den Begriff ‚Jugendliche' (vgl. Leopold 2012a, Rn. 39). Personen zwischen dem 19. und dem 25. Lebensjahr bezeichnen sie als junge Erwachsene und nach der Vollendung des 25. Lebensjahres handelt es sich nach ihrem Verständnis um Erwachsene (vgl. Leopold 2012a, Rn. 39). Zudem differenzieren sie innerhalb der Gruppe der Kinder zwischen den unter Siebenjährigen und den Sieben- bis unter 15-jährigen (vgl. Leopold 2012a, Rn. 39).

Mit Blick auf diese Differenzierungen und die häufige Verwendung von Bezeichnungen wie „altersabhängige Bedürfnisse" (Deutscher Bundestag 2010b, S. 42) und „kinder- und altersspezifischen Bedarf" (Grube 2012a, Rn. 1) scheint das Alter für die Gesetzgeber*innen eines der zentralen Kriterien zur Bestimmung spezifischer Bedarfe zu sein. Dabei deutet sich an, dass die Gesetzgeber*innen von generationalen Unterschieden innerhalb der Bedarfe ausgehen und sie dementsprechend nicht grundsätzlich allen Menschen die gleichen Bedarfe unterstellen. Vielmehr können sich diese sowohl zwischen den Lebensphasen als auch innerhalb einer Lebensphase unterscheiden.

Sie beschreiben insgesamt drei altersbezogene Schwellen, an denen sich Bedarfe verändern. Dabei handelt es sich um die Schwellen (1) jüngere Personen und Erwachsene, (2) Jugendliche und ältere Personen sowie (3) innerhalb der Lebensphase Kindheit.

Unterschiedliche Bedarfe bei Erwachsenen im Vergleich zu jüngeren Personen

Die Gesetzgeber*innen gehen davon aus, dass Kinder, Jugendliche und junge Erwachsene Bedarfe aufweisen, die sich von denen der Erwachsenen unterscheiden (vgl. Leopold 2012a, Rn. 39). Diese drei Lebensphasen durchlaufen Menschen, bevor sie als Erwachsene gelten. Folglich gehen die Gesetzgeber*innen von einem Verlauf der Lebensphasen aus. Das zeigt sich vor allem anhand der Bezeichnung der Lebensphase ‚junge Erwachsene', die zwischen der Lebensphase Jugend und dem Erwachsenenalter liegt. Dementsprechend sind Kinder nicht von heute auf morgen Erwachsene, sondern entwickeln sich erst im Laufe der Jahre über den Jugendlichen zu einem jungen Erwachsenen und anschließend zu einem Erwachsenen. Für diese Jahre sprechen die Gesetzgeber*innen ihnen gleiche Bedarfe zu, die im Erwachsenenalter nicht mehr vorliegen.

> „Das Bundesverfassungsgericht hatte [...] gefordert, dass der Sozialstaat dafür Sorge zu tragen habe, dass Kinder, Jugendliche und junge Erwachsene aus einkommensschwachen Haushalten durch Entwicklung und Entfaltung ihrer Talente und Fähigkeiten in die Lage versetzt werden müssten, ihren Lebensunterhalt im Erwachsenenstadium selbst bestreiten zu können." (Leopold 2012a, Rn. 35)

Gleichzeitig wird ein weiterer Aspekt deutlich. Die Gesetzgeber*innen sprechen nicht jeder Lebensphase ganz eigene Bedarfe zu. Vielmehr können mehrere Altersgruppen die gleichen Bedarfe haben.

Gleiche Bedarfe in der Kindheit und dem Jugendalter

Die Gesetzgeber*innen gehen innerhalb der Leistungen für Bildung und Teilhabe vor allem von solchen Bedarfen aus, die sie sowohl Kindern als auch Jugendlichen zuordnen. Diese Bedarfe unterscheiden die Gruppen der Kinder und Jugendlichen von der Erwachsenengeneration.

> „[...] bei der Bemessung des Existenzminimums für Kinder und Jugendliche [sind] deren spezielle Bedarfe, die sich von denen Erwachsener unterscheiden (insb. im

Bereich der Bildung) zu ermitteln und zu berücksichtigen […].“ (Bieritz-Harder 2012a, Rn. 2)

Zu vermuten ist, dass sie Kindern und Jugendlichen ähnliche Bedarfe unterstellen, die im Erwachsenenalter deutlicher von den Lebensphasen Kindheit und Jugend abweichen. Wenn sie Bedarfe auflisten, die Kindern und Jugendlichen im Unterschied zu Erwachsenen zugesprochen werden, verwenden sie vor allem den Begriff Bildung. Dementsprechend ordnen sie Bildung der Anfangsphase des Lebens zu. Im Erwachsenenalter hat diese ihrem Erachten nach scheinbar keine entscheidende Bedeutung mehr. Damit deuten sie an, dass sie Kindern unzureichende Kompetenzen und Fähigkeiten zusprechen, die erst noch gefördert werden müssen.

Weiterhin unterstellen sie Kindern und Jugendlichen, dass sie einheitliche Bedarfe aufweisen, die je nach Alter nicht weiter voneinander abweichen. Dies wird bspw. im Rahmen des persönlichen Schulbedarfs deutlich, bei dem die Gesetzgeber*innen unabhängig von der besuchten Klassenstufe, gleiche Bedarfe unterstellen oder im Rahmen der Mittagsverpflegung, bei der generell ein Eigenanteil von einem Euro zu tragen ist. Grube weist in diesem Zusammenhang jedoch auf eine Schwierigkeit hin.

> „Zudem ist zu fragen, ob der Betrag nicht nach Altersstufen zu differenzieren wäre, da die Bedarfe eines Erstklässlers sich [sic!] von denen eines Gymnasiasten unterscheiden dürften.“ (Grube 2012a, Rn. 34)

Es scheint als würden die Gesetzgeber*innen die Altersabhängigkeit der Bildungs- und Teilnahmebedarfe nicht stringent nutzen, sodass sie wohl davon ausgehen, dass das Vorhandensein von Bedarfen durch weitere Faktoren beeinflusst wird.

Unterschiedliche Bedarfe in der Lebensphase Kindheit

Schließlich unterscheiden die Gesetzgeber*innen Bedarfslagen in der Lebensphase Kindheit. Sie bezeichnen Kinder als Personen, die das 14. Lebensjahr noch nicht vollendet haben. Die Bedarfe von Kindern ändern sich ihrem Erachten nach mit der Vollendung des sechsten Lebensjahres, wie aus den Regelbedarfsstufen hervorgeht (vgl. § 6 Abs. 1 Nr. 1, 2 RBEG). Zudem gehen sie auch innerhalb der Leistungen für Bildung und Teilhabe von unterschiedlichen Bedarfen in dieser Lebensphase aus. Das wird vor allem hinsichtlich der Bedarfe deutlich, die bspw. ausschließlich für Schüler*innen anerkannt werden wie die Übernahme der Schülerbeförderungskosten, dem persönlichen Schulbedarf oder der Lernförderung. Mit der Aufnahme von Kindern in die Schule, die i. d. R. zwischen dem fünften und dem siebten Lebensjahr erfolgt (vgl. Autorengruppe Bildungsberichterstattung 2014, S. 63), werden Kindern diese Unterstützungen im Bedarfsfall gewährt. Demgegenüber erkennen die Gesetzgeber*innen diese zu einem früheren Zeitpunkt in ihrem Leben nicht an, was sich aus dem Anspruchskriterium des Schulbesuchs ergibt.

Bedarfe orientieren sich an gesellschaftlichen Bedingungen und Pflichten

Wie sich zeigt, gehen die Gesetzgeber*innen davon aus, dass sich Bedarfe nicht ausschließlich an Altersgrenzen und Lebensphasen orientieren. Vielmehr richten sich die Bedarfe ihrem Erachten nach am Besuch spezifischer (Bildungs-) Institutionen aus, die nicht mit dem Eintritt in eine Generation beginnt und nicht mit dem Erreichen der nächsten altersabhängigen Generationenphase enden muss. Da die Gesetzgeber*innen eine Reihe von Leistungen an den Besuch einer Schule knüpfen, werden Kinder, die noch keine oder diese Institution nicht mehr besuchen, von diesen Bedarfen ausgeschlossen. Mit Ausnahme der Leistungen für die Mittagsverpflegung und die Ausflüge werden ihnen keine anderen Bedarfe unterstellt. Deutlich wird, dass eine Art von Bedarfen – konkret die Bildungsbedarfe – insbesondere Kindern zugesprochen werden, die das Alter erreicht haben, in dem sie schulpflichtig sind.

> „Vor allem bei schulpflichtigen Kindern ist ein besonderer altersspezifischer Bedarf zu berücksichtigen. Notwendige Aufwendungen zur Erfüllung schulischer Pflichten gehören zu ihrem existenziellen Bedarf." (Luik 2013b, Rn. 3)

Im Rahmen der Ermittlungsbegründung der Leistungen für den persönlichen Schulbedarf wird deutlich, dass die Gesetzgeber*innen den Besuch einer Schule einer spezifischen Altersgruppe – den Sechs- bis 17-jährigen – unterstellen (vgl. Leopold 2012a, Rn. 80). Damit hängen Bedarfe in erster Linie vom Besuch einer spezifischen Institution ab, dieser Besuch richtet sich wiederum nach dem unterstellten Alter, sodass die Gesetzgeber*innen die Bedarfe zumindest indirekt an das Alter koppeln.

Sie gehen also davon aus, dass innerhalb einer Generation mit dem Erreichen eines bestimmten Alters weitere Bedarfe hinzukommen können, weswegen Kinder zu verschiedenen Zeitpunkten in ihrem Leben unterschiedliche Bedarfe aufweisen. Diese Bedarfe entstehen, da ihnen ab einem bestimmten Alter eine gesellschaftlich festgesetzte Pflicht zugeschrieben wird. Bedarfe ergeben sich daher nicht nur, weil sie grundlegend vorhanden sind und unabhängig von Ort und Zeit auftreten. Bedarfe entstehen auch durch die normativen Anforderungen innerhalb einer Gesellschaft, die an Personen und Gruppen gestellt werden.

Bei dem vorliegenden Beispiel ergibt sich aus dem Bestehen der Schulpflicht für Kinder ab einem festgesetzten Alter, dass sich ihr Bedarf mit dem Erreichen dieses Alters auf zusätzliche Ressourcen ausweitet, die mit dem Besuch dieser Institution einhergehen. Für die Gesetzgeber*innen handelt es sich dabei um einen solchen, den sie den existenziellen Bedarfen zurechnen und damit zu den begründeten Begehren zählen, die unabwendbar sind. Damit hängen Bedarfe an Bildung und Teilnahme in hohem Maße von gesellschaftlichen Rahmenbedingungen ab und nicht lediglich vom Erreichen eines bestimmten Alters.

Entwicklungsstand

Die Gesetzgeber*innen berücksichtigen in ihren Ausformulierungen nicht ausschließlich das Alter und die Inanspruchnahme von Bildungsinstitutionen, sondern verwenden auch Begriffe wie ‚Entwicklungsstand' und ‚Entwicklungsphasen'. Diese benutzen sie, wenn sie von den Bedarfen zur Sicherung des menschenwürdigen Existenzminimums im Rahmen allgemeiner Begründungen sprechen.

> „Der Bedarf von Kindern [...] hat sich an kindlichen Entwicklungsphasen und an dem, was für die Persönlichkeitsentfaltung eines Kindes erforderlich ist, auszurichten." (Luik 2013b, Rn. 3)

Wie weiterhin beispielhaft aus diesem Zitat hervorgeht, benennen die Gesetzgeber*innen keine spezifischen Entwicklungsbereiche. Lediglich an zwei Stellen weichen sie davon ab und bleiben nicht mehr auf der allgemeinen Ebene. Im Rahmen der Leistung für die sog. ‚Teilhabe am sozialen und kulturellen Leben in der Gemeinschaft' sprechen sie von der Entwicklung und Entfaltung von Fähigkeiten und Talenten, durch die Kinder im späteren Leben gute Chancen auf dem Arbeitsmarkt erhalten (vgl. Leopold 2012a, Rn. 35).

Die zweite Konkretisierung nehmen sie in der Leistung für Schülerbeförderung vor, bei der sie den körperlichen Entwicklungsstand berücksichtigen und die Frage behandeln, welche körperlichen Belastungen Kindern zugemutet werden können. Dabei wird der Entwicklungsstand mit dem Alter gekoppelt und bleibt nicht alleiniges Kriterium. In ihrer Begründung, dass nicht jedem Kind mehrere Kilometer Schulweg zu Fuß oder mit dem Fahrrad zugemutet werden können, beziehen sie sich allein auf das Alter („Fünftklässler"; Leopold 2012a, Rn. 89). Als Entscheidungskriterien für die Zumutbarkeit benennen sie außerdem die Länge der (verkehrssicheren) Wegstrecke und schließlich die „körperliche Konstitution" des Kindes (vgl. Leopold 2012a, Rn. 90). In den konkreten Ausformulierungen koppeln sie die Bedarfe jedoch – wie eben gezeigt werden konnte – an das Alter der Kinder bzw. den Besuch spezifischer Bildungsinstitutionen und nicht an den Entwicklungsstand. Damit bleibt der Begriff ‚Entwicklung' eher allgemein und wird von den Gesetzgeber*innen als sog. ‚Containerwort' benutzt, das kaum mit Inhalten gefüllt ist. Folglich scheint der Entwicklungsstand für die Gesetzgeber*innen an das Alter gebunden zu sein. Allein der Entwicklungsstand beeinflusst dementsprechend die Bedarfe von Kindern nicht.

Einflussfaktoren auf den Entwicklungsverlauf

Entwicklung scheint nach Ansicht der Gesetzgeber*innen grundsätzlich vom Alter abhängig zu sein. Ihrem Erachten nach findet diese ausschließlich in den ersten Lebensjahren statt und dauert höchstens bis zum Ende der Phase der ‚jungen Erwachsenen' an, wodurch wiederum die Verbindung zum Alter deutlich wird.

> „Durch die Gewährung von Leistungen zur Bildung und Teilhabe soll die persönliche Bildung und Entwicklung ebenso wie die soziale Integration von Kindern, Jugendlichen und jungen Erwachsenen gefördert werden." (Leopold 2012a, Rn. 36)

Dieses Zitat zeigt, dass sie die Eigenschaften des ‚sich Entwickelns' und ‚sich Entfaltens' nur den Lebensphasen Kindheit, Jugend und den jungen Erwachsenen zuordnen. Dabei denken sie speziell an die sog. ‚persönliche Entwicklung' und die Persönlichkeitsentfaltung. Was sie unter diesen Begriffen verstehen, konkretisieren sie jedoch nicht.

Weiterhin zeigen die Gesetzgeber*innen auf, dass sich Kinder ihrem Erachten nach sowohl positiv als auch negativ entwickeln können. Eine negative Entwicklung ist bspw. erfolgt, wenn Kinder nicht sozial integriert sind.

> „Weil das Fernbleiben von schulischen Gemeinschaftsveranstaltungen Kinder und Jugendliche in ihrer Entwicklungsphase besonders nachhaltig negativ prägen kann, dient die Vorschrift in besonderem Maße der Teilhabe am sozialen und kulturellen Leben in der Gemeinschaft." (Deutscher Bundestag 2010b, S. 104)

Wie eine solche negative Entwicklung verläuft und was sie darunter verstehen, beschreiben die Gesetzgeber*innen jedoch nicht.

Eine positive Entwicklung hat demgegenüber stattgefunden, wenn Kinder im späteren Leben in die Gesellschaft – i. S. einer Einmündung in den Arbeitsmarkt – integriert sind.

> „[...] Kinder, Jugendliche und junge Erwachsene aus einkommensschwachen Haushalten [müssen] durch Entwicklung und Entfaltung ihrer Talente und Fähigkeiten in die Lage versetzt werden [...], ihren Lebensunterhalt im Erwachsenenstadium selbst bestreiten zu können." (Leopold 2012a, Rn. 35)

Damit zeigt sich bereits, dass die Gesetzgeber*innen davon ausgehen, dass die Entwicklung beeinflussbar ist und sich heterogen vollziehen kann, sodass eine ungleiche Ausstattung mit materiellen und immateriellen Ressourcen zu ganz unterschiedlichen Entwicklungsständen führen kann. Dabei unterstellen sie den immateriellen Ressourcen und hierbei insbesondere der sog. ‚Teilhabe am sozialen und kulturellen Leben in der Gemeinschaft' bzw. der sozialen Integration den höchsten Stellenwert.

> „Insbesondere die Auseinandersetzung mit Kunst und Kultur prägt Persönlichkeit und Identität, sie nimmt Einfluss auf die individuelle Entwicklung – die Entwicklung der Sinne, der kreativen Fertigkeiten – und sie ist prägend für die soziale Kompetenz." (Deutscher Bundestag 2010b, S. 106)

> „[...][I]hr kommt eine erhebliche sozialintegrative Funktion zu und sie kann deswegen Misserfolgen [...] bei der Entwicklung von Kindern und Jugendlichen entgegenwirken." (Leopold 2012a, Rn. 116)

Die ‚Unfertigkeit' von Kindern

Wie bereits gezeigt werden konnte, umfasst der Begriff ‚Entwicklung' in den gesetzgeberischen Verwendungsweisen mutmaßlich alle (körperlichen) Veränderungen sowie Erweiterungen und Ausprägungen von Kompetenzen, die in den ersten Lebensjahren stattfinden. Demnach impliziert die Verwendung dieser Begrifflichkeiten eine Unfertigkeit, die die Gesetzgeber*innen Kindern zuschreiben, da ihrem Erachten nach die notwendigen Fähigkeiten und Kompetenzen bei Kinder noch nicht umfassend entwickelt bzw. ausgeprägt sind. Dieses Verständnis von Kindern als unfertige Menschen wird noch einmal im Rahmen der Unterkategorie *Kinder als Akteure* (vgl. Abschnitt 3.2.1.3) deutlich. Dort zeigt sich, dass die Gesetzgeber*innen Kinder in ihrem zukünftigen Leben bzw. in der Phase, in der sie erwerbstätig sind, in den Blick nehmen. Da sie die dafür notwendigen Eigenschaften insbesondere in der Kindheit und im Jugendalter erst erlernen müssen, werden sie noch nicht als fertige Menschen angesehen.

Diese unterstellte Unfertigkeit und die damit verbundenen unzureichenden Kompetenzen von Kindern als Teil des gesellschaftlichen Gefüges spiegeln sich zusätzlich in Formulierungen wider, die Unterstützungsleistungen lediglich mit dem Verweis der Notwendigkeit auf das zukünftige (Erwerbs-)Leben der Kinder rechtfertigen.

> „Der die Menschenwürde achtende Sozialstaat muss nachrangig über das Fürsorgesystem die Leistungen erbringen, die notwendig sind, damit insbesondere Schülerinnen und Schüler aus einkommensschwachen Haushalten durch Ent-

> wicklung und Entfaltung ihrer Fähigkeiten in die Lage versetzt werden, ihren Lebensunterhalt später aus eigenen Kräften bestreiten zu können […].“ (Deutscher Bundestag 2010b, S. 104)

Kinder werden hier nicht mit ihren aktuellen Potenzialen und Schwierigkeiten betrachtet, sondern lediglich mit Blick auf ihr zukünftiges Leben. Sie werden in ihrem Kindsein und mit dem, was sie als Kinder lernen (sollten), nicht ernst genommen, sondern werden nur als zukünftige Personen und mit den Notwendigkeiten für das Erwachsenenleben berücksichtigt.

Unterschiede zu den Leistungsberechtigten mit (drohender) Behinderung

Im Rahmen der Unterkategorie *Alter und Entwicklungsstand* treffen die Gesetzgeber*innen zentrale Aussagen hinsichtlich ihres Verständnisses von Kindern und Kindheit mit (drohender) Behinderung. Dabei nutzen sie sowohl das Alter als auch den Entwicklungsstand als Relationskriterien zur Definition von (drohender) Behinderung und sprechen ihnen damit einen hohen Stellenwert zu.

Behinderung wird im Rahmen des SGB XII und SGB IX definiert als

> „[…] körperliche, geistige und seelische Abweichungen von dem für das Lebensalter typischen Zustand […].“ (Neumann 2010, Rn. 1)

Der Begriff ‚Entwicklung' ist darin zwar nicht explizit genannt, allerdings wird er implizit verwendet, indem indirekt darauf hingewiesen wird, dass sich der körperliche, der geistige und der seelische Zustand mit dem Lebensalter verändern. Würden die Gesetzgeber*innen einen gleichen Stand in allen Lebensphasen annehmen, wäre eine Relativierung über das Lebensalter unnötig. Darüber hinaus beziehen sie sich auf das Lebensalter und nicht auf Lebensphasen und denken damit in kürzeren zeitlichen Abständen als in den Leistungen für Bildung und Teilhabe, sodass sie kürzeren Entwicklungsabschnitten Bedeutung beimessen und nicht ausschließlich Entwicklungsveränderungen, die sich auf eine ganze Lebensphase beziehen.

Auch in der Beschreibung, was unter ‚von Behinderung bedroht' zu verstehen ist, greifen die Gesetzgeber*innen auf das konkrete Alter und nicht auf Lebensphasen zurück und verstärken damit die Bedeutung kürzerer zeitlicher Abschnitte bei der Betrachtung von Entwicklung.

> „Vor allem bei Kindern und Jugendlichen in der Entwicklung ist nur schwer zu beurteilen, ob mit einer künftigen Behinderung zu rechnen ist oder nur die vergleichba-

ren Altersgenossen voraus sind, so dass mit fortschreitendem Lebensalter ein Aufholen erwartet wird.“ (Neumann 2010, Rn. 21)

Neben diesen kurzen zeitlichen Abschnitten, denen die Gesetzgeber*innen hinsichtlich der Entwicklung eine hohe Bedeutung zusprechen, benutzen sie an dieser Stelle auch Begriffe, die auf den Kontext Lebensphasen hindeuten, und zeigen auf, dass sie Entwicklung lediglich der Lebensphase Kindheit und Jugend zusprechen. Zwar können auch zu einem späteren Zeitpunkt im Leben Veränderungen auftreten, diese sind ihren Ansichten nach aber nicht unter dem Begriff ‚Entwicklung‘ zu verstehen. Vielmehr beziehen sie körperliche, geistige und seelische Veränderungen in den späteren Lebensphasen auf den Gesundheitszustand.

„Demgegenüber werden Gesundheitsstörungen, die nicht regelmäßig und nicht nur im höherem Alter [sic!] beobachtet werden, nicht als Alterserscheinungen angesehen und zwar auch dann nicht, wenn sie erstmalig in höherem Alter auftreten. Dazu werden in den Anhaltspunkten 2008 noch genannt Geschwülste, arteriosklerotisch bedingte Organerkrankungen, stärkere Bewegungseinschränkungen durch Arthrosen, Schmerzsyndrome bei degenerativer Wirbelsäulenveränderung, über alterstypisch hinausgehende hirnorganische Abbauerscheinungen z. B. bei Alzheimer, die nicht als spezifische Alterserscheinungen betrachtet und deshalb bei dem Grad der Behinderung zu berücksichtigen sind.“ (Neumann 2010, Rn. 17)

Vor diesem Hintergrund ist anzunehmen, dass die Gesetzgeber*innen mit dem Begriff ‚Entwicklung‘ das Ausbilden von Körperteilen und -funktionen verstehen, welches sie im Erwachsenenalter als abgeschlossen betrachten und davon ausgehen, dass diese Körperteile und -funktionen zum Ende des Lebens altersbedingten Beeinträchtigungen unterliegen können.

In Anbetracht dessen wird den Lebensphasen Kindheit und Jugend abermals eine ‚Unfertigkeit‘ unterstellt, was in nachfolgendem Zitat noch einmal mehr zum Tragen kommt.

„Die Kinder sind bei der Planung und Ausgestaltung der Hilfen entsprechend ihrem Entwicklungsstand zu beteiligen [...].“ (Bieritz-Harder 2012c, Rn. 38)

Die Einschränkung der Beteiligung von Kindern an Entscheidungsprozessen wird anhand ihres Entwicklungsstandes vorgenommen. Damit zeigen die Gesetzgeber*innen, dass die Entwicklung zu einem späteren Zeitpunkt im Leben eines Menschen abgeschlossen wird. Die noch nicht abgeschlossene Entwicklung impliziert damit geringere Kompetenzen und deutet folglich auf den Mangel ‚des noch nicht fertigen Menschen‘ hin.

Kindern mit (drohender) Behinderung wird über die allgemeine ‚Unfertigkeit' von Kindern eine noch darüber hinausreichende ‚Unfertigkeit' unterstellt, sodass den Betreffenden eine Abweichung von einem als normal angenommenen Zustand attestiert wird. Auf dieser Grundlage weisen die Kinder mit (drohender) Behinderung nach Ansicht der Gesetzgeber*innen einen erhöhten Unterstützungsbedarf durch Dritte und/oder durch Hilfsmittel auf. Dieser ist allerdings nicht immer optimal auszunutzen. Vielmehr wird er durch die Gesetzgeber*innen wie folgt eingeschränkt.

> „Mit den Hilfsmitteln sollen aber nur solche Bedürfnisse befriedigt werden, die auch den Bedürfnissen Gleichaltriger entsprechen […]." (Bieritz-Harder 2012d, Rn. 21)

Insofern über Bedürfnisbefriedigung gesprochen wird, unterstellen die Gesetzgeber*innen dem Alter eine noch größere Relevanz. Sie sprechen den Kindern mit (drohender) Behinderung einen Bedarf an Hilfsmitteln zu, der die Ungleichheit auf der Grundlage der (drohenden) Behinderung insoweit reduziert, dass die Bedarfe der Kinder mit (drohender) Behinderung maximal in der Höhe gedeckt sind, wie sie bei Kindern ohne Behinderung im gleichen Alter durch die eigenen Körperfunktionen befriedigt werden. Das heißt, durch die Hilfsmittel dürfen Kinder mit (drohender) Behinderung gegenüber den Gleichaltrigen nicht bessergestellt werden.

Überblick über die Ergebnisse der Analyse

Tab. 26: Ergebnisse der Analyse der Unterkategorie: *Alter und Entwicklungsstand*

Ergebnisse der Analyse	Kinder- und Kindheitsbilder
Menschen entwickeln sich in den Lebensphasen ‚Kindheit', ‚Jugendliche' und ‚junge Erwachsene'. Erst wenn sie als Erwachsene gelten, werden sie als Mensch wahrgenommen, die über alle notwendigen Kompetenzen und Fähigkeiten verfügen, um ihr Leben ohne Unterstützung anderer Menschen führen zu können.	Kinder als sich entwickelnde, ‚unfertige' Menschen
Kinder und Jugendliche weisen andere Bedarfe als Erwachsene auf. Dies betrifft vor allem den Bedarf an Bildung.	Kinder als sich entwickelnde, ‚unfertige' Menschen
Bedarfe sind abhängig von gesellschaftlichen Rahmenbedingungen wie dem Beginn der schulischen Ausbildung.	Schulkindheit

Ergebnisse der Analyse	Kinder- und Kindheitsbilder
Die Entwicklung ist beeinflussbar und kann sowohl in positiver als auch negativer Weise erfolgen. Das Ergebnis entscheidet bspw. über die spätere Integration in den Arbeitsmarkt, sodass die Zukunftschancen der Kinder davon abhängen.	Kindheit als Weichenstellung für das zukünftige Leben
Kinder müssen die notwendigen Fähigkeiten und Kompetenzen, die sie im Erwachsenenalter brauchen, in den Lebensphasen Kindheit und Jugend erst erlernen.	Kinder als sich entwickelnde, ‚unfertige' Menschen
In den Lebensphasen Kindheit und Jugend findet nach Ansicht der Gesetzgeber*innen die endgültige Entwicklung der Körperteile und ihrer Funktionen statt. Mit Erreichen des Erwachsenenalters ist dies abgeschlossen.	Kinder als sich entwickelnde, ‚unfertige' Menschen
Kindern mit (drohender) Behinderung wird neben der allgemein unterstellten ‚Unfertigkeit' eine zusätzliche Einschränkung des Entwicklungsstandes attestiert.	Die ‚atypischen' Kinder
Durch diese zugesprochene Einschränkung benötigen die Kinder mit (drohender) Behinderung zusätzliche Unterstützung durch ihre Eltern und/oder Dritte.	Kinder als abhängige Menschen

Quelle: eigene Darstellung

3.2.1.3 Kinder als Akteure sowie ihre Einstellungen und Haltungen

Die Gesetzgeber*innen denken die Inhalte, die den beiden Unterkategorien *Kinder als Akteure* und *Einstellungen/Haltungen* zugeordnet werden können, weitestgehend zusammen, sodass sie in einem gemeinsamen Abschnitt behandelt werden.

Einstellungen und Haltungen der Kinder

Die *Einstellungen und Haltungen* der leistungsberechtigten Kinder sind für die Gesetzgeber*innen vor allem in Bezug auf eine Verhaltensänderung relevant. Das zeigt sich auf der Grundlage der nachfolgend beschriebenen Situation: Werden Leistungen zur Lernförderung nach § 28 Abs. 5 SGB II oder § 3 Abs. 3 AsylbLG i. V. m. § 34 Abs. 5 SGB XII zur Verbesserung der schulischen Leistungen durch ein außerschulisches Angebot beantragt, werden diese nicht gewährt, sofern die ungenügenden Leistungen wegen unentschuldigtem Fehlen am Unterricht zu Stande gekommen sind und eine grundsätzliche Verhaltensänderung nicht absehbar ist (vgl. Deutscher Bundestag 2010b, S. 105). Diese Verhaltensänderung kann nach Ansicht der Gesetzgeber*innen nur erfolgen, indem die Kinder ‚Einsichtigkeit' zeigen (vgl. Luik 2013b, Rn. 43). Die Gesetzgeber*innen gehen also davon aus, dass eine tatsächliche und auch langfristige

Verhaltensänderung nur auf der Grundlage der Modifikation von Einstellungen und Haltungen gelingen kann.

> „Falls die Ursache für die vorübergehende Lernschwäche in unentschuldigtem Fehlen oder vergleichbaren Ursachen liegt, ist eine differenzierte und ausgerichtete Beurteilung notwendig. Die von den Gesetzesbegründern formulierte Notwendigkeit von Anzeichen einer nachhaltigen Verhaltensänderung, andernfalls Lernförderung nicht erforderlich sei [...]." (Luik 2013d, Rn. 62)

Dementsprechend gehen sie davon aus, dass Handlungen bereits im Kindesalter spezifischen Einstellungen und Haltungen folgen. Irrelevant bleiben für die Gesetzgeber*innen die Ursachen, die zu den Einstellungen führen sowie Möglichkeiten einer Einstellungsveränderung. Dies wird deutlich, da die Gesetzgeber*innen lediglich auf die Notwendigkeit einer Verhaltensänderung der Kinder hinweisen, die zu einer Gewährung der Leistung führt. Die Ursachen, die zum Nichtbesuch des Unterrichts geführt haben, berücksichtigen sie nicht. Luik (2013b, Rn. 43) weist explizit darauf hin, dass für die Gesetzgeber*innen das Kriterium der Einsichtigkeit die einzige Voraussetzung darstellt, um in dem vorliegenden Fall eine solche Leistung zu erhalten. Auf Besonderheiten, die im Einzelfall zu der Situation geführt haben können, soll keine Rücksicht genommen werden (vgl. Luik 2013b, Rn. 43; Luik 2013d, Rn. 62). Eine Erklärung für diese Stringenz könnte darin bestehen, dass die Gesetzgeber*innen das unentschuldigte Fehlen am Unterricht generell mit einer sog. ‚Null-Bock-Einstellung', mit Unlust oder einem mangelnden Pflichtbewusstsein verbinden und die Möglichkeit unberücksichtigt lassen, dass Kinder von Schul- oder Versagensängsten oder von Mobbing betroffen sind oder dass sie sich bspw. verpflichtet fühlen, ihren kranken, alleinerziehenden Elternteil zu pflegen (vgl. Ricking o.J.) oder ihre Geschwister beaufsichtigen, um ihre Eltern zu unterstützen. Vor diesem Hintergrund besteht bspw. die Möglichkeit, dass Kinder wegen ihrer Einstellung, dass die Verpflichtung gegenüber ihrer Familie über der Erfüllung der Schulpflicht steht, ‚bestraft' werden (vgl. Grube 2012a, Rn. 43). Wird in solchen Fällen nicht nach den genauen Ursachen für das Fernbleiben der Kinder vom Unterricht geforscht, sondern nur eine Einstellungsmodifikation der Kinder berücksichtigt, kann dies u. U. noch zu verstärkten Problemen in der Familie führen, da den Familien die zusätzlichen Hilfen verwehrt bleiben, die sie eigentlich benötigen.

Obwohl die vielfältigen Einstellungen, die zu dem spezifischen Verhalten führen können, nicht berücksichtigt werden, zeigt sich, dass die Gesetzgeber*innen davon ausgehen, dass sich das Handeln von Kindern an ihren Einstellungen und Haltungen ausrichtet.

Kinder als Akteure

Neben der bereits vorweggenommenen Darstellung der gesetzgeberischen Annahmen zum Handeln von Kindern, die sie als Fehlverhalten bezeichnen und damit aufzeigen, dass Kinder nicht zwingend so handeln, wie es die Gesetzgeber*innen von Kindern erwarten, können innerhalb der zugehörigen Unterkategorie *Kinder als Akteure* weitere Verständnisinhalte zum gesetzgeberischen Bild von Kindern und Kindheit herausgearbeitet werden, die sich auf das Verhalten und das Handeln von Kindern beziehen. Dabei lassen sich Aussagen zu den zugeschriebenen Handlungsspielräumen und den Einflussfaktoren auf das Handeln von Kindern rekonstruieren.

Handlungsspielräume

Im Rahmen der Leistungen für Bildung und Teilhabe werden Kindern zwar Handlungsspielräume zugesprochen (vgl. Deutscher Bundestag 2010a, S. 38: „individuelle[r] Entscheidungsspielraum"), eine tatsächliche Entscheidungsfreiheit haben sie jedoch nicht. Das zeigt sich bspw. bezüglich der Schülerbeförderungskosten, die nur in voller Höhe übernommen werden, wenn es sich bei der besuchten Schule, um diejenige handelt, die bezogen auf den gewählten Schultyp, die vom Wohnort aus am nächsten gelegene ist (vgl. Leopold 2012a, Rn. 93). Demnach werden den Kindern lediglich die Bedarfe zugesprochen, die die Gesetzgeber*innen als solche ansehen. Sie (bzw. ihre Eltern) können sich zwar in eingeschränkter Weise für den Besuch eines spezifischen Schultyps entscheiden, allerdings müssen sie die nächstgelegene Schule nutzen, damit ihnen die (gesamten) Kosten zur Verfügung gestellt werden, die sie zum Erreichen der Schule benötigen.

Weiterhin wird die Einschränkung der Handlungsspielräume in besonderer Weise im Rahmen der Leistungsgewährung durch Budgets und Gutscheine deutlich. Die leistungsberechtigten Kinder erhalten einen festgelegten finanziellen Rahmen (z. B. beim Budget für die sog. ‚Teilhabe am sozialen und kulturellen Leben in der Gemeinschaft') über den sie – ausgehend von einem Katalog an Möglichkeiten – entscheiden dürfen, wofür sie diesen einsetzen und ob sie diesen regelmäßig in immer gleicher Höhe (z. B. monatliche Vereinsbeiträge) oder einmalig (z. B. für Ferienfreizeiten) verwenden (vgl. Lenze 2011c, Rn. 13). Dementsprechend wird ihnen ein eingeschränkter Handlungsspielraum zugestanden, innerhalb dessen sie entscheiden können.

Diese Einschränkung in ihren Handlungsspielräumen hinsichtlich des Einsatzes finanzieller Mittel für Freizeitangebote war in den vorher gültigen Regelungen nicht enthalten. Diese Hilfen waren vor der Einführung der Leistungen für Bildung und Teilhabe im Regelbedarf enthalten und wurden pauschaliert erbracht, sodass die Anspruchsberechtigten die Freiheit hatten, selbst zu entscheiden, für welche Güter und Dienstleistungen sie ihre finanziellen Mittel einsetzen. Zwar waren bei den Regelsätzen für Kinder keine expliziten Leistungen für Bildung ausgewiesen, trotzdem wurden in der Regelsatzbemessung bspw. Ausgaben für Hobbys und Freizeitaktivitäten berücksichtigt (z. B. Schreibwaren, Zeichenmaterialien (vgl. Bundesrat 2010, S. 117) sowie Ausgaben im Rahmen außerschulischen Unterrichts und Hobbykursen (vgl. Deutscher Bundestag 2010b, S. 73)). Mit der Einführung der Leistungen für Bildung und Teilhabe wurden diese Ausgaben aus dem Regelbedarf gestrichen und sind nun unter den Voraussetzungen der Antragstellung und der Verwendung für spezifische Angebote als gesonderte Leistung in das Gesetz eingegangen. Damit wird die Selbstbestimmung nunmehr sichtlich eingeschränkt.

Ausnutzen von Handlungsspielräumen

Die Gesetzgeber*innen schränken die Handlungsspielräume der Kinder so stark ein, weil sie davon ausgehen, dass Kinder, sofern sie die Leistung nur unter Angabe des verfolgten Zieles erhalten würden, eine solche vollständige Entscheidungsfreiheit ausnutzen und nicht die Weitsicht hätten, die für sie am besten und zielführendsten Angebote für ihr weiteres Leben zu nutzen. Sie würden die Mittel vielmehr zu Zwecken einsetzen, die dem Ziel der Gesetzgeber*innen nicht so nahe kommen wie die Leistungen, die die Gesetzgeber*innen für die Kinder vorsehen. Oder sie setzten die Leistungen sogar für ganz andere Zwecke ein.

> „Die Art der unbaren Leistungserbringung eröffnet über die Zweckbindung die Möglichkeit, die Leistungen den hilfebedürftigen Kindern und Jugendlichen unmittelbar zukommen zu lassen. Kinder sollen die Leistungen auch für die Zwecke einsetzen, für die sie benötigt werden." (Deutscher Bundestag 2010b, S. 43)

Diese Unterstellung geht auch mit der Annahme einher, dass das Handeln der Kinder von ihren Wünschen, Interessen und Fähigkeiten bestimmt wird (vgl. Lenze 2011c, Rn. 7).

Darüber hinaus unterstellen die Gesetzgeber*innen den leistungsberechtigten Kindern sogar ein bewusstes fehlerhaftes bzw. ihren Ansichten nach falsches Handeln, sofern ihnen die Möglichkeit dazu geboten wird. Dieses Handeln, das sie konkret als „Missbrauch" (Luik 2013c, Rn. 42) bezeichnen und damit ein rechtswidriges Verhalten implizieren, erfolge bereits in den Fällen, in denen Gutscheine nicht an eine bestimmte Person gebunden seien. Leistungsberechtigte würden die Gutscheine beantragen, um sie bspw. zu verkaufen und um damit zu zusätzlichen finanziellen Mitteln zu gelangen, um sie für nicht existenznotwendige Güter und Dienstleistungen einzusetzen.

„Die Personalisierung der Gutscheine soll sicherstellen, dass nur der Berechtigte den Gutschein in Anspruch nimmt und Missbräuchen, wie z. B. einer Kommerzialisierung, vorbeugen." (Luik 2013e, Rn. 43)

Darüber hinaus attribuieren sie den Kindern in Ausnahmefällen sogar, dass sie falsche Angaben machen, um Leistungen zu erhalten. So wird das Beispiel benannt, dass sich Kinder im Einzelfall als Schüler*innen ausgeben, um Leistungen für Bildung und Teilhabe zu erhalten, obwohl sie keine Schule besuchen (vgl. Leopold 2012b, Rn. 83). Damit ist auch die Unterstellung verbunden, dass Kinder die Bedingungen der Leistungen kennen und sich dieses Wissen zunutze machen. Gleichzeitig unterstellen sie Kindern mit diesem sog. ‚fehlerhaften Verhalten' das Erschleichen von Leistungen.

Einflussfaktoren auf das Handeln von Kindern

Die Unterstellung des zweckfremden Einsatzes der funktionsgebundenen Mittel und des Missbrauchs der Leistungen bezieht sich nicht allein auf die Kinder, sondern auch auf ihre Eltern. Dadurch zeigt sich, dass das Handeln von Kindern nach Ansicht der Gesetzgeber*innen sowohl durch ihre Einstellungen und Haltungen als auch sehr stark durch die Eltern beeinflusst wird. Konkret unterstellen die Gesetzgeber*innen den Eltern, dass sie Leistungen, die für ihre Kinder gewährt werden, nicht für deren Bedarfe einsetzen, sondern zur Befriedigung eigener Bedarfe und Wünsche nutzen (vgl. Deutscher Bundestag 2010b, S. 43). Darüber hinaus begründet sich die (Mit-)Verantwortung der Eltern hinsichtlich des angenommenen Missbrauchs von Leistungen aus der Pflicht der elterlichen Sorge für das Einkommen und Vermögen ihrer Kinder (Vermögenssorge) (vgl. § 1626 Abs. 1 BGB). Auf der Grundlage dieser Regelung sind Eltern verpflichtet und befugt, die Entscheidungen über den Einsatz finanzieller Mittel noch bis ins hohe Kindesalter zu treffen. Demnach sind Kinder hinsichtlich des Einsatzes finanzieller Mittel von ihren Eltern abhängig.

Diese Abhängigkeit sollen die Eltern grundsätzlich in positiver Weise nutzen. Über § 1626 Abs. 2 BGB werden die Eltern außerdem dazu verpflichtet, die Kinder je nach Entwicklungsstand in die Entscheidungen einzubeziehen und eine einvernehmliche Entscheidung anzustreben. Durch solche Verfahrensweisen sollen Kinder zu selbstständigem, verantwortungsbewusstem Handeln erzogen werden. Diese elterliche Pflicht wird deswegen relevant, weil Kinder bis zum siebten Lebensjahr geschäftsunfähig (vgl. § 104 Nr. 1 BGB) und nachfolgend bis zum 18. Lebensjahr beschränkt geschäftsfähig sind (vgl. § 106 BGB). Bis zum siebten Lebensjahr dürfen sie keinerlei Rechtsgeschäfte allein abschließen. Haben sie das Alter der beschränkten Geschäftsfähigkeit erreicht, benötigen sie zum Abschluss von Rechtsgeschäften die Zustimmung des*der gesetzlichen Vertreters*Vertreterin (vgl. § 107 BGB). Besitzen sie finanzielle Mittel, die sie durch den*die gesetzliche*n Vertreter*in oder Dritte für spezifische Zwecke erhalten haben, können sie diese nach eigenem Ermessen im vorgegebenen Bereich einsetzen. Wurde ihnen Geld ohne Zweckbindung zur Verfügung gestellt (z. B. Taschengeld), können sie dieses nach eigenem Interesse einsetzen (vgl. § 110 BGB).

Das Erlernen eines selbstverantwortlichen, eigenständigen und dispositionsfreiheitlichen Umgangs mit finanziellen Mittel erkennen die Existenzsicherungsgesetzgeber*innen als wichtige Handlungskompetenz an, die Kinder im Existenzsicherungsbezug lernen sollen. Dabei gehen sie von Defiziten der Kinder in diesem Bereich aus, die nur durch die Einschränkung des Handlungsspielraums ausgeglichen werden können (vgl. Leopold 2012a, Rn. 96).

Darüber hinaus gestehen sie Kindern ein eigenständiges und selbstbestimmtes Leben erst in der Zukunft zu, wobei sie auf die Zeit abzielen, in der Kinder einer Erwerbstätigkeit nachgehen werden und das Leben über ein eigenes Einkommen absichern (vgl. Luik 2013b, Rn. 5). Folglich werden die Handlungskompetenzen durch einen dritten Faktor – die eigenständige materielle Sicherung des Lebens – beeinflusst. Erfolgt dies weiterhin mindestens in Teilen durch staatliche Transferleistungen, wird das Handeln weiter durch die gesetzlichen Regelungen eingeschränkt. Das wird bspw. daran deutlich, dass sie den Umgang mit den finanziellen Mitteln der Kinder in den Kompetenzbereich ihrer Eltern geben. Allerdings schränken die Gesetzgeber*innen die Handlungskompetenzen der Eltern im Existenzsicherungsbezug hinsichtlich des Einsatzes der finanziellen Mittel für ihre Kinder über die Leistungsgewährung durch Gutscheine erheblich ein (vgl. Deutscher Bundestag 2010b, S. 107).

Die Einschränkung der Selbstbestimmung setzen die Gesetzgeber*innen aber nicht konsequent für alle Leistungen für Bildung und Teilhabe um. Die finanziellen Mittel für den persönlichen Schulbedarf gewähren sie nach wie vor in pauschalierter Form ohne einen Zeitraum für den Mitteleinsatz oder einen Katalog der damit zu finanzierenden Güter vorzuschreiben (vgl. Luik 2013d, Rn. 39). Dieses Abweichen von ihren Grundsätzen begründen sie lediglich damit, dass die bisherige Praxis gezeigt hat, dass die Leistungsberechtigten mit diesen Mitteln so wirtschaften, wie es die Gesetzgeber*innen vorsehen und damit keine Grundlage für eine Einschränkung des bestehenden Handlungsspielraumes gegeben ist.

> „Die Praxis hat gezeigt, dass diese Leistung eine gute Ausstattung auch der Kinder aus bedürftigen Familien zum Schuljahresbeginn bewirkt hat." (Deutscher Bundestag 2010b, S. 105)

Trotz der positiven Erfahrungen unterstellen die Gesetzgeber*innen den Leistungsberechtigten für die neu eingeführten Leistungen einen missbräuchlichen

Umgang. Eine begründete Erkenntnis für ihre Annahme bringen sie jedoch nicht an.

Unterschiede zu den Leistungsberechtigten mit (drohender) Behinderung

Kinder mit (drohender) Behinderung werden in Bezug auf das Erlangen von Selbstständigkeit und hinsichtlich einer selbstbestimmten Lebensführung als handelnde Subjekte wahrgenommen. Der Begriff ‚Selbstständigkeit' bezieht sich auf die

> „[…] Verrichtungen des täglichen Lebens." (Wahrendorf 2012b, Rn. 37)

Die Gesetzgeber*innen nehmen damit Handlungen in den Blick, die für die Gestaltung und Bewältigung des Alltags notwendig sind wie die „elementare Körperpflege" (Bieritz-Harder 2012d, Rn. 20) unter der bspw. sich selbst die Zähne putzen oder sich waschen verstanden wird. Kindern mit (drohender) Behinderung wird jedoch aufgrund der attestierten Beeinträchtigungen die Selbstständigkeit nur eingeschränkt zugesprochen bis hin dazu, dass sie ihnen in Gänze abgesprochen wird.

> „[…] die Pflege [kann] auch die Wiedergewinnung von verlorenen Fähigkeiten und damit ein Höchstmaß der noch möglichen Selbstständigkeit anstreben […]." (Wahrendorf 2012b, Rn. 7)

Mit dem Begriff ‚Selbstständigkeit' verbinden die Gesetzgeber*innen eine Unabhängigkeit von anderen Personen, die das alltägliche Handeln betrifft und für die Mehrheit der Menschen keine Anstrengungen mit sich bringt wie allein essen zu können oder sich ohne fremde Hilfe anzuziehen (vgl. Wollschläger 2009a, Rn. 6). Nach Ansicht der Gesetzgeber*innen reichen die Handlungskompetenzen der Kinder mit (drohender) Behinderung nicht aus, um die eigene Versorgung sicherzustellen. Versorgung impliziert dabei die Befriedigung der Grundbedürfnisse, die nicht allein durch die Bereitstellung von Gütern i. S. von Hilfsmitteln ermöglicht werden kann (vgl. Wollschläger 2009a, Rn. 3). Vielmehr benötigen die Kinder mit (drohender) Behinderung auch personelle Unterstützung, um diese zu erlangen. Durch die sog. ‚pflegerischen Hilfen' kann ihren Ansichten nach zumindest ein gewisses Maß an eigenständigem Handeln im Alltag (wieder-)gewonnen werden (vgl. Wahrendorf 2012b, Rn. 7), sodass nicht nur der Bedarf an Unterstützung unterstellt wird, sondern auch eine Unterstützung bei der (Wieder-)Erlangung dieser Kompetenzen.

Neben der Selbstständigkeit in der alltäglichen Lebensführung sprechen die Gesetzgeber*innen den Kindern mit (drohender) Behinderung weiterhin u. U. das Vorhandensein der notwendigen Fähigkeiten und Kompetenzen für ein selbstbestimmtes Leben ab, da sie dafür Leistungen gewähren.

> „Im Mittelpunkt der einzelnen Leistungsrechte steht, was schon in den allgemeinen Vorschriften der § 1 und § 2 Abs. 2 SGB IX vorgegeben ist, dass ein selbstbestimmtes Leben des behinderten Menschen innerhalb der Gesellschaft möglich sein soll." (Wahrendorf 2012b, Rn. 35)

Der Begriff ‚Selbstbestimmung' impliziert die Bestimmung über das eigene Leben, d. h. Entscheidungen, die in Bezug auf die individuelle Lebensführung und das individuelle Leben zu treffen sind, werden nicht von Dritten übernommen, sondern von der Person selbst. Um diesem Ziel gerecht zu werden, erhalten die Leistungsberechtigten sog. ‚Eingliederungshilfen' nach § 54 SGB XII. Diese umfassen Unterstützungen im Bereich schulischer und beruflicher Bildung sowie der Eingliederung in den Arbeitsmarkt (§ 54 Abs. 1 SGB XII), Beihilfen um den Kontakt zu Angehörigen aufrechterhalten zu können, im Fall eines Aufenthaltes in einer stationären Einrichtung (§ 54 Abs. 2 SGB XII) und Unterstützungsleistungen für die Unterbringung in einer Pflegefamilie (§ 54 Abs. 3 SGB XII).

Zusammenfassend wird deutlich, dass die Gesetzgeber*innen mit dem Vorliegen einer (drohenden) Behinderung einen weiteren Einflussfaktor auf das Handeln von Kindern kennen. Ihrem Erachten nach wirken sich die mit der (drohenden) Behinderung verbundenen Einschränkungen maßgeblich auf die Handlungskompetenzen von Kindern in unterschiedlichen Lebensbereich aus.

Einstellungen und Haltungen

Weiterhin heben die Gesetzgeber*innen im Rahmen der Regelungen für Menschen mit (drohender) Behinderung hervor, dass Handlungseinschränkungen, die wegen spezifischer Einstellungen und Haltungen auftreten und zu gleichen Einschränkungen wie Funktionsdefizite führen, nicht als (drohende) Behinderungen zu verstehen sind.

> „Wem durch Erziehung oder Religion ein Tabu verbietet, bestimmte Verrichtungen zu vollbringen, ist insoweit in seinem Lebensbereich eingeengt und damit allgemein gesehen behindert. Diese Behinderung beruht aber nicht auf einer der gesetzlichen Funktionsstörungen." (Neumann 2010, Rn. 19)

Damit zeigen die Gesetzgeber*innen auch hier den engen Zusammenhang zwischen Einstellungen und Haltungen auf das Handeln auf, das allerdings nicht zu erhöhten Bedarfen führt.

Überblick über die Ergebnisse der Analyse

Tab. 27: Ergebnisse der Analyse der Unterkategorien: *Kinder als Akteure und Einstellungen/Haltungen*

Ergebnisse der Analyse	Kinder- und Kindheitsbilder
Handeln beruht nach Ansicht der Gesetzgeber*innen bereits im Kindesalter auf spezifischen Einstellung und Haltungen. Darüber hinaus wird es vom Handeln und den Einstellungen der Eltern geprägt.	Kinder als abhängige Menschen von ihren Eltern
Kinder würden nach Ansicht der Gesetzgeber*innen eine zuerkannte Handlungsfreiheit hinsichtlich der Verwendung finanzieller Mittel in dem Sinne ausnutzen, dass sie die Mittel nicht für die Güter und Dienstleistungen einsetzen, für die sie bereitgestellt werden, sodass ihre Bedarfe unerfüllt blieben.	Die ‚unterstützungsbedürftigen Kinder'
Kinder im Existenzsicherungsbezug würden die ihnen gewährten Gutscheine nach Ansicht der Gesetzgeber*innen weiterverkaufen, wenn ihnen die Möglichkeit dafür geboten wäre, um sich dafür andere Güter oder Dienstleistungen zu kaufen. Dementsprechend würden sie die Mittel ‚fehlerhaft' einsetzen.	Die Andersartigkeit der Kinder im Leistungsbezug
Kinder müssen den Umgang mit finanziellen Mitteln insbesondere in der Lebensphase Kindheit (aber u. U. auch noch im Jugendalter) lernen.	Kinder als sich entwickelnde, ‚unfertige' Menschen
Uneingeschränkte Handlungsspielräume werden Kindern nicht zugesprochen, diese besitzen sie erst im Erwachsenenalter und auch nur, wenn sie ihren Lebensunterhalt aus eigenen Mitteln und Kräften sichern können.	Die ‚unterstützungsbedürftigen' Kinder Kinder als abhängige Menschen von Dritten
Nach Ansicht der Gesetzgeber*innen fehlen Kindern mit (drohender) Behinderung aufgrund ihrer behinderungsbedingten Einschränkungen (dauerhaft) spezifische Handlungskompetenzen, um ein eigenständiges Leben führen zu können.	Die ‚atypischen' Kinder

Quelle: eigene Darstellung

3.2.1.4 Erfahrungen

Die Unterkategorie *Erfahrungen* bleibt für die Gesetzgeber*innen sowohl für die Kinder im Leistungsbezug im Allgemeinen als auch für die leistungsberechtigten Kinder mit (drohender) Behinderung im Besonderen bedeutungslos.

3.2.1.5 Ethnische Herkunft

Für die Gesetzgeber*innen sind die beiden Bereiche Kultur und Religion innerhalb der Unterkategorie *ethnische Herkunft* von Bedeutung. Diese stellen für sie jedoch keine Einheit dar. Vielmehr handelt es sich um zwei unabhängige Faktoren im Leben von Kindern.

Religion

Religion wird im Rahmen der Leistungen für Bildung und Teilhabe in zweierlei Hinsicht relevant. Zum einen bei der Finanzierung der gemeinsamen Mittagsverpflegung und zum zweiten bei der Frage nach der Wahl der Schule. Dabei zeigt sich, dass die Gesetzgeber*innen den religiösen Werten und Einstellungen bei der Gesetzeserstellung keine ausformulierte Beachtung schenken. Fragen des Umgangs mit religiösen Werthaltungen lassen sich weder im Gesetzestext noch in den Begründungen finden. In Bezug auf die Mittagsverpflegung können sich die Kommentator*innen daher lediglich auf die aktuelle Rechtsprechung beziehen, im Rahmen derer einer auf religiösen Haltungen beruhenden Ernährung keine vorrangige Bedeutung beigemessen wird.

> „Erste Anspruchsvoraussetzung ist die tatsächliche Teilnahme an einer vollwertigen Mittagsverpflegung. Zweitens muss das Mittagessen gemeinschaftlich ausgegeben und eingenommen werden; das Brötchen vom Kiosk fällt also nicht hierunter (BT-Drucks 17/3404, 106). Die Kosten einer selbst organisierten Mittagsverpflegung von Schülern können weder aus religiösen Gründen noch aus gesundheitlichen Gründen über § 28 Abs 6 [sic!] übernommen werden […].“ (Luik 2013b, Rn. 51)

Im Vordergrund der Regelung steht für die Gesetzgeber*innen bei der Leistung der Mittagsverpflegung die Teilnahme an einem Angebot, das von dem Klassenverband oder der Kita-Gruppe gemeinsam in Anspruch genommen wird (vgl. dazu auch Abschnitt 3.2.2.3 zur Unterkategorie *Ernährung*). Folglich ist eine Übernahme der Kosten zu gewähren, wenn in der Schule oder der Kindertagesbetreuung eine Verpflegung bereitgestellt wird, die die religiösen Einstellungen unberücksichtigt lässt. Grundlegend ist für die Gesetzgeber*innen die Ermöglichung der Teilnahme an der gemeinsamen Mahlzeit. Diesem Aspekt messen sie einen deutlich höheren Stellenwert bei als den religiösen Werthaltungen. Dass sie durch die Nichtgewährung der Leistungen für Kinder mit spezifischen Ernährungsbedarfen Ausgrenzungen fördern, vernachlässigen sie. Folglich gehen sie nicht davon aus, dass sich eine große Anzahl an Leistungsberechtigten nach religiösen Regeln ernähren, da sie ansonsten konkrete Ausformulierungen dazu getroffen hätten. Die Zugehörigkeit zu Religionen, in denen derartige Handlungsweisen praktiziert werden, scheinen für sie so spezielle Ausnahmen in der Gruppe der Leistungsberechtigten zu sein, dass sie diese vernachlässigen oder nicht als existenznotwendig begreifen.

Ähnliches zeigt sich bei den Leistungen zur Erstattung der Schülerbeförderung, bei denen nur die Kosten bis zur nächstgelegenen Schule übernommen werden. Berücksichtigung findet dabei der gewählte Schultyp. Nach Leopold bleibt jedoch unklar, wie damit umzugehen ist, wenn es sich um eine konfessionell orientierte Schule handelt und dieses Konzept nicht mit den religiösen Werten der Kinder und/oder ihrer Eltern vereinbar ist.

> „Fraglich mag erscheinen, ob Schülerinnen und Schüler leistungsrechtlich auch dann auf die geographisch nächstgelegene Schule verwiesen werden können, wenn es sich bei ihr zwar um eine Schule des gewählten Bildungsgangs, aber eine konfessionell betrachtet einseitig orientierte Schule handelt und dies mit den religiösen Wertvorstellungen der Schülerin bzw. des Schülers oder der Eltern als den Erziehungsberechtigten unvereinbar ist. Die Wertungen der Art. 4 Abs. 1 GG und Art. 6 Abs. 2 GG dürften eine verfassungskonforme Auslegung des § 28 Abs. 4 SGB II dahingehend fordern, dass als nächstgelegene Schule dann die nächstgelegene nicht konfessionell orientierte staatliche Schule gelten muss. Dagegen dürfte es die verfassungsrechtlich verbürgte Religionsfreiheit (Art. 4 Abs. 1 GG) oder das Schulwahlrecht als Bestandteil des elterlichen Erziehungsrechts (Art. 6 Abs. 2 GG) überdehnen, wenn aufgrund ihrer aus § 28 Abs. 4 SGB II das Recht auf Anerkennung eines Bedarfs für Beförderung zur nächsten konfessionell einseitig orientierten, aber den Glaubensvorstellungen der Schülerin bzw. des Schülers oder der Eltern entsprechenden Schule abgeleitet würde. Denn die Grundrechte aus Art. 4 Abs. 1 GG bzw. Art. 6 Abs. 2 GG gebieten nicht zugleich die Gewährung von steuerfinanzierten Sozialleistungen zu ihrer unbeschränkten Ausübung." (Leopold 2012a, Rn. 87)

Zwar zeigt sich aus dieser Darstellung, dass auf der Grundlage des Grundgesetzes Argumentationsstränge gegeben sind. Für die Gesetzgeber*innen nimmt dieser Umstand jedoch – gleich wie bei den Gebühren für die Mittagsverpflegung – keine so hohe Bedeutung ein, dass dieser in die Gesetzesmaterialien aufgenommen wird. Über die grundgesetzliche Regelung ist der Anspruch auf die Übernahme der Kosten zur nächstgelegenen nichtkonfessionellen Schule zwar möglicherweise einklagbar, die Gesetzgeber*innen der Leistungen für Bildung und Teilhabe regeln den Umgang damit jedoch nicht durch eigene

Konkretisierungen. Dadurch sprechen sie der ausgeübten Religion von Kindern im Leistungsbezug keine beachtenswerte Bedeutung zu. Wünsche, die durch die Religionsausübung auftreten, werden nicht als zu befriedigende Bedarfe anerkannt.

Die Gesetzgeber*innen scheinen daher lediglich den ethnischen Hintergrund der in Deutschland lebenden Bevölkerung (ohne Migrationshintergrund) zu berücksichtigen. Das heißt, sie gehen von einer sich über Jahrhunderte entwickelnden Kultur und Religion aus, die in Deutschland etabliert ist und die sie als Standard ansehen. Unberücksichtigt lassen sie, dass Kinder mit einer anderen ethnischen Herkunft Leistungen beziehen können. Die damit verbundenen Unterschiede lassen die Gesetzgeber*innen unbeachtet bzw. sehen diese nicht als existenznotwendig an.

Kultur

Innerhalb des Bereichs Kultur beziehen sich die Gesetzgeber*innen auf zwei verschiedene Kontexte. Zum einen begreifen sie Kultur in einem sehr allgemeinen Verständnis als die Lebensweisen, die in einer Region vorherrschen und zweitens wird Kultur für sie als Grundlage der Aneignung spezifischer Fähigkeiten und Kompetenzen wichtig.

Das allgemeine Verständnis von Kultur wird durch Beschreibungen deutlich, die wie folgt verwendet werden.

> „[...] das soziale und kulturelle Leben, als [...] das, was schon da ist, was sich vor Ort abspielt, denn der Mensch als Person existiert notwendig in sozialen Bezügen" (Luik 2013d, Rn. 31).

Hier zeigt sich eine angenommene enge Verbindung des sozialen und kulturellen Bereichs. Kultur ist dabei immer durch die Menschen beeinflusst, die im Umfeld leben. Das Zusammenleben, das nicht nur als nebeneinander, sondern miteinander leben verstanden wird, prägt den räumlichen Kontext, der durch die darin lebenden Menschen geformt ist.

Weiterhin gehen die Gesetzgeber*innen von einem allgemeingültigen kulturellen Leben aus, das in der Region, in der die Kinder leben, einheitlich ist. Kinder sind aber nur in diesem kulturellen Kontext integriert, wenn sie die Möglichkeit haben, daran teilnehmen zu können. Eine solche Teilnahme ist gegeben, wenn sie die Angebote in Anspruch nehmen können, die als allgemeingültig i. S. v. sie werden im Regelfall von den in Deutschland bzw. in der Region lebenden Menschen genutzt und gehören zu deren alltäglichem Leben dazu. Dabei nehmen sie insbesondere öffentliche Einrichtungen in den Blick, in denen Kinder in einer Gemeinschaft zusammenkommen wie in Schulen, Kindertageseinrichtungen, Sportvereinen oder Musikschulen.

„Die Teilhabe am kulturellen Leben ist eine grundlegende Voraussetzung für die aktive Mitgestaltung des gesellschaftlichen Lebens." (Deutscher Bundestag 2010b, S. 106)

Es scheint so, als verwenden sie die Formulierung ‚Bildung und Teilhabe am sozialen und kulturellen Leben in der Gemeinschaft' sehr allgemeingültig i. S. dessen, was gemeinhin von der Bevölkerung praktiziert wird. Ein konkretes dahinterstehendes Verständnis, was sie unter Kultur verstehen (z. B. in Bezug auf Religion oder sog. ‚historische Kulturgüter'), lässt sich nicht erkennen.

Zum zweiten wird Kultur für die Gesetzgeber*innen im Rahmen der Leistungen für Bildung und Teilhabe als Aneignungsgegenstand von diversen Kompetenzen und Fähigkeiten angesehen.

„Ziel ist es, diese Kinder und Jugendlichen stärker als bisher in bestehende Vereins- und Gemeinschaftsstrukturen zu integrieren und den Kontakt mit Gleichaltrigen zu intensivieren. Insbesondere die Auseinandersetzung mit Kunst und Kultur prägt Persönlichkeit und Identität, sie nimmt Einfluss auf die individuelle Entwicklung – die Entwicklung der Sinne, der kreativen Fertigkeiten – und sie ist prägend für die soziale Kompetenz. Die Teilhabe am kulturellen Leben ist eine grundlegende Voraussetzung für die aktive Mitgestaltung des gesellschaftlichen Lebens." (Deutscher Bundestag 2010b, S. 106)

Die Auseinandersetzung mit den beiden Gegenständen Kunst und Kultur[34] ermöglicht nach Ansicht der Gesetzgeber*innen insbesondere die Beschäftigung mit sich selbst i. S. des Ergründens von Fragen wie: Wer bin ich? Woher komme ich? Was prägt mich? Dadurch können auch die Sinne und die Kreativität gestärkt werden. Ihrem Erachten nach impliziert dies, dass durch künstlerisch und kulturell geprägte Aktivitäten Gedanken und Güter (z. B. i. S. v. Bil-

34 Die Gesetzgeber*innen verbinden Kunst und Kultur miteinander. Ihren Ansichten nach können beide Bereiche die gleichen Ziele erreichen. Indem sie die beiden Begriffe jedoch in Form einer Aufzählung verwenden, die mit dem Wort ‚und' verbunden ist, stellen sie diese nebeneinander und scheinen Kunst und Kultur als zwei unterschiedliche Dinge anzusehen. Ausgehend davon kann angenommen werden, dass sie Kunst nicht als spezifischen Teil von Kultur verstehen, da sie die Begriffe dann bspw. mit dem Wort ‚insbesondere' oder ‚beispielsweise' verbunden hätten, sodass sie eine Formulierung wie „[...] die Auseinandersetzung mit Kultur insbesondere der Kunst prägt Persönlichkeit [...]" genutzt hätten. Allerdings verwenden sie die Begriffe durch die Verwendung des Terminus ‚kulturelles Leben' synonym und klären ihre Vorstellungen über die begriffliche Differenz nicht auf. Da Kunst jedoch allgemeinhin als Teilbereich der Kultur verstanden wird, besteht die Möglichkeit, dass die Gesetzgeber*innen dem Bereich Kunst durch die eigenständige Nennung einen besonderen Stellenwert zusprechen wollen.

dern und Musik) erschaffen werden können. Diese Beschäftigungen fördern gleichzeitig die Kompetenzen und Fähigkeiten der Kinder.

Unterschiede zu den Leistungsberechtigten mit (drohender) Behinderung

Bei den leistungsberechtigten Kindern mit (drohender) Behinderung gehen die Gesetzgeber*innen im Unterschied zu den Leistungsberechtigten ohne Behinderung davon aus, dass eine differente ethnische Herkunft einen veränderten Bedarf hervorruft, der gleichzeitig als existenznotwendig zu berücksichtigen ist.

> „Unabhängig davon, ob eine anspruchsberechtigte Person Wünsche äußert […], ist der Rehabilitationsträger gem. § 9 Abs. 1 Satz 2 SGB IX verpflichtet, bei der Entscheidung über die Leistungen die persönliche Lebenssituation, das Alter, das Geschlecht, die Familie sowie die religiösen und weltanschaulichen Bedürfnisse des Leistungsberechtigten zu berücksichtigen." (Bieritz-Harder 2012c, Rn. 36)

Demnach scheinen die Gesetzgeber*innen davon auszugehen, dass die Befriedigung behinderungsbedingter Bedarfe durch die ethnische Herkunft der Kinder beeinflusst wird. Die Sicherung der Bedarfe an Bildung und Teilnahme, die aufgrund unzureichender finanzieller Mittel im Haushalt bestehen, werden demgegenüber nicht durch die ethnische Herkunft beeinflusst. Folglich werden auch bei den Kindern mit (drohender) Behinderung keine veränderten Bedarfe hinsichtlich der Teilnahme an der Mittagsverpflegung in Schule und Kindertagesbetreuung sowie der Übernahme der Schülerbeförderungskosten anerkannt, die auf die ethnische Herkunft zurückzuführen sind.

Überblick über die Ergebnisse der Analyse

Tab. 28: Ergebnisse der Analyse der Unterkategorie: *Ethnische Herkunft*

Ergebnisse der Analyse	Kinder- und Kindheitsbilder
Religionsbedingte Abweichungen von der als normal angesehenen Lebensführung werden durch die Gesetzgeber*innen nicht als Bedarfe anerkannt.	Die Ausgeschlossenen
Die leistungsberechtigten Kinder wachsen zwar unweigerlich in einem kulturell geprägten Umfeld auf, allerdings müssen sie die darin verfügbaren Angebote auch in Anspruch nehmen, um am kulturellen Leben teilhaben zu können. Ohne zusätzliche Unterstützung nutzen sie diese Angebote kaum oder gar nicht.	Die Ausgeschlossenen

Ergebnisse der Analyse	Kinder- und Kindheitsbilder
Durch die Teilnahme am kulturellen Leben in der Gemeinschaft werden spezifische Fähigkeiten und Kompetenzen gefördert, über die die leistungsberechtigten Kinder ansonsten nur unzureichend verfügen.	Die Andersartigkeit der Kinder im Leistungsbezug
Kinder mit (drohender) Behinderung können behinderungsbedingte Bedarfe aufweisen, deren Befriedigung nur gelingt, wenn die Besonderheiten ihrer ethnischen Herkunft berücksichtigt werden.	Die ‚atypischen' Kinder

Quelle: eigene Darstellung

3.2.1.6 Partizipationsmöglichkeiten

Die Gesetzgeber*innen verwenden den Begriff ‚Partizipation' in ihren Ausführung zu den Leistungen für Bildung und Teilhabe an keiner Stelle, allerdings sprechen sie von einer

> „[...] aktive[n] Mitgestaltung des gesellschaftlichen Lebens" (Deutscher Bundestag 2010b, S. 106),

sodass sie nicht den Fachbegriff verwenden, sondern diesen lediglich umschreiben.

Ihren Ansichten nach ist Partizipation nur unter spezifischen Voraussetzungen möglich, wie das nachfolgende Zitat zeigt.

> „Nach § 28 Abs. 7 SGB II werden Bedarfe zur Teilhabe am sozialen und kulturellen Leben in der Gemeinschaft berücksichtigt. Intention der Berücksichtigung dieser Bedarfe ist, Kinder und Jugendliche aus einkommensschwachen Haushalten stärker als bisher in bestehende Vereins- und Gemeinschaftsstrukturen zu integrieren und den Kontakt mit Gleichaltrigen zu intensivieren. Zwecks Stärkung und Entwicklung der sozialen Kompetenz („Teamgeist"), der Persönlichkeit und Identität, des Sinneserlebens und der kreativen Fähigkeiten soll insbesondere die Auseinandersetzung mit Kunst und Kultur besonders gefördert werden, da diese eine grundlegende Voraussetzung für die aktive Mitgestaltung des gesellschaftlichen Lebens ist." (Leopold 2012a, 129)

Den Gesetzgeber*innen zufolge müssen erst individuelle Kompetenzen und Fähigkeiten sowie soziale Kompetenzen erlernt worden sein, bevor sich Menschen aktiv an der Gestaltung der Gesellschaft beteiligen können. Diese Fähigkeiten und Kompetenzen erlangen die Leistungsberechtigten nicht im Elternhaus oder in den sonstigen Kontexten, in denen sie sich aufhalten, sondern werden im Wesentlichen durch eine Teilnahme am sozialen und kulturellen Leben der Gleichaltrigen ohne Leistungsbezug möglich. Daran nehmen sie aber bislang nur unzureichend teil. Dementsprechend besteht die Gefahr, dass die Leistungsberechtigten auch im späteren Leben in ihren Partizipationsmöglichkeiten eingeschränkt sind.

Unterschiede zu den Leistungsberechtigten mit (drohender) Behinderung

Im Unterschied zu den Ausformulierungen zu den Leistungen für Bildung und Teilhabe verwenden die Gesetzgeber*innen den Begriff ‚Partizipation' in den zusätzlichen Leistungen für Menschen mit (drohender) Behinderung (vgl. Bieritz-Harder 2012c, Rn. 28; Götz 2009, Rn. 9). Den Begriff ‚Partizipation' verstehen sie dabei jedoch nicht als aktive Mitgestaltung am gesellschaftlichen Leben, sondern als Teilhabe an Gemeinschaftsstrukturen.

> „Als Ziel der Leistungen zur Teilhabe am Leben in der Gemeinschaft (soziale Rehabilitation) bestimmt § 55 Abs. 1 SGB IX das Sichern oder Ermöglichen der Teilhabe am Leben in der Gesellschaft. Für die Leistungen der sozialen Rehabilitation gibt es keine Altersgrenze. In jedem Alter ist die Partizipation an einzelnen Teilbereichen der Gesellschaft möglich." (Bieritz-Harder 2012c, Rn. 28)

Indem die Gesetzgeber*innen in den Regelungen für die leistungsberechtigten Kinder mit (drohender) Behinderung den Begriff ‚Partizipation' i. S. v. Teilhabe verstehen, berücksichtigen sie scheinbar nicht die Möglichkeit einer aktiven Mitgestaltung der Gesellschaft und kennen dementsprechend keine damit verbundenen Bedarfe. Wenn Partizipation außerdem für die Gesetzgeber*innen in den Leistungen für Kinder mit (drohender) Behinderung lediglich die Teilhabe an Gemeinschaftsstrukturen bedeutet, ist anzunehmen, dass sie diesen Kindern erst einmal keine aktive Beteiligung an der Gesellschaft zusprechen. Sie benötigen ihrem Erachten nach vorrangig Hilfen, um am gemeinsamen Leben (der Gleichaltrigen) teilnehmen zu können.

Überblick über die Ergebnisse der Analyse

Tab. 29: Ergebnisse der Analyse der Unterkategorie: *Partizipationsmöglichkeiten*

Ergebnisse der Analyse	Kinder- und Kindheitsbilder
Partizipation am gesellschaftlichen Leben ist nach Ansicht der Gesetzgeber*innen erst im Erwachsenenalter möglich, da die dafür notwendigen Kompetenzen und Fähigkeiten in den vorherigen Lebensphasen noch erlernt werden müssen.	Kinder als sich entwickelnde, ‚unfertige' Menschen

Ergebnisse der Analyse	Kinder- und Kindheitsbilder
Kinder im Leistungsbezug werden durch ihre vorhandenen Netzwerke nur unzureichend in ihren Fähigkeiten und Kompetenzen gefördert, die für eine erfolgreiche Partizipation am gesellschaftlichen Leben notwendig sind. Dies gelingt erst, wenn sie an den Gemeinschaftsstrukturen der Gleichaltrigen teilnehmen, denn dort erfolgt nach Ansicht der Gesetzgeber*innen eine solche Stärkung ihrer Kompetenzen und Fähigkeiten.	Die Ausgeschlossenen
Kindern mit (drohender) Behinderung wird die Möglichkeit der aktiven Mitgestaltung des gesellschaftlichen Lebens auch im Erwachsenenalter abgesprochen. Ihnen kann maximal eine Teilnahme an den Gemeinschaftsstrukturen ermöglicht werden.	Die Ausgeschlossenen

Quelle: eigene Darstellung

3.2.1.7 Geschlecht

Die Unterkategorie *Geschlecht* bleibt für die Gesetzgeber*innen für die Kinder im Leistungsbezug bedeutungslos. So sprechen sie bspw. keine geschlechtsspezifischen Ernährungs- oder Kleidungsbedarfe zu.

Unterschiede zu den Leistungsberechtigten mit (drohender) Behinderung

Im Rahmen der Leistungen für Kinder mit (drohender) Behinderung beschreiben die Gesetzgeber*innen eine geschlechtsspezifisch differente Bedarfslage. Ihren Ansichten nach haben Mädchen mit (drohender) Behinderung ein reduziertes Selbstbewusstsein. Vor diesem Hintergrund sprechen sie ihnen den Bedarf an Förderung bzw. Unterstützung dieser sozialen Kompetenz zu und übernehmen die Kosten für

> „[…] Übungen […], die der Stärke des Selbstbewusstseins dienen." (Bieritz-Harder 2012d, Rn. 27)

Eine schwerwiegende Beeinträchtigung des psychischen und physischen Gesundheitszustandes verringert ihren Ansichten nach ein positives Selbstbewusstsein. Das tritt jedoch nur bei Mädchen und nicht bei allen Kindern mit (drohender) Behinderung auf. Diese Kompetenz kann durch speziellen Sport (konkret: Rehabilitationssport) gestärkt werden.

Aus welchen Gründen sie hier einen geschlechtsspezifischen Bedarf annehmen, klären sie im Analysematerial nicht. Allerdings ist anzunehmen, dass diese gesonderte Stellung der Mädchen auf der UN-Behindertenrechtskonvention basiert, in der in Art. 6 darauf hingewiesen wird, dass Mädchen (und Frauen) mit (drohender) Behinderung multiplen Benachteiligungen ausgesetzt sind, die durch staatliche Maßnahmen zu reduzieren sind. Insbesondere sollen Mädchen (und Frauen) durch diverse Leistungen und Maßnahmen in ihrer Autonomie gestärkt werden (vgl. Art. 6 Abs. 2 UN Behindertenrechtskonvention).

Überblick über die Ergebnisse der Analyse

Tab. 30: Ergebnisse der Analyse der Unterkategorie: *Geschlecht*

Ergebnisse der Analyse	Kinder- und Kindheitsbilder
Mädchen mit (drohender) Behinderung weisen nach Ansicht der Gesetzgeber*innen ein niedriges Selbstbewusstsein auf und benötigen zu dessen Stärkung Unterstützung.	Die ‚atypischen' Kinder

Quelle: eigene Darstellung

Resümee

Für die Gesetzgeber*innen sind in der Kategorie *Kinder* die Unterkategorien *Bedürfnisse/Bedarfe/Wünsche, Alter und Entwicklungsstand, Kinder als Akteure, Einstellungen/Haltungen*, die *ethnische Herkunft, Partizipationsmöglichkeiten* und *Geschlecht* in den Leistungen für Bildung und Teilhabe relevant. Bedeutungslos bleibt die Unterkategorie *Erfahrungen.*

Bedürfnisse, Bedarfe und Wünsche

Ausgangspunkt der Regelungen stellen wohl die Überlegungen zu den *Bedürfnissen, Bedarfen und Wünschen* dar. Die Gemeinsamkeit der Bedürfnisse und Bedarfe besteht für die Gesetzgeber*innen darin, dass es sich bei beiden um begründete Begehren handelt, deren Erfüllung zur Sicherung des menschenwürdigen Existenzminimums und damit zu einem gesicherten Leben notwendig ist. Bedürfnisse sind im Unterschied zu Bedarfen die allgemeinen, übergeordneten Begehren, die durch eine Vielzahl konkreter Bedarfe gedeckt werden können. Bei Wünschen handelt es sich schließlich um beliebige Begehren, deren Befriedigung zu einer individuell empfundenen Verbesserung der Situation führt. Die Erfüllung von Wünschen ist aber nicht existenznotwendig.

Diese drei Arten sprechen sie allen Kindern zu und sehen ihre zentrale Aufgabe in der Befriedigung der Bedarfe, wodurch ein menschenwürdiges Leben abgesichert ist. Demgegenüber besteht ihren Ansichten nach keine Notwendigkeit in der Deckung wenigstens eines geringen Anteils der Wünsche der Kinder.

Kinder können ihre Bedarfe noch nicht eigenständig sichern. Vielmehr sind ihre Eltern dafür verantwortlich. Gelingt es ihren Eltern nicht, die notwendigen Mittel für die Befriedigung der Bedarfe ihrer Kinder aus eigenen Kräften insbesondere durch Erwerbstätigkeit zu sichern, sind sie dafür verantwortlich, die notwendigen Ressourcen über Dritte zu organisieren z. B. durch die Beantragung von Existenzsicherungsleistungen.

Werden diese Leistungen gewährt, erfolgt die Sicherung der konkreten Bedarfe vor allem durch die personengebundenen Regelsätze. Das heißt, die Gesetzgeber*innen gehen davon aus, dass die Erfüllung der Bedarfe durch das personenbezogene Budget gedeckt ist. Bei Gegenständen, die gemeinsam mit weiteren Familienangehörigen genutzt werden, erfolgt eine Teilung der Kosten durch die Anzahl der Familienmitglieder. Die Gesetzgeber*innen folgen dabei nicht der Logik des gemeinsamen Wirtschaftens der EVS, der die Annahme zugrunde liegt, dass alle Einkommen zu einem gemeinsamen Familieneinkommen zusammengelegt werden und diese jeweils, wenn sie auftreten, mit dem gemeinsamen Einkommen finanziert werden. Vielmehr scheinen die Gesetzgeber*innen von einem personenbezogenen Umgang mit den finanziellen Mitteln zur Befriedigung der Bedarfe jedes einzelnen Familienmitglieds auszugehen.

Neben den allgemeinen Bedarfen, die in ähnlicher Weise auch Erwachsenen zugesprochen werden, gehen die Gesetzgeber*innen bei Kindern (und Jugendlichen) von zusätzlichen Bedürfnissen aus. Diese beziehen sich auf die Bereiche Bildung und Teilhabe und können nach Ansicht der Gesetzgeber*innen durch die Sicherung der folgenden Bedarfe befriedigt werden:

(1) Teilnahme an ein- oder mehrtägigen Gemeinschaftsveranstaltungen in Bildungsinstitutionen (speziell in Kindertageseinrichtungen und Schule),
(2) Ausstattung mit Materialien, die in der Schule benötigt werden,
(3) der Möglichkeit, den gewählten Schultyp durch Verkehrsmittel zu erreichen, sofern sich dieser nicht in unmittelbarer Nachbarschaft befindet,
(4) Inanspruchnahme außerschulischer, kostenpflichtiger Bildungsunterstützung, sofern die Versetzung in die nächste Klassenstufe gefährdet ist,
(5) Teilnahme an den gemeinsamen Mittagessen in der Kindertagesbetreuung und Schule sowie
(6) Teilnahme an außerschulischen Bildungsangeboten.

Zusätzliche Bedarfe bestehen auch in Einzelfällen nicht. Die genannten Bedarfe werden allerdings nicht allen Kindern unterstellt, sondern nur den Kindern, die die Bildungsinstitutionen besuchen, innerhalb derer der Bedarf auftreten kann und nur wenn die Bildungsinstitutionen die konkreten Angebote vorhalten.

Damit hängen die Bedarfe innerhalb der Bedürfnisse nach Bildung und Teilnahme grundlegend vom Besuch spezifischer Bildungsinstitutionen und -angebote ab sowie von den darin vorherrschenden Regelmäßigkeiten und Allgemeingültigkeiten (z. B. gemeinsame Mittagessen und Ausflüge).

Zudem handelt es sich bei Begehren nur um Bedarfe, die als existenznotwendig gelten, wenn diese für die Kinder tatsächlich realisiert werden können, sodass bspw. außerschulische Bildungsangebote nur förderungsfähig sind, sofern sie im Mobilitätsbereich der Kinder liegen. Sind sie nicht in unmittelbarer Nähe, handelt es sich nach Ansicht der Gesetzgeber*innen nicht um Bedarfe.

Schließlich weisen Kinder mit (drohender) Behinderung zusätzlich das Verlangen nach Befriedigung ihrer Grundbedürfnisse auf, da sie in ihrer körperlichen Funktionsfähigkeit eingeschränkt sind und somit die Dinge des alltäglichen Lebens nicht (gänzlich) eigenständig bewältigen können. Die Bedarfe richten sich dabei auf die Bereitstellung von Hilfsmitteln und Personen, die sie bei der Verrichtung der normierten Handlungen unterstützen. Die Einschränkungen können bei den Kindern mit (drohender) Behinderung sehr unterschiedlich sein, sodass diese Kinder sehr heterogene Bedarfe aufweisen können.

Alter und Entwicklungsstand

Bedürfnisse und Bedarfe können sich mit dem Alter verändern. Bei gleichem Alter sind die Bedarfe identisch. Veränderungen liegen nach Ansicht der Gesetzgeber*innen zumeist an den Schwellen zwischen zwei Lebensphasen vor. Dementsprechend können Kinder und Jugendliche die gleichen Bedarfe haben, die sich jedoch von den Bedarfen der Erwachsenen unterscheiden. Bei diesen Schwellen handelt es sich um (1) den Übergang zwischen der Phase ‚junge Erwachsene' und Erwachsene, (2) den Übergang zwischen Jugend und jungen Erwachsenen und (3) innerhalb der Kindheit etwa im Alter von sechs Jahren. Zu diesen Zeitpunkten ändern sich allerdings nicht alle Bedarfe, sondern jeweils nur ein Teil. Modifizierungen der Bedarfe treten vor allem auf, wenn Kinder erstmalig institutionell organisierte Bildungsangebote nutzen, die insbesondere auf die gesellschaftlichen Rahmenbedingungen (z. B. Schulpflicht) zurückzuführen sind. Bei regelmäßig auftretenden Bedarfen bleiben diese über den Besuch der Institution hinaus bestehen, sodass sich der Bedarf nicht ausschließlich auf eine Lebensphase beschränken muss. Die Alters- und Institutionenabhängigkeit der Bedarfe findet sich bei den Bedürfnissen nicht wieder. Diese hängen ihrem Erachten nach vom Entwicklungsstand ab. Sie führen jedoch nicht konkret aus, was sie unter Entwicklung und Entwicklungsstand fassen, sondern benennen nur Eigenschaften, die sie mit diesen in Verbindung bringen. Entwicklung ist beeinflussbar und verläuft in unterschiedlicher Weise, d. h. sie kann sowohl in positiver als auch in negativer Weise erfolgen. Als bedeutsamsten Einflussfaktor auf eine positive Entwicklung sehen sie die soziale Integration an. Entwicklung wird schließlich nur Kindern und Jugendlichen zugesprochen; im Erwachsenenalter findet – laut Gesetzgeber*innen – keine Entwicklung mehr statt. Aufgrund dieser Eigenschaft handelt es sich aus Sicht der Gesetzgeber*innen bei Kindern und Jugendlichen um ‚unfertige Menschen'. Sie bedürfen Unterstützungen durch ihre Eltern oder Dritte und werden in ihrer aktuellen Situation nicht wahrgenommen, sondern nur hinsichtlich ihres zukünftigen (Erwerbs-)Lebens.

Darüber hinaus wird der Entwicklungsstand von Kindern als Relationskriterium genutzt, um Kindern einen Sonderstatus zuzusprechen. Sind die Kinder nicht in etwa gleichem Maß wie die Gleichaltrigen entwickelt, wird ihnen das Merkmal ‚Behinderung' oder ‚von Behinderung bedroht' zugeschrieben, was gleichzeitig eine Abweichung von der Normalität impliziert. Damit werden sie zu Personen, die in einem noch höheren Umfang auf die Hilfe Dritter angewiesen sind. Zudem gehen die Gesetzgeber*innen davon aus, dass sie am ‚normalen' Leben in der Gemeinschaft nur eingeschränkt teilnehmen können. Sie erhalten damit eine negativ konnotierte Außenseiterrolle. Folglich ist die Beurteilung des Entwicklungsstandes gleichzeitig ein wichtiger Einflussfaktor auf die Möglichkeiten der Teilhabe in der Gesellschaft.

Kinder als Akteure sowie ihre Einstellungen und Haltungen

Die Abhängigkeit der Kinder von ihren Eltern und der damit verbundene Zusammenhang mit der normierten ‚Unfertigkeit' von Kindern spiegeln sich auch in den gesetzgeberischen Formulierungen zum Verhalten von Kindern wider. Sie gehen davon aus, dass Kinder nur über einen eingeschränkten Handlungsspielraum verfügen, der sich im Laufe der Jahre ausweitet und uneingeschränkt vorliegt, wenn sie in den Arbeitsmarkt integriert sind. Daraus werden bereits zwei Einflussfaktoren auf Handlungsmöglichkeiten deutlich, von denen die Gesetzgeber*innen ausgehen. Neben dem Alter und der Abhängigkeit von Existenzsicherungsleistungen, beeinflussen nach Ansicht der Gesetzgeber*innen die Einstellungen und Haltungen die Handlungen der Kinder. Weiterhin wirken die Eltern auf das Handeln der Kinder, da den Kindern eine altersbezogene Abhängigkeit von ihren Eltern zugesprochen wird. Demnach zeigen leistungsberechtigte Kinder und ihre Familien sehr ähnliche Handlungsweisen. Dabei werden ihnen defizitbehaftete Handlungen insbesondere hinsichtlich der Verwendung der zugesprochenen Leistungen unterstellt, die nicht von Weitsicht und normativer Sinnhaftigkeit gekennzeichnet wären.

Darüber hinaus werden Kindern mit (drohender) Behinderung nur eingeschränkte Handlungskompetenzen zugesprochen, die sich auf die Verrichtungen des alltäglichen Lebens beziehen, d. h. als normal angesehene Handlungen, die regelmäßig vollzogen werden, um Leben und Überleben zu können. Folglich wird der Entwicklungsstand als Einflussfaktor auf Handeln angesehen.

Ethnische Herkunft

Hinsichtlich der *ethnischen Herkunft* der Kinder berücksichtigen die Gesetzgeber*innen die beiden Dimensionen Religion und Kultur. Die religiösen Werthaltungen der Kinder und ihrer Familien haben ihrem Erachten nach keinen Einfluss auf veränderte Bedarfe, sodass bspw. keine zusätzlichen Mittel zur Verfügung gestellt werden, wenn Kinder in der Schule oder der Kindertagesbetreuung aufgrund ihrer Religion nicht alle Lebensmittel essen dürfen.

Kultur wird für die Gesetzgeber*innen hinsichtlich ihrer Aneignung bedeutsam. Kunst und Kultur gilt als Gegenstand, mit dem sich Kinder in institutionell organisierten Freizeitangeboten beschäftigen und zusätzliche Kompetenzen erlangen. Da sie nach Ansicht der Gesetzgeber*innen bislang nur unzureichend an diesen Angeboten teilnehmen, weisen sie Defizite im Vergleich zu den Gleichaltrigen ohne Leistungsbezug auf.

Darüber hinaus scheinen die Gesetzgeber*innen unter dem Begriff ‚Kultur' die Einflüsse der sozialen Umgebung zu verstehen, durch die die Kinder geprägt werden und deren Merkmale bspw. in Vereinen vermittelt werden. Kultur i. S. gleicher Werthaltungen, einer gemeinsamen Vergangenheit und auch der Sprache berücksichtigen sie in der Leistungsgewährung nur als das ‚typisch Deutsche'. Abweichend davon schreiben sie der ethnischen Herkunft der Kinder mit (drohender) Behinderung eine Bedeutung hinsichtlich der Sicherung der behinderungsbedingten Bedarfe zu, indem der kulturelle Hintergrund der Kinder bei der Leistungserbringung berücksichtigt werden soll.

Partizipationsmöglichkeiten

Leistungsberechtigte Kinder haben nach Ansicht der Gesetzgeber*innen noch keine *Partizipationsmöglichkeiten* i. S. einer aktiven Mitgestaltung von Gemeinschaften, da die dafür notwendigen Fähigkeiten und Kompetenzen – wie die Stärkung und Entwicklung sozialer Kompetenzen, der Persönlichkeit und Identität sowie kreativer Fähigkeiten – noch nicht umfassend gefördert wurden. Das hängt ihrem Erachten nach damit zusammen, dass sie die Angebote, in denen eine solche Förderung stattfindet, nicht oder zu wenig nutzen.

Kindern mit (drohender) Behinderung wird die Möglichkeit der Partizipation auch im Erwachsenenalter abgesprochen, da ihnen nach Ansicht der Gesetzgeber*innen auch zu diesem späteren Zeitpunkt in ihrem Leben die notwendigen Fähigkeiten und Kompetenzen fehlen.

Geschlecht

Leistungsberechtigte Mädchen mit (drohender) Behinderung haben nach Ansicht der Gesetzgeber*innen ein geringeres Selbstbewusstsein als gleichaltrige Jungen mit (drohender) Behinderung und Kindern ohne Behinderung.

3.2.2 Materielle Lage

Im Rahmen der Kategorie *materielle Lage* treffen die Gesetzgeber*innen zu allen Unterkategorien Aussagen.

3.2.2.1 Wohnen/Wohnumfeld

Der Bereich *Wohnen und Wohnumfeld* ist für die Gesetzgeber*innen im Rahmen der Leistungen für Bildung und Teilhabe eher nebensächlich. Trotzdem lassen sich im Analysematerial einzelne Annahmen der Gesetzgeber*innen finden, die sowohl den Bereich Wohnen als auch das Wohnumfeld betreffen.

Wohnen

Die Gesetzgeber*innen gehen davon aus, dass Kinder mit ihren Eltern eine gemeinsame Wohnung teilen. Dies zeigt sich insbesondere durch die Verwendung des Begriffs „Elternhaus" (Lenze 2011b, Rn. 17). Dabei heben sie als besonderes Merkmal hervor, dass die Kinder an diesem Ort i. d. R. die Nächte verbringen und sie von dort aus ihren Schulweg sowie andere Wege (z. B. zu Freund*innen oder zu Freizeiteinrichtungen) antreten. In Ausnahmefällen können Übernachtungen außerhalb der elterlichen Wohnung stattfinden. Dies ist bspw. der Fall, wenn durch die Schule oder die Kindertageseinrichtung mehrtägige Fahrten angeboten werden (vgl. Luik 2013b, Rn. 23). Die Wohnung gilt damit als zentrale Anlaufstelle der Kinder, in der sie sich in einem nicht unwesentlichen zeitlichen Umfang (mindestens über Nacht) aufhalten.

Ausstattung der Wohnung

Zur räumlichen Ausstattung der Wohnung treffen die Gesetzgeber*innen hinsichtlich der Bedürfnisse nach Bildung und Teilhabe keine Aussagen. Folglich scheinen sie davon auszugehen, dass Kinder keine gesonderten Bedarfe an räumlicher Ausstattung zur Befriedigung des Bildungs- und Teilhabebedürfnisses haben. Zu denken ist hier bspw. an einen Rückzugsort an dem sie lernen oder spielen können, oder einen (Schreib-)Tisch, an dem sie Malen, Rechnen oder Schreiben können.

Ausgehend von den Leistungen für Unterkunft und Heizung unterstellen sie zwar, dass sich der Bedarf an Wohnraum mit der Anzahl der Personen im Haushalt erhöht (vgl. Luik 2013a, Rn. 78), allerdings handelt es sich dabei allgemein um Wohnraum in dem bspw. geschlafen wird oder Utensilien der Kinder wie Kleidung abgestellt werden. Ihrem Erachten nach benötigen Kinder auch nicht zwangsläufig ein eigenes Zimmer (vgl. Grube 2012c, Rn. 28). Die Gesetzgeber*innen sprechen den Kindern folglich keinen expliziten Bedarf an Wohnraum (z. B. i. S. eines ruhigen Platzes, an dem sie sich zurückziehen oder mit Freund*innen spielen können) und Wohnungsausstattung für die Deckung der Bedarfe an Bildung und Teilhabe zu. Das ist neben weiteren Annahmen (wie das im elterlichen Haushalt kaum Bildung stattfindet) auch ein Hinweis darauf, dass die Gesetzgeber*innen annehmen, dass die Bedarfssicherung der Kinder an Bildung und Teilnahme nur in Institutionen erfolgen kann, da sie nur dafür Unterstützungen gewähren.

Wohnumfeld

Das Wohnumfeld der Kinder ist überwiegend dadurch gekennzeichnet, dass sich dort diverse Einrichtungen und Institutionen befinden, die den Alltag der Kinder betreffen. Die Gesetzgeber*innen benennen in diesem Zusammenhang Schulen, Kindertagesstätten, Freizeiteinrichtungen, Musikschulen, Sportvereine, Theatergruppen etc. (vgl. u. a. Leopold 2012b, Rn. 47; Leopold 2012a, Rn. 140). Diese befinden sich aber vor allem im ländlichen Raum und in größeren Städten nicht zwingend in der unmittelbaren Wohnumgebung. So muten die Gesetzgeber*innen Kindern einen Schulweg von bis zu 30 Minuten zu Fuß oder mit dem Fahrrad zu (vgl. Leopold 2012a, Rn. 90). Eine Schule kann aber auch noch weiter davon entfernt liegen. In diesen Fällen ermöglichen sie den Kindern die Nutzung motorisierter Fortbewegungsmittel.

> „Die Praxis belegt, dass in Flächenkreisen und in größeren Städten die nächstgelegene Schule von Schülerinnen und Schülern häufig nicht in zumutbarer Weise fußläufig oder mit dem Fahrrad erreicht werden kann. Meist muss für die Schülerbeförderung auf öffentliche Verkehrsmittel zurückgegriffen werden [...]." (Deutscher Bundestag 2010a, S. 30)

Weiterhin ist den Gesetzgeber*innen bewusst, dass nicht im Wohnumfeld aller Kinder die gleichen (insbesondere Freizeit-)Angebote vorhanden sind. Dies erscheint ihnen jedoch nicht als Problem in dem Sinne, dass dadurch nicht für alle Kinder ein menschenwürdiges Existenzminimum sichergestellt ist. Die verfügbaren Angebote reichen ihren Ansichten nach aus, um die Bedarfe an Bildung und Teilhabe befriedigen zu können, denn – wie noch zu zeigen sein wird – bedeutet Teilhabe ihrem Erachten nach die Möglichkeit der Teilnahme an bereits bestehenden Strukturen (vgl. Luik 2013b, Rn. 19). Sie unterstellen damit das Bestehen eines ausreichenden Angebots an Bildungseinrichtungen in allen Regionen, das – wenn nicht fußläufig oder mit dem Fahrrad zumindest aber – mit öffentlichen Verkehrsmitteln erreichbar und für alle Kinder nutzbar ist (vgl. Leopold 2012a, Rn. 96).

Bedeutung des Wohnumfelds für die Verfügbarkeit finanzieller Mittel

Das Wohnumfeld spielt für die Gesetzgeber*innen außerdem hinsichtlich der Höhe der übernommenen Leistungen eine wichtige Rolle. Sie gehen davon aus, dass die Kosten für qualitativ vergleichbare Leistungen von Region zu Region unterschiedlich sein können, sodass sie keine einheitlichen Kostenstrukturen im gesamten Bundesgebiet annehmen. Das spiegelt sich vor allem darin wider, dass sich

> „[...][d]ie Angemessenheit der Höhe der Vergütung [der Leistungserbringer; CM][...] nach der konkret benötigten Lernförderung und den ortsüblichen Sätzen [richtet][...].“ (Luik 2013b, Rn. 49)

Zudem wirkt sich ihrem Erachten nach die vorhandene

> „[...] Infrastruktur vor Ort [...]“ (Luik 2013d, Rn. 48)

auf die Kostenhöhe aus, sodass die Summe spezifischer Hilfen durch die Gegebenheiten des Wohnumfeldes der Kinder beeinflusst wird. Damit also keine Benachteiligungen von Leistungsberechtigten entstehen, die indirekt auf den Wohnort zurückzuführen sind, sind ihrem Erachten nach die regionalen Besonderheiten zu berücksichtigen. Da sie bspw. keine Pauschalen für die Mittagsverpflegung, die Schülerbeförderung oder die Lernförderung ausgeben, scheinen sie von hohen regionalen Unterschieden bei den Kosten auszugehen. Denn eine pauschale Leistungserbringung erfordert deutlich geringere Verwaltungskosten als eine einzelfallbezogene Abrechnung. Folglich scheint unter ökonomischen Gesichtspunkten die tatsächliche Kostenübernahme nur angebracht, wenn hohe Unterschiede bestehen. Ansonsten ist vielmehr eine Gewährung von Hilfen angemessen, durch die sichergestellt ist, dass alle Leistungsberechtigten die notwendigen finanziellen Mittel für die Sicherung ihrer Bedarfe erhalten, auch wenn im Einzelfall nicht die gesamten Mittel eingesetzt werden müssen.

Dementsprechend beeinflusst das Wohnumfeld die Bedarfe der Kinder hinsichtlich der Inhalte der Angebote nicht. Vielmehr steht die Wohnregion im Zusammenhang mit der Höhe finanzieller Bedarfe, um konkrete Bedarfe befriedigen zu können. Kostet ein Mittagessen in einer Region zwei Euro und in einer anderen Region fünf Euro, haben die Kinder im Ergebnis zwar den gleichen Bedarf an Teilnahme am Mittagessen. Zur Erfüllung des Bedarfes haben sie jedoch den Bedarf, über die notwendigen finanziellen Mittel zu verfügen, die sich dann deutlich unterscheiden können.

Unterschiede zu den Leistungsberechtigten mit (drohender) Behinderung

Wohnen

Die Gesetzgeber*innen der Regelungen für Kinder mit (drohender) Behinderung und hier insbesondere die Gesetzgeber*innen der Teilleistung der sog. ‚Eingliederungshilfen' gehen nicht davon aus, dass Kinder mit (drohender) Behinderung ausnahmslos mit ihren Eltern in einem gemeinsamen Haushalt wohnen wollen (vgl. u. a. Wahrendorf 2012c, Rn. 34; Wehrhahn 2011, Rn. 62). Zwar liegt dieser Bedarf grundsätzlich auch bei Kindern mit (drohender) Behinderung vor. Allerdings kann dieser zugunsten des Bedarfs an intensiver Unterstützung bei den Verrichtungen der Dinge des täglichen Lebens in den Hintergrund rücken. Benötigen die Kinder je nach Grad der (drohenden) Behinderung über einen Teile des Tages oder über den gesamten Tag Hilfen, die ihre Eltern nicht leisten können, haben die Kinder den Bedarf, dass diese Unterstützung von (qualifizierten) Dritten übernommen wird (vgl. Wehrhahn 2011, Rn. 63). Das kann bei sog. ‚Pflegeeltern' oder in Einrichtungen, die eigens für die Pflege und Unterstützung dieser Kinder eingerichtet sind, erfolgen. Dementsprechend bewerten die Gesetzgeber*innen den Bedarf an dauerhafter Hilfe und Unterstützung höher als den Bedarf am zusammenwohnen mit den Eltern und heben die Abhängigkeit dieser Kindern von anderen Personen hervor.

Ausstattung der Wohnung

Weiterhin sprechen die Gesetzgeber*innen den Kindern mit (drohender) Behinderung je nach Art und Schwere der Behinderung einen Bedarf an spezifischen räumlichen Gegebenheiten zu. Das heißt, bspw. Kinder mit körperlichen Behinderungen, die auf einen Rollstuhl angewiesen sind, haben nach Ansicht der Gesetzgeber*innen den Bedarf, dass die Wohnung, in der sie sich überwiegend aufhalten, diesen Einschränkungen gerecht wird und keine Barrieren vorhanden sind. Folglich sprechen die Gesetzgeber*innen Kindern mit (drohender) Behinderung zum Teil wohnraumbezogene Bedarfe zu, die über die Bedarfe der Kinder ohne Behinderungen hinausgehen. Das zeigen insbesondere die Regelungen zur

„Beschaffung, Ausstattung und Erhaltung einer Wohnung (§ 55 Abs. 2 Nr. 5 SGB IX)
Hiermit sind Leistungen gemeint, die den besonderen Bedürfnissen des behinderten Menschen Rechnung tragen sollen. Es können gewährt werden: die Anbringung einer Rampe, um die Wohnung zu erreichen; die Installation bestimmter behindertengerechter Badezimmereinrichtungen; der Bau einer Aufzugsanlage für einen Querschnittsgelähmten zum Erreichen seiner Wohnung.“ (Wahrendorf 2012c, Rn. 30)

Zusammenfassend weisen Kinder mit spezifischen körperlichen Beeinträchtigungen nach Ansicht der Gesetzgeber*innen den Bedarf an einer Wohnung auf, deren Ausstattung der (drohenden) Behinderung gerecht wird und Erleichterungen im Alltag gewährt.

Wohnumfeld

Bezüglich des Wohnumfeldes der Kinder mit (drohender) Behinderung gehen die Gesetzgeber*innen davon aus, dass nicht flächendeckend Schulen vorhanden sind, die die Bedarfe aller Kinder mit (drohender) Behinderung decken können. Das zeigt sich an der Übernahme der Kosten für ein Internat, das sich nicht im erreichbaren Wohnumfeld der Kinder befindet, jedoch als die Schule angesehen wird, innerhalb derer dem schulbezogenen Bedarfe der Kinder entsprochen wird (vgl. dazu auch Wahrendorf 2012c, Rn. 34).

Darüber hinaus sind nach Ansicht der Gesetzgeber*innen auch für Kinder mit (drohender) Behinderung ausreichend Freizeitangebote im Wohnumfeld vorhanden, sodass die Kinder bspw. nicht auf den Fahrdienst durch ihre Eltern angewiesen sind, um an entsprechenden Angeboten teilnehmen zu können (vgl. Wahrendorf 2012c, Rn. 26).

Überblick über die Ergebnisse der Analyse

Tab. 31: Ergebnisse der Analyse der Unterkategorie: *Wohnen/Wohnumfeld*

Ergebnisse der Analyse	Kinder- und Kindheitsbilder
Kinder leben zusammen mit ihren Eltern in einer gemeinsamen Wohnung, die gleichzeitig der Ort ist, an dem sich die Kinder täglich über mehrere Stunden aufhalten.	Kinder als Teil eines Haushalts
Leistungsberechtigte Kinder haben nach Ansicht der Gesetzgeber*innen keinen Bedarf an einer spezifischen Ausstattung um Bildungs- und Teilhabebedarfe zu befriedigen wie einem Schreibtisch oder einem eigenen Zimmer.	Institutionenkindheit

Ergebnisse der Analyse	Kinder- und Kindheitsbilder
Grundsätzlich kann der Bedarf von Kindern, Schulen und institutionelle Freizeitangebote im unmittelbaren Wohnumfeld zu nutzen, befriedigt werden. Sollten die konkreten Angebote nicht fußläufig oder mit dem Fahrrad erreichbar sein, werden finanzielle Mittel für die Nutzung öffentlicher Verkehrsmittel bereitgestellt.	Institutionenkindheit
Kinder mit (drohender) Behinderung können aufgrund der Schwere ihrer Behinderung einen erhöhten Bedarf an Unterstützung durch Dritte haben, aufgrund dessen ihr Bedarf am Zusammenleben mit ihren Eltern in einem Haushalt zurückgedrängt wird und sie dann den Bedarf vorweisen, mit Personen in einem Haushalt zusammenzuleben, die ihren Unterstützungsbedarf sichern können.	Kinder als Teil eines Haushalts
Kinder mit (drohender) Behinderung können einen Bedarf hinsichtlich der Ausstattung der Wohnung, in der sie leben, haben, um sich ohne Hindernisse bewegen zu können.	Die ‚atypischen' Kinder
Das Wohnumfeld kann nicht immer den Bedarf von Kindern mit (drohender) Behinderung an einer ihren Fähigkeiten und Kompetenzen entsprechenden Schule aufweisen, sodass die Kinder möglicherweise in ein Internat umziehen müssen.	Schulkindheit

Quelle: eigene Darstellung

3.2.2.2 Kleidung

Kleidung ist für die Gesetzgeber*innen im Zusammenhang mit der Ermöglichung der Teilnahme an institutionell organisierter Freizeitgestaltung und schulischen Gemeinschaftsveranstaltungen relevant, insofern bei den dort ausgeführten Aktivitäten spezielle Kleidungsstücke insbesondere zum gesundheitlichen Schutz benötigt werden.

Im Rahmen der institutionell organisierten Freizeitgestaltung – speziell bei Vereinsaktivitäten – gehen die Gesetzgeber*innen davon aus, dass Kinder Sportbekleidung benötigen. Handelt es sich dabei um alltägliche bzw. gewöhnliche Sportarten, nehmen sie an, dass die Kinder über eine derartige Ausstattung verfügen, die die Familien über den Regelbedarf finanzieren. So sind nach Angabe der Gesetzgeber*innen

> „[…] beispielsweise […][die] Verbrauchsausgaben für den Kauf von Fußballschuhen, die im Rahmen der Abteilung 9 bei den regelbedarfsrelevanten Verbrauchsausgaben nach § 6 RBEG unter dem Oberbegriff ‚Sportartikel' erfasst und in Höhe der darauf entfallenden durchschnittlichen monatlichen Verbrauchsausgaben in die Ermittlung des Regelbedarfs eingeflossen […]. Soweit für Bedarfe bereits in der

Regelbedarfsermittlung Verbrauchsausgaben als regelbedarfsrelevant berücksichtigt worden sind, können nicht nach § 28 Absatz 7 SGB II zusätzliche Leistungen gewährt werden." (Deutscher Bundestag 2013b, S. 7 f.)

Am Ende des Zitats weisen die Gesetzgeber*innen mit den Worten „soweit [...] bereits [...] Verbrauchsausgaben [...] berücksichtigt worden sind" indirekt darauf hin, dass nicht für alle Sportarten finanzielle Unterstützungen durch den Regelsatz erbracht werden. Würden sie dies annehmen, wären die Einschränkungen auf die bereits berücksichtigten Ausgaben nicht notwendig. Wollen die Kinder eine Sportart ausführen, die nur sehr selten betrieben wird, die zusätzlich teurere (Schutz-)Kleidung erfordert und deren Ausgaben nicht in der Regelbedarfsermittlung aufgenommen wurden, können sie nicht generell über die notwendigen Kleidungsstücke verfügen.

„[...] das Mitmachen [scheitert] oft daran, dass die nötige Ausrüstung fehlt (zum Beispiel [...] Schutzkleidung für bestimmte Sportarten)." (Deutscher Bundestag 2013b, S. 7 f.)

Auf der Grundlage dieser Ausführungen zeigt sich, dass die Gesetzgeber*innen davon ausgehen, dass die Kinder über (Schutz-)Kleidungsstücke für sportliche Aktivitäten verfügen, da diese im Regelbedarf berücksichtigt werden. Allerdings tritt ein Bedarf an weiteren Kleidungsstücken auf, wenn die Kinder eine Sportart ausführen wollen, die vor allem teure und eher untypische (Schutz-)Kleidung erfordert. Um diese Kleidung kaufen zu können, ermöglichen die Gesetzgeber*innen den Kindern, das Budget für die sog. ‚Teilhabe am sozialen und kulturellen Leben in der Gemeinschaft' nicht nur für die Teilnahme an institutionell organisierten Freizeitangeboten einzusetzen, sondern auch für die dafür notwendige (Schutz-)Kleidung (vgl. § 28 Abs. 7 S. 2 SGB II und § 3 Abs. 3 AsylbLG i. V. m. § 34 Abs. 7 S. 2 SGB XII). Das bereitgestellte Budget wird durch zusätzliche Bedarfe an (Schutz-)Kleidung nicht erhöht, sodass der Bedarf an (Schutz-)Kleidung nach Ansicht der Gesetzgeber*innen bedarfsreduzierend hinsichtlich des Umfangs an Teilnahme an den Freizeitangeboten wirkt. Folglich wird der Bedarf an Schutz vor Gefahren nach Ansicht der Gesetzgeber*innen vor dem Bedarf an Teilnahme gedeckt.

Darüber hinaus besteht ein zusätzlicher Bedarf an (Schutz-)Kleidung, sobald Klassenfahrten unternommen werden, deren Hauptaktivität eine solche erfordert. Die Gesetzgeber*innen denken in diesem Zusammenhang wiederum an Aktivitäten, die sie den Leistungsberechtigten in ihrer Freizeit nicht zusprechen, sodass sie unterstellen, dass die leistungsberechtigten Kinder nicht über spezifische (Schutz-)Kleidung für Wanderungen (d. h. Wanderschuhe) und Skiausflüge (d. h. Schutzbrille, Helm und Thermounterwäsche) verfügen (vgl.

Leopold 2012a, Rn. 68). Bei den Aufzählungen zeigt sich jedoch, dass sie davon ausgehen, dass Kinder Alltagskleidung für kalte Tage besitzen, die sie beim Skifahren nutzen können (z. B. Skihose und -jacke).

Unterschiede zu den Leistungsberechtigten mit (drohender) Behinderung

Im Bereich Kleidung werden Kindern mit (drohender) Behinderung keine gesonderten Bedarfe unterstellt (vgl. Wahrendorf 2012c, Rn. 14a), sodass die Ergebnisse für alle leistungsberechtigten Kinder in gleicher Weise gelten.

Überblick über die Ergebnisse der Analyse

Tab. 32: Ergebnisse der Analyse der Unterkategorie: *Kleidung*

Ergebnisse der Analyse	Kinder- und Kindheitsbilder
Kinder verfügen über eine Grundausstattung an Kleidung, die über die Regelleistungen eingekauft werden.	Kinder als abhängige Menschen
Für die Teilnahme an Gemeinschaftsaktivitäten mit Gleichaltrigen ohne Leistungsbezug benötigen die Kinder teilweise zusätzliche (Schutz-)Kleidung. Müssen diese noch angeschafft werden, können die Kinder teilweise seltener an diesen Aktivitäten teilnehmen.	‚Dabeisein ist alles'

Quelle: eigene Darstellung

3.2.2.3 Ernährung

Die *Ernährung* spielt im Rahmen der Leistungen für Bildung und Teilhabe hauptsächlich in Bezug auf die Mittagsverpflegung eine Rolle sowie in geringem Maß hinsichtlich der Verpflegung im Rahmen von ein- und mehrtägigen Ausflügen. Grundvoraussetzung ist für beide Leistungen, dass die Verpflegung immer von allen Kindern genutzt wird, die die gleiche Bildungseinrichtung besuchen und mit denen die Kinder den organisierten Tag verbringen.

Bedarfe hinsichtlich der Nutzung institutionell organisierter Mittagsverpflegung

Sofern die leistungsberechtigten Kinder nicht in einer Bildungseinrichtung verpflegt werden, verursacht ihr Mittagessen nach Ansicht der Gesetzgeber*innen Aufwendungen in Höhe von täglich einem Euro für die verarbeiteten Nahrungsmittel[35] (vgl. § 9 RBEG), da dieser Betrag aus dem Regelsatz zugezahlt werden muss. Nach Ansicht der Gesetzgeber*innen handelt es sich dabei um die Einsparungen, die durch die außerhäusliche Verpflegung auftreten. Die Gesetzgeber*innen unterstellen allen Altersgruppen und unabhängig von ihrem Geschlecht einen in etwa gleich hohen Bedarf an Lebensmittelkosten, egal ob es sich um ein zweijähriges Mädchen oder einen 14-jährigen Jungen handelt. Diese Annahmen werden dadurch ersichtlich, dass die Gesetzgeber*innen von häuslichen Einsparungen von einem Euro pro Mahlzeit sprechen, wenn die Kinder die organisierten Verpflegungsangebote der Bildungseinrichtungen nutzen. Die weiteren Kosten, die in den Einrichtungen insbesondere für die Zubereitung und die Essensausgabe durch Dritte entstehen, werden durch die Unterstützungsleistungen für die Mittagsverpflegung übernommen.

> „§ 28 Abs 6 [sic!] deckt nur die ‚Mehraufwendungen' gegenüber den häuslichen Aufwendungen für das Mittagessen. Mehraufwand ist der Betrag, um den der Preis für das tägliche Mittagessen über dem sich aus dem Regelbedarf rechnerisch ergebenden Ernährungsanteil für das Mittagessen liegt […]. Gem § 5a Nr 3 Alg II-V [sic!] wird deshalb ein Eigenanteil von einem Euro berücksichtigt; dies gilt für Schülerinnen und Schüler ebenso wie für Kinder, die eine Kindertagesstätte besuchen." (Luik 2013b, Rn. 53)

Die zusätzlichen Kosten werden sowohl übernommen, wenn die Kinder eine Schule besuchen als auch wenn sie eine Kindertageseinrichtung oder eine Tagespflegeperson in Anspruch nehmen. Für das letztgenannte Angebot erscheint dies auf den ersten Blick widersprüchlich, da angenommen werden könnte, dass sich die Aufwendungen der Mittagsverpflegung in der Kindertagespflege in etwa gleicher Höhe belaufen sollten wie im elterlichen Haushalt. Bereiten Tagespflegepersonen Mittagsmahlzeiten für max. fünf Kinder zu, entstehen keine zusätzlichen Kosten für Personal und die Energiekosten könnten Einsparungen mit sich bringen, da diese mit zunehmender Kinderzahl nicht geradlinig linear ansteigen (vgl. Hauser 2008, S. 101). Unter Berücksichtigung dieser Argumente wären keine zusätzlichen Mittel notwendig, da der Betrag des Regelsatzes für die finanziellen Aufwendungen der Mittagsverpflegung in der Kindertagespflege ausreichen würde. Die Gesetzgeber*innen werden jedoch durch die Einbeziehung der Kinder in Tagespflege in die Gruppe der Leistungsberechtigten erstens ihrer eigenen Logik gerecht, dass in den Leistungen für Nah-

35 Die weiteren Kosten für die Zubereitung einer warmen Mahlzeit sind in anderen Abteilungen der Regelbedarfe enthalten und werden nicht in die allgemeinen Kosten für Nahrung und Getränke eingerechnet (vgl. Luik 2013a, Rn. 53).

rung und Getränke ausschließlich die Kosten für die reinen Lebensmittel enthalten sind und nicht auch die Zubereitung, für die Energie und (Koch-)Geschirr benötigt wird. Zweitens werden sie dem Umstand gerecht, dass Tagespflegepersonen bspw. auch Catering-Unternehmen beauftragen könnten, woraus sich höhere Kosten ergeben.

Schließlich bleibt offen, inwiefern die Gesetzgeber*innen auch höhere Lebensmittelkosten in der Kindertagespflege unterstellen. Der Hintergrund dieser Annahme besteht in der Vermutung, dass die Gesetzgeber*innen auf der Grundlage der Auswertungen der EVS (vgl. Statistisches Bundesamt 2011b) davon ausgehen, dass Eltern im mittleren und höheren Einkommensbereich mehr finanzielle Mittel für Lebensmittel einsetzen und folglich in der Kindertagespflege gefordert werden könnte, dass gesunde kostenintensivere Nahrung, die i. d. R. kostenintensiver ist, zubereitet wird. Die Gesetzgeber*innen gestehen den Eltern im Existenzsicherungsbezug jedoch auf der Grundlage der geforderten Sparsamkeit nur die Verwendung kostengünstiger Nahrung zu, die kaum eine gesunde und ausgewogene Ernährung zulässt (vgl. Kersting/Clausen 2007). Zur Sicherung der Teilnahme und zur Vermeidung von Ausgrenzung sind demnach die zusätzlichen Aufwendungen für die Kinder im Grundsicherungsbezug zu übernehmen, die ein Kindertagespflegeangebot nutzen.

Auf der Grundlage dieser Argumentation wird deutlich, dass den Empfänger*innen existenzsichernder Leistungen hinsichtlich der Verpflegungskosten lediglich ein unterstes Maß zugesprochen wird, von dem sie ihre Kinder verpflegen sollen. An anderer Stelle werden diese Eltern jedoch – mindestens indirekt – unzureichende Kompetenzen unterstellt, weil sie ihre Kinder mutmaßlich überdurchschnittlich oft ungesund ernähren (vgl. u. a. Schönberger/Hartmann 2008, S. 5 f.; Adamy o.J., S. 9). Folglich stehen diese Familien vor einem Dilemma. Ihnen werden einerseits nur geringe Mittel für die Verpflegung ihrer Kinder zugesprochen, andererseits wird implizit gefordert, dass sie ihre Kinder damit ausgewogen und gesund ernähren sollen.

Damit stellt sich auch die Frage, was den Existenzsicherungsempfänger*innen einerseits gewährt wird und welche Forderungen andererseits an sie gestellt werden sowie in welchem Verhältnis dies zueinander steht. Das heißt, besteht überhaupt die Möglichkeit, dass die Leistungsempfänger*innen dem aufgestellten (Wunsch-)Bild mit den zugesicherten Mitteln gerecht werden können? Diese Fragen werden unter Berücksichtigung der weiteren Erkenntnisse der Analyse im Fazit (Kapitel 6) detailliert behandelt.

Die Funktion institutioneller Mittagsverpflegung

Mit der Übernahme der Kosten für die Mittagsverpflegung in Schule und Kindertagesbetreuungsangeboten fokussieren die Gesetzgeber*innen nicht in erster Linie auf eine ausgewogene und gesunde Ernährung der Kinder. Vielmehr verfolgen die Gesetzgeber*innen vordergründig das Ziel, den Bedarf an Teilnahme an dieser Gemeinschaftsaktivität zu befriedigen.

> „Die Teilnahme an einer Gemeinschaftsverpflegung wird nach der Gesetzesbegründung als wichtiges Element der sozialen Teilhabe angesehen, um Ausgrenzungsprozesse und eventuelle negative Auswirkungen auf den schulischen Erfolg zu verhindern (BT-Drucks 17/3404, 106). Dabei hat der Gesetzgeber vor allem im Blick, dass das Schulmittagessen nicht nur dem Zweck der Nahrungsaufnahme dient, sondern auch eine sozialintegrative Funktion besitzt [...].“ (Luik 2013b, Rn. 50)

An diesem Zitat wird deutlich, dass die Gesetzgeber*innen den Bedarf an Nahrung dem Bedarf an Teilnahme unterordnen, sodass sie dieser Leistung vor allem die Funktion der Teilnahmesicherung zusprechen. Das zeigt sich außerdem daran, dass nur die zusätzlichen Aufwendungen der Mittagsverpflegung in Schulen und Kindertagesbetreuung übernommen werden, wenn dieses Angebot in der Gemeinschaft der Klasse oder der Gruppe erfolgt, in der die Kinder ihren Tag verbringen. Zudem werden die Aufwendungen in voller Höhe übernommen, wobei die Gesetzgeber*innen keine Höchstgrenze festsetzen. Ein Eigenanteil von einem Euro ist aus dem Regelsatz zu begleichen. Somit kann auch den Kindern die Mittagsverpflegung gewährt werden, die Einrichtungen besuchen, bei denen eine teurere Verpflegung angeboten wird. Die leistungsberechtigten Kinder sollen nicht ausgeschlossen werden, weil ihre Familien die finanziellen Mittel dafür nicht bereitstellen können (vgl. Lenze 2011b, Rn. 30).

Darüber hinaus vernachlässigen sie jedoch den Umstand, dass die leistungsberechtigten Kinder aus anderen Gründen nicht an einer Mittagsverpflegung teilnehmen wollen und somit die sozialintegrative Funktion der Mittagsverpflegung durch weitere Faktoren verhindert werden kann. Die Gesetzgeber*innen vernachlässigen in den Leistungen für Bildung und Teilhabe den Umstand, dass Kinder Nahrungsmittel nicht vertragen (z. B. aufgrund von Allergien oder Unverträglichkeiten) oder dass sie aus religiösen Gründen spezifische Lebensmittel nicht essen.

> „Unter Berufung auf den Gesetzeszweck, die Ausgrenzung bedürftiger Schüler zu vermeiden, hat das Bayerische Landessozialgericht [...] Geldleistungen zur Selbstbeschaffung einer Mittagsverpflegung bei einem schulexternen Service, weil die In-

anspruchnahme der schulischen Mittagsverpflegung aus religiösen oder medizinischen Gründen nicht in Betracht komme, abgelehnt." (Leopold 2012a, Rn. 123.1)

Folglich vernachlässigen die Gesetzgeber*innen, dass Kinder, die diese Leistungen aus den beschriebenen Gründen nicht in Anspruch nehmen können, auch von Ausgrenzungen bedroht sind, da sie nicht am Mittagessen teilnehmen werden. Ein offener Umgang mit den gesundheitlichen und religiösen Einflüssen in Bezug auf die Nahrungsaufnahme in Kindertagesbetreuungsangeboten und Schulen könnte aber zu einer tatsächlichen Teilhabe führen, die nicht auf Homogenisierung der Gruppe begründet ist, sondern die Kinder in ihren spezifischen Lebenssituationen wahrnimmt. Das kann gleichzeitig zur Förderung der Anerkennung von unterschiedlichen Lebenssituationen und -entwürfen sowie zur Verhinderung von Vorurteilen und Stigmatisierungen beitragen (vgl. Rose/Sturzenhecker 2009, S. 13).

Die Gesetzgeber*innen verleihen zwar mit dieser Leistung dem Bedarf an Teilnahme einen deutlich höheren Stellenwert als dem Bedarf an Nahrung, allerdings folgen sie diesem Grundsatz nur in den Fällen in denen eine unterstellte Normalität vorhanden ist. Abweichungen von dem zugeschriebenen Verständnis, dass alle Kinder die Nahrung aufnehmen, die sie erhalten, bleiben für sie äußerste Ausnahme, sodass diese sowohl im SGB II als auch im SGB XII maximal über einen gesonderten Mehrbedarf beantragt werden können (vgl. Leopold 2012a, Rn. 123.1; Luik 2013d, Rn. 67.1). Im AsylbLG wird diese Möglichkeit nicht benannt.

Aufgrund der gesetzlichen Regelungen muss die Mittagsverpflegung in der Verantwortung der jeweiligen Institution (d. h. Schule, Kindertageseinrichtung oder Tagespflegeperson) liegen, damit den leistungsberechtigten Kindern die zusätzlichen Ressourcen für die höheren Kosten bereitgestellt werden. Für Angebote in oder in der Nähe der Einrichtung, für die diese nicht selbst verantwortlich sind, erhalten die Kinder keine zusätzlichen finanziellen Mittel (vgl. Leopold 2012a, Rn. 122). Nutzen ihre Klassenkamerad*innen bspw. die außerinstitutionellen Möglichkeiten wie den Kiosk im Schulhof oder den Bäcker in der Nähe, können diese Kinder in gleicher Weise Ausgrenzungen erfahren. Dabei handelt es sich nach Ansicht der Gesetzgeber*innen nicht um eine förderungsfähige Mittagsverpflegung. Folglich entscheiden die Angebote der besuchten Institution darüber, ob den Kindern die Möglichkeit geboten wird, eine regelmäßige (warme) Mahlzeit zu sich zu nehmen. Die Gesetzgeber*innen rekurrieren bei der Teilnahme an der Mittagsverpflegung demnach nicht an einem Bedarf an Aufnahme von gesunder, ausgewogener und ausreichender Nahrung. Vielmehr handelt es sich bei der Teilnahme an der Mittagsverpflegung ihren Ansichten nach um die Deckung des Teilhabebedarfs. Je nachdem ob die Einrichtungen dieses Angebot bereithalten, liegt eine Bedarfslage vor oder nicht.

Weiterhin beeinflusst der deutlich höhere Stellenwert, den die Gesetzgeber*innen dem Bedarf an Teilnahme an dem Gemeinschaftsangebot gegenüber dem Bedarf an Nahrung zusprechen, die Bedeutung, die sie der Qualität der Nahrung beimessen. Den positiven Einfluss einer gesunden und ausgewogenen Ernährung auf die Konzentration, die Entwicklung und das menschliche Leben sowie die negativen Auswirkungen auf die schulischen Leistungen, falls nur unzureichend und ungesunde Nahrung aufgenommen wird (vgl. Hempel 2006, S. 55), bleiben unbeachtet. Stattdessen schreiben die Gesetzgeber*innen der sichergestellten Teilnahme bei den gemeinsamen Mittagessen genau diese Funktion – der Verhinderung von Misserfolgen in der Schule und der Entwicklung der Kinder – zu.

> „[...] die Teilnahme an der in Schulen, Kindertageseinrichtungen und bei Kindertagespflege angebotenen Mittagsverpflegung [...] ist als wichtiges Element der sozialen Teilhabe anzusehen, denn ihr kommt eine erhebliche sozialintegrative Funktion zu und sie kann deswegen Misserfolgen in der Schule und bei der Entwicklung von Kindern und Jugendlichen entgegenwirken." (Leopold 2012a, Rn. 116)

Die Gesetzgeber*innen unterstellen folglich der von ihnen als ‚soziale Teilhabe' bezeichneten Teilnahme einen direkten Zusammenhang mit den schulischen Leistungen und der Entwicklung. Schulische Erfolge gelingen ihren Ansichten nach, wenn Kinder in den Klassenverband integriert sind. Eine Nichtteilnahme an den gemeinsamen Mittagessen allein aufgrund finanzieller Hürden würde zu einer Ausgrenzung der Kinder führen und mutmaßlich zum sichtbar werden der familiären, finanziellen Situation der Kinder, weswegen sie stigmatisiert, diskriminiert und ausgegrenzt würden (vgl. Leopold 2012b, Rn. 43).

Quantität der institutionellen Mittagsverpflegung

Die Gesetzgeber*innen gehen davon aus, dass die Sicherung des Bedarfs an Teilnahme nur sichergestellt ist, wenn die Leistungsberechtigten die Angebote der Mittagsverpflegung an allen Tagen in Anspruch nehmen können, an denen sie die Bildungseinrichtung besuchen (vgl. Deutscher Bundestag 2010b, S. 106). Für Schulkinder bedeutet das, dass alle in dem Bundesland festgeschriebenen Schultage für die Berechnung der tatsächlichen Leistungshöhe zugrunde gelegt werden, da davon auszugehen ist, dass die Kinder die Schule an allen dafür vorgesehenen Tagen besuchen (vgl. Luik 2013b, Rn. 54 f.). Bei Kindern in Kindertagesbetreuung werden demgegenüber nur die Tage in die Berechnung einbezogen, an denen sie tatsächlich vor Ort sind und an dem Angebot der Mittagsverpflegung teilnehmen. Diese unterschiedliche Behandlung rechtfertigen die Gesetzgeber*innen damit, dass Kinder in der Kindertagesbetreuung

> „teilweise nicht die ganze Woche in der Kita" (Luik 2013b, Rn. 55)

oder bei der Tagespflegeperson sind.

Offen bleibt jedoch, wie in der Praxis mit dem Umstand umgegangen wird, dass Kindertageseinrichtungen existieren, die bspw. im Sommer mehrere Wochen geschlossen sind, sie jedoch ihre Kosten für die Mittagsverpflegung pauschal über das gesamte Jahr verteilen. Werden in diesen Fällen alle zusätzlichen Kosten von den Leistungsträgern übernommen, oder berücksichtigen diese ausschließlich die Monate, Wochen bzw. Tage, in denen die Kinder die Einrichtung tatsächlich besucht haben? Im letztgenannten Fall kommt es folglich zu einer doppelten Unterdeckung der Bedarfe der Kinder, da die Familien die Kosten der Mittagsverpflegung in den Wochen, in denen die Kinder die Kindertagesbetreuungsangebote nicht besuchen können, selbst tragen müssen und für ihre Kinder selbst das Mittagessen zubereiten. Die Zahlung der Mittagsverpflegungskosten, die sonst über die Leistungen für Bildung und Teilhabe übernommen werden, sowie die zusätzlichen Kosten für die Bereitstellung einer Mahlzeit führen zu finanziellen Fehlbeträgen, die durch Einsparungen in anderen Bereichen ausgeglichen werden müssen.

Verpflegung bei ein- und mehrtägigen Ausflügen

Neben der Übernahme der Mittagsverpflegungskosten beim Besuch einer Bildungsinstitution gehen die Gesetzgeber*innen weiterhin davon aus, dass im Rahmen ein- und mehrtägiger Ausflüge Ausgaben für die gemeinsame Verpflegung entstehen (vgl. Lenze 2011b, Rn. 10). Diese Kosten sind ihren Ansichten nach in gleicher Weise zu behandeln wie die weiteren Kosten, die im Rahmen einer solchen Fahrt auftreten. Das heißt, gehören die Aufwendungen für die Verpflegung unmittelbar zu den für die Fahrt angesetzten Kosten, sind sie nicht different zu berücksichtigen. Ist die Verpflegung also unmittelbar in den Tagesablauf integriert, werden sie nicht als zusätzlicher Kostenfaktor gewertet (vgl. Luik 2013d, Rn. 35). Werden die Aufwendungen für die Verpflegung aber nicht durch die Schule oder das Kindertagesbetreuungsangebot selbst veranlasst, müssen sie durch die Kinder bzw. ihre Familien selbst getragen werden (vgl. Lenze 2011b, Rn. 10). Diese Vorgehensweise liegt darin begründet, dass die Gesetzgeber*innen bei diesen Kosten den Bedarf der Kinder an Teilnahme an Gemeinschaftsaktivitäten höher bewerten als den Bedarf an Nahrung. Wird das Angebot für alle Kinder vorgehalten, sollen die Leistungsberechtigten vor Ausgrenzung geschützt werden. Gehört die Verpflegung hingegen nicht zum Angebot, sehen die Gesetzgeber*innen keinen Bedarf an der Übernahme zusätzlicher Kosten für die Verpflegung, die den Bedarf an Nahrung sichert.

Da die Gesetzgeber*innen jedoch unterstellen, dass die Verpflegung in den Gesamtausgaben enthalten ist und – wie später noch ausführlich dargestellt wird – die häuslichen Einsparungen den Kindern als Taschengeld zur Verfügung gestellt werden sollen (Lenze 2011b, Rn. 8), kann dies zu erhöhten Herausforderungen der Familien führen. Wenn keine Verpflegungskosten in den Aufwendungen für den Ausflug berücksichtigt sind und erhöhte Ausgaben für die außerhäusliche Verpflegung durch die Familien selbst beglichen werden, stehen den Kindern keine frei verfügbaren Mittel in Form von Taschengeld zur Verfügung. Vielmehr werden die Familien möglicherweise sogar mit erhöhten Ausgaben wegen zusätzlicher Verpflegungskosten belastet, wenn sie ihren Kindern finanzielle Mittel bereitstellen, um sich auf der Fahrt die Verpflegung selbst zu kaufen und neben den Lebensmittelkosten die weiteren Kosten der Zubereitung aufbringen müssen.

Unterschiede zu den Leistungsberechtigten mit (drohender) Behinderung

Während die Existenzsicherungsgesetzgeber*innen Kindern mit gesundheitlichen Einschränkungen bspw. in Form einer Lebensmittelunverträglichkeit keine veränderten Bedarfe über die Leistungen für Bildung und Teilhabe zusprechen, werden Kindern mit (drohender) Behinderung derartige Bedarfe unter spezifischen Voraussetzungen gewährt.

> „Werden die Kosten für Schulessen als Ermessensleistung nach § 53 Abs. 1 Satz 2 SGB XII in Form der Hilfen zu einer angemessenen Schulbildung erbracht, so ist es gerechtfertigt, den im Sozialgeld nach § 28 SGB II hierfür vorgesehenen Anteil bei der Bemessung der Höhe der Leistung abzuziehen, denn das Schulessen dient nicht nur der Eingliederungshilfe, sondern auch der Ernährung […].“ (Wehrhahn 2011, Rn. 50.1)

Aus diesem Zitat wird deutlich, dass die Gesetzgeber*innen der zusätzlichen Leistungen für Kinder mit (drohender) Behinderung den Bedarf an Nahrung dem Bedarf an Teilnahme gleichwertig gegenüberstellen. Ihrem Erachten nach ist die Versorgung mit ausreichender und den Bedarfen der Kinder entsprechender Nahrung ebenso wichtig wie die Teilnahme an der Gemeinschaftsaktion. Für die Praxis bedeutet das, dass den Kindern mit (drohender) Behinderung Kosten erstattet werden, die über die Kosten der in der Schule gereichten Mittagsverpflegung hinausgehen, weil die Kinder einen veränderten Bedarf an Mittagsverpflegung aufgrund ihrer (drohenden) Behinderung haben können.

Die Gesetzgeber*innen erkennen damit erstens einen erhöhten Bedarf wegen körperlicher Funktionseinschränkungen an. Zweitens gehen sie an dieser Stelle davon aus, dass diesem veränderten Bedarf in der Schule Rechnung getragen wird und die Kinder eine ihren Bedarfen entsprechende Verpflegung gewährt wird, die aber zu höheren Kosten führen kann. Hier liegt eine erste bedeutsame Differenz zwischen den Leistungen für Bildung und Teilhabe und denen der Eingliederungshilfen vor, weil die erstgenannten Gesetzgeber*innen von einem einheitlichen Mittagsverpflegungsangebot für alle Kinder ausgehen und den Bedarf an Teilnahme an den Gemeinschaftsaktionen höher bewerten als den Bedarf an gesunder und ausgewogener Nahrung. Bedürfen die Kinder bspw. aus gesundheitlichen Gründen eine andere Verpflegung als in der Einrichtung angeboten wird, ist sie durch die Eltern selbst zu organisieren. Die damit verbundenen Kosten werden nicht über die Leistungen für Bildung und Teilhabe übernommen und auch nicht die Kosten für das Mittagessen in der Einrichtung, sodass dann nur noch die darüber hinausgehenden Beträge selbst zu finanzieren wären (wie dies bei der Schülerbeförderung möglich ist). Es besteht nach Ansicht der Gesetzgeber*innen nur die Möglichkeit, dass Leistungsberechtigte des SGB II und des SGB XII – nicht jedoch Asylbewerberleistungsberechtigte –, die Kosten über die Mehrbedarfe nach § 21 Abs. 5 SGB II (vgl. Leopold 2012a, Rn. 123.1) bzw. nach § 27a Abs. 4 S. 1 SGB XII oder § 30 Abs. 5 SGB XII geltend machen (vgl. Luik 2013d, Rn. 67.1). Demnach können über das SGB II und das SGB XII derartige Bedarfe beantragt werden, diese werden nur nicht zu den Bereichen Bildung oder Teilhabe gezählt. Demgegenüber werden den Asylbewerberleistungsberechtigten keine derartigen Bedarfe zugesprochen.

Drittens ermöglichen die Gesetzgeber*innen der Eingliederungshilfe eine Übernahme der zusätzlichen Kosten unter Berücksichtigung der Regelungen zu den Leistungen für Bildung und Teilhabe. Da dort jedoch keine teilweise Kostenübernahme möglich ist, stellt sich die Frage, wie in der Praxis mit solchen Fällen umzugehen ist.

Überblick über die Ergebnisse der Analyse

Tab. 33: Ergebnisse der Analyse der Unterkategorie: *Ernährung*

Ergebnisse der Analyse	Kinder- und Kindheitsbilder
Allen Kindern wird ein Bedarf an zu verarbeitenden Lebensmitteln pro Mittagessen in Höhe von einem Euro zugesprochen.	Die Andersartigkeit der Kinder im Leistungsbezug

Ergebnisse der Analyse	Kinder- und Kindheitsbilder
Zur Befriedigung des Bedarfs an Nahrung, um den Hunger zu stillen, reicht es nach Ansicht der Gesetzgeber*innen aus, wenn den Kindern finanzielle Mittel zur Verfügung gestellt werden, die diesen Bedarf befriedigen. Wichtig ist allein das Erreichen der Sättigung. Es muss sich dabei nicht um eine gesunde und ausgewogene Ernährung handeln.	‚Dabeisein ist alles'
Kinder im Existenzsicherungsbezug haben vorrangig einen Bedarf an der Gemeinschaftsaktivität ‚Mittagessen' in Bildungseinrichtungen teilzunehmen. Die Verpflegung und das Stillen des Hungergefühls sind nach Ansicht der Gesetzgeber*innen nachrangig.	‚Dabeisein ist alles'
Können Kinder nicht an der gemeinsamen Mittagsmahlzeit in der Schule, der Kindertagesbetreuung oder bei gemeinsamen Ausflügen teilnehmen, werden sie von ihren Klassenkamerad*innen bzw. den anderen Kindern in der Kindertagesbetreuung ausgegrenzt, was sich nach Ansicht der Gesetzgeber*innen negativ auf die Entwicklung der Kinder und ihre schulischen Erfolge auswirkt.	‚Dabeisein ist alles' Die Ausgeschlossenen
Kindern mit (drohender) Behinderung werden zusätzliche Bedarfe an Nahrung zugesprochen, wenn sie andere Ernährungsbedarfe aufweisen als die Gleichaltrigen in ihrer Schule oder in ihrer Kindertagesbetreuung.	Die ‚atypischen'Kinder

Quelle: eigene Darstellung

3.2.2.4 Monetäre Ressourcen

Zum Verständnis der weiteren Analyse ist an dieser Stelle erneut darauf hinzuweisen, dass unter den monetären Ressourcen von Kindern alle Mittel anzusehen sind, die ihnen durch die Gesetzgeber*innen zugesprochen werden, auch wenn in erster Linie ihre Eltern für deren Verwendung und Verwaltung verantwortlich sind. Zudem bleibt diese Unterkategorie nicht ausschließlich auf die Regelungen zu den Leistungen für Bildung und Teilhabe beschränkt. Vielmehr werden auch die weiteren monetären Ressourcen (insbesondere über die Regelbedarfe) berücksichtigt, die die Gesetzgeber*innen den Leistungsberechtigten zusprechen. Da die Ausführungen für das allgemeine gesetzgeberische Verständnis von Kindern und Kindheit hilfreich sind, weicht dieses Kapitel von der Fokussierung auf die Leistungen für Bildung und Teilhabe ab.

Grundsätzlich gehen die Gesetzgeber*innen davon aus, dass Kinder im Existenzsicherungsbezug mit „beengte[...][n] finanzielle[...][n] Verhältnisse[n]" (Leopold 2012b, Rn. 85) leben. Ausgehend von dieser Annahme treffen die Gesetzgeber*innen in ganz unterschiedlichen Bereichen und auf ganz unterschiedlichen Ebenen Aussagen über die verfügbaren monetären Ressourcen der Kinder. Vor diesem Hintergrund werden in dieser Unterkategorie vier Aspekte analysiert. Dabei handelt es sich erstens darum, auf welcher Grundlage den Kindern allgemein monetäre Ressourcen zugesprochen werden. Zweitens wird dargestellt, über welche Arten monetärer Ressourcen die leistungsberechtigten Kinder verfügen können. Drittens wird untersucht, welche Höhe die verfügbaren finanziellen Ressourcen der Kinder nach Ansicht der Gesetzgeber*innen haben und der vierte Abschnitt, der die Überschrift ‚Arten der Kostenübernahme' trägt, befasst sich mit der Frage, in welchem Umfang die Gesetzgeber*innen Kosten für leistungsberechtigte Kinder übernehmen.

Festsetzung der anzuerkennenden monetären Ressourcen

Die Gesetzgeber*innen legen keine genaue Höhe des Existenzminimums fest und treffen keine Entscheidungen darüber, welche existenzsichernden Güter und Dienstleistungen zu einem menschenwürdigen Leben benötigt werden sowie welche Kosten diese verursachen. Vielmehr lassen sie über die EVS untersuchen, für welche Güter und Dienstleistungen Haushalte im unteren Einkommensbereich ihre finanziellen Mittel einsetzen. Unberücksichtigt bleibt, ob die erworbenen Waren zur Absicherung des soziokulturellen Existenzminimums dienen. Würden die Gesetzgeber*innen der Logik des damit genutzten Statistikmodells in Gänze folgen (vgl. Behrend 2012, Rn. 26), würden sie im Grunde allein durch die Auswahl des Anteils der Referenzhaushalte (z. B. das unterste Einkommensquantil) einen Wert festlegen, der als Existenzminimum definiert würde (vgl. dazu auch Abschnitt 3.2.1.1). Anschließend bliebe nur zu untersuchen, in welcher Höhe und wofür die Menschen im untersten Einkommenssegment ihre Ausgaben tätigen. Die Gesetzgeber*innen folgen nicht dieser strikten Logik, sondern prüfen zusätzlich die einzelnen Ausgabenpositionen und entscheiden normativ darüber, ob die einzelnen Ausgabenpositionen regelleistungsrelevant sind. In diesem Fall, werden pauschalierte Hilfen über die Regelsätze für die jeweilige Ausgabenposition gewährt.

Bewerten die Gesetzgeber*innen hingegen Ausgaben als nicht regelleistungsrelevant (z. B. legale und illegale Drogen, KFZ für nichterwerbstätige Personen), finden die Ausgaben in den weiteren Untersuchungen keine Berücksichtigung mehr, sodass sie letztendlich nicht in die Festlegung des Regelbedarfs aufgenommen werden (vgl. Bundesrat 2004, S. 6). Damit folgen die Gesetzgeber*innen erstens nicht mehr ihrer eigenen Logik der freien Entscheidung über den Umgang mit verfügbaren Mitteln. Zweitens führt dies zu einem erhöhten Risiko, dass das Existenzminimum nicht gedeckt ist. Indem sie normative Setzungen vornehmen, ob bestimmte Güter und Dienstleistungen zum Existenzminimum gehören, vernachlässigen die Gesetzgeber*innen, dass in den Referenzhaushalten der EVS Ausgaben für sog. ‚Luxusgüter' getätigt werden, die jedoch nur dadurch möglich sind, dass in anderen Bereichen Einsparungen vorgenommen wurden und es in diesen Bereichen zur Unterdeckung des Existenzminimums kommt. Das heißt, Personen mit geringen Einkommen reduzieren ihre Ausgaben in einzelnen Bereichen unter den existenznotwendigen Bedarf, um sich Wünsche in anderen Bereichen erfüllen zu können. Streichen die Gesetzgeber*innen die Ausgaben für diese sog. ‚Luxusgegenstände' aus den Regelbedarfsausgaben, werden den Leistungsberechtigten nicht ausreichend Mittel zur Existenzsicherung zur Verfügung gestellt.

Auf der Grundlage der Pauschalisierung der Regelbedarfe und ihrer Bereitstellung in Form von Geldzahlungen zeigt sich, dass die Gesetzgeber*innen den Kindern und ihren Familien zwar einen eigenverantwortlichen und selbstständigen Umgang mit den finanziellen Mitteln einräumen und bspw. nicht auf Sachleistungen oder Gutscheine zurückgreifen, um nur spezifische Güter und Dienstleistungen zu finanzieren. Eine individuell bedarfsgeleitete Nutzung der finanziellen Mittel scheint jedoch nur im Rahmen der existenznotwendigen Güter und Dienstleistungen möglich zu sein, wobei eine Unterschreitung in einem Bereich zur Einsparung für einen höheren Mitteleinsatz in einem anderen Bereich kaum oder gar nicht realisierbar erscheint. Folglich ermöglichen die Gesetzgeber*innen den Leistungsberechtigten keine derart hohen Freiheiten bei der tatsächlichen Verwendung ihrer monetären Ressourcen, wie dies immer wieder betont wird (vgl. u. a. § 20 Abs. 1 SGB II; § 27a Abs. 3 SGB XII; Bundesrat 2010, S. 88).

Im AsylbLG sprechen die Gesetzgeber*innen den Leistungsberechtigten zu Beginn ihres Aufenthaltes in Deutschland den verantwortungsvollen Umgang mit den monetären Ressourcen noch weniger zu als den weiteren Leistungsberechtigten. Das wird dadurch deutlich, dass die Gesetzgeber*innen die Bedarf auch nach der Revision des Gesetzes im Jahre 2015 teilweise über Wertgutscheine und Sachleistungen sicherstellen und nur ein eingeschränkter Teil der Regelbedarfe in Form von Geldleistungen erbracht wird (vgl. § 3 Abs. 1 AsylbLG). Nachdem die Leistungsberechtigten nicht mehr in den sog. ‚Aufnahmeeinrichtungen' untergebracht sind, erhalten sie vorrangig Geldleistungen zur Sicherung ihrer Regelbedarfe (vgl. § 3 Abs. 2 AsylbLG). Die Höhe der gewährten Leistungen liegt bei beiden Varianten unter dem Niveau der Leistungen nach dem SGB II und dem SGB XII. Daraus ergibt sich, dass ein interner Ausgleich zur Befriedigung spezifischer Bedarfe wohl kaum möglich ist, da den Leistungsberechtigten eine geringere Summe an monetären Ressourcen zur Verfügung gestellt wird als den Empfänger*innen von Leistungen nach dem SGB II und SGB XII. Folglich differenzieren die Gesetzgeber*innen an dieser Stelle zwischen den Existenzsicherungsbezieher*innen, wobei den Empfänger*innen nach AsylbLG ein noch weniger verantwortungsvoller Umgang mit den finanziellen Ressourcen zugesprochen wird als den Leistungsberechtigten nach SGB II und SGB XII.

Arten monetärer Ressourcen

Im Rahmen der Leistungen für Bildung und Teilhabe stellen die Gesetzgeber*innen den Kindern zwei verschiedene Arten monetärer Ressourcen zur Verfügung. Dabei handelt es sich um Geldleistungen und um Gutscheine, deren Differenzierungsmerkmale und Bedeutung für die Kinder nachfolgend dargestellt sind.

Direktzahlungen

Spezifische Hilfen können durch Direktzahlungen an die Anbieter gewährt werden, sodass die leistungsberechtigten Kinder oder ihre Eltern keinen Zahlungsverkehr mit Dritten eingehen müssen, aber auch keine finanziellen Ressourcen durch die Gesetzgeber*innen erhalten. Die Kinder können sich mit dieser Art der Leistungsgewährung nicht auf dem freien Markt bewegen. Hingegen stellen die Personensorgeberechtigten einen Antrag auf Kostenübernahme für die Teilnahme an einem spezifischen Angebot. Wird dieser Antrag bewilligt, können die leistungsberechtigten Kinder dies ohne den Einsatz monetärer Mittel in Anspruch nehmen (vgl. Luik 2013c, Rn. 11). Damit sprechen die Gesetzgeber*innen den Kindern indirekt die Kompetenz im Umgang mit monetären Ressourcen ab (vgl. Deutscher Bundestag 2010b, S. 43) und ermöglichen ihnen nicht, diesen zu erlernen. Der unter anderen Voraussetzungen gängige Weg des Tauschens zwischen monetären Ressourcen und der Berechtigung zur Nutzung von Dienstleistungen wird für die Kinder nicht eröffnet. Durch den Einsatz dieser Leistungsgewährungsform sehen die Gesetzgeber*innen es nicht als Notwendigkeit an, dass Kinder im Existenzsicherungsbezug bei allen Dienstleistung, die sie in Anspruch nehmen, miterleben, dass dafür ein Gegenwert zu erbringen ist. Folglich sprechen sie der Erfahrung, dass eine Nutzung von Gütern und Dienstleistungen eingekauft werden muss, eine geringe Bedeutung zu. Damit schließen sie gleichzeitig die leistungsberechtigten Kinder von diesen gesellschaftlichen Strukturen aus.

Geldleistungen

Dieser Ausschluss vom Tausch einer Leistung gegen monetäre Ressourcen findet bei den beiden weiteren Leistungsgewährungsformen, die die Gesetzgeber*innen einsetzen, nicht statt. In zwei der sechs Leistungen für Bildung und Teilhabe sowie in den weiteren Hilfen, die über das SGB II und das SGB XII sowie teilweise in den weiteren Hilfen, die über das AsylbLG bereitgestellt werden, werden Geldleistungen erbracht. Diese Leistungen können sie uneingeschränkt als Zahlungsmittel nutzen. Dabei sollen Eltern die bereitgestellten monetären Ressourcen bzw. Geldleistungen im Interesse ihrer Kinder für deren Bedarfe einsetzen.

Darüber hinaus sprechen die Gesetzgeber*innen den Kindern einen Bedarf zu, selbst über den Einsatz von Geld zu entscheiden. Dabei benennen sie konkret das sog. ‚Taschengeld'. Diesen Bedarf heben sie im Zusammenhang mit Ausflügen und Fahrten hervor (vgl. u. a. Lenze 2011b, Rn. 8). Zwar gewähren sie den Kindern keine Leistungen, die spezifisch als solche benannt sind und legen auch keine konkrete Höhe fest. Im Gegenteil schreiben sie sogar, dass Taschengeld nicht zu den

> „zusätzliche[n] Ausgaben während der Klassenfahrten und Ausflüge" (Deutscher Bundestag 2010b, S. 104)

gehört, die sie ihnen im Rahmen der § 28 Abs. 2 SGB II und § 3 Abs. 3 AsylbLG i. V. m. § 34 Abs. 2 SGB XII bereitstellen. Allerdings argumentieren die Gesetzgeber*innen in der Weise, dass sie die Kosten für die Verpflegung der Kinder während der Fahrt übernehmen, sodass die Verpflegungskosten im elterlichen Haushalt eingespart werden. Diese frei gewordenen monetären Ressourcen sollen den Kindern als Taschengeld für die Ausflüge und Fahrten zur Verfügung gestellt werden.

> „Ersparte Aufwendungen in Form häuslicher Verpflegungskosten [werden] nicht verrechnet […], da ihnen regelmäßig das Erfordernis eines erhöhten Taschengeldes gegenübersteht […]." (Lenze 2011b, Rn. 8)

Mit der Verwendung des Terminus „erhöhtes Taschengeld" zeigen sie darüber hinaus auf, dass Kindern generell Taschengeld zur Verfügung gestellt werden sollte. Dafür sind jedoch keine gesonderten Leistungen in den weiteren Hilfen ausgewiesen. Vielmehr verdeutlicht Lenze, dass nach Ansicht der Gesetzgeber*innen Einsparungen in den verschiedenen Ausgabenpositionen des Regelbedarfs vorgenommen werden sollen, um diese schließlich den Kindern als frei verfügbare monetäre Ressourcen bereitzustellen. Aus dieser mehrfachen Hervorhebung der sog. ‚Taschengeldzahlungen' wird deutlich, dass die Gesetzgeber*innen Kindern den Bedarf zusprechen, über eigene monetäre Ressourcen zu verfügen, die sie ohne Rücksprache und Erlaubnis der Eltern oder anderer Personen einsetzen können, welche nicht zweckgebunden sind und über deren Einsatz sie allein entscheiden können.

Gutscheine

Neben der Leistungsgewährungsform über Direktzahlungen und Geldleistungen verwenden die Gesetzgeber*innen außerdem die Form der personalisierten Gutscheine. Sie stellen den leistungsberechtigten Kindern die Gutscheine als Zahlungsmittel für die Inanspruchnahme spezieller Angebote zur Verfügung (vgl. § 29 Abs. 2 S. 1 SGB II; § 34a Abs. 2 S. 1 SGB XII; Deutscher Bundestag 2010a, S. 32). Allerdings sind die Gutscheine Geldmitteln nicht in vollem Umfang gleichzusetzen, da sie Einschränkungen hinsichtlich Gültigkeit und Dauer enthalten und den Kindern damit nur ein begrenzter Handlungsspielraum zur Verfügung steht. Derartige Einschränkungen bestehen bei der Gewährung von Geldmitteln nicht.

Durch die Befristung der Gutscheine, die i. d. R. an den Bewilligungszeitraum der Regelbedarfe gebunden ist, müssen die Kinder dieses Zahlungsmittel im Regelfall innerhalb von sechs Monaten einsetzen (vgl. Leopold 2012b, Rn. 60). Danach hat der Gutschein seine Gültigkeit verloren. Die Gültigkeitsdauer der Gutscheine ist außerdem bedeutsam, wenn Kinder eine teurere Leistung nutzen wollen. Setzen sie die Gutscheine, die im monatlichen Abstand ausgegeben werden, nicht sofort ein, können sie die einzelnen Beträge ansparen und verfügen schließlich über eine höhere Summe. Werden die Gutscheine nicht in dem vorgegebenen Zeitraum eingelöst, verfallen sie und sind für die Kinder wertlos (vgl. Luik 2013c, Rn. 36). Mit der Ausgabe befristeter Gutscheine, die von den leistungsberechtigten Kindern als Zahlungsmittel eingesetzt werden sollen, schränken die Gesetzgeber*innen die Kinder zwar einerseits in ihrem Handlungsspielraum ein, da diese Mittel nur für spezifische Angebote genutzt werden dürfen. Andererseits erfordern die Zahlungsmittel Kompetenzen, die der Einsatz von Geldmitteln nicht verlangt. Aufgrund der Befristung müssen die Kinder auf den Zeitraum des Einsatzes achten und diesen vorausschauend planen. Wollen sie bspw. an einer teuren Ferienfreizeit teilnehmen, müssen sie den Einsatz ihrer Gutscheine so organisieren, dass sie zum Zeitpunkt der Bezahlung die Summe angespart haben, gleichzeitig müssen sie aber darauf achten, dass die ältesten Gutscheine nicht bereits verfallen sind.

Höhe der verfügbaren monetären Ressourcen

Die Gesetzgeber*innen legen bezüglich der Höhe der monetären Ressourcen der Kinder im Rahmen der Leistungen für Bildung und Teilhabe fest, dass sie nicht über mehr Ressourcen verfügen sollen als Gleichaltrige, die in einem Haushalt ohne Existenzsicherungsbezug leben.

> „Dadurch wird vermieden, dass Schülerinnen und Schüler aus Haushalten im Bezug von Arbeitslosengeld II über mehr Mittel verfügen als Schülerinnen und Schüler

aus Haushalten im unteren Einkommenssegment, die nicht auf ergänzende Leistungen der Grundsicherung für Arbeitsuchende angewiesen sind." (Deutscher Bundestag 2010b, S. 105)

Die Ausstattung der Kinder mit monetären Ressourcen orientiert sich aus Sicht der Gesetzgeber*innen an zwei Faktoren. Erstens ist die finanzielle Situation von Kindern vom Haushaltseinkommen abhängig, das wiederum mit den elterlichen Fähigkeiten, Kompetenzen und Ressourcen zur Erzielung von Einkommen zusammenhängt. Zweitens wird die finanzielle Situation von Familien im Existenzsicherungsbezug über die finanzielle Situation von Familien ohne Leistungsbezug bestimmt. Demnach sollen die Leistungsberechtigten nicht über höhere finanzielle Mittel als Gleichaltrige ohne Leistungsbezug verfügen, was dazu führt, dass die Gesetzgeber*innen von einem Bedarf der Kinder an monetären Ressourcen ausgehen, der unterhalb der Höhe der verfügbaren monetären Ressourcen der Gleichaltrigen liegt, deren Familien ausschließlich aus eigenen Kräften Einkommen erzielen.

Vier Arten der Kostenübernahme

Die Gesetzgeber*innen sehen im Rahmen der Leistungen für Bildung und Teilhabe vier verschiedene Arten vor, wie Kosten übernommen werden können. Dabei handelt es sich um (a) eine komplette Kostenübernahme in der tatsächlichen Höhe, um (b) die Bereitstellung einer Pauschale, um (c) die Gewährleistung eines Zuschusses und um (d) die Verweigerung der Gewährung monetärer Ressourcen. Die Verwendung der verschiedenen Formen der Kostenübernahme orientiert sich an den konkreten Bedarfen. Sie beeinflussen die verfügbaren Ressourcen, die Möglichkeiten der Bedarfssicherung sowie der Erfüllung zusätzlicher Wünsche.

Übernahme der tatsächlich anfallenden Kosten

Die erste Kostenübernahmeform ist dadurch gekennzeichnet, dass die tatsächlich anfallenden Kosten für spezifische Leistungen in voller Höhe übernommen werden (vgl. u. a. Lenze 2011b, Rn. 9). Diese Form setzen die Gesetzgeber*innen ein, wenn die konkreten Kostenhöhen ihren Ansichten nach im Einzelfall stark voneinander abweichen. Beispielhaft können die Kosten für Ausflüge und Klassenfahrten sowie für die Lernförderung angeführt werden. Einerseits stellen sie dadurch sicher, dass alle Kosten gedeckt und die Bedarfe befriedigt werden können. Vor allem in den Fällen, in denen Klassenfahrten sehr teuer sind, weil bspw. noch zusätzliche Ausrüstungsgegenstände für ein Skilager benötigt werden, kann der Bedarf an Teilnahme erfüllt werden. Würden sie lediglich eine Pauschale bereitstellen, läge ein hohes Risiko vor, dass die tatsächlichen Kosten die gewährten Pauschalen übersteigen und die Kinder deshalb ihren Bedarf nicht befriedigen könnten. Andererseits stellen sie mit dieser Kostenübernahmeform sicher, dass den Kindern nach der Bedarfssicherung keine finanziellen Ressourcen verbleiben.

Bereitstellung einer Pauschale

Die zweite Möglichkeit der Kostenübernahme ist die Bereitstellung von Pauschalen. Diese Form nutzen die Gesetzgeber*innen, wenn eine Ermittlung der konkreten Bedarfe ihrem Erachten nach einen zu hohen Aufwand für die Verwaltung mit sich bringen würde.

> „Eine konkrete Bedarfsermittlung mit anschließender Pflicht zur Erbringung von Sachleistungen würde die Bearbeitung von Anträgen im Rahmen der Massenverwaltung vor praktisch unlösbare Probleme stellen. Zudem können Schüler/innen im Rahmen der Gewährung selbst frei entscheiden, wann sie welche Gegenstände beschaffen wollen." (Leopold 2012a, Rn. 77)

Sowohl bei dieser als auch bei der zuvor beschriebenen Erstattungsform wird deutlich, dass die Gesetzgeber*innen die Kosten nicht allein auf der Grundlage der konkreten Bedarfe von Kindern aufstellen, sondern um eigene Interessen zu verfolgen. Im Falle einer Kostenübernahme vergewissern sie sich, dass bei den Kindern keine höheren monetären Ressourcen ankommen als sie zur Bedarfsbefriedigung benötigen. Im Rahmen der Pauschalierung gehen sie den Kompromiss ein, dass Kinder mit höheren monetären Ressourcen ausgestattet sind, als sie ihnen notwendigerweise zuschreiben, um die eigenen Verwaltungskosten so gering wie möglich zu halten. Das dabei auftretende Risiko einer möglichen Unterdeckung der Bedarfe, weil sie die Kinder nicht ausreichend mit monetären Ressourcen ausstatten, erkennen sie nicht an, da ihrem Erachten nach in allen Fällen genügend monetäre Ressourcen zur Verfügung stehen.

Gewährleistung eines Zuschusses

Die dritte Form der Kostenübernahme, die zur Bereitstellung der Leistungen für Bildung und Teilhabe genutzt wird, ist die Gewährung eines Zuschusses zu den tatsächlichen Kosten eines Bedarfs. Damit gehen die Gesetzgeber*innen davon aus, dass Bedarfe bereits in Teilen erfüllt sein können. Um eine umfassende Bedarfssicherung zu ermöglichen, übernehmen sie den Restbetrag der tatsächlichen Kosten. Sie gehen davon aus, dass entweder (a) die Kinder selbst z. B. über die Regelbedarfe einen Teil der Kosten aufbringen oder dass (b) Personen oder Institutionen aus ihrem Umfeld einen Teil der Kosten übernehmen, sodass für eine vollständige Bedarfssicherung nur noch der Fehlbetrag über die Leistungen für Bildung und Teilhabe ausgeglichen werden muss.

Der erstgenannte Fall – in dem die Kinder bereits über einen Teil der notwendigen Kosten zur Bedarfsbefriedigung verfügen – liegt vor, wenn durch die Regelsätze bereits monetäre Ressourcen gewährt werden, die aber nicht ausreichen. Diese Möglichkeit tritt nach Ansicht der Gesetzgeber*innen bei der Mittagsverpflegung und der Schülerbeförderung auf. Wenn die Möglichkeit der Teilnahme an institutionellen Bildungsangeboten höhere monetäre Ressourcen erfordert als den Kindern über die Regelbedarfe gewährt werden, sollen Kinder die zusätzlichen monetären Ressourcen auch erhalten. Dementsprechend werden hinsichtlich der Mittagsverpflegung die Kosten übernommen, die über den Betrag von einem Euro am Tag hinausgehen (vgl. Lenze 2011b, Rn. 30). Im Rahmen der Schülerbeförderung erhalten Kinder diejenigen monetären Ressourcen, die den Betrag von monatlich fünf Euro überschreiten (vgl. § 28 Abs. 4 SGB II; § 3 Abs. 3 i. V. m. § 34 Abs. 4 SGB XII). Dementsprechend gehen die Gesetzgeber*innen davon aus, dass Kinder bereits monetäre Ressourcen zur Sicherung ihrer Bedarfe besitzen. Jedoch können die Kosten für einen Teil der Kinder höher liegen, als die Gesetzgeber*innen dieses im Regelfall annehmen. Um den Kindern die Teilnahme an diesen Angeboten trotzdem zu ermöglichen, stellen sie ihnen die zusätzlichen monetären Ressourcen zur Verfügung.

Gleichzeitig gehen sie davon aus, dass die leistungsberechtigten Kinder und Familien die Teilnahme an diesen Angeboten nicht so hoch bewerten würden, dass sie diese ohne den Zuschuss einkaufen würden. Das zeigt sich daran, dass die Gesetzgeber*innen lediglich das Argument der Ermöglichung der Teilnahme an diesen Angeboten verwenden (vgl. u. a. Luik 2013d, Rn. 67; Leopold 2012a, Rn. 116). Demgegenüber argumentieren sie nicht, dass die Bereitstellung eines Zuschusses notwendig werden kann, weil Familien Angebote nutzen, deren Kosten nicht komplett über die Regelsätze gedeckt sind und durch die Nutzung der Angebote nicht ausreichend monetäre Ressourcen für andere Bedarfe zur Verfügung stehen. Ihren Ansichten nach reduzieren die leistungsberechtigten Familien ihre Ausgaben nicht in anderen Bereichen, um die Kosten für die Mittagsverpflegung im Kindertagesbetreuungsangebot oder der Schule oder der Schülerbeförderung zur nächstgelegenen Schule des gewählten Schultyps zu finanzieren, sodass die Kinder diese Angebote nicht nutzen könnten.

Der zweite Fall, in dem die Gesetzgeber*innen die Bereitstellung eines Zuschusses anerkennen, liegt vor, wenn ein Teil der Kosten bereits durch Dritte übernommen wird (vgl. Luik 2013d, Rn. 51). Dies erfolgt bspw. wenn Sozialfonds genutzt werden können, Wohlfahrtsverbände den Kindern Hilfen anbieten oder weil Verwandte die leistungsberechtigten Kinder kostenfrei zur Schule bringen. Demnach gehen die Gesetzgeber*innen davon aus, dass die Leistungsberechtigten teilweise über ein Netzwerk verfügen, das ihnen Hilfen zur Verfügung stellt, durch die einzelne Bedarfe der Kinder befriedigt werden. Diese Leistungen werden auf freiwilliger Basis gewährt und müssen nicht den gesamten Bedarf decken. Um den Kindern die Teilnahme in dem Maß zu ermöglichen, dass ihr gesamter Bedarf erfüllt ist, erhalten die Kinder die noch fehlenden monetären Ressourcen über die Leistungen für Bildung und Teilhabe.

Verweigerung der Gewährung monetärer Ressourcen

Die vierte Form der Leistungsgewährung besteht schließlich darin, dass die Gesetzgeber*innen Wünsche nicht als existenznotwendige Bedarfe anerkennen und sie deshalb eine teilweise oder vollständige Kostenübernahme ablehnen. Dies erfolgt bspw., wenn Kinder ein Angebot nutzen wollen, das die Gesetzgeber*innen nicht als förderfähig einstufen. Hierbei sei insbesondere an Angebote zur Mittagsverpflegung gedacht, die nicht über die Bildungseinrichtungen organisiert sind (vgl. Luik 2013b, Rn. 51). Zweitens werden ihnen keine monetären Ressourcen zur Verfügung gestellt, wenn die Gesetzgeber*innen ein Angebot für nicht (existenz-)notwendig erachtet wie die Gewährung von Lernförderung, wenn absehbar ist, dass Kinder das Klassenziel nicht erreichen (vgl. Leopold 2012b, Rn. 60). Dementsprechend sehen die Gesetzgeber*innen ihre Aufgabe lediglich in der Bereitstellung monetärer Ressourcen, sofern sie selbst davon überzeugt sind, dass es sich bei den Gütern und Dienstleistungen ausschließlich um existenznotwendige Bedarfe handelt. Welche Angebote darunter zu verstehen sind, definieren die Gesetzgeber*innen. Demgegenüber haben die leistungsberechtigten Kinder oder ihre Familien keine weiteren Möglichkeiten, zusätzliche monetäre Ressourcen für Ausgaben zu erhalten, deren Bedarf von den Betroffenen als existenznotwendig wahrgenommen wird. Im Ergebnis bestimmen die Gesetzgeber*innen über die Höhe der monetären Ressourcen, über die die leistungsberechtigten Kinder verfügen. Die Adressat*innen haben keinerlei Mitspracherecht.

Diese vier Arten der Kostenübernahme entscheiden folglich über die Ausstattung der Kinder mit monetären Ressourcen im Bereich der Bildung und Teilnahme. Werden die Gesamtkosten in voller Höhe übernommen, müssen die Kinder weder monetäre Ressourcen aufwenden, noch besteht die Möglichkeit, dass zu hohe Beträge ausgezahlt werden. Das Gegenteil ist bei den pauschalierten Leistungen der Fall. Erhalten die Kinder mehr monetäre Ressourcen als sie benötigen, bleibt ein gewisser Betrag für andere Wünsche oder Bedarfe übrig. Ist die ausgezahlte Summe hingegen zu gering, müssen die Kinder aus den anderen verfügbaren Ressourcen die Differenz ausgleichen. Bei der Gewährung eines Zuschusses besteht keine Möglichkeit, dass die Kinder finanzielle Überschüsse für andere Zwecke nutzen können, vielmehr erhalten sie genau die

Summe, die sie für die Inanspruchnahme eines Angebots zusätzlich benötigen. Verweigern die Gesetzgeber*innen schließlich die Kostenübernahme, bleibt den Kindern die Möglichkeit, das Angebot durch Einsparungen in anderen Bereichen aus ihren weiteren verfügbaren monetären Ressourcen zu beschaffen oder sie müssen auf die Nutzung des Angebotes verzichten.

Die Heterogenität hinsichtlich der Bereitstellung der monetären Ressourcen zeigt, dass die Gesetzgeber*innen den Kindern keinen Bedarf an einer spezifischen Art der Bereitstellung monetärer Ressourcen zusprechen. Aber auch die Sicherung der Bedarfe durch eine Form – also entweder Gutscheinen, Geldleistungen oder Direktzahlungen – halten sie nicht für angemessen. Damit unterstellen sie den Kindern keine Präferenz hinsichtlich der Art der Sicherung ihrer Bedarfe. Ihrem Erachten nach ist lediglich die Deckung ihrer Bedarfe wichtig. In welcher Form dies erfolgt, ist für die Kinder irrelevant.

Unterschiede zu den Leistungsberechtigten mit (drohender) Behinderung

Für leistungsberechtigte Kinder mit (drohender) Behinderung treffen die Gesetzgeber*innen keine zusätzlichen Aussagen, die über die Ergebnisse zu den Kindern im Leistungsbezug hinausgehen.

Überblick über die Ergebnisse der Analyse

Tab. 34: Ergebnisse der Analyse der Unterkategorie: *Monetäre Ressourcen*

Ergebnisse der Analyse	Kinder- und Kindheitsbilder
Die Gesetzgeber*innen gehen – erwartungsgemäß – davon aus, dass Kinder und Familien im Leistungsbezug nur über geringe finanzielle Mittel verfügen.	Die ‚unterstützungsbedürftigen' Kinder
Die Gesetzgeber*innen sprechen den Leistungsberechtigten im Rahmen der Regelleistungen zu, dass sie ihre finanziellen Mittel lediglich für die Sicherung der durch die Gesetzgeber*innen bestimmten Bedarfe nutzen sollen.	Kinder als Ergebnis der Fähigkeiten und Kompetenzen ihrer Eltern
Kindern und Familien mit Bezug von Leistungen nach dem AsylbLG wird – v.a. in der Zeit kurz nach ihrer Einreise – ein noch weniger verantwortungsvoller Umgang mit finanziellen Mitteln unterstellt als den weiteren Existenzsicherungsbezieher*innen.	Kinder als Ergebnis der Fähigkeiten und Kompetenzen ihrer Eltern
Durch die Gewährung von Direktzahlungen schließen die Gesetzgeber*innen die leistungsberechtigten Kinder von der gängigen Struktur aus, für die Inanspruchnahme einer Leistung eine Gegenleistung zu erbringen.	Kinder als Ergebnis der Fähigkeiten und Kompetenzen ihrer Eltern

Ergebnisse der Analyse	Kinder- und Kindheitsbilder
Die Gesetzgeber*innen stellen den leistungsberechtigten Kindern finanzielle Mittel zur Verfügung, die deren Eltern verantwortungsvoll für ihre Kinder einsetzen sollen.	Kinder als Ergebnis der Fähigkeiten und Kompetenzen ihrer Eltern
Kinder haben einen Bedarf an frei verfügbaren monetären Ressourcen, die sie ohne Rücksprache mit ihren Eltern oder mit Dritten ausgeben wollen.	Kinder als Ergebnis der Fähigkeiten und Kompetenzen ihrer Eltern
Den Leistungsberechtigten werden teilweise Gutscheine zur Verfügung gestellt, durch die nur eingeschränkte Handlungsspielräume zur Verfügung gestellt werden. Dadurch soll der unterstellte zu geringe verantwortungsbewusste Umgang mit den finanziellen Mitteln verringert werden.	Kinder als Ergebnis der Fähigkeiten und Kompetenzen ihrer Eltern
Die finanzielle Situation von Kindern ist abhängig von den Fähigkeiten und Kompetenzen ihrer Eltern zur Erzielung eigenen Einkommens.	Kinder als Ergebnis der Fähigkeiten und Kompetenzen ihrer Eltern
Verfügen die Familien nicht über ein ausreichendes Einkommen um ihre Bedarfe befriedigen zu können, liegt ihr Bedarf an finanzieller Unterstützung unterhalb der Höhe, über die Familien verfügen, die ihren Lebensunterhalt selbst sichern.	Kinder als Ergebnis der Fähigkeiten und Kompetenzen ihrer Eltern
Die Sicherung spezifischer Bedarfe (Ausflüge, Mittagsverpflegung, Schülerbeförderung und Lernförderung) kann in sehr heterogener Höhe notwendig sein. Die Kosten können im Einzelfall stark voneinander abweichen.	Die Andersartigkeit der Kinder im Leistungsbezug
Leistungsberechtigte Kinder erhalten sowohl durch die Gesetzgeber*innen mittels verschiedener Leistungen (Regelleistungen, Leistungen für Bildung und Teilhabe etc.) als auch durch Dritte Unterstützung bei der Sicherung ihrer Bedarfe.	Kinder als abhängige Menschen von Dritten
Werden für die leistungsberechtigten Kinder nicht ausreichend Mittel zur Deckung der Bedarfe für die Mittagsverpflegung oder die Schülerbeförderung bereitgestellt, nehmen Familien keine Einsparungen in anderen Bereichen vor, damit die damit verbundenen Bedarfe der Kinder befriedigt werden können.	Kinder als Ergebnis der Fähigkeiten und Kompetenzen ihrer Eltern
Über die Höhe der bereitgestellten Mittel sowie über die Wünsche der Kinder, die als Bedarf anzusehen und folglich zu sichern sind, entscheiden die Gesetzgeber*innen. Den Kindern wird kein Mitspracherecht eingeräumt.	Kinder als abhängige Menschen von Dritten

Quelle: eigene Darstellung

3.2.2.5 Ausstattung mit kindgerechten Gegenständen

Die *Ausstattung mit kindgerechten Gegenständen* berücksichtigen die Gesetzgeber*innen in den beiden Kontexten Freizeitgestaltung und Schule. In diesen Zusammenhängen erkennen sie an, dass Kinder eine gesonderte Ausstattung mit Gegenständen für ihre spezielle Lebensphase und den Aufgaben, die ihnen in dieser Phase zugesprochen werden, benötigen. Von besonderer Wichtigkeit erscheinen den Gesetzgeber*innen die Ausstattung von Schulkindern mit Materialien, die sie für die schulische Bildung benötigen und die nicht bereits durch die Institution selbst (z. B. Schulbücher) oder durch Dritte zur Verfügung gestellt werden. Im Anschluss an die Analyse dieses Kontextes erfolgt die Untersuchung der gesetzgeberischen Annahmen hinsichtlich der Bedarfe an kindgerechten Gegenständen im Rahmen der Freizeitgestaltung und bei ein- und mehrtägigen Ausflügen.

Ausstattung mit Materialien für den persönlichen Schulbedarf

Hinsichtlich der anerkannten Bedarfe an Materialien für den persönlichen Schulbedarf äußern sich die Gesetzgeber*innen (1) zu den Gegenständen, die sie den Kindern zusprechen, (2) zum Zeitpunkt des Auftretens der Bedarfe sowie (3) zum Umfang des Bedarfs an Gegenständen für den Schulbesuch.

Ausstattungsgegenstände

Ziel der Leistungen zur „Ausstattung mit persönlichem Schulbedarf“ (§ 28 Abs. 3 SGB II und § 3 Abs. 3 AsylbLG i. V. m. § 34 Abs. 3 SGB XII) ist es, Kindern im Leistungsbezug ausreichend finanzielle Mittel zur Verfügung zu stellen, damit sie die im schulischen Alltag notwendigen Materialien anschaffen können (vgl. Lenze 2011b, Rn. 14). Die Gesetzgeber*innen gehen davon aus, dass Kindern nicht alle Materialien über die Schulen bereitgestellt werden, die sie in dieser Bildungseinrichtung benötigen und ihnen auch sonst keine finanziellen Mittel zur Verfügung gestellt werden, um diese Bedarfe zu decken. Sie benennen konkrete Gegenstände, die die Kinder in der Schule benötigen. Dazu zählen sie

> „[...] Schulranzen, Schulrucksack, Turnbeutel, Sportzeug oder in der Schule benutzte Instrumente wie z. B. eine Blockflöte. Desgleichen gehören dazu Schreib-, Rechen- und Zeichenmaterialien wie z. B. Füller inklusive Tinte, Kugelschreiber, Bleistifte, Malstifte, Malkästen, Hefte, Blöcke, Papier, Lineale, Buchhüllen, Zirkel, Taschenrechner, Geodreieck, Mappen, Radiergummis, Bastelmaterial oder Knetmasse“ (Leopold 2012a, Rn. 72)

Die Gesetzgeber*innen verstehen diese Auflistung nicht als abschließenden Katalog. Vielmehr können weitere Materialien finanziert werden, die für den Schulbesuch und den Unterricht notwendig sind (vgl. Leopold 2012a, Rn. 72). Leopold benennt bspw. spezielle Kleidungsstücke als Ausstattungsgegenstände, die Kinder während eines Schulpraktikums benötigen, sofern ihnen diese nicht über Dritte zur Verfügung gestellt werden.

> „Von § 28 Abs. 3 SGB II erfasst – obgleich nicht in den Gesetzesmaterialien erwähnt – ist auch der durch schulisch veranlasste Praktika, z. B. in Betrieben, hervorgerufene Bedarf. So gehören zum persönlichen Schulbedarf beispielsweise Sicherheitsschuhe, wenn solche nicht im Praktikumsbetrieb bereitgestellt werden, aber für die Verrichtung des Praktikums aufgrund von Unfallverhütungsvorschriften vorgeschrieben sind, wie z. B. in Schiffs- und Bootsbauwerften oder Kfz-Werkstätten.“ (Leopold 2012a, Rn. 73)

Weiterhin zählen die Gesetzgeber*innen Schulbücher zur grundlegenden materiellen Ausstattung von Schulkindern, deren Beschaffung sie jedoch nicht als besonderen Bedarf anerkennen, da die Kinder ihrem Erachten nach bereits über die sog. ‚Lehrmittelfreiheit‘ damit ausgestattet sein müssen (vgl. Deutscher Bundestag 2010b, S. 104). Kinder erhalten die notwendigen Schulbücher demnach (zumeist in einer Leihgabe) durch die Schulen und müssen sich diese Materialien nicht selbst kaufen. Bei diesen Auflistungen zeigt sich, dass die Gegenstände, die die Gesetzgeber*innen den Kindern als besondere Bedarfe zusprechen, sehr oft Gegenstände sind, die nicht ausschließlich in dieser Lebensphase benötigt werden wie Schreibutensilien, Taschenrechner etc. Damit sprechen die Gesetzgeber*innen spezifischen Gegenständen eine Kindspezifik zu, wenn die Kinder diese Materialien für die Erfüllung ihrer gesellschaftlichen Aufgabe – dem Besuch einer Schule – benötigen.

Eine genaue Betrachtung der Gegenstände, die die Gesetzgeber*innen den Kindern zusprechen, zeigt weiterhin, dass es sich bei diesen Materialien um Gegenstände handelt, die nicht nur in der Kindheit, sondern auch in anderen Lebensphasen eingesetzt werden. Demensprechend wurden sie nicht ausschließlich für Kinder entwickelt und werden auch nicht nur von ihnen eingesetzt.

Neben den schulbezogenen Ausstattungsgegenständen, die die Gesetzgeber*innen als Bedarfe anerkennen, sprechen sie hingegen Kindern, die noch keine Schule besuchen, keinen Bedarf an bildungsbezogenen Materialien wie Büchern oder Bastelutensilien zu. Aufwendungen, die für zusätzliche Materialien im Rahmen der Nutzung der frühkindlichen Bildungsangebote von Eltern zu leisten sind, berücksichtigen sie nicht und unterstellen hier keinen Bedarf. Das kann allerdings mit den gesetzlichen Vorgaben zusammenhängen. Zwar berichten Eltern immer wieder, dass sie Geldbeträge an die Einrichtungen zahlen müssen, allerdings sind diese privaten Zuzahlungen – zumindest für die Tagespflege – als nicht zulässig erklärt worden (vgl. BMFSFJ 2014, S. 6), sodass die Gesetzgeber*innen möglicherweise davon ausgehen, dass hier keine zusätzlichen Bedarfe auftreten.

Zeitpunkt des Auftretens von Bedarfen an kindgerechten Gegenständen in der Schule

Weiterhin nehmen die Gesetzgeber*innen Stellung zum zeitlichen Auftreten des Bedarfs an Ausstattung mit Gegenständen für die Schule. Dieser besteht immer zu Beginn eines Schul(halb)jahres bzw. in dem Monat, in dem das Schul(halb)jahr startet. Deutlich wird dies an den festgesetzten Stichtagen zur Ausschüttung der Leistung, die nur zwei Mal im Jahr vorgesehen sind (vgl. § 28 Abs. 3 SGB II; § 3 Abs. 3 AsylbLG i. V. m. § 34 Abs. 4 SGB XII). Die Gesetzgeber*innen gehen folglich davon aus, dass der Bedarf an zusätzlichen monetären Ressourcen für diese Ausstattungsgegenstände nicht monatlich in einem etwa gleichen Umfang auftritt. Vielmehr brauchen Kinder ihrem Erachten nach vor allem zu Beginn eines Schul(halb)jahres neue oder andere Materialien.

Unregelmäßig anfallende Bedarfe kennen die Gesetzgeber*innen auch bei den Bedarfen, die über den Regelsatz sichergestellt werden. Allerdings werden die dafür notwendigen monetären Ressourcen nicht zu dem Zeitpunkt gewährt, an dem die Bedarfe auftreten. Die angenommenen Kosten dieser Bedarfe werden den Leistungsberechtigten hingegen monatlich ausgezahlt. Damit werden die Leistungsberechtigten dafür verantwortlich gemacht, dass sie die Beträge ansparen, um zu dem Zeitpunkt, wenn die Bedarfe auftreten, die Güter oder Dienstleistungen finanzieren zu können (vgl. Bundesrat 2010, S. 89). Die Gesetzgeber*innen argumentieren in der Weise, dass die Eigenverantwortlichkeit der Leistungsberechtigten zum Tragen kommt (vgl. Saitzek 2013, Rn. 55). Dieses Argument greifen die Gesetzgeber*innen zwar hinsichtlich der Ausstattung mit Schulmaterialien wieder auf, jedoch nur in der Hinsicht, dass diese Bedarfe über die Gewährung von Geldleistungen erfolgen kann und dafür nicht die Leistungsgewährungsform Gutscheine oder Direktzahlungen genutzt werden muss (vgl. Deutscher Bundestag 2010b, S. 107). Damit unterstellen die Gesetzgeber*innen den Leistungsberechtigten einerseits, dass die monetären Ressourcen zwar für die Ausstattung mit den Schulmaterialien eingesetzt werden, jedoch nur, wenn sie die dafür notwendigen monetären Ressourcen zum Zeitpunkt des Auftretens erhalten. Würden sie diese Hilfen in einem monatlichen Rhythmus gewähren, besteht ihrem Erachten nach ein erhöhtes Risiko, dass die Kinder nicht mit den notwendigen Schulmaterialien ausgestattet sind.

Weiterhin unterstellen die Gesetzgeber*innen mit der zweimaligen Gewährung dieser Unterstützungen, dass Kinder, die nach dem 1. August oder dem 1.

Februar in den Leistungsbezug gelangen, mit allen Materialien ausgestattet sind, die sie für das aktuelle Schul(halb)jahr benötigen, da diese zu Beginn des Schul(halb)jahres anfallen.

> „Nach § 28 Abs. 3 SGB II gelten für die Berücksichtigung des Schulbedarfs feste Stichtage. Das soll dazu führen, dass ein Schüler, der an diesen Tagen nicht im SGB II-Bezug ist, keine Leistungen für den Schulbedarf erhalten kann [...]." (Grube 2012a, Rn. 35)

Gleichzeitig ist mit dieser Stichtagsregelung für die Leistungsgewährung verbunden, dass die Familien die notwendigen Gegenstände erst kurz vor oder mit dem Schulbeginn kaufen können. Was bedeutet, dass sie bspw. nicht bereits im Laufe der Ferien die Materialien beschaffen können, sondern nur kurzfristig. Gehen die Gesetzgeber*innen davon aus, dass die Kinder erst mit dem ersten Schultag erfahren, welche Materialien sie benötigen, ist diese Konkretisierung der Festlegung nachvollziehbar. Wird den Kindern jedoch bereits zum Ende des vergangenen Schul(halb)jahres mitgeteilt, welche Materialien sie für das kommende Schul(halb)jahr anschaffen sollen, sind die Familien in ihrer Handlungsfähigkeit deutlich eingeschränkter als Familien ohne Leistungsbezug. Sie können erst kurzfristig die notwendigen Materialien organisieren und bspw. Sonderangebote im Vormonat, nicht nutzen. Demnach sprechen die Gesetzgeber*innen den Familien im Leistungsbezug nur die Möglichkeit zu, die Schulmaterialien erst zu Beginn des Schul(halb)jahres anschaffen zu können.

Umfang des Bedarfs an kindgerechten Gegenständen in der Schule

Grundsätzlich gehen die Gesetzgeber*innen von einem Bedarf an materieller Ausstattung mit kindgerechten Gegenständen in Höhe von 100 Euro im Jahr aus. Dieser wird auf zwei Auszahlungszeitpunkte aufgeteilt, sodass 70 Euro zum Schuljahresbeginn und 30 Euro zu Beginn des zweiten Schulhalbjahres ausgezahlt werden. Dieser Splittung liegt die Annahme zugrunde, dass Kinder zu Beginn eines Schuljahres mit einer Reihe von Materialien neu ausgestattet werden müssen (vgl. Deutscher Bundestag 2008a, S. 16), die im Laufe des Schuljahres entweder nicht wieder auftreten, weil sie in ausreichendem Maß befriedigt wurden oder nur in einem geringen Umfang ersetzt oder nachgekauft werden müssen wie Blöcke, Tinte oder Wassermalfarben. Diese Bedarfe sind indes so gering und treten nur in unregelmäßigen Abständen auf, dass dafür die verbleibenden finanziellen Mittel dieser Leistung oder monetäre Ressourcen aus dem Regelsatz eingesetzt werden sollen (vgl. Luik 2013b, Rn. 26).

Ein erhöhter Bedarf liegt in diesem Bereich noch einmal zu Beginn des zweiten Schulhalbjahres vor, der aber deutlich geringer ist als zu Beginn des Schuljahres (vgl. Grube 2012a, Rn. 34). Die festgeschriebenen Summen wurden vom BVerfG bereits kritisiert, da sie auf keiner empirisch gesicherten Grundlage, sondern durch normative Setzungen der Gesetzgeber*innen festgeschrieben wurden (vgl. Urteil des BVerfG vom 9. Februar 2010 [Az. 1 BvL 1/09, 3/09 und 4/09, Rn. 203]). Auch mit der Einführung der Leistungen für Bildung und Teilhabe wurden diese Bedarfe nicht empirisch überprüft. Zur Rechtfertigung führen die Gesetzgeber*innen an, dass die über die EVS ermittelten Ausgaben für Materialien für den Schulbesuch deutlich niedriger sind und daher die Bedarfe der Kinder mit den gewährten monetären Ressourcen befriedigt werden können (vgl. Deutscher Bundestag 2010b, S. 105).

Wegen der deutlich geringeren Ausgaben der Vergleichsgruppe in der EVS, werden ihren Ansichten nach Kosten gewährt, die deutlich über dem existenznotwendigen Bedarf hinausgehen und daher keine weitere Bedarfsermittlung notwendig ist. Dabei missachten sie aber diverse Erhebungsschwierigkeiten sowie die

> „[...] höchst unterschiedlichen Anforderungen [...] in den einzelnen Ländern, in den jeweiligen Schulformen und sogar an einzelnen Schulen" (Deutscher Bundestag 2010b, S. 173).

Sie benennen diese zwar in der Gesetzesbegründung, legen aber trotzdem einheitliche Beträge fest und schließen daraus gerade nicht auf eine notwendige Differenzierung. Streng genommen kann den Gesetzgeber*innen damit unterstellt werden, dass ihrem Erachten nach unabhängig von regionalen, schulform- und klassenstufenspezifischen Besonderheiten ein in etwa gleicher Bedarf an materieller Ausstattung für alle Schüler*innen im Existenzsicherungsbezug vorliegt.

Materielle Ausstattung für die Freizeitgestaltung

Für eine Teilnahme an institutionell organisierten Freizeitangeboten ist nach Ansicht der Gesetzgeber*innen die Ausstattung mit spezifischen Materialien, Gegenständen und Kleidungsstücken nötig, um die Aktivitäten tatsächlich ausüben zu können. So wird bspw. für Vereinssportarten spezielle Schutzkleidung (z. B. Fußballschuhe oder Schwimmbrille) notwendig oder für die Inanspruchnahme von Musikschulunterricht das jeweilige Instrument. Vor diesem Hintergrund können die dadurch entstehenden Kosten in begründeten Ausnahmefällen – d. h. sofern die Regelsätze nicht ausreichen – auch über die sog. ‚Leistung für Teilhabe am sozialen und kulturellen Leben in der Gemeinschaft' nach § 28 Abs. 7 SGB II und § 3 Abs. 3 AsylbLG i. V. m. § 34 Abs. 7 SGB XII finanziert werden (vgl. Deutscher Bundestag 2013b, S. 7 f.).

Dieser Ansicht sind die Gesetzgeber*innen allerdings nicht seit jeher. Bei der Einführung der Leistungen für Bildung und Teilhabe gingen sie von einem

Bedarf aus, der sich auf die Finanzierung der Teilnahmebeiträge für institutionelle Freizeitangebote bezog. Ab dem 1.8.2013 ist auch die Übernahme von Kosten für Ausstattungsgegenstände in dieser Leistung enthalten. Damit haben die Gesetzgeber*innen zwar das Leistungsspektrum dieser Regelung erweitert, stellen aber gleichzeitig keine zusätzlichen Mittel für die Kinder zur Verfügung. Das bedeutet, dass die Kinder weiterhin von einem monatlichen Budget von zehn Euro sowohl Kurs-, Vereins- u. ä. Gebühren als auch die Ausstattungsgegenstände finanzieren sollen. Zwar wurde die Leistung damit zum 1.8.2013 erweitert (vgl. Deutscher Bundestag 2013b), allerdings erfolgte im Vorfeld mit der Einführung der Leistungen für Bildung und Teilhabe zum 1.1.2011 eine Streichung der ursprünglich im Regelbedarf enthaltenen Mittel für die materielle Ausstattung der Kinder mit Freizeitgegenständen (vgl. Lenze 2011b, Rn. 14). Damit erkennen die Gesetzgeber*innen zwar an, dass Kinder bei der Nutzung von institutionell organisierten Freizeitangeboten Ausstattungsgegenstände benötigen, allerdings ist das ihrem Erachten nach nicht gleichzeitig mit der Bereitstellung weiterer monetärer Ressourcen verbunden. Die leistungsberechtigten Kinder verfügen auch weiterhin nur über Mittel in Höhe von monatlich zehn Euro für die Nutzung von institutionell organisierten Freizeitangeboten.

Darüber hinaus zeigt sich durch die Streichung der Ausgaben für die Ausstattung mit kindgerechten Gegenständen aus den Regelbedarfen, dass zur existenznotwendigen, materiellen Ausstattung der leistungsberechtigten Kinder nach Ansicht der Gesetzgeber*innen keine altersgerechten Gegenstände gehören, die sie speziell zur nichtorganisierten Freizeitgestaltung nutzen. Hierbei sei bspw. an Sportgeräte oder -gegenstände gedacht wie Skateboard, Slackline, Fuß- oder Basketball sowie an Zeitschriften, Bücher oder an Materialien zum Basteln oder Handwerken (vgl. Lenze 2011c, Rn. 40). Irrelevant bleibt für die Gesetzgeber*innen, ob und inwiefern sie diese zur Selbstbildung oder zur Teilnahme an den Freizeitaktivitäten mit ihren Freund*innen einsetzen. Maßgeblich für die Berücksichtigung ist ausschließlich, dass die materielle Ausstattung für eine institutionell organisierte Freizeitaktivität benötigt wird, sodass sie ihnen keine weitere Ausstattung mit kinderechten Gegenständen für ihre Freizeit als Bedarfe zusprechen.

Ausstattung mit kindgerechten Gegenständen für Klassenfahrten

Die Gesetzgeber*innen gehen davon aus, dass für Klassenfahrten oder Ausflüge zum Teil zusätzliche Gegenstände benötigt werden, um an spezifischen Aktivitäten teilnehmen zu können, die während der Fahrt ausgeübt werden. Die dafür notwendige Ausrüstung erkennen die Gesetzgeber*innen als notwendige, kindgerechte Gegenstände an (vgl. Lenze 2011b, Rn. 8). Diese müssen jedoch im direkten Zusammenhang mit der schulischen Veranstaltung stehen. Neben der Erfüllung der unmittelbaren Teilnahmefunktion bedeutet das gleichzeitig, dass die Gesetzgeber*innen den leistungsberechtigten Kindern diese Ausrüstung nicht im Alltag zugestehen. Konkret benennen sie z. B. Schutzkleidung wie Sonnenbrille, warme Unterwäsche sowie Wanderschuhe. Weiterhin übernehmen sie bei ausleihbaren Gegenständen, die nur kurzzeitig benutzt werden, die Mietkosten. Das trifft bspw. auf Skier und Skistöcke zu.

> „Ebenfalls dazu zu zählen ist eine für den Ausflug notwendige Ausstattung und Schutzkleidung. [...] Durch die Veranstaltung veranlasst ist unter Umständen auch nur eine zeitlich begrenzte Notwendigkeit der Nutzung bestimmter Gegenstände. Daher kommt statt einer Neuanschaffung auch die Übernahme von Mietkosten, z. B. für Skibretter und -stöcke in Betracht. [...] Ebenso wenig zu erstatten sind Aufwendungen für Gegenstände, die nicht kausal auf die Veranstaltung zurückzuführen sind. [...] Entscheidend sein dürfte [...], ob ein bestimmter Gegenstand unmittelbar „zum Mitmachen" bei der Veranstaltung bzw. ihren obligatorischen Programmpunkten notwendig ist. [...]. Dies trifft z. B. auf eine Sonnenbrille (Augenschutz!) oder warme Unterwäsche für eine Skifahrt oder Wanderschuhe für einen Wanderausflug zu." (Leopold 2012a, Rn. 68)

Die materielle Ausstattung mit kindgerechten Gegenständen wird folglich bedeutsam, sofern sie zur Teilnahme an schulischen Gemeinschaftsveranstaltungen notwendig ist. Dabei sind ihrem Erachten nach neben den Teilnahmemöglichkeiten auch der Gesundheitszustand der Kinder zu berücksichtigen, was durch die Verwendung von Begriffen wie ‚Schutzkleidung' offenkundig wird. Darüber hinaus wird in diesem Bereich deutlich, dass die Gesetzgeber*innen den Bedarf an einer materiellen Ausstattung mit kindgerechten Gegenständen auf Zeit anerkennen, aufgrund dessen Bedarfe hinsichtlich langlebiger Gegenstände ebenso durch Leihgaben gedeckt werden können.

Aus den dargestellten Analysen zeigt sich, dass es sich bei den kindgerechten Gegenständen in der Mehrzahl nicht um Materialien handelt, die speziell für Kinder entwickelt wurden. Vielmehr werden Gegenstände bedeutsam, die über mehrere oder alle Lebensphasen hinweg genutzt werden wie Stifte, Blöcke, Taschenrechner oder Gegenstände für Freizeitaktivitäten. Das Kindspezifische daran ist, dass Kosten für diese Gegenstände nur als Bedarfe anerkannt werden, wenn sie in Kontexten auftreten, die insbesondere Kindern zugesprochen werden (z. B. Schulbesuch oder Musikunterricht). Darüber hinaus sind Kleidungsstücke (z. B. Wanderkleidung) in der Weise als kindspezifische Ausrüstung zu bewerten, da sie in kleineren Größen benötigt werden. Die Gesetzgeber*innen argumentieren zwar nicht mit dem Merkmal der Kleidergröße, allerdings lässt sich erkennen, dass sie dies wohl zumindest implizit mitdenken, weil sie bspw. nicht verlangen, dass die Kinder Kleidungsstücke ihrer Geschwister oder ihrer Eltern nutzen sollen.

Unterschiede zu den Leistungsberechtigten mit (drohender) Behinderung

Nach Ansicht der Gesetzgeber*innen können Kinder mit (drohender) Behinderung einen Bedarf an einem sog. ‚Autokindersitz' haben. Dieser liegt dann vor, wenn Eltern ein PKW zum Transport ihres Kindes aufgrund dessen Behinderung zugesprochen wird (vgl. Wahrendorf 2012c, Rn. 26). Die Gesetzgeber*innen benennen diesen Bedarf nur für Kinder mit (drohender) Behinderung. Familien im Leistungsbezug sprechen sie keinen Bedarf an einem PKW zu.

Durch die gesetzgeberische Anerkennung des Bedarfs an einem sog. ‚Autokindersitz' wird deutlich, dass PKWs nicht grundsätzlich in der Form ausgestattet sind, dass diese ohne weiteres von Kindern genutzt werden können. Vielmehr bedürfen sie nach einem ihrer Größe entsprechenden Sitzplatz. Damit zeigt sich, dass die Gesetzgeber*innen den Bedingungen gerecht werden, dass PKWs für Personen gebaut werden, die eine bestimmte Körpergröße erreicht haben und der Umstand, dass mit dem Fahrzeug auch kleinere Menschen transportiert werden sollen, unberücksichtigt bleibt. Daher werden zusätzliche Gegenstände benötigt, die erst nach deren Beschaffung den kleinen Menschen die Möglichkeit bieten, in PKWs unter spezifischen Schutzvorkehrungen transportiert zu werden. Sie gelten dementsprechend als Menschen, die (noch) nicht der Norm entsprechen, sodass sie auf Hilfsmittel zurückgreifen müssen, um die gleichen Mobilitätsformen zu nutzen wie Menschen, die der unterstellen Norm entsprechen. Insgesamt handelt es sich bei dem Autokindersitz folglich nicht um einen spezifisch behinderungsbedingten Bedarf.

Weiterhin sprechen die Gesetzgeber*innen den Kindern einen Bedarf an zusätzlichen Gegenständen zu, um die Auswirkungen der (drohenden) körperlichen Behinderung zu reduzieren. Diese bezeichnen sie als sog. Hilfsmittel' (vgl. u. a. Bieritz-Harder 2012d, Rn. 24). Zu denken sei hierbei z. B. an Hörgeräte oder Brillen (vgl. Wollschläger 2009a, Rn. 3; Wollschläger 2009a, Rn. 7), einen Rollstuhl oder Blindenführhunde (vgl. §§ 9, 10 EinglHVO). Dabei handelt es sich zwar nicht um kindspezifische Gegenstände, da diese im weiteren Lebensverlauf fortwährend benötigt werden. Allerdings handelt es sich um eine materielle Ausstattung, die den Kindern an dieser Stelle aufgrund ihrer Unterstützungsbedarfe zugesprochen wird, die sich aus ihrem physischen Gesundheitszustand ergibt. Allerdings weisen sie dahingehend eine Kindspezifik auf, dass sie auf ihre Körpergröße angepasst sein sollen.

Überblick über die Ergebnisse der Analyse

Tab. 35: Ergebnisse der Analyse der Unterkategorie: *Ausstattung mit kindgerechten Gegenständen*

Ergebnisse der Analyse	Kinder- und Kindheitsbilder
Bei den kindspezifischen Gegenständen, die die Gesetzgeber*innen als Bedarfe anerkennen, handelt es sich vielfach um Gegenstände, die nicht speziell für Kinder entwickelt wurden, sondern um Gegenstände, die Menschen in jeder Lebensphase nutzen wie Stifte, Lineal, Taschenrechner etc. Diese Gegenstände werden als kindspezifisch verstanden, weil Kinder diese zur Erfüllung ihrer gesellschaftlich zugesprochenen Aufgaben benötigen.	Kinder als kleine Erwachsene
Die Gesetzgeber*innen gehen davon aus, dass die Kinder nur mit den notwendigen Gegenständen in der Schule ausgestattet sind, wenn die Leistungen etwa zu dem Zeitpunkt ausgezahlt werden, wenn die Materialien erstmals benötigt werden – also zu Beginn des Schul(halb)jahres. Ansonsten würden die Familien die finanziellen Mittel für andere Güter oder Dienstleistungen ausgeben.	Kinder als Ergebnis der Fähigkeiten und Kompetenzen ihrer Eltern
Kinder können in Ausnahmefällen Schutzkleidung oder zusätzliche Gegenstände benötigen, wenn sie an einem institutionell organisierten Freizeitangebot teilnehmen. Darüber hinaus sprechen die Gesetzgeber*innen den leistungsberechtigten Kindern keinen Bedarf an kindspezifischen Gegenständen für ihre Freizeitgestaltung und der damit verbundenen Selbstbildung zu. Ressourcen für zusätzliche Materialien werden nur anerkannt, wenn Kinder diese für die Nutzung organisierter (Bildungs-)Angebote benötigen.	Institutionenkindheit
Kinder mit (drohender) Behinderung benötigen teilweise zusätzliche Hilfsmittel. Diese entsprechen den Hilfsmitteln, die auch den Erwachsenen mit gleichen Behinderungsarten zugesprochen werden. Das Kindspezifische daran besteht lediglich in der unterschiedlichen Größe der Hilfsmittel.	Kinder als kleine Erwachsene

Quelle: eigene Darstellung

3.2.2.6 Mobilität

Aussagen zur *Mobilität* von Kindern nehmen die Gesetzgeber*innen insbesondere auf der Handlungsebene hinsichtlich der Möglichkeiten von Kindern, mobil zu sein, vor. Zudem beschreiben sie, in welchen Situationen Mobilitätsbedarfe bei Kindern auftreten. Schließlich lassen sich Aussagen hinsichtlich der gesetzgeberischen Annahmen zum Mobilitätsbedarf bezüglich der Entfernung finden.

Möglichkeiten von Kindern, mobil zu sein

Im Rahmen der Leistungen für Bildung und Teilhabe benennen die Gesetzgeber*innen vier verschiedene Fortbewegungsmöglichkeiten, um den Bedarf an Mobilität sichern zu können. Dabei handelt es sich um (1) die eigenen Füße, (2) ein Fahrrad (vgl. Leopold 2012a, Rn. 83), (3) öffentliche Verkehrsmittel und (4) ein eigenes Fortbewegungsmittel i. S. eines Motorades oder eines PKWs (vgl. Deutscher Bundestag 2010a, S. 30). Hinsichtlich des eigenen Fortbewegungsmittels nehmen die Gesetzgeber*innen zusätzlich zwei Einschränkungen vor. Erstens dürfen Kinder noch kein motorisiertes Fahrzeug steuern (vgl. § 10 Abs. 1 FeV), sodass die Nutzung eines solchen Fortbewegungsmittels zweitens nur als Mitfahrer*innen möglich ist. Da sie den leistungsberechtigten Familien den Bedarf an einem PKW und einem Motorrad jedoch absprechen (vgl. Bundesrat 2010, S. 200; Deutscher Bundestag 2010b, S. 59), bezieht sich der Bedarf, in einem PKW mitzufahren, nicht auf die Unterstützungen, die die Kinder über ihre Eltern erhalten. Die Nutzung eines PKWs als Mitfahrer*innen wird für die Kinder nur möglich, wenn Personen aus dem familiären Netzwerk den Kindern diese Möglichkeit bieten. Das liegt nach Ansicht der Gesetzgeber*innen bspw. vor, wenn Verwandte eine Fahrgemeinschaft bilden, um ihre Kinder in die Schule zu bringen und die leistungsberechtigten Kinder kostenfrei mitnehmen (vgl. Leopold 2012a, Rn. 94).

Dementsprechend zeigt sich, dass die Gesetzgeber*innen davon ausgehen, dass leistungsberechtigte Kinder, ihre Mobilitätsbedarfe vor allem decken, indem sie zum gewünschten Ort laufen, mit dem Fahrrad fahren oder öffentliche Verkehrsmittel nutzen. Die Sicherung des Bedarfs, mobil zu sein durch das Mitfahren in einem PKW, ist hingegen kaum von Bedeutung.

Wann treten Mobilitätsbedarfe auf?

Mobilitätsbedarfe treten nach Ansicht der Gesetzgeber*innen im frühkindlichen und im schulischen Kontext sowie im Freizeitbereich auf. Diese Bedarfe beziehen sich sowohl auf das Erreichen der Bildungsinstitutionen als auch auf die Teilnahme an den Ausflügen und Fahrten, die durch diese Einrichtungen organisiert und angeboten werden. Zudem gehen die Gesetzgeber*innen von einem weiteren Mobilitätsbedarf aus, der ausnahmsweise nicht in Zusammenhang mit einer Bildungseinrichtung steht. Die Leistungsberechtigten haben nach Ansicht der Gesetzgeber*innen auch einen Bedarf, ihre Verwandten und Freund*innen zu besuchen.

Bedarf am Erreichen von Bildungsinstitutionen

Die Gesetzgeber*innen gehen nicht davon aus, dass die Mobilitätsbedarfe hinsichtlich des Erreichens von Bildungseinrichtungen für die Kindertagesbetreuungsangebote, die Schule und die außerschulischen Bildungseinrichtungen gleich sind. Vielmehr unterstellen sie für die drei Bereiche einen ganz unterschiedlichen Umfang dieses Bedarfs. Den umfangreichsten und damit bedeutsamsten Bedarf sprechen sie dem Erreichen der Schule zu. Daran schließt sich der Bedarf am Erreichen außerschulischer Bildungsangebote an und den geringsten Stellenwert hinsichtlich der Mobilitätsbedarfe sprechen sie dem Erreichen frühkindlicher Bildungsangebote zu.

Der Mobilitätsbedarf hinsichtlich des Erreichens der Schule wird in seiner Quantität von der Lage der besuchten Schule bestimmt. Befindet sich die besuchte Schule nicht in unmittelbarer Nachbarschaft der Wohnung, sprechen die Gesetzgeber*innen den leistungsberechtigten Kindern einen Bedarf an Übernahme der Kosten für die sog. ‚Schülerbeförderung' zu.

> „§ 28 Abs. 4 SGB II trägt der insbesondere in Flächenkreisen (‚ländlicher Raum') und größeren Städten regelmäßig auftretenden Situation Rechnung, wo das Erreichen der nächstgelegenen Schule in zumutbarer Weise nicht zu Fuß oder mit dem Fahrrad, sondern nur mit öffentlichen Verkehrsmitteln möglich ist."

Aufgrund der Siedlungsdichte („Flächenkreise [...] und größere Städte") sind für die Kinder nicht immer in der unmittelbaren Umgebung diejenigen schulischen Angebote zu finden, die sie benötigen. Demnach gehen die Gesetzgeber*innen von einer regional unterschiedlich ausgebauten Infrastruktur aus. Vor diesem Hintergrund können die Kinder den gewählten Schultyp nicht zwangsläufig mit dem Fahrrad oder fußläufig erreichen, sodass die Gesetzgeber*innen ihnen einen Bedarf an Übernahme der Kosten für die Nutzung des öffentlichen Nahverkehrs oder einer spezifisch dafür eingerichteten Schülerbeförderung zusprechen.

Dieser Bedarf wird u. U. bereits in Teilen über die Regelleistungen gedeckt.

> „Meist muss für die Schülerbeförderung auf öffentliche Verkehrsmittel zurückgegriffen werden, wobei die hierdurch entstehenden Kosten im Regelbedarf nicht vollständig abgebildet werden. Für den Bereich Verkehr werden nach § 6 des Regelbedarfs-Ermittlungsgesetzes 14 Euro (vom Beginn des 7. bis zur Vollendung des 14. Lebensjahres) bzw. 12,62 Euro [...] berücksichtigt. Die Kosten für eine Schülermonatskarte liegen oftmals höher." (Deutscher Bundestag 2010a, S. 30)

Aus diesem Zitat wird deutlich, dass die Möglichkeit besteht, dass die Kosten, um die Schule zu erreichen, deutlich über dem Betrag liegen können, der im

Regelsatz für Mobilitätsbedarfe vorgesehen ist. In Anbetracht dessen hat der Träger der Leistungen für Bildung und Teilhabe für die Mehrkosten der Schülerbeförderung auf Antrag aufzukommen.

Gleichzeitig wird im Zitat indirekt angedeutet, dass der Bedarf, die Schule zu erreichen, ihrem Erachten nach höher zu gewichten ist als der Bedarf an Mobilität für andere Aktivitäten. Dies zeigt sich insbesondere vor dem Hintergrund, dass Unterstützungsleistungen für Mobilität im Regelsatz enthalten sind, diese aber vorrangig für die Schülerbeförderung genutzt werden sollen. Bleiben noch Mittel übrig, können sie für den zusätzlichen Mobilitätsbedarf eingesetzt werden. Liegen die Kosten der Schülerbeförderung über dem Betrag des Regelsatzes und kann mit der Schülerfahrkarte ausschließlich die Strecke zwischen Wohnung und Schule befahren werden, erstattet der Leistungsträger die tatsächlichen Kosten. Kann die Fahrkarte für weitere Zwecke eingesetzt werden, d. h. können Kinder z. B. den gesamten Nahverkehr im Tarifgebiet nutzen, erfolgt seit 1.8.2013 eine Anrechnung von mindestens fünf Euro im Monat aus dem Regelsatz (vgl. Deutscher Bundestag 2013b, S. 11). Für die Sieben- bis 14-jährigen, die 14 Euro im Monat für Mobilität erhalten (vgl. Deutscher Bundestag 2010a, S. 37), bleiben noch neun Euro für die zusätzlichen Mobilitätsbedarfe.

Im Vergleich zu erwerbstätigen Erwachsenen stellen die Gesetzgeber*innen die leistungsberechtigten schulpflichtigen Kinder mit der Anrechnung eines Eigenanteils für die Schülerbeförderungskosten schlechter. Obwohl Kinder mit dem Besuch der Schule in gleicher Weise wie die Erwachsenen einer gesellschaftlichen Pflicht nachkommen, werden nicht zwangsläufig die vollständigen Kosten für die Mobilitätssicherung zur Erfüllung der Schulpflicht übernommen. Demgegenüber wird Erwachsenen bspw. im Rahmen des § 9 Abs. 2 EStG die steuerliche Absetzbarkeit der Mobilitätskosten für den Weg zwischen Wohnung und regelmäßiger Arbeitsstätte ab dem ersten Kilometer und unabhängig von der Nutzung kostenpflichtiger Angebote oder eines eigenen motorisierten Fortbewegungsmittels ermöglicht.

Mobilitätsbedarf zum Erreichen der außerschulischen Bildungseinrichtungen erkennen die Gesetzgeber*innen vor allem über die Regelbedarfe an. Darüber sprechen sie den leistungsberechtigten unter Siebenjährigen etwa zwölf Euro im Monat und den Sieben- bis 14-jährigen einen Betrag von monatlich 14 Euro zur Sicherung der Mobilitätsbedarfe zu (vgl. Luik 2013b, Rn. 39), die sich auch auf weitere Mobilitätsbedarfe beziehen. Unter Berücksichtigung der notwendigen Mittel zum Erreichen der Schule können die verbleibenden Leistungen je nach Ermessen der Leistungsberechtigten für die weiteren Mobilitätsbedarfe eingesetzt werden. Dementsprechend nehmen sie an, dass sich außerschulische Bildungseinrichtungen auch außerhalb des fußläufigen oder per Fahrrad erreichbaren Umfelds der Kinder befinden.

Weiterhin gehen die Gesetzgeber*innen davon aus, dass sich außerschulische Bildungsangebote auf direktem Weg zur Schule befinden können. Dies wird deutlich durch den Hinweis, dass Kinder zum Erreichen außerschulischer Bildungsangebote ihre Schülermonatsfahrkarte einsetzen (vgl. Luik 2013d, Rn. 52; Deutscher Bundestag 2010a, S. 30).

Schließlich können die Kosten zur Befriedigung der Mobilitätsbedarfe in diesem Bereich seit dem 1.8.2013 auch aus den sog. ‚Leistungen der Teilhabe am sozialen und kulturellen Leben in der Gemeinschaft' mitfinanziert werden. Die Gesetzgeber*innen erkennen damit an, dass die Freizeiteinrichtungen nicht nur in unmittelbarer Umgebung des Elternhauses oder auf der Strecke zwischen elterlicher Wohnung und Schule liegen müssen, sondern der Bewegungsradius der Kinder auch größer sein kann. Kinder orientieren sich bei der Entscheidung für ein spezifisches Freizeitangebot demnach nicht ausschließlich an den Möglichkeiten in ihrer unmittelbaren Umgebung. Vielmehr gestehen die Gesetzgeber*innen den Kindern mit dieser Ausweitung des Bedarfs zu, dass sich durch den Bedarf an Teilnahme an speziellen außerschulischen Freizeitangeboten, die sich nicht im unmittelbaren Umfeld der Kinder befinden, der Mobilitätsbedarf erhöhen kann. Allerdings können diese Angebote ihrem Erachten nach nicht weit von den regelmäßigen Wegen der Kinder entfernt sein, denn die Leistungsberechtigten müssen mit monatlich zehn Euro sowohl die Teilnahmebeiträge, die Ausstattung mit den notwendigen Gegenständen sowie die damit verbundenen Mobilitätsbedarfe decken. Demnach erweitert sich ihr Bewegungsradius nur in einem geringen Umfang.

Aus dieser zusätzlichen Berücksichtigung weiterer Mobilitätsbedarfe wird jedoch deutlich, dass die Gesetzgeber*innen nicht davon ausgehen, dass die Kinder vornehmlich in ihrer alltäglichen Umgebung bleiben wollen. Vielmehr scheint es, als gehen die Gesetzgeber*innen davon aus, als würde sich der Bewegungsradius der Kinder in dem Umfange ausweiten, wie sie den Kindern monetäre Ressourcen dafür zur Verfügung stellen. Die Kinder selbst würden hingegen noch einen größeren Mobilitätsrahmen nutzen, wenn sie über die entsprechenden Mittel verfügen würden.

Letztendlich erkennen die Gesetzgeber*innen keine Bedarfe an der Übernahme zusätzlicher Kosten an, um Kindertagesbetreuungsangebote zu erreichen. Das wird vor allem dadurch deutlich, dass die Gesetzgeber*innen keine vergleichbare Leistung wie diejenige zum Erreichen der Schule oder der außerschulischen Bildungsangebote gewähren. Zwar könnten die leistungsberechtigten Familien, diesen Bedarf aus den Regelleistungen sichern, allerdings bleibt fraglich, ob dieser Bedarf damit tatsächlich gedeckt ist, da davon auszugehen ist, dass die Kinder die Strecke an mehreren Tagen pro Woche zurücklegen müssen. Demnach handelt es sich nicht mehr nur um geringe finanzielle Aufwendungen, die eingesetzt werden müssen.

Zudem benennen die Gesetzgeber*innen an keiner Stelle der Ausführungen, dass Kinder zum Erreichen der Kindertagesbetreuungsangebote derartige Hilfen benötigen, sodass sie scheinbar nicht annehmen, dass dieser Bedarf vorliegt. Dies erscheint jedoch vor dem Hintergrund kaum nachvollziehbar, da sich in der Diskussion um die Umsetzung des Rechtsanspruchs für Kinder ab dem vollendeten ersten Lebensjahr zeigt, dass Kindertagesbetreuungsangebote nicht zwangsläufig im unmittelbaren Wohnumfeld der Kinder vorhanden sind, sondern ihnen eine einfache Wegstrecke von bis zu 30 Minuten mit öffentlichen Verkehrsmitteln zugemutet wird (vgl. Wiesner/Kößler 2014, Rn. 11 ff.). Folglich gehen die Gesetzgeber*innen wohl davon aus, dass sich der Mobilitätsbedarf zum Erreichen eines Kindertagesbetreuungsangebotes bei den Leistungsberechtigten vor allem auf Angebote bezieht, die fußläufig oder per Fahrrad erreichbar sind.

Bedarf an der Teilnahme an Ausflügen und Fahrten

Nach Ansicht der Gesetzgeber*innen bieten sowohl Schulen als auch frühkindliche und außerschulische Einrichtungen Veranstaltungen an, die außerhalb des Geländes der Bildungseinrichtung stattfinden. Für den schulischen und den frühkindlichen Bereich sind diese Veranstaltungen sehr ähnlich. Während sich die Reisen im außerschulischen Bereich nach Ansicht der Gesetzgeber*innen geringfügig davon unterscheiden, sodass veränderte Bedarfe vorliegen.

Im schulischen und frühkindlichen Kontext sprechen die Gesetzgeber*innen von ‚eintägigen Ausflügen und mehrtägigen Fahrten'. Konkret handelt es sich bei Ausflügen um Fahrten, bei denen die Kinder im Klassenverband oder der Kita-Gruppe einen Tag außerhalb des Schul- oder Kita-Geländes verbringen. Mit dem Begriff ‚Klassenfahrten' und ‚mehrtägige Fahrten' verbinden die Gesetzgeber*innen institutionell organisierte Aktionen, bei denen die Kinder mindestens eine Nacht außerhalb der elterlichen Wohnung verbringen (vgl. Leopold 2012a, Rn. 56 ff.). Das spezifische Merkmal dieser Veranstaltungen hinsichtlich des Mobilitätsaspekts besteht darin, dass die Kinder während der Ausflüge und Fahrten ihre Zeit nicht im Schul- oder Kita-Gelände verbringen, sondern sich in der näheren Umgebung oder an entfernteren Orten aufhalten.

Ein vergleichbarer Bedarf kann nach Ansicht der Gesetzgeber*innen im Freizeitbereich vorliegen, wenn außerschulische Bildungseinrichtungen sog. ‚Reisen' für Kinder organisieren und anbieten (vgl. Lenze 2011b, Rn. 36). Dabei sei bspw. an Zeltlager oder Pfadfinderlager zu denken (vgl. Leopold 2012a,

Rn. 139). Dementsprechend gehen sie davon aus, dass Kinder den Bedarf haben können, in ihren (längeren) Ferien eine Reise mit Gleichaltrigen zu unternehmen. Auch diese zeichnen sich dadurch aus, dass sie über mehrere Tage andauern und nicht in dem Gelände der Bildungseinrichtung durchgeführt werden.

Neben diesen grundsätzlichen Gemeinsamkeiten, bestehen teilweise Unterschiede hinsichtlich der Funktion und des Umfangs dieser Fahrten zwischen den Angeboten der Bildungseinrichtungen.

Die Funktion dieser Fahrten besteht für die Gesetzgeber*innen in den drei Bereichen nicht vordergründig in der Sicherung des Mobilitätsbedarfs. Wie ausführlich im Abschnitt 3.2.3.5 dargestellt, soll durch die Übernahme der Kosten für die ein- und mehrtägigen Fahrten vor allem der Teilhabebedarf der Kinder befriedigt werden. Den Gesetzgeber*innen geht es also nicht vordergründig darum, dass Kinder bspw. ihre Umgebung kennenlernen wollen oder den Bedarf haben, einen entfernten Ort zu besuchen. Vielmehr steht ihrem Erachten nach die Sicherung des Bedarfs an Teilnahme der leistungsberechtigten Kinder am sozialen Leben der Gleichaltrigen im Zentrum. Dementsprechend wollen die Leistungsberechtigten ihren Ansichten nach bei den Gruppenaktivitäten der Gleichaltrigen dabei sein und das vor allem dann, wenn Aktivität nicht innerhalb der Bildungseinrichtung durchgeführt werden.

Darüber hinaus haben die Reisen im außerschulischen Freizeitbereich noch eine weitere Funktion. Nach Ansicht der Gesetzgeber*innen ermöglicht eine solche Teilnahme den Kindern zusätzlich eine Auszeit von ihren Familien (vgl. Leopold 2012a, Rn. 139). Demnach sprechen sie diesen Reisen auch die Funktion der Sicherung des Bedarfs an Erholung zu, wie auch in Abschnitt 3.2.5.5 detailliert ausgeführt ist.

Der Umfang des Mobilitätsbedarfs ist nach Ansicht der Gesetzgeber*innen im frühkindlichen und schulischen Kontext nicht eingeschränkt, während dieser Bedarf im außerschulischen Bereich nur in einem festgesetzten Maß vorliegt. Hinsichtlich des Bedarfs nach Kostenübernahme für Ausflüge und Fahrten gehen die Gesetzgeber*innen nicht davon aus, dass ein solcher Bedarf nur einmal pro Schul- oder Kita-Jahr auftreten kann. Ihrem Erachten nach liegt dieser Bedarf so oft vor, wie derartige Angebote von Seiten der Institutionen vorgehalten werden.

> „Irrelevant für die Berücksichtigungsfähigkeit der Aufwendungen für Schul- und Kindertageseinrichtungsfahrten ist, wie viele Fahrten pro Schul- oder Kalenderjahr stattfinden. Eine Begrenzung auf nur eine Fahrt bzw. einen Ausflug pro Jahr oder Halbjahr sieht das Gesetz nicht vor." (Leopold 2012a, Rn. 67)

In diesem Zusammenhang vermutet Grube, dass die Gesetzgeber*innen annehmen, dass derartige Veranstaltungen „nicht so oft“ (Grube 2012a, Rn. 25) angeboten werden, sodass damit bereits

> „[…] eine gewisse Kostenbegrenzung gegeben ist […].“ (Grube 2012a, Rn. 25)

Anhand dieser Zitate wird deutlich, dass der Kostenaspekt bei der Sicherung des Bedarfs an Teilnahme an Ausflügen und Fahrten für die Gesetzgeber*innen in den Hintergrund rückt und es ihnen vornehmlich um die Ermöglichung der Teilnahme der Kinder an diesen Fahrten geht. Indem sie keine weiteren Einschränkungen hinsichtlich der maximal zu übernehmenden Kosten pro Schuljahr oder Fahrt vornehmen, sprechen sie diesem Bedarf eine besondere Wichtigkeit zu. Wie in Abschnitt 3.2.3.5 noch ausführlich dargestellt wird, steht dabei weniger die Befriedigung des kindlichen Mobilitätsbedarfs im Vordergrund. Ihnen geht es vorrangig um die Befriedigung des Teilnahmebedarfs. Vor diesem Hintergrund ist die Vernachlässigung der Einschränkung auf eine spezifische Anzahl an Teilnahmen durchaus plausibel. Würden die Gesetzgeber*innen den Kindern lediglich eine Teilnahme pro Jahr gewähren, wäre die Verhinderung von Ausgrenzung aus dem Klassenverband oder der Kita-Gruppe wohl kaum gewährleistet, wenn in der Einrichtung bspw. vier Ausflüge in einem Jahr vorgenommen würden.

Dieser Logik folgend, übernehmen die Gesetzgeber*innen auch die Kosten für die ein- und mehrtägigen Fahrten, wenn leistungsberechtigte Kinder die Klassenstufe wiederholen (vgl. Leopold 2012a, Rn. 48). Der Bedarf, an einer schulischen Gemeinschaftsveranstaltung i. S. einer Klassenfahrt teilzunehmen, besteht folglich in jedem Jahr, in dem die Klasse solche Fahrten unternimmt. Mussten bspw. Kinder eine Klassenstufe wiederholen und haben bereits im Vorjahr einen solchen Bedarf geltend gemacht, tritt dieser, trotz dass dieser für die gleiche Jahrgangsstufe bereits vorhanden war und befriedigt wurde, in dem Folgejahr erneut auf.

Demgegenüber ist der Umfang des Mobilitätsbedarfs nach Ansicht der Gesetzgeber*innen im außerschulischen Bildungsbereich deutlich geringer als im schulischen und frühkindlichen Kontext. Kosten werden für Reisen im Rahmen außerschulischer Bildungsangebote in einer maximalen Höhe von 120 Euro im Jahr übernommen. Dies liegt darin begründet, dass dieser Bedarf über die Leistungen für die sog. Teilhabe am sozialen und kulturellen Leben in der Gemeinschaft gewährt wird. Diese Leistungen werden pauschal in Höhe von monatlich zehn Euro berücksichtigt und werden i. d. R. für den Zeitraum von zwölf Monaten bewilligt. Die leistungsberechtigten Kinder können diese Leistungen ansparen und für kostenintensivere Aktivität einsetzen (vgl. Lenze 2011b, Rn. 36 i. V. m. Lenze 2011c, Rn. 15). Demnach können die Kinder innerhalb des Jahres an mehreren Reisen teilnehmen. Allerdings muss es sich um kostengünstigere Reisen handeln.

Schließlich liegt hinsichtlich der frühkindlichen Bildungsangebote die Besonderheit vor, dass die Gesetzgeber*innen für Kinder in Kindertagespflege keinen Bedarf an Übernahme der Kosten zur Teilnahme an ein- und mehrtägigen Ausflügen anerkennen (vgl. Leopold 2012a, Rn. 50). Das kann darin begründet liegen, dass derartige Kosten in der Kindertagespflege laut BMFSFJ nicht erhoben werden dürfen, da sie zum Gesamtangebot der Kindertagespflege gehören und über die Elternbeiträge bereits abgedeckt sind (vgl. BMFSFJ 2014, S. 6). Inwiefern dies in der Praxis tatsächlich eingehalten wird, kann an dieser Stelle nicht beantwortet werden und gilt auch nicht als Gegenstand dieser Arbeit. Verlangen Kindertagespflegepersonen zusätzliche Beiträge für Ausflüge und Fahrten von den Familien, würde dies zu einer Unterdeckung der Bedarfe der leistungsberechtigten Kinder führen. Entweder dadurch, dass die Familien die Kosten nicht übernehmen, die Kindern nicht an den Ausflügen teilnehmen und folglich ihre Mobilitäts- und Teilnahmebedarfe nicht gesichert wären; oder weil die Familien in anderen Bedarfen Einsparungen vornehmen und es in diesen Bereichen zur Unterdeckung der Bedarfe kommt.

*Bedarfe am Besuch von Verwandten und Freund*innen*

Im Freizeitbereich gehen die Gesetzgeber*innen neben dem Bedarf am Erreichen von Bildungseinrichtungen davon aus, dass Kinder mobil sein wollen, um ihre Verwandten und Freund*innen zu besuchen. Das geht aus den Ausführungen zum angenommenen Einsatz der Regelleistungen zur Sicherung des Mobilitätsbedarfs hervor (vgl. Leopold 2012a, Rn. 96). Diese monetären Ressourcen ermöglichen den Leistungsberechtigten nach Ansicht der Gesetzgeber*innen neben der Sicherung des Bedarfs am Erreichen der Schule und der außerschulischen Bildungseinrichtungen auch die Nutzung des öffentlichen Nahverkehrs sowie den Kauf und die Instandhaltung eines Fahrrads, um dadurch Verwandte und Freund*innen besuchen zu können.

Weiterhin gehen die Gesetzgeber*innen davon aus, dass Freund*innen und Verwandte zum Teil am direkten Schulweg der Kinder wohnen, sodass sie ihre Schülermonatsfahrkarte dafür einsetzen können (vgl. Luik 2013d, Rn. 52; Deutscher Bundestag 2010a, S. 30).

Zusammenfassend zeigt sich, dass die Gesetzgeber*innen durch diesen eher geringen Umfang an Mobilitätsbedarfen davon ausgehen, dass sich sowohl Freund*innen als auch Verwandte eher im nahen Wohnumfeld befinden. Sie berücksichtigten bspw. nicht, dass getrennt lebende Elternteile oder Großeltern zum Teil weit entfernt von den Kindern wohnen können oder sie gehen in diesen Fällen davon aus, dass der Bedarf am Besuch dieser Personen nur in sehr großen zeitlichen Abständen auftreten. Das wird deutlich, da die Leistungen dann angespart werden muss, um diese Strecken zurücklegen zu können.

Mobilitätsbedarfe hinsichtlich der Entfernung

Wie bereits aus den dargestellten Analysen zum Mobilitätsbedarf hervorgeht, beschränkt sich dieser nach Ansicht der Gesetzgeber*innen vordergründig auf das nahe Wohnumfeld der Leistungsberechtigten. Erweitert wird dieser Radius nur, wenn Bildungseinrichtungen Angebote organisieren, deren Ziele außerhalb dieses Umfelds liegen.

Kindern wird folglich nur ein eingeschränkter Mobilitätsbedarf zugesprochen. Dieser ergibt sich insbesondere aus der Vorgabe, dass sie die Mittel, die sie über die Regelbedarfe erhalten, vornehmlich für verpflichtende Angebote – d. h. zum Erreichen der Schule – einsetzen müssen. Sie können daher nur eingeschränkt wählen, welche Mobilitätsangebote sie in Anspruch nehmen (z. B. um Freizeitangebote zu nutzen oder Freund*innen und Verwandte zu besuchen, die sich außerhalb des Verbundgebietes befinden) oder ob sie ein Fahrrad anschaffen bzw. ihr eigenes reparieren möchten (vgl. Leopold 2012a, Rn. 96). Damit wird ihnen nur ein begrenzter Radius gewährt, in dem sie sich aufhalten können und zwar vornehmlich der zwischen Elternhaus und Schule.

Ihr Mobilitätsradius wird darüber hinaus durch die Regelung eingeschränkt, dass nur die Kosten für die nächstgelegene Schule des gewählten Bildungsgangs (d. h. Regelschule, Gymnasium etc.) übernommen werden. Am nächsten gelegen kann sowohl die Schule mit der geringsten geografischen Entfernung sein als auch diejenige, die am schnellsten erreichbar ist (vgl. Luik 2013b, Rn. 33; Leopold 2012a, Rn. 85). Eine Ausnahme sehen die Gesetzgeber*innen allein dann vor, wenn die nächstgelegene Schule nicht über freie Platzkapazitäten verfügt (vgl. Leopold 2012a, Rn. 88). Damit berücksichtigen sie mögliche institutionenbedingte Hindernisse, die einen Besuch ausschließen und der auch zu veränderten Mobilitätsbedarfen führt.

Darüber hinausreichende Mobilitätsbedarfe hinsichtlich der Entfernung erkennen die Gesetzgeber*innen an, sofern Bildungseinrichtungen (Kindertagesbetreuungsangebote, Schulen oder außerschulische Bildungseinrichtungen) Fahrten organisieren, die über das unmittelbare Wohnumfeld der Kinder hinausgehen.

Auf der Grundlage der Vielzahl benannter Situationen, in denen Mobilitätsbedarfe auftreten können, zeigt sich, dass die Gesetzgeber*innen nicht annehmen, dass die leistungsberechtigten Kinder ihre Zeit ausschließlich im unmittelbaren Wohnumfeld oder in der elterlichen Wohnung verbringen wollen. Vielmehr nutzen die Kinder die ihnen eröffneten Möglichkeiten, um an Aktivitäten in ihrem weiteren Umfeld teilzunehmen. Dementsprechend ist das eingeschränkte Mobilitätsverhalten der Kinder insbesondere den Gesetzgeber*innen zuzuschreiben, die keinen erhöhten Bedarf in diesem Bereich sehen und keine weiteren Unterstützungsleistungen anerkennen. Die Kinder wären ihren Ansichten nach scheinbar noch mobiler, wenn sie über die dafür notwendigen finanziellen Ressourcen verfügen würden.

Unterschiede zu den Leistungsberechtigten mit (drohender) Behinderung

Mobilitätsbedarfe werden für Kinder mit (drohender) Behinderung im Allgemeinen hinsichtlich veränderter Bedarfe aufgrund der gesundheitlichen Einschränkung relevant. Im Besonderen können die leistungsberechtigten Kinder zusätzliche Mobilitätsbedarfe aufweisen, wenn es sich bei ihrer gesundheitlichen Einschränkung um eine solche handelt, aufgrund derer sie per se in ihrer Mobilität eingeschränkt sind (vgl. Neumann 2010, Rn. 2). Die damit verbundenen gesetzgeberischen Annahmen werden zuerst dargestellt. Anschließend werden Mobilitätsbedarfe der Kinder mit (drohender) Behinderung im Freizeitbereich analysiert.

Kinder, die im Sinne einer (drohenden) Behinderung per se mobilitätseingeschränkt sind

Die Gesetzgeber*innen gehen davon aus, dass per se mobilitätseingeschränkte Kinder einen erhöhten Mobilitätsbedarf haben. Das zeigt sich an den zusätzlichen Hilfen, die sie den Kindern über die Leistungen der sog. ‚Teilhabe am sozialen und kulturellen Leben in der Gemeinschaft' (§ 55 SGB IX i. V. m. § 58 SGB IX) gewähren. Darüber unterstützen sie die Kinder bei der Mobilitätssicherung, um die Wohnung verlassen zu können, um die Schule und Freizeitangebote zu erreichen sowie um die Familie im Falle eines Internatsaufenthaltes besuchen zu können.

Die Gesetzgeber*innen schreiben Kindern mit (drohender) Behinderung generell einen Bedarf zu, die elterliche Wohnung verlassen zu wollen, um diverse Aktivitäten und Angebote (insbesondere den Besuch einer Schule und Freizeitmöglichkeiten) zu nutzen. Wegen der Mobilitätseinschränkungen und weil sich die Einrichtungen nicht immer in der unmittelbaren Nachbarschaft der Wohnung befinden, haben die Kinder den Bedarf an einer Form der motorisierten Fortbewegung. Dabei denken die Gesetzgeber*innen insbesondere an einen PKW. Dessen standardmäßige Ausstattung entspricht jedoch ihren Ansichten nach gerade bei den mobilitätseingeschränkten Kindern nicht (immer) deren Sicherheitsbedarfen, sodass der PKW zur gefahrlosen Nutzung erst umgebaut werden muss.

„Ermöglicht erst eine Haltevorrichtung in einem PKW, dass ein behindertes Kind mit seiner Familie mitfahren kann, sind die Umbaukosten vom Sozialhilfeträger zu übernehmen [...].“ (Wahrendorf 2012c, Rn. 26)

Dieser Bedarf liegt nach Ansicht der Gesetzgeber*innen jedoch nur vor, wenn die Kinder regelmäßig auf die Nutzung des PKWs angewiesen sind und wenn sie den Voraussetzungen der Eingliederungshilfe entsprechen (vgl. Wahrendorf 2012c, Rn. 26), d. h. um

„[...] die Teilhabe am Leben in der Gesellschaft zu ermöglichen oder zu erleichtern, ihnen die Ausübung eines angemessenen Berufs oder einer sonstigen angemessenen Tätigkeit zu ermöglichen oder sie so weit wie möglich unabhängig von Pflege zu machen.“ (vgl. § 53 Abs. 3 SGB XII)

Der Umbau eines PKWs wird nach Ansicht der Gesetzgeber*innen also notwendig, wenn dadurch das Erreichen der Schule ermöglicht wird (vgl. Wahrendorf 2012c, Rn. 26). Denn der Besuch einer Schule ist nach Ansicht der Gesetzgeber*innen die notwendige Grundlage, um einen Beruf erlernen zu können und zukünftig Chancen auf dem Arbeitsmarkt zu haben sowie in die Gesellschaft eingegliedert zu sein.

Anhand der Analyse zeigt sich, dass die Gesetzgeber*innen auch bei den Kindern mit (drohender) Behinderung dem Erreichen der Schule den höchsten Stellenwert zusprechen, denn neben der Möglichkeit der Kostenübernahme für den Umbau eines PKWs, können auch die Kosten in einem behindertengerechten Taxi (vgl. Wehrhahn 2011, Rn. 50) sowie Internatskosten inkl. der Kosten für die wöchentliche Fahrt zu den Eltern übernommen werden (vgl. Wahrendorf 2012c, Rn. 50; Majerski-Pahlen 2010a, Rn. 22). Demnach gehen die Gesetzgeber*innen auch im Rahmen der Leistungen für Kinder mit (drohender) Behinderung davon aus, dass sich Mobilitätsbedarfe von Kindern vorrangig daraus ergeben, dass sie an Schule teilnehmen wollen, um ihre Chancen auf dem Arbeitsmarkt zu erhöhen und gleichzeitig in eine Zukunft blicken zu können, in der sie unabhängiger von Dritten sind.

Mobilitätsbedarfe im Freizeitbereich

Die Gesetzgeber*innen erkennen weiterhin für die Kinder mit (drohender) Behinderung erhöhte Mobilitätsbedarfe im Freizeitbereich im Vergleich zu Kindern ohne Behinderung an. Dies wird an den zusätzlichen Hilfen deutlich, die sie für Kinder mit (drohender) Behinderung über die Leistungen für Bildung und Teilhabe hinaus gewähren.

> „Es gehören dazu die Hilfen zur Förderung der Begegnung und des Umgangs mit nichtbehinderten Menschen, die Hilfen beim Besuch von Veranstaltungen oder Einrichtungen, die der Geselligkeit, der Unterhaltung oder kulturellen Zwecken dienen." (Wahrendorf 2012c, Rn. 32)

Diese Hilfen beziehen sich nicht nur auf die Ermöglichung der Teilnahme an den Aktivitäten durch die Bereitstellung der Kosten für die Teilnahmebeiträge. Vielmehr gehen die Gesetzgeber*innen davon aus, dass die Kinder einen erhöhten Bedarf bspw. an der Übernahme der Kosten für den öffentlichen Nahverkehr haben, weil sie den Weg allein nicht bewältigen können, sondern eine Begleitperson benötigen, für die zusätzliche Kosten entstehen (vgl. Wehrhahn 2011, Rn. 59). Dementsprechend gehen sie davon aus, dass Kinder mit (drohender) Behinderung den gleichen Aktionsradius haben wie leistungsberechtigte Kindern ohne Behinderung. Allerdings benötigen die Kinder mit (drohender) Behinderung ihrem Erachten nach zusätzliche Hilfe, um diesen Weg erfolgreich realisieren zu können.

Das Ziel der Bereitstellung dieser Mobilitätsleistungen besteht auch hier nicht vordergründig in der Sicherung des Mobilitätsbedarfs von Kindern mit (drohender) Behinderung. Vielmehr zielen die Gesetzgeber*innen auf die Befriedigung des Bedarfs an Teilnahme an Gemeinschaftsveranstaltungen von Gleichaltrigen ohne Behinderung (vgl. Bieritz-Harder 2012d, Rn. 64).

Die Analysen zeigen, dass die Gesetzgeber*innen mit den Hilfen zur Mobilitätssicherung für Kinder mit (drohender) Behinderung die gleichen Ziele verfolgen wie mit den Leistungen für die Kinder ohne Behinderung. Kinder mit (drohender) Behinderung können zwar einen erhöhten Bedarf aufgrund ihrer gesundheitlichen Einschränkung aufweise, allerdings soll dadurch im Wesentlichen der Bedarf an Teilnahme an Gemeinschaftsaktivitäten der Gleichaltrigen gedeckt werden. Liegen diese nicht im unmittelbaren Wohnumfeld, nutzen die Kinder motorisierte Fortbewegungsmittel, um ihre Teilhabebedarfe zu befriedigen. Die auftretenden Mobilitätsbedarfe richten sich folglich nach den Möglichkeiten, die im Wohnumfeld gegeben sind und den Bildungsangeboten, die im weiteren Umfeld bestehen.

Überblick über die Ergebnisse der Analyse

Tab. 36: Ergebnisse der Analyse der Unterkategorie: *Mobilität*

Ergebnisse der Analyse	Kinder- und Kindheitsbilder
Leistungsberechtigte Kinder decken ihre Mobilitätsbedarfe nach Ansicht der Gesetzgeber*innen vor allem zu Fuß, mit dem Fahrrad oder durch die Nutzung öffentlicher Verkehrsmittel.	Kinder als aktive Nutzer*innen ihrer Umwelt
Leistungsberechtigte Kinder können ihre Mobilitätsbedarfe nur als Mitfahrer*innen in PKWs decken, wenn Dritte (z. B. Verwandte) ihnen diese Möglichkeit anbieten und die dafür anfallenden Kosten tragen.	Kinder als abhängige Menschen von Dritten
Mobilitätsbedarfe treten bei den leistungsberechtigten Kindern vor allem auf, um Bildungseinrichtungen erreichen zu können.	Institutionen-kindheit
Die durch die Gesetzgeber*innen bereitgestellten Mittel für die Mobilitätssicherung haben die Leistungsberechtigten zuerst zum Erreichen der Schule einzusetzen bevor weitere Mobilitätsbedarfe gedeckt werden.	Schulkindheit
Kinder im Leistungsbezug nutzen sowohl Bildungseinrichtungen, die in ihrem unmittelbaren Umfeld angesiedelt sind, als auch Angebote, für die sie den öffentlichen Nahverkehr nutzen müssen.	Kinder als aktive Nutzer*innen ihrer Umwelt
Anders als zur Erreichung der Schule weisen Leistungsberechtigte nach Ansicht der Gesetzgeber*innen keinen Mobilitätsbedarf auf, um Kindertagesbetreuungsangebote erreichen zu können, die außerhalb des Umfeldes liegen, dass fußläufig oder mit dem Fahrrad erreichbar ist. Demnach schreiben die Gesetzgeber*innen der Inanspruchnahme von Kindertagesbetreuungsangeboten einen deutlich niedrigeren Stellenwert zu als der Nutzung einer Schule, die dem gewählten Schultyp entspricht.	Schulkindheit
Die leistungsberechtigten Kinder nutzen die ihnen zur Verfügung gestellten Mobilitätsmöglichkeiten. Nach Ansicht der Gesetzgeber*innen wären die Kinder noch mobiler, wenn sie die dafür notwendigen finanziellen Ressourcen besäßen.	Kinder als aktive Nutzer*innen ihrer Umwelt
Kinder mit (drohender) Behinderung, die aufgrund dessen per se mobilitätseingeschränkt sind, weisen nach Ansicht der Gesetzgeber*innen einen zusätzlichen Mobilitätsbedarfe auf, um die Bedarfe, die allen leistungsberechtigten Kindern zugesprochen werden, realisieren zu können.	Die ‚atypischen' Kinder

Ergebnisse der Analyse	Kinder- und Kindheitsbilder
Dieser erhöhte Mobilitätsbedarf bezieht sich neben weiteren Aspekten vor allem auf das Erreichen einer Schule, die den Fähigkeiten und Kompetenzen der Kinder entspricht.	Schulkindheit

Quelle: eigene Darstellung

Resümee

Zusammenfassend ist festzustellen, dass die Gesetzgeber*innen im Rahmen der Kategorie *materielle Lage* zu allen Unterkategorien Aussagen treffen, die sich jedoch in ihren Umfängen zum Teil deutlich unterscheiden.

Wohnen/Wohnumfeld

In der Unterkategorie *Wohnen* und *Wohnumfeld* zeigen sie einerseits auf, dass Kinder ihrem Erachten nach mit ihren Eltern in einem Haushalt zusammenleben und dort mindestens die Nächte verbringen. Die Größe und die Ausstattung bleiben innerhalb der Leistungen für Bildung und Teilhabe unberücksichtigt, sodass sie Kindern bspw. keinen Bedarf an einem Ort in der Wohnung zusprechen, den sie allein nutzen können. Abweichend davon gehen die Gesetzgeber*innen davon aus, dass Kinder mit (drohender) Behinderung einen über die allgemeinen Ausstattungsbedarfe hinausgehenden Bedarf haben. Dieser umfasst einen Umbau bzw. eine solche Ausstattung der Wohnung, dass die Kinder keine Barrieren vorfinden, die sie aufgrund ihrer (drohenden) Behinderung nicht oder nur eingeschränkt bewältigen können.

Weiterhin treffen die Gesetzgeber*innen hinsichtlich des Wohnumfelds der Kinder deutlich mehr Aussagen als zur Wohnungsausstattung. Sie gehen davon aus, dass sich dort diverse Institutionen und Einrichtungen befinden, die (Bildungs-)Angebote für Kinder bereithalten und die die Kinder nutzen wollen, sofern diese fußläufig oder durch ein Fortbewegungsmittel erreichbar sind. Außerdem nehmen sie an, dass zwar alle Kinder in ihrem Umfeld spezifische (Regel-)Angebote vorfinden (z. B. Schulen, Kindertageseinrichtungen, Fußballvereine, Musikschulen), allerdings sind nicht in allen Regionen die gleichen Angebote vorhanden. Folglich nehmen die Gesetzgeber*innen an, dass in den jeweiligen Wohnumfeldern, in denen die leistungsberechtigten Kinder leben, ungleiche Angebote vorgehalten werden. Von einer solchen Unterschiedlichkeit der Wohnumfelder und einer ausreichenden Anzahl von Freizeitangeboten gehen sie auch bei Kindern im Leistungsbezug mit (drohender) Behinderung aus. Der einzige Unterschied für diese Kinder besteht darin, dass nicht in jedem Fall eine auf ihre Bedarfe ausgerichtete Schule vorhanden ist, sodass sie möglicherweise ihr Wohnumfeld verlassen und für fünf Tage in der Woche ein Internat besuchen müssen. Schließlich treffen die Gesetzgeber*innen keine Aussagen dazu, ob sie annehmen, dass Kinder im Leistungsbezug vermehrt in einer eher kostengünstigen Wohnumgebung aufwachsen, die zum Teil als sog. ‚soziale Brennpunkte' bezeichnet werden und denen erhöhte Aufmerksamkeit und mittlerweile zum Teil auch zusätzliche Mittel zur Verfügung gestellt werden. Gleichzeitig sagen sie nichts dazu aus, ob sie eher annehmen, dass das Wohnumfeld der Kinder im Existenzsicherungsbezug keine spezifischen und überdurchschnittlich oft auftretenden Merkmale aufweist.

Kleidung

Die Ausstattung mit spezifischer *Kleidung* ist nach Ansicht der Gesetzgeber*innen für die Befriedigung des Teilhabebedarfs notwendig. Dabei geht es ihren Ansichten nach nicht um alltägliche Kleidungsstücke – diese setzen sie als vorhanden und über den Regelsatz finanziert voraus –, vielmehr schreiben sie den Kindern einen Bedarf an Kleidungsstücken für besondere Aktivitäten während einer Klassenfahrt (z. B. Skibekleidung oder Wanderschuhe) oder im Rahmen einer Mitgliedschaft in einem Sportverein zu. Bei dieser Kleidung handelt es sich i. d. R. um Kleidung, die die Kinder vor negativen Auswirkungen auf ihren physischen Gesundheitszustand schützen soll.

Ernährung

Einen weiteren erhöhten materiellen Bedarf sprechen die Gesetzgeber*innen den Kindern in Bezug auf die *Ernährung* zu. Dieser besteht, wenn Kindern eine institutionell organisierte, gemeinsame (Mittags-)Verpflegung in der Schule, der Kindertageseinrichtung oder von der Tagespflegeperson angeboten wird. Dieser Bedarf liegt auch vor, wenn die jeweilige Bildungsorganisation im Rahmen eines ein- oder mehrtägigen Ausflugs ein solches Angebot organisiert.

Grundsätzlich gehen die Gesetzgeber*innen von einem Bedarf von Kindern an Nahrungsmitteln für das Mittagessen von einem Euro für alle Kinder und Jugendlichen aus, wenn sie zu Hause versorgt werden. In den Einrichtungen entstehen weitere Ausgaben, die gedeckt werden müssen. Stellt die jeweils besuchte Einrichtung ein solches Angebot für alle Kinder zur Verfügung, haben die leistungsberechtigten Kinder einen Bedarf an regelmäßiger Teilnahme an diesem Angebot an allen Tagen, an denen sie sich in der Einrichtung befinden. Im Vordergrund steht nicht die Verpflegung, sondern die Möglichkeit an gemeinsamen Aktivitäten der Klasse bzw. der Gruppe teilnehmen zu können. In Anbetracht dessen wird der Qualität der Nahrung keine Bedeutung zugesprochen. Zudem werden keine Bedarfe an gesonderter Ernährung aus religiösen oder gesundheitlichen Gründen über die Leistungen für Bildung und Teilhabe anerkannt.

Kindern mit (drohender) Behinderung, die einen veränderten Bedarf an Nahrungsmitteln haben, wird dieser durch die Gesetzgeber*innen der Eingliederungshilfen zugesprochen. Zudem erkennen sie Mahlzeiten auch als Ernährungs- und nicht ausschließlich als Teilhabebedarf an.

Monetäre Ressourcen

Weiterhin gehen die Gesetzgeber*innen davon aus, dass Kinder im Existenzsicherungsbezug nur über geringe *monetäre Ressourcen* verfügen, die ihnen zumeist über staatliche Transferleistungen (Kindergeld, Sozialgeld, Sozialhilfe und Leistungen nach dem AsylbLG) bereitgestellt werden. Die Summe der bereitgestellten Leistungen liegt unterhalb der Ausstattung über die Gleichaltrige ohne Existenzsicherungsbezug verfügen. Zusätzlich können spezifische – über den Regelbedarf hinausreichende – Bedarfe auftreten. Dafür stellen die Gesetzgeber*innen den Kindern weitere monetäre Ressourcen zur Verfügung, die sie nicht zwangsläufig in Form von Geldleistungen, sondern bspw. auch durch Gutscheine gewähren. Die Gutscheine haben zwar einen bestimmten Wert, der in gleichwertige monetäre Ressourcen umgerechnet werden kann, allerdings sind die Gutscheine hinsichtlich ihrer Einsatzmöglichkeiten und ihrer Gültigkeit eingeschränkt. Die Gesetzgeber*innen gehen aber davon aus, dass für die leistungsberechtigten Kinder die Art des Zahlungsmittels bedeutungslos ist, da durch beide Arten die Bedarfe befriedigt werden können.

Weiterhin haben Kinder einen Bedarf an monetären Ressourcen, über die sie frei verfügen können und über deren Einsatz sie mit niemandem Rücksprache halten müssen. Die Gesetzgeber*innen nehmen an, dass ein solcher Bedarf an sog. ‚Taschengeld' insbesondere dann auftritt, wenn Kinder auf Ausflügen oder Klassenfahrten sind.

Ausstattung mit kindgerechten Gegenständen

Ferner benötigen Kinder nach Ansicht der Gesetzgeber*innen eine spezifische *Ausstattung mit Gegenständen*, die sich aus den lebensphasenspezifischen, gesellschaftlichen Aufgaben wie der Schulpflicht ergibt. In der Schule werden Gegenstände und Materialien benötigt, die zum Teil allein Kindern zugeordnet werden können wie Schulranzen, zum Teil werden die aufgeführten Gegenstände auch durch Mitglieder anderer Lebensphasen benutzt (z. B. Stifte, Taschenrechner). Die Kindspezifik liegt deswegen vor, weil die Kinder diese Gegenstände im Rahmen ihrer gesellschaftlichen Pflicht benötigen. Dabei unterstellen die Gesetzgeber*innen den leistungsberechtigten Schüler*innen einen einheitlichen Bedarf, der unabhängig von Region, Schultyp und Klassenstufe besteht.

Weiterhin erkennen die Gesetzgeber*innen Bedarfe von Kindern bezüglich der Ausstattungen mit Gegenständen in der Freizeit sowie bei ein- und mehrtägigen Kita- und Klassenfahrten an. Hierbei liegen ihrem Erachten nach Bedarfe für Aktivitäten vor, von denen sie meinen, dass leistungsberechtigte Kinder diese sonst nicht ausführen wie Skifahren oder wandern. Weiterhin sprechen sie den Leistungsberechtigten eine kindgerechte Ausstattung an Kleidungsstücken in ihrer Konfektionsgröße zu, die sie für diese Aktivitäten benötigen. Gerade bei langlebigen Gegenständen wie Skiern kann der kurzzeitig vorliegende Bedarf durch geliehene Gegenstände befriedigt werden.

Damit zeigt sich, dass die Gesetzgeber*innen den Kindern lediglich einen Bedarf an Ausstattung mit Gegenständen für institutionelle Bildungsangebote im Rahmen eines Schulbesuchs und u. U. für organisierte Freizeitangebote zusprechen. Sie unterstellen den Kindern jedoch keinen gesonderten Bedarf an kindgerechten Gegenständen im Rahmen von Kindertagesbetreuungsangeboten und auch nicht im unorganisierten Freizeitbereich. Hier sei bspw. an die Ausstattung mit Spielzeug, Büchern oder Freizeitsportgeräten wie Skateboard oder Inlineskates gedacht.

Mobilität

Hinsichtlich der *Mobilitätsbedarfe* gehen die Gesetzgeber*innen davon aus, dass Kinder einen Bedarf an Teilhabe im sozialen Umfeld aufweisen, der sowohl zu Fuß, per Fahrrad, mit dem öffentlichen Personennahverkehr oder durch das Mitfahren in einem PKW von Verwandten befriedigt werden kann. Kinder mit (drohender) Behinderung können diesbezüglich einen zusätzlichen Bedarf an einem Umbau des PKWs aufgrund ihrer spezifischen Beeinträchtigung aufweisen. Weiterhin bestehen Mobilitätsbedarfe im nahen Umfeld bis ins Ausland, die mit Übernachtungen außerhalb des Elternhauses verbunden sein können. Mobilitätsbedarfe werden sowohl bei Kindern ohne als auch bei Kindern mit (drohender) Behinderung zuvörderst hervorgerufen, um die Schule zu erreichen, aber auch sofern im Rahmen des schulischen Kontextes ein- oder mehrtägige Fahrten angeboten werden. Der letztgenannte Mobilitätsbedarf besteht auch, sofern derartige Angebote durch Kindertageseinrichtungen vorgehalten werden. Gleichzeitig sehen die Gesetzgeber*innen keinen zusätzlichen Mobilitätsbedarf für die jüngeren Kinder vor, um zur Kindertagesbetreuung zu gelangen. Ein Hinweis, warum sie hier keinen Bedarf anerkennen, konnte weder in den Gesetzesmaterialien noch in den Kommentaren gefunden werden. Möglicherweise gehen die Gesetzgeber*innen davon aus, dass sich diese Angebote im unmittelbaren Wohnumfeld der Kinder befinden, sodass diese fußläufig erreichbar sind und keine kostenpflichtigen Fortbewegungsmittel benötigt werden oder dass leistungsberechtigte Familien Kindertagesbetreuungsangebote nicht nutzen, wenn dafür eine längere Wegstrecke zurückgelegt werden muss. Schließlich besteht die Möglichkeit, dass die Gesetzgeber*innen die Kosten bewusst aus den Leistungen für Bildung und Teilhabe ausgeklammert haben. In diesem Falle liegt ihrem Erachten nach kein Bedarf vor, wenn kein frühkindliches Bildungsangebot im unmittelbaren Wohnumfeld verfügbar ist.

Schließlich werden Mobilitätsbedarfe zum Erreichen von institutionell organisierten Freizeitangeboten unterstellt sowie um Freund*innen und Verwandte besuchen zu können.

Damit wird deutlich, dass die Mobilitätsbedarfe für die Gesetzgeber*innen weniger die Befriedigung des Bedarfs an ‚unterwegs sein' und andere Orte kennen(lernen) beinhaltet, als dass die Gesetzgeber*innen darin vielmehr einen Bestandteil der Deckung des Bedarfs an der Teilnahme an Gemeinschaftsaktivitäten der Gleichaltrigen (Nutzung von institutionellen Freizeitangeboten, Erreichen der Schule, Teilnahme an Ausflügen und Klassenfahrten) sehen.

Für Kinder mit (drohender) Behinderung, die sich sowohl auf eine körperliche Mobilitätseinschränkung als auch auf andere Beeinträchtigungen bezieht, erkennen die Gesetzgeber*innen darüber hinausreichende Bedarfe an. Die dafür bereitgestellten Leistungen decken jedoch die gleichen Bereiche ab wie die Leistungen für Bildung und Teilhabe, d. h. zuvörderst das Erreichen der Schule, von Freizeitangeboten und -einrichtungen. Sollten die Kinder derart eingeschränkt sein, dass sie regelmäßig auf die Form der motorisierten Fortbewegung mittels eines PKWs durch die Eltern angewiesen sind, begreifen sie dies auch als Bedarf.

3.2.3 Soziale Lage

Die Kategorie *soziale Lage* setzt sich aus fünf Unterkategorien zusammen. Zur Unterkategorie *Umgang mit anderen Menschen* lassen sich im Analysematerial keine Aussagen finden. Die beiden Unterkategorien *soziale Kompetenzen* und *Wahrnehmung von Emotionen/Empfindungen* sind für die Gesetzgeber*innen im Rahmen der Leistungen für Bildung und Teilhabe nur von geringer Bedeutung. Demgegenüber lassen sich für die Unterkategorien *Umgang mit materiellen und immateriellen Ressourcen* sowie *Teilhabe* sowohl quantitativ als auch inhaltsbezogen eine Vielzahl an Aussagen finden.

3.2.3.1 Umgang mit anderen Menschen

Der *Umgang mit anderen Menschen* nimmt für die Existenzsicherungsgesetzgeber*innen keinerlei Bedeutung in den Leistungen für Bildung und Teilhabe ein. Sie stellen weder dar, ob sie von spezifischen Ressourcen der leistungsberechtigten Kindern in diesem Bereich ausgehen, noch ob und welche Defizite sie bei den leistungsberechtigten Kindern in diesem Bereich sehen. Die Nichtberücksichtigung dieser Unterkategorie zeigt, dass die Gesetzgeber*innen den leistungsberechtigten Kindern hier keine Bedarfe zusprechen, d. h. dass sie einerseits die Ansicht vertreten können, dass die bestehenden Bedarfe nicht als existenznotwendige Begehren verstanden werden. Andererseits sehen sie in diesem Bereich möglicherweise keine Potenziale, die gestärkt werden müssen, damit die Problemlage bzw. die Armutssituation der Kinder bewältigt werden kann. Allerdings handelt es sich hierbei auch nicht explizit um einen Bereich, der eng mit der materiellen Sicherung des Lebens zusammenhängt, sodass dieser nicht zum unmittelbaren Kompetenzbereich der Existenzsicherungsgesetzgeber*innen gehört.

Unterschiede zu den Leistungsberechtigten mit (drohender) Behinderung

Auch bei den Regelungen für leistungsberechtigte Kinder mit (drohender) Behinderung werden hinsichtlich des Umgangs von Kindern mit anderen Menschen keine zusätzlichen Aussagen speziell für die Kinder mit (drohender) Behinderung getroffen.

3.2.3.2 Umgang mit (im)materiellen Ressourcen

In dieser Unterkategorie wird zwischen dem Umgang mit immateriellen und dem Umgang mit materiellen Ressourcen unterschieden.

Umgang mit immateriellen Ressourcen

Der *Umgang mit immateriellen Ressourcen* – d. h. mit lebenden Dingen wie Tieren oder Pflanzen – bleibt durch die Gesetzgeber*innen im Rahmen der Leistungen für Bildung und Teilhabe unberücksichtigt.

Umgang mit materiellen Ressourcen

Im Unterschied zur Unterkategorie *Umgang mit immateriellen Ressourcen* spielt die Unterkategorie *Umgang mit materiellen Ressourcen* für die Gesetzgeber*innen insbesondere im Zusammenhang mit den von ihnen zur Verfügung gestellten Mitteln eine bedeutsame Rolle. Sie beschreiben sowohl, wie die Leistungsberechtigten mit den bereitgestellten materiellen Ressourcen umgehen sollen, als auch ihre Annahmen, wie die Leistungsberechtigten mit den Ressourcen umgehen.

Geforderter Umgang mit materiellen Ressourcen

Im Allgemeinen sollen Kinder mit den erhaltenen Leistungen „verantwortungsvoll" (Deutscher Bundestag 2010b, S. 107) umgehen. Unter dem Begriff des ‚verantwortungsvollen Umgangs' fassen die Gesetzgeber*innen zwei unterschiedliche Aspekte zusammen. Erstens sollen die Kinder die Leistung nur für diejenigen Güter und Dienstleistungen nutzen, die die Gesetzgeber*innen dafür vorsehen und die damit ihren Ansichten nach für ihr Leben notwendig sind.

> „Kinder sollen die Leistungen auch für die Zwecke einsetzen, für die sie benötigt werden." (Deutscher Bundestag 2010b, S. 43)

Zweitens verstehen sie unter einem verantwortungsvollen Umgang mit den materiellen Ressourcen, dass Kinder die Angebote in vollem Umfang nutzen, die Dritte für sie finanzieren, sodass keine Fehlinvestitionen erfolgen (vgl. Lenze 2011c, Rn. 17).

Tatsächlicher Umgang mit den materiellen Ressourcen

Die Gesetzgeber*innen gehen davon aus, dass die Mehrzahl der Kinder die Leistungen für Bildung und Teilhabe in der Weise nutzen, wie die Leistungen konzipiert wurden. Dies zeigt sich an Ausführungen wie der nachfolgenden.

> „Das Verlangen des Leistungsträgers, einen Nachweis für die zweckentsprechende Verwendung zu liefern, setzt voraus, dass konkrete Anhaltspunkte für eine nicht zweckentsprechende Verwendung der Leistungen vorliegen." (Leopold 2012b, Rn. 71)

Dementsprechend verlangen die Gesetzgeber*innen, dass den leistungsberechtigten Kindern eine zweckfremde Nutzung der bereitgestellten Mittel nicht pauschal unterstellt werden darf. Vielmehr dürfen nur Überprüfungen über den Umgang mit den Leistungen durchgeführt werden, wenn Hinweise auf einen zweckfremden Umgang bekannt sind. Sie gehen davon aus, dass das nur einen kleinen Personenkreis betrifft.

> „Einen Nachweis darf der zuständige Leistungsträger nur „im begründeten Einzelfall" verlangen. Aus der Verwendung des Wortes ‚Einzelfall' folgt, dass eine Nachweispflicht Leistungsberechtigter den Ausnahme- und nicht den Regelfall darstellt." (Leopold 2012b, Rn. 70)

Mit dem Verweis auf Einzelfälle und Ausnahmen verdeutlichen sie noch einmal explizit, dass es sich nicht um eine Eigenschaft handelt, die pauschal allen Leistungsberechtigten zugeschrieben werden kann. Weiterhin heben die Gesetzgeber*innen hervor, dass von den Leistungsberechtigten nicht generell verlangt werden kann, dass sie Quittungen oder Belege aufbewahren müssen, um den verantwortungsvollen Umgang nachweisen zu können. Im Zweifelsfall kann ein Nachweis auch über andere Möglichkeiten wie Kontoauszüge oder Zeugenaussagen erfolgen (vgl. Leopold 2012b, Rn. 72). Schließlich verweisen sie auf Rückmeldungen von Lehrer*innen im Umgang mit den Ressourcen für den persönlichen Schulbedarf. Bislang bestätigten diese einen pflichtbewussten Umgang mit diesen Mitteln (vgl. Deutscher Bundestag 2010b, S. 105). In Anbetracht dessen wird deutlich, dass die Gesetzgeber*innen davon ausgehen, dass der überwiegende Anteil an Leistungsberechtigten die bereitgestellten Leistungen für die vorgesehenen Bedarfe einsetzt und nur ein kleiner Teil andere Umgangsweisen zeigt.

Allerdings gehen die leistungsberechtigten Kinder und ihre Familien nach Ansicht der Gesetzgeber*innen mit den Mitteln vor allem deshalb zweckentsprechend um, weil eine Reihe von gesetzlichen Vorkehrungen getroffen wurden, durch die ein gegenteiliges Verhalten kaum möglich ist (vgl. Luik 2013c, Rn. 42). Dabei handelt es sich um die Erbringung der Leistungen durch personalisierte Gutscheine und Direktzahlungen sowie die bereits benannte Möglichkeit, Nachweise über den Einsatz von Geldleistungen einzufordern, durch die die Leistungsberechtigten bereits von einem zweckfremden Einsatz der Leistungen abgeschreckt werden sollen (vgl. Lenze 2011c, Rn. 18).

Mit diesen drei getroffenen Vorkehrungen ermöglichen die Gesetzgeber*innen den Kindern und ihren Eltern dementsprechend lediglich den Einsatz der finanziellen Mittel für konkrete, von ihnen benannte Dienstleistungen und Güter, sodass die Leistungsberechtigten nicht frei über die bereitgestellten Mittel verfügen können. Bei der Gewährung von Direktzahlungen an die Leistungsanbieter wird die Zahlung der Leistung durch die Leistungsträger übernommen, sodass den Kindern der Umgang mit finanziellen Ressourcen verweigert wird. Bei der Gewährung personalisierter Gutscheine und Geldleistungen mit dem Verweis auf die Nachweispflicht sehen die Gesetzgeber*innen einen engen Rahmen vor, der jeweils für die einzelnen Leistungen konkret beschrieben ist. Sollte der Verdacht auftreten, dass die Mittel nicht oder anderweitig verwenden wurden, können Nachweise über den zweckentsprechenden Einsatz der finanziellen Mittel eingefordert werden. Erbringen die Leistungsberechtigten diesen Nachweis nicht, können die Leistungsträger die Leistungsbewilligung widerrufen, sodass die gewährten, monetären Ressourcen zurückgezahlt werden müssen (vgl. Leopold 2012b, Rn. 81). Unerheblich ist, ob diese Leistung rechtswidrig oder rechtmäßig erbracht wurde (vgl. Leopold 2012b, Rn. 81). Das heißt, wenn die monetären Ressourcen aufgrund einer vorliegenden Bedarfslage gewährt wurden, die Leistungsberechtigten die zweckentsprechende Nutzung jedoch nicht nachweisen können, ist die Situation in der Weise zu definieren, als wären die Bedarfe tatsächlich nicht vorhanden gewesen. Die eigentliche Bedarfslage der Kinder wird damit nicht berücksichtigt, es ist nur von Interesse, ob die Kinder nachweisen können, dass sie monetäre Ressourcen für diesen konkreten Bedarf eingesetzt haben.

Weiterhin gehen die Gesetzgeber*innen davon aus, dass selbst bei der Bereitstellung von Gutscheinen und Direktzahlungen der verantwortungsvolle Umgang mit den bereitgestellten Mitteln nicht immer gegeben ist.

> „Es kann nicht ausgeschlossen werden, dass es zeitweise zu Zahlungen an Anbieter kommt, ohne das [sic!] die leistungsberechtigten Kinder und Jugendlichen die Leistung in Anspruch nehmen, weil sie die Trainingsstunden des Sportvereins nicht mehr besuchen oder nicht mehr am Musikunterricht teilnehmen […].“ (Lenze 2011c, Rn. 17)

Die Gesetzgeber*innen gewähren Leistungen im Voraus bspw. in Form von Direktzahlungen an Vereine oder Musikschulen und ermöglichen den Kindern damit einen längerfristig planbaren Zugang zu diesen Angeboten. Aufgrund des Antragserfordernisses im Vorfeld der Übernahme der Kosten, gehen die Gesetzgeber*innen wohl prinzipiell von einer Inanspruchnahme der Leistungen aus. Trotzdem unterstellen sie mindestens einem Teil der leistungsberechtigen Kinder, dass sie erst einen solchen Bedarf geltend machen, die Angebote jedoch nicht konsequent nutzen, sodass sie ihnen auch bei der Bereitstellung von Direktzahlungen keinen verantwortungsvollen Umgang mit der erbrachten Leistung zusprechen.

Zusammenfassend wird deutlich, dass die Gesetzgeber*innen den leistungsberechtigten Kindern zwar auf den ersten Blick einen verantwortungsvollen Umgang mit den bereitgestellten Leistungen zusprechen. Die genauere Betrachtung zeigt aber, dass dieser ihrem Erachten nach nur vorliegt, wenn den Leistungsberechtigten andere Möglichkeiten verschlossen werden. Folglich ist der gewünschte Umgang mit den materiellen Ressourcen aus ihrer Sicht i. d. R. erst gesichert, wenn nur dieser Handlungsspielraum gegeben ist oder Androhungen von Strafen vorliegen, falls die Leistungen in anderer Weise eingesetzt werden.

Im Rahmen der Leistungsgewährung über Gutscheine nehmen die Gesetzgeber*innen darüber hinaus noch eine weitere Umgangsmöglichkeit der Leistungsberechtigten mit den bereitgestellten materiellen Ressourcen in das Gesetz auf. Dabei gehen sie von einem eher negativ konnotierten Charakteristikum der Leistungsberechtigten aus, nämlich der Möglichkeit, dass Kinder die Gutscheine verlegen oder verlieren können. Dies wird bspw. anhand der folgenden Formulierung deutlich.

> „Taucht ein nur verloren geglaubter Gutschein wieder auf [...]" (Leopold 2012b, Rn. 65)

Hiermit weisen die Gesetzgeber*innen darauf hin, dass die leistungsberechtigten Kinder wichtige Dinge verlegen können. Daneben gehen sie aber auch davon aus, dass Kinder wichtige Utensilien gänzlich verlieren können:

> „[...] dass Leistungsberechtigten Gutscheine endgültig abhandenkommen" (Leopold 2012b, Rn. 62)

Folglich schreiben die Gesetzgeber*innen den Leistungsberechtigten eine Unzuverlässigkeit und Unordentlichkeit im Umgang mit ihren Gütern zu. Diesen unterstellten Eigenschaften begegnen die Gesetzgeber*innen in der Weise, dass sie den Kindern derartige Merkmale zusprechen und sie ihnen nicht nachteilig werden lassen. Sind die Gutscheine noch nicht oder nur zum Teil genutzt worden, besteht die Möglichkeit einer erneuten Ausstellung des Gutscheines.

> „[...] ein neuer Gutschein [soll] ausgegeben werden, falls der alte verloren gegangen ist, und zwar im Umfang, in dem der Gutschein noch nicht eingelöst wurde." (Bieritz-Harder 2012b, Rn. 6)

Diesem Umstand und der damit verbundenen reduzierten Sicherung des existenznotwendigen Bedarfs tragen Unterstützungen keine Rechnung, die ausschließlich durch Geldleistungen finanziert werden. In Anbetracht dessen haben die Gesetzgeber*innen mit dem Instrument der Leistungserbringung über Gutscheine zwar negativ konnotierte Eigenschaften der Kinder hinsichtlich des Umgangs mit materiellen Ressourcen im Blick, allerdings ermöglichen sie damit auch eine erhöhte Sicherheit, sodass Kinder die Bedarfe tatsächlich befriedigen können. Jedoch bleibt zu untersuchen, in welchem Umfang die leistungsberechtigten Kinder die Eigenschaft etwas zu verlegen oder zu verlieren tatsächlich aufweisen – auch im Vergleich zu Gleichaltrigen ohne Leistungsanspruch – und ob es sich um gerechtfertigte Unterstellungen handelt.

Unterschiede zu den Leistungsberechtigten mit (drohender) Behinderung

Für leistungsberechtigte Kinder mit (drohender) Behinderung treffen die Gesetzgeber*innen keine gesonderten Aussagen.

Überblick über die Ergebnisse der Analyse

Tab. 37: Ergebnisse der Analyse der Unterkategorie: *Umgang mit (im)materiellen Ressourcen*

Ergebnisse der Analyse	Kinder- und Kindheitsbilder
Grundsätzlich gehen die Gesetzgeber*innen davon aus, dass die überwiegende Mehrheit der Leistungsberechtigten die ihnen zur Verfügung gestellten, finanziellen Mittel verantwortungsvoll einsetzt. Allerdings gelingt das nur, weil die Gesetzgeber*innen die Leistungsgewährung so regelt, dass kaum andere Umgangsweisen mit den Ressourcen möglich sind. Demzufolge gehen sie von einem zweckfremden Mitteleinsatz der Leistungsberechtigen aus, wenn keine Reglementierungen bzw. Einschränkungen ihrer Handlungsspielräume vorgenommen werden.	Kinder als Ergebnis der Fähigkeiten und Kompetenzen ihrer Eltern
Die Gesetzgeber*innen gehen davon aus, dass leistungsberechtigte Kinder nachlässig mit wichtigen Dingen umgehen und diese verlegen oder verlieren können.	Die ‚unterstützungsbedürftigen‘ Kinder

Quelle: eigene Darstellung

3.2.3.3 Soziale Kompetenzen

Unter *sozialen Kompetenzen* verstehen die Gesetzgeber*innen im Rahmen der Leistungen für Bildung und Teilhabe eine menschliche Eigenschaft, die sich auf den Kontakt mit anderen Menschen bezieht. Konkret beschreibt Luik die soziale Kompetenz als

> „Fähigkeit und Bereitschaft, unterschiedliche Lebenswirklichkeiten wahrzunehmen und anzuerkennen und dazu gehört zB [sic!] auch, dass man bei Konflikten nicht einfach den „Off"-Knopf drücken kann." (Luik 2013d, Rn. 80)

Aus dem ersten Teilsatz des Zitats geht hervor, dass die Gesetzgeber*innen die Fremdwahrnehmung in den Blick nehmen. Im zweiten Teilsatz gehen sie auf die soziale Kompetenz der Konfliktlösefähigkeit ein. Ihrem Erachten nach können diese Fähigkeiten im Kindesalter insbesondere durch den Kontakt zu Gleichaltrigen sowie durch die gemeinschaftliche Auseinandersetzung mehrerer Kinder mit Kunst und Kultur geprägt werden.

> „Ziel ist es, diese Kinder und Jugendlichen stärker als bisher in bestehende Vereins- und Gemeinschaftsstrukturen zu integrieren und den Kontakt mit Gleichaltrigen zu intensivieren. Insbesondere die Auseinandersetzung mit Kunst und Kultur prägt Persönlichkeit und Identität, sie nimmt Einfluss auf die individuelle Entwick-

> lung – die Entwicklung der Sinne, der kreativen Fertigkeiten – und sie ist prägend für die soziale Kompetenz." (Deutscher Bundestag 2010b, S. 106)

Damit unterstellen die Gesetzgeber*innen den leistungsberechtigten Kindern einen zu geringen Kontakt mit Gleichaltrigen, d. h. eine ihren Ansichten nach unzureichende Teilnahme an den Gemeinschaftsstrukturen, die diese Lebensphase kennzeichnen. Das führt zu einer eingeschränkten Förderung ihrer sozialen Kompetenzen. Die Gesetzgeber*innen heben im angeführten Zitat hervor, dass die sozialen Kompetenzen der Leistungsberechtigten durch das Zusammensein mit Gleichaltrigen ohne Leistungsbezug und die gemeinsame Beschäftigung mit einem Thema zu gewünschten Veränderungen der sozialen Kompetenzen führt. Durch die Fokussierung auf die außerhäusliche Begegnung mit Gleichaltrigen wird deutlich, dass sie den Familien keine derart positive Beeinflussung der Kinder zusprechen und dass die Kinder dementsprechend nicht in dem gewünschten Maße über soziale Kompetenzen verfügen. Dies spiegelt sich auch in dem nachfolgenden Zitat wider, indem die Gesetzgeber*innen von einer

> „[...] Stärkung und Entwicklung der sozialen Kompetenz (‚Teamgeist')" (Leopold 2012a, Rn. 129)

sprechen. Sie weisen insbesondere durch das Wort ‚Stärkung' darauf hin, dass soziale Kompetenzen zwar bei den Leistungsberechtigten vorhanden sind, diese jedoch positiv verändert werden sollten. Zudem deutet der Terminus ‚Entwicklung der sozialen Kompetenzen' darauf hin, dass die Gesetzgeber*innen von Defiziten der leistungsberechtigten Kinder hinsichtlich der sozialen Kompetenzen ausgehen. Demgegenüber können Gleichaltrige ohne Leistungsbezug ihrem Erachten nach hierbei positive Veränderungen bewirken und sprechen damit den Gleichaltrigen soziale Kompetenzen in der gewünschten Weise zu. Allerdings bleibt unklar, ob die Gesetzgeber*innen davon ausgehen, dass die sozialen Kompetenzen der Gleichaltrigen ohne Leistungsbezug bspw. durch die Nutzung der Gemeinschaftsstrukturen positiv geprägt wurden oder ob die sozialen Kompetenzen der Kinder durch ihre Familien gefördert wurden.

Unterschiede zu den Leistungsberechtigten mit (drohender) Behinderung

Die Gesetzgeber*innen sprechen Kindern mit (drohender) Behinderung starke Einschränkungen hinsichtlich ihrer sozialen Kompetenzen zu, was sie vor allem auf ihre (drohende) Behinderung zurückführen.

In der Begriffsbestimmung zu ‚Behinderung' legen die Gesetzgeber*innen fest, dass Menschen wegen ihrer (drohenden) Behinderung wichtige Funktionen und Fähigkeiten zur Teilhabe am Leben in der Gesellschaft fehlen (vgl. § 2 Abs. 1 SGB IX). Diese Funktionen und Fähigkeiten beziehen sich auf den ungleichen Entwicklungsstand im Vergleich zu Gleichaltrigen, wodurch wiederum ihre Teilhabemöglichkeiten am Leben in der Gemeinschaft eingeschränkt sind. Die fehlende Teilhabe führt nach Ansicht der Gesetzgeber*innen zu

> „[...] Störungen im Sozialverhalten mit dissozialer Entwicklung [...]." (Wahrendorf 2012b, Rn. 26)

Die Gesetzgeber*innen unterstellen damit einen Zusammenhang zwischen der Teilhabe am Leben in der Gemeinschaft und den sozialen Kompetenzen der Kinder. Liegen Kinder in ihrer Entwicklung deutlich hinter denen der Gleichaltrigen zurück, verschlechtern sich ihre sozialen Kompetenzen aufgrund der damit verbundenen Ausgrenzung aus gesellschaftlichen Strukturen. In Anbetracht dessen schreiben sie den Kindern mit (drohender) Behinderung einen Bedarf an Möglichkeiten zur Teilnahme an Gemeinschaft(en) zu. Werden die Kinder in diese einbezogen, können die Störungen im Sozialverhalten eingeschränkt werden. Demnach führt bereits die Möglichkeit der Teilnahme an Gemeinschaftsveranstaltungen zur Verhinderung dissozialer Entwicklungen und Störungen im Sozialverhalten.

Darüber hinaus sprechen die Gesetzgeber*innen Mädchen mit (drohender) Behinderung den Bedarf an Förderung bzw. Unterstützung einer konkreten sozialen Kompetenz zu. Sie gehen davon aus, dass die Mädchen ein reduziertes Selbstbewusstsein haben. Hierzu sei auf Abschnitt 3.2.1.7 verwiesen, in dem dieser Aspekt bereits analysiert wurde.

Überblick über die Ergebnisse der Analyse

Tab. 38: Ergebnisse der Analyse der Unterkategorie: *Soziale Kompetenzen*

Ergebnisse der Analyse	Kinder- und Kindheitsbilder
Leistungsberechtigte Kinder verfügen über geringere soziale Kompetenzen als Gleichaltrige ohne Leistungsbezug.	Die ‚minder-begabten' Kinder
Diese Kompetenzen fehlen den leistungsberechtigten Kindern, weil ihre Eltern diese zu wenig fördern.	Kinder als Ergebnis der Fähigkeiten und Kompetenzen ihrer Eltern

Ergebnisse der Analyse	Kinder- und Kindheitsbilder
Die sozialen Kompetenzen der leistungsberechtigten Kinder können allerdings durch den Besuch von institutionell organisierten Freizeitangeboten gefördert werden. Dort kommen sie in Kontakt mit Gleichaltrigen ohne Leistungsbezug, wodurch ihre sozialen Kompetenzen gefördert werden.	Die Andersartigkeit der Kinder im Leistungsbezug
Kinder mit (drohender) Behinderung verfügen nach Ansicht der Gesetzgeber*innen über noch geringere soziale Kompetenzen. Dies liegt ihrem Erachten nach daran, dass die Kinder aufgrund ihrer Behinderung noch seltener an Gemeinschaftsstrukturen teilnehmen und sich dadurch dissoziale Verhaltensweisen herausbilden.	Die ‚atypischen' Kinder
Mädchen mit (drohender) Behinderung weisen nach Ansicht der Gesetzgeber*innen außerdem ein niedriges Selbstbewusstsein auf.	Die ‚atypischen' Kinder

Quelle: eigene Darstellung

3.2.3.4 Wahrnehmung von Emotionen/Empfindungen

Die Unterkategorie *Wahrnehmung von Emotionen und Empfindungen* ist lediglich durch die gesetzgeberische Verwendung des Begriffs ‚Sinnesleben' erkennbar. Sinnesleben deutet zwar in erster Linie auf die Wahrnehmung durch die fünf menschlichen Sinne Sehen, Hören, Riechen, Schmecken und Fühlen hin. Die Gesetzgeber*innen nehmen jedoch innerhalb des Fühlens keine Reduzierung auf die Wahrnehmung über die Haut vor, sondern implizieren Empfindungen, die Emotionen einschließen. Dies zeigt sich, da sie den Begriff ‚Sinnesleben' im Zusammenhang mit Beziehungen zu anderen Menschen und mit Bezug auf die Weiterentwicklung der eigenen Persönlichkeit verwenden.

> „Intention der Berücksichtigung dieser Bedarfe ist, Kinder und Jugendliche aus einkommensschwachen Haushalten stärker als bisher in bestehende Vereins- und Gemeinschaftsstrukturen zu integrieren und den Kontakt mit Gleichaltrigen zu intensivieren. Zwecks Stärkung und Entwicklung der sozialen Kompetenz (‚Teamgeist'), der Persönlichkeit und Identität, des Sinneserlebens und der kreativen Fähigkeiten soll insbesondere die Auseinandersetzung mit Kunst und Kultur besonders gefördert werden, da diese eine grundlegende Voraussetzung für die aktive Mitgestaltung des gesellschaftlichen Lebens ist […]." (Leopold 2012a, Rn. 129)

Durch die Verwendung des Begriffs ‚fördern' wird deutlich, dass die Gesetzgeber*innen Kindern im Leistungsbezug u. a. hinsichtlich des Sinneslebens Defizite unterstellen. Vor allem Kunst-, Kultur- und Musikangeboten schreiben sie in diesem Kontext eine hohe Bedeutung zu. Auch darin ist ein Zusammenhang mit Emotionen und Empfindungen zu erkennen, da gerade Musik und Kunst als besondere Ausdrucksformen von Emotionen gelten und ihre Rezeption diverse Empfindungen auslösen kann.

Die Gesetzgeber*innen sprechen den Gleichaltrigen ohne Leistungsbezug sowie der institutionellen Rahmung der Angebote auch in diesem Bereich die Kompetenz zur Förderung der Defizite im Bereich des Sinneslebens zu und nicht den Familien.

Unterschiede zu den Leistungsberechtigten mit (drohender) Behinderung

Die Gesetzgeber*innen gehen davon aus, dass Kinder je nach Art ihrer (drohenden) Behinderung hinsichtlich der Funktion ihrer Sinnesorgane eingeschränkt sein können. Liegt dies vor, besteht ein höherer Förderbedarf, der durch ganz unterschiedliche Therapien gedeckt werden kann wie

> „[...] physikalische Therapie, Physiotherapie, Stimm-, Sprech- und Sprachtherapie sowie Beschäftigungstherapie [...]." (Wehrhahn 2011, Rn. 20)

Über die konkret zu gewährenden Therapieformen entscheiden die Ärzte, wobei sich die Therapien nach der spezifischen (drohenden) Behinderung richten sollen (vgl. Wehrhahn 2011, Rn. 20). Dementsprechend gehen die Gesetzgeber*innen davon aus, dass die Einschränkungen auch bei Kindern mit (drohender) Behinderung durch Förderung abgemildert werden können. Allerdings schreiben sie diesen Kindern einen Bedarf an institutioneller Unterstützung zu, der über die reine Vermittlung von Kunst und Kultur hinausgeht. Bei Kindern mit (drohender) Behinderung sollen dafür spezifische Gesundheitsdienstleistungen („Therapien") durch speziell dafür ausgebildetes Personal eingesetzt werden. Demnach gehen die Gesetzgeber*innen von einem erhöhten Bedarf dieser Kinder aufgrund schwerwiegenderer Defizite oder durch eine Höhergewichtung derartiger Defizite aus.

Überblick über die Ergebnisse der Analyse

Tab. 39: Ergebnisse der Analyse der Unterkategorie: *Wahrnehmung von Emotionen/Empfindungen*

Ergebnisse der Analyse	Kinder- und Kindheitsbilder
Leistungsberechtigte Kinder weisen nach Ansicht der Gesetzgeber*innen im Unterschied zu den Kindern ohne Leistungsbezug Defizite hinsichtlich der Wahrnehmung von Emotionen und Empfindungen im Rahmen der Auseinandersetzung mit Kunst und Kultur auf.	Die ,minder-begabten Kinder
Diese Kompetenzen können durch den Besuch institutionell organisierter Freizeitangebote gefördert werden, da die Kinder dort auf Gleichaltrige treffen, die über diese Kompetenzen verfügen.	Die Andersartigkeit der Kinder im Leistungsbezug
Kinder mit (drohender) Behinderung können aufgrund der Behinderung noch darüber hinausgehende Einschränkungen aufweisen. Diese können nur durch spezifisch ausgebildetes Personal reduziert werden.	Die ,atypischen' Kinder

Quelle: eigene Darstellung

3.2.3.5 Teilhabe

Die Gesetzgeber*innen verwenden den Begriff ,Teilhabe' neben dem Begriff ,Bildung' als zentrales Element in den hier untersuchten Leistungen. Dies wird bereits durch die Überschreibung des § 28 SGB II sowie des § 3 Abs. 3 AsylbLG i. V. m. § 34 SGB XII deutlich, in denen sie diese Begriffe in den Fokus rücken. Die Aufnahme dieser Paragrafen in die Existenzsicherungsgesetze wurde vorgenommen, weil das BVerfG in seinem Urteil vom 9. Februar 2010 [Az. 1 BvL 1/09, 3/09 und 4/09] die Bemessung der Kinderregelsätze für verfassungswidrig erklärte, da diese die kindspezifischen Bedarfe nicht berücksichtigten. Dieser Missstand gilt nach Ansicht der Gesetzgeber*innen durch die Einführung der Leistungen für Bildung und Teilhabe als behoben (vgl. Deutscher Bundestag 2010b, S. 104). Damit erklären sie Teilhabe neben Bildung zu einem der beiden explizit kindspezifischen Bedarfe. Diese beiden Bedarfe unterscheiden ihrem Erachten nach folglich die Lebensphase Kindheit von der Lebensphase Erwachsene.

In den Gesetzesmaterialien legen die Gesetzgeber*innen ihr Verständnis des Begriffs ,Teilhabe' offen. Es handelt sich dabei um

„[...] das Einbezogensein in einen bestimmten Kontext, in eine bestimmte Lebenssituation. Teilhaben bedeutet an etwas beteiligt sein, einen Anteil an etwas haben, einer Sache teilhaftig sein [...].“ (Luik 2013b, Rn. 19; Luik 2013d, Rn. 31)

Mit diesem Zitat wird deutlich, dass Teilhabe zwei Dimensionen umfasst. Erstens beziehen sie den Kontext ein, d. h. die Frage nach dem wo. Oder anders ausgedrückt, steht hier die Frage nach den Zusammenhängen im Fokus, in denen Teilhabe stattfinden soll. Die zweite Dimension beschreibt das Wie, also die Frage nach den Merkmalen, die erfüllt sein müssen, damit von Teilhabe zu sprechen ist. Beide Dimensionen berücksichtigen sie in ihren Festlegungen, sodass dazu und zu weiteren Annahmen der Gesetzgeber*innen bezüglich des Teilhabebedarfs bei Kindern Aussagen getroffen werden können. Dabei handelt es sich um (1) die Kontexte, in denen nach Ansicht der Gesetzgeber*innen Teilhabe stattfinden kann und (2) die Lebenssituationen, in denen Teilnahme- und Teilhabebedarfe auftreten können. Weiterhin treffen sie Aussagen zu (3) den Institutionen, Einrichtungen und Personen, in denen der Teilhabebedarf von Kindern befriedigt werden kann, aber auch zu denjenigen, denen diese Potenziale abgesprochen werden. Schließlich gehen sie auf (4) die Auswirkungen der Befriedigung und Vernachlässigung von Teilhabebedarfen ein sowie (5) den Umfang der Teilhabebedarfe.

Kontexte, in denen Teilhabe stattfindet

Hinsichtlich der ersten Dimension – dem Kontext bzw. dem Zusammenhang –, in dem Teilhabe erfolgen kann, nennen sie neben unspezifischen Formulierungen – in dem oben angeführten Zitat – auch die beiden konkreteren Beispiele „bestimmte Lebenssituation“ und „einer Sache teilhaft sein“. Der Begriff ‚Sache‘ deutet eher auf Zusammenhänge hin, bei denen die Anwesenheit weiterer Personen nicht zwingend notwendig sein muss, sodass eine aktivitätenbezogene Ebene angesprochen wird. Dabei kann bspw. ein Beitrag zur Herstellung eines Gegenstandes gemeint sein oder die Teilnahme an einer Aktion, bei der kein soziales Gefüge bestehen muss. Dieses Verständnis kann gleichzeitig bei der Formulierung „Anteil an etwas haben“ angenommen werden, da der Begriff ‚etwas‘ auf eine Sache hindeutet. Demgegenüber scheint die Formulierung „Eingebundensein in eine bestimmte Lebenssituation“ die zwischenmenschliche bzw. soziale Ebene zu berücksichtigen, da hier offenbar auf die Gemeinschaft mit weiteren Personen Bezug genommen wird. Man kann nicht in seine eigene Lebenssituation eingebunden sein. Eine Beteiligung an Lebenssituationen kann nur an denen anderer Personen erfolgen.

Auf den ersten Blick scheinen sich die Gesetzgeber*innen in den Leistungen für Bildung und Teilhabe ausschließlich auf die soziale Dimension zu beziehen, da sie den leistungsberechtigten Kinder im ersten Satz des Paragrafen einen Bedarf an

> „[…] Teilhabe am sozialen und kulturellen Leben in der Gemeinschaft" (§ 28 Abs. 1 S. 1 SGB II; § 34 Abs. 1 S. 1 SGB XII)

zusprechen. Demnach steht die Herstellung der Möglichkeit im Fokus, dass Kinder mit den Menschen in ihrem Umfeld in Kontakt stehen können sowie dass Kinder an bildungsbezogenen Aktivitäten teilnehmen können, die aber im Zusammenschluss mit weiteren Personen und nicht allein erfolgen („kulturellen Leben in der Gemeinschaft").

Die detaillierte Betrachtung der sechs Bedarfe, die sie in den einzelnen Absätzen des § 28 SGB II und des § 3 Abs. 3 AsylbLG i. V. m. § 34 SGB XII benennen, zeigt jedoch, dass sie die soziale Ebene zumeist gerade nicht fokussieren.

Die Gesetzgeber*innen gehen davon aus, dass Kinder hinsichtlich der kulturellen Teilhabe fünf konkrete Bedarfe aufweisen können. Das heißt, im Rahmen des Besuchs der Bildungsinstitutionen Kindertageseinrichtung, Kindertagespflege und Schule können fünf spezifische Situationen auftreten, an denen die Kinder teilnehmen möchten. Zudem besteht ein weiterer Bedarf an Teilnahme an außerschulischen Bildungsangeboten. Davon abweichende Bedarfe kommen bei den Kindern nach Ansicht der Gesetzgeber*innen nicht vor, da sie mit den sechs Bedarfen eine abschließende Aufzählung vorgelegt haben (vgl. Deutscher Bundestag 2010b, S. 106 f.) und keine Möglichkeit einer einzelfallbezogenen Unterstützung bei anderen Bedarfen vorsehen.

Unter Verwendung der gesetzlichen Reihenfolge sind dies Teilhabebedarfe in den nachfolgend dargestellten Situationen.

Teilnahme an eintägigen Ausflügen und mehrtägigen Fahrten

Den ersten Teilhabebedarf von Kindern unterstellen die Gesetzgeber*innen hinsichtlich der Teilnahme an Ausflügen, die für einen oder mehrere Tage geplant sind und in der Kita-Gruppe oder der Schulklasse durchgeführt werden. Kinder, die zu der jeweiligen Gruppe gehören, weisen nach Ansicht der Gesetzgeber*innen den Bedarf auf, an dieser Aktion teilnehmen zu wollen (vgl. § 28 Abs. 2 SGB II; § 3 Abs. 3 AsylbLG i. V. m. § 34 Abs. 2 SGB XII). Dementsprechend benennen die Gesetzgeber*innen mit dieser Leistung einen aktivitätenbezogenen Bedarf. Das zeigt sich insbesondere durch Formulierungen wie

> „Die Vorschrift soll die gleichberechtigte Teilnahme aller Schülerinnen und Schüler an diesen Veranstaltungen ohne Rücksicht auf die wirtschaftliche Situation ihrer Eltern sicherstellen." (Deutscher Bundestag 2010b, S. 104)

Die Verwendung des Begriffs ‚Teilnahme' deutet darauf hin, dass die Gesetzgeber*innen hier lediglich eine körperliche Anwesenheit implizieren, nicht jedoch die aktive Mitgestaltung von Aktivitäten oder Veranstaltungen sowie das Einbezogensein in positiv empfundene Kommunikationen der Gruppen. Das heißt, es reicht ihnen aus, dass Kinder bspw. an einer Klassenfahrt teilnehmen können, eine aktive Auseinandersetzung mit ihren Klassenkamerad*innen wird nicht notwendig als Bedarf anerkannt.

In den weiteren Begründungen weisen die Gesetzgeber*innen allerdings darauf hin, dass mit einer Nichtteilnahme gleichzeitig der Ausschluss aus dem Klassenverband und somit auch der Kita-Gruppe verbunden sein kann (vgl. Luik 2013d, Rn. 33). Demensprechend beschränkt sich dieser Bedarf nicht ausschließlich auf die Teilnahme an der Aktion, sondern kann einen Beitrag dazu leisten, dass die Kinder an der Kommunikation innerhalb der Klasse oder der Gruppe in der Weise beteiligt werden, dass sie sich einbezogen fühlen. Damit ist die Teilnahme an der Aktion die Voraussetzung für die Teilhabe. Zudem verhindert die Teilnahme an den gemeinsamen Aktivitäten den Ausschluss aus dem sozialen Gefüge i. S. des Dabeiseins. Gleichzeitig werden nach Ansicht der Gesetzgeber*innen keine weiteren Bedarfe nötig, um die Teilhabe im sozialen Gefüge i. S. positiv empfundener Kommunikationen zu verbessern.

Teilhabe an einer gleichen materiellen Ausstattung für den schulischen Alltag

Der zweite Teilhabebedarf betrifft die materielle Ausstattung von Kindern, die eine Schule besuchen – den sog. ‚persönlichen Schulbedarf' (vgl. § 28 Abs. 3 SGB II; § 3 Abs. 3 AsylbLG i. V. m. § 34 Abs. 3 SGB XII). Kinder können nur umfassend an allen schulischen Aktivitäten teilnehmen, wenn ihnen auch die dafür notwendigen Materialien zugänglich sind. So brauchen sie z. B. eine Schultasche, um Materialien zu transportieren oder diverse Stifte. Besitzen Kinder diese Grundausstattung nicht, können sie zwar am Unterrichtsgeschehen i. S. der körperlichen Anwesenheit teilnehmen. Sie können sich aber nicht in der geforderten Weise beteiligen (vgl. Luik 2013b, Rn. 3). Folglich bezieht sich dieser Teilhabebedarf wiederum auf die aktivitätenbezogene Ebene, bei der die Anwesenheit weiterer Personen in den Hintergrund rückt.

Erreichen der Schule

Der dritte Teilhabebedarf beinhaltet das Erreichen der gewählten Schule durch öffentliche Verkehrsmittel, wenn sich die Schule nicht in unmittelbarer Nachbarschaft zur elterlichen Wohnung befinden (vgl. § 28 Abs. 4 SGB II; § 3 Abs. 3 AsylbLG i. V. m. § 34 Abs. 4 SGB XII). Die körperliche Anwesenheit, die die Gesetzgeber*innen bei der vorgenannten Leistung als gegeben annehmen, stellen sie mit dieser Leistung in Frage. Ihrem Erachten nach ist diese aufgrund der Infrastruktur im Wohnumfeld der Kinder und der finanziellen Situation der Haushalte nicht grundsätzlich gegeben, sodass hier ein zusätzlicher Bedarf an der Ermöglichung der Teilnahme am schulischen Alltag vorliegen kann. Demnach bezieht sich auch dieser Teilhabebedarf auf die aktivitätenbezogene Ebene. Die soziale Ebene bleibt wiederum unberücksichtigt.

Verbleib im Klassenverband über mehrere Schuljahre

Hinsichtlich des vierten Teilhabebedarfs sprechen die Gesetzgeber*innen den leistungsberechtigten Kindern einen Bedarf am Erreichen des Klassenziels zu. Dieses Ziel wird definiert als Versetzung in die nächsthöhere Jahrgangsstufe bzw. das erfolgreiche Abschließen der schulischen Ausbildung (vgl. Luik 2013d, Rn. 53). Damit wird deutlich, dass auch bei dieser Leistung nicht – wie auf den ersten Blick angenommen werden könnte – die soziale Ebene berücksichtigt wird, sondern die aktivitätenbezogene Ebene im Fokus steht. Der Bedarf, der den Kindern zugesprochen wird, bezieht sich darauf, dass sie im folgenden Schuljahr die Inhalte nicht noch einmal wiederholen müssen.

Teilnahme am gemeinsamen Mittagessen

Die Teilnahme am gemeinsamen Mittagessen in Schulen und Kindertagesbetreuungsangeboten stellt den fünften Teilhabebedarf dar (vgl. § 28 Abs. 6 SGB II; § 3 Abs. 3 AsylbLG i. V. m. § 34 Abs. 6 SGB XII). Auch hier steht die Beteiligung an einer Aktivität im Fokus. Allerdings unterstellen die Gesetzgeber*innen diesen Bedarf nur, wenn die Mittagsverpflegung für die gesamte Gruppe bzw. Klasse zur Verfügung steht. Diese Einschränkung nehmen sie deshalb vor, weil das grundsätzliche Ziel dieser Leistung in der Verhinderung von Ausgrenzungsprozesse besteht (vgl. Deutscher Bundestag 2010b, S. 106). Folglich verstehen die Gesetzgeber*innen die Teilnahme an einer Aktivität – genauso wie beim ersten Teilhabebedarf – als Voraussetzung für die Beteiligung in der Gemeinschaft. Können die Kinder nicht in der Weise am Mittagessen teilnehmen, dass sie die Verpflegung in der Schule oder dem Kindertagesbetreuungsangebot in Anspruch nehmen können, besteht nach Ansicht der Gesetzgeber*innen die Gefahr des sozialen Ausschlusses. Damit heben sie die soziale Ebene hervor und nutzen diese als Entscheidungskriterium, ob ein Bedarf vorliegt. Die aktivitätenbezogene Ebene leistet folglich nur die Voraussetzung für die Ermöglichung der sozialen Teilhabe. Allerdings gewährleisten sie den Kindern damit lediglich, dass sie sich in einem Raum mit den Klassenkamerad*innen befinden. Ob sie sich trotzdem allein an einen Tisch setzen und keiner der Gleichaltrigen mit ihnen kommuniziert, ist nicht mehr bedeutsam. Zwar handelt es sich bei der Ermöglichung der Teilnahme an einer Aktivität um einen wesentlichen Bestandteil, um Teil einer Gemeinschaft sein zu können. Allerdings heißt das nicht, dass dadurch eine positive soziale Integration gegeben ist. Vielmehr können weitere Faktoren dazu führen, dass die Kinder trotz Teilnahme an der Aktivität aus einer Gemeinschaft ausgeschlossen werden oder dass sie sogar negative Emotionen und Erlebnisse erfahren, wenn sie bspw. schikaniert oder gemobbt werden.

Teilnahme an außerschulischen Bildungsangeboten

Den sechsten Teilhabebedarf, den die Gesetzgeber*innen kennen, bezeichnen sie als die sog. ‚Teilhabe am sozialen und kulturellen Leben in der Gemeinschaft' (§ 28 Abs. 7 SGB II; § 3 Abs. 3 AsylbLG i. V. m. § 34 Abs. 7 SGB XII). Zwar lassen die drei Begriffe ‚Teilhabe', ‚sozial' und ‚Gemeinschaft', die insbesondere die Begegnung mit anderen Menschen in den Vordergrund stellen, vermuten, dass es den Gesetzgeber*innen bei diesem Bedarf vornehmlich um die soziale Ebene der Teilhabe geht. Allerdings wird durch die Rezeption der konkreten Angebote deutlich, dass sie der aktivitätenbezogenen Ebene eine hohe Bedeutung zuschreiben. Konkret benennen sie folgende Liste an Angeboten, die ihrem Erachten nach zur Befriedigung des Bedarfs von Kindern dienen, um am Leben in der Gemeinschaft teilhaben zu können.

„1. Mitgliedsbeiträge in den Bereichen Sport Spiel, Kultur und Geselligkeit,
2. Unterricht in künstlerischen Fächern (zum Beispiel Musikunterricht) und vergleichbare angeleitete Aktivitäten der kulturellen Bildung und
3. die Teilnahme an Freizeiten." (§ 28 Abs. 7 SGB II; § 3 Abs. 3 AsylbLG i. V. m. § 34 Abs. 7 SGB XII)

Ausgehend von dieser Darstellung wird deutlich, dass sich das Leben in der Gemeinschaft nach Ansicht der Gesetzgeber*innen im Rahmen institutionell organisierter, außerschulischer Bildungsangebote vollzieht. Demnach beschränkt sich dieser sog. ‚Teilhabebedarf' nicht nur auf die Ermöglichung zwischenmenschlicher Kontakte. Vielmehr sollen diese Kontakte strukturiert und unter Aufsicht stattfinden, d. h. die Kontakte sollen im Rahmen von festgelegten Aktivitäten erfolgen. Die soziale Ebene der Teilhabe ist demnach nur innerhalb einer Teilnahme an Aktivitäten möglich, sodass sich erneut zeigt, dass die aktivitätenbezogene Ebene nach Ansicht der Gesetzgeber*innen die Voraussetzung für die soziale Ebene darstellt.

Im Ergebnis wird deutlich, dass sich die Gesetzgeber*innen hinsichtlich der Teilhabe sowohl auf die aktivitätenbezogene als auch auf die soziale Ebene beziehen. Die aktivitätenbezogene Ebene nimmt in den Leistungen jedoch einen höheren Stellenwert ein als die soziale Ebene, da der sozialen Ebene nur bei drei der sechs Bedarfe Bedeutung zugesprochen wird. Ihrem Erachten nach ist die Teilnahme auf der aktivitätenbezogenen Ebene die Voraussetzung für eine Teilnahme an weiteren Aktivitäten als auch an der Teilhabe auf der sozialen Ebene. Das bedeutet erstens, dass den leistungsberechtigten Kindern nach Ansicht der Gesetzgeber*innen vor allem die Teilnahme an Aktivitäten eröffnet werden muss. Dadurch kann den Kindern eine Teilnahme an weiteren Aktivitäten ermöglicht werden. So ist die Sicherung des Bedarfs die Schule zu erreichen die Voraussetzung, um an dem schulischen Alltag teilnehmen zu können oder die Befriedigung des Bedarfs an außerschulischer Lernförderung ermöglicht die Teilnahme an den Aktivitäten, die in der nächsthöheren Jahrgangsstufe stattfinden. Ist also der grundsätzliche Bedarf an körperlicher Anwesenheit bei Aktivitäten gesichert, liegen weitere Bedarfe hinsichtlich spezifischer Aktivitäten vor, die in Bildungsinstitutionen ausgeführt werden. Werden bspw. Ausflüge im Rahmen des schulischen Alltags geplant, tritt erneut ein Bedarf auf der aktivitätenbezogenen Ebene auf. Die Befriedigung dieses Bedarfs sichert nach Ansicht der Gesetzgeber*innen gleichzeitig den Bedarf auf beiden Ebenen, da die Teilnahme an der Aktivität den Ausschluss der Kinder aus der Gemeinschaft verhindert. Soziale Teilhabe hängt ihrem Erachten nach eng mit der Teilnahme an gemeinsamen Aktivitäten zusammen. Unberücksichtigt lassen sie jedoch, dass ein sozialer Ausschluss auch durch andere Faktoren beeinflusst werden kann und nicht nur erfolgen muss, weil Kinder sich nicht an gemeinsamen Aktionen beteiligen können. Zudem lassen sie außer Acht, dass der soziale Ausschluss trotz Teilnahme an gemeinsamen Aktivitäten vorliegen kann.

In Anbetracht dessen wird deutlich, dass die Gesetzgeber*innen Teilhabe unter einem starken Fokus auf die Teilnahme an Aktivitäten denken. Hier liegt ihrem Erachten nach der größte Bedarf der leistungsberechtigten Kinder vor. Wird die Teilnahme an Aktivitäten ermöglicht, ist auch die soziale Teilhabe der Kinder gesichert.

Kontexte, in denen Teilnahme- und Teilhabebedarfe auftreten

Die sechs Teilhabebedarfe treten nach Ansicht der Gesetzgeber*innen nicht zwangsläufig in gleichen Kontexten auf. Vielmehr lassen sie sich unterscheiden zwischen Bedarfen, die auftreten, (1) wenn Kinder eine Schule besuchen, (2) wenn Kinder eine Kindertageseinrichtung in Anspruch nehmen und (3) wenn ein Angebot der Kindertagespflege genutzt wird. Darüber hinaus kennen die Gesetzgeber*innen den sog. ‚Bedarf an Teilhabe am sozialen und kulturellen Leben in der Gemeinschaft', den sie keinem Kontext zuordnen, der aber nur in einer speziellen Altersspanne vorliegt.

Tab. 40: Lebenssituationen, in denen Teilhabebedarfe auftreten

	Besuch einer Schule	Nutzung einer Kindertageseinrichtung	Nutzung eines Kindertagespflegeangebotes	Keine spezifische Lebenssituation
Teilhabebedarfe	Ein- und mehrtägige Ausflüge	Ein- und mehrtägige Ausflüge		
	Persönlicher Schulbedarf			
	Schülerbeförderung			
	Außerschulische Lernförderung			
	Mittagsverpflegung	Mittagsverpflegung	Mittagsverpflegung	
				Teilhabe am sozialen und kulturellen Leben in der Gemeinschaft

Quelle: § 28 SGB II; § 3 Abs. 3 AsylbLG i. V. m. § 34 SGB XII; eigene Darstellung

Vorstehende Tabelle verdeutlicht, dass die Gesetzgeber*innen Kindern, die eine Schule besuchen, die meisten Teilhabebedarfe zusprechen. Sie können sowohl den Bedarf an Teilnahme an ein- und mehrtägigen Ausflügen, an Ausstattung mit Gegenständen für die Teilnahme am schulischen Alltag – dem sog. ‚persönlichen Schulbedarf' –, am Erreichen ihrer Bildungsinstitution durch öffentliche Verkehrsmittel – der sog. ‚Schülerbeförderung' –, an einer außerschulischen Lernförderung sowie an Teilnahme am gemeinsamen Mittagessen in der Schule aufweisen.

Kinder, die eine Kindertageseinrichtung nutzen, weisen hingegen weniger Teilhabebedarfe auf. Diese beschränken sich auf die Teilnahme an den ein- und mehrtägigen Ausflügen sowie auf die Teilnahme an der Mittagsverpflegung. Kindern, die ein Kindertagespflegeangebot nutzen, wird nur der Bedarf an Teilnahme am gemeinsamen Mittagessen zugesprochen.

Die Einschränkung, dass nur Kinder im Schulalter außerschulische Lernförderung benötigen, scheint vor dem Hintergrund nachvollziehbar, da dieser Bedarf auf die Versetzung in die nächsthöhere Klassenstufe gerichtet ist. In frühkindlichen Bildungseinrichtungen bestehen keine derartigen Regelungen, sodass hier keine offizielle Versetzung erfolgt. Demgegenüber bleibt jedoch unklar, weswegen leistungsberechtigten Kindern in Kindertagesbetreuung die beiden weiteren Teilhabebedarfe nicht zugesprochen werden. Erstens werden auch für die Teilnahme an den Aktivitäten der Kindertagesbetreuungsangebote zusätzliche finanzielle Mittel benötigt, um über die notwendige Ausstattung mit Materialien zu verfügen. Hierbei kann bspw. an Sportkleidung gedacht werden oder an die Kosten für Bastelutensilien (vgl. Meiner 2014, S. 40).

Zweitens kann auch der Bedarf an Nutzung öffentlicher Verkehrsmittel zum Erreichen des Kindertagesbetreuungsangebotes vorliegen, sofern sich dieses nicht in unmittelbarer Nachbarschaft zur elterlichen Wohnung befindet. Das Absprechen dieses Bedarfs bei den jungen Kindern erscheint kaum nachvollziehbar, da mit der Bereitstellung finanzieller Mittel die Teilnahme an Bildungsangeboten ermöglicht werden soll und die Kinder nicht unweigerlich im nahen Wohnumfeld einen Platz in der Kindertagesbetreuung erhalten haben müssen. Vielmehr zeigt sich in der Diskussion um die Umsetzung des Rechtsanspruchs für Kinder ab dem vollendeten ersten Lebensjahr, dass ihnen eine einfache Wegstrecke von bis zu 30 Minuten mit öffentlichen Verkehrsmitteln zugemutet wird (vgl. Wiesner/Kößler 2014, Rn. 11 ff.). Diese Strecke legen außerdem nicht nur sie selbst zurück, sondern i. d. R. auch ein Elternteil, sodass sogar noch ein zusätzlicher Bedarf für die Eltern entsteht. Demnach scheinen die Gesetzgeber*innen den leistungsberechtigten Kindern nur die Nutzung von Tagesbetreuungsangeboten zuzusprechen, die sich im unmittelbaren Wohnumfeld befinden. Daraus ergibt sich die Annahme, dass die Gesetzgeber*innen den Familien im Leistungsbezug unterstellen, dass sie nur Kindertagesbetreuungsangebote in Anspruch nehmen, die fußläufig erreichbar sind oder die Gesetzgeber*innen erkennen die Inanspruchnahme von frühkindlichen Bildungsangeboten, die zusätzliche finanzielle Mittel zum Erreichen des Angebotes erfordern, nicht als Bedarf an.

Aus dieser Analyse wird deutlich, dass die Gesetzgeber*innen die Sicherung der Teilnahmebedarfe an spezifische Bildungseinrichtungen koppeln. Die Kontexte, in denen sich die Kinder befinden, werden damit über die aktuell besuchte Institution definiert. Lediglich hinsichtlich des sog. ‚Bedarfs an Teilhabe am sozialen und kulturellen Leben in der Gemeinschaft' trifft dies nicht zu. Ihren Ansichten nach kann eine Vielzahl an Institutionen diese Bedarfe erfüllen, sodass hier keine konkrete Lebenssituation berücksichtigt werden muss. Allerdings hängt der Bedarf an Nutzung einer speziellen Bildungseinrichtung eng mit den Gegebenheiten vor Ort zusammen.

> „Wo keine oder nur unzureichende Strukturen vor Ort bestehen, können allein durch Leistungen für Bildung und Teilhabe die sozialintegrativen Bedürfnisse von Kindern und Jugendlichen nicht befriedigt werden." (Deutscher Bundestag 2010b, S. 107)

Die „sozialintegrativen Bedürfnisse" – wie die Gesetzgeber*innen in diesem Zitat die spezifischen Teilhabebedarfe bezeichnen – sind abhängig von den

Möglichkeiten und Angeboten, die im Umfeld der Kinder verfügbar sind. Das heißt, wenn sich bspw. ein Basketballverein in der Wohnumgebung der Kinder befindet, können diese Kinder den Bedarf, an den dort angebotenen Aktivitäten teilzunehmen, verspüren. Befindet sich dieses Angebot für die Kinder außerhalb des räumlichen Aktionsradius, werden sie nach Ansicht der Gesetzgeber*innen hinsichtlich des konkreten Angebots keinen Bedarf haben.

Akteure, die Teilhabebedarfe befriedigen können

Die Gesetzgeber*innen sprechen den folgenden Institutionen und Angeboten eine tragende Rolle bei der Befriedigung des Teilhabebedarfs von Kindern zu. An oberster Stelle ordnen sie die Schulen ein (§§ 28 Abs. 2 bis 6 SGB II; § 3 Abs. 3 AsylbLG i. V. m. §§ 34 Abs. 2 bis 6 SGB XII). In den Jahren vor dem Schuleintritt haben die leistungsberechtigten Kinder Teilhabebedarfe, wenn sie Kindertagesbetreuungsangebote nutzen (vgl. §§ 28 Abs. 2 und 6 SGB II; § 3 Abs. 3 AsylbLG i. V. m. §§ 34 Abs. 2 und 6 SGB XII). Ein genereller Bedarf an Teilnahme an den Aktivitäten der frühkindlichen Bildungsangebote liegt nach Ansicht der Gesetzgeber*innen jedoch nicht vor, da sie den Kindern bspw. keinen Bedarf zur Erreichung von Kindertagesbetreuungsangeboten zusprechen, die sich nicht im unmittelbaren Wohnumfeld der Kinder befinden. Schließlich werden Teilhabebedarfe u. a. in Vereinen oder Verbänden mit den Schwerpunkten Sport, Spiel, Kultur und Geselligkeit (Leopold 2012a, Rn. 132.1) wie z. B. in Musikschulen, Sport- und Karnevalsvereinen (vgl. Leopold 2012a, Rn. 135), Chören und Orchestern (vgl. Leopold 2012a, Rn. 136) gedeckt.

Demgegenüber benennen die Gesetzgeber*innen einzelne Angebote und Aktivitäten, die ihrem Erachten nach nicht zur Deckung des Teilhabebedarfs von Kindern beitragen. Dabei handelt es sich konkret um

> „[...] den individuellen Besuch öffentlicher Einrichtungen (Eintrittsgelder für Zoo, Schwimmbad, Diskothek, Kino usw [sic!]) [...].“ (Luik 2013b, Rn. 61)

Allerdings liegt der Teilhabebedarf in diesen Fällen nur dann nicht vor, wenn es sich um einen „individuellen Besuch“ handelt. Werden diese Einrichtungen im Rahmen institutionell organisierter Bildungsangebote genutzt, erkennen die Gesetzgeber*innen dies als Teilhabebedarfe an (vgl. Luik 2013b, Rn. 63). Unter „individuellem Besuch“ verstehen sie die Nutzung von (Bildungs-)Angeboten mit Eltern oder Freund*innen (vgl. Grube 2012a, Rn. 59). Dass die Sicherung des Teilhabebedarfs ausschließlich durch institutionell organisierte Bildungsangebote gelingt, heben sie zusätzlich dadurch hervor, dass Teilhabe ihrem Erachten nach nur

> „[...] außerhalb der eigenen vier Wände“ (Luik 2013b, Rn. 19; Luik 2013d, Rn. 31)

möglich ist. Demnach können Eltern die Teilhabebedarfe ihrer Kinder nicht befriedigen. Das begründen sie damit, dass die Kinder Defizite aufweisen, die wegen der finanziellen Deprivation der Familie bestehen (vgl. Deutscher Bundestag 2010b, S. 42). Erst eine Einbindung i. S. der Ermöglichung des Zugangs zu verschiedenen Bildungsangeboten kann diese Defizite ausgleichen und zur Verbesserung ihrer Lebenslagen im Erwachsenenalter beitragen (vgl. Deutscher Bundestag 2010b, S. 42). Damit begreifen sie insbesondere das bestehende soziale Umfeld der Kinder mit den vorhandenen (Bildungs-)Institutionen, (Bildungs-)Einrichtungen und (Bildungs-)Angeboten (vgl. Deutscher Bundestag 2010b, S. 107) als diejenigen Akteure, in deren Strukturen die Kinder gern eingebunden sein möchten.

Noch einmal mehr wird dadurch deutlich, dass die Gesetzgeber*innen davon ausgehen, dass die Teilnahme an institutionell organisierten Bildungsangeboten das oberste Ziel der sog. ‚Teilhabeleistungen' darstellt. Allein die Teilnahme an den dort angebotenen Aktivitäten trägt ihrem Erachten nach grundsätzlich zur Verbesserung der Situation der leistungsberechtigten Kinder bei. Dies hängt allerdings nicht ausschließlich mit den Inhalten der Angebote zusammen, sondern im Wesentlichen an den beteiligten Personen.

Einflussfaktoren auf (Nicht-)Teilhabe

Die Erfüllung des Teilhabebedarfs kann – wie bereits beschrieben – nach Ansicht der Gesetzgeber*innen erstens negative Entwicklungen verhindern und weist zweitens hohe Potenziale zur Verbesserung ihrer materiellen Situation im Erwachsenenalter auf. Dementsprechend haben die Gesetzgeber*innen hinsichtlich der positiven Effekte der Sicherung des Teilhabebedarfs zwei zeitliche Dimensionen vor Augen: die gegenwärtige Situation sowie die Lage der Kinder im Erwachsenenalter.

Sollten Kinder nicht an gemeinsamen Veranstaltungen in Schule und Kindertagesbetreuung teilnehmen können, kann dies nach Ansicht der Gesetzgeber*innen „besonders nachhaltig negativ" (Deutscher Bundestag 2010b, S. 104) auf ihre Entwicklung wirken. Diesem Umstand wollen sie entgegenwirken.

> „Es soll praktisch der Gefahr von Diskriminierungen dieses Personenkreises begegnet werden, die durch dessen Herkunft aus einkommensschwachen Familien entstehen können. Gesellschaftliche Ausgrenzungsprozesse, die typischerweise gerade daraus entstehen, dass Kindern, Jugendlichen und jungen Erwachsenen aufgrund fehlender finanzieller Mittel eine Teilnahme an gemeinschaftlichen Aktivitäten in der Schule und in Vereinen verwehrt bleibt oder zumindest erheblich erschwert wird, sollen so beendet werden." (Leopold 2012a, Rn. 36)

Eine negative Entwicklung erfolgt insbesondere dann, wenn Klassenkamerad*innen durch die Nichtteilnahme an den Aktivitäten und Veranstaltungen von der finanziellen Situation der Familie erfahren; die leistungsberechtigten Kinder aufgrund dessen von ihren Klassenkamerad*innen stigmatisiert werden und somit aus dem Klassenverband sozial ausgeschlossen werden (vgl. Lenze 2011c, Rn. 22). Kinder sollen im Gegenteil durch die Möglichkeit einer verbesserten Teilnahme an den Aktivitäten im außerschulischen Bereich besser in Peer-groups integriert werden und verstärkt in Kontakt mit Gleichaltrigen kommen (vgl. Lenze 2011b, Rn. 31).

Weiterhin kann eine aktuell unzureichende Teilnahme an schulischen Angeboten auch zu Misserfolgen führen, welche darauf zurückzuführen sind, dass den Kindern das Mitmachen im schulischen Alltag durch eine unzureichende Ausstattung mit den notwendigen Materialien nicht möglich ist.

> „Notwendige Aufwendungen zur Erfüllung schulischer Pflichten gehören zu ihrem existentiellen Bedarf. Ohne Deckung dieser Kosten droht hilfebedürftigen Kindern der Ausschluss von Lebenschancen, weil sie ohne den Erwerb der notwendigen Schulmaterialien, wie Schulbücher, Schulhefte oder Taschenrechner, die Schule nicht erfolgreich besuchen können." (Luik 2013b, Rn. 3)

Die Verfügbarkeit über die gleiche Ausstattung mit Schulmaterialien trägt nach Ansicht der Gesetzgeber*innen indirekt zu besseren schulischen Leistungen der Kinder bei, da sie nur dadurch umfassend an den schulischen Aktivitäten teilnehmen können.

Zweitens wirkt sich die Teilnahme an Aktivitäten von Bildungsinstitutionen auf eine verbesserte wirtschaftliche Situation der leistungsberechtigten Kinder im Erwachsenenalter aus.

> „Bildung und Teilhabe am sozialen und kulturellen Leben sind erforderlich, um die materielle Basis für Chancengerechtigkeit herzustellen. Insbesondere der Bildung kommt bei der nachhaltigen Überwindung von Hilfebedürftigkeit und zukünftigen Lebenschancen eine Schlüsselfunktion zu." (Deutscher Bundestag 2010b, S. 104)

Dieses Zitat deutet darauf hin, dass die Gesetzgeber*innen der Bildung vor allem das Potenzial verbesserter Zukunftschancen zuzusprechen scheinen. Wie in den vorherigen Analysen gezeigt werden konnte, beziehen sich die von den Gesetzgeber*innen aufgestellten Bildungsbedarfe jedoch grundsätzlich auf die Befriedigung des Teilnahmebedarfs an Bildungsaktivitäten. Kann dieser sichergestellt werden, haben die leistungsberechtigten Kinder die gleichen „Lebenschancen" wie Kinder ohne Leistungsbezug. Durch die Verbindung des Begriffs

‚Lebenschancen' mit der Formulierung ‚Überwindung von Hilfebedürftigkeit' wird weiterhin deutlich, dass ihrem Erachten nach das Leben im Erwachsenenalter nur als ein normativ gutes Leben bezeichnet wird, wenn keine Abhängigkeit von staatlichen Transferleistungen besteht. Alle ihrem Erachten nach dafür notwendigen Hilfen gewähren sie den leistungsberechtigten Kindern über die Sicherung der sechs Teilhabebedarfe. Diese bilden die Grundlage für ein als gewollt angesehenes Leben im Erwachsenenalter. Gleichzeitig scheinen die Gesetzgeber*innen damit aber auch anzunehmen, dass die Kinder zukünftig kein gewolltes Leben führen können, wenn sie aktuell nicht an den benannten Aktivitäten teilnehmen.

Umfang, in dem Teilhabe gewährt werden soll

Teilhabe i. S. der Beteiligung an Aktivitäten durch die Bereitstellung der notwendigen Ausstattung bedeutet zwar für die Gesetzgeber*innen die Sicherstellung, dass Kinder über die gleichen Materialien wie Gleichaltrige verfügen. Dabei gehen sie jedoch von einem Mindeststandard aus, den sie sowohl in quantitativer als auch in qualitativer Hinsicht ansetzen.

Bezüglich des quantitativen Maßes, das sie Kindern zur Sicherung des Teilhabebedarfs zusprechen, handelt es sich nicht immer um eine Vollförderung in Form einer Kostenübernahme für die tatsächlichen Aufwendungen. Insbesondere bei den Leistungen für die sog. ‚Teilhabe am sozialen und kulturellen Leben in der Gemeinschaft' wird nur eine sog. ‚Teilförderung' (Lenze 2011b, Rn. 37) vorgenommen. Die Leistungsberechtigten erhalten ein Budget von zehn Euro im Monat, von dem die Teilnahme gesichert werden soll. Zwar liegen laut Gesetzgeber*innen die Kosten für Mitgliedsbeiträge in der Hälfte aller Sportvereine unterhalb dieses Betrags (vgl. Deutscher Bundestag 2010b, S. 106). Das heißt aber auch, dass für die andere Hälfte aller Sportvereine die Beiträge höher sind und damit eine Teilnahme nur eingeschränkt möglich ist, sodass den Kindern nur eine eingeschränkte Wahlfreiheit eröffnet wird. Zudem können die gesamten Aufwendungen selbst für eine Teilnahme an kostengünstigen Vereinsangeboten teilweise sehr kostenintensive Ausstattungsgegenstände sowie evtl. Fahrtkosten (vgl. Leopold 2012a, Rn. 140) umfassen. Beim Besuch von Musikunterricht kann durch die Pauschale u. U. nicht einmal die monatlichen Teilnahmekosten gedeckt werden. Ähnliches ist für die weiteren Leistungen im Rahmen des Abs. 7 zu vermuten.

Da die Gesetzgeber*innen jedoch lediglich ein „Mindestmaß an Teilhabe" (Luik 2013d, Rn. 10) absichern wollen, können ihren Ansichten nach Teilhabebedarfe gedeckt werden, wenn die leistungsberechtigten Kinder unregelmäßig an den Aktivitäten teilnehmen (vgl. Lenze 2011b, Rn. 34).

Weiterhin handelt es sich bei den Teilhabebedarfen lediglich um zu befriedigende Bedarfe, wenn sie sich im Rahmen der unterstellten Normalität bzw. des in Deutschland als normal angesehenen Lebens befinden. Wenn eine

> „[...] Inanspruchnahme der schulischen Mittagsverpflegung aus religiösen oder medizinischen Gründen nicht in Betracht komme [...][, werden keine] Geldleistungen zur Selbstbeschaffung einer Mittagsverpflegung bei einem schulexternen Service" (Leopold 2012a, Rn. 123.1)

gewährt. Eine Teilhabe ist nach Ansicht der Gesetzgeber*innen wohl lediglich dann nötig, wenn die Strukturen und die unterstellte Normalität eingehalten werden und Kinder nicht aus diesem Raster herausfallen. Haben die Kinder bspw. aus gesundheitlichen oder religiösen Gründen andere Bedarfe, liegt ihren Ansichten nach kein Teilhabebedarf vor. Eine mögliche Erklärung für dieses Vorgehen ist, dass die Gesetzgeber*innen annehmen, dass die Kinder bereits Merkmale wie eine Allergie oder eine in Deutschland als ‚untypisch' angesehene Religionszugehörigkeit aufweisen, die zu Ausgrenzungen führen, sodass eine gesonderte Behandlung keine verbesserten Teilhabemöglichkeiten hervorbringt.

Dadurch wird ersichtlich, dass die Gesetzgeber*innen davon ausgehen, dass Teilhabe nur erfolgen kann, wenn Kinder nicht vom unterstellten Normalzustand abweichen. Sollten sie Merkmale aufweisen, die ihrem Erachten nach als unnormal angesehen werden wie Lebensmittelunverträglichkeiten oder für Deutschland ‚untypische' Religionen wie dem Judentum, dem Islam oder dem Hinduismus, werden sie von den Gleichaltrigen bereits als ‚Andere' wahrgenommen und haben keine weiteren Teilhabebedarfe.

Hinsichtlich der Qualität der teilhabesichernden materiellen Bedarfe, ist nach Ansicht der Gesetzgeber*innen eine zweckdienliche Ausstattung zur Verfügung zu stellen, jedoch nicht die Gewährung von darüber hinausreichenden Gegenständen (vgl. Leopold 2012a, Rn. 68). Selbst wenn die Klassenkamerad*innen so verstandene Luxusartikel wie teure Stifte oder Markensportbekleidung besitzen, wird ihrem Erachten nach eine Ausgrenzung durch die Bereitstellung gleichwertiger, kostengünstigerer Gegenstände verhindert. Die Leistungsberechtigten können bspw. auch an den sportlichen Aktivitäten teilnehmen, wenn sie günstige Sportkleidung tragen, sodass der grundsätzliche Bedarf der körperlichen Anwesenheit an den Aktionen der Gruppe gegeben ist.

Unterschiede zu den Leistungsberechtigten mit (drohender) Behinderung

Im Rahmen der Leistungen für Kinder mit (drohender) Behinderung weisen die Gesetzgeber*innen explizit darauf hin, dass die Begriffe ‚Teilhabe' und ‚Teilnahme' nicht synonym verwendet werden können, sondern der Begriff ‚Teilhabe' mehr umfasst als der Begriff ‚Teilnahme' (vgl. Wahrendorf 2012c, Rn. 21). Damit heben sie die Differenz hervor, die in den Leistungen für Bildung und Teilhabe implizit gedacht wird.

Für Kinder mit (drohender) Behinderung ist die Befriedigung des Bedarfs an Teilnahme mit zusätzlichen Voraussetzungen verbunden. So ist bspw. das

> „[...] Erlernen lebenspraktischer Fähigkeiten (Kleiderpflege, Kommunikation, Essensfertigkeiten) [...] für die Teilnahme am Leben in der Gemeinschaft und eben auch zum Schulbesuch erforderlich." (Wahrendorf 2012c, Rn. 34)

Sie gehen also davon aus, dass spezifische Fähigkeiten und Kompetenzen in einem als normal angenommenen Maß ausgeprägt sein müssen, damit überhaupt eine Teilnahme an Aktivitäten stattfinden kann. Indem sie diese Voraussetzungen in den Leistungen für Kinder mit (drohender) Behinderung benennen, diese in den Leistungen für Bildung und Teilhabe nicht erwähnen, zeigen sie eine Besonderheit auf, die sie wohl nur den Kindern mit (drohender) Behinderung zusprechen. Da die Gesetzgeber*innen den Leistungsberechtigten ohne Behinderung keine Unterstützung für das Erlernen lebenspraktischer Fähigkeiten zusprechen, kann davon ausgegangen werden, dass sie hier keinen Bedarf sehen und annehmen, dass Kinder ohne Behinderung über diese Fähigkeiten verfügen. Folglich sprechen die Gesetzgeber*innen den Kindern mit (drohender) Behinderung einen zusätzlichen Bedarf zu, damit in einem ersten Schritt die Voraussetzungen für eine Teilnahme an Aktivitäten ermöglicht werden kann.

Eine weitere Besonderheit, die im vorgenannten Zitat offenkundig wird, besteht darin, dass die Gesetzgeber*innen in den Leistungen für Kinder mit (drohender) Behinderung nicht von einer „Teilhabe am Leben in der Gemeinschaft" sprechen, wie sie dies in den Leistungen für Bildung und Teilhabe tun. Sie schreiben hier lediglich von einer „Teilnahme am Leben in der Gemeinschaft". Mit dem Hinweis, dass Teilhabe und Teilnahme nicht synonym verwendet werden, bedeutet das, dass sie davon ausgehen, dass die Leistungsberechtigten mit (drohender) Behinderung nur in einem geringeren Maß an der Gesellschaft teilhaben können.

Das führt aber nicht dazu, dass ihnen weniger Unterstützungen zur Verfügung gestellt werden. Vielmehr weisen die SGB XII-Gesetzgeber*innen in ihrem § 34a Abs. 1 S. 3 darauf hin, dass mit der Gewährung von Leistungen für sog. ‚Teilhabe am sozialen und kulturellen Leben in der Gemeinschaft' (§ 34 Abs. 7 SGB XII) keine Reduzierung der Leistungen nach dem Sechsten Kapitel (der sog. ‚Eingliederungshilfe für behinderte Menschen') erfolgt, sondern beide Leistungen gleichrangig nebeneinander zu erbringen sind. Demnach gehen die Gesetzgeber*innen davon aus, dass Kinder mit (drohender) Behinderung neben dem allgemeinen Teilhabebedarf noch einen zusätzlichen Bedarf an Teilhabe aufweisen.

Dieser Bedarf ergibt sich ihrem Erachten nach daraus, dass Kinder mit (drohender) Behinderung aufgrund des geringeren Entwicklungsstands im Vergleich zu den Gleichaltrigen (vgl. § 2 Abs. 1 SGB IX) eingeschränkt sind, an der Gesellschaft teilzuhaben.

> „Personen, die durch eine Behinderung im Sinne von § 2 Abs. 1 Satz 1 des Neunten Buches wesentlich in ihrer Fähigkeit, an der Gesellschaft teilzuhaben, eingeschränkt oder von einer solchen wesentlichen Behinderung bedroht sind, erhalten Leistungen der Eingliederungshilfe, wenn und solange nach der Besonderheit des Einzelfalles, insbesondere nach Art oder Schwere der Behinderung, Aussicht besteht, dass die Aufgabe der Eingliederungshilfe erfüllt werden kann. Personen mit einer anderen körperlichen, geistigen oder seelischen Behinderung können Leistungen der Eingliederungshilfe erhalten." (§ 53 Abs. 1 SGB XII)

Aus dem Zitat wird deutlich, dass die Gesetzgeber*innen unter der ‚Teilhabe an der Gesellschaft'[36] eine Fähigkeit verstehen. Der Begriff ‚Fähigkeit' impliziert Merkmale, die einer Person zu- oder abgesprochen werden und damit ausschließlich Individuen zugeordnet sind. Sprechen die Gesetzgeber*innen in diesem Zusammenhang also von einer Fähigkeit, handelt es sich ihrem Erachten nach bei der Teilhabe um ein individuelles Merkmal. Mindestens eine Fähigkeit der Kinder ist nicht in gleicher Weise ausgeprägt, wie es dem Lebensalter normativ zugesprochen wird. Durch diese unterstellte unzureichende Fähigkeitsausprägung sind die leistungsberechtigten Kinder mit (drohender) Behinderung in der Teilnahme am gesellschaftlichen Leben eingeschränkt (vgl. Wahrendorf 2012b, Rn. 17). Die Gesellschaft hat dabei keinen Einfluss auf die Teilnahmemöglichkeiten dieser Kinder. Die Teilnahme wird ihrem Erachten nach lediglich durch die Auswirkungen des Merkmals (drohende) Behinderung reduziert. Diese Annahmen zeigen sich in den Formulierungen des Analysematerials immer wieder. Neben den bereits benannten Stellen bspw. auch durch Aussagen wie

36 Die Gesetzgeber*innen verwenden die Begriff ‚Gesellschaft' und ‚Gemeinschaft' synonym.

„Die Eingliederungshilfe ist auf die Minimierung der Auswirkungen der Behinderung gerichtet […].“ (Wahrendorf 2012b, Rn. 18)

Dieser Logik folgend, muss nach Ansicht der Gesetzgeber*innen an den sog. ‚Entwicklungsbenachteiligungen‘ angesetzt werden, um den Teilhabebedarf decken zu können. Damit sprechen die Gesetzgeber*innen ausschließlich den Kindern mit (drohender) Behinderung die Möglichkeiten und Veränderungspotenziale für die Sicherung einer ausreichenden Teilnahme am Leben in der Gesellschaft zu. Nur sie selbst können – mit der Unterstützung zusätzlicher Hilfen u. a. durch Dritte – eine positive Veränderung der Situation erreichen. Demgegenüber muss sich die Gesellschaft in dieser Hinsicht nicht verändern oder anpassen.

‚Gesellschaft‘ verstehen die Gesetzgeber*innen nicht nur als weiten Begriff, vielmehr schließen sie kleine Gemeinschaften wie Familie, Nachbarschaft oder Gruppen ein, die sich für einen festgesetzten Zeitraum zusammenfinden, um bspw. einem Hobby nachzugehen.

„[…] Teilhabe am Leben in der Gemeinschaft […] schließt die Teilhabe am Leben in der Familie, der Nachbarschaft, aber auch am öffentlichen und kulturellen Leben mit ein […].“ (Wahrendorf 2012b, Rn. 35)

Die Gesetzgeber*innen unterstellen damit, dass die Teilhabe von Kindern mit (drohender) Behinderung auch in Gemeinschaften eingeschränkt ist, mit denen die Kinder verwandt sind oder die im nahen Umfeld der Kinder wohnen. Aufgrund der diagnostizierten Eigenschaft ‚(drohende) Behinderung‘ können die Kinder nach Ansicht der Gesetzgeber*innen nur begrenzt in Kontexten teilhaben, in denen sie ansonsten keine Ausgrenzung erfahren, weil sie durch die (drohende) Behinderung von der unterstellten Normalität abweichen.

Überblick über die Ergebnisse der Analyse

Tab. 41: Ergebnisse der Analyse der Unterkategorie: *Teilhabe*

Ergebnisse der Analyse	Kinder- und Kindheitsbilder
Leistungsberechtigte Kinder nehmen unzureichend an Gemeinschaftsaktionen in Schulen und Kindertageseinrichtungen teil, weswegen sie einem erhöhte Risiko des Ausschlusses aus dem Gruppengefüge in diesen Einrichtungen ausgesetzt sind.	Die Ausgeschlossenen

Ergebnisse der Analyse	Kinder- und Kindheitsbilder
Sie weisen nach Ansicht der Gesetzgeber*innen einen Bedarf an Teilnahme an diesen Aktivitäten auf. Bedeutungslos bleibt dabei, ob die Kinder positiv in die Kommunikation der Gleichaltrigen eingebunden sind.	‚Dabeisein ist alles'
Die leistungsberechtigten Kinder verfügen ohne zusätzliche Unterstützungen nicht über eine ausreichende Ausstattung mit Materialien, die sie benötigen, um an den Aktivitäten im schulischen Alltag teilnehmen zu können. Mit diesen Materialien können sie über die körperliche Anwesenheit hinaus auch die gleichen Aktivitäten durchführen wie ihre Klassenkamerad*innen.	Die Ausgeschlossenen
Leistungsberechtigte Kinder weisen weiterhin einen Bedarf auf, an schulischen Aktivitäten körperlich anwesend sein zu können, auch wenn sich die Schule nicht in der unmittelbaren Umgebung ihres Wohnortes befindet.	‚Dabeisein ist alles'
Die leistungsberechtigten Kinder weisen einen Bedarf auf, im Klassenverband zu bleiben, damit sie im folgenden Schuljahr die Inhalte nicht wiederholen müssen.	‚Dabeisein ist alles'
Die Grundvoraussetzung für eine Teilhabe ist nach Ansicht der Gesetzgeber*innen die Sicherung der körperlichen Anwesenheit und die Bereitstellung aller notwendigen Materialien, um bei Gemeinschaftsaktionen mitmachen zu können. Sind diese Dinge bei den Leistungsberechtigten gesichert, gehen die Gesetzgeber*innen davon aus, dass sie auch in das Gruppengefüge integriert sind. Unberücksichtigt lassen sie die Möglichkeit, dass Kinder auch sozial durch Mobbing und Stigmatisierung ausgeschlossen werden können.	‚Dabeisein ist alles'
Teilhabebedarfe treten bei den leistungsberechtigten Kindern ihren Ansichten nach ausschließlich hinsichtlich der Nutzung institutionell organisierter Angebote auf.	Institutionenkindheit
Der größte Teil der Teilhabebedarfe liegt hinsichtlich der Teilnahme an Aktivitäten vor, die durch die Schule organisiert werden.	Schulkindheit
Teilhabebedarfe beziehen sich nach Ansicht der Gesetzgeber*innen nur auf institutionell organisierte Angebote und nicht auf die Teilnahme an gemeinsamen Aktivitäten mit der Familie, mit Verwandten oder mit Freund*innen.	Institutionenkindheit

Quelle: eigene Darstellung

Resümee

Die soziale Lage von Kindern im Leistungsbezug im Hinblick auf ihren *Umgang mit materiellen Ressourcen*, ihre *sozialen Kompetenzen*, ihre *Wahrnehmung von*

Emotionen und Empfindungen und ihre *Teilhabe* ist für die Gesetzgeber*innen vor allem durch Defizite geprägt, die durch verschiedene Unterstützungen sowie mit Hilfen unterschiedlicher Einrichtungen und Akteure verringert werden sollen. Die Unterkategorien *Umgang mit anderen Menschen* und *Umgang mit immateriellen Ressourcen* bleiben unberücksichtigt.

Umgang mit materiellen Ressourcen

Der *Umgang mit materiellen Ressourcen* ist für die Gesetzgeber*innen vor allem bezüglich der Verwendung der finanziellen Ressourcen bedeutsam, die sie den Kindern zur Verfügung stellen. Auf den ersten Blick scheinen sie den Kindern einen verantwortungsvollen Umgang mit diesen Mitteln zuzusprechen. Die detailliertere Analyse zeigt jedoch, dass dies ihrem Erachten nach nur dadurch mehrheitlich der Fall ist, weil sie entsprechende Vorkehrungen treffen, um einen zweckfremden Einsatz zu verhindern. Dabei handelt es sich um die Bereitstellung der Unterstützungen in Form von Gutscheinen und Direktzahlungen. Außerdem eröffnen sie den Leistungsträgern die Möglichkeit, Nachweise über den Einsatz von Geldleistungen einzufordern. Wird dieser Nachweis nicht vorlegt, gehen sie davon aus, dass die Leistungsberechtigten die bereitgestellten Ressourcen nicht für ihre Bedarfe eingesetzt haben und die Beträge müssen zurückgezahlt werden. Damit werden weder die anerkannten Bedarfe erfüllt, noch können weitere Bedarfe gedeckt werden, da die Ressourcen nach Ansicht der Gesetzgeber*innen für beliebige Begehren eingesetzt wurden und durch die Rückzahlung Fehlbeträge für andere Bedarfe entstehen.

Weiterhin gehen die Gesetzgeber*innen davon aus, dass Kinder im Existenzsicherungsbezug unordentlich und nachlässig sind. Sie bewerten diese Eigenschaften allerdings nicht i. d. S. negativ, als dass die dadurch unbefriedigten Bedarfe nicht mehr gesichert werden. Vielmehr benennen die Gesetzgeber*innen Verfahrensweisen zur Verhinderung von Bildungs- und Teilhabeeinschränkungen.

Soziale Kompetenzen

Soziale Kompetenzen sind nach Ansicht der Gesetzgeber*innen bei den Kindern im Leistungsbezug noch zu wenig ausgeprägt. Sie sollen einen Einblick in Lebenswirklichkeiten erhalten, die von ihrer eigenen abweicht. Zudem sollen sie die Möglichkeit erhalten, sich bei Konflikten mit Gleichaltrigen Konfliktlösefähigkeiten anzueignen. Realisiert werden kann dies nach Ansicht der Gesetzgeber*innen durch einen verstärkten Einbezug der Kinder in außerschulische Bildungsangebote, in denen sie Kontakt zu Gleichaltrige ohne Leistungsbezug haben.

Darüber hinaus schreiben die Gesetzgeber*innen den Kindern mit (drohender) Behinderung Defizite in ihren sozialen Kompetenzen zu, deren Ursprung in der fehlenden Integration in die gesellschaftlichen Strukturen liegen. Allerdings weisen sie die soziale Kompetenz auf, Hilfen annehmen zu können. Schließlich unterstellen sie den Mädchen (und jungen Frauen) mit (drohender) Behinderung ein eingeschränktes Selbstbewusstsein, weswegen sie ihnen einen zusätzlichen Bedarf an deren Förderung zusprechen.

Wahrnehmung von Emotionen/Empfindungen

Die Emotionen und Empfindungen, die bspw. im Umgang mit anderen Menschen auftreten können wie Schmerz, Liebe, Abneigung, bleiben für die Gesetzgeber*innen unberücksichtigt. Vielmehr werden Emotionen und Empfindungen insbesondere im Rahmen der Auseinandersetzung mit Gegenständen wie Kunst oder Musik bedeutsam, wobei sie den leistungsberechtigten Kindern hier Defizite zusprechen, die sie durch die sog. ‚Leistungen für Teilhabe' reduzieren wollen. Die Gesetzgeber*innen gehen zudem davon aus, dass zumindest ein Teil der Kinder mit (drohender) Behinderung noch darüber hinausreichende Defizite aufweist, die nur durch speziell dafür ausgebildete Personen verringert werden können.

Teilhabe

Schließlich umfasst *Teilhabe* für die Gesetzgeber*innen mehrere Dimensionen. Erstens zeigen sie auf, dass Teilhabe sowohl auf einer aktivitätenbezogenen Ebene als auch auf einer sozialen Ebene stattfinden kann. Bei der aktivitätenbezogenen Ebene rückt die Möglichkeit der Teilnahme an Aktivitäten in den Fokus, während bei der sozialen Ebene die zwischenmenschlichen Beziehungen im Mittelpunkt stehen. Diese soziale Ebene kann daher eher als Teilhabe bezeichnet werden, während für die aktivitätenbezogene Ebene eher der Begriff ‚Teilnahme' zutrifft. Die Teilnahme stellt darüber hinaus die Voraussetzung für die Teilhabe dar, denn nur bei der Zusammenkunft von mehreren Personen im Rahmen eines Bildungsangebotes kann der Teilhabebedarf nach Ansicht der Gesetzgeber*innen befriedigt werden.

Grundsätzlich muss die Teilnahme an spezifischen Angeboten und Aktivitäten gesichert werden, z. B. indem das Erreichen dieses Angebotes sichergestellt wird. Ist dieser Bedarf befriedigt, können die Kinder weitere Teilnahmebedarfe hinsichtlich der materiellen Ausstattung aufweisen, die sie für die Aktivitäten benötigen. Ausgrenzungen, die trotz körperlicher Anwesenheit erfolgen und sich insbesondere auf die psychische Gesundheit auswirken können wie Stigmatisierungen, Diskriminierungen, Mobbing etc., werden von den Gesetzgeber*innen nicht berücksichtigt, weil sie davon ausgehen, dass diese i. d. R.

durch die bereitgestellten Hilfen und die Art der Hilfegewährung (insbesondere durch Gutscheine und Direktzahlungen) verhindert werden.

Teilhabe liegt folglich vor, wenn Kinder körperlich an Aktivitäten anwesend sein können und über die dafür benötigte Ausstattung verfügen, sodass kein Unterschied zu den Kindern ohne Leistungsbezug offenkundig wird. Teilhabe bedeutet folglich ein Gleichwerden mit der Mehrheit. Die Teilhabebedarfe von Kindern erfüllen damit den Zweck des nicht Auffallens. Sollten Kinder von der Norm abweichende Merkmale aufweisen (z. B. durch eine Lebensmittelunverträglichkeit), erfüllen sie nicht den Standard und weisen keinen weiteren Bedarf auf, da ihre Teilhabe bereits eingeschränkt ist. Gleichzeitig wird in diesen Fällen der Bedarf an Teilnahme negiert. Damit nehmen die Gesetzgeber*innen individuelle Problemzuschreibungen vor, die nur durch die Personen selbst verändert werden können und nicht als gesellschaftliche Problemlagen angesehen werden, die bspw. durch die Förderung der Anerkennung von Heterogenität reduziert oder behoben werden können.

Bei den Kindern mit (drohender) Behinderung wird dies noch deutlicher. Nach Ansicht der Gesetzgeber*innen weisen sie einen erhöhten Teilhabebedarf auf, da sie aufgrund des Merkmals der nicht altersgemäßen Entwicklung Ausgrenzungen erfahren und nur eingeschränkt teilnehmen und teilhaben. Dies bezieht sich vor allem auf Bereiche, in denen Kinder mit einem als normal angesehenen Entwicklungsstand keine Teilhabeeinschränkungen erleben. Das resultiert wesentlich daraus, dass Kindern mit (drohender) Behinderung spezifische Voraussetzungen für eine Teilhabe fehlen können, die bereits eine Teilnahme verhindern (z. B. das Fehlen von Fähigkeiten wie ohne fremde Hilfe zu Gehen oder zu Essen).

Mit der Diagnose ‚(drohende) Behinderung' wird folglich die Zuschreibung des Fehlens einer oder mehrerer Fähigkeiten verbunden, sodass die geringe Teilhabe vor allem eine individuelle Einschränkung bedeutet und sie nicht der Gesellschaft zugeordnet wird. Kindern mit (drohender) Behinderung werden daher Bedarfe zur Veränderung ihres Entwicklungsstandes zugesprochen, damit sie schließlich ihren Bedarf an Teilnahme und Teilhabe (besser) decken können. Diese Kinder müssen also die Anstrengung unternehmen, sich so gut wie möglich an die Normalität der Kinder ohne Behinderung und ohne Leistungsbezug anzupassen, da eine Teilnahme an den gemeinsamen Aktivitäten sonst nicht möglich erscheint.

Weiterhin können die Teilhabebedarfe für leistungsberechtigte Kinder ihrem Erachten nach nur in Bildungsinstitutionen befriedigt werden. Dabei sprechen sie der Schule die höchste Bedeutung zu, gefolgt von den Kindertagesbetreuungsangeboten sowie den außerschulischen Bildungseinrichtungen. Teilhabebedarfe liegen demnach nicht in Bezug auf die Familie, Verwandte oder Freund*innen vor, sondern ausschließlich im Rahmen institutioneller Bildungsangebote.

Die Teilnahme an institutionell organisierten Angeboten und besonders den schulischen Angeboten stellt für die Gesetzgeber*innen den bedeutungsvollsten Bedarf von Kindern im Existenzsicherungsbezug dar, da ihrem Erachten nach nur dadurch negative Entwicklungen verhindert und eine Integration in den Arbeitsmarkt im Erwachsenenalter und damit in die Gesellschaft erreicht werden können. Die Befriedigung der Teilnahmebedarfe im Kindesalter leistet folglich einen wesentlichen Beitrag zur Sicherung der Teilhabe im Erwachsenenalter und ist deshalb vor allem zukunftsgerichtet. Damit verbunden sind spezifische Kompetenzen, die die Kinder durch die Teilnahme an Bildungsangeboten erwerben und die den Kindern ohne Leistungsbezug ohne zusätzliche Unterstützungen regelmäßig fehlen. Dabei handelt es sich nicht nur um schulische Inhalte, sondern bspw. um soziale Kompetenzen. Trotz dieses hohen Stellenwertes, den die Gesetzgeber*innen der Teilhabe zusprechen, reicht ihren Ansichten nach die Befriedigung eines Mindestmaßes aus, das sich auf die kostengünstigsten Angebote bezieht und mit dessen Hilfe nur Teilhabe in – als normal angesehenen – Lebenssituationen abgesichert werden sollen. Den Kindern wird folglich keine umfängliche Teilnahme gewährleistet, um bspw. später einen gesicherten und gut bezahlten Arbeitsplatz zu erhalten. Vielmehr reicht ihnen die Sicherung des Mindeststandards, um zukünftig den angestrebten Mindeststandard der grundsätzlichen Eingliederung in den Arbeitsmarkt zu ermöglichen.

Schließlich kann die Befriedigung der Teilhabebedarfe nach Ansicht der Gesetzgeber*innen in einem räumlichen Aktionsradius erfolgen, der von den Kindern zu Fuß, per Fahrrad mit den öffentlichen Verkehrsmitteln oder als Mitfahrer*innen in einem PKW von Verwandten erreicht werden kann. Insbesondere Teilhabebedarfe in Bezug auf außerschulische Bildungsangebote bestehen nur, wenn sie von den Kindern wahrnehmbar sind, d. h. wenn sie in ihrem Aktionsradius liegen. Teilhabebedarfe in Bezug auf die Teilnahme an schulischen Veranstaltungen und Aktionen der Kindertageseinrichtungen bestehen nur, wenn sie durch die Institution angeboten werden und Teilnahmebedarfe in Bezug auf die Nutzung eines Kindertagesbetreuungsangebotes liegen nur vor, wenn sie fußläufig erreichbar sind. Teilnahmebedarfe sind folglich nach Ansicht der Gesetzgeber*innen immer vom lokalen Angebot abhängig.

3.2.4 Kulturelle Lage

Innerhalb der *kulturellen Lage* von leistungsberechtigten Kindern treffen die Gesetzgeber*innen Aussage innerhalb der Unterkategorien *frühkindliche Bildung, schulische Bildung* und *außerschulische Bildung* sowie der *Förderung eigener Potenziale*, der *Freizeitmöglichkeiten* sowie dem Bildungsbereich *Medienbildung und -kompetenzen*. Der Unterkategorie *Wissensdurst* räumen sie keinen Stellenwert ein. Darüber hinaus wurden für die Gesetzgeber*innen zwei weitere Bildungsbereiche relevant, die als Unterkategorien aufgenommen werden. Dabei handelt es sich um *Partizipation* und *Religion/Kultur*.

Weiterhin treffen die Gesetzgeber*innen Aussagen zur allgemeinen Bedeutung von Bildung, die keiner spezifischen Unterkategorie zugeordnet werden können, sodass sie an den Anfang gestellt sind.

Gesetzgeberische Vorstellungen zur Bedeutung von Bildung

Das Erreichen eines gewissen Bildungsstandes stellt für die Gesetzgeber*innen den zentralen Wirkmechanismus dar, der es Kindern ermöglicht, dass sie in ihrem späteren Leben nicht mehr auf existenzsichernde Leistungen angewiesen sind und dadurch nicht mehr in einer Armutssituation leben.

> „Ins Zentrum der Gesetzesbegründung (BT-Drucks 17/3404, 42 f., 104 ff.) rückt der Gesetzgeber nunmehr Bildung als Schlüssel zur nachhaltigen Überwindung von Hilfebedürftigkeit und stellt damit auch einen Zusammenhang von Bildung und Armutsbekämpfung her." (Luik 2013b, Rn. 5)

Bildung verorten sie zwar auch im frühesten Kindesalter und in außerschulischen, institutionellen Kontexten, jedoch am umfänglichsten in der Schule. In den Leistungen für Bildung und Teilhabe sind fünf Hilfen für den Schulbesuch enthalten, während nur zwei Unterstützungen für die Nutzung von Kindertagesbetreuungsangeboten und nur eine Leistung für die Inanspruchnahme von außerschulischen Bildungsangeboten eingesetzt wurden. Dementsprechend ist davon auszugehen, dass ihren Ansichten nach in der Schule die wichtigsten Grundlagen und Voraussetzungen für das zukünftige Leben vermittelt werden. Diese Bedeutung wird noch verstärkt, da die in der Schule erzielten Ergebnisse über das Maß und die Qualität einer Eingliederung in den Arbeitsmarkt und die damit verbundene unabhängige Lebensführung im Erwachsenenalter entscheiden. Zwar benennen sie diesen Zusammenhang nur indirekt. Jedoch sprechen sie an verschiedenen Stellen davon, dass die Leistungen auf einen „erfolgreichen Schulabschluss" (vgl. Luik 2013d, Rn. 3; Luik 2013b, Rn. 42) zielen, sodass – durch die Formulierung zum Ziel der „Überwindung von Hilfebedürftigkeit" durch die Eingliederung in den Arbeitsmarkt – auf diesen attribuierten Zusammenhang geschlossen werden kann.

Weiterhin verstehen die Gesetzgeber*innen Bildung als Besonderheit der Kindheit, die im Erwachsenenalter nicht zentral ist.

> „[...] bei der Bemessung des Existenzminimums für Kinder und Jugendliche [werden] deren spezielle Bedarfe, die sich von denen Erwachsener unterscheiden (insb. im Bereich der Bildung) [...] ermittel[...][t] und [...] berücksichtig[...][t] [...]." (Bieritz-Harder 2012a, Rn. 2)

Durch die Nichtberücksichtigung von Bildungsbedarfen für Erwachsene in den Existenzsicherungsleistungen, sprechen sie ihnen einen allgemeinen Bildungsbedarf ab und heben damit einen konkreten Unterschied zwischen Kindern und Erwachsenen hervor.

Wenn Bildung die Grundlage für eine erfolgreiche Integration in den Arbeitsmarkt darstellt und diese nur im Kindesalter erfolgt, werden in dieser Lebensphase bildlich gesprochen die Weichen für ihr weiteres Leben gestellt. Dieser Argumentation folgend heißt das, dass das Maß an Bildung, das Kindern zugesprochen wird und sie schließlich erhalten, ihr gesamtes Leben grundlegend mitbestimmt.

Überblick über die Ergebnisse der Analyse

Tab. 42: Ergebnisse der Analyse: *Bildung*

Ergebnisse der Analyse	Kinder- und Kindheitsbilder
Bildung findet vor allem in der Kindheit und im Jugendalter statt. Danach verliert sie mit dem Alter an Bedeutung.	Kinder als sich entwickelnde, ‚unfertige' Menschen
Bildung ist nach Ansicht der Gesetzgeber*innen die Grundlage für die Integration in den Arbeitsmarkt und ermöglicht ein zukünftiges Leben unabhängig von existenzsichernden Leistungen und folglich auch von Dritten.	Kindheit als Weichenstellung für das zukünftige Leben
Bildung erfolgt in dafür vorgesehenen Institutionen und im Rahmen institutionell organisierter Bildungsangebote.	Institutionenkindheit
Die Schule ist nach Ansicht der Gesetzgeber*innen die wichtigste Bildungsinstitution.	Schulkindheit

Quelle: eigene Darstellung

3.2.4.1 Frühkindliche Bildung

Frühkindliche Bildung findet nach Ansicht der Gesetzgeber*innen insbesondere im Rahmen der Kindertagesbetreuung statt, aber auch in weiteren institutionalisierten Settings, die Angebote für junge Kinder gemeinsam mit ihren Eltern vorhalten. Beide Gelegenheiten werden nachfolgend getrennt voneinander behandelt, da sie mit unterschiedlichen gesetzgeberischen Annahmen verbunden sind.

Kindertagesbetreuungsangebote

Die Gesetzgeber*innen der Leistungen für Bildung und Teilhabe gewähren u. a. Hilfen, wenn Kinder die Angebote der Kindertagesbetreuung nutzen. In den Gesetzesmaterialien transportieren sie ein Verständnis dieses Bereichs, dass anhand der Merkmale der frühkindlichen Bildungsangebote, deren zeitlichem Umfang sowie der Alltagsgestaltung in den Angeboten rekonstruiert wird.

Merkmale der Kindertageseinrichtungen

Unter dem Begriff ‚Kindertagesbetreuung' verstehen die Gesetzgeber*innen die beiden Formen der Kindertageseinrichtungen und der Kindertagespflege. Diese Unterscheidung sowie deren Begriffsbestimmung übernehmen sie aus dem SGB VIII. Kindertageseinrichtungen werden dort definiert als

> „[...] Einrichtungen, in denen sich Kinder für einen Teil des Tages oder ganztägig aufhalten und in Gruppen gefördert werden, wie z. B. in Vorschulklassen, Kindergärten, Horten oder Krabbelgruppen." (Leopold 2012a, Rn. 49)

Kindertageseinrichtungen sind demzufolge durch zwei Merkmale gekennzeichnet. Erstens nehmen die Gesetzgeber*innen die zeitliche Dimension in den Blick, indem sie festlegen, dass sich in Kindertageseinrichtungen immer mehrere Kinder („Gruppe") über einen festgeschriebenen Zeitraum („einen Teil des Tages") aufhalten. Mit der Nutzung der zeitlichen Dimension „Teil des Tages oder ganztägig" zeigen die Gesetzgeber*innen bereits auf, dass sich die Kinder dort nicht nur kurzzeitig aufhalten. Als zweites Merkmal heben die Gesetzgeber*innen die Förderung der Kinder in diesen Einrichtungen hervor und benennen damit den spezifischen Bildungsauftrag der Einrichtungen. Folglich handelt es sich bei diesen Einrichtungen nicht nur um solche, in denen Kinder einen bestimmten Teil des Tages gemeinsam verbringen. Vielmehr sollen in diesen Institutionen vor allem (Weiter-)Entwicklungen durch gezielte Förderung erfolgen. In Anbetracht dessen erkennen sie an, dass Bildungsförderung bereits im frühen Kindesalter stattfinden kann und dass für diese Aufgabe spezielle Personen außerhalb der Familie eingesetzt werden können.

Merkmale der Kindertagespflege

Kindertagespflege wird von den Gesetzgeber*innen verstanden als eine

> „[...] zeitweilige Kinderbetreuung bei einer geeigneten Tagespflegeperson. Sie wird gemäß § 22 Abs. 1 Satz 2 SGB VIII im Haushalt der Tagespflegeperson oder im Haushalt des Personensorgeberechtigten geleistet. Die Kindertagespflege kann nach den Bestimmungen des jeweils anwendbaren Landesrechts auch in anderen Räumlichkeiten geleistet werden." (Leopold 2012a, Rn. 121)

Auch in dieser Kindertagesbetreuungsform steht der Aufenthalt der Kinder bei familienfremden Personen im Vordergrund, wobei hier der Bezug zu einer einzelnen Person („Tagespflegeperson") hervorgehoben ist. Andere Kinder müssen nicht beteiligt sein. Außerdem dürfen maximal vier weitere Kinder gleichzeitig von dieser „fremden" Person betreut werden (vgl. Lenze 2011b, Rn. 29). Allerdings können die eigenen Kinder der Tagespflegeperson zusätzlich anwesend sein. Im Vergleich zu Kindertageseinrichtungen liegt kein Fokus auf dem Kontakt zu Gleichaltrigen.

Weiterhin zeigt sich aus dem Zitat, dass die Notwendigkeit der Förderung der Kinder in der Tagespflege nicht angeführt ist, sodass der Fokus hier insbesondere auf dem Betreuungsverhältnis zwischen den Kindern und der Tagespflegeperson liegt sowie dem Ort, an dem die Betreuung stattfindet. Allerdings kann angenommen werden, dass die Gesetzgeber*innen auch der Kindertagespflege einen Bildungsauftrag zusprechen, da diese im SGB VIII zum System der frühkindlichen Bildung, Betreuung und Erziehung zugeordnet wird und mit dem KiföG als gleichwertiges Angebot neben den Kindertageseinrichtungen für Kinder unter drei Jahren anerkannt wurde. Demnach haben auch Tagespflegepersonen Bildungsarbeit bei den jungen Kindern zu leisten.

Durch die Berücksichtigung von Bedarfen an der Nutzung frühkindlicher Bildungsangebote zeigt sich, dass die Gesetzgeber*innen den leistungsberechtigten Kindern einen solchen Bedarf zusprechen.

Zeitlicher Umfang der frühkindlichen Bildung

Im Unterschied zur Schule müssen Kinder nicht über eine gesamte Woche in diesem Setting anwesend sein. Vielmehr besteht die Möglichkeit, Kindertagesbetreuungsangebote nur für einige Tage in der Woche zu nutzen.

> „Diese unterschiedliche Regelung rechtfertigt sich daraus, dass Kinder teilweise eben nicht die ganze Woche in der Kita sind, während bei Schülerinnen und Schülern typisierend (auch aus Gründen der Verwaltungsvereinfachung) davon ausgegangen wird, dass der Schulbesuch an den vorgesehenen Schultagen stattfindet." (Luik 2013d, Rn. 71)

Die Gesetzgeber*innen unterstellen mit der Formulierung „Kinder [sind] teilweise eben nicht die ganze Woche in der Kita", dass die Möglichkeit einer tageweisen Inanspruchnahme der Kindertagesbetreuung genutzt wird (vgl. dazu auch Luik 2013b, Rn. 55). Zudem scheinen sie davon auszugehen, dass ein nennenswerter Anteil an Leistungsberechtigten die Kindertagesbetreuungsangebote nur tageweise nutzt, da die Gesetzgeber*innen ansonsten wohl eine pauschale wöchentliche Kostenübernahmeregelung zur Verwaltungsvereinfachung wie bei den Schulen vorgesehen hätten. Der Besuch von Bildungsangeboten im frühen Kindesalter muss ihren Ansichten nach also nicht an fünf Tagen in der Woche erfolgen. Würden sie Kindern im Existenzsicherungsbezug einen solchen Bedarf zusprechen, müssten sie Unterstützungen bereithalten oder Anreize setzen, damit die Kinder die frühkindlichen Bildungsangebote an allen Werktagen nutzen. Damit verbunden ist auch, dass Kinder in den frühkindlichen Bildungsangeboten nicht zwangsläufig an den gleichen Tagen anwesend sein müssen, sodass sich die Zusammensetzung der Gruppe der Kinder innerhalb der Woche verändern kann. Demnach wird deutlich, dass die Gesetzgeber*innen davon ausgehen, dass eine zeitlich geringere Förderung im frühkindlichen Bereich stattfindet, die auch nicht mit einer Pflicht verbunden ist, wie der Besuch einer Schule, sondern dass der Besuch von Kindertagesbereuungsangeboten auf Freiwilligkeit beruht.

Alltagsgestaltung in der Kindertagesbetreuung

Aussagen bezüglich der Alltagsgestaltung in der Kindertagesbetreuung treffen die Gesetzgeber*innen lediglich in der Form, dass sie tägliche, warme Mittagsmahlzeiten in der Gruppe anerkennen (§ 28 Abs. 6 SGB II; § 3 Abs. 3 AsylbLG i. V. m. § 34 Abs. 6 SGB XII). In Kindertageseinrichtungen – nicht aber in der Kindertagespflege (vgl. Lenze 2011b, Rn. 11) – sehen die Gesetzgeber*innen weiterhin ein- und mehrtägige Fahrten vor (§ 28 Abs. 2 SGB II; § 3 Abs. 3 AsylbLG i. V. m. § 34 Abs. 2 SGB XII).[37] Bildungspotenziale während dieser

37 Wie bereits ausformuliert (vgl. Abschnitt 3.2.2.6) bleibt unklar, ob die Gesetzgeber*innen den Kindern in Kindertagespflege den Bedarf der Teilnahme an ein- und mehrtägigen Fahrten tatsächlich absprechen, da vom BMFSFJ die Möglichkeit der privaten Zuzahlungen durch Dritte in der Kindertagespflege generell verneint wird. Diese Kosten sind nach Ansicht des BMFSFJ bereits mit den laufenden Geldleistungen, die die Tagespflegepersonen über das Jugendamt erhalten, gedeckt (vgl. BMFSFJ 2014, S. 6). Allerdings zeigt die Praxis, dass Kommunen diese Kosten über die Leistungen für Bildung und Teilhabe trotzdem übernehmen (vgl. u. a. Landeshauptstadt Düsseldorf/Oberbürgermeister/Amt für soziale Sicherung und Integration o. J., S. 8), sodass anzunehmen ist, dass die Forderung des BMFSFJ nicht flächendeckend umgesetzt wird. Werden diese Kosten dann nicht übernommen, liegen Bedarfsunterdeckungen bei den leistungsberechtigten Kindern vor.

Aktivitäten unterstellen die Gesetzgeber*innen nicht. Dies zeigt sich aus der schulbezogenen Argumentation, bei der die Gesetzgeber*innen der Mittagsverpflegung zwar das Potenzial der Verhinderung von schulischen „Misserfolgen" zusprechen (vgl. Leopold 2012a, Rn. 116; Luik 2013b, Rn. 50), allerdings resultieren die schulischen Erfolge erst daraus, dass die gemeinsam ausgeführten Aktivitäten das Gruppengefüge stärken. Die Integration der Kinder kann indirekt zu Erfolgen in den Bildungseinrichtungen führen. Folglich beziehen sie sich bei den Ausformulierungen zu Erfolgen und Misserfolgen nur auf die Schule. Für das frühe Kindesalter treffen sie keine Aussagen, sodass anzunehmen ist, dass die Gesetzgeber*innen der gemeinsamen Mittagsverpflegung in der Kindertagesbetreuung ausschließlich das Potenzial der Stärkung des Gruppengefüges zusprechen.

Lenze merkt dabei kritisch an, dass

> „Kinder von Eltern im SGB II-Bezug [...] häufig nur einen Anspruch auf eine Halbtagesbetreuung ohne Mittagsverpflegung [haben]." (Lenze 2011b, Rn. 29)

Dementsprechend bleibt fraglich, inwieweit andere Regelungen und Mechanismen die Integration der leistungsberechtigten Kinder bereits im Vorfeld verhindern und Ausgrenzungsprozesse fördern. Schließlich stellt sich die Frage, ob die Bereitstellung der Kosten für die Mittagsverpflegung überhaupt noch als geeignetes Mittel der Zielerreichung dienen kann.

In gleicher Weise wie dem Mittagessen sprechen die Gesetzgeber*innen den Ausflügen keine notwendigen Bildungspotenziale zu. Dies zeigt sich beispielhaft in nachfolgendem Zitat.

> „Die Einschränkung des Abs 2 S 1 [sic!], wonach die mehrtägige Klassenfahrt ,im Rahmen der schulrechtlichen Bestimmungen' stattfinden muss, gilt nicht, weshalb tatsächliche Aufwendungen aller mehrtägigen Fahrten der Kindertageseinrichtung anerkannt werden [...]." (Luik 2013b, Rn. 24)

Die Verwendung der Formulierung ,schulrechtliche Bestimmungen' lässt zwar auf den ersten Blick einen Bildungsbezug vermuten. Im nachfolgenden Abschnitt wird jedoch aufgezeigt, dass diese Regelungen explizit nicht auf die Bildung der Kinder abzielen müssen. Im Rahmen der Kindertagesbetreuung fordern die Gesetzgeber*innen keine derartigen Festlegungen ein. Vielmehr sind alle Fahrten der Kinder zu fördern, die innerhalb des Angebotes organisiert werden. Daraus wird erneut deutlich, dass sie diesen Aktionen keine generelle Bildungsfunktion zusprechen.

Allerdings schreiben sie den Fahrten zumindest eine Erziehungsfunktion zu.

„[...] ein- und mehrtägigen Fahrten von Kindertageseinrichtungen [stellen] einen wichtigen Bestandteil der Erziehung dar [...].“ (Leopold 2012a, Rn. 47)

Die Gesetzgeber*innen sprechen den Fahrten diese Funktion zu, bestimmen jedoch nicht näher, was sie im Speziellen unter Erziehung verstehen und treffen folglich keine Aussagen über die damit verbundenen Handlungen und Aktivitäten. Weiterhin gehen sie davon aus, dass im Rahmen dieser Fahrten verbesserte Erziehungsmöglichkeiten bestehen (vgl. Leopold 2012a, Rn. 67). Im Ergebnis sprechen sie den Kindertageseinrichtungen neben der Bildungs- auch eine Erziehungsfunktion zu. Sollten sie hinsichtlich der Kindertagespflegeangebote davon ausgehen, dass die Kosten für ein- und mehrtägige Fahrten in den Elternbeiträgen enthalten sind, gilt für dieses Angebot das Gleiche.

Weitere frühkindliche Bildungsangebote

Neben den Kindertagesbetreuungsangeboten kennen die Gesetzgeber*innen frühkindliche Bildungsangebote, die die Kinder vornehmlich in ihren ersten Lebensmonaten gemeinsam mit ihren Eltern nutzen. Dabei handelt es sich insbesondere um Angebote, auf die im folgenden Zitat Bezug genommen wird.

„Mitgliedsbeiträge im Bereich des Sports können auch für junge Kinder anfallen, hier setzt sie regelmäßig die Teilnahme einer erwachsenen Person, i. d. R. der Eltern voraus, z. B. bei Eltern-Kind-Turnen und dem Babyschwimmen. Mitgliedsbeiträge im Bereich des Spiels kommen ebenfalls bei jüngeren Kindern in Betracht – zu denken ist an sog. PEkiP-Gruppen [sic!], Babymassage etc.“ (Lenze 2011b, Rn. 34)

Mit der Verwendung des Begriffs ‚Mitgliedsbeiträge‘ wird deutlich, dass die Gesetzgeber*innen hier auf Angebote abzielen, die institutionell organisiert sind. Aktivitäten, die allein im Familienkontext oder mit Personen im näheren sozialen Umfeld stattfinden, gehören nicht zu solchen Bedarfen. Weiterhin zeigt sich auf der Grundlage der benannten Angebote, die Eltern mit ihren Kindern nutzen sollen, dass die Gesetzgeber*innen frühkindliche Bildung insbesondere mit Bewegung, Angeboten zur Sensibilisierung der Sinne der Kinder sowie zur Unterstützung ihrer psychischen und physischen Entwicklung verbinden, die außerdem zur Verbesserung der Beziehung zwischen Eltern und ihren Kindern beitragen sollen (vgl. Heller 2002, S. 209; Nieder 2013). Hier sprechen sie Kindern in den ersten Lebensmonaten und -jahren den höchsten Bildungsbedarf zu.

Mit den angeführten Beispielen („Babyschwimmen [...], Babymassage“; Lenze 2011b, Rn. 34) zeigt sich, dass die Gesetzgeber*innen einen Bedarf an Bildungsaktivitäten bereits im Säuglingsalter annehmen und nicht davon ausgehen, dass der Bedarf an Bildung erst einsetzt, wenn Kinder ein bestimmtes Alter erreicht haben. Weiterhin gelingt ihren Ansichten nach die Befriedigung der frühkindlichen Bildungsbedarfe nur in institutionellen Settings. Gezielte Angebote der Eltern oder anderen Personen, die sich im nahen sozialen Umfeld der Kinder befinden, begreifen die Gesetzgeber*innen nicht als förderfähige Angebote zur Deckung der frühkindlichen Bildungsbedarfe. Das zeigt sich dadurch, dass sie die Kosten für organisierte Kurse übernehmen, nicht aber die Aufwendungen von Eltern bspw. für Materialien zur Bildungsförderung im familiären Alltag.

Unterschiede zu den Leistungsberechtigten mit (drohender) Behinderung

Im Unterschied zu den Leistungen für Bildung und Teilhabe erkennen die Gesetzgeber*innen der zusätzlichen Leistungen für Kinder mit (drohender) Behinderung einen weiteren Bildungsbedarf in der frühen Kindheit an, der neben der Nutzung von Kindertagesbetreuungsangeboten und den weiteren institutionell organisierten Bildungsangeboten besteht. Wegen der (drohenden) Behinderung liegen Bedarfe an zusätzlichen Leistungen der sog. ‚Früherkennung und Frühförderung' vor. Kinder mit einer (drohenden) seelischen Behinderung schließen die Gesetzgeber*innen jedoch von dieser Leistung aus. Sie haben demgegenüber Anspruch auf Leistungen nach dem § 35a SGB VIII (vgl. Wahrendorf 2012c, Rn. 8) und damit auf Leistungen der Kinder- und Jugendhilfe und nicht der Sozialhilfe.

Dieser zusätzliche Bildungsbedarf wird durch eigens dafür vorgesehene Institutionen – den sog. ‚disziplinären Frühförderstellen und sozialpädiatrischen Zentren' – erbracht. Die Leistungen werden unterschieden in diejenigen zur medizinischen Rehabilitation (§ 5 FrühV) und die heilpädagogischen Leistungen (§ 6 FrühV). Sie sollen neben gesundheitsbezogenen Bedarfen insbesondere Bildungsbedarfe decken (vgl. u. a. § 5 Abs. 1 Nr. 1 FrühV). Im Rahmen der Leistungen der medizinischen Rehabilitation werden den Kindern insbesondere Hilfsmittel in Bezug auf ihren Entwicklungsstand (z. B. Sprache, Motorik) (vgl. § 5 Abs. 1 Nr. 3 FrühV) und zu sozialen Belangen (vgl. § 5 Abs. 2 Nr. 5 FrühV) zur Verfügung gestellt. Aus den heilpädagogischen Leistungen ergeben sich Bedarfe für die gleichen Bereiche, allerdings werden in diesen Leistungen pädagogische Maßnahmen bereitgestellt, durch die die Kinder in ihrer Entwicklung gefördert und die Entfaltung ihrer Persönlichkeit angeregt werden sollen (vgl. § 6 FrühV). Auf der Grundlage dieser Leistungen zeigt sich, dass die Gesetzgeber*innen den Kindern mit (drohender) Behinderung einen zusätzlichen Förder- und Bildungsbedarf in Bezug auf die mit der (drohenden) Behinderung unmittelbar verbundenen Beeinträchtigungen in der Entwicklung und Teilhabe zusprechen, der sowohl durch sog. ‚Heilmittel' (in Form von Logopädie, Physio-, Ergotherapien etc.) als auch durch pädagogische Leistungen erfüllt werden soll. Allerdings steht nicht das Ziel einer allgemeinen Bildungsförderung im Vordergrund. Vielmehr besteht das Ziel dieser Leistungen in der Vorbereitung auf die Schule. Dies begründet sich erstens daraus, dass die Leistungen ausschließlich in der Zeit vor dem Schuleintritt erbracht werden (vgl. § 55 Abs. 2 Nr. 2 SGB IX) als auch zweitens daraus, dass die Leistungen nur gewährt werden dürfen, wenn den Kindern die Fähigkeiten und Kompetenzen zugesprochen werden, die sie für einen Schulbesuch benötigen. Wird der Besuch einer Schule auf absehbare Zeit nicht für möglich gehalten, sind die Leistungen einzustellen (vgl. Wahrendorf 2012c, Rn. 27).

Damit sprechen die Gesetzgeber*innen den Kindern mit (drohender) Behinderung einen zusätzlichen Bildungsbedarf in der frühen Kindheit ausschließlich in Bezug auf die Vorbereitung des Schulbesuchs zu. Die Frühförderung soll nach Ansicht der Gesetzgeber*innen insbesondere dazu dienen, die sog. ‚Schulfähigkeit' der Kinder herzustellen. Die Kinder mit (drohender) Behinderung sollen sich an den Entwicklungsstand der Gleichaltrigen annähern, um die gleichen schulischen Angebote nutzen zu können wie die gleichaltrigen Kinder ohne Behinderung. Ist eine Annäherung – nach Ansicht der verantwortlichen Personen und Einrichtungen – nicht in vertretbarer Weise möglich, liegen nach Ansicht der Gesetzgeber*innen keine zusätzlichen Bildungsbedarfe vor, da ihrem Erachten nach eine Teilhabe am schulischen Alltag mit den Gleichaltrigen nicht möglich ist.

In Anbetracht dessen zeigt sich, dass Bildungsbedarfe in diesem Kontext nur insofern unterstellt werden, wie die Chancen einer Annäherung an das als normal angenommene Leben von Kindern in diesem Alter geboten sind. Bestehen so deutliche Unterschiede zwischen den Kindern mit und ohne (drohende) Behinderung, dass ein ähnliches Leben nicht möglich ist, liegt ihrem Erachten nach kein Bildungsbedarf zur Annäherung vor.

Überblick über die Ergebnisse der Analyse

Tab. 43: Ergebnisse der Analyse der Unterkategorie: *Frühkindliche Bildung*

Ergebnisse der Analyse	Kinder- und Kindheitsbilder
Förderung frühkindlicher Bildung wird Institutionen zugesprochen. Den Familien und weiteren Personen im Umfeld der leistungsberechtigten Kinder sprechen die Gesetzgeber*innen dieses Potenzial nicht zu.	Institutionenkindheit

Ergebnisse der Analyse	Kinder- und Kindheitsbilder
Bildungsbedarfe treten bereits im frühestens Kindesalter auf. Allerdings müssen sie nicht in einem so großen zeitlichen Umfang erfüllt werden, wie wenn die Leistungsberechtigten ihre Schulpflicht erfüllen.	Kinder als sich entwickelnde, ‚unfertige' Menschen
Leistungsberechtigte Kinder und ihre Familien weisen den Bedarf auf, frühkindliche Bildungsangebote zu nutzen.	Institutionenkindheit
Kinder haben in ihren ersten Lebensjahren vor allem einen sehr hohen Bedarf an Pflege und Betreuung.	Die ‚unterstützungsbedürftigen' Kinder
Der Bedarf an Pflege, Betreuung, Bildung und Erziehung kann sowohl durch die Eltern als auch familienfremde Personen (über einen begrenzten Zeitraum des Tages) erfolgen.	Kinder als abhängige Menschen von ihren Eltern und von Dritten
Die leistungsberechtigten Kinder weisen den Bedarf an Teilnahme an der gemeinsamen Mittagsverpflegung und an den gemeinsamen Fahrten auf, um im Gruppengefüge integriert zu bleiben oder integriert zu werden.	Die Ausgeschlossenen
Die Bildungsbedarfe in der frühen Kindheit beziehen sich in den ersten Lebensmonaten auf Angebote, die Kinder gemeinsam mit ihren Eltern in Anspruch nehmen. Inhaltlich beziehen sie sich auf die Förderung der kindlichen Entwicklung und die Stärkung der Beziehung zwischen den Kindern und ihren Eltern.	Kinder als abhängige Menschen von ihren Eltern
Leistungsberechtigte Kinder mit (drohender) Behinderung haben einen zusätzlichen Förder- und Bildungsbedarf in Bezug auf die mit der (drohenden) Behinderung unmittelbar verbundenen Beeinträchtigungen in der Entwicklung und Teilhabe.	Die ‚unterstützungsbedürftigen' Kinder Die ‚atypischen' Kinder
Ziel der frühkindlichen Bildungsförderung von Kindern mit (drohender) Behinderung ist die Vorbereitung auf die Schule. Damit verbunden ist die Annahme, dass diese Kinder u. U. nicht über die Fähigkeiten und Kompetenzen der Gleichaltrigen verfügen, die für den Besuch einer Schule vorausgesetzt werden.	Schulkindheit Die ‚atypischen' Kinder
Kinder mit (drohender) Behinderung können nach Ansicht der Gesetzgeber*innen außerdem hinsichtlich ihrer Fähigkeiten und Kompetenzen so stark von den Gleichaltrigen abweichen, dass ihnen keine Bildungspotenziale zugesprochen werden.	Die ‚atypischen' Kinder

Quelle: eigene Darstellung

3.2.4.2 Schulische Bildung

Für die Unterkategorie *schulische Bildung* treffen die Gesetzgeber*innen zu sechs Aspekten Aussagen. Dabei handelt es sich (1) um die kurz-, mittel- und langfristigen Ziele, die sowohl in diesem Setting als auch durch die schulische Bildungsförderung erreicht werden sollen, sowie um (2) die Bildungsbedarfe, die die Gesetzgeber*innen den leistungsberechtigten Kindern in unterschiedlichen Schulformen zusprechen. Weiterhin äußern sie sich zu (3) den Arten, durch die Bildungsförderung im schulischen Kontext stattfindet, zu (4) den Inhalten, die ihrem Erachten nach im schulischen Alltag vermittelt werden, zu (5) den Pflichten, die Kinder in Bezug auf Schule und schulische Bildung erfüllen sollen sowie zum (6) schulischen Bildungsstand der Kindern im Existenzsicherungsbezug und den damit verbundenen (zusätzlichen) Förderbedarfen.

Zuerst wird jedoch in einem Exkurs der Frage nach den Gesetzgebungskompetenzen des Bundes bezüglich der (schulischen) Bildung nachgegangen. Die damit verbundenen Schwierigkeiten sind zu Beginn erläutert.

Exkurs: Gesetzgebungskompetenzen des Bundes hinsichtlich der Befriedigung von schulischen Bildungsbedarfen

Grundsätzlich gehören Bildungsbelange zu den Angelegenheiten der Länder, da diese Aufgabe im Grundgesetz nicht explizit dem Bund zugeschrieben ist. In Anbetracht dessen bleibt zu fragen, inwieweit die Bundesgesetzgeber*innen in diesem Bereich Regelungen treffen dürfen und damit Einfluss auf die (Rahmenbedingungen der) schulische(n) Bildung von Kindern nehmen dürfen. Die Beantwortung dieser Frage steht in engem Zusammenhang mit den Vorstellungen, die die Gesetzgeber*innen bezüglich ihrer Kinder- und Kindheitsbilder transportieren. Verfügen sie nicht über die Gesetzgebungskompetenz und treffen trotzdem Regelungen, die die (schulische) Bildung anbelangen, verstoßen sie gegen übergeordnetes Recht, sodass ihre Festlegungen verfassungswidrig sind. Wollen sie trotzdem Veränderungen diesbezüglich herbeiführen, können sie lediglich den Umweg gehen, ihre Leistungen durch Bereiche zu begründen, in denen die Gesetzgebungshoheit bei ihnen liegt.

In diesem Falle bliebe jedoch fraglich, welche ihrer Regelungen tatsächlich das beeinflussen sollen, was sie konkret benennen. In Anbetracht dessen ist zu hinterfragen, ob die Gesetzgeber*innen bspw. mit ihren Leistungen für die Teilnahme an Ausflügen und am Mittagessen in den Bildungseinrichtungen nicht doch einen direkten Zusammenhang mit dem Bildungsstand der Kinder annehmen, diesen aufgrund der unzureichenden Gesetzgebungskompetenz aber nicht direkt anführen können, weil sie sonst gegen geltendes Recht verstoßen würden.

Wie zu zeigen ist, kann diese Annahme verworfen werden. Den Bundesgesetzgeber*innen wird nach Art. 72 Abs. 2 GG die Gesetzgebungskompetenz auch bei primären Länderangelegenheiten zugesprochen, wenn ansonsten keine „gleichwertigen Lebensverhältnisse im Bundesgebiet“ bestehen. Um ein Mindestmaßes an Gleichwertigkeit in den Lebensverhältnissen herstellen zu können, heben die Existenzsicherungsgesetzgeber*innen immer wieder die besondere Bedeutung der Bildung hervor. Sie bezeichnen Bildung sogar als

> „Schlüsselfunktion für die Herstellung von Chancengerechtigkeit“ (Deutscher Bundestag 2010b, S. 42),

die außerdem

> „[...] Kinder und Jugendliche [...] befähig[...][t], dass sie später aus eigenen Kräften und damit unabhängig von staatlichen Fürsorgeleistungen leben können.“ (Deutscher Bundestag 2010b, S. 42)

Damit begründen sie ihre Gesetzgebungskompetenz für (schulische) Bildungsbelange.

Darüber hinaus wurden die Gesetzgeber*innen durch das Urteil des BVerfG vom 9. Februar 2010 [Az. 1 BvL 1/09, 3/09 und 4/09, Rn. 181 f.] in dieser Kompetenz bestärkt und sogar zur Übernahme ihrer Verantwortung im Bildungsbereich aufgefordert.

> „Neben der Kritik, dass Bildungsbedarfe nicht in die Bemessung der Regelleistung einbezogen wurden (aaO RdNr 180 [sic!]) ließ das BVerfG auch das Argument der Bundesregierung, wonach die Länder für den Bildungsbedarf zuständig seien, nicht gelten. Danach trägt der Bund die Verantwortung für die Sicherstellung des gesamten menschenwürdigen Existenzminimums und dies muss durch Rechtsansprüche gewährleistet sein (aaO, RdNr 181 f [sic!]).“ (Luik 2013b, Rn. 3)

Die Richter*innen des höchsten deutschen Gerichts betonten demnach, dass Bildung als eines der wichtigsten existenznotwendigen Bedarfe anzusehen ist. Deswegen scheinen die Existenzsicherungsgesetzgeber*innen diesen Bereich nicht außer Acht lassen zu dürfen und die Verantwortung auf andere Akteure zu übertragen.

Insgesamt konnten mehrere Argumente aufgezählt werden, wonach den Existenzsicherungsgesetzgeber*innen Gesetzgebungskompetenzen im Bildungsbereich zugesprochen werden können. Zudem benennen sie diese selbst, sodass ihre Aussagen hinsichtlich der Bildungsbedarfe von Kindern auch in der Weise zu deuten sind, wie sie diese ausformulieren.

Ziele schulischer Bildung

Innerhalb der Unterkategorie *schulische Bildung* kennen die Gesetzgeber*innen auf der zeitlichen Ebene verschiedene Ziele, die mit der schulischen Bildung verbunden sind. Kurzfristig weisen die leistungsberechtigten Kinder den Bedarf auf, die Schulform nicht wechseln zu müssen und die Versetzung in die nächste Klassenstufe zu erreichen (vgl. Deutscher Bundestag 2010b, S. 105). Mittelfristig liegt – mit Ausnahmefällen – der Bedarf vor, die Schule erfolgreich abzuschließen (vgl. Deutscher Bundestag 2010b, S. 105). Langfristig wollen die Kinder schulische Leistungen erreichen, die eine gelungene Eingliederung in den Arbeitsmarkt ermöglicht, damit sie ihren Lebensunterhalt zukünftig aus eigenen Kräften erwirtschaften können (vgl. Deutscher Bundestag 2010b, S. 42).

Unter zeitlichen Gesichtspunkten heißt das, dass die kurzfristige Perspektive ein Schuljahr umfasst bzw. jeweils auf das Ende eines Schuljahres gerichtet ist (vgl. Leopold 2012a, Rn. 105). Die mittelfristige Perspektive orientiert sich am Ende der schulischen Laufbahn und die langfristige Perspektive bezieht sich auf das Leben im Anschluss an die schulische und berufliche Ausbildung.

Kurzfristige Ziele

Mit der kurzfristigen Perspektive gehen die Gesetzgeber*innen davon aus, dass Kinder im Leistungsbezug insbesondere gegen Ende des Schuljahres feststellen, dass ihre aktuellen schulischen Leistungen nicht für eine Versetzung in die nächste Klassenstufe genügen. Um hier kurzfristige Veränderungen zu erreichen und diesen Bedarf trotzdem noch decken zu können, stellen die Gesetzgeber*innen – sofern dieses Ziel prinzipiell noch erreichbar ist – eine Leistung zur Verfügung, mit der die Kinder auf kostenpflichtige außerschulische Angebote zurückgreifen können, um ihre Noten soweit zu verbessern, dass sie in die nächste Klassenstufe versetzt werden.

> „Der Gesetzgeber scheint darüber hinaus davon auszugehen, dass eine zusätzliche Lernförderung regelmäßig nur kurzfristig notwendig sei, um vorübergehende Lernschwächen zu beheben. Worauf sich diese Auffassung gründet, wird in der Gesetzesbegründung allerdings nicht näher belegt. Dem Gesetzgeber scheint das Bild eines Schülers vor Augen gestanden zu haben, der angesichts drohender Nichtversetzung in die nächsthöhere Klassenstufe nur eines kurzen Anschubs bedürfte, um doch noch die Versetzung zu schaffen, etwa weil ihm die dafür notwendigen Kenntnisse, z. B. einer bestimmten mathematischen Rechenart, für die versetzungsentscheidende letzte Klausur eines Schuljahres fehlten." (Leopold 2012a, Rn. 110)

Wie Leopold hier ausführt, gehen die Gesetzgeber*innen davon aus, dass es sich bei den sog. ‚Lernschwächen' um kurze Intervalle handelt, in denen die Kinder nicht die Leistungen erbringen, die zur Versetzung notwendig sind. Dies erscheint jedoch gerade vor dem Hintergrund schwierig, dass eine drohende Nichtversetzung damit verbunden ist, dass die Kinder über den Teil des bereits hinter ihnen liegenden Schuljahres einen Notendurchschnitt von schlechter als ausreichend aufweisen (vgl. Lenze 2011b, Rn. 21). Da die Gesetzgeber*innen diese Leistung unter Berücksichtigung der Leistungsvoraussetzungen wohl vornehmlich erst in der zweiten Schuljahreshälfte gewähren (vgl. Leopold 2012a, Rn. 108), bedeutet das, dass die schulischen Leistungen für Kinder bereits seit mindestens einem halben Jahr auf diesem Niveau liegen, die nun über eine kurze Zeitspanne verbessert werden sollen. Jedoch setzen die Gesetzgeber*innen nicht den Anspruch einer deutlichen Veränderung des Notenspiegels in dem Fach an, in dem sie versetzungsgefährdet sind, sondern zielen lediglich darauf ab, dass die Kinder einen ausreichenden Leistungsdurchschnitt (mindestens Note vier) erlangen. Wie auch Leopold aufzeigt, stellen die Gesetzgeber*innen sich anscheinend vor, dass die Kinder die aktuellen schulischen Inhalte sehr gut durch zusätzliche Förderangebote erlernen und dadurch ein bis zwei sehr gute Noten erhalten, sodass sie den erforderlichen Durchschnitt und damit die Versetzung in die nächste Klassenstufe gerade noch schaffen.

Anhand dieser Ausführungen zeigt sich, dass die Gesetzgeber*innen nicht die schulischen Leistungen an sich berücksichtigen, die die Kinder allgemein und über einen längeren Zeitraum vorweisen, sondern nur die Momentaufnahmen, die die Lehrer*innen durch mündliche oder schriftliche Leistungstest abfragen. Dabei ist zu berücksichtigen, dass die vergebenen Noten bei gleichen schulischen Leistungen der Kinder deutlich voneinander abweichen können, wenn sie von mehreren Lehrer*innen – auch aus unterschiedlichen Schulen mit dem gleichen Schultyp – vergeben werden (vgl. Trautwein et al. 2008, S. 103). Demnach interessieren die Gesetzgeber*innen nicht die tatsächlichen Leistungen der Kinder, sondern die Beurteilungen des Bildungsstands durch Dritte, die allerdings einen starken Einfluss auf die späteren Chancen auf dem Ausbildungs- und Arbeitsmarkt haben (vgl. Trautwein et al. 2008, S. 99) und somit das langfristige Ziel der Gesetzgeber*innen in den Blick nehmen.

Weiterhin gehen die Gesetzgeber*innen davon aus, dass das kurzfristige Ziel der Versetzung in die nächste Klassenstufe jedes Jahr vorliegt und sich nicht aufgrund eines ein- oder mehrmaligen Nichterreichens ändert.

> „Schülerinnen und Schüler, die eine Klasse wegen Nichtversetzung wiederholen, sind von der Geltendmachung der Bedarfe nicht ausgeschlossen." (Leopold 2012a, Rn. 48)

Die Kinder streben folglich jedes Jahr das gleiche Ziel an.

Demgegenüber beurteilen die Gesetzgeber*innen eine allgemeine Verbesserung von schulischen Leistungen, bspw. um dadurch einen höheren Schultyp besuchen zu können, nicht als Ziel bzw. Bedarfe.

> „Verbesserungen zum Erreichen einer besseren Schulartempfehlung stellen regelmäßig keinen Grund für Lernförderung dar." (Deutscher Bundestag 2010b, S. 105)

Damit werden die schulischen Leistungen für die Gesetzgeber*innen hinsichtlich der Nutzung zusätzlicher Förderangebote nur bedeutsam, wenn die schulischen Leistungen als unzureichend bewertet werden, nicht aber wenn die Kinder positive und förderungswillige Bedarfe anbringen.

Mittelfristige Ziele

Weiterhin benennen die Gesetzgeber*innen das auf den ersten Blick als mittelfristig zu bezeichnende Ziel, die Schule mit einem erfolgreichen Abschluss verlassen zu wollen. Dieses unterstellen die Gesetzgeber*innen wiederum allen leistungsberechtigten Kindern (vgl. u. a. Luik 2013b, Rn. 42). Ihre Ausführungen entsprechen hierbei denen, die sie bereits bei den kurzfristigen Zielen verwendet haben. Zudem beschreiben sie das kurz- und das mittelfristige Ziel zumeist im unmittelbaren Zusammenhang, sodass sie diesen scheinbar mittelfristig ausgerichteten Bedarf wohl insbesondere dann unterstellen, wenn die Kinder das letzte Schuljahr absolvieren und nicht als einen Bedarf, den die Kinder auf längere Sicht zu befriedigen versuchen und folglich über mehrere Jahre darauf hinarbeiten.

> „Dies werden in der Regel die Versetzung in die nächsthöhere Klassenstufe oder am Ende der erfolgreiche Schulabschluss sein […]." (Luik 2013b, Rn. 42)

Wie bereits bei den kurzfristigen Zielen dargestellt, besteht der unterstellte Bedarf darin, Noten zu erhalten, die für einen erfolgreichen Abschluss ausreichen und nicht darin, Inhalte, Kompetenzen und Fähigkeiten zu erweitern und damit einen bestimmten Bildungsstand vorzuweisen. Das zeigt sich wiederum darin, dass sie in diesem Kontext lediglich die Schulnoten als Bewertungsmaßstab benennen (vgl. Leopold 2012a, Rn. 100). Zudem unterstellen die Gesetzgeber*innen den leistungsberechtigten Kindern, dass sie keinen Bedarf haben, ihre Schulnoten generell zu verbessern, um dadurch einen besseren Schulabschluss zu erreichen.

„[...] Leistungen für Nachhilfe zur Verbesserung der Noten und damit zur Verbesserung des Schulabschlusses [gehören] nicht mehr zum Umfang der Leistungen nach Absatz 5 [...]." (Bieritz-Harder 2012a, Rn. 6)

Damit wird deutlich, dass die Gesetzgeber*innen den leistungsberechtigten Kindern den Bedarf zusprechen, die Schule erfolgreich abzuschließen, der auf den ersten Blick auf ein mittelfristiges Ziel hindeutet. Allerdings zeigt sich aus den weiteren Ausformulierungen, dass sie den Kindern diesen Bedarf nur im letzten Schuljahr unterstellen und dieser in der zeitlichen Dimension mit dem Bedarf an einer Versetzung in die nächste Klassenstufe gleichzusetzen ist. Obwohl nach Ansicht der Gesetzgeber*innen der zertifizierte Abschluss der Schule eine höhere Bedeutung für das spätere (Berufs-)Leben der Kinder und den damit verbundenen Lebensstandard (i. S. der Einkommenssituation) hat, gewähren sie den Kindern dafür keine zusätzlichen Hilfen. Vielmehr stellen sie den Abschluss der Schule mit dem Abschluss einer Jahrgangsstufe gleich, sodass sie nur kurzfristige Bedarfe annehmen und den Kindern absprechen, dass sie bereits frühzeitig auf einen möglichst guten schulischen Abschluss hinarbeiten.

Langfristige Ziele

In der langfristigen Perspektive schreiben die Gesetzgeber*innen den leistungsberechtigten Kindern das Ziel zu, erfolgreich in den ersten Arbeitsmarkt integriert zu sein, um damit ihren Lebensunterhalt aus eigenen Kräften und Mitteln sichern zu können sowie nicht mehr auf staatliche Unterstützung angewiesen zu sein.

„In Bildung [...] liegt eine Schlüsselfunktion für die Herstellung von Chancengerechtigkeit. Aus dem Schutz der Menschenwürde und dem Sozialstaatsprinzip ergibt sich die Verpflichtung, Kinder und Jugendliche in einer Art und Weise zu befähigen, dass sie später aus eigenen Kräften und damit unabhängig von staatlichen Fürsorgeleistungen leben können." (Deutscher Bundestag 2010b, S. 42)

Demnach besteht das Potenzial von Bildung im Allgemeinen und von schulischer Bildung im Besonderen gerade nicht im Erreichen eines gewissen Bildungsstandes, sondern darin, dass der schulische Notendurchschnitt ausreicht, um eine existenzsichernde Erwerbsarbeit aufnehmen zu können. Darüber hinausreichende Ansprüche bzw. Bedarfe der Kinder erkennen die Gesetzgeber*innen nicht an. Damit sind zwar auch die Bedarfe an gesellschaftlicher Integration sowie die Beendigung von (impliziten) Stigmatisierungen durch Dritte verbunden (vgl. Lenze 2011b, Rn. 1). Diese Bedarfe können ihren Ansichten nach aber nur durch eine existenzsichernde Erwerbsarbeit befriedigt werden, da die Ursachen von Ausgrenzungen und Stigmatisierungen ihrem Erachten nach in der fehlenden Erwerbstätigkeit und der damit verbundenen unterdurchschnittlichen Ausstattung mit finanziellen Ressourcen liegen (vgl. Leopold 2012a, Rn. 36).

Folglich unterstellen die Gesetzgeber*innen den Kindern den Bedarf, im Erwachsenenalter ohne existenzsichernde Leistungen zu leben. Sie wollen sich die notwendigen finanziellen Ressourcen zur Sicherung des Lebensunterhalts durch Erwerbstätigkeit selbst erwirtschaften, wofür sie eine erfolgreich abgeschlossene schulische Ausbildung benötigen.

Bildungsbedarfe in unterschiedlichen Schulformen

Schulische Bildung findet – wie der Name bereits impliziert – in der Institution Schule statt, wobei die Gesetzgeber*innen sowohl die allgemeinbildenden als auch die berufsbildenden Schulen in ihren Beschreibungen benennen (vgl. § 28 Abs. 1 S. 2 SGB II; § 3 Abs. 3 AsylbLG i. V. m. § 34 Abs. 1 S. 2 SGB XII). In beiden Schulformen stellen sie gleiche Leistungen zur Verfügung und unterstellen den Kindern damit unabhängig von ihrem Alter und der genutzten Schulform die gleichen Bildungsbedarfe.

Weiterhin gehen die Gesetzgeber*innen davon aus, dass die leistungsberechtigten Kinder über die gleichen Zugangs- und Wahlmöglichkeiten zwischen verschiedenen Schulformen verfügen wie Gleichaltrige ohne Leistungsbezug. Sie benennen die folgenden Schulformen, die in Abhängigkeit des Alters der Kinder genutzt werden können.

> „Allgemeinbildende Schulen sind Regelschulen (Grundschule, Hauptschule, Realschule, Gymnasium, Gesamtschule), Förderschulen, Sonderschulen und Kollege; auch Abendschulen […].“ (Luik 2013b, Rn. 17)

Mit dieser Zusammenstellung aller möglichen Schulformen zeigt sich, dass sie den Leistungsberechtigten nicht nur den Besuch einzelner Schulformen zusprechen. Vielmehr gehen sie von der Möglichkeit aus, dass sie grundsätzlich alle Schulformen besuchen.

Darüber hinaus heben sie allerdings – unabhängig von der gewählten Schulform – hervor, dass die leistungsberechtigten Kinder einen unzureichenden schulischen Zugang haben.

> „Der Gesetzgeber bezweckt, für Kinder und Jugendliche aus besonders förderungsbedürftigen Haushalten […] einen besseren Zugang zu Bildung im schulischen […] Bereich zu ermöglichen […].“ (Luik 2013b, Rn. 5)

Unter der Formulierung „besserer Zugang“ verstehen sie nicht, dass die Kinder unregelmäßig zur Schule gehen, oder dass sie nur Schulen mit niedrigen Bildungsgängen besuchen. Ihrem Erachten nach verfügen die Kinder über unzureichende Ressourcen, um sich an Angeboten und Aktivitäten zu beteiligen, für die zusätzliche Kosten erhoben werden wie Mittagsverpflegung, Ausflüge oder die Ausstattung mit elementaren Gegenständen für den schulischen Alltag (vgl. § 28 Abs. 2, 3, 6 SGB II und § 3 Abs. 3 AsylbLG i. V. m. § 34 Abs. 2, 3, 6 SGB XII). Ihren Ansichten nach besteht in

> „eine[r] angemessene[n] materielle[n] Ausstattung“ (Deutscher Bundestag 2010b, S. 42)

der Kinder die wichtigste Voraussetzung für die Ermöglichung hinlänglicher schulischer Bildung. Aufgrund einer unzureichenden Ausstattung mit finanziellen Mitteln für schulische Bedarfe können Ausgrenzungen durch die Klassenkamerad*innen aber auch Chancenungleichheiten im Bildungsbereich im Vergleich zu Gleichaltrigen entstehen. Damit gehen die Gesetzgeber*innen davon aus, dass den leistungsberechtigten Kindern die materiellen Grundvoraussetzungen fehlen, um überhaupt am schulischen Alltag und damit auch an den schulischen Bildungsangeboten teilnehmen zu können.

Neben den unterschiedlichen Schulformen, können sich Schulen zusätzlich auf unterschiedliche Bildungsinhalte spezialisieren, die allgemein als sog. ‚Profile‘ bekannt sind wie das mathematisch-naturwissenschaftliche, das sprachliche oder das künstlerisch-musische Profil. Je nach Ausrichtung der Schule werden im Rahmen der sog. ‚Schulfächer‘ (vgl. Leopold 2012a, Rn. 109) die gewählten Inhalte umfänglicher vermittelt. Die Gesetzgeber*innen sprechen den Kindern keinen Bedarf zu, die Schule nach der konkreten Ausrichtung zu wählen, was sich insbesondere in den Ausformulierungen zur Kostenübernahme der Schülerbeförderung zeigt.

> „Es wird nicht auf die tatsächlich besuchte Schule abgestellt, sondern auf eine Schule des gewählten Bildungsganges. Wenn mithin ein Schüler ein Gymnasium mit einer bestimmten Ausrichtung gewählt hat, das weiter entfernt liegt als ein anderes staatliches Gymnasium, kommt es nur auf diese Schule an […].“ (Grube 2012a, Rn. 37)

Kinder werden demnach nicht bestärkt, Schulen zu besuchen, die ihren Interessen und Fähigkeiten entsprechende Profile anbieten. Eine gesamte Kostenübernahme für die Schülerbeförderung erfolgt ausschließlich dann, wenn das Merkmal der geringsten Entfernung erfüllt ist. In Anbetracht dessen ist zu vermuten, dass die Gesetzgeber*innen entweder davon ausgehen, dass die Kinder im Existenzsicherungsbezug ihre Schulwahl nicht an ihren besonderen Fähigkeiten und Interessen ausrichten oder sie sehen diesen Bedarf nicht als begründetes Begehren, sondern nur als Wunsch an, der unter existenzsichernden Gesichtspunkten nicht zu berücksichtigen ist. Die letztgenannte Annahme setzt die Logik anderer Unterstützungsleistungen fort, in denen den Leistungsberechtigten auch nur ein Mindestmaß zugesprochen wird, sodass anzunehmen ist, dass die Gesetzgeber*innen auch an dieser Stelle ihre Argumentationsweise beibehalten.

Arten der schulischen Bildungsförderung

Die Gesetzgeber*innen kennen drei verschiedene Arten, in denen Bildungsförderung hinsichtlich schulischer Inhalte erfolgen kann. Diese Arten beziehen sich auf die Größe der Lerngruppe. Dabei handelt es sich um die Förderung (1) im Klassenverband, (2) in Kleingruppen, die aus einem Teil der Klasse bestehen sowie um (3) individuelle Förderangebote.

Regelangebote

Die Förderung im Klassenverband sehen die Gesetzgeber*innen als schulisches Regelangebot an, das in Form des sog. ‚Unterrichts' (vgl. Leopold 2012a, Rn. 99) stattfindet. Eine Gruppe von Kindern wird in einer sog. ‚Klasse' gefördert und gebildet. Dieser Zusammenschluss der Kinder bleibt über eine Dauer von mindestens einem Jahr – i. d. R. aber mehrere Jahre – konstant (vgl. Luik 2013b, Rn. 23), sodass dort eine Verbindung bzw. ein Zusammenhalt zwischen den Kindern („Klassenverband", Luik 2013b, Rn. 23) entsteht.

Kleingruppen und individuelle Förderung

Gelingt die Förderung der Kinder nicht im gewünschten Maß durch das Regelangebot in den Klassen, sollen die Schulen für die Kinder weitere Angebote bereithalten.

> „Zu den schulischen Angeboten zählen individuelle Maßnahmen wie Lernpläne und strukturelle Förderungen wie Förderkurse. Schulische Angebote sind solche, die von der Schule in ihrer Eigenschaft als Bildungseinrichtung angeboten werden." (Deutscher Bundestag 2010b, S. 105)

Die hier beschriebenen Angebote können sowohl in Kleingruppen als auch ausschließlich für ein Kind erfolgen. Dementsprechend bedürfen Kinder nicht nur nach gemeinschaftlichen Angeboten, sondern haben auch das Verlangen nach Angeboten, die in kleinen bzw. Kleinstgruppen oder sogar als Einzelleistung stattfinden. Das kann in den festgelegten täglichen Strukturen erfolgen.

Bestehen darüber hinausreichende Bedarfe, begehren die Kinder nach Angeboten, die zusätzliche zeitliche Ressourcen in Anspruch nehmen, die jedoch spezifischer auf ihre Bedarfe zugeschnitten sind.

Damit sprechen die Gesetzgeber*innen den Kindern durch das Regelangebot vor allem einen Bedarf an einem einheitlichen Bildungsprogramm mit den Gleichaltrigen zu. Da dieses Angebot nicht für alle Kinder ausreicht, um einen etwa einheitlichen Bildungsstand zu erlangen, sollen für die Kinder, die noch nicht alle Bildungsinhalte verinnerlicht haben, zusätzliche Bildungsangebote für Kleingruppen oder einzelne Kinder bereitgestellt werden. Folglich gehen die Gesetzgeber*innen davon aus, dass Bildungsinhalte nicht der gesamten Klasse durch ein einheitliches Angebot nahe gebracht werden können, sondern dass einzelne Kinder zusätzliche Förderangebote benötigen, um sich die schulischen Bildungsinhalte aneignen zu können. Damit gehen die Gesetzgeber*innen von einer gewissen Heterogenität der Lerngruppe innerhalb der Klasse aus, die durch zusätzliche schulische Angebote und nicht im Regelbetrieb hergestellt werden soll.

Bildungsinhalte

Weiterhin bleibt zu prüfen, welche Bildungsinhalte die Gesetzgeber*innen den Leistungsberechtigten durch die unterstellten Bedarfe zusprechen. Hierzu lassen sich Annahmen der Gesetzgeber*innen aus der Leistung für das Mittagessen, für die Ausflüge und für den persönlichen Schulbedarf, in dessen Kontext Leistungen für das Schulpraktikum aufgenommen wurden, rekonstruieren.

Bildungsinhalte im Rahmen des gemeinsamen Mittagessens

Hinsichtlich der Teilnahme am gemeinsamen Mittagessen besteht ihrem Erachten nach der Bedarf, dieses zusammen mit den Klassenkamerad*innen einzunehmen, wenn die Schule ein solches anbietet und alle Kinder daran teilnehmen. Ein Zusammenhang mit schulischer Bildung besteht lediglich insofern, dass ihren Ansichten nach die

> „[...] Teilnahme an einer Gemeinschaftsverpflegung [...] ein wichtiges Element der sozialen Teilhabe in der Schule [ist]. Die Möglichkeit ebenso wie andere an Gemeinschaftsangeboten teilnehmen zu können, verhindert Ausgrenzungsprozesse und eventuelle Auswirkungen auf den schulischen Erfolg." (Deutscher Bundestag 2010b, S. 106)

Wie bereits im Rahmen der Unterkategorie *Teilhabe* ausgeführt, wird die schulische Bildung ihren Ansichten nach höchstens indirekt durch die Teilnahme am gemeinsamen Alltag beeinflusst. Hier beschränken sie sich jedoch lediglich auf den Zusammenhang, dass sich eine Nichtteilnahme an den Aktivitäten indirekt auf die schulischen Erfolge auswirkt. Ob eine bestehende Teilhabe die schulischen Leistungen positiv beeinflussen kann, darüber treffen sie keine Aussagen.

Zudem sprechen die Gesetzgeber*innen den Kindern bspw. auch keinen Bedarf an Wissen und Kompetenzen in Bezug auf eine gesunde und ausgewogene Ernährungsweise zu und auch keine Verbesserung kognitiver Leistungen durch ausreichend und gesunde Mittagsverpflegung.

Bildungsinhalte im Rahmen eintägiger Ausflüge und mehrtägiger Klassenfahrten

Auch im Rahmen dieser Leistung unterstellen die Gesetzgeber*innen den Kindern lediglich den Bedarf, an diesen Angeboten teilnehmen zu wollen. Weder eine Verinnerlichung von Bildungsinhalten („Klassenfahrt [muss nicht] Pflichtbestandteil des Lehrplans [sein]" (Leopold 2012a, Rn. 57)) noch einen allgemeinen Bedarf an Bildung innerhalb dieser Aktivitäten schreiben sie den Kindern zu.

> „Der Begriff des Schulausflugs ist weit auszulegen (zB [sic!] Wandertag, Zoo- oder Museumsbesuch). Ob und welche pädagogischen Ziele mit der Veranstaltung verfolgt werden, ist Sache der Schule und wird vom Jobcenter nicht geprüft." (Luik 2013b, Rn. 22)

Schulausflüge und Klassenfahrten gehören demnach zwar zum schulischen Alltag, allerdings geht es den Gesetzgeber*innen hier nicht um die Vermittlung und Weiterführung schulischer Inhalte, sondern vielmehr um die Teilnahmemöglichkeiten aller Kinder an den Veranstaltungen sowie die Verhinderung von Ausgrenzungen und die daraus möglicherweise hervorgehende negative Entwicklung (vgl. Leopold 2012a, Rn. 53). Ob die Fahrten einen pädagogischen Zweck erfüllen müssen, ist für die Gesetzgeber*innen nicht von Bedeutung. Die Frage einer solchen Notwendigkeit legen sie bezüglich der Klassenfahrten in die Hand der Landesgesetzgeber*innen (vgl. Leopold 2012a, Rn. 57). Bei den eintägigen Ausflügen stellen sie prinzipiell keine Ansprüche auf einen pädagogischen Bezug (vgl. Luik 2013b, Rn. 22).

Im Ergebnis scheinen die Gesetzgeber*innen Aktivitäten, die im schulischen Rahmen allerdings außerhalb des Unterrichts und des Klassenzimmers stattfinden, keine prinzipiellen Potenziale zur Bildungsförderung zuzusprechen. Schulische Bildung scheint ihrem Erachten nach in den speziell dafür vorgesehen zeitlichen und örtlichen Settings zu erfolgen, also innerhalb der Unterrichtsstunden und des Schulgeländes.

Bildungsinhalte im Rahmen des Schulpraktikums

Weiterhin sprechen die Gesetzgeber*innen innerhalb der Leistungen für den persönlichen Schulbedarf davon, dass im Rahmen schulischer Bildungsangebote der Bedarf von Kindern an einer mehrtägigen Anwesenheit und Mitarbeit in einem Unternehmen vorliegen kann.

> „Von § 28 Abs. 3 SGB II erfasst – obgleich nicht in den Gesetzesmaterialien erwähnt – ist auch der durch schulisch veranlasste Praktika, z. B. in Betrieben, hervorgerufene Bedarf. So gehören zum persönlichen Schulbedarf beispielsweise Sicherheitsschuhe, wenn solche nicht im Praktikumsbetrieb bereitgestellt werden, aber für die Verrichtung des Praktikums aufgrund von Unfallverhütungsvorschriften vorgeschrieben sind, wie z. B. in Schiffs- und Bootsbauwerften oder Kfz-Werkstätten." (Leopold 2012a, Rn. 73)

Zwar finden Praktika außerhalb des Schulgebäudes statt, allerdings sind sie in den schulischen Kontext eingebettet, was sich durch die Berücksichtigung der Ausstattungsgegenstände innerhalb des persönlichen Schulbedarfs zeigt. Inwieweit die dort gelernten Wissensbestände, Fähigkeiten und Kompetenzen im Rahmen der schulischen Regelangebote integriert sein sollen, greifen die Gesetzgeber*innen nicht auf. Zudem beschränken sie sich in ihren Begründungen zur Gewährung dieser Leistungen lediglich auf die Sicherstellung des Schutzes vor gesundheitlichen Schäden. Bildungsinhalte spielen auch an dieser Stelle keine Rolle. Folglich bleiben die gelernten Inhalte für die Gesetzgeber*innen im Rahmen der Existenzsicherung bedeutungslos.

Schulische Pflichten

Die Gesetzgeber*innen verbinden die schulische Bildung mit der „Erfüllung schulischer Pflichten" (Luik 2013d, Rn. 22). Schule ist folglich keine freiwillige Angelegenheit, sondern eine verbindliche Aufgabe, der Kinder nachkommen müssen. Im Rahmen der Leistungen für Bildung und Teilhabe machen die Gesetzgeber*innen auf zwei Aspekte aufmerksam, die sie in diesem Zusammenhang als relevant ansehen. Dabei handelt es sich darum, dass die Pflicht der Kinder grundsätzlich darin besteht, dass sie (1) in der Schule körperlich anwesend sein müssen und dass (2) sie ein gewisses Maß an Bildung erlagen sollen.

Körperliche Anwesenheit

Die Erfüllung dieser Pflicht besteht primär in der regelmäßigen körperlichen Präsenz, die nur durch das Vorliegen triftiger Gründe außer Kraft gesetzt werden kann. Das wird dadurch deutlich, dass die Gesetzgeber*innen in den Leistungen für Bildung und Teilhabe konkret von „unentschuldigtem Fehlen" sprechen (Deutscher Bundestag 2010b, S. 105). Die Kommentator*innen übersetzen dies in den umgangssprachlichen Begriff des ‚Schule Schwänzens' (vgl. Leopold 2012a, Rn. 107).

Da die Gesetzgeber*innen diese Möglichkeit in die Gesetzesmaterialien aufnehmen, zeigen sie auf, dass sie davon ausgehen, dass nicht alle leistungsberechtigten Kinder dieser Pflicht in vollem Umfang nachkommen. Darüber hinaus konnte bereits gezeigt werden, dass eine Förderung schulischer Bildung(sinhalte) ihrem Erachten nach in dieser Institution erfolgt. Kommen Kinder der Erfüllung der Schulpflicht nicht nach, sprechen die Gesetzgeber*innen diesen Kindern die Verantwortlichkeit dafür zu, dass sie an schulischen Bildungsprozessen nicht teilnehmen und schulische Inhalte verpassen. Das kann ihrem Erachten nach wiederum zu einem unterdurchschnittlichen Leistungsniveau führen.

> „[D][...]ie Ursache für die vorübergehende Lernschwäche [kann] in unentschuldigtem Fehlen oder vergleichbaren Ursachen [liegen][...]." (Deutscher Bundestag 2010b, S. 105)

Indem ihrem Erachten nach ein Teil der leistungsberechtigten Kinder die Schule nicht besucht und gleichzeitig keine Entschuldigung dafür vorlegt, erfüllen sie nicht ihre Pflicht. In Anbetracht dessen tragen sie auch die Verantwortung für eine daraus resultierende, unzureichende schulische Bildung und das damit verbundene mögliche Nichterreichen der Ziele, die mit der schulischen Bildung verbunden sind.

Maß der erworbenen Bildungsinhalte

Weiterhin lässt die Formulierung der „Erfüllung schulischer Pflichten" vermuten, dass die Gesetzgeber*innen nicht nur die beschriebene und in den Landesgesetzen (i. V. m. Art. 7 GG) geregelte „allgemeine Schulpflicht" berücksichtigen. Vielmehr scheinen sie weitere Aufgaben mitzudenken, die sich vor allem auf die schulischen Inhalte beziehen. Dies wird z. B. deutlich, wenn sie vom Erreichen eines „erfolgreichen Schulabschlusses" (vgl. Luik 2013b, Rn. 42) oder der „Versetzung in die nächste Klassenstufe beziehungsweise ein[es] ausreichende[...][n] Leistungsniveau[s]" (vgl. Deutscher Bundestag 2010b, S. 105) sprechen. Dementsprechend ist die Schulpflicht ihrem Erachten nach vor allem dann erfüllt, wenn die schulischen Leistungen der Kinder den inhaltlichen Anforderungen entsprechen, die zum jeweiligen Zeitpunkt in der schulischen Bildungsbiografie gefordert werden. Im Ergebnis führt das dazu, dass sie die Kenntnis der schulischen Bildungsinhalte über bewertete Leistungstests nachweisen können und ihnen schließlich der erfolgreiche Abschluss der Schule zertifiziert wird.

Schulischer Bildungsstand

Hinsichtlich des schulischen Bildungsstandes der leistungsberechtigten Kinder berücksichtigen die Gesetzgeber*innen zwei Dimensionen. Erstens treffen sie Aussagen hinsichtlich der besuchten Schulformen und zweitens lassen sich Annahmen hinsichtlich des schulischen Leistungsstandes rekonstruieren.

Besuchte Schulformen der leistungsberechtigten Kinder

Die Gesetzgeber*innen gehen davon aus, dass die leistungsberechtigten Kindern, die schulischen Pflichten vornehmlich in Schulformen verwirklichen, die auf Kinder mit einem (unter-)durchschnittlichen Bildungsstand spezialisiert sind. In den Ausführungen zu den Leistungen für Bildung und Teilhabe verwenden sie zwar die Bezeichnungen der Schulen, die auf die Förderung von Kindern mit unterdurchschnittlichen Kompetenzen und Fähigkeiten gerichtet sind wie „Förderschule" und „Hauptschule" (vgl. Leopold 2012a, Rn. 100.1; Lenze 2011b, Rn. 21; Luik 2013b, Rn. 17; Luik 2013b, Rn. 33; Luik 2013b, Rn. 42; Deutscher Bundestag 2010a, S. 37; Luik 2013d, Rn. 28.1; Luik 2013d, Rn. 46; Luik 2013d, Rn. 59.2) in einem quantitativ etwa gleichem Maß wie die Bezeichnung der Schule für Kinder mit dem höchsten Bildungsstand – dem „Gymnasium" (vgl. Lenze 2011b, Rn. 17; Lenze 2011b, Rn. 21; Luik 2013b, Rn. 17; Luik 2013b, Rn. 33; Deutscher Bundestag 2010a, S. 37; Grube 2012a, Rn. 37; Luik 2013d, Rn. 46; Luik 2013d, Rn. 59). Die weiteren Ausformulierungen zeigen jedoch, dass sie den Besuch von Gymnasien durch Kinder im Leistungsbezug für eher unwahrscheinlich halten. Demgegenüber nutzen die leistungsberechtigten Kinder Förder- und Hauptschulen ihren Ansichten nach deutlich häufiger (vgl. Leopold 2012a, Rn. 100.1).

Die unterstellte niedrigere Besuchsquote der Gymnasien durch die leistungsberechtigten Kinder kann insbesondere deshalb angenommen werden, weil eine Leistung, die vornehmlich auf diese Gruppe anzuwenden ist, im ursprünglichen Gesetzesentwurf nicht enthalten war.

> „Abs. 4 [Schülerbeförderungskosten; CM] wurde auf Beschlussempfehlung des Ausschusses für Arbeit und Soziales vom 1.12.2010 eingefügt. In den meisten Bundesländern werden die Kosten der Schülerbeförderung nur bis zum Ende der Sekundarstufe 1 d. h. bis zu einem mittleren Schulabschluss vollständig oder in Form eines Zuschusses getragen. Schülerinnen und Schüler der Sekundarstufe 2 – ab der 11. Klasse im 9-jährigen Gymnasium und ab der 10. Klasse beim 8-jährigen Gymnasium – mussten diese Aufwendungen bis zum 1.1.2011 aus dem Regelbedarf bestreiten [...]." (Lenze 2011b, Rn. 17)

Die Gesetzgeber*innen sahen demnach ursprünglich keine Notwendigkeit der Übernahme der Schülerbeförderungskosten. Dies rührt einerseits aus der Begründung, dass die Schülerbeförderungskosten für die Sekundarstufe I i. d. R. durch die Länder oder Dritte übernommen werden, sodass für die Kinder bis zu diesem Alter keine zusätzlichen Kosten anfallen. Vermuten die Gesetzgeber*innen, dass nur ein minimaler Anteil der leistungsberechtigten Kinder das Gymnasium besucht, erscheint eine Nichtberücksichtigung dieser Leistungen in Teilen nachvollziehbar, da sie eine Leistung aufstellen würden, die keinen bzw. nur einen kleinen Bezieher*innenkreis besäße. Jedoch würden sie, selbst wenn nur ein geringer Anteil der Kinder derartige Unterstützungen benötigt, die Bedarfe dieser Kinder nach einer angemessenen Bildungsförderung durch die entsprechende Schulform nicht sicherstellen.

Die Gesetzgeber*innen könnten aber auch angenommen haben, dass der Besuch eines Gymnasiums nicht mehr nur das Mindestmaß absichert, sondern bereits einen überdurchschnittlichen Standard erfüllt. Zur Eingliederung in den Arbeitsmarkt ist ein solcher nicht notwendig, sodass es sich dabei nicht mehr nur um eine existenzsichernde Leistung, sondern um eine darüber hinausreichende Leistung handelt, die den leistungsberechtigten Kindern über das Existenzsicherungsgesetz nicht gewährt werden müsste. Damit würden sie zwar den Kindern potenziell den Besuch eines Gymnasium zusprechen, allerdings sind die dafür anfallenden Aufwendungen selbst aufzubringen, da es sich um einen bedarfsübergreifenden Wunsch handelt. Steht diese Annahme hinter der ursprünglichen Nichtberücksichtigung der Schülerbeförderungskosten, würden die Gesetzgeber*innen folglich keine Notwendigkeit des Besuchs eines Gymnasiums durch die leistungsberechtigten Kinder sehen.

Schulischer Leistungsstand

Gesetzgeberische Annahmen hinsichtlich des unterstellten schulischen Leistungsstandes lassen sich über Hinweise auf gute und unerwünschte schulische Leistungen rekonstruieren. Gute sowie die besten schulischen Leistungen stehen im schulformbezogenen Vergleich insbesondere in Verbindung mit dem Besuch eines Gymnasiums bzw. dem Erreichen der allgemeinen Hochschulreife. Begriffe, die auf sehr gute schulische Leistungen hinweisen, benutzen die Gesetzgeber*innen im Vergleich zu Begriffen, die auf geringere schulische Leistungen hindeuten, in weniger unterschiedlichen Formulierungen und seltener. Im Analysematerial lässt sich in Bezug auf gute schulische Leistungen lediglich der Terminus

> „das Absolvieren der Abiturprüfungen“ (Luik 2013d, Rn. 36.1)

finden. Demgegenüber nutzen die Gesetzgeber*innen in einer deutlich größeren Anzahl verschiedener Formulierungen wie auch in einem höheren quantitativen Umfang Begriffe, die auf geringe schulische Leistungen hinweisen wie

„[…] drohende[…][r] Wechsel der Schulform ‚nach unten' " (Leopold 2012a, Rn. 105),

„[…] Schulnoten des Schülers bzw. der Schülerin [verbessern sich] nicht […]" (Leopold 2012a, Rn. 105.1),

„[…] nicht ausreichende[s] Leistungsniveau oder die drohende Nichtversetzung […]" (Leopold 2012a, Rn. 107),

„die Versetzung oder der Schulabschluss [sind] gefährdet" (Luik 2013d, Rn. 53)

der „blaue[…] Brief" (Luik 2013b, Rn. 44),

„schwächere[…] Schüler" (Grube 2012a, Rn. 4),

„Lernschwächen" (Leopold 2012a, Rn. 110),

„Nachhilfeunterricht in Anspruch […] nehmen" (Grube 2012a, Rn. 42) und

„pädagogischer Sonderbedarf" (Luik 2013b, Rn. 33).

Darüber hinaus beschreibt u. a. Lenze eine Reihe von Problemen, die in Bezug auf die schulische Bildung auftreten können, welche wiederum mit unterdurchschnittlichen schulischen Leistungen in Verbindung stehen. Dabei handelt es sich bspw. um

> „[…] Schulängste[…] bzw. misslungene[…] Integration in die schulische Lerngruppe […], Legasthenie, Dyslexie und Dyskalkulie […][sowie] Schulprobleme[…], die sich im Kontext eines Aufmerksamkeits- und Hyperaktivitätssyndroms entwickeln […]." (Lenze 2011b, Rn. 24)

Die beiden erstgenannten Schwierigkeiten beziehen sich insbesondere auf psychische Belange und können zu niedrigeren schulischen Leistungen führen als es die Fähigkeiten und Kompetenzen der Kinder zulassen. Probleme aus den nachfolgenden Aufzählungen entwickeln sich demgegenüber vielmehr aus einer körperlich bedingten bzw. physischen Einschränkung, bei denen zwar spezifische Förderungen notwendig sind, dessen Vorliegen jedoch nicht beseitigt werden kann.

Aufgrund der Vielzahl an Formulierungen und Begrifflichkeiten, die auf einen niedrigen Bildungsstand hinweisen, wird deutlich, dass die Gesetzgeber*innen die Möglichkeit eines hohen Bildungsstandes der leistungsberechtigten Kinder eher verneinen und vielmehr davon ausgehen, dass sie unterdurchschnittliche Leistungen vorweisen.

Neben der Annahme, dass die leistungsberechtigten Kinder überdurchschnittlich oft einen durchschnittlichen bis unterdurchschnittlichen Leistungsstand aufweisen, gehen die Gesetzgeber*innen außerdem davon aus, dass die leistungsberechtigten Kinder in „Ausnahmefällen" (Luik 2013b, Rn. 48) nicht über die notwendigen Kompetenzen und Fähigkeiten verfügen, die sie für gute bzw. ausreichende schulische Leistungen benötigen.

> „[...] ein kleiner Teil der Leistungsberechtigten [hat] den Bedarf [nach Lernförderung]." (Luik 2013b, Rn. 38)

Damit differenzieren sie innerhalb der Gruppe der leistungsberechtigten Kinder zwischen denen, deren schulische Leistungen für die Versetzung in die nächste Klassenstufe und einen erfolgreichen Schulabschluss ausreichen (vgl. Luik 2013b, Rn. 42) und denen, die diese Ziele nicht erreichen. Die erfolgreiche Gruppe nehmen sie als die überwiegende Mehrheit an. Diejenigen, bei denen die Versetzung aufgrund schlechter schulischer Leistungen gefährdet ist (vgl. Luik 2013b, Rn. 47) sowie denen, die die Klassenstufe nicht erfolgreich abschließen oder deswegen sogar die Schulform wechseln müssen (vgl. Luik 2013b, Rn. 38; Luik 2013b, Rn. 43) sehen die Gesetzgeber*innen als kleinere Gruppe an (vgl. Luik 2013b, Rn. 48). Sie treffen bei dieser Differenzierung keine Aussagen bezüglich der besuchten Schulform, sodass davon auszugehen ist, dass diese Gruppen ihren Ansichten nach in allen Schulformen vorzufinden ist.

Schließlich sprechen die Gesetzgeber*innen den Kinder zwar den Wunsch einer Verbesserung ihrer schulischen Leistungen zu, jedoch sehen sie diesen nur in Einzelfällen als existenznotwendigen Bedarf an.

> „Das heißt aber zugleich, dass Leistungen für Nachhilfe zur Verbesserung der Noten und damit zur Verbesserung des Schulabschlusses nicht mehr zum Umfang der Leistungen nach Absatz 5 gehören." (Bieritz-Harder 2012a, Rn. 6)

Sollten Kinder ihre Schulnoten verbessern wollen, ohne dass die Versetzung in Gefahr ist, unterstellen die Gesetzgeber*innen keinen zwingenden Bedarf. Ihre Noten entsprechen bereits den Anforderungen, die für die aktuelle Klassenstufe an sie gestellt werden. Solange dies erreicht ist, liegt für die Gesetzgeber*innen kein Bedarf vor, die schulischen Leistungen durch zusätzliche Angebote verbessern zu müssen. Hier scheinen sie ihrer Logik zu folgen, dass ein gewisses Mindestmaß erfüllt sein muss (Leistungsstand entsprechend der Mindestanforderungen der Klassenstufe) und alle weiteren Maßnahmen einen ‚Luxus' darstellen, den sie nicht unterstützen. Darauf deutet auch das folgende Zitat hin.

> „Gleichzeitig wird befürchtet, dass sich der Markt von kommerziellen Nachhilfeanbietern explosionsartig ausweitet" (Lenze 2011b, Rn. 19),

wenn die Übernahme der Kosten für die Lernförderung nicht auf einen kleinen Kreis an Kindern eingeschränkt ist, der es – nach Ansicht der Gesetzgeber*innen – am dringendsten benötigt und bei dem der größte Nutzen zu erwarten ist. Sollte den leistungsberechtigten Kindern also die Möglichkeit geboten werden, zusätzliche Lernförderung in Anspruch nehmen zu können, um dadurch dem Wunsch einer Verbesserung ihrer schulischen Leistungen Folge zu leisten, würden sie dies nutzen und dafür ihre frei verfügbare Zeit einsetzen. Damit gehen die Gesetzgeber*innen davon aus, dass die schulischen Leistungen der Kinder noch weiter verbessert werden können und sie keine optimalen Schulnoten vorweisen.

Unterschiede zu den Leistungsberechtigten mit (drohender) Behinderung

Im Rahmen der Leistungen für Kinder mit (drohender) Behinderung zeigen die Gesetzgeber*innen auf, dass für den Besuch einer Schule spezifische Voraussetzungen erfüllt sein müssen. Bei Kindern ohne Behinderung liegen diese grundsätzlich vor. Hingegen können nicht alle Kinder mit (drohender) Behinderung diesen Anforderungen entsprechen. Weiterhin treffen die Gesetzgeber*innen Aussagen hinsichtlich des schulischen Leistungsstandes von Kindern mit (drohender) Behinderung sowie hinsichtlich der Ziele, die mit schulischer Bildung für diese Gruppe erreicht werden sollen.

Voraussetzungen für den Besuch einer Schule

Um eine Schule besuchen zu können, müssen nach Ansicht der Gesetzgeber*innen spezifische Voraussetzungen erfüllt sein. Insbesondere bei Kindern mit einer Schwerst- oder einer Schwerstmehrfachbehinderung besteht die Möglichkeit, dass sie diesen Anforderungen nicht entsprechen und daher keine Schule besuchen können (vgl. Wehrhahn 2011, Rn. 43). Dabei handelt es sich erstens um spezifische lebenspraktische Fähigkeiten wie

> „Kleiderpflege, Kommunikation, Essensfertigkeiten" (vgl. Wahrendorf 2012c, Rn. 34),

die Kinder beherrschen müssen, um an den schulischen Aktivitäten teilnehmen zu können und eine schulische Ausbildung absolvieren zu können (vgl. Wahrendorf 2012c, Rn. 34). Warum sie genau diese Fähigkeiten als Voraussetzungen ansehen, begründen die Gesetzgeber*innen nicht. Indem sie diese Voraussetzungen in den Leistungen für Kinder mit (drohender) Behinderung thematisieren, gehen sie davon aus, dass diese Kinder sowohl die benannten als auch die im Folgenden ausgeführten Voraussetzung nicht grundsätzlich erfüllen.

Neben den Voraussetzungen, die sich auf basale lebenspraktische Fähigkeiten beziehen, gehen die Gesetzgeber*innen außerdem davon aus, dass Kinder aufgrund ihrer (drohenden) Behinderung in einem geringeren Maß und hinsichtlich anderer Fähigkeiten eingeschränkt sein können, sodass der Besuch einer Schule durch zusätzliche Unterstützungen ermöglicht werden kann. Dabei unterscheiden sie zwischen Hilfen, die zu ungleichen Zeitpunkten gewährt werden. Erstens den „Leistungen zur Vorbereitung des Schulbesuches" (§ 54 Abs. 1 S. 1 Nr. 1 SGB XII i. V. m. § 12 EinglVO) und „schulvorbereitende[...] Maßnahmen" (vgl. Wehrhahn 2011, Rn. 47). Diese richten sich, wie der Name bereits impliziert, auf die Förderung der ihrem Erachten nach unzureichend ausgeprägten Fähigkeiten bevor die Kinder erstmals eine Schule besuchen. Zweitens gewähren sie Hilfen für Kinder mit (drohender) Behinderung, die bereits eine Schule besuchen. Dabei handelt es sich sowohl um die Finanzierung sog. ‚Integrationshelfer*innen' als auch um

> „heilpädagogische sowie sonstige Maßnahmen [...], Maßnahmen der Schulbildung [...][und] sonstige Hilfe[n] zur Vermittlung einer entsprechenden Schulbildung" (§ 12 EinglHVO).

Was unter den letztgenannten Leistungen zu verstehen ist, führen die Gesetzgeber*innen lediglich an einer Stelle für einen spezifischen Bedarf aus. Dabei handelt es sich um die Hilfen zum Erreichen der Schule. Sie berücksichtigen dabei, dass Kinder mit einer (drohenden) Behinderung aufgrund bestimmter Einschränkungen nicht zwangsläufig auf ein Fahrrad, die öffentlichen Verkehrsmittel etc. zurückgreifen können sowie dass ihre Schule nicht in einer angemessenen Zeit durch öffentliche Verkehrsmittel erreichbar sein kann. In solchen Fällen gehen die Gesetzgeber*innen davon aus, dass die Kinder einen Bedarf an der Nutzung eines Fahrdienstes (z. B. eines sog. ‚behindertengerechten Taxis') haben, um die Schule auf direktem Weg und zeitnah erreichen zu können (vgl. Wahrendorf 2012c, Rn. 38). Diese Regelung gibt darüber Auskunft, dass es den Gesetzgeber*innen hierbei nicht nur um die Förderung konkreter schulischer Inhalte geht bspw. durch die Bereitstellung einer zusätzlichen Lernförderung. Vielmehr sehen sie auch eine Notwendigkeit darin, Voraussetzungen zu schaffen, damit die Kinder eine ihren Fähigkeiten und Kompetenzen entsprechende Schule besuchen können. Diese Leistung ist daher mit der Übernahme der Schülerbeförderungskosten vergleichbar und berücksichtigt, dass

Kinder mit (drohender) Behinderung Bedarfe aufweisen, die über die Bedarfe der Kinder ohne Behinderung hinausgehen.

An dieser Stelle deuten sich bereits weitere Voraussetzungen an, die hinsichtlich der genutzten Schulform von Bedeutung sind. Nach Ansicht der Gesetzgeber*innen sollen die Fähigkeiten und Leistungen der Kinder

> „[...] erwarten [...][lassen], dass [...][sie] das angestrebte Bildungsziel erreichen [...][werden].“ (Wahrendorf 2012c, Rn. 34)

Dementsprechend müssen die Kinder über ein spezifisches Maß an Fähigkeiten und Kompetenzen verfügen, um eine spezielle Schulform zu besuchen. Auf dieser Grundlage wird deutlich, dass die Gesetzgeber*innen davon ausgehen, dass auch Kinder mit (drohender) Behinderung unterschiedliche Fähigkeiten haben und ungleiche schulische Leistungen vorweisen. Anhand ihres Leistungsstandes soll die Schulform gewählt werden. Dabei gilt eine Schule nach Ansicht der Gesetzgeber*innen als angemessen, wenn zu erwarten ist, dass die Kinder mit (drohender) Behinderung durch ihre Fähigkeiten und Leistungen das

> „[...] angestrebte Bildungsziel erreichen“ (Wahrendorf 2012c, Rn. 34).

Demnach unterstellen die Gesetzgeber*innen den Kindern bereits ein spezifisches Maß an Fähigkeiten und Leistungen, welches als Grundlage für die weitere Förderung dient, das auch das Maß der zu erzielenden Ergebnisse festlegt. Das heißt, die Gesetzgeber*innen gehen davon aus, dass Fähigkeiten nicht in dem Maß gefördert werden können, dass letztendlich alle Personen einen gleichen Bildungsstand aufweisen, sondern dieser vielmehr von den individuellen Voraussetzungen mitbestimmt wird.

Die Angemessenheit der Schule muss nach Ansicht der Gesetzgeber*innen allerdings nicht ausschließlich von individuellen Faktoren abhängen, sondern kann bspw. durch die Bereitstellung sog. ‚Integrationshelfer*innen‘ verändert werden. Für die Ermöglichung des Besuchs von Schulformen, die nicht ausschließlich auf Kinder mit (drohender) Behinderung ausgelegt sind, können den Kindern mit (drohender) Behinderung zusätzliche Unterstützungspersonen an die Seite gestellt werden (vgl. Wehrhahn 2011, Rn. 48). Damit sprechen die Gesetzgeber*innen den Kindern mit (drohender) Behinderung einen Bedarf zu, die gleichen Schulen nutzen zu wollen wie Kinder ohne Behinderung.

Folglich haben die Kinder mit (drohender) Behinderung keinen Anspruch auf den Besuch einer speziellen Schulform (vgl. Wahrendorf 2012c, Rn. 36), der im Einzelfall zugesprochene Bedarf an Nutzung einer bestimmten Schulform hängt von den zugesprochenen Fähigkeiten und Leistungen sowie den zuerkannten Unterstützungen ab.

Schulischer Leistungsstand

Annahmen hinsichtlich des schulischen Leistungsstandes von Kindern mit (drohender) Behinderung lassen sich insbesondere durch das folgende Zitat herausarbeiten, in dem die Gesetzgeber*innen eine Beschreibung vornehmen, was sie unter dem Begriff ‚Schulbildung' verstehen.

> „Unter Schulbildung ist eine im Rahmen der allgemeinen Schulpflicht üblicherweise erreichbare Bildung [...] zu verstehen, wobei die Art der Behinderung nicht außer Acht gelassen werden kann. In einem ersten Schritt ist festzustellen, welches konkrete Bildungsziel für den behinderten Menschen in Betracht kommt. Daran anschließend ist zu prüfen, ob dieses Ziel mit den Möglichkeiten, die das öffentliche Schulsystem bietet, in zumutbarer Weise zu erreichen ist [...]." (Wahrendorf 2012c, Rn. 33)

Schulische Bildung ist demnach auf vordefinierte und festgeschriebene Förderung beschränkt. Der damit verbundene Rahmen besteht in der allgemeinen Schulpflicht. Die darin enthaltenen Inhalte und Normierungen geben an, welcher Bildungsstand den Kindern in dieser Institution vermittelt werden soll. Durch die Verwendung der Worte „üblicherweise erreichbar" zeigen die Gesetzgeber*innen weiterhin, dass damit ein oft erreichtes Maß bestimmt ist. Das heißt, in dem festgeschriebenen Rahmen sollen Fähigkeiten und Kompetenzen gefördert werden, die bei der Mehrzahl der Kinder vorliegen. Allerdings gelingt das nicht bei allen Kindern. Insbesondere bei bestimmten Behinderungsformen kann das Erreichen dieses Maßes nicht verlangt werden, sodass die behinderungsbedingten Einschränkungen das Erlangen des normierten Maßes an schulischer Bildung verhindern können. Daher sind je nach behinderungsbedingten Einschränkungen diejenigen Schulformen für die Kinder mit (drohender) Behinderung zu wählen, die es ihnen erlauben, die damit verbundenen Ziele (prognostisch) und u. U. mit zusätzlichen Unterstützungen zu erreichen. Die Gesetzgeber*innen gehen nicht davon aus, dass Kinder mit (drohender) Behinderung lediglich die Schulformen nutzen können, die auf die Förderung von Kindern mit eher niedrigerem Bildungsstand spezialisiert sind. Vielmehr schreiben sie den Kindern einen Bedarf an Hilfe für die Vorbereitung zu, um eine weiterführende Schule besuchen zu können (vgl. § 54 Abs. 1 SGB XII). Damit zeigen sie auf, dass die Kinder trotz ihrer Einschränkungen solche Fähigkeiten und Leistungen aufweisen können, dass sie eine weiterführende Schule erfolgreich besuchen und abschließen können. Das Merkmal Behinderung muss also nicht zwangsläufig im Zusammenhang mit geringen schulbezogenen Fähigkeiten und Leistungen stehen. Folglich sprechen sie Kindern mit (drohender) Behinderung keine explizite Sonderstellung zu. Vielmehr gehen sie davon aus, dass die Kinder einen spezifischen Unterstützungsbedarf haben können, den die Kinder ohne Behinderung nicht in dieser Art aufweisen. Allerdings können in Einzelfällen wegen der spezifischen behinderungsbedingten Einschränkung noch weitere Schulformen (Sonder- und Förderschulen; vgl. Wehrhahn 2011, Rn. 48.1) in Frage kommen, die für Kinder ohne Behinderung bedeutungslos bleiben, sodass ein Teil der Kinder mit (drohender) Behinderung keinen Zugang zu den Schulformen hat, die Kinder ohne Behinderung nutzen. Schließlich wird Kindern, die in ihren lebenspraktischen Fähigkeiten in stark überdurchschnittlichem Maße eingeschränkt sind, der Bedarf eine Schule zu besuchen, gänzlich abgesprochen.

Ziele schulischer Bildung

Im Rahmen der Leistungen für Kinder mit (drohender) Behinderung heben die Gesetzgeber*innen das langfristige Ziel, das durch den Besuch einer Schule erreicht werden soll, noch stärker als in den Leistungen für Bildung und Teilhabe hervor.

> „[...][G]rundsätzlich [kommen] alle Maßnahmen in Betracht, die im Zusammenhang mit der Ermöglichung einer angestrebten Schulbildung geeignet und erforderlich sind, die Behinderungsfolgen zu beseitigen oder zu mindern, um das im Gesetz formulierte Ziel der Teilhabe am gesellschaftlichen Leben zu erreichen [...]." (Wahrendorf 2012c, Rn. 33)

Die Gesetzgeber*innen verfolgen mit der Ermöglichung der schulischen Bildung dementsprechend das Ziel der Integration der Kinder mit (drohender) Behinderung in das gesellschaftliche Leben. Das impliziert erstens die Annahme, dass diese Gruppe von Menschen aus der Gesellschaft ausgegrenzt sein kann. Zweitens formulieren sie explizit, dass eine Teilnahme am gesellschaftlichen Leben erst durch die Reduzierung und Beseitigung der Folgen der Behinderung möglich sei. Sie unterstellen demnach den Mitgliedern der Gesellschaft, dass sie Kinder wegen ihrer (drohenden) Behinderung aus der Gemeinschaft ausschließen. Um dem entgegenzuwirken, wird allerdings nicht die Gesellschaft in die Verantwortung genommen. Vielmehr kann nur durch das Erreichen eines Schulabschlusses eine Teilhabe ermöglicht werden. Damit schreiben die Gesetzgeber*innen den Kindern mit (drohender) Behinderung die Potenziale für die Teilnahme am gesellschaftlichen Leben zu, d. h. sie fordern keine gesellschaftlichen Veränderungsprozesse im Denken und Handeln ein, sondern sehen den Veränderungsbedarf bei den Kindern mit (drohender) Behinderung, der auf die Reduzierung der Behinderungsfolgen zielt.

Ist eine schulische Bildung nach den prognostischen Einschätzungen der dafür verantwortlichen Personen und Institutionen wegen der Folgen der (drohenden) Behinderung nicht realisierbar, besteht nach Ansicht der Gesetzgeber*innen keine Möglichkeit der Integration in das gesellschaftliche Leben.

Überblick über die Ergebnisse der Analyse

Tab. 44: Ergebnisse der Analyse der Unterkategorie: *Schulische Bildung*

Ergebnisse der Analyse	Kinder- und Kindheitsbilder
Schulische Bildung gilt als wichtigste Bildung, da der erfolgreiche Abschluss über die spätere Lebenssituation der Kinder entscheidet.	Kindheit als Weichenstellung für das zukünftige Leben
Kindern im Leistungsbezug wird das kurzfristige Ziele des Erreichens des sog. ‚Lernziels' zugeschrieben, dass die Versetzung in die nächste Klassenstufe umfasst und insbesondere auf den Verbleib im Klassenverband abzielt sowie im letzten Schuljahr das erfolgreiche Abschließen der Schule.	‚Dabeisein ist alles'
Ein Bedarf an zusätzlicher Bildungsförderung hinsichtlich der schulischen Inhalte liegt nur vor, wenn das Lernziel ausschließlich durch zusätzliche Hilfe erreicht werden kann. Ein genereller Bedarf an Verbesserung der schulischen Inhalte und Leistungen liegt hingegen nicht vor.	‚Dabeisein ist alles'
Das langfristige Ziel der leistungsberechtigten Kinder besteht in der erfolgreichen Eingliederung in den ersten Arbeitsmarkt, um dadurch den eigenen Lebensunterhalt sichern zu können. Dafür benötigen sie einen schulischen Abschluss, der ihnen erlaubt, eine Erwerbsarbeit aufzunehmen.	Kindheit als Weichenstellung für das zukünftige Leben
Leistungsberechtigte verfügen nicht über die wichtigsten Voraussetzungen für den Erwerb schulischer Bildungsinhalte, wie die Ausstattung mit den erforderlichen Schulmaterialien.	Kinder als abhängige Menschen von Dritten
Kinder einer Schulklasse weisen nicht grundsätzlich einen gleichen Bildungsstand auf. Um einen etwa gleichen Bildungsstand in einer Klasse herstellen zu können, benötigt ein Teil der Kinder zusätzliche Angebote in kleinen Gruppen oder individuelle Förderangebote. Die Gesetzgeber*innen gehen davon aus, dass vor allem Kinder im Leistungsbezug die zusätzlichen Angebote benötigen.	Die ‚minderbegabten' Kinder
Leistungsberechtigte suchen die Schule nach Ansicht der Gesetzgeber*innen nicht nach dem angebotenen Profil aus, in denen dann auch ihre Fähigkeiten und Interessen verstärkt gefördert würden.	Die ‚minderbegabten' Kinder

Ergebnisse der Analyse	Kinder- und Kindheitsbilder
Bildungsinhalte werden nach Ansicht der Gesetzgeber*innen im Unterricht vermittelt und nicht über weitere gemeinsame Aktivitäten, die im Klassenverband erfolgen (wie beim gemeinsamen Mittagessen oder bei Ausflügen).	Schulkindheit
Die Erfüllung der Schulpflicht erfolgt durch die körperliche Anwesenheit der Kinder und dem Erreichen eines gewissen schulischen Bildungsstandes.	Schulkindheit
Nicht alle leistungsberechtigten Kinder erfüllen die Pflicht der körperlichen Anwesenheit in der Schule in vollem Umfang, weswegen sie gleichzeitig für ihren niedrigeren Bildungsstand verantwortlich sein können.	Kinder als Ergebnisse der Fähigkeiten und Kompetenzen ihrer Eltern
Leistungsberechtigte Kinder besuchen überdurchschnittlich selten Gymnasien, hingegen nutzen sie häufiger Schulen, die auf die Förderung von Kindern mit einem (unter-)durchschnittlichen Bildungsstand spezialisiert sind.	Die ‚minderbegabten' Kinder
Für den Besuch einer Schule müssen Kinder über lebenspraktische Fähigkeiten verfügen. Diese Voraussetzung können nicht alle Kinder mit (drohender) Behinderung erfüllen.	Die ‚atypischen' Kinder
Aufgrund der Einschränkungen durch die (drohende) Behinderung benötigen die betroffenen Kinder zusätzliche Hilfen, um eine ihren Fähigkeiten und Kompetenzen entsprechende Schule besuchen zu können.	Die ‚atypischen' Kinder
Kinder mit (drohender) Behinderung wollen die gleichen Schulen nutzen, wie Kinder ohne Behinderung. Diesem Bedarf ist jedoch der Bedarf vorrangig, überhaupt eine Schule zu besuchen.	‚Dabeisein ist alles' Schulkindheit
Kinder mit (drohender) Behinderung sind aus der Gesellschaft ausgegrenzt. Durch schulische Bildung kann dies reduziert werden. Jedoch liegen Behinderungsarten vor, die so schwer sind, dass ein Schulbesuch und folglich auch eine zukünftige Teilhabe in der Gesellschaft nicht möglich sind.	Die Ausgeschlossenen

Quelle: eigene Darstellung

3.2.4.3 Außerschulische Bildung

Die Unterkategorie *außerschulische Bildung* bezieht sich auf die Gruppe der Kinder, die bereits eine Schule besuchen. Für die jüngeren Kinder wurden die außerschulischen Bildungsbedarfe und das damit verbundene Kinder- und Kindheitsverständnis bereits in der Unterkategorie *frühkindliche Bildung* beschrieben und werden hier nicht erneut dargestellt.

Die außerschulische Bildung ist für die Gesetzgeber*innen in zwei spezifischen Leistungen von Bedeutung. Erstens bei der Lernförderung (§ 28 Abs. 5

SGB II und § 3 Abs. 3 AsylbLG i. V. m. § 34 Abs. 5 SGB XII), die außerschulisch zu gewähren ist und zweitens zur Sicherung der sog. ‚Teilhabe am sozialen und kulturellen Leben in der Gemeinschaft' (§ 28 Abs. 7 SGB II und § 3 Abs. 3 AsylbLG i. V. m. § 34 Abs. 7 SGB XII), die in außerschulischen Bildungseinrichtungen oder in institutionell organisierten Angeboten außerhalb der Schule erfolgt. Im Rahmen dieser Regelungen treffen die Gesetzgeber*innen Aussagen bezüglich der damit verfolgten Bildungsziele, unter welchen Voraussetzungen außerschulische Bildungsbedarfe auftreten, dem Umfang des außerschulischen Bildungsbedarfs sowie der Bildungsinhalte und -bereiche. Schließlich wird in einem Exkurs das Kinder- und Kindheitsverständnis der Gesetzgeber*innen unter Berücksichtigung der Regelungen zur Kinder- und Jugendarbeit des § 11 SGB VIII vertiefend untersucht, da sich die Mehrzahl der außerschulischen Bildungsbedarfe mit diesen Leistungen überschneiden und daher weitere Aussagen über das gesetzgeberische Verständnis von Kindern und Kindheit getroffen werden können.

Bildungsziele

Wie im Rahmen der Unterkategorie *schulische Bildung* lassen sich auch bei der *außerschulischen Bildung* Ziele auf unterschiedlichen zeitlichen Ebenen rekonstruieren, die die Gesetzgeber*innen diesem Bereich zusprechen und deren Erreichen sie den Kindern gleichzeitig als Bedarfe unterstellen. Diese Ziele lassen sich nur in Teilen in die Dreiteilung – kurzfristige, mittelfristige und langfristige Ziele – einordnen, die in der Unterkategorie *schulische Bildung* Anwendung fand. Um die Unterschiede kenntlich zu machen, werden die Begrifflichkeiten ‚Nahziele' und ‚langfristige Ziele' genutzt.

Nahziele

Unter Nahzielen können Ziele eingeordnet werden, die möglichst kurzfristig erreicht werden sollen. Ihre Ergebnisse sollen wiederum nachhaltig bestehen und zukünftig weiter verfolgt und optimiert werden. Dabei handelt es sich um (1) die Verbesserung des Zugangs zu außerschulischen Bildungsangeboten, um (2) die Förderung (kreativer) Fähigkeiten und (3) sozialer Kompetenzen, was in unmittelbarem Zusammenhang mit dem Ziel (4) der Integration in die Gemeinschaft der Gleichaltrigen ohne Leistungsbezug steht und damit Ausgrenzungsprozesse verhindern soll. Schließlich benennen die Gesetzgeber*innen das Ziel der Verbesserung (5) der schulischen Leistungen.

Die Gesetzgeber*innen zielen mit ihren Leistungen für Bildung und Teilhabe auf eine Verbesserung des Zugangs der leistungsberechtigten Kinder zu außerschulischen Bildungsangeboten.

„Der Gesetzgeber bezweckt, für Kinder und Jugendliche aus besonders förderungsbedürftigen Haushalten ein gleichberechtigtes Maß an Teilhabe am Leben in der Gemeinschaft zu gewährleisten und einen besseren Zugang zu Bildung im schulischen und außerschulischen Bereich zu ermöglichen [...].“ (Luik 2013b, Rn. 5)

Mit diesem Zitat wird deutlich, dass die Gesetzgeber*innen davon ausgehen, dass Kinder im Leistungsbezug im Vergleich zu Gleichaltrigen einen deutlich geringeren Zugang zu institutionell organisierten, außerschulischen Bildungsangeboten haben. Unter Zugang verstehen sie keinen grundsätzlichen Ausschluss der Kinder von den Angeboten aufgrund spezifischer (persönlicher) Merkmale. Vielmehr nehmen die leistungsberechtigten Kinder ihren Ansichten nach die Angebote trotz Zugangsberechtigung nicht in Anspruch. Kostenpflichtige Freizeitangebote, die institutionell organisiert sind, nutzen sie selten oder gar nicht. Folglich ist der Zugang zu diesen Angeboten für die Leistungsberechtigten nach Ansicht der Gesetzgeber*innen gesichert, aber die Kinder nehmen diese nicht in Anspruch. Dies liegt ihrem Erachten nach an der Kostenpflicht der Angebote, wobei diese nicht als institutionelle Hürde beschrieben wird. Vielmehr schreiben sie den Leistungsberechtigten selbst die Verantwortung der Nichtteilnahme zu, da sie keine finanziellen Mittel dafür einsetzen. Die Zugangsbeschränkungen liegen demnach eher bei den Kindern und ihren Familien als bei den Institutionen oder weiteren Akteuren. Allerdings weisen die Kinder nach Ansicht der Gesetzgeber*innen den Bedarf am Eingebundensein in derartige Strukturen und Bildungsangebote auf, da sie den Kindern Unterstützungen für die Nutzung zur Verfügung stellen. Da die Gesetzgeber*innen die Möglichkeit der Beteiligung an diesen Strukturen durch die Übernahme der Teilnahmegebühren und Mitgliedsbeiträge gewähren wollen (vgl. Deutscher Bundestag 2010b, S. 107), scheinen sie davon auszugehen, dass die Nichtteilnahme mit den zusätzlichen Kosten der Angebote zusammenhängt.

Darüber hinaus sollen auch Eltern in der Weise beraten werden, dass der Zugang der Kinder zu diesen Bildungsangeboten erhöht wird.

„[...] Eltern stünden zugleich in der Ausübung ihrer Erziehungsverantwortung in der Pflicht, dass die zur Verfügung stehenden Leistungen auch in Anspruch genommen werden. Auch die Leistungsträger werden darauf verpflichtet, die Inanspruchnahme der Leistungen durch Beratung und Anstöße gegenüber den Eltern sowie durch Kooperation und Netzwerkbildung mit allen Akteuren vor Ort zu befördern.“ (Luik 2013e, Rn. 22)

Folglich gehen die Gesetzgeber*innen davon aus, dass nicht nur die Kostenpflicht, sondern auch die familiäre Unwissenheit („elterliche Beratung und

Anstöße“) sowie die zu geringe Motivation der Kinder durch ihre Eltern als Zugangshürden fungieren.

Durch die Überwindung dieser ersten maßgeblichen Hürden kann jedoch noch nicht in jedem Fall eine Teilnahme an den außerschulischen Bildungsangeboten i. S. des Mitmachen-könnens erfolgen. Mithin bestehen weitere potenzielle Zugangsbarrieren. Für eine Vielzahl dieser außerschulischen Bildungsangebote werden genau wie im schulischen Bereich Gegenstände benötigt, um erstens die Aktivität tatsächlich ausführen zu können (z. B. Instrumente für den Musikunterricht; vgl. Lenze 2011b, Rn. 32). Zweitens können die Kinder entsprechend der gewählten Aktivität Kleidungsstücke (Sportkleidung, Fußballschuhe oder Schwimmbrille; vgl. Lenze 2011b, Rn. 32) benötigen, die für den gesundheitlichen Schutz sorgen sollen und deren Nichtverfügbarkeit zusätzlich zu Ausgrenzungen und Stigmatisierungen durch Gleichaltrige führen kann. Einen derartigen Bedarf erkennen die Gesetzgeber*innen zwar an, allerdings nur im Rahmen des verfügbaren Budgets und nur für solche Gegenstände, die nicht bereits durch den Regelsatz abgedeckt sind. So gelten bspw. Fußballschuhe nicht als bedarfsrelevant, da sie bereits in den Regelbedarfen in dem Bereich Sportartikel enthalten sind (vgl. Deutscher Bundestag 2013b, S. 7 f.). Dementsprechend kann nur ein geringer Teil der Ausrüstung über die Leistungen für Bildung und Teilhabe gedeckt werden, nämlich diejenigen, bei denen

> „[…] aufgrund einer besonderen Bedarfslage nachweisbar eine Finanzierung von Ausrüstungsgegenständen aus dem Regelbedarf nicht zumutbar ist. Die besondere Bedarfslage kann sich dabei allerdings nicht ausschließlich auf Bedarfe für die Teilhabe am sozialen und kulturellen Leben in der Gemeinschaft beschränken. Voraussetzung ist stattdessen, dass die besondere Bedarfslage die Bedarfsdeckung insgesamt tangiert, also keine oder keine ausreichenden Dispositionsmöglichkeiten innerhalb des mit den Regelbedarfen zur Verfügung gestellten monatlichen Budgets bestehen.“ (Deutscher Bundestag 2013b, S. 7 f.)

Hierbei scheinen die Gesetzgeber*innen kostenintensivere Gegenstände vor Augen zu haben. Fraglich bleibt, wie Kinder mit einem monatlichen Budget von zehn Euro sowohl die Teilnahmebeiträge als auch die (kostenintensiven) Ausstattungsgegenstände finanzieren sollen, sodass im Endeffekt unklar ist, welchen Nutzen die zusätzliche Berücksichtigung der Ausstattungsgegenstände in § 28 Abs. 7 SGB II und § 3 Abs. 3 AsylbLG i. V. m. § 34 Abs. 7 SGB XII in der Praxis hat.

In der Summe benennen die Gesetzgeber*innen drei Zugangshürden zu den Angeboten der institutionell organisierten außerschulischen Bildungsangebote, die die Teilnahme der Kinder ihren Ansichten nach bislang verhindert haben. Die Kostenpflicht, die zusätzlichen Ausstattungsgegenstände, die für die Beteiligung an den Aktionen notwendig sind und die Unkenntnis der Familien sowie die unzureichende Motivation durch die Eltern, dass ihre Kinder die Angebote in Anspruch nehmen. Das Nahziel der Gesetzgeber*innen besteht nun darin, dass die leistungsberechtigten Kinder diese Hürden überwinden und solche Angebote in ihrer Freizeit nutzen.

Das zweite Ziel, dass die Gesetzgeber*innen mit den außerschulischen Bildungsangeboten erreichen wollen, ist auf die Förderung des Sinneserlebens und eine verstärkte Beschäftigung mit Kunst und Kultur gerichtet, um vor allem die kreativen Fähigkeiten der leistungsberechtigten Kinder zu unterstützen und auszubauen (vgl. Leopold 2012a, Rn. 129). Dementsprechend sehen sie auch in diesem Bereich Potenziale, die bei den leistungsberechtigten Kindern nicht in vollem Umfang genutzt werden.

Drittens können nach Ansicht der Gesetzgeber*innen durch eine vermehrte Nutzung außerschulischer Bildungsangebote die sozialen Kompetenzen der Kinder verbessert werden. Dieses Ziel formulieren sie wie folgt:

> „[...] Stärkung und Entwicklung der sozialen Kompetenz (‚Teamgeist'), der Persönlichkeit und Identität [...]" (Leopold 2012a, Rn. 129)

In gleicher Weise wie bei den kreativen Fähigkeiten sehen die Gesetzgeber*innen auch in diesem Bereich Potenziale, die weiter zu stärken sind. Damit dies gelingen kann, sollen die leistungsberechtigten Kinder mehr Zeit als bislang mit den Gleichaltrigen durch gemeinsame Aktionen und Aktivitäten verbringen und gemeinsame Erlebnisse teilen (vgl. Leopold 2012a, Rn. 36). Da die Kinder ohne Leistungsbezug ihren Ansichten nach deutlich häufiger in Vereins- und Gemeinschaftsstrukturen im Wohnumfeld eingebunden sind, wollen sie den leistungsberechtigten Kindern den Kontakt zu diesen Kinder über den Zugang zu außerschulischen Bildungsangeboten ermöglichen (vgl. Lenze 2011b, Rn. 31). Durch den Fokus auf die Gleichaltrigen ohne Leistungsbezug wird deutlich, dass diese Gruppe zur Stärkung und Entwicklung dieser Kompetenzen beiträgt. Damit scheinen die Gesetzgeber*innen davon auszugehen, dass diese Gruppe bereits über die gewünschten sozialen Kompetenzen verfügen und dass sie zusätzlich Potenziale hinsichtlich der Förderung aufweisen.

Weiterhin kann durch die Nutzung außerschulischer Bildungsangebote das Ziel der Verhinderung von Ausgrenzungsprozessen verfolgt werden, da die Kinder verstärkt mit Gleichaltrigen ohne Leistungsbezug in Kontakt treten (vgl. Leopold 2012a, Rn. 36). Nach Ansicht der Gesetzgeber*innen gelingt dies bereits, wenn Kinder zumindest für ein paar Monate außerschulische Bildungsangebote nutzen. Es ist nicht notwendig, dass die Kinder über einen langen Zeitraum in regelmäßigen Abständen an diesen Strukturen teilnehmen. Das spiegelt sich darin wider, dass die Gesetzgeber*innen den Kindern im Leistungsbezug zwar die Möglichkeit bieten, teure Angebote wie Tennis oder Reiten zu nutzen, jedoch nur solange bis das zumeist maximal halbjährlich ausgeschüttete Budget von monatlich zehn Euro ausgeschöpft ist (vgl. Lenze 2011b, Rn. 34).

Schließlich wollen die Gesetzgeber*innen das Ziel der Verbesserung schulischer Leistungen durch die sog. ‚außerschulische Lernförderung' erreichen. Jedoch spielt ausschließlich die Verbesserung des Notendurchschnittes zum Ende des Schuljahres eine Rolle.

> „Bei Schülerinnen und Schülern wird eine schulische Angebote ergänzende angemessene Lernförderung berücksichtigt, soweit diese geeignet und zusätzlich erforderlich ist, um die nach den schulrechtlichen Bestimmungen festgelegten wesentlichen Lernziele zu erreichen." (§ 28 Abs. 5 SGB II; § 3 Abs. 3 AsylbLG i. V. m. § 34 Abs. 5 SGB XII)

Wie bereits im Rahmen der *schulischen Bildung* ausgeführt, begreifen die Gesetzgeber*innen die Verbesserung schulischer Leistungen lediglich i. S. des Erreichens einer Versetzung in die nächste Klassenstufe bzw. eines erfolgreichen Schulabschlusses als existenznotwendigen Bedarf. Der Bedarf besteht ihrem Erachten nach also nicht in einer Verbesserung der schulischen Leistungen an sich, sondern nur das Erlangen eines ausreichenden Notenniveaus, um in die nächste Klassenstufe versetzt zu werden, sodass dieses Ziel nur für einen kleinen Teil der Leistungsberechtigten zutrifft. Prinzipiell können die Ausformulierungen zum Ziel der Verbesserung der schulischen Leistungen aus der Unterkategorie *schulische Bildung* in die *außerschulische Bildung* übertragen werden, da die Gesetzgeber*innen ein schulbezogenes Ziel durch außerschulische Angebote erreichen wollen. In beiden Unterkategorien liegen ihren Ansichten nach die gleichen Bedarfe und Ziele vor.

Insgesamt zeigt sich aus der vorstehenden Analyse der Nahziele, dass die Gesetzgeber*innen zwischen zwei unterschiedlichen Formen außerschulischer Bildungsangebote unterscheiden. Dabei handelt es sich um die gruppenbezogenen und die individuellen außerschulischen Bildungsangebote. Mit den gruppenbezogenen Angeboten wollen die Gesetzgeber*innen insbesondere den leistungsberechtigten Kindern eine Teilnahme an den freiwilligen Bildungsangeboten ermöglichen, die Kinder ohne Leistungsbezug regelmäßig nutzen. Dadurch sollen erstens Kompetenzen gestärkt und gefördert werden sowie zweitens der Kontakt zu Gleichaltrigen verstärkt werden. Hierbei gehen sie auch davon aus, dass bspw. die sozialen Kompetenzen der Leistungsberechtigten durch gemeinsame Aktionen mit Gleichaltrigen ohne Leistungsbezug gefördert werden (vgl. dazu die Ausführungen in Abschnitt 3.2.3.3).

Den Bedarf an individuellen, außerschulischen Bildungsangeboten gestehen sie den Kindern hingegen nur in Ausnahmefälle zu. Im Vergleich zu den gruppenbezogenen außerschulischen Bildungsangeboten handelt es sich dabei nicht um Bildungsinhalte, die die Kinder frei wählen können und die ihre gewählten Interessen weiter fördern sollen. Vielmehr sollen die Kompetenzen und Fähigkeiten gestärkt werden, bei denen sie in der Schule unzureichende Noten aufweisen, die dazu führen können, dass sie die Klassenstufe wiederholen müssen. Bei diesen Angeboten benennen die Gesetzgeber*innen ein festes Endziel. Sobald dieses erreicht ist, benötigen sie das außerschulische Bildungsangebot nicht mehr. Dementsprechend gelingt es nach Ansicht der Gesetzgeber*innen durch die Nutzung außerschulischer Bildungsangebote sowohl kurzfristige Bildungsdefizite im schulischen Bereich auszugleichen als auch längerfristige Bildungsförderung hinsichtlich der Interessen der Kinder vorzunehmen und zusätzlich (soziale) Kompetenzen zu stärken.

Langfristige Ziele

Die Leistungen für Bildung und Teilhabe, die in außerschulischen Bildungskontexten erbracht werden, zielen langfristig auf

> „[...] eine stärkere Integration bedürftiger Kinder und Jugendlicher in die Gemeinschaft [...]. Bildung und Teilhabe am sozialen und kulturellen Leben sind erforderlich, um die materielle Basis für Chancengerechtigkeit herzustellen. Insbesondere der Bildung kommt bei der nachhaltigen Überwindung von Hilfebedürftigkeit und zukünftigen Lebenschancen eine Schlüsselfunktion zu." (Deutscher Bundestag 2010b, S. 104)

Nach Ansicht der Gesetzgeber*innen können nicht nur die schulischen Bildungsangebote zur Erreichung des langfristigen Ziels, in den Arbeitsmarkt integriert zu werden, beitragen und damit unabhängig von Existenzsicherungsleistungen im Erwachsenenalter zu leben. Durch die außerschulischen Bildungsangebote können nach Ansicht der Gesetzgeber*innen sowohl schulische Inhalte (insbesondere durch die außerschulische Lernförderung) als auch zusätzliche Fähigkeiten und Kompetenzen erlernt werden. Dabei handelt es sich insbesondere um eine Persönlichkeits- und Identitätsentwicklung, die Förderung der Sinne und der kreativen Fertigkeiten sowie die bereits mehrfach angesprochenen sozialen Kompetenzen (vgl. Deutscher Bundestag 2010b, S. 106). Aus dem Zitat geht allerdings auch hervorgeht, dass die Gesetzgeber*innen der Bildung, die sich nach ihrem Verständnis insbesondere auf die schulische Bildung bezieht, die höchsten Potenziale zur Erreichung der aufgestellten Ziele zusprechen. Die Fähigkeiten und Kompetenzen, die durch die außerschulischen Bildungsangebote – mit Ausnahme der Lernförderung – gefördert werden, spielen hingegen nur eine nachgeordnete Rolle.

Voraussetzungen für das Auftreten außerschulischer Bildungsbedarfe

Außerschulische Bildungsbedarfe im Kontext der Leistung für die sog. ‚Teilhabe am sozialen und kulturellen Leben in der Gemeinschaft' treten nach Ansicht der Gesetzgeber*innen bei Kindern auf, wenn ein Angebot in der Umgebung vorhanden ist. Das heißt, gibt es im Wohnumfeld der Kinder bspw. einen Basketballverein, kann der Bedarf an dieser Aktivität auftreten. Gibt es dieses Angebot in der erreichbaren Umgebung der Kinder nicht, besteht diesbezüglich kein Bedarf. Das wird dadurch deutlich, dass die Gesetzgeber*innen lediglich den Zugang zu Angeboten ermöglichen, die vor Ort bestehen (vgl. Lenze 2011c, Rn. 25). In Anbetracht dessen zeigt sich wiederum, dass die Gesetzgeber*innen mit dieser Leistung zuvörderst auf die Einbindung in Gleichaltrigenstrukturen zielen und die Förderung spezifischer Kompetenzen im Bereich Sport, Spiel, Kultur und Geselligkeit etc. weniger bedeutsam sind. Vor allem für Kinder, die in Regionen leben (z. B. im ländlichen Raum), in denen nur wenige Angebote bestehen, unterstellen die Gesetzgeber*innen, dass sie das gleiche Angebot nutzen wollen und die Inhalte nachrangig sind. In Bezug auf die Voraussetzungen für die außerschulischen Bildungsangebote bedeutet das, dass die Gesetzgeber*innen den Kindern einen grundsätzlichen Bedarf an Teilnahme an außerschulischen Bildungsangeboten zusprechen, die durch die Gleichaltrigen ohne Leistungsbezug genutzt werden. Demnach besteht hier kein Zusammenhang zur Bildungsförderung. Der unterstellte Bedarf der Kinder liegt in der Möglichkeit, das tun zu können, was die Gleichaltrigen ohne Existenzsicherungsleistungen in ihrer Freizeit tun. Da nun nach Ansicht der Gesetzgeber*innen eine Vielzahl von außerschulischen Bildungsangeboten im Wohnumfeld der Kinder vorhanden sind, erfolgt die Auswahl der Institution, die genutzt werden soll, anhand des konkreten Angebots, d. h. an den Bildungsinhalten. Einschränkend wirken jedoch die vor Ort bestehenden Möglichkeiten, da vor allem in wenig besiedelten Regionen mutmaßlich nur ein sehr eingeschränktes außerschulisches Bildungsangebot verfügbar ist.

Bedarfe an individueller, außerschulischer Bildungsförderung zur spezifischen Verbesserung von Schulnoten i. S. der § 28 Abs. 5 SGB II und § 3 Abs. 3 AsylbLG i. V. m. § 34 Abs. 5 SGB XII treten auf, wenn Kinder aufgrund zu schlechter schulischer Noten in einzelnen Fächern einen ungenügenden Notendurchschnitt aufweisen, sodass die Versetzung in die nächste Klassenstufe gefährdet ist (vgl. Deutscher Bundestag 2010b, S. 105). Die Voraussetzung für die individuelle außerschulische Bildungsförderung besteht folglich in einem individuellen Versagen, da die Kinder den aktuell geforderten schulischen Bildungsstand nicht erreichen.

Umfang des außerschulischen Bildungsbedarfs

Außerschulische Bildungsbedarfe bestehen für die Gesetzgeber*innen über alle Altersgruppen und in allen Regionen auf einem identischen Niveau im Wert von zehn Euro im Monat (vgl. § 28 Abs. 7 SGB II; § 34 Abs. 7 SGB XII). Damit unterstellen sie wiederum keinen Bedarf an Bildungsinhalten, sondern lassen Kostenstrukturen über den spezifischen Bedarf entscheiden. Damit erscheint nicht der Inhalt bedeutsam, sondern ausschließlich die Nutzung außerschulischer Bildungsangebote. Die Nachrangigkeit der konkreten Inhalte wird darüber hinaus durch die bereits benannten Ziele deutlich, da es ihnen bei der gruppenbezogenen außerschulischen Bildungsförderung insbesondere um die Stärkung übergreifender Kompetenzen und den Kontakt zu Gleichaltrigen ohne Leistungsbezug geht und demnach nicht um spezifische Inhalte.

Dadurch wird bereits deutlich, dass die Gesetzgeber*innen bei der außerschulischen Bildungsförderung Einschränkungen vornehmen, denn die Bildungsangebote müssen in einem institutionellen Rahmen stattfinden (vgl. Luik 2013b, Rn. 62). Die Gesetzgeber*innen unterstellen den leistungsberechtigten Kindern ausschließlich einen erhöhten Bildungsbedarf an institutionell organisierten Freizeitangeboten. Demgegenüber schließen sie den Bedarf einer Freizeitgestaltung außerhalb von Einrichtungen aus. Das zeigt sich vor allem dadurch, dass sie die in den vormals gültigen Regelsätzen enthaltenen Ausgaben für derartige Beschäftigungen gestrichen haben.

> „Bei Kindern und Jugendlichen wird ein Bedarf in Höhe von 10 Euro monatlich berücksichtigt. Dieses neben den Regelbedarfen zu berücksichtigende Budget ist pauschaliert. Bei der Bemessung der Regelbedarfe von Kindern und Jugendlichen sind die Positionen ‚Außerschulische Unterrichte, Hobbykurse' […] und ‚Mitgliedsbeiträge an Organisationen ohne Erwerbszweck' […] unberücksichtigt geblieben, die sonst mit bis zu 3,58 Euro monatlich in die Bemessung des Regelbedarfs eingegangen wären […]. Der Betrag von 10 Euro monatlich liegt deutlich darüber […]." (Luik 2013b, Rn. 60; Luik 2013d, Rn. 78)

Zwar führen die Gesetzgeber*innen in dem Zitat auf, dass sie nun deutlich höhere Leistungen gewähren, jedoch bleibt offen, ob damit gleichwertige Freizeitgestaltungen durch kostenpflichtige Angebote genutzt werden können, die vor der Revision der Regelbedarfsbemessung bspw. mit Freund*innen ausgeübt wurden und für die lediglich die Ausstattung notwendig war. Das betrifft u. a. selbst organisierte Treffen um bspw. Volleyball, Basketball oder Tischtennis zu spielen. Die Gesetzgeber*innen stellen seit 2011 keine monetären Ressourcen mehr für die Ausstattung mit dafür notwendigen Gegenständen zur Verfügung, wenn sie nicht in einem institutionell organisierten Kontext stattfinden. Folglich ist anzunehmen, dass sie dieser Freizeitgestaltung die Potenziale der Förderung von Teilhabe sowie der Stärkung der oben genannten Kompetenzen und Fähigkeiten absprechen.

Trotz der Bereitstellung höherer monetärer Ressourcen für die außerschulischen Bildungsangebote bleibt fraglich, ob mit diesen auch ein stärkerer Einbezug in Peer-groups erfolgt, da bspw. gleiche Aktivitäten in einem institutionell organisierten Kontext höhere Ausgaben verursachen können als selbst organisierte Freizeitaktivitäten in einer Gleichaltrigengruppe.

Weiterhin müssen Kinder seit der Einführung der Leistungen für Bildung und Teilhabe ihren außerschulischen Bildungsbedarf erst konkret formulieren, bevor ihnen monetäre Ressourcen für die Nutzung solcher Angebote zur Verfügung gestellt werden („Antragserfordernis" Deutscher Bundestag 2010a, S. 38). In den vorher gültigen Bestimmungen wurden die finanziellen Mittel, die für diesen Bereich angedacht waren, ohne zusätzliche Antragstellung in den monatlichen Regelsätzen bereitgestellt (vgl. Lenze 2011b, Rn. 37). Jetzt müssen die Kinder ihren außerschulischen Bildungsbedarf einschätzen und anschließend anzeigen, bevor Unterstützungen dafür bereitgestellt werden. Hierbei ist der Aspekt des Zugangs sowohl hinsichtlich der Entfernung als auch der Anmelde- und Aufnahmeformalitäten nicht zu unterschätzen, die es bei flexiblen, selbst organisierten Aktivitäten nicht gibt.

Demnach schreiben die Gesetzgeber*innen den Kindern einen höheren Bedarf an außerschulischen Bildungsangeboten zu als vor der Einführung der Leistungen für Bildung und Teilhabe. Dieser muss nun jedoch durch Institutionen angeboten werden. Die damit erzielte Förderung spezifischer Kompetenzen und Fähigkeiten kann ihrem Erachten nach in einem losen, selbst organisierten Setting mit Freund*innen nicht erreicht werden.

Bildungsinhalte und -bereiche

Außerschulisch und institutionell organisierte Bildungsangebote können in unterschiedlichen Bildungsbereichen stattfinden und sehr heterogene Inhalte haben. Erstens beinhaltet die Leistung der Lernförderung (§ 28 Abs. 5 SGB II; § 3 Abs. 3 AsylbLG i. V. m. § 34 Abs. 5 SGB XII) die Verbesserung der schulischen Leistungen für ein bis zwei spezifische Schulfächer, in denen die leistungsberechtigten Kinder versetzungsgefährdet sind (vgl. Grube 2012a, Rn. 43). Denkbar sind alle Inhalte, die in den einzelnen Schulfächern thematisiert werden. Diese können nach Klassenstufe, Schulform und Bundesland voneinander abweichen.

Zweitens stellen die Gesetzgeber*innen innerhalb der gruppenbezogenen außerschulischen Bildungsangebote auf die folgenden Kontexte ab, in denen individuelle Fähigkeiten gefördert werden sollen.

„[...] Sport, Spiel, Kultur und Geselligkeit; Unterricht in künstlerischen Fächern und vergleichbaren angeleiteten Aktivitäten der kulturellen Bildung sowie Teilnahme an Freizeiten [...]." (Luik 2013e, Rn. 23)

Angeboten in diesen Bereichen unterstellen sie das Potenzial, ihre oben genannten Ziele erreichen zu können. Konkretisierend werden im Analysematerial in den einzelnen Bereichen die nachfolgend beschriebenen Angebote benannt.

Sport

Bei den Sportarten, die leistungsberechtigte Kinder ausüben wollen, werden Fußball, Schwimmen, Turnen, Tennis, Reiten[38] (vgl. Lenze 2011b, Rn. 34), Handball und Rudern (vgl. Leopold 2012a, Rn. 133) benannt. Diese werden als Beispiele aufgeführt, da Sportangebote prinzipiell anerkannt werden, wenn sie im Vereinsrahmen erfolgen (vgl. Leopold 2012a, Rn. 133), sodass auch alle weiteren Sportarten denkbar sind. Im Analysematerial wird jedoch überdurchschnittlich oft von Fußball gesprochen (vgl. u. a. Deutscher Bundestag 2013b, S. 7; Lenze 2011b, Rn. 32; Lenze 2011b, Rn. 34; Leopold 2012a, Rn. 133; Leopold 2012a, Rn. 134; Leopold 2012a, Rn. 141), sodass die Gesetzgeber*innen den Leistungsberechtigten den Bedarf an dieser Aktivität scheinbar in einem überdurchschnittlichen Maß zusprechen.

Spiel

Weiterhin werden im Rahmen der institutionell organisierten, außerschulischen Bildungsangebote das ‚Spiel' benannt. Die Gesetzgeber*innen denken dabei erstens an ‚Spiele' im sportlichen Bereich wie Fußball- oder Handballspiel[39]. Zweitens nutzen sie den Begriff ‚Spiel' als Oberbegriff für Gesellschafts- oder Computerspiele, die mit mehreren Teilnehmer*innen in einem virtuellen Verein gespielt werden können (vgl. Leopold 2012a, Rn. 134). Spiele gelten

---

38 Da es sich bei Tennis und Reiten um kostenintensive Angebote handelt, können diese i. d. R. nicht regelmäßig und über einen längeren Zeitraum genutzt werden.

39 Zu vermuten ist, dass der Unterschied zwischen den hier benannten Angeboten und den Angeboten im Rahmen des Sports darin besteht, dass im Kontext Sport die regelmäßige Vereinstätigkeit zu verstehen ist, während im Bereich Spiel einmalige Angebote verstanden werden wie eintägige Wettkämpfe, an denen Kinder unabhängig von einer Mitgliedschaft in einem Verein jedoch gegen einen spezifischen Unkostenbeitrag teilnehmen können.

jedoch nur insofern als Bedarfe, wenn es sich um legale Spiele handelt, sodass bspw. Glücksspiele nicht dazu gehören. Diese dürfen nach § 4 Abs. 3 GlüStV nur von Volljährigen ausgeführt werden, sodass sie im Rahmen der Leistungen für Bildung und Teilhabe in Abs. 7 ausgeschlossen bleiben, um mit anderem Recht vereinbar zu sein (vgl. Leopold 2012a, Rn. 134).

Geselligkeit

Zum Bereich der Geselligkeit zählen die Gesetzgeber*innen Chöre, Tanzkreise, Naturerkundungsgruppen sowie Musik-, Computer- oder Englischkurse in Kindertageseinrichtungen[40], Foto- oder Literatur-AGs in Schulen[41] (vgl. Lenze 2011b, Rn. 34), Aktivitäten in Kulturvereinen und -gesellschaften oder Karnevalsvereinen (vgl. Leopold 2012a, Rn. 135). Auch hier unterstellen die Gesetzgeber*innen lediglich einen Bedarf, sofern die Angebote institutionell organisiert sind und sie nicht in der Freizeit mit Freund*innen oder der Familie durchgeführt werden (vgl. Luik 2013b, Rn. 61; Leopold 2012a, Rn. 133). Im letztgenannten Fall werden die Teilhabebedarfe nach Ansicht der Gesetzgeber*innen nicht befriedigt, vielmehr handelt es sich ihrem Erachten nach überwiegend um Unterhaltungsangebote, die

> „[...] lediglich ein geringes Potential bei der Einbindung in soziale Gemeinschaftsstrukturen [besitzen, CM][...].“ (Lenze 2011b, Rn. 35)

Damit wird deutlich, dass bestehende Netzwerke für die Gesetzgeber*innen nicht von Relevanz sind. Vielmehr weisen die Kinder ihrem Erachten nach – wie bereits gezeigt – den Bedarf an Teilnahme an der Gemeinschaft mit Gleichaltrigen ohne Leistungsbezug auf. Darüber hinaus zeigt sich erneut, dass die spezifischen Inhalte bedeutungslos bleiben, da nur die institutionellen Angebote die Anspruchsvoraussetzung erfüllen. Wird das gleiche Angebot mit Freund*innen oder der Familie genutzt, gelten sie nicht als förderfähig. Da die Gesetzgeber*innen den Personen, die an den Angeboten teilnehmen, eine so hohe Bedeutung zuschreiben – Gleichaltrige ohne Leistungsbezug helfen Kompetenzen zu fördern, während durch die Nutzung mit Freund*innen und Familie keine Kompetenzvermittlung erfolgt – scheinen die Gesetzgeber*innen den letztgenannten Personen eine Kompetenzvermittlung abzusprechen. Das zeigt sich noch einmal mehr durch die Darstellung der weiteren Bildungsinhalte und -bereiche.

---

40 Sofern diese als zusätzliche kostenpflichtige Angebote bereitgestellt werden.

41 Wenn es sich um kostenpflichtige Zusatzleistungen handelt.

Unterricht in künstlerischen Fächern

Unterricht in künstlerischen Fächern kann in

> „[...] allen Disziplinen genommen werden, die eine gestaltende schöpferische Tätigkeit zum Gegenstand haben (zB [sic!] Musik, Malerei, Schauspiel)." (Luik 2013b, Rn. 63)

Angeleitete Angebote der kulturellen Bildung

Zu den angeleiteten Angeboten der kulturellen Bildung gehören Mal- und Theatergruppe (vgl. Lenze 2011b, Rn. 34), die die Fähigkeiten des Malens, Zeichnens und der Schauspielerei fokussieren (vgl. Leopold 2012a, Rn. 137), gruppenpädagogische Angebote einer Zirkusschule (vgl. Lenze 2011b, Rn. 33), museumspädagogische Angebote, Aktivitäten zur Stärkung der Medienkompetenz (vgl. Lenze 2011b, Rn. 35), die

> „[...] alle Aspekte der Medienkritik, Medienkunde, Mediennutzung und Mediengestaltung (zB [sic!] Bücher, Zeitschriften, Internet, Hörfunk und Fernsehen und pädagogisch wertvolle Kinoprojekte umfassen [...]." (Luik 2013d, Rn. 82).

Das entscheidende Merkmal bezieht sich in diesem Bereich auf die professionelle Anleitung, die für die Aktionen vorliegen muss. Das bedeutet, dass Kosten für Führungen durch den Zoo, Museen, Kirchen und zu Denkmälern in einem institutionell organisierten Rahmen übernommen werden können, aber keine Besuche im Kino, Theater, Zirkus, Zoo, Museum oder in Freizeitparks mit Freund*innen oder den Eltern (vgl. Leopold 2012a, Rn. 133).

Freizeiten

Schließlich sind unter dem Begriff der ‚Freizeiten' sowohl Formen der täglichen Betreuung wie „Ferienspiele, Sommerkurse, Ferienworkshops" (Grube 2012a, Rn. 60) oder die sog. ‚Stadtranderholung' zu fassen als auch Reisen wie Zeltlager (vgl. Lenze 2011b, Rn. 36), „Pfadfinderlager" (vgl. Leopold 2012a, Rn. 139) oder „Ferienfreizeiten" (Grube 2012a, Rn. 60). Die Gesetzgeber*innen begreifen also auch einmalig stattfindende, mehrtägige Aktionen als unterstützungsfähig.

Im Ergebnis wird deutlich, dass die Gesetzgeber*innen davon ausgehen, dass leistungsberechtigte Kinder nicht oder unzureichend in das breite Feld der außerschulischen Bildungsangebote eingebunden sind, sie einen solchen Bedarf jedoch aufweisen. Sie greifen eine Vielzahl von Bildungsinhalten auf, in denen Kinder besonders förderungsbedürftig sein können.

Mit den angeführten Aktivitäten und Angeboten nehmen die Gesetzgeber*innen vornehmlich die Bereiche Bewegung, Zeichnen, Sprache, Medien,

Musik und Literatur (gerade auch über die Schauspielerei) in den Blick, sodass – wenn auch nicht immer direkt, so doch zumindest indirekt – ein Bezug zu den schulischen Inhalten bzw. Schulfächern zu erkennen ist wie Sport, Musik, Kunst, Deutsch oder Informatik. Demgegenüber benennen sie kaum Aktivitäten, die Kinder in ihrer frei verfügbaren Zeit ausüben (z. B. Fahrrad oder Skatebord fahren, Filme schauen, Playstation spielen, im Internet surfen, shoppen, Konzerte besuchen etc.; vgl. Albert et al. 2010; Jänsch/Schneekloth 2013; Rauschenbach/Bien 2012). Hier lassen sich eine Vielzahl an schulische Bildungsinhalte wiederfinden, sodass die Gesetzgeber*innen die außerschulischen Bildungsinhalte wohl verstärkt mit dem Blick auf schulische Bildungsinhalte denken.

Weiterhin sprechen sie den leistungsberechtigten Kindern vorrangig einen Bedarf an einer Mitgliedschaft in einem Verein mit sportlicher Ausrichtung zu.

> „Das Budget reiche regelmäßig noch aus, neben einer Mitgliedschaft im Sportverein auch andere Aktivitäten zur gesellschaftlichen Teilhabe in Anspruch zu nehmen." (Luik 2013d, Rn. 78)

Anhand des Zitats ließe sich vermuten, dass es den Gesetzgeber*innen in erster Linie darum geht den Kindern einen Zugang zu einem solchen Verein zu ermöglichen. Anschließend können die Kinder mit dem Restbetrag der insgesamt zehn Euro im Monat zusätzliche Angebote im außerschulischen Bildungsbereich nutzen.

Exkurs: Die Bereitstellung eines (monatlichen) Budgets für die Nutzung außerschulischer Bildungsangebote nach § 28 Abs. 7 SGB II und § 3 Abs. 3 AsylbLG i. V. m. § 34 Abs. 7 SGB XII unter Berücksichtigung des § 11 SGB VIII und das damit verbundene Verständnis von Kindern und Kindheit

In ihrem § 28 Abs. 7 SGB II und § 3 Abs. 3 AsylbLG i. V. m. § 34 Abs. 7 SGB XII bestimmen die Gesetzgeber*innen im Wortlaut das Folgende:

> „Für Leistungsberechtigte bis zur Vollendung des 18. Lebensjahres wird ein Bedarf zur Teilhabe am sozialen und kulturellen Leben in der Gemeinschaft in Höhe von insgesamt 10 Euro monatlich berücksichtigt für
> - Mitgliedsbeiträge in den Bereichen Sport, Spiel, Kultur und Geselligkeit,
> - Unterricht in künstlerischen Fächern (zum Beispiel Musikunterricht) und vergleichbare angeleitete Aktivitäten der kulturellen Bildung und
> - die Teilnahme an Freizeiten.

Neben der Berücksichtigung von Bedarfen nach Satz 1 können auch weitere tatsächliche Aufwendungen berücksichtigt werden, wenn sie im Zusammenhang mit der Teilnahme an Aktivitäten nach Satz 1 Nummer 1 bis 3 entstehen und es den Leistungsberechtigten im begründeten Ausnahmefall nicht zugemutet werden kann, diese aus dem Regelbedarf zu bestreiten."

Bei dieser Auflistung der förderfähigen Angebote handelt es sich um eine abschließende Aufzählung, die sich an den Angeboten der Kinder- und Jugendarbeit aus dem § 11 Abs. 3 SGB VIII orientiert[42]. Dort werden die folgenden Angebote benannt:

- „außerschulische Jugendbildung mit allgemeiner, politischer, sozialer, gesundheitlicher, kultureller, naturkundlicher und technischer Bildung,
- Jugendarbeit in Sport, Spiel und Geselligkeit,
- arbeitswelt-, schul- und familienbezogene Jugendarbeit,
- internationale Jugendarbeit,
- Kinder- und Jugenderholung,
- Jugendberatung."

Die Leistungen für Bildung und Teilhabe aus § 28 Abs. 7 SGB II und § 3 Abs. 3 AsylbLG i. V. m. § 34 Abs. 7 SGB XII finden sich in den Angeboten der Kinder- und Jugendarbeit aus dem ersten, zweiten und fünften Spiegelstrich der Aufzählung der Kinder- und Jugendarbeitsangebote des SGB VIII wieder. Die „Mitgliedsbeiträge in den Bereichen Sport, Spiel [...] und Geselligkeit" aus dem SGB II, dem AsylbLG und dem SGB XII können eindeutig der „Jugendarbeit in Sport, Spiel und Geselligkeit" aus SGB VIII zugeordnet werden (vgl. Struck 2011, Rn. 20 f.). Der „Unterricht in künstlerischen Fächern (zum Beispiel Musikunterricht) und vergleichbare angeleitete Aktivitäten der kulturellen Bildung" sowie die „Mitgliedsbeiträge in de[...][m] Bereich[...] Kultur" aus dem SGB II, dem AsylbLG und dem SGB XII können der kulturellen Bildung aus dem ersten Spiegelstrich aus dem SGB VIII zugeordnet werden (vgl. Schäfer 2013, Rn. 28) und die „Freizeiten" im SGB II, AsylbLG und SGB XII können in die Angebote der „Kinder- und Jugenderholung" des SGB VIII eingeordnet werden (vgl. Lenze 2011b, Rn. 36; Schäfer 2013, Rn. 36). Dementsprechend handelt es sich bei den förderfähigen Angeboten der Leistungen für Bildung und Teilhabe um Angebote, die im Rahmen der Kinder- und Jugendarbeit nach § 11 Abs. 2 SGB VIII bereitgestellt und

---

42 Die Angebote der Kinder- und Jugendarbeit über das SGB VIII werden als Schwerpunkte bezeichnet, sodass es sich hier nicht um einen abschließenden Katalog handelt.

„von Verbänden, Gruppen und Initiativen der Jugend, von anderen Trägern der Jugendarbeit und den Trägern der öffentlichen Jugendhilfe"

organisiert werden. Allerdings besteht eine Ausnahme. Die Existenzsicherungsgesetzgeber*innen greifen explizit und immer wieder den Bereich Musik und Musikunterricht auf. Diesbezüglich lassen sich in den einschlägigen Kommentaren zum SGB VIII (vgl. Fieseler et al. 2014; Münder/Meysen/Trenczek 2013; Wiesner 2011b) keine weiteren Ausführungen und auch keine Nennung finden. Da aber im SGB VIII kein abschließendes Angebot aufgezeigt ist, können Angebote im Bereich Musik dazu gezählt werden. Allerdings gelten im SGB VIII die Musikschulen nicht als Anbieter im Bereich der Kinder- und Jugendarbeit, da es sich dabei vielfach um kommerzielle Anbieter von Dienstleistungen handelt, die insbesondere auf das Erlernen eines Musikinstrumentes ausgelegt sind und nicht vorrangig auf die

„Förderung [...][d]er Entwicklung und auf Erziehung zu einer eigenverantwortlichen und gemeinschaftsfähigen Persönlichkeit [...]." (§ 1 Abs. 1 SGB VIII)

In den Leistungen für Bildung und Teilhabe wird demgegenüber explizit darauf verwiesen, dass die Pauschalbeträge für Musikschulen eingesetzt werden können (vgl. Deutscher Bundestag 2010b, S. 107). Unter Berücksichtigung der regelmäßigen Kosten, die für das Erlernen eines Musikinstrumentes in Musikschulen anfallen, weist Bieritz-Harder jedoch zurecht darauf hin, dass

„[...] Einzelunterricht an der Musikschule zum Erlernen eines Instrumentes [...]mit [monatlich 10 Euro; CM] kaum ermöglicht werden [...][kann]." (Bieritz-Harder 2012a, Rn. 8)

Grundsätzlich besteht für die Angebote nach § 11 Abs. 3 SGB VIII auch die Möglichkeit der Erhebung von Kostenbeiträgen nach § 90 Abs. 1 SGB VIII, allerdings wird diese Option kaum genutzt. Lediglich bei Angeboten,

„[...] die über mehrere Tage angelegt sind, und bei besonderen Einzelveranstaltungen wie internationalen Maßnahmen, Fortbildungsseminaren, Wochenendveranstaltungen, Kursen in künstlerischen Sparten etc." (Schäfer 2013, Rn. 40)

müssen sich die Kinder i. d. R. an den Kosten beteiligen. Kinder im Existenzsicherungsbezug können jedoch eine Befreiung bzw. Reduzierung der Teilnahmebeiträge über § 90 Abs. 3 SGB VIII beantragen. Liegen die Anspruchsvoraussetzungen vor, sollen die Träger der öffentlichen Kinder- und Jugendhilfe die Aufwendungen ganz oder teilweise übernehmen. Zwar handelt es sich dabei nur um eine Soll-Regelung und keine Verpflichtung (d. h. keine Muss-Regelung) für die Jugendämter, allerdings wurden die Teilnahmebeiträge bisher gewöhnlich vollständig erlassen (vgl. Lenze 2011c, Rn. 12). Dementsprechend besteht für Kinder im Existenzsicherungsbezug die Möglichkeit der kostenfreien bzw. -reduzierten Nutzung der Leistungen der Kinder- und Jugendarbeit aus § 11 SGB VIII, die in ihrer Komplexität über die geförderten außerschulischen Angebote der Leistungen für Bildung und Teilhabe in § 28 Abs. 7 SGB II und § 3 Abs. 3 AsylbLG i. V. m. § 34 Abs. 7 SGB XII hinausreichen.

Weiterhin sind die Leistungen der Kinder- und Jugendhilfe nach § 10 Abs. 3, 4 SGB VIII vorrangig vor den Leistungen für Bildung und Teilhabe (mit Ausnahme der Kostenübernahme für die Mittagsverpflegung aus SGB II, AsylbLG und SGB XII) zu gewähren, sodass Kinder vorrangig die Angebote des SGB VIII inklusive der damit verbundenen Kostenreduzierung und -befreiung in Anspruch nehmen müssen, bevor ihnen die Leistungen für Bildung und Teilhabe der § 28 Abs. 7 SGB II und § 3 Abs. 3 AsylbLG i. V. m. § 34 Abs. 7 SGB XII gewährt werden können. Wollen also leistungsberechtigte Kinder Angebote der Kinder- und Jugendhilfe nutzen, müssen sie nach der Systematik des Gesetzes erst die Kostenbefreiung bzw. -reduzierung aus dem SGB VIII beanspruchen. Eine Kostenübernahme über die Leistungen für Bildung und Teilhabe des SGB II, AsylbLG und SGB XII kommt nur in Betracht, wenn die Träger der öffentlichen Kinder- und Jugendhilfe ihre bisherige Logik umstellen und keine Kosten mehr für Kinder übernehmen, die auf dem Existenzsicherungsniveau leben. Diese Vorgehensweise hätte gleichzeitig eine Verringerung der Bedarfe der Kinder im außerschulischen Bereich zur Folge, da die Gesetzgeber*innen spezifische, früher mit den Regelsätzen bereitgestellte monetäre Ressourcen für außerschulische Bildungsangebote gestrichen haben und diese nun über die neuen Leistungen für Bildung und Teilhabe beantragt werden können (vgl. Urteil des BVerfG vom 23. Juli 2014 [Az. 1 BvL 10/10 und 2/11, Rn. 40]). Wenn Kinder für Angebote, die sie vor 2011 kostenfrei nutzen konnten, Gutscheine für die außerschulischen Bildungsangebote einsetzen müssen und über keine weiteren Ressourcen in diesem Bereich verfügen, gehen die Gesetzgeber*innen von einem reduzierten Bedarf aus.

Sollten also über das SGB VIII Angebote bereitgestellt werden, die über die geförderten Leistungen des SGB II, des AsylbLG und des SGB XII hinausreichen und diese Angebote zusätzlich kostenfrei nutzbar sein oder bei Kostenpflicht eine teilweise oder komplette Übernahme der Kosten durch die Träger der öffentlichen Kinder- und Jugendhilfe erfolgen, stellt sich die Frage, warum die Existenzsicherungsgesetzgeber*innen die Leistung des Abs. 7 für die leistungsberechtigten Kinder für notwendig erachten und nicht nur diejenigen, die über das Angebot der Kinder- und Jugendarbeit aus § 11 SGB VIII hinausgehen.

Hinweise zur Beantwortung dieser Frage finden sich, wenn man die Ziele der beiden Leistungen gegenübergestellt. Oberstes Ziel der außerschulischen Bildungsangebote im SGB II, AsylbLG und SGB XII ist – wie oben bereits rekonstruiert – die verstärkte Integration der leistungsberechtigten Kinder in die Gemeinschaft der Gleichaltrigen und eine dafür notwendige Verbesserung ihrer sozialen Kompetenzen (vgl. u. a. Deutscher Bundestag 2010b, S. 106). Nach Ansicht der Gesetzgeber*innen kann das nur gelingen, wenn die leistungsberechtigten Kinder in Kontakt mit den Kindern ohne Leistungsbezug kommen. Sie gehen davon aus, dass die Kinder, die keine Existenzsicherungsleistungen benötigen, ihre Freizeit insbesondere in kostenpflichtigen, institutionell organisierten Bildungsangeboten verbringen (vgl. Leopold 2012a, Rn. 136).

Gegenüber dem Ziel der Förderung der sozialen Kompetenzen und der verbesserten Integration leistungsberechtigter Kinder in die Gleichaltrigenstrukturen besteht das Ziel der Kinder- und Jugendhilfeleistungen nach § 1 Abs. 1 SGB VIII in der

> „Förderung [...] [der kindlichen] Entwicklung und [...][der] Erziehung zu einer eigenverantwortlichen und gemeinschaftsfähigen Persönlichkeit."

Deutlich wird in der Zielsetzung des SGB VIII ein ausgeprägter individueller bzw. „subjektbezogener" (Schäfer 2013, Rn. 14) Bedarf. Nur im letzten Teil wird ein Bedarf geäußert, der sich an der Teilhabe in der Gemeinschaft ausrichtet. Im Rahmen der Regelungen zur Kinder- und Jugendarbeit beschreiben die Gesetzgeber*innen die diesbezüglichen Ziele in § 11 Abs. 1 SGB VIII wie folgt:

> „Jungen Menschen sind die zur Förderung ihrer Entwicklung erforderlichen Angebote der Jugendarbeit zur Verfügung zu stellen. Sie sollen an den Interessen junger Menschen anknüpfen und von ihnen mitbestimmt und mitgestaltet werden, sie zur Selbstbestimmung befähigen und zu gesellschaftlicher Mitverantwortung und zu sozialem Engagement anregen und hinführen."

Mit diesen Leistungen zielen sie auf

> „[...] Selbstbildung, Eigenverantwortlichkeit, Selbstbestimmung, Mitverantwortung und soziales Engagement [...][aber auch auf; CM] die Stärkung des Selbstwertgefühls und der Selbstachtung [...][sowie] die Kompetenz zur eigenständigen Lebensführung [ab]." (Schäfer 2013, Rn. 14)

Kinder sollen durch die Kinder- und Jugendarbeit zuvörderst dazu befähigt werden, ihre Interessen selbst zu vertreten und Kompetenzen zur Lebensführung zu erlernen (vgl. Schäfer 2013, Rn. 15 ff.), wobei die Leistungen des

SGB VIII nicht in einem so starken Maß wie die Leistungen für Bildung und Teilhabe aus dem SGB II, dem AsylbLG und dem SGB XII auf das zukünftige Eingebundensein in Erwerbsarbeit zur Sicherung des Lebensunterhalts fokussieren. Zwar soll die Kinder- und Jugendarbeit auch

> „[...] individuell und gesellschaftlich bedingte Benachteiligungen [...][abbauen] und damit mehr Chancengleichheit" (Struck 2011, Rn. 6)

schaffen. Sie lassen folglich das Ziel der Leistungen für Bildung und Teilhabe nicht außer Acht, allerdings ist dies nur eines von mehreren Zielen, bei dem Kinder verstärkt

> „[...] zu selbstständigem, verantwortungsbewusstem Handeln" (Struck 2011, Rn. 9)

angeleitet werden sollen.

Im Ergebnis zeigt die Gegenüberstellung, dass die Existenzsicherungsgesetzgeber*innen mit ihren Leistungen für Bildung und Teilhabe nicht die gleichen Ziele verfolgen wie die Gesetzgeber*innen des SGB VIII. Die Einbindung in die Gemeinschaft der Gleichaltrigen bleibt für die letztgenannten in ihren Zielsetzungen bedeutungslos. Gerade vor dem Hintergrund, dass sie ihre Angebote für alle Kinder öffnen und keine spezifische Zielgruppe ansprechen (vgl. § 11 Abs. 1 SGB VIII i. V. m. § 7 Abs. 1 Nr. 4 SGB VIII; Schäfer 2013, Rn. 7), erscheint dies nachvollziehbar.

Würden die Existenzsicherungsgesetzgeber*innen davon ausgehen, dass alle Kinder in gleicher Weise die Angebote der Kinder- und Jugendarbeit nutzen und dort Kinder mit und ohne Leistungsbezug gemeinsam ihre Freizeit verbringen, wäre eine zusätzliche Berücksichtigung der Leistungen nach § 28 Abs. 7 SGB II und § 3 Abs. 3 AsylbLG i. V. m § 34 Abs. 7 SGB XII nicht notwendig. Vor diesem Hintergrund ist anzunehmen, dass die Gesetzgeber*innen davon ausgehen, dass leistungsberechtigte Kinder die Angebote der Kinder- und Jugendarbeit nach § 11 Abs. 3 SGB VIII nutzen („Vorrangigkeit der Leistungen im SGB VIII"), sich dort aber fast ausnahmslos unter Kindern mit Leistungsbezug befinden. Um die leistungsberechtigten Kinder zumindest kurzzeitig mit Kindern ohne Leistungsbezug zusammenzubringen, stellen sie ihnen noch ein geringes Budget von monatlich zehn Euro zur Verfügung, durch das sie auch mit Kindern ohne Leistungsbezug treten können. Diese Interpretation erscheint erstens folgerichtig, da Studien das unterschiedliche Nutzungsverhalten außerschulischer Bildungsangebote von Kindern aus Familien mit differenten ökonomischen und bildungsbezogenen Merkmalen belegen. Demnach nehmen ökonomisch Deprivierte und Kinder, die Haupt- und

Gesamtschulen besuchen, deutlich häufiger Angebote der offenen Kinder- und Jugendarbeit und damit kostenfreie Angebote wahr als sog. ‚Mittelschichtskinder'. Die Letztgenannten nutzen überdurchschnittlich oft die Angebote der Jugendverbandsarbeit (vgl. Schmidt 2011, S. 53 f.; Wilmers et al. 2002), die i. d. R. auch Kostenbeiträge erheben.

Zweitens wäre eine Unwissenheit der Existenzsicherungsgesetzgeber*innen über die konkreten Regelungen im SGB VIII denkbar. Diese Vermutung ist jedoch deshalb zu verwerfen, da in der Sachverständigenanhörung im Rahmen des Gesetzgebungsverfahrens explizit auf diesen Umstand hingewiesen wurde (vgl. Deutscher Bundestag 2010a, S. 10 f.) und die Gesetzgeber*innen, auch nachdem sie davon in Kenntnis gesetzt wurden, keine Veränderungen vorgenommen haben.

In Anbetracht dessen scheinen die Gesetzgeber*innen davon auszugehen, dass Kinder im Leistungsbezug zwar die kostenfreien Angebote der Kinder- und Jugendarbeit nutzen, dort jedoch häuptsächlich unter sich sind, da die Gleichaltrigen, die nicht auf Existenzsicherungsleistungen angewiesen sind, i. d. R. andere außerschulische Bildungsangebote nutzen, die meist mit Kosten verbunden sind. Sie gehen jedoch davon aus, dass die leistungsberechtigten Kinder mit diesen Kindern in Kontakt treten wollen und zumindest in einem geringen Umfang die gleichen Angebote nutzen möchten, sodass sie ihnen dafür einen Betrag von monatlich zehn Euro zur Verfügung stellen.

Wie bereits aufgeführt, kann die aktuelle Gesetzeslage dazu führen, dass die Träger der öffentlichen Kinder- und Jugendarbeit die teilweise oder komplette Kostenübernahme nach § 90 Abs. 3 SGB VIII für die Leistungen der Kinder- und Jugendarbeit nach § 11 Abs. 3 SGB VIII nicht mehr praktizieren, sodass sich die Kinder zwischen diesen Angeboten und den weiteren kostenpflichtigen Bildungsangeboten entscheiden müssen. Diese Befürchtung äußert Lenze (2011c, Rn. 23) in gleicher Weise. Da die Kinder die Angebote der Kinder- und Jugendarbeit, die Mitarbeiter*innen und die anderen Teilnehmer*innen bereits (vermehrt) kennen und die außerschulischen Bildungsangebote das monatliche Budget von zehn Euro zumeist überschreiten, ist zu vermuten, dass kaum eine Veränderung im Nutzungsverhalten der leistungsberechtigten Kinder eintritt und die Gesetzgeber*innen ihre Zielsetzung nicht erreichen können.

Unterschiede zu den Leistungsberechtigten mit (drohender) Behinderung

Kindern im Bezug von Sozialhilfeleistungen werden in gleicher Weise wie Kindern mit Anspruch auf SGB II-Leistungen und Leistungen nach dem AsylbLG erhöhte Bedarfe der außerschulischen Bildung zugesprochen, wenn sie das Merkmal (drohende) Behinderung aufweisen (vgl. Luik 2013b, Rn. 2). Die Zuschreibung unterschiedlich hoher Bedarfe wird deutlich, da Kinder mit (drohender) Behinderung zusätzliche Leistungen nach § 54 Abs. 1 SGB XII i. V. m. § 55 SGB IX erhalten, die auch die außerschulische Bildung betreffen. Weder die sog. ‚Rehabilitationsleistungen' noch die Leistungen für die sog. ‚Teilhabe am sozialen und kulturellen Leben in der Gemeinschaft' (§ 28 Abs. 7 SGB II; § 34 Abs. 7 SGB XII) wird vorrangig gewährt, vielmehr sind sie nebeneinander bereitzustellen. Dies wird damit begründet, dass die Leistungen für die sog. ‚Teilhabe am sozialen und kulturellen Leben in der Gemeinschaft' das Existenzminimum absichern sollen, während es sich bei den Leistungen des SGB XII i. V. m. SGB IX um Rehabilitationsleistungen handelt (vgl. Luik 2013d, Rn. 16). Diese Rehabilitationsleistungen zielen auf die Förderung und Bereitstellung spezieller Hilfen zur Ermöglichung und Erleichterung der

> „[...] Teilhabe am Leben in der Gemeinschaft und eine möglichst selbständige und selbstbestimmte Lebensführung [...] sowie [einem Entgegenwirken von] Benachteiligungen auf Grund von Behinderung [...]" (Majerski-Pahlen 2010a, Rn. 1)

ab. Dadurch sollen die Kinder mit (drohender) Behinderung besser in die alltäglichen Strukturen der Bevölkerung integriert werden (vgl. Wollschläger 2009c, Rn. 2). Im Kontext der Leistungen zur Ermöglichung und Erleichterung der sog. ‚Teilhabe am Leben in der Gemeinschaft', die im § 58 SGB IX als ‚Hilfen zur Teilhabe am gemeinschaftlichen und kulturellen Leben' bezeichnet werden und dem Wortlaut nach einen deutlichen Zusammenhang zu den Leistungen für die sog. ‚Teilhabe am sozialen und kulturellen Leben in der Gemeinschaft' (§ 28 Abs. 7 SGB II; § 3 Abs. 3 AsylbLG i. V. m. § 34 Abs. 7 SGB XII) aufweisen, werden die folgenden Angebote benannt, die Kindern mit (drohender) Behinderung zu gewähren sind:

- „Hilfen zur Förderung der Begegnung und des Umgangs mit nichtbehinderten Menschen,
- Hilfen zum Besuch von Veranstaltungen oder Einrichtungen, die der Geselligkeit, der Unterhaltung oder kulturellen Zwecken dienen,
- die Bereitstellung von Hilfsmitteln, die der Unterrichtung über das Zeitgeschehen oder über kulturelle Ergebnisse dienen, wenn wegen Art oder Schwere der Behinderung anders eine Teilhabe am Leben in der Gemeinschaft nicht oder nur unzureichend möglich ist." (§ 58 SGB IX)

In der Praxis besteht die Möglichkeit dies umzusetzen durch die (uneingeschränkte) Übernahme der Kosten für den Besuch von Volkshochschulkursen oder eines Vereins, die Mitarbeit in Parteien (vgl. Majerski-Pahlen 2010b, Rn. 3) oder die Kosten für eine Urlaubsreise (vgl. Wollschläger 2009c, Rn. 2),

Eintrittsgelder und Fahrtkosten zu Veranstaltungen im Rahmen der Geselligkeit, Unterhaltung und Kultur sowie die Bereitstellung von Medien und Mediendiensten, um öffentliche Veranstaltungen verfolgen zu können, wenn die (drohende) Behinderung das Verlassen der Wohnung nicht zulässt (vgl. Wollschläger 2009c, Rn. 2; Majerski-Pahlen 2010b, Rn. 5). Dabei handelt es sich nicht um eine abschließende Aufzählung, sondern um einen offenen Katalog, der nur die gewöhnlichen Bedarfe beinhaltet (vgl. Wollschläger 2009c, Rn. 1).

Die Gesetzgeber*innen gehen bei den Kindern mit (drohender) Behinderung folglich von Bedarfen aus, die durch gleiche oder ähnliche Angebote befriedigt werden können. Allerdings zeigt sich durch die Auflistung der Leistungen des SGB IX, dass diese deutlich über die Leistungen für Bildung und Teilhabe hinausreichen und die Gesetzgeber*innen die Integration von Kindern mit (drohender) Behinderung in die alltäglichen Strukturen der Mitmenschen ohne Behinderung nicht nur innerhalb außerschulischer Bildungsangebote begreifen, sondern in den allgemeinen Freizeitbereich ausweiten, der nicht zwangsläufig auf Bildung abzielen muss. Integration kann ihren Ansichten nach bspw. über politische Partizipation oder mehrtägige Erholungsphasen erfolgen. Demnach unterstellen die Gesetzgeber*innen den Kindern mit (drohender) Behinderung aufgrund ihrer entwicklungsbezogenen Situation einen höheren Bedarf als Kindern, die dieses Merkmal nicht aufweisen.

Überblick über die Ergebnisse der Analyse

Tab. 45: Ergebnisse der Analyse der Unterkategorie: *Außerschulische Bildung*

Ergebnisse der Analyse	Kinder- und Kindheitsbilder
Kinder im Leistungsbezug nutzen außerschulische Bildungsangebote deutlich seltener als Kinder ohne Leistungsbezug, was durch verschiedene Zugangsbarrieren begründet ist (Kostenpflicht der Angebote, zusätzliche Ausstattung, Unkenntnis der Eltern und unzureichende Motivation der Kinder durch ihre Eltern).	Andersartigkeit der Kinder im Leistungsbezug Institutionenkindheit
Leistungsberechtigte Kinder haben geringere soziale Kompetenzen als Kinder ohne Leistungsbezug.	Die ‚minderbegabten' Kinder
Kreative Fähigkeiten sind bei Leistungsberechtigten nicht in dem Umfang ausgebildet wie bei Kindern ohne Leistungsbezug.	Die ‚minderbegabten' Kinder
Leistungsberechtigte Kinder sind in die Gemeinschaftsstrukturen der Gleichaltrigen nur unzureichend integriert.	Die Ausgeschlossenen

Ergebnisse der Analyse	Kinder- und Kindheitsbilder
Erst durch die Nutzung der außerschulischen Bildungsangebote werden die unzureichend ausgebildeten Kompetenzen und Fähigkeiten der leistungsberechtigten Kinder gefördert, die sie im Erwachsenenalter benötigen.	Kindheit als Weichenstellung für das zukünftige Leben
Die Förderung der Kompetenzen und Fähigkeiten gelingt nur durch die Nutzung institutionell organisierter Freizeitangebote. Innerhalb der Familie der Leistungsberechtigten gelingt eine solche Förderung nach Ansicht der Gesetzgeber*innen nicht.	Kinder als Ergebnis der Fähigkeiten und Kompetenzen ihrer Eltern
Leistungsberechtigte Kinder haben teilweise ungenügende schulische Leistungen, die jedoch im außerschulischen Bereich (durch Angebote der Lernförderung) reduziert werden können.	Die ‚minder-begabten‘ Kinder
Der Bedarf an außerschulischer Bildung bezieht sich nach Ansicht der Gesetzgeber*innen auf die Angebote im nahen Umfeld, da hier die Integration verstärkt werden soll. Die Inhalte der Angebote sind nachrangig.	‚Dabeisein ist alles‘ Die Ausgeschlossenen
Der Bedarf an Teilnahme an den außerschulischen Angeboten bezieht sich nur auf den Umfang von monatlich zehn Euro, sodass Angebote teilweise nur über einen begrenzten Zeitraum und nicht dauerhaft genutzt werden können.	‚Dabeisein ist alles‘
Kinder mit (drohender) Behinderung weisen einen erhöhten Bedarf an Teilnahme an den Gleichaltrigenstrukturen von Kindern ohne Behinderung und Leistungsbezug auf. Dieser bezieht sich auf den Kontakt zu den Gleichaltrigen. Die Bildungsinhalte sind nach Ansicht der Gesetzgeber*innen auch hier nachrangig.	Die Ausgeschlossenen

Quelle: eigene Darstellung

3.2.4.4 (Förderung) eigener Potenziale

Die Förderung von Fähigkeiten und Potenzialen[43] der leistungsberechtigten Kinder zielt nach Ansicht der Gesetzgeber*innen auf die Verbesserung der Chancen auf dem Arbeitsmarkt ab und trägt ihren Ansichten nach dazu bei, dass die Kinder im Erwachsenenalter nicht mehr von Existenzsicherungsleistungen abhängig sind.

43 Wie bereits bei der Darstellung der Kategorien der Inhaltsanalyse beschrieben (vgl. Abschnitt 2.3.4), wird der Begriff Potenziale verstanden als überdurchschnittlich ausgeprägte Fähigkeiten von Kindern i. S. v. sog. ‚Begabungen‘.

„[…] insbesondere Schülerinnen und Schüler aus einkommensschwachen Haushalten [sollen] durch Entwicklung und Entfaltung ihrer Fähigkeiten in die Lage versetzt werden, ihren Lebensunterhalt später aus eigenen Kräften bestreiten zu können […].“ (Deutscher Bundestag 2010b, S. 104)

Die Gesetzgeber*innen gehen folglich davon aus, dass leistungsberechtigte Kinder spezifische Interessen und Fähigkeiten haben, wobei diese noch nicht offenkundig sein müssen („Entwicklung“) und/oder noch weiterer Förderung bedürfen („Entfaltung“). Sie heben allerdings nicht hervor, dass es sich um besondere Fähigkeiten handeln muss. Es scheint, als würden die Gesetzgeber*innen keine Einschränkungen bezüglich der Art der Fähigkeiten vornehmen, sodass sie wohl alle Fähigkeiten und Potenziale in den Blick nehmen, die zur Aufnahme einer Erwerbstätigkeit führen können.

Unter Berücksichtigung der förderungsfähigen Angebote im außerschulischen Bereich zeigt sich jedoch, dass sie bei diesen ausprägungs- und förderungsbedürftigen Potenzialen insbesondere Fähigkeiten im Blick haben, die vornehmlich dem Freizeitbereich zugeschrieben werden wie „Sport, Spiel, Kultur und Geselligkeit“ (Lenze 2011b, Rn. 37), Musik (vgl. Lenze 2011b, Rn. 37), Kunst und Medien (vgl. Luik 2013b, Rn. 56). Demnach scheinen sie davon auszugehen, dass die leistungsberechtigten Kinder in diesen Bereichen die höchsten Potenziale hinsichtlich einer Kompetenzerweiterung aufweisen. Damit wird deutlich, dass die Gesetzgeber*innen den leistungsberechtigten Kindern spezifische Kompetenzen zusprechen, die sich im allgemeinen Verständnis auf die Bereiche beziehen, die nicht durch Lernen, sondern durch Üben und die praktische Beschäftigung (weiter-)entwickelt werden, sodass den Kindern vielmehr praktische Kompetenzen als die Förderung kognitiver Fähigkeiten zugeschrieben werden.

Weiterhin wird deutlich, dass die Gesetzgeber*innen dem Freizeitbereich die zusätzlich zu fördernden Potenziale zuschreiben, sodass sie den außerschulischen Bildungsbereich in der Erfüllung dieser Aufgabe sehen. Demgegenüber betrachten sie die erhöhte Förderung spezifischer Potenziale und Kompetenzen nicht als schulische Aufgabe, sodass sie hier keine erhöhten Unterstützungsbedarfe sehen.

„Wenn mithin ein Schüler ein Gymnasium mit einer bestimmten Ausrichtung gewählt hat, das weiter entfernt liegt als ein anderes staatliches Gymnasium, kommt es nur auf diese Schule an, da sie die nächstgelegene ist und dem gewählten Bildungsgang entspricht.“ (Grube 2012a, Rn. 37)

Demnach scheinen die Gesetzgeber*innen keine Notwendigkeit darin zu sehen, Kindern im Leistungsbezug zusätzliche finanzielle Mittel für die erhöhten Kosten der Schülerbeförderung zu einer Schule zu gewähren, die auf die verstärkte Förderung spezifischer schulischer Inhalte spezialisiert ist, d. h. von Schulen mit einem spezifischen Profil.

Unterschiede zu den Leistungsberechtigten mit (drohender) Behinderung

Die Gesetzgeber*innen betonen Fähigkeiten von Kindern mit (drohender) Behinderung im Kontext des Schulbesuchs. Dabei weisen sie auf den Bedarf an zusätzlichen Hilfen der Kinder mit (drohender) Behinderung hin, damit sie eine ihren Fähigkeiten entsprechende Schulform besuchen können (vgl. Bieritz-Harder 2012d, Rn. 56). Eine Förderung der Fähigkeiten wird in diesem Zusammenhang vor allem als Vorbereitung auf die Schule oder einer weiterführenden Schulform relevant. Diese kann in sog. ‚Schulkindergärten' erfolgen (vgl. Wehrhahn 2011, Rn. 47). Aussagen zu weiteren Fördereinrichtungen und -formen unterlassen die Gesetzgeber*innen.

Schließlich schreiben Sie den Kindern mit (drohender) Behinderung einen zusätzlichen Bedarf an

> „[...] Leistungen [...] zum Erwerb praktischer Kenntnisse und Fähigkeiten" (Bieritz-Harder 2012d, Rn. 47)

zu. Dieser liegt vor, damit eine Teilnahme am Leben in der Gemeinschaft ermöglicht werden kann. Sie denken bei Kindern mit (drohender) Behinderung an Fähigkeiten wie „Kleiderpflege, Kommunikation, Essensfertigkeiten" (vgl. Wahrendorf 2012c, Rn. 34) und beziehen sich damit auf Fähigkeiten, die sie Kindern ohne Behinderung grundsätzlich zusprechen. Folglich setzen sie der Teilnahme am Leben in der Gemeinschaft das Vorhandensein spezifischer alltagspraktischer Fähigkeiten voraus, die ihrem Erachten nach nicht alle Kinder mit (drohender) Behinderung beherrschen. Liegen diese Kompetenzen nicht vor, gehen die Gesetzgeber*innen davon aus, dass die betroffenen Kinder einen diesbezüglichen Hilfebedarf haben, der über die Bedarfe der Kinder ohne Behinderung hinausgeht.

Überblick über die Ergebnisse der Analyse

Tab. 46: Ergebnisse der Analyse der Unterkategorie: *(Förderung) eigener Potenziale*

Ergebnisse der Analyse	Kinder- und Kindheitsbilder
Die Gesetzgeber*innen sprechen den leistungsberechtigten Kindern keine überdurchschnittlichen kognitiven Kompetenzen zu. Sie gehen bei den Leistungsberechtigten vielmehr von Fähigkeiten im praktischen Bereich aus.	Die ‚minderbegabten' Kinder
Mit der Förderung der Potenziale zielen die Gesetzgeber*innen auf die Verbesserung der zukünftigen Chancen der Kinder auf dem Arbeitsmarkt.	Kindheit als Weichenstellung für das zukünftige Leben
Kinder mit (drohender) Behinderung benötigen u. U. zusätzliche Förderung ihrer Potenziale vor dem Eintritt in die Schule, damit sie einen in etwa gleichen Bildungsstand wie die Gleichaltrigen haben.	Die ‚minderbegabten' Kinder
Die Gesetzgeber*innen sprechen weder den Kindern im Leistungsbezug noch den Kindern mit (drohender) Behinderung die Möglichkeit zu, dass sie höhere Potenziale aufweisen können als Kinder ohne Leistungsbezug.	Die ‚minderbegabten' Kinder

Quelle: eigene Darstellung

3.2.4.5 Wissensdurst

Die Unterkategorie *Wissensdurst* bleibt für die Gesetzgeber*innen sowohl für die Kinder im Leistungsbezug im Allgemeinen als auch für die leistungsberechtigten Kinder mit (drohender) Behinderung im Besonderen bedeutungslos.

Da die Gesetzgeber*innen den Leistungsberechtigten generell einen eher geringen Bezug zu Bildung und Wissensinhalten unterstellen, scheinen sie diesbezüglich keine Potenziale anzunehmen. Darauf deutet insbesondere der Umstand hin, dass leistungsberechtigte Kinder, die den Besuch einer höheren Schulform anstreben – und damit ein Interesse an weiteren Bildungs- und Wissensinhalten aufzeigen –, keine Unterstützungen für die Verbesserung ihrer schulischen Noten, sondern lediglich zum Erreichen des Klassenziels gewährt werden (vgl. dazu die Ausführungen im Abschnitt 3.2.4.2).

3.2.4.6 Freizeitmöglichkeiten

Die Gesetzgeber*innen treffen in ihren Ausführungen zu den Leistungen für Bildung und Teilhabe kaum Aussagen hinsichtlich der Unterkategorie *Freizeitmöglichkeiten*. Dieser Bereich scheint ihnen in Bezug auf die Lebensphase Kindheit nicht von so großer Relevanz zu sein, um diesen in die zusätzlichen

Leistungen für Kinder aufzunehmen. Darüber hinaus sind in den Regelbedarfen vereinzelte Bedarfe der Kinder im Freizeitbereich enthalten. Demnach sprechen sie den Kindern zumindest bei den wiederkehrenden Bedarfen ein gewisses Maß an Freizeitmöglichkeiten zu und gehen nicht davon aus, dass die Kinder kaum bis keine Hobbys und Interessen haben.

Im Rahmen der Leistungen für Bildung und Teilhabe treffen sie Aussagen zu Freizeitaktivitäten, die sie den Leistungsberechtigten typischerweise zu- und absprechen, zum Radius in dem die Kinder ihre Freizeit verbringen sowie mit wem sie diese Zeit gemeinsam nutzen.

Freizeitaktivitäten

Die Gesetzgeber*innen benennen verschiedene Aktivitäten, von denen sie annehmen, dass die leistungsberechtigten Kinder diese in ihrer Freizeit ausführen. Dabei handelt es sich um Zoo-, Schwimmbad- und Kinobesuche (vgl. Luik 2013b, Rn. 61) sowie Fahrrad fahren (vgl. Leopold 2012a, Rn. 96). Weiterhin gehen sie davon aus, dass die Kinder Badebekleidung und Fußballschuhe besitzen (vgl. Grube 2012a, Rn. 29; Deutscher Bundestag 2013b, S. 8), da sie keine zusätzlichen Mittel für deren Anschaffung über die Leistungen für Bildung und Teilhabe bereitstellen, wenn Kinder einen solchen Sportverein nutzen wollen. Folglich scheinen sie anzunehmen, dass leistungsberechtigte Kinder in ihrer Freizeit auch schwimmen und Fußball spielen.

Die Nutzung dieser Angebote wurde den Kindern bisher insbesondere deshalb ermöglicht, weil eine Reihe von Kommunen bis dato sog. ‚Sozial- und Familienpässe' ausstellen bzw. -stellten, mit denen Familien im Leistungsbezug öffentliche Einrichtungen kostenfrei oder mit einem reduzierten Beitrag nutzen können bzw. konnten. Dabei handelt es sich nicht nur um Bildungseinrichtungen wie Bibliotheken oder Museen, sondern auch um klassische Freizeiteinrichtungen, die in erster Linie der Geselligkeit und Unterhaltung dienen und bei denen der Bildungsbezug nur nachrangig gegeben ist wie Schwimmbäder, Kinos oder Zoos. Die letztgenannten Einrichtungen erkennen die Gesetzgeber*innen im Rahmen der Leistungen für Bildung und Teilhabe nicht als Bedarfe an, da sie ihren Ansichten nach die Teilnahme an sozialen Gemeinschaftsstrukturen nur wenig fördern können (vgl. Leopold 2012a, Rn. 138). Dies zeigt sich bspw. darin, dass die Kommunen die Gelder, die im Rahmen der Leistungen des § 28 Abs. 7 SGB II und des § 3 Abs. 3 AsylbLG i. V. m. § 34 Abs. 7 SGB XII für den Bereich der sog. ‚Teilhabe am sozialen und kulturellen Leben' durch den Bund zur Verfügung gestellt werden, nicht über die bereits vorhandenen Unterstützungen hinaus verteilen dürfen.

> „Die Sozial- und Familienpässe [...] beschränkten ihre Angebote nicht nur auf institutionell-organisierte Teilhabeformen, sondern ermöglichten auch den Besuch des

Spaßbades, Zoos oder Museums gemeinsam mit der Familie oder mit Freunden (vgl. § 28 Rn 33).“ (Lenze 2011c, Rn. 12)

Weiterhin zählen die Gesetzgeber*innen zu den Freizeitaktivitäten der Leistungsberechtigten keine Aktivitäten wie Skifahren, Wandern und Zelten. Das zeigt sich darin, dass sie ausschließlich im Rahmen der Leistung zur Kostenübernahme von Ausflügen und Klassenfahrten, die Kosten für die damit verbundene Ausstattung übernehmen. Zudem soll versucht werden, diese Ausstattungsgegenstände auszuleihen und nicht zu kaufen. Damit heben sie hervor, dass Kinder diese Gegenstände lediglich für diese eine Fahrt benötigen und anschließend nicht wieder verwenden (können). Zudem werden diese Kosten nur übernommen, wenn die Kinder diese Gegenstände nicht im Alltag einsetzen können (vgl. Leopold 2012a, Rn. 68). Das heißt, sie gehen davon aus, dass die leistungsberechtigten Kinder in ihrer Freizeit nicht Skifahren, Wandern und Zelten, weil sie hinsichtlich dieser Aktivitäten explizit auf die Möglichkeit der Übernahme der Kosten hinweisen.

Ferner unterstellen sie den Kindern im Schulalter, dass sie in ihrer Freizeit nicht schreiben und zeichnen. Gegenstände für diese Tätigkeiten benötigen sie ihrem Erachten nach nur im Rahmen des Schulbesuchs und nicht in der Freizeit. Dies ergibt sich daraus, dass die Gesetzgeber*innen den Regelbedarf für Schreibwaren, Zeichenmaterialien u. ä. als nicht bedarfsrelevant einschätzen und diesen aus den Regelbedarfen für Kinder im Schulalter gestrichen haben, da ihren Ansichten nach in den Leistungen für den persönlichen Schulbedarf (§ 28 Abs. 3 SGB II; § 3 Abs. 3 AsylbLG i. V. m. § 34 Abs. 3 SGB XII) dieser Bedarf gedeckt ist (vgl. Leopold 2012a, Rn. 77). Der persönliche Schulbedarf soll jedoch die Kinder mit den notwendigen Materialien speziell für die Schule ausstatten. Für den Freizeitbereich sind nun keine Unterstützungsleistungen für derartige Materialien mehr vorgesehen.

Nutzungsverhalten der Kinder

Die Gesetzgeber*innen nehmen an, dass das Freizeitverhalten der Leistungsberechtigten von zwei Aspekten abhängt. Erstens nutzen die Kinder nur die Angebote, die sich in einem spezifischen räumlichen Radius befinden. Zweitens wollen die Kinder ihre Freizeit mit speziellen Personen verbringen.

Radius, in dem Freizeitmöglichkeiten genutzt werden

Die Gesetzgeber*innen sprechen den Kindern je nach Alter ein monatliches Budget zwischen ca. zwölf und 14 Euro für die Mobilität im Rahmen der Regelbedarfe zu. Mit diesem Betrag müssen sie alle anfallenden Mobilitätsbedarfe bestreiten, d. h. bspw. Fahrten zu einem Arzt oder – falls die Kosten nicht oder nicht vollständig durch Dritte übernommen werden – um die Schule zu erreichen (vgl. Deutscher Bundestag 2013b, S. 7). Der verbleibende Betrag stellt nach Ansichten der Gesetzgeber*innen vor allem den Bedarf an Mobilitätsausgaben in der Freizeit sicher. Dieser umfasst nicht nur die Nutzung öffentlicher Verkehrsmittel, sondern auch den Kauf und die Reparaturen eines Fahrrades (vgl. Leopold 2012a, Rn. 96).

Weiterhin nehmen die Gesetzgeber*innen an, dass Kinder, wenn sie eine Monatskarte für den öffentlichen Personennahverkehr besitzen, um damit die Schule zu erreichen, diese Karte auch in ihrer Freizeit nutzen. Das bedeutet gleichzeitig, dass sich in diesem Fall die Freizeitaktivitäten der Kinder im Wesentlichen auf dem Weg zwischen Wohnung und Schule abspielen. Allerdings erweitert sich durch die Verfügbarkeit einer Schülermonatsfahrkarte der Aktionsradius der Kinder. Befindet sich ihre Schule im unmittelbaren Wohnumfeld, steht ihnen kein erweiterter Aktionsradius zur Verfügung. Dieser ist auf das Gebiet beschränkt, dass die Kinder zu Fuß, mit dem Fahrrad oder durch den Einsatz geringer finanzieller Mittel über den Personennahverkehr erreichen können. Damit tragen sie wiederum ihrer Annahme Rechnung, die sie im Rahmen der Unterkategorie *außerschulische Bildung* postulieren, dass Kinder nur einen Bedarf an Angeboten und Aktivitäten haben, sofern sich diese für die Kinder unmittelbar zeigen und erreichbar sind. Folglich erweitert sich der Aktionsradius der Kinder, wenn sich die Schule nicht im fußläufigen Umfeld der Kinder befindet und Dritte die dafür notwendigen Mobilitätskosten übernehmen.

Personen, mit denen die Leistungsberechtigten ihre Freizeit verbringen wollen

Die Gesetzgeber*innen sprechen den Kindern den Wunsch nach einer Freizeitgestaltung mit ihren Freund*innen und Eltern zu (vgl. Luik 2013d, Rn. 80). Zudem gehen sie davon aus, dass die leistungsberechtigten Kinder einen eingeschränkten Bedarf haben, ihre Verwandten und Freund*innen zu besuchen, die nicht in fußläufig erreichbarer Nähe wohnen, da die Gesetzgeber*innen davon ausgehen, dass die leistungsberechtigten Kinder ihre finanziellen Mittel in diesem Bereich für derartige Besuche einsetzen (vgl. Leopold 2012a, Rn. 96). Darüber hinaus verwenden die Gesetzgeber*innen immer wieder den Begriff ‚Freund*innen' (vgl. Lenze 2011c, Rn. 12), den sie im Zusammenhang mit Begriffen einsetzen, die auf die Freizeitgestaltung hinweisen (vgl. Lenze 2011b, Rn. 40). Vor diesem Hintergrund ist anzunehmen, dass die Gesetzgeber*innen davon ausgehen, dass die leistungsberechtigten Kinder in ihrer Freizeit Zeit mit Freund*innen verbringen. Bei den Freund*innen handelt es sich ihren Ansichten nach typischerweise um Kinder, die auch von Existenzsicherungsleistungen leben. Dies wird insbesondere daraus deutlich, dass sie den Kindern ein unzureichendes Eingebundensein in die Strukturen der Gleichaltrigen ohne Leistungsbezug unterstellen (vgl. dazu ausführlich den Abschnitt 3.2.4.3 zur außerschulischen Bildung sowie Luik 2013e, Rn. 22). Würden sie davon ausgehen, dass es sich bei den Freund*innen der Leitungsberechtigten um Kinder ohne Leistungsbezug handelt, wären sie bereits in derartige Gleichaltrigenstrukturen eingebunden, sodass eine solche Leistung nicht mehr notwendig wäre.

Zusammenfassend lässt sich erkennen, dass die Gesetzgeber*innen davon ausgehen, dass Freizeit für die Kinder die Zeit ist, in der sie zwar aktiv sind und sich beschäftigen wollen, allerdings der Bildungsaspekt keine Rolle spielt. Vielmehr stehen Unterhaltungsangebote (Kino- oder Zoobesuch) und das Verbringen von Zeit mit Freund*innen und Verwandten im Mittelpunkt. Das unterscheidet die Kinder von den Gleichaltrigen ohne Existenzsicherungsbezug, die nach Ansicht der Gesetzgeber*innen in ihrer Freizeit verstärkt und freiwillig institutionell organisierte Bildungsangebote nutzen.

Unterschiede zu den Leistungsberechtigten mit (drohender) Behinderung

Die Gesetzgeber*innen sprechen auch den leistungsberechtigten Kindern mit (drohender) Behinderung eine Freizeitgestaltung im Wohnumfeld zu. Einen Bedarf an Nutzung von Freizeitangeboten, die nur mit einem PKW erreichbar sind und sich damit nicht mehr in der unmittelbaren Umgebung befinden, kennen sie hingegen nicht (vgl. Wahrendorf 2012c, Rn. 26). Dies begründen die Gesetzgeber*innen damit, dass die Freizeitgestaltung insbesondere zur Befriedigung von Teilhabebedarfen der Kinder dienen soll (vgl. Wahrendorf 2012c, Rn. 26). Diese liegt vor, wenn die Kinder in die Gegebenheiten in ihrem Wohnumfeld integriert sind. Dementsprechend wird deutlich, dass die Gesetzgeber*innen mit der Freizeitgestaltung der Kinder mit (drohender) Behinderung weder auf spezifische oder eine große Auswahl an Freizeitmöglichkeiten noch auf die informelle Bildungsförderung abzielen. Vielmehr besteht ihren Ansichten nach der damit verbundene Bedarf der Kinder darin, Zeit mit anderen Kindern verbringen zu wollen. Welche Aktivitäten ausgeführt werden, bleibt irrelevant.

Dieses Verständnis zeigt sich auch in den weiteren Leistungen, die die Gesetzgeber*innen den Kindern mit (drohender) Behinderung über die existenzsichernden Bedarfe der Leistungen für Bildung und Teilhabe zusprechen. So gewähren sie den Kindern mit (drohender) Behinderungen zusätzliche Leistungen zur

> „Teilhabe am gemeinschaftlichen und kulturellen Leben" (§ 55 Abs. 2 Nr. 7 SGB IX).

Diese umfassen insbesondere

> „[...] Hilfen zur Förderung der Begegnung und des Umgangs mit nichtbehinderten Menschen [...][und] Hilfen beim Besuch von Veranstaltungen oder Einrichtungen, die der Geselligkeit, der Unterhaltung oder kulturellen Zwecken dienen." (Wahrendorf 2012c, Rn. 32)

Auch hier wird deutlich, dass die Gesetzgeber*innen ein breites Spektrum an Möglichkeiten der Freizeitgestaltung eröffnen, für die sie zusätzliche Mittel zur Verfügung stellen. Sie zielen damit vorrangig auf den Kontakt zu Menschen ohne Behinderung und nicht primär auf Kompetenzförderung.

Neben den Bedarfen an Gemeinschaft mit Menschen ohne Behinderung in der frei verfügbaren Zeit, haben die Kinder mit (drohender) Behinderung im Leistungsbezug nach Ansicht der Gesetzgeber*innen einen speziellen Bedarf danach, gemeinsam mit Freund*innen, Bekannten und Verwandten Zeit zu verbringen.

> „Teilhabe am Leben in der Gesellschaft bedeutet auch, den Behinderten die Möglichkeit zu verschaffen, Bekannte, Verwandte und Freunde zu besuchen." (Wahrendorf 2012c, Rn. 26)

Der Bedarf an Kontakt mit den benannten Personen beschränkt sich dabei nicht auf die Wohnung in der die Kinder leben. Vielmehr weisen sie auch den Bedarf auf, diese Personen zu besuchen, sodass die Gesetzgeber*innen einen zusätzlichen Bedarf an Mobilität in der Freizeit unterstellen und damit anerkennen, dass diese Personen nicht zwangsläufig im unmittelbaren Wohnumfeld der Kinder zu Hause sein müssen. Da sie hier keine Grenzen hinsichtlich der einzusetzenden Mittel wie in den Regelbedarfen setzen, sprechen sie den Kindern mit (drohender) Behinderung einen regelmäßiger auftretenden Bedarf sowie einen größeren Aktionsradius zu.

Überblick über die Ergebnisse der Analyse

Tab. 47: Ergebnisse der Analyse der Unterkategorie: *Freizeitmöglichkeiten*

Ergebnisse der Analyse	Kinder- und Kindheitsbilder
Leistungsberechtigte Kinder verbringen nach Ansicht der Gesetzgeber*innen ihre Freizeit z. B. mit schwimmen, Fußball spielen und Fahrrad fahren.	Kinder als aktive Nutzer*innen ihrer Umwelt

Ergebnisse der Analyse	Kinder- und Kindheitsbilder
Zudem gehen sie ihrem Erachten nach in ihrer Freizeit nicht Skifahren, Wandern und Zelten und zeichnen, malen und schreiben in ihrer freien Zeit nicht.	Kinder als aktive Nutzer*innen ihrer Umwelt
Die Gesetzgeber*innen stellen den leistungsberechtigten Kindern ein Budget von max. zwölf bis 14 Euro im Monat für Mobilität zur Verfügung. Fallen keine Kosten (z. B. zum Erreichen der Schule oder für Arztbesuche) an, können sie dieses für ihre Freizeitgestaltung einsetzen. Ihr Aktionsradius beschränkt sich demnach auf die Möglichkeiten, die ihnen vor Ort mit diesem Budget bereitgestellt werden.	Kinder als aktive Nutzer*innen ihrer Umwelt
Kinder nehmen nach Ansicht der Gesetzgeber*innen vor allem die Freizeitmöglichkeiten in Anspruch, die zwischen ihrer Schule und der Wohnung vorhanden sind.	Kinder als aktive Nutzer*innen ihrer Umwelt
Die leistungsberechtigten Kinder weisen den Bedarf auf, ihre Freizeit mit Familienangehörigen, Verwandten und Freund*innen zu verbringen. Bei den Freund*innen handelt es sich um Kinder die auch von existenzsichernden Leistungen abhängig sind.	Die Ausgeschlossenen
Leistungsberechtigte sind zwar in ihrer Freizeit aktiv und wollen diese mit Familienangehörigen, Verwandten und Freund*innen verbringen, allerdings nutzen sie dafür im Unterschied zu den Kindern ohne Leistungsbezug kaum bis keine institutionell organisierten Bildungsangebote.	Andersartigkeit der Kinder im Leistungsbezug
Der Bedarf an Freizeitmöglichkeiten bezieht sich bei Kindern mit (drohender) Behinderung auf den Kontakt zu Gleichaltrigen ohne Leistungsbezug und Behinderung und nicht auf die Inhalte der Angebote.	Die Ausgeschlossenen

Quelle: eigene Darstellung

3.2.4.7 Partizipation

Wie bereits in der Unterkategorie *Partizipationsmöglichkeiten* (Abschnitt 3.2.1.5) angedeutet, gehen die Gesetzgeber*innen davon aus, dass eine aktive Mitgestaltung von Gemeinschaften zumindest teilweise lernbar ist. Das ist damit zu begründen, dass ihren Ansichten nach dafür Kompetenzen und Fähigkeiten notwendig sind, die gefördert und entwickelt werden können.

> „Zwecks Stärkung und Entwicklung der sozialen Kompetenz („Teamgeist"), der Persönlichkeit und Identität, des Sinneserlebens und der kreativen Fähigkeiten soll insbesondere die Auseinandersetzung mit Kunst und Kultur besonders gefördert werden, da diese eine grundlegende Voraussetzung für die aktive Mitgestaltung des gesellschaftlichen Lebens ist." (Leopold 2012a, Rn. 129)

Das Zitat macht deutlich, dass eine Förderung der notwendigen Fähigkeiten und Kompetenzen nach Ansicht der Gesetzgeber*innen nur im Rahmen institutioneller Bildungsangebote gelingen kann. Die Leistungsberechtigten können diese Kompetenzen und Fähigkeiten erwerben, wenn sie die Angebote der außerschulischen Bildung nutzen.

Unterschiede zu den Leistungsberechtigten mit (drohender) Behinderung

Zu zusätzlichen Bedarfen oder Besonderheiten von Kindern mit (drohender) Behinderung treffen die Gesetzgeber*innen keine Aussagen, sodass sie nicht von abweichenden Bedarfen der Kinder mit (drohender) Behinderung ausgehen.

Überblick über die Ergebnisse der Analyse

Tab. 48: Ergebnisse der Analyse der Unterkategorie: *Partizipation*

Ergebnisse der Analyse	Kinder- und Kindheitsbilder
Die notwendigen Kompetenzen und Fähigkeiten für eine aktive Mitgestaltung von Gemeinschaften kann von leistungsberechtigten Kindern in außerschulischen Bildungsangeboten gelernt werden. Dazu müssen sie diese Angebote jedoch nutzen. Ansonsten werden sie im Erwachsenenalter nicht über diese Fähigkeiten und Kompetenzen verfügen und folglich auch nicht partizipieren können.	Kindheit als Weichenstellung für das zukünftige Leben

Quelle: eigene Darstellung

3.2.4.8 Medienbildung und -kompetenzen

Nach Ansicht der Gesetzgeber*innen ist eine große Vielfalt an Medien in der Gesellschaft vorhanden. Unter dem Begriff ‚Medien' fassen sie bspw.

> „[...] sowohl [...] Bücher, Zeitschriften, Internet, Hörfunk und Fernsehen [...] als auch [...] Kino" (Deutscher Bundestag 2010b, S. 106)

zusammen. Für deren Nutzung benötigen Kinder Kompetenzen und Fähigkeiten, um sie effektiv, sinnvoll und mit Blick auf mögliche Gefahren zu verwenden.

> „Kindern und Jugendlichen soll außerdem im Zeitalter medialer Vielfalt ein aufgeklärter Umgang mit Medien ermöglicht werden." (Luik 2013b, Rn. 56)

Ausgehend von diesem Zitat treffen die Gesetzgeber*innen im Rahmen der Leistungen für Bildung und Teilhabe Aussagen über das Mediennutzungsverhalten der Leistungsberechtigten sowie über die bildungsbezogenen Bedarfe, die Kinder in Bezug auf Medienprodukte aufweisen.

Nutzungsverhalten von Medien

Die Gesetzgeber*innen sagen zwar nicht explizit aus, dass sie annehmen, dass Kinder die oben genannten Medien nutzen, allerdings weisen sie auf das „Zeitalter medialer Vielfalt“ (Deutscher Bundestag 2010b, S. 125) hin sowie die damit einhergehende Notwendigkeit eines aufgeklärten Umgangs mit diesen Informationsvermittlern. Mit der Formulierung ‚Zeitalters der medialen Vielfalt‘ implizieren sie, dass eine so breite Masse an Medienprodukten besteht, dass eine Nichtnutzung kaum möglich erscheint. Sie gehören dementsprechend zur Gegenwart dazu. Weiterhin zeigt sich durch die Formulierung ‚Notwendigkeit des aufgeklärten Umgangs‘, dass ihrem Erachten nach die leistungsberechtigten Kinder Medien nutzen, da ein aufgeklärter Umgang ansonsten nicht gefordert werden müsste.

In Bezug auf Art und Umfang treffen sie im Rahmen der Leistungen für Bildung und Teilhabe keine Aussagen. Lediglich hinsichtlich der Verwendung von Computern nehmen sie an, dass die Leistungsberechtigten mit diesen Geräten sog. ‚PC-Spiele‘ spielen. Dabei handelt es sich bspw. um solche, die im Internet mit mehreren Personen gespielt werden können (vgl. Leopold 2012a, Rn. 134).

Außerdem benennen die Gesetzgeber*innen wiederholt den Besuch eines Kinos (vgl. u. a. Deutscher Bundestag 2010b, S. 106; Lenze 2011b, Rn. 35; Leopold 2012a, Rn. 138; Luik 2013b, Rn. 61; Grube 2012a, Rn. 58). Diese mehrfachen Verweise auf diese Aktivität geben Auskunft darüber, dass die Gesetzgeber*innen den Kindern zumindest den Wunsch nach regelmäßigen Besuchen dieser medialen Einrichtung zusprechen.

Medienbildung

Nach Ansicht der Gesetzgeber*innen benötigen Kinder spezifische Kompetenzen, um Medien aufgeklärt zu nutzen. Diese Kompetenzen

> „[…] umfassen insbesondere alle Aspekte der Medienkritik, Medienkunde, Mediennutzung und Mediengestaltung.“ (Deutscher Bundestag 2010b, S. 106)

Die benannten Bildungsinhalte sprechen sie den außerschulischen Bildungseinrichtungen zu, da sie die dafür erforderlichen Unterstützungen in die Leistungen für die sog. ‚Teilhabe am sozialen und kulturellen Leben in der Gemeinschaft‘ einordnen (vgl. Luik 2013d, Rn. 75). Dementsprechend scheinen sie weder den Familien noch den Schulen eine umfangreiche Vermittlung von Medienbildung zuzusprechen.

Obwohl sie diesen Bildungsinhalten wortwörtlich eine hohe Wichtigkeit zuschreiben (vgl. Deutscher Bundestag 2010b, S. 125), ordnen sie diese lediglich in die Liste der Leistungen für die Befriedigung der Teilnahmebedarfe ein, zu denen sich die Kinder i. d. R. nur eines von vielen Angeboten aussuchen können. Demnach fassen sie diese nicht als Leistung auf, die den Kindern grundsätzlich und/oder regelmäßig zur Verfügung zu stellen ist.

Es wird also deutlich, dass die Gesetzgeber*innen der Medienbildung zwar auf den ersten Blick eine hohe Bedeutung zusprechen. Aufgrund der geringen Beachtung in den regelmäßig wiederkehrenden Bedarfen gelten diese aber wohl eher als nachrangige Bildungsbedarfe.

Unterschiede zu den Leistungsberechtigten mit (drohender) Behinderung

Die Gesetzgeber*innen greifen im Rahmen der zusätzlichen Leistungen für Kinder mit (drohender) Behinderung weitere Medien auf, deren Gebrauch sie dieser Gruppe von Kindern zusprechen. Dabei handelt es sich um

> „[...] Schreibmaschinen [...][,] Computer [und] Verständigungsgeräte [...].“ (Wahrendorf 2012c, Rn. 26)

Dieser Bedarf liegt bei den Kindern mit (drohender) Behinderung nach Ansicht der Gesetzgeber*innen vor, weil die Kinder diese Medien als Hilfsmittel einsetzen, um am Leben in der Gemeinschaft teilnehmen zu können (vgl. Wahrendorf 2012c, Rn. 26). Um diese nutzen zu können, sprechen sie den Kindern in spezifischen Fällen einen zusätzlichen Bedarf an Förderung zum Erlernen des Umgangs mit diesen Medien zu, sodass sie nicht davon ausgehen, dass die Kinder den Umgang mit diesen Geräten von vornherein beherrschen. Vielmehr müssen ihrem Erachten nach die notwendigen Kompetenzen erst gefördert werden. Dies verdeutlichen sie an dem Beispiel blinder Kinder, denen sie einen Bedarf an der Fähigkeit, mit einem Computer umzugehen, zusprechen.

> „Computerschulungen für Blinde gehören zu den Leistungen der Eingliederungshilfe, weil sie über das Internet den Zugang zu Nichtbehinderten ermöglichen [...].“ (Wahrendorf 2012c, Rn. 32)

Diese Kompetenz ermöglicht die Befriedigung des Bedarfs an Teilnahme, weil die Gesetzgeber*innen Kindern und weiteren Personen ohne Behinderung unterstellen, dass sie auch Kontakte über das Internet pflegen. Diesen Bedarf unterstellen sie auch blinden Kindern. Jedoch gehen sie davon aus, dass sie vor allem Unterstützungsbedarfe zum Erlernen der Fähigkeit aufweisen, einen Computer zu benutzen. Damit nehmen sie an, dass Kinder mit (drohender) Behinderung, die spezifische mediale Hilfsmittel benötigen, die dafür notwendigen Kompetenzen zwar nicht immer aufweisen, jedoch die Fähigkeiten haben, diese Kompetenzen zu erlernen.

Überblick über die Ergebnisse der Analyse

Tab. 49: Ergebnisse der Analyse der Unterkategorie: *Medienbildung und -kompetenzen*

Ergebnisse der Analyse	Kinder- und Kindheitsbilder
Die Gesetzgeber*innen gehen davon aus, dass die leistungsberechtigten Kinder Medien nutzen. Hierbei sehen sie vor allem Computer und Kinos als die präferierten Medien. Hinsichtlich der Computernutzung verweisen sie auf Spiele und das Internet.	Kinder als aktive Nutzer*innen ihrer Umwelt
Medienbildung erfolgt nach Ansicht der Gesetzgeber*innen insbesondere in außerschulischen Bildungseinrichtungen und nur unzureichend in ihren Familien und der Schule.	Institutionenkindheit
Medienbildung ist für die Gesetzgeber*innen zwar ein wichtiger allerdings ein nachrangiger Bildungsinhalt, sodass nicht alle Kinder ihre diesbezüglichen Kompetenzen ausweiten müssen.	Die ‚unterstützungsbedürftigen' Kinder
Kinder mit (drohender) Behinderung können aufgrund ihrer behinderungsbedingten Einschränkung auf die Nutzung von Medien angewiesen sein. In diesen Fällen liegt ein erhöhter Bedarf hinsichtlich der Verfügbarkeit und dem Erlernen des Umgangs mit diesen Medien vor.	Die ‚atypischen' Kinder

Quelle: eigene Darstellung

3.2.4.9 Religion/Kultur

Zwei weitere Bildungsinhalte, die die Gesetzgeber*innen in den Leistungen für Bildung und Teilhabe direkt oder indirekt ansprechen, sind die religiösen und die kulturellen Inhalte.

Religiöse Bildung

Die Gesetzgeber*innen greifen die religiöse Bildung im frühkindlichen und im schulischen Kontext in Bezug auf die spezifischen religiösen Werte und Grundhaltungen indirekt hinsichtlich der Nahrungsaufnahme auf. Sie sehen keine

Notwendigkeit, dass die Kinder in diesen Situationen einen aufgeklärten Umgang mit religiösen Ernährungsge- und -verboten erlernen. Vielmehr werden Kinder, die im Rahmen ihres religiösen Glaubens spezifische Nahrungsmittel nicht konsumieren dürfen, von der Kostenübernahme der gemeinschaftlichen Verpflegung ausgeschlossen (vgl. Leopold 2012a, Rn. 123.1), sodass die Klassenkamerad*innen dies nicht als Normalität erfahren. Solche Situationen sollen nicht zum Anlass genommen werden, um den Kindern bspw. die Unterschiede der Religionen aufzuzeigen und sie zu einem vorurteilsfreien Umgang mit Menschen, die einer anderen Religion angehören, anzuleiten. Vielmehr wird eine Andersartigkeit dieser Kinder suggeriert, die sie individuell bewältigen müssen, was zu Stigmatisierungs- und Ausgrenzungsprozessen führen kann.

Weiterhin spielt die Beschäftigung mit religiösen Inhalten auch bei ihren Ausführungen im Rahmen der außerschulischen Bildung keine Rolle. Das zeigt sich speziell darin, dass sie die konfessionellen Träger von Bildungsangeboten nicht in besonderer Weise aufführen. Sie sprechen i. d. R. allgemein von Trägern (bspw.) der Kinder- und Jugendhilfe. Dementsprechend sind die Angebote der verschiedenen Träger ihrem Erachten nach gleichrangig, sodass z. B. Kindern, die einer bestimmten Religion angehören, kein gesonderter oder höherer Bedarfe an Nutzung von Angeboten konfessioneller Träger zugesprochen wird. Gleiches zeigt sich hinsichtlich der Schulen in konfessioneller Trägerschaft. Allerdings liegt die Besonderheit vor, dass Kinder, die von der konfessionellen Trägerschaft der Schule abweichende religiöse Wertvorstellungen haben, diese Schule nicht nutzen müssen (vgl. Leopold 2012a, Rn. 87). Dementsprechend ist die religiöse Bildung nach Ansicht der Gesetzgeber*innen zu berücksichtigen, wenn sie von den eigenen Haltungen abweicht. In diesen Fällen dürfen Kinder nicht dazu verpflichtet werden, an den dort praktizierten Ritualen und Vorstellungen teilzunehmen. Demgegenüber sehen sie aber auch keinen veränderten Bedarf an der Vermittlung religiöser Inhalte der Religion, der die Kinder angehören.

Kulturelle Bildung

Die Gesetzgeber*innen treffen in Bezug auf die kulturelle Bildung Aussagen, indem sie über die Beschäftigung mit künstlerischen Inhalten sprechen. Ihren Ansichten nach umfasst Unterricht im Bereich Kunst

> „[...] eine gestaltende schöpferische Tätigkeit [...]" (Luik 2013b, Rn. 63).

Im Weiteren nennen sie die Bereiche

> „[...] Musik, Malerei, Schauspiel [...]" (Luik 2013b, Rn. 63),

in denen sie diese Tätigkeiten vor allem verankert sehen, sodass sie hier von einer großen Vielfalt an Möglichkeiten ausgehen, welche Aktionen im Rahmen der künstlerischen Beschäftigung ausgeführt werden können. Dabei handelt es sich um das Erlernen eines Instruments, den Besuch von museumspädagogischen Angeboten (vgl. Deutscher Bundestag 2010b, S. 106), das Erlangen von Kompetenzen im Bereich Schauspielerei oder Malerei (vgl. Leopold 2012a, Rn. 137), die Mitgliedschaft in einem Kulturverein, einer Kulturgesellschaft (vgl. Leopold 2012a, Rn. 135), einem Chor oder einem Orchester (vgl. Leopold 2012a, Rn. 136).

Interessieren sich leistungsberechtigte Kinder also für die Ausübung kultureller Bildungsangebote und weisen sie einen Bedarf auf, weiteres Wissen darüber zu erlangen sowie sich intensiver mit dieser Aktivität zu beschäftigen, stellen die Gesetzgeber*innen den leistungsberechtigten Kindern Mittel zur Verfügung, damit sie diese Fähigkeit erlernen und ausbauen können (vgl. § 28 Abs. 7 SGB II und § 3 Abs. 3 AsylbLG i. V. m. § 34 Abs. 7 SGB XII).

Ihren Ansichten nach haben Kinder im Leistungsbezug eine schlechtere kulturelle Bildung als Kinder außerhalb des Leistungsbezuges, da kulturelle Bildung insbesondere in außerschulischen Bildungseinrichtungen stattfindet, in dessen Strukturen die Kinder ohne Leistungsbezug in einem deutlich größeren Umfang integriert sind und folglich mehr gefördert werden. Leistungsberechtigte Kinder nehmen diese Angebote demgegenüber seltener wahr, wie aus nachfolgendem Zitat hervorgeht.

> „Mit den neuen Leistungen für Bildung und Teilhabe (§ 34 SGB XII) beabsichtigt der Gesetzgeber, für Kinder und Jugendliche aus besonders förderungsbedürftigen Haushalten ein gleichberechtigtes Maß an Teilhabe am Leben in der Gemeinschaft zu gewährleisten wie auch den gleichartigen Zugang zu Bildung im schulischen und außerschulischen Bereich zu ermöglichen.“ (Luik 2013e, Rn. 22)

Die Auseinandersetzung und Förderung im kulturellen Bildungsbereich halten die Gesetzgeber*innen allerdings nicht vorrangig wegen der Förderung der damit verbundenen Kompetenzen und Fähigkeiten für notwendig. Ihren Ansichten nach liegt das Potenzial der kulturellen Bildung im außerschulischen Bereich in der Förderung

> „[...] eine[r] grundlegende[n] Voraussetzung für die aktive Mitgestaltung des gesellschaftlichen Lebens“ (Leopold 2012a, Rn. 129)

im Erwachsenenalter. Sollten die leistungsberechtigten Kinder diese Angebote nicht nutzen, reduzieren sich ihre späteren Chancen am gesellschaftlichen Leben im Erwachsenenalter zu partizipieren.

Unterschiede zu den Leistungsberechtigten mit (drohender) Behinderung

Zu zusätzlichen Bedarfen oder Besonderheiten von Kindern mit (drohender) Behinderung treffen die Gesetzgeber*innen zur vorliegenden Unterkategorie keine Aussagen, sodass sie keine abweichenden Bedarfe der Kinder mit (drohender) Behinderung annehmen.

Überblick über die Ergebnisse der Analyse

Tab. 50: Ergebnisse der Analyse der Unterkategorie: *Religion/Kultur*

Ergebnisse der Analyse	Kinder- und Kindheitsbilder
Kindern wird im frühkindlichen und schulischen Kontext im Rahmen der Nahrungsaufnahme kein Bedarf eines aufgeklärten Umgangs mit religiösen Unterschieden zugesprochen.	Kinder als Ergebnis der Fähigkeiten und Kompetenzen ihrer Eltern
Es besteht kein abweichender Bedarf hinsichtlich der Nutzung von Angeboten konfessioneller Träger, um religiöse Bildung in der eigenen Religion zu erhalten.	Kinder als Ergebnis der Fähigkeiten und Kompetenzen ihrer Eltern
Leistungsberechtigte haben eine schlechtere kulturelle Bildung als Gleichaltrige ohne Leistungsbezug, da diese Inhalte vor allem in den außerschulischen Angeboten gefördert werden. Diese werden von den Leistungsberechtigten deutlich seltener genutzt als von Gleichaltrigen ohne Leistungsbezug.	Die Andersartigkeit der Kinder im Leistungsbezug
Kulturelle Bildung dient der Erlangung der Voraussetzungen, um im Erwachsenenalter an der Gemeinschaft partizipieren zu können. Nutzen die Leistungsberechtigten diese Möglichkeit nicht, erlernen sie auch nicht die Fähigkeiten und Kompetenzen, die für eine aktive Mitgestaltung der Gemeinschaft notwendig sind.	Kindheit als Weichenstellung für das zukünftige Leben

Quelle: eigene Darstellung

Resümee

Bildung gilt für die Gesetzgeber*innen als ein wesentlicher Bedarf von Kindern, der mit dem Alter an Bedeutung verliert, sodass ihrem Erachten nach im Erwachsenenalter scheinbar keine Bildungsbedarfe mehr auftreten. Bildung gilt außerdem als zentraler Einflussfaktor auf die Ermöglichung eines späteren Lebens unabhängig von existenzsichernden Leistungen und damit ohne von Armut betroffen zu sein. Dies gelingt ihren Ansichten nach vor allem durch einen erfolgreichen Abschluss der schulischen Ausbildung, der die grundlegende Voraussetzung für die Aufnahme einer Erwerbstätigkeit darstellt. Mit dieser Eingliederung in den Arbeitsmarkt gilt gleichzeitig das Ziel eines Lebens unabhängig von Existenzsicherungsleistungen als erreicht. Die Möglichkeit, dass Erwerbstätigkeit nicht existenzsichernd sein kann, vernachlässigen sie.

Für die Gesetzgeber*innen ist die Schule damit die wichtigste Einrichtung zur Vermittlung von Bildung. Darüber hinaus bestehen weitere Institutionen, die Bildung fördern. Im Vorschulalter sind dies insbesondere die Angebote der Kindertagesbetreuung. Zudem existieren für alle Kinder – teilweise in Abhängigkeit ihres Alters – weitere institutionell organisierte Bildungsangebote, die die Kinder im Existenzsicherungsbezug nach Ansicht der Gesetzgeber*innen in einem zu geringen Umfang nutzen.

Frühkindliche Bildung

Den Bedarf an Bildung verspüren Kinder nach Ansicht der Gesetzgeber*innen bereits im ersten Lebensjahr. In einer bedarfsdeckenden Weise kann *frühkindliche Bildung*, d. h. bevor die Kinder eine Schule besuchen, ihrem Erachten nach bei den Leistungsberechtigten nur in dafür vorgesehenen Einrichtungen und Kursen gelingen. In den ersten Lebensmonaten haben die Kinder einen Bedarf an Bildung, der nur gemeinsam mit den Eltern befriedigt werden kann. Die Bildungsinhalte sind vor allem auf die Unterstützung der Entwicklung der Kinder ausgerichtet und zielen auf die Stärkung der Beziehung zwischen Eltern und ihren Kindern.

In den Folgejahren wird der Bildungsbedarf nach Ansicht der Gesetzgeber*innen insbesondere in den frühkindlichen Bildungseinrichtungen der Kindertagesbetreuung nach §§ 22 bis 24 SGB VIII (Kindertageseinrichtungen und/oder Kindertagespflege) erfüllt. Diese nutzen die Kinder regelmäßig an bis zu fünf Tagen in der Woche über die Dauer mehrerer Stunden hinweg. In den Kindertageseinrichtungen wird der Bedarf an Gemeinschaft mit Gleichaltrigen, an Betreuung, Pflege sowie an Förderung und Erziehung der Kinder gedeckt. Diese Chancen werden der Kindertagespflege in geringerem Maße zugesprochen, hier sehen die Gesetzgeber*innen vielmehr das Potenzial einer außerfamiliären Betreuung und Pflege durch eine konstant anwesende Person. Konkrete Bildungsleistungen dieser Institutionen beschreiben die Gesetzgeber*innen nicht. Sie weisen lediglich darauf hin, dass die Teilnahme an gemeinsamen Ausflügen und Fahrten als wichtiger Bestandteil der Erziehung der Kinder anzusehen ist und als Bedarfe vorliegen, wenn die Gruppe eine solche Aktivität verwirklicht.

Kinder mit (drohender) Behinderung haben nach Ansicht der Gesetzgeber*innen einen weiteren Bedarf an frühkindlicher Bildung, der sich auf die Herstellung und Förderung der Schulfähigkeit sowie die Vorbereitung auf die

Schule bezieht. Mit dieser zusätzlichen Förderung sollen behinderungsbedingte Einschränkungen ausgeglichen werden, damit sich der Entwicklungsstand der Kinder mit (drohender) Behinderung an den Entwicklungsstand der Gleichaltrigen ohne Behinderung angleicht.

Schulische Bildung

Unterstützungen im Bereich der *schulischen Bildung* gelten für die Gesetzgeber*innen als bedeutungsvollster Förderbereich bei Kindern, da vom erfolgreichen Abschluss der schulischen Bildung die spätere Lebenssituation abhängt. Schulische Bildungszertifikate sind demnach langfristig die Voraussetzung um einen Ausbildungsplatz zu erhalten und anschließend eine Erwerbstätigkeit aufnehmen zu können. Diese dient wiederum dazu, dass die Kinder im Erwachsenenalter ihren Lebensunterhalt zumindest auf einem existenzsichernden Niveau aus eigenen Kräften erwirtschaften können. Um dieses langfristige Ziel erreichen zu können, verbinden die Gesetzgeber*innen mit der schulischen Bildung auch weitere Ziele. In den einzelnen Schuljahren wollen sie die jeweilige Klassenstufe erfolgreich beenden und in die nächsthöhere Klassenstufe versetzt werden. Dieses Ziel streben die Kinder wiederkehrend jeweils kurzfristig im Zeitraum eines Jahres an. Im letzten Schuljahr gehen die Gesetzgeber*innen von dem Bedarf aus, dass die Leistungsberechtigten ihre schulische Ausbildung erfolgreich beenden wollen und ihnen dies zertifiziert wird. Dieses – auf den ersten Blick als – mittelfristig anzunehmende Ziel unterstellen sie den leistungsberechtigten Kindern nur als kurzfristiges Ziel. Ihrem Erachten nach wird dieses erst im letzten Schuljahr bedeutsam. Ein kontinuierliches und länger andauerndes Streben nach dem Erlangen eines wünschenswerten Schulabschluss unterstellen sie den leistungsberechtigten Kindern nicht.

Der schulische Bildungsstand wird nach Ansicht der Gesetzgeber*innen in den Beurteilungen der Lehrer*innen offenkundig, d. h. in den Schulnoten und Zeugnissen. Ob und inwiefern diese mit den tatsächlichen Kompetenzen und Fähigkeiten der Kinder übereinstimmen, hinterfragen die Gesetzgeber*innen nicht. Dementsprechend unterstellen sie den Kindern nur einen Bedarf an solchen Schulnoten, die eine Versetzung bzw. den erfolgreichen Abschluss der schulischen Ausbildung dokumentieren, jedoch nicht den Bedarf am Erwerb spezifischer Kompetenzen, Fähigkeiten und Inhalte. Gleichzeitig gilt lediglich das Erreichen dieser Ziele als Bedarf, nicht aber das Erlangen (sehr) guter schulischer Beurteilungen bspw. in Form eines Zeugnisses mit Bestnoten oder dem Wechsel auf eine höhere Schulform. Weiterhin unterstellen die Gesetzgeber*innen den leistungsberechtigten Kindern vornehmlich einen niedrigen Bildungsstand und eher geringe schulische Leistungen, die zu einer Nichtversetzung oder einem Schulwechsel führen können, wenn weder die zusätzlichen schulischen noch die außerschulischen Förderangebote eine Verbesserung der Noten bewirken können. Ihren Ansichten nach haben Kinder mit Bezug existenzsichernder Leistungen nur in Ausnahmefällen so hohe Kompetenzen, dass sie sehr gute bzw. Bestnoten erhalten oder sogar ein Gymnasium besuchen können.

Außerdem unterstellen die Gesetzgeber*innen den leistungsberechtigten Kindern einen unzureichenden Zugang zu schulischer Bildung, der sich darin zeigt, dass die Kinder nicht über die notwendigen finanziellen Mittel verfügen, um an kostenpflichtigen schulischen Aktivitäten teilnehmen zu können. Dabei handelt es sich nicht nur um unregelmäßige Aktionen wie Ausflüge oder Klassenfahrten, sondern auch um permanent vorliegende Bedarfe, die sowohl das zusätzliche Angebot (z. B. Mittagsverpflegung) als auch den schulischen Alltag betreffen (z. B. die Ausstattung mit Materialien für die verschiedenen Unterrichtsfächer). Die nichtvorhandenen Ressourcen und die damit verbundene eingeschränkte Teilnahme an den gemeinsamen Aktivitäten der Gleichaltrigen können zu Ausgrenzungen bzw. Ausschlüssen aus dem Klassenverband führen, was sich nach Ansicht der Gesetzgeber*innen negativ auf die schulischen Leistungen der Kinder auswirken kann.

Leistungsberechtigten Kindern mit (drohender) Behinderung sprechen die Gesetzgeber*innen den Bedarf zum Besuch der gleichen Schulformen und dem Erzielen der gleichen (Bildungs-)Ziele wie den Kindern ohne Behinderung zu. Da es sich ihrem Erachten nach um ein sog. ‚Grundbedürfnis' handelt, das zwingend zu befriedigen ist, sind alle möglichen Unterstützungen zu gewähren, die dies ermöglichen. Daher sind den Kindern mit (drohender) Behinderung u. U. noch zusätzliche Hilfen z. B. durch eine*n sog. ‚Integrationshelfer*in' sowie diverse Hilfemaßnahmen und Gegenstände zur Verfügung zu stellen. Allerdings existieren nach Ansicht der Gesetzgeber*innen auch Behinderungsformen, bei denen nur Schulformen mit geringeren Anforderungen genutzt werden können und in denen lediglich das Ziel der Teilnahme am Schulalltag und nicht das Erreichen eines Schulabschlusses verfolgt wird. Schließlich liegen Behinderungsformen vor, innerhalb derer den Kindern lebenspraktische Fähigkeiten fehlen, die einen Schulbesuch verhindern. Da der Besuch einer Schule sowie deren erfolgreicher Abschluss jedoch erst die Teilnahme am Leben in der Gesellschaft ermöglichen, bleiben die letztgenannten Kinder mit Behinderung per se davon ausgeschlossen. Für den anderen Teil der Kinder mit (drohender) Behinderung wird eine solche Teilnahme als existenznotwendiger Bedarf unterstellt, der durch die oben genannten Maßnahmen und Unterstützungen befriedigt werden soll.

Außerschulische Bildung

Die Bedarfe von Kindern im Bereich der *außerschulischen Bildung* richten sich grundsätzlich auf die Nutzung institutionell organisierter Bildungsangebote. Hierbei unterscheiden die Gesetzgeber*innen zwischen regelmäßigen, gruppenbezogenen Bildungsbedarfen und individuellen Bildungsbedarfen, die nur selten auftreten. Die gruppenbezogenen Bildungsangebote werden insbesondere durch Kinder in Anspruch genommen, die nicht auf existenzsichernde Leistungen angewiesen sind. Um ähnliche Aktivitäten wie diese Kinder ausführen und mit ihnen in Kontakt treten zu können, liegt bei den leistungsberechtigten Kindern ein Bedarf hinsichtlich der Teilnahme an derartigen Angeboten vor. Dabei erscheint es für die Gesetzgeber*innen nicht notwendig, dass die leistungsberechtigten Kinder in gleichem Umfang an diesen Angeboten teilnehmen. Vielmehr reicht ein Umfang im Wert von durchschnittlich zehn Euro im Monat aus. Damit stehen den Kindern ihren Ansichten nach ausreichend Möglichkeiten der Kontaktaufnahme zu den Kindern ohne Leistungsbezug zur Verfügung. Mit der Nutzung dieser Bildungsangebote können zusätzliche Bedarfe an Förderung (kreativer) Fähigkeiten und dem Erwerb (insbesondere) sozialer Kompetenzen gedeckt werden, indem sich die Leistungsberechtigten mit den gleichen Inhalten wie Kinder ohne Leistungsbezug beschäftigen und diese Gleichaltrigen gleichzeitig anwesend sind. Folglich steht für die Gesetzgeber*innen auch hierbei der Kontakt zu den Gleichaltrigen im Vordergrund. Scheinbar gehen sie davon aus, dass die spezifischen Inhalte, mit denen sich die Kinder während der gemeinsamen Aktivitäten befassen, unerheblich für die Förderung der Fähigkeiten und Kompetenzen ist.

Der Bedarf der Inanspruchnahme eines konkreten außerschulischen Bildungsangebots richtet sich nach Ansicht der Gesetzgeber*innen nach den im Wohnumfeld der Kinder verfügbaren Möglichkeiten. Da im Vordergrund dieser Leistung die Deckung des Bedarfs an Teilnahme und Kontakt zu Gleichaltrigen ohne Leistungsbezug steht, rücken die Inhalte der Angebote in den Hintergrund. Die teilnahmebedingten Bildungsbedarfe können ihrem Erachten nach i. d. R. in allen außerschulischen Bildungsangeboten befriedigt werden. Die Gesetzgeber*innen unterstellen dabei vor allem einen Bedarf an Beteiligung an den Angeboten, die über die klassischen Angebote der Kinder- und Jugendarbeit des SGB VIII hinausgehen. Diese Angebote werden ihrem Erachten nach bereits von den leistungsberechtigten Kindern genutzt und nur selten von den Kindern ohne Leistungsbezug in Anspruch genommen. Außerdem erfolgt über den Kontakt zu Gleichaltrigen im Leistungsbezug oder die Familie keine außerschulische Bildungsförderung. Diese gelingt lediglich in solchen Settings, in denen sich Gleichaltrige ohne Leistungsbezug befinden, da diese bereits über die zu vermittelnden (sozialen) Kompetenzen verfügen.

Weiterhin sprechen die Gesetzgeber*innen den Kindern mit (drohender) Behinderung einen Bedarf an außerschulischen Bildungsangeboten zu, der über die Leistungen für die Nutzung außerschulischer Bildungsangebote hinausreicht. Dies begründen sie damit, dass die Kinder mit (drohender) Behinderung neben dem Bedarf am Eingebundensein in die Gleichaltrigenstrukturen der Kinder ohne Existenzsicherungsbezug zusätzlich den Bedarf an Teilnahme an Aktivitäten aufweisen, die die Gleichaltrigen ohne Behinderung ausführen. Zur Sicherung des letztgenannten Bedarfs ist es nicht grundsätzlich notwendig, dass es sich um die Teilnahme an Bildungsangeboten handelt. Vielmehr reicht zur Befriedigung dieses Bedarfs die Möglichkeit aus, an Aktionen der Kinder ohne Behinderung teilnehmen zu können.

Neben den gruppenbezogenen außerschulischen Bildungsangeboten sprechen die Gesetzgeber*innen den leistungsberechtigten Kindern in Einzelfällen einen Bedarf an individueller außerschulischer Bildungsförderung zu, der sich auf die schulischen Bildungsinhalte bezieht. Dieser liegt vor, wenn die Versetzung in die nächsthöhere Klassenstufe aufgrund unzureichender Schulnoten gefährdet ist, allerdings das Erreichen des Klassenziels noch möglich ist. Mit der dafür bereitgestellten Unterstützungsleistung wird das Ziel des Ausgleichs individueller, schulbezogener Defizite verfolgt, wodurch den leistungsberechtigten Kindern gleichzeitig ein individuelles Versagen unterstellt wird. Dieses kann jedoch durch große Anstrengungen in der Freizeit ausgeglichen werden.

(Förderung) eigener Potenziale

Die *Förderung eigener Potenziale* berücksichtigen die Gesetzgeber*innen, nur unter dem Fokus, dass diese zukünftig zur Verbesserung der Chancen auf dem ersten Arbeitsmarkt beitragen und die Kinder im Erwachsenenalter nicht mehr von existenzsichernden Leistungen abhängig sind. Dabei unterstellen sie den Kindern im Leistungsbezug keine besonderen kognitiven Potenziale, sondern vielmehr Fähigkeiten im praktischen Bereich, die in der Freizeit oder als Hobby ausgeführt werden wie Sport, musizieren oder künstlerische Tätigkeiten. Demgegenüber lassen sich keine Annahmen der Gesetzgeber*innen erkennen, die den leistungsberechtigten Kindern einen Bedarf an Förderung spezifischer Fähigkeiten und Potenziale im schulischen bzw. kognitiven Bereich wie Fremdsprachenfähigkeiten, naturwissenschaftliche oder mathematische Potenziale zusprechen.

Den Kindern mit (drohender) Behinderung unterstellen die Gesetzgeber*innen den Bedarf an schulbezogener Förderung in den Jahren, bevor sie in die Schule kommen. Dabei richtet sich der Bedarf danach, dass die Kinder in der Weise auf die Schule vorbereitet sind, dass sie einen etwa gleichen Bildungsstand wie Kinder ohne Behinderung haben. Weiterhin sprechen sie einem Teil der Kinder mit (drohender) Behinderung einen zusätzlichen Förderbedarf alltagspraktischer Fähigkeiten und Kenntnisse zu, sofern sie diese aufgrund ihrer Behinderung noch nicht haben, um wiederum etwa gleiche Kompetenzen und Fähigkeiten wie Gleichaltrige ohne Behinderung zu erlangen.

Zusammenfassend sprechen die Gesetzgeber*innen weder Kindern mit (drohender) Behinderung noch Kindern im Existenzsicherungsbezug Fähigkeiten und Potenziale zu, bei denen sie höhere Kompetenzen als Gleichaltrige ohne Leistungsbezug aufweisen.

Freizeitmöglichkeiten

Die Gesetzgeber*innen gehen davon aus, dass leistungsberechtigte Kinder in ihrer Freizeit Aktivitäten ausführen wie Schwimmen, Fußball spielen oder Fahrrad fahren. Demgegenüber zählen sie andere – insbesondere kostenintensive – Aktionen wie Wandern oder Skifahren nicht zu den *Freizeitmöglichkeiten* der Kinder. Zudem sprechen sie den leistungsberechtigten Kindern den Bedarf an Schreib- und Zeichenutensilien für den Freizeitbedarf ab. Prinzipiell können für die spezifisch unterstellten Freizeitaktivitäten jedoch keine umfänglichen Aussagen über das Kinder- und Kindheitsverständnis vorgenommen werden, da diese hauptsächlich über die Regelbedarfe berücksichtigt sind, die nicht zum Bestandteil der Analyse gehören. Allerdings zeigt sich, dass die Gesetzgeber*innen wohl davon ausgehen, dass die leistungsberechtigten Kinder in ihrer Freizeit insbesondere mit ihren Familien, Verwandten und Freund*innen zusammen sind. Jedoch nehmen sie an, dass diese Gleichaltrigen auch von existenzsichernden Leistungen leben. Die Freizeitgestaltung erfolgt nur in seltenen Fällen im weiteren Umfeld der Kinder. Zumeist findet sie im Wohnumfeld und im Radius zwischen Schule und elterlicher Wohnung statt. Die Kinder nehmen in ihrer Freizeit kaum bis keine zusätzlichen Bildungsangebote in Anspruch, vielmehr stehen Aktivitäten mit unterhaltendem Charakter sowie das Verbringen der frei verfügbaren Zeit mit anderen Menschen im Mittelpunkt, sodass nach Ansicht der Gesetzgeber*innen für die Leistungsberechtigten in dieser Zeit keine Bildungsförderung erfolgt.

Kindern mit (drohender) Behinderung sprechen die Gesetzgeber*innen hierbei einen zusätzlichen Bedarf an Kontakten mit Kindern ohne Behinderung und in ihrem Wohnumfeld zu. Sie sind ihrem Erachten nach nur unzureichend in die Freizeitmöglichkeiten der Gleichaltrigen ohne Behinderung eingebunden. Auch bei diesen Kindern unterstellen die Gesetzgeber*innen einen Bedarf an Teilnahme an den Gemeinschaftsstrukturen der Gleichaltrigen ohne Behinderung und Leistungsbezug.

Partizipation

Leistungsberechtigten fehlen nach Ansicht der Gesetzgeber*innen die notwendigen Kompetenzen und Fähigkeiten für eine aktive Mitgestaltung von Gemeinschaften. Diese können durch außerschulische Bildungsangebote gefördert und erlernt werden. Dazu müssen die leistungsberechtigten Kinder diese Angebote jedoch nutzen. Tun sie dies nicht, werden ihnen diese Fähigkeiten und Kompetenzen im Erwachsenenalter fehlen und sie können nicht an der Gesellschaft partizipieren.

Medienbildung und -kompetenzen

Im Rahmen spezifischer Bildungsinhalte sprechen die Gesetzgeber*innen den leistungsberechtigten Kindern einen Bedarf an *Förderung von Medienkompetenzen* zu, um verantwortungsbewusst mit den Gefahren, die bei der Nutzung (neuer) Medien auftreten können, umgehen zu können. Dieser Bedarf liegt allerdings nur vor, wenn die Kinder selbst ein Interesse an diesen Inhalten haben, da sie diese Angebote nicht als regelmäßig wiederkehrende und ihre Nutzung nicht für alle Kinder als vorhandene Bedarfe annehmen. Gleichzeitig implizieren die Gesetzgeber*innen mit diesem zusätzlichen, außerschulischen Bildungsbedarf eine unzureichende schulische und familiäre Medienbildung der Kinder.

Kinder mit (drohender) Behinderung können je nach Behinderung einen zusätzlichen Bedarf hinsichtlich des Umgangs mit Verständigungsmedien (wie Computer, Hörgeräte) aufweisen. Diese liegen vor, wenn sie zur Reduzierung der Behinderungsfolgen auf spezifische Verständigungsmedien angewiesen sind, um mit Menschen – insbesondere Gleichaltrigen – ohne Behinderung in Kontakt treten zu können.

Religion/Kultur

Die religiöse Bildung i. S. des Erlernens religiöser Werte und Bräuche sowie einem aufgeklärten und vorurteilsfreien Umgang mit den Religionen gilt für die Gesetzgeber*innen nicht als Bildungsbedarf von Kindern. Zudem verpflichten sie die Kinder nicht, frühkindliche, schulische und außerschulische Bildungsangebote zu nutzen, die ihren religiösen Wertvorstellungen entgegenstehen, sodass das praktizieren religiöser Bräuche zur Inanspruchnahme anderer Einrichtungen beitragen kann.

Schließlich sprechen die Gesetzgeber*innen einem Teil der leistungsberechtigten Kinder einen Bedarf an kultureller Bildung zu, der sich vor allem auf den künstlerischen Bereich bezieht. Hierbei kann es sich bspw. um das Erlernen eines Instruments oder um die Förderung im malerischen oder schauspielerischen Bereich handeln. Die kulturelle Bildung ist nach Ansicht der Gesetzgeber*innen ein Bedarf, der nicht bei allen leistungsberechtigten Kindern vorliegt und bislang bei Kindern im Leistungsbezug deutlich seltener befriedigt wird als bei Kindern ohne Bezug existenzsichernder Leistungen. Jedoch scheint für die Gesetzgeber*innen die Förderung in diesem Bereich vor dem Hintergrund besonders bedeutsam zu sein, da kulturelle Bildung eine wichtige Voraussetzung für die Partizipation am gesellschaftlichen Leben im Erwachsenenalter darstellt.

3.2.5 Psychische und physische Lage

Im Rahmen der Kategorie *psychische und physische Lage* treffen die Gesetzgeber*innen Aussagen innerhalb der Unterkategorien *physischer* und *psychischer Gesundheitszustand, Erholung, Schutz vor Gewalt, Risiken und Gefahren* sowie der *gesundheitsbewussten Lebensweise.* Die Differenzierung zwischen physischem und psychischem Gesundheitszustand nehmen sie nur an wenigen Stellen vor, sodass der überwiegende Anteil ihrer Aussagen in beide Unterkategorien einzuordnen ist. Zur Vermeidung von Dopplungen wird daher eine zusätzliche Unterkategorie mit der Bezeichnung *Gesundheitszustand allgemein* eingeführt. Spezifisch zum *physischen Gesundheitszustand* wie auch zur *Hygiene* äußern sich die Gesetzgeber*innen im Rahmen der Leistungen für Bildung und Teilhabe nicht, jedoch innerhalb der weiteren Ausführungen zu den Existenzsicherungsbezieher*innen mit (drohender) Behinderung.

Für die Differenzierung zwischen dem *physischen Gesundheitszustand* und dem *psychischen Gesundheitszustand* wird die Unterteilung verschiedener Krankheiten, die zu einer (drohenden) Behinderung führen können, aus den §§ 1 bis 3 EinglHVO und Neumann 2010, Rn. 9 ff. genutzt. Die Einschränkungen und Krankheiten, die in Bezug auf eine (drohende) körperliche Behinderung benannt werden, werden der Unterkategorie des *physischen Gesundheitszustandes* zugeordnet. Die Einschränkungen und Krankheiten, die im Zusammenhang mit (drohenden) geistigen und seelischen Behinderungen ausformuliert sind, finden sich in der Unterkategorie des *psychischen Gesundheitszustandes* wieder. Dabei lässt sich die Zuordnung spezifischer Einzelfälle kritisch diskutieren. Da dies für die Beantwortung der vorliegenden Forschungsfrage nicht zielführend ist, wird an dieser Stelle nur darauf hingewiesen.

3.2.5.1 Gesundheitszustand allgemein

Die Gesetzgeber*innen kennen verschiedene Ausprägungen des gesundheitlichen Zustands von Kindern. Begriffe wie ‚Gesundheit' oder ‚gesunde Kinder' verwenden sie nie. Sie sprechen aber von erkrankten Kindern (vgl. u. a. Luik

2013d, Rn. 71), von Kindern mit einer drohenden Behinderung (vgl. u. a. Wahrendorf 2012b, Rn. 33) und von Kindern mit Behinderung (vgl. u. a. Lenze 2011b, Rn. 24; Grube 2012b, Rn. 6). Diese Formen behandeln sie in gesonderter Weise und stellen bei ihren Ausformulierungen heraus, dass in diesen Fällen nicht von einem als normal angesehenen, gesundheitlichen und entwicklungsbezogenen Zustand gesprochen werden kann. Folglich weisen sie darauf hin, dass es sich um Ausnahmen handelt und sie grundsätzlich davon ausgehen, dass die leistungsberechtigten Kinder gesund sind. Weichen Kinder stark von diesem Normalzustand ab und werden als Kinder mit (drohender) Behinderung bezeichnet, werden ihnen zusätzliche Leistungen gewährt. Diese Leistungen implizieren ein in Teilen differentes Kinder- und Kindheitsverständnis, da die Leistungen nur einer Teilgruppe zugesprochen werden. Bereits jeweils am Ende der Unterkategorien wurde diesem Umstand Rechnung getragen und die Annahmen der Gesetzgeber*innen hinsichtlich der Kinder mit (drohender) Behinderung rekonstruiert.

Die Gesetzgeber*innen gehen grundsätzlich davon aus, dass Einschränkungen in der Gesundheit zu veränderten Gewohnheiten führen können. Die damit verbundenen gesetzgeberischen Annahmen werden zuerst dargestellt, danach folgen die Implikationen zu den Bereichen Krankheit und (drohender) Behinderung hinsichtlich deren Einfluss auf Bedarfe.

Veränderung von Gewohnheiten aus gesundheitlichen Gründen

Nach Ansicht der Gesetzgeber*innen können physische Reaktionen wie Allergien den Bedarf an einem veränderten Verhalten hervorrufen. Dies ist ihrem Erachten nach der Fall, wenn gesundheitliche Gründe z. B. eine von der Norm abweichende Nahrungszufuhr notwendig machen. Im Rahmen der Leistungen für Bildung und Teilhabe sehen sie dafür keine veränderten Bedarfslagen vor. Das wird dadurch deutlich, dass sie bei der Inanspruchnahme der Mittagesverpflegung in Kindertagesbetreuungsangeboten und Schulen lediglich diejenigen Kosten übernehmen, die für die regulär und für alle Kinder angebotene Mittagsverpflegung entstehen (vgl. Leopold 2012a, Rn. 123.1). Für die leistungsberechtigten Kinder im SGB II- und SGB XII-Bezug, besteht lediglich die Möglichkeit, allgemein höhere Kostenaufwendungen für die Ernährung über andere gesetzliche Regelungen (§ 21 Abs. 5 SGB II oder § 30 Abs. 5 SGB XII)[44] erstattet zu bekommen. Diese schließt aber keine gesonderte Mittagsverpflegung im

44 Diese Möglichkeit ist im AsylbLG nicht aufgenommen, sodass den Kindern im Bezug dieser Existenzsicherungsleistungen keine zusätzlichen Kostenaufwendungen erstattet werden, wenn ihr Gesundheitszustand dies notwendig macht.

Kindertagesbetreuungsangebot oder in der Schule ein, die die Kinder in gleicher Weise wie ‚gesunde' Kinder berücksichtigt. Vielmehr müssen sie bzw. ihre Familien ihre spezifisch auf ihren Gesundheitszustand ausgerichtete Nahrung selbst organisieren (vgl. Luik 2013d, Rn. 67.1). Demnach verneinen die Gesetzgeber*innen zwar nicht den abweichenden Bedarf, dieser erfordert jedoch eine veränderte Behandlung, die ihrem Erachten nach nicht als Aufgabe der Schulen und Kindertagesbetreuungsangeboten zu sehen sind. Spezifische Ernährungsbedarfe aus gesundheitlichen Gründen werden folglich nicht als normal angesehen, da keine Maßnahmen ergriffen werden, damit die Bedarfe der leistungsberechtigten Kinder in gleicher Weise wie die Bedarfe der anderen Kinder befriedigt werden. Da nach Ansicht der Gesetzgeber*innen die Familien für die Beschaffung der abweichenden Verpflegung zuständig sind (vgl. Leopold 2012a, Rn. 123.1), erhalten die Kinder eine Sonderbehandlung. Die damit verbundene Abweichung von der Norm umfasst eine Andersartigkeit der Kinder.

In der Praxis heißt das, dass die Gesetzgeber*innen den erhöhten Aufwand den Familien zusprechen und ihn nicht den Einrichtungen übertragen, in denen ein als normal empfundener Umgang mit Diversität geprägt werden könnte. In diesem Zusammenhang könnte gleichzeitig eine praxisorientierte Vermittlung eines vorurteilsfreien Umgangs mit Heterogenität erfolgen. Dieses Potenzial erkennen die Gesetzgeber*innen jedoch aus dem Grunde nicht, da sie diese Abweichung von der Norm als Besonderheit bewerten und nicht als Normalität.

Einfluss von Krankheit auf Bedarfe

Krankheiten können nach Ansicht der Gesetzgeber*innen je nach Kontext sowohl bedarfsreduzierend als auch bedarfserhöhend wirken.

Bedarfsreduzierender Einfluss von Krankheiten

Krankheit stellt für die Gesetzgeber*innen eine Einschränkung aus gesundheitlichen Gründen dar, die im Vergleich zu Behinderungen nur über einen eingeschränkten Zeitraum und nicht dauerhaft besteht.

Sind leistungsberechtigte Kinder krank, beeinflusst dies nach Ansicht der Gesetzgeber*innen weder die Leistungsdauer von Hilfen, die über Gutscheine und Direktzahlungen gewährt werden, noch besteht die Möglichkeit, eine andere Leistung zu nutzen. Das heißt, eine Krankheit führt i. d. R. dazu, dass der Bedarf von Kindern, der über den spezifischen Gutschein abgedeckt werden soll, in dieser Zeit nicht befriedigt werden kann und nicht zu einem späteren Zeitpunkt nachgeholt werden muss.

> „Die leistungsberechtigten Kinder und Jugendlichen tragen [...] das Risiko, dass sie den Gutschein entsprechend ihrer Interessen und Wünsche realisieren können. Finden sie keine geeigneten Angebote oder können sie diese wegen einer Erkrankung nicht mehr wahrnehmen, so haben sie eine Leistung erhalten, ohne diese in Anspruch nehmen zu können." (Lenze 2011c, Rn. 7)

Kinder, die sich bspw. für die Nutzung eines Fußballvereins entscheiden und sich im Laufe des bereits finanzierten Bewilligungszeitraums verletzt sind, haben nach Ansicht der Gesetzgeber*innen keinen Bedarf an einer Ersatzleistung für die sog. ‚Teilhabe am sozialen und kulturellen Leben in der Gemeinschaft'. Dementsprechend wirkt eine Krankheit für den Zeitraum ihres Bestehens als bedarfsreduzierend. Dieser Umstand liegt neben der genannten Leistung auch für die Bedarfe an ein- und mehrtägigen Ausflügen, nach außerschulischer Lernförderung (vgl. Luik 2013c, Rn. 7) sowie bei den Mehraufwendungen für die gemeinschaftliche Mittagsverpflegung vor (vgl. Luik 2013b, Rn. 54). Im letztgenannten Fall liegt zusätzlich eine Unterdeckung der Bedarfe vor, wenn der Eigenanteil für die Mittagsverpflegung in den Einrichtungen i. d. R. trotz Nichtteilnahme gezahlt werden muss. Da die Kinder aber zu Hause sind, müssen die Familien zusätzlich eine häusliche Mittagsverpflegung zur Verfügung stellen und haben damit doppelte Kosten.

Bedarfserhöhender Einfluss von Krankheiten

Fehlen Kinder krankheitsbedingte am Unterricht, erkennen die Gesetzgeber*innen an, dass sie nicht die gleichen schulischen Leistungen erbringen können wie ihre Klassenkamerad*innen, die über den vorgesehenen Zeitraum die Schule besucht haben.

> „Lernförderung kann jedoch in Betracht kommen, wenn unverschuldete Umstände (zB [sic!] Krankheit) der Erreichung einer der Leistungsfähigkeit des Schülers entsprechenden Schulart entgegenstehen [...]." (Luik 2013b, Rn. 42)

Krankheiten sollen in diesem Fall für die Kinder keine Nachteile mit sich bringen, indem sie die Klassenstufe wiederholen müssen. Vielmehr unterstellen die Gesetzgeber*innen den Kindern, dass sie durch zusätzliche außerschulische Förderung – wenn nötig auch über einen längeren Zeitraum – die versäumten schulischen Inhalte nachholen können und wollen, sodass sie auch weiterhin im Klassenverband bleiben können.

Einfluss von Behinderung und drohender Behinderung auf Bedarfe

Innerhalb der Leistungen für Bildung und Teilhabe nehmen die Gesetzgeber*innen keine umfassenden Ausführungen hinsichtlich (drohender) Behinderung vor. Sie weisen lediglich in § 34a Abs. 1 S. 3 SGB XII darauf hin, dass weitere Leistungen für Kinder mit (drohender) Behinderung, die im sechsten Kapitel SGB XII geregelt sind, bei der Erbringung der Leitungen für Bildung und Teilhabe unberücksichtigt bleiben. Damit zeigen sie auf, dass sie diese Gruppe in ihren Regelungen berücksichtigen. Zudem weisen sie auf veränderte Bedarfe und ihr abweichendes Verständnis von Kindern und Kindheit hinsichtlich dieser Zielgruppe hin. Mit dem Verweis auf das sechste Kapitel des SGB XII sind diese Regelungen gleichbedeutend mit den Ausführungen in den §§ 28, 29 SGB II und § 3 Abs. 3 AsylbLG i. V. m. §§ 34, 34a SGB XII, sodass für die Darstellung und Analyse – wie bereits aus den bisher dargestellten Unterkategorien bekannt – die Regelungen des sechsten Kapitels SGB XII berücksichtigt werden. Zudem beziehen sich die Gesetzgeber*innen im sechsten Kapitel des SGB XII auf Regelungen des SGB IX, sodass auch diese in der Analyse enthalten sind. Dieser Verweis findet sich zwar nicht im SGB II, allerdings wurde mit einem Urteil des BSG (vgl. Luik 2013b, Rn. 13) bestätigt, dass dies in gleicher Weise zutrifft. Für das AsylbLG ergibt sich die gleiche Verfahrensweise, da die Gesetzgeber*innen auf die Regelungen des SGB XII verweisen und keine eigenen Formulierungen verwenden.

In den Regelungen im sechsten Kapitel des SGB XII, dem SGB IX sowie den Kommentaren zu den Leistungen für Bildung und Teilhabe beschreiben die Gesetzgeber*innen die Merkmale, die eine (drohende) Behinderung kennzeichnen, weiterhin stellen sie den Unterschied zwischen Behinderungen und drohenden Behinderungen dar und erläutern die verschiedenen Auswirkungen auf die Bedarfe.

Merkmale, die eine (drohende) Behinderung kennzeichnen

Die Gesetzgeber*innen schreiben Personen das Merkmal ‚Behinderung' zu, wenn deren

> „körperliche Funktionen, geistige Fähigkeiten oder seelische Gesundheit mit hoher Wahrscheinlichkeit länger als sechs Monate von dem für das Lebensalter typischen Zustand abweichen und daher ihre Teilhabe am Leben in der Gesellschaft beeinträchtigt ist." (§ 2 Abs. 1, S. 1 SGB IX)

Behinderung liegt nach Ansicht der Gesetzgeber*innen folglich vor, wenn Personen vom normativen Entwicklungsstand abweichen und diese über einen langen Zeitraum (zumeist dauerhaft) und in mindestens einem der drei benannten Bereiche (körperlich[45], geistig[46] oder seelisch[47]) besteht. Weiterhin müssen die Kinder aufgrund dieser Entwicklungsabweichung mit funktionellen Einschränkungen in ihrem alltäglichen Leben umgehen. Mit der Verwendung des Begriffs ‚Abweichung' unterstellen die Gesetzgeber*innen, dass etwas vergleichsweise nicht normal ist. Neben dem Begriff ‚Abweichung' nutzen sie an anderer Stelle die Begriffe ‚(Gesundheits-)Schaden' und ‚Schädigung' (vgl. u. a. Neumann 2010, Rn. 2; Neumann 2010, Rn. 7; Götz 2009, Rn. 6). Damit schreiben sie den Personen mit (drohender) Behinderung weiterhin eine negativ konnotierte Abweichung von der unterstellten Normalität zu, die den Bedarf an einer Reparatur bzw. einer ‚Ausbesserung' impliziert.

Bei den Bereichen, in denen die Gesetzgeber*innen eine mögliche ‚Abweichung' bzw. ‚Schädigung' annehmen, handelt es sich um die Mobilität (körperlich), Denk- (geistig) sowie Lernfähigkeit (seelisch). Schließlich müssen die Kinder mit sozialen Beeinträchtigungen in Bezug auf die Teilnahme an der Gesellschaft leben, wobei

45 Eine körperliche Behinderung liegt vor, wenn (a) Personen in ihrer Bewegungsfähigkeit (Stütz- oder Bewegungssystem) eingeschränkt sind, (b) wenn sie erhebliche Spaltbildungen im Gesicht, im Rumpf oder mit abstoßend wirkenden Entstellungen, vor allem im Gesicht haben, (c) wenn das körperliche Leistungsvermögen infolge Erkrankung, Schädigung oder Fehlfunktion eines inneren Organs oder der Haut von Personen eingeschränkt ist, (d) wenn sie blind oder erheblich sehbehindert sind (vgl. Neumann 2010, Rn. 9), (e) wenn sie gehörlos sind oder „eine sprachliche Verständigung über das Gehör nur mit Hörhilfen möglich ist" (Neumann 2010, Rn. 9), (f) wenn Personen nicht sprechen können, seelentaub oder hörstumm sind bzw. andere erheblichen Stimmstörungen haben und (g) wenn Menschen von einer Dauerausscheidung von Salmonellen betroffen sind (vgl. Neumann 2010, Rn. 9).

46 Als Menschen mit einer geistigen Behinderung werden diejenigen bezeichnet, bei denen „infolge einer Schwäche ihrer geistigen Kräfte die Funktionsfähigkeit gemindert ist" (Neumann 2010, Rn. 10). Beispielhaft werden die folgenden Störungen angeführt: „vorzeitiger [...] Abbau der geistigen Kräfte, [...] Schwachsinn, [...] angeborene Debilität, Imbecillität, Idiotie, [...] Demenz [...], frühkindliche Hirnschädigung, Folge von Infektionskrankheiten des Gehirns (z. B. Paralyse), Folge von Anfallsleiden, Folge einer Traumatisierung des Gehirns oder einer körperlich nicht begründbaren Psychose, auch die Schizophrenie und [...] Manie [...][sowie] Lernbehinderungen" (Neumann 2010, Rn. 10).

47 Seelische Störungen i. S. einer Behinderung „sind im Gegensatz zu den geistigen Schwächen nicht messbar. Als solche seelische Störungen kommen in Betracht: körperlich nicht begründbare Psychosen, wenn sie nicht zur geistigen Schwäche führen, die seelischen Störungen als Folge von Krankheiten oder Verletzungen des Gehirns, von Anfallsleiden oder von anderen Krankheiten oder körperlichen Beeinträchtigungen, Suchtkrankheiten, Neurosen und Persönlichkeitsstörungen. Dabei können solche seelischen Störungen auch zu geistigen Schäden führen. Die Abgrenzung von geistigen und seelischen Behinderungen ist deshalb nicht immer ohne weiteres möglich." (Neumann 2010, Rn. 11)

„[...] insbesondere folgende Lebensbereiche benannt [sind]: Kommunikation, Mobilität, Selbstversorgung, häusliches Leben und Hilfe für andere, interpersonelle Interaktionen und Beziehungen, Bildung, Arbeit und Beschäftigung, wirtschaftliche Sicherheit, Gemeinschafts-, soziales (z. B. Freizeit, Religion) und staatsbürgerliches Leben [...]." (Bieritz-Harder 2012c, Rn. 5)

Allerdings werden die Gesetzgeber*innen der UN BRK, die die Grundlage für die Neugestaltung der gesetzlichen Regelungen darstellt, nicht in vollem Umfang gerecht, da dort auf die Wechselbeziehung zwischen den Menschen mit Behinderung und ihrer Umwelt hingewiesen wird (vgl. Wahrendorf 2012b, Rn. 13). Das bedeutet, dass innerhalb der Gesellschaft Barrieren in den Einstellungen und den Haltungen in dem Sinne abgebaut werden müssen, dass die Behinderung nicht als Besonderheit angesehen wird und den Kindern auch als solche zugeschrieben wird. Es gilt, diese funktionelle Abweichung als Normalität anzunehmen, die ein Teil der Gesellschaft aufweist, ohne damit Wertungen oder Besonderheiten zu konstruieren (vgl. Götz 2009, Rn. 6). Durch die unterlassene Berücksichtigung dieses Aspekts, liegt die Vermutung nahe, dass die Gesetzgeber*innen dieses Verständnis bzw. diese Haltung nicht teilen. Dies wird außerdem durch die Formulierungen zu den weiteren Regelungen deutlich, die bisher und nachfolgend dargestellt und analysiert sind.

Die beschriebenen Gesundheitszustände von Kindern mit (drohender) Behinderung weichen ihrem Erachten nach so stark von der Normalität ab, dass dafür Regelungen in gesonderten Gesetz(esteil)en (Sechstes Kapitel SGB XII und SGB IX) aufgestellt wurden, die ihnen einerseits zusätzliche Bedarfe zusprechen. Andererseits erhalten die Kinder über diese Aussonderung in andere Gesetze(steile) einen besonderen Stellenwert, der sie wiederum als Abweichung von der Norm wirken lässt. Die durch die Fähigkeitsbeeinträchtigung der Kinder zugesprochene Abweichung von einem unterstellen Normalzustand führt nach Ansicht der Gesetzgeber*innen in der Gesellschaft zu Ausgrenzungen und unzureichenden Teilnahmemöglichkeiten, die nur durch zusätzliche Unterstützungen reduziert werden können (vgl. Wahrendorf 2012b, Rn. 17).

Darüber hinaus sprechen sie der Gruppe der Kinder mit (drohender) Behinderung, die sich in einer stationären Einrichtung befinden, eine noch geringere Zugehörigkeit zur Gesellschaft im Allgemeinen und den Gleichaltrigen im Besonderen zu, da die Gesetzgeber*innen diese Kinder nach § 2b Abs. 1 S. 2 SGB XII i. V. m. § 42 SGB XII von den Leistungen für Bildung und Teilhabe ausschließen. Ihnen werden zwar Teilnahmeleistungen gewährt, diese sind aber komplett über die §§ 75 ff. SGB XII zu erbringen (vgl. Grube 2012b, Rn. 6), sodass sie keinerlei Ansprüche im Rahmen der Leistungen für Bildung und Teilhabe haben. Demnach sehen die Gesetzgeber*innen sie letztlich als Gruppe mit gesonderten Bedarfen an.

Merkmale einer drohenden Behinderung und deren Auswirkung auf die Bedarfe

Die Gesetzgeber*innen schreiben weiterhin von einer Gruppe, für die das Merkmal ‚bedrohte Behinderung' charakteristisch ist. Diese werden als solche bezeichnet, wenn die beschriebenen Beeinträchtigungen zu erwarten sind (vgl. § 2 Abs. 1 S. 2 SGB IX). Dieser Umstand liegt insbesondere bei Kindern und Jugendlichen vor, da bei ihnen

> „[...] schwer zu beurteilen [ist], ob mit einer künftigen Behinderung zu rechnen ist oder nur die vergleichbaren Altersgenossen voraus sind, so dass mit fortschreitendem Lebensalter ein Aufholen erwartet wird." (Neumann 2010, Rn. 21)

Bei der Einschätzung muss allerdings ein deutlicher Hinweis darauf gegeben sein, dass eine Behinderung möglich ist. Allein mit einer vagen Vermutung darf dieses Merkmal noch keiner Person zugesprochen werden (vgl. Götz 2009, Rn. 10). Die Gesetzgeber*innen wollen den Adressat*innen mit dieser zusätzlichen Eingruppierung die Möglichkeit bieten, präventive Hilfen und frühestmögliche Interventionen zu nutzen (vgl. Wahrendorf 2012b, Rn. 33). Dementsprechend erhalten sie nicht die gleichen Unterstützungen wie Kinder, bei denen eine Behinderung diagnostiziert wurde (vgl. Götz 2009, Rn. 12). Kinder, bei denen eine potenzielle Behinderung droht, weisen nach Ansicht der Gesetzgeber*innen den Bedarf an Hilfen auf, etwaige Auswirkungen schnellstmöglich zu reduzieren, sodass sie den angenommenen Normalzustand erreichen und auch als gesund eingeordnet werden.

Überblick über die Ergebnisse der Analyse

Tab. 51: Ergebnisse der Analyse der Unterkategorie: *Gesundheitszustand allgemein*

Ergebnisse der Analyse	Kinder- und Kindheitsbilder
Die Gesetzgeber*innen gehen davon aus, dass die leistungsberechtigten Kinder grundsätzlich gesund sind.	Die gesunden Kinder
Abweichend davon gibt es jedoch Kinder mit dauerhaften Einschränkungen, die als Kinder mit (drohender) Behinderung bezeichnet werden. Diese Abweichung vom angenommenen Normalzustand ruft zusätzliche Unterstützungsbedarfe hervor.	Die ‚atypischen' Kinder
Gesundheitliche Abweichungen (z. B. in Form von Lebensmittelallergien) können zu abweichenden Bedarfen in der Nahrungsaufnahme führen. Die Erfüllung dieser veränderten Bedarfe liegt bei den Familien der Betroffenen und nicht auch bei den besuchten Bildungseinrichtungen.	Die gesunden Kinder

Ergebnisse der Analyse	Kinder- und Kindheitsbilder
Krankheiten wirken bedarfsreduzierend. Werden Kinder krank und nutzen sie für diesen Zeitraum die bewilligten Leistungen nicht, erhalten sie weder Ersatzleistungen noch dürfen sie die Aktivitäten zu einem späteren Zeitpunkt nachholen. Demensprechend mindert eine Krankheit die Bedarfe von Kindern an Bildung und Teilnahme.	Die gesunden Kinder
Krankheiten wirken ausschließlich im Bereich der schulischen Bildungsförderung bedarfserhöhend, wenn durch eine Krankheit die Versetzung der Kinder in die nächsthöhere Klassenstufe gefährdet ist. Die Leistungsberechtigten haben dann Anspruch auf zusätzliche außerschulische Lernförderung, damit sie weiterhin im Klassenverband bleiben können.	‚Dabeisein ist alles'
Kinder mit (drohender) Behinderung haben mindestens eine Einschränkung im körperlichen, geistigen oder seelischen Bereich. Diese Einschränkung bezieht sich darauf, dass ihnen eine Abweichung vom als normal angenommenen Entwicklungsstand zugesprochen wird.	Die ‚atypischen' Kinder
Kinder mit (drohender) Behinderung haben erhöhte Bedarfe – vor allem im Bereiche der Teilhabe. Dies hängt insbesondere damit zusammen, dass sie aufgrund der unterstellten Abweichung von der Normalität von der Teilhabe am gesellschaftlichen Leben ausgeschlossen sind.	Die Ausgeschlossenen
Kinder, denen eine Behinderung droht, weisen einen Bedarf an Hilfen auf, um die möglichen Auswirkungen so früh wie möglich zu reduzieren.	Die gesunden Kinder

Quelle: eigene Darstellung

3.2.5.2 Physischer Gesundheitszustand

Im Rahmen der Leistungen für Bildung und Teilhabe treffen die Gesetzgeber*innen keine Aussagen zum physischen Gesundheitszustand der Leistungsberechtigten. Allerdings nehmen sie Unterschiede für Kinder mit (drohender) Behinderung an.

Unterschiede zu den Leistungsberechtigten mit (drohender) Behinderung

Im Rahmen der Leistungen für Kinder mit (drohender) körperlicher Behinderung legen die Gesetzgeber*innen offen, dass sie den Einsatz der körperlichen Grundfunktionen als Grundbedürfnis begreifen, das folglich zu sichern ist. Haben Kinder mit (drohender) Behinderung derartige Einschränkungen, besteht nach Ansicht der Gesetzgeber*innen die Möglichkeit, dass diese durch sog. ‚Hilfsmittel' kompensiert oder ersetzt werden können wie einem Rollstuhl, einem Hörgerät oder einer Brille. Diese Art der Unterstützung ist ihrem Erachten nach nur bei Einschränkungen des physischen Gesundheitszustandes möglich. Ein Bedarf an diesen Hilfsmitteln liegt nach Ansicht der Gesetzgeber*innen allerdings nicht in jedem Fall vor, sondern nur, wenn die Kinder entweder in allen Lebensbereichen Einschränkungen erfahren und/oder wenn die Kinder durch die Hilfsmittel befähigt werden, an den Strukturen und Aktivitäten der Gleichaltrigen ohne Behinderung teilnehmen zu können (vgl. Bieritz-Harder 2012d, Rn. 21). Indem die Gesetzgeber*innen die Bedarfe an diese Voraussetzungen koppeln, wird deutlich, dass sie den Bedarf an Hilfsmitteln dem Bedarf an Teilnahme an Gemeinschaften unterordnen und nicht ausschließlich davon ausgehen, dass die Befriedigung des Bedarfs ein positives Wohlbefinden hinsichtlich des psychischen und physischen Gesundheitszustandes mit sich bringt. Den Bedarf an Teilnahme gewichten sie genauso hoch wie den Bedarf, Einschränkungen in allen Lebensbereichen zu reduzieren. Haben die Kinder also Einschränkungen, die sich lediglich auf einzelne Bereiche beziehen, sprechen die Gesetzgeber*innen ihnen keinen Hilfebedarf zu.

Überblick über die Ergebnisse der Analyse

Tab. 52: Ergebnisse der Analyse der Unterkategorie: *Physischer Gesundheitszustand*

Ergebnisse der Analyse	Kinder- und Kindheitsbilder
Kinder mit (drohender) Behinderung können in ihren körperlichen Grundfunktionen eingeschränkt sein.	Die ‚atypischen' Kinder
Zur Reduzierung der Folgen dieser Einschränkungen können sog. ‚Hilfsmittel' eingesetzt werden. Jedoch werden diese nur als Bedarf anerkannt, wenn die Kinder in allen Lebenslagen eingeschränkt sind oder eine geminderte Teilhabe an den Gleichaltrigenstrukturen damit einhergeht.	Die gesunden Kinder Die Ausgeschlossenen

Quelle: eigene Darstellung

3.2.5.3 Psychischer Gesundheitszustand

Der *psychische Gesundheitszustand* wird für die Gesetzgeber*innen im Rahmen der Leistungen für Bildung und Teilhabe in zweifacher Hinsicht relevant: erstens bezüglich einer reduzierten Lern- und Leistungsfähigkeit und zweitens hinsichtlich des negativen Einflusses der Familie auf die Kinder.

Reduzierte Lern- und Leistungsfähigkeit

Die Gesetzgeber*innen gehen davon aus, dass leistungsberechtigte Kinder von diversen lern- und leistungsbezogenen Einschränkungen betroffen sein können. Dies zeigt sich darin, dass sie bspw. die Begriffe ‚Legasthenie' bzw. ‚Dyslexie' (Lese-Rechtschreibschwäche), ‚Dyskalkulie' (Rechtschreibschwäche) und ‚ADHS' verwenden (vgl. Lenze 2011b, Rn. 24), die sie als Einschränkungen des Gesundheitszustands beschreiben. Deren Auswirkungen sind ihrem Erachten nach im schulischen Kontext bedeutsam, da sie darauf verweisen, dass betroffene Kinder deswegen nicht in gleicher Weise mit ihren Klassenkamerad*innen mithalten können. Um die schulischen Anforderungen trotzdem bewältigen zu können, haben die Kinder nach Ansicht der Gesetzgeber*innen einen Bedarf an zusätzlichen Unterstützungen z. B. in Form von Therapieangeboten, die nach dem § 35a SGB VIII gewährt werden, sowie durch (sonderpädagogische) Förderung innerhalb der Schule (vgl. Lenze 2011b, Rn. 24). Sollten diese Unterstützungen für die Kinder nicht gewährt werden, erkennen die Gesetzgeber*innen einen zusätzlichen Bedarf an außerschulischer Lernförderung zur Verringerung der Defizite an (vgl. § 28 Abs. 5 SGB II; § 3 Abs. 3 AsylbLG i. V. m. § 34 Abs. 5 SGB XII).

Anders als bei der sonst gewährten außerschulischen Lernförderung verlangen die Gesetzgeber*innen, dass nicht nur die schulfachspezifischen Inhalte bearbeitet werden, sondern dass spezifische Fachkräfte dafür eingesetzt werden müssen, die die psychologischen oder medizinischen Ursachen berücksichtigen können. Dementsprechend dürfen nicht nur Personen beauftragt werden, die einen Wissensvorsprung gegenüber den Leistungsberechtigten haben wie ältere Schüler*innen, Studierende oder pensionierte Lehrer*innen (vgl. Lenze 2011b, Rn. 24). Weiterhin kann diese Form der Lernförderung über einen längeren Zeitraum (von einem Jahr und nicht nur für die Zeit, in der das Erreichen des Klassenziels bedroht ist,) andauern (vgl. Leopold 2012a, Rn. 110.1). Folglich gehen die Gesetzgeber*innen davon aus, dass lern- und leistungsbezogene Einschränkungen, die durch eine gesundheitliche Einschränkung begründet sind, veränderte Bedarfe hinsichtlich der Lernförderung hervorrufen. Damit besteht ein deutlicher Unterschied zu den Hilfen, die sonst zur außerschulischen Lernförderung bei unzureichenden schulischen Leistungen gewährt werden.

Weiterhin verstehen die Gesetzgeber*innen die gesundheitlichen Einschränkungen in der Lern- und Leistungsfähigkeit trotz des Merkmals der ‚Längerfristigkeit' nicht als eine Behinderung. Vielmehr bezeichnen sie diese als ‚Schwächen'. Diese unterscheiden sich von einer Behinderung, weil deren Folgen durch eine regelmäßige und andauernde Förderung ausgeglichen werden können. Damit stellen die Gesetzgeber*innen gleichzeitig fest, dass Einschränkungen im psychischen Gesundheitszustand insbesondere im Bereich des Lernens und der grundlegenden schulisch zu vermittelnden Kompetenzen wie Lesen, Schreiben und Rechnen bestehen (vgl. Wahrendorf 2012b, Rn. 26), die jedoch nicht so schwerwiegend sind, dass sie zwangsläufig als Behinderungen bezeichnet werden.

> „Nicht jede schulische Leistungsschwäche hat einen Anspruch auf Eingliederungshilfe zur Folge. Es bedarf einer sorgfältigen Ermittlung unter Hinzuziehung von Ärzten und/oder Therapeuten, ob wirklich eine Behinderung vorliegt. Hierzu sind insbesondere zum kognitiven und emotionalen Bereich Feststellungen zu treffen, die nicht mehr den eigentlich schulisch-pädagogischen Kernbereich betreffen." (Wahrendorf 2012c, Rn. 37)

Sie gehen folglich von fließenden Übergängen zwischen Beeinträchtigungen und Behinderungen aus, deren Beurteilung gleichzeitig festschreibt, ob behinderungsbedingte Bedarfe vorliegen oder nicht.

Darüber hinaus werden nach Ansicht der Gesetzgeber*innen durch die Auswirkungen starker psychischer Belastungen im schulischen Rahmen wie Schulangst oder eine misslungene Integration in die Klasse keine Bedarfe ausgelöst. Diese werden erst relevant, wenn sie im Kontext weiterer Belastungen auftreten. In diesen Fällen ist ihnen jedoch über andere Gesetze (speziell die Hilfen zur Erziehung nach §§ 27 ff. SGB VIII) entgegenzuwirken (vgl. Lenze 2011b, Rn. 24).

Psychische Belastungen durch die Familie

Die Gesetzgeber*innen gehen davon aus, dass Kinder im Leistungsbezug zum Teil in einem häuslichen Umfeld aufwachsen, dass ihren psychischen Gesundheitszustand beeinträchtigt.

> „Hiermit wird die Hoffnung verbunden, Kindern und Jugendlichen aus einkommensschwachen Familien die Chance zu geben, aus dem mitunter bedrückenden Alltag herauszukommen, neue Erfahrungen zu machen, Zuwendung zu erfahren und mit Gleichaltrigen etwas zu unternehmen." (Leopold 2012a, Rn. 139)

Auf der Grundlage dieses Zitats zeigt sich, dass die Gesetzgeber*innen von „einkommensschwachen Familien" annehmen, dass ihre Kinder psychischen Belastungen ausgesetzt sind, die auf familiäre Ursachen zurückzuführen sind. Indem die Gesetzgeber*innen eine spezifische Gruppe ansprechen, wird deutlich, dass sie Eltern im Existenzsicherungsbezug zuschreiben, ihre Kinder nicht vor einem „bedrückenden Alltag" zu schützen. Damit vernachlässigen sie nicht nur ihre Fürsorgepflicht gegenüber ihren Kindern, sondern werden selbst zu einem Belastungsfaktor. Die Gesetzgeber*innen sehen allerdings keine Potenziale, an der Familiensituation etwas verändern zu können, um die psychischen Belastungen durch die Eltern einzuschränken. Allein die Nichtanwesenheit in der Familie kann die Kinder ihrem Erachten nach aus der Situation herausholen und ihnen eine sog. ‚Auszeit' bieten. Andere Möglichkeiten wie eine Beratung der Eltern zur Inanspruchnahme von Hilfen zur Erziehung o. ä. nehmen sie nicht in den Blick.

Unterschiede zu den Leistungsberechtigten mit (drohender) Behinderung

Unterschiede, die dieser Unterkategorie zuzuordnen sind, beziehen sich nur auf Kinder mit einer (drohenden) geistigen Behinderung. Diese haben nach Ansicht der Gesetzgeber*innen veränderte Bedarfe, während die Kinder mit anderen (drohenden) Behinderungen keine Abweichungen hinsichtlich des psychischen Gesundheitszustandes von den weiteren leistungsberechtigten Kindern aufweisen.

Die Gesetzgeber*innen nehmen an, dass Kinder mit (drohender) geistiger Behinderung, die bereits eine Förderschule besuchen, trotz des erhöhten Maßes an bildungsbezogener Unterstützung einen Bedarf an zusätzlicher Lernförderung haben können, da sie auch in dieser Schulform nicht den schulischen Leistungsstand erreichen wie ihre Klassenkamerad*innen (vgl. Luik 2013d, Rn. 28.1). Zur Deckung dieses Bedarfs gewähren die Gesetzgeber*innen diesen Kindern die Übernahme der Kosten für eine zusätzliche außerschulische Förderung der schulischen Inhalte. Dabei unterstellen sie den Kindern mit (drohender) geistiger Behinderung nicht, dass sie den Bedarf zur Versetzung in die nächste Klassenstufe aufweisen müssen. Vielmehr kann sich dieser für Förderschüler*innen auch auf das Erreichen der durch die

> „[...] landesrechtlich bestimmten Förderpläne[...] gesteckten Ziele" (Luik 2013d, Rn. 59.2)

bestehen. Kindern mit (drohender) geistiger Behinderung werden damit im Allgemeinen geringere Leistungsziele zugesprochen als anderen Kindern sowie als Kindern, die mit einer anderen (drohenden) Behinderungsform leben. Darüber hinaus zeigt sich – wie bereits im Rahmen der Ausführungen zu den reduzierten Lern- und Leistungsfähigkeiten –, dass die Gesetzgeber*innen beim Vorliegen von gesundheitlichen Einschränkungen der kognitiven Fähigkeiten erweiterte Bedarfe für die Verbesserung der schulischen Leistungen z. B. in Form von längerfristigen Förderungen anerkennen. Folglich scheinen sie Kindern, deren unzureichende Schulleistungen mit den gesundheitlichen Einschränkungen verbunden sind, einen erhöhten Bedarf an der Verbesserung der Leistungen durch professionelle, außerschulische Hilfen zuzusprechen als Kindern mit unzureichenden schulischen Leistungen, die auf keinen spezifischen Grund zurückzuführen sind.

Weiterhin ist der psychische Gesundheitszustand nach Ansicht der Gesetzgeber*innen bei Kindern (aber auch bei Erwachsenen) mit (drohender) geistiger Behinderung in der Form eingeschränkt, dass sie

> „[...] infolge einer Schwäche ihrer geistigen Kräfte in erheblichem Umfange in ihrer Fähigkeit zur Teilhabe am Leben in der Gesellschaft eingeschränkt sind." (§ 2 EinglHVO)

Die Gesetzgeber*innen heben hier einen starken Zusammenhang zwischen dem psychischen Gesundheitszustand und der Teilnahme in der Gesellschaft hervor. Durch diese Folgen gesundheitlicher Einschränkungen liegt ihrem Erachten nach ein erhöhter Bedarf an Teilnahme in der Gemeinschaft vor, der durch diverse Leistungen auszugleichen versucht werden soll. Damit wird deutlich, dass die Gesetzgeber*innen den Kindern eine individuelle Problembewältigung zuschreiben, die nicht mit Veränderungen in der Gemeinschaft zusammenhängen. Die unterstellten Schwächen der Kinder sind zu reduzieren, damit deren Teilnahmechancen erhöht werden können.

Überblick über die Ergebnisse der Analyse

Tab. 53: Ergebnisse der Analyse der Unterkategorie: *Psychischer Gesundheitszustand*

Ergebnisse der Analyse	Kinder- und Kindheitsbilder
Die leistungsberechtigten Kinder können nach Ansicht der Gesetzgeber*innen hinsichtlich ihrer Lern- und Leistungsfähigkeit eingeschränkt sein, was in der Schule bedeutsam wird, da die Leistungsberechtigten in diesen Fällen über geringere Kompetenzen verfügen als ihre Klassenkamerad*innen.	Die ‚minderbegabten' Kinder
Leistungsberechtigte Kinder mit eingeschränkter Lern- und Leistungsfähigkeit haben den Bedarf, diese gesundheitlichen Einschränkungen durch die Unterstützung von qualifizierten Fachkräften zu reduzieren.	Kinder als abhängige Menschen von Dritten
Leistungsberechtigte Kinder werden in ihrem psychischen Gesundheitszustand durch das negative Klima belastet, das in ihrer Familie vorherrscht.	Kinder als Ergebnis der Fähigkeiten und Kompetenzen ihrer Eltern

Ergebnisse der Analyse	Kinder- und Kindheitsbilder
Kinder mit (drohender) geistiger Behinderung können einen so hohen Bedarf an bildungsbezogener Unterstützung aufweisen, dass sie neben der stärkeren Förderung in der Förderschule zusätzliche außerschulische Lernförderung benötigen und selbst dann das Bildungsziel der Klassenstufe nicht erreichen.	Die ‚atypischen' Kinder
Obwohl Kinder mit (drohender) Behinderung trotz zusätzlicher Lernförderung möglicherweise keinen Schulabschluss erlangen werden, haben auch diese Kinder nach Ansicht der Gesetzgeber*innen einen Bedarf, die schulischen Bildungsangebote zu besuchen.	Die ‚minderbegabten Kinder' Schulkindheit
Kinder mit (drohender) geistiger Behinderung weisen Schwächen auf, durch die sie in ihrer Teilhabe am Leben in der Gemeinschaft eingeschränkt sind. Dies wird den Kindern als individuelles Problem zugesprochen, dass nur durch eine Veränderung bei den Kindern selbst bewältigt werden kann und keine Handlungsbedarfe für die Gemeinschaft auslöst.	Die Ausgeschlossenen

Quelle: eigene Darstellung

3.2.5.4 Hygiene

Begrifflichkeiten, die auf einen Zusammenhang mit Hygiene hindeuten, benutzen die Gesetzgeber*innen in den Leistungen für Bildung und Teilhabe ausschließlich durch das Wort „Körperpflege" (vgl. u. a. Luik 2013d, Rn. 10; Deutscher Bundestag 2003, S. 56). Sie verweisen darauf, dass diese Bedarfe in den Regelleistungen enthalten sind. Mit dieser Einordnung verbinden die Gesetzgeber*innen das Verständnis, dass Kinder einen ständigen Bedarf an materieller Unterstützung für die „Körperpflege" haben, der sich aus einer wiederkehrenden Nutzung ergibt, da diese Leistungen laut Definition für regelmäßig anfallende Bedarfe gewährt werden. Folglich scheinen sie davon auszugehen, dass die Kinder regelmäßige Hygienemaßnahmen betreiben, d. h. sie pflegen demensprechend ihren Körper aktiv und leisten gleichzeitig einen Beitrag zu dessen Gesunderhaltung.

Unterschiede zu den Leistungsberechtigten mit (drohender) Behinderung

Die Gesetzgeber*innen legen im Rahmen der Leistungen für Kinder mit (drohender) Behinderung dar, dass sie unter einer „elementaren Körperpflege" (vgl. Bieritz-Harder 2012d, Rn. 20) ein Grundbedürfnis begreifen. Indem sie dieses im Kontext der Leistungen für Kinder mit (drohender) Behinderung thematisieren, nehmen sie an, dass eine regelmäßige Pflege des Körpers nicht allen diesen Kindern ohne Hilfe möglich ist. Folglich verfügen die Leistungsberechtigten mit (drohender) Behinderung nicht in jedem Fall über die Fähigkeit zur Durchführung derartiger Maßnahmen. Als Unterstützungsleistung erkennen die Gesetzgeber*innen die Hilfsmittel der medizinischen Rehabilitation an (vgl. Bieritz-Harder 2012d, Rn. 20). Mit dem Begriff ‚Hilfsmittel' wird deutlich, dass sie davon ausgehen, dass die Kinder zusätzlich spezifische Gebrauchsgegenstände benötigen. Dabei handelt es sich nicht um Gegenstände, die generell im täglichen Leben verwendet werden, sondern um solche, die speziell zur Reduzierung konkreter Behinderungsfolgen entwickelt wurden (vgl. Bieritz-Harder 2012d, Rn. 21). Zu denken sei hierbei z. B. an einen Badewannenlift oder spezifische Haltegriffe im Bereich der Toilette.

Zusammenfassend ergibt sich daraus, dass die Gesetzgeber*innen den Menschen mit (drohender) Behinderung den gleichen Bedarf an Körperpflege zusprechen wie den Leistungsberechtigten. Sollten sie jedoch durch die Folgen der (drohenden) Behinderung in der Ausführung derartiger Maßnahmen eingeschränkt sein, sprechen ihnen die Gesetzgeber*innen einen zusätzlichen Bedarf an Gebrauchsgegenständen zu. Dadurch können sie nach Ansicht der Gesetzgeber*innen ihren Körper in gleicher Weise pflegen wie andere Personen.

Überblick über die Ergebnisse der Analyse

Tab. 54: Ergebnisse der Analyse der Unterkategorie: *Hygiene*

Ergebnisse der Analyse	Kinder- und Kindheitsbilder
Leistungsberechtigte Kinder pflegen ihren Körper regelmäßig und leisten damit einen Beitrag zur Gesunderhaltung ihres Körpers.	Die gesunden Kinder
Kinder mit (drohender) Behinderung können in ihren Fähigkeiten zur Ausführung von Hygienemaßnahmen eingeschränkt sein, weswegen sie dabei Unterstützung benötigen.	Die ‚atypischen' Kinder

Quelle: eigene Darstellung

3.2.5.5 Erholung

Aus den Gesetzesmaterialien geht sowohl hervor, für welche Bedingungen die Gesetzgeber*innen einen Bedarf an Erholung sehen, als auch hinsichtlich welcher Kontexte sie keinen Bedarf an Erholung berücksichtigen.

Kontexte, in denen keine Bedarfe an Erholung auftreten

Die Gesetzgeber*innen nutzen zwar in ihren Ausformulierungen im Rahmen der Leistungen für Bildung und Teilhabe Begriffe, die mit Erholung in Verbindung stehen wie Feiertage, Ferien und Reisen (vgl. dazu u. a. Luik 2013b, Rn. 54; Lenze 2011b, Rn. 36). Sie bringen diese Begriffe jedoch kaum mit dem Ziel der Erholung und Entspannung in Zusammenhang.

Die Begriffe ‚Ferien' und ‚Feiertage' verwenden sie i. d. R. im Kontext Schule und stellen darauf ab, dass die Kinder in diesem Zeitraum nicht zur Schule gehen müssen (vgl. Deutscher Bundestag 2010b, S. 104). Ob sie in dieser Zeit einen Bedarf an Erholung und Entspannung verspüren und wie sich dies ihren Ansichten nach zeigt, darüber treffen sie keine Aussagen. Zudem erkennen sie keine zusätzlichen Bedarfe für die tägliche Regeneration vom schulischen Alltag an.

Weiterhin verwenden die Gesetzgeber*innen die Begriffe ‚Ferien(-freizeit)' und ‚Reise' im Kontext außerschulischer und institutionell organisierter Bildungsangebote und zeigen auf, dass leistungsberechtigte Kinder einen Bedarf danach haben, diese Zeit weder in der Schule noch mit ihrer Familie zu verbringen (vgl. Lenze 2011b, Rn. 36). Sie verwenden in diesem Kontext den Begriff ‚Stadtranderholung', wobei sie diesen als Erklärung für den Terminus der ‚täglichen Betreuung' in den Ferien verwenden und keine weiteren Aussagen zum Bedarf von Kindern an Erholung treffen. Dementsprechend findet Erholung und Entspannung ihren Ansichten nach in außerschulischen Bildungsinstitutionen statt.

Bedingungen, die einen Bedarf an Erholung hervorrufen

Einen Bedarf an Erholung unterstellen die Gesetzgeber*innen den leistungsberechtigten Kindern lediglich als sog. ‚Auszeit' von ihrer Familie und nicht als gemeinsam mit ihrer Familie verbrachte Zeit, wie es im Allgemeinen gerade bei jüngeren Kindern vermutet werden kann. Als Grund für die benannte Erholung sehen die Gesetzgeber*innen nicht – wie allgemein angenommen – als Auszeit vom Schulalltag (vgl. Leopold 2012a, Rn. 57.1). Ihrem Erachten nach benötigen die Kinder einen räumlichen Abstand von ihren Familien, weil sie dort psychischen Belastungen ausgesetzt sein können.

> „Hiermit wird die Hoffnung verbunden, Kindern und Jugendlichen aus einkommensschwachen Familien die Chance zu geben, aus dem mitunter bedrückenden Alltag herauszukommen, neue Erfahrungen zu machen, Zuwendung zu erfahren und mit Gleichaltrigen etwas zu unternehmen." (Leopold 2012a, Rn. 139)

Damit unterstellen die Gesetzgeber*innen den Familien teilweise einen deutlich höheren Belastungsfaktor als bspw. der Schule und sehen die Familie nicht als Ort an, an dem Erholung und Entspannung erfolgt. In diesen Fällen können die außerschulischen Bildungsangebote, die in den Ferien über mehrere Tage hinweg bereitgestellt werden, für die leistungsberechtigten Kinder als positiver Einflussfaktor auf ihren psychischen Gesundheitszustand dienen.

Unterschiede zu den Leistungsberechtigten mit (drohender) Behinderung

Zusätzliche Aussagen zu Kindern mit (drohender) Behinderung treffen die Gesetzgeber*innen in dieser Unterkategorie nicht, sodass ihrem Erachten nach keine Ungleichheiten oder heterogenen Bedarfe im Vergleich zu den leistungsberechtigten Kindern ohne Behinderung vorliegen.

Überblick über die Ergebnisse der Analyse

Tab. 55: Ergebnisse der Analyse der Unterkategorie: *Erholung*

Ergebnisse der Analyse	Kinder- und Kindheitsbilder
Leistungsberechtigte Kinder haben nach Ansicht der Gesetzgeber*innen keinen Bedarf, sich von den Belastungen des schulischen Alltags zu erholen.	Die gesunden Kinder
Erholung findet nach Ansicht der Gesetzgeber*innen für die leistungsberechtigten Kinder in den Ferien in außerschulischen Bildungseinrichtungen statt.	Institutionenkindheit
Leistungsberechtigte Kinder benötigen teilweise Erholung von ihrer Familie, da diese psychisch (stark) belastend auf die Kinder wirken kann.	Kinder als Ergebnisse der Fähigkeiten und Kompetenzen ihrer Eltern

Quelle: eigene Darstellung

3.2.5.6 Schutz vor Gewalt, Risiken und Gefahren

Für die Gesetzgeber*innen wird der Bedarf der Kinder an Schutz vor psychischer und physischer Gewalt, Risiken und Gefahren in den Leistungen für Bildung und Teilhabe hinsichtlich unterschiedlicher Belange relevant. Dabei handelt es sich um (1) die Befriedigung von Bedarfen, (2) die Sicherung des Kindeswohls, (3) den Schutz vor psychischer Gewalt und (4) den Schutz ihrer (Sozial-)Daten.

Die Schutzfunktion der Befriedigung von Bedarfen

Mit der generellen Befriedigung der Bedarfe von Kindern übernehmen die Gesetzgeber*innen eine Schutzfunktion. Durch die Bereitstellung der notwendigen Unterstützungen ermöglichen sie ihren Ansichten nach die Erfüllung von Bedarfen und folglich auch die Sicherstellung des menschenwürdigen Lebens der Kinder (vgl. Deutscher Bundestag 2010b, S. 124). Das ist als Schutz des psychischen und physischen Überlebens der Kinder zu begreifen, da die Gesetzgeber*innen dadurch das Existenzminimum sowohl im physischen als auch im soziokulturellen[48] Bereich decken (vgl. Lenze 2011a, Rn. 21; Deutscher Bundestag 2010b, S. 43). Mit der Befriedigung der Bedarfe kann nach Ansicht der Gesetzgeber*innen also das generelle Leben bzw. Überleben der Kinder geschützt werden. Mit ihren eigenen Leistungen übernehmen sie diese Funktion für Kinder, deren Eltern den Schutz vor einer unzureichenden Absicherung des menschenwürdigen Lebens nicht (allein) gewähren können und übertragen diesen nicht und auch nicht in Teilen auf andere Personen oder Institutionen. Damit sind die leistungsberechtigten Kinder hinsichtlich ihres Überlebens von den Gesetzgeber*innen abhängig, denn nur durch die Bereitstellung der notwendigen finanziellen Ressourcen können ihre lebensnotwendigen Verlangen befriedigt werden.

Weiterhin heben sie hervor, dass diese Schutzaufgabe einem spezifischen Zwang unterliegt. Um das menschenwürdige Leben der Kinder zu sichern, müssen ihre Bedarfe zeitnah und umfassend befriedigt werden.

> „Gemäß § 17 Abs 1 Nr 1 SGB I [sic!] sind die Leistungsträger verpflichtet, darauf hinzuwirken, dass jeder Berechtigte die ihm zustehenden Sozialleistungen in zeitgemäßer Weise, umfassend und zügig erhält." (Luik 2013c, Rn. 15)

Auf der Grundlage dieses Zwangs wird deutlich, dass die Gesetzgeber*innen davon ausgehen, dass auftretende Bedarfe kurzfristig zu sichern sind. Verzögert sich die Befriedigung, ist nicht mehr gewährleistet, dass das menschenwürdige Leben gesichert ist und die Kinder sind der Gefahr ausgesetzt, dass ihr psychisches und physisches Wohlbefinden beeinträchtigt wird.

Schutz des Kindeswohls

Neben dem Schutz der physischen und psychischen Existenz von Kindern insbesondere durch die Bereitstellung monetärer Ressourcen, Güter und Dienstleistungen, kennen die Gesetzgeber*innen weiterhin den Bedarf von Kindern am sog. ‚Schutz des Kindeswohls'. Dabei handelt es sich um den Schutzbedarf, den Kinder aufgrund ihres Entwicklungsstandes gegenüber Dritten haben (vgl. Schmid/Meysen 2006, S. 2_1).

---

48 Der soziokulturelle Bereich bezieht sich in weiten Teilen auch auf psychische Aspekte, wie u. a. die bisherigen Ausführungen bereits umfänglich zeigen konnten, sodass dieser als Beleg dafür genutzt werden kann, dass die Gesetzgeber*innen neben dem physischen auch das psychische Existenzminimum absichern wollen.

Dieser Bedarf zur Sicherung des Kindeswohls ist nach Ansicht der Gesetzgeber*innen nicht gedeckt, wenn in den außerschulischen Bildungseinrichtungen, das Personal keine den kinder- und jugendhilferechtlichen Ansprüchen gemäße Ausbildung vorweisen kann, die Aufsichtspflicht nicht erfüllt ist, die Sicherheitsstandards bei den angebotenen Aktivitäten nicht eingehalten werden, es sich bei den Anbietern um religiös-fundamentalistische oder rechtsradikale Jugendgruppen handelt oder wenn der Verdacht des sexuellen Missbrauchs durch eine verantwortliche Person besteht (vgl. Lenze 2011c, Rn. 10). Damit bezieht sich dieser Schutzbedarf sowohl auf die Aufrechterhaltung des physischen als auch des psychischen Gesundheitszustands der Kinder. Vor allem die Einhaltung der Aufsichtspflicht und der Sicherheitsstandards orientiert sich am Schutz vor Verletzungen und bezieht sich somit auf den physischen Gesundheitszustand. Den Schutz vor negativen Einflüssen auf den physischen Gesundheitszustand setzen die Gesetzgeber*innen um, indem sie keine Kosten für die Nutzung von Angeboten bereitstellen, die sich auf ungewollte Inhalte beziehen wie Rechtsradikalismus und in denen die Gefahr gegeben ist, dass Kinder sexueller Gewalt ausgesetzt sind.

Halten die Einrichtungen diese Vorgaben nicht ein, können sie nach Ansicht der Gesetzgeber*innen den Schutzbedarf vor einer Gefährdung des Kindeswohls nicht befriedigen. In Anbetracht dessen übernehmen die Gesetzgeber*innen keine Kosten für die angebotenen Leistungen und verneinen den Bedarf an der Nutzung dieser Angebote. Damit wird dem Bedarf der Sicherung des psychischen und physischen Gesundheitszustandes ein höherer Stellenwert zugeschrieben als den Bedarfen an Bildung und Teilnahme.

Schutz vor psychischer Gewalt

Einen weiteren Bedarf, den die Gesetzgeber*innen Kindern in den Leistungen für Bildung und Teilhabe an verschiedenen Stellen zusprechen, ist derjenige nach Schutz vor Stigmatisierung (vgl. u. a. Lenze 2011c, Rn. 5), Ausgrenzung (vgl. Luik 2013d, Rn. 67) und Diskriminierung (vgl. Leopold 2012a, Rn. 36). Die Gesetzgeber*innen gehen davon aus, dass sich Ausgrenzung, Stigmatisierung und Diskriminierung negativ auf ihre Entwicklung auswirkt (vgl. Leopold 2012a, Rn. 36). Dabei scheinen sie nicht die körperliche Entwicklung zu meinen, sondern die psychischen Belange der Kinder, da unklar ist, wie sich bspw. Ausgrenzungen auf das körperliche Wachstum auswirken können. Folglich handelt es sich hierbei um einen Bedarf, der sich auf den psychischen Gesundheitszustand der Kinder bezieht.

Ihren Ansichten nach werden leistungsberechtigte Kinder von den Gleichaltrigen stigmatisiert, ausgegrenzt und diskriminiert, wenn die anderen Kinder entweder Kenntnisse über die finanzielle Situation der Familie der leistungsberechtigten Kinder erlangen (vgl. Lenze 2011c, Rn. 22) und/oder wenn ersichtlich ist, dass die Kinder aus finanziellen Gründen nicht die gleichen Angebote und Aktivitäten (z. B. Mittagsverpflegung in Kindertagesbetreuungsangeboten und Schule, Ausflüge oder Klassenfahrten, Vereine etc.) nutzen können und nicht über eine vergleichbare Ausstattung (z. B. Materialien für den alltäglichen Schulgebrauch oder Schutzkleidung, die bei einer Klassenfahrt benötigt werden) wie die Gleichaltrigen verfügen (vgl. u. a. Leopold 2012a, Rn. 36). Um die Kinder davor zu schützen, stellen ihnen die Gesetzgeber*innen monetäre Ressourcen in der Höhe zur Verfügung, dass ihren Ansichten nach den Gleichaltrigen die finanzielle Deprivation der Familien der leistungsberechtigten Kinder nicht mehr offensichtlich wird.

Lenze merkt in diesem Zusammenhang an, dass die Bereitstellung der monetären Ressourcen in Form von Gutscheinen das gewünschte Ziel nicht zu erreichen im Stande ist. Da die Leistungsberechtigten ein anderes Zahlungsmittel als die Gleichaltrigen nutzen und dadurch der Leistungsbezug bzw. die finanzielle Situation der Familie dennoch offensichtlich wird, sodass die Gesetzgeber*innen trotz Bereitstellung der notwendigen Summen die Stigmatisierung und Ausgrenzung nicht (gänzlich) verhindern.

> „Die Grundentscheidung der Bundesregierung, die neuen Bildungs- und Teilhabebedarfe in Form von Sachleistungen zu erbringen und nicht ‚mit dem Sozialgeld' abzudecken – wie vom BVerfG intendiert [...] – birgt die Gefahr von Ausgrenzung und Stigmatisierung (Berlit KJ 2010, 160). Dies gilt insbesondere für die Abwicklung der Leistungen über Gutscheine, weil sich die Leistungsberechtigten damit als Mitglieder eines einkommensschwachen Haushaltes zu erkennen geben müssen: Gerade ältere Kinder und Jugendliche dürfte dies davon abhalten, die Leistungen in Anspruch zu nehmen [...]." (Lenze 2011c, Rn. 22)

Durch die Bereitstellung der notwendigen Ausstattung über Gutscheine können die ausgrenzungsbedingten Merkmale folglich nicht gänzlich verborgen werden, sodass die Sicherung des Bedarfs an Schutz vor psychischer Gewalt durch Gleichaltrige nicht umfassend gesichert ist. Mit den Gutscheinen verfolgen die Gesetzgeber*innen vor allem das Ziel, dass die Leistungen für die Bedarfe eingesetzt werden, für die sie gewährt werden. Indem die Gesetzgeber*innen den Familien einen zweckfremden Einsatz der monetären Ressourcen für ihre Kinder zusprechen und dies durch veränderte Zahlungsmittel verhindern wollen, gewichten sie den Bedarf der Kinder an Bildung und körperlicher Anwesenheit höher als den Schutzbedarf vor Ausgrenzung, Stigmatisierung und Diskriminierung.

Sozialdatenschutz

Weiterhin weisen die Kommentator*innen Lenze, Leopold und Luik auf einen Bedarf hin, den die Gesetzgeber*innen eher gering einstufen und teilweise sogar als solchen vernachlässigen, obwohl dieser auf der Grundlage anderer bundesgesetzlicher Regelungen zu berücksichtigen ist. Dabei handelt es sich um den Bedarf, dass die eigenen, personenbezogenen Daten nur an sog. ‚Befugte' weitergeben werden und keine Dritten Zugriff darauf haben dürfen (vgl. § 35 SGB I). Diese Situation liegt nach Lenze insbesondere dann vor, wenn Leistungsanbieter Listen mit den Namen der teilnehmenden Kinder im Leistungsbezug führen. Diese Listen müssen durch die Verantwortlichen so verschlossen werden, dass sie bspw. nicht für die Cateringunternehmen einsehbar sind (vgl. Lenze 2011c, Rn. 5), da ansonsten der Schutzbedarf vor einem Missbrauch der Sozialdaten der Kinder nicht erfüllt wäre. Mit dieser Leistungsgewährungsform gehen die Gesetzgeber*innen folglich die Gefahr ein, dass der Bedarf der Kinder hinsichtlich des Schutzes ihrer personenbezogenen Daten nicht gedeckt wird und dadurch Personen Wissen über ihre Situation erlangen, die letztendlich zu Stigmatisierungen, Diskriminierungen und Ausgrenzungen führen können, da Dritte Kenntnis über die finanzielle Deprivation der Familie erwerben.

Eine ähnliche Situation, die jedoch noch geringere Berücksichtigung des benannten Bedarfs der Leistungsberechtigten erfährt, stellt die sog. ‚Speicherung' personenbezogener Daten und die damit verbundene Verfügbarkeit der Daten für Dritte dar. Dieser Umstand kann auftreten, weil die Gesetzgeber*innen bei spezifischen Leistungen für Bildung und Teilhabe die Möglichkeit der Leistungserbringung durch personalisierte Gutscheine eröffnen (vgl. Luik 2013e, Rn. 10). Sie vernachlässigen für diese Methode die Festlegung eines Personalisierungsverfahrens, das keine Speicherung eines Sozialdatums i. S. des § 40 Abs. 1 S. 1 SGB II i. V. m. § 67 Abs. 6 SGB X darstellt und sie lassen den damit verbundenen Bedarf der Kinder unberücksichtigt. Erfolgt die Personalisierung bspw. durch den Namen und das Geburtsdatum der Leistungsberechtigten, kann jeder Dritte, der gewollt oder ungewollt Zugriff auf die Gutscheine erhält,

> „[…] Rückschlüsse auf die allgemeine Einkommenssituation, den Sozialleistungsbezug und eventuell auch die Arbeitslosigkeit der Eltern" (Leopold 2012b, Rn. 40)

ziehen.

Eine Datenspeicherung wie sie bei den personalisierten Gutscheinen, die mit dem Namen versehen sind, vorliegt, ist nach § 40 Abs. 1 S. 1 SGB II i. V. m. § 67 b Abs. 1 S. 1 SGB X prinzipiell nur mit der Einwilligung des*der Betroffenen bzw. – da es sich im vorliegenden Fall um Minderjährige handelt – mit der

Einwilligung ihrer gesetzlichen Vertreter*innen zulässig (vgl. Leopold 2012b, Rn. 77). Im Rahmen der Einwilligungserklärung ist nach § 67 b Abs. 2 S. 2 SGB X auf den Zweck der Nutzung oder der Verarbeitung und auf die Folgen einer Verweigerung der Einwilligung hinzuweisen. Darüber hinaus ist eine

> „[...] Einwilligung [...] nur dann wirksam, wenn sie auf freier Entscheidung beruht (§ 67 b Abs. 2 S. 2 SGB X)" (Leopold 2012b, Rn. 40)

und schriftlich vorliegt, was aber bereits durch ein deutlich sichtbares Erklärungsfeld im Leistungsantrag erfolgen kann (vgl. Leopold 2012b, Rn. 40). Willigen die gesetzlichen Vertreter*innen der Kinder nicht in diese Erklärung ein, können nach § 66 SGB I keine Leistungen erbracht werden. Die gesetzlichen Vertreter*innen stehen damit vor der Entscheidung, welchen Bedarf sie ihren Kindern als notwendiger bzw. wichtiger zusprechen, da jeweils einer der beiden Bedarfe nicht berücksichtigt werden kann. Die Gesetzgeber*innen stellen folglich die Eltern vor die Entscheidung, ob sie entweder ihren Kindern den Schutzbedarf vor dem Missbrauch ihrer Sozialdaten sichern und sie damit vor Ausgrenzungen, Diskriminierung und Stigmatisierungen bewahren, dafür aber eine Unterdeckung der Bedarfe an Bildung und Teilnahme hinnehmen. Oder die Eltern entscheiden sich für die Sicherung der Bedarfe an Bildung und Teilnahme und nehmen es hin, dass der Schutzbedarf vor psychischer Gewalt u. U. nicht befriedigt wird, da ihre Sozialdaten nicht geschützt werden und die Kinder deshalb ausgegrenzt, stigmatisiert oder diskriminiert werden können.

Da die Gesetzgeber*innen die Sozialdatenspeicherung durch die Gutscheine als legitime Möglichkeit anerkennen, scheinen sie den Bedarf an Bildung und Teilnahme über den Schutzbedarf vor psychischer Gewalt durch Ausgrenzungen, Stigmatisierungen und Diskriminierung zu stellen.

Unterschiede zu den Leistungsberechtigten mit (drohender) Behinderung

Für Kinder mit (drohender) Behinderung unterstellen die Gesetzgeber*innen einen zusätzlichen Schutzbedarf vor Gefahren im Rahmen der Sicherung der Mobilität; konkret um den Schutzbedarf vor Risiken im Straßenverkehr. Sie gehen davon aus, dass PKWs nicht grundsätzlich über eine solche Ausstattung verfügen, dass die Sicherheit aller Kinder mit jeglicher Form einer (drohenden) Behinderung gewährleistet ist. Um dem Bedarf an ausreichender Sicherheit in einem PKW gerecht zu werden, stellen die Gesetzgeber*innen finanzielle Unterstützungen für den Umbau eines PKWs bereit (vgl. Wahrendorf 2012c, Rn. 26). Bei dieser Bedarfssicherung beziehen sie sich vorwiegend auf den Schutz vor Gefahren für den physischen Gesundheitszustand, da sich die Sicherheit in einem PKW zuvörderst auf die körperlichen Belange bezieht.

Überblick über die Ergebnisse der Analyse

Tab. 56: Ergebnisse der Analyse der Unterkategorie: *Schutz vor Gewalt, Risiken und Gefahren*

Ergebnisse der Analyse	Kinder- und Kindheitsbilder
Die Gesetzgeber*innen übernehmen die Aufgabe, das menschenwürdige Leben der leistungsberechtigten Kinder zu sichern, indem sie ihnen die notwendigen monetären Ressourcen bereitstellen. Damit übernehmen sie eine Schutzaufgabe, die prinzipiell den Eltern obliegt, die diese aber aufgrund unzureichender monetärer Ressourcen nicht bewältigen können.	Kinder als abhängige Menschen von ihren Eltern und von Dritten
Bedarfe müssen zeitnah und kurzfristig befriedigt werden, da die Kinder ansonsten der Gefahren ausgesetzt sind, dass ihr psychisches und physisches (Über-)Leben nicht gesichert ist.	Kinder als abhängige Menschen von Dritten
Sichern Bildungseinrichtungen nicht den Bedarf an Schutz des Kindeswohls, sprechen ihnen die Gesetzgeber*innen auch die Kompetenz der Befriedigung des Bedarfs an Bildung und Teilnahme ab. Folglich gewichten sie den Bedarf an der Erhaltung des positiven Gesundheitszustandes höher als die Erfüllung des Bedarfs an Bildung und Teilnahme.	Die gesunden Kinder
Nach Ansicht der Gesetzgeber*innen sind die leistungsberechtigten Kinder aufgrund der ökonomischen Situation ihrer Familie vielfach den Gefahren von Ausgrenzung, Stigmatisierung und Diskriminierung ausgesetzt, wodurch sich auch das Risiko der Schädigung der psychischen Gesundheit ergibt.	Die Ausgeschlossenen Die gesunden Kinder
Leistungsberechtigte haben einen Bedarf, dass ihre Sozialdaten geschützt werden, da Dritte ansonsten Kenntnis über die ökonomische Situation der Familie erhalten können und die Gefahr der Ausgrenzung, Stigmatisierung und Diskriminierung besteht. Das kann wiederum zur Einschränkung des psychischen Gesundheitszustandes führen.	Die gesunden Kinder
Die Eltern der Leistungsberechtigten müssen entscheiden, ob sie den Bedarf ihrer Kinder an Teilnahme sichern wollen oder ob sie ihre Kinder vor der Gefahr der Ausgrenzung, Stigmatisierung und Diskriminierung beschützen wollen.	Kinder als abhängige Menschen von ihren Eltern
Kinder mit (drohender) Behinderung weisen einen zusätzlichen Bedarf an Schutz vor Gefahren für ihren physischen Gesundheitszustand auf, wenn ihre Sicherheit in einem PKW durch ihre Behinderung nicht oder nur unzureichend gegeben ist.	Die gesunden Kinder

Quelle: eigene Darstellung

3.2.5.7 Gesundheitsbewusste Lebensweise

Die Gesetzgeber*innen der Leistungen für Bildung und Teilhabe äußern sich zum Bedarf von leistungsberechtigten Kindern nach einer gesundheitsbewussten Lebensweise in Bezug auf Bewegung und das Ernährungsverhalten.

Bewegung

Kinder im Leistungsbezug weisen nach den Vorstellungen der Gesetzgeber*innen zumeist einen Bedarf auf, sich bewegen und Sport treiben zu wollen. Dies beginnt bereits im frühen Kindesalter („Eltern-Kind-Turnen", „Babyschwimmen" vgl. Lenze 2011b, Rn. 34) und bleibt über die Lebensphase Kindheit bestehen.

Diese Bedarfe beziehen sich sowohl auf

(a) eine Vereinstätigkeit – was sich in der Bereitstellung des Budgets für die Mitgliedsbeiträge durch die Gesetzgeber*innen zeigt (vgl. § 28 Abs. 7 Nr. 1 SGB II; § 3 Abs. 3 AsylbLG i. V. m. § 34 Abs. 7 Nr. 1 SGB XII) – als auch auf
(b) eine Teilnahme bei einem (i. d. R. eintägigen) Sportturnier – was aus der Kostenübernahme im Bereich Spiel zu begründen ist (vgl. Leopold 2012a, Rn. 134) – sowie auf
(c) sportliche Freizeitbeschäftigung – wie es im Regelbedarfsanteil für Sportartikel deutlich wird sowie der unterstellten Ausstattung mit Sportartikeln, die für den Vereinssport genutzt werden sollen (vgl. Deutscher Bundestag 2013b, S. 7 f.).

Weiterhin zeigt sich, dass die Gesetzgeber*innen davon ausgehen, dass die sportliche Betätigung im Rahmen der außerschulisch und institutionell organisierten Freizeitgestaltung bei den leistungsberechtigten Kindern an erster Stelle steht. Ihren Ansichten entsprechend geben die Kinder das Budget für die sog. ‚Teilhabe am sozialen und kulturellen Leben in der Gemeinschaft' (vgl. § 28 Abs. 7 SGB II; § 3 Abs. 3 AsylbLG i. V. m. § 34 Abs. 7 SGB XII) überdurchschnittlich oft für die Mitgliedschaft in einem Sportverein aus und nur den verbleibenden Betrag nutzen sie i. d. R. für weitere Aktivitäten der außerschulischen Bildung.

> „Der Betrag von 10 € monatlich liegt weit darüber, so dass verfassungsrechtlich wegen des insoweit bestehenden Gestaltungsspielraums des Gesetzgebers keine Bedenken bestehen. Der Betrag ist auch realitätsgerecht. So geht beispielweise der im Auftrag des Bundesinstituts für Sportwissenschaft, der Deutschen Sport-

hochschule Köln und des Deutschen Olympischen Sportbundes herausgegebene Sportentwicklungsbericht 2009/2010 bei der Hälfte aller Sportvereine von jährlichen Mitgliedsbeiträgen für Kinder und Jugendliche von 25 € bis 30 € im Jahr aus. Der Gesetzgeber hat in der Begründung hierauf Bezug genommen und auch betont, dass der eigentlich sich aus der EVS 2008 ergebende Betrag bewusst erheblich überschritten werde, um sicherzugehen, dass Kinder und Jugendliche aus Haushalten im Bezug existenzsichernder Leistungen eine wirkliche Teilhabechance erhalten würden. Das Budget reiche regelmäßig noch aus, neben einer Mitgliedschaft im Sportverein auch andere Aktivitäten zur gesellschaftlichen Teilhabe in Anspruch zu nehmen." (Luik 2013d, Rn. 78)

Die Gesetzgeber*innen zeigen zwar den Bedarf der Kinder Sport zu treiben und sich zu bewegen auf und heben hervor, dass die Kinder dies aus Eigeninteresse tun. Allerdings stellen sie die Bedeutung der (regelmäßigen) Bewegung nicht in Zusammenhang mit dem Bedarf an einer gesundheitsbewussten Lebensweise und damit auch nicht mit dem Bedarf der Aufrechterhaltung des gesundheitlichen Wohlergehens. Einen solchen Bedarf benennen die Gesetzgeber*innen im Rahmen der Leistungen für Bildung und Teilhabe nicht. Ihrem Erachten nach befriedigt die Mitgliedschaft in einem Sportverein zuvörderst den Bedarf der Kinder an den Strukturen und Aktivitäten der Gleichaltrigen ohne Leistungsbezug beteiligt zu sein sowie den Bedarf an Förderung (sozialer) Kompetenzen und Fähigkeiten. Insgesamt zeigt sich aber, dass die Gesetzgeber*innen davon ausgehen, dass Kinder überdurchschnittlich oft außerschulische Angebote nutzen wollen, bei denen sie sich bewegen. Zudem gehen sie davon aus, dass die Kinder auch in ihrer Freizeit regelmäßig aktiv werden. Folglich ist anzunehmen, dass die Gesetzgeber*innen davon ausgehen, dass hier keine zusätzlichen Bedarfe vorliegen.

Ernährung

Eine gesunde und ausgewogene Ernährung gilt gemeinhin neben der regelmäßigen Bewegung als wichtigster Bestandteil einer gesundheitsbewussten Lebensweise. Die Gesetzgeber*innen äußern sich im Rahmen der Leistungen für Bildung und Teilhabe zur Ernährungssituation der Leistungsberechtigten in der Weise, dass sie den Kindern altersunabhängige Lebensmittelaufwendungen von einem Euro für ein Mittagessen im Haushalt der Eltern zusprechen (vgl. dazu ausführlich den Abschnitt 3.2.2.3 Ernährung). Eine aktuelle Studie zur Ernährung in Kindertageseinrichtungen zeigt, dass nach den Standards der DGE für die reinen Lebensmittelkosten ein Betrag von einem Euro bis zum Alter von sechs Jahren ausreicht, zwischen sieben und zehn Jahren werden täglich zwischen elf und 20 Cent mehr benötigt (vgl. Arens-Azevedo/Pfannes/Tecklenburg 2014, S. 29), sodass bereits am Ende einer Woche ein Fehlbetrag zwischen 55

Cent und einem Euro besteht. Außerdem zeigt sich, dass der Nahrungsmittelbedarf mit Zunahme des Alters steigt, sodass anzunehmen ist, dass in den späteren Jahren eine noch größere Differenz zwischen dem unterstellten und dem tatsächlichen Bedarf vorliegt. Eine gesundheitsbewusste Ernährung ist nur bis zum Beginn des Schulalters möglich.

Auch im Rahmen der Versorgung der Kinder mit Mittagsessen in Kindertagesbetreuungsangeboten und Schulen lassen die Gesetzgeber*innen die Qualität der Nahrung unberücksichtigt und unterstellen keinen Bedarf an einer gesunden und ausgewogenen Ernährung im institutionellen Kontext. Das Ziel der Gesetzgeber*innen besteht lediglich in der Verhinderung von Ausgrenzungen der leistungsberechtigten Kinder aus der Gruppe der Kindertagesbetreuung und der Klasse (vgl. dazu ausführlich den Abschnitt 3.2.2.3 zu Ernährung und den Abschnitt 3.2.3.5 zu Teilhabe).

Regelmäßige Routineuntersuchungen bei Ärzt*innen

Darüber hinaus kann unter einer gesundheitsbewussten Lebensweise auch der turnusmäßige Arzt- und Zahnarztbesuch für die allgemeinen Vorsorgeuntersuchungen (z. B. verschiedene U-Untersuchungen im Kindesalter) oder zum Impfen als Bestandteil einer gesundheitsbewussten Lebensweise gerechnet werden. Zu diesen Belangen treffen die Gesetzgeber*innen im Rahmen der Leistungen für Bildung und Teilhabe keinerlei Aussagen.

Damit scheinen die Gesetzgeber*innen den leistungsberechtigten Kindern keinen grundsätzlichen Bedarf an einer gesundheitsbewussten Lebensweise zuzusprechen, mit der Ausnahme, dass sie davon ausgehen, dass sich die Kinder in ihrer Freizeit regelmäßig sportlich betätigen. Diese Aktivitäten nehmen die Kinder nach Ansicht der Gesetzgeber*innen jedoch nicht zur Gesunderhaltung ihres Körpers vor, sondern um andere Ziel zu erreichen wie die Teilnahme an den Gemeinschaftsstrukturen der Gleichaltrigen.

Unterschiede zu den Leistungsberechtigten mit (drohender) Behinderung

Die Gesetzgeber*innen treffen hinsichtlich der gesundheitsbewussten Lebensweise keine Aussagen zu den Kindern mit (drohender) Behinderung, die von den Annahmen zu den leistungsberechtigten Kinder im Allgemeinen abweichen, sodass die Gesetzgeber*innen diesbezüglich keine Unterschiede annehmen.

Überblick über die Ergebnisse der Analyse

Tab. 57: Ergebnisse der Analyse der Unterkategorie: *Gesundheitsbewusste Lebensweise*

Ergebnisse der Analyse	Kinder- und Kindheitsbilder
Leistungsberechtigte Kinder haben bereits in der frühen Kindheit den Bedarf sich zu bewegen und Sport zu treiben. Dieser Bedarf bleibt nach Ansicht der Gesetzgeber*innen im weiteren Lebenslauf bestehen. Die Leistungsberechtigten befriedigen diesen unabhängig von der Bereitstellung zusätzlicher Unterstützungen. Allerdings tun sie dies noch häufiger, wenn ihnen finanzielle Hilfen dafür bereitgestellt werden.	Die gesunden Kinder
Mit den sportlichen Aktivitäten zielen die leistungsberechtigten Kinder nach Ansicht der Gesetzgeber*innen jedoch nicht vorrangig auf eine gesundheitsbewusste Lebensweise. Vielmehr verfolgen sie damit das Ziel der Teilnahme an den Gemeinschaftsstrukturen der Gleichaltrigen.	Die gesunden Kinder Die Ausgeschlossenen
Nach Ansicht der Gesetzgeber*innen weisen die Leistungsberechtigten keinen Bedarf an einer ausgewogenen und gesunden Ernährung auf.	Die gesunden Kinder

Quelle: eigene Darstellung

Resümee

Die *psychische und physische Lage* der Kinder greifen die Gesetzgeber*innen hinsichtlich aller Unterkategorien auf. Die meisten Aussagen treffen sie zum *Gesundheitszustand* der Leistungsberechtigten, wobei sie nur wenige Unterschiede zwischen dem *psychischen* und dem *physischen Gesundheitszustand* benennen. Auf die Unterkategorien *Erholung, Schutz vor Gewalt, Risiken und Gefahren* sowie zur *gesundheitsbewussten Lebensweise* gehen sie jeweils in einem vergleichbaren Umfang ein und die Unterkategorie *Hygiene* wird nur hinsichtlich der Unterschiede zu den Leistungsberechtigten mit (drohender) Behinderung bedeutsam sowie durch Hinweise auf die Regelleistungen.

Gesundheitszustand allgemein

Die Gesetzgeber*innen gehen prinzipiell von einem uneingeschränkten *psychischen und physischen Gesundheitszustand* der Kinder im Existenzsicherungsbezug aus. Das heißt, leistungsberechtigte Kinder sind i. d. R. gesund. Allerdings können die Kinder in unregelmäßigen Abständen für einen eingeschränkten Zeitraum krank werden. Für diese Dauer treten nach Ansicht der Gesetzgeber*innen ein Teil der Bedarfe in den Hintergrund, die nicht befriedigt werden müssen (z. B. die Nutzung außerschulischer Bildungsangebote zur Sicherung des Bedarfs an Teilnahme an den Gemeinschaftsstrukturen der Gleichaltrigen ohne Existenzsicherungsbezug). Ihrem Erachten nach liegen aber auch Bedarfe vor, die wegen einer Krankheit entstehen können und im Anschluss gedeckt werden müssen. Dabei handelt es sich um den Bedarf an außerschulischer Lernförderung, um nach dem Schuljahresende im Klassenverband bleiben zu können.

Weiterhin besteht nach Ansicht der Gesetzgeber*innen die Möglichkeit, dass der psychische und/oder der physische Gesundheitszustand dauerhaft einschränkt sein können, was sich nicht nur in einer sog. ‚gesundheitlichen Schädigung', sondern auch in einer dauerhaften Abweichung vom als normal angenommenen Entwicklungsstand offenbart. Dies führt dazu, dass den Kindern das Merkmal der (drohenden) Behinderung zugeschrieben wird. Diese Abweichungen vom angenommenen Normalzustand führen nach Ansicht der Gesetzgeber*innen zu einer Nichtteilnahme am bzw. zu einer Ausgrenzung aus dem Leben in der Gemeinschaft. Die bereitgestellten Unterstützungsleistungen verdeutlichen, dass die Gesetzgeber*innen die damit verbundenen Einschränkungen zu individuellen Bedarfslagen der Adressat*innen deklarieren. Die Kinder (und ihre Familien) werden selbst dafür verantwortlich gemacht, die behinderungsbedingten Einschränkungen in der Weise zu reduzieren, dass die leistungsberechtigten Kinder den Lebensweisen der als normal angesehenen Kinder so weit wie möglich entsprechen. Das Ziel der Gesetzgeber*innen besteht folglich in der Angleichung der leistungsberechtigten Kinder mit (drohender) Behinderung an die Kinder, die als ‚gesund' bezeichnet werden. Sie stellen ihnen diverse Hilfen zur Verfügung, mittels derer sie versuchen sollen, ein so weit wie möglich gleiches Leben wie Kinder ohne Behinderung führen zu können. Zudem werden präventive Hilfen gewährt, wenn eine Behinderung noch nicht endgültig als vorhanden angenommen wird.

Physischer Gesundheitszustand

Für den Bedarf an Reduzierung der Folgen der Einschränkungen des *physischen Gesundheitszustands* bei Kindern mit (drohender) körperlicher Behinderung sind nach Ansicht der Gesetzgeber*innen zwei verschiedene Arten von Unterstützungsleistungen zielführend. Erstens sind dies Therapien, Behandlungen etc., die auch im Rahmen der (drohenden) geistigen und seelischen Behinderungen genutzt werden und zweitens werden sog. ‚Hilfsmittel' eingesetzt. Dabei handelt es sich bspw. um Hörgeräte, Gehhilfen, Blindenführhunde, für die neben dem Bedarf am Vorhandensein des Gegenstands auch der Bedarf an Wissen für den Gebrauch sowie für die Instandhaltung bestehen. Die Auswahl der spezifischen Hilfsmittel richtet sich nach der jeweils vorliegenden (drohenden) körperlichen Behinderung.

Psychischer Gesundheitszustand

Der *psychische Gesundheitszustand* kann nach Ansicht der Gesetzgeber*innen bei einem Teil der leistungsberechtigten Kinder in der Weise von anderen Kindern abweichen, dass sie eine Einschränkung der Lern- und Leistungsfähigkeit in spezifischen Bereichen wie Lesen, Schreiben oder Rechnen aufweisen. Trotz der Dauerhaftigkeit und der Abweichung vom angenommenen Normalzustand muss es sich nicht zwangsläufig um eine Behinderung handeln. Liegen derartige Abweichungen vor, haben die betroffenen Kinder einen erhöhten und nicht nur kurzfristig andauernden Bedarf an außerschulischer Lernförderung durch spezifisch ausgebildete Fachkräfte, um die schulischen Leistungen verbessern zu können. Damit verbunden ist die gesetzgeberische Annahme, dass den kurzzeitigen Einschränkungen der Lernfähigkeit entgegengewirkt werden kann.

Psychische Belastungen im schulischen Bereich (wie Schulangst) rufen für die Gesetzgeber*innen keine zusätzlichen Bedarfe hervor. Erst wenn hier sehr starke Belastungen bestehen, werden Bedarfe relevant, die aber über andere gesetzliche Grundlagen (z. B. den Hilfen zur Erziehung nach §§ 27 ff. SGB VIII) gewährt werden.

Weiterhin unterstellen die Gesetzgeber*innen einem Teil der leistungsberechtigten Familien, dass sie den psychischen Gesundheitszustand ihrer Kinder selbst beeinträchtigen. Die Kinder haben einen Bedarf, diese Situation über einen eingeschränkten Zeitraum zu verlassen und eine Auszeit von den psychischen Belastungen durch ihre Familie zu nehmen.

Bei den Kindern, deren psychischer Gesundheitszustand derart eingeschränkt ist, dass von einer Behinderung gesprochen wird, gehen die Gesetzgeber*innen davon aus, dass die Beeinträchtigungen derart hoch sein können, dass diese Kinder in keiner der bestehenden Schularten die Versetzung oder einen schulischen Abschluss schaffen, auch wenn sie zusätzliche Lernförderung erhalten. Dennoch weisen sie den Bedarf an Teilnahme an den Gleichaltrigenstrukturen sowie den Bedarf an schulischer Bildung auf.

Hygiene

Die Gesetzgeber*innen sprechen den leistungsberechtigten Kindern einen regelmäßig wiederkehrenden Bedarf an materieller Unterstützung für die Körperpflege zu. Damit gehen sie davon aus, dass die Leistungsberechtigten regelmäßig Maßnahmen zur Gesunderhaltung ihres Körpers betreiben.

Weiterhin sprechen sie der elementaren Körperpflege den Status eines Grundbedürfnisses zu. Über die dafür benötigten Fähigkeiten verfügen die

Kinder im Regelfall. Allerdings gibt es Kinder, die diese wegen der behinderungsbedingten Einschränkung nicht aufweisen, sodass sie einen Bedarf an Unterstützung in diesem Bereich aufweisen.

Erholung

Einen prinzipiellen Bedarf an *Erholung* und Entspannung gestehen die Gesetzgeber*innen den leistungsberechtigten Kindern im Rahmen der Leistungen für Bildung und Teilhabe nicht zu. Sie heben jedoch hervor, dass die Familien ihre Kinder teilweise psychisch stark belasten und die Familie nicht als Ort der Erholung dient. In diesen Fällen kann die Nutzung außerschulischer Bildungsangebote an mehreren aufeinanderfolgenden Tagen positiv auf die psychische Gesundheit der Kinder wirken.

Schutz vor Gewalt, Risiken und Gefahren

Die leistungsberechtigten Kinder haben nach Ansicht der Gesetzgeber*innen das Bedürfnis, dass ihre Bedarfe zu dem Zeitpunkt gedeckt werden, an dem sie auftreten. Erfolgt dies nicht, besteht die Gefahr, dass ihre Existenz nicht umfassend gesichert ist und damit der Schutz ihres menschenwürdigen Lebens nicht gewährleistet ist. Können diese Bedarfe nicht oder nur in Teilen durch die Eltern der Kinder befriedigt werden, übernehmen die Gesetzgeber*innen die Schutzaufgabe, das Überleben der Kinder zu sichern und gewähren ihnen Hilfen zur Befriedigung der überlebensnotwendigen Bedarfe im physischen als auch im soziokulturellen Bereich.

Weiterhin bezieht sich nach Ansicht der Gesetzgeber*innen der Bedarf an *Schutz vor Gewalt, Risiken und Gefahren* von Kindern im Rahmen der Leistungen für Bildung und Teilhabe insbesondere auf die psychische Gesundheit der Kinder, da diese vor allem am Leben der Gesellschaft teilnehmen und keine Ausgrenzungen erfahren wollen. Das gelingt nach Ansicht der Gesetzgeber*innen nur, wenn die finanzielle Situation der Kinder und ihrer Familien nicht für Außenstehende – vor allem Gleichaltrige – ersichtlich wird. Vor diesem Hintergrund bedarf es eines Schutzes vor der Veröffentlichung von Sozialdaten an unberechtigte Dritte. Diesen Schutz meinen die Gesetzgeber*innen unter anderem durch die Leistungserbringung mittels Gutscheinen zu gewährleisten. Damit ermöglichen sie jedoch, dass Klassenkamerad*innen, Kinder in außerschulischen Bildungseinrichtungen oder andere Personen darüber Kenntnis erlangen. Mit dem Wissen der Dritten über die wirtschaftliche Situation der Familie besteht die erhöhte Wahrscheinlichkeit, dass die leistungsberechtigten Kinder ausgegrenzt, stigmatisiert oder diskriminiert werden.

Weiterhin liegt ein notwendiger Bedarf an Schutz des psychischen und physischen Gesundheitszustands vor, der als Schutz des Kindeswohls bezeichnet wird. Erwachsene in Bildungseinrichtungen müssen diesen Schutzauftrag gegenüber Kindern erfüllen. Ist der Bedarf an Schutz des psychischen und physischen Gesundheitszustands in einer Bildungseinrichtung nicht gedeckt, tritt die Kompetenz der Befriedigung der Bedarfe an Förderung spezifischer Kompetenzen und Fähigkeiten und an Teilnahme an den Gleichaltrigenstrukturen in den Hintergrund.

Spezifische (drohende) Behinderungen können außerdem zu Schutzbedarfen vor Risiken und Gefahren im Straßenverkehr führen, sodass Kinder mit (drohender) Behinderung bspw. eine veränderte Ausstattung eines Fahrzeuges benötigen, damit ihre Sicherheit gewährleistet ist.

Gesundheitsbewusste Lebensweise

Die Gesetzgeber*innen unterstellen den Kindern keinen Bedarf an einer beabsichtigten *gesundheitsbewussten Lebensweise* in Form von Bewegung, gesunder und ausgewogener Ernährung etc. Allerdings gehen sie davon aus, dass leistungsberechtigte Kinder oft außerschulische Angebote nutzen, bei denen sie sich bewegen. Zudem treiben sie in ihrer Freizeit Sport, sodass kein weiterer Bedarf an Bewegung vorliegt und die Kinder einen Teil der gesundheitsbewussten Lebensweise freiwillig und aus eigenem Interesse realisieren, allerdings damit nicht das Ziel einer gesundheitsbewussten Lebensweise verfolgen.

3.2.6 Familie

Innerhalb der Kategorie *Familie* treffen die Gesetzgeber*innen Aussagen zu den Unterkategorien *Familienformen und -konstellationen, innerfamiliäre Kommunikation, innerfamiliäre Förderung, innerfamiliäre Unterstützung, materielle Lage* der Familie, *kulturelle Lage* der Familienmitglieder und die *Alltagsgestaltung* der Familie. Keine Berücksichtigung in den Leistungen für Bildung und Teilhabe findet die Unterkategorie *Einstellungen/Haltungen.* Darüber hinaus wurde durch die Analyse sichtbar, dass den Familienmitgliedern die vier gleichen Lebenslagendimensionen wie Kindern zugeschrieben werden können, sodass zusätzlich die Unterkategorien *soziale Lage* und *psychische und physische Lage* aufgenommen werden, wobei die Gesetzgeber*innen nur hinsichtlich der psychischen und physischen Lage der Eltern Aussagen in den Leistungen für Bildung und Teilhabe treffen.

3.2.6.1 Familienformen und -konstellationen

Die Gesetzgeber*innen gehen davon aus, dass die leistungsberechtigten Kinder in ganz unterschiedlichen Familienformen und -konstellationen aufwachsen.

Bezugspunkt stellt entweder die Wohnsituation oder die Beziehung der Kinder zu den Personen, die sie unterstützen, dar.

Familienformen und -konstellationen im Kontext der Wohnsituation

Orientieren sich die Gesetzgeber*innen an den Wohnverhältnissen, definieren sie die Familienform bzw. -konstellation nach den Personen, die mit den Kindern in einem Haushalt leben. Neben klassischen Familienformen, in denen die Kinder mit beiden Elternteilen in einem Haushalt wohnen, nehmen die Gesetzgeber*innen Bezug auf Konstellationen, in denen Kinder nur mit einem oder keinem Elternteil zusammenleben (vgl. Deutscher Bundestag 2008a, S. 16). In diesem Zusammenhang verwenden sie weder Begriffe wie ‚Mutter', ‚Vater' oder ‚leibliches Kind', sodass sie weder die biologische Beziehung aufgreifen, noch beschreiben sie die Beziehung der Eltern zueinander, d. h. ob sie miteinander verheiratet sind oder in einer Partnerschaft leben und welche Geschlechter die Eltern haben, d. h. ob es sich bei den Eltern um verschieden- oder gleichgeschlechtliche Partnerschaften handelt. Aufgrund der unterlassenen Benennung dieser Merkmale scheinen die Familienformen für die Gesetzgeber*innen nicht von Relevanz zu sein, sodass alle Formen gleichwertig nebeneinander bestehen und die Gesetzgeber*innen alle Möglichkeiten mitdenken. Den Umstand, dass die Kinder mit Geschwistern in einem gemeinsamen Haushalt aufwachsen können, berücksichtigen sie im Kontext des familiären Zusammenlebens nicht.

Auf der Grundlage dieser Ausformulierungen scheinen die Gesetzgeber*innen grundsätzlich davon auszugehen, dass sich Familie aus mind. einem Kind und wenigstens einem Elternteil zusammensetzt, die gemeinsam in einem Haushalt leben („Elternhaus", Lenze 2011b, Rn. 17). Diese Form gilt als notwendige Voraussetzung. Weitere Familienmitglieder werden zwar nicht ausgeschlossen, gelten aber nicht als derart relevant, dass sie zur Sicherung spezifischer Bedarfe notwendig erscheinen.

Beziehung zur Unterstützungsperson

In den Fällen, in denen die Gesetzgeber*innen Familienformen und -konstellationen anhand von Beziehungen und innerfamiliären Unterstützungsfunktionen definieren, sprechen sie wiederum sowohl von Eltern oder von einem Elternteil (vgl. Lenze 2011b, Rn. 33), dem sie diese Funktion zuschreiben. In diesem Zusammenhang berücksichtigen sie auch „Geschwister" als mögliche Familienmitglieder, die die Aufgabe der Hausaufgabenhilfe übernehmen können (Lenze 2011b, Rn. 21). Weitere Formen finden keine Beachtung.

Unterschiede zu den Leistungsberechtigten mit (drohender) Behinderung

Im Unterschied zu den Leistungen für Bildung und Teilhabe sprechen die Gesetzgeber*innen in den Leistungen für Kinder mit (drohender) Behinderung auch von der leiblichen Beziehung zwischen den Kindern und ihren Eltern. Dies wird dadurch deutlich, dass sie zum einen von den verwandtschaftlichen Beziehungen i. S. bürgerlich-rechtlicher Vorschriften sprechen (vgl. Wahrendorf 2012c, Rn. 50) und dass sie zweitens die Begriffe ‚Mutter' und ‚Vater' (vgl. Bieritz-Harder 2012c, Rn. 37) sowie „leibliche[...] Eltern" (Wehrhahn 2011, Rn. 62) verwenden.

Darüber hinaus verwenden die Gesetzgeber*innen für die Kinder mit (drohender) Behinderung eine zusätzliche Form, die sie mit dem Begriff der ‚Familie' bezeichnen. Dabei handelt es sich um die sog. ‚Pflegefamilie'. Nach Ansicht der Gesetzgeber*innen weisen Kinder mit (drohender) Behinderung einen Bedarf an Unterbringung in einer Pflegefamilie auf, wenn dadurch eine Unterbringung in einer vollstationären Einrichtung verhindert werden kann (vgl. Wehrhahn 2011, Rn. 62). Sind Pflegefamilien verfügbar, schreiben die Gesetzgeber*innen den Kindern einen vorrangigen Bedarf an dieser Wohnform zu (vgl. § 54 Abs. 3 SGB XII). Damit zeigt sich bereits, dass die Gesetzgeber*innen davon ausgehen, dass Kinder mit (drohender) Behinderung nicht in jedem Falle mit ihren leiblichen Eltern in einem Haushalt zusammenwohnen.

Der Begriff ‚Pflegefamilie' weist auf eine Unterbringungsform hin, die wegen des zweiten Wortteils (Familie) auf eine starke Ähnlichkeit mit den Gegebenheiten in einer durch verwandtschaftliche Beziehungen zusammengesetzten Familie hindeutet und damit engere Bindungen und Beziehungen zwischen den Mitgliedern impliziert als Wohnformen, die durch ihre Bezeichnung einen vordergründig institutionellen Charakter erkennen lassen wie Wohngemeinschaften.

> „Zur Betreuung versorgt eine geeignete Pflegeperson die Kinder oder Jugendlichen über Tag und Nacht in ihrem Haushalt. Voraussetzung ist, dass der andernfalls erforderliche Aufenthalt in einer vollstationären Einrichtung der Behindertenhilfe dadurch vermieden oder beendet wird. Bestand von vornherein keine Notwendigkeit zum Aufenthalt in einer vollstationären Einrichtung der Behindertenhilfe, so kommt auch keine Betreuung in einer Pflegefamilie in Betracht." (Wehrhahn 2011, Rn. 62)

Weiterhin wird aus vorstehendem Zitat deutlich, dass die Gesetzgeber*innen unter einer Unterbringung in einer Pflegefamilie eine Wohnform verstehen, die für die Kinder mit (drohender) Behinderung das sog. ‚zu Hause' darstellt. Das heißt, die Wohnung der Pflegefamilie ist der zentrale Ort, an dem die Kinder sowohl ihre Nächte verbringen als auch an denen sie sich tagsüber aufhalten bzw. von der aus ihre Wege beginnen und zu dem sie immer wieder zurückkehren. Der Bedarf an einem festen Anlaufpunkt, welcher die gemeinsame Wohnung der Familie ist und an dem i. d. R. die meiste Zeit des Tages verbracht wird, sprechen die Gesetzgeber*innen den Kindern mit (drohender) Behinderung in gleicher Weise wie Kindern ohne Behinderung zu. Allerdings kann bei Kindern mit (drohender) Behinderung der Bedarf an einem familiären Umfeld auf Personen ausgeweitet werden, die nicht in einem biologischen Abstammungsverhältnis mit ihnen stehen, sondern die ihre Pflege und Unterstützung übernehmen. Damit sprechen die Gesetzgeber*innen den Kindern gleichzeitig einen Bedarf an einer eingeschränkten Anzahl fester Bezugspersonen in der häuslichen Umgebung zu. Dies zeigt sich, da die Pflegefamilie aus mindestens einem Erwachsenen bestehen muss. Zusätzlich können ein*e Partner*in und weitere Kinder im Haushalt leben. Dieser kleine Kreis an Personen erkennt die Wohnung als gemeinsames ‚zu Hause' an. Demgegenüber befinden sich in stationären Einrichtungen insbesondere Personen, die dort erwerbstätig sind und max. 40 Stunden pro Woche anwesend sind. Zudem handelt es sich dabei nicht um ihren eigenen Haushalt, sondern um ihren Arbeitsplatz.

Weiterhin schreiben die Gesetzgeber*innen den Kindern mit (drohender) Behinderung einen Bedarf an Betreuung und Versorgung durch die Pflegepersonen zu („Zur Betreuung versorgt [...][die] Pflegeperson [...]"; Wehrhahn 2011, Rn. 62). Dieser ist jedoch nicht mit dem Bedarfe von Kindern ohne Behinderung zu vergleichen, da die Pflegepersonen eine spezielle Erlaubnis zur Übernahme dieser Aufgaben haben müssen.

> „Zudem bedarf die Pflegeperson der Erlaubnis nach § 44 SGB VIII. Dies setzt voraus, dass die Pflegeperson im Hinblick auf ihre persönliche Eignung und fachlichen Kenntnisse [...] den spezifischen Bedürfnisse der behinderten Kinder und Jugendlichen gerecht werden kann (§ 43 Abs. 2 SGB VIII)." (Wehrhahn 2011, Rn. 63)

Schließlich setzen die Gesetzgeber*innen die Pflegefamilien nicht mit den leiblichen Familien gleich. Das zeigt sich, indem sie den Kindern mit (drohender) Behinderung, die in der Woche an einem anderen Ort untergebracht sind, einen Bedarf zusprechen, ihre Eltern an den Wochenenden zu sehen. Diesen Bedarf unterstellen sie den Kindern in Bezug auf die Pflegefamilien nicht (vgl. Wahrendorf 2012c, Rn. 50). Damit sprechen die Gesetzgeber*innen den Kindern einen Bedarf an Nähe und Kontakt mit ihren leiblichen Familien zu. Allein das Merkmal der biologischen Abstammung gilt demnach als bedarfsauslösend.

Überblick über die Ergebnisse der Analyse

Tab. 58: Ergebnisse der Analyse der Unterkategorie: *Familienformen und -konstellationen*

Ergebnisse der Analyse	Kinder- und Kindheitsbilder
Kinder leben mit weiteren Personen in einem Haushalt. Dabei handelt es sich um ihre Familien, die ganz unterschiedlich zusammengesetzt sein können.	Kinder als Teil des Haushalts
Eltern und Geschwister unterstützen die Leistungsberechtigten nach Ansicht der Gesetzgeber*innen in unterschiedlichen Belangen.	Die ‚unterstützungsbedürftige' Kinder
Kinder mit (drohender) Behinderung können den Bedarf aufweisen, in einer Pflegefamilie zu wohnen. Dies ist der Fall, wenn ihre leiblichen Eltern ihren erhöhten Unterstützungsbedarf nicht erfüllen können. Die Wohnung der Pflegefamilie wird in diesem Fall zu ihrem zu Hause.	Die ‚unterstützungsbedürftige' Kinder

Quelle: eigene Darstellung

3.2.6.2 Innerfamiliäre Kommunikation

Im Rahmen der Unterkategorie zur Kommunikation in der Familie treffen die Gesetzgeber*innen keine Aussagen über die angenommene konkrete Beziehungsqualität zwischen den einzelnen Familienmitgliedern in den leistungsberechtigten Familien. Jedoch äußern sie sich bezüglich des Familienklimas, in Bezug auf elterliche Erziehungskompetenzen sowie die Erziehungsverantwortung der Eltern gegenüber ihren Kindern.

Familienklima

Die Gesetzgeber*innen unterstellen zwar nicht allen, jedoch einem Teil der leistungsberechtigten Haushalte, dass ein Familienklima vorherrscht, das auf die Kinder psychisch stark belastend wirkt und in dem sie keine Zuwendung erfahren.

> „Hiermit wird die Hoffnung verbunden, Kindern und Jugendlichen aus einkommensschwachen Familien die Chance zu geben, aus dem mitunter bedrückenden Alltag herauszukommen, neue Erfahrungen zu machen, Zuwendung zu erfahren und mit Gleichaltrigen etwas zu unternehmen." (Leopold 2012a, Rn. 139)

Der gewählte Wortlaut zur Beschreibung der angenommenen Situation impliziert eine stark negative Bewertung des Zustands, bei dem unterschwellig ein Vorwurf gegenüber den Eltern enthalten ist, dass sie ihren Kindern kein geschütztes Umfeld bieten. Diese Formulierung findet sich allerdings nur in den Auslegungen zum SGB II wieder. In den Kommentaren zum SGB XII[49] wird zwar auch eine negative Beurteilung der familiären Situation vorgenommen, jedoch wird den Familien selbst keine Verantwortung dafür übertragen.

> „Die besonderen Verhältnisse in der Familie der Leistungsberechtigten sollen berücksichtigt werden, insbesondere soll der Zusammenhalt der Familie gefestigt werden." (Luik 2013e, Rn. 28)

Die Gesetzgeber*innen beschreiben hier eine weniger negativ konnotierte Situation in der Familie, die durch einen unzureichend ausgebauten Zusammenhalt gekennzeichnet ist. Mit der Formulierung „die besonderen Verhältnisse in der Familie [...] sollen berücksichtigt werden" wird ein Zustand beschrieben, der vermuten lässt, dass die Gesetzgeber*innen davon ausgehen, dass die Familien nicht allein dafür verantwortlich sind.

Erziehungskompetenzen

Kinder haben nach Ansicht der Gesetzgeber*innen bereits in den ersten Lebensjahren einen Bedarf danach, dass ihre Eltern (hohe) Erziehungskompetenzen ausbilden und sie sich diese – wenn nötig – über diverse Kurse u. ä. aneignen.

> „Für die [...] Altersgruppe [der Kinder unter drei Jahren] sind ferner Angebote aus Abs. 7 zu finanzieren, die sich vorrangig an die Eltern richten, um die Erziehungskompetenz zu stärken, wie die Veranstaltungen der zahlreichen Elternschulen, z. B. der Elternführerschein oder der Kurs Starke-Eltern-Starke-Kinder, SAFE-Seminare oder Fun-Baby, die auf den Erkenntnissen der Bindungstheorie beruhen und sich im Sinne der Prävention besonders an benachteiligte Eltern richten. Diese Aktivitäten sind nach Abs. 7 zu fördern, da sich die vom Gesetz angestrebte Chancengerechtigkeit und Bildungsteilhabe der Kinder umso besser entfalten kann, je früher Eltern in der Erziehung unterstützt werden." (Lenze 2011b, Rn. 33)

Bei den Erziehungskompetenzen, die im Rahmen der benannten Kurse geschult werden sollen, handelt es sich insbesondere um die Herstellung einer positiven Bindung der Eltern zu ihren Kindern. Durch diese Hervorhebung, der zu fördernden Komponente durch die Gesetzgeber*innen, unterstellen sie gleichzeitig den leistungsberechtigten Familien, dass sie eine solche Bindung ohne professi-

49 Die Interpretationen des SGB XII sind in gleicher Weise auf das AsylbLG zu übertragen, da die Gesetzgeber*innen des AsylbLG die Regelungen der Leistungen für Bildung und Teilhabe nicht neu formulieren, sondern auf das SGB XII verweisen.

onelle Unterstützung nur unzureichend ausprägen und daher präventive Maßnahmen bedürfen. Diesen Förderbedarf sprechen sie nicht nur den leistungsberechtigten Familien zu. Vielmehr gehen sie davon aus, dass dieser Bedarf generell vorliegt, da alle Familien derartige Kurse besuchen. Mit der Einordnung dieses Bedarfs in die Leistungen für die sog. ‚Teilhabe am sozialen und kulturellen Leben in der Gemeinschaft' (§ 28 Abs. 7 SGB II; § 3 Abs. 3 AsylbLG i. V. m. § 34 Abs. 7 SGB XII) unterstellen sie jedoch, dass Familien ohne Existenzsicherungsbezug diese Förderangebote nutzen, während Familien im Existenzsicherungsbezug diese nur unterdurchschnittlich oft in Anspruch nehmen, da durch diese Leistung auch der Kontakt zu Gleichaltrigen ohne Leistungsbezug gefördert werden soll.

Weiterhin müssen Erziehungskompetenzen nach Ansicht der Gesetzgeber*innen möglichst früh gefördert und gestärkt werden, da sie den Leistungsberechtigten einen Bedarf an den Inhalten der Förderangebote bereits in den ersten Lebensmonaten zusprechen. Da die Gesetzgeber*innen diesen Förderbedarf aufzeigen, kann angenommen werden, dass sie ein Bild von guter Erziehung bzw. dem Ergebnis guter Erziehung vor Augen haben. Denn auch mit dem Begriff ‚Förderung' wird impliziert, dass ein Ziel angestrebt wird, dass eine aktuell vorliegende Situation verbessern soll. Die Förderung der Umsetzung dieses angestrebten Bildes guter Erziehung dient nach Ansicht der Gesetzgeber*innen wiederum als ein Mittel, das zu einer verbesserten Teilnahme („Chancengerechtigkeit und Bildungsteilhabe") der Kinder beitragen kann.

Erziehungsverantwortung

Die Gesetzgeber*innen sprechen den Eltern eine primäre Erziehungsverantwortung gegenüber ihren Kindern zu. Das wird aus der Formulierung

> „[...]Eltern als [...] Erziehungsberechtigte[...]" (Lenze 2011b, Rn. 87)

deutlich. Damit räumen sie ihnen das allgemeine Recht auf die Erziehung ihrer Kinder ein. In den Leistungen für Bildung und Teilhabe konkretisieren sie diese Verantwortung hinsichtlich der drei Kontexte: (a) dass Kinder die ihnen zur Verfügung gestellten Leistungen zur Sicherung ihrer Bedarfe nutzen, (b) der Wahl des Bildungsganges und (c) der Vermittlung religiöser Haltungen und Wertvorstellungen.

Erstens tragen die Eltern nach Ansicht der Gesetzgeber*innen die Verantwortung dafür, dass Kinder die Leistungen in Anspruch nehmen, die ihnen über das SGB II, das SGB XII oder das AsylbLG zur Verfügung gestellt werden (vgl. Luik 2013d, Rn. 4). Aus Kindersicht heißt das, dass Kinder einen Bedarf gegenüber ihren Eltern haben, dass sich ihre Eltern ihnen gegenüber verantwortlich verhalten und ihre Pflicht wahrnehmen. Das beinhaltet bspw., dass sie darauf achten, dass die Bedarfe ihrer Kinder gedeckt sind.

> „Eltern stehen zugleich in der Ausübung ihrer Erziehungsverantwortung in der Pflicht, dass die zur Verfügung stehenden Leistungen auch in Anspruch genommen werden." (Deutscher Bundestag 2010b, S. 43)

Damit wird den Kindern gleichzeitig die Kompetenz abgesprochen, dass sie mindestens einen Teil ihrer Bedarfe nicht aus eigenem Antrieb befriedigen (können). Ob dies lediglich dem Entwicklungsstand geschuldet ist (, d. h. ob die Gesetzgeber*innen dies insbesondere auf die jüngeren Kinder beziehen,) oder ob sie allen Kindern einen fehlenden Handlungsantrieb zuschreiben, lässt sich aus ihren Ausführungen in diesem Kontext nicht erkennen. Indem sie den Eltern die Verantwortlichkeit der Bedarfssicherung zu- und den Kindern eine eigenständige Bedarfsbefriedigung absprechen, implizieren sie eine Abhängigkeit der Kinder von ihren Eltern.

Die elterliche (Mit-)Verantwortung wird zweitens darin deutlich, dass die Gesetzgeber*innen die Eltern auf ihr Recht auf (Mit-)Bestimmung bei der Wahl des Bildungsganges ihrer Kinder hinweisen.

> „[…][der] gewählte[…] Bildungsgang nimmt Bezug auf das elterliche Erziehungsrecht […]." (Luik 2013b, Rn. 33)

Implizit sprechen die Gesetzgeber*innen den Eltern damit die (Mit-)Verantwortung über das Maß der Bildung ihrer Kinder i. S. des zu erreichenden Schulabschlusses zu.

Drittens sprechen die Gesetzgeber*innen den Eltern im Rahmen der Erziehungsverantwortung das Recht zu, dass sie ihren Kindern religiöse Haltungen und Wertvorstellungen vermitteln dürfen. Diese bleiben nicht nur innerhalb der Familie relevant. Vielmehr berücksichtigen die Gesetzgeber*innen diese bei der Leistungserbringung insoweit, dass Kinder keine konfessionelle Schule besuchen müssen, wenn sie ihren eigenen und den Vorstellungen der Eltern entgegenstehen (vgl. Leopold 2012a, Rn. 87).

Unterschiede zu den Leistungsberechtigten mit (drohender) Behinderung

Die Gesetzgeber*innen benennen drei Aspekte, in denen sie Unterschiede zwischen den Leistungsberechtigten mit und ohne (drohende) Behinderung aufführen. Dabei handelt es sich um (a) den Bedarf an zusätzlichen Beratungsangeboten für die Eltern der Kinder mit (drohender) Behinderung, (b) den Einfluss der Erziehung der Eltern auf den Entwicklungsstand ihrer Kinder und (c) die Kommunikation mit Familienmitgliedern bei gehörlosen Kindern.

Bedarf an zusätzlicher Beratung der Eltern

Zusätzlich zu dem Bedarf an Förderung der elterlichen Erziehungskompetenzen durch außerschulische Bildungsangebote sprechen die Gesetzgeber*innen den leistungsberechtigten Kindern mit (drohender) Behinderung einen weiteren Bedarf zur Stärkung der Erziehungs- und weiterer Kompetenzen der Eltern zu. Im Rahmen der Früherkennung gewähren die Gesetzgeber*innen Leistungen für die „Beratung der Erziehungsberechtigten“ (Bieritz-Harder 2012d, Rn. 16). Folglich gehen sie davon aus, dass Eltern im Prozess der Diagnostizierung einer (drohenden) Behinderung ihrer Kinder einen erhöhten Bedarf an professioneller Unterstützung haben, damit sie im Umgang mit dieser angenommenen Andersartigkeit geschult werden. Das betrifft nach Ansicht der Gesetzgeber*innen nicht nur die Beratung für die medizinischen Leistungen, die den Kindern gewährt werden, sondern kann in gleicher Weise die Beratung im sozialen Bereich umfassen (vgl. Bieritz-Harder 2012d, Rn. 17).

Einfluss der Erziehung der Eltern auf den Entwicklungsstand ihrer Kinder

Weiterhin wird im Rahmen der Leistungen zur Früherkennung einer (drohenden) Behinderung deutlich, dass die Gesetzgeber*innen erstens davon ausgehen, dass Probleme bei der Erziehung auftreten können, welche sich negativ auf die Kinder auswirken können. Diese Auswirkungen können zweitens in der Form zum Tragen kommen, dass sie in ihren ersichtlichen Anzeichen mit einer seelischen Behinderung vergleichbar sind.

> „Sachverhalte, die sich bei Kindern und Jugendlichen als Erziehungsproblem herausstellen, sind von der Eingliederungshilfe in Form der seelischen Behinderung auszunehmen[…]. Die Leistungen für seelisch behinderte Kinder und Jugendliche finden sich in § 35a SGB VIII, denen nach § 10 Abs. 4 SGB VIII ein Vorrang eingeräumt ist.“ (Wahrendorf 2012b, Rn. 25a)

Folglich gehen die Gesetzgeber*innen davon aus, dass die elterliche Erziehung die Entwicklung der Kinder nicht nur positiv, sondern auch deutlich negativ beeinflussen kann. Das Tun, Handeln und Unterlassen von Familien kann sich derart negativ auf die Kinder auswirken, dass die Folgen vergleichbar sind mit deutlich erhöhten und dauerhaften entwicklungsbezogenen Einschränkungen, wie sie bei einer (drohenden) Behinderung vorliegen.

Kommunikation gehörloser Kinder mit ihren Familienmitgliedern

In Bezug auf die Kommunikation innerhalb der Familie sprechen die Gesetzgeber*innen nur den Kindern, jedoch nicht ihren Eltern einen erhöhten Bedarf zu.

> „Deshalb bildet die Eingliederungshilfe keinen Anspruch für Eltern eines gehörlosen Kindes auf Kostenübernahme eines Gebärdensprachkurses ab […]." (Wahrendorf 2012b, Rn. 13a)

Liegt eine (drohende) Behinderung bei Kindern vor, die sich auf die Kommunikationsfähigkeit bezieht, weisen diese Kinder einen Unterstützungsbedarf auf, um sich in der Gesellschaft mitteilen zu können. Gehörlosen Kindern soll daher ein Gebärdensprachkurs finanziert werden, damit sie sich verständigen können. Diesen Bedarf sprechen die Gesetzgeber*innen allerdings den weiteren Familienmitgliedern nicht zu (vgl. Wahrendorf 2012b, Rn. 13a). Diese können sich verständigen und haben daher keinen Bedarf, der auf ihren eigenen Gesundheitszustand zurückzuführen ist. Auch an dieser Stelle zeigt sich, dass die Gesetzgeber*innen lediglich den Kindern mit (drohender) Behinderung einen Bedarf zusprechen, sich zu verändern, während sie keinerlei Bedarfe zur Veränderung bei den Menschen im Umfeld der Kinder sehen. Fraglich bleibt in einer solchen Situation jedoch, inwiefern die Gesetzgeber*innen durch die einseitige Bereitstellung von Leistungen das den Kindern zugesprochene Grundbedürfnis nach

> „[…] Kommunikation mit anderen zur Vermeidung von Vereinsamung" (Bieritz-Harder 2012d, Rn. 20)

sichern wollen, wenn lediglich die Kosten für das Erlernen der Gebärdensprache durch die Kinder finanziert wird, nicht aber für die Personen in ihrem Umfeld.

Überblick über die Ergebnisse der Analyse

Tab. 59: Ergebnisse der Analyse der Unterkategorie: *Innerfamiliäre Kommunikation*

Ergebnisse der Analyse	Kinder- und Kindheitsbilder
In den Familien der Leistungsberechtigten herrscht teilweise ein Klima vor, das psychisch stark belastend auf die Kinder wirken kann.	Kinder als Ergebnis der Fähigkeiten und Kompetenzen ihrer Eltern

Ergebnisse der Analyse	Kinder- und Kindheitsbilder
Die Eltern der leistungsberechtigten Kinder nehmen nur unterdurchschnittlich oft Förderangebote zur Stärkung ihrer Erziehungskompetenz wahr.	Kinder als Ergebnis der Fähigkeiten und Kompetenzen ihrer Eltern
Eltern sind dafür verantwortlich, dass die Bedarfe ihrer Kinder befriedigt werden.	Kinder als abhängige Menschen von ihren Eltern
Eltern bestimmen über die Wahl des Bildungsgangs ihrer Kinder und damit über den Schulabschluss.	Kinder als abhängige Menschen von ihren Eltern
Eltern von Kindern mit (drohender) Behinderung benötigen nach Ansicht der Gesetzgeber*innen zusätzliche Beratungsangebote, um im Umgang mit der Andersartigkeit ihrer Kinder geschult zu werden.	Die ‚atypischen' Kinder
Der Bedarf, Gebärdensprache zu erlernen, liegt lediglich bei den gehörlosen Kindern und nicht bei ihren Familienangehörigen vor.	Die ‚atypischen' Kinder
Die Erziehung durch die Eltern kann sich derart negativ auf die Entwicklung der Kinder auswirken, dass deren Folgen einer (drohenden) Behinderung ähneln.	Kinder als Ergebnis der Fähigkeiten und Kompetenzen ihrer Eltern

Quelle: eigene Darstellung

3.2.6.3 Innerfamiliäre Förderung

Innerfamiliäre Förderung – verstanden als Verbesserung des Bildungsstands der Kinder – benennen die Gesetzgeber*innen erstens in Bezug auf den Kontext Schule und zweitens hinsichtlich der Nutzung außerschulischer Bildungsangebote im Familienverbund.

Förderung schulischer Bildungsinhalte durch die Familienmitglieder

Die innerfamiliäre Förderung umfasst nach Ansicht der Gesetzgeber*innen direkte Hilfestellungen durch die Eltern oder Geschwister bspw. bei schulischen Schwierigkeiten. Die Gesetzgeber*innen schreiben den benannten Familienmitgliedern eine solche Verpflichtung gegenüber ihren Kindern bzw. jüngeren Geschwistern zu.

> „[…]die Leistungsberechtigten [werden] zunächst auf die Selbsthilfe (Eltern, ältere Geschwister) […][verwiesen]." (Lenze 2011b, Rn. 21)

Allerdings äußern sie gleichzeitig Bedenken und unterstellen den leistungsberechtigten Familien, dass ihnen die dafür notwendigen Kompetenzen fehlen, wie aus nachfolgendem Zitat ersichtlich wird.

> „Häufig können gerade in einkommensschwachen Haushalten oder in Familien mit Migrationshintergrund die Eltern ihre Kinder in schulischen Belangen wenig unterstützen.“ (Lenze 2011b, Rn. 25)

Zudem gehen die Gesetzgeber*innen davon aus, dass sich die Eltern nicht mit den Lehrer*innen über die schulischen Inhalte und die Leistungen ihrer Kinder austauschen. Sie nehmen zwar an, dass die Eltern an Elternabenden teilnehmen, jedoch scheinen ihrem Erachten nach dort insbesondere Themen wie die Kosten für eine Klassenfahrt diskutiert zu werden (vgl. Leopold 2012a, Rn. 66.1). Im Kontext der Kostenübernahme für außerschulische Lernförderung sehen sie lediglich die Lehrkräfte als Personen an, die Auskunft über die schulischen Leistungen der Kinder geben können (vgl. Lenze 2011b, Rn. 21). Zudem gehen sie davon aus, dass nur in schulischen und schulnahen Strukturen ein inhaltlicher Austausch erfolgt (vgl. Deutscher Bundestag 2010c, S. 17; Deutscher Bundestag 2010b, S. 105). Eltern oder Geschwister, die – sofern es ihnen möglich ist – die Kinder bei schulischen Schwierigkeiten unterstützen sollen (vgl. Lenze 2011b, Rn. 21), wird die Nutzung einer solchen Austauschplattform nicht unterstellt.

Nutzung außerschulischer Bildungsangebote mit der Familie

Nach Ansicht der Gesetzgeber*innen könnten die Familien den Bildungsstand ihrer Kinder fördern, indem sie in der gemeinsamen Familienzeit Bildungsangebote aufsuchen. Allerdings werden den Familien bzw. den Kindern derartige Freizeitgestaltungsmöglichkeiten nicht als Bedarfe unterstellt, sondern nur als Wünsche zugesprochen. Dies scheint darin begründet zu sein, dass die Gesetzgeber*innen davon ausgehen, dass Familien nicht in der Lage sind, ihre Kinder im Freizeitbereich so gut zu fördern wie es institutionelle Bildungseinrichtungen vermögen. Das wird vor allem dadurch deutlich, dass die Gesetzgeber*innen Kindern ein Budget für die Nutzung von außerschulischen Bildungsangeboten gewähren. Mit diesen Mitteln können sie aber keine Angebote finanzieren, die im familiären Kontext durchgeführt werden, sondern nur solche, die in außerschulischen Bildungseinrichtungen stattfinden (vgl. Lenze 2011b, Rn. 33). Familien im Existenzsicherungsbezug wird folglich ein geringes Potenzial zugesprochen, ihre Kinder in Bezug auf die schulischen Bildungsinhalte zumindest in geringem Maße zu fördern. Gleichzeitig wird ihnen eine bildungsförderliche Freizeitgestaltung im Familienverbund aberkannt. Den Familien werden – wie im voranstehenden Abschnitt 3.2.6.2 ausgeführt – lediglich indirekte Förderkompetenzen zugesprochen und zwar in der Weise, dass sie ihre Kinder dazu motivieren sollen, außerschulische Bildungsangebote zu nutzen.

> „[Die zuständigen Träger][...] arbeiten zu diesem Zweck mit den Akteuren vor Ort zusammen und wirken auf die Eltern ein, damit Kinder und Jugendliche die Leistungen für Bildung und Teilhabe ‚möglichst in Anspruch nehmen' [...]." (Lenze 2011c, Rn. 9)

Deutlich wird aus dem Zitat auch, dass den leistungsberechtigten Familien unterstellt wird, dass sie diese indirekte Bildungsförderung nicht ohne zusätzliche Aufforderungen durch Dritte vornehmen.

Eine Ausnahme sehen die Gesetzgeber*innen bei unter Dreijährigen, denn bei ihnen müssen die Eltern die Bildungsangebote gemeinsam mit ihren Kindern nutzen.

> „Die Einbeziehung der Eltern ist jedoch notwendig bei der sozialen und kulturellen Teilhabe von Kindern unter 3 Jahren." (Lenze 2011b, Rn. 33)

Die Leistung der Eltern liegt allerdings nicht in der Bildungsförderung ihrer Kinder, sondern ihre Aufgabe besteht im Aufsuchen von Bildungsangeboten, in denen vor allem die Beziehung zwischen Eltern und Kindern sowie die Erziehungskompetenz der Eltern gefördert wird.

Unterschiede zu den Leistungsberechtigten mit (drohender) Behinderung

Die Gesetzgeber*innen treffen keine zusätzlichen Aussagen zu den leistungsberechtigten Kindern mit (drohender) Behinderung, die sich von den Aussagen der leistungsberechtigten Kinder im Allgemeinen unterscheiden, sodass sie ihnen keine gesonderten Bedarfe im Bereich der *innerfamiliären Förderung* zusprechen.

Überblick über die Ergebnisse der Analyse

Tab. 60: Ergebnisse der Analyse der Unterkategorie: *Innerfamiliäre Förderung*

Ergebnisse der Analyse	Kinder- und Kindheitsbilder
Eltern und ältere Geschwister sollen Kinder bei schulischen Schwierigkeiten unterstützen. Allerdings fehlen den leistungsberechtigten Familienmitgliedern nach Ansicht der Gesetzgeber*innen häufig die notwendigen Kompetenzen und das Wissen, um die Kinder zu fördern.	Kinder als Ergebnis der Fähigkeiten und Kompetenzen ihrer Eltern
Die Gesetzgeber*innen gehen davon aus, dass die leistungsberechtigten Kinder durch die gemeinsame Nutzung von Freizeitangeboten mit Familienmitgliedern keine Förderung erfahren. Das erfolgt, wenn die Kinder diese Angebote im Rahmen institutionell organisierter Freizeitgestaltung wahrnehmen.	Institutionenkindheit
Leistungsberechtigte Familien können ihre Kinder nach Ansicht der Gesetzgeber*innen lediglich dadurch fördern, dass sie diese zur Inanspruchnahme institutionell organisierter Angebote motivieren.	Kinder als Ergebnis der Fähigkeiten und Kompetenzen ihrer Eltern

Quelle: eigene Darstellung

3.2.6.4 Innerfamiliäre Unterstützung

Hinsichtlich der Unterkategorie innerfamiliäre Unterstützung, die sich vor allem auf die materielle Unterstützung innerhalb der Familie bezieht, sprechen die Gesetzgeber*innen den Eltern insbesondere zwei Aufgabe zu. Erstens sind sie für die Beantragung finanzieller Hilfen für ihre Kinder zuständig, wenn sie selbst nicht über eine ausreichendende Ausstattung mit monetären Ressourcen verfügen und zweitens sollen sie mit den Hilfen, die sie für ihre Kinder erhalten, verantwortungsvoll umgehen.

Beantragung von Hilfen bei unzureichenden monetären Ressourcen

Die elterliche Aufgabe der Beantragung finanzieller Unterstützung wird aus den Bestimmungen zur Antragstellung deutlich. Erst mit Vollendung des 15. Lebensjahres wird Kindern die Kompetenz einer eigenständigen Antragstellung zugesprochen. Bis zu diesem Zeitpunkt müssen die Sorgeberechtigten diese Aufgabe übernehmen.

> „Kinder und Jugendliche, die das 15. Lebensjahr noch nicht vollendet haben, sind darauf angewiesen, dass ihre gesetzlichen Vertreter entsprechende Anträge stellen." (Bieritz-Harder 2012b, Rn. 2)

Damit werden die Unterstützungsfunktion der Eltern gegenüber ihren Kindern sowie die damit verbundene Verantwortung deutlich, denn die Bedarfe von Kindern können nur gedeckt werden, wenn die Eltern die Voraussetzung für die Ermöglichung der Bedarfsbefriedigung erfüllen. Das heißt, können die Eltern die Bedarfe ihrer Kinder nicht aus eigenen Kräften und Mitteln sichern, sprechen die Gesetzgeber*innen den Eltern die Verantwortung darüber zu, dafür zu sorgen, dass die Bedarfe ihrer Kinder über andere Quellen befriedigt werden. Dies gelingt im Falle von unzureichendem Einkommen über die Beantragung (finanzieller) Unterstützungen. Damit werden einmal mehr die elterliche Schutzfunktion zur Sicherung der Existenz ihrer Kinder sowie die Abhängigkeit der Kinder von ihren Eltern hervorgehoben.

Verantwortungsvoller Umgang mit den finanziellen Unterstützungen für ihre Kinder

Aus den weiteren Ausführungen wird deutlich, dass die Gesetzgeber*innen den Eltern keinen verantwortungsvollen Umgang mit den Leistungen, die sie für ihre Kinder erhalten, unterstellen. Sie gehen davon aus, dass die leistungsberechtigten Eltern die zusätzlichen Leistungen nicht für die vorgesehenen Bedarfe ihrer Kinder ausgeben, sodass diese zum Teil unbefriedigt bleiben. Ihrem Erachten nach setzen leistungsberechtigte Eltern die zusätzlichen Geldzahlungen für eigene Wünsche ein. Dieser Vorwurf lässt sich insbesondere aus dem Analysematerial zu den Regelbedarfen nachzeichnen. Immer wieder weisen die Gesetzgeber*innen auf die Notwendigkeit des verantwortungsvollen Wirtschaftens hin.

> „Entsprechend geht der Gesetzgeber davon aus, dass die Leistungsberechtigten über die konkrete Verwendung des monatlichen Budgets eigenverantwortlich entscheiden (§ 27a Abs. 3 Satz 2 SGB XII; § 20 Abs. 1 Satz 4 SGB II). Mit der Ermittlung von Regelbedarfen werde nicht entschieden, wofür und in welchem Umfang Leistungsberechtigte das Budget verwendeten. Entscheidend sei, dass die Leistungsberechtigten verantwortungsvoll wirtschaften müssten, um alle notwendigen Ausgaben aus dem begrenzten Budget finanzieren zu können.“ (Behrend 2012, Rn. 26)

Diese immer wiederkehrende Forderung, die an die Leistungsberechtigten gestellt wird, lässt die Annahme zu, dass die Gesetzgeber*innen nicht grundsätzlich davon ausgehen, dass die Leistungsberechtigten dies ohne Aufforderung vornehmen. Zudem eröffnen sie ihnen die Möglichkeit, falls sie doch einen Bedarf nicht decken konnten, dass sie ihnen die Hilfestellung geben, die Kosten erst einmal auszulegen. Gleichzeitig stellen sie aber die Anforderung, dass die Schulden durch eine monatliche zehnprozentige Kürzung der Regelsätze zurückgezahlt werden sollen. Dies macht den Anschein als wäre ein Ansparen finanzieller Mittel im Rahmen der Regelsätze deutlich einfacher möglich als es die Adressat*innen angeben, da ihrem Erachten nach eine elementare Bedarfsdeckung noch möglich ist, wenn die finanziellen Mittel zehn Prozent geringer sind.

Die beschriebene Forderung heben die Gesetzgeber*innen in ihrer Begründung selbst konkret hervor.

> „Die Vorschrift [des verantwortungsvollen Wirtschaftens; CM] ist klarstellend und besitzt einen appellativen Charakter." (Bundesrat 2010, S. 157)

Mit der Verwendung des Begriffs ‚Vorschrift' zeigen sie auf, dass es sich nicht nur um einen Hinweis an die Leistungsberechtigten handelt, sondern dass sie diese dazu auffordern bzw. dass es sich dabei um eine Pflicht handelt, die umzusetzen ist. Darüber hinaus verstärken sie dies mit den Worten ‚klarstellend' und ‚appellativer Charakter'. Dies hebt noch einmal mehr hervor, dass sie grundsätzlich nicht davon ausgehen, dass die Leistungsberechtigten ohne konkrete Aufforderung in dieser Weise vorgehen würden. Zudem sprechen sie den Leistungsberechtigten die Fähigkeit des verantwortungsvollen Wirtschaftens auch zu, indem sie dieses Verhalten von ihnen verlangen. Damit werden sie gleichzeitig für das Maß ihrer Bedarfssicherung selbst verantwortlich gemacht. Eine Unterdeckung der Bedarfe ist folglich auf selbstverschuldetes, fehlerhaftes Verhalten zurückzuführen.

Lenze thematisiert diese Unterstellungen in ihrer Kommentierung unter Berücksichtigung weiterer Argumentationen der Gesetzgeber*innen und zeigt einen ambivalenten Umgang mit dieser Unterstellung auf.

> „Die Bundesregierung wollte durch unbare Leistungsformen sicherstellen, ‚dass die Leistungen bei den Kindern und Jugendlichen auch tatsächlich ankommen' (BT-Dr. 17/4304, 175). Als Subtext schwang damit bei, dass Eltern im Leistungsbezug das für Kinder gedachte Geld für eigene Bedürfnisse zweckentfremden würden, eine Annahme, die keine empirische Grundlage hat [...]." (Lenze 2011b, Rn. 3)

Aus diesem Zitat geht hervor, dass die Gesetzgeber*innen zwar selbst annehmen, dass bisher in der Praxis solche Verhaltensweisen der Eltern nicht zu erkennen sind und sie Geldleistungen im Regelfall für die Befriedigung der Bedarfe ihrer Kinder einsetzen.

> „Die Erfahrungen mit der bisherigen Regelung des § 24a SGB II a. F. hätten, so die Gesetzesbegründung, einen überwiegend zweckentsprechenden und verantwortungsvollen Umgang mit der Geldleistung gezeigt [...]." (Leopold 2012b, Rn. 34)

Trotz dieser Rückmeldung aus der Praxis unterstellen die Gesetzgeber*innen durch die Leistungserbringungsformen der Gutscheine und Direktzahlungen weiterhin, dass Familien mit den Geldleistungen nicht ihre Kinder in ihren materiellen Bedarfen unterstützen. Dies wird zudem durch die Nachweispflicht verstärkt. Werden Leistungen für Bildung und Teilhabe in Form von Geldleistungen gewährt, behalten sich die Gesetzgeber*innen vor, Nachweise einzufordern, falls der Verdacht besteht, dass die monetären Mittel nicht zweckentsprechend eingesetzt wurden.

> „Die Nachweispflicht bezieht sich auf begründete Verdachtsfälle – ein Jugendlicher erscheint regelmäßig ohne Schulmaterial in der Schule oder es wird bekannt, dass Eltern ihrem Kind nicht die Monatskarte des ÖPNV gekauft haben. Können die entsprechenden Quittungen nicht vorgelegt werden, kann der Bescheid über die Bewilligung gem. § 47 Abs. 2 SGB X auch nach Eintritt der Unanfechtbarkeit widerrufen werden." (Lenze 2011c, Rn. 18)

Damit wird deutlich, dass die Gesetzgeber*innen ein negativ geprägtes Bild bezüglich der materiellen Unterstützungsleistung der Eltern ihren Kindern gegenüber haben. Ihren Ansichten nach erfolgt keine umfassende innerfamiliäre Unterstützung.

Unterschiede zu den Leistungsberechtigten mit (drohender) Behinderung

Die Gesetzgeber*innen gehen davon aus, dass Leistungsberechtigte mit (drohender) Behinderung zwei zusätzliche Bedarfe an familiärer Unterstützung haben können. Dabei handelt es sich nicht nur um materielle, sondern auch um immaterielle Belange.

Erstens können Kinder entsprechend ihrer Art der (drohenden) Behinderung nach Ansicht der Gesetzgeber*innen einen Bedarf danach verspüren, dass ihre Eltern sie in der Weise unterstützen, dass die Eltern sie mittels eines PKWs an einen anderen Ort bringen (vgl. Wahrendorf 2012b, Rn. 45). Die Unterstützungsleistung besteht folglich darin, dass die Eltern ihre Zeit für ihre Kinder einsetzen und sie bspw. von der eigenen Wohnung zur Schule bringen, da es den Kindern wegen ihres Alters noch nicht erlaubt ist, selbst ein Fahrzeug zu steuern. Zudem besteht die Möglichkeit, dass ihre (drohende) Behinderung ihnen dies zusätzlich nicht erlauben würde, sodass sie dafür von ihren Eltern abhängig sind.

Zweitens sprechen die Gesetzgeber*innen Kindern mit (drohender) Behinderung einen Bedarf an Betreuung und Pflege zu. Dabei berücksichtigten sie, dass die leiblichen Familien u. U. nicht im Stande sind, dies zu leisten. In solchen Fällen erbringen die Gesetzgeber*innen Leistungen, damit der Bedarf von

Kindern an Betreuung und Pflege durch dafür ausgebildete Personen sichergestellt wird.

> „Als weitere Leistung der Eingliederungshilfe ist […] für Kinder und Jugendliche die Hilfe für die Betreuung in einer Pflegefamilie vorgesehen […].“ (Wehrhahn 2011, Rn. 61)

Kommt eine solche Betreuung zustande, haben die leiblichen Familien die Kinder in der Weise zu unterstützen, dass sie – je nach Höhe ihres Einkommens – einen unbestimmten Teil der Kosten für die Betreuung in der Pflegefamilie übernehmen müssen (vgl. Wehrhahn 2011, Rn. 62), sodass die Gesetzgeber*innen ihnen – trotz der Abwesenheit der Kinder über Tag und Nacht – eine monetäre Unterstützung gegenüber ihren Kindern zusprechen.

Überblick über die Ergebnisse der Analyse

Tab. 61: Ergebnisse der Analyse der Unterkategorie: *Innerfamiliäre Unterstützung*

Ergebnisse der Analyse	Kinder- und Kindheitsbilder
Eltern sind für die Deckung der Bedarfe ihrer Kinder zuständig. Im Falle des Existenzsicherungsbezugs bedeutet das, dass die Eltern Hilfen für die Sicherung der Bedarfe ihrer Kinder beantragen müssen, weil sie die notwendigen Mittel nicht selbst aufbringen können.	Kinder als abhängige Menschen von ihren Eltern
Eltern setzen die erhaltenen Geldleistungen nach Ansicht der Gesetzgeber*innen nicht ausschließlich für die dafür vorgesehene Sicherung der Bedarfe ihrer Kinder ein, sondern erfüllen sich damit eigene Wünsche.	Kinder als Ergebnis der Fähigkeiten und Kompetenzen ihrer Eltern
Nach Ansicht der Gesetzgeber*innen ist die fehlende Bedarfsdeckung von Kindern nicht auf eine unzureichende Ausstattung mit finanziellen Mitteln zurückzuführen, sondern hängt mit dem verantwortungslosen Umgang der Eltern mit den Ressourcen zusammen, die für ihre Kinder bereitgestellt werden.	Kinder als Ergebnis der Fähigkeiten und Kompetenzen ihrer Eltern
	Kinder als abhängige Menschen von ihren Eltern
Kinder mit (drohender) Behinderung können einen zusätzlichen Bedarf aufweisen, mittels eines PKWs durch ihre Eltern an andere Orte gebracht zu werden.	Kinder als abhängige Menschen von ihren Eltern

Ergebnisse der Analyse	Kinder- und Kindheitsbilder
Familien von Kindern mit (drohender) Behinderung sind zum Teil nicht in der Lage, die Bedarfe ihrer Kinder an Betreuung und Pflege zu sichern. In diesen Fällen sollen dafür qualifizierte Personen diese Bedarfe erfüllen. Die leiblichen Eltern haben jedoch weiterhin ihre Kinder finanziell – im Rahmen ihrer Möglichkeiten – zu unterstützen.	Kinder als abhängige Menschen von ihren Eltern

Quelle: eigene Darstellung

3.2.6.5 Materielle Lage

Hinsichtlich der materiellen Lage der Familien von Kindern im Existenzsicherungsbezug treffen die Gesetzgeber*innen Aussagen zur (1) Ausstattung mit monetären Ressourcen und zur (2) Dauerhaftigkeit der aktuellen monetären Ausstattung.

Ausstattung mit monetären Ressourcen

Familien im Leistungsbezug werden nur geringe materielle und finanzielle Mittel zugesprochen, die lediglich zur Sicherung ihres Existenzminimums ausreichen. Dies spiegeln die nachfolgend aufgelisteten Haushaltsbeschreibungen wider.

> „[…] einkommensschwachen Haushalten […]“ (Deutscher Bundestag 2010b, S. 104)

> „[…] ungünstige materielle häusliche Ausgangsbasis für Kinder […].“ (Deutscher Bundestag 2010b, S. 42)

> „[…] Haushalten im Bezug existenzsichernder Leistungen […]“ (Lenze 2011b, Rn. 37)

Dadurch wird ihnen gleichzeitig ein allgemeiner und erhöhter (Förder-)Bedarf zugesprochen.

> „[…] besonders förderungsbedürftigen Haushalten […]“ (Deutscher Bundestag 2010b, S. 43)

> „[…] Kinder aus bedürftigen Familien […]“ (Deutscher Bundestag 2010b, S. 105).

Zudem werden sie mit dem Status eines sog. ‚armen Haushalts‘ (vgl. Luik 2013b, Rn. 5) beschrieben.

Weiterhin gehen die Gesetzgeber*innen von unterschiedlichen materiellen Unterstützungsbedarfen aus. So existieren Familien, die komplett auf Unterstützungsleistungen angewiesen sind, sowie Familien, die einen Teil ihrer Bedarfe aus selbst erwirtschaftetem Einkommen decken können und nur einen Teil ihres Bedarfs nicht selbst decken können (vgl. Deutscher Bundestag 2008a, S. 16). Diese unterstützungsbedürftige Situation der Haushalte aufgrund unzureichender finanzieller Mittel ist nach Ansicht der Gesetzgeber*innen zumindest im SGB II auf die Arbeitslosigkeit bzw. eine zu geringe Erwerbsbeteiligung der Eltern zurückzuführen (vgl. Lenze 2011b, Rn. 29). Prinzipiell sind die Gesetzgeber*innen aber der Ansicht, dass die Eltern im SGB II überwiegend arbeitslos sind, was in besonderer Weise aus der Bezeichnung der Leistung für die Erwachsenen – dem sog. ‚Arbeitslosengeld II' – hervorgeht (vgl. u. a. Lenze 2011b, Rn. 29).

Die bereits angedeutete, ungleiche finanzielle Ausstattung der leistungsberechtigten Familien auf der Grundlage selbst erwirtschaftetem Einkommen wird für die Gesetzgeber*innen auch an der Grenze der Leistungsberechtigung sichtbar.

> „Die Bedarfe nach § 28 können allein Hilfebedürftigkeit auslösen. Auch wenn keine Regelleistung zu gewähren ist, werden trotzdem für Bedarfe nach § 28 Leistungen erbracht, wenn diese nicht aus eigenen Kräften und Mitteln vollständig gedeckt werden können." (Luik 2013b, Rn. 15)

Besteht folglich nur ein ‚kleiner' Fehlbetrag, der bspw. für die Deckung der Bedarfe an Bildung und Teilnahme notwendig ist, gilt dieser auch als unterstützungsfähig, trotz dass die anderen Familienmitglieder ihre Bedarfe vollständig aus anderen Mitteln sichern können. Mit dieser Regelung werden Kinder allerdings zu Existenzsicherungsbezieher*innen ohne das die weiteren Familienmitglieder zu dieser Gruppe gehören (vgl. Lenze 2011b, Rn. 1).

Dauerhaftigkeit der aktuellen monetären Ausstattung

Nach Ansicht der Gesetzgeber*innen muss die unzureichende finanzielle Ausstattung der Haushalte nicht auf Dauer vorliegen. Vielmehr sind Eintritte in und Austritte aus der Situation möglich.

> „Bei rund 1,7 Mio. leistungsberechtigten Kindern und Jugendlichen kommt es jährlich zu einer Rotation von 800.000 Berechtigten, die das System verlassen und wieder neu hinzukommen." (Lenze 2011c, Rn. 14)

Mit der verwendeten Wortwahl der „Rotation“ sowie der Formulierung „wieder neu hinzukommen“ scheinen die Gesetzgeber*innen jedoch davon auszugehen, dass Familien mit gegenwärtigem Bezug existenzsichernder Leistungen meist für eine gewisse Zeit von diesen abhängig sind, die Situation anschließend über einen undefinierten Zeitraum verlassen, jedoch in der Folge wieder in den Leistungsbezug zurückkehren. Ein Verlassen der sog. ‚Förderbedürftigkeit‘ gelingt nach Ansicht der Gesetzgeber*innen durch die Aufnahme einer Erwerbstätigkeit der Eltern (vgl. Lenze 2011c, Rn. 14). Darüber hinaus besteht die Möglichkeit, dass sich die Situation der Familien lediglich in der Weise ändert, dass sie zwischen den Existenzsicherungsgesetzen wechseln (vgl. Luik 2013b, Rn. 27), somit keine Veränderung der finanziellen Situation gegeben ist und die Förderbedürftigkeit weiterhin besteht. Damit gehen die Gesetzgeber*innen davon aus, dass die Familien mit Bezug existenzsichernder Leistungen diese finanzielle Situation nicht dauerhaft und merklich – i. S. einer deutlichen Erhöhung ihrer monetären Ressourcen – ändern können.

Unterschiede zu den Leistungsberechtigten mit (drohender) Behinderung

Die Gesetzgeber*innen zeigen im Rahmen der Leistungen für Kinder mit (drohender) Behinderung auf, dass in Familien mit Kindern mit (drohender) Behinderung zusätzliche Bedarfe vorliegen können. Familien im Leistungsbezug können diese Bedarfe aufgrund ihrer schwierigen materiellen Lage nicht ohne Unterstützung Dritter decken. Die Familien verfügen bspw. nicht über die notwendigen finanziellen Mittel, damit ihre Kinder mit (drohender) Behinderung, die in Internaten untergebracht sind, am Wochenende zu ihren Eltern fahren können (vgl. Wahrendorf 2012c, Rn. 50). Folglich gehen die Gesetzgeber*innen von einer ähnlichen bis gleichen materiellen Lage bei den leistungsberechtigten Familien aus, die jedoch bei denen, die Kinder mit (drohender) Behinderung haben, noch einmal stärker wirken, da sie noch zusätzliche finanzielle Mittel für die Deckung der weiteren – mit der (drohenden) Behinderung verbundenen – Bedarfe haben.

Auf die materielle Lage von Pflegefamilien gehen die Gesetzgeber*innen nicht ein.

Überblick über die Ergebnisse der Analyse

Tab. 62: Ergebnisse der Analyse der Unterkategorie: *Materielle Lage*

Ergebnisse der Analyse	Kinder- und Kindheitsbilder
Die Familien, in denen die leistungsberechtigten Kinder leben, sind nur mit geringen monetären Ressourcen ausgestattet. Diese Situation ist auf die Arbeitslosigkeit oder die zu geringe Erwerbsbeteiligung der Eltern zurückzuführen.	Die Andersartigkeit der Kinder im Leistungsbezug
Die materielle Situation der Familien im Existenzsicherungsbezug ist nach Ansicht der Gesetzgeber*innen dauerhaft ähnlich. Sie gehen nicht von großen Veränderungen hinsichtlich der Ausstattung mit monetären Ressourcen auf lange Sicht aus.	Die Andersartigkeit der Kinder im Leistungsbezug
Leistungsberechtigte Familien mit Kindern mit (drohender) Behinderung befinden sich in einer ähnlichen materiellen Lage wie die weiteren Familien im Leistungsbezug. Allerdings werden zusätzliche materielle Unterstützungen notwendig, da die Kinder mit (drohender) Behinderung über die allgemeinen Bedarfe hinausreichende Bedarfe haben, die mit der drohenden Behinderung zusammenhängen.	Die ‚atypischen' Kinder

Quelle: eigene Darstellung

3.2.6.6 Soziale Lage

Zur *sozialen Lage* der Familien von Kindern im Leistungsbezug treffen die Gesetzgeber*innen sowohl im Rahmen der Leistungen für Bildung und Teilhabe als auch in den Leistungen für Kinder mit (drohender) Behinderung keine Aussagen.

3.2.6.7 Kulturelle Lage

Bereits über die Unterkategorie *innerfamiliäre Förderung* konnte teilweise das implizite Bild der Gesetzgeber*innen rekonstruiert werden, dass Familien im Leistungsbezug einen geringen Bildungsstand haben. Das kann durch die Interpretation des nachfolgenden Zitates bestätigt werden.

> „Der Gesetzgeber beabsichtigt, mit der Ausgestaltung der neuen Leistungen für Bildung und Teilhabe ein gleichberechtigtes Maß an Teilhabe am Leben in der Gemeinschaft für Kinder und Jugendliche aus besonders förderungsbedürftigen Haushalten genauso zu gewährleisten wie auch die gleichartige Ermöglichung des Zugangs zu Bildung im schulischen und außerschulischen Bereich." (Deutscher Bundestag 2010b, S. 43)

Mit der Verwendung der Formulierung „besonders förderungsbedürftigen Haushalte“ im Kontext von Bildungsbeteiligung[50] deuten die Gesetzgeber*innen darauf hin, dass Familien im Existenzsicherungsbezug ihrem Erachten nach nur über einen geringen Bildungsstand verfügen. Das zeigt sich insbesondere aus der Verwendung des Begriffs ‚Förderung‘, der in Zusammenhängen mit dem Begriff ‚Bildung‘ gebraucht wird (vgl. Deutscher Bundestag 2013b, S. 1) oder Wortfolgen, die auf Bildung hindeuten wie die Förderung von Fähigkeiten und Kompetenzen (vgl. u. a. Luik 2013d, Rn. 80; Lenze 2011b, Rn. 20). Hätten sie mit dem Begriff „Förderung“ bspw. die materielle Dimension ansprechen wollen, hätten sie auf Begriffe wie „einkommensschwach“ (Deutscher Bundestag 2010b, S. 104) oder „wirtschaftliche Situation ihrer Eltern“ (Deutscher Bundestag 2010b, S. 104) zurückgegriffen und wohl eher von Hilfe- oder Unterstützungsbedarf gesprochen.

Mit der Verstärkung durch das Wort „besonders“ heben sie zusätzlich ein unterstelltes, überdurchschnittlich häufiges Vorhandensein von Defiziten im Bildungsbereich hervor, die sie den Familien im Existenzsicherungsbezug zuschreiben, sodass ihren Ansichten nach die leistungsberechtigten Kinder überdurchschnittlich oft in bildungsfernen Haushalten aufwachsen. Diese Annahme zeigt sich außerdem dadurch, dass die Gesetzgeber*innen einerseits immer wieder auf die hohe Bedeutung schulischer Bildung für eine spätere Eingliederung in en Arbeitsmarkt hinweisen (vgl. dazu ausführlich Abschnitt 3.2.4.2). Andererseits gehen sie davon aus, dass Erwachsene im Existenzsicherungsbezug arbeitslos sind oder zu wenig in den Arbeitsmarkt integriert sind. Dementsprechend kann durch diese Argumentation darauf geschlossen werden, dass die Gesetzgeber*innen von einem geringen Bildungsstand der Familien ausgehen.

Neben diesen indirekten Hinweisen benennen die Gesetzgeber*innen an einer Stelle den unterstellten geringen Bildungsstand auch direkt.

> „Häufig können gerade in einkommensschwachen Haushalten oder in Familien mit Migrationshintergrund die Eltern ihre Kinder in schulischen Belangen wenig unterstützen.“ (Lenze 2011b, Rn. 25)

Dieses Zitat stammt aus den Auslegungen zur Leistung der außerschulischen Lernförderung, folglich sind mit den „schulischen Belangen“ die schulischen Leistungen der Kinder gemeint. Um die Kinder darin unterstützen zu können, benötigen die Eltern selbst Kenntnisse in den verschiedenen schulischen Inhal-

50 Diesen Terminus verwenden sie nicht nur an einer Stelle, sondern integrieren ihn im Rahmen bildungsbezogener Ausführungen bspw. in einer späteren Gesetzesbegründung (vgl. z. B. Deutscher Bundestag 2013, S. 1).

ten, die ihnen von den Gesetzgeber*innen abgesprochen werden. Das wurde bereits in Abschnitt 3.2.6.3 (Innerfamiliäre Förderung) herausgearbeitet und bedarf deshalb an dieser Stelle keiner weiteren Analyse.

Unterschiede zu den Leistungsberechtigten mit (drohender) Behinderung

Die Gesetzgeber*innen treffen keine Aussagen zur kulturellen Lage der Familien von Kindern mit (drohender) Behinderung.

Überblick über die Ergebnisse der Analyse

Tab. 63: Ergebnisse der Analyse der Unterkategorie: *Kulturelle Lage*

Ergebnisse der Analyse	Kinder- und Kindheitsbilder
Leistungsberechtigte Kinder wachsen nach Ansicht der Gesetzgeber*innen in bildungsfernen Elternhäusern auf.	Kinder als Ergebnis der Fähigkeiten und Kompetenzen ihrer Eltern
Wegen des geringen Bildungsstandes können die Eltern ihre Kinder in schulischen Belangen nicht ausreichend unterstützen.	Kinder als Ergebnis der Fähigkeiten und Kompetenzen ihrer Eltern

Quelle: eigene Darstellung

3.2.6.8 Psychische und physische Lage

Im Rahmen der *psychischen und physischen Lage* der Familien von leistungsberechtigten Kindern differenzieren die Gesetzgeber*innen zwischen den Familien im Bezug der verschiedenen Existenzsicherungsgesetze.

Familien im SGB II-Bezug

In den Leistungen für Bildung und Teilhabe lassen sich keine Hinweise darauf finden, dass die Gesetzgeber*innen den Eltern im SGB II-Bezug einen spezifischen Gesundheitszustand zuschreiben, d. h. sie treffen weder Aussagen über etwaige physische noch über mögliche psychische Beeinträchtigungen. Allerdings schreiben sie auch nicht von einem gänzlichen Ausbleiben von Krankheiten. Über die Anspruchsberechtigung im SGB II lassen sich Hinweise finden, denn in § 7 Abs. 1 SGB II legen die Gesetzgeber*innen fest, dass mindestens ein*e erwerbsfähige*r Hilfebedürftige*r in einem Haushalt leben muss. Diese Anspruchsgrundlage berücksichtigt den Gesundheitszustand insofern, dass Erwerbsfähigkeit voraussetzt, dass die leistungsberechtigte Person

„[…] nicht wegen Krankheit oder Behinderung auf absehbare Zeit außerstande ist, unter den üblichen Bedingungen des allgemeinen Arbeitsmarktes mindestens drei Stunden täglich erwerbstätig zu sein." (§ 7 Abs. 1 SGB II)

In Anbetracht dessen muss mindestens ein Elternteil der leistungsberechtigten Kinder vollkommen frei von Krankheiten sein, bis hin dazu, dass er gesundheitliche Einschränkungen – sowohl bezogen auf die psychische als auch auf die physische Lage – hat, die ihm erlauben drei Stunden am Tag einer Erwerbstätigkeit nachgehen zu können.

Hinsichtlich kurzzeitig andauernder Krankheiten der Eltern, treffen die Gesetzgeber*innen in den Gesetzesmaterialien zu den Leistungen für Bildung und Teilhabe keine Aussagen, sodass diesbezüglich keine Erkenntnisse vorliegen. Dies bedarf einer gesonderten Auswertung der weiteren Leistungen im SGB II.

Familien im SGB XII-Bezug

Im Vergleich zu den Eltern im SGB II-Bezug gilt mindestens ein Elternteil von Kindern im SGB XII-Bezug als nicht erwerbsfähig (vgl. § 19 SGB XII) und hat dementsprechend derartige gesundheitliche Einschränkungen, dass er nicht in der Lage ist, einer Erwerbstätigkeit von mindestens drei Stunden am Tag nachzugehen.

Familien im AsylbLG-Bezug

Aussagen hinsichtlich der psychischen und physischen Lage der Familien im Bezug von Leistungen nach dem AsylbLG treffen die Gesetzgeber*innen im Rahmen der Leistungen für Bildung und Teilhabe nicht, sodass diesbezüglich keine Ergebnisse vorhanden sind.

Darüber hinaus äußern sich die Gesetzgeber*innen an keiner Stelle bezüglich der *psychischen und physischen Lage* sowohl der weiteren Familienmitglieder (bspw. der Geschwister) als auch zu weiteren Unterkategorien wie *Hygiene*, *Erholung* und *gesundheitsbewusste Lebensweise*. Schließlich treffen sie keine Aussagen über mögliche Folgen der unterstellten psychischen und physischen Lage der Familienmitglieder auf die Kinder.

Indem die Gesetzgeber*innen in den Leistungen für Bildung und Teilhabe nicht zwischen den unterschiedlichen gesundheitlichen Situationen der Eltern im SGB II- und SGB XII-Bezug unterscheiden, scheinen sie davon auszugehen, dass sich die Bildungs- und Teilhabebedarfe der Kinder nicht durch divergente Gesundheitszustände ihrer Eltern ändert.

Unterschiede zu den Leistungsberechtigten mit (drohender) Behinderung

Spezielle Aussagen zur psychischen und physischen Lage der Familienmitglieder von Kindern mit (drohender) Behinderung treffen die Gesetzgeber*innen nicht, sodass angenommen werden kann, dass ihre diesbezüglichen Vorstellungen denen der leistungsberechtigten Kinder ohne Behinderung entsprechen.

Überblick über die Ergebnisse der Analyse

Tab. 64: Ergebnisse der Analyse der Unterkategorie: *Psychische und physische Lage*

Ergebnisse der Analyse	Kinder- und Kindheitsbilder
Die Gesetzgeber*innen gehen von heterogenen gesundheitlichen Lagen der Eltern im Existenzsicherungsbezug aus. Diese beeinflussen die Bildungs- und Teilhabebedarfe der Kinder allerdings nicht.	Kinder als Ergebnis der Fähigkeiten und Kompetenzen ihrer Eltern

Quelle: eigene Darstellung

3.2.6.9 Alltagsgestaltung

Die Gesetzgeber*innen treffen in den Leistungen für Bildung und Teilhabe keine Aussagen darüber, wie ihren Ansichten nach der Alltag in den leistungsberechtigten Haushalten gestaltet wird. Sie äußern sich weder dazu, ob sie annehmen, dass die Familien gemeinsam ihre Mahlzeiten einnehmen, gemeinsame Rituale haben, regelmäßig gemeinsam verreisen oder regelmäßig gemeinsam ihre Freizeit verbringen. Zwar sprechen sie den Kindern den Wunsch nach einer gemeinsamen Freizeitgestaltung mit ihren Eltern zu (vgl. Luik 2013b, Rn. 61), allerdings – wie bereits mehrfach dargelegt – handelt es sich ihrem Erachten nach dabei nicht um einen Bedarf. Zudem treffen sie in den Leistungen für Bildung und Teilhabe keine Aussagen darüber, ob sie vermuten, dass die Familien ihren Alltag (in Teilen) gemeinsam verbringen.

Unterschiede zu den Leistungsberechtigten mit (drohender) Behinderung

Die Gesetzgeber*innen zeigen in den Leistungen für Kinder mit (drohender) Behinderung auf, dass ein

> „[...] Leben in der Familie" (Wahrendorf 2012b, Rn. 35)

besteht, an dem die Kinder mit (drohender) Behinderung teilnehmen wollen (vgl. Wahrendorf 2012b, Rn. 35). Der Terminus „Leben in der Familie" deutet darauf hin, dass die Gesetzgeber*innen den Familien Gemeinschaft zuschreiben, an der alle Mitglieder teilnehmen wollen und die als familiäre Alltagsgestaltung angenommen werden kann.

Sie benennen jedoch nur ein Merkmal, das eine solche Gemeinschaft ihrem Erachten nach auszeichnet. Dabei handelt es sich um die gemeinsame Wohnung. Diese hat die Funktion des gemeinsamen Bezugspunktes, in dem sich die Familienmitglieder regelmäßig zusammenfinden. Dort treffen sie sich, kommunizieren und verbringen Zeit miteinander.

Diesen Bedarf stellen die Gesetzgeber*innen allerdings hinter den Bedarf an schulischer Bildung, die den Kompetenzen und Fähigkeiten der Kinder mit (drohender) Behinderung entsprechen. Denn sollte im Umfeld der Kinder keine entsprechende Schule existieren, die in einem angemessenen Zeitrahmen erreichbar ist, nehmen die Gesetzgeber*innen an, dass Kinder mit (drohender) Behinderung in ein Internat ziehen (vgl. Wahrendorf 2012c, Rn. 34), um dort ihren Fähigkeiten und Kompetenzen entsprechende schulische Bildungsangebote zu nutzen. Folglich können sie mindestens an den Werktagen ihren Alltag nicht in der Familie verbringen.

Mit dem Besuch dieser schulischen Angebote erfüllen sie die gleichen gesellschaftlichen Aufgaben bzw. Pflichten wie Kinder ohne Behinderung und Kinder mit (drohenden) Behinderungen, in deren Nähe sich eine entsprechende Schule befindet. Trotz des Bedarfs an schulischer Bildung und Teilnahme an Aktivitäten, die der Lebensphase Kindheit zugesprochen werden, gehen sie davon aus, dass die Teilnahmen an den lebensphasenspezifischen Pflichten bedeutsamer sind als die Alltagsgestaltung in der Familie. Ihrem Erachten nach ist der Bedarf an familiärer Alltagsgestaltung nicht gänzlich erloschen, vielmehr haben die Kinder den Bedarf, regelmäßig mit ihren Familien Zeit zu verbringen. Allerdings besteht dieser in einem geringeren Umfang. Diese Annahmen lassen sich daraus ableiten, dass die Gesetzgeber*innen Kindern mit (drohender) Behinderung, die in einem Internat untergebracht sind, Leistungen für die Übernahme der Reisekosten zwischen Internat und elterlicher Wohnung zusichern.

> „Reisekosten, die entstehen, weil der Leistungsberechtigte in einem Internat untergebracht ist und am Wochenende zu seinen Eltern zurückkehrt, sind Bestandteil der Eingliederungsmaßnahme. Angesichts des klaren Wortlauts der Vorschrift muss der Begriff Verwandtschaft i. S. bürgerlich-rechtlicher Vorschriften ausgelegt werden, sodass Pflegeeltern nicht darunter fallen (a. A. W. Schellhorn, Schellhorn/Schellhorn/Hohm, § 54 Rn. 79). Bei der Besuchsbeihilfe handelt es sich um eine Ermessensentscheidung, die dem behinderten Menschen oder seinen Angehörigen gewährt werden kann." (Wahrendorf 2012c, Rn. 50)

Die Kinder haben folglich an den Tagen, an denen kein Unterricht stattfindet, den Bedarf an einer Alltagsgestaltung mit ihrer leiblichen Familie und nicht mit anderen Personen wie Pflegeeltern, Klassenkamerad*innen oder Lehrer*innen, zu denen sie zwar eine Beziehung und Bindung aufgebaut haben, die jedoch nicht ihre leibliche Familie ist.

Überblick über die Ergebnisse der Analyse

Tab. 65: Ergebnisse der Analyse der Unterkategorie: *Alltagsgestaltung*

Ergebnisse der Analyse	Kinder- und Kindheitsbilder
Kinder mit (drohender) Behinderung weisen den Bedarf auf, am Familienleben teilzunehmen. Konkret bedeutet das nach Ansicht der Gesetzgeber*innen, dass die Kinder mit ihren Eltern in einer gemeinsamen Wohnung leben wollen.	Kinder als Teil des Haushalts
Dieser Bedarf liegt jedoch an den Wochentagen nicht vor, wenn keine ihren Fähigkeiten und Kompetenzen entsprechende Schule im Wohnumfeld vorhanden ist. Dann wiegt der Bedarf höher, eine solche Schule zu besuchen.	Schulkindheit

Quelle: eigene Darstellung

3.2.6.10 Einstellungen/Haltungen

Die Gesetzgeber*innen treffen im Rahmen der Leistungen für Bildung und Teilhabe und der Leistungen für Kinder mit (drohender) Behinderung keinerlei Aussagen zu den *Einstellungen und Haltungen* der Familienmitglieder.

Resümee

Im Rahmen der Kategorie *Familie* treffen die Gesetzgeber*innen keine Aussagen zu den Unterkategorien *soziale Lage* und *Einstellungen/Haltungen.* Für die weiteren Unterkategorien lassen sich in einem etwa gleichen Umfang Ergebnisse herausarbeiten. Diese werden im Folgenden in der bekannten Reihenfolge zusammengefasst.

Familienformen und -konstellationen

Die Gesetzgeber*innen gehen davon aus, dass die leistungsberechtigten Kinder in ganz unterschiedlichen *Familienformen bzw. -konstellationen* leben, wobei sie diese Formen als gleichwertig nebeneinander stellen. Geschwister spielen ihrem Erachten nach bei der Deckung der existenznotwendigen Bedarfe keine grundlegende Rolle. Erwartungsgemäß werden sie in ihrem Vorhandensein auch nicht verneint.

Nach Ansicht der Gesetzgeber*innen sind Familien mindestens aus dem leistungsberechtigten Kind und einem Elternteil zusammengesetzt, die in einem gemeinsamen Haushalt leben. Alle weiteren Varianten sind möglich, jedoch für die Bedarfsdeckung nicht von grundlegender Relevanz. Abweichend davon gehen die Gesetzgeber*innen bei Kindern mit (drohender) Behinderung davon aus, dass kein derart grundsätzlicher Bedarf am Zusammenleben mit mindestens einem leiblichen Elternteil vorhanden ist. Vielmehr sprechen sie ihnen einen höher gewichteten Bedarf an (professioneller) Unterstützung und Pflege zu. Können ihre Eltern dies nicht leisten, weisen die Kinder den Bedarf auf, mit Menschen zusammenzuleben oder einen Teil des Tages in einer Einrichtung zu wohnen, in der ihnen der Bedarf an Unterstützung und Pflege erfüllt wird. Das heißt, Kinder mit (drohender) Behinderung können auch bei sog. ‚Pflegefamilien' über Tag und Nacht untergebracht sein, sodass deren Mitglieder zu den zentralen Bezugspersonen der Kinder werden. Das liegt allerdings nur in den Fällen vor, in denen Kinder mit (drohender) Behinderung einen erhöhten Bedarf an Unterstützung und Pflege aufweisen, den ihre leiblichen Eltern nicht decken können.

Innerfamiliäre Kommunikation

Im Rahmen der Unterkategorie der *innerfamiliären Kommunikation* zeigen die Gesetzgeber*innen auf, dass ihrem Erachten nach Familien im SGB II-Bezug existieren, deren Familienklima derart belastet ist, dass es sich negativ auf den psychischen Gesundheitszustand der Kinder auswirkt. Auch Familien im SGB XII-Bezug können in schwierigen und belastenden Situationen leben, was sich insbesondere in einem unzureichenden innerfamiliären Zusammenhalt darstellt. Allerdings schreiben die Gesetzgeber*innen den letztgenannten Familien nicht die Verantwortung dafür zu. Derartige innerfamiliäre Beziehungen sehen die Gesetzgeber*innen nicht als einen gewünschten Zustand an, sondern bewerten derartige Umstände negativ.

Weiterhin sollen die Beziehungen und Bindungen zwischen den Familienmitgliedern (insbesondere die Eltern-Kinder-Beziehung) nach Ansicht der Gesetzgeber*innen frühzeitig durch institutionelle Angebote gefördert und gestärkt werden. Das trägt auch zu einer Erhöhung der Erziehungskompetenzen bei. Den Bedarf an institutioneller Förderung der elterlichen Erziehungskompetenzen sprechen die Gesetzgeber*innen nicht nur Familien im Leistungsbezug zu, sondern allen Eltern. Allerdings nehmen die Eltern ohne Leistungsbezug diese Angebote überdurchschnittlich oft wahr, während diese von den Familien im Existenzsicherungsbezug noch unzureichend genutzt werden.

Ferner sprechen die Gesetzgeber*innen die Aufgabe der Befriedigung des Bedarfs der Kinder an Erziehung zuvörderst den Eltern zu. Eltern sind ihrem

Erachten nach zuallererst für die Befriedigung der Bedarfe ihrer Kinder verantwortlich. Eltern tragen dementsprechend die Verantwortung für die Erfüllung dieser Aufgabe, da die Kinder nach Ansicht der Gesetzgeber*innen ihre Bedarfe allein und ohne (beratende) Unterstützung nicht bewältigen können. Sollten den Eltern die notwendigen finanziellen Mittel zur Befriedigung der Bedarfe ihrer Kinder fehlen, haben sie – durch die Antragstellung auf Leistungen zur Sicherung des Existenzminimums – zumindest dafür Sorge zu tragen, dass die notwendigen Ressourcen über Dritte zur Verfügung gestellt werden. Darüber hinaus sind die Eltern durch die Wahl des Bildungsgangs für das Maß der schulischen Bildung ihrer Kinder (mit-)verantwortlich.

Bei Kindern mit (drohender) Behinderung besteht ein zusätzlicher elterlicher Bedarf an Förderung der Erziehungskompetenzen, der aufgrund der behinderungsbedingten Folgen vorliegt.

Innerfamiliäre Förderung

Innerfamiliäre Förderung soll nach Ansicht der Gesetzgeber*innen vornehmlich zur Verbesserung der schulischen Leistungen erfolgen. Allerdings fehlen den Eltern und älteren Geschwistern der leistungsberechtigten Kinder nach Ansicht der Gesetzgeber*innen meist die dafür notwendigen Kompetenzen und Wissensbestände. Zudem können die Eltern die schulischen Belange ihrer Kinder nicht einschätzen und nutzen den Austausch mit den Lehrkräften zu den schulischen Inhalten nicht. Weiterhin sprechen die Gesetzgeber*innen den Familien die Kompetenz zur Förderung ihrer Kinder im Freizeitbereich ab. Diesen Bedarf der Kinder sehen sie durch die Nutzung außerschulischer Bildungsangebote gedeckt. Die einzige Kompetenz, die sie den Familien in diesem Zusammenhang zusprechen, ist eine indirekte Bildungsförderung, indem sie ihre Kinder dazu motivieren, institutionelle Bildungsangebote in Anspruch zu nehmen.

Innerfamiliäre Unterstützung

Die nach Ansicht der Existenzsicherungsgesetzgeber*innen wichtigste *innerfamiliäre Unterstützung*sfunktion der Eltern gegenüber ihren Kindern besteht in der Übernahme der notwendigen Anstrengungen, damit ausreichend Ressourcen für die Bedarfssicherung der Kinder vorhanden sind. Darüber hinaus sind sie für den Einsatz der finanziellen Mittel ihrer Kinder verantwortlich. Die Gesetzgeber*innen unterstellen den leistungsberechtigten Eltern allerdings, dass sie insbesondere die Leistungen für Bildung und Teilhabe, die für ihre Kinder bestimmt sind, nicht ausschließlich für die Befriedigung von deren Bedarfen einsetzen, sondern auch zur Deckung ihrer eigenen Wünsche nutzen.

Kinder mit (drohender) Behinderung weisen zusätzliche Bedarfe an Unterstützung durch ihre Eltern auf. Diese beziehen sich erstens darauf, dass sie mittels eines PKWs an einen anderen Ort gebracht werden möchten. Zweitens können sie je nach Schwere der Behinderung den Bedarf aufweisen, dass ihre Bedarfe durch familienfremde, qualifizierte Personen gepflegt und betreut werden wollen. In diesen Fällen müssen die Eltern – entsprechend ihrer Möglichkeiten – ihre Kinder mit Behinderung finanziell unterstützen.

Materielle Lage

Die *materielle Lage* der Familien im Existenzsicherungsbezug beschränkt sich auf so geringe finanzielle Ressourcen, dass die Familien ihre Bedarfe nicht ohne Unterstützung Dritter sichern können. Das liegt nach Ansicht der Gesetzgeber*innen insbesondere daran, dass sie arbeitslos sind bzw. ein geringer Anteil der Familien zwar in Erwerbstätigkeit eingebunden ist, allerdings nur in einem so geringen Umfang, dass das erzielte Einkommen nicht zur Bedarfsbefriedigung ausreicht. Der Übergang zwischen den beiden beschriebenen Gruppen ist fließend. Grundsätzlich sprechen die Gesetzgeber*innen allen Familien im Leistungsbezug eine Unterstützungsbedürftigkeit hinsichtlich ihrer materiellen Lage zu. Diese muss allerdings nicht dauerhaft vorliegen. Vielmehr gehen die Gesetzgeber*innen davon aus, dass die Unterstützungsbedürftigkeit teilweise auch verlassen wird. Allerdings kann das nur eine kurze Zeitspanne andauern.

Schließlich gehen die Gesetzgeber*innen davon aus, dass Familien in einer schwierigen materiellen Lage vor zusätzliche Herausforderungen gestellt werden, wenn Kinder mit (drohender) Behinderung in einer solchen Familie leben, da ihre weiteren Bedarfe mit zusätzlichen Kostenbelastungen einhergehen.

Kulturelle Lage

Die Gesetzgeber*innen gehen im Rahmen der *kulturellen Lage* davon aus, dass die leistungsberechtigten Familien überdurchschnittlich oft über einen niedrigen Bildungsstand verfügen, sodass sie über geringe Kompetenzen und unzureichende Wissensbestände verfügen, um ihre Kinder hinsichtlich schulischer Inhalte zu fördern.

Psychische und physische Lage

Die *psychische und physische Lage* der Familien im Existenzsicherungsbezug unterscheidet sich nach den Anspruchsberechtigungen. Zu den Eltern im Bezug von Leistungen nach dem AsylbLG treffen die Gesetzgeber*innen keine Aussagen. Eltern mit Bezug von SGB II-Leistungen können völlig gesund sein bis hin dazu, dass ihr psychischer und/oder physischer Gesundheitszustand soweit eingeschränkt ist, dass sie nur drei Stunden täglich einer Erwerbstätigkeit nachgehen können. In Familien von Kindern im SGB XII-Bezug ist mindestens ein Elternteil von schwerwiegenden gesundheitlichen Einschränkungen betroffen.

Der elterliche Gesundheitszustand nimmt nach Ansicht der Gesetzgeber*innen jedoch keinen Einfluss auf die Bildungs- und Teilhabebedarfe der Kinder.

Alltagsgestaltung

Aussagen über die *Alltagsgestaltung* der Leistungsberechtigten treffen die Gesetzgeber*innen nur für Familien von Kindern mit (drohender) Behinderung. Ihrem Erachten nach gilt die gemeinsame Wohnung als zentraler Bezugspunkt für alle Mitglieder, in der sie gemeinsam Zeit verbringen. Dieser Bedarf tritt jedoch in den Hintergrund, wenn für die Kinder keine Schule in erreichbarer Nähe zu finden ist, die ihren Fähigkeiten und Kompetenzen entspricht. In diesem Fall sprechen die Gesetzgeber*innen den Kindern jedoch den Bedarf zu, die Wochenenden mit ihren Familien verbringen zu wollen. Aussagen darüber, wie und womit die Familien ihre gemeinsame Zeit verbringen, treffen die Gesetzgeber*innen jedoch weder für Familien im Existenzsicherungsbezug im Allgemeinen noch für Familien von Kindern mit (drohender) Behinderung im Besonderen.

3.2.7 Netzwerke

Zu den Netzwerken gehören in dem hier verwendeten Sinne neben Personen auch Institutionen und Einrichtungen, die die Lebenssituation der leistungsberechtigten Kinder beeinflussen können. In den Abschnitten zu den einzelnen Netzwerken werden in einem ersten Schritt die jeweiligen Personen, Institutionen und Einrichtungen benannt und im zweiten Schritt ihre Einwirkpotenziale auf die Kinder sowie ihre Leistungen für die Kinder aufgezeigt. Diese zwei Bereiche dienen in den nachfolgenden Abschnitten als Strukturierungselemente. Die Gesetzgeber*innen treffen im Rahmen der Leistungen für Bildung und Teilhabe sowohl Aussagen zum *kindlichen Netzwerk* als auch für das *familiäre Netzwerk*, das *Netzwerk im sozialen Umfeld* der Kinder sowie zum *institutionellen Netzwerk.*

3.2.7.1 Kindliches Netzwerk

Personen, aus denen das Netzwerk der Gleichaltrigen zusammengesetzt ist

Die Gesetzgeber*innen benennen in den Leistungen für Bildung und Teilhabe drei Gruppen von Kindern, die im Netzwerk der Leistungsberechtigten vorhanden sind oder verstärkt vorhanden sein sollten. Dabei handelt es sich erstens um Gleichaltrige ohne Bezug existenzsichernder Leistungen und zweitens um Klassenkamerad*innen. Bei beiden Gruppen nehmen die Gesetzgeber*innen Stellung zur Qualität der Beziehungen. Mit der dritten Gruppe gehen sie auf Kinder ein, mit denen die Leistungsberechtigten ihre Freizeit außerhalb von Einrichtungen verbringen.

Gleichaltrige ohne Bezug existenzsichernder Leistungen

Die Gesetzgeber*innen legen in ihren Ausführungen hinsichtlich des kindlichen Netzwerks besonderen Wert auf die Ausweitung des Kontakts zu Gleichaltrigen ohne Leistungsbezug.

> „Ziel ist es, diese Kinder [...] stärker als bisher in bestehende Vereins- und Gemeinschaftsstrukturen zu integrieren und den Kontakt mit Gleichaltrigen zu intensivieren." (Deutscher Bundestag 2010b, S. 106)

Mit der Formulierung „Kontakt [...] intensivieren" kann einerseits der grundsätzliche Ausbau des Netzwerks in dem Sinne gemeint sein, dass die leistungsberechtigten Kinder Kontakt zu Gleichaltrigen ohne Leistungsbezug finden sollen, die sie bislang noch nicht kennen. Es kann aber auch darunter verstanden werden, dass Kinder den Kontakt zu Gleichaltrigen, wie Klassenkamerad*innen verstärken sollen. Fraglich bleibt demnach, was die Gesetzgeber*innen unter Kontakt verstehen, d. h. ob sie vornehmlich auf den quantitativen Ausbau des kindlichen Netzwerks zielen oder ob sie vielmehr die Qualität der Beziehungen verbessern wollen. Da sie immer wieder die Erweiterung der sozialen Kompetenzen und den Teamgeist ansprechen (vgl. u. a. Deutscher Bundestag 2010b, S. 106; Lenze 2011b, Rn. 31; Leopold 2012a, Rn. 129), scheinen sie den Kindern auf den ersten Blick nicht nur einen Bedarf an zahlenmäßiger Erweiterung des Netzwerks zuzusprechen. Allerdings können ihren Ansichten nach diese Aufgaben nur durch die zusätzliche Beschäftigung bspw. mit Kunst und Kultur erfolgen, sodass diese Kompetenzen nur in Verbindung mit der Durchführung von Bildungsangeboten in einer Gruppe von Gleichaltrigen gelingen kann. Im Mittelpunkt steht für die Gesetzgeber*innen demnach die Kompetenzerweiterung durch Teilnahme an gemeinsamen Aktivitäten, bei der die Qualität der Beziehungen in den Hintergrund rückt.

> „Da die Vorschrift auf reale (nicht virtuelle) gemeinschaftliche Aktivitäten mit Gleichaltrigen und auf das Ziel der gemeinschaftlichen Teilhabe abzielt [...]." (Luik 2013b, Rn. 62)

Dies wird noch einmal deutlicher durch die Leistungsgewährung mittels Gutscheinen, mit der die Gesetzgeber*innen zulassen, dass die Gleichaltrigen Kenntnis über die finanzielle Situation der leistungsberechtigten Kinder erlangen können und Ausgrenzungen, Stigmatisierungen und Diskriminierungen durch Gleichaltrige ohne Leistungsbezug nicht versuchen, mit allen Mitteln zu verhindern (vgl. dazu den Abschnitt 3.2.3.5 zu Teilhabe).

Schließlich verstärkt auch die Verwendung des Begriffs ‚Gleichaltrige' den vordergründigen Blick der Gesetzgeber*innen lediglich auf den quantitativen Ausbau der Kontakte der Kinder. Dieser Begriff impliziert – vor allem durch die Kombination mit dem Begriff ‚Kontakt' – keine zwischenmenschlichen Beziehungen, die die Qualität von Kontakten auszeichnet. Würden die Gesetzgeber*innen darauf abstellen, wäre die Verwendung des Begriffs ‚Freund*innen' deutlich naheliegender. Dieser Begriff wurde im gesamten, analysierten Material zu den Leistungen für Bildung und Teilhabe erstens lediglich an zwei Stellen gefunden und zweitens jeweils nur bei Darstellungen von Aktivitäten, die die Gesetzgeber*innen nicht als bedarfsrelevant einschätzen, wie Skateborden, Basketball spielen (vgl. Lenze 2011b, Rn. 40) und dem Besuch von Schwimmbädern, Zoos oder Museen (vgl. Lenze 2011c, Rn. 12).

In Anbetracht dessen zeigt sich, dass für die Gesetzgeber*innen die Qualität der Beziehung keine bedeutsame Rolle bei den unterstellten Kontaktbedarfen der leistungsberechtigten Kinder spielt. Sie schreiben ihnen vielmehr den Bedarf an einer verstärkten Möglichkeit des in Kontakt Tretens mit Kindern zu, die nicht von Existenzsicherungsleistungen leben. Ein Bedarf an (weiteren) Freund*innen, zu denen eine enge Beziehung besteht, denen sich Kinder anvertrauen etc., wird nicht anerkannt.

*Klassenkamerad*innen*

In der Institution Schule sind Kinder in einem sog. ‚Klassenverband' (vgl. Leopold 2012a, Rn. 58.3) zusammen, der i. d. R. aus Kindern eines Jahrganges besteht und in dem sie nach Ansicht der Gesetzgeber*innen eine Reihe an Gemeinschaftsveranstaltungen (Unterricht, Mittagessen, Ausflüge etc.) wahrnehmen. Die Kinder können sich die Gleichaltrigen, mit denen sie ihren schulischen Alltag bestreiten, nicht selbst aussuchen, sodass die Kontakte nicht auf Freiwilligkeit beruhen.

Die Klassen setzen sich aus Kindern zusammen, deren Familien von sehr unterschiedlichen bis hin zu sehr ähnlichen Einkommen leben.

> „Zum Teil hätten deswegen Klassen mit einem hohen Anteil von Kindern im Bezug existenzsichernder Leistungen keine Ausflüge mehr unternommen." (Leopold 2012a, Rn. 53)

Diese Durchmischung innerhalb der Klassen hat nach Ansicht der Gesetzgeber*innen zur Folge, dass die leistungsberechtigten Kinder der Gefahr von Ausgrenzung durch die Klassenkamerad*innen ausgesetzt sind, wenn die

Gleichaltrigen ohne Leistungsbezug feststellen, dass die materielle Ausstattung der Kinder unterdurchschnittlich ist und diese von existenzsichernden Leistungen leben. Die Ausgrenzungsgefahren wurden bereits im Rahmen der Unterkategorie *Teilhabe* in Bezug auf die Teilnahme an ein- und mehrtägigen Ausflüge, am gemeinsamen Mittagessen und bezüglich der Ausstattung mit Schulmaterialien wie Stiften, Sportartikeln, Zeichenutensilien detailliert dargestellt (vgl. Abschnitt 3.2.3.5). Demnach sind die Leistungsberechtigten der Gefahr von psychisch belastenden Situationen durch Klassenkamerad*innen ausgesetzt.

Kinder, mit denen die Leistungsberechtigten ihre außerinstitutionelle Freizeit verbringen

Ferner sprechen die Gesetzgeber*innen von sog. ‚persönlichen Kontakten' (Deutscher Bundestag 2013b, S. 7), die die Kinder in ihrer Freizeit pflegen. Diese ‚persönlichen Kontakte' leben auch außerhalb ihres unmittelbaren sozialen Umfelds, da die Leistungsberechtigten häufig Mobilitätsausgaben bspw. für öffentliche Verkehrsmittel tätigen müssen, um sich mit den sog. ‚persönlichen Kontakten' treffen zu können. Anzunehmen ist, dass die Gesetzgeber*innen dabei Freund*innen der Kinder im Blick haben, da sie im Rahmen der Aufzählung zu den Gründen für Verkehrsausgaben Angehörige als eigenständige Gruppe benennen (vgl. Deutscher Bundestag 2013b, S. 7). Zwar verwenden sie auch in diesem Zusammenhang den unpersönlichen Ausdruck ‚Kontakt', da sie diesen jedoch in Verbindung mit dem Begriff ‚persönlich' verwenden, zeigt sich eine stärkere Bezogenheit auf die jeweils anderen Menschen. Dies impliziert eine emotionale Beziehung und stellt nicht allein auf ein quantitativ verfügbares Maß ab. Folglich gehen die Gesetzgeber*innen davon aus, dass die leistungsberechtigten Kinder über ein Netzwerk von Gleichaltrigen verfügen, zu denen sie eine positive Beziehung haben. Wie bereits mehrfach dargestellt, handelt es sich dabei scheinbar insbesondere um Kinder, die auch von existenzsichernden Leistungen leben. Allerdings erhalten die Leistungsberechtigten nur ein vergleichsweise geringes Budget für Verkehrsausgaben (zwischen rund zwölf und 14 Euro im Monat; vgl. Luik 2013b, Rn. 37), dass sie nicht nur für den Besuch von Freund*innen und Verwandten, sondern für alle notwendigen Mobilitätskosten (wie den Eigenanteil für die Schülerbeförderung, den Kauf und die Reparatur eines Fahrrads oder für Arztbesuche) einsetzen müssen (vgl. dazu ausführlicher 3.2.7.2). Demnach sprechen ihnen die Gesetzgeber*innen auch nur ein geringes Maß an Kontakt zu Freund*innen zu, die nicht im unmittelbaren Wohnumfeld der Kinder leben.

Keine Aussagen treffen die Gesetzgeber*innen zu dem kindlichen Netzwerk aus dem unmittelbaren sozialen Umfeld also bspw. Kinder aus der Nachbarschaft.

Auswirkung auf und Nutzen für die Lebenssituation der Kinder

Wie bereits dargestellt, kann nach Ansicht der Gesetzgeber*innen ein unzureichend ausgebautes kindliches Netzwerk im schulischen Kontext eine Ausgrenzung der leistungsberechtigen Kinder bewirken (vgl. u. a. Deutscher Bundestag 2010b, S. 106; Grube 2012a, Rn. 29), was bspw. wiederum zu negativen Effekten auf die Entwicklung und den Schulerfolg der leistungsberechtigten Kinder führen kann.

Demgegenüber können durch die Förderung des Ausbaus des kindlichen Netzwerks mit Kindern ohne Leistungsbezug die

> „[...] sozialen Kompetenz („Teamgeist"), [...][die] Persönlichkeit und Identität" (Leopold 2012a, Rn. 129)

entwickelt und gestärkt werden. Diese Kompetenzen und Fähigkeiten sind nach Ansicht der Gesetzgeber*innen wiederum

> [...] eine grundlegende Voraussetzung für die aktive Mitgestaltung des gesellschaftlichen Lebens [...]." (Leopold 2012a, Rn. 129)

Damit schreiben die Gesetzgeber*innen dem kindlichen Netzwerk eine hohe Bedeutung für die Entwicklung der leistungsberechtigten Kinder zu. Allerdings scheinen sie zwischen sog. ‚positiven' und den weiteren Kontakten zu differenzieren. Ein Bedarf besteht ihrem Erachten nach in der Verstärkung der ‚positiven Kontakte', womit Kinder ohne Leistungsbezug gemeint sind.

Unterschiede zu den Leistungsberechtigten mit (drohender) Behinderung

Nach Ansicht der Gesetzgeber*innen bedürfen Kinder mit (drohender) Behinderung – zusätzlich zu den bereits benannten Personen – in besonderer Weise nach einem Netzwerk, das aus Menschen ohne Behinderung besteht.

> „[...] dazu [gehören] die Hilfen zur Förderung der Begegnung und des Umgangs mit nichtbehinderten Menschen [...]." (Wahrendorf 2012c, Rn. 32)

Zwar schreiben die Gesetzgeber*innen hier allgemein von Menschen und nicht speziell von Kindern. Dies liegt aber darin begründet, dass es sich bei der dargestellten Leistung um eine solche handelt, die nicht auf die Gruppe der Kinder begrenzt ist, sondern alle Menschen mit Behinderung betrifft, sodass an dieser Stelle angenommen werden kann, dass die Kinder auch nach einem Netzwerk aus Gleichaltrigen bedürfen. Das geht auch aus dem Satzteil

„[…] Behinderten die Möglichkeit zu verschaffen, […] Freunde zu besuchen“ (Wahrendorf 2012c, Rn. 26)

hervor. Anzunehmen ist, dass die Gesetzgeber*innen unter Freund*innen vor allem Personen verstehen, die in etwa das gleiche Alter besitzen, sodass sie dem kindlichen Netzwerk zugeordnet werden können.

Keinen Bedarf sprechen die Gesetzgeber*innen den Kindern mit (drohender) Behinderung am Kontakt zu Gleichaltrigen mit (drohender) Behinderung zu. Dies erscheint aus ihrer Logik heraus daher folgerichtig, da sie Leistungen für die sog. ‚Teilhabe am sozialen und kulturellen Leben in der Gemeinschaft‘ gewähren (vgl. Wahrendorf 2012c, Rn. 32). Diese „Gemeinschaft“ bezieht sich auf Menschen ohne Behinderung und Existenzsicherungsbezug, was deutlich wird, weil die Gesetzgeber*innen immer wieder darauf verweisen, dass das kindliche Netzwerk der Kinder mit (drohender) Behinderung nicht aus Gleichaltrigen mit (drohender) Behinderung (und im Bezug existenzsichernder Leistungen) bestehen soll. Indem die Gesetzgeber*innen dies in den Vordergrund stellen, zeigt sich, dass sie davon ausgehen, dass Kinder mit (drohender) Behinderung noch zu wenig Kontakt zu Gleichaltrigen ohne Behinderung haben und zu wenig in ihre Gemeinschaftsstrukturen eingebunden sind.

Überblick über die Ergebnisse der Analyse

Tab. 66: Ergebnisse der Analyse der Unterkategorie: *Kindliches Netzwerk*

Ergebnisse der Analyse	Kinder- und Kindheitsbilder
Leistungsberechtigte Kinder haben nach Ansicht der Gesetzgeber*innen zu wenig Kontakt zu Gleichaltrigen ohne Leistungsbezug.	Die Ausgeschlossenen
Um diesen Kontakt zu verstärken sollen die Leistungsberechtigten die Gemeinschaftsstrukturen der Gleichaltrigen verstärkt nutzen. Bedeutsam ist nach Ansicht der Gesetzgeber*innen vor allem, dass Leistungsberechtigte grundsätzlich Kontakt mit Gleichaltrigen ohne Leistungsbezug haben. Die Qualität der Beziehungen ist nicht von Bedeutung.	‚Dabeisein ist alles‘
In der Schule beruhen die Kontakte zu den Gleichaltrigen nicht auf Freiwilligkeit. Die Unterschiede im Einkommen ihrer Eltern können nach Ansicht der Gesetzgeber*innen bei Bekanntwerden dazu führen, dass die Leistungsberechtigten von ihren Klassenkamerad*innen ausgegrenzt, stigmatisiert und diskriminiert werden.	Die Ausgeschlossenen

Ergebnisse der Analyse	Kinder- und Kindheitsbilder
Leistungsberechtigte Kinder können Freund*innen haben. Diese wohnen nicht unbedingt im unmittelbaren Wohnumfeld. Trotzdem haben die Kinder den Bedarf, diese Freund*innen regelmäßig zu treffen.	Kinder als aktive Nutzer*innen ihrer Umwelt
Gleichaltrige ohne Leistungsbezug haben nach Ansicht der Gesetzgeber*innen einen starken positiven Einfluss auf die Entwicklung der Leistungsberechtigten. Diese positiven Auswirkungen führen auch zu besseren Chancen der Leistungsberechtigten im Erwachsenenalter.	Kinder als sich entwickelnde, ‚unfertige‘ Menschen
	Kindheit als Weichenstellung für das zukünftige Leben
Der Kontakt von Kindern mit (drohender) Behinderung zu Kindern ohne Behinderung soll nach Ansicht der Gesetzgeber*innen weiter ausgebaut werden, da sie bislang noch zu wenig in ihre Strukturen eingebunden sind.	Die Ausgeschlossenen

Quelle: eigene Darstellung

3.2.7.2 Familiäres Netzwerk

Personen, aus denen das familiäre Netzwerk zusammengesetzt ist

Die Gesetzgeber*innen benennen in Bezug auf das familiäre Netzwerk keine konkreten Personen wie Großeltern, Tanten, Onkel, sondern verwenden lediglich die beiden Sammelbegriffe „Angehörige“ (Deutscher Bundestag 2013b, S. 7) und „Verwandte“ (Leopold 2012a, Rn. 94). Anzunehmen ist, dass sie diese Personen in den Sammelbegriffen (mit-)denken. Auf weitere Personen im familiären Netzwerk weisen sie nicht explizit hin. Zudem sprechen die Gesetzgeber*innen nicht konkret einen von den Kindern regelmäßig getrennt lebenden Elternteil an. Dass sie von derartigen Familienkonstellationen ausgehen, konnte im Abschnitt 3.2.6.1 aufgezeigt werden. Diese unterlassene Benennung erstaunt vor allem vor dem Hintergrund, dass dieser Elternteil wohl kaum in einem Kontext mit Großeltern, Tanten etc. gedacht werden kann, da Beziehungen auf unterschiedlichen Ebenen zwischen den Kindern und den von ihnen getrennt lebenden Elternteil sowie den Kindern und ihren weiteren Verwandten bestehen. In ihren Leistungen beziehen sich die Gesetzgeber*innen vor allem auf die direkten Unterstützungen, die Eltern ihren Kindern bieten und gewähren sollen. Indem die Gesetzgeber*innen die getrennt lebenden Elternteile unberücksichtigt lassen, scheinen sie ihnen diese Unterstützungsfunktion nicht zuzusprechen.

Auswirkungen auf und Nutzen für die Kinder

Verwandte und Angehörige wirken in zwei Bereichen auf die Situation der Kinder ein: erstens auf die materielle Lage und zweitens im sozialen Bereich.

Einfluss der Verwandten und Angehörigen auf die materielle Situation der Kinder

Die Angehörigen und Verwandten erlangen für die Kinder in Bezug auf die Unterstützung im Alltag an Bedeutung, was sich nach Ansicht der Gesetzgeber*innen auf die materielle Lage auswirken kann. Im Kontext der Übernahme der Schülerbeförderungskosten stellen die Gesetzgeber*innen nachfolgendes fest:

> „Des Weiteren sind auf den Bedarf Leistungen Dritter anzurechnen. So werden Bedarfe für Schülerbeförderung nur dann anerkannt, wenn und soweit die Beförderung nicht durch Dritte erfolgt. [...] Auch eine Kostenübernahme durch Dritte schließt eine Berücksichtigung des Aufwandes für Schülerbeförderung aus. Dritte in diesem Sinn werden praktisch häufig Personen aus dem Umfeld der Schülerin bzw. des Schülers sein, z. B. Verwandte, die – auch in Fahrgemeinschaften – die Beförderung der Kinder und Jugendlichen auf eigene Kosten sicherstellen können." (Leopold 2012a, Rn. 94)

Verwandte unterstützen die Kinder nach Ansicht der Gesetzgeber*innen in der Weise, dass sie den Transport zur Schule selbst tätigen und auch die dabei entstandenen Kosten tragen. Damit erhalten die Kinder vordergründig eine finanzielle Unterstützung, da sie nicht die kostenpflichtigen Angebote kommerzieller Anbieter nutzen müssen. Ihnen stehen dadurch monetäre Ressourcen zur Verfügung, die sie für andere Bedarfe einsetzen können, sofern es sich nicht um gesondert zu beantragende Mehrbedarfe handelt. Das heißt, Personen, die zwar mit den Kindern in einer verwandtschaftlichen Beziehung stehen, jedoch nicht unmittelbar für die Sicherung der Lebenssituation der Kinder zuständig sind, unterstützen diese. Dadurch erhöhen sich u. U. die monetären Ressourcen der Kinder.

Einfluss der Verwandten und Angehörigen im sozialen Bereich

Weiterhin erlangen Angehörige und Verwandte für die Kinder auf der sozialen Ebene Bedeutung. Dabei wird den Kindern ein Bedarf an der

> „[...] Aufrechterhaltung privater sozialer Kontakte [...]" (Leopold 2012a, Rn. 96)

durch die Gesetzgeber*innen zugesprochen. Die Pflege der Kontakte bzw. Beziehung zu

„[...] Verwandte[n] [...], deren Wohnort nicht im Bereich der [finanzierten] Netzkarte [für die Schülerbeförderung; CM] liegt“ (Leopold 2012a, Rn. 96)

ist für die Gesetzgeber*innen zumindest insoweit bedeutsam, dass sie ihnen dafür einen geringen monatlichen Betrag für die Nutzung des Personenverkehrs zusprechen. Allerdings handelt es sich lediglich um neun bis 14 Euro im Monat[51], von denen sie auch ihre Freund*innen besuchen, den Kauf eines Fahrrades inklusive dessen Reparaturen finanzieren sowie alle weiteren Mobilitätsbedarfe decken sollen wie Arztbesuche u. ä. Es ist anzunehmen, dass die Gesetzgeber*innen davon ausgehen, dass die Verwandten, im nahen Umkreis wohnen und höchstens geringe Wegekosten anfallen bzw. wenn sie weiter entfernt wohnen, dass die Kinder sie nur selten besuchen und nur punktuell Kosten entstehen.

Weiterhin sprechen die Gesetzgeber*innen dem familiären Netzwerk durch die Verwendung der Formulierung ‚soziale Kontakte‘ eine Beziehung zu, die auch positiv durch die Kinder bewertet wird, da sie diese Besuche freiwillig und in ihrer Freizeit vornehmen. Demnach scheinen die Gesetzgeber*innen davon auszugehen, dass die Verwandten und Angehörigen zu den Bezugspersonen der Kinder gehören, mit denen sie über Schwierigkeiten sprechen, die sie trösten, die ihnen Liebe und Anerkennung etc. entgegenbringen.

Unterschiede zu den Leistungsberechtigten mit (drohender) Behinderung

Die Gesetzgeber*innen heben in den Leistungen für Kinder mit (drohender) Behinderung keine weiteren Personen oder Funktionen innerhalb des familiären Netzwerks im Vergleich zu den leistungsberechtigten Kindern ohne Behinderung hervor. Demnach können die Aussagen auf alle leistungsberechtigten Kinder in gleicher Weise bezogen werden.

51 Diese Werte ergeben sich aus dem Betrag, der im Regelbedarf für die Abteilung Verkehr berücksichtigt wird. Dieser liegt für die Kinder bis zur Vollendung des sechsten Lebensjahrs bei 11,79 Euro und bei Kindern zwischen dem siebten bis zur Vollendung des 14. Lebensjahres bei 14 Euro (vgl. Leopold 2012a, Rn. 96). Bei der letztgenannten Altersgruppe können fünf Euro Eigenbeteiligung bei der Schülerbeförderungskosten angerechnet werden (§ 28 Abs. 4 SGB II; § 34 Abs. 4 SGB XII). Zieht man diese von den ursprünglichen 14 Euro ab, ergibt sich ein Betrag von neun Euro.

Überblick über die Ergebnisse der Analyse

Tab. 67: Ergebnisse der Analyse der Unterkategorie: *Familiäres Netzwerk*

Ergebnisse der Analyse	Kinder- und Kindheitsbilder
Zum familiären Netzwerk zählen die Gesetzgeber*innen Verwandte und Familienangehörige.	Kinder als Gemeinschaftswesen
Von den Kindern getrennt lebenden Elternteilen sprechen die Gesetzgeber*innen keine zentrale Bedeutung zu, da sie ihrem Erachten nach ihre Kinder aufgrund der räumlichen Abwesenheit nicht unmittelbar unterstützen und für die Kinder nicht ständig verfügbar sind.	Kinder als Teil eines Haushaltes
Verwandte und Familienangehörige unterstützen die Kinder in alltäglichen Belangen, was sich nach Ansicht der Gesetzgeber*innen insbesondere auf die materielle Lage der Kinder auswirken kann.	Kinder als abhängige Menschen von Dritten
Die leistungsberechtigten Kinder können zu ihren Verwandten und Angehörigen auch eine derartige Beziehung aufbauen, dass sie ihre geringen finanziellen Ressourcen für die Befriedigung des Mobilitätsbedarfs einsetzen, um diese zu besuchen. Beruhen diese Besuche auf Freiwilligkeit ist davon auszugehen, dass eine positive Beziehung zwischen den Kindern und ihren Verwandten besteht.	Kinder als Gemeinschaftswesen

Quelle: eigene Darstellung

3.2.7.3 Netzwerk im sozialen Umfeld

Personen, aus denen sich das Netzwerk im sozialen Umfeld zusammensetzt

Im Rahmen des *Netzwerks im sozialen Umfeld* der Kinder benutzen die Gesetzgeber*innen wiederum nur einen Sammelbegriff und keine konkrete Auflistung spezifischer Personen, die diesem Netzwerk zugeordnet werden können wie Nachbar*innen o. ä. Sie verwenden den allgemeinen Terminus

> „sonstige Personen aus dem privaten Umfeld" (Deutscher Bundestag 2010a, S. 30).

Damit können keine Schlüsse gezogen werden, welche Personen die Gesetzgeber*innen dazu zählen. Gleichzeitig bedeutet das, dass es eine Vielzahl von Möglichkeiten zu geben scheint, welche Personen zum sozialen Umfeld gezählt werden können.

Auswirkungen auf und Nutzen für die Kinder

Die Gesetzgeber*innen sprechen den Personen im sozialen Umfeld die gleiche Funktion hinsichtlich der Verbesserung der materiellen Lage der Kinder zu wie Verwandten und Angehörigen. Dies zeigt sich, weil sie die Personen des sozialen Umfelds in den Ausführungen zur Schülerbeförderung mit Verwandten gleichsetzen, was sich aus dem oben angeführten und dem nachfolgenden Zitat ergibt.

> „Soweit in den Schulgesetzen der Länder eine vollständige oder teilweise Kostenübernahme insbesondere durch die Träger der Schülerbeförderung vorgesehen ist, ist diese ebenso anzurechnen, wie eine Kostenübernahme durch Dritte. Dritte in diesem Sinne können sowohl Wohlfahrtsverbände als auch sonstige Personen aus dem privaten Umfeld des Betroffenen sein." (Deutscher Bundestag 2010a, S. 30)

Vor diesem Hintergrund sind die Ausführungen zu den Verwandten an dieser Stelle in gleicher Weise auf die sonstigen Personen im sozialen Umfeld der Kinder zu übertragen.

Unterschiede zu den Leistungsberechtigten mit (drohender) Behinderung

Für die Kinder mit (drohender) Behinderung kennen die Gesetzgeber*innen keine zusätzlichen Personen oder Funktionen der bereits benannten Personen der leistungsberechtigten Kinder, sodass innerhalb dieses Netzwerks die gleichen Annahmen für die leistungsberechtigten Kinder ohne und mit (drohender) Behinderung gelten.

Überblick über die Ergebnisse der Analyse

Tab. 68: Ergebnisse der Analyse der Unterkategorie: *Netzwerk im sozialen Umfeld*

Ergebnisse der Analyse	Kinder- und Kindheitsbilder
Personen aus dem sozialen Umfeld unterstützen die Kinder in alltäglichen Belangen, was sich nach Ansicht der Gesetzgeber*innen insbesondere auf die materielle Lage der Kinder auswirkt.	Kinder als abhängige Menschen von Dritten

Quelle: eigene Darstellung

3.2.7.4 Institutionelles Netzwerk

In der Unterkategorie *institutionelles Netzwerk* treffen die Gesetzgeber*innen nicht nur Aussagen darüber, welche Institutionen, Einrichtungen und Personen ihren Ansichten nach für die leistungsberechtigten Kinder bedeutsam sind und welchen Nutzen sie für diese haben bzw. welche Leistungen und Unterstützungen sie ihnen gewähren (können). Sie beschreiben auch die Merkmale, die diese Institutionen, Einrichtungen und Personen ihren Ansichten nach kennzeichnen. Auf dieser Grundlage lassen sich weitere Erkenntnisse über die Kinder- und Kindheitsbilder der Gesetzgeber*innen sammeln, sodass diese Merkmale nachfolgend zusätzlich aufgegriffen werden. Nachfolgend werden zuerst die Leistungsträger, dann die Leistungsanbieter allgemein und schließlich die einzelnen konkreten Leistungsanbieter dargestellt.

Institutionen, Einrichtungen und Personen, aus denen das Netzwerk besteht

Nach Ansicht der Gesetzgeber*innen sind für leistungsberechtigte Kinder folgende Institutionen und Einrichtungen von Bedeutung

- „allgemein- oder berufsbildende Schule[n]" (vgl. u. a. § 28 Abs. 1 S. 2 SGB II; § 34 Abs. 1 S. 2 SGB XII),
- „Träger der Leistung, also die Agentur für Arbeit" (Deutscher Bundestag 2010a, S. 31) und „Sozialhilfeträger" (Luik 2013b, Rn. 19),

diese werden an anderen Stellen als

- „Jobcenter im SGB II [...][und] Sozialhilfeträger im SGB XII" (Luik 2013d, Rn. 31)

bezeichnet sowie die Institutionen der Kindertagesbetreuung, die in den

- „Kindertageseinrichtungen" (vgl. u. a. § 28 Abs. 2 S. 2 SGB II; § 34 Abs. 2 S. 2 SGB XII)

und der

- „Kindertagespflege" (vgl. u. a. § 28 Abs. 6 S. 1 SGB II; § 34 Abs. 6 S. 1 SGB XII)

ihre Ausgestaltung finden. Diesen drei Gruppen von Institutionen (Schulen, Leistungsträgern und Kindertagesbetreuungsangeboten) scheinen die Gesetzgeber*innen den höchsten Stellenwert im Rahmen des institutionellen Netzwerks der leistungsberechtigten Kinder zuzuschreiben, da sie auf diese Institutionen im untersuchten Analysematerial am häufigsten zurückgreifen. Explizit verwenden die Gesetzgeber*innen den Begriff ‚Schule' etwa 360 Mal. Begriffe, die die Träger der Leistungen[52] meinen, lassen sich ca. 275 Mal finden und Begriffe, die im Kontext der Kindertagesbetreuung benutzt werden, finden knapp 125 Mal Anwendung[53]. Die weiteren Institutionen, Einrichtungen und Personen, die im Analysematerial Relevanz erlangen, werden deutlich seltener benannt. Mit der Verwendung ihrer Bezeichnungen schreiben die Gesetzgeber*innen ihnen trotzdem eine Wichtigkeit für die Kinder zu, es sei denn, sie weisen explizit darauf hin, dass die Institutionen und Einrichtungen keine Bedeutung im institutionellen Netzwerk der Kinder einnehmen.[54]

Bei den weiteren Einrichtungen und Institutionen handelt es sich um

- „Tagesbildungsstätten" (Leopold 2012a, Rn. 43.2),
- „Schulaufsichtsbehörde[n]" (Leopold 2012a, Rn. 55),
- „Horte" (Lenze 2011b, Rn. 9),
- „Kantinenpersonal" (Leopold 2012b, Rn. 43),
- „Wohlfahrtsverbände (Caritas, Diakonie, Arbeiterwohlfahrt etc [sic!])" (Luik 2013b, Rn. 46),
- „anerkannte[...] Träger der Weiterbildung" (Luik 2013b, Rn. 46),
- „freie Träger der Kinder- und Jugendhilfe" (Lenze 2011b, Rn. 27),
- „außerschulische Jugendbildung sowie Jugendarbeit in Sport, Spiel, Kultur und Geselligkeit" (Luik 2013b, Rn. 61),
- „Träger der Schülerbeförderung" (Deutscher Bundestag 2010a, S. 30),
- „eingetragene[...] Förderverein[e], [...] Mensaverein[e] oder [...] gewerbliche[...] Catering-Unternehmen" (Lenze 2011b, Rn. 27),
- „Kommunen, Kirchgemeinden, Verbände[...] und Privatanbieter[...]" (Lenze 2011b, Rn. 36),
- „Sozialamt" (Luik 2013b, Rn. 45),
- „Jugendamt" (Luik 2013b, Rn. 45),
- „Leistungsanbieter" (Deutscher Bundestag 2010a, S. 31),
- „Vereine" (Deutscher Bundestag 2010b, S. 106),
- „Verbände[...]" (Lenze 2011b, Rn. 34),
- „kommerzielle[...] Anbieter[...]" (Lenze 2011b, Rn. 34),

52 Konkret wurde nach den Begriffen ‚kommunalen Träger', ‚kommunale Träger', ‚kommunaler Träger', ‚Träger der Grundsicherung', ‚Grundsicherungsträger', ‚Jobcenter', ‚Träger der Sozialhilfe', ‚Sozialhilfeträger', ‚Träger der Leistung' und ‚Leistungsträger' gesucht.

53 Konkret wurde nach den Begriffen ‚Tageseinrichtungen', ‚Tagesstätte' und ‚Tagespflege' gesucht.

54 Die Auszählungen der weiteren Begriffe können bei der Autorin angefragt werden.

- „Kultureinrichtungen“ (Leopold 2012b, Rn. 45),
- „Mal- oder Theatergruppe[n]“ (Lenze 2011b, Rn. 34),
- „Chor, [...] Tanzkreis oder [...] Naturerkundungs-Gruppe[n]“ (Lenze 2011b, Rn. 34),
- „Orchester“ (Leopold 2012a, Rn. 136),
- „Musik- und Volkshochschulen“ (Deutscher Bundestag 2010b, S. 106),
- „Bibliothek[en]“ (Lenze 2011c, Rn. 10),
- „Privatpersonen [...], die über entsprechende Qualifikationen [wie Musikschul- oder Volkshochschullehrer*innen, CM] verfügen“ (Deutscher Bundestag 2010b, S. 106),
- „Lernförderinstitute“ (Deutscher Bundestag 2010b, S. 107),
- „Elternschulen“ (Lenze 2011b, Rn. 33) sowie der
- „ÖPNV“ (Luik 2013d, Rn. 52).

Darüber hinaus können nach Ansicht der Gesetzgeber*innen die folgenden Personen im institutionellen Netzwerk der Kinder Bedeutung erlangen

- „ältere Schülerin[nen]“ (Lenze 2011b, Rn. 20),
- „entsprechend gebildete Fachkräft[e]“ (Lenze 2011b, Rn. 20),
- „Lehrkräfte an Schulen“ (Deutscher Bundestag 2010b, S. 105),
- „geeignete[...] Tagespflegeperson[en]“ (Lenze 2011b, Rn. 29) sowie
- „Begleitpersonen (Eltern, Betreuungspersonal der Kindertageseinrichtung)“ (Grube 2012a, Rn. 25).

Durch die Vielzahl von Institutionen, Einrichtungen und Personen, die die Gesetzgeber*innen innerhalb der Leistungen für Bildung und Teilhabe aufzählen, wird deutlich, dass das institutionelle Netzwerk nach Ansicht der Gesetzgeber*innen eine hohe Bedeutung für die Leistungsberechtigten hinsichtlich ihrer Bedarfsbefriedigung einnimmt.

Nicht zum institutionellen Netzwerk der Kinder zählen die Gesetzgeber*innen

- „Kioske[...] auf dem Schulgelände“ (Deutscher Bundestag 2010b, S. 106),
- „Zoo[...], Freibad[...], Museum[...][und] Zirkus“ (Lenze 2011b, Rn. 33) sowie
- „Kinos“ (Lenze 2011b, Rn. 35)

sofern sie im Freizeitbereich genutzt werden sollen. Dienen sie als Ziel eines Ausfluges durch Kindertageseinrichtungen, Schulen oder eine Kinder- und Jugendhilfeeinrichtung, gehören sie hingegen zum institutionellen Netzwerk (vgl. Leopold 2012a, Rn. 138; Luik 2013b, Rn. 22). Das heißt, bilden sie einen Teil einer Veranstaltung, die durch Einrichtungen des institutionellen Netzwerks genutzt werden, werden sie in diesem Moment zum institutionellen Netzwerk gezählt. Besteht hingegen der Wunsch, diese Einrichtungen mit Freund*innen oder der Familie zu besuchen, sprechen ihnen die Gesetzgeber*innen im Rahmen der Leistungen für Bildung und Teilhabe dieses Merkmal ab. Indem die Gesetzgeber*innen explizit darauf verweisen, dass diese Institutionen und Einrichtungen nicht zum institutionellen Netzwerk gehören, wird offenkundig, dass sie den Kindern jedoch den Wunsch zur Nutzung zuschreiben. Ihrem Erachten nach handelt es sich im Rahmen der Leistungen für Bildung und Teilhabe aber nicht um Institutionen und Einrichtungen, die zur Deckung der Bedarfe der Kinder beitragen.

Darüber hinaus sprechen die Gesetzgeber*innen davon, dass die Kinder Angebote zur Medienpädagogik bzw. zur Steigerung der Medienkompetenz nutzen sollten, unklar bleibt dabei, welche Institutionen, Einrichtungen oder Personen nach Ansicht der Gesetzgeber*innen diese Aufgabe übernehmen (können) (vgl. u. a. Luik 2013b, Rn. 63).

Merkmale, Aufgaben und Leistungen der Institutionen, Einrichtungen und Personen des institutionellen Netzwerks

Die Gesetzgeber*innen gehen davon aus, dass im Rahmen des institutionellen Netzwerks zwei Akteure sowohl miteinander als auch mit den Kindern agieren, sodass ein sog. ‚Dreiecksverhältnis' zwischen den leistungsberechtigten Kindern, den sog. ‚Leistungsträgern' und den sog. ‚Leistungsanbietern' besteht (vgl. Luik 2013e, Rn. 34). Als Leistungsanbieter können unterschiedlichste Institutionen, Einrichtungen und Personen auftreten. Diese werden mit ihren Aufgaben und Leistungen im Anschluss an die Darstellung der Merkmale und Aufgaben der Leistungsträger detailliert dargestellt.

Leistungsträger

Leistungsträger sind nach § 6 Abs. 1 S. 1 Nr. 2 SGB II und § 3 Abs. 1 SGB XII die kommunalen Träger. Sowohl im SGB II als auch im SGB XII (und folglich auch im AsylbLG) handelt es sich dabei vor allem um die Kreise und die kreisfreien Städte, im SGB II kann darüber hinaus noch ein gewisser Anteil an sog. ‚nach § 6a SGB II zugelassenen kommunalen Trägern' agieren (vgl. Leopold 2012b, Rn. 24). Sie sind für die

> „[…] recht- und zweckmäßige Leistungserbringung verantwortlich (vgl. § 44b Abs 3 S 1 [sic!]) und haben insoweit Steuerungsbefugnisse (§ 44b Abs 3 S 2 und 3 [sic!]) […]." (Luik 2013b, Rn. 14)

Für die Leistungen für Bildung und Teilhabe besteht die primäre Aufgabe der kommunalen Träger in ihrem

> „[...] gesetzlichen Auftrag (§ 4 Abs. 2 Satz 2 SGB II) darauf hinzuwirken, dass Kinder [...] Zugang zu geeigneten vorhandenen Angeboten der gesellschaftlichen Teilhabe erhalten." (Leopold 2012a, Rn. 18)

Damit zeigen die Gesetzgeber*innen auf, dass Kinder im Existenzsicherungsbezug ihrer Meinung nach einen unzureichenden Zugang zu den vorhandenen gesellschaftlichen Angeboten haben. Aufgrund der zu geringen Ausstattung mit finanziellen Ressourcen sowie deren Einsatz für Güter und Dienstleistungen, die nicht für eine Bedarfsdeckung notwendig sind (vgl. dazu die Ausführungen in Abschnitt 3.2.6), bleibt den Kindern der Zugang dazu verwehrt. Folglich sind die geeigneten, vorhandenen Angebote immer mit Kosten verbunden. Zudem bestehen nach Ansicht der Gesetzgeber*innen die bedarfsrelevanten Angebote bereits, sodass die kommunalen Träger grundsätzlich keine zusätzlichen Angebote für die Kinder schaffen müssen – diese Aufgabe obliegt anderen Institutionen. Die Leistungsträger sollen ihnen nur die Teilnahme ermöglichen (vgl. Leopold 2012b, Rn. 46). Die Gesetzgeber*innen benennen dies zwar nur für die Leistungen für die sog. ‚Teilhabe am sozialen und kulturellen Leben in der Gemeinschaft' (§ 28 Abs. 7 SGB II; § 3 Abs. 3 AsylbLG i. V. m. § 34 Abs. 7 SGB XII), allerdings offenbart sich ein solcher Umgang innerhalb der weiteren Leistungen, sodass die Gesetzgeber*innen die Leistungsträger bspw. nicht damit beauftragen in allen Schulen und Kindertagesbetreuungsangeboten eine Mittagsverpflegung sicherzustellen (vgl. u. a. Luik 2013b, Rn. 50). Sie beauftragen die Leistungsträger lediglich damit, die Kosten für dieses Angebot zu übernehmen, sofern ein solches vorhanden ist. In gleicher Weise wird bezüglich der ein- und mehrtägigen Ausflüge, der Schülerbeförderung und der außerschulischen Lernförderung (vgl. Leopold 2012a, Rn. 115) verfahren. Auch dafür sind keine zusätzlichen Angebote bereitzustellen, sondern die bestehenden sollen genutzt werden. Dadurch soll den Leistungsberechtigten ermöglicht werden, an den vorhandenen Angeboten, die (bereits) durch andere Kinder genutzt werden, teilzunehmen. Die leistungsberechtigten Kinder erhalten dadurch Zugangschancen zu den Gemeinschaftsstrukturen der Gleichaltrigen ohne Leistungsbezug.

Zur Umsetzung der allgemeinen Aufgaben der Förderung der schulischen und außerschulischen Bildung sowie der Ermöglichung von Teilnahme an Gemeinschaftsstrukturen sind nach Ansicht der Gesetzgeber*innen zahlreiche konkrete Leistungen nötig, die die kommunalen Träger verantworten. Außerhalb der Leistungen für Bildung und Teilhabe sind sie für die Bereitstellung der Regelbedarfe des Sozialgeldes (SGB II) (vgl. Luik 2013c, Rn. 30) und der Hilfe zum Lebensunterhalt (SGB XII) verantwortlich (vgl. Bieritz-Harder 2012b, Rn. 3) sowie für die Bedarfe der Unterkunft und Heizung (§ 22 SGB II; § 35 SGB XII), für die einmaligen Bedarfe (§ 24 Abs. 3 SGB II; § 31 SGB XII) und die Mehrbedarfe (§ 21 SGB II; § 30 SGB XII). Diese gewähren sie im SGB II und SGB XII grundsätzlich durch Geldleistungen (vgl. Luik 2013d, Rn. 14), wodurch sich ein deutlicher Unterschied zur Leistungserbringungsform in den Leistungen für Bildung und Teilhabe zeigt. Die Präferenz liegt hier für die Gesetzgeber*innen in der Reihenfolge Sach-, Dienst- und nur nachrangig Geldleistungen. Damit widersprechen die Gesetzgeber*innen in den Leistungen für Bildung und Teilhabe dem Strukturprinzip des SGB II und SGB XII, das besagt, dass vorrangig Geldleistungen und nur in geregelten Einzelfällen Sachleistungen zu gewähren sind (vgl. Lenze 2011c, Rn. 3). Bei den Leistungen für Bildung und Teilhabe handelt es sich allerdings nicht um Ausnahmefälle, sondern um Regelungen, die alle leistungsberechtigten Kinder und Jugendliche betreffen. Die Besonderheit besteht lediglich darin, dass Erwachsene von diesen Leistungen ausgeschlossen sind. Damit verlassen die Gesetzgeber*innen ihre ansonsten strikte Systematik und behandeln Kinder im Rahmen ihrer lebensphasenbezogenen Bedarfe anders als Erwachsene.

Durch diese veränderte Leistungserbringung sind differente Regelungen für Kinder verbunden, aus denen sich für die kommunalen Träger zusätzliche Aufgaben und Leistungen ergeben. Folglich wird die Leistungserbringung für Kinder zu einer erhöhten Herausforderung und Mehrarbeit für die Leistungsträger. Die Sicherung der Bedarfe der Kinder beanspruchen bei den Leistungsträgern höhere Ressourcen als die Bedarfsdeckung von Erwachsenen. Welchen Umfang dieser Mehraufwand mit sich bringt, wird insbesondere durch die nachfolgende Darstellung der einzelnen Bearbeitungsschritte der Leistungsträger deutlich. Dadurch, dass die Gesetzgeber*innen ein derart hohes Maß an zusätzlichen Aufgaben im Vergleich zur Gewährung weiterer Leistungen regeln, sprechen sie der Leistungsgewährung und der Nutzung der Hilfen für Kinder einen höheren Stellenwert zu.

Durch die Leistungen für Bildung und Teilhabe ergeben sich für die Leistungsträger die konkreten Aufgabenbereiche der Antragstellung, der Antragsprüfung, der Erteilung von Bescheiden, der Bearbeitung von Widersprüchen und Klagen. Damit ist eine Vielzahl von Einzelaufgaben verbunden, die an dieser Stelle nicht im Detail aufgeführt werden, da sie keine zusätzlichen Erkenntnisse für das Kinder- und Kindheitsverständnis der Gesetzgeber*innen beinhalten. Allerdings wird bereits aus der Aufzählung der Aufgaben deutlich, dass die Leistungsträger einen wesentlichen Teil des institutionellen Netzwerks der Kinder ausmachen, da sie über die Entscheidungskompetenz für grundsätzliche

Belange der Ausstattung und der Handlungsspielräume der Kinder verfügen. Sie haben das Recht, festzulegen, welche Bedarfe, in welcher Höhe, in welchem Umfang und durch welche Erbringungswege Kinder finanzielle Ressourcen erhalten. Darüber hinaus entscheiden all diese Faktoren über wichtige Bereiche im Leben der Kinder. Wird den Kindern bspw. eine außerschulische Lernförderung gewährt, damit ihnen die Versetzung in die nächste Klassenstufe gelingen kann oder ist die Leistungserbringungsform so gewählt, dass dadurch Stigmatisierungseffekte verhindert werden können etc. Da ihnen hierbei insbesondere in den Leistungen für Bildung und Teilhabe kein enges Ausführungsraster vorliegt, sondern die Gesetzgeber*innen einen Rahmen aufgestellt haben, innerhalb dessen sie die Leistungen erbringen können, sprechen die Gesetzgeber*innen den Leistungsträgern eine hohe Verantwortung über und die notwendigen Kompetenzen zur Bedarfsbefriedigung zu. Gleichzeitig verlangt diese Ausgestaltungshoheit ein Wissen über die regionalen Strukturen und vor allem über die Kinder selbst. Sollen die Leistungen (unter Berücksichtigung des vorgegebenen Rahmens) effektiv und individuell erbracht werden, müssen die Leistungsträger die konkreten Bedarfe sowie die Situation der Kinder umfassend kennen. Das bedeutet gleichzeitig ein hohes Maß an Offenlegung persönlicher Umstände durch die Kinder. Die Leistungsträger müssen diese individuellen Gegebenheiten der Kinder und ihres Umfeldes im Rahmen ihrer Aufgaben berücksichtigen und tragen damit die Verantwortung für die Sicherung der Bedarfe der Kinder. Gleichzeitig sind die Kinder damit hinsichtlich ihrer Bedarfssicherung von den Leistungsträgern abhängig.

Leistungsanbieter allgemein

Als Leistungsanbieter können alle natürlichen und juristischen Personen auftreten, die Leistungen für Bildung und Teilhabe bereitstellen (vgl. Leopold 2012b, Rn. 26 f.). Darüber hinaus können neben Privatpersonen, gewerblichen Einrichtungen, Einrichtungen der freien Wohlfahrtspflege etc. auch die Leistungsträger selbst Angebote schaffen, sodass sie gleichzeitig die Funktion der Leistungsanbieter übernehmen (vgl. Luik 2013c, Rn. 10).

Die primäre Aufgabe der Leistungsanbieter besteht – wie der Name bereits sagt – in der Bereitstellung und Ausführung der konkreten Unterstützungsleistung, mittels derer ein oder mehrere Bedarfe der Kinder befriedigt werden. Um dies leisten zu dürfen, müssen die Anbieter das Merkmal der sog. ‚Geeignetheit' erfüllen, was folgende Kriterien umfasst:

> „Die Eignung kann sich auf die Ausbildung des Personals, die Gewährleistung der Aufsichtspflicht und allgemein auf die Sicherung des Kindeswohls beziehen." (Lenze 2011c, Rn. 10)

Die Erfüllung der Eignungsanforderungen bezieht sich auf die Personen und Einrichtungen aber nicht auf das spezifische Angebot, das genutzt werden soll, sodass die Gesetzgeber*innen wohl davon ausgehen, dass geeignete Personen dafür Sorge tragen, dass ihre Angebote die Erfordernisse erfüllen. Das heißt, die Befriedigung der Bedarfe der Kinder orientiert sich an den Eigenschaften der ausführenden Personen. Diese sind individuell für die Bedarfssicherung zuständig und nicht die Institution, in der das Angebot vorgehalten wird. Demnach können einzelne Angebote einer Institution die Voraussetzungen erfüllen, während andere Angebote derselben Institution dies nicht tun, da eine andere Person dafür zuständig ist. Grundsätzlich nehmen die Gesetzgeber*innen dabei den Bedarf der Kinder an Sicherstellung ihrer Gesundheit in den Blick. Das Personal der Einrichtungen hat dafür Sorge zu tragen, dass das Kindeswohl gesichert ist und keine gesundheitlichen Schäden durch die Nutzung der Angebote auftreten. Damit heben die Gesetzgeber*innen hervor, dass vor der Befriedigung der Bedarfe an Bildung und Teilnahme zuerst der Bedarf an Schutz vor Gefahren sichergestellt sein muss.

Aufgaben und Leistungen

Die bereits benannte primäre Aufgabe und Leistung der Anbieter: die ‚Bereitstellung und Gewährleistung spezifischer Angeboten zur Deckung der Bedarfe der Kinder' schließt ein, dass die Leistungsanbieter den Überblick über die Angebote behalten müssen, an denen jedes einzelne leistungsberechtigte Kind teilgenommen hat und über welches Budget die Kinder für die Nutzung weiterer Angebote noch verfügen (vgl. Lenze 2011c, Rn. 5). Sollte die Kostenübernahme durch Gutscheine erfolgen, müssen die Leistungsanbieter außerdem die damit verbundenen Festlegungen (Berechtigung der Person und Gültigkeit des Gutscheines) berücksichtigen, damit ihnen die Kosten durch die Leistungsträger erstattet werden (vgl. Luik 2013c, Rn. 32). Folglich sprechen die Gesetzgeber*innen den Leistungsanbietern die Verantwortung über die Einhaltung der mit den Gutscheinen und den Direktzahlungen verbundenen finanzbezogenen Möglichkeiten und Grenzen zu. Die Anbieter müssen selbst dafür sorgen, dass sie die Kosten für die bereitgestellten Leistungen von den Leistungsträgern erhalten und dass die Kinder nur solche und so viele Angebote nutzen können, wie es die zugesicherte Kostenübernahme der Träger zulässt. Damit liegt die Verantwortung für diesen Bereich nicht vordergründig bei den Kindern und ihren Eltern. Dies unterscheidet sie von Kindern und Familien ohne Leistungsbezug, da die Letztgenannten die Angebote mit ihren eigenen monetären Ressourcen finanzieren und nicht auf Dritte bzw. ein institutionelles Netzwerk angewiesen sind. Dadurch zeigt sich erneut die Überschreibung der Kompetenzen zur Sicherung der Bedarfe der Kinder von den Familien auf das institutionelle Netzwerk. Diesem wird gleichzeitig die Übernahme der verantwortungsvollen Verwendung der finanziellen Mittel zugesprochen, damit die Bedarfe der Kinder gedeckt werden.

Nachfolgend werden die einzelnen Leistungsanbieter dargestellt, die die Gesetzgeber*innen im Rahmen der Leistungen für Bildung und Teilhabe kennen. Dabei werden ihre Merkmale sowie ihre Aufgaben bzw. Leistungen vorgestellt und auf das damit verbundene Kinder- und Kindheitsverständnis der Gesetzgeber*innen analysiert. Die Institutionen, Einrichtungen und Personen werden in folgender Chronologie untersucht: Schulen, Kindertagesbetreuungsangebote, Horte, Pädagog*innen (inkl. Lehrkräften), Kantinenpersonal, Schulaufsichtsbehörden, Anbieter der Lernförderung, Träger der Schülerbeförderung, Wohlfahrtsverbände, ÖPNV, Elternschulen, Musik- und Volkshochschulen, Kinder- und Jugendhilfe, Kommunen und Länder sowie Vereine, Verbände, Kirchgemeinden und kommerzielle Anbieter.

Schulen

Die nach Ansicht der Gesetzgeber*innen wichtigsten Leistungsanbieter sind – wie bereits gezeigt werden konnte – die Schulen. Schulen existieren mit ganz unterschiedlichen Ausrichtungen. Wenn die Gesetzgeber*innen von Schulen sprechen, differenzieren sie zwischen allgemein- und berufsbildenden Schulen.

> „Zu den allgemeinbildenden Schulen gehören: Grundschule, Förderschule, Hauptschule, Realschule, verbundene Haupt- und Realschule, Gemeinschaftsschule, Gesamtschule und Gymnasium“ (Lenze 2011b, Rn. 6),

> „[…] Mittelschule […], Regelschule […], Sekundarschule […], Integrierte Haupt- und Realschulen […], Regionale Schule […], Duale Oberschule“ (Luik 2013d, Rn. 28)

sowie

> „[…] Sonderschulen und Kollege; auch Abendschulen […].“ (Luik 2013b, Rn. 17).

Zu den berufsbildenden Schulen zählen sie

> „Berufsschulen, Berufsoberschulen, Fachschulen, Fachoberschulen und Berufsfachschulen sowie Schulen zur Absolvierung eines Berufsgrundbildungsjahres“ (Leopold 2012a, Rn. 42)

sowie berufliche Gymnasien (vgl. Lenze 2011b, Rn. 6).

Unerheblich bleibt, ob es sich um staatliche Schulen oder solche in freier Trägerschaft handelt (vgl. Luik 2013b, Rn. 17), ob es sich um konfessionelle Schulen handelt, ob sie eine spezifische pädagogische Ausrichtung haben oder ob es sich um reine Mädchen- oder Jungenschulen handelt (vgl. Leopold 2012a, Rn. 87). Das zentrale Merkmal all dieser Schulen und Schulformen besteht in der Aufgabe, Kinder und Jugendliche auf das Erreichen eines allgemeinbildenden Schulabschlusses (d. h. Abitur, Realschul- oder Hauptschulabschluss) und eines berufsqualifizierenden Abschlusses[55] vorzubereiten und die dafür vorgesehenen Prüfungen abzunehmen.

Allerdings stehen den Kindern nicht alle Schulformen zur Verfügung. Zum Teil existieren die benannten Schulen nur in ausgewählten Bundesländern oder werden in den Bundesländern unterschiedlich bezeichnet, so sind bspw. die sächsischen Mittelschulen mit den thüringischen Regelschulen und den sachsen-anhaltinischen Sekundarschulen vergleichbar. Je nachdem in welchem Bundesland die Kinder leben und welche Schulform sie wählen, besteht ihr institutionelles Netzwerk folglich aus unterschiedlich bezeichneten Schulen.

Aufgaben und Leistungen

Schulen erfüllen eine Reihe von Aufgaben, diese können unterschieden werden in die – bereits benannte – primäre Aufgabe der Vorbereitung der Kinder auf das erfolgreiche Abschließen der Schule und zusätzliche fakultative Aufgabe.

Die primäre Aufgabe und Leistung der allgemeinbildenden Schulen besteht nach Ansicht der Gesetzgeber*innen in der Vorbereitung der Kinder auf einen allgemeinbildenden Abschluss durch spezifische Förderangebote (vgl. Deutscher Bundestag 2010b, S. 105). Die Förderung der Kinder liegt ihrem Erachten nach insbesondere im Bereich Lernen (vgl. Deutscher Bundestag 2010b, S. 125), der im Unterricht zu fokussieren ist und durch

> „[...] individuelle Maßnahmen wie Lernpläne“ (Deutscher Bundestag 2010b, S. 105)

sowie – bei Bedarf – durch zusätzliche Angebote gesichert werden kann wie

> „[...] Hilfe bei den Hausaufgaben [oder] Förderstunden im Rahmen eines Ganztagsangebots.“ (Luik 2013d, Rn. 58)

55 Da die berufliche Ausbildung i. d. R. im Jugendalter stattfindet, bleibt sie im Folgenden unberücksichtigt.

Diese weiteren Angebote dienen insbesondere der schulischen Aufgabe, „schwache Schüler“ (Grube 2012a, Rn. 4) stärker zu fördern, da ihnen unterdurchschnittliche Leistungen im Vergleich zu ihren Klassenkamerad*innen zugesprochen werden. Daraus wird ersichtlich, dass die Gesetzgeber*innen ein Verständnis von Förderung haben, das für alle Kinder in gleichem Maß erfolgen soll. Zudem sollen zusätzliche Angebote für Kinder bereitgestellt werden, deren Leistungen im Klassenvergleich am schwächsten sind, damit sich ihre Leistungen dem Niveau der anderen Kinder annähern. Dementsprechend verfolgen Schulen nach Ansicht der Gesetzgeber*innen nicht das Ziel der ausschließlichen Förderung spezifischer Potenziale bei allen Kindern. Vielmehr wird Kindern mit geringeren Leistungen ein erhöhter Förderbedarf zugesprochen, während Kinder mit sehr guten Leistungen diesbezüglich keinen Bedarf aufweisen. Folglich soll aus Sicht der Existenzsicherungsgesetzgeber*innen mutmaßlich darauf hingearbeitet werden, dass Kinder mit niedrigen Leistungen zusätzliche Unterstützungen erhalten. Innerhalb der Klassen soll dadurch ein etwa gleicher Bildungsstand erreicht werden.

Resümierend wird deutlich, dass die Gesetzgeber*innen die allgemeinbildenden Schulen zu einem bedeutsamen Bestandteil des institutionellen Netzwerks der Kinder zählen. Sie sind für deren schulische Ausbildung zuständig, deren erfolgreicher Abschluss die Voraussetzung für die Integration in den Arbeitsmarkt darstellt, sodass die Schulen auch in hohem Maße für die Zukunftschancen der Kinder hinsichtlich ihrer Abhängigkeit von Transferleistungen und der Teilhabe in der Gesellschaft verantwortlich sind (vgl. dazu ausführlicher Abschnitt 3.2.4.2). Damit verbunden ist die Annahme, dass Kinder Unterstützung benötigen, um die schulischen (Prüfungs-)Anforderungen erfolgreich zu bewältigen, was gleichzeitig die Voraussetzung dafür ist, im Erwachsenenalter den Lebensunterhalt unabhängig von Dritten zu sichern. Die Funktion der Vorbereitung auf das erfolgreiche Abschließen der Schule sprechen die Gesetzgeber*innen ausschließlich den Schulen zu. Zwar können andere Institutionen, Einrichtungen und Personen einen Beitrag dazu leisten, die zentralen Aufgaben liegen aber bei den Schulen.

Neben dem Regelangebot der Förderung der Kinder im Unterricht, das die Befriedigung des Bedarfs, die Schule erfolgreich abzuschließen, decken soll, werden nach Ansicht der Gesetzgeber*innen in einem Teil der Schulen sowohl regelmäßige als auch unregelmäßige, fakultative Angebote vorgehalten. Damit nehmen Schulen nicht nur den Bedarf in den Blick, dessen Sicherung ihnen als Pflichtaufgabe zugesprochen wird. Sie leisten darüber hinaus einen Beitrag zur Deckung weiterer Bedarfe, die sich je nach Angebot auf den Bedarf an Teilnahme an den Gemeinschaftsstrukturen der Gleichaltrigen, dem Bedarf an

Schutz vor psychischer Gewalt i. S. d. Verhinderung von Ausgrenzungen sowie an Nahrungsaufnahme und Mobilität beziehen. Dies zeigt sich aus der Analyse der einzelnen Leistungen und wurde u. a. in den Abschnitten zu Mobilität (3.2.2.6) und Ernährung (3.2.2.3) ausführlich dargestellt.

Weiterhin schreiben die Gesetzgeber*innen den Schulen die Aufgabe zu, sog. ‚Elternabende' anzubieten, auf denen Entscheidungen über die Höhe der Kosten einer Klassenfahrt getroffen werden sollen (vgl. Leopold 2012a, Rn. 66.1). Demnach sollen die Schulen die Eltern informieren und bei spezifischen Fragen beteiligen. Daraus wird erstens deutlich, dass die Gesetzgeber*innen Kinder nicht alle Entscheidungsbefugnisse über ihre Situation zuerkennen, da bspw. die Eltern darüber abstimmen, welche Klassenfahrt zu welchen Konditionen durchgeführt werden, sodass die Kinder von den Entscheidungen ihrer Eltern abhängig sind. Zweitens nehmen die Gesetzgeber*innen die Schulen in die Pflicht, Eltern einzubeziehen und über den schulischen Alltag zu informieren. Damit nehmen die Schulen im institutionellen Netzwerk der Kinder eine indirekte Funktion ein. Indem Entscheidungen über Belange der Kinder durch ihre Eltern auf der Grundlage der Vorschläge der Schulen getroffen werden, sind die Kinder von ihrer Familie und ihrem institutionellen Netzwerk abhängig, dass sie diese Abmachungen zum Wohl der Kinder und zu deren Bedarfssicherung treffen.

Schließlich haben die Schulen nach Ansicht der Gesetzgeber*innen die Aufgabe zu erfüllen, den Kindern – wenn nötig – eine Bestätigung des Besuchs einer Schule sowie ihres Status als Schüler*in auszustellen, bspw. in Form eines sog. ‚Schülerausweises' (vgl. Leopold 2012b, Rn. 78). Diesen benötigen die Kinder zur Vorlage bei Leistungsträgern als Nachweis, zur Berechtigung auf spezifische Leistungen für Schüler*innen (vgl. Leopold 2012b, Rn. 78), sodass ein Unterlassen die Deckung der Bedarfe der Kinder verhindert. Damit sprechen sie den Schulen – d. h. den Institutionen – eine höhere Glaubwürdigkeit als den Kindern zu, da ihnen die Aussage der Kinder nicht ausreicht. Auch hier zeigt sich das Misstrauen, dass die Gesetzgeber*innen den Leistungsberechtigten entgegenbringen und ihnen unterstellen, die Leistungen ohne Berechtigung und damit missbräuchlich nutzen zu wollen.

Schulen können nach Ansicht der Gesetzgeber*innen außerdem sog. ‚Hilfefonds' einrichten. Kinder, die in Familien mit schwieriger finanzieller Situation leben und die sich schulinterne, kostenpflichtige Angebote wie Klassenfahrten oder Schulausflüge nicht oder nur unter enormen Anstrengungen leisten können, erhalten durch die Hilfefonds eine finanzielle Unterstützung.

> „Wird eine finanzielle Förderung von dritter Seite gewährt, z. B. aus (schulischen) Hilfsfonds, ist diese auf den Bedarf nach § 28 Abs. 2 SGB II anzurechnen. Insoweit fehlt es nämlich an einer Hilfebedürftigkeit." (Leopold 2012a, Rn. 69)

Mit der Inanspruchnahme dieser Unterstützung ist ihr Bedarf an einer Teilnahme an diesen schulischen Gemeinschaftsveranstaltungen gedeckt, sodass sie keinen Anspruch auf eine zusätzliche Kostenübernahme über die Existenzsicherungsgesetze haben. Damit zeigt sich, dass Schulen existieren, die Aufgaben der Leistungsträger übernehmen und damit auf freiwilliger Basis Kinder in der Sicherung ihrer Bedarfe unterstützen. Für die leistungsberechtigten Kinder folgt daraus, dass sie nicht mehr auf die Entscheidungen zweier Bestandteile ihres Netzwerks (der Schule, die die Leistung gewährt und den Leistungsträgern, die die Leistung finanziert) angewiesen sind, sondern nur noch eine Institution zur Sicherung ihres Bedarfs relevant wird.

Institutionen der Kindertagesbetreuung

Weitere bedeutsame Leistungsanbieter sind nach Ansicht der Gesetzgeber*innen die Institutionen der Kindertagesbetreuung. Hierbei unterscheiden sie zwischen den Kindertageseinrichtungen und der Kindertagespflege, die bereits im Abschnitt zur frühkindlichen Bildung (vgl. Abschnitt 3.2.4.1) beschrieben wurden.

Aufgaben und Leistungen

Eine primäre Aufgabe und Leistung der Kindertagesbetreuungsangebote, die bereits der Bezeichnung des Angebots entnommen werden kann, besteht in der Betreuung der Kinder. Das impliziert, dass die zuständigen Personen für die Befriedigung des Bedarfs an Schutz vor Gefahren und Risiken verantwortlich sind, da sie mit der Beaufsichtigung der Kinder vor allem dafür sorgen, dass sich diese keine gesundheitlichen Schäden zuziehen. Weiterhin verweisen die Gesetzgeber*innen bei der Beschreibung der Angebote auf ihre Rechtsgrundlage im SGB VIII. Im § 22 SGB VIII werden beiden Angeboten neben der Betreuung auch die Aufgaben der Bildung und Erziehung der Kinder zugeschrieben. Die Sicherung des Bildungsbedarfs der Kinder benennen die Gesetzgeber*innen außerdem durch den Hinweis darauf, dass die Kinder in Kindertageseinrichtungen (in Gruppen) zu fördern sind (vgl. Luik 2013b, Rn. 24). Da sich Förderung i. d. R. auf Bildung bezieht, schreiben die Gesetzgeber*innen den Kindertageseinrichtungen den Bildungsauftrag explizit zu, während sie diesen für die Kindertagespflege nicht konkret formulieren.

Weiterhin weisen die Gesetzgeber*innen auf die Anwesenheit mehrerer Kinder in beiden Angeboten hin (vgl. Leopold 2012a, Rn. 49; Lenze 2011b, Rn. 29), wobei das in Angeboten der Kindertagespflege keine Grundvoraussetzung darstellt. Für die Kindertageseinrichtungen gilt es als spezifisches Kriterium. Es handelt sich hier um Angebote, die speziell für Kinder vorgehalten werden und in denen Kinder mit anderen Kindern in Kontakt kommen. Damit leisten die Angebote gleichzeitig einen Beitrag zur Sicherung des Bedarfs von Kindern an Teilnahme an den Strukturen der Gleichaltrigen. Da diese Angebote sowohl von Kindern mit als auch ohne Leistungsbezug genutzt werden (vgl. Lenze 2011b, Rn. 29), erfüllen sie die Voraussetzung, die die Gesetzgeber*innen für die Befriedigung des Bedarfs an Teilnahme an Aktivitäten, die Gleichaltrige ohne Leistungsbezug nutzen, aufstellen.

Neben diesen Regelangeboten benennen die Gesetzgeber*innen auch für diese Angebote die freiwilligen Aufgaben der Bereitstellung einer Mittagsverpflegung (vgl. § 28 Abs. 6 SGB II; § 3 Abs. 3 AsylbLG i. V. m. § 34 Abs. 6 SGB XII) sowie in den Kindertageseinrichtungen die Organisation und Durchführung von ein- und mehrtägigen Fahrten (vgl. § 28 Abs. 2 SGB II; § 3 Abs. 3 AsylbLG i. V. m. § 34 Abs. 2 SGB XII). Die Analyseergebnisse zu den Schulen sind diesbezüglich übertragbar, sodass die Kindertagesbereuungsangebote je nach bereitgestelltem zusätzlichem Angebot zur Sicherung der Bedarfe an Teilnahme an den Gleichaltrigenstrukturen, dem Bedarf an Schutz vor psychischer Gewalt i. S. d. Verhinderung von Ausgrenzungen sowie an Nahrungsaufnahme und Mobilität beitragen. Damit wird bereits in den ersten Lebensjahren der Kinder die Sicherung spezifischer Bedarfe durch diese Angebote übernommen, sodass diese Angebote ein wichtiges Element im institutionellen Netzwerk der leistungsberechtigten Kinder sind.

Horte

Weitere Einrichtung bzw. Angebote, die im institutionellen Netzwerk der Kinder vorhanden sein können, sind Horte (vgl. Grube 2012a, Rn. 46). Ihre Nutzung beruht auf Freiwilligkeit. Die Gesetzgeber*innen gehen davon aus, dass ein Teil der leistungsberechtigten Kinder diese Institutionen in Anspruch nehmen, da sie auf Möglichkeiten der Inanspruchnahme der Leistungen für Bildung und Teilhabe für diese Angebote hinweisen. Mit der Bezeichnung „Hortbetreuung" (Grube 2012a, Rn. 46) greifen sie ein Merkmal auf, dass sie diesen Einrichtungen als Spezifikum zuschreiben.

Bereits aus dem Namen des Angebots ‚Hortbetreuung' lässt sich auf ihr Charakteristikum und die ihnen zuvörderst zugesprochene Aufgabe der Betreuung von Kindern schließen, durch die – wie bereits dargestellt – der Bedarf der Kinder an Schutz vor Risiken und Gefahren für ihren Gesundheitszustand gesichert werden soll. Weiterhin weisen die Gesetzgeber*innen darauf hin, dass Horte rechtslogisch zu den Einrichtungen der Kindertagesbetreuung nach § 22 SGB VIII gehören (vgl. u. a. Luik 2013b, Rn. 24), sodass ihnen neben der Aufgabe der Betreuung auch der Bildungs- und Erziehungsauftrag zugesprochen wird. Sie haben dementsprechend die Bedarfe der Kinder an Bildung und Erziehung zu sichern. Da in diesen Einrichtungen i. d. R. mehrere Kinder betreut werden, leisten sie außerdem einen Beitrag zur Sicherung des Bedarfs an Teilnahme an Gleichaltrigenstrukturen. Zudem schreiben ihnen die Gesetzgeber*innen die fakultativen Aufgaben zu, Ausflüge (vgl. Lenze 2011b, Rn. 9) und eine Mittagsverpflegung (vgl. Grube 2012a, Rn. 46) für die Kinder anbieten zu können. Mit diesen verpflichtenden und fakultativen Aufgaben sind wiederum die oben dargestellten Bedarfe verbunden, zu deren Befriedigung die Horte einen Beitrag leisten können.

Hinsichtlich der Sicherung des Bedarfs an Nahrungsaufnahme und der damit verbundenen Teilnahme an den Gemeinschaftsstrukturen der Gleichaltrigen gehen die Gesetzgeber*innen zwar davon aus, dass Horte teilweise eine Mittagsverpflegung vorhalten, allerdings stellen die Gesetzgeber*innen den Kindern keine (finanzielle) Unterstützung für die Teilnahme an diesem Angebot zur Verfügung.

> „Ein Mittagessen in einer Hortbetreuung nach § 22 SGB VIII soll offenbar nicht zu berücksichtigen sein." (Grube 2012a, Rn. 46)

Mit dieser unterlassenen Unterstützungsleistung sprechen die Gesetzgeber*innen den Kindern den Bedarf an der Teilnahme an der Mittagsverpflegung im Hort ab. Vermutet werden kann, dass die Gesetzgeber*innen dabei nicht die Erfüllung ihres Zieles – der Teilnahme der leistungsberechtigten Kinder an den Gemeinschaftsangeboten der Klasse oder der Gruppe in der Kindertagesbetreuung – erfüllt sehen. Da Horte nur von einem Teil der Kinder einer Klasse besucht werden (vgl. Autorengruppe Bildungsberichterstattung 2014, S. 260) und Kinder anderer Klassen dieses Angebot nutzen, kann ihren Ansichten nach dadurch möglicherweise keine sozialintegrative Funktion in Bezug auf den Klassenverband erfolgen, sodass die Leistung – ihrer Logik entsprechend – nicht zur Deckung des benannten Bedarfs beiträgt. Demnach obliegt den Horten nach Ansicht der Gesetzgeber*innen nicht die Aufgabe, sich an der Deckung des Bedarfs an Teilnahme an den Gemeinschaftsstrukturen während der Nahrungsaufnahme zu beteiligen.

Im Gegensatz dazu zählen die Gesetzgeber*innen die Teilnahme an ein- und mehrtägigen Ausflügen in Horten zu den Bedarfen der Kinder, für die sie hier finanzielle Unterstützungen gewähren (vgl. Luik 2013b, Rn. 24). Das begründen sie damit, dass Horte systematisch bzw. begriffslogisch[56] zu den Einrichtungen der Kindertagesbetreuung zu rechnen sind. Da die Kosten für die Teilnahme an Ausflügen in diesen Einrichtungen zu übernehmen sind, sind diese Unterstützungsleistungen auch in den Horten zu gewähren. Warum sie diese Logik bezüglich der Ausflüge anwenden jedoch nicht im Rahmen der Teilnahme an der Mittagsverpflegung bleibt unklar, zumal anzunehmen ist, dass bei beiden Leistungen die gleichen Kinder anwesend sind.

Pädagog*innen

Pädagog*innen wird im Analysematerial das spezifische Merkmal zugesprochen, dass sie als Personal der Schulen und Tageseinrichtungen tätig sind. Die Pädagog*innen in Schulen bezeichnen die Gesetzgeber*innen i. d. R. als Lehrer*innen oder Lehrkräfte. Aufgrund der Schulpflicht gehören Lehrer*innen für alle leistungsberechtigten Kinder zu ihrem Netzwerk. Pädagog*innen werden zum Bestandteil des institutionellen Netzwerks der Kinder, wenn und solange sie ein Angebot der Kindertagesbetreuung in Anspruch nehmen

Die Gesetzgeber*innen heben die beiden nachfolgend dargestellten Tätigkeiten als ihre Aufgaben gegenüber den leistungsberechtigten Kindern hervor. Erstens stehen sie vor der Herausforderung, darüber zu entscheiden, ob Kinder an einer ein- oder mehrtägigen Ausfahrt teilnehmen dürfen, wenn die Fahrt nicht über externe Anbieter gebucht werden kann, mit denen die Leistungsträger abrechnen können. Sie müssen in diesem Falle entscheiden, ob die Kinder von der Fahrt ausgeschlossen werden oder ob sie selbst für die Kinder in Vorleistung gehen und die Kosten auslegen.

> „In der Praxis treten bei Klassenausflügen oder Ausflügen von Kindergärten Bedarfslagen auf, die regelmäßig durch Bargeld zu decken sind. Aber auch bei Klassenfahrten treten Schwierigkeiten auf, wenn kein ‚Anbieter' existiert, mit dem die Sachleistung oder Direktzahlung abgewickelt werden kann. In diesen Fällen kommen Lehrerinnen und Pädagoginnen in die Zwangslage, die Nichtteilnahme bedürftiger Kinder, Schülerinnen und Schüler in Kauf zu nehmen oder ungewollt in die Rolle eines Leistungsanbieters und Zwischenfinanzierers zu treten, ohne dazu verpflichtet zu sein." (Deutscher Bundestag 2013b, S. 8)

---

56 „Die Bedarfe für eintägige und mehrtägige Ausflüge werden auch bei Kindern, die eine Kindertageseinrichtung besuchen, in tatsächlicher Höhe anerkannt (§ 34 Abs. 2 Satz 2 SGB XII). Tageseinrichtungen sind gem. § 22 Abs. 1 Satz 1 SGB VIII Einrichtungen, in denen sich Kinder für einen Teil des Tages oder ganztägig aufhalten und in Gruppen gefördert werden. Hierunter fallen z. B. Kindergarten, Kinderkrippe, Hort, Kindertagesstätte." (Luik 2013d, Rn. 37)

Aufgrund der eingeschränkten Möglichkeiten der Leistungsträger innerhalb der Leistungsgewährung, müssen die Lehrkräfte und Pädagog*innen in Kindertagesbetreuungsangeboten u. U. entscheiden, ob sie die Aufgaben der Leistungsträger kurzfristig übernehmen und damit zur Sicherung des Bedarfs an Teilnahme an den Gemeinschaftsstrukturen der Gleichaltrigen, dem Bedarf an Schutz vor psychischer Gewalt i. S. d. Verhinderung von Ausgrenzungen sowie dem Nebeneffekt der Befriedigung des Mobilitätsbedarfs der Kinder beitragen oder ob sie diese Leistung nicht übernehmen und damit eine Unterdeckung dieser Bedarfe hinnehmen.

Zweitens schreiben die Gesetzgeber*innen den Lehrkräften die Aufgabe zu, eine Beurteilung vorzunehmen, ob schulische Leistungsdefizite durch schulische Angebote im gewünschten Maß reduziert werden können, oder ob eine außerschulische Lernförderung für Kinder zur Erreichung des Bildungsziels notwendig ist (vgl. Lenze 2011b, Rn. 20 f.). Diese Beurteilung hat einen starken Einfluss darauf, ob der Bedarf der Kinder an weiterer Teilnahme im aktuellen Klassenverband sowie dem Erreichen des schulischen Bildungsziels gesichert wird. Die Aufgabe der Lehrkräfte besteht in diesem Zusammenhang jedoch ausschließlich in der Beurteilung, ob das Klassenziel noch erreicht werden kann, wenn dafür externe Unterstützung gewährt wird. Bei der Beantragung dieser Hilfen handelt es sich nicht um eine Aufgabe der Lehrkräfte, diese liegt allein bei den Eltern der Kinder (vgl. Lenze 2011c, Rn. 19). Dementsprechend sind die Kinder sowohl von ihren Eltern hinsichtlich der Beantragung der Leistung abhängig, als auch von ihren Lehrer*innen hinsichtlich der Beurteilung der Effektivität der Leistung für die Sicherung des entsprechenden Bedarfs.

Kantinenpersonal

Eine weitere Personengruppe, die die Gesetzgeber*innen im Rahmen des institutionellen Netzwerks der leistungsberechtigten Kinder kennen, ist das Kantinenpersonal, mit dem sie während der Ausgabe sowie u. U. bei der Bezahlung des Mittagessens in Schulen oder Kindertageseinrichtungen in Kontakt kommen können. Derartige Kontakte sind nur möglich, wenn die Einrichtungen diese Angebote vorhalten.

> „Müsste z. B. der Gutschein für gemeinschaftliche Mittagsverpflegung (§ 28 Abs. 6 SGB II) nicht etwa nur der Schulleitung vorab, sondern dem Kantinenpersonal täglich unter den Augen der Mitschüler/innen an der Kasse vorgelegt werden, läge eine diskriminierende Wirkung der Leistungserbringung mittels Gutschein auf der Hand und könnte sich als Hemmnis für die Inanspruchnahme der Leistungen auswirken.“ (Leopold 2012b, Rn. 43)

Das Kantinenpersonal wird nach Ansicht der Gesetzgeber*innen im institutionellen Netzwerk der Kinder relevant, wenn Mittagsmahlzeiten durch speziell dafür eingestelltes Personal ausgegeben wird. In diesen Fällen tragen sie zur Befriedigung der Bedarfe von Kindern an Nahrungsaufnahme bei, da sie den Kindern die Mahlzeiten ausgeben. Darüber hinaus können sie nach Ansicht der Gesetzgeber*innen die Befriedigung von Bedarfen negativ beeinflussen. Das liegt vor, wenn die Kinder ihren Gutschein bei dem Kantinenpersonal abgeben müssen, um ihre Mahlzeit damit zu finanzieren, während ihre Klassenkamerad*innen mit Geld bezahlen. Damit wird für die Anwesenden (d. h. sowohl für das Kantinenpersonal als auch für die weiteren Kinder und die Lehrkräfte) sichtbar, dass diese Kinder existenzsichernde Leistungen erhalten. Durch dieses Sichtbarwerden der finanziellen Situation ihrer Familie liegt – wie bereits ausgeführt – nach Ansicht der Gesetzgeber*innen ein erhöhtes Risiko der Ausgrenzung, Diskriminierung und/oder Stigmatisierung vor.

Das Kantinenpersonal trägt damit nicht selbst zu möglichen negativen Auswirkungen auf die Befriedigung des Bedarfs der Kinder an Schutz vor psychischer Gewalt i. S. d. Verhinderung von Ausgrenzungen bei, sondern die Regelungen und Organisationsstrukturen nach denen sie arbeiten. Trotzdem besteht durch diese Leistungserbringungsform die Möglichkeit, dass das Kantinenpersonal die leistungsberechtigten Kinder bewusst oder unbewusst ausgrenzt, stigmatisiert und/oder diskriminiert.

Schulaufsichtsbehörden

Schulaufsichtsbehörden sind im Rahmen des institutionellen Netzwerks von Bedeutung, wenn Klassenfahrten genehmigt werden sollen. Sie erfüllen die Aufgabe, zu entscheiden, ob die geplanten Fahrten den schulrechtlichen Bestimmungen entsprechen.

> „Liegt eine Genehmigung durch die Schulaufsichtsbehörde vor, bedarf es keiner weiteren Prüfung durch die Verwaltung oder Gerichte, ob sich die Klassenfahrt im Rahmen der schulrechtlichen Bestimmungen bewegt.“ (Leopold 2012a, Rn. 55)

Die Schulaufsichtsbehörden sind folglich für die Einhaltung der im Vorfeld festgeschriebenen Regelungen verantwortlich. Sofern diese Behörden diesbezüglich Entscheidungen treffen, sind diese nicht erneut zu prüfen und gelten als Maßstab für alle Kinder der Klasse, sodass keine weiteren Einzelfallentscheidungen für die leistungsberechtigten Kinder nötig sind. Damit stehen die Schulaufsichtsbehörden nicht im direkten Kontakt mit den Kindern und kennen deren Lebensumstände nicht. Allerdings nehmen sie indirekt Einfluss auf spezifische schulische Belange, die alle Kinder der Klasse betreffen. Insofern tragen sie mit ihren Entscheidungen indirekt zur Gleichbehandlung der Kinder im Rahmen der Gleichaltrigenstrukturen bei und helfen den Teilnahmebedarf zu decken.

Anbieter der Lernförderung

Zum institutionellen Netzwerk der Kinder im Existenzsicherungsbezug können weiterhin Institutionen, Einrichtungen und Personen gehören, die Lernförderung anbieten. Diese erlangen nicht für alle Leistungsberechtigten Bedeutung, sondern ausschließlich für diejenigen Kinder, deren Versetzung in die nächste Klassenstufe gefährdet ist (vgl. Luik 2013b, Rn. 38), wobei es sich i. d. R. um Einzelfälle handelt. Zudem ist die Lernförderung eine auf kurze Zeit angelegte Hilfe (vgl. Deutscher Bundestag 2010b, S. 124 f.), sodass diese Institutionen, Einrichtungen und Personen eher kurzzeitig Bestandteil ihres institutionellen Netzwerks sind.

Die Gesetzgeber*innen schreiben den Anbietern die Aufgabe der Förderung schulischer Bildungsinhalte zu. Das betrifft ausschließlich das Schulfach bzw. die Schulfächer, in denen die Kinder aktuell im Durchschnitt nur mangelhafte Noten erreichen. Das Ergebnis der schulischen Leistungen soll verbessert werden, sodass die Kinder in die nächste Klassenstufe versetzt werden (vgl. Leopold 2012a, Rn. 97). Demnach besteht ihre Aufgabe in der Befriedigung des Bedarfs der Kinder an der Verbesserung ihres Notendurchschnitts, der den übergeordneten Bedarf an weiterer Teilnahme am gemeinsamen Unterricht mit den gegenwärtigen Klassenkamerad*innen sichern soll.

Konkret handelt es sich um folgende Institutionen, Einrichtungen und Personen, die diesen Bedarf nach Ansicht der Gesetzgeber*innen sicherstellen können:

- „[…] Studenten, die das Lehramt des Faches studieren,
- eine ältere Schülerin oder ein älterer Schüler mit guten Noten (die von der Schule oder von Lehrern empfohlen werden können),
- eine pensionierte Lehrkraft,
- eine Mitarbeiterin oder ein Mitarbeiter eines Wohlfahrtverbandes (Caritas, Diakonie, Arbeiterwohlfahrt etc.),
- ein anerkannter Träger der Weiterbildung.“ (Luik 2013d, Rn. 63)

Mit diesem Zitat wird deutlich, dass es sich um Institutionen, Einrichtungen und Personen handelt, die sich allein über einen Wissensvorsprung (Studierende und Schüler*innen) oder zusätzlich über eine pädagogische Ausbildung (Lehramtsstudierende, Lehrkräfte, Mitarbeiter*innen von Wohlfahrtsverbänden und Träger der Weiterbildung) qualifizieren. Nach Ansicht der Gesetzgeber*innen benötigen die Kinder damit nicht zwingend die Unterstützung durch

Fachkräfte, die ausschließlich im Gebiet der Lernförderung arbeiten oder darin ausgebildet wurden.

Sind die schulischen Schwierigkeiten demgegenüber auf eine diagnostizierte Beeinträchtigung (z. B. Rechen-, Lese- und Rechtschreibschwäche oder Aufmerksamkeits- und Hyperaktivitätssyndrom) zurückzuführen, die nicht zwangsläufig als Behinderung angesehen wird, sprechen die Gesetzgeber*innen den Kinder einen Bedarf an Förderung durch qualifizierte Personen zu, die nicht nur die schulfachbezogenen Inhalte kennen oder über eine (begonnene) pädagogische Ausbildung verfügen. Vielmehr bedürfen diese Kinder nach spezifisch ausgebildeten Fachkräften, die Kenntnis von den Merkmalen, Zusammenhängen etc. ihrer entwicklungsbezogenen Einschränkungen haben und dieses professionelle Wissen in ihre Förderung einbeziehen.

> „Ähnliches [wie bei Kindern mit seelischer Behinderung; CM] gilt bei Schulproblemen, die sich im Kontext eines Aufmerksamkeits- und Hyperaktivitätssyndroms entwickeln und die ebenfalls Hilfen nach § 35a SGB VIII auslösen können. Auch hier ist darauf zu verweisen, dass in diesen Fällen die Lernförderung nach § 28 Abs. 5 nur dann geeignet ist, wenn diese durch Fachkräfte erfolgt, die neben den schulischen Problemen auch die psychologischen oder medizinischen Ursachen berücksichtigen können." (Lenze 2011b, Rn. 24)

Die Gesetzgeber*innen erkennen demnach bei Kindern, deren unzureichende schulische Leistungen wegen entwicklungsbezogener Einschränkungen vorliegen, einen Bedarf an qualifizierterem Personal an, die nicht nur den Bedarf an Verbesserung des schulischen Notendurchschnitts decken sollen, sondern auch die gesundheitlichen Belange berücksichtigen können und dementsprechende Unterstützung gewähren. Dadurch ist eine Leistungsgewährung auch längerfristig möglich (vgl. Leopold 2012a, Rn. 110 f.), wodurch sie dem institutionellen Netzwerk der Kinder über einen längeren Zeitraum angehören können. Durch die Bereitstellung von Hilfen für diese Form der außerschulischen Lernförderung zeigen die Gesetzgeber*innen indirekt auch auf, dass die Leistungsberechtigten Unterstützung benötigen, um ein Mindestmaß an schulischen Leistungen nachweisen zu können, dass immer noch unterdurchschnittlich im Vergleich zu den schulischen Noten der Klassenkamerad*innen ist.

Träger der Schülerbeförderung

Ein weiterer Bestandteil des institutionellen Netzwerks der leistungsberechtigten Kinder können die Träger der Schülerbeförderung sein. Ihre Leistung besteht in der Übernahme der Aufwendungen für die Beförderung der Kinder von ihrem Wohnort zur Schule, sofern die Letztgenannte nicht zu Fuß oder mit dem Fahrrad erreichbar ist.

> „Aufwendungen für die Schülerbeförderung sind Ausgaben für Verkehrsdienstleistungen oder Verkehrsmittel, die unmittelbar mit dem Besuch der Schule zusammenhängen." (Deutscher Bundestag 2010a, S. 30)

Die Aufgabe der Übernahme der Aufwendung der Beförderung der Kinder bezieht sich nicht ausschließlich auf die Bereitstellung finanzieller Mittel zur Nutzung des öffentlichen Personennahverkehrs. Die Träger der Schülerbeförderung können auch selbst Schulbusse einsetzen (vgl. Leopold 2012a, Rn. 96). Damit stellen sie den Bedarf an Mobilität sicher, der zum Erreichen der Schule benötigt wird. Wie erwähnt, sprechen die Gesetzgeber*innen nicht allen leistungsberechtigten Kindern diesen Bedarf zu, sondern nur denjenigen, die die Schule nicht zu Fuß oder mit dem Fahrrad erreichen können. Demnach werden die Träger der Schülerbeförderung nur für einen Teil der leistungsberechtigten Kinder relevant.

Die Gesetzgeber*innen weisen außerdem darauf hin, dass regionale Unterschiede bestehen. Die Träger der Schülerbeförderung stellen teilweise Möglichkeiten bereit, die über die Strecke zwischen Wohnort und Schule hinausreichen, z. B. indem sie den Kindern eine Schülermonatsfahrkarte zur Nutzung des öffentlichen Nahverkehrs im gesamten Verkehrsverbund gewähren (vgl. Leopold 2012a, Rn. 96). Demnach decken sie über die Mobilitätsbedarfe hinausreichende Wünsche in diesem Bereich.

Zudem ermöglichen die Träger der Schülerbeförderung den Kindern ihren Schulweg allein und ohne weitere Personen zu bewältigen, da sie nicht mehr auf die Unterstützung ihrer Eltern oder Personen aus ihrem familiären oder ihrem Netzwerk im sozialen Umfeld angewiesen sind, um die Schule zu erreichen. Damit unterstützen sie die Kinder in ihrer Autonomie und Unabhängigkeit.

Wohlfahrtsverbände

Für die Kinder im Existenzsicherungsbezug sprechen die Gesetzgeber*innen den Wohlfahrtsverbänden eine zusätzliche und exklusive Bedeutung zu, da diese teilweise die Kosten für den Transport zur Schule übernehmen (vgl. Deutscher Bundestag 2010a, S. 30). Damit beteiligen sie sich u. U. an der Sicherung des Bedarfs zur Erreichung der Schule, ohne dass sie dazu aufgefordert sind. Sie übernehmen die Leistung anderer Institutionen (Leistungsträger oder Träger der Schülerbeförderung) und tragen damit freiwillig zur Sicherung des Mobilitätsbedarfs und der Unabhängigkeit der Kinder von ihren Eltern oder Personen aus ihrem familiären oder ihrem Netzwerk im sozialen Umfeld bei.

ÖPNV

Zur Befriedigung des Bedarfs, die Schule zu erreichen und weiteren Mobilitätsbedarfen, sprechen die Gesetzgeber*innen dem ÖPNV einen Stellenwert im institutionellen Netzwerk der Kinder zu (vgl. u. a. Luik 2013d, Rn. 52; Deutscher Bundestag 2010a, S. 31; Deutscher Bundestag 2013b, S. 7). Seine Aufgabe besteht in der Bereitstellung von Transportmitteln, mittels derer Personen schnell einen weiter entfernt liegenden Ort erreichen können. Dies betrifft auch Kinder im Leistungsbezug, unabhängig davon, ob die Gesetzgeber*innen einen erhöhten Mobilitätsbedarf zum Erreichen der Schule anerkennen. Dies liegt darin begründet, dass die Gesetzgeber*innen den Kindern in den Regelbedarfen einen allgemeinen Mobilitätsbedarf zusprechen. Der ÖPNV ermöglicht damit die Deckung von verschiedenen Mobilitätsbedarfen, die je nach Einzelfall unterschiedlich hoch sein können.

Im Kontext der außerschulischen Bildungsangebote benennen die Gesetzgeber*innen eine Reihe weiterer Institutionen, Einrichtungen und Personen, die ihrem Erachten nach im institutionellen Netzwerk der Kinder relevant sein können. Da die Gesetzgeber*innen davon ausgehen, dass die Leistungsberechtigten unzureichend in die außerschulischen Bildungsangebote eingebunden sind, die Kinder diese Strukturen generell freiwillig nutzen können und sie jeweils ganz unterschiedliche Angebote in Anspruch nehmen (können), sind alle nachfolgend aufgeführten Institutionen, Einrichtungen und Personen als mögliche Bestandteile des institutionellen Netzwerks der Kinder zu verstehen.

Elternschulen

Elternschulen bieten unterschiedliche Leistungen zur Stärkung der Erziehungskompetenzen von Eltern an wie

> „der Elternführerschein oder der Kurs Starke-Eltern-Starke-Kinder, SAFE-Seminare oder Fun-Baby [...].“ (Lenze 2011b, Rn. 33)

Einrichtungen, die diese Leistungen bereitstellen werden in den Fällen für die Kinder im Existenzsicherungsbezug bedeutsam, wenn ihre Eltern diese institutionellen Angebote nutzen und sich für die Beziehungsarbeit zu und den Umgang mit ihren Kindern weiterbilden. Da die Kinder i. d. R. an diesen Angeboten auch teilnehmen, erfolgt der Kontakt nicht nur indirekt über die Eltern. Für die Bedarfsdeckung spielen diese Angebote und Leistungen jedoch primär für die Eltern eine Rolle. Das kann sich anschließend auf die Kinder auswirken. Da diese Angebote i. d. R. nur in den ersten Lebensmonaten genutzt werden, handelt es sich eher um kurzzeitig angelegten Bestandteil des institutionellen Netzwerks, deren Leistungen sich langfristig auf die innerfamiliäre Beziehungsqualität auswirken können und damit einen Beitrag zur Deckung des Bedarfs der Kinder an sog. ‚guter‘ Erziehung leisten.

Musik- und Volkshochschulen

Auch Musik- und Volkshochschulen oder Privatpersonen mit entsprechender Qualifikation können zum institutionellen Netzwerk der leistungsberechtigten Kinder gehören. Diese Einrichtungen und Personen werden bedeutsam, wenn die Kinder bspw. Musikunterricht (vgl. Lenze 2011b, Rn. 34) erhalten, in dem sie sowohl einzeln als auch in Gruppen ein Instrument erlernen (vgl. Bieritz-Harder 2012a, Rn. 8). Entscheiden sich die Kinder für die Nutzung eines solchen Angebotes, gehören die Einrichtungen und Personen zu ihrem institutionellen Netzwerk, die neben der Mitwirkung an der Deckung außerschulischer Bildungsbedarfe auch zur Sicherung des Bedarfs an Teilnahme an den Gemeinschaftsstrukturen der Gleichaltrigen beitragen.

Kinder- und Jugendhilfe

Gehört die Kinder- und Jugendhilfe zum institutionellen Netzwerk der Leistungsberechtigten, übernehmen sie nach Ansicht der Gesetzgeber*innen insbesondere die Aufgabe

> „[...] junge Menschen in ihrer individuellen und sozialen Entwicklung zu fördern und dazu beizutragen, Benachteiligungen zu vermeiden oder abzubauen [...].“ (Lenze 2011b, Rn. 38)

Diese Leistungen werden durch unterschiedliche Angebote erfüllt, in denen den Kindern ein Raum geboten wird, in dem sie mit Gleichaltrigen in Kontakt treten können, sodass ein Beitrag zur Sicherung ihres Bedarfs an Teilnahme an den Gemeinschaftsstrukturen der Gleichaltrigen geleistet wird. Das gelingt durch die Bereitstellung diverser Angebote in den Bereichen Sport, Kunst, Kultur, Ferienfreizeitgestaltung etc. (vgl. Lenze 2011b, Rn. 31) und stehen in den Leistungen für Bildung und Teilhabe zumeist in engem Zusammenhang mit den Angeboten der Kinder- und Jugendarbeit nach § 11 SGB VIII (vgl. Lenze 2011b, Rn. 38), die je nach Interessenlage von den Kindern in Anspruch genommen werden können. Die Inhalte tragen außerdem zur Befriedigung des Bedarfs an außerschulischer Bildung bei.

Kommunen, Länder, Vereine, Verbände, Kirchgemeinden und kommerzielle Anbieter

Neben den durch die Kommunen und Länder finanzierten und bereitgestellten Angeboten der öffentlichen Jugendhilfe, können diese Angebote auch durch Vereine, (Wohlfahrts-)Verbände, Kirchgemeinden und kommerzielle Anbieter zur Verfügung gestellt werden. All diese Institutionen haben den Auftrag ein

„[...] Mindestangebot für alle Leistungsbereiche und alle Altersgruppen [...]“ (Lenze 2011c, Rn. 9)

zu gewähren. Die Gesetzgeber*innen schreiben den Vereinen, (Wohlfahrts-) Verbänden, Kirchgemeinden und kommerziellen Anbietern die gleichen Aufgaben und Leistungen hinsichtlich zur Verfügung gestellter Angebote zu wie der öffentlichen Kinder- und Jugendhilfe. Das ergibt sich systemlogisch daraus, dass diese Institutionen als freie Träger der Kinder- und Jugendhilfe durch das Subsidiaritätsprinzip die Aufgaben der öffentlichen Kinder- und Jugendhilfe mit übernehmen (vgl. § 4 SGB VIII). Demnach beteiligen sie sich auch an der Sicherung des Bedarfs an Teilnahme an den Gemeinschaftsstrukturen der Gleichaltrigen sowie an außerschulischer Bildungsförderung.

Unterschiede zu den Leistungsberechtigten mit (drohender) Behinderung

Die Gesetzgeber*innen erweitern das (notwendige) institutionelle Netzwerk der leistungsberechtigten Kinder mit (drohender) Behinderung. Dabei handelt es sich erstens um die Träger der Sozialleistungen im Allgemeinen und der Sozialhilfe (SGB XII), der Rehabilitation (SGB IX) sowie der Kinder- und Jugendhilfe (SGB VIII) im Besonderen. Zweitens benennen die Gesetzgeber*innen verschiedene Einrichtungen des Gesundheitswesens (Gesundheitsamt, Krankenversicherung, Krankenhäuser, Ärzt*innen etc.) als mögliche Bestandteile des institutionellen Netzwerks der leistungsberechtigten Kinder mit (drohender) Behinderung. Drittens werden ihren Ansichten nach Schulen und weitere Einrichtungen, die mit diesen in Verbindung stehen (Schulbehörden, Horte und Internate etc.), bedeutsam. Viertens kann das institutionelle Netzwerk der leistungsberechtigten Kinder mit (drohender) Behinderung in Teilen aus weiteren Einzelpersonen bestehen, die die Kinder in verschiedenen Lebenslagen unterstützen (Betreuungspersonen, Begleitpersonen und Integrationshelfer*innen). In der nachfolgenden Analyse wird diese Reihenfolge aufgegriffen.

Sozialleistungsträger

Unter Sozialleistungsträgern werden verschiedene Träger von Leistungen subsummiert. Dabei kann es sich bspw. um

„Träger[...] der Rentenversicherung, [...] Träger[...] der Unfallversicherung und [...] Träger[...] des sozialen Entschädigungsrechts“ (Wahrendorf 2012c, Rn. 4)

handeln, die für Menschen mit (drohender) Behinderung Bedeutung erlangen können. Im vorliegenden Kontext nehmen sie nach Ansicht der Gesetzgeber*innen allerdings keinen wichtigen Stellenwert ein (vgl. Wahrendorf 2012c,

Rn. 4). Vielmehr sind ihrem Erachten nach vor allem die Rehabilitationsträger (vgl. u. a. Wahrendorf 2012d, Rn. 6) und die Sozialhilfeträger (vgl. u. a. Wahrendorf 2012c, Rn. 4) von Relevanz, die zumeist identisch sind (vgl. Bieritz-Harder 2012d, Rn. 46). Darüber hinaus sind die Träger der Kinder- und Jugendhilfe im institutionellen Netzwerk der Kinder mit (drohender) Behinderung bedeutsam (vgl. Bieritz-Harder 2012d, Rn. 68). Je nachdem ob die Bedarfe vorliegen und wie sie zugeordnet werden, können diese drei Institutionen zum beständigen Teil des institutionellen Netzwerks der Kinder mit (drohender) Behinderung werden, da (drohende) Behinderungen – wie oben ausgeführt – meist dauerhaft bestehen.

Die Träger der Sozialleistungen sind im Rahmen des institutionellen Netzwerks der Kinder mit (drohender) Behinderung insofern von besonderer Bedeutung, dass sie erstens entscheiden, ob die Kinder eine (drohende) Behinderung haben.

> „Nach der Definition des SGB IX sind Menschen von einer Behinderung bedroht, wenn die Beeinträchtigung zu erwarten ist. Das SGB XII verlangt darüber hinausgehend, dass bei diesen Personen nach fachlicher Erkenntnis das Eintreten der Behinderung mit hoher Wahrscheinlichkeit zu erwarten ist [...]. Fachliche Kenntnisse können nicht nur Ärzte, sondern auch die Personen beitragen, die aufgrund ihrer Ausbildung zur Betreuung des Betroffenen eingesetzt sind. Die Fachleute haben lediglich eine beratende Funktion. Bei dem Wahrscheinlichkeitsurteil hat der Sozialleistungsträger eine Prognoseentscheidung zu treffen.“ (Wahrendorf 2012b, Rn. 33)

Bei der Beurteilung der Wahrscheinlichkeit, ob eine Behinderung eintreten wird, übertragen die Gesetzgeber*innen den Sozialleistungsträger die endgültige Entscheidungsbefugnis. Zur Beurteilung der Lage von Kindern benötigen sie i. d. R. lediglich die beratende Unterstützung durch professionelle Fachkräfte. Folglich wird den Sozialleistungsträgern eine der wichtigsten Funktionen im institutionellen Netzwerk der Kinder mit (drohender) Behinderung zugesprochen, da sie mit ihrem Urteil hinsichtlich des Bestehens einer (drohenden) Behinderung darüber bestimmen, ob den Kindern präventive Leistungen und unterstützende Hilfeangebote zur Verfügung gestellt werden oder nicht.

Neben dieser grundlegenden Aufgabe haben die Sozialleistungsträger nach Ansicht der Gesetzgeber*innen eine weitere Verpflichtung zu erfüllen. Hierbei handelt es sich darum, dass sie

„[...] darauf hinzuwirken [haben], dass [...] ihre Verwaltungs- und Dienstgebäude frei von Zugangs- und Kommunikationsbarrieren sind.“ (Wollschläger 2009b, Rn. 3)

Mit der Verwendung des Begriffs „verpflichtet“ (Wollschläger 2009b, Rn. 3) und nicht etwa einem Begriff wie ‚Aufgabe‘ o. ä., bewerten sie diese Aufgabe noch einmal höher, da der Begriff ‚Pflicht‘ eine deutlich höhere Verbindlichkeit impliziert. Diese wird allerdings durch die Formulierung „darauf hinzuwirken“ wieder abgemildert, weil dadurch kein ausnahmsloser Zwang zur Umsetzung besteht. Trotzdem geben die Gesetzgeber*innen deutlich zu erkennen, dass Kinder mit einer (drohenden) Behinderung den Bedarf aufweisen, die Gebäude, in denen die jeweiligen Ansprechpartner*innen tätig sind, ohne Hindernisse passieren zu können, um ihre Bedarfe, Wünsche etc. vortragen zu können und damit einen Zugang zu den Hilfeeinrichtungen zu erhalten, die über ihren Status entscheiden. Demnach sind die Sozialleistungsträger für die Ermöglichung der Nutzung ihrer eigenen Unterstützungsleistungen verantwortlich.

Rehabilitations- und Sozialhilfeträger

Die Gesetzgeber*innen sprechen den Rehabilitations- und den Sozialhilfeträgern die gleichen Aufgaben zu. Ihrem Erachten nach bestimmen die Träger der Rehabilitation und der Sozialhilfe – je nach Zuständigkeit – über die Gewährung spezifischer Unterstützungsleistungen wie den einzelnen Eingliederungshilfen (vgl. u. a. Wehrhahn 2011, Rn. 60; Bieritz-Harder 2012d, Rn. 54) oder der Betreuung in einer Pflegefamilie (vgl. Wehrhahn 2011, Rn. 62)[57], sodass sie zuvörderst für die Befriedigung verschiedener Bedarfe der Kinder verantwortlich sind und deren Situation von ihren Entscheidungen abhängt.

Träger der Kinder- und Jugendhilfe sowie Jugendämter

Die Träger der Kinder- und Jugendhilfe haben nach § 69 Abs. 3 SGB VIII Jugendämter einzurichten. Diesen sprechen die Gesetzgeber*innen wiederum zwei Aufgaben zu. Erstens müssen Jugendämter die Aufgaben des SGB VIIIs erfüllen. Darauf weisen die Gesetzgeber*innen im Analysematerial nicht explizit hin, sondern setzen dies scheinbar als bekannt voraus. Für die Kinder mit (drohender) Behinderung sollen die Jugendämter nach Ansicht der Gesetzgeber*innen erstens die Aufgabe erfüllen, mit den Gesundheitsämtern und weiteren Institutionen bei der Aufstellung des sog. ‚Gesamtplans‘ und der Durchfüh-

57 Diese Frage dürfen sie allerdings nicht allein entscheiden, sondern müssen dies in enger Kooperation mit dem Träger der Kinder- und Jugendhilfe abstimmen.

rung der Leistungen zusammenzuwirken (vgl. § 58 Abs. 2 SGB XII), sodass sie durch ihre Ausrichtung auf

> „[…] die Förderung [der][…] Entwicklung und […] Erziehung zu einer eigenverantwortlichen und gemeinschaftsfähigen Persönlichkeit“ (§ 1 Abs. 1 SGB VIII),

die Gewährung des Kindeswohls sowie deren weiteren Aufgaben an diesen Prozessen teilnehmen und aktiv werden sollen. Damit haben sie die Kinder insbesondere in Hinblick auf ihre sozialen und entwicklungsbezogenen Bedarfe zu vertreten und sind für die Sicherung des Bedarfs an Schutz vor Gewalt und Risiken verantwortlich. Ihre Entscheidungen und ihr Einfluss können sich folglich grundlegend auf die Bedarfssicherung der Kinder auswirken.

Die zweite Aufgabe, die die Gesetzgeber*innen den Jugendämtern zuschreiben, ist die Erteilung der Pflegeerlaubnis für diejenigen Familien bzw. Personen, die als Pflegefamilien agieren wollen. Dabei müssen sie prüfen, ob diese Personen geeignet sind, ob sie über vertiefte Kenntnisse im Umgang mit Kindern mit (drohender) Behinderung sowie über angemessene räumliche Verhältnisse verfügen und ob sie damit das Wohl der Kinder gewährleisten (vgl. Wehrhahn 2011, Rn. 63).

Damit werden die Jugendämter zu einem wichtigen Bestandteil des institutionellen Netzwerks der Kinder mit (drohender) Behinderung, da sie zur Sicherung des Bedarfs an Schutz vor Risiken und Gefahren bzw. konkret der Befriedigung des Bedarfs an Einhaltung deren Wohlergehen beitragen. Sie übernehmen Aufgaben, die das Leben bzw. das Überleben der Kinder stark beeinflussen, sodass sie ein wichtiger Bestandteil des institutionellen Netzwerks der Kinder mit (drohender) Behinderung sind.

Weiterhin benennen die Gesetzgeber*innen in ihren Ausführungen eine Reihe von Institutionen, Einrichtungen und Personen aus dem Gesundheitswesen, die im institutionellen Netzwerk der Kinder mit (drohender) Behinderung von Bedeutung sein können. Hierbei handelt es sich um das Gesundheitsamt, die gesetzlichen Krankenversicherungen, Krankenhäuser, häusliche Krankenpflege, Ärzt*innen sowie Angehörige verschiedener Heilberufe, Therapeut*innen und sonstige nichtärztliche Berufsgruppen mit medizinischer Ausbildung.

Gesundheitsämter

Unter Gesundheitsämtern verstehen die Gesetzgeber*innen

> „[…] Behörden der Länder auf dem Gebiet des öffentlichen Gesundheitswesens.“ (Wahrendorf 2012e, Rn. 2)

Die Gesetzgeber*innen sprechen den Gesundheitsämtern die übergeordnete Aufgabe, der Sicherung der Eingliederung der Kinder mit (drohender) Behinderung in die Gemeinschaft zu (vgl. Wahrendorf 2012e, Rn. 2). Diese Leistung wird in konkrete Einzelaufgaben unterteilt, die sich auf die Beratungstätigkeit der Mitarbeiter*innen in den Gesundheitsämtern gegenüber den Kindern mit (drohender) Behinderung und ihren Sorgeberechtigten beziehen (vgl. Wahrendorf 2012e, Rn. 3 ff.). Dementsprechend sind sie nicht für die Erbringung konkreter (Eingliederungs-)Leistungen zuständig, gelten aber als Ansprechpartner*innen für die Kinder und Sorgeberechtigten sowie die ausführenden Stellen und Personen. Im institutionellen Netzwerk der Kinder werden sie insofern bedeutsam, dass sie ihnen das notwendige Wissen bereitstellen, welche Leistungen sie in Anspruch nehmen können, was sie benötigen, um konkrete Unterstützungen zu erhalten, wen sie dafür ansprechen müssen etc. Damit begleiten sie die Hilfegewährung und können als Mittler zwischen den Kindern bzw. ihren Familien und den Leistungserbringern auftreten. Folglich tragen sie primär zur Sicherung der zusätzlichen Bedarfe bei, den die Kinder mit (drohender) Behinderung aufweisen, d. h. sie unterstützen die Kinder sowie die Sorgeberechtigten darin, dass sie (passende) Hilfen erhalten.

Unabhängig von der Behinderungsart und -schwere ist diese Institution im institutionellen Netzwerk aller leistungsberechtigten Kinder mit (drohender) Behinderung bedeutsam, wenn sie eine Unterstützungsleistung zur sog. ‚Eingliederung' in Anspruch nehmen (wollen), da die Gesundheitsämter insbesondere den Bedarf an Wissen über mögliche Hilfen und Umgangsweisen decken können.

Gesetzliche Krankenversicherung bzw. gesetzliche Krankenkassen

Die gesetzliche Krankenversicherung bzw. die gesetzlichen Krankenkassen gelten als wichtigste Träger der weiteren Unterstützungsleistung für Kinder mit (drohender) Behinderung: der medizinischen Rehabilitation. Nach Ansicht der Gesetzgeber*innen erfüllen sie mehrere Aufgaben. Dabei handelt es sich erstens um die Bereitstellung von Hilfsmitteln für die leistungsberechtigten Kinder mit (drohender) Behinderung, die für einen Schulbesuch benötigt werden (vgl. Bieritz-Harder 2012d, Rn. 54), sodass sie den Kindern einen Schulbesuch sowie die Teilnahme an den gleichen Bildungsangeboten ermöglichen, die die Gleichaltrigen besuchen. Damit gewähren sie ihnen Hilfen zur Sicherung des Bedarfs an Teilnahme an den Gemeinschaftsstrukturen der Gleichaltrigen. Da sie in diesem Zusammenhang keine differenzierten Hinweise über die Schulformen geben, gehen sie mutmaßlich davon aus, dass die Kinder sowohl an den Strukturen von Gleichaltrigen mit wie auch ohne (drohende) Behinderung teilnehmen. Sie verweisen an unterschiedlichen Stellen darauf, dass die Kinder mit (drohender) Behinderung insbesondere Schulen nutzen sollen, die Kinder ohne Behinderung besuchen (vgl. dazu die Ausführungen zur Bereitstellung von Integrationshelfer*innen in diesem Abschnitt) und sie darüber hinaus diverse Leistungen bereitstellen, damit die Kinder mit (drohender) Behinderung die Angebote in Anspruch nehmen, die die Gleichaltrigen ohne Behinderung nutzen (vgl. Wahrendorf 2012c, Rn. 32). Daher kann angenommen werden, dass sie hier zuvörderst an den Bedarf an Teilnahme an den Gemeinschaftsstrukturen der Gleichaltrigen ohne Behinderung denken.

Zweitens haben die Krankenkassen (gemeinsam mit der Sozialhilfe) nach Ansicht der Gesetzgeber*innen die Kosten für die sog. ‚Komplexleistungen' zu übernehmen. Diese Leistungen werden als

> „[...] ein interdisziplinär abgestimmtes System ärztlicher, medizinischer, psychologischer, heilpädagogischer und sozialpädagogischer Leistungen unter Einschluss einer ambulanten und mobilen Beratung" (Wahrendorf 2012b, Rn. 42)

verstanden. Der Begriff ‚Komplexleistungen' deutet bereits darauf hin, dass Kinder mit (drohender) Behinderung eine Vielzahl unterschiedlicher Hilfen aufgrund ihrer gesundheitlichen Einschränkungen bzw. ihres (unterstellten) abweichenden Entwicklungsstandes benötigen. Damit haben die gesetzliche Krankenversicherung bzw. die gesetzlichen Krankenkassen außerdem einen umfassenden Einfluss auf die Sicherung der zusätzlichen Bedarfe der Kinder im Rahmen der psychischen und physischen Lage sowie eingeschränkt bei der sozialen und kulturellen Lage der Kinder, da sie die Mittel und Güter bereitstellen, die für die konkreten Unterstützungsleistungen benötigt werden.

Krankenhäuser

Weiterhin benennen die Gesetzgeber*innen in ihren Ausführungen zur medizinischen Rehabilitation die Krankenhäuser, die zum Bestandteil des institutionellen Netzwerks der Kinder mit (drohender) Behinderung gehören können. Die Aufgabe, die die Gesetzgeber*innen den Krankenhäusern zusprechen, besteht in der Behandlung von Personen, die an etwas „leiden" (vgl. Wahrendorf 2012b, Rn. 34). Im Kontext dieser Darstellung verwenden die Gesetzgeber*innen die Wortbestandteile „krank" (vgl. Wahrendorf 2012b, Rn. 34) und „Einschränkung" (vgl. Bieritz-Harder 2012d, Rn. 68), sodass die Gesetzgeber*innen wohl davon ausgehen, dass Kinder gesundheitliche Einschränkungen aufweisen können, die als krank sein bzw. Krankheit verstanden werden und mit „leiden" verbunden sind. Demnach schreiben sie den Krankenhäusern die Aufgabe der Linderung dieser Leiden zu und damit auch die Befriedigung des Bedarfs an einem positiven psychischen und physischen Gesundheitszustandes, der in engem Zusammenhang mit dem frei sein von Beschwerden steht.

Die Krankenhäuser gelten nach Ansicht der Gesetzgeber*innen beim Vorliegen von Leiden als wichtiger Teil des institutionellen Netzwerks der Kinder mit (drohender) Behinderung, die – aufgrund der Gewährung von Hilfen für diese Leistungen – zur Deckung von zeitweise auftretenden Bedarfen beitragen.

Häusliche Krankenpflege

Darüber hinaus sprechen die Gesetzgeber*innen der häuslichen Krankenpflege den Status zu, ein Bestandteil des institutionellen Netzwerks der Kinder mit (drohender) Behinderung sein zu können, indem sie diese als mögliche Dienstleister für die Kinder mit ihren spezifischen Bedarfen benennen. Aus der Bezeichnung dieser Institution lassen sich die folgenden Merkmale ableiten: Mit der Bezeichnung „häuslich" wird deutlich, dass es sich um eine ambulante Hilfeform handelt, die i. d. R. in dem Haushalt stattfindet, in dem die Kinder leben. Demnach sind die ausführenden Personen nicht dauerhaft vor Ort, sondern suchen die Kinder in festgesetzten Abständen auf, um ihnen die benötigte Pflege zu gewähren.

Als Aufgabe sprechen die Gesetzgeber*innen diesen Institutionen die Befriedigung zeitlich wiederkehrender Unterstützungsbedarfe im Bereich des psychischen und/oder physischen Gesundheitszustandes zu. Dabei greifen sie das Beispiel der Behandlung von Diabetes-Folgen auf („Blutzuckermessungen und Insulininjektionen"; Wahrendorf 2012b, Rn. 34a), die täglich (zum Teil mehrfach) erfolgen müssen und zu Hilfebedarfen durch Dritte führen können. Folglich gehen die Gesetzgeber*innen davon aus, dass aufgrund der behinderungsbedingten Einschränkungen die häusliche Krankenpflege zur Befriedigung der damit einhergehenden Bedarfe an Beibehaltung bzw. Verbesserung des aktuellen psychischen und/oder physischen Gesundheitszustandes beitragen kann und sie deshalb ein möglicher Bestandteil des institutionellen Netzwerks der Kinder werden kann. Eine zeitliche Einschränkung nehmen sie nicht vor, sodass vermutet werden kann, dass sie sowohl kurz- als auch mittel- oder langfristig zum Netzwerk gehören können.

Ärzt*innen

Weiterhin heben die Gesetzgeber*innen die Ärzt*innen als einen besonders wichtigen Personenkreis im Rahmen des institutionellen Netzwerks der Kinder mit (drohender) Behinderung hervor. Der besondere Stellenwert wird durch die überdurchschnittliche Anzahl an Nennungen und die zugeschriebene, übergeordnete Funktion dieser Personen im Rahmen der medizinischen Behandlung deutlich. Darüber hinaus werden ihnen noch weitere Aufgaben z. B. bei der Diagnosestellung zugesprochen.

Ärzt*innen haben nach Ansicht der Gesetzgeber*innen die Aufgabe der Verantwortungsübernahme für die fachliche Ausgestaltung der medizinischen Rehabilitation sowie der Aufstellung eines sog. ‚Behandlungsplans, anhand dessen die weiteren Hilfemaßnahmen erfolgen.

> „Grundsätzlich ist die medizinische Rehabilitation dadurch gekennzeichnet, dass sie fachlich-medizinisch unter ärztlicher Verantwortung steht, nach einem ärztlichen Behandlungsplan erfolgt und neben dem Einsatz medizinischer Mittel auch pädagogische und psychosoziale Hilfen umfassen kann [...].“ (Wahrendorf 2012c, Rn. 6)

Die Ärzt*innen sind nach Ansicht der Gesetzgeber*innen folglich nicht nur für die medizinischen Leistungen zuständig, sondern haben einen umfassenderen Behandlungsplan aufzustellen, der auch pädagogische und psychosoziale Leistungen beinhalten kann. Die Ärzt*innen nehmen nicht alle Behandlungen selbst vor, sondern sind vorrangig für die Feststellung der Bedarfe in unterschiedlichen Bereichen verantwortlich. Im Anschluss legen sie fest, welche weiteren Fachkräfte konkrete Leistungen erbringen sollen. Die Verantwortungsfunktion der Ärzt*innen über die durch andere Professionen erbrachten Hilfen beschreiben die Gesetzgeber*innen wie folgt:

> „Die einzelnen Leistungen [der medizinischen Rehabilitation] müssen vom Arzt angeordnet und von ihm je nach Lage des Einzelfalls kontrolliert bzw. begleitet werden. Das setzt zwar keine ständige Anwesenheit des Arztes voraus; aber es muss gewährleistet sein, dass der Arzt jederzeit in das Geschehen eingreifen kann [...].“ (Bieritz-Harder 2012d, Rn. 16)

Damit werden den Ärzt*innen die Aufgaben zugeschrieben, zum frühestmöglichen Zeitpunkt zu erkennen, ob Kinder eine drohende oder bereits eingetretene Behinderung haben, ein Vorgehen zur Reduzierung (möglicher) Folgen zu erstellen sowie selbst Behandlungen durchzuführen sowie weitere anzuordnen und zu kontrollieren. Daraus wird deutlich, dass die Gesetzgeber*innen den Ärzt*innen die Kompetenz der Einschätzungen zusprechen, welche professionellen Hilfen die Kinder je nach Behinderung und Behinderungsgrad für eine Verbesserung ihrer gesundheitlichen Situation benötigen. Damit werden sie zu einem bedeutsamen Teil des institutionellen Netzwerks der Kinder mit (drohender) Behinderung, da sie über die jeweils auszuführenden Hilfen entscheiden, die wiederum die Bedarfe der Kinder an Beibehaltung bzw. Verbesserung ihres psychischen und physischen Gesundheitszustandes befriedigen sollen.

Die vorbenannte Relevanz wird noch verstärkt, weil die Gesetzgeber*innen ihnen außerdem die Aufgabe einer beratenden Fachkraft zusprechen. Ihre Einschätzung, ob die Einschränkungen bei den untersuchten Kindern so stark sind, dass es sich um eine (drohende) Behinderung handelt, haben die Sozialleistungsträger in ihrem Urteil zu berücksichtigen, die abschließend darüber entscheiden, ob Kindern eine (drohende) Behinderung dauerhaft anerkannt wird (vgl. Wahrendorf 2012b, Rn. 33). Dementsprechend sind Ärzt*innen für die Befriedigung zusätzlicher und dauerhaft bestehender Bedarfe von Kindern mit (drohender) Behinderung mitverantwortlich.

Sozialpädagogische Zentren und interdisziplinäre Frühförderstellen

Die sozialpädagogischen Zentren und interdisziplinären Frühförderstellen gelten als Anbieter von Frühfördermaßnahmen. Die Erbringung der Leistungen erfolgt durch

> „[...] Angehörige[...] verschiedener Heilberufe, Therapeuten und sonstige[...] nichtärztliche[...] Berufsgruppen mit medizinischer Ausbildung“ (Bieritz-Harder 2012d, Rn. 17).

Die wenig spezifizierte Benennung von Fachkräften zeigt, dass diese Hilfen durch einen breiten Kreis an Personen gewährt werden können.

Die Aufgaben, die die Gesetzgeber*innen diesen Personen in Bezug auf die leistungsberechtigten Kinder mit (drohender) Behinderung zuschreiben, sind die Früherkennung und die Frühförderung (vgl. Bieritz-Harder 2012d, Rn. 18). Konkret handelt es sich um

> „[...] Maßnahmen, die die Entwicklung des Kindes und die Entfaltung seiner Persönlichkeit mit pädagogischen Mitteln anregen, einschließlich der im Einzelfall erforderlichen sozial- und sonderpädagogischen, psychologischen und psychosozialen Hilfen sowie [...]“ (Bieritz-Harder 2012d, Rn. 46)

> „[...] Heilmittel, insbesondere physikalische Therapie, Physiotherapie, Stimm-, Sprech- und Sprachtherapie sowie Beschäftigungstherapie und die Beratung der Erziehungsberechtigten.“ (Wehrhahn 2011, Rn. 20)

Die Gesetzgeber*innen benennen damit eine Vielzahl möglicher Unterstützungen bzw. Hilfen, die auf ganz unterschiedliche menschliche Bereiche abzielen wie die Förderung der Entwicklung im Allgemeinen, die Förderung der Sprachfähigkeit („Stimm-, Sprech- und Sprachtherapie“) sowie der Hilfen zur Förderung der sozialen (z. B. „sozialpädagogischen“, „psychosozialen“) und psychischen Fähigkeiten (z. B. „psychologischen“, „psychosozialen“). Dementsprechend schreiben die Gesetzgeber*innen diesen Einrichtungen und Personen die Sicherung von Bedarfen an Verbesserung des Entwicklungsstands, der sozialen Lage sowie des psychischen Gesundheitszustandes zu. Mit diesen Leistungen zielen die Gesetzgeber*innen aber vor allem auf die Ermöglichung eines erfolgreichen Schulbesuchs für die leistungsberechtigten Kinder mit (drohender) Behinderung, da die Leistungen auf den Schulbesuch vorbereiten sollen und nicht gewährt werden dürfen, wenn ein solcher nicht möglich scheint (vgl. Wehrhahn 2011, Rn. 43). Dadurch soll diesen Kindern perspektivisch die Teilnahme an den Gemeinschaftsstrukturen der Gleichaltrigen (ohne Behinderung) ermöglicht werden und der damit verbundene Bedarf gedeckt werden.

Im Rahmen des jeweiligen Hilfeangebotes, dass die spezifisch dafür ausgebildeten Fachkräfte innerhalb der Früherkennung und Frühförderung erbringen, sind sie bis zum Zeitpunkt der Einschulung ein regelmäßiger Bestandteil des institutionellen Netzwerks der Kinder mit (drohender) Behinderung.

Ein weiterer Bereich, dem die Gesetzgeber*innen eine hohe Bedeutung zusprechen und in dem eine Reihe von Institutionen, Einrichtungen und Personen für Kinder mit (drohender) Behinderung relevant werden, ist der Bereich Schule. Hier werden ihren Ansichten nach Schulbehörden bzw. Schulverwaltungen, Sonderschulen, sonderpädagogische Förderung im Rahmen der Schule, sozialpädagogische Horte und Internate für das institutionelle Netzwerk der Kinder mit (drohender) Behinderung relevant.

Schulbehörden und Schulverwaltungen

Schulbehörden (vgl. u. a. Wahrendorf 2012c, Rn. 41) oder auch Schulverwaltungen genannt (vgl. Bieritz-Harder 2012d, Rn. 55) haben nach Ansicht der Gesetzgeber*innen die Zuweisungsbefugnisse darüber, welche Schule die leistungsberechtigten Kinder mit (drohender) Behinderung besuchen. Dies bezieht sich sowohl auf die Schulform (z. B. Sonderschule oder Gesamtschule) (vgl. Wehrhahn 2011, Rn. 48) als auch auf das von den Eltern und Kindern gewünschte Schulkonzept (z. B. Montessori- oder Waldorf-Pädagogik) (vgl. Wahrendorf 2012c, Rn. 35). Damit wird gleichzeitig die Entscheidung für die geografische Lage der Schule getroffen, da die Schulen meist nicht gleichermaßen verortet sind und die Wegstrecke zwischen dem zu Hause der Kinder und den Schulen abweichen. Demnach treffen die Schulbehörden bzw. -verwaltungen für aktuelle Belange der Kinder Entscheidungen, die die Zukunft der Kinder stark beeinflussen. Dabei bleibt nach Ansicht Wahrendorfs (2012c, Rn. 35a) fraglich, ob diese Entscheidungen abschließend zu begreifen sind oder ob die Eltern ein übergeordnetes Mitsprache- bzw. Entscheidungsrecht haben. Die letztendlich besuchte Schule beeinflusst die schulische Bildung der Kinder, sodass die Schulbehörden bzw. Schulverwaltungen zur Deckung des Bedarfs an spezifischen Schulabschlüssen maßgeblich beitragen. Weiterhin beeinflussen sie durch ihre Entscheidung den Umfang des Mobilitätsbedarfs der Kinder mit (drohender) Behinderung, da die möglichen Schulen nicht in gleicher Entfernung zur elterlichen Wohnung der Kinder liegen.

Sonder- bzw. Förderschulen

Sonder- bzw. Förderschulen sind dadurch gekennzeichnet, dass sie für Kinder mit unterdurchschnittlichen Fähigkeiten und Leistungen konzipiert sind als Schulen, die (mehrheitlich) von Kindern ohne Behinderung besucht werden (vgl. Wahrendorf 2012c, Rn. 40). Bereits die begriffliche Differenzierung zwischen den sog. ‚Regelschulen', die grundsätzlich für alle Kinder bereitgestellt werden und den Sonder- bzw. Förderschulen für Kinder mit (drohender) Behinderung macht deutlich, dass Kinder mit (drohender) Behinderung aus dem regulären Schulsystem ausgeschlossen werden und eine ‚Sonderstellung' erhalten, die sich in der Bezeichnung der Schulform wiederfindet. Folglich kann es durch den Besuch einer solchen Schule für die Kinder zu einer Unterdeckung des Bedarfs an Teilnahme an den Gemeinschaftsstrukturen der Gleichaltrigen ohne Behinderung kommen. Die Kinder besuchen nicht die gleichen Schulen wie Gleichaltrige, weil sie das Merkmal der (drohenden) Behinderung aufweisen. Sie werden also aus den sog. ‚Regelschulen' ausgeschlossen und müssen eine ‚Sonderschule' nutzen.

Die Gesetzgeber*innen sprechen den Sonderschulen grundsätzlich die Aufgabe der Sicherstellung der

> „[...] Betreuung, Erziehung und Unterrichtung [...][der Kinder zu]. Ausnahmen können sich allenfalls dann ergeben, wenn die Art oder Intensität der Körperbehinderung so weit über das übliche Maß hinausgeht, dass auch die spezielle Schulform ihre Aufgabe ohne Einschaltung zusätzlicher Kräfte nicht erfüllen kann oder die Schule den zusätzlichen Hilfebedarf tatsächlich nicht erfüllt [...]." (Wahrendorf 2012c, Rn. 40)

Besuchen Kinder mit (drohender) Behinderung diese Schulformen, werden diese mit Blick auf zwei Aspekte relevant, die aus dem Zitat deutlich werden. Erstens scheint in diesen Schulformen die Unterrichtung und damit die Bildung und Förderung der Kinder mit (drohender) Behinderung nach Ansicht der Gesetzgeber*innen nachrangig hinter der Betreuung und der Erziehung zu stehen, da sie diese als letzte Aufgabe bei ihrer Aufzählung benennen. Sonderschulen sollen wohl – anders als angenommen und den Schulen zugesprochen – nicht primär Bildungsarbeit leisten, sondern die Kinder in erster Linie betreuen und nur nachrangig erziehen und fördern. Dementsprechend wird ihnen vor allem die Aufgabe der Sicherung des Bedarfs an Schutz vor Risiken und Gefahren zugeschrieben und nur nachrangig ein Beitrag zur Deckung des

Bedarfs an Erziehung und schließlich die Befriedigung des Bedarfs an schulischer Bildung. Die Gesetzgeber*innen scheinen diesen Kindern mit (drohender) Behinderung im Vergleich zu den weiteren Kindern einen deutlich geringeren Bedarf an Bildung zuzusprechen. Sie weichen damit von ihrer Ansicht ab, dass Bildung als „Grundbedürfnis“ (vgl. Bieritz-Harder 2012d, Rn. 54) oder als einer der wesentlichsten Bedarfe von Kindern (vgl. Überschrift zu § 28 SGB II und § 3 Abs. 3 AsylbLG i. V. m. § 34 SGB XII) anzusehen und dementsprechend zu befriedigen ist.

Zweitens machen die Gesetzgeber*innen deutlich, dass trotz dieser zusätzlichen Schulformen – den ‚Sonder- bzw. Förderschulen‘ – nicht allen Kindern mit Behinderung der Besuch einer Schule ermöglicht werden kann, wenn die Einschränkungen zu groß sind. In diesen Fällen können die Schulen den Bedarf an schulischer Bildung nicht decken. Zudem erhalten die Kinder mit (drohender) Behinderung keinen Zugang zu Schulen, sodass die Schulen auch ihren Bedarf an Teilnahme an den Gemeinschaftsstrukturen der Gleichaltrigen innerhalb des Schulsystems nicht befriedigen können.

Sonderpädagogische Förderangebote in Schulen

Eine Aufgabe, die (Regel-)Schulen für die Kinder mit (drohender) Behinderung durch die Gesetzgeber*innen zugesprochen werden, ist die sonderpädagogische Förderung.

> „Nach § 35a SGB VIII werden bei erheblichen Problemen im Zusammenhang mit dem Schulbesuch Leistungen gewährt, wenn einem Kind oder Jugendlichen eine seelische Behinderung vorliegt und dadurch eine Teilhabe am Leben in der Gesellschaft beeinträchtigt ist. So werden bei Vorliegen von Legasthenie, Dyslexie und Dyskalkulie spezielle Therapieangebote nach § 35a SGB VIII übernommen. [...][Hier] gilt die Verpflichtung der Schulen zur (sonderpädagogischen) Förderung.“ (Lenze 2011b, Rn. 24)

Aus dem vorstehenden Zitat wird deutlich, dass Kinder im Leistungsbezug nach Ansicht der Gesetzgeber*innen einen erhöhten Förderbedarf aufgrund ihrer seelischen Behinderung aufweisen können. Schulen sollen für diese Kinder entsprechende Angebote bereithalten, die als sonderpädagogische Förderung bezeichnet werden. Demnach erhalten diese Kinder ein zusätzliches schulisches Angebot zur Förderung, d. h. ihnen werden wegen ihrer Einschränkung des psychischen Gesundheitszustandes durch diese Einrichtungen mehr Bildungsangebote bereitgestellt.

Sozialpädagogische Horte

Im Rahmen der Eingliederungshilfen gestehen die Gesetzgeber*innen den Leistungsberechtigten die Übernahme der Kosten für sog. ‚sozialpädagogische Horte' (Wehrhahn 2011, Rn. 50) zu. Diese Einrichtungen ermöglichen Kindern mit (drohender) Behinderung, dass sie mit Kindern ohne Behinderung in Kontakt treten und gemeinsam Zeit verbringen können („Eingliederungszweck"; Wehrhahn 2011, Rn. 50). Die Gesetzgeber*innen bezeichnen das wie folgt:

> „[...] um am gesellschaftlichen Leben teilzuhaben" (Wehrhahn 2011, Rn. 50).

Dementsprechend tragen die sozialpädagogischen Horte zur Befriedigung des Bedarfs an Teilnahme an den Gemeinschaftsstrukturen der Gleichaltrigen bei.

Was die Gesetzgeber*innen mit dem Zusatz „sozialpädagogisch" meinen, führen sie nicht aus. Zum einen kann sich dies auf das SGB VIII beziehen, in dem sozialpädagogische Leistungen geregelt sind und die Betreuung in Horten im zeitlichen Anschluss an die Schule festgeschrieben ist. Zweitens können die Gesetzgeber*innen darunter den integrativen Charakter einer solchen Einrichtung verstehen, der ihren Ansichten nach vorhanden sein soll, wenn Kinder mit (drohender) Behinderung diese Einrichtungen in Anspruch nehmen. Damit verbunden ist die Notwendigkeit, dass spezifisch ausgebildetes Personal vorhanden ist, das auf die besonderen Bedarfe der Kinder mit (drohender) Behinderung eingehen kann. In Anbetracht der unklaren Formulierung lassen sich lediglich Mutmaßungen über die spezifische Bedeutung aufstellen, die allerdings keine Argumentationsgrundlage bieten, sodass hier keine weiteren Erkenntnisse berichtet werden.

Durch die Aufnahme der Einrichtungen in den Leistungskatalog schreiben die Gesetzgeber*innen den leistungsberechtigten Kindern mit (drohender) Behinderung einen Bedarf an Nutzung dieser Institutionen zu. Besuchen die Kinder diese Einrichtungen, erlangen sie im institutionellen Netzwerk der Kinder einen Stellenwert und das Ziel der Sicherung des Teilnahmebedarfs an den Gemeinschaftsstrukturen der Gleichaltrigen ohne Behinderung wird erreicht.

Internate

Schließlich können nach Ansicht der Gesetzgeber*innen Internate ein Bestandteil des institutionellen Netzwerks der Kinder mit (drohender) Behinderung sein. Ihrem Erachten nach decken diese Einrichtungen für einen Teil der Kinder mit (drohender) Behinderung den Bedarf eine Schule zu besuchen, die ihren Fähigkeiten und Kompetenzen entspricht, wenn eine solche nicht in erreichbarer Nähe des Elternhauses vorhanden ist.

„Zu den Hilfen kann auch die Unterbringung in einem der Schule angegliederten Internat gehören, wenn ohne eine solche Unterbringung eine bedarfsgerechte Beschulung nicht möglich ist [...].“ (Bieritz-Harder 2012d, Rn. 57)

Damit weisen die Gesetzgeber*innen auf besondere bzw. nicht regelmäßig vorhandene Bedarfe von Kindern mit (drohender) Behinderung in Bezug auf den Schulbesuch im Vergleich zu Gleichaltrigen hin. Die Gesetzgeber*innen sprechen diesen Kindern den Bedarf eine Schule zu besuchen auch dann nicht ab, wenn keine ihren Fähigkeiten und Kompetenzen entsprechende Einrichtung erreichbar ist. Vielmehr zeigen sie auf, dass die Kinder in diesem Fall einen zusätzlichen Bedarf aufweisen, der sich darauf bezieht, dass die Kinder während der Schultage in unmittelbarer Nähe der Schule wohnen. Dadurch nutzen sie zwar nicht die gleichen Schulen wie Gleichaltrige, die in ihrer Nachbarschaft leben, sodass der damit verbundene Bedarf an Teilnahme an den Gemeinschaftsstrukturen der Gleichaltrigen nicht gedeckt wird. Allerdings wird ihnen zumindest die gleiche „Beschäftigung“ ermöglicht, d. h. sie können genauso wie andere Kinder eine Schule besuchen, sodass sie zumindest insofern die gleichen Strukturen nutzen und auch der Schulpflicht nachkommen.

Weitere Personen, die außerhalb der bislang dargestellten Bereiche im institutionellen Netzwerk der Kinder mit (drohender) Behinderung nach Ansicht der Gesetzgeber*innen bedeutsam sein können, sind Betreuungs- und Begleitpersonen sowie Integrationshelfer*innen.

Betreuungspersonen

Die Gesetzgeber*innen sprechen einem Teil der Kinder mit (drohender) Behinderung den Bedarf an sog. ‚Betreuungspersonen‘ zu.

„Bedarf ein behinderter Mensch wegen der Schwere der Behinderung in erheblichem Umfange der Betreuung, so gehört zu den Maßnahmen der Eingliederungshilfe auch, Personen, denen die Betreuung obliegt, mit den durch Art und Schwere der Behinderung bedingten Besonderheiten der Betreuung vertraut zu machen.“ (§ 20 EinglHVO)

Diese Teilgruppe sind Kinder, die starke Einschränkungen durch die Behinderungen haben, da ihnen ein erhöhter Bedarf an Betreuung zugeschrieben wird. Diesen Bedarf quantifizieren sie mit den Worten „in erheblichem Umfang“ (§ 20 EinglHVO), sodass den Kindern ein stark überdurchschnittliches Maß an Betreuung zugesprochen wird. Zwar wird jüngeren Kindern auch ein hoher, entwicklungsbedingter Bedarf an Betreuung beigemessen, wie im Abschnitt zum Alter und Entwicklungsstand (vgl. Abschnitt 3.2.1.2) gezeigt werden konnte. Allerdings handelt es sich bei der vorliegenden Leistung um eine solche, die nicht nur von Kindern, sondern auch von Menschen mit Behinderung aller Altersgruppen in Anspruch genommen werden kann, sodass es sich nicht um einen altersbedingten Mehrbedarf handeln kann. Der Bedarf an erhöhter Betreuung deutet auf das Verlangen nach Unterstützung zum Schutz vor Risiken und Gefahren für die psychische und physische Lage hin und weist auf eine Abhängigkeit der Kinder gegenüber Dritten hin.

Begleitpersonen

Die Gesetzgeber*innen schreiben den leistungsberechtigten Kindern mit (drohender) Behinderung je nach Behinderungsart einen möglichen Bedarf an einer Begleitperson zu (vgl. Bieritz-Harder 2012d, Rn. 65). Hierbei benennen sie keine konkreten Aufgaben, die diese Personen übernehmen, allerdings kann aus dem ersten Wortteil der Bezeichnung („Begleit") geschlossen werden, dass sie die Kinder bei der Deckung ihres Mobilitätsbedarfs unterstützen. Die Anwesenheit einer zweiten Person zeigt der Wortstamm auf, der u. a. zu weiteren Worten wie ‚begleiten' oder ‚Begleitung' erweitert wird. Den Bedarf an einer zusätzlich anwesenden Person scheinen sie insbesondere dann zu sehen, wenn der Bedarf an Teilnahme am Leben in der Gemeinschaft befriedigt werden soll, da die Gesetzgeber*innen diese Leistung im Rahmen der Eingliederungshilfe gewähren, die auf diese Bedarfsdeckung zielt.

Die Aufgabe der Begleitpersonen beschreiben die Gesetzgeber*innen wie folgt:

> „Erfordern die Maßnahmen der Eingliederungshilfe die Begleitung des behinderten Menschen, so gehören zu seinem Bedarf auch
> 1. die notwendigen Fahrtkosten und die sonstigen mit der Fahrt verbundenen notwendigen Auslagen der Begleitperson [...]." (§ 22 EinglHVO)

Die Begleitpersonen sollen die Kinder folglich bei notwendigen Fahrten begleiten. Sie benennen zwar keine konkreten Handlungsanforderungen. Anzunehmen ist aber, dass die Begleitpersonen die Kinder bei Schwierigkeiten unterstützen sollen bzw. versuchen diese mit ihnen gemeinsam zu bewältigen, damit sie die bestehenden Strukturen nutzen können. Denkbar wäre bspw. die Begleitung von querschnittsgelähmten Kindern bei einer Straßenbahnfahrt. Die Begleitpersonen können dafür verantwortlich sein, dass die Kinder alle Hindernisse beim Ein- und Aussteigen bewältigen.

Daraus wird noch einmal deutlich, dass die Begleitpersonen die Kinder bspw. nicht im Haushalt unterstützen, sondern es sich hierbei um Personen handelt, die die Kinder bei der Befriedigung spezifischer Mobilitätsbedarfe unterstützen und sie damit von Betreuungspersonen abgrenzt.

Integrationshelfer*innen

Schließlich sprechen die Gesetzgeber*innen den Kindern mit (drohender) Behinderung unter spezifischen behinderungsbezogenen Voraussetzungen – die sie jedoch nicht konkret benennen – den Bedarf an einem*einer Integrationshelfer*in zu. Diesen Bedarf benennen sie ausschließlich im Kontext Schule (vgl. Bieritz-Harder 2012d, Rn. 55), sodass eine solche Person nach Ansicht der Gesetzgeber*innen nur in diesem Bereich benötigt wird. Konkrete Aufgaben weisen sie dabei nicht aus, allerdings entsteht dieser Bedarf ihrem Erachten nach ausschließlich, wenn die Kinder mit (drohender) Behinderung keine Sonder- bzw. Förderschule besuchen, sondern eine davon abweichende allgemeinbildende Schulform nutzen (vgl. Wehrhahn 2011, Rn. 48). Die Integrationshelfer*innen werden folglich für diejenigen Kinder mit (drohender) Behinderung bedeutsam, die ohne zusätzliche personelle Unterstützung bzw. „persönliche[…] Assistenz“ (Wehrhahn 2011, Rn. 50) keine Regelschule besuchen könnten und nicht an den schulischen Angeboten der Kinder ohne Behinderung teilnehmen könnten. Demnach tragen sie zur Sicherung der Bedarfe am Besuch eines schulischen Regelangebots bei und damit an der Sicherung des Bedarfs an Teilnahme an den Gemeinschaftsstrukturen der Gleichaltrigen ohne Behinderung.

Überblick über die Ergebnisse der Analyse

Tab. 69: Ergebnisse der Analyse der Unterkategorie: *Institutionelles Netzwerk*

Ergebnisse der Analyse	Kinder- und Kindheitsbilder
Die Bedarfe der Leistungsberechtigten werden durch eine Vielzahl von Institutionen, Einrichtungen und Personen gedeckt, die dem institutionellen Netzwerk zuzuordnen sind.	Institutionen-kindheit
Da leistungsberechtigte Kinder mit unzureichend finanziellen Mittel ausgestattet sind und institutionelle Bildungsangebote i. d. R. mit Kosten verbunden sind, beauftragen die Gesetzgeber*innen die Leistungsträger damit, den Kindern die notwendigen Mittel zur Verfügung zu stellen, damit sie diese Angebote nutzen können.	Kinder als abhängige Menschen von Dritten
Die Leistungsträger haben einen bedeutenden Einfluss auf das Maß der Bedarfssicherung und die Handlungsspielräume, da sie über die gewährten Hilfen entscheiden.	Kinder als abhängige Menschen von Dritten
Die Leistungsanbieter sind verpflichtet Angebote zur Verfügung zu stellen, deren Rahmenbedingungen das Kindeswohl sichern.	Die gesunden Kinder

Ergebnisse der Analyse	Kinder- und Kindheitsbilder
Die Leistungsanbieter haben die primäre Aufgabe der Sicherung der Bedarfe von Kindern an Bildung und Teilnahme. Damit verbunden ist der Auftrag, die Anspruchsberechtigung zu prüfen.	Kinder als abhängige Menschen von Dritten
Schulen unterstützen Kinder darin, die schulische Ausbildung erfolgreich abzuschließen. Gleichzeitig sind sie damit für die Zukunftschancen der Kinder hinsichtlich der eigenständigen Sicherung des Lebensunterhalts und der Teilhabe an der Gesellschaft verantwortlich.	Die ‚unterstützungsbedürftigen' Kinder Kindheit als Weichenstellung für das zukünftige Leben
Sowohl Schulen als auch Kindertagesbetreuungsangebote leisten durch Regel- und zusätzliche Angebote einen Beitrag zur Sicherung weiterer Bedarfe von Kindern, wie denen an Teilnahme an den Gemeinschaftsstrukturen der Gleichaltrigen, am Schutz vor psychischer Gewalt i. S. d. Verhinderung von Ausgrenzungen sowie an Nahrungsaufnahme und Mobilität.	Institutionenkindheit
Eltern sind nach Ansicht der Gesetzgeber*innen dafür verantwortlich, Entscheidungen für ihre Kinder zu treffen, wie der Wahl des Bildungsgangs oder die Dauer und das Ziel von Klassenfahrten.	Kinder als abhängige Menschen von ihren Eltern
Kindertagesbetreuungsangebote und Horte befriedigen die Bedarfe von Kindern an Betreuung, Bildung und Erziehung.	Institutionenkindheit Die ‚unterstützungsbedürftigen' Kinder
Durch die Übernahme der Betreuung sichern diese Einrichtungen auch den Bedarf der Kinder an Schutz vor Risiken und Gefahren für ihren Gesundheitszustand, da diese Einrichtungen auf das leibliche Wohl der Kinder während ihrer Anwesenheit zu achten haben.	Die gesunden Kinder
Da in den Kindertagesbetreuungsangeboten und den Horten i. d. R. mehrere Kinder gleichzeitig anwesend sind, wird dort auch der Bedarf an Teilnahme an den Gemeinschaftsstrukturen der Gleichaltrigen gedeckt.	Kinder als Gemeinschaftswesen
Die Gesetzgeber*innen schreiben Pädagog*innen neben der primären Aufgabe der Sicherung des Bedarfs der Kinder an Förderung weiterhin die Verantwortlichkeit zu, spezifische Entscheidungen zu treffen, die sich auf die Situation der Kinder hinsichtlich der Erreichung des Klassenziels sowie der Teilnahme an Gemeinschaftsveranstaltungen beziehen.	Kinder als abhängige Menschen von Dritten

Ergebnisse der Analyse	Kinder- und Kindheitsbilder
In den Fällen, in denen Leistungsberechtigte ihre Mittagsverpflegung mittels Gutscheinen beim Kantinenpersonal bezahlen müssen, besteht die erhöhte Gefahr der Ausgrenzung, Stigmatisierung und Diskriminierung der Kinder sowohl durch das Kantinenpersonal als auch die weiteren anwesenden Personen.	Die Ausgeschlossenen
Anbieter der Lernförderungen decken den Bedarf an Verbesserung des schulischen Notendurchschnitts, wenn die Versetzung in die nächste Klassenstufe bei einzelnen Leistungsberechtigten gefährdet ist.	Die ‚minderbegabten' Kinder
Indem die Träger der Schülerbeförderung sowie der ÖPNV den Kindern die Möglichkeit bietet, ihre nicht im unmittelbaren Wohnumfeld befindliche Schule durch Verkehrsmittel zu erreichen, sichern sie den Bedarf der Kinder an Mobilität. Damit tragen sie auch dazu bei, dass die Kinder nicht von ihren Eltern oder anderen Personen abhängig sind, um die Schule zu erreichen.	Kinder als abhängige Menschen Kinder als aktive Nutzer*innen ihrer Umwelt
Musikschulen, Volkshochschulen, Einrichtungen der öffentlichen und freien Kinder- und Jugendhilfe etc. stellen den Leistungsberechtigten Angebote zur Verfügung, in denen sie mit Gleichaltrigen in Kontakt kommen.	Die Ausgeschlossenen
Für Kinder mit (drohender) Behinderung sind die Träger der Sozialleistung ein bedeutender Bestandteil ihres institutionellen Netzwerks, da diese abschließend darüber entscheiden, ob ihnen eine (drohende) Behinderung zugesprochen wird. Nur wenn dies der Fall ist, haben die Kinder Anspruch auf Unterstützungsleistungen zur Verbesserung ihrer psychischen und physischen Lage.	Kinder als abhängige Menschen von Dritten Die gesunden Kinder
Die Rehabilitations- und Sozialhilfeträger bestimmen über die Bereitstellung spezifischer Unterstützungen sowie über den sog. ‚Gesamtplan', der alle Hilfen beinhaltet, die den Kindern aufgrund ihrer (drohenden) Behinderung zugesprochen werden. Demnach sind sie für das Maß der Sicherung der Bedarfe von Kindern mit (drohender) Behinderung maßgeblich verantwortlich.	Kinder als abhängige Menschen von Dritten
Die Jugendämter beteiligen sich an der Gestaltung des sog. ‚Gesamtplans' für die Kinder mit (drohender) Behinderung, in dem sie die zu gewährenden Leistungen festlegen. Zudem beurteilen sie die Eignung von Pflegefamilien. Die Jugendämter müssen bei beiden Aufgaben dafür sorgen, dass das Kindeswohl durch die Leistungen gesichert ist, sodass sie für den Bedarf der Kinder an Schutz vor Risiken und Gefahren für ihren psychischen und physischen Gesundheitszustand verantwortlich sind	Kinder als abhängige Menschen von Dritten Die gesunden Kinder

Ergebnisse der Analyse	Kinder- und Kindheitsbilder
Krankenversicherungen und Krankenkassen stellen Kindern mit (drohender) Behinderung Hilfen zur Verfügung um ihre psychische und physische, ihre soziale Lage zu verbessern sowie um an den Gemeinschaftsstrukturen der Gleichaltrigen (mit und) ohne Behinderung teilnehmen zu können	Die ‚unterstützungsbedürftigen Kinder' Die Ausgeschlossenen
Krankenhäuser übernehmen die Aufgabe, Kinder mit (drohender) Behinderung in der Befriedigung ihres Bedarfs am frei sein von gesundheitlichen Einschränkungen zu unterstützen.	Die gesunden Kinder
Ärzt*innen entscheiden darüber, ob Kindern eine (drohende) Behinderung diagnostiziert wird und bestimmen anschließend über die zu gewährenden Hilfen auch in anderen Bereichen. Damit sind sie grundlegend für das Maß der Beibehaltung und Verbesserung der psychischen und physischen Lage der Kinder verantwortlich.	Kinder als abhängige Menschen von Dritten
Fachkräfte in Sozialpädagogischen Zentren und interdisziplinären Frühförderstellen haben den Auftrag Kinder mit (drohender) Behinderung in ihrer Entwicklung zu fördern und sie dadurch auf den Schulbesuch vorzubereiten.	Kinder als sich entwickelnde, ‚unfertige' Menschen Schulkindheit
Schulverwaltungen und -behörden haben die Entscheidungsbefugnis über die besuchte Schulform und die konkrete Schule der Kinder mit (drohender) Behinderung, sodass sie auch über das Maß der schulischen Bildung und der zu erreichenden Schulabschlüsse bestimmen.	Kinder als abhängige Menschen von Dritten
Kinder, die eine Sonder- oder Förderschule besuchen, werden von den Gemeinschaftsstrukturen der Gleichaltrigen ohne Behinderung ausgeschlossen.	Die Ausgeschlossenen
Den Sonder- oder Förderschulen werden durch die Gesetzgeber*innen vorrangig Betreuungs- und Erziehungsaufgaben zugesprochen und nur an dritter Stelle auch Bildungsförderung, sodass sie vor allem einen Beitrag zur Deckung des Bedarfs an Sicherung des Kindeswohls leisten sollen.	Die ‚atypischen' Kinder Die gesunden Kinder
An Schulen sind im Bedarfsfall für Kinder mit (drohender) seelischer Behinderung zusätzliche sonderpädagogische Förderangebote bereitzustellen, um die behinderungsbedingten Einschränkungen zu verringern.	Die ‚minderbegabten' Kinder
Sozialpädagogische Horte tragen zur Teilnahme von Kindern mit (drohender) Behinderung an den Gemeinschaftsstrukturen der Gleichaltrigen ohne Behinderung bei, da sie Gemeinschaftsangebote vorhalten.	Die Ausgeschlossenen

Ergebnisse der Analyse	Kinder- und Kindheitsbilder
Internate decken den Bedarf am Besuch einer den Fähigkeiten und Kompetenzen entsprechenden Schule, wenn keine Schule in erreichbarer Nähe der Kinder mit (drohender) Behinderung vorhanden ist.	Schulkindheit
Kinder mit Behinderung können so starke Einschränkungen aufweisen, dass sie einen überdurchschnittlich hohen Bedarf an Betreuung durch Dritte aufweisen. Diesen Personen wird die Aufgabe zugesprochen, den Bedarf der Kinder an Schutz vor Risiken und Gefahren für den psychischen und physischen Gesundheitszustand der Kinder mit (drohender) Behinderung zu sichern.	Die ‚atypischen' Kinder
Begleitpersonen helfen Kindern mit (drohender) Behinderung bei der Befriedigung des Mobilitätsbedarfs, wenn die Kinder die bestehenden Strukturen nicht allein durch ihre eigenen Fähigkeiten und Kompetenzen nutzen können.	Die ‚atypischen' Kinder
Integrationshelfer*innen tragen dazu bei, dass Kinder mit (drohender) Behinderung an den schulischen Regelangeboten teilnehmen können und keine Sonder- oder Förderschule besuchen müssen. Dadurch können sie auch an den Gemeinschaftsstrukturen der Gleichaltrigen ohne Behinderung teilnehmen.	Die Ausgeschlossenen

Quelle. eigene Darstellung

Resümee

Die Gesetzgeber*innen treffen zu allen Netzwerken der Kinder im Existenzsicherungsbezug Aussagen. Dabei zeigen sich deutliche Unterschiede zwischen der Quantität der Aussagen zum *institutionellen Netzwerk* und den weiteren Netzwerken. Zum *kindlichen, familiären* sowie zum *Netzwerk im sozialen Umfeld* der Kinder sagen sie deutlich weniger aus als für das institutionelle Netzwerk.

Kindliches Netzwerk

Die Gesetzgeber*innen beschreiben das *kindliche Netzwerk* als ein solches, dass durch zu geringe Kontakte zu Gleichaltrigen gekennzeichnet ist, die nicht auf existenzsichernde Leistungen angewiesen sind. Die leistungsberechtigten Kinder haben nach Ansicht der Gesetzgeber*innen nicht nur im außerschulischen Bereich zu wenig Kontakt zu Gleichaltrigen, sondern auch in der Schule und den Kindertagesbetreuungsangeboten. Jedoch berücksichtigen die Gesetzgeber*innen lediglich das quantitative Maß der Kontakte zu den Gleichaltrigen ohne Leistungsbezug. Von Freund*innen und somit von qualitativ hochwertigen Kontakten sprechen die Gesetzgeber*innen nur im Freizeitbereich, für den im Rahmen der Leistungen für Bildung und Teilhabe allerdings keine Bedarfe anerkannt werden. Folglich haben die Kinder ihrem Erachten nach lediglich einen Bedarf an Ausweitung des kindlichen Netzwerks mit Gleichaltrigen, die keine existenzsichernden Leistungen beziehen. Allein die Ermöglichung derartiger Kontakte durch die Bereitstellung finanzieller Ressourcen zur Teilnahme an diversen Aktivitäten und Veranstaltungen verhindern nach Ansicht der Gesetzgeber*innen Ausgrenzung, Stigmatisierung und Diskriminierung.

Diese hohe Bedeutung sprechen die Gesetzgeber*innen den Kindern ohne Existenzsicherungsbezug deshalb zu, weil die sozialen Kompetenzen, die Persönlichkeit und die Identität der Leistungsberechtigten durch die gemeinsam verbrachte Zeit entwickelt und gestärkt werden. Diese Kompetenzen bilden gleichzeitig die Voraussetzungen für eine aktive Mitgestaltung der Gesellschaft im Erwachsenenalter.

Der gleichen Logik folgen die Gesetzgeber*innen bei Kindern mit (drohender) Behinderung. Ihnen sprechen sie insbesondere den Bedarf an Kontakten mit Gleichaltrigen ohne Behinderung zu, die ihrem Erachten nach nur unzureichend besteht. Zudem schreiben sie den Leistungsberechtigten mit (drohender) Behinderung auch keinen Bedarf am Ausbau ihres kindlichen Netzwerks durch Gleichaltrige mit (drohender) Behinderung zu.

Familiäres Netzwerk und Netzwerk im sozialen Umfeld

Dem *familiären Netzwerk* der Kinder wie auch dem *Netzwerk im sozialen Umfeld* sprechen die Gesetzgeber*innen eine unterstützende Funktion zu. Das heißt, sie gehen davon aus, dass Kinder sowohl in ihrer Familie als auch in ihrem sozialen Umfeld Personen vorfinden, die freiwillig versuchen, mindestens einen Bedarf der Kinder zu decken. Dabei denken die Gesetzgeber*innen bspw. daran, dass vor allem immaterielle Hilfen geleistet werden, durch die die Kinder wiederum nicht auf materielle Unterstützungen über das Existenzsicherungssystem oder Dritte angewiesen sind, z. B. indem diese Personen Fahrgemeinschaften bilden und die Leistungsberechtigten kostenfrei in die Schule bringen.

Des Weiteren gehen die Gesetzgeber*innen davon aus, dass Verwandte und Angehörige die Kinder auf der sozialen Ebene unterstützen. Durch die Bereitstellung von Hilfen zur Deckung des Mobilitätsbedarfs, um Familienangehörige und Verwandte besuchen zu können, soll der Bedarf der Kinder an Aufrechterhaltung von Kontakten zu diesen Personen über die Regelleistungen gesichert werden. Allerdings weisen die leistungsberechtigten Kinder nach Ansicht der Gesetzgeber*innen einen verhältnismäßig geringen Bedarf danach auf.

Institutionelles Netzwerk

Das *institutionelle Netzwerk* der Kinder wird für die Gesetzgeber*innen in zweierlei Hinsicht relevant. Erstens gehen sie davon aus, dass die leistungsberechtigten Kinder aufgrund ihrer geringen finanziellen Ausstattung einen unzureichenden Zugang zu Institutionen, Einrichtungen oder Personen haben, die im institutionellen Sinne agieren. So nehmen die leistungsberechtigten Kinder bspw. nur selten oder gar nicht an außerschulischen Bildungsangeboten teil. Zweitens wird das institutionelle Netzwerk für die leistungsberechtigten Kinder zur unmittelbaren Deckung ihrer Bedarfe notwendig, da weder sie selbst noch ihre Familien ihre Bedarfe (ausschließlich) aus eigenen Kräften befriedigen können. Daher benötigen sie Hilfe bzw. Unterstützung durch Dritte. Diese Aufgabe übernimmt das institutionelle Netzwerk in Form der Leistungsträger, die die Leistungen finanzieren, und die Leistungsanbieter, die Angebote bereitstellen. Eine Reihe von Institutionen, Einrichtungen und Personen sind auch im institutionellen Netzwerk der Kinder ohne Existenzsicherungsbezug bedeutsam, so z. B. Schulen, Kindertagesbetreuungsangebote oder Institutionen und Einrichtungen, die den Bedarf an außerschulischer Bildung decken. Demgegenüber sind die Leistungsträger – als wichtiger Bestandteil des institutionellen Netzwerks der leistungsberechtigten Kinder – für die Kinder ohne Bezug existenzsichernder Leistungen bedeutungslos.

Die Gesetzgeber*innen gehen weiterhin davon aus, dass einerseits Institutionen, Einrichtungen und Personen im institutionellen Netzwerk der leistungsberechtigten Kinder vorhanden sind (wie Schulen, Lehrer*innen oder Leistungsträger). Andererseits existieren Institutionen, Einrichtungen und Personen, die nicht notwendigerweise zu diesem Netzwerk gehören (Schwimmbäder, Kinos, Diskotheken; vgl. Luik 2013b, Rn. 61). Indem die Gesetzgeber*innen explizit darauf hinweisen, dass diese Angebote nicht zum Bedarf der Kinder gehören, deuten sie aber an, dass die Kinder scheinbar einen Wunsch zur Nutzung dieser Einrichtungen verspüren. Die Gesetzgeber*innen betrachten die Nutzung dieser Einrichtungen nicht als existenznotwendig, sodass dafür entstehende Kosten nicht über die Leistungen für Bildung und Teilhabe finanziert werden, es sei denn, diese Einrichtungen werden im Rahmen eines außerschulischen Bildungsangebotes besucht.

Darüber hinaus lassen sich im institutionellen Netzwerk unter Berücksichtigung einer zeitlichen Dimension zwei Gruppen von Netzwerkbestandteilen identifizieren. Dabei handelt es sich um eine erste Gruppe von Institutionen und Einrichtungen, die langfristig zum institutionellen Netzwerk gehören (z. B. Leistungsträger, Schulen, ÖPNV, Vereine). Die zweite Gruppe ist – wenn sie überhaupt relevant wird – nur als kurzzeitiger Bestandteil des institutionellen Netzwerks vorhanden wie Personen oder Einrichtungen, die Lernförderung anbieten. Diese Institutionen, Einrichtungen und Personen tragen je nach Ausrichtung und Unterstützung zur Sicherung unterschiedlicher Bedarfe von Kindern bei. Dabei handelt es sich vermehrt um die Befriedigung des Bedarfs an Schutz vor Risiken und Gefahren und die Deckung des Bedarfs an Teilnahme an den Gemeinschaftsstrukturen der Gleichaltrigen.

Je nach Bedarf und Nutzung spezifischer Angebote kann das institutionelle Netzwerk schließlich aus ganz unterschiedlichen Institutionen, Einrichtungen und Personen bestehen. Dieser Aspekt wird noch einmal bedeutsamer für die Kinder mit (drohender) Behinderung, bei denen je nach Art und Schwere der (drohenden) Behinderung ganz unterschiedliche Institutionen, Einrichtungen und Personen als Bestandteile des institutionellen Netzwerks Bedeutung erlangen. Deren institutionelles Netzwerk ergänzen die Gesetzgeber*innen insbesondere durch Institutionen, Einrichtungen und Personen, die im Gesundheitsbereich sowie im Bereich Schule tätig sind. Diese sollen nach Ansicht der Gesetzgeber*innen vor allem zum Bedarf an Verbesserung bzw. Beibehaltung des psychischen und physischen Gesundheitszustands beitragen. Schließlich erkennen sie einen Bedarf an, der sich auf die Verfügbarkeit von Einzelpersonen bezieht, die Kinder mit (drohender) Behinderung in unterschiedlichen Situationen unterstützen.

3.2.8 Gesellschaftliche Rahmenbedingungen

Es liegt eine Vielzahl von gesellschaftlichen Rahmenbedingungen vor, die die Lebenslagen und Bedarfe von Kindern beeinflussen können. Im Analysematerial werden sechs Rahmenbedingungen angesprochen, die nach Ansicht der Gesetzgeber*innen für die leistungsberechtigten Kinder bedeutsam sind. Dabei handelt es sich um (1) die Religionsfreiheit, (2) das elterliche Sorgerecht, (3) die Schulpflicht, (4) die föderale Struktur im Schulwesen, (5) die verfügbare Infrastruktur sowie (6) die Entwicklung der Preise und der Löhne. Diesen Rahmenbedingungen schreiben die Gesetzgeber*innen eine unterschiedliche Bedeutung für Kinder im Existenzsicherungsbezug zu.

Religionsfreiheit

Die Religionsfreiheit – als ein in der Verfassung verankertes Grundrecht (vgl. Art. 4 Abs. 1 GG) – ist für die leistungsberechtigten Kinder bedeutsam, da die Gesetzgeber*innen nicht von ihnen verlangen dürfen, dass sie eine konfessionelle Schule besuchen, die nicht ihren Glaubensvorstellungen entspricht. Die Gesetzgeber*innen zwingen die Kinder zwar nicht zum Besuch einer einzigen Schule, allerdings legen sie Kriterien für die Übernahme von Schülerbeförderungskosten fest, die i. d. R. nur den Besuch einer bestimmten Schule des gewählten Schultyps erlauben. Handelt es sich bei dieser Schule um eine, die nicht den Glaubensvorstellungen der Familie entspricht, missachten die Gesetzgeber*innen die Religionsfreiheit. Dies erfolgt in der Form, dass den Kindern die Unterstützung zum Besuch einer anderen, weiter entfernt liegenden Schule nicht vollumfassend gewährt wird. Diese Situation ergibt sich daraus, dass die Gesetzgeber*innen eine Kostenübernahme für die Schülerbeförderung zur nächstgelegenen Schule des gewählten Schultyps als Bedarf festschreiben (vgl. Leopold 2012a, Rn. 82). Dabei wird nicht zwischen privaten und staatlichen Schulen unterschieden. Vielmehr stehen sie gleichrangig nebeneinander. Da private Schulen von einem konfessionellen Träger betrieben werden können, können auch konfessionell ausgerichtete Schulen die Bedingungen für die Übernahme der Schülerbeförderungskosten erfüllen. Entspricht die konfessionelle Orientierung der Schule nicht derjenigen der Kinder, bestehen zwei Möglichkeiten, wenn die Kosten der Schülerbeförderung nur erstattet würden, wenn sie die konfessionelle Schule besuchen.

Erstens: Entscheiden sich die Kinder bzw. ihre Eltern für den Besuch der konfessionellen Schule, handeln sie gegen ihre Glaubensvorstellungen, allerdings werden ihnen die Kosten für die Schülerbeförderung erstattet. Damit wird einerseits ihr Bedarf gedeckt, die nicht zu Fuß oder per Fahrrad erreichbare Schule mit Verkehrsmitteln zu erlangen. Andererseits werden aber die ethnischen und kulturellen Herkunftsbedarfe der Kinder missachtet.

Oder zweitens: Die Kinder bzw. ihre Eltern entscheiden sich für den Besuch einer nicht konfessionellen Schule oder einer konfessionellen Schule mit ihren Glaubensvorstellungen. Da diese aber nicht die nächstgelegene Schule ist, entstehen höhere Kosten für die Schülerbeförderung. Damit handeln sie entsprechend ihrer religiösen Vorstellungen, müssen allerdings die zusätzlich entstehenden Kosten aus ihren verfügbaren finanziellen Mitteln begleichen, was zu einer Unterdeckung der Bedarfe in anderen Bereichen führen kann.

Unter Berücksichtigung der Religionsfreiheit muss

> „[...] als nächstgelegene Schule dann die nächstgelegene nicht konfessionell orientierte staatliche Schule gelten [...].“ (Leopold 2012a, Rn. 87)

Dementsprechend wird die beschriebene Leistung durch die gesellschaftliche Rahmenbedingung des Rechts auf freie Ausübung der Religion in der Weise verändert, dass Kinder nicht dazu gedrängt werden können, eine konfessionell ausgerichtete Institution zu besuchen, die nicht ihren eigenen Glaubensvorstellungen entspricht. Die Gesetzgeber*innen haben die Religionsfreiheit folglich in der Weise zu berücksichtigen, dass die Kinder keine religiösen Traditionen ausführen und Werte übernehmen müssen, die ihren eigenen Vorstellungen widersprechen. Die Gesetzgeber*innen gehen demnach von einem Bedarf der Kinder aus, der sich auf ihre ethnische Herkunft bezieht und nach dem die Kinder bspw. nicht an religiösen Ritualen teilnehmen wollen, die nicht ihren eigenen Vorstellungen und Haltungen entsprechen.

Demgegenüber bedeutet Religionsfreiheit für die Gesetzgeber*innen allerdings nicht, dass sie die Kinder in der Ausübung ihrer Religion unterstützen. Dies zeigt sich erstens dadurch, dass sie die Schülerbeförderungskosten nicht zur nächstgelegenen konfessionellen Schule übernehmen, die die Glaubensrichtung der Kinder vertritt (vgl. Leopold 2012a, Rn. 87). Zweitens übernehmen sie keine Kosten für eine gesonderte Mittagesverpflegung in Bildungseinrichtungen, die sich aus religiösen Wertvorstellungen heraus ergibt (vgl. Luik 2013d, Rn. 67.1). Und drittens stellen sie keine zusätzlichen finanziellen Mittel für die Ausrichtung einer aus religiösen Gründen bedingten Feier zur Verfügung wie einer Kommunion, einer Konfirmation oder einer Taufe (vgl. Saitzek 2013, Rn. 51).

Dadurch zeigt sich, dass die Gesetzgeber*innen zwar anerkennen, dass unterschiedliche Religionen ausgeübt werden, die mit deutlich unterschiedlichen Werten, Traditionen und Vorstellungen einhergehen können. Kinder dürfen ihrem Erachten nach aber nicht gedrängt werden, im Rahmen ihres Schulbesuchs an einer Religionsgemeinschaft teilnehmen zu müssen, die ihren eigenen Glaubensvorstellungen entgegensteht. Ein solcher Zwang widerspricht ihren Ansichten nach den Bedarfen der Kinder, die durch ihre ethnische Herkunft bedingt sind. Andererseits sprechen die Gesetzgeber*innen der Ausübung der eigenen religiösen Werte und Traditionen keine existenzsichernde Bedeutung zu. Vielmehr gilt die Ausübung einer Religion als private Angelegenheit, die nicht nur akzeptiert, sondern auch anerkannt wird. Allerdings ist diese nicht staatlich zu unterstützen. Damit sprechen die Gesetzgeber*innen den Kindern einen Bedarf an Anerkennung ihrer ethnischen Herkunft in Bezug auf Religion zu.

Elterliches Sorgerecht

Die zweite gesellschaftliche Rahmenbedingung, die die Gesetzgeber*innen in den Leistungen für Bildung und Teilhabe berücksichtigten, ist das elterliche Sorgerecht (vgl. § 1626 Abs. 1 BGB). Dieses Recht umfasst sowohl die Personen- als auch die Vermögenssorge. Die Personensorge beinhaltet außerdem das elterliche Pflege-, Erziehungs-, Beaufsichtigungs- und Aufenthaltsbestimmungsrecht (vgl. § 1631 Abs. 1 BGB) sowie die Herausgabe der Kinder (vgl. § 1632 Abs. 1 BGB) und die Bestimmung des Umgangs der Kinder mit Dritten (§ 1632 Abs. 2 BGB). Die Berücksichtigung des elterlichen Sorgerechts durch die Gesetzgeber*innen ist durch die Nutzung der Begriffe ‚Sorgeberechtigen' (vgl. u. a. Luik 2013b, Rn. 58), ‚Personensorgeberechtigten‘ (vgl. u. a. Leopold 2012a, Rn. 121) und ‚sorgeberechtigte Eltern‘ (vgl. Lenze 2011c, Rn. 19) erkennbar. Dabei handelt es sich jeweils um die personale Bezeichnung der Inhaber*innen des Rechts, d. h. die Gesetzgeber*innen schreiben nicht von elterlichem Sorgerecht, sondern sprechen die Eltern an, denen das Sorgerecht für ihre Kinder zugesprochen wird. Darüber hinaus wird mit dem Begriff ‚Sorgeberechtigte‘ auch berücksichtigt, dass dieses Recht in Ausnahmefällen auf andere Personen übertragen werden kann (vgl. § 1666 Abs. 3 Nr. 6 BGB; § 1751 BGB).

Die Gesetzgeber*innen verwenden im Analysematerial zudem die Begrifflichkeit ‚elterliches Erziehungsrecht‘. Indem sie nicht den Begriff ‚Sorge‘ sondern ‚Erziehung‘ nutzen, räumen sie diesem Teil des Sorgerechts gleichzeitig einen besonderen Stellenwert ein. Die Ausführungen zum Erziehungsrecht werden separat im Anschluss an die Darlegungen zum Sorgerecht behandelt.

In den Leistungen für Bildung und Teilhabe wird das elterliche Sorgerecht für die Gesetzgeber*innen in den beiden Kontexten Kindertagespflege und der Antragstellung relevant.

Elterliches Sorgerecht im Kontext der Kindertagespflege

Die Gesetzgeber*innen beschreiben, dass Kindertagespflege u. a.

> „[...] im Haushalt des Personensorgeberechtigten geleistet“ (Leopold 2012a, Rn. 121)

werden kann. Damit sprechen sie die Inhaber*innen des Sorgerechts nicht direkt an, sondern stellen indirekt fest, dass die Sorgeberechtigten eine institutionelle Betreuung organisieren können, die in ihrem Haushalthalt durchgeführt werden kann. Folglich verfügen die Sorgeberechtigten ihren Ansichten nach über einen Haushalt, den sie den Kindern zur Verfügung stellen, um darin Angebote von Dritten wahrnehmen zu können. Sie verweisen damit auf einen Teilbereich der Personensorge, der festlegt, dass Eltern das Recht obliegt, über den Umgang ihrer Kinder mit Dritten zu bestimmen. Indem Eltern die Betreuung ihrer Kinder für einen festgelegten Zeitraum an andere Personen übergeben, übertragen sie ihnen für diese Zeit spezifische Rechte wie das Pflege- und Erziehungsrecht.

Unter Berücksichtigung der weiteren Orte, an denen Tagesbetreuungsangebot stattfinden können, wird deutlich, dass auch der Teilbereich des Aufenthaltsbestimmungsrechts in diesem Zusammenhang Bedeutung erlangt. Die Gesetzgeber*innen kennen drei Möglichkeiten, in denen Tagesbetreuungsangebote stattfinden dürfen: (1) dem elterlichen Haushalt, (2) der Wohnung der Tagespflegeperson oder (3) speziell dafür angemietete Räumlichkeiten (vgl. Leopold 2012a, Rn. 121). Folglich müssen sich die Sorgeberechtigten bei der

Wahl der Tagespflegeperson auch für den regelmäßigen Aufenthaltsort ihrer Kinder während der außerfamiliären Betreuung entscheiden. Dabei legen sie sowohl den räumlichen Aufenthaltsort (eigener Haushalt, Wohnung der Tagespflegeperson oder andere Räumlichkeiten) als auch den Aufenthaltsort, der über Personen definiert ist, fest. Das letztgenannte heißt, dass der Aufenthaltsort der Kinder nicht über einen Raum definiert wird. Vielmehr bestimmt sich der Aufenthalt der Kinder über die Personen, sodass sich die Kinder jeweils bei der Tagespflegeperson befinden müssen, unabhängig davon, an welchem Ort sich diese befindet. Das wird bspw. relevant, wenn Tagespflegepersonen mit den Kindern spazieren oder zu einem Spielplatz gehen wollen und sich außerhalb der Räumlichkeiten befinden. Damit zeigt sich, dass die Gesetzgeber*innen den Eltern die Aufgabe zusprechen, über den Ort, an dem sich ihre Kinder befinden, und die Personen, mit denen sie Kontakt haben, zu bestimmen.

Elterliches Sorgerecht und Antragstellung

Weiterhin sprechen die Gesetzgeber*innen den Sorgeberechtigten die Aufgabe zu, dass sie die notwendigen Anträge auf Unterstützungsleistungen im Rahmen des Existenzsicherungsbezugs für ihre Kinder stellen. Die Gesetzgeber*innen gehen davon aus, dass erst Jugendliche ab der Vollendung des 15. Lebensjahres die notwendigen Kompetenzen und Fähigkeiten dafür aufweisen können (vgl. Luik 2013b, Rn. 58). Vorher müssen die Personensorgeberechtigten diese Aufgabe ausführen.

Die Gesetzgeber*innen übernehmen hierbei das Verständnis des SGB I (vgl. § 36 SGB I). Demnach gehen sie erstens davon aus, dass Kinder die Kompetenzen zur Antragstellung noch nicht aufweisen und ihre Wünsche und Bedarfe nicht in der Weise äußern können, dass sie diese bspw. gegenüber den Leistungsträgern vortragen können. Zweitens nehmen sie an, dass die Eltern die Bedarfe ihrer Kinder kennen, sodass sie die Unterstützung, die sie ihren Kindern selbst nicht gewähren können, von Dritten anfordern, damit die Bedarfe der Kinder befriedigt werden können. Folglich wird den Eltern die Verantwortung zugeschrieben, dass sie auf ihre Kinder achten und sich um die Möglichkeiten der Befriedigung der Bedarfe der Kinder durch Dritte kümmern, sofern sie dies nicht aus eigenen Kräften leisten können.

Es zeigt sich, dass sich die Logik fortsetzt, die bereits im Rahmen der Ausformulierungen zur Kindertagespflege indirekt zu erkennen war. Die Gesetzgeber*innen gehen davon aus, dass die Eltern ihre Aufgabe der Betreuung ihrer Kinder möglicherweise nicht leisten können (z. B. aufgrund von Erwerbstätigkeit), sodass sie dafür verantwortlich sind, Unterstützung durch Dritte zu organisieren, wenn sie ihre Aufgaben nicht aus eigenen Kräften und Mitteln erfüllen können.

Elterliches Erziehungsrecht

Weiterhin gehen die Gesetzgeber*innen detaillierter auf einen Teil des Sorgerechts ein. Dabei handelt es sich um das elterliche Erziehungsrecht. Dieses Recht ist separat im Art. 6 Abs. 2 GG festgeschrieben worden und gilt damit als Grundrecht. Dementsprechend sind grundsätzlich die Eltern für die Erziehung ihrer Kinder zuständig. Mit dem Recht ist aber gleichzeitig auch eine Erziehungspflicht verbunden, sodass die Gesetzgeber*innen den Eltern nicht nur die Befugnis, sondern auch die Verpflichtung für die Erziehung ihrer Kinder zuschreiben.

Die Gesetzgeber*innen verwenden in den Analysematerialien der Leistungen für Bildung und Teilhabe zwei Mal den Begriff ‚Erziehungsrecht' im Kontext des Schulwahlrechts der Eltern (vgl. Leopold 2012a, Rn. 87; Luik 2013b, Rn. 33). Im Zusammenhang mit der Nutzung außerschulischer Angebote sprechen sie von der ‚Erziehungsverantwortung als elterliche Pflicht' (vgl. Deutscher Bundestag 2010b, S. 43) und in den Ausführungen zur Religionsfreiheit nutzen sie den Begriff ‚Erziehungsberechtigte' (vgl. Leopold 2012a, Rn. 87).

In Anbetracht dessen wird deutlich, dass die Gesetzgeber*innen in den Leistungen für Bildung und Teilhabe mit dem elterlichen Erziehungsrecht drei Bereiche fokussieren. Erstens das elterliche Schulwahlrecht, zweitens die elterliche Pflicht, ihre Kinder zur Nutzung außerschulischer Bildungsangebote zu motivieren sowie drittens das Recht auf die religiöse Erziehung ihrer Kinder.

Elterliches Schulwahlrecht

Die Gesetzgeber*innen sprechen den Eltern im Rahmen des elterlichen Erziehungsrechts erstens das Recht zu, eine Schule für ihre Kinder zu wählen.

> „[...] Schulwahlrecht als Bestandteil des elterlichen Erziehungsrechts [...]" (Leopold 2012a, Rn. 87)

Demnach sprechen sie den Eltern in ihrer Erziehungsverantwortung die Verpflichtung und das Recht zu, zu entscheiden, welche Schule und welche Schulform ihre Kinder besuchen. Damit entscheiden die Eltern gleichzeitig über die Zukunft ihrer Kinder, da die besuchte Schulform und der darin erzielte Abschluss über die zukünftige Eingliederung der Kinder in den Arbeitsmarkt und eine mögliche Abhängigkeit von Existenzsicherungsleistungen entscheidet – wie bereits ausführlich dargestellt werden konnte. Damit tragen die Eltern nicht nur die Verantwortung über die aktuelle Situation ihrer Kinder, sondern sind auch für ihre Zukunftschancen mitverantwortlich.

Weitere Rechte und Verpflichtungen hinsichtlich der Belange Bildung und Teilnahme benennen die Gesetzgeber*innen im Kontext der elterlichen Erziehungsverantwortung nicht. Vielmehr scheinen sie diese Verantwortung vor allem öffentlichen Einrichtungen und Institutionen zuzuschreiben, wie aus den bereits dargestellten Analysen hervorgeht. So sprechen die Gesetzgeber*innen den Eltern im Leistungsbezug nur in eingeschränktem Umfang zu, dass sie ihre Kinder in schulischen Belangen z. B. bei Hausaufgaben oder wenn sie für Tests und Prüfungen lernen müssen, unterstützen (können). Die damit verbundenen Werte wie Leistungsorientierung, Beschäftigung mit – als kompliziert wahrgenommenen – Inhalten, um diese zu verstehen, oder auch die Vermittlung von Ausdauer und Konzentration sprechen sie vielmehr den schulischen Angeboten als den Eltern im Existenzsicherungsbezug zu (vgl. Lenze 2011b, Rn. 20; Lenze 2011b, Rn. 21 i. V. m. Rn. 25).

Elterliche Verantwortung, ihre Kinder zur Nutzung von Bildungsangeboten zu motivieren

Zweitens sind Eltern nach Ansicht der Gesetzgeber*innen durch ihre Erziehungspflicht dafür verantwortlich, bei ihren Kindern darauf hinzuwirken, dass sie die Angebote nutzen, die durch die Leistungen für Bildung und Teilhabe finanziert werden.

> „Eltern stehen zugleich in der Ausübung ihrer Erziehungsverantwortung in der Pflicht, dass die zur Verfügung stehenden Leistungen auch in Anspruch genommen werden.“ (Deutscher Bundestag 2010b, S. 43)

Indem die Gesetzgeber*innen auf diese Verantwortung der Eltern hinweisen, wird deutlich, dass die Eltern ihrem Erachten nach Einfluss auf ihre Kinder nehmen (können). Hierbei sprechen die Gesetzgeber*innen nicht von einem Zwang oder einer Verpflichtung, die die Eltern ihren Kindern auferlegen sollen. Vielmehr scheinen die Gesetzgeber*innen davon auszugehen, dass die Eltern ihre Kinder lenken können bzw. auf sie einwirken können, damit die Kinder ihre Bedarfe befriedigen. Damit sprechen die Gesetzgeber*innen den Eltern abermals die Verantwortung über die Sicherung der Bedarfe ihrer Kinder zu und verbinden wiederum die Abhängigkeit der Kinder von ihren Eltern.

Elterliches Recht auf religiöse Erziehung

Drittens sprechen die Gesetzgeber*innen den Eltern die religiöse Erziehung ihrer Kinder zu (vgl. Leopold 2012a, Rn. 87). Dies wird zum einen deutlich, weil sich die Gesetzgeber*innen nicht in die Wahl und Ausübung einer speziellen Religion einmischen. Dies läge bspw. vor, wenn sie verlangen würden, dass Kinder Einrichtungen und Institutionen besuchen sollen, die eine (spezielle) religiöse Ausrichtung haben (vgl. dazu den Teil zur Religionsfreiheit in diesem

Abschnitt). Zweitens unterstützen sie die Eltern nicht bei der Ausübung einer Religion, wie bereits im Rahmen der Religionsfreiheit herausgearbeitet wurde.

Damit gehen die Gesetzgeber*innen im Kontext des elterlichen Erziehungsrecht davon aus, dass Kinder gegenüber ihren Eltern eine Unterstützungsbedürftigkeit in den Bereichen der Schulwahl, der Nutzung von öffentlichen Angeboten insbesondere den außerschulischen Bildungsangeboten sowie der Hinführung zu religiösen Werten und Traditionen haben. Damit ist auch die Annahme verbunden, dass Eltern ihre Kinder lenken können bzw. ihnen Richtungen aufzeigen, die die Kinder übernehmen und dass die Kinder ihre Aktivitäten und Wertvorstellungen daran orientieren, was ihnen ihre Eltern vermitteln.

Schulpflicht

Bei der dritten gesellschaftlichen Rahmenbedingung, die für die Gesetzgeber*innen in den Leistungen für Bildung und Teilhabe Relevanz erlangt, handelt es sich um die in den Länderverfassungen festgeschriebene Schulpflicht (§§ 72 bis 84 SchG für Baden-Württemberg; §§ 35 bis 41 BayEUG; §§ 41 bis 45 SchulG für Berlin; §§ 36 bis 43 BbgSchulG; §§ 52 bis 58 BremSchulG; §§ 37 bis 41a HmbSG; §§ 56 bis 68 HSchG; §§ 41 bis 51 SchulG M-V; §§ 63 bis 71 NSchG; §§ 34 bis 41 SchulG NRW; §§ 56 bis 66 SchulG Rheinland-Pfalz; Schulpflichtgesetz Saarland; §§ 26 bis 31 SchulG Sachsen; §§ 36 bis 44a SchulG LSA; §§ 20 bis 24 SchulG Schleswig-Holstein; §§ 17 bis 24 ThürSchulG).

Damit ist die Pflicht der Kinder verbunden, ab dem landesrechtlich geregelten Alter eine Schule und die damit verbundenen Pflichtveranstaltungen zu besuchen.

Den Begriff ‚Schulpflicht' setzen sie in verschiedenen Kontexten ein. Erstens im Rahmen der Begriffsbestimmung ‚Schüler*in', zweitens im Kontext des Schulbesuchs von Kindern mit (drohender) Behinderung und drittens in Bezug auf die Erfüllung weiterer schulischer Pflichten.

*Begriffsbestimmung ‚Schüler*in'*

Die Gesetzgeber*innen weisen darauf hin, dass sie die Bezeichnung ‚Schüler*in' in den Leistungen für Bildung und Teilhabe verwenden, wenn sie von Kindern sprechen, die eine Schule besuchen. Das Merkmal der Schulpflicht tritt dabei in den Hintergrund.

> „Gemeint ist nicht der schulrechtliche Begriff der Schülerin oder des Schülers, d. h., es kommt nicht darauf an, ob Schulpflicht besteht, sondern entscheidend ist der tatsächliche Schulbesuch." (Luik 2013b, Rn. 17; Luik 2013d, Rn. 27)

Aus diesem Zitat können zwei Erkenntnisse erlangt werden. Erstens heben die Gesetzgeber*innen explizit hervor, dass die Schulpflicht nur durch den Besuch einer Schule erfüllt werden kann. Durch die Vermittlung schulischer Inhalte bspw. durch Eltern oder Dritte außerhalb einer Schule kann die Schulpflicht folglich nicht realisiert werden. Zweitens können Kinder auch eine Schule besuchen, wenn sie der Schulpflicht nicht unterliegen. Das wird deutlich, da die Gesetzgeber*innen darauf hinweisen, dass Kinder, die eine Schule besuchen immer als Schüler*innen bezeichnet werden, unabhängig davon, ob sie schulpflichtig sind. Kinder können folglich nicht nur für die Zeit eine Schule besuchen, in der sie dazu verpflichtet werden, sondern auch darüber hinaus. An dieser Stelle konkretisieren die Gesetzgeber*innen allerdings nicht, ob der freiwillige Schulbesuch vor Eintritt oder nach Beendigung der Schulpflicht besteht. Sie weisen jedoch an anderer Stelle konkret auf die Zeit nach der Schulpflicht hin (vgl. Lenze 2011b, Rn. 8; Leopold 2012a, Rn. 57; Leopold 2012a, Rn. 82; Bieritz-Harder 2012a, Rn. 5), sodass sie insbesondere berücksichtigen, dass Kinder länger als landesrechtlich gefordert eine Schule besuchen können. Der Besuch einer Schule vor Beginn der Schulpflicht ist für die Gesetzgeber*innen im Rahmen des Analysematerials eher nebensächlich.

Besuch von Schulen durch Kinder mit (drohender) Behinderung

Zweitens verwenden die Gesetzgeber*innen den Begriff ‚Schulpflicht' im Kontext des Schulbesuchs von Kindern mit Behinderung. Die Analyse dieser Textstellen erfolgt im nachfolgenden Abschnitt zu Kindern mit (drohender) Behinderung.

Erfüllung weiterer schulischer Pflichten

Drittens weisen die Gesetzgeber*innen darauf hin, dass mit der Erfüllung der Schulpflicht weitere sog. ‚schulische Pflichten' (vgl. Luik 2013b, Rn. 3; Luik 2013d, Rn. 22) verbunden sind.

> „Vor allem bei schulpflichtigen Kindern ist ein besonderer altersspezifischer Bedarf zu berücksichtigen. Notwendige Aufwendungen zur Erfüllung schulischer Pflichten gehörten zu ihrem existentiellen Bedarf. Ohne Deckung dieser Kosten droht hilfebedürftigen Kindern der Ausschluss von Lebenschancen, weil sie ohne den Erwerb der notwendigen Schulmaterialien, wie Schulbücher, Schulhefte oder Taschenrechner, die Schule nicht erfolgreich besuchen können." (Luik 2013d, Rn. 22)

Unter diesen schulischen Pflichten scheinen sie im Ergebnis den erfolgreichen Abschluss des Schulbesuchs zu verstehen, der durch die Beteiligung an den schulischen Aktivitäten ermöglicht wird. Die schulischen Aktivitäten auf die sie in diesem Zitat rekurrieren sind bspw. die Nutzung der Schulbücher, Schreiben in Schulheften und Rechnen mit dem Taschenrechner. Die Beteiligung an diesen Aktivitäten gilt demnach als Bestandteil der Erfüllung der Schulpflicht, sodass die Kinder nicht nur körperlich in der Institution Schule anwesend sein sollen, sondern aktiv an den dort vorgenommenen Aktivitäten teilnehmen müssen.

Schließlich weisen sie in diesem Zitat darauf hin, dass die Realisierung der Schulpflicht und der weiteren damit verbundenen Pflichten die Voraussetzung für die zukünftigen Lebenschancen darstellen, sodass die Erfüllung des Bedarfs an Teilnahme am schulischen Alltag zur Sicherung des Bedarfs an Teilnahme am Leben in der Gemeinschaft beiträgt.

Föderale Struktur des Schulwesens

Bei der vierten gesellschaftlichen Rahmenbedingung, die in den Ausführungen zu den Leistungen für Bildung und Teilhabe benannt wird, handelt es sich um die föderale Struktur des Schulwesens. Wie bereits in der Analyse zur Schulpflicht und der Unterkategorie *schulische Bildung* angedeutet, ist nicht der Bund für die konkrete Ausgestaltung des Schulwesen zuständig. Vielmehr ist

> „[...] das Schulrecht [...] nach Art. 30, 70 GG Ländersache [...].“ (Leopold 2012a, Rn. 55)

Folglich existiert für jedes Bundesland ein eigenes Schulsysteme, dass zumindest in Teilen von den anderen abweicht. Das wird weiterhin durch verschiedene Ausführungen der Gesetzgeber*innen der Leistungen für Bildung und Teilhabe deutlich. Dabei greifen sie vier Bereiche auf: (1) die Merkmale des Lernziels (vgl. u. a. Deutscher Bundestag 2010b, S. 124 f.; Luik 2013d, Rn. 59; Luik 2013b, Rn. 42), (2) die Lern- bzw. Lehrmittelfreiheit (vgl. u. a. Deutscher Bundestag 2010b, S. 104), (3) die (Bezeichnungen der) Schultypen (vgl. Luik 2013d, Rn. 28) sowie (4) allgemeine landesspezifische Besonderheiten, die die schulischen Belange beeinflussen.

Lernziel

Mit dem Lernziel verbinden die Gesetzgeber*innen die länderspezifisch festgeschriebenen Ziele (vgl. Leopold 2012a, Rn. 99), die Kinder am Ende eines Schuljahres erreichen sollen. Weil diese je nach Bundesland unterschiedlich ausformuliert sein können, besteht kein bundeseinheitlicher Standard. Zwar beschreiben die Gesetzgeber*innen

> „[...] die Versetzung in die nächsthöhere Klassenstufe [...][als w]esentliches Lernziel“ (Leopold 2012a, Rn. 100),

sodass dies auf den ersten Blick als einheitlicher Standard angesehen werden kann. Allerdings können in den landesspezifischen Konkretisierungen des Lernziels deutliche Differenzen bspw. bezüglich allgemeiner und fachbezogener Lernziele bestehen, die in dem einen Land gefördert werden, in einem anderen Land hingegen bedeutungslos bleiben. Diese Heterogenität kann insbesondere bei Wohnortwechseln zwischen zwei Bundesländern mit deutlich unterschiedlichen Vorgaben zu Schwierigkeiten führen. Gehört bspw. in einem Land der Bildungsinhalt „Kenntnis der Anatomie des Menschen" zur Erreichung des Lernziels der zehnten Klasse, kann dieser Bildungsinhalt in einem anderen Land erst in der Klassenstufe zwölf gesetzt sein oder aber überhaupt nicht als Lernziel festgeschrieben sein. Demnach unterstellen die Gesetzgeber*innen, dass sich der Bedarf an Bildungsinhalten an den landesrechtlichen Vorgaben orientiert. Folgt man der Logik der Gesetzgeber*innen bedeutet das, dass die Kinder nach einem Umzug veränderte Bedarfe in Bezug auf die Bildungsinhalte aufweisen, da sich diese jeweils an den landesrechtlichen Vorgaben orientieren.

Lern- und Lehrmittelfreiheit

Das Vorliegen länderspezifischer Unterschiede bezüglich der Lern- und Lehrmittelfreiheit benennen die Gesetzgeber*innen zwar in den Ausführungen zu den Leistungen für Bildung und Teilhabe, allerdings berücksichtigen sie die damit einhergehenden finanziellen Konsequenzen bei den Kindern, die in unterschiedlichen Bundesländern zur Schule gehen, nur marginal.

> „Die Leistungen für Bildung und Teilhabe ergänzen den Regelbedarf, der weitergehende typische Bedarfslagen im Zusammenhang mit dem Schulbesuch abdeckt. So ist insbesondere die Anschaffung von Schulbüchern vom Regelbedarf umfasst, soweit die Länder nicht ohnehin Lehrmittelfreiheit gewähren." (Deutscher Bundestag 2010b, S. 104)

Die Gesetzgeber*innen stellen in diesem Zitat fest, dass nicht alle Länder die Kinder mit gleichen Lehrmitteln – insbesondere mit Schulbüchern – ausstatten. Müssen Lehrmittel selbst angeschafft werden, sind nach Ansicht der Gesetzgeber*innen die Regelbedarfsleistungen dafür einzusetzen. Neben den Lehrmitteln benötigen die Leistungsberechtigten jedoch noch weitere Materialien, damit sie sich aktiv am schulischen Alltag beteiligen können.

> „Die Höhe des anerkannten persönlichen Schulbedarfs ist pauschaliert. Wegen der höchst unterschiedlichen Anforderungen, die in den Ländern, in den jeweiligen Schulformen und sogar an einzelnen Schulen an die persönliche Schulausstattung gestellt werden, würde es einen im Rahmen der Massenverwaltung nicht leistbaren

Aufwand bedeuten, den jeweiligen Bedarf konkret zu ermitteln." (Deutscher Bundestag 2010b, S. 105)

Sie stellen fest, dass das Ausmaß der Ausstattung mit Schulmaterialien je nach Land, Schulform und Schule deutlich voneinander abweichen. Mit der bereitgestellten Pauschale von 100 Euro im Schuljahr unterstellen sie, dass dieser Bedarf bei allen Kindern gedeckt ist (vgl. Deutscher Bundestag 2010b, S. 105). Allerdings zeigt sich mit der gesetzgeberischen Vernachlässigung der länderspezifischen Unterschiede und der Bereitstellung eines Pauschalbetrages für alle leistungsberechtigten Kinder, dass die Gesetzgeber*innen im Ergebnis nicht von einer Unterdeckung des Bedarfs an Ausgestattung mit Schulmaterialien ausgehen. Da sie allerdings über die Heterogenität hinsichtlich der Lehrmittelfreiheit in den Ländern Kenntnis haben und diese in der Leistungshöhe unberücksichtigt lassen, tragen sie zu einer ungleichen Ausstattung der Kinder bei. Folglich kann nicht mehr von einheitlichen Standards in der Existenzsicherung gesprochen werden, da Kinder in einem Land ohne Lehrmittelfreiheit u. U. den größten Teil des persönlichen Schulbedarfs sowie den Teilbetrag aus den Regelbedarfen in Schulbücher u. ä. investieren müssen, während Kinder in einem Land, das die Lehrmittelfreiheit strikt umsetzt, die 100 Euro für seine weiteren Bedarfe im Bereich der schulischen Ausstattung einsetzen kann. Unter Gerechtigkeitsgesichtspunkten kann damit nicht mehr von einer Herstellung gleichwertiger Lebenschancen durch die Bundesgesetzgeber*innen gesprochen werden.

Schultypen

Weiterhin bestehen keine einheitlichen (Bezeichnungen der) Schultypen (vgl. Luik 2013d, Rn. 28). Da diese nach Ansicht der Gesetzgeber*innen nicht zu unterschiedlichen Bedarfslagen führen und keinen direkten Einfluss auf die Kinder haben, spielen diese Landesunterschiede ihrem Erachten nach keine Rolle bezüglich der Leistungen für Bildung und Teilhabe. Ihre Leistungen beziehen sich auf alle allgemein- und berufsbildenden Schulformen, unabhängig von der landesspezifischen Bezeichnung. Demnach sprechen sie den Kindern gleiche Bedarfe in den unterschiedlich bezeichneten Schulformen zu. Da sie generell gleiche Bedarfe für alle Schulformen annehmen, folgen sie ihrer Logik.

Länderspezifische Besonderheiten

Schließlich liegen allgemeine, länderspezifische Besonderheiten vor, die sich nach Ansicht der Gesetzgeber*innen auf die schulischen Belange und damit auf die Leistungen für Bildung und Teilhabe auswirken. Sie benennen konkret die Anzahl der Schultage, die bspw. aufgrund der gesetzlichen Feiertage in den Bundesländern voneinander abweichen können.

„[...][F]ür die Ermittlung des monatlichen Bedarfs [ist] die Anzahl der Schultage in dem Land zugrunde zu legen, in dem der Schulbesuch stattfindet." (§ 28 Abs. 6 S. 2, 3 SGB II)

Da die Anzahl der Schultage sowohl zwischen den Monaten als auch je nach Bundesland variiert, sprechen die Gesetzgeber*innen den Kindern den Bedarf an der Teilnahme an einer schulisch verantworteten Mittagsverpflegung nur für die Tage zu, an denen sie voraussichtlich die Schule besuchen werden. Dementsprechend berücksichtigen sie an dieser Stelle die landesspezifischen Besonderheiten. Darüber hinaus beeinflussen die Rahmenbedingungen ihrem Erachten nach die Höhe der Bedarfe.

Aus den Ausführungen zur föderalen Struktur des Bildungswesens lässt sich resümierend feststellen, dass die Gesetzgeber*innen unterschiedlich mit den Verschiedenheiten umgehen, die in den differenten Bereichen vorliegen. Während bspw. auf der einen Seite Pauschalen für die Ausstattung mit dem persönlichen Schulbedarf gezahlt werden, die möglicherweise in einigen Ländern zu einer Unterdeckung der Bedarfe und in anderen Ländern zu zusätzlichen, frei verfügbaren Mitteln führen, berücksichtigen sie bspw. auf der anderen Seite die landesspezifischen Feiertage und gewähren die Unterstützungen zur Mittagsverpflegung nur für die Schultage, an denen die Kinder voraussichtlich die Schule besuchen werden. Obwohl ihnen bestimmte Unterschiede bewusst sind, statten sie die Kinder nicht mit Hilfen aus, die sie aufgrund der Länderspezifika benötigen. Diese Differenzen scheinen sich jedoch nicht aufgrund des Kinder- und Kindheitsverständnisses der Gesetzgeber*innen zu ergeben, sondern vielmehr aus dem staatlichen Machtverhältnis. Die Gesetzgeber*innen nehmen nicht zuerst die Bedarfe der Kinder in den Blick, sondern stellen fest, dass

„[...] für den Bereich der Bildungsinfrastruktur die Regelungs- und Finanzierungsverantwortung bei den Ländern und Kommunen liege." (Grube 2012a, Rn. 3)

Damit sprechen sie in bestimmten Belangen vorrangig den Ländern und Kommunen die Verantwortung für die Deckung der Bildungsbedarfe der Kinder zu und heben hervor, dass sie

„[...] nicht zum ‚Ausfallbürgen für das schulbezogene Existenzminimum' (Rixen, SGb 2010, 244) durch Versäumnisse in der Schulpolitik der Länder werden [...][wollen]." (Luik 2013b, Rn. 38)

Demnach sehen die Gesetzgeber*innen es nicht als ihre Aufgabe an, eine flächendeckend einheitliche Bildungsinfrastruktur herzustellen. Vielmehr ist ihnen die Deckung eines Mindestmaßes an bildungsbezogenen Bedarfen wichtig, das kindbezogen – für alle Kinder im Leistungsbezug – bereitgestellt wird und nicht zur allgemeinen Verbesserung der Bildungsinfrastruktur beiträgt.

Infrastruktur

Bei der fünften gesellschaftlichen Rahmenbedingung, die die Gesetzgeber*innen in den Leistungen für Bildung und Teilhabe ansprechen, handelt es sich um die verfügbare Infrastruktur. Grundsätzlich gehen sie davon aus, dass gesellschaftliche Rahmenbedingungen über die Bedarfe der Kinder bestimmen. Diesen Umstand sehen die Gesetzgeber*innen insbesondere in Bezug auf die Infrastruktur in den beiden Bereichen des öffentlichen Personennahverkehrs und der Kinder- und Jugendhilfeangebote.

Öffentlicher Personennahverkehr

Der öffentliche Personennahverkehr trägt nach Ansicht der Gesetzgeber*innen zur Bedarfssicherung der Kinder bei, wenn sich bspw. keine ihren Fähigkeiten und Kompetenzen entsprechende Schule im nahen Umfeld befindet. In diesen Fällen trägt der öffentliche Personennahverkehr dazu bei, dass die Kinder eine entsprechende Schule besuchen können.

> „[…] insb [sic!] in Flächenkreisen und in größeren Städten [können] die nächstgelegene Schule häufig nur mit öffentlichen Verkehrsmittel erreicht werden […].“ (Luik 2013b, Rn. 2)

Die Gesetzgeber*innen nehmen an, dass das Verkehrsnetz sowohl in den Städten als auch im ländlichen Raum so gut ausgebaut ist, dass Kinder damit ihre Ziele durch den öffentlichen Nahverkehr erreichen können und bspw. ihre Eltern sie nicht mit einem eigenen Fahrzeug zum gewünschten Ort bringen müssen. Das zeigt sich in den Leistungen für Bildung und Teilhabe dadurch, dass die Gesetzgeber*innen die Schülerbeförderungskosten übernehmen. Zudem verweisen sie auch bei den weiteren Mobilitätsbedarfen auf die öffentlichen Verkehrsmittel, sofern die Kinder die Wegstrecken nicht zu Fuß oder mit dem Fahrrad zurücklegen können (vgl. u. a. Luik 2013d, Rn. 7; Deutscher Bundestag 2010a, S. 37). Noch einmal verstärkt wird dies durch die Herausrechnung aller anfallenden Kosten für einen PKW aus den Regelsätzen für Erwachsene (vgl. Behrend 2012, Rn. 109). Damit unterstellen die Gesetzgeber*innen den leistungsberechtigten Familien keinen Bedarf, einen PKW zu besitzen. Vielmehr sollen sie ihre Mobilitätsbedarfe mit dem Angebot des ÖPNV sichern, sofern sie ihre Ziele nicht zu Fuß oder mit dem Fahrrad erreichen können.

Angebote der Kinder- und Jugendhilfe

Nach Ansichten der Gesetzgeber*innen liegt eine ausreichend ausgebaute Angebotsstruktur von Kinder- und Jugendhilfeleistungen bzw. außerschulischen Bildungsangeboten vor, die die Wünsche und Bedarfe der Kinder decken können.

> „Die [...] Bereitstellung eines hinreichenden Leistungsangebots [...] ist [...] Aufgabe der Gemeinden und Gemeindeverbände im Rahmen der allgemeinen Daseinsvorsorge, der Bundesländer im Rahmen ihrer Kultushoheit sowie der Zivilgesellschaft einschließlich freien Trägern vor Ort." (Leopold 2012b, Rn. 45)

Die Aufgabe der Sicherstellung der Angebote liegt folglich im Funktionsbereich weiterer gesellschaftlicher Akteure. Die Gesetzgeber*innen unterstellen, dass diese Akteure ihre Aufgaben erfüllen und die Kinder daher auf die benannte Struktur zurückgreifen können. Dabei kennen die Gesetzgeber*innen keine zu erfüllenden Mindeststandards. Allerdings ist zu vermuten, dass die Akteure keine einheitliche Angebotsstruktur vorhalten (können). Die jeweilige Situation kann durch eine Reihe von Einflussfaktoren bestimmt sein wie die vor Ort ansässigen Träger mit ihren spezifischen Angeboten, die Finanzsituation der Kommunen, die Angebote eigen- oder teilfinanzieren, die Einstellungen der Entscheidungsträger zu diesen Angeboten etc., sodass nicht alle Kinder auf eine gleiche Struktur zurückgreifen (vgl. u. a. Rauschenbach et al. 2010) und damit Wünsche unbefriedigt bleiben können. Wie bereits gezeigt werden konnte, sind nach Ansicht der Gesetzgeber*innen allerdings die bestehenden Angebote Auslöser von Bedarfslagen, sodass die vorliegenden, gesellschaftlichen Rahmenbedingungen ihrer Ansicht nach die konkreten Bedarfe der Kinder bestimmen.

Entwicklung der Preise und der Löhne

Zwei weitere gesellschaftliche Rahmenbedingungen, die die Gesetzgeber*innen innerhalb ihrer Regelungen berücksichtigen, sind die Entwicklung der Preise und der Löhne (vgl. Lenze 2011b, Rn. 16). Dabei gehen die Gesetzgeber*innen erstens davon aus, dass sich die Kosten für Güter und Dienstleistungen regelmäßig verändern – i. d. R. erhöhen. Ihrem Erachten nach sind davon auch die Güter und Dienstleistungen betroffen, die Kinder zur Sicherung ihrer ständig vorliegenden Bedarfe benötigen, da sie dort eine regelmäßige Anpassung der Regelbedarfshöhe u. a. an die Entwicklung der Preise festschreiben (vgl. § 28a Abs. 2 SGB XII). Zudem wirkt sich nach Ansicht der Gesetzgeber*innen die Lohnentwicklung auf die Bedarfe von Kindern aus, weil die Anpassung der Regelbedarfe auch anhand dieser Veränderungen vorgenommen wird. Die Berücksichtigung der Lohnentwicklung bei der Regelsatzanpassung führt ihren Ansichten nach dazu, dass den Leistungsberechtigten eine Teilnahme

„[…] an der gesellschaftlichen Wohlstandsentwicklung“ (Bundesrat 2012, S. 3)

ermöglicht wird. Hinter dieser Aussage scheint die gesetzgeberische Annahme zu stehen, dass mit einer allgemeinen positiven Lohnentwicklung höhere finanzielle Mittel verfügbar sind und die Menschen deshalb mehr und/oder teurere Güter und Dienstleistungen kaufen. Eine negative Lohnentwicklung führt ihren Ansichten nach zu geringeren verfügbaren finanziellen Mitteln, die das Konsumverhalten einschränken.

Die Bedeutung der Preis- und Lohnentwicklung für die Befriedigung der Bedarfe der Kinder sehen die Gesetzgeber*innen innerhalb der Regelbedarfe. Bei den Leistungen für Bildung und Teilhabe lassen sie diese jedoch teilweise unberücksichtigt und sehen keine Notwendigkeit in der Harmonisierung der Geldleistungen an der Preis- und Lohnentwicklung. Bei den Leistungen, die in tatsächlicher Höhe übernommen werden (Schülerbeförderung, Ausflüge, Mittagsverpflegung und Lernförderung), sind diese Entwicklungen für die Bedarfsdeckung bedeutungslos. Kommt es in diesen Bereichen zu Preissteigerungen, übernehmen die Leistungsträger die Mehrkosten und die Bedarfe der Kinder werden in gleicher Weise befriedigt wie vor der Veränderung.

Demgegenüber führen Preissteigerungen in den Bereichen, in denen Budgets bereitgestellt werden zu einer Reduzierung der Deckung der Bedarfe von Kindern, da sie sich weniger Güter und Dienstleistungen leisten können. Das trifft auf den persönlichen Schulbedarf und die Leistungen für die sog. ‚Teilhabe am sozialen und kulturellen Leben in der Gemeinschaft‘ zu.

> „Problematisch an dem einheitlichen Festbetrag in Höhe von 100€ ist zudem, dass dieser nicht entsprechend der Entwicklung der Preise und Löhne fortgeschrieben wird, obwohl es auch bei diesem Verbrauchsgegenständen zu Preissteigerungen kommt (§ 7 RBEG Rn 7 [sic!]).“ (Lenze 2012, Rn. 16)

Die Kinder verfügen dauerhaft über 100 Euro pro Schuljahr für den Erwerb von Schulmaterialien sowie zehn Euro für die Teilnahme an außerschulischen Bildungsangeboten. Kommt es zu Preissteigerungen für die damit verbundenen Güter und Dienstleistungen, können keine gleichen Ausstattungen mehr finanziert werden.

Zusammenfassend kann festgestellt werden, dass sich aus der Analyse zwei verschiedene Arten gesellschaftlicher Rahmenbedingungen erkennen lassen. Einerseits existieren gesellschaftliche Normierungen, die in anderen Gesetzen insbesondere dem Grundgesetz festgeschrieben sind. Dabei handelt es sich um die Religionsfreiheit, das elterliche Sorge- und Erziehungsrecht sowie die Schulpflicht. Hinter diesen Bestimmungen liegen bereits spezifische Kinder-

und Kindheitsverständnisse, die die Gesetzgeber*innen entweder übernommen oder für ihren Bereich ausdifferenziert haben.

Andererseits bestehen Strukturen und Bedingungen, die sich sowohl über einen kurzen als auch langen Zeitraum herausgebildet haben wie die vorliegende Infrastruktur oder die Entwicklung der Preise und Löhne, die nicht (direkt) auf eine gesetzliche Bestimmung zurückzuführen sind. Diese Bedingungen können Handlungsspielräume für Kinder eröffnen oder verschließen. Darüber hinaus sprechen die Gesetzgeber*innen den letztgenannten Rahmenbedingungen teilweise die Funktion zu, Bedarfe erst hervorzurufen.

Schließlich sind die gesellschaftlichen Rahmenbedingungen für die Gesetzgeber*innen insofern relevant, als dass dadurch Bedingungen vorgegeben sind, innerhalb derer sich die Gesetzgeber*innen bewegen können bzw. die sie in den Blick nehmen (sollten), wenn sie Hilfe- und Unterstützungsbedarf von Kindern in Armutslagen festlegen.

Unterschiede zu den Leistungsberechtigten mit (drohender) Behinderung

Für die Kinder mit (drohender) Behinderung werden nach Ansicht der Gesetzgeber*innen innerhalb der Leistungen für Bildung und Teilhabe zwei gesellschaftliche Rahmenbedingungen in veränderter Weise relevant. Dabei handelt es sich (1) um das elterliche Schulwahlrecht für ihre Kinder und (2) um die Schulpflicht. Zudem benennen sie die gesellschaftliche Rahmenbedingung des grundgesetzlich verankerten Diskriminierungsverbots von Menschen mit (drohender) Behinderung, die – wie der Name bereits sagt – nur auf die Leistungsberechtigten mit (drohender) Behinderung zutrifft.

Elterliches Schulwahlrecht

Das Recht der Eltern zu entscheiden, welche Schule ihre Kinder besuchen sollen, sprechen die Gesetzgeber*innen allen Eltern zu.

> „Ist den Eltern ein Wahlrecht eingeräumt und üben sie dies aus, dann ist der Elternwille nach den schulrechtlichen Bestimmungen für den Träger der Sozialhilfe bindend, mit der Folge eines Anspruchs auf Integrationshilfe." (Wehrhahn 2011, Rn. 48)

Aus diesem Zitat geht weiterhin hervor, dass die Gesetzgeber*innen den Eltern höhere Entscheidungsbefugnisse als den staatlichen Einrichtungen – konkret den Leistungsträgern – zusprechen. Damit stellen die Gesetzgeber*innen den „Elternwille" über die Meinung der Professionellen. Diese elterliche Wahl wird nicht nur akzeptiert. Vielmehr gewähren die Gesetzgeber*innen den Leistungsberechtigten außerdem die notwendigen Hilfen, die die Kinder für die Umsetzung der Entscheidung bedürfen. Das heißt, sie gewähren ihnen die notwendigen Mittel, um eine Förderschule zu erreichen oder für eine*n Intgrationshelfer*in, wenn sie eine integrative Schulform nutzen.

Das Schulwahlrecht als Bestandteil des elterlichen Erziehungsrechts nimmt folglich eine so hohe Bedeutung für die Gesetzgeber*innen ein, dass sie nicht in dieses eingreifen. Dies entspricht wiederum den grundgesetzlichen Bestimmungen, dass die Erziehung vorrangiges Recht der Eltern ist und der Staat nur in besonderen Fällen eingreifen darf wie bei einer Gefährdung des Kindeswohls (vgl. Art. 6 Abs. 2 GG). Das Eingriffsrecht nutzen sie hier nicht, weil sie das Wohlergehen der Kinder durch die Entscheidung ihrer Eltern nicht beeinträchtigt sehen. Das scheint deshalb vorzuliegen, weil sie je nach elterlicher Entscheidung verschiedene Unterstützungen für die Kinder bereithalten. Damit ist die Verantwortung der Eltern zur Erfüllung der Bedarfe ihrer Kinder verbunden, da die Kinder dies noch nicht selbst verwirklichen können. Die Gesetzgeber*innen gehen folglich davon aus, dass Kinder noch nicht eigenständig über die Wahl der ‚richtigen' Schule entscheiden können. Diese Aufgabe sollen die Eltern für sie übernehmen.

Schulpflicht

Eine weitere gesellschaftliche Rahmenbedingung, die die Gesetzgeber*innen für die Kinder mit (drohender) Behinderung benennen, ist die landesverfassungsrechtlich verankerte Schulpflicht, die sie auch bei den Kindern ohne Behinderung kennen. Die Gesetzgeber*innen legen im Analysematerial zu den konkreten Leistungen für Bildung und Teilhabe – und nicht nur in den Analysematerialien, auf die sich die Gesetzgeber*innen in den Leistungen für Bildung und Teilhabe für die Kinder mit (drohender) Behinderung beziehen – die beiden folgenden Zitate vor:

> „[...][D]as BSG [...][hat] den Leistungsanspruch eines geistig behinderten Kindes auch bei Erfüllung der Schulpflicht in einer staatlich anerkannten Förderschule bejaht." (Luik 2013d, Rn. 28.1)

> „Auch der allgemeine Gleichheitssatz des Art. 3 Abs. 1 GG gebiete eine Einbeziehung von (behinderten) Kindern, die durch den Besuch einer Tagesbildungsstätte ihre Schulpflicht erfüllten." (Leopold 2012a, Rn. 43.2)

Aus den Zitaten wird deutlich, dass die Schulpflicht auch an Förderschulen und Tagesbildungsstätten erfüllt werden kann. Gleichzeitig heißt das, dass Kinder mit einer (starken und) dauerhaften gesundheitlichen Einschränkung nicht von der Schulpflicht ausgeschlossen werden. Allerdings können sie diese nach Ansicht der Gesetzgeber*innen nicht immer mit den Kindern ohne Behinderung ableisten und müssen die Schulpflicht an anderen Schulen realisieren. Demnach gehen die Gesetzgeber*innen davon aus, dass grundsätzlich für alle Kinder eine Schulpflicht besteht. Diese kann in verschiedenen Schulformen erfüllt werden. Demnach haben die Kinder mit (drohender) Behinderung in gleicher Weise wie Kinder ohne Behinderung einen Bedarf an Teilnahme am schulischen Alltag. Dieser Bedarfe liegt nur nicht vor, wenn die Folgen der (drohenden) Behinderung zu stark sind (vgl. Wahrendorf 2012c, Rn. 34).

Diskriminierungsverbot

Schließlich heben die Gesetzgeber*innen das in der Verfassung verankerte Diskriminierungsverbot hervor, dementsprechend

> „[...][n]iemand [...] wegen seiner Behinderung benachteiligt werden [darf]." (Art. 3 Abs. 3 S. 2 GG)

Im Rahmen der Leistungen für Bildung und Teilhabe sowie den spezifischen Regelungen für Kinder mit (drohender) Behinderung gilt das – ihrem Erachten nach – als Grundlage für eine Reihe von gesetzlichen Regelungen, die in der Weise ausgestaltet werden müssen, dass Kinder mit (drohender) Behinderung gleichberechtigt am Leben in der Gesellschaft teilnehmen können. Da sie dieses Verbot in das höchste deutsche Gesetz aufgenommen haben, gehen die Gesetzgeber*innen wohl davon aus, dass Menschen aufgrund ihrer (drohenden) Behinderung einem deutlich erhöhten Ausgrenzungs-, Stigmatisierungs- und Diskriminierungsrisiko ausgesetzt sind als Menschen ohne Behinderung.

Sie sprechen im Art. 3 Abs. 3 GG zwar ein Diskriminierungsverbot gegenüber weiteren herkunftsspezifischen Eigenschaften aus wie bezüglich des Geschlechts, der Abstammung, der Rasse, der Sprache sowie der religiösen oder politischen Anschauungen. Allerdings stellen sie bei diesen Eigenschaften neben das Diskriminierungs- auch das Bevorzugungsverbot (vgl. Art. 3 Abs. 3 S. 1 GG), sodass sie bei diesen Eigenschaften – anders als bei der Behinderung – wohl davon ausgehen, dass diese Eigenschaften auch zu einer Bevorzugung führen können. Folglich verbinden sie mit einer Behinderung einen negativen Effekt und heben damit den erhöhten Bedarf der Kinder mit (drohender) Behinderung an Schutz vor Gewalt und Risiken hervor, da sich eine Diskriminierung bspw. negativ auf den psychischen Gesundheitszustand auswirken kann.

Überblick über die Ergebnisse der Analyse

Tab. 70: Ergebnisse der Analyse der Kategorie: *Gesellschaftliche Rahmenbedingungen*

Ergebnisse der Analyse	Kinder- und Kindheitsbilder
Die Religionsfreiheit verbietet den Zwang, eine Schule nutzen zu müssen, die den eigenen religiösen Wertvorstellungen widerspricht.	Schulkindheit
Die Ausübung der eigenen religiösen Werte und Traditionen wird durch die Gesetzgeber*innen anerkannt. Gleichzeitig gelten aber Kosten, die dabei anfallen, nicht als existenznotwendig und werden daher nicht übernommen.	Kinder als abhängige Menschen
Eltern sind mit dem elterlichen Sorgerecht gegenüber ihren Kindern ausgestattet. Darüber wird ihnen das Recht zugesprochen, über den Umgang Dritter mit ihren Kindern zu entscheiden. Das wird bspw. in den ersten Lebensjahren der Kinder bzgl. der Betreuung durch Tagespflegepersonen relevant.	Kinder als abhängige Menschen von ihren Eltern und von Dritten
Durch das elterliche Sorgerecht wird den Eltern weiterhin das Recht zugesprochen, über den Aufenthaltsort ihrer Kinder zu entscheiden.	Kinder als abhängige Menschen von ihren Eltern
Kindern wird bis zur Vollendung des 15. Lebensjahres die Kompetenz abgesprochen, eigene Anträge auf Existenzsicherungsleistungen zu stellen. Dies müssen ihre Eltern für sie übernehmen. Folglich sind sie hinsichtlich der Befriedigung ihrer Bedarfe von der Unterstützung ihrer Eltern abhängig.	Kinder als abhängige Menschen von ihren Eltern
Das Schulwahlrecht liegt bei den Eltern, sodass diese über die aktuell besuchte Schule und Schulform ihrer Kinder entscheiden. Damit tragen sie gleichzeitig eine Mitverantwortung über die Zukunftschancen ihrer Kinder, die durch den erreichten Schulabschluss mitbestimmt werden.	Kinder als abhängige Menschen von ihren Eltern
Im Rahmen ihrer Erziehungsverantwortung wird den Eltern die Pflicht zugesprochen, darauf zu achten und darauf hinzuwirken, dass ihre Kinder die Angebote nutzen, die ihnen zur Bedarfssicherung über Dritte bereitgestellt werden.	Kinder als Ergebnis der Fähigkeiten und Kompetenzen ihren Eltern
Kindern wird die Pflicht zum Besuch einer Schule zugesprochen. Sie besuchen diese Institution jedoch teilweise auch länger als durch die Schulpflicht vorgeschrieben ist. Zur Erfüllung dieser Pflicht gehört außerdem nicht nur die körperliche Anwesenheit in dieser Institution, sondern auch die aktive Beteiligung an den (alltäglichen) Gemeinschaftsaktivitäten.	Schulkindheit

Ergebnisse der Analyse	Kinder- und Kindheitsbilder
Kindern mit (drohender) Behinderung wird in gleicher Weise wie Kindern ohne Behinderung die Schulpflicht zugesprochen. Allerdings können sie diese auch in Schulen erfüllen, die nur für Kinder mit (drohender) Behinderung geöffnet sind. Sollte die Behinderung zu stark sein, werden die Kinder nicht zum Besuch einer Schule verpflichtet.	Die Ausgeschlossenen
Die Länder sind für die konkrete Ausgestaltung des Schulwesens verantwortlich. Daher wird die Lehr- und Lernmittelfreiheit in den Ländern unterschiedlich umgesetzt. Das nehmen die Gesetzgeber*innen jedoch nicht zum Anlass, unterschiedliche Unterstützungsleistungen hinsichtlich der Ausstattung mit Schulmaterialien zu gewähren, sodass die Kinder diesbezüglich von den Entscheidungen auf Bundes- und Landesebene abhängig sind.	Kinder als abhängige Menschen von Dritten
Die Gesetzgeber*innen gehen davon aus, dass leistungsberechtigte Kinder auf eine gut ausgebaute Infrastruktur zurückgreifen können, durch die einige ihrer Bedarfe gedeckt werden können.	Institutionenkindheit
Indem die Gesetzgeber*innen den Leistungsberechtigten Budgets zur Verfügung stellen, die nicht an die Preis- und Lohnentwicklung angepasst werden, gewährleisten sie ihnen keine dauerhaft gleiche Bedarfssicherung.	Kinder als abhängige Menschen von Dritten
Mit dem Diskriminierungsverbot unterstützen die Gesetzgeber*innen den Bedarf von Kindern mit (drohender) Behinderung an Schutz vor psychischer Gewalt.	Die gesunden Kinder

Quelle: eigene Darstellung

Resümee

Nach Ansicht der Gesetzgeber*innen beeinflussen sechs gesellschaftliche Rahmenbedingungen die Lebenslagen und Bedarfe von Kindern. Dabei handelt es sich einerseits um Rahmenbedingungen, die sich aus weiteren Gesetzen ergeben, denen damit auch bereits ein spezifisches Kinder- und Kindheitsverständnis zugrunde liegt. Das sind die Religionsfreiheit, das elterliche Sorgerecht und die Schulpflicht. Andererseits liegen gesellschaftliche Rahmenbedingungen vor, die sich innerhalb der Gesellschaft entwickelt haben wie die föderale Struktur des Schulwesens, die Infrastruktur sowie die Preis- und Lohnentwicklung. Schließlich berücksichtigen die Gesetzgeber*innen für Kinder mit (drohender) Behinderung zusätzlich das grundgesetzlich verankerte Diskriminierungsverbot.

Religionsfreiheit

Bei der ersten grundgesetzlich verankerten, gesellschaftlichen Rahmenbedingung handelt es sich um die Religionsfreiheit, aufgrund derer anerkannt wird, dass Menschen unterschiedliche Religionen ausüben. Das führt dazu, dass nicht alle Kinder der gleichen Religion bzw. überhaupt einer Religion anhängen. Zudem impliziert die Religionsfreiheit, dass die Leistungsberechtigten nicht gezwungen werden können, ein religiöses Angebot zu nutzen. Die Ausübung der Religion wird damit in das Privatleben der Menschen gerückt. Gleichzeitig ist damit verbunden, dass die konkrete Ausübung der Religion bspw. durch eine veränderte Ernährung oder Festlichkeiten im Privaten auszuführen sind. Folglich verstehen die Gesetzgeber*innen die Ausübung der religiösen Handlungen nicht als einen existenznotwendigen Bedarf. Demgegenüber schreiben sie aber der Verhinderung der Teilnahme an konfessionellen Angeboten, die den eigenen Glaubensvorstellungen widersprechen, den Status eines Bedarfs zu.

Elterliches Sorgerecht

Die zweite grundgesetzlich verankerte gesellschaftliche Rahmenbedingung ist das elterliche Sorgerecht. Innerhalb dessen unterstellen die Gesetzgeber*innen den Kindern den Bedarf an umfassender Unterstützung der Kinder durch ihre Eltern. Die Eltern sollen über ihren Aufenthaltsort sowie die Personen, zu denen sie Kontakt haben, bestimmen und sie haben das Recht für ihre Kinder eine Schulform zu wählen. Sie können ihnen religiöse Traditionen, Werte und Vorstellungen vermitteln und sollen ihre Kinder zur Teilnahme an außerschulischen Bildungsangeboten motivieren. Schließlich obliegt ihnen auch die notwendige Aufgabe, Unterstützungen zu organisieren, wenn sie ihre sorgerechtlichen Aufgaben wie die Betreuung ihrer Kinder oder die Bereitstellung materieller Ressourcen nicht selbst bewältigen können. Damit sprechen sie den Kindern auch den Bedarf an einer Bezugsperson zu. Der Fokus auf eine Bezugsperson begründet sich daraus, dass die Gesetzgeber*innen keine unterschiedlichen Personen für verschiedene Bereiche benennen, die diese Verantwortung übernehmen sollen. Weiterhin sprechen die Gesetzgeber*innen den Eltern die Verantwortung und Entscheidungskompetenz in den verschiedenen Lebensbereichen für ihre Kinder zu, sodass sie den Kindern gleichzeitig zu geringe Kompetenzen zusprechen, für sich selbst sorgen zu können. Damit gehen sie von einer prinzipiellen Abhängigkeit der Kinder von ihren Eltern aus, die alle notwendigen Entscheidungen und Aufgaben für sie übernehmen und ihre Bedarfe sichern sollen.

Schulpflicht

Eine weitere gesellschaftliche Rahmenbedingung, die sich aus den Länderverfassungen ergibt, stellt die Schulpflicht dar. Kinder werden demnach ab einem bestimmten Alter und unabhängig von diagnostizierten (drohenden) Behinderungen dazu verpflichtet, eine Schule zu besuchen. Gleichzeitig werden dadurch Bedarfe bei den Kindern hervorgerufen, um am schulischen Alltag teilnehmen zu können. Die Schulpflicht wird ihnen für eine bestimmte Dauer zugesprochen. Es besteht aber auch die Möglichkeit, dass die Kinder die Schule über diesen Zeitraum hinaus besuchen.

Föderale Struktur des Schulwesens

Die Länderunterschiede im Schulwesen heben die Existenzsicherungsgesetzgeber*innen als weitere gesellschaftliche Rahmenbedingung hervor und stellen diese Differenzen als gegeben hin. Dementsprechend hängen schulbezogene Bedarfe der Kinder auch wesentlich von den Vorstellungen der einzelnen Landesgesetzgeber*innen ab. Da die Bundesgesetzgeber*innen schulbezogene Aufgaben im Wesentlichen den Ländern zusprechen, weisen sie die Befriedigung der Bedarfe der Kinder innerhalb des Schulwesens teilweise von sich. Das hat zur Folge, dass sie sich ihrem Erachten nach nicht für eine allgemeine Verbesserung schulischer Belange der Kinder einsetzen müssen, sondern lediglich einzelne Bedarfe von leistungsberechtigten Kindern sichern müssen. Demnach verfolgen sie nicht das Ziel der Herstellung gleicher und möglichst optimaler Bedingungen für Kinder im Leistungsbezug, sondern sichern nur einzelne Bedarfe.

Neben den Länderunterschieden handelt es sich auch bei den drei weiteren gesellschaftlichen Rahmenbedingungen nicht um (bundes-)gesetzlich bestimmte Regelungen. Vielmehr sind es Strukturen, die sich über einen gewissen Zeitraum entwickelt haben. Diese beziehen sich nicht ausschließlich auf Kinder, sondern beeinflussen die Lebensbedingungen aller Altersgruppen.

Infrastruktur

Die Gesetzgeber*innen gehen davon aus, dass die Kinder sowohl über eine gut ausgebaute Infrastruktur in Bezug auf öffentliche Verkehrsmittel als auch ein ausreichendes Angebot an Kinder- und Jugendhilfeleistungen verfügen. Nach Ansicht der Gesetzgeber*innen werden die Bedarfe hinsichtlich der Teilnahme an einem speziellen Angebot (z. B. Fußball, Reiten, Basketball) durch die jeweiligen Angebote vor Ort bestimmt. Eine Unterdeckung des allgemeinen Bedarfs an Teilnahme an außerschulischen Bildungsangeboten besteht ihrem Erachten nach nicht, da prinzipiell ausreichend Angebote vorhanden sind.

Entwicklung der Preise und Löhne

Schließlich sind nach Ansicht der Gesetzgeber*innen die gesellschaftlichen Rahmenbedingungen der Entwicklungen der Preise und Löhne bedeutsam, da diese eng mit der Befriedigung von Bedarfen verbunden sind. Die Bedarfssicherung durch die Gesetzgeber*innen erfolgt i. d. R. durch die Bereitstellung von Geldleistungen, mittels derer die Leistungsberechtigten die existenznotwendigen Güter und Dienstleistungen einkaufen können. Durch die fortwährenden Preis- und Lohnentwicklungen benötigen die Leistungsberechtigten veränderte finanzielle Mittel zur Deckung der Bedarfe. Diese sich wandelnden Bedingungen erkennen die Gesetzgeber*innen in den Regelbedarfen an, während sie diese bei den Leistungen für Bildung und Teilhabe für einen Teil der Bedarfe nicht berücksichtigen. Das ist beim persönlichen Schulbedarf und dem Bedarf an sog. ‚Teilhabe am sozialen und kulturellen Leben in der Gemeinschaft' der Fall, was langfristig zu einer Unterdeckung dieser Bedarfe führen kann.

Diskriminierungsverbot

Speziell für die Gruppe der Kinder mit (drohender) Behinderung heben die Gesetzgeber*innen weiterhin das grundgesetzlich verankerte Diskriminierungsverbot hervor. Darin wird angenommen, dass Kinder mit (drohender) Behinderung einem erhöhten Risiko nach Ausgrenzung, Stigmatisierung und Diskriminierung ausgesetzt sind, sodass sie einen erhöhten Bedarf an Schutz vor Gewalt und Risiken haben.

4 Implizite Kinder- und Kindheitsbilder explizit

Aus der Untersuchung des Analysematerials zu den Leistungen für Bildung und Teilhabe, die an verschiedenen Stellen auch auf die Regelbedarfe und weitere Festschreibungen in den Existenzsicherungsgesetzen Bezug nehmen, können 13 Kinder- und Kindheitsbilder herausgearbeitet werden, die im Folgenden benannt und beschrieben werden. Diese unterscheiden sich sowohl in ihrem Subjektverständnis (z. B. passive und aktive Kinder), in ihren inhaltlichen Bezügen (z. B. in Bezug auf den Bildungsstand und die gesundheitliche Situation), hinsichtlich ihrer Zielgruppe (leistungsberechtigte Kinder insgesamt oder leistungsberechtigte Kinder mit (drohender) Behinderung) sowie hinsichtlich der angesprochene Ebene, d. h. werden Kinder als Subjekte oder in ihrer Lebensphase adressiert.

4.1 Kinder als sich entwickelnde, ‚unfertige' Menschen

Kinder haben nach Ansicht der Gesetzgeber*innen bereits ab den ersten Lebensmonaten Bildungsbedarfe. Das weist darauf hin, dass die Gesetzgeber*innen davon ausgehen, dass Kindern noch eine Vielzahl von Wissensbeständen, Fähigkeiten und Kompetenzen fehlen, die sie für eine eigenständige Lebensführung brauchen. Dabei gehen sie nicht von Defiziten i. S. nicht veränderbarer Mängel aus, sondern von Merkmalen, die in ihrer Veranlagung vorhanden sind, jedoch noch unzureichend entfaltet wurden, damit sie genutzt werden können. Bei diesen Fähigkeiten und Kompetenzen handelt es sich bspw. um soziale Kompetenzen, um Medienkompetenzen sowie um Inhalte, die für einen erfolgreichen Schulabschluss und die Aufnahme einer Erwerbstätigkeit benötigt werden.

Entwicklung, Entfaltung und Bildung sind nach Ansicht der Gesetzgeber*innen für die Lebensphase Kindheit und teilweise noch für die Lebensphase Jugend charakteristisch. In späteren Lebensphasen bedürfen Menschen nicht mehr nach Entwicklungsunterstützung und Bildungsförderung. Diese sind abgeschlossen, sodass Erwachsene über spezifische Fähigkeiten, Eigenschaften und Kompetenzen verfügen, damit sie selbstständig handeln und ihre Bedarfe sichern sowie am Leben in der Gemeinschaft teilnehmen können. Sie haben bis zu diesem Zeitpunkt in ihrem Leben umfangreiche Entwicklungsunterstützung und Bildungsförderung erhalten, damit sie ihr Leben selbstständig führen können.

Die zugeschriebene ‚Unfertigkeit' zeigt sich hinsichtlich des körperlichen Wachstums noch einmal deutlicher. Die Gesetzgeber*innen weisen darauf hin, dass Kinder in einem PKW einen sog. ‚Kindersitz' benötigen. Das heißt, ihnen wird ein Hilfsmittel zugesprochen, um die erwachsenenspezifische Ausstattung eines PKWs nutzen zu können, weil sie die Körpergröße eines Erwachsenen noch nicht erreicht haben, sondern sich ihre Körpergröße in der Lebensphase Kindheit noch verändert. Ihr Wachstum ist folglich noch nicht abgeschlossen. Im Unterschied zu den oben benannten Entwicklungs- und Bildungsbedarfen handelt es sich hier jedoch nicht um eine Eigenschaft, die durch Personen verändert wird, sondern um eine Veranlagung, die durch Umweltfaktoren beeinflusst wird. Die Kinder können lediglich warten, bis sie eine gewisse Größe erreicht haben. Das sog. ‚Fertigsein' liegt nach Ansicht der Gesetzgeber*innen hinsichtlich der Bedarfe an Bildung und Teilhabe vor, wenn die Kinder die Lebensphase der Erwachsenen erreicht haben. Von weiteren Veränderungen gehen sie in der letztgenannten Lebensphase nicht mehr aus, was sich vor allem dadurch zeigt, dass sie spätere Lebensphasen in den analysierten Ausführungen unberücksichtigt lassen.

4.2 Die ‚unterstützungsbedürftigen' Kinder

Auf der Grundlage des beschriebenen Bildes der sich entwickelnden, ‚unfertigen' Kinder sprechen die Gesetzgeber*innen Kindern erstens den Bedarf an Hilfe durch andere Personen zu, damit ihre Kompetenzen, Fähigkeiten und Wissensbestände gefördert und unterstützt werden, sodass sie schließlich zu einem ‚fertigen Menschen reifen' und ein eigenständiges Leben führen können. Bei diesen Hilfebedarfen kann es sich sowohl um direkte Förderleistungen als auch um indirekte, materielle Hilfen handeln, die dazu beitragen, dass Förderung und Unterstützung erfolgreich(er) gelingen kann.

Dieser Unterstützungsbedarf der Kinder umfasst die Förderung der Kompetenzen und Fähigkeiten, die die Kinder in ihrem späteren Leben benötigen, um unabhängig von anderen Personen leben zu können. Dabei handelt es sich insbesondere um die Unterstützung bei der Verbesserung des schulischen Notendurchschnitts, um einen erfolgreichen Schulabschluss zu erlagen und einen Ausbildungs- sowie Arbeitsplatz zu erhalten. Zudem weisen sie neben dem schulbezogenen Unterstützungsbedarf auch einen Bedarf an Förderung ihres

Sinneslebens und ihrer sozialen Kompetenzen auf, um die Anforderungen für die Teilnahme an der Gesellschaft zu erfüllen. Die dabei zu erbringenden Förder- und Entwicklungsunterstützungsleistungen müssen nicht ausschließlich gezielte pädagogische Handlungen durch qualifiziertes Personal sein. Förderung und Entwicklungsunterstützung kann auch unbewusst bspw. durch Gleichaltrige erfolgen, bei denen diese Kompetenzen und Fähigkeiten bereits ausgeprägt sind. Notwendig ist nach Ansicht der Gesetzgeber*innen dafür nur die Anwesenheit mindestens einer weiteren Person. Eine individuelle Förderung der Kompetenzen, Fähigkeiten und Inhalte durch die Kinder selbst, gelingt nach Ansicht der Gesetzgeber*innen nicht. Zudem besteht ihren Ansichten nach nur die Möglichkeit, dass Kinder im Leistungsbezug von Gleichaltrigen ohne Leistungsbezug lernen. Ein umgekehrter Effekt ist nicht möglich, sodass Kindern im Leistungsbezug keine erhöhten Potenziale gegenüber den Gleichaltrigen zugesprochen werden, die sie an diese weitergeben könnten. Auch innerhalb der Gruppe der Kinder im Leistungsbezug kann ihren Ansichten nach keine Förderung stattfinden, da die zu vermittelnden Fähigkeiten und Kompetenzen bei dieser Gruppe von Kindern nicht ausgeprägt sind.

Zweitens benötigen Kinder auch Hilfen, damit ihre allgemeinen materiellen Bedarfe gedeckt werden. Eine eigenständige Sicherung der materiellen Bedarfe ist nur möglich, wenn finanzielle Mittel zur Verfügung stehen. Diese werden i. d. R. über Erwerbstätigkeit erwirtschaftet. Da Kinder das Recht zur Aufnahme einer solchen – aus guten Gründen – nicht zugesprochen wird, können sie keine monetären Ressourcen erwirtschaften, sodass sie solange auf die Unterstützung durch Dritte angewiesen sind, bis sie selbst einer Erwerbstätigkeit nachgehen können.

Schließlich weisen die Kinder drittens einen weiteren Bedarf an Unterstützung auf, insofern ihre vorhandenen Handlungskompetenzen dazu führen, dass ihre Bedarfsdeckung gefährdet ist. Die Gesetzgeber*innen gehen davon aus, dass die leistungsberechtigten Kinder zum Teil fahrlässig mit wichtigen Dingen (z. B. Gutscheinen) umgehen und die Sicherung des damit verbundenen Bedarfs nicht gewährleistet ist. Diese Eigenschaft wird den Kindern als Unfähigkeit und nicht als selbstverschuldetes Fehlverhalten zugeschrieben. Letztgenanntes wäre entweder zu ignorieren, i. d. S. dass keine neuen Hilfen bereitgestellt würden, oder es wäre durch zusätzliche Maßnahmen wie einer Erstattung des Betrages zu sanktionieren, um eine zukünftige Verhaltensänderung herbeizuführen. Die Gesetzgeber*innen stellen jedoch die angenommene ‚Unfähigkeit' der Kinder in den Mittelpunkt, die eine Schuldfrage ausschließt und darauf hinweist, dass den Kindern spezifische Fähigkeiten und Kompetenzen fehlen, die sie erst zu einem späteren Zeitpunkt in ihrem Leben erlangen werden.

Vor diesem Hintergrund stehen lediglich die Kinder in ihrer Unterstützungsbedürftigkeit im Mittelpunkt, damit ihre Bedarfe erfüllt werden.

4.3 Kinder als abhängige Menschen

Die ‚Unfertigkeit' und Unterstützungsbedürftigkeit der Kinder, die mit fehlenden Fähigkeiten, Kompetenzen, Wissensbeständen und materiellen Ressourcen verbunden sind, weisen bereits darauf hin, dass Kinder nach Ansicht der Gesetzgeber*innen nicht selbstständig und unabhängig von externer Hilfe leben können. Vielmehr benötigen Kinder ihrem Erachten nach Hilfen von anderen Menschen, damit ihre Bedarfe gedeckt werden können. Dafür sind in erster Linie ihre Eltern verantwortlich. Da Familien im Leistungsbezug jedoch nicht über die notwendigen Ressourcen und Mittel verfügen, um ihren Aufgaben in Gänze gerecht werden zu können, übernehmen auch Dritte die Verantwortung für eine Reihe von Unterstützungen, damit ein ‚menschenwürdiges Leben' der leistungsberechtigten Kinder gewährleistet werden kann.

4.3.1 Kinder als abhängige Menschen von ihren Eltern

Kinder sind in hohem Maß von ihren Eltern abhängig. Das liegt in der zugesprochenen ‚Unfertigkeit' der Kinder, aufgrund derer angenommen wird, dass sie ihre Bedarfe noch nicht eigenständig sichern können. Die Gesetzgeber*innen sprechen die Verantwortung für die Bedürfnis- und Bedarfsbefriedigung der Kinder grundsätzlich den Eltern zu, was sich vor allem aus dem elterlichen Sorgerecht und der damit verbundenen Sorgepflicht ergibt. Sie müssen ihren Kindern alle notwendigen Mittel und Leistungen zur Verfügung stellen, die sie benötigen, um ein menschenwürdiges Leben zu führen. Das heißt, Eltern müssen dafür Sorge tragen, dass sowohl das physische als auch das soziokulturelle Existenzminimum ihrer Kinder gewährleistet ist, da Kinder noch nicht selbst über die notwendigen Kompetenzen, Fähigkeiten und Ressourcen verfügen.

Vor allem in den ersten Lebensjahren ihrer Kinder müssen Eltern in hohem Umfang Pflege-, Betreuungs- und Versorgungsaufgaben übernehmen. Dementsprechend sind die Kinder von einer ständigen Anwesenheit ihrer Eltern abhängig, damit ihre Bedarfe an Beaufsichtigung und Gewährung aller Notwendigkeiten für das (Über-)Leben verfügbar sind. Mit zunehmendem Alter reduziert sich diese Abhängigkeit, allerdings ist eine Unabhängigkeit erst bei Volljährigkeit und der Aufnahme einer Erwerbstätigkeit möglich. Dies liegt darin begründet, dass Eltern bis zur Volljährigkeit ihrer Kinder Entscheidungen für sie treffen sollen. Erst ab dem ersten Tag des 19. Lebensjahrs verfügen sie über ausreichend Kompetenzen und Fähigkeiten, um dies selbstständig und unter Berücksichtigung ihrer Bedarfe tun zu können. Zudem benötigen Kinder für eine unabhängige Lebensführung die notwendigen finanziellen Ressourcen, damit materielle Bedarfe befriedigt werden können. Das ist erst durch ein ausreichendes Einkommen möglich. Kinder verfügen zwar in der Weise über eigenes Einkommen, dass für sie das sog. ‚Kindergeld' gezahlt wird und die leistungsberechtigten Kinder außerdem ein monatliches Budget für die Sicherung ihrer Bedarfe erhalten, allerdings verfügen die Kinder nach Ansicht der Gesetzgeber*innen noch nicht über die notwendigen Kompetenzen, um diese Mittel für ihre Bedarfe und somit ihrem Erachten nach ‚richtig' einzusetzen. Daher übertragen sie den Eltern die Verantwortung für den Einsatz des Budgets. Die Eltern verwalten die finanziellen Mittel der Kinder und befriedigen deren Bedarfe in Vertretung, indem sie ihnen die notwendigen Güter und Dienstleistungen von dem Budget der Kinder kaufen.

Weiterhin sind die Kinder nicht nur in der Weise von ihren Eltern abhängig, dass sie ihnen die Mittel für die Bedarfsbefriedigung zur Verfügung stellen. Die Eltern haben auch darauf zu achten, dass die Kinder, die für sie bereitgestellten Angebote und Möglichkeiten, nutzen, sodass ihre Bedarfe gedeckt werden. Aufgrund der unterstellten unzureichenden Fähigkeit, die eigenen Bedarfe zu erkennen bzw. wahrzunehmen und als solche in der Hierarchisierung ihrer Handlungen einzuordnen, müssen die Eltern dies für ihre Kinder übernehmen und ihnen bei der Unterscheidung zwischen Wünschen und Bedarfen helfen. Das heißt, weil Kindern nach Ansicht der Gesetzgeber*innen die Kompetenzen fehlen, ein Verlangen einzuordnen, ob dieses zur Sicherung ihres physischen und soziokulturellen Existenzminimums beiträgt, bedürfen sie der Kompetenzen ihrer Eltern. Die Eltern verfügen bereits über diese Kompetenzen und können daher die Notwendigkeit für ihre Kinder einschätzen.

Kinder sind weiterhin von ihren Eltern in Bezug auf die Bildungsförderung abhängig. Eltern sind für die Wahl des Bildungsgangs ihrer Kinder zuständig. Dementsprechend werden den Kindern selbst die notwendigen Kompetenzen für diese Entscheidung abgesprochen. Dabei wählen die Eltern die Schulform, die ihr Kind besuchen soll, sodass sie auch für das Maß an schulischer Bildung (mit-)verantwortlich sind, das ihren Kindern maximal gewährt wird. Mithin entscheiden sie auch über die Zukunftschancen ihrer Kinder, da der schulische Abschluss über die Aufnahme einer Erwerbstätigkeit und die eigenständige Sicherung des Lebensunterhalts bestimmt.

Neben den beschriebenen immateriellen Bedarfen haben die Kinder eine Reihe von Bedarfen an materiellen Ressourcen wie Nahrungsmittel, Nutzung von Transportmitteln, die Verfügbarkeit über kindgerechte Gegenstände. Da ihnen lediglich die finanziellen Ressourcen des Kindergeldes zu Verfügung stehen, sind sie auch in Bezug auf die Sicherung all ihrer materiellen Bedarfe von ihren Eltern abhängig. Dafür benötigen die Eltern selbst ausreichend finanzielle Mittel, um neben den eigenen auch die Bedarfe ihrer Kinder zu sichern. Können sie dies nicht mittels eigener Ressourcen und eigenen Kräften leisten, sind sie dafür verantwortlich, dies auf eine andere Weise sicherzustellen. Damit werden den Eltern die notwendigen Kompetenzen und Fähigkeiten zugesprochen, das unzureichende Einkommen durch eine Antragstellung auf (finanzielle) Unterstützungen zu erhöhen, sodass in diesen Fällen Dritte die Verantwortung für die Sicherung der materiellen Bedarfe der Kinder übernehmen.

4.3.2 Kinder als abhängige Menschen von Dritten

Die leistungsberechtigten Kinder sind in einem höheren Maße von Dritten abhängig als Kinder ohne Leistungszug. Das ergibt sich daraus, dass ihre Eltern nicht über die notwendigen finanziellen Mittel und teilweise auch nicht über die notwendigen Fähigkeiten bzw. Kompetenzen verfügen, um die Bedarfe ihrer Kinder zu sichern. Können Eltern folglich ihre Aufgaben gegenüber ihren Kindern nicht erfüllen, sind sie in der Verantwortung, Unterstützungen durch Dritte zu organisieren, damit die Bedarfe ihrer Kinder trotzdem befriedigt werden. Daraus ergibt sich aber eine Abhängigkeit der Kinder nicht mehr nur von ihren Eltern, sondern auch von Dritten.

Eine erste Abhängigkeit der Kinder gegenüber den verantwortlichen Dritten sehen die Gesetzgeber*innen bereits darin, dass Dritte darüber bestimmen, ob Kinder überhaupt Hilfe erhalten. Zweitens legen die Dritten die Höhe bzw. das Maß der Unterstützungen fest, wenn sie einen Hilfebedarf anerkennen, sodass die Kinder vom Urteil der Dritten abhängig sind. Dies äußert sich z. B. wie folgt: Verfügen Eltern nicht über die notwendigen Ressourcen, um die Bedarfe ihrer Kinder befriedigen zu können, fehlt ihren Kindern bspw. die elementare, materielle Grundausstattung, die für eine Teilnahme am schulischen Alltag und damit an den dort vorgehaltenen Bildungsangeboten notwendig sind. In diesem Fall sind die Kinder von zwei Entscheidungen der verantwortlichen Dritten abhängig. Erstens, ob dieses Fehlen materieller Ressourcen als Bedarf anerkannt wird und zweitens welcher Umfang ihrem Erachten nach für eine Bedarfsbefriedigung notwendig ist. Die Kinder haben dabei weder Handlungskompetenzen noch Mitspracherechte. Ihre Wahrnehmung der Situation bleibt unberücksichtigt, sodass ihnen hierbei unzureichende Kompetenzen zur Wahrnehmung der eigenen Situation und Artikulierung der individuellen Bedarfe zugeschrieben werden.

Weiterhin haben Kinder neben den Bedarfen, die durch ihre Eltern gesichert werden, noch weitere Bedarfe, die durch sonstige Personen befriedigt werden. Dabei handelt es sich insbesondere um die Ermöglichung des Zugangs zu bestehenden (außerschulischen) Bildungsangeboten und diverse – in dem genutzten Setting angebotene – Leistungen wie zusätzliche Bildungsförderung oder die Teilnahme an einer Mittagesverpflegung. Da keine umfassenden, bundesweit gültigen Vorschriften bezüglich der bereitzustellenden Leistungen bestehen, sondern maximal Rahmenbedingungen vorliegen, sind die Kinder von den Institutionen in der Weise abhängig, dass sie über das Maß ihrer Bedarfsbefriedigung entscheiden. Bieten Schulen bspw. eine Mittagsverpflegung an oder veranstaltet eine Kindertageseinrichtung einen Ausflug, können die Kinder diese Leistungen in Anspruch nehmen. Werden derartige Angebote durch die Institutionen nicht vorgehalten, können Kinder solche Leistungen nicht nutzen. Für die Kinder besteht nur die Möglichkeit ihre Freizeit mit spezifischen Aktivitäten und Bildungsangeboten wie Reiten oder Basketball-Vereine zu verbringen, wenn die gewünschten außerschulischen Bildungsangebote im Umfeld der Kinder durch Dritte bereitgestellt werden. Je nachdem ob Angebote vorhanden sind, die die Kinder in Anspruch nehmen können oder wollen, entscheidet sich auch das Maß ihrer Kontakte zu Gleichaltrigen sowie die mit den Angeboten verbundene Bildungsförderung. Existieren bspw. im Wohnumfeld der Kinder keine außerschulischen Bildungsangebote, an denen die Kinder Interesse haben und nutzen sie daher keines der vorhandenen Angebote, kommen sie in ihrer Freizeit weniger mit Gleichaltrigen ohne Leistungsbezug in Kontakt und verfügen über eine geringere Bildungsförderung.

Zudem sind Kinder bezüglich ihrer Bildungsförderung von den Entscheidungen ihrer Lehrer*innen abhängig, da diese darüber bestimmen, ob bei mangelhaften schulischen Noten zum Ende des Schuljahres eine außerschulische Bildungsförderung zur Erreichung einer Versetzung beitragen kann, damit die Kinder weiterhin in ihrem Klassenverband bleiben können und damit ihr Bedarf an Teilnahme gedeckt wird. Hierbei übernehmen Dritte die Entscheidung über die Existenz eines zusätzlichen Förderbedarfs. Demnach können weder Eltern noch die Kinder selbst die Notwendigkeit zusätzlicher Lernförderung einschätzen, sodass Dritte diese Aufgabe übernehmen müssen.

Kinder sind weiterhin nicht nur wegen unzureichender Kompetenzen ihrer Eltern von Dritten abhängig. Sie können auch durch bewusste Entscheidungen der Eltern, ein staatlich bereitgestelltes Angebot nutzen. Eltern übertragen in diesen Fällen freiwillig einen Teil ihrer Verantwortung auf Dritte, sodass ihre Kinder von familienfremden Personen abhängig sind. Das liegt vor allem dann vor, wenn Eltern ihre Betreuungs-, Bildungs- und/oder Erziehungsfunktion für eine festgesetzte Zeitspanne an Dritte übergeben und z. B. Kindertagesbetreuungsangebote nutzen. Die Sicherung der Bedarfe der Kinder ist dann nicht mehr nur von den Eltern abhängig, sondern insbesondere von den Ressourcen, Fähigkeiten und Kompetenzen des Personals in diesen Angeboten, die ihre Bedarfe in diesem Zeitraum befriedigen sollen. Dabei handelt es sich nicht ausschließlich um Bildungsförderung. Vielmehr ist nach Ansicht der Gesetzgeber*innen gerade in den ersten Lebensjahren die Unterstützung der Kinder bei der Sicherung ihres Bedarfs an gesundheitlicher Unversehrtheit von hoher Bedeutung, sodass den Kindern eine Verletzbarkeit zugesprochen wird, der sie selbst nicht entgegentreten können. In Anbetracht dessen sind sie von der Art und dem Umfang der Schutzmaßnahmen abhängig, die Erwachsene für sie ergreifen.

Mit dieser Vielzahl von Abhängigkeiten der Kinder von ihren Eltern und von Dritten wird ihnen eine Handlungsunfähigkeit zugeschrieben. Die Abhängigkeit von Dritten besteht außerdem sowohl wegen der unzureichenden Kompetenzen der Eltern als auch durch gesellschaftlich erzeugte Möglichkeiten wie der Bereitstellung von Kindertagesbetreuungsangeboten. Die Handlungsfähigkeit der Kinder kann nur durch weitere Personen kompensiert werden. Diese weiteren Personen müssen nicht die Eltern, sondern können auch familienfremde Personen sein.

Der Grund für die Handlungsunfähigkeit der Kinder liegt nach Ansicht der Gesetzgeber*innen im Fehlen der notwendigen Kompetenzen und Fähigkeiten, um die Bedarfe selbst sichern zu können. Darüber hinaus haben Kinder einen Bedarf an Schutz durch die bereits ‚fertigen' Menschen, die ihre Bedarfe erkennen und durch ihre Wissensbestände, ihre Fähigkeiten und Kompetenzen deren Befriedigung vorantreiben.

4.4 Kindheit als Weichenstellung für das zukünftige Leben

Für die Gesetzgeber*innen ist die Lebensphase Kindheit die entscheidende Zeit im Leben eines Menschen. Was in dieser Phase versäumt wird, lässt sich ihrem Erachten nach später nicht mehr nachholen und kompensieren. Können den Kindern in dieser Phase die notwendigen Kompetenzen und Fähigkeiten vermittelt werden, verfügen sie im Erwachsenenalter über das Potenzial ein selbstständiges Leben führen zu können. In diesem Sinne wird Kindheit als die Vorbereitungsphase auf das spätere Leben verstanden. Gleichzeitig werden Kinder nur in ihrer auf die Zukunft gerichteten Bedeutung wahrgenommen.

Die Aufgabe der Kinder besteht daher darin, Fähigkeiten und Kompetenzen zu entwickeln und zu entfalten, damit sie die notwendigen Voraussetzungen erlangen, um sich im Erwachsenenalter am Erwerbsleben beteiligen zu können. Dementsprechend beziehen sich ihre Bedarfe (im Rahmen der Leistungen für Bildung und Teilhabe) ausschließlich auf das zukünftige Leben. Erst durch eine Teilnahme am Arbeitsmarkt verfügen sie über eigenständige Handlungskompetenzen und können ihr Leben unabhängig von Dritten führen, da sie ihre Bedarfe durch das am Arbeitsmarkt erzielte Einkommen eigenständig befriedigen können. Erst dann können sie an der Gesellschaft partizipieren. Folglich ist dieser Zustand – d. h. die Teilnahme am Arbeitsmarkt –, die primär anzustrebende Lebenssituation im Erwachsenenalter, sodass darauf alle Anstrengungen zu richten sind. Daher sind bereits Leistungen in den ersten Lebensmonaten der Kinder zu gewähren, die ihnen Kompetenzen vermitteln, die sie zur Erreichung dieses Zieles benötigen. Ihnen soll bereits frühzeitig die Teilnahme an Gemeinschaftsstrukturen ermöglicht werden, damit sie die Kompetenzen und Fähigkeiten erlernen, die sie für eine erfolgreiche Teilhabe und Partizipation benötigen.

Auch die weiteren Leistungen orientieren sich nicht an spezifischen Inhalten, vielmehr gilt es den Kindern die Mittel zur Verfügung zu stellen, dass sie die einzelnen Jahrgangsstufen der Schule sowie einen erfolgreichen schulischen und berufsbildenden Abschluss erlangen. Unter erfolgreich wird dabei lediglich verstanden, dass die Kinder die schulische und berufliche Ausbildung erfolgreich abschließen. Bedeutungslos bleibt, wie ihre Leistungen beurteilt wurden, sodass für die Gesetzgeber*innen auch ein gerade noch bestandener Abschluss ein erfolgreicher Abschluss ist. Die einzelnen Schulnoten interessieren sie dabei nicht und auch die dahinterstehenden konkreten Fähigkeiten und Kompetenzen sind bedeutungslos. Dementsprechend sind die bundeslandspezifischen Unterschiede der Bildungssysteme irrelevant. Allein der Erhalt des Zertifikats, dass die Bildungslaufbahn erfolgreich abgeschlossen wurde, befähigt die Kinder ihrem Erachten nach zur Teilnahme am Arbeitsmarkt sowie der damit verbundenen Partizipation in der Gesellschaft und ist damit das zu erreichende Ziel.

Damit sprechen die Gesetzgeber*innen der Kindheit den höchsten Stellenwert unter den Lebensphasen zu. Gelingt es den Kindern die notwendigen Fähigkeiten und Kompetenzen zu erlangen, die sie im Erwachsenenalter benötigen, werden sie nach Ansicht der Gesetzgeber*innen ein gelingendes Leben in Selbstständigkeit und als Teil der Gesellschaft führen. Unter einem gelingenden Leben verstehen sie gerade nicht das subjektive Wohlbefinden oder die Zufriedenheit mit den Inhalten ihrer Tätigkeit. Einzig und allein die Unabhängigkeit von staatlichen Transferleistungen aufgrund der Ausübung einer Erwerbstätigkeit ist dafür bedeutsam.

4.5 Die ‚minderbegabten' Kinder

Kindern im Leistungsbezug werden unterdurchschnittlich ausgeprägte Kompetenzen und Fähigkeiten zugeschrieben. Zwar weisen Kinder nach Ansicht der Gesetzgeber*innen im Allgemeinen – wie bereits im ersten Bild ‚Kinder als sich entwickelnde, ‚unfertige' Menschen' gezeigt wurde – prinzipiell geringere Kompetenzen und Fähigkeiten auf als ältere Personen. Allerdings werden Kindern, die von Existenzsicherungsleistungen leben, noch geringere Kompetenzen und Fähigkeiten zugeschrieben als Gleichaltrigen ohne Leistungsbezug. Die Gesetzgeber*innen gehen davon aus, dass Kinder im Leistungsbezug häufiger Schulen nutzen, die an Kinder mit geringem Bildungsstand gerichtet sind als Schulen für Kinder mit hohem Bildungsstand. Ihnen werden gewöhnlich geringere schulische Leistungen zugesprochen, sodass implizit ein Bild der leistungsberechtigten Kinder transportiert wird, in dem ihnen ein unterdurchschnittlicher Bildungsstand zugeschrieben wird. Das zeigt sich bspw. daran, dass die Gesetzgeber*innen den Kindern im Leistungsbezug einen erhöhten Bedarf an Förderung innerhalb der Schule zusprechen, sodass die Kinder neben dem Regelangebot des Unterrichts zusätzliche Förderangebote in kleineren Gruppen nutzen sollen, um ihre niedrigeren Fähigkeiten und Kompetenzen auf ein durchschnittliches Niveau zu steigern. Derartige zusätzliche Förderungen werden bei Kindern ohne Leistungsbezug kaum als notwendig angesehen.

Außerdem gehen die Gesetzgeber*innen in Einzelfällen davon aus, dass die leistungsberechtigten Kinder zum Schuljahresende ihren Notenspiegel durch zusätzliche außerschulische Angebote verbessern müssen, um überhaupt das Lernziel erreichen zu können und in die nächste Klassenstufe versetzt zu werden. Diese zusätzlichen bildungsbezogenen Unterstützungsbedarfe weichen folglich vom durchschnittlichen Bildungsstand der Klassen ab. Damit wird deutlich, dass die Gesetzgeber*innen den Klassenkamerad*innen der Leistungsberechtigten durchschnittliche und überdurchschnittliche Kompetenzen zusprechen, demgegenüber schreiben sie mehrheitlich den Kindern im Leistungsbezug unterdurchschnittliche Leistungen zu. Damit zeigen sie die angenommene Unterdurchschnittlichkeit der leistungsberechtigten Kinder auf.

Darüber hinaus weisen die leistungsberechtigten Kinder nach Ansicht der Gesetzgeber*innen geringere soziale Kompetenzen auf als Kinder ohne Leistungsbezug. Diese sollen sie durch den Kontakt mit Gleichaltrigen ohne Leistungsbezug lernen. Zudem verfügen leistungsberechtigte Kinder über keine Kompetenzen und Fähigkeiten, die sie an Gleichaltrige weitergeben können, sodass nach Ansicht der Gesetzgeber*innen lediglich die leistungsberechtigten Kinder von Gleichaltrigen profitieren. Damit ist die Annahme verbunden, dass der Kontakt zu Gleichaltrigen mit Bezug existenzsichernder Leistungen keine Potenziale für die Kinder birgt.

Leistungsberechtigte Kinder mit (drohender) Behinderung weisen nach Ansicht der Gesetzgeber*innen in einem noch höheren Maß unterdurchschnittliche Kompetenzen und Fähigkeiten auf als leistungsberechtigte Kinder im Allgemeinen. Zwar besteht die Möglichkeit, dass sie die höchste Schulform besuchen. Das scheint nach Ansicht der Gesetzgeber*innen jedoch nur selten der Fall zu sein. Deutlich häufiger besuchen sie hingegen Sonder- bzw. Förderschulen, weil sie aufgrund ihres Entwicklungsstandes nicht die notwendigen Kompetenzen und Fähigkeiten aufweisen, um das Regelangebot des Bildungssystems nutzen zu können. Zudem brauchen sie oft eine zusätzliche vorschulische Förderung, um überhaupt über die für den Schulbesuch notwendigen Kompetenzen und Fähigkeiten zu verfügen. Diese Potenziale werden Gleichaltrigen ohne Behinderung prinzipiell zugesprochen.

Den leistungsberechtigten Kinder mit (drohender) Behinderung können schließlich auch lebenspraktische Fähigkeiten und Kompetenzen fehlen, die als Voraussetzungen für einen Schulbesuch gelten wie essen oder kommunizieren. Das Fehlen dieser Kompetenzen und Fähigkeiten führt dazu, dass sie nicht an schulischer Bildung teilnehmen dürfen und im Ergebnis keine schulische Bildung erhalten. Gleichzeitig können die Fähigkeiten und Kompetenzen nicht gefördert werden, die für ein gelingendes und selbstständiges Leben notwendig sind. Folglich gehen die Gesetzgeber*innen davon aus, dass Kinder nicht in jedem Fall über die Fähigkeiten und Kompetenzen verfügen, die sie für die Nutzung schulischer Angebote benötigen und somit niemals ein selbstständiges Leben führen können.

4.6 Kinder als Ergebnis der Fähigkeiten und Kompetenzen ihrer Eltern

Eltern sind diejenigen Personen, von denen Kinder in erhöhtem Maße abhängig sind, da sie für die Befriedigung einer Vielzahl von Bedarfen verantwortlich gemacht werden. Damit beeinflussen sie in einem großen Umfang das Leben ihrer Kinder. Da den leistungsberechtigten Eltern nach Ansicht der Gesetzgeber*innen jedoch spezifische Fähigkeiten und Kompetenzen fehlen, können sie diese auch bei ihren Kindern nicht fördern. Dies zeigen sie in den Leistungen für Bildung und Teilhabe für fünf Bereichen auf: (1) dem Umgang mit Unterstützungsleistungen, (2) den schulischen Bildungsinhalten und (3) den sozialen Kompetenzen, (4) dem Erziehungsverhalten der Eltern und (5) der Schaffung und Aufrechterhaltung eines positiven Familienklimas. Diese Aspekte sind nachfolgend einzeln dargestellt und die angenommenen Auswirkungen auf die Kinder beschrieben.

Umgang mit Unterstützungsleistungen

Erstens verfügen Eltern nach Ansicht der Gesetzgeber*innen nicht über die notwendigen Kompetenzen und Fähigkeiten, um mit ihren finanziellen Ressourcen in der Weise verantwortungsvoll umzugehen, dass insbesondere die Bedarfe der Kinder gedeckt werden. Die Familien im Leistungsbezug haben nur ein geringes Einkommen zu ihrer Verfügung, mit dem sie eigenverantwortlich umgehen sollen, d. h. dieses Einkommen reicht nach Ansicht der Gesetzgeber*innen zur Sicherung der Bedarfe aus, wenn die monetären Ressourcen tatsächlich dafür eingesetzt werden. Zudem seien Einsparungen vorzunehmen, um unregelmäßig anfallende, teure Bedarfe decken zu können. Die Gesetzgeber*innen weisen zwar immer wieder darauf hin, dass Familien in dieser Weise mit ihren finanziellen Mitteln umgehen sollen, implizit unterstellen sie den Familien jedoch, dass sie nicht haushalten können. Vielmehr gehen die Gesetzgeber*innen davon aus, dass sich die Eltern Wünsche erfüllen, weswegen die finanziellen Ressourcen nicht mehr zur Bedarfsbefriedigung ihrer Kinder ausreichen. Diese Vorgehensweise sehen die Gesetzgeber*innen in besonderer Weise bei den Unterstützungsleistungen für Bildung und Teilhabe. Folglich handeln die Eltern nach den Vorstellungen der Gesetzgeber*innen egoistisch und nicht auf ihre Kinder bedacht, gleichzeitig leben sie ihnen einen verantwortungslosen Umgang mit den finanziellen Mitteln vor. Das wird wiederum als fehlerhaftes Verhalten gedeutet, da sie ihre Pflicht zur elterlichen Sorge verletzen.

Das Vorleben derartigen Verhaltens führt nach Ansicht der Gesetzgeber*innen bei den leistungsberechtigten Kindern im Ergebnis zu gleichen bzw. ähnlichen Handlungsweisen. Auch die Kinder gehen – wenn ihnen die Möglichkeit geboten wird – verantwortungslos mit den Hilfen um und setzen sie – wenn möglich – nicht für ihre Bedarfe ein. Vielmehr erfüllen sie sich Wünsche, die von den Gesetzgeber*innen nicht als Bedarfe angesehen werden. Dies geht soweit, dass die Gesetzgeber*innen unterstellen, dass die Kinder die erhaltenen Gutscheine – wenn diese nicht personalisiert wären – verkaufen würden, um finanzielle Mittel zu erhalten, die sie für Luxusgegenstände und nicht zur Bedarfsbefriedigung einsetzen könnten. Weiterhin gehen die Gesetzgeber*innen davon aus, dass die leistungsberechtigten Kinder u. U. Tatsachen vortäuschen, um an zusätzliche monetäre Ressourcen zu gelangen, indem sie angeben, noch in die Schule zu gehen und daher Unterstützungen im Rahmen der Bedarfe an Bildung und Teilnahme zu erhalten, obwohl hier keine Bedarfe mehr bestehen.

Folglich machen sie bewusste Falschangaben und belügen damit ihre Unterstützer*innen, um daraus einen eigenen unrechtmäßigen Vorteil zu erzielen. Sie sind also nicht dankbar für die Hilfen, sondern versuchen vielmehr ihre Unterstützer*innen bzw. das soziale Sicherungssystem auszunutzen.

Weiterhin messen die Eltern im Existenzsicherungsbezug nach Ansicht der Gesetzgeber*innen der (schulischen) Bildung eine geringe Bedeutung bei. Dies wird daran deutlich, dass die Gesetzgeber*innen den Eltern eine unzureichende Deckung der schulbezogenen Bedarfe unterstellen. Das ergibt sich aus der Annahme, dass die Eltern der Erfüllung anderer Wünsche einen höheren Stellenwert einräumen als der Bereitstellung der Materialien und Mittel für eine optimale Bildungsförderung. Zudem nehmen die Eltern eine Benachteiligung ihrer Kinder gegenüber anderen Kindern im Bildungsbereich hin, da sie nicht die ausreichende Ausstattung sicherstellen, die als minimale Versorgung angenommen wird. Diese elterliche Sichtweise auf die Bedeutsamkeit der Bildung überträgt sich nach Ansicht der Gesetzgeber*innen auf die Kindern. Das äußert sich bspw. darin, dass ein Teil der Kinder im Leistungsbezug ihren schulischen Pflichten – d. h. der Anwesenheit in der Schule – nicht in vollem Umfang nachkommen. Damit nehmen die Kinder in Kauf, dass sie Bildungsinhalte und -förderung versäumen, was auch zu dem niedrigeren Bildungsstand im Vergleich zu ihren Klassenkamerad*innen beiträgt.

Schulische Bildungsinhalte

Zweitens fehlen den leistungsberechtigten Eltern nach Ansicht der Gesetzgeber*innen Wissensbestände, Kompetenzen und Fähigkeiten, um ihren Kindern in schulischen Belangen zu helfen. Aufgrund des geringen Bildungsstands der leistungsberechtigten Erwachsenen können sie ihre Kinder im Erlernen der schulischen Bildungsinhalte nicht (ausreichend) unterstützen. Darüber hinaus fehlen ihnen nach Ansicht der Gesetzgeber*innen die Kompetenzen und Fähigkeiten die schulischen Belange ihrer Kinder einschätzen zu können und nutzen auch nicht die Möglichkeit, sich mit den Lehrer*innen zu schulischen Inhalten auszutauschen. Schließlich gehen die Gesetzgeber*innen davon aus, dass die Eltern selbst Unterstützung durch Dritte benötigen, um ihre Kinder zur Nutzung außerschulischer Bildungsangebote zu motivieren. Sie verfügen auch nicht über die notwendigen Kompetenzen und Fähigkeiten, um ihren Kindern im Freizeitbereich Bildungsangebote zu eröffnen. Damit werden die leistungsberechtigten Kinder nach Ansicht der Gesetzgeber*innen deutlich seltener in der Familie gefördert und deutlich weniger zur Teilnahme an Bildungsangeboten angehalten wie Kinder ohne Leistungsbezug, sodass sie ihnen gegenüber benachteiligt sind und über weniger Kompetenzen und Fähigkeiten verfügen.

Soziale Kompetenzen

Drittens bringen die leistungsberechtigten Eltern ihren Kindern keine ausreichenden sozialen Kompetenzen bei. Diese erlernen sie nach Ansicht der Gesetzgeber*innen erst durch den Kontakt mit Gleichaltrigen ohne Leistungsbezug.

Erziehungsverhalten

Viertens haben Eltern durch ihr Erziehungsverhalten einen starken Einfluss auf ihre Kinder. Auch hier benötigen sie nach Ansicht der Gesetzgeber*innen – wie alle Eltern – am Beginn des Lebens ihrer Kinder Förderung durch institutionelle Angebote zur Verbesserung der innerfamiliären Kommunikation und um eine sog. ‚gute' Erziehung' leisten zu können. Im Vergleich zu anderen Familien nehmen die Leistungsberechtigten diese Angebote jedoch seltener in Anspruch, sodass sie ihren Kindern auch hier geringere Kompetenzen und Fähigkeiten entgegenbringen. Das Erziehungsverhalten der Eltern ist allerdings so bedeutsam, dass sich die Folgen einer unzureichenden Erziehung in der Weise auswirken können, dass sie nach Ansicht der Gesetzgeber*innen mit den Folgen einer (drohenden) Behinderung vergleichbar sind. Das heißt, Kinder verfügen in einem solchen Fall nur über unterdurchschnittlich ausgeprägte psychische Fähigkeiten und Kompetenzen, die gerade im schulischen Kontext zu erhöhten Schwierigkeiten und schlechten Noten führen.

Schaffung und Aufrechterhaltung eines positiven Familienklimas

Fünftens gehen die Gesetzgeber*innen davon aus, dass einem Teil der Eltern im Leistungsbezug die Kompetenzen und Fähigkeiten fehlen, die zur Schaffung und Aufrechterhaltung eines positiven Familienklimas nötig sind. Bei den betreffenden Kindern kann sich das durch starke psychische Belastungen auswirken. Die innerfamiliäre Kommunikation ist in diesen Fällen von derartig negativen Merkmalen gekennzeichnet, dass dadurch die psychische Gesundheit der Kinder negativ beeinflusst wird. Diese unzureichenden Kompetenzen und Fähigkeiten liegen nach Ansicht der Gesetzgeber*innen insbesondere bei Familien im SGB II-Bezug vor. Familien mit SGB XII-Leistungen und entsprechend auch Familien im Bezug von Leistungen nach dem AsylbLG können in schwierigen und belastenden Situationen leben, in denen der innerfamiliäre Zusammenhalt unzureichend vorhanden ist, allerdings schreiben die Gesetzgeber*innen diesen Familien nicht die Verantwortung dafür zu. Ihre Lage scheint vielmehr unverschuldet zu sein und ihrem Erachten nach hinsichtlich der SGB XII-Bezieher*innen mit der gesundheitlich eingeschränkten Lage der Eltern zusammen zu hängen.

4.7 Kinder als Gemeinschaftswesen

Kinder bilden i. d. R. eine Gemeinschaft mit anderen Menschen. Die Gesetzgeber*innen sprechen ihnen innerhalb der Leistungen für Bildung und Teilhabe ausschließlich Bedarfe zu, bei denen sie mit anderen Menschen in Kontakt treten oder die zur Aufrechterhaltung einer bestehenden Gemeinschaft beitragen (z. B. die Leistung zur Lernförderung). Dabei kennen sie keine Unterschiede zwischen Kindern mit und ohne (drohende) Behinderung. Deutlich wird dies nicht nur anhand der Leistung für den Bedarf an Teilnahme, die auf eine Nutzung von Angeboten in ihrer Freizeit zielen, bei denen sie ihre Zeit mit Gleichaltrigen verbringen können. Der umfangreiche Bedarf an Kontakt zu anderen Menschen ergibt sich vielmehr auch aus den Leistungen, die die Gesetzgeber*innen als Bildungsbedarfe benennen. Die Befriedigung dieser Bedarfe dient den Kindern dazu, dass sie gemeinsam mit Gleichaltrigen spezifische Aktivitäten ausführen können wie Mittag zu essen oder Ausflüge zu unternehmen. Weiterhin sprechen die Gesetzgeber*innen ihnen einen Bedarf an spezifischen Gegenständen zu. Auf den ersten Blick lässt das vermuten, dass sie auch davon ausgehen, dass Kinder allein Zeit verbringen wollen und sich mit diesen Gegenständen beschäftigen wollen. Es zeigt sich jedoch, dass die Gesetzgeber*innen die Bedarfe an materiellen Gütern lediglich für den Schulalltag ansehen, um dort die gleichen Aktivitäten ausführen zu können wie Gleichaltrige. Demgegenüber werden diese Gegenstände nicht für den individuellen Gebrauch berücksichtigt, um bspw. am Nachmittag in der elterlichen Wohnung zu malen. Zudem erkennen sie bspw. auch keinen Bedarf an Bildungsgegenständen an, der auf eine Selbstbildung hindeutet wie Bücher, die in der Freizeit gelesen werden.

Folglich haben Kinder nach Ansicht der Gesetzgeber*innen permanent den Bedarf, in der Gemeinschaft mit anderen Menschen zu sein. Weder in der Schule, noch in der Freizeit, noch in der elterlichen Wohnung weisen sie nach Ansicht der Gesetzgeber*innen den Bedarf auf, allein zu sein, Ruhe zu haben oder sich individuell zu beschäftigen. Darüber hinaus zeigt sich der unterstellte, umfassende Bedarf an Gemeinschaft darin, dass sie nach Ansicht der Gesetzgeber*innen ein überdurchschnittliches Verlangen nach Förderung ihrer sozialen Kompetenzen haben, die sie wiederum für positive Kontakte benötigen.

4.7.1 Kinder als Teil eines Haushaltes

Die leistungsberechtigten Kinder werden als Teil eines Haushalts wahrgenommen. Sie teilen sich mit mindestens einem Elternteil eine Wohnung. Zudem können dort weitere Personen wie (Stief-)Geschwister leben. Innerhalb der gemeinsamen Wohnung sind sie immer in Kontakt mit den dort lebenden, weiteren Personen. Einen Rückzugsraum bspw. einen speziellen Ort, an dem die Kinder spielen, lesen oder konzentriert Hausaufgaben erledigen können, benötigen sie nach Ansicht der Gesetzgeber*innen nicht, was dadurch deutlich wird, dass sie keine Bedarfe an einem eigenen Zimmer, einem Schreibtisch u. ä. unterstellen.

Der Bedarf an Gemeinschaft in der eigenen Wohnung bezieht sich nicht ausschließlich auf die leiblichen Eltern. Kinder haben einen allgemeinen Bedarf am Zusammenleben mit weiteren Personen, was sich vor allem aus ihrer Abhängigkeit zu ihren Eltern bzw. Dritten ergibt. Fehlen den leiblichen Eltern bspw. die notwendigen Fähigkeiten und Kompetenzen um den Bedarfe an Pflege, Unterstützung und Versorgung ihrer Kinder mit (drohender) Behinderung zu sichern, weisen diese Kinder den Bedarf auf, in einem anderen Haushalt zu wohnen, in dem die dort lebenden Menschen ihre Bedarfe befriedigen. Diese sog. ‚Pflegefamilien' übernehmen die Aufgabe der Bedarfssicherung, die ansonsten bei den leiblichen Eltern liegt.

Weiterhin besteht die Möglichkeit, dass der Bedarf der Kinder an Teilnahme an den schulischen (Bildungs-)Angeboten die Kinder mit (drohender) Behinderung dazu veranlasst, in der Woche in einem Internat zu leben. An den Wochenenden wollen sie nach Ansicht der Gesetzgeber*innen ihre freie Zeit wiederum nicht allein, sondern mit ihren leiblichen Familien verbringen.

Folglich halten sich die Kinder in der Zeit, die sie nicht in der Schule, in anderen Bildungseinrichtungen, bei Freund*innen oder Verwandten verbringen, in der elterlichen Wohnung auf. Dort sind sie wiederum mit den Personen zusammen, die in diesem Haushalt leben.

4.7.2 Institutionenkindheit

Institutionen im Allgemeinen und Bildungsinstitutionen im Besonderen nehmen nach dem gesetzgeberischen Verständnis einen sehr hohen Stellenwert im Leben der Kinder ein. Dort verbringen sie einen nicht unerheblichen Teil ihres Tages und werden gefördert sowie auf ihr späteres Leben vorbereitet. Zudem besteht ein wesentlicher Beitrag der Institutionen darin, dass die leistungsberechtigten Kinder mit Gleichaltrigen ohne Leistungsbezug in Kontakt kommen.

Bereits ab den ersten Lebensmonaten können institutionelle Bildungsangebote durch die Säuglinge – allerdings zu diesem frühen Zeitpunkt in ihrem Leben noch gemeinsam mit ihren Eltern – genutzt werden. Ab den ersten Lebensjahren bis zum Wechsel in die Institution Schule sind die Kindertagesbetreuungsangebote bedeutsam, in denen die Kinder ausschließlich durch familienfremde Personen über mehrere Stunden eines Tages betreut, versorgt und gefördert werden. Während diese Angebote freiwillig genutzt werden können, müssen Schulen von allen Kindern in Anspruch genommen werden. Dort verbringen die Kinder i. d. R. einen großen Teil ihres Tages mit Personen, die nicht zu ihrer Familie gehören. Neben der Schule und u. U. bereits zu einem früheren biografischen Zeitpunkt, nutzen die Kinder Institutionen wie Vereine oder Kinder- und Jugendhilfeangebote, in denen sie ihre Freizeit verbringen und gemeinsam mit Gleichaltrigen gefördert werden. Die Gesetzgeber*innen gehen davon aus, dass Kinder ohne Leistungsbezug diese Institutionen und ihre Angebote häufiger als leistungsberechtigte Kinder nutzen. Anzustreben sei jedoch, dass auch die Kinder im Existenzsicherungsbezug verstärkt ihre Freizeit in den Institutionen verbringen.

Die Inanspruchnahme institutioneller Bildungsangebote ist insofern von hoher Bedeutung, da in ihnen Bildungsförderung i. S. einer Vorbereitung auf das zukünftige Leben durchgeführt wird, die gerade Familien im Leistungsbezug aufgrund ihres attribuierten, geringen Bildungsstandes sowie den damit verbundenen fehlenden Fähigkeiten und Kompetenzen nicht realisieren können. Dementsprechend werden keine Ressourcen für Materialien wie Bücher oder pädagogisch wertvolle Spielmaterialien bspw. zur Förderung der Motorik in den Familien bereitgestellt. Die zwingend gebotene Förderung durch Dritte kann nach Ansicht der Gesetzgeber*innen in Familien mit Leistungsbezug nur durch qualifiziertes Personal wie Lehrkräften, Pädagog*innen in Kindertagesbetreuungsangeboten und weiteren Insitutionen, durch ältere Personen, die über einen höheren Bildungsstand verfügen wie Studierende oder ältere Schüler*innen sowie durch Gleichaltrige ohne Leistungsbezug gelingen. Die Bildungseinrichtungen übernehmen damit für die leistungsberechtigten Kinder eine Kompensationsfunktion, weil ihre Eltern ihnen nicht die Möglichkeiten und Kompetenzen zur Verfügung stellen (können), die Kinder aus Familien ohne Leistungsbezug erhalten.

Dementsprechend wird die Familie eher als negativer Einflussfaktor auf die Entwicklung der Kinder hervorgehoben, sodass vor allem die Freizeit der Kinder aus dem häuslichen Umfeld, – d. h. ihrem Elternhaus, den Wohnungen der Freund*innen und der Wohnumgebung – in die (Bildungs-)Institutionen im nahen Umfeld verlagert werden soll. Weder allein verbrachte Zeit, noch Zeit mit Freund*innen und Familie wird als bedeutungsvoll hervorgehoben, in der die Kinder bspw. die Spielflächen in der unmittelbaren Umgebung nutzen oder zu Hause ein Buch lesen. Die Freizeitgestaltung gilt als sinnvoll und lebenspraktisch notwendig, wenn sie in Bildungsinstitutionen stattfindet und explizit mit Bildungsangeboten – die auch Kinder ohne Leistungsbezug nutzen – in Verbindung gebracht werden kann.

4.7.3 Schulkindheit

Die beschriebene ‚Institutionenkindheit' ist insbesondere auf die Schule ausgerichtet. Mit der Inanspruchnahme frühkindlicher und außerschulischer Bildungsangebote wird vornehmlich das Ziel verfolgt, die schulischen Leistungen der Kinder zu verbessern, da diese die Voraussetzung für die spätere Eingliederung in den Arbeitsmarkt darstellen. Zudem sind weitere Bedarfe auf den Besuch der Schule ausgerichtet wie die Ausstattung mit spezifischen Materialien und zusätzliche Mobilitätsbedarfe, die im Ergebnis einen Beitrag zur Teilnahme an den schulischen Bildungsangeboten leisten.

Der Besuch einer Schule gehört ab einem – landesspezifisch festgeschriebenen – Alter zum Leben aller Kinder. Geregelt ist das über die gesetzlich verankerte Schulpflicht. Der Besuch gilt als Grundbedürfnis und ist keinem Menschen zu verwehren, sodass auch Kinder eine Schule besuchen sollen, deren Fähigkeiten und Kompetenzen aufgrund zugeschriebener Entwicklungsverzögerungen nicht so ausgeprägt sind wie bei Gleichaltrigen. Um dies zu ermöglichen, existieren neben dem Regelschulsystem auch Sonder- und Förderschulen. Die einzige Ausnahme besteht bei Kindern mit Behinderung, bei denen die körperlichen Grundfunktionen massiv eingeschränkt sind. Diese unterliegen keiner Schulpflicht.

Der hohe Stellenwert der Schule ergibt sich daraus, dass erstens allein dieser Institution der formale Bildungsauftrag zugesprochen wird. Am Ende eines erfolgreichen Durchlaufens dieser Bildungseinrichtung erhalten die Kinder ein Zertifikat, was mit dem Vorhandensein eines bestimmten Bildungsstandes gleichgesetzt wird. Die erreichten Zertifikate ermöglichen den Kindern schließlich eine Integration in den Arbeitsmarkt nachdem sie erfolgreich eine berufliche Ausbildung absolviert haben. Zweitens gilt Bildung als die elementare Voraussetzung für ein späteres gelingendes Leben in Selbstständigkeit. Bildung wird vordergründig der Lebensphase Kindheit aber auch der Jugend zugeschrieben. Dementsprechend sind die sog. ‚Bildungsbedarfe' bzw. Unterstützungen bezüglich der Bildungsförderung auf die Möglichkeit einer erfolgreichen Teilnahme an den schulischen Aktivitäten beschränkt. Die Gesetzgeber*innen stellen den Kindern finanzielle Mittel zur Verfügung für Stifte, Sportbekleidung etc. damit sie die alltäglichen Aktivitäten in der Schule mitmachen können bzw. über die notwendigen Utensilien verfügen, die in den einzelnen Unterrichtseinheiten benötigt werden. Demgegenüber erhalten sie bspw.

keine finanziellen Ressourcen, zur Beschaffung von Stiften oder Büchern für ihre Freizeit oder um die Kosten für Bastelutensilien in den Kindertageseinrichtungen zu begleichen. Weiterhin werden die Kosten übernommen, um die Schule mit öffentlichen Verkehrsmitteln zu erreichen, nicht jedoch diejenigen, um zum Kindertagesbetreuungsangebot zu gelangen.

Neben diesen institutionenbezogenen Leistungen erhalten Kinder Unterstützungen, um weitere Bildungsangebote zu nutzen. Diese dienen ebenfalls der Eingliederung in Erwerbstätigkeit. Da dies nur über einen qualifizierten Schul- und Ausbildungsabschluss erreichbar zu sein scheint, sollen mit den frühkindlichen und den außerschulischen Bildungsangeboten die Vorbereitung und zusätzliche Förderung der Kinder in Bezug auf schulische Bildungsinhalte vorangetrieben werden. Dies zeigt sich direkt bspw. an der Leistung der außerschulischen Lernförderung, durch die explizit die schulischen Leistungen verbessert werden sollen, damit die Kinder die Klassenstufe oder die schulische Laufbahn erfolgreich beenden. Zudem zielen die sog. ‚Frühförderangebote' konkret auf die Vorbereitung der Kinder mit (drohender) Behinderung auf die Schule, damit sie über diejenigen Kompetenzen und Fähigkeiten beim Schuleintritt verfügen, die sie benötigen, um den normativen Anforderungen dieser Institution gerecht werden zu können. Indirekt dienen bspw. die außerschulischen Bildungsangebote den schulischen Leistungen, da dort Inhalte vertieft werden, die in der Schule mindestens indirekt relevant sind, aber möglicherweise nicht als Bestandteil in den Lehrplan aufgenommen wurden wie die Medienbildung, das Erlernen einer Sportart oder eines Musikinstruments inklusive der dazu notwendigen Musiktheorie.

Weiterhin zeigt sich die Wichtigkeit, die der Schule zugeschrieben wird erstens in den Anstrengungen, die unternommen werden, damit alle Kinder eine Schule besuchen können, die sie auf ein späteres Leben mit einer Erwerbsarbeit vorbereiten sollen. Zweitens darin, dass spezifische Schulen für Kinder mit (drohender) Behinderung vorgehalten werden, die nicht den durchschnittlichen Entwicklungsstand der Gleichaltrigen haben. Die Kinder sollen jegliche Anstrengungen unternehmen, um einen schulischen Abschluss zu erreichen, sodass es möglich sein kann, dass Kinder mit (drohender) Behinderung an den Wochentagen in einem Internat untergebracht werden, damit sie eine nach Ansicht der Gesetzgeber*innen ihren Fähigkeiten und Kompetenzen entsprechende Schule besuchen können, falls sich eine solche Schule nicht im erreichbaren Umfeld befindet. Dementsprechend werten sie die schulische Bildung von Kindern mit (drohender) Behinderung höher als den Bedarf, den Alltag in der Familie zu verbringen.

Die Kinder sind durch die Nutzung der Institutionen in der Gemeinschaft mit Gleichaltrigen. Bildungsangebote, die auf die individuelle Förderung nur eines Kindes ausgerichtet sind, sind nach Ansicht der Gesetzgeber*innen für die Bedarfssicherung bedeutungslos, sodass sie summa summarum davon ausgehen, dass gelingende Bildungsförderung von Kindern insbesondere in der Gemeinschaft mit weiteren Personen gelingen kann.

4.7.4 ‚Dabeisein ist alles'

Kindern im Leistungsbezug wird der Bedarf zugesprochen, an Gemeinschaftsstrukturen der Gleichaltrigen teilzunehmen. Getreu dem Motto ‚Dabeisein ist alles' geht es jedoch lediglich um die Bereitstellung von Hilfen, um die Quantität i. S. der körperlichen Anwesenheit der Kinder zu erhöhen, nicht jedoch um die Förderung einer aktiven Beteiligung und einer tatsächlichen Involviertheit, die mit Gefühlen des Dazugehörens, des Eingebundenseins in Kommunikationen und positiven Beziehungen zu Gleichaltrigen verbunden ist.

Den Gesetzgeber*innen geht es darum, dass das kindliche Netzwerk durch zusätzliche Kontakte zu Gleichaltrigen ohne Leistungsbezug quantitativ erweitert werden soll. Die Qualität der persönlichen Beziehung bzw. Bindung bleibt bedeutungslos, da diese Kontakte insbesondere dazu dienen sollen, dass die leistungsberechtigten Kinder erstens soziale Kompetenzen von Gleichaltrigen erlernen und sie sich gemeinsam mit gleichen Inhalten beschäftigen. Zweitens benötigen die Leistungsberechtigten nach Ansicht der Gesetzgeber*innen ausschließlich die finanziellen Mittel, um an Gemeinschaftsangeboten z. B. in der Schule teilnehmen zu können. Sobald dies gewährt ist, liegt kein Ausschluss der Kinder mehr vor. Dementsprechend verstehen sie unter dem Begriff ‚Teilhabe' lediglich Teilnahme. Einzig und allein die Quantität also das ‚Ob' ist entscheidend und nicht das ‚Wie' bzw. die tatsächlichen Beziehungen zwischen den Kindern. Den Gesetzgeber*innen geht es also ausschließlich darum, dass die Kinder bspw. an dem gemeinsamen Mittagessen in der Schule teilnehmen können. Ob sie dadurch tatsächlich in das Klassengefüge aufgenommen sind und ihr Essen nicht trotzdem allein einnehmen, ist für die Gesetzgeber*innen nicht von Bedetung.

4.8 Die Andersartigkeit der Kinder im Leistungsbezug

Kinder im Leistungsbezug werden von den Gesetzgeber*innen in ihren Bedarfen und Lebenslagen in einer sehr großen Ähnlichkeit wahrgenommen. Mit diesen zugesprochenen Gemeinsamkeiten werden sie den Kindern ohne Leistungsbezug gegenübergestellt, deren Bedarfe und Lebenslagen als deutlich heterogener angesehen werden und die sich wiederum von den Bedarfen und Lebenslagen der leistungsberechtigten Kinder unterscheiden.

Grundsätzlich gehen die Gesetzgeber*innen davon aus, dass die leistungsberechtigten Kinder einheitliche Bedarfe (insbesondere in Bezug auf Bildung und Teilnahme) aufweisen, die sich auch regional (z. B. in Bezug auf die unterschiedliche Infrastruktur in Stadt und Land) sowie – trotz des föderalen Systems im Bildungsbereich – bundeslandspezifisch kaum unterscheiden. Der Bedarf variiert ihrem Erachten nach auch nicht in Abhängigkeit der besuchten Schulform. Die Lebenslagen der Kinder werden gleich eingeschätzt, sodass keine individuelle Bedarfsbemessung erfolgen muss. Zwar werden die Rahmenbedingungen und das Umfeld der Kinder wie die Existenz einer Schule im nahen Wohnumfeld berücksichtigt und dementsprechend Unterstützungen gewährt oder abgelehnt. Allerdings wird dabei nicht die Situation des einzelnen Kindes beachtet, i. d. S. dass Möglichkeiten geschaffen werden, auf abweichende Bedarfe von Kindern reagieren zu können. Dementsprechend wird den Kindern bspw. das Mittagessen in Schulen und Kindertagesbetreuungsangeboten bezuschusst, allerdings nur in der Weise, wie es für alle anderen Kinder übernommen wird. Sollten Kinder bspw. Allergien oder Lebensmittelunverträglichkeiten aufweisen, wird ihnen kein erhöhter oder veränderter Bedarf zugesprochen.

Diese Gleichartigkeit, die den Kindern im Leistungsbezug unterstellt wird, zeigt sich nicht nur hinsichtlich der zugesprochenen Bedarfe, sondern findet sich auch in den Lebenslagen und Eigenschaften der Kinder wieder. Im Vergleich zu den Kindern ohne Leistungsbezug heben die Gesetzgeber*innen insbesondere drei Bereiche hervor, innerhalb derer sich die Kinder im Leistungsbezug von denen, die nicht auf Existenzsicherungsleistungen angewiesen sind, unterscheiden. Dabei handelt es sich um die materielle Lage, um den Bildungsstand und die Nutzung der außerschulischen Bildungsangebote.

Materielle Lage der Kinder

Die materielle Lage der Kinder im Leistungsbezug ist geprägt durch die materielle Lage des Haushaltes in dem sie leben. Unabhängig von der konkreten Leistung, die die Kinder bzw. der Haushalt bezieht, ist die materielle Lage etwa auf gleichem Niveau – also dem Existenzminimum. Egal welchen Gesundheitszustand die leistungsberechtigten Eltern haben, in welchem Umfang sie erwerbsfähig und -tätig sind sowie welche weiteren Besonderheiten in ihren Lebenslagen vorliegen, verfügen sie bei einer identischen Familiengröße im Wesentlichen über gleich hohe monatliche Unterstützungsleistung und somit über die gleiche monatlich verfügbare Ausstattung mit finanziellen Mitteln. Mit diesen Leistungen können die Bedarfe nach Ansicht der Gesetzgeber*innen gesichert werden. Allerdings setzen die Eltern insbesondere die Unterstützungen für die Sicherung der Bedarfe der Kinder an Bildung und Teilnahme nicht zweckentsprechend ein, sondern nutzen diese Mittel – wenn möglich – für ihre eigene Wunscherfüllung. Demgegenüber wachsen Kinder ohne Leistungsbezug in Familien auf, die über höhere finanzielle Mittel verfügen. Ihre Eltern sorgen zudem dafür, dass die Bedarfe der Kinder an Bildung und Teilnahme gesichert werden. Kinder ohne Leistungsbezug nutzen die kostenpflichtigen Angebote vor allem freiwillig, während Kinder im Leistungsbezug nach Ansicht der Gesetzgeber*innen erst dazu motiviert werden müssen.

Bildungsstand der Kinder

Die leistungsberechtigten Kinder weisen nach Ansicht der Gesetzgeber*innen einen niedrigeren Bildungsstand auf als Kinder ohne Leistungsbezug. Zudem sprechen sie den Kindern ohne Leistungsbezug ausgeprägte soziale Kompetenzen zu, die bei leistungsberechtigten Kindern erst gefördert werden, wenn sie mit den Kindern ohne Leistungsbezug in Kontakt kommen. Damit gehen die Gesetzgeber*innen davon aus, dass die Kompetenzen und Fähigkeiten der Kinder im Leistungsbezug gewöhnlich geringer ausgeprägt sind als bei den Kindern ohne Leistungsbezug, sodass die Leistungsberechtigten einen höheren Förderbedarf aufweisen als Gleichaltrige.

Nutzung außerschulischer Bildungsangebote

Kinder nutzen bislang nur unzureichend die kostenpflichtigen außerschulischen Bildungsangebote, mit denen die Gleichaltrigen ohne Leistungsbezug nach Ansicht der Gesetzgeber*innen ihre Freizeit verbringen und in denen die noch unzureichend ausgeprägten Fähigkeiten und Kompetenzen der Leistungsberechtigten gefördert würden. Um dies zu ermöglichen, erhalten die Kinder mit Bezug existenzsichernder Leistungen nun ein einheitliches Budget, damit sie diese Angebote nutzen. Irrelevant ist, welches Angebot sie in Anspruch nehmen wollen, d. h. ob sie sich bspw. für Fußballspielen, für Reiten oder für das Erlernen eines Musikinstruments interessieren. Bedeutsam ist ausschließlich, dass sie in Kontakt mit Gleichaltrigen ohne Leistungsbezug kommen, da sie bislang höchstens Angebote nutzen, in denen sie mit Gleichaltrigen zusammen sind, die auch von existenzsichernden Leistungen leben. Kinder ohne Leistungsbezug nutzen demgegenüber die außerschulischen Bildungsangebote, für die sie sich interessieren. Sie nehmen nicht zwangsläufig nur ein, sondern in aller Regel mehrere Angebote in Anspruch, sodass sie in der Freizeit Kontakt mit Gleichaltrigen haben.

4.9 Die Ausgeschlossenen

Kinder im Existenzsicherungsbezug sind gewöhnlich von Gemeinschaftsstrukturen der Gleichaltrigen ausgeschlossen. Diese sind mit Kosten für die Teilnahme, für (u. U. kostenintensive) Gebrauchsgegenstände, für Schutzkleidung oder für Fahrten zu den Angeboten verbunden. Leistungsberechtigte Familien bringen die dafür notwendigen Summen nur selten auf und setzen die finanziellen Mittel für ihre Kinder in diesem Bereich nur unzureichend ein. Zusätzlich wirken sich auch die elterliche Unwissenheit über die Möglichkeit der Inanspruchnahme staatlicher Unterstützungsleistungen und/oder die Demotivation der Kinder zur Nutzung außerschulischer Bildungsinstitutionen aus. Die leistungsberechtigten Kinder sind aus diesen drei Gründen von Teilnahmemöglichkeiten an den Gemeinschaftsstrukturen ausgeschlossen.

Nehmen sie an Angeboten und Aktivitäten teil, die die Gleichaltrigen nutzen, besteht noch eine zusätzliche Möglichkeit des Ausschlusses aus den Gemeinschaftsstrukturen. Wird innerhalb der Gruppe der Gleichaltrigen bekannt, dass die Kinder von existenzsichernden Leistungen leben und deshalb an Angeboten und Aktivitäten nicht teilnehmen können, die mit Kosten verbunden sind, oder sich aus diesem Grund keine (gleichwertige) Ausstattung mit (Schutz-)Gegenständen leisten können, erfolgt ein weiterer Ausschluss der Kinder. Trotz der Teilnahme werden die Kinder nach Ansicht der Gesetzgeber*innen von den Gleichaltrigen aus ihrer Gemeinschaft ausgeschlossen, wenn sie erfahren, dass die leistungsberechtigten Kinder von existenzsichernden Hilfen leben. Das heißt, die Leistungsberechtigten werden von den Kindern ohne Leistungsbezug nicht in die Gemeinschaft z. B. durch positiv empfundene Kommunikation einbezogen, was bis hin zu Diskriminierung und Stigmatisierung führen kann. Dieser Ausschluss kann nach Ansicht der Gesetzgeber*innen bei den Kindern im Leistungsbezug zusätzlich zu einer negativen Beeinträchtigung ihres psychischen Gesundheitszustandes und ihrer Entwicklung führen.

Darüber hinaus ist bei den leistungsberechtigten Kindern die Wahrscheinlichkeit höher, dass sie in der Zukunft von sog. ‚Lebenschancen', d. h. von einer zukünftigen Eingliederung in den Arbeitsmarkt und der damit verbundenen Partizipation an den gesellschaftlichen Strukturen, ausgeschlossen werden. Erhalten sie im Kindes- und Jugendalter nicht die notwendigen Förderungen in den institutionell organisierten Bildungsangeboten, um die Fähigkeiten und Kompetenzen zu erlangen, die für die Eingliederung in den Arbeitsmarkt notwendig sind, haben sie später keine Möglichkeit am Leben in der Gesellschaft teilzunehmen. Die geringere Förderung liegt insbesondere deshalb vor, weil Kinder die außerschulischen Bildungsangebote seltener als Gleichaltrige nutzen. Dort erhalten sie in der Freizeit gezielte Bildungsförderung, die wiederum zur Verbesserung des Bildungsstandes beiträgt und schließlich zu einer erfolgreicheren Integration in den Arbeitsmarkt führt.

Bei leistungsberechtigten Kindern mit (drohender) Behinderung besteht eine noch höhere Wahrscheinlichkeit des Ausschlusses aus den Gemeinschaftsstrukturen der Gleichaltrigen. Neben den allgemein geringen finanziellen Ressourcen der leistungsberechtigten Familien und den damit verbundenen unterdurchschnittlichen Teilnahmemöglichkeiten, weisen die leistungsberechtigten Kinder mit (drohender) Behinderung zusätzliche Eigenschaften auf, die die Wahrscheinlichkeit einer Teilnahme an den Gemeinschaftsstrukturen der Gleichaltrigen reduzieren. Wegen ihrer möglichen Einschränkungen in den körperlichen Funktionen und damit auch der unzureichenden Befriedigung ihrer Grundbedürfnisse benötigen sie u. U. zusätzliche Hilfsmittel (z. B. Hörgerät, Gehhilfe), Unterstützungsleistungen (z. B. Integrationshelfer*innen) sowie die Förderung (alltags-)praktischer Kenntnisse und Fähigkeiten, um (zumindest annäherungsweise) über die gleichen Fähigkeiten und Kompetenzen der Gleichaltrigen zu verfügen und dadurch an deren Aktivitäten teilnehmen zu können. Gelingt dies nicht und sind die Kompetenzen und Fähigkeiten deutlich unter dem Durchschnitt der Gleichaltrigen, werden sie vom Besuch einer regulären Schule ausgeschlossen und müssen eine Schule besuchen, die ausschließlich von Kindern mit (drohender) Behinderung besucht wird. Damit werden sie von der (schulbezogenen) Gemeinschaft mit den Gleichaltrigen ohne Behinderung ausgeschlossen. Darüber hinaus besteht die Möglichkeit, dass sie gänzlich von schulischen Angeboten und Aktivitäten der Gleichaltrigen ausgeschlossen werden, wenn ihre Kompetenzen und Fähigkeiten die Teilnahme daran nicht zulassen. In diesem Fall ist auch die Teilnahme am gesellschaftlichen Leben im Erwachsenenalter nicht möglich.

Folglich sind die leistungsberechtigten Kinder mit (drohender) Behinderung nach Ansicht der Gesetzgeber*innen hinsichtlich der Teilnahmemöglichkeiten in doppelter Hinsicht benachteiligt. Erstens verfügen die leistungsberechtigten Familien über geringe finanzielle Ressourcen, die allein schon zu einer reduzierten Teilnahmemöglichkeit führen. Da die Kinder wegen ihrer (drohenden) Behinderung außerdem einen damit verbundenen erhöhten Bedarf aufweisen, für dessen Befriedigung zusätzliche monetäre Ressourcen erforderlich sind, verringern sich ihre Teilnahmemöglichkeiten weiter. Zweitens sind diese Kinder von der überdurchschnittlich hohen Wahrscheinlichkeit eines Ausschlusses aus den Gemeinschaftsstrukturen der Gleichaltrigen betroffen, selbst wenn den Kindern die körperliche Anwesenheit ermöglicht wurde. Dieser Umstand liegt nach Ansicht der Gesetzgeber*innen deswegen vor, weil Kinder mit (drohender) Behinderung eine dauerhafte Abweichung vom als normal angenommenen Entwicklungsstand aufweisen, die durch die Gleichaltrigen als Abweichung offensichtlich werden kann. Dieses Merkmal gilt zusätzlich zum Leistungsbezug als ein weiterer Grund für den Ausschluss aus den als positiv empfundenen Kommunikationsstrukturen. Dementsprechend weisen die Kinder mit (drohender) Behinderung im Leistungsbezug zwei Merkmale auf, die bereits unabhängig voneinander als Ausschlussgrund aus Gemeinschaftsstrukturen gelten.

Insgesamt umfasst das durch die Gesetzgeber*innen als ‚Teilhabebedarf' bezeichnete Verlangen zu allererst den Bedarf an Teilnahme an den Aktivitäten und Alltagsstrukturen der Gleichaltrigen ohne Behinderung und Leistungsbezug. Die Kinder haben ihrem Erachten nach einen Bedarf an Ausstattung mit finanziellen Ressourcen, damit sie zumindest teilweise an Aktivitäten und Angeboten teilnehmen können und die dafür notwendigen Gegenstände anschaffen können. Durch die Kostenpflicht sind die Kinder de facto von spezifischen Angeboten und auch von den Gemeinschaftsstrukturen der Gleichaltrigen ausgeschlossen. Demnach gehen die Gesetzgeber*innen davon aus, dass Kinder, die von einem Standard bzw. einer angenommenen Normalität abweichen, aus der Gemeinschaft der Gleichaltrigen ausgeschlossen werden. Ist die Teilnahme an den Gemeinschaftsstrukturen ermöglicht, kann weiterhin ein Ausschluss aus der Gemeinschaft erfolgen. Wird eine Andersartigkeit von Kindern bekannt – wie der Bezug von existenzsichernden Leistungen – schließen die Gleichaltrigen die Leistungsberechtigten aus ihrer Gemeinschaft aus oder diskriminieren sie. Summa summarum sind die Andersartigkeiten der Kinder zu reduzieren, um den sozialen Ausschluss verhindern zu können. Dementsprechend müssen sich die Kinder im Leistungsbezug verändern und nicht die Gruppe. Diese individuelle Problemzuschreibung zeigt sich vor allem bei den Kindern mit (drohender) Behinderung, die nach Ansicht der Gesetzgeber*innen jegliche Anstrengungen unternehmen müssen, um sich so gut wie möglich anzupassen. Das heißt, sie müssen die gleichen Eigenschaften, Fähigkeiten und Kompetenzen wie die Gleichaltrigen erlangen, um an deren Gemeinschaftsstrukturen teilnehmen zu können und von den Gleichaltrigen nicht ausgeschlossen zu werden.

4.10 Kinder als kleine Erwachsene

Die Gesetzgeber*innen gehen nicht mehr in einem so großen Umfang wie vor der Revision der Regelbedarfe im SGB II, SGB XII und AsylbLG davon aus, dass Kinder die gleichen Bedarfe wie Erwachsene haben. Das zeigt sich insbesondere daran, dass die Regelbedarfe der Kinder nicht mehr ausschließlich über einen reduzierten Prozentsatz der erwachsenenbezogenen Bedarfe berechnet werden. Zudem wurden den Kindern die Bedarfe an Bildung und Teilnahme zugesprochen. Neben diesen direkt ersichtlichen Veränderungen innerhalb der Existenzsicherungsgesetze, wurden jedoch indirekt kaum Modifikationen vorgenommen, sodass die Gesetzgeber*innen den Kindern weiterhin den Bedarf an gleichen Gegenständen wie älteren Menschen unterstellen. Zwar benötigen die Kinder diese in einem anderen Kontext (z. B. Stifte, Blöcke, (Schutz- und Sport-) Kleidung) – nämlich in der Schule. Diese Bedarfe sind jedoch lediglich aus den Regelbedarfen gestrichen und in die Bildungsbedarfe aufgenommen worden. Für Erwachsene sind diese Gegenstände weiterhin in den Regelbedarfen enthalten.

Gleiches gilt in Bezug auf die Leistungen, die die Kinder für ihre Bedarfe an Teilnahme erhalten. Dementsprechend werden Kindern wie Erwachsenen die gleichen Gegenstände zugesprochen, allerdings wurden sie in unterschiedliche Lebenssituationen eingeordnet und teilweise erhalten Kinder höhere prozentuale Anteile für spezifische Bedarfe als Erwachsene. Das liegt insbesondere dann vor, wenn Kinder Mehrbedarfe für spezielle Situationen erhalten z. B. für die Mittagsverpflegung in den Kindertagesbetreuungsangeboten oder für die Erstattung der Mobilitätskosten zum Erreichen der Schule.

Eine tatsächliche Berücksichtigung der Bedarfe der Kinder erfolgt jedoch nicht umfassend, sodass unerheblich bleibt, ob Kinder bspw. einen Bedarf an kindgerechten Gegenständen in der frühen Kindheit (z. B. Schnuller oder Rassel), einen Bedarf an kindgerechten Gegenständen für die private Freizeitgestaltung (z. B. Spielzeug oder Bücher) oder andere Hygienebedarfe (z. B. Windeln) haben.

4.11 Kinder als aktive Nutzer*innen ihrer Umwelt

Wird den Kindern die Möglichkeit geboten, Aktivitäten und Angebote, die sich in ihrem Umfeld befinden, zu nutzen, nehmen sie diese nach Ansicht der Gesetzgeber*innen auch in Anspruch. Demgegenüber werden ihnen keine Bedarfe für Aktivitäten in der Wohnung zugesprochen, sodass die Gesetzgeber*innen scheinbar davon ausgehen, dass sich Kinder den größten Teil ihres Tages in ihrem Wohnumfeld aufhalten wollen. Ihr Aktionsradius ist nicht ausschließlich auf die unmittelbare Nachbarschaft beschränkt. Vielmehr erkunden und nutzen sie die Angebote und Aktivitäten, die nur durch motorisierte Fortbewegungsmittel erreicht werden können, sobald ihnen die dafür erforderlichen Mittel bereitgestellt werden. Demzufolge erweitert sich ihr Aktionsradius je nachdem, welche Möglichkeiten ihnen eröffnet werden.

Diese Verhaltensweisen werden auch den Kindern mit (drohender) Behinderung zugeschrieben. Trotz ihrer ungleichen Ausstattung mit Kompetenzen und Fähigkeiten sowie den angenommenen Einschränkungen nutzen sie den Aktionsradius, der ihnen durch die Gesetzgeber*innen eröffnet wird. Dementsprechend wird der Mobilitätsdrang der Kinder vornehmlich durch die begrenzten Unterstützungen eingeschränkt und nicht durch ein Desinteresse oder eine Inaktivität der Kinder.

Weiterhin gehen die Gesetzgeber*innen davon aus, dass sich die Kinder in ihrer Freizeit aktiv betätigen, d. h. sich bewegen, indem sie Sport treiben wie Fußball spielen, Radfahren oder schwimmen sowie sich mit Medien (insbesondere Computern) auseinandersetzen. Die den Kindern zugesprochene Aktivität bezieht sich folglich nicht nur auf die Nutzung spezifischer Angebote und Umwelten. Nach Ansicht der Gesetzgeber*innen weisen sie auch den Bedarf an Aktivität i. S. aktiver körperlicher Bewegung auf.

4.12 Die gesunden Kinder

Kinder im Leistungsbezug sind nach Ansicht der Gesetzgeber*innen in aller Regel gesund und maximal kurzzeitig aber nicht dauerhaft gesundheitlich eingeschränkt. Um diesen Zustand aufrecht zu erhalten, nehmen die Kinder selbst Anstrengungen vor, indem sie durch regelmäßige Körperpflege und die Nutzung von Schutzkleidung (z. B. beim Sporttreiben oder bei Arbeiten im Rahmen eines Praktikums, die mit Gefahren verbunden sein können) aktive Maßnahmen zur Gesunderhaltung ihres Körpers durchführen. Neben dem Eigenschutz kümmern sich auch weitere Personen um das psychische und physische Wohl der Kinder. So ist bspw. dafür zu sorgen, dass das physische und soziokulturelle Existenzminimum der Kinder zu dem Zeitpunkt des Auftretens der Bedarfe gesichert wird, sodass es nicht dazu kommt, dass unbefriedigte Bedarfe die psychische und physische Lage der Kinder negativ beeinflussen. Sollte diese Schutzfunktion von Personen, die für die Kinder verantwortlich sind, nicht eingehalten werden, sprechen die Gesetzgeber*innen diesen Personen die Befriedigung weiterer Bedarfe der Kinder wie die Bildungsförderung ab. Hierdurch wird vor allem der hohe Stellenwert der Aufrechterhaltung der uneingeschränkten psychischen und physischen Lage der Kinder deutlich.

Darüber hinaus gehen die Gesetzgeber*innen trotz der präventiven Maßnahmen durch die Kinder selbst und durch weitere Personen davon aus, dass die leistungsberechtigten Kinder – aufgrund des Merkmals der Abhängigkeit von Existenzsicherungsleistungen und vermittelt durch die damit verbundenen Folgen – negativen Einflüssen auf ihren psychischen und physischen Gesundheitszustand ausgesetzt sind. Sie müssen bspw. u. U. ein psychisch belastendes Familienklima ertragen oder sind der erhöhten Wahrscheinlichkeit von Ausgrenzung, Diskriminierung und Stigmatisierung ausgesetzt, was ihren psychischen Gesundheitszustand negativ beeinflussen kann. Trotzdem gehen die Gesetzgeber*innen davon aus, dass die psychische und physische Lage der Kinder im Leistungsbezug von keinerlei nennenswerten Leiden gekennzeichnet ist. Das zeigt sich insbesondere deshalb, weil den Kindern kein regelmäßiges Auftreten von Krankheiten zugesprochen wird und ihnen keine diesbezüglichen Bedarfe z. B. durch die Nutzung medizinischer Einrichtungen oder das Aufsuchen von Ärzt*innen unterstellt werden. Darüber hinaus sprechen sie den Kindern keinen Bedarf an Erholung bspw. vom schulischen Alltag zu, sodass sie scheinbar davon ausgehen, dass die Kinder dort keinen so hohen Belastungen ausgesetzt sind, dass sie neben den Ferien noch zusätzliche oder erhöhte Erholungsbedarfe haben.

4.13 Die ‚atypischen' Kinder

Kindern werden spezifische Fähigkeiten und Kompetenzen zugesprochen, die sich zu einem bestimmten Zeitpunkt in ihrem Leben entwickelt haben. Dabei handelt es sich bspw. darum, ohne fremde Hilfe oder zusätzliche Hilfsmittel gehen, essen, hören, sprechen oder sehen zu können. Dieser als Normalität unterstellte Zustand wird nach Ansicht der Gesetzgeber*innen nicht durch alle Kinder erreicht. Ist das der Fall, wird diese zugesprochene Abweichung als negative Besonderheit hervorgehoben, da die Kinder erstens als ‚Kinder mit (drohender) Behinderung' bezeichnet werden, durch die hervorgehoben wird, dass ihnen eine Andersartigkeit bzw. ein Abweichen innerhalb der typischen Kompetenzen und Fähigkeiten im Vergleich zu anderen Kindern zugesprochen wird. Bei dieser Gruppe unterscheiden sie das einzige Mal innerhalb der leistungsberechtigten Kinder hinsichtlich individueller Bedarfe. Mit dieser Differenzierung geht es ihnen jedoch nicht explizit darum, umfangreiche heterogene Bedarfe zu berücksichtigen. Vielmehr sehen sie in den Kindern mit (drohender) Behinderung eine besonders benachteiligte Gruppe, die aufgrund entwicklungsbezogener Einschränkungen neben den ansonsten identischen Bedarfen wie die Leistungsberechtigten ohne Behinderung vereinzelte zusätzliche Bedarfe aufweisen. Dementsprechend sind Besonderheiten ausschließlich dann zu berücksichtigen, wenn ein überdurchschnittliches Maß an Einschränkungen in der psychischen und physischen Lage vorliegt.

Zweitens werden ihnen zusätzliche Hilfen zugesprochen, damit die Abweichungen und deren Folgen in der Weise reduziert werden, dass sie an den unterstellten Normalzustand angepasst werden. Trotz dieser vorgenommenen Anstrengungen können die Abweichungen und deren Folgen gewöhnlich nur gemindert werden. Ein Ausgleich kann hingegen nach Ansicht der Gesetzgeber*innen nicht erfolgen. So können bspw. bei Kindern, bei denen die Geh-Fähigkeit eingeschränkt ist, durch Hilfsmittel wie Gehhilfen oder einem Rollstuhl die Folge der Mobilitätseinschränkung gemindert werden. Ihre Abweichung vom unterstellten Normalzustand, dass Kinder ab einem bestimmten Alter ohne zusätzliche Hilfen laufen können, ist allerdings immer noch ersichtlich.

Diese unterstellte Abweichung von der Normalität der Gleichaltrigen wird den Kindern durch die Gesetzgeber*innen als individuelle Eigenschaft zugeschrieben, da bei den sog. ‚Kindern mit (drohender) Behinderung' Ausgleiche vorgenommen werden. Ausschließlich ihnen werden zusätzliche Hilfebedarfe zugesprochen. Demgegenüber wird bspw. den Personen in ihrem Umfeld (z. B. Klassenkamerad*innen, Freund*innen in der Kindertageseinrichtung oder Geschwistern) kein Änderungs- bzw. Förderbedarf bspw. in Bezug auf das Erlernen der Gebärdensprache zuerkannt. Dementsprechend liegen die Handlungsbedarfe bei den Kindern selbst, die ihre unterstellten Abweichungen ausgleichen und die Folgen reduzieren sollen, um sich dem unterstellten Normalzustand anzupassen. Dabei wird ihnen zwar eine Vielzahl zusätzlicher Bedarfe zugesprochen und eine Reihe von Unterstützungen gewährt, sodass sie zwar auf ein breites Netzwerk zurückgreifen können und damit nicht allein gelassen werden. Trotzdem gelten die Kinder als atypisch und als Personen, die individuellen Veränderungen bedürfen. Anpassungen der Umgebung werden hingegen nicht unterstellt. Vielmehr scheint es für die Gesetzgeber*innen vollkommen normal zu sein, dass Kinder mit erhöhten Abweichungen sogar von den Gemeinschaftsstrukturen der Gleichaltrigen ausgeschlossen und in spezifisch für sie eröffnete Einrichtungen (z. B. Sonder- bzw. Förderschulen oder sog. ‚Heime für Menschen mit Behinderung') separiert werden.

Resümee

Mittels der Analyse des gesetzgeberischen Verständnisses von Kindern und Kindheit in den Existenzsicherungsgesetzen und insbesondere den Leistungen für Bildung und Teilhabe konnten 13 Kinder- und Kindheitsbilder rekonstruiert werden. Dabei wurde gezeigt, dass Kinder im Allgemeinen als Menschen dargestellt werden, denen im Vergleich zu Erwachsenen eine Vielzahl von Fähigkeiten und Kompetenzen fehlen, um ein eigenständiges Leben führen zu können. Vor diesem Hintergrund benötigen Kinder Personen, die ihnen Hilfestellungen geben, die sie im Alltag unterstützen und auf das spätere Leben durch Förderung ihrer Kompetenzen und Fähigkeiten vorbereiten. Kinder werden folglich unter dem Fokus ihres zukünftigen Lebens betrachtet. Ihr aktuelles Dasein erlangt kaum Bedeutung. Das Leben im Erwachsenenalter gilt nach

Ansicht der Gesetzgeber*innen als gelingendes Leben, wenn sie in den Arbeitsmarkt integriert sind und ihr Einkommen ausschließlich durch Erwerbsarbeit erzielen.

Die zentrale Funktion der Lebensphase Kindheit besteht in der Bildung bzw. in der Entwicklung und Entfaltung der Fähigkeiten und Kompetenzen, die sie für ihr Leben im Erwachsenenalter benötigen. Kinder sind zu Beginn ihres Lebens ‚unfähige' Menschen, die eine umfassende Unterstützung durch Dritte benötigen. Die Kompetenzen und Fähigkeiten der leistungsberechtigten Kinder werden insbesondere durch die Fachkräfte verschiedener Bildungsinstitutionen gefördert, wodurch diese entwickelt und entfaltet werden. Kindern wird dabei eine passive Rolle zugeschrieben. Sie bestimmen weder selbst darüber, welche Fähigkeiten und Kompetenzen sie erlernen möchten, noch haben sie nach Ansicht der Gesetzgeber*innen den Drang nach Wissens- und Kompetenzzugewinn.

Die durch die Gesetzgeber*innen als notwendig angenommenen Kompetenzen und Fähigkeiten beziehen sich ausschließlich auf das Erreichen eines erfolgreichen schulischen und berufsbildenden Abschlusses, um schließlich die erforderlichen Zertifikate zu erhalten, damit eine Erwerbstätigkeit aufgenommen werden kann. Diese Förderung erfolgt insbesondere in der Schule. Darüber hinaus besteht eine Reihe weiterer Bildungseinrichtungen, die jeweils die Schule in ihren Aufgaben unterstützen sollen. Die Förderung in außerschulischen Bildungseinrichtungen trägt demnach indirekt zu den gleichen Zielen bei wie die schulische Bildung. Diese zusätzlichen Bildungsorte sollen durch die Kinder genutzt werden, um ihre Zukunftschancen zu verbessern. Dies gelingt insofern den Kindern auch die dafür notwendigen materiellen Ressourcen zur Verfügung stehen und ihre Eltern sie zur Inanspruchnahme motivieren.

Neben den Bildungsinstitutionen haben die Eltern weiterhin einen zentralen Stellenwert im Leben der Kinder, da diese für die Bedarfssicherung zuständig sind und sie ihren Kindern (insbesondere materielle und zeitliche) Ressourcen bereitstellen, sie in ihrer Alltagsbewältigung unterstützen sowie den Kindern als Vorbild dienen. Diese Vorbildfunktion führt schließlich dazu, dass die Kinder die Handlungsweisen ihrer Eltern übernehmen.

Kindern, die von Existenzsicherungsleistungen leben und damit von Armut betroffen sind, wird dieser Status zugeschrieben, weil ihre Eltern den Lebensunterhalt der Familie nicht durch selbst erwirtschaftetes Einkommen sichern können. Dementsprechend fehlen den Eltern nach Ansicht der Gesetzgeber*innen die notwendigen Kompetenzen und Fähigkeiten, die sie für eine dauerhafte Integration in den Arbeitsmarkt benötigen. Da die Kinder von ihren Eltern bzw. den Personen abhängig sind, mit denen sie in einem Haushalt zusammenleben, entspricht die materielle Situation der Kinder der des gesamten Haushaltes. Diese unterdurchschnittliche Ausstattung mit monetären Ressourcen ist gleichzeitig mit einer Reihe weiterer Einschränkungen in anderen Lebenslagen verbunden. Demnach haben Eltern im Existenzsicherungsbezug nur einen geringen Bildungsstand, der es ihnen nicht erlaubt, ihre Kinder im schulischen Bereich zu unterstützen und Bildungsförderung vorzunehmen. Weiterhin haben diese Eltern nur geringe soziale Kompetenzen, sodass ihnen die notwendigen Voraussetzungen fehlen, um ihre Kinder zu fördern. Ihre Handlungsweisen im Umgang mit finanziellen Mitteln können nicht als zweckentsprechend angesehen werden, sodass sie erstens ihren Kindern kein positives Vorbild in Bezug auf einen fokussierten, bedarfsbezogenen Umgang mit finanziellen Ressourcen sind und sie ihren Kindern zweitens vielmehr einen egoistischen und missbräuchlichen Umgang mit den Unterstützungsleistungen demonstrieren. Darüber hinaus können sie über derart niedrige Kompetenzen im Umgang mit den Familienmitgliedern verfügen, dass das Familienklima auf die Kinder psychisch stark belastend wirken. Damit gehen die Gesetzgeber*innen davon aus, dass die negative soziale Lage der Familien an ihre Kinder vererbt wird.

All diese als fehlend bzw. unzureichend angenommenen Kompetenzen und Fähigkeiten der Eltern führen nach Ansicht der Gesetzgeber*innen dazu, dass die Kinder in einem Umfeld aufwachsen, in dem sie nicht die notwendigen Unterstützungen und Förderungen erhalten, die sie für ihr späteres Leben benötigen. Dadurch verfügen sie nicht über die gleichen Kompetenzen, Fähigkeiten und Ausstattungen der Gleichaltrigen, wodurch sie sich in negativer Weise von den anderen Kindern in ihrem Alter abheben. Diese Andersartigkeit bzw. Abweichung vom unterstellten Normalzustand führt schließlich neben dem Ausschluss aus kostenpflichtigen Aktivitäten und Angeboten zusätzlich zum Ausschluss aus den Gemeinschaftsstrukturen der Gleichaltrigen, sodass sie von Ausgrenzung, Diskriminierung und Stigmatisierung betroffen sind.

Um den Kindern ein Mindestmaß an Zukunftschancen zu gewähren, bedürfen sie eines stärkeren Maßes an sog. ‚positiven Einflüssen', die innerhalb institutionell organisierter Angebote gewährt werden. In diesen Institutionen werden sie erstens gefördert und zweitens haben sie Kontakt zu Personen ohne Leistungsbezug, die über die notwendigen Kompetenzen und Fähigkeiten verfügen, die die Kinder später benötigen. Dadurch kann zumindest ermöglicht werden, dass die Kinder im Erwachsenenalter nicht mehr von Existenzsicherungsleistungen abhängig sind und nicht mehr von Armut betroffen sind.

Auf der Grundlage dieser Erkenntnisse zum gesetzgeberischen Verständnis von Kindern, die zumindest zeitweise in Armut aufwachsen, sowie ihrer Kindheit, lassen sich nun – unter Berücksichtigung des Konzepts der Adressat*innenorientierung – Hinweise darauf ableiten, welche Auswirkungen diese Bilder auf die Lebenssituation der betroffenen Kinder haben. Dies erfolgt im nachfolgenden Kapitel, im Anschluss an eine kritische Reflektion der zusammengestellten Kategorien und Unterkategorien hinsichtlich ihrer Potenziale und Grenzen zur Darstellung von Lebenssituationen von Kindern.

5 Zusammenfassende Diskussion

Im Anschluss an die Analyse, bei der in einzelnen Fällen Schwierigkeiten bei der Zuordnung von Textstellen zu den Kategorien und Unterkategorien auftraten, kann eine Diskussion der methodischen Erkenntnisse nicht außer Acht bleiben. In Anbetracht dessen wird die Anwendbarkeit der Kategorien und Unterkategorien dargestellt, die auf Basis der kindlichen Lebenslagenkonzepte und der Bedürfniskonzepte zusammengestellt wurden. Dementsprechend wird mit dieser kritischen Reflexion der Versuch unternommen, Potenziale für eine detailliertere und systematischere Beschreibung der Lebenslagen von Kindern aufzuzeigen.

Im Anschluss an diese Überlegungen werden in Kapitel 5.2 die Ergebnisse der Analyse auf die Bedeutung für die Armutsreduzierung bei Kindern diskutiert. Ausgehend von dem gesetzgeberischen Verständnis, dass Kinder grundsätzlich von ihren Eltern abhängig sind und somit nur im Familienkontext gedacht werden können, werden kritische Überlegungen zum Instrument der familien- und damit gruppenbezogenen Armutsbekämpfung und folglich der Abkehr von einer individuellen Armutsreduzierung bei Kindern diskutiert (vgl. Abschnitt 5.2.1).

Das benannte sowie die weiteren Kinder- und Kindheitsbilder der Gesetzgeber*innen werden außerdem unter Berücksichtigung des Konzepts der Adressat*innenorientierung mit den Ergebnissen der eingangs dargestellten Studien zur Armutsbetroffenheit und Bewältigung von Armutslagen bei Kindern verglichen. Auf dessen Grundlage werden (mögliche) Auswirkungen des gesetzgeberischen Verständnisses auf die Armutsfolgenreduzierung bei Kindern dargestellt und diskutiert (vgl. Abschnitt 5.2.2).

5.1 Das kindliche Lebenslagenkonzept als Instrument zur Darstellung der Lebenssituation von Kindern

Während der Analyse ergaben sich an einzelnen Stellen Schwierigkeiten bei der Zuordnung der Textabschnitte des Analysematerials zu den Kategorien und Unterkategorien. Im Ergebnis führt das dazu, dass zu den genutzten Unterkategorien fünf weitere hinzugefügt wurden, um dadurch die Lebenssituationen von Kindern und deren Einflussfaktoren zielgenauer beschreiben zu können. Grundsätzlich erscheinen die Kategorien und Unterkategorien als sehr geeignet, um die zentralen Merkmale der Lebenssituationen von Kindern umfassend abzubilden. Das heißt anhand der acht Kategorien, die insbesondere auf der Grundlage des Lebenslagenkonzepts der AWO-ISS-Studie erarbeitet wurden, konnte die durch die Gesetzgeber*innen angenommene Lebenssituation leistungsberechtigter Kinder gut beschrieben werden. Dementsprechend beeinflussen sich die vier Lebenslagendimensionen (1) die *materielle Lage*, (2) die *soziale Lage*, (3) die *kulturelle Lage* sowie (4) die *psychische und physische Lage* nicht nur wechselseitig, sondern entscheiden auch über die Lage der Kinder im Allgemeinen. Darüber hinaus liegen weitere Wechselwirkungen mit den Faktoren (1) *Kinder* mit ihren Persönlichkeitseigenschaften und weiteren individuellen Merkmalen, (2) der *Familie*, (3) den *Netzwerken* sowie (4) den *gesellschaftlichen Rahmenbedingungen* vor.

Die in der Analyse genutzten Unterkategorien, die sowohl aus der AWO-ISS-Studie als auch aus weiteren Kinderarmutsstudien sowie diversen Bedürfniskonzepten entwickelt wurden, zeigten sich in der breiten Masse als kompatibel mit dem Analysematerial und nur in einer geringen Anzahl von Fällen ergaben sich kleine Zuordnungsschwierigkeiten, sodass sich hinsichtlich der Unterkategorien ein hohes Potenzial zur detaillierten und systematisierten Beschreibung der Lebenssituationen von Kindern zeigten.

Die fünf hinzugefügten Unterkategorien wurden folgenden Kategorien zugeordnet: In der Kategorie *kulturelle Lage* wurden die Unterkategorien *Partizipation* und *Religion/Kultur* zusätzlich aufgenommen, in der Kategorie *psychische und physische Lage* erwies sich die Kategorie *Gesundheitszustand allgemein* als hilfreich, um die Ergebnisse, die sowohl den psychischen als auch den physischen Gesundheitszustand beschreiben, nicht doppelt auszuführen. Zudem wurden in der Kategorie *Familie* die beiden Unterkategorien *soziale Lage* und *psychische und physische Lage* aufgenommen.

Im Rahmen der Ergebnisdarstellung deutete sich weiterhin an, dass für eine Beschreibung der Lebenssituation von Kindern weitere Differenzierung und das Einfügen zusätzlicher Ebenen hilfreich erscheinen, um eine noch systematischere Darstellung erarbeiten zu können. Für die Analyse hätte diese Veränderung nicht zu abweichenden Ergebnissen geführt. Allerdings kann diese detaillierte Darstellung für nachfolgende Forschungen von Interesse sein, sodass nachfolgend die Überlegungen zur Konkretisierung und Erweiterung eines Konzepts zur Beschreibung der kindlichen Lebenssituation dargestellt werden, die auf der Grundlage der gesetzgeberischen Annahmen zur Lebenssituation von Kindern im Leistungsbezug beruhen. Die Kategorien werden beibehalten, da sich diese – wie bereits erwähnt – als geeignete Dimensionen erwiesen haben. Potenziale finden sich in der darunterliegenden Ebene, da sich hier teilweise eine zusätzliche Ebene als gewinnbringend erweisen kann. Die Diskussion möglicher Anpassungen findet in der bekannten Reihenfolge der Kategorien (und Unterkategorien) statt.

Materielle Lage

In der Kategorie der *materiellen Lage* erscheint eine Unterkategorie, die die zusätzliche materielle Ausstattung von Kindern mit entwicklungsbedingten oder gesundheitlichen Einschränkungen berücksichtigt, als hilfreich, um auch deren gesonderten materiellen Bedarfe erfassen zu können. Derartige Gegenstände wurden in den Analysematerialien immer wieder im Rahmen der Leistungen für Kinder mit (drohender) Behinderung benannt. Hierbei handelt es sich maßgeblich um Gegenstände, die die Folgen des eingeschränkten physischen Gesundheitszustands reduzieren sollen, sodass dies in der Kategorie *materielle Lage* aufzunehmen ist. In den Theorien, die der Zusammenstellung der Kategorien und Unterkategorien dienten, waren Kinder mit Behinderung nicht berücksichtigt, was scheinbar auch dazu führte, dass bislang keine der Unterkategorien auf einen solchen Inhalt ausgelegt war. In Anbetracht dessen wurden diese Inhalte der Unterkategorie *Ausstattung mit kindgerechten Gegenständen* zugeordnet. Zwar handelt es sich hierbei nicht um spezifische Gegenstände, die ausschließlich Kindern zugeschrieben werden können, allerdings ist diese Unterkategorie im Vergleich zu den weiteren Unterkategorien ansonsten nicht auf konkrete Gegenstände beschränkt. Eine zusätzliche Unterkategorie, die diese Gegenstände berücksichtigt, erscheint daher hilfreich.

Die Unterkategorie *monetäre Ressourcen* stellte sich in der inhaltlichen Ausrichtung, die in den Lebenslagenkonzepten verwendet wurden, als zu eingeschränkt dar, sodass diese Unterkategorie bereits während der Analyse ausgeweitet wurde. Die Gesetzgeber*innen berücksichtigen als finanzielle Mittel, über die die Kinder verfügen, nicht nur diejenigen, die ihnen zur eigenen Verfügung ohne Absprache mit Dritten bereitstehen wie Taschengeld. Sie kennen weiterhin die monetären Ressourcen, die speziell für Kinder eingesetzt werden und ihnen darüber zugesprochen werden. Das heißt, nach Ansicht der Gesetzgeber*innen gehört bspw. das sog. ‚Kindergeld' zu den monetären Ressourcen der Kinder. Ihrem Erachten nach wird den Kindern darüber ein Einkommen zur Verfügung gestellt, das spezifisch für ihre Bedarfe zu nutzen ist. Da Kindern aufgrund ihres Alters jedoch die notwendigen Fähigkeiten und Kompetenzen für den zweckentsprechenden Einsatz dieser Ressourcen fehlen, übernehmen Dritte – i. d. R. die Eltern – diese Funktion. Um das spezifische Einkommen der Kinder abbilden zu können, dass ihnen als Person durch Dritte zugesprochen wird, erscheint zur Darstellung der monetären Ressourcen der Kinder durchaus als hilfreich.

Die weiteren Unterkategorien innerhalb der Kategorie *materielle Lage* fassen im weitesten Sinne die Gegenstände (und Lebewesen) zusammen, die i. d. R. durch die monetären Ressourcen erworben werden können wie Kleidung, Nahrung, aber auch Tiere und Pflanzen. Für die Kategorie der *materiellen Lage* erscheint daher eine übergeordnete Zweiteilung, mittels derer die Inhalte noch systematischer eingeteilt werden und damit auch die unterschiedlichen Ebenen der Kategorie hervorgehoben werden, als hilfreich. Aus den weiterführenden Überlegungen zur Analyse ergibt sich dementsprechend die nachfolgende Systematisierung in

(a) Monetäre Ressourcen i. S. v. Geldwerten in Form von Einkommen und Vermögen, dass den Kindern gehört, auch wenn es durch Dritte verwaltet wird und
(b) die Ausstattung mit materiellen und immateriellen Gütern, die in verschiedene Bereiche wie Wohnen (z. B. Schränke, Bett), Kleidung (z. B. konkrete Kleidungsstücke, aber auch ob diese Kleidung an der Körpergröße und entsprechend der Witterungsverhältnisse angemessen ist), Nahrung, Medien (z. B. Radio, Fernseher, Computer), Mobilität (z. B. Fahrrad), Freizeitgestaltung (z. B. Fußball, Puppen, Spiele), Bildungsförderung (z. B. Bücher, Schreibtisch), Hygiene (Windeln, Duschgel, Zahnbürste) sowie Gegenstände zum Ausgleich von Einschränkungen in der psychischen und physischen Lage (z. B. Brille, Hörgerät), Haustiere und Pflanzen einzuordnen sind.

Soziale Lage

Innerhalb der Kategorie *soziale Lage* erscheint eine Unterscheidung der Unterkategorien auf drei Ebenen sinnvoll. Erstens kann der Umgang mit verschiedenen materiellen und immateriellen Ressourcen in den Blick genommen werden, sodass hier das ‚Wer' Beachtung findet. Die auf dieser Ebene in der Analyse genutzten Unterkategorien wurden wie folgt bezeichnet: *Umgang mit (anderen) Menschen* und *Umgang mit (im)materiellen Ressourcen.* Um beide Unterkategorien in Gänze auszudifferenzieren und damit alle Bereiche anzusprechen, die impliziert sind, ergibt sich eine Liste aus vier Unterkategorien: (1) der Umgang mit anderen Menschen und (2) der Umgang mit sich selbst sowie (3) der Umgang mit immateriellen Ressourcen wie Tieren, Pflanzen und der Umwelt sowie (4) der Umgang mit Gegenständen. Dabei werden Handlungen in den Blick genommen, die von Kindern ausgehen und damit Einfluss auf die benannten Personen sowie materiellen und immateriellen Dinge nehmen. Das heißt, der

Untersuchungskontext richtet sich auf Kinder und deren Handlungen in verschiedenen Bereichen.

Auf einer zweiten Ebene können diese Umgangsweisen nach ihren unterschiedlichen Ausprägungen differenziert werden, sodass die Ebene des ‚Wie' in den Blick genommen wird. Konkret handelt es sich insbesondere um die bereits verwendete Unterkategorie *soziale Kompetenzen*, die bspw. Aspekte berücksichtigt wie: ‚Wie gut können Kinder auf andere Menschen zugehen und Kontakt aufnehmen?', ‚Wie gut können sich Kinder in die Situation anderer einfühlen?', ‚Wie gut können Kinder soziale Situationen einschätzen?', ‚Wie gut können sich Kinder selbst behaupten?' und ‚Wie gut können sie Konflikte lösen?' (vgl. Fröhlich-Gildhoff/Rönnau-Böse 2009, S. 51). In Bezug auf den Umgang mit Tieren und Pflanzen ist bspw. relevant, wie sich Kinder um diese Lebewesen kümmern. Der Umgang mit Gegenständen impliziert bspw. die Frage, ob die Kinder verantwortungsvoll und wertschätzend damit umgehen. Hinsichtlich des ‚Umgangs mit sich selbst' handelt es sich etwa um die Fähigkeit der Selbstwahrnehmung, der Selbststeuerungsfähigkeit oder der Selbstwirksamkeitsüberzeugung (vgl. Fröhlich-Gildhoff/Rönnau-Böse 2009, S. 43 ff.). In diese Ebene kann außerdem die verwendete Unterkategorie *Wahrnehmung von Emotionen/Empfindungen* eingeordnet werden, diese findet sich bspw. innerhalb der Selbstregulation wieder, sodass sie keiner zusätzlichen Unterkategorie bedarf.

Schließlich umfasst die dritte Ebene den Ist-Zustand über die soziale Situation der Kinder in Hinblick auf Dritte. Mit anderen Worten steht das Eingebundensein in soziale Beziehungen im Fokus. In der Analyse wurde dieser Aspekt bereits in der Unterkategorie *Teilhabe* aufgegriffen.

Kulturelle Lage

Weiterhin lassen sich für die Kategorie *kulturelle Lage* Möglichkeiten der Schärfungen aufzeigen. Geringfügige Überschneidungen lagen bei den Unterkategorien *(Förderung) eigener Potenziale* und *Wissensdurst* vor. *Wissensdurst* i. S. des Verlangens nach neuen Erkenntnissen und Informationen heben die Gesetzgeber*innen zwar nicht explizit hervor. Indem sie aber darauf hinweisen, dass Kinder bspw. gern ein Instrument lernen möchten, kann dieser Sachverhalt als Bedarf an neuem Wissen angesehen werden und zwar z. B. nach dem Wissen, wie ein Instrument genau die Melodie wiedergibt, die auf einem Notenblatt zu finden ist. Dafür sind eine Reihe von Kenntnissen notwendig, um dieser Aktivität nachgehen zu können. Dieses bildungsbezogene Verlangen findet sich auch in der Unterkategorie *(Förderung) eigener Potenziale* wieder. Mit der Förderung, die gleichzeitig eine Unterstützung durch Dritte impliziert, wird der Aspekt vorangestellt, dass neue Erkenntnisse hinzugewonnen werden sollen. Folglich unterscheiden sich diese beiden Unterkategorien dadurch, dass der *Wissensdurst* eine kindbezogene Unterkategorie ist, während sich die *(Förderung) eigener Potenziale* stärker auf Dritte bezieht. Das heißt, Wissensdurst geht von dem Drang der Kinder aus, neue Inhalte zu erlernen, während die *Förderung eigener Potenziale* die Leistung einer dritten Person für Kinder in den Fokus rückt. Damit verbunden ist gleichzeitig, dass diese Förderung erfolgen kann, obwohl die Kinder kein besonderes Interesse daran haben, auch wenn sie in dem spezifischen Bereich Stärken aufweisen. Demgegenüber müssen die Stärken im Kontext *Wissensdurst* nicht im Vordergrund stehen. Diese Unterscheidung ließ sich in den gesetzgeberischen Formulierungen nicht auf den ersten Blick erkennen, sodass nicht deutlich ist, ob die Gesetzgeber*innen eine intrinsische oder eine extrinsische Motivation annehmen.

Darüber hinaus besteht eine weitere Schwierigkeit bezüglich der Unterkategorie *(Förderung) eigener Potenziale*, da es sich dabei um zwei Aspekte handelt, die getrennt voneinander berücksichtigt werden können. Erstens werden die sog. ‚Potenziale' angesprochen, die überdurchschnittliche Kompetenzen oder Fähigkeiten im Vergleich zur Gleichaltrigengruppe meinen. Zweitens sollen genau diese Potenziale gefördert werden. In Bezug auf die Nutzung dieser Unterkategorie bei einer qualitativen Inhaltsanalyse kommt es damit zu der Schwierigkeit, dass erstens die unterstellten Potenziale gesucht werden müssen und dass zweitens zu prüfen ist, inwiefern Potenziale angenommen werden, die zusätzlich gefördert werden. Im Prozess der Analyse stellte sich die Frage, ob es sich bei den Textstellen zur Förderung um solche handelt, innerhalb derer die Gesetzgeber*innen von Potenzialen ausgehen oder haben sie Kompetenzen im Blick, die bei den Kindern in einem durchschnittlichen Maß vorliegen. In Anbetracht dessen erscheint die Aufnahme einer Unterkategorie *Potenziale* in der Kategorie *Kinder* als zielführender. In dieser Kategorie können Persönlichkeitsmerkmale der Kinder beschrieben werden, die sich in überdurchschnittlichen Kompetenzen und Fähigkeiten in spezifischen Bereichen zeigen können. Diese können sich wiederum u. a. auf die Lebenslagendimensionen der materiellen, sozialen, kulturellen oder psychischen und physischen Lage auswirken. Dementsprechend kann sich das Potenzial überdurchschnittlich schnell laufen zu können positiv auf das Selbstwertgefühl und damit auf die soziale Lage auswirken, weil Kinder beim Fußballspielen eine besondere Rolle einnehmen dürfen oder weil sie in diesem Bereich im schulischen Sportunterricht immer eine sehr gute Note erhalten. Ein weiteres Argument für eine Aufnahme der Unterkategorie *Potenziale* in die Kategorie *Kinder* besteht darin, dass Potenziale als überdurchschnittliche Kompetenzen im Vergleich zu Gleichaltrigen angesehen werden, die die Kinder bereits ohne zusätzliche Förderung aufweisen können.

Förderung kann demgegenüber als Leistung von Dritten betrachtet werden, die die Kompetenzen und Fähigkeiten, aber auch die Potenziale der Kinder weiter ausbauen. Damit handelt es sich um eine Leistung, die im Rahmen der kulturellen Lage erbracht wird und die die kulturelle Lage der Kinder verbessern kann, jedoch nicht um eine solche, die die kulturelle Lage – d. h. bspw. den Bildungsstand der Kinder – abzubilden vermag. Lediglich Inhalte bzw. Bereiche in denen die Kinder Förderungen erhalten, beziehen sich auf den konkreten Bildungsstand. Das heißt, wenn Kindern Klavier spielen beigebracht wird, kann vermutet werden, dass sich deren Kompetenzen und Fähigkeiten im Bildungsbereich Musik erhöhen. Allerdings handelt es sich um eine Leistung, die aus dem Netzwerk der Kinder erbracht wird, sodass die Förderung der Kinder durch Dritte vielmehr in die Kategorie *Familie* und *Netzwerke* einzuordnen ist oder sich der Klavierunterricht als solcher mehreren Kategorien zuordnen lässt.

Eine weitere Abgrenzungsschwierigkeit zeigte sich bei den beiden Unterkategorien *außerschulische Bildung* und *Freizeitmöglichkeiten*. Betrachtet man die Zeit, die Kindern im schulpflichtigen Alter zur Verfügung steht, in der sie sich nicht in der Schule befinden oder sich mit schulischen Inhalten auseinandersetzen (müssen), wird von freier Zeit oder Freizeit gesprochen. Hierbei können zwei verschiedene Arten der Freizeitgestaltung unterschieden werden. Erstens die Freizeit, die die Kinder in losen Zusammenhängen bspw. mit ihren Freund*innen oder ihrer Familie verbringen und zweitens die Freizeit, die sie in organisierten Kontexten verbringen (vgl. Deutscher Bundestag 2013a, S. 12). Diese Differenzierung liegt den beiden Unterkategorien zugrunde, allerdings deutet der Begriff ‚Freizeitmöglichkeiten' darauf hin, dass damit auch die „Möglichkeit" verstanden werden kann, generell an Angeboten teilnehmen zu können, die für Kinder in ihrer frei verfügbaren Zeit bereitgestellt werden. Dies zielt zuvörderst auf organisierte Angebote, die sowohl mit den Familien und Freund*innen als auch in Verbindung mit außerschulischen Bildungsprogrammen genutzt werden können. Zu denken sei bspw. an Schwimmbäder. Diese können die Kinder sowohl mit ihren Familien oder mit Freund*innen nutzen als auch durch Schwimmvereine. Diese Unterscheidung verwenden die Gesetzgeber*innen in den Analysematerialien zu den Leistungen für Bildung und Teilhabe auch (vgl. dazu u. a. Luik 2013b, Rn. 61). Unter Berücksichtigung des Kontextes der *kulturellen Lage* stellt sich jedoch die Frage, ob eine solche Differenzierung zielführend ist.

Die *kulturelle Lage* beinhaltet grundsätzlich den Bildungsstand von Kindern. Dieser kann sich auf unterschiedliche Inhalte beziehen, durch verschiedene Personen oder Einrichtungen aber auch auf differente Arten vermittelt werden, d. h. formalisiert, informell oder non-formal sowie an verschiedenen

Orten stattfinden (vgl. Deutscher Bundestag 2005a, S. 80 ff.). Für die Darstellung des Bildungsstandes, der als Ergebnis von Bildungsprozessen anzusehen ist, sind von den vier benannten Indikatoren nur die Bildungsinhalte relevant. Wer die Inhalte vermittelt hat, durch welche Arten sie gefördert wurden und an welchen Orten die Bildung stattgefunden hat, ist für das Ergebnis bedeutungslos. Demnach kann der Bildungsstand hinsichtlich verschiedener Inhalte dargestellt werden wie den verschiedenen schulischen Inhalten und den zusätzlich durch die Gesetzgeber*innen benannten Inhalten also Medienkompetenz, Religion und Kultur sowie Partizipation. Die Bildungsorte (z. B. Kindertageseinrichtung, Schule oder Familie) an denen und die Personen durch die Bildung ermöglicht wird sowie die Art der Bildungsförderung gehören vielmehr in die Kategorien *Familie* und *Netzwerke*, denn dabei werden lediglich die Bedingungen und die Prozesse von Bildung berücksichtigt, die bei der *kulturellen Lage*, die vielmehr auf das Ergebnis von Bildungsprozessen fokussiert, nicht von Bedeutung sind. Zudem werden mit der Verwendung der Unterkategorien *frühkindliche Bildung* und *schulische Bildung* die Pflichten aufgegriffen, die Kindern zu unterschiedlichen Zeitpunkten in ihrem Leben zugesprochen werden. Durch diesen Übergang werden gleichzeitig ein Ende (der frühkindlichen Bildung) und ein Anfang (der schulischen Bildung) offengelegt. Mit diesem Neuanfang beginnt demnach ein neuer Teil der Bildung. Dies stellt sich jedoch vor dem Hintergrund als fraglich dar, da Bildung kontinuierlich fortgesetzt wird und die Vermittlung verschiedener Bildungsinhalte nicht zu unterschiedlichen Zeitpunkten im Leben eines Menschen erfolgen muss. Dies wird bspw. durch einen Vergleich von Bildungsplänen für den frühkindlichen Bereich mit schulischen Lehrplänen deutlich. Bei den angeführten Bildungsinhalten werden bspw. in beiden Curricula die Bereiche naturwissenschaftlicher, mathematischer, musisch-kultureller und sprachliche Bildung einbezogen.

Die Bedeutung verschiedener Bildungsinhalte wurde bereits in der AWO-ISS-Studie aufgegriffen, in der u. a. nach dem Sozial-, Sprach-, Spiel- und Arbeitsverhalten sowie nach den motorischen Fähigkeiten der Kinder (vgl. Hock/Holz/Wüstendörfer 2000b, S. 140 ff.) gefragt wurde. In Anbetracht dessen ist diese in den Unterkategorien aufgenommen worden. Ferner offenbarten sich in der Analyse noch weitere Bildungsinhalte wie Partizipation sowie Religion und Kultur (vgl. dazu u. a. die Bildungs- und Lehrpläne der Länder).

Innerhalb der Unterkategorie *Medienbildung und -kompetenzen*, die in den Bereich der Bildungsinhalte einzuordnen ist, wurde bei der Kategorisierung deutlich, dass sog. ‚Medienprodukte' wie Fernseher, Computer, Zeitungen etc. angesprochen wurden. Innerhalb der Ausführungen zu den Regelsätzen benutzen die Gesetzgeber*innen diese Begriffe im Zusammenhang mit der prinzipiellen Ausstattung mit derartigen Gegenständen und nicht in Bezug auf das

Wissen und den Umgang mit diesen Produkten, sodass zusätzlich zu der Unterkategorie *Medienbildung und -kompetenzen* eine weitere Unterkategorie *Medien* in die Kategorien *materielle Lage* aufzunehmen ist.

Psychische und physische Lage

Im Rahmen der Kategorie *psychische und physische Lage* stellte sich die Frage, ob die Unterkategorie *Hygiene* in die Unterkategorie *gesundheitsbewusste Lebensweise* integriert werden kann. Da Hygiene hier als umfassende Körperpflege verstanden wird, durch die bspw. nicht nur Körpergerüche reduziert werden sollen, sondern auch die Gesunderhaltung der Zähne gehört, trägt sie neben einer gesunden Ernährung, Bewegung etc. auch zu einer gesundheitsbewussten Lebensweise bei. Vor dem Hintergrund dieser Überschneidungen kann sie in die Unterkategorie *gesundheitsbewusste Lebensweise* eingeordnet werden.

Familie

In der Kategorie *Familie* lassen sich die genutzten Unterkategorien in drei Bereiche einteilen. Die F*amilienkonstellationen und -formen* sowie die *Alltagsgestaltung* beschreiben allgemeine Aspekte des Familienlebens. Weiterhin lassen sich Indikatoren identifizieren, die vor allem die kindbezogene Ebene anspricht. Dabei handelt es sich um die Unterkategorien *innerfamiliäre Kommunikation, innerfamiliäre Förderung* und *innerfamiliäre Unterstützung*. Zudem lassen sich Indikatoren identifizieren, die vor allem die Situation der Eltern beschreiben. Dazu sind die Unterkategorien *materielle Lage, soziale Lage, kulturelle Lage* sowie *psychische und physische Lage* der Eltern und ihre *Einstellungen/Haltungen* zu zählen.

Netzwerke und gesellschaftliche Rahmenbedingungen

Für die Kategorien *Netzwerke* und *gesellschaftliche Rahmenbedingungen* zeigen sich keine Änderungspotenziale. Bereits in der Analyse wurde eine einheitliche Differenzierung innerhalb aller Unterkategorien in der Kategorie *Netzwerke* eingeführt, die sich als sehr hilfreich erwies. Hier wurden jeweils die einzelnen Institutionen, Einrichtungen und Personen des Netzwerks dargestellt. Anschließend erfolgte die Beschreibung, welche Leistungen sie für die Kinder übernehmen und welche Bedeutung sie für diese haben. Das heißt, es wurde erst das ‚Wer' und anschließend das ‚Was' dieser Akteure diskutiert.

Aus diesen Ergebnissen ergeben sich die angepassten Unterkategorien mit ihren zusätzlichen Ebenen zur Beschreibung der Lebenssituation von Kindern:

(1) Kinder
- *a. Bedürfnisse/Bedarfe/Wünsche*
- *b. Alter und Entwicklungsstand*
- *c. Kinder als Akteure*
- *d. Einstellungen/Haltungen*
- *e. Ethnische Herkunft*
- *f. Geschlecht*
- *g. Potenziale*

(2) Materielle Lage
- *a. Monetäre Ressourcen in Form von*
  - *I. Einkommen und Vermögen zur eigenen Verfügung*
  - *II. Einkommen und Vermögen, das Dritte verwalten*
- *b. Materielle und immaterielle Güter u. a. in den Bereichen:*
  - *I. Wohnen/Wohnumfeld*
  - *II. Kleidung*
  - *III. Nahrung*
  - *IV. Mobilität*
  - *V. Medien*
  - *VI. Freizeitgestaltung*
  - *VII. Bildungsförderung*
  - *VIII. Hygieneartikel*
  - *IX. Ausgleich von und Schutz vor Einschränkungen in der psychischen und physischen Lage*
  - *X. für (den Unterhalt von) Tieren und Pflanzen*

(3) Soziale Lage

*Ebene der Betroffenen – ‚Wer?': *
- *a. Umgang mit anderen Menschen*
- *b. Umgang mit Tieren, Pflanzen und der Umwelt*
- *c. Umgang mit Gegenständen*
- *d. Umgang mit sich selbst*

*Ebene der konkreten Handlungsweisen – ‚Was?': *
- *e. Soziale Kompetenzen*

*Ebene des Ist-Zustandes – ‚Wie?': *
- *f. Teilhabe*

(4) Kulturelle Lage
- *a. Wissensdurst*
- *b. Erfahrungen*
- *c. Bildungsinhalte*
  - *I. Klassische in der Schule vermittelte Inhalte (d. h. Mathematik, Deutsch, Naturwissenschaften, Fremdsprachen etc.)*

II. Medienkompetenzen
III. Partizipation
IV. Religion und Kultur

(5) Psychische und physische Lage
a. Gesundheitszustand
I. Physischer Gesundheitszustand
II. Psychischer Gesundheitszustand
b. Erholung
c. (Schutz vor) Gewalt, Risiken und Gefahren
d. Gesundheitsbewusste Lebensweise

(6) Familie
a. Familienkonstellationen und -formen
b. Alltagsgestaltung
Kindbezogene Indikatoren:
c. Innerfamiliäre Kommunikation
d. Innerfamiliäre Förderung
e. Innerfamiliäre Unterstützung
Elternbezogene Indikatoren:
f. Materielle Lage
g. Soziale Lage
h. Kulturelle Lage
i. Psychische und physische Lage
j. Einstellungen/Haltungen

(7) Netzwerke
a. Kindliches Netzwerk
I. Akteure
II. Leistungen und Unterstützungen
b. Familiäres Netzwerk
I. Akteure
II. Leistungen und Unterstützungen
c. Netzwerk im sozialen Umfeld
I. Akteure
II. Leistungen und Unterstützungen
d. Institutionelles Netzwerk
I. Akteure
II. Leistungen und Unterstützungen

(8) Gesellschaftliche Rahmenbedingungen.

Zwar konnten im Prozess der Analyse die zuletzt beschriebenen Verbesserungen nicht bis ins Detail in die Auswertung einbezogen werden, da sich teilweise erst kurz vor Ende des Auswertungsprozesses zeigte, wie die Unterkategorien optimiert werden können. In der Gesamtschau handelt es sich dabei jedoch vor allem um Ausdifferenzierungen innerhalb der Kategorien und keine grundsätzlichen Änderungen, sodass nicht davon ausgegangen werden kann, dass die Anpassungen zu grundsätzlichen Abweichungen in den Ergebnissen geführt hätten.

Im Ergebnis sind die verwendeten Kategorien und Unterkategorien als geeignet einzuschätzen, um die gesetzgeberischen Kinder- und Kindheitsbilder herausarbeiten zu können. Im Folgenden werden diese hinsichtlich ihrer Bedeutung für die Möglichkeiten und Grenzen der Reduzierung von Armut bei Kindern diskutiert.

5.2 Die gesetzgeberischen Kinder- und Kindheitsbilder und ihre Bedeutung für die Verringerung von Armut

Die Inhalte von Gesetzen begründen sich – wie in Kapitel 1 ausführlich dargestellt – in Vorstellungen, die die Gesetzgeber*innen über die Adressat*innen und das ihnen zugesprochene Problem haben. Die Vorstellungen und Bilder der Existenzsicherungsgesetzgeber*innen hinsichtlich der von Armut betroffenen Kinder konnten umfassend dargestellt werden. Die Zuschreibungen, die den gesetzlichen Regelungen zugrunde liegen, wirken in ganz unterschiedlicher Weise auf die Adressat*innen, wie durch das Konzept der Adressat*innenorientierung aufgezeigt werden konnte. Dabei spielt eine Reihe von Einflussfaktoren eine Rolle, die mit zusätzlichen externen Bedingungen sowie individuellen Merkmalen verbunden sind. Das kann letztendlich zu heterogenen Ergebnissen führen, sodass die heterogenen Eigenschaften und Lebenssituationen der Adressat*innen für eine Erfolg versprechende Problembewältigung zu berücksichtigen sind.

Zuvörderst sind die Gesetzgeber*innen für die aktuelle Sicherung des physischen und soziokulturellen Existenzminimums verantwortlich, damit die Adressat*innen insbesondere über eine ausreichende Ausstattung mit finanziellen Ressourcen verfügen, um (über-)leben zu können und den in Deutschland als minimal angesehenen Lebensstandard nicht zu unterschreiten. Darüber hinaus verfolgen die Gesetzgeber*innen mit den Existenzsicherungsgesetzen das vordergründige Ziel, die Adressat*innen unabhängig von staatlichen Transferleistungen zu machen, damit sie nicht mehr von Armut betroffen sind. Das heißt, sie sollen mindestens ihr physisches und soziokulturelles Existenzminimum aus eigenen Mitteln und Kräften sichern können. Demnach benötigen sie Hilfen und Unterstützungen, um sich zu bilden und zu verändern, was schließlich dazu führen soll, dass sie ihre individuelle Handlungsfähigkeit (wieder-)erlangen. Mit anderen Worten kann das als Hilfe zur Selbsthilfe beschrieben werden.

Dieses individuelle Problem hat für die Gesellschaft im Allgemeinen und die Gesetzgeber*innen im Besonderen so hohe Bedeutung erlangt, dass sie dieses mit der Aufnahme in die Sozialgesetze zu einem sozialen Problem erklärt haben und damit eine gesamtgesellschaftliche Problemlösung anstreben, die auf die Reduzierung bzw. Bekämpfung von Armut zielt. Sie stellen den Adressat*innen Unterstützungsleistungen aus öffentlichen Mittel zur Verfügung, durch die ihren Ansichten nach eine Bewältigung dieses Problems durch die Adressat*innen erfolgen kann und soll. Es handelt sich dabei vor allem um Geldleistungen sowie um Sach- und Dienstleistungen. Die bedeutsamsten Leistungen für Kinder – die Regelbedarfe sowie die Leistungen für Bildung und Teilhabe – werden in unterschiedlicher Weise erbracht. Bei den Regelbedarfen handelt es sich im SGB II und SGB XII prinzipiell um Geldleistungen. Im AsylbLG werden die sog. ‚Grundleistungen' vorrangig als Sachleistungen und in Teilen als Geldleistungen bereitgestellt. Befinden sich die Leistungsberechtigten nicht in sog. ‚Aufnahmeeinrichtungen' sollen sie den größeren Anteil der Leistungen ausschließlich als Geldleistungen und nur einen geringen Anteil als Sach- und Dienstleistungen erhalten (vgl. § 3 Abs. 1, 2 AsylbLG).

Demgegenüber werden bei den Leistungen für Bildung und Teilhabe nur zwei der sechs konkreten Hilfen durch Geldleistungen bereitgestellt, während die anderen vier Leistungen über sog. ‚Sachleistungen' in den konkreten Formen der Gutscheine und Direktzahlungen an die Anbieter erbracht werden (vgl. § 29 Abs. 1 SGB II; § 3 Abs. 3 AsylbLG i. V. m. § 34a Abs. 2 SGB XII).

Diesem Vorgehen liegen mehrere Annahmen zugrunde. Erstens fehlen Kindern im Vergleich zu Erwachsenen eine Vielzahl von Fähigkeiten und Kompetenzen, um ein eigenständiges Leben führen und ihre Bedarfe befriedigen zu können. Die Sicherung der Bedarfe gelingt ausschließlich über finanzielle Ressourcen, die durch Erwerbsarbeit erwirtschaftet werden. Kindern wird diese Möglichkeit abgesprochen, da ihnen die dafür benötigten Kompetenzen und Fähigkeiten noch fehlen und sie das entsprechende Alter noch nicht erreicht haben. Aufgrund der angenommenen Unfähigkeit sind Kinder abhängig von anderen Personen. Die Gesetzgeber*innen sehen dabei als erstes ihre Eltern in der Pflicht. Diese tragen die Verantwortung für die Deckung der Bedarfe ihrer Kinder. Da die leistungsberechtigten Eltern nach Ansicht der Gesetzgeber*innen nicht über auseichend Fähigkeiten und Kompetenzen verfügen, um dauerhaft in den Arbeitsmarkt eingebunden zu sein, gelingt es ihnen nicht, ihre eigenen und die Bedarfe ihrer Kinder durch ein selbst erwirtschaftetes Einkommen zu befriedigen.

Daraus ergibt sich, dass Kinder die Armutssituation in ihrer gegenwärtigen Lebensphase niemals selbst aktiv verändern können. Ihnen wird eine individuelle Handlungsbefähigung in Bezug auf das Problem der materiellen Unterversorgung versagt. Eine Problembewältigung kann nur durch die Eltern gelingen, indem diese eine Erwerbstätigkeit aufnehmen.

Im Ergebnis heißt das, dass eine Verringerung bzw. Bekämpfung von Kinderarmut auf einer individuellen kindlichen Ebene unabhängig vom Haushalt, in dem die Kinder leben, nicht möglich ist. Folglich bestimmt bei Kindern die materielle Lage des Haushaltes über die Zugehörigkeit zur Gruppe der von Armut Betroffenen und der nicht von Armut Betroffenen. Gleichzeitig ist damit die Zuschreibung eines Status verbunden, den sie selbst nicht verändern bzw. beeinflussen können, was sich daraus ergibt, dass finanzielle Ressourcen i. d. R. nur erhöht werden können, wenn eine Erwerbstätigkeit aufgenommen wird. Da Kindern gesellschaftlich das Recht auf das Erlangen eines eigenen Einkommens abgesprochen ist und sie von den Kompetenzen und Fähigkeiten ihrer Eltern abhängig sind, befinden sie sich in einer Handlungsunfähigkeit, die frühestens mit dem Eintritt in das Erwerbsfähigkeitsalter entfällt. Olk weist in folgendem Zitat auf diese Schwierigkeit in gleicher Weise hin.

> „Da Kinder angesichts des Verbots der Kinderarbeit und der Einführung der allgemeinen Schulpflicht nicht zum Familieneinkommen beitragen können, sondern vielmehr einen erheblichen Kostenfaktor darstellen, hängt ihre soziale Lage also letztlich von der beruflichen Qualifikation der Eltern sowie ihrem Vermögen bzw. der Lage auf dem Arbeitsmarkt ab." (Olk 2009, S. 148)

Darüber hinaus verschärft sich dieses Problem, da in den Zeiten, in der die Kinder geboren werden und in den folgenden Jahren das Familieneinkommen bezogen auf die Anzahl der davon lebenden Personen geringer ausfällt als vorher, da die Kinder zusätzliche Ressourcen ihrer Eltern beanspruchen, sodass die Kinder selbst ein Armutsrisiko für die Familie darstellen. Die Familien benötigen höhere finanzielle Mittel durch das zusätzliche Familienmitglied, da auch ihm ein gewisser Lebensstandard zur Verfügung gestellt wird und Familien den größten Anteil an der Wohlfahrt ihrer Kinder selbst aufbringen müssen und die staatliche Gemeinschaft nur eingreift, wenn Eltern dies nicht allein bewältigen können (vgl. Qvortrup 2003, S. 114 f.). Gleichzeitig reduziert sich das Familieneinkommen, weil Kinder gerade zu Beginn ihres Lebens umfangreiche Hilfen zur Lebensbewältigung benötigen und dadurch neben den elterlichen Erziehungskompetenzen und den materiellen Ressourcen auch erhebliche zeitliche Ressourcen gebraucht werden. In dieser Zeit steht mindestens ein Elternteil dem Arbeitsmarkt nicht zur Verfügung, steuert damit der Gesellschaft keine Wirtschaftskraft bei und benötigt i. d. R. selbst finanzielle Hilfen (vgl. Esping-Andersen 2004; Olk 2004, S. 92), da sich die staatlichen Unterstützungen für Familien in den ersten Lebensmonaten der Kinder auf die Elterngeldleistungen und das Kindergeld sowie später nur noch auf die Kindergeldleistungen beschränken (vgl. BEEG; BKGG). Kinder werden damit selbst zur Ursache des Problems, da sie erhöhte finanzielle Ressourcen von ihren Familien einfordern, gleichzeitig aber die zeitlichen Ressourcen der Eltern in hohem Maß beanspruchen, die die Eltern nicht mehr dem Arbeitsmarkt zur Verfügung stellen können. Somit erzielen sie nur ein reduziertes Einkommen. Die Kinder können an dieser Situation nichts verändern, weil ihnen die dafür notwendigen Rechte und die erforderlichen Kompetenzen und Fähigkeiten abgesprochen werden. Demnach werden sie insbesondere in ihren ersten Lebensmonaten und -jahren zu einem Teil der Armutsursache, gleichzeitig wird ihnen in Bezug auf die Veränderung der Situation jegliche Handlungsfähigkeit versagt, da staatlicherseits das Kindsein nicht subventioniert wird.

Diese Vorstellungen und Grundannahmen legen die Gesetzgeber*innen ihren Regelungen in der Weise zugrunde, dass sie einen ausschließlich zukunftsorientierten Blick auf Kinder einnehmen. Kinder können und sollen lediglich darauf hinarbeiten, dass sie in ihrer Kindheit und Jugend die für die Aufnahme einer Erwerbstätigkeit erforderlichen Fähigkeiten und Kompetenzen erlangen, sodass sie im Erwachsenenalter in den Arbeitsmarkt integriert werden, ausreichend finanzielle Ressourcen erwirtschaften und damit ihre individuelle Armutslage beseitigen sowie ihre eigenen Kinder unabhängig versorgen können. Der Fokus ist folglich auf ihr späteres (Erwerbs-)Leben gerichtet, in dem sie sich selbst in eine bessere Situation bringen sollen, als ihre Eltern es aktuell schaffen.

5.2.1 Kritische Überlegungen zum Instrument der familiären Existenzsicherung als Mittel zur Verringerung von Kinderarmut

Grundsätzlich können die aktuellen Existenzsicherungsgesetze mit ihrer internen Logik Armut im Kindesalter auf einer individuellen Ebene nicht verringern, sondern nur vermittelt über die Eltern. Sollte tatsächlich eine Verringerung der Kinderarmut allein für diese Zielgruppe verfolgt werden, müssten die finanziellen Ressourcen der Kinder unabhängig von ihren Eltern in den Blick genommen werden.

Gegenwärtig besteht das Einkommen von Kindern allein aus dem Kindergeld, welches allerdings nicht für die Absicherung der existenznotwendigen Bedarfe ausreicht. Sonstige Einnahmequellen stehen Kindern i. d. R. nicht offen, da – wie bereits dargestellt – Einkommen in aller Regel über Erwerbstätigkeit erzielt wird und ihnen damit keinerlei Handlungsmöglichkeiten eröffnet werden, sind Kinder in Bezug auf das Problem der Reduzierung von Armut auf Dritte angewiesen. Vor diesem Hintergrund muss für eine eltern- bzw. haushaltsunabhhängige Kinderarmutsreduzierung bzw. -abschaffung ein neuer Weg gefunden werden. Auf der Grundlage erster Überlegungen scheinen dafür zwei Möglichkeiten gegeben.

In einer ersten Variante könnte das Kindergeld so weit angehoben werden, dass die Kinder damit über eine ausreichende Ressourcenausstattung zur Sicherung eines mittleren Lebensstandards verfügen. Weiterhin sind allen Kindern Mittel auf einem gleichen Niveau bereitzustellen, da ansonsten Berechnungen zur relativen Einkommensarmut wiederum Armutsquoten ergeben können bzw. – unter Anwendung der Logik der Armutsdefinition der Sozialhilfebedürftigkeit – diejenigen Kinder als arm anzusehen wären, die die niedrigsten Mittel erhalten, sodass weiterhin Kinderarmut bestehen würde.

Zwar vermag bei dieser ersten Variante bereits eine Gewährleistung eines einheitlichen Mindeststandards die Verringerung bzw. Abschaffung von Kinderarmut zu ermöglichen, jedoch ist unter gerechtigkeitstheoretischer Sichtweise die Frage zu stellen, ob dieses Vorgehen das sozialstaatliche Kriterium der Herstellung von Gerechtigkeit erfüllen würde. Kinder stehen nach Art. 6 GG unter dem besonderen Schutz der Gemeinschaft. Zwar kann damit argumentiert werden, dass dieser Schutz bereits sichergestellt ist, wenn allen Kindern das Existenzminimum gewährt wird, was bedeuten würde, dass das Kindergeld auf das aktuelle über die Existenzsicherungsgesetze gewährte Niveau angehoben würde. Demnach wären die Eltern nicht mehr für die Sicherung der Bedarfe verantwortlich. Das heißt, bei fehlendem Einkommen zur Befriedigung der Bedarfe ihrer Kinder müssten Eltern keinen Antrag mehr stellen, damit sie staatliche Unterstützungen erhalten. Kinder wären in dieser Hinsicht nicht mehr von ihren Eltern und deren Kompetenzen und Fähigkeiten abhängig. Vielmehr würde die Bereitstellung der notwendigen finanziellen Mittel für die Befriedigung der Bedarfe von Kindern mit dieser Vorgehensweise in die Hand der staatlichen Gemeinschaft gelegt. Damit gelten die Kinder nicht mehr als Teil der Ursache von Armutssituationen, da sie über ein eigenes Einkommen verfügen, durch das ihre Bedarfe gedeckt werden können. Allerdings wird im Rahmen der Diskussionen um das über die Regierung berechnete Existenzminimum immer wieder auf die starke Normativität hingewiesen (vgl. u. a. Lenze

2011d), woraus sich erstens die Frage ergibt, ob eine Bedarfssicherung auf dem Niveau des Existenzminimums tatsächlich möglich ist.

Dem schließt sich gleichzeitig die zweite Kritik an, dass das Existenzminimum zu niedrig ist und die Bedarfe der Kinder demnach nicht in Gänze gedeckt werden können (vgl. u. a. Martens 2014; Deutscher Caritasverband e.V. 2014; AWO Bundesverband e.V. 2013). Das kann als erster Hinweis darauf angesehen werden, dass eine Anhebung des Kindergeldes auf das Niveau des Existenzminimums keine tatsächliche Sicherung der Bedarfe von Kindern ermöglicht. Darüber hinaus besteht die Schwierigkeit, dass Kinder zwar unabhängig von ihren Familien ein Einkommen erzielen, jedoch sind Kinder, deren Eltern mit Existenzsicherungsleistungen leben, wohl weiterhin von Armut betroffen, da die finanziellen Mittel der Kinder an sich nicht angehoben werden. Zudem scheint der Lebensstandard der Kinder weiterhin von der Ausstattung des Haushaltes mit finanziellen Mitteln abhängig zu sein, der zusätzlich mit Hilfe der elterlichen Erwerbstätigkeit erwirtschaftet wird. Damit wird zwar die Bedarfssicherung der Kinder von ihren Eltern abgekoppelt, allerdings kann damit noch nicht abschließend von einer Reduzierung bzw. Abschaffung von Kinderarmut auf einer individuellen Ebene gesprochen werden. Dafür müsste das Einkommen der Kinder (bspw. auf der Grundlage des Kindergeldes) über das Existenzminimum hinaus angehoben werden.

Eine Abkehr von dem Bild der Eltern im Existenzsicherungsbezug, denen es nicht gelingt, ausreichend Kompetenzen und Fähigkeiten zu erwerben, um ihren Kindern eine hinlängliche Ausstattung mit materiellen Mitteln für ein gedeihliches Aufwachsen bereitzustellen, eröffnet den Weg zu einer Neuausrichtung der staatlichen Leistungen für Kinder. Dieses Umdenken hinsichtlich der materiellen Bedarfssicherung von Kindern würde zu einem einheitlichen Maß führen. Das heißt, wenn Kinder unabhängig von anderen Faktoren betrachtet werden, sind ihnen unter einem Blick der Verteilungsgerechtigkeit wohl einheitliche Ausstattungen zur Verfügung zu stellen. Die Mittel, die die staatliche Gemeinschaft für ihre Kinder einsetzt, sind auf der Grundlage der Nutzung des Konzepts der Verteilungsgerechtigkeit durch die Anzahl aller Kinder in gleicher Weise und in gleichem Umfang aufzuteilen (vgl. Liebig 2010, S. 12). Je nachdem was die Gemeinschaft bereit ist, für ihre Kinder aufzubringen, ergibt sich daraus die Höhe des Lebensstandards ihrer Kinder. Anzunehmen ist jedoch, dass Kinder dann nicht nur ein Minimum an Mitteln erhalten, sondern dass die verfügbaren Ressourcen über das Existenzminimum hinausgehen, weil nicht mehr nur die Gruppe der Kinder in den Blick rückt, die durch die unterstellte Unfähigkeit ihrer Eltern angesehen wird. Vielmehr liegt dann die Verantwortung über eine gute Kindheit aller Kinder in der Hand der staatlichen Gemeinschaft.

Eine zweite Variante um die finanzielle Unabhängigkeit von Kindern gegenüber ihren Eltern herzustellen, besteht in der Bezahlung der Kinder für die Erfüllung ihrer gesellschaftlichen Pflichten. Diese Überlegungen fußen auf der Grundlage, dass die Erzielung von Einkommen in engem Zusammenhang mit der Erfüllung der gesellschaftlichen Pflicht zur Aufnahme einer Erwerbstätigkeit im Erwachsenenalter steht, durch die wiederum ein hoher Beitrag zur Wirtschaftsfähigkeit des Landes geleistet wird.

Konkret formulierte Pflichten von Kindern liegen aktuell lediglich in der Erfüllung der Schulpflicht vor (vgl. dazu auch die Überlegungen von Hübenthal/Olk 2009). Diese betreffen allerdings nur einen Teil der Kinder, da sie erst ab einem festgeschriebenen Alter einsetzt. Würde jedoch an dieser Stelle angesetzt und würde diese Pflichterfüllung in gleicher Weise honoriert wie die Erfüllung der erwachsenenbezogenen Pflicht zur Aufnahme einer Erwerbstätigkeiten, wäre die Einkommenserzielung nicht mehr von der Lebensphase Kindheit getrennt. Kinder wären damit nicht mehr in jedem Alter gänzlich von den Kompetenzen und Fähigkeiten ihrer Eltern abhängig. Gleichzeitig würden den Kindern Kompetenzen und Fähigkeiten zugesprochen, wodurch sie nicht mehr ausschließlich als ‚unfähige', sich entwickelnde Menschen betrachtet würden. Ihre Leistungen, die sie in ihrem aktuellen Dasein erbringen, würden dadurch ernst genommen und honoriert, sodass sie außerdem nicht mehr ausschließlich in ihrem zukünftigen Dasein Beachtung fänden.

Je nachdem wie eine solche Entlohnung der Erfüllung der Schulpflicht ausgestaltet wäre, d. h. ob allein die Anwesenheit in der Schule das Kriterium der Entlohnung darstellt, oder ob sich diese an den erzielten Leistungen orientiert, würden die Möglichkeit der Armutsbetroffenheit und ihre Auswirkungen in erheblichem Maß beeinflusst werden. Eine Einkommenserzielung auf der Grundlage der Anwesenheit, könnte an der Anzahl der Schulstunden ausgerichtet sein, was mutmaßlich zu unterschiedlichen Entgelten nach Klassenstufen und Schulformen führen würde. Eine Berechnung der Einkommenshöhe nach der Anzahl der Schultage, an denen die Kinder anwesend sind, würde wohl zu einer eher einheitlichen Entlohnung der Kinder führen, die lediglich nach Bundesländern variieren können. Die wohl heterogensten Einkommen würden bei einer Entlohnung auf der Grundlage der erzielten Leistungen bestehen.

Bleibt die Abhängigkeit der Armutssituation der Kinder von ihren Eltern unangetastet, kann eine Verringerung und Abschaffung von Armut im Kindesalter nicht auf individueller Ebene entgegnet werden. Die konkrete Armutssituation kann lediglich durch die Erhöhung des Familieneinkommens bearbeitet werden, indem den Eltern Hilfen und Unterstützungen bereitgestellt werden, damit sie Handlungsfähigkeiten für eine (Wieder-)Eingliederung in den Arbeitsmarkt erlangen. Aus der Analyse der Leistungen für Bildung und Teilhabe und den daraus transparent gemachten Kinder- und Kindheitsbildern zeigt sich, dass die Eltern mit einer Vielzahl von Defiziten wahrgenommen werden und ihnen demgegenüber kaum Ressourcen zugesprochen werden. So fehlten ihnen bspw. die erforderlichen Kompetenzen und Fähigkeiten, um eine Erwerbsarbeit aufzunehmen, sie besäßen nur einen geringen Bildungsstand und ihre sozialen Kompetenzen seien nach Ansicht der Gesetzgeber*innen stark eingeschränkt. Da außerdem Bildung nur der Lebensphase Kindheit und Jugend zugesprochen wird und nur dort die Ressourcen bereitgestellt werden, um die unterstellten fehlenden Kompetenzen und Fähigkeiten zu erlernen, bleibt fraglich, wie die Eltern in den Arbeitsmarkt integriert werden sollen. Es macht den Anschein, als könne maximal eine Schadensbegrenzung erfolgen, sodass sie Aufgaben übernehmen sollen, für die keine spezifischen Kompetenzen und Fähigkeiten notwendig sind. Diese angenommene Unfähigkeit der leistungsberechtigten Erwachsenen, dass sie die Bedarfe ihrer Kinder nicht befriedigen können und sie ihnen gleichzeitig nicht die notwendigen immateriellen Unterstützungen bereitstellen können, die die Kinder für ein gelingendes Leben benötigen, führt bei den Eltern unter Berücksichtigung des Konzepts der Adressat*innenorientierung wohl insbesondere zu ungewünschten Ergebnissen in Bezug auf die Herstellung von Handlungsfähigkeit zur Bewältigung ihres Problems. Jedoch kann auf dieser individuellen Ebene der Eltern keine detaillierte Darstellung erfolgen, da dies nicht Gegenstand der Untersuchung ist und daher keine ausführliche Analyse erfolgte.

Auf der Ebene der Kinder besteht aufgrund der zugesprochenen Abhängigkeit der Kinder von ihren Eltern lediglich die Möglichkeit den Folgen und Auswirkung der Familienarmut entgegenzuwirken, diese zu verringern, sie erträglich zu gestalten oder die damit verbundenen Belastungen zu vermeiden. Das heißt, die Handlungsfähigkeit von Kindern in Bezug auf die Problembewältigung besteht lediglich darin, das Ergebnis finanzieller Unterversorgungslagen zu beeinflussen und damit umgehen zu lernen. Diese Intention verfolgen auch die Gesetzgeber*innen, indem sie der Ansicht sind, dass die leistungsberechtigten Eltern mehrere Defizite aufweisen. Dabei handelt es sich erstens darum, dass ihnen die erforderlichen Kompetenzen und Fähigkeiten zur Überwindung ihrer Armutssituation fehlen. Zweitens geben sie die vorhandenen Kompetenzen und Fähigkeiten, die einer Integration in den Arbeitsmarkt außerdem entgegenwirken an ihre Kinder durch eine negative Vorbildfunktion weiter. Folglich stellen die leistungsberechtigten Eltern ihren Kindern in ihrer aktuellen Lebenssituation keine Unterstützungen bereit, damit sie die für ihr späteres (Erwerbs-)Leben notwendigen Handlungsbefähigungen entwickeln und erlangen. Dabei sehen die Gesetzgeber*innen die fehlenden Kompetenzen und Fähigkeiten im Bereich der sozialen und kulturellen Lage. Gleichzeitig erkennen sie Ressourcen der Kinder in Bezug auf ihre psychische und physische Lage sowie dass sie aktiv ihre Umwelt nutzen, wenn ihnen die dafür erforderlichen materiellen und finanziellen Mittel zur Verfügung gestellt werden.

Wie anhand der Armutstypen der AWO-ISS-Studie gezeigt werden konnte, kann sich eine materielle Deprivation sowohl auf ganz unterschiedliche Lebenslagen als auch auf ganz unterschiedliche Arten innerhalb der Lebenslagen auswirken. Je nach den weiteren Merkmalen der Kinder und ihres Umfeldes ergeben sich heterogene Ausprägungen in den verschiedenen Lebenslagendimensionen, die bei der Bearbeitung von Armutsfolgen zu berücksichtigen sind. Ansonsten werden für einen Teil der Kinder Maßnahmen aufgestellt, bei denen sie keine Bedarfe haben, während andere Bereiche, in denen negative Auswirkungen vorhanden sind, unberücksichtigt bleiben. Beides führt zu einer unzureichenden Handlungsfähigkeit in Bezug auf die Bewältigung von Armutslagen, da Handeln nicht nur von den vorhandenen Ressourcen abhängt, sondern auch von den psychosozialen Motivatoren (vgl. Böhnisch) und den impliziten milieuspezifischen Deutungs-, Denk- und Wahrnehmungsmustern. Die Zuschreibungen, die den Gesetzen zugrunde liegen, beeinflussen das Handeln im Rahmen der Problembewältigung nach Bitzan/Bolay in bedeutsamem Maß. Wie sich diese Zuschreibungen bei den Kindern auf der individuellen Ebene auswirken, kann in dieser Arbeit nicht beantwortet werden.

Jedoch vermag die Herausarbeitung des Verständnisses von Kindern und Kindheit Hinweise darauf zu geben, inwieweit die Kinder- und Kindheitsbilder mit den Folgen der Armutssituation von Kinder übereinstimmen, die in den Studien über die Armuts- und Bewältigungstypen erarbeitet wurden. Dort konnte gezeigt werden, dass sich finanzielle Unterversorgungslagen sehr heterogen auf die Lebenslagen der Kinder auswirken, sodass nicht davon ausgegangen werden kann, dass der Leistungsbezug gleiche Wirkungen und Folgen bei den Kindern zeigt. Diese sind vielmehr abhängig von den Bewältigungsstrategien, Kompetenzen und Fähigkeiten ihrer Eltern, die sich in einem spezifischen Handeln auswirken sowie den Persönlichkeitseigenschaften der Kinder. Demgegenüber haben die Gesetzgeber*innen ein sehr homogenes Verständnis von Kindheit und Kindern im Existenzsicherungsbezug. Die damit verbundenen gesetzgeberischen Kinder- und Kindheitsbilder werden daher mit den Armutstypen der AWO-ISS-Studie, der Jenaer Kinderarmutsstudie sowie den Bewältigungstypen der letztgenannten Studie und der Studie von Richter (2000) zum ‚Erleben und Bewältigen von Armutslagen im Kindesalter' verglichen. Unter Berücksichtigung des Konzepts der Adressat*innenorientierung kann das gesetzgeberische Verständnis von Kindern und Kindheit auf seine Auswirkung für die Bewältigung der Armutslagen und -folgen von Kindern diskutiert werden.

5.2.2 Auswirkungen der gesetzgeberischen Kinder- und Kindheitsbilder auf die Bewältigung von Armutsfolgen bei Kindern

Die Ergebnisse der drei Studien zur Beschreibung der Auswirkungen von Armut auf verschiedene Lebenslagendimensionen zeigen, dass diese deutlich unterschiedliche Ausprägungen annehmen und nicht von einem einheitlichen Bild der Armut ausgegangen werden kann. Durch einen beispielhaften Vergleich der Kinderarmutstypen der AWO-ISS-Studie mit den herausgearbeiteten gesetzgeberischen Bildern von Kindern und Kindheit in den Existenzsicherungsgesetzen sollen erste Hinweise darauf gegeben werden, welche möglichen Konsequenzen dieses homogene Bild der Gesetzgeber*innen für die Adressat*innen haben kann.

Wie bereits in Abschnitt 1.1 beschrieben, finden Hock/Holz/Wüstendörfer (2000a) in ihrer Studie die fünf Armutstypen

Armutstyp 1: ‚Wohlergehen des Kindes trotz eingeschränkter materieller Ressourcen',
Armutstyp 2: ‚Armut als „Nebenproblem" einer gravierenden sozio-emotionalen Belastung',
Armutstyp 3: ‚Armut als aktuell begrenzte Benachteiligung und latente Gefahr',
Armutstyp 4: ‚Armut als massive materielle und kulturelle Benachteiligung' und
Armutstyp 5: ‚Armut als multiple Deprivation'.

Die beiden Studien von Meier/Preuße/Sunnus (2003) und Chassé/Zander/Rasch (2007) kommen zwar nicht zu identischen Ergebnissen, allerdings finden sich bei ihnen auch die beiden Pole von Familien, in denen die Eltern die Armutssituation mit Blick auf ihre Kinder so gut bewältigen können, dass die Kinder keine Einschränkungen verspüren. Dem gegenüber stehen Familien, bei denen die materielle Unterversorgung neben einer Reihe von Einschränkungen in allen anderen Lebenslagendimensionen besteht, sodass ihre Kinder eine Vielzahl von Benachteiligungen und Belastungen erfahren. Dazwischen liegen jeweils weitere Armutstypen, bei denen sich Benachteiligungen nur in einem Teil der Lebenslagendimensionen zeigen.

Die Gesetzgeber*innen nehmen die leistungsberechtigten Kinder hingegen als Personen wahr, die durch die materielle Unterversorgung des Haushaltes und den unzureichenden Fähigkeiten und Kompetenzen der Eltern stark belastet werden. Sie beschränken sich im Wesentlichen darauf, dass Kinder im Leistungsbezug sehr ähnlich sind und dem Typ 5 sehr nahe kommen. Die Eltern dieses Armutstyps verfügen nur über geringe soziale und kulturelle Kompetenzen, die es ihnen nicht ermöglichen ihre Vielzahl von Problemen zu bewältigen. Dies führt bei ihnen zu einer Resignation in Bezug auf die eigenen und die Zukunftsperspektiven ihrer Kinder, sodass sie keine Motivation zur Reduzierung der materiellen Unterversorgung haben. Zudem müssen Kinder, die in diesen Familien aufwachsen – entgegen der Annahmen der Gesetzgeber*innen – nicht nur mit negativen materiellen, sozialen und kulturellen Folgen rechnen. Vielmehr lassen sich in der psychischen und physischen Lage der Kinder oft Einschränkungen identifizieren. Diese Folgen kennen die Gesetzgeber*innen nicht, sodass sie für Hilfebedarfe in dieser Lebenslagendimension keine (zusätzlichen) Unterstützungen zur Verfügung stellen. Für die Bedarfe in den Lebenslagendimensionen der materiellen, sozialen und kulturellen Lage stellen sie die Hilfebedarfe bereit, die den Kindern ermöglichen sollen, im Erwachsenenalter eine Erwerbstätigkeit aufzunehmen. Die Gesetzgeber*innen gehen folglich davon aus, dass die Kinder ungeachtet der Vielzahl von Bedarfen sowie der unterstellten fehlenden Fähigkeiten und Kompetenzen, trotzdem noch die Möglichkeit haben im Erwachsenenalter nicht mehr von Armut betroffen zu sein. Demnach haben sie die Kinder noch nicht aufgegeben, sondern sprechen den Kindern zu, dass sie das Problem mit aktuell und langfristig gewährter, fremder Hilfe zukünftig bewältigen können.

Die Studien legen offen, dass die Eltern dieses Armutstyps diese langfristig ausgerichtete Problembewältigung für ihre Kinder demgegenüber ausgeschlossen haben, sodass sie keine eigenständigen Anstrengungen mehr unternehmen, um zumindest ihre Kinder bei der Bewältigung des Problems der Armutsbetroffenheit zu unterstützen. Diese gegensätzlichen Zukunftsperspektiven, die in hohem Maß mit zu- oder abgesprochenen Kompetenzen und Fähigkeiten zusammenhängen, versetzen die Kinder in einen Zwiespalt, da ihnen unterschiedliche Bilder zugeschrieben werden. Durch das gesetzgeberische Verständnis erhalten sie zwar einerseits Anerkennung durch Dritte, sodass ihr Selbstwertgefühl gesteigert werden kann. Gleichzeitig kann damit eine soziale Orientierungslosigkeit erzeugt werden, da die lebensweltlichen Bezüge, die ihnen ihre Eltern vermitteln, nicht mit denen übereinstimmen, die ihnen durch das gesetzgeberische Bild zugeschrieben werden. Handeln sie in der Weise, dass sie das Erreichen des gesetzgeberischen Ziels anstreben, widersetzen sie sich den Vorstellungen und Annahmen ihrer Eltern, sodass sie den Verlust der Anerkennung ihrer Eltern vermuten müssen. Das kann wiederum zu einem gewissen Ausschluss aus dem Familienverband führen.

Der Vergleich zwischen dem Typ 5 und den gesetzgeberischen Bildern von Kindern und Kindheit sowie von familialen Zusammenhängen zeigt, dass die Gemeinsamkeiten im Gegensatz zu den Unterschieden deutlich überwiegen. Dementsprechend ist anzunehmen, dass die bereitgestellten Hilfen den Bedarfen der Kinder mehrheitlich entsprechen, sodass ihre Handlungsfähigkeit dadurch erweitert wird. Trotzdem nutzen die Gesetzgeber*innen in ihren Vorstellungen vornehmlich Annahmen über Defizite, während sie kaum Ressourcen der Kinder aufzeigen, die zur Bewältigung der Probleme nutzbar gemacht werden könnten. Binden die Kinder diese Vorstellungen und Annahmen in ihr Selbstbild ein, sehen sie sich selbst wohl kaum als Personen mit einem hohen Selbstwertgefühl, sondern vielmehr als Menschen, die hohe Unterstützungsbedarfe haben, selbst jedoch keinen wichtigen Beitrag für die Gemeinschaft leisten können, sodass sie schließlich wohl eher eine resignierte Haltung einnehmen.

Weiterhin weisen Chassé/Zander/Rasch (2007) innerhalb des Bewältigungstyps, den sie ihrem vergleichbaren Armutstyp zuordnen, darauf hin, dass den Kindern Handlungsoptionen zur Bewältigung ihrer Problemlagen fehlen, weil sie nur unzureichend in Netzwerke und Strukturen eingebunden sind und ihre Eltern ihnen nur wenige Handlungsmöglichkeiten aufzeigen, was zu Fluchten in eigene Welten und dem Rückzug aus sozialen Gefügen führen kann. In Anbetracht dessen scheint fraglich, ob die bereitgestellten Hilfen, die Kinder tatsächlich unterstützen können oder ob sie nicht vielmehr vorgelagerte Hilfen benötigen. Konkret ist also zu fragen, ob den Kindern bereits die Ermöglichung der Teilnahme an der Mittagsverpflegung hilft, um in das Klassengefüge integriert zu werden? Oder benötigen sie vor allem Unterstützungen, um soziale Beziehungen positiv gestalten zu können, die ihnen bis dato noch nicht (umfänglich) vermittelt wurden? Und reicht es aus, dass ihnen die Gleichaltrigen ein derartiges Verhalten innerhalb einer Gruppe vorleben, an der die Leistungsberechtigten möglicherweise nicht einmal teilhaben können?

Richter (2000) weist in diesem Zusammenhang darauf hin, dass ein derartiges Rückzugsverhalten und die damit verbundene Nichtaktivierung und -einforderung von Unterstützung und Hilfe mit einem Schamgefühl und dem Wunsch nach Kontrolle über die eigene Situation verbunden sein kann. Dementsprechend befinden sich die Kinder in einer Handlungsstarre, da sie sich eigentlich gern von der als belastend empfundenen Situation befreien möchten, allerdings fehlen ihnen die notwendigen Mittel und Kompetenzen, um diese

Situation zu kommunizieren und ausgehend davon konkrete Hilfen zu benennen.

In Anbetracht dessen benötigen Kinder dieses Armutstyps noch weitere Hilfen und Unterstützungen, um die bereits zur Verfügung gestellten Mittel zweckentsprechend und zielgerichtet einsetzen zu können.

Im weiteren Verlauf wird der Vergleich mit der Chronologie der Kinderarmutstypen der AWO-ISS-Studie fortgesetzt.

Der Vergleich zwischen Typ 1 der AWO-ISS-Studie ‚Wohlergehen des Kindes trotz eingeschränkter materieller Ressourcen' und dem gesetzgeberischen Bild von Kindern und Kindheit zeigt deutliche Unterschiede. Entgegen der gesetzgeberischen Annahmen sind hier Familien zu finden, die keine egoistischen und zweckfremden Handlungsweisen in Bezug auf den Einsatz der finanziellen Mittel vornehmen. Vielmehr schränken sich die Eltern in ihrer eigenen Bedarfsbefriedigung so stark ein, dass sie die dadurch frei werdenden Ressourcen ihren Kindern zur Verfügung stellen. Dadurch werden nicht nur die Bedarfe der Kinder gedeckt, sondern auch ein Teil ihrer Wünsche. Zudem sind ihre sozialen Kompetenzen in einer solchen Weise ausgeprägt, dass keine ungewöhnlichen bzw. als abweichend bezeichneten Handlungen ersichtlich sind. Dementsprechend sichern die Eltern alle ihnen zugeschriebenen Aufgaben sowohl bezüglich der Bedarfsbefriedigung ihrer Kinder also auch hinsichtlich einem Aufwachsen in Wohlergehen. Die Abhängigkeit der Kinder von ihren Eltern nehmen sie so ernst, dass sie dafür eine Unterdeckung ihrer eigenen Bedarfe hinnehmen und damit ihre eigene Armutssituation einschließlich der Folgen noch verstärkt wird.

Trotz der haushaltsbezogenen Armutssituation sind die in diesen Haushalten lebenden Kinder auf der individuellen Ebene nicht von Armut betroffen. Mithin kann davon ausgegangen werden, dass diese Kinder bspw. weder von den Gleichaltrigen ausgeschlossen werden noch ihre Kompetenzen und Fähigkeiten unterdurchschnittlich entwickelt sind oder nur in geringem Maß gefördert wurden. Zu genau diesem Ergebnis kommen Chassé/Zander/Rasch (2007) in dem Armutstyp 1: ‚Elterliche Armut – Kindliche Kompetenzen', der sehr starke Überschneidungen mit dem beschriebenen Armutstyp der AWO-ISS-Studie aufweist.

Da die Armutssituation bei den Kindern nicht bzw. nur in einem sehr eingeschränkten Maß bemerkbar ist, benötigen sie keine spezifischen bzw. zusätzlich durch Dritte bereitgestellten Unterstützungen, damit ihre Handlungsfähigkeit hinsichtlich der aktuellen Problembewältigung gefördert wird. Sie verfügen bereits über eine Vielzahl von Handlungsmöglichkeiten, um mit den marginalen Einschränkungen, die aus der materiellen Unterversorgungslage resultieren, in positiver Weise umgehen zu können. Außerdem unterstützen ihre Eltern sie in Bezug auf die Erlangung von Kompetenzen und Fähigkeiten, damit sie im Erwachsenenalter in den Arbeitsmarkt integriert werden können. Dementsprechend bestehen bei diesen Kindern gewöhnlich die gleichen Kompetenzen und Fähigkeiten wie bei den Gleichaltrigen, sodass Kinder, die im Armutstyp 1 leben, überwiegend mit Ressourcen und nicht mit Defiziten ausgestattet sind.

Damit wird sowohl den Eltern als auch den Kindern ein Bild unterstellt, welches grundsätzlich von ihren Lebensweisen, ihren Fähigkeiten und Kompetenzen abweicht, was nach Bitzan/Bolay (2013, S. 48) zu Selbststigmatisierungen und Dramatisierungen führen kann. Gleichzeitig bieten die bereitgestellten Hilfen für diese Familien kaum Unterstützungen, die sie tatsächlich benötigen, d. h. die ihre Handlungsfähigkeit ausweitet. Dies liegt z. B. bei den Leistungen für eine (verstärkte) Teilnahme der Kinder an den Gemeinschaftsstrukturen der Gleichaltrigen vor. Anzunehmen ist, dass Kinder des Typs 1 bereits über ein Netzwerk mit Gleichaltrigen ohne Leistungsbezug verfügen, sodass diesbezüglich kein Bedarf besteht. Positiv sollten sich jedoch die zusätzlichen materiellen Unterstützungen bspw. zur Finanzierung von Mittagsmahlzeiten in Kindertagesbetreuungsangeboten und Schulen auswirken. Diese werden zwar in erster Linie nicht zu einer verbesserten Teilnahme an den Gemeinschaftsstrukturen der Gleichaltrigen beitragen, da hier keine Defizite vorliegen, allerdings erhalten die Familien eine gewisse finanzielle Entlastung, durch die sie weitere Bedarfe befriedigen können.

Fraglich bleibt allerdings, welche Auswirkungen die in den Existenzsicherungsgesetzen enthaltenen Unterstellungen bei diesen Eltern und ihren Kindern (langfristig) tatsächlich auslösen und inwiefern die aktuell positive Situation der Kinder dadurch möglicherweise verändert wird. Hierzu sind allerdings Langzeitstudien nötig, die die Bedeutung dieser negativen Einflüsse untersuchen und somit die aufgezeigte Forschungslücke schließen können.

Kinder des Typs 2: ‚Armut als „Nebenproblem“ einer gravierenden sozio-emotionalen Belastung‘ benötigen insbesondere in Bezug auf ihren psychischen Gesundheitszustand Unterstützung, da der Eintritt in die Armutslage mit dem Verlust eines Elternteils durch Trennung oder Scheidung der Eltern, Tod eines Elternteils etc. verbunden ist und sie diesen verarbeiten müssen. Die damit einhergehende materielle Unterversorgungslage stellt für sie nach Hock/Holz/Wüstendörfer (2000a) maximal ein marginales Problem dar. Damit wird deutlich, dass familiäre Armut im Unterschied zum gesetzgeberischen Verständnis nicht nur aufgrund unzureichender elterlicher Kompetenzen und Fähigkeiten eintreten kann, sondern auch veränderte Familienverhältnisse dazu führen können.

Auf der Grundlage der gesetzgeberischen Sichtweisen werden die betroffenen Kinder von einem auf den anderen Tag von ‚normalen' zu Kindern, die von den Normen abweichen. Damit verbunden sind die ausführlich dargestellten Zuschreibungen, die dazu führen, dass die Kinder Unterstützungen in Bezug auf ihre soziale, kulturelle und materielle Lage erhalten. Hilfen für die negativen Auswirkungen auf ihren psychischen Gesundheitszustand erfolgen hingegen nicht, da die leistungsberechtigten Kinder prinzipiell als gesunde Kinder wahrgenommen werden. Darüber hinaus erhalten sie bspw. Hilfen, die zur Entwicklung ihrer sozialen Kompetenzen beitragen sollen, obwohl sie vorher noch als Kinder angesehen wurden, die anderen Kindern in Bezug auf diese Kompetenzen als Vorbild dienen.

Vor allem bei diesem Armutstyp zeigt sich, dass Kinder, die von Armut betroffen sind, als deutlich andere Personen wahrgenommen werden als Kinder ohne Leistungsbezug. Fließende Grenzen zwischen diesen beiden Gruppen kennen die Gesetzgeber*innen kaum. Zudem gehen sie – getreu dem Motto: ‚Einmal arm, immer arm' – davon aus, dass Menschen, die von Armut betroffen sind, ihre Situation maximal für eine gewisse Zeit jedoch nicht dauerhaft verlassen können. Dies wird auch durch Folgendes deutlich: Den Kindern werden durch den Eintritt in eine materielle Unterversorgungslage Kompetenzen und Fähigkeiten abgesprochen, die sie in der Wahrnehmung der Gesetzgeber*innen bislang noch auszeichneten. Gleichzeitig werden ihnen die Hilfen verwehrt, die sie als Befähigung zur Bewältigung ihres Problems (der psychischen Belastungen aufgrund der veränderten familiären Situation) benötigen, da diese Folgen wegen des eingeschränkten Verständnisses von Kindern durch die Gesetzgeber*innen nicht als solche bestehen. Dies begründet sich auch an der Ausrichtung der Problembewältigung in der Zukunft, die lediglich die Integration der Kinder in den Arbeitsmarkt umfasst. Hierbei vernachlässigen sie die Möglichkeit, dass negative psychische Einflüsse die Gesundheit dauerhaft einschränken können und stellen daher keine Unterstützung in diesem Bereich zur Verfügung.

Im Ergebnis kann auf der Grundlage des Konzepts der Adressat*innenorientierung davon ausgegangen werden, dass die Kinder in eine soziale Orientierungslosigkeit gelangen können, sobald ihnen das unterstellte Bild bewusst wird. Dieses entspricht nicht mehr dem bislang Erlebten. Sie befinden sich in einer neuen sozialen Welt und ziehen sich möglicherweise aus den bisherigen Strukturen zurück.

Bewältigungsmuster für diesen Armutstyp können auf der Grundlage der bisherigen Erkenntnisse nicht dargestellt werden, da weder Chassé/Zander/Rasch (2007) noch Richter (2000) typische Merkmale dieser Gruppe präsentiert haben und aufzeigen konnten, welche Verhaltensweisen damit i. d. R. verbunden sind. Allein die Wahrscheinlichkeit, dass Mädchen die Situation häufiger durch ein hilfesuchendes Verhalten bewältigen und Jungen sich eher zurückziehen, kann angenommen werden. Dabei handelt es sich jedoch nicht um armutstypenspezifische Bewältigungsmuster, sondern vielmehr um übergreifende Muster, die von den persönlichen Eigenschaften der jeweiligen Kinder abhängen.

Der Armutstyp 3: ‚Armut als aktuell begrenzte Benachteiligung und latente Gefahr' beschreibt Kinder, die in Familien aufwachsen, die insbesondere durch ein psychisch stark belastendes Klima unter ihren Mitgliedern geprägt sind und meist mit geringen sozialen und kulturellen Kompetenzen der Eltern verbunden sind. Folglich existiert eine Reihe von Gemeinsamkeiten mit dem gesetzgeberischen Verständnis von Kindern und Kindheit in den Existenzsicherungsgesetzen. Allerdings liegt der Fokus der GesetzgeberInnen auf den unzureichenden sozialen und kulturellen Kompetenzen und Fähigkeiten der Eltern, durch die die Kinder zu geringe Unterstützung durch ihre Familien erhalten und erhalten können. In der AWO-ISS-Studie wird jedoch darauf verwiesen, dass die besondere Schwierigkeit der Familien in dem psychisch belastenden Klima zu sehen ist, was wiederum negative Auswirkungen vor allem auf die soziale Lage der Kinder mit sich bringen kann, sodass hier ein erhöhter Unterstützungsbedarf aufgezeigt wird. Diesen Hilfebedarf sehen die Gesetzgeber*innen demgegenüber nur eingeschränkt und stellen den Kindern daher lediglich eine Hilfe zur Verfügung, mit der sie die Situation für einen Zeitraum von maximal wenigen Tagen verlassen können. Damit suggerieren sie, dass kein notwendig zu bearbeitender Handlungsbedarf vorliegt und die Kinder sich mit dieser Situation abfinden müssen.

Die Beschreibung dieses Armutstyps weist eine sehr große Ähnlichkeit mit dem Armutstyp 5 ‚Armut als multiple Deprivation' auf, auch wenn die Namen der beiden Armutstypen auf den ersten Blick etwas anderes vermuten lassen. Mithin können die Ergebnisse bezüglich der Passung der Unterstützungsleistungen sowie der Übereinstimmung zwischen ihrer Situation und dem ihnen unterstellten Bild auf den Typ 3 übertragen werden und werden daher an dieser Stelle nicht erneut ausgeführt.

Kinder, die sich in den beschriebenen Typ 4: ‚Armut als massive materielle und kulturelle Benachteiligung' einordnen lassen, haben speziell auf die Leistungen nach dem AsylbLG Anspruch, da ihre Situation durch das Merkmal des unsicheren Aufenthaltsstatus bestimmt ist. Diesen Familien schreiben die Gesetzgeber*innen einen geringeren Bildungsstand, sowie unzureichende Fähigkeiten zur Unterstützung ihrer Kinder im kulturellen, sozialen und materiellen Bereich zu.

In der AWO-ISS-Studie werden die fehlenden sprachlichen Kompetenzen der Eltern sowie ihrer Kinder hervorgehoben, die auch die Gesetzgeber*innen unterstellen. Auch Hock/Holz/Wüstendörfer (2000a) benennen die Angebote der Bildungsinstitutionen als Hilfe zur Bewältigung dieser Folge bei den Kindern, sodass hier eine starke Übereinstimmung besteht. Das haben die Gesetzgeber*innen jedoch nicht zum Anlass genommen, diesen Familien die Antragstellung zu erleichtern und ihnen zu helfen, dass ihre Kinder die Leistungen für Bildung und Teilhabe auf einfachem und unbürokratischem Wege erhalten. Vielmehr liegt das Gegenteil vor. Indem die Gesetzgeber*innen in das AsylbLG einen Verweis auf die Leistungen im SGB XII aufgenommen haben und somit für beide Gesetze die gleichen Regelungen gelten, berücksichtigen die Gesetzgeber*innen die besondere Situation der Asylbewerber*innen nicht. Sie kennen die sprachlichen Barrieren, die gerade bei Anträgen zu erhöhten Hürden für eine Inanspruchnahme führen. Trotzdem müssen Leistungsberechtigte nach dem AsylbLG für jede einzelne Leistung für Bildung und Teilhabe einen Antrag stellen, sodass die Gesetzgeber*innen die Lebensumstände dieser Gruppe nicht ausreichend berücksichtigen und sie diese Gruppe damit indirekt ausgrenzt.

Weiterhin verfügen diese Personen nach den Analysen von Hock/Holz/Wüstendörfer (2000a) über hohe Kompetenzen im Umgang mit finanziellen Mitteln und ausgeprägte soziale Kompetenzen im Umgang mit ihren Kindern. Derartige Kompetenzen sprechen die Gesetzgeber*innen Familien in materiellen Unterversorgungslagen über die Leistungen für Bildung und Teilhabe ab. Sie gehen davon aus, dass Eltern nicht über ausreichend Kompetenzen für einen bedarfsgerechten Einsatz der monetären Ressourcen verfügen. Gleiches gilt für die sozialen Kompetenzen. Dementsprechend gehen sie davon aus, dass die Eltern diese Kompetenzen ihren Kindern auch nicht vermitteln können. Dieser Kontrast zwischen der unterstellten und der empirisch erfassten Situation der Familien im Allgemeinen und den Kindern im Besonderen kann dazu führen, dass die Kinder Unterstützungen erhalten, die sie nicht für eine Erweiterung der Handlungsfähigkeit in den Bereichen brauchen, in denen die Gesetzgeber*innen Hilfepotenziale sehen. Vielmehr werden sie in Bezug auf die Bereitstellung der Leistungen über Gutscheine in ihrer Handlungsfähigkeit sogar eingeschränkt. Diese sollen einerseits zur zweckentsprechenden Anwendung und zweitens für eine verbesserte Teilnahme an außerschulischen Bildungsangeboten führen, aufgrund derer die Kinder nicht mehr ausgegrenzt werden. Da bei den Familien diesen Armutstyps keine Notwendigkeit für die Eingrenzung der Mittel auf den Einsatz für den Bedarf der Kinder besteht, scheint mit dieser Form der Leistungserbringung sogar eine erhöhte Wahrscheinlichkeit von Ausgrenzung, Diskriminierung und Stigmatisierung gegeben zu sein. Die Gutscheine lassen abermals die Abhängigkeit der Kinder von staatlichen Transferleistungen und ihre materielle Situation erkennen, die nach Ansicht der Gesetzgeber*innen auch eine abwertende Haltung der Gleichaltrigen befördert. Vor diesem Hintergrund bleibt fraglich, ob die Kinder mit diesem Wissen, die Leistungen überhaupt nutzen. Folglich stehen die Kinder vor dem Dilemma ein außerschulisches Bildungsangebot in Anspruch zu nehmen und von den Gleichaltrigen, die dieses auch nutzen, ausgegrenzt, stigmatisiert und/oder diskriminiert zu werden oder sie entgehen dieser potenziell psychisch belastenden Situation, indem sie keinen Gebrauch von der Leistung zur Inanspruchnahme außerschulischer Bildungsangebote machen.

Aus diesen Diskussionen lässt sich erkennen, dass die Folgen von Armut bei Kindern von den Kompetenzen und Fähigkeiten sowie dem sozialen Netzwerk der Eltern abhängen. Walper wies bereits 1988 darauf hin, dass hier starke Zusammenhänge bestehen, die ihrem Erachten nach insbesondere die Handlungsebene betreffen. Nach ihren Erkenntnissen hängen die Verhaltensweisen von Kindern in hohem Maß vom elterlichen Bewältigungshandeln ab. Darüber hinaus werden Merkmale der Kinder für die Bewältigung der Armutssituation bedeutsam. Dies lässt sich aus der Resilienzforschung herauslesen und wird auch von Richter (2000) und Chassé/Zander/Rasch (2007) in ihren Studien belegt. Dementsprechend sind für eine effiziente Armutsfolgenbewältigung Hilfen auf unterschiedlichen Ebenen geboten. Dabei handelt es sich erstens um die Kinder selbst, zweitens die Eltern und drittens die Institutionen, Einrichtungen und Personen, die mit Kindern im Leistungsbezug in Kontakt stehen oder sie (perspektivisch) unterstützen können.

Schließlich zeigt sich eine deutliche Forschungslücke in Bezug auf die von Armut betroffenen Kinder mit (drohender) Behinderung. Diese sind in den Studien zur Erforschung vom Leben in Armut und dem Umgang mit dieser Situation gänzlich unberücksichtigt. Zudem werden ihre Belange im Vergleich zu den ab 18-Jährigen auch im ‚Teilhabebericht der Bundesregierung über die Lebenslagen von Menschen mit Beeinträchtigungen‘ (BMAS 2013b) nur wenig berücksichtigt. Diese beiden Faktoren – Armut und Behinderung im Kindesalter – werden zumeist lediglich in Bezug auf die Beteiligungsquote an Förderschulen zusammengedacht. Kindern, die eine solche Schule besuchen, wurde im körperlichen, geistigen oder seelischen Bereich mindestens eine Einschränkung diagnostiziert, weswegen sie einer besonderen Förderung bedürfen. Diese sind jedoch nicht ausschließlich mit einer diagnostizierten Behinderung i. S. des SGB XII oder des SGB IX gleichzusetzen, sodass es sich hier nicht um die gleiche Gruppe, sondern eine größere Gruppe von Kindern handelt als die Existenzsicherungsgesetzgeber*innen ansprechen. Bezüglich der Kinder, die eine Förderschule besuchen, wird hervorgehoben, dass sie zusätzlich zu ihren Einschränkungen überdurchschnittlich oft aus Familien mit geringem elterlichen Bildungsstand und/oder ohne Erwerbstätigkeit stammen, sodass sie in Familien mit niedrigen Einkommen aufwachsen und überdurchschnittlich oft von Armut betroffen sind (vgl. BMAS 2013a, S. 94 f.). Folglich wird ein Zusammenhang zwischen Armut und Behinderung hervorgehoben.

Darüber hinaus wird darauf hingewiesen, dass die sozialen Sicherungssysteme derartige Situationen befördern, da Eltern von Kindern mit einer (drohenden) Behinderung einen erhöhten Betreuungs- und Pflegeaufwand haben als Eltern von Kindern ohne Behinderung. Aufgrund dessen schränken sie ihre Erwerbstätigkeit meisten weiter ein und verfügen über geringere Einkommen, was zur Familienarmut beiträgt. Demgegenüber bestehen keine ausreichenden staatlichen Unterstützungen, um diesen Eltern Hilfestellungen zu bieten, damit ihr Armutsrisiko reduziert werden kann (vgl. Sozialverband Deutschland e.V. 2010, S. 14). Diese Situation wird zusätzlich durch den Faktor verstärkt, dass überdurchschnittlich viele Kinder mit (drohender) Behinderung nur mit einem Elternteil aufwachsen (vgl. BMAS 2013b, S. 74). In Anbetracht dieses starken Zusammenhangs zwischen Behinderung und Armut erscheint die bisher nur marginale Berücksichtigung von Kindern mit (drohender) Behinderung in der Armutsforschung als deutliches Forschungsdesideratum.

Diese Kinder sind von einer doppelten Benachteiligung betroffen, da sie erstens eine finanzielle Unterversorgungslage mit deren Auswirkungen auf andere Lebenslagendimensionen hinnehmen müssen. Zweitens sind sie in ihrer psychischen und/oder physischen Gesundheit eingeschränkt, mit deren Folgen sie zusätzlich leben müssen. Wie sich diese doppelte Belastung auswirkt, z. B. ob die Kinder in die beschriebenen Armuts- und Bewältigungstypen eingeordnet werden können oder ob noch zusätzliche Typen existieren, kann aufgrund der fehlenden Erkenntnisse nicht dargestellt und nicht mit dem gesetzgeberischen Bild über diese Kinder und ihre Kindheit verglichen werden.

6 Fazit

Resümierend ist festzustellen, dass das soziale Problem der Kinderarmut auf der Ebene der Kinder durch die Logik der Existenzsicherungsgesetzgeber*innen nicht bewältigt werden kann. Kindern werden notwendige Handlungsbefähigungen abgesprochen, sodass sie selbst an dieser Situation nichts ändern können. Armut im Kindesalter kann nach der Logik der Gesetzgeber*innen ausschließlich über die Eltern verringert und bewältigt werden. Kindern bleibt lediglich die Handlungsebene der Bewältigung der Folgen der Armutssituation.

Wie bereits mehrere Studien zeigen konnten, entstehen trotz der Einheitlichkeit der materiellen Unterversorgung der Familien sehr heterogene Armutsfolgen bei den Kindern. Eltern weisen innerhalb der weiteren Lebenslagendimensionen sehr unterschiedliche Ressourcen und Defizite auf, durch die sie die materielle Unterversorgungslage auf sehr heterogene Weise bewältigen. Das führt wiederum dazu, dass sich diese schwierige Lebenslage bei den Kindern auf sehr unterschiedliche Weise bemerkbar macht und die Kinder demnach sowohl mit einer stark differierenden Anzahl von Auswirkungen als auch mit ganz unterschiedlichen spezifischen Folgen umgehen müssen. Darüber hinaus haben spezifische Persönlichkeitsmerkmale (z. B. das Geschlecht) sowie weitere Risiko- und Schutzfaktoren einen starken Einfluss auf die Bewältigungsmöglichkeiten von Kindern in Bezug auf die Armutsfolgen. Angewendete Handlungsmuster unterscheiden sich, wie Richter (2000) anhand ihrer vier Bewältigungstypen aufzeigt, bspw. nach dem Geschlecht oder dem Alter. Diese führen schließlich zu differenten Unterstützungen durch Dritte und zu unterschiedlichen Bewältigungsmöglichkeiten der Auswirkungen der Armutssituation.

Demgegenüber haben die Gesetzgeber*innen in den Leistungen für Bildung und Teilhabe ein sehr homogenes Bild der Lebenssituation von Kindern, die von Armut betroffen sind, sowie von den Folgen, die die materielle Unterversorgung in den weiteren Lebenslagendimensionen mit sich bringen. Die Gesetzgeber*innen sprechen den Kindern insbesondere soziale und kulturelle Unterstützungsbedarfe zur Bewältigung der Armutsfolgen zu. Die dargestellten Armutstypen orientieren sich hingegen insbesondere an den Folgen, die mit einer materiellen Unterversorgungslage in Bezug auf die sozialen und kulturellen Bereiche verbunden sind. Die psychische Lage ist für die Gesetzgeber*innen hingegen kein Bereich, in dem sie besondere Bedarfe erkennen. Gerade hier bestehen jedoch bei dem Typ 3: ‚Armut als aktuell begrenzte Benachteiligung und latente Gefahr' und dem Typ 5: ‚Armut als multiple Deprivation' der AWO-ISS-Studie (Hock/Holz/Wüstendörfer 2000a) sowie dem Armutstyp 3: ‚Stark und mehrfach benachteiligte Kinder' der sog. ‚Jenaer Kinderarmutsstudie' (Chassé/Zander/Rasch 2007) erhöhte Bedarfe, die aufgrund des gesetzgeberischen Verständnisses von Kindern und Kindheit keinerlei Hilfen für eine Bewältigung mit sich bringen.

Weiterhin sprechen die Gesetzgeber*innen den Leistungsberechtigten die Zugehörigkeit zu einem einzigen Milieu zu. Personen, die diesem Milieu zugeordnet werden, wird eine Unfähigkeit in der Sicherung des eigenen Lebensstandards zugeschrieben. Die Gesetzgeber*innen gehen davon aus, dass sowohl die betroffenen Eltern als auch ihre Kinder sehr ähnliche Merkmale aufweisen und daher gleiche Unterstützungen und Hilfen benötigen. Dass diese sowohl individuell als auch kollektiv als Problem empfundene Lebenssituation durch unterschiedliche Ursachen eintreten kann und Personen mit sehr heterogenen Persönlichkeitseigenschaften sowie sozialen, kulturellen und gesundheitlichen Ressourcen betroffen sind, lassen sie unberücksichtigt. Auch die Möglichkeit, dass die Leistungsberechtigten aus ganz unterschiedlichen Milieus stammen und sie deshalb über ungleiche personale, soziale und kulturelle Ressourcen verfügen, was wiederum zu unterschiedlichen Unterstützungsbedarfen führt, vernachlässigen sie gänzlich. Damit werden den Leistungsberechtigten Lebenssituationen, Defizite und Unterstützungsbedarfe zugesprochen, die sie nicht aufweisen. Dementsprechend erhalten sie zwar Unterstützungen, diese helfen ihnen jedoch nicht, die Probleme (in Gänze) zu bewältigen. Zudem sind insbesondere die Leistungen für Bildung und Teilhabe derart unflexibel, dass kaum Anpassungen auf veränderte Unterstützungen möglich sind.

Weiterhin stellen die Gesetzgeber*innen insbesondere materielle Hilfen zur Verfügung. Diese erlauben es zwar, dass Dienstleistungen bzw. Unterstützungen auf immaterieller Ebene in Anspruch genommen werden können. Allerdings ist der Ausgangspunkt ihrer Überlegungen zu potenziellen Hilfemaßnahmen auf den materiellen Bereich gerichtet. Hinsichtlich der bildungs- und teilhabebezogenen Bedarfe, denen sie vor allem immaterielle Unterstützungspotenziale zusprechen, stellen sie finanzielle Mittel zur Verfügung, sodass Kinder Unterstützungen durch institutionelle Angebote und familienunabhängige Personen in Anspruch nehmen können. Demnach sind sie nicht für die konkrete Hilfe zuständig. Vielmehr beauftragen sie Institutionen, Einrichtungen und Personen, die Kinder bei der Bewältigung ihrer Armutsfolgen unterstützen sollen. Hier sehen sie insbesondere öffentliche Bildungseinrichtungen sowie Kinder ohne Leistungsbezug als Unterstützer*innen an. Dementsprechend gehen Aufgaben innerhalb der konkreten Handlungsebene bzw. der face-toface-Unterstützung an externe Personen über. Die Kinder erhalten damit die notwendigen finanziellen Mittel für die Nutzung dieser Hilfen. Sie sind allerdings bei der tatsächlichen Umsetzung von den weiteren Personen abhängig, die diese Aufgabe möglicherweise gar nicht für sich erkennen und annehmen. So stellt sich bspw. die Frage, inwiefern sich die Gleichaltrigen ohne Leistungsbezug in Schule, Freizeit- und Kindertagesbetreuungsangeboten für die Reduzierung der Armutsfolgen bei den leistungsberechtigten Gleichaltrigen sowohl direkt als auch indirekt verantwortlich fühlen. Das heißt, stellen sie tatsächlich immer ein positives Vorbild in Bezug auf die sozialen Kompetenzen gegenüber den leistungsberechtigten Kindern dar und sind sie dazu überhaupt in der Lage? Die Gesetzgeber*innen gehen selbst davon aus, dass die Kinder ohne Leistungsbezug die leistungsberechtigten Gleichaltrigen ausgrenzen, stigmatisieren und diskriminieren, sobald sie von der Armutsbetroffenheit dieser Kinder erfahren. Dementsprechend halten die Gesetzgeber*innen es für möglich, dass die Kinder ohne Leistungsbezug nicht ausschließlich wünschenswerte soziale Kompetenzen aufweisen. Für die Gesetzgeber*innen stellt die beschriebene soziale Kompetenz der Kinder ohne Leistungsbezug allerdings kein Problem dar, obwohl die Leistungsberechtigten von ihnen lernen sollen. Die Bewältigung der Armutsfolgen wird nur den leistungsberechtigten Kindern zugesprochen, die durch den Kontakt mit den Gleichaltrigen ohne Leistungsbezug die als notwendig angenommenen Kompetenzen und Fähigkeiten erlernen sollen. Die Ausgrenzung, Diskriminierung und Stigmatisierung von Kindern, die von der unterstellten Normalität abweichen, scheint aus Sicht der Gesetzgeber*innen als Normalzustand zu gelten. Dies ist ihrem Erachten nach nicht problematisch, da die Andersartigkeit der Kinder das eigentliche Problem darstellt. Liegt dieser Umstand nicht vor, erfolgt keine Ausgrenzung, Stigmatisierung und Diskriminierung mehr.

Die besondere Schwierigkeit besteht darin, dass soziale Probleme von Seiten der Gesetzgeber*innen als bewältigt angesehen werden, wenn sie den Leistungsberechtigten die zugesprochenen Hilfen bereitgestellt haben. Diese besäßen ihrem Erachten nach alle notwendigen Mittel, um auf individueller Ebene das Problem bewältigen zu können. Gelingt dies den Leistungsberechtigten nicht, wird ihnen ein individuelles Versagen vorgeworfen. Dieses Versagen wird wiederum mit dem Ausnutzen der Gesellschaftsmitglieder verbunden. Sie verzichtet auf einen Teil des eigenen Wohlstandes, um den Leistungsberechtigten Hilfen zur Verfügung zu stellen. Den Vorstellungen entsprechend gehen die Leistungsberechtigten jedoch verantwortungslos mit den Hilfen und Unterstützungen um.

Des Weiteren lässt sich durch den Umfang der Hilfen, die den Leistungsberechtigten zugesprochen werden, eine zusätzliche Schwierigkeit in Bezug auf die Bewältigung des Problems von Armut bei Kindern in ihrem späteren Leben erkennen. Die Gesetzgeber*innen gehen davon aus, dass prinzipiell die Bereitstellung eines Mindestmaßes ausreicht, um alle Bedarfe der Kinder zu sichern und damit sie unter menschenwürdigen Umständen aufwachsen können. Wenn folglich alle Bedarfe gedeckt sind, kann davon ausgegangen werden, dass die Kinder ein gutes Leben führen.

Die Bereitstellung des Mindestmaßes an Mitteln zur Bedarfsbefriedigung zeigt sich in den Leistungen für Bildung und Teilhabe insbesondere im Bereich der schulischen Bildung, der Mittagsverpflegung und der sog. ‚Teilhabeleistungen'. Hinsichtlich der schulischen Bildung scheint zwar auf den ersten Blick eine deutlich höhere Bedarfsbefriedigung als vor der Revision der Regelbedarfe im SGB II, SGB XII und AsylbLG vorzuliegen, allerdings zeigt sich bei genauerer Betrachtung ein anderes Bild. Den Kindern wird lediglich ein Minimum an notwendigen Hilfen gewährt, um das gewünscht Minimalziel einer zukünftigen eigenständigen Lebenssicherung unabhängig von Existenzsicherungsleistungen erreichen zu können. Das heißt, ausgehend von der Zielstellung, dass Kinder im Erwachsenenalter in den Arbeitsmarkt integriert sind, benötigen Kinder nach Ansicht der Gesetzgeber*innen eine erfolgreich abgeschlossene schulische und berufliche Ausbildung. Irrelevant scheinen die tatsächlichen Kompetenzen und Fähigkeiten zu sein. Allein die letztendlich erhaltenen Zertifikate sind bedeutsam. Dementsprechend gewähren die Existenzsicherungsgesetzgeber*innen Leistungen, die dazu beitragen sollen, dass die Kinder die schulische und berufliche Ausbildung erfolgreich abschließen (z. B. durch die außerschulische Lernförderung im Falle eines möglichen Nichterreichens der nächsthöheren Klassenstufe) oder dass sie die nächstgelegene Schule des gewählten Schultyps erreichen können, falls diese nicht zu Fuß oder mit dem Fahrrad erreichbar ist. Folglich geht es den Gesetzgeber*innen nicht darum, die Kinder schulisch optimal zu fördern, ihnen mögliche zusätzliche Angebote bereitzustellen, damit ihre Fähigkeiten und Kompetenzen bestmöglich entwickelt und gefördert werden, damit sie schließlich nicht nur eine Erwerbstätigkeit aufnehmen können, mit der sie ihren minimalen Lebensunterhalt selbst sichern können, sondern dass sie diesen auch über das Existenzminimum hinaus sichern können.

Auch für die (Mittags-)Verpflegung sprechen die Gesetzgeber*innen den Kindern nur ein bedarfsbezogenes Mindestmaß von einem Euro für die Lebensmittel zu. Zudem erhalten sie nur zusätzliche Kosten für die Mittagsverpflegung in Schule und Kindertagesbetreuungsangeboten, wenn diese Institutionen eine solche anbieten. Für die Gesetzgeber*innen scheint keine Notwendigkeit darin zu bestehen, dass in all diesen Institutionen eine Mittagsverpflegung zur Verfügung steht, sodass alle Kinder ein ausreichendes und ausgewogenes Mittagessen erhalten. In Anbetracht dessen wird deutlich, dass lediglich der Bedarf an Verpflegung in dem Umfang gewährt wird, um ihren Hunger zu stillen. Eine gesunde und ausgewogene Ernährung kann damit jedoch kaum ermöglicht werden, wie mittels diverse Studien bereits mehrfach aufgezeigt wurde (vgl. u. a. Kersting/Clausen 2007; Arens-Azevedo/Pfannes/Tecklenburg 2014; Karg/Gedrich/Wagner 2008).

Schließlich stellen die Gesetzgeber*innen den Kindern ein Budget von monatlich zehn Euro für die sog. ‚Teilhabe am sozialen und kulturellen Leben in der Gemeinschaft' zur Verfügung. Damit sollen sie zumindest unregelmäßig an außerschulischen Bildungsangeboten teilnehmen können, die Kinder ohne Leistungsbezug regelmäßig und nach Ansicht der Gesetzgeber*innen auch in einem höheren Maß nutzen. Das heißt, den leistungsberechtigten Kindern wird nicht das gleiche Maß an Teilnahme an den außerschulischen Bildungsangeboten bereitgestellt, sondern nur ein reduzierter Anteil dessen, was die Gleichaltrigen tun.

Folglich wird deutlich, dass die Gesetzgeber*innen den Familien lediglich einen minimalen Standard zusichern. Die Familien werden damit jedoch nicht in die Lage versetzt, eine optimale Förderung der Fähigkeiten und Kompetenzen ihrer Kinder zu sichern, eine ausgewogene und gesunde Ernährung ihrer Kinder zu gewährleisten und zumeist auch nicht, um eine Teilnahme an mindestens einem außerschulischen Bildungsangebot mit all seinen Notwendigkeiten (d. h. Teilnahmebeiträge, Kosten für zusätzliche Gegenstände oder Kleidung sowie die Übernahmen der Kosten, um das Angebot erreichen zu können) zu finanzieren, an denen die Kinder das größte Interesse haben. Gleichzeitig wird den Familien unterstellt, dass sie weder im Stande sind, ihren Kindern zu einem optimalen Bildungsstand zu verhelfen, dass sie sie nicht ausgewogen und gesund ernähren und dass sie ihnen die Teilnahme an außerschulischen Bildungsangeboten nicht ermöglichen. Den Familien wird also attribuiert, nicht das Beste und Optimalste für ihre Kinder zu ermöglichen. Demgegenüber werden ihnen jedoch die notwendigen Mittel nicht zur Verfügung gestellt, um die entsprechenden Handlungsweisen realisieren zu können.

Unter Berücksichtigung der Chancengerechtigkeit bedeutet das, dass den Kindern zwar der Zugang zu Bildungsinstitutionen ermöglicht wird, allerdings über diese Zugangsmöglichkeiten hinaus i. d. R. nur ein Mindestmaß an Hilfen zur Verfügung gestellt wird. Die Kinder werden also nicht entsprechend ihrer Bedarfe unterstützt, sondern ausschließlich, um ein Mindestmaß abzudecken. So erhalten sie z. B. nur ein festgeschriebenes Mindestmaß an Förderung im außerschulischen Bereich, nicht jedoch eine optimale Förderung, die ihren Kompetenzen und Fähigkeiten entspricht.

Daraus ergibt sich die weiterführende Frage, die allein durch die Gesetzgeber*innen selbst beantwortet werden kann: Warum werden Kindern allein auf der Grundlage, dass sich Eltern in einer materiellen Unterversorgungslage befinden, geringere Lebenschancen als den Gleichaltrigen zugesprochen und ermöglicht?

Literaturverzeichnis

Adamy, Wilhelm (o.J.): Hohes Verarmungsrisiko Jugendlicher. www.kreis-wesel-spd.de/db/docs/doc_22151_2009225175335.pdf (Abfrage: 07.02.2015).

Albert, Mathias/Hurrelmann, Klaus/Quenzel, Gudrun/TNS Infratest Sozialforschung (Hrsg.) (2010): Jugend 2010. Eine pragmatische Generation behauptet sich. 16. Shell Jugendstudie. Frankfurt am Main: Fischer Taschenbuch.

Allardt, Erik (1993): Having, Loving, Being. An alternative to the swedish model of welfare research. In: Nussbaum, Martha. C./Sen, Amartya (Hrsg.): The quality of life. A study prepared for the World Institute for Development Economics Research (WIDER) of the United Nations University. Oxford: Clarendon, S. 88–94.

Andresen, Sabine/Albus, Stefanie (2009): Bedürfnisse von Kindern. Befunde und Schlussfolgerungen aus der Kindheitsforschung. www.aba-fachverband.org/fileadmin/user_upload/user_upload%202010/berichte/Expertise_Andresen_9.KJB_NRW.pdf (Abfrage: 04.06.2012).

Andresen, Sabine/Hurrelmann, Klaus (2010): Kindheit. Weinheim und Basel: Beltz.

Arens-Azevedo, Ulrike/Pfannes, Ulrike/Tecklenburg, Ernestine. (2014): Is(s)t KiTa gut? KiTa-Verpflegung in Deutschland: Status quo und Handlungsbedarfe. www.bertelsmann-stiftung.de/bst/de/media/xcms_bst_dms_39869_39870_2.pdf (Abfrage: 04.08.2014).

Atteslander, Peter (2008): Methoden der empirischen Sozialforschung. 12. Auflage. Berlin: Erich Schmidt.

Autorengruppe Bildungsberichterstattung (2014): Bildung in Deutschland 2014. Ein indikatorengestützter Bericht mit einer Analyse zur Bildung von Menschen mit Behinderungen. Bielefeld: W. Bertelsmann.

AWO Bundesverband e.V. (2013): Stellungnahme des AWO Bundesverbandes e.V. zu den Aussetzungs- und Vorlagebeschlüssen des Sozialgerichts Berlin vom 25. April 2012 - S 55 AS 9238/12 und S 55 AS 29349/11. (Vereinbarkeit von §§ 19, 20 SGB II i. V. m. 28 SGB XII mit Art. 1 Abs. 1 i. V. m. Art. 20 Abs. 1 GG und dem sich daraus ergebenden Grundrecht auf Gewährleistung eines menschenwürdigenden Existenzminimums). - 1 BvL 10/12 und 1 BvL 12/12. www.awo-informationsservice.org/uploads/media/AWO_Stellungnahme_BVerfG-Verfahren_Regelbedarfe_final__1__02.pdf (Abfrage: 01.01.2015).

Baier, Tino: Armut macht dick. In: sueddeutsche.de vom 1.10.2014.

Bamler, Vera/Werner, Jillian/Wustmann, Cornelia (2010): Lehrbuch Kindheitsforschung. Grundlagen, Zugänge und Methoden. Weinheim und München: Juventa.

Barlösius, Eva (2004): Kämpfe um soziale Ungleichheit. Machttheoretische Perspektiven. Wiesbaden: VS Verlag für Sozialwissenschaften.

Bayer, Michael/Hübenthal, Maksim (2012): Kinderarmut – zur Schwierigkeit der Ausweitung ökonomischer Umverteilung. In: Zeitschrift für Soziologie der Erziehung und Sozialisation, H. 2, S. 172–188.

Bayerisches Landesjugendamt (2014): Empfehlungen des Bayerischen Landkreistags und des Bayerischen Städtetags für die Vollzeitpflege nach dem SGB VIII. www.blja.bayern.de/service/bibliothek/fachliche-empfehlungen/vollzeitpflege_landkreistag.php (Abfrage: 17.02.2015).

Behörde für Arbeit, Soziales, Familie und Integration (2012): Konkretisierungen zu §§ 27, 27a, 28 und 24 SGB XII. www.hamburg.de/basfi/kr-sgbxii-kap03-27/126558/kr-sgbxii-27-28-24-notw-lebensunterh/ (Abfrage: 22.05.2012).

Behrend, Nicola (2012): § 20 SGB II. In: Radüge, Astrid (Hrsg.): juris PraxisKommentar SGB II. Grundsicherung für Arbeitsuchende. 3. Auflage. Saarbrücken: Juris, S. 449–471.

Beinbrech, Christina (2003): Problemlösen im Sachunterricht der Grundschule. Eine empirische Studie zur Gestaltung von Lehr-Lernumgebungen im Hinblick auf die Förderung des Problemlöseverhaltens im Sachunterricht. www.miami.uni-muenster.de/servlets/Derivate-Servlet/Derivate-1307/Diss_Beinbrech.pdf (Abfrage: 31.03.2014).

Bertram, Hans (2008a): Deutsches Mittelmaß. Der schwierige Weg in die Moderne. In: Bertram, Hans (Hrsg.): Mittelmaß für Kinder. Der UNICEF-Bericht zur Lage der Kinder in Deutschland. München: Beck, S. 37–81.

Bertram, Hans (2008b): Einleitung. In: Bertram, Hans (Hrsg.): Mittelmaß für Kinder. Der UNICEF-Bericht zur Lage der Kinder in Deutschland. München: Beck, S. 7–15.

Bertram, Hans/Kohl, Steffen (o.J.): Zur Lage der Kinder in Deutschland 2010. Kinder stärken für eine ungewisse Zukunft. www.initiative-mindestlohn.de/w/files//unicef-bericht-2010.pdf).

Betz, Tanja (2008): Ungleiche Kindheiten. Theoretische und empirische Analysen zur Sozialberichterstattung über Kinder. Weinheim und München: Juventa.

Betz, Tanja/de Moll, Frederick (2013): Aktive Lerner, Verletzliche Geschöpfe, Entwicklungswesen. Kinderbilder im deutschen politischen Diskurs. In: Förster, Charis/Höhn, Kariane/Schreiner, Sonja A. (Hrsg.): Kindheitsbilder – Familienrealitäten. Prägende Elemente in der pädagogischen Arbeit. Freiburg im Breisgau: Herder, S. 41–49.

Bieritz-Harder, Renate (2012a): § 34 SGB XII. In: Bieritz-Harder, Renate/Conradis, Wolfgang/Thie, Stephan (Hrsg.): Sozialgesetzbuch XII. Sozialhilfe. Lehr- und Praxiskommentar. 9. Auflage. Baden-Baden: Nomos, S. 320–324.

Bieritz-Harder, Renate (2012b): § 34a SGB XII. In: Bieritz-Harder, Renate/Conradis, Wolfgang/Thie, Stephan (Hrsg.): Sozialgesetzbuch XII. Sozialhilfe. Lehr- und Praxiskommentar. 9. Auflage. Baden-Baden: Nomos, S. 324–326.

Bieritz-Harder, Renate (2012c): § 53 SGB XII. In: Bieritz-Harder, Renate/Conradis, Wolfgang/Thie, Stephan (Hrsg.): Sozialgesetzbuch XII. Sozialhilfe. Lehr- und Praxiskommentar. 9. Auflage. Baden-Baden: Nomos, S. 463–477.

Bieritz-Harder, Renate (2012d): § 54 SGB XII. In: Bieritz-Harder, Renate/Conradis, Wolfgang/Thie, Stephan (Hrsg.): Sozialgesetzbuch XII. Sozialhilfe. Lehr- und Praxiskommentar. 9. Auflage. Baden-Baden: Nomos, S. 477–498.

Binder, Ulrich (2014): Die Pädogogisierung des Rechts. Staatliche Erziehungsaspirationen durch die Gesetzgebung und deren Folgestrategien. In: Zeitschrift für Pädagogik, Jg. 60, H. 3, S. 409–424.

Birk, Ulrich-Arthur (2008): Asylbewerberleistungsgesetz. In: Bieritz-Harder, Renate/Conradis, Wolfgang/Thie, Stephan (Hrsg.): Sozialgesetzbuch XII. Sozialhilfe. Lehr- und Praxiskommentar. 8. Auflage. Baden-Baden: Nomos, S. 918–948.

Bischoff, Stefanie/Betz, Tanja (2011): Die diskursanalytische Rekonstruktion von politischen Leitbildern bildungsbezogener ‚guter Kindheit'. EDUCARE WORKING PAPER 1/2011. http://www.uni-frankfurt.de/fb/fb04/we2/professionalisierung/Educare-Working-Paper-1-2011-Bischoff-Betz.pdf (Abfrage: 31.03.2014).

Bitzan, Maria/Bolay, Eberhard (2011): Adressatin und Adressat. In: Otto, Hans-Uwe/Thiersch, Hans (Hrsg.): Handbuch Soziale Arbeit. Grundlagen der Sozialarbeit und Sozialpädagogik. 4. Auflage. München und Basel: Ernst Reinhardt Verlag, S. 18–24.

Bitzan, Maria/Bolay, Eberhard (2013): Konturen eines kritischen Adressatenbegriffs. In: Graßhoff, Gunther (Hrsg.): Adressaten, Nutzer, agency. Wiesbaden: Springer VS, S. 35–52.

BMAS (2013a): Lebenslagen in Deutschland. Der Vierte Armuts- und Reichtumsbericht der Bundesregierung. Berlin: BMFSFJ.

BMAS (2013b): Teilhabebericht der Bundesregierung über die Lebenslagen von Menschen mit Beeinträchtigungen. Teilhabe – Beeinträchtigung – Behinderung. www.bmas.de/SharedDocs/Downloads/DE/PDF-Publikationen/a125-13-teilhabebericht.pdf?__blob= publicationFile (Abfrage: 08.02.2015).

BMFSFJ (2002): Elfter Kinder- und Jugendbericht. Bericht über die Lebenssituation junger Menschen und die Leistungen der Kinder- und Jugendhilfe in Deutschland. Berlin: BMFSFJ.

BMFSFJ (2010): Der Unterhaltsvorschuss. Eine Hilfe für Alleinerziehende. www.bmfsfj.de/RedaktionBMFSFJ/Broschuerenstelle/Pdf-Anlagen/Der-Unterhaltsvorschuss, property=pdf,bereich=bmfsfj,sprache=de,rwb=true.pdf (Abfrage: 30.05.2012).

BMFSFJ (2011): Elterngeld und Elternzeit. Das Bundeselterngeld- und Elternzeitgesetz. www.bmfsfj.de/RedaktionBMFSFJ/Broschuerenstelle/Pdf-Anlagen/Elterngeld-und-Elternzeit,property=pdf,bereich=bmfsfj,sprache=de,rwb=true.pdf (Abfrage: 29.09.2011).

BMFSFJ (2014): Fakten und Empfehlungen zu den Neuregelungen in der Kindertagespflege. www.bmfsfj.de/RedaktionBMFSFJ/Abteilung5/Pdf-Anlagen/fakten-kinder tagespflege-08-2014,property=pdf,bereich=bmfsfj,sprache=de,rwb=true.pdf (Abfrage: 29.11.2014).

BMVBS (2011a): Wohngeld 2012. Ratschläge und Hinweise. www.bmvbs.de/cae/servlet/contentblob/63570/publicationFile/56073/wohngeld-2012-ratschlaege-und-hinweise.pdf (Abfrage: 17.12.2012).

BMVBS (2011b): Wohngeld 2012. Ratschläge und Hinweise. www.stadtentwicklung.berlin.de/wohnen/wohngeld/download/wohngeld_2012_ratschlaege_und_hinweise.pdf (Abfrage: 17.02.2015).

Böhnisch, Lothar (2001): Lebensbewältigung. In: Otto, Hans-Uwe/Thiersch, Hans (Hrsg.): Handbuch der Sozialarbeit, Sozialpädagogik. 2. Auflage. Neuwied: Luchterhand, S. 1119–1121.

Böhnisch, Lothar (2005): Sozialpädagogik der Lebensalter. Eine Einführung. 4. Auflage. Weinheim und Basel: Beltz Juventa.

Böhnisch, Lothar (2012): Sozialpädagogik der Lebensalter. Eine Einführung. 6. Auflage. Weinheim und Basel: Beltz Juventa.

Böhnisch, Lothar/Lenz, Karl/Schröer, Wolfgang (2009): Sozialisation und Bewältigung. Eine Einführung in die Sozialisationstheorie der zweiten Moderne. Weinheim und München: Juventa.

Bourdieu, Pierre (2014): Sozialer Sinn. Kritik der theoretischen Vernunft. 8. Auflage. Frankfurt am Main: Suhrkamp.

Brandt, Klaus: Armut macht krank – 27 000 Kinder in Not. In: WAZ – online vom 3.3.2010.

Brazelton, Thomas B./Greenspan, Stanley I. (2008): Die sieben Grundbedürfnisse von Kindern. Was jedes Kind braucht, um gesund aufzuwachsen, gut zu lernen und glücklich zu sein. Weinheim und Basel: Beltz.

Buchner, Herbert/Becker, Ulrich (2008): Vorbemerkungen §§ 1 bis 14 BEEG. In: Buchner, Herbert/Becker, Ulrich: Mutterschutzgesetz und Bundeselterngeld- und Elternzeitgesetz. Kommentar. 8. Auflage. München: Beck, S. 735–759.

Bühler-Niederberger, Doris (2011): Lebensphase Kindheit. Theoretische Ansätze, Akteure und Handlungsräume. Weinheim und München: Juventa.

Bundesrat (2004): Verordnung zur Durchführung des § 28 des Zwölften Buches Sozialgesetzbuch (Regelsatzverordnung – RSV). BR-Drs. 206/04. www.bundesrat.de/cln_099/nn_8336/SharedDocs/Drucksachen/2004/0201-300/206-04,templateId=raw,property=publica tionFile.pdf/206-04.pdf (Abfrage: 01.03.2013).

Bundesrat (2010): Entwurf eines Gesetzes zur Ermittlung von Regelbedarfen und zur Änderung des Zweiten und Zwölften Buches Sozialgesetzbuch. BR-Drs. 661/10. dipbt. bundestag.de/dip21/brd/2010/0661-10.pdf (Abfrage: 28.09.2013).

Bundesrat (2012): Verordnung zur Bestimmung des für die Fortschreibung der Regelbedarfs stufen nach § 28a des Zwölften Buches Sozialgesetzbuch maßgeblichen Vomhundertsatzes sowie zur Ergänzung der Anlage zu § 28 des Zwölften Buches Sozialgesetzbuch für das Jahr 2013 (Regelbedarfsstufen-Fortschreibungsverordnung 2013 – RBSFV 2013). BR-Drs. 553/12. www.bundesrat.de/cln_330/nn_8336/SharedDocs/Drucksachen/2012/0501-600/553-12,templateId=raw,property=publicationFile.pdf/553-12.pdf (Abfrage: 03.03.2013).

Bundeszentrale für Steuern/Familienkasse der Bundesagentur für Arbeit (2012): Merkblatt Kindergeld 2012. www.arbeitsagentur.de/zentraler-Content/Veroeffentlichungen/Merkblatt-Sammlung/MB-Kindergeld.pdf (Abfrage: 24.05.2012).

Buntenbach, Annelie (2010): Hartz VI. Es geht um mehr als nur 5 €. In: WSI Mitteilungen, Jg. 2010, H. 12, S. 650–651.

Butterwegge, Christoph (2015): Hartz IV und die Folgen. Auf dem Weg in eine andere Republik? Weinheim und Basel: Beltz Juventa.

Chassé, Karl August (2010): Kinderarmut in Deutschland. In: APuZ [Aus Politik und Zeitgeschichte], H. 51–52, S. 16–23.

Chassé, Karl August/Zander, Margherita/Rasch, Konstanze (2007): Meine Familie ist arm. Wie Kinder im Grundschulalter Armut erleben und bewältigen. 3. Auflage. Wiesbaden: VS Verlag für Sozialwissenschaften.

Conradis, Wolfgang (2010): Unterhaltsvorschussgesetz. In: Rancke, Friedbert (Hrsg.): Mutterschutz – Elterngeld – Elternzeit. Handkommentar. 2. Auflage. Baden-Baden: Nomos, S. 671–692.

Creifelds, Carl (2011): Rechtswörterbuch. 20. Auflage. München: Beck.

Deutscher Bundestag (2001): Lebenslagen in Deutschland. Erster Armuts- und Reichtumsbericht. dip21.bundestag.de/dip21/btd/14/059/1405990.pdf (Abfrage: 30.01. 2012).

Deutscher Bundestag (2003): Entwurf eines Vierten Gesetzes für moderne Dienstleistungen am Arbeitsmarkt. BT-Drs. 15/1516. dipbt.bundestag.de/dip21/btd/15/015/1501516. pdf (Abfrage: 04.02.2013).

Deutscher Bundestag (2005a): Bericht über die Lebenssituation junger Menschen und die Leistungen der Kinder- und Jugendhilfe in Deutschland. Zwölfter Kinder- und Jugendbericht. BT-Drs. 15/6014. dip21.bundestag.de/dip21/btd/15/060/1506014.pdf (Abfrage: 24.01.2015).

Deutscher Bundestag (2005b): Lebenslagen in Deutschland. Zweiter Armuts- und Reichtumsbericht. dipbt.bundestag.de/dip21/btd/15/050/1505015.pdf (Abfrage: 30.01.2012).

Deutscher Bundestag (2008a): Entwurf eines Gesetzes zur Förderung von Familien und haushaltsnahmen Dienstleistungen. Familienleistungsgesetz – FamLeistG. BT-Drs. 16/10809. dip21.bundestag.de/dip21/btd/16/108/1610809.pdf (Abfrage: 12.01.2014).

Deutscher Bundestag (2008b): Lebenslagen in Deutschland. Der 3. Armuts- und Reichtumsbericht der Bundesregierung. www.bmas.de/SharedDocs/Downloads/DE/PDF-Publikationen/forschungsprojekt-a333-dritter-armuts-und-reichtumsbericht.pdf; jsessionid=DB3545DF1EBE318CE9AB43A950D8B253?__blob=publicationFile (Abfrage: 05.10.2011).

Deutscher Bundestag (2010a): Bericht des Ausschusses für Arbeit und Soziales. BT-Drs. 17/4095. dip21.bundestag.de/dip21/btd/17/040/1704095.pdf (Abfrage: 11.03.2013).

Deutscher Bundestag (2010b): Entwurf eines Gesetzes zur Ermittlung von Regelbedarfen und zur Änderung des Zweiten und Zwölften Buches Sozialgesetzbuch. BT-Drs. 17/3404. dip21.bundestag.de/dip21/btd/17/034/1703404.pdf (Abfrage: 25.09.2012).

Deutscher Bundestag (2010c): Entwurf eines Gesetzes zur Ermittlung von Regelbedarfen und zur Änderung des Zweiten und Zwölften Buches Sozialgesetzbuch. BT-Dr. 17/3958. www.dstgb.de/dstgb/Home/Schwerpunkte/Neue%20Regels%c3%a4tze %20und%20Bildungspaket%20im%20SGB%20II%20beschlossen/1703958.pdf (Abfrage: 21.08.2014).

Deutscher Bundestag (2011a): Bericht über die Höhe des steuerfrei zu stellenden Existenzminimums von Erwachsenen und Kindern für das Jahr 2012. Achter Existenzminimumbericht. BT-Drs. 17/5550. www.dgsf.org/themen/sozialpolitisches/8.Existenzminimumbericht%20-2011.pdf (Abfrage: 22.09.2011).

Deutscher Bundestag (2011b): Wohngeld- und Mieterbericht 2010. BT-Drs. 17/6280. dipbt.bundestag.de/dip21/btd/17/062/1706280.pdf (Abfrage: 04.10.2011).

Deutscher Bundestag (2012): Lebenslagen in Deutschland. Entwurf des 4. Armuts- und Reichtumsberichtes der Bunderegierung. www.der-paritaetische.de/index.php?eID=tx_nawsecuredl&u=0&file=fileadmin/dokumente/downloads/ARB_Stand_170912.pdf&t=1348666542&hash=9643aee25af1b1f26d88b5a1b1d46a525 ffbd640 (Abfrage: 18.09.2012).

Deutscher Bundestag (2013a): Bericht über die Lebenssituation junger Menschen und die Leistungen der Kinder- und Jugendhilfe in Deutschland. 14. Kinder- und Jugendbericht. BT-Drs. 17/12200. dip21.bundestag.de/dip21/btd/17/122/1712200.pdf (Abfrage: 24.01.2015).

Deutscher Bundestag (2013b): Entwurf eines Gesetzes zur Änderung des Zweiten Buches Sozialgesetzbuch und anderer Gesetze. BT.-Drs. 17/12036. dip21.bundestag.de/dip21/btd/17/120/1712036.pdf (Abfrage: 28.09.2013).

Deutscher Bundestag (2014): Entwurf eines Gesetzes zur Änderung des Asylbewerberleistungsgesetzes und des Sozialgerichtsgesetzes. BT-Drs. 18/2592. dip21.bundestag.de/dip21/btd/18/025/1802592.pdf (Abfrage: 13.02.2015).

Deutscher Caritasverband e.V. (2014): Regelbedarfe müssen erhöht werden. www.caritas.de/fuerprofis/presse/stellungnahmen/01-24-2014-regelbedarfe-muessen-erhoeht-werden (Abfrage: 01.01.2015).

Deutscher Verein für öffentliche und private Fürsorge e.V. (2011a): Diskussionspapier des Deutschen Vereins zur Reform des Unterhaltsvorschussgesetzes (UVG). www.deutscher-verein.de/05-empfehlungen/empfehlungen_archiv/2011/DV%2028-11.pdf (Abfrage: 28.05.2012).

Deutscher Verein für öffentliche und private Fürsorge e.V. (2011b): Empfehlungen des Deutschen Vereins zur Fortschreibung der monatlichen Pauschalbeträge in der Vollzeitpflege (§§ 33, 39 SGB VIII) für das Jahr 2012. www.deutscher-verein.de/05-empfehlungen/empfehlungen_archiv/2011/DV%2032-11%20Vollzeitpflege.pdf (Abfrage: 24.05.2012).

Die Beauftragte der Bundesregierung für Migration, Flüchtlinge und Integration (2014): 10. Bericht der Beauftragten der Bundesregierung für Migration, Flüchtlinge und Integration über die Lage der Ausländerinnen und Ausländer in Deutschland. www.bundesregierung.de/Content/Infomaterial/BPA/IB/10_Auslaenderbericht_2015.pdf?__blob=publi cationFile&v=2 (Abfrage: 29.10.2015).

Dollase, Rainer (2006): Möglichkeiten und Grenzen der Früherziehung aus entwicklungspsychologischer Sicht. In: Fried, Lilian/Roux, Susanna (Hrsg.): Pädagogik der frühen Kindheit. Handbuch und Nachschlagewerk. 1. Auflage. Weinheim: Beltz, S. 85–94.

Ebert, Thomas (2012): Soziale Gerechtigkeit in der Krise. Bonn: Bundeszentrale für Politische Bildung.

Eichenhofer, Eberhard (2010): Sozialrecht. 7. Auflage. Tübingen: Mohr Siebeck.

Esping-Andersen, Gosta (2004): Die gute Gesellschaft und der neue Wohlfahrtsstaat. In: Zeitschrift für Sozialreform, Jg. 50, H. 1–2, S. 189–210.

Fajth, Gáspár/Holland, Katherine (2007): Poverty and children: a perspective. www.unicef.org/videoaudio/PDFs/Poverty_and_Children_a_Perspective.pdf. (Abfrage: 05.04.2012).

Fieseler, Gerhard (o.J.): § 39 SGB VIII – Leistungen zum Unterhalt des Kindes oder des Jugendlichen. www.fzpsa.de/Recht/Fachartikel/KJHG-Kommentar/39 (Abfrage: 18.05.2012).

Fieseler, Gerhard/Schleicher, Hans/Busch, Manfred/Wabnitz, Reinhard Joachim (Hrsg.) (2014): Kinder- und Jugendhilferecht. Gemeinschaftskommentar zum SGB VIII. Köln: Luchterhand.

Freie Hansestadt Bremen (2010): Amtsblatt der freien Hansestadt Bremen. Landesrichtlinie zur Regelung der finanziellen Leistungen in der Vollzeitpflege und der Bereitschafts-/Übergangspflege. www.soziales.bremen.de/sixcms/media.php/13/ABl_2010_11_30_Nr_122_Landesrichtlinie%20Vollzeitpflege.pdf (Abfrage: 19.05.2012).

Fröhlich-Gildhoff, Klaus/Dörner, Tina/Rönnau, Maike (2007): Prävention und Resilienzförderung in Kindertageseinrichtungen – PRiK. Trainingsmanual für ErzieherInnen. München und Basel: Reinhardt.

Fröhlich-Gildhoff, Klaus/Rönnau-Böse, Maike (2009): Resilienz. Stuttgart, München und Basel: UTB; Reinhardt.

Früh, Werner (2011): Inhaltsanalyse. Theorie und Praxis. 7. Auflage. Konstanz: UVK-Verlagsgesellschaft.

Fuchsloch, Christine (2012): §§ 59–76 SGB III. In: Gagel, Alexander/Bieback, Karl-Jürgen/Knickrehm, Sabine (Hrsg.): Sozialgesetzbuch III – Arbeitsförderung. Mit SGB II – Grundsicherung für Arbeitsuchende; Kommentar. München: Beck, 24–29.

Gläser, Jochen/Laudel, Grit (2010): Experteninterviews und qualitative Inhaltsanalyse. Als Instrumente rekonstruierender Untersuchungen. 4. Auflage. Wiesbaden: VS Verlag für Sozialwissenschaften.

Glöckler, Ulrich (2011): Soziale Arbeit der Ermöglichung. „Agency"-Perspektiven und Ressourcen des Gelingens. Wiesbaden: VS Verlag für Sozialwissenschaften.

Götz, Marion (2009): § 2 SGB IX. In: Kossens, Michael/von der Heide, Dirk/Maaß, Michael (Hrsg.): SGB IX. Rehabilitation und Teilhabe behinderter Menschen. Kommentar. 3. Auflage. München: Beck, E-Book.

Graßhoff, Gunther (2008): Theoretische Überlegungen zu einem empirischen Programm sozialpädagogischer Adressatenforschung. In: Neue Praxis, Jg. 38, H. 4, S. 399–408.

Groenemeyer, Axel (2011): Soziale Problem. In: Otto, Hans-Uwe/Thiersch, Hans (Hrsg.): Handbuch Soziale Arbeit. Grundlagen der Sozialarbeit und Sozialpädagogik. 4. Auflage. München und Basel: Ernst Reinhardt Verlag, S. 1390–1405.

Groenemeyer, Axel (2012): Soziologie sozialer Probleme. Fragestellungen, Konzepte und theoretische Perspektiven. In: Albrecht, Günter/Groenemeyer, Axel (Hrsg.): Handbuch soziale Probleme. 2. Auflage. Wiesbaden: VS Verlag für Sozialwissenschaften, S. 17–116.

Grube, Christian. (2012a): § 34 SGB XII. In: Grube, Christian/Wahrendorf, Volker (Hrsg.): SGB XII. Sozialhilfe mit Asylbewerberleistungsgesetz. Kommentar. 4. Auflage. München: Beck, S. 305–316.

Grube, Christian (2012b): § 34a SGB XII. In: Grube, Christian/Wahrendorf, Volker (Hrsg.): SGB XII. Sozialhilfe mit Asylbewerberleistungsgesetz. Kommentar. 4. Auflage. München: Beck, S. 316–319.

Grube, Christian (2012c): § 35 SGB XII. In: Grube, Christian/Wahrendorf, Volker (Hrsg.): SGB XII. Sozialhilfe mit Asylbewerberleistungsgesetz. Kommentar. 4. Auflage. München: Beck, S. 319–336.

Grundmann, Matthias (2006): Milieuspezifische Handlungsbefähigung sozialisationstheoretisch beleuchtet. In: Grundmann, Matthias/Bittlingmayer, Uwe/Dravenau, Daniel/Edelstein, Wolfgang (Hrsg.): Handlungsbefähigung und Milieu. Zur Analyse milieuspezifischer Alltagspraktiken und ihrer Ungleichheitsrelevanz. Berlin: LIT, S. 57–73.

Grundmann, Matthias/Hoffmeister, Dieter (2011): Familie als Interaktions- und Beziehungsgeflecht. Zum Wandel der Familie als Erziehungsinstanz. In: Macha, Hildegard/Witzke, Monika (Hrsg.): Familie. Handbuch der Erziehungswissenschaft 5. Paderborn, München, Wien und Zürich: Schöningh, S. 193–213.

Gutzler, Stephan (2013): § 27a SGB XII. In: Coseriu, Pablo/Eicher, Wolfgang (Hrsg.): juris PraxisKommentar SGB XII. Sozialhilfe/mit AsylbLG. Saarbrücken: Juris, E-Book.

Hauser, Richard (1996): Zur Messung individueller Wohlfahrt und ihrer Verteilung. www.publikationen.ub.uni-frankfurt.de/frontdoor/index/index/docId/20547 (Abfrage: 22.06.2012).

Hauser, Richard (2008): Das Maß der Armut. Armutsgrenzen im sozialstaatlichen Kontext – Der sozialstatistische Diskurs. In: Huster, Ernst-Ulrich/Boeckh, Jürgen/Mogge-Grotjahn, Hildegard (Hrsg.): Handbuch Armut und soziale Ausgrenzung. 1. Auflage. Wiesbaden: VS Verlag für Sozialwissenschaften, S. 94–117.

Heinzel, Friederike/Kränzl-Nagl, Renate/Mierendorff, Johanna (2012): Sozialwissenschaftliche Kindheitsforschung. Annäherungen an einen komplexen Forschungsbereich. In: Theo-Web. Zeitschrift für Religionspädagogik, Jg. 11, H. 1, S. 9–37.

Heller, Angela (2002): Nach der Geburt. Wochenbett und Rückbildung. Stuttgart: Thieme.

Hempel, Ulrike (2006): Erste Ergebnisse der KiGGS-Studie. zur Gesundheit von Kindern und Jugendlichen in Deutschland. www.berlin-suchtpraevention.de/upload/material/kiggs_elternbroschuere.pdf (Abfrage: 29.09.2012).

Henne, Thomas (2006): Die Prägung des Juristen durch die Kommentarliteratur. Zu Form und Methode einer juristischen Diskursmethode. www.fes-forumberlin.de/pdf_2006/d_6_6_ 01_henne.pdf (Abfrage: 10.12.2012).

Hermann, Stefan: Aachen-Nord: Jedes zweite Kind ist arm. In: Aachener Zeitung – online vom 17.11.2013.

Hessisches Sozialministerium (2011): Laufende Leistungen zum Unterhalt (§ 39 SGB VIII) für Kinder und Jugendliche in Vollzeitpflege (§ 33 SGB VIII). Pflegegelderlass. www.kostenbeitrag.de/hze/pflegegeld/Pflegegelderlass_Juli_2011.pdf (Abfrage: 18.05.2012).

Hock, Beate/Holz, Gerda/Wüstendörfer, Werner (1999): Armut – eine Herausforderung für die verbandliche Kinder- und Jugendhilfe. Zweiter Zwischenbericht zu einer bundesweiten Befragung in den Einrichtungen der Arbeiterwohlfahrt. Frankfurt am Main: ISS-Eigenverlag.

Hock, Beate/Holz, Gerda/Wüstendörfer, Werner (2000a): „Folgen familiärer Armut im frühen Kindesalter – eine Annäherung anhand von Fallbeispielen“. Dritter Zwischenbericht zu einer Studie im Auftrag des Bundesverbandes der Arbeiterwohlfahrt. Frankfurt am Main: ISS-Eigenverlag.

Hock, Beate/Holz, Gerda/Wüstendörfer, Werner (2000b): Frühe Folgen – langfristige Konsequenzen? Armut und Benachteiligung im Vorschulalter: vierter Zwischenbericht zu einer Studie im Auftrag des Bundesverbandes der Arbeiterwohlfahrt. Frankfurt am Main: ISS-Eigenverlag.

Hoeren, Dirk: Stoppt die Drückeberger! In: Bild vom 11.4.2012.

Hollstein, Tina/Huber, Lena/Schweppe, Cornelia (2010): Migration, Armut und Bewältigung. Eine fallrekonstruktive Studie. Weinheim und München: Juventa.

Holz, Gerda/Richter, Antje/Wüstendörfer, Werner/Giering, Dietrich (2006): „Zukunftschancen für Kinder!? – Wirkung von Armut bis zum Ende der Grundschulzeit“. Endbericht der 3. AWO-ISS-Studie im Auftrag der Arbeiterwohlfahrt Bundesverband e.V. Frankfurt am Main: ISS-Eigenverlag.

Holz, Gerda (2010): Kinderarmut – Definition, Konzepte und Befunde. In: Holz, Gerda/Richter-Kornweitz, Antje (Hrsg.): Kinderarmut und ihre Folgen. Wie kann Prävention gelingen? München und Basel: Ernst Reinhardt Verlag, S. 32–42.

Holz, Gerda/Laubenstein, Claudia/Sthamer, Evelyn (2012): Lebenslagen und Zukunftschancen von (armen) Kindern und Jugendlichen in Deutschland. 15 Jahre AWO-ISS-Studie. www.awo-informationsservice.org/uploads/media/15_Jahre_AWO-ISS-Armutsstudie.pdf (Abfrage: 29.10.2015).

Honig, Michael-Sebastian (2008): Lebensphase Kindheit. In: Abels, Heinz/Honig, Michael-Sebastian/Saake, Irmhild/Weymann, Ansgar (Hrsg.): Lebensphasen. Eine Einführung. Wiesbaden: VS Verlag für Sozialwissenschaften, S. 9–76.

Honig, Michael-Sebastian (2009): Das Kind der Kindheitsforschung. Gegenstandskonstitution in den childhood studies. In: Honig, Michael-Sebastian (Hrsg.): Ordnungen der Kindheit. Problemstellungen und Perspektiven der Kindheitsforschung. Weinheim und München: Juventa, S. 25–51.

Hornstein, Walter/Thole, Werner (2005): Kindheit. In: Kreft, Dieter (Hrsg.): Wörterbuch Soziale Arbeit. Aufgaben, Praxisfelder, Begriffe und Methoden der Sozialarbeit und Sozialpädagogik. 5. Auflage. Weinheim und München: Juventa, S. 529–533.

Hradil, Stefan (2005): Soziale Ungleichheit. 8. Auflage. Wiesbaden: VS Verlag für Sozialwissenschaften.

Hübenthal, Maksim/Olk, Thomas (2009): Kinderrechte oder Investition in Humankapital? In: Knapp, Gerald/Salzmann, Gerald (Hrsg.): Kindheit, Gesellschaft und Soziale Arbeit. Lebenslagen und soziale Ungleichheit von Kindern in Österreich. Klagenfurt, Ljubljana und Wien: Mohorjeva Hermagoras, S. 547–573.

Huppertz, Norbert (2008): Der lebensbezogene Ansatz im Kindergarten. 2. Auflage. Norderstedt: Books on Demand GmbH.

Hurrelmann, Klaus (2003): Entwicklungsbedürfnisse und Gesundheitsprobleme von Kindern und Jugendlichen. In: Prengel, Annedore (Hrsg.): Im Interesse von Kindern? Forschungs- und Handlungsperspektiven in Pädagogik und Kinderpolitik. Weinheim und München: Juventa, S. 79–90.

Hurrelmann, Klaus/Bründel, Heidrun (2003): Einführung in die Kindheitsforschung. Weinheim, Basel und Berlin: Beltz.

Hüther, Gerald/Dohne, Klaus-Dieter (2006): Ein Verfahren zur Messung wissensunabhängiger Kompetenzen. www.wuk-test.de/start.html (Abfrage: 03.01.2007).

Jänsch, Agnes/Schneekloth, Ulrich (2013): Die Freizeit: vielfältig und bunt, aber nicht für alle Kinder. In: Andresen, Sabine/Hurrelmann, Klaus/TNS Infratest Sozialforschung (Hrsg.): Kinder in Deutschland 2013. 3. World Vision Kinderstudie. Wie gerecht ist unsere Welt? Weinheim und Basel: Beltz, S. 135–167.

Joos, Magdalena (2001): Die soziale Lage der Kinder. Sozialberichterstattung über die Lebensverhältnisse von Kindern in Deutschland. Weinheim und München: Juventa.

Joos, Magdalena (2002): Kinderbilder und politische Leitbilder in der Sozialberichterstattung. In: Leu, Hans Rudolf (Hrsg.): Sozialberichterstattung zu Lebenslagen von Kindern. Opladen: Leske + Budrich, S. 35–66.

Kamlah, Wilhelm (1972): Philosophische Anthropologie. Sprachkritische Grundlegung und Ethik. Mannheim: Bibliographisches Institut.

Karg, Georg/Gedrich, Kurt/Wagner, Kornelius (2008): Lebensmittelkosten im Rahmen einer vollwertigen Ernährung. In: ErnährungsUmschau, H. 4, S. 2–13.

Kaufmann, Matthias (2013): Kein Recht auf Faulheit. Das Bild von Erwerbslosen in der Debatte um die Hartz-Reformen. Wiesbaden: Springer VS.

Kersting, Mathilde/Clausen, Kerstin (2007): Wie teuer ist eine gesunde Ernährung für Kinder und Jugendliche? Die Lebensmittelkosten der Optimierten Mischkost als Referenz für sozialpolitische Regelleistungen. In: ErnährungsUmschau, H. 9, S. 508–513.

Kessl, Fabian (2008): System und Subjekt. In: Bakic, Josef/Diebäcker, Marc/Hammer, Elisabeth (Hrsg.): Aktuelle Leitbegriffe der Sozialen Arbeit. Ein kritisches Handbuch. Wien: Löcker, S. 250–270.

Klinkhammer, Nicole (2010): Frühkindliche Bildung und Betreuung im ‚Sozialinvestitionsstaat' – mehr Chancengleichheit durch investive Politikstrategien? In: Bühler-Niederberger, Doris/Mierendorff, Johanna/Lange, Andreas (Hrsg.): Kindheit zwischen fürsorglichem Zugriff und gesellschaftlicher Teilhabe. 1. Auflage. Wiesbaden: VS Verlag für Sozialwissenschaften, S. 205–228.

Konjunktur: Schröder fordert Optimismus. In: Spiegel online vom 06.04.2001.

Kokemoor, Axel (2010): Sozialrecht. 4. Auflage. München: Vahlen.

Krack-Roberg, Elle/Krieger, Sascha/Weinmann, Julia (2011): Lebensformen in der Bevölkerung, Kinder und Kindertagesbetreuung. In: Statistisches Bundesamt/Wissenschaftszentrum Berlin für Sozialforschung/Deutsches Institut für Wirtschaftsforschung (Hrsg.): Datenreport 2011. Ein Sozialbericht für die Bundesrepublik Deutschland. Bonn, S. 25–41.

Kränzl-Nagl, Renate/Mierendorff, Johanna (2007): Kindheit im Wandel. Annäherung an ein komplexes Phänomen. In: SWS-Rundschau, Jg. 47, H. 1, S. 3–25.

Lambeck, Fabian: Kinder doch wichtiger als Zigaretten. Studie widerlegt die Mär von Hartz-IV-Eltern, die das Geld ihrer Sprösslinge verprassen. In: neues deutschland vom 24.05.2011.

Landesamt für Soziales, Jugend und Versorgung Rheinland-Pfalz (2010): Pauschalbeträge bei Vollzeitpflege. www.recht.nrw.de/lmi/owa/br_bes_text?anw_nr=1&gld_nr=2&ugl_nr=2160&bes_id=1454&val=1454&ver=7&sg=0&aufgehoben=N&menu=1 (Abfrage: 21.05.2012).

Landeshauptstadt Düsseldorf/Oberbürgermeister/Amt für soziale Sicherung und Integration (o.J.): Spiel, Spaß, Lernen… Nutzen Sie das Bildungs- und Teilhabepaket. www.duesseldorf.de/soziales/formulare/flyer_but.pdf. (Abfrage: 01.12.2014).

Landesregierung Schleswig-Holstein (2010): Landesverordnung über die Leistungen zum Lebensunterhalt in der Jugendhilfe (Lebensunterhalt-Verordnung – LUVO –). www.gesetze-rechtsprechung.sh.juris.de/jportal/?quelle=jlink&query=LUV+SH+%C2%A7+1& psml=bsshoprod.psml&max=true (Abfrage: 22.05.2012).

Lange, Andreas/Mierendorff, Johanna (2009): Methoden der Kindheitsforschung. Überlegungen zur kindheitssoziologischen Perspektive. In: Honig, Michael-Sebastian (Hrsg.): Ordnungen der Kindheit. Problemstellungen und Perspektiven der Kindheitsforschung. Weinheim und München: Juventa, S. 183–210.

Lazarus, Richard S. (1990): Stress und Stressbewältigung – ein Paradigma. In: Filipp, Sigrun-Heide (Hrsg.): Kritische Lebensereignisse. 2. Auflage. München: Beltz, S. 198–232.

Lenze, Anne (2011a): § 20 SGB II. In: Münder, Johannes (Hrsg.): Sozialgesetzbuch II. Grundsicherung für Arbeitsuchende. Lehr- und Praxiskommentar. 4. Auflage. Baden-Baden: Nomos, S. 466–484.

Lenze, Anne (2011b): § 28 SGB II. In: Münder, Johannes (Hrsg.): Sozialgesetzbuch II. Grundsicherung für Arbeitsuchende. Lehr- und Praxiskommentar. 4. Auflage. Baden-Baden: Nomos, S. 673–689.

Lenze, Anne (2011c): § 29 SGB II. In: Münder, Johannes (Hrsg.): Sozialgesetzbuch II. Grundsicherung für Arbeitsuchende. Lehr- und Praxiskommentar. 4. Auflage. Baden-Baden: Nomos, S. 689–700.

Lenze, Anne (2011d): Warum die Bundesregierung erneut verfassungsriskante Regelbedarfe vorlegt. In: WSI Mitteilungen, H. 10, S. 534–540.

Lenze, Anne (2012): § 28 SGB XII. In: Bieritz-Harder, Renate/Conradis, Wolfgang/Thie, Stephan (Hrsg.): Sozialgesetzbuch XII. Sozialhilfe. Lehr- und Praxiskommentar. 9. Auflage. Baden-Baden: Nomos, S. 248–256.

Leopold, Anders (2012a): § 28 SGB II. In: Radüge, Astrid (Hrsg.): juris PraxisKommentar SGB II. Grundsicherung für Arbeitsuchende. 3. Auflage. Saarbrücken: Juris, S. 611–637.

Leopold, Anders (2012b): § 29 SGB II. In: Radüge, Astrid (Hrsg.): juris PraxisKommentar SGB II. Grundsicherung für Arbeitsuchende. 3. Auflage. Saarbrücken: Juris, S. 638–655.

Lessenich, Stephan (2011): Soziale Ungleichheit und Sozialpolitik. In: Otto, Hans-Uwe/Thiersch, Hans (Hrsg.): Handbuch Soziale Arbeit. Grundlagen der Sozialarbeit und Sozialpädagogik. 4. Auflage. München und Basel: Ernst Reinhardt Verlag, S. 1429–1440.

Liebig, Stefan (2010): Warum ist Gerechtigkeit wichtig? Empirische Befunde aus den Sozial- und Verhaltenswissenschaften. In: Fetchenhauer, Detlef/Goldschmidt, Nils/Hradil, Stefan/Liebig, Stefan (Hrsg.): Warum ist Gerechtigkeit wichtig? Antworten der empirischen Gerechtigkeitsforschung. München: Roman-Herzog-Institut, S. 10–27.

LJA Brandenburg (o.J.): Finanzielle Leistungen. www.lja.brandenburg.de/sixcms/media.php/bb2.a.5704.de/b4-Finanzielle-Leistungen.pdf. (Abfrage: 21.05.2012).

Lüders, Christian/Rauschenbach, Thomas (2001): Forschung: sozialpädagogische. In: Otto, Hans-Uwe/Thiersch, Hans (Hrsg.): Handbuch der Sozialarbeit, Sozialpädagogik. 2. Auflage. Neuwied: Luchterhand, S. 562–575.

Luik, Steffen (2013a): § 22 SGB II. In: Eicher, Wolfgang (Hrsg.): SGB II. Grundsicherung für Arbeitsuchende. 3. Auflage. München: Beck, S. 860–955.

Luik, Steffen (2013b): § 28 SGB II. In: Eicher, Wolfgang (Hrsg.): SGB II. Grundsicherung für Arbeitsuchende. 3. Auflage. München: Beck, S. 1077–1101.

Luik, Steffen (2013c): § 29 SGB II. In: Eicher, Wolfgang (Hrsg.): SGB II. Grundsicherung für Arbeitsuchende. 3. Auflage. München: Beck, S. 1101–1115.

Luik, Steffen (2013d): § 34 SGB XII. In: Coseriu, Pablo/Eicher, Wolfgang (Hrsg.): juris PraxisKommentar SGB XII. Sozialhilfe/mit AsylbLG. Saarbrücken: Juris, E-Book.

Luik, Steffen (2013e): § 34a SGB XII. In: Coseriu, Pablo/Eicher, Wolfgang (Hrsg.): juris PraxisKommentar SGB XII. Sozialhilfe/mit AsylbLG. Saarbrücken: Juris, E-Book.

MAFPSuS (2011): Pauschalsätze für Vollzeitpflege ab 01.04.2012. www.saarland.de/dokumente/thema_landesjugendamt/Rundschreiben__2012.pdf. (Abfrage: 22.05.2012).

Mägdefrau, Jutta (2007): Bedürfnisse und Pädagogik. Eine Untersuchung an Hauptschulen. Bad Heilbrunn: Klinkhardt.

Majerski-Pahlen, Monika (2010a): § 55 SGB IX. In: Neumann, Dirk/Pahlen, Ronald/Majerski-Pahlen, Monika (Hrsg.): Sozialgesetzbuch IX. Rehabilitation und Teilhabe behinderter Menschen. Kommentar. 12. Auflage. München: Beck, E-Book.

Majerski-Pahlen, Monika (2010b): § 58 SGB IX. In: Neumann, Dirk/Pahlen, Ronald/Majerski-Pahlen, Monika (Hrsg.): Sozialgesetzbuch IX. Rehabilitation und Teilhabe behinderter Menschen. Kommentar. 12. Auflage. München: Beck, E-Book.

Mallmann, Carlos A. (1980): Society, Needs, and Rights. A systematic appproach. In: Lederer, Katrin (Hrsg.): Human needs. A contribution to the current debate. Cambridge: Oelgeschlager, Gunn & Hain, S. 227–232.

Martens, Rudolf (2008): Was Kinder brauchen… Für eine offene Diskussion über das Existenzminimum für Kinder nach dem Statistikmodell gemäß § 28 SGB XII (Sozialhilfe). www.der-paritaetische.de/uploads/media/Expertise_Kinderregelsatz_was_Kinder_brauchen.pdf (Abfrage: 08.02.2015).
Martens, Rudolf (2014): Expertise zur Fortschreibung der Regelsätze zum 1. Januar 2015. www.10jahre-hartz4.de/homepage/bilanz/index.php?eID=tx_nawsecuredl&u=0&g=0&t=1420789319&hash=e44e91564859c7a43ed7b6358532ef6d29a831fd&file=/fileadmin/dokumente/2015_10jahrehartz4/regelsatzexpertise_12_2014.pdf (Abfrage: 01.01.2015).
Maslow, Abraham H. (1981): Motivation und Persönlichkeit. Reinbek bei Hamburg: Rowohlt-Taschenbuch-Verlag.
Mayring, Philipp (2010): Qualitative Inhaltsanalyse. Grundlagen und Techniken. 11. Auflage. Weinheim und Basel: Beltz.
Mecklenburg-Vorpommern (o.J.): Antrag auf Pflegegeld und Beihilfen für Pflegeeltern (Gesamtansicht). www.service.m-v.de/cms/DLP_prod/DLP/Lebenslagen/Buerger/Pflegeeltern/Finanzielle_und_sonstige_Hilfen/_Dienste/Antrag_auf_Pflegegeld_und_Beihilfen_fuer_Pflegeeltern/index.jsp?&gesamt=true (Abfrage: 18.02.2015).
Meier, Uta/Preuße, Heide/Sunnus, Eva Maria (2003): Steckbriefe von Armut. Haushalte in prekären Lebenslagen. 1. Auflage. Wiesbaden: Westdeutscher Verlag.
Meiner, Christiane (2010): Bedarfsgerechtigkeit von Kinderregelsätzen. Strategien zielgenauer Reduzierung von Kinderarmut. In: Fischer, Jörg/Merten, Roland (Hrsg.): Armut und soziale Ausgrenzung von Kindern und Jugendlichen. Problembestimmungen und Interventionsansätze. Baltmannsweiler: Schneider Hohengehren, S. 115–130.
Meiner, Christiane (2012): Armut in Bildungseinrichtungen. Plädoyer für einen differenzierten Blick auf arme Kinder und Familien. In: Thillm (Hrsg.): Fröbelpädagogik im Kontext der Praxis. Bad Berka: Thillm, S. 104–124.
Meiner, Christiane (2013): Kinderarmut und Inklusion. Das Bildungspaket als Strategie zur Verringerung von Ausgrenzungsmechanismen aus dem schulischen Alltag? In: Jantowski, Andreas (Hrsg.): Thillm.2013 – Gemeinsam leben. Miteinander lernen. Bad Berka: Thillm, S. 50–69.
Meiner, Christiane (2014): Jeder nach seinen Möglichkeiten. Zur finanziell ungleichen Belastung von Familien durch Kindertagesbetreuung in Nordrhein-Westfalen. Dortmund: Eigenverlag Forschungsverbund DJI/TU Dortmund an der Fakultät 12 der Technischen Universität Dortmund.
Meyer-Timpe, Ulrike: Verlierer von Geburt an. In Deutschland leben rund drei Millionen Kinder in Armut. Ihre Zahl wächst beständig. Das kommt die Volkswirtschaft teuer zu stehen. In: Zeit online vom 10.08.2007.
Mierendorff, Johanna (2010): Kindheit und Wohlfahrtsstaat. Entstehung, Wandel und Kontinuität des Musters moderner Kindheit. Weinheim und München: Juventa.
Ministerium für Gesundheit und Soziales des Landes Sachsen-Anhalt (o.J.): Pflegegeldverordnung ab 01.03.2007. www.fzpsa.de/Recht/Rechtsgrundlagen/pflegegeldvo07/?sear chterm=pflegegeldverordnung (Abfrage: 18.05.2012).
Ministerium für Inneres und Kommunales des Landes Nordrhein-Westfalen (o.J.): Pauschalbeträge bei Vollzeitpflege und Barbeträge gem. § 39 SGB VIII – Kinder- und Jugendhilfe. www.recht.nrw.de/lmi/owa/br_bes_text?print=1&anw_nr=1&gld_nr=%202&ugl_nr=2160&val=1454&ver=7&sg=0&menu=1&aufgehoben=N&keyword=&bes_id=1454 (Abfrage: 18.05.2012).

Ministerium für Soziales, Frauen, Familie und Gesundheit (2011): Hilfe zur Erziehung in Vollzeitpflege; Festsetzung der monatlichen Pauschalbeträge (Pflegegeld). www.soziales.niedersachsen.de/download/751/Vollzeitpflege_-_Festsetzung_der_monatlichen_Pauschalbetraege_Pflegegeld_ab_01.01.2014.pdf+&cd=2&hl=de&ct=clnk&gl=de (Abfrage: 22.05.2012).

Mosler, Hans Joachim (1992): Bedürfnisse und Wohlbefinden. Eine empirische Analyse von Daten des Fragebogens zu Lebenszielen und zur Lebenszufriedenheit (FLL). Frankfurt am Main: DIPF.

Muckel, Stefan (2009): Sozialrecht. 3. Auflage. München: Beck.

Münder, Johannes (2009): Einleitung. In: Münder, Johannes/Meysen, Thomas/Trenczek, Thomas (Hrsg.): Einleitung: Frankfurter Kommentar zum SGB VIII: Kinder- und Jugendhilfe. 6. Auflage. Baden-Baden: Nomos, S. 47–61.

Münder, Johannes/Ernst, Rüdiger (2009): Familienrecht. Eine sozialwissenschaftlich orientierte Darstellung. 6. Auflage. Köln: Luchterhand.

Münder, Johannes/Meysen, Thomas/Trenczek, Thomas (Hrsg.) (2013): Frankfurter Kommentar zum SGB VIII. Kinder- und Jugendhilfe. 7. Auflage. Baden-Baden: Nomos.

Münder, Johannes/Trenczek, Thomas (2011): Kinder- und Jugendhilferecht. Eine sozialwissenschaftlich orientierte Darstellung. 7. Auflage. Köln: Luchterhand.

Nauck, Bernhard/Joos, Magdalena (2001): Kinder. In: Otto, Hans-Uwe/Thiersch, Hans (Hrsg.): Handbuch der Sozialarbeit, Sozialpädagogik. 2. Auflage. Neuwied: Luchterhand, S. 927–935.

Nauck, Bernhard/Joos, Magdalena (2005): Kinder. In: Otto, Hans-Uwe/Thiersch, Hans (Hrsg.): Handbuch Sozialarbeit, Sozialpädagogik. 3. Auflage. München und Basel: Ernst Reinhardt Verlag, S. 927–935.

Nauck, Bernhard/Joos, Magdalena/Meyer, Wolfgang (2001): Kinder/Kindheit. In: Schäfers, Bernhard/Zapf, Wolfgang. (Hrsg.): Handwörterbuch zur Gesellschaft Deutschlands. 2. Auflage. Opladen: Leske + Budrich, S. 371–380.

Neumann, Dirk (2010): § 2 SGB IX. In: Neumann, Dirk/Pahlen, Ronald/Majerski-Pahlen, Monika (Hrsg.): Sozialgesetzbuch IX. Rehabilitation und Teilhabe behinderter Menschen. Kommentar. 12. Auflage. München: Beck, E-Book.

Nieder, Angelika (2013): Praxisportrait: Prager-Eltern-Kind-Programm – PEKiP®. In: Stange, Waldemar/Krüger, Rolf/Henschel, Angelika/Schmitt, Christof (Hrsg.): Erziehungs- und Bildungspartnerschaften. Wiesbaden: Springer VS, S. 103–108.

Nolte, Paul: Das große Fressen. Nicht Armut ist das Hauptproblem der Unterschicht. Sondern der massenhafte Konsum von Fast Food und TV. In: Zeit online vom 17.12.2003.

Nothacker, Gerhard (2011): Kapitel 9 Kinder- und Jugendhilfe, Adoptionsvermittlung. In: Fasselt, Ursula/Schnellhorn, Helmut (Hrsg.): Handbuch Sozialrechtsberatung – HSRB. 3. Auflage. Baden-Baden: Nomos, S. 168–179.

Nussbaum, Martha C. (1999): Gerechtigkeit oder Das gute Leben. 1. Auflage. Frankfurt am Main: Suhrkamp.

Oberlandesgericht Düsseldorf (2013): Düsseldorfer Tabelle. www.olg-duesseldorf.nrw.de/behoerde/presse/Presse_aktuell/20121205_pm_Ddorfer-Tabelle-2013/Duesseldorfer-Tabelle-Stand-01_01_2013.pdf (Abfrage: 12.06.2013).

Oehlmann, Sylvia (2012): Kindbilder von pädagogischen Fachkräften. Eine Studie zu den Kindbildern von Erzieherinnen und Erziehern. Weinheim und Basel: Juventa.

Oelerich, Gertrud/Schaarschuch, Andreas (2013): Sozialpädagogische Nutzerforschung. In: Grasshoff, Gunther (Hrsg.): Adressaten, Nutzer, Agency. Akteursbezogene Forschungsperspektiven in der Sozialen Arbeit. Wiesbaden: Springer VS, S. 85–98.
Olk, Thomas (2004): Kinder und Kindheit im Wohlfahrtsstaat – eine vernachlässigte Kategorie? In: Zeitschrift für Sozialreform, Jg. 50, H. 1–2, S. 81–101.
Olk, Thomas (2008): Soziale Arbeit und Sozialpolitik. Notizen zu einem ambivalenten Verhältnis. In: Bielefelder Arbeitsgruppe 8 (Hrsg.): Soziale Arbeit in Gesellschaft. Wiesbaden: VS Verlag für Sozialwissenschaften, S. 287–298.
Olk, Thomas (2009): Ungleichheit und Gerechtigkeit im Generationenverhältnis. Sind Kindheit und Kinder die Verlierer der Sozialstaatsreform? In: Honig, Michael-Sebastian (Hrsg.): Ordnungen der Kindheit. Problemstellungen und Perspektiven der Kindheitsforschung. Weinheim und München: Juventa, S. 127–153.
Peuckert, Rüdiger (2007): Zur aktuellen Lage der Familie. In: Ecarius, Jutta (Hrsg.): Handbuch Familie. 1. Auflage. Wiesbaden: VS Verlag für Sozialwissenschaften, S. 36–56.
Qvortrup, Jens (2003): Kindheit im marktwirtschaftlich organisierten Wohlfahrtsstaat. In: Kränzl-Nagl, Renate/Mierendorff, Johanna/Olk, Thomas (Hrsg.): Kindheit im Wohlfahrtsstaat. Gesellschaftliche und politische Herausforderungen. Frankfurt am Main, New York: Campus, S. 95–120.
Rauschenbach, Thomas/Borrmann, Stefan/Düx, Wiebken/Liebig, Reinhard/Pothmann, Jens/Züchner, Ivo (2010): Lage und Zukunft der Kinder- und Jugendarbeit in Baden-Württemberg. Eine Expertise. Dortmund/Frankfurt am Main/Landshut/München.
Rauschenbach, Thomas/Bien, Walter (Hrsg.) (2012): Aufwachsen in Deutschland. AID:A – Der neue DJI-Survey. Weinheim und München: Beltz Juventa.
Richter, Antje (2000): Wie erleben und bewältigen Kinder Armut? Eine qualitative Studie über die Belastungen aus Unterversorgungslagen und ihre Bewältigung aus subjektiver Sicht von Grundschulkindern einer ländlichen Region. Aachen: Shaker.
Ricking, Heinrich (o.J.): Phänomene und Formen des Schulabsentismus. www.bagkjs.de/media/raw/Vortrag_Ricking_Abs_Phaenomene.pdf. (Abfrage: 08.01.2014).
Rönnau-Böse, Maike/Fröhlich-Gildhoff, Klaus (2010): Resilienzförderung im Kita-Alltag. Was Kinder stark und widerstandsfähig macht. Freiburg im Breisgau: Herder.
Rose, Lotte/Sturzenhecker, Benedikt (2009): Warum die Beschäftigung mit Essen und Kochen Potentiale für die Soziale Arbeit enthält. In: Rose, Lotte/Sturzenhecker, Benedikt (Hrsg.): „Erst kommt das Fressen …!“. Über Essen und Kochen in der sozialen Arbeit. Wiesbaden: VS, Verlag für Sozialwissenschaften, S. 9–17.
Sächsisches Ministerium für Soziales (2009): Bekanntmachung des Sächsischen Staatsministeriums für Soziales – Landesjugendamt – über die Fortschreibung der Pauschalbeträge für laufende Leistungen zum Unterhalt bei Vollzeitpflege (§§ 39, 33 SGB VIII) ab 2010. www.familie.sachsen.de/download/familienportal/lja_fests_vollzeitPfl_01_10.pdf (Abfrage: 18.05.2012).
Saitzek, Sebastian (2013): § 20 SGB II. In: Eicher, Wolfgang (Hrsg.): SGB II. Grundsicherung für Arbeitsuchende. 3. Auflage. München: Beck, S. 787–826.
Schäfer, Klaus (2013): § 11 SGB VIII. In: Münder, Johannes/Meysen, Thomas/Trenczek, Thomas (Hrsg.): Frankfurter Kommentar zum SGB VIII. Kinder- und Jugendhilfe. 7. Auflage. Baden-Baden: Nomos, S. 186–196.
Schellhorn, Walter (2010): Einführung zum SGB XII. In: Schellhorn, Walter/Jirasek, Hans/Seipp, Paul (Hrsg.): Kommentar zum SGB XII – Sozialhilfe. Ein Kommentar für Ausbildung, Praxis und Wissenschaft. 18. Auflage. Köln: Luchterhand, S. 1–27.

Schindler, Gila/Wiesner, Reinhard (2005): Stellungnahme zur Frage der Anrechenbarkeit von Pflegegeld nach § 39 SGB VIII als Einkommen der Pflegepersonen. www.lwl.org/lja-download/datei-download/LJA/qcut/hartz/1103712968/1106133548_0/Pflegegeld_als_Einkommen_bmfsj.pdf (Abfrage: 26.05.2012).

Schmid, Heike/Meysen, Thomas (2006): Was ist unter Kindeswohlgefährdung zu verstehen? In: Kindler, Heinz/Lillig, Susanna/Blüml, Herbert/Meysen, Thomas/Werner, Annegret (Hrsg.): Handbuch Kindeswohlgefährdung nach § 1666 BGB und Allgemeiner Sozialer Dienst (ASD). München: DJI, S. 2_1–2_9.

Schmidt, Holger (2011): Zum Stand der Offenen Kinder- und Jugendarbeit. Eine Sekundäranalyse. In: Schmidt, Holger (Hrsg.): Empirie der Offenen Kinder- und Jugendarbeit. Wiesbaden: VS Verlag für Sozialwissenschaften, S. 13–127.

Schmitt, Jochem (2011a): Kinder- und Jugendhilfe. In: Creifelds, Carl (Hrsg.): Rechtswörterbuch. 20. Auflage. München: Beck, S. 683.

Schmitt, Jochem (2011b): Sozialgesetzbuch. In: Creifelds, Carl (Hrsg.): Rechtswörterbuch. 20. Auflage. München: Beck, S. 1097.

Schneewind, Klaus A. (2010): Familienpsychologie. 3. Auflage. Stuttgart: Kohlhammer.

Schönberger, Gesa/Hartmann, Thomas (2008): Staatliche Verantwortung für gesunde Ernährung. Stellungnahme für den Deutschen Ethikrat. www.ernaehrungsdenkwerkstatt.de/fileadmin/user_upload/EDWText/TextElemente/PHN-Texte/Nutrition_Policy/Ernaehrungspolitik_Verantwortung_Staat_Ethikrat_Stellungnahme_Gesundheitsstiftungen.pdf (Abfrage: 07.02.2015).

Schuhmacher, Jörg/Reschke, Konrad (1994): Theoretische Konzepte und empirische Methoden der Bewältigungsforschung. In: Verband Deutscher Rentenversicherungsträger (Hrsg.): Die Norm des Gesundseins. Lebensqualität und Kranksein. Frankfurt am Main: VDR.

Segbers, Franz (2011): Hartz IV und das soziale Grundrecht auf ein soziokulturelles Existenzminimum. www.opus4.kobv.de/opus4-Fromm/frontdoor/deliver/index/docId/20303/file/Segbers_F_2011.pdf (Abfrage: 09.02.2015).

Senatsverwaltung für Bildung, Jugend und Wissenschaft (2012): Ausführungsvorschriften über die Leistungen zum Unterhalt des Kindes oder des Jugendlichen nach § 39 SGBVIII – für Hilfe zur Erziehung in Vollzeitpflege (§ 33 SGB VIII) und teilstationärer Familienpflege (§ 32 Satz 2 SGB VIII) (AV-Vollzeitpflege-Pflegegeld) vom 01.01.2012. www.berlin.de/imperia/md/content/sen-jugend/rechtsvorschriften/av_vollzeitpflege_pflegegeld.pdf?start&ts=1330550809&file=av_vollzeitpflege_pflegegeld.pdf (Abfrage: 18.02.2015).

Silkenbeumer, Mirja (2011): Resilienz aufspüren – Biografiearbeit mit delinquenten Jugendlichen. In: Zander, Margherita (Hrsg.): Handbuch Resilienzförderung. Wiesbaden: VS Verlag für Sozialwissenschaften, S. 611–636.

Solga, Heike/Wagner, Sandra (2008): Die Zurückgelassenen. Die soziale Verarmung der Lernumwelt von Hauptschülerinnen und Hauptschülern. In: Becker, Rolf/Lauterbach, Wolfgang (Hrsg.): Bildung als Privileg. Erklärungen und Befunde zu den Ursachen der Bildungsungleichheit. 3. Auflage. Wiesbaden: VS Verlag für Sozialwissenschaften, S. 191–219.

Sozialverband Deutschland e.V. (2010): Kinderarmut bekämpfen. Chancengleichheit verwirklichen. www.sovd.de/fileadmin/downloads/pdf/sonstiges/Kinderarmut_bekaempfen___Chancengleichheit_verwirklichen.pdf (Abfrage: 08.02.2015).

Spindler, Helga (2013): Der aktivierende Sozialstaat und sein Verhältnis zur Existenzsicherung. In: Berlit, Uwe/Conradis, Wolfgang/Sartorius, Ulrich (Hrsg.): Existenzsicherungsrecht. SGB II – SGB XII – AsylbLG – Verfahrensrecht. Handbuch. 2. Auflage. Baden-Baden: Nomos, S. 72–82.

Stadt- und Landkreise und kreisangehörige Städte mit einem Jugendamt in Baden-Württemberg (2012): Empfehlungen zu Leistungen zum Unterhalt (Pflegegeld) für Kinder und Jugendliche in Vollzeitpflege nach dem SGB VIII. www.kvjs.de/fileadmin/dateien/jugend/rundschreiben_formulare_arbeitshilfen/rundschreiben/rundschreiben_2012/Rundschreiben_20-2012.pdf (Abfrage: 18.02.2015).

Statistische Ämter des Bundes und der Länder (o.J.): Einkommens- und Verbrauchsstichprobe 2013. Erhebungsunterlage Haushaltsbuch. www.destatis.de/DE/ZahlenFakten/GesellschaftStaat/EinkommenKonsumLebensbedingungen/EVS2013/Fragebogen/HaushaltsbuchFragebogen.pdf?__blob=publicationFile (Abfrage: 10.10.2012).

Statistisches Bundesamt (o.J.): Lebensbedingungen, Armutsgefährdung. www.destatis.de/DE/ZahlenFakten/GesellschaftStaat/EinkommenKonsumLebensbedingungen/LebensbedingungenArmutsgefaehrdung/Tabellen/EUArmutsschwelleGefaehrdung_SILC. html (Abfrage: 30.05.2012).

Statistisches Bundesamt (2010): Wirtschaftsrechnungen. Einkommens- und Verbrauchsstichprobe. Einnahmen und Ausgaben privater Haushalte. www.destatis.de/DE/Publikationen/Thematisch/EinkommenKonsumLebensbedingungen/EinkommenVerbrauch/EVS_EinnahmenAusgabenprivaterHaushalte2152604089004.pdf?__blob=publicationFile (Abfrage: 30.05.2012).

Statistisches Bundesamt (2011a): Bevölkerung und Erwerbstätigkeit. Haushalte und Familien. Fachserie 1 Reihe 3 Ergebnisse des Mikrozensus. www.destatis.de/DE/Publikationen/Thematisch/Bevoelkerung/HaushalteMikrozensus/HaushalteFamilien2010300107004.pdf?__blob=publicationFile (Abfrage: 03.04.2012).

Statistisches Bundesamt (2011b): Einkommens- und Verbrauchsstichprobe. Aufwendungen privater Haushalte für Nahrungsmittel, Getränke und Tabakwaren. 2008. www.destatis.de/DE/Publikationen/Thematisch/EinkommenKonsumLebensbedingungen/EinkommenVerbrauch/EVS_NahrungsmittelTabakwaren2152603089004.pdf?__blob=publicationFile (Abfrage: 11.01.2013).

Statistisches Bundesamt (2011c): Mikrozensus. Bevölkerung und Erwerbstätigkeit – Beruf, Ausbildung und Arbeitsbedingungen der Erwerbstätigen in Deutschland. www.destatis.de/DE/Publikationen/Thematisch/Arbeitsmarkt/Erwerbstaetige/BerufArbeitsbedingungErwerbstaetigen2010412107004.pdf?__blob=publicationFile (Abfrage: 30.05.2012).

Statistisches Bundesamt (2012): Qualitätsbericht. Einkommens- und Verbrauchsstichprobe 2008. Wiesbaden.

Statistisches Bundesamt (2013a): Allgemeinbildende Schulen. Schuljahr 2012/2013. Wiesbaden.

Statistisches Bundesamt (2013b): Ausbildungsförderung nach dem Bundesausbildungsförderungsgesetz (BAföG). Fachserie 11 Reihe 7. Wiesbaden.

Struck, Jutta (2011): § 11. In: Wiesner, Reinhard (Hrsg.): SGB VIII – Kinder- und Jugendhilfe. Kommentar. 4. Auflage. München: Beck, S. 156–164.

Tammen, Britta (2009): § 39 SGB VIII. In: Münder, Johannes/Meysen, Thomas/Trenczek, Thomas (Hrsg.): Frankfurter Kommentar zum SGB VIII. Kinder- und Jugendhilfe. 6. Auflage. Baden-Baden: Nomos; Juventa, S. 372–378.

Tammen, Britta (2011): Sonstiges Sozialrecht. In: Trenczek, Thomas/Tammen, Britta/Behlert, Wolfgang (Hrsg.): Grundzüge des Rechts. Studienbuch für soziale Berufe. 3. Auflage. München und Basel: Ernst Reinhardt Verlag, S. 497–508.

Thiele, Ulrike: Stadträtin sieht Armut als Hauptursache. Gesundheitsbericht: Jeder zehnte Schulanfänger ist zu dick. In: Berliner Zeitung – online vom 21.6.2001.

Thüringer Ministerium für Soziales, Familie und Gesundheit (2011): Pauschalbeiträge bei Vollzeitpflege. www.thueringen.de/de/tmsfg/familie/landesjugendamt/empfehlungen/16196/content.html (Abfrage: 18.05.2012).

Trautwein, Ulrich/Lüdtke, Oliver/Becker, Michael/Neumann, Marko/Nagy, Gabriel (2008): Die Sekundarstufe I im Spiegel der empirischen Bildungsforschung: Schulleistungsentwicklung, Kompetenzniveaus und die Aussagekraft von Schulnoten. In: Schlemmer, Elisabeth/Gerstberger, Herbert (Hrsg.): Ausbildungsfähigkeit im Spannungsfeld zwischen Wissenschaft, Politik und Praxis. Wiesbaden: VS Verlag für Sozialwissenschaften, S. 91–107.

UNICEF (2007): Child poverty in perspective: An overview of child well-being in rich countries. A comprehensive assessment of the lives an well-being of children and adolescents in the economically advanced nations.

Voges, Wolfgang (2002): Zum Verhältnis von Lebenslagenkonzept und Lebensstandardansatz. In: Engels, Dietrich/Ridder, Katrin (Hrsg.): Lebenslagen, Indikatoren, Evaluation – Weiterentwicklung der Armuts- und Reichtumsberichterstattung. 1. Wissenschaftliches Kolloquium am 30. und 31. Oktober 2002 im Wissenschaftszentrum Bonn. Köln, S. 21–34.

Wahrendorf, Volker (2012a): § 28 SGB XII. In: Grube, Christian/Wahrendorf, Volker (Hrsg.): SGB XII. Sozialhilfe mit Asylbewerberleistungsgesetz. Kommentar. 4. Auflage. München: Beck, S. 249–269.

Wahrendorf, Volker (2012b): § 53 SGB XII. In: Grube, Christian/Wahrendorf, Volker (Hrsg.): SGB XII. Sozialhilfe mit Asylbewerberleistungsgesetz. Kommentar. 4. Auflage. München: Beck, S. 429–444.

Wahrendorf, Volker (2012c): § 54 SGB XII. In: Grube, Christian/Wahrendorf, Volker (Hrsg.): SGB XII. Sozialhilfe mit Asylbewerberleistungsgesetz. Kommentar. 4. Auflage. München: Beck, S. 445–461.

Wahrendorf, Volker (2012d): § 58 SGB XII. In: Grube, Christian/Wahrendorf, Volker (Hrsg.): SGB XII. Sozialhilfe mit Asylbewerberleistungsgesetz. Kommentar. 4. Auflage. München: Beck, S. 467–468.

Wahrendorf, Volker (2012e): § 59 SGB XII. In: Grube, Christian/Wahrendorf, Volker (Hrsg.): SGB XII. Sozialhilfe mit Asylbewerberleistungsgesetz. Kommentar. 4. Auflage. München: Beck, S. 468–470.

Walper, Sabine (1988): Familiäre Konsequenzen ökonomischer Deprivation. München: Psychologie Verlags Union.

Waltermann, Raimund (2011): Sozialrecht. 9. Auflage. Heidelberg: C.F. Müller,

Wehrhahn, Lutz (2011): § 54 SGB XII. In: Coseriu, Pablo/Eicher, Wolfgang: juris PraxisKommentar SGB XII. Sozialhilfe/mit AsylbLG. Saarbrücken: Juris, S. 599–619.

Weidenkaff, Walter (2011): Kinder. In: Creifelds, Carl (Hrsg.): Rechtswörterbuch. 20. Auflage. München: Beck, S. 682–683.

Weischer, Christoph (2007): Sozialforschung. Konstanz: UVK Verlagsgesellschaft.

Weisser, Gerhard (1956): Wirtschaft. In: Ziegenfuss, Werner (Hrsg.): Handbuch der Soziologie. Stuttgart: Enke, S. 970–1101.

Weisser, Gerhard (1978): Beiträge zur Gesellschaftspolitik. Philosophische Vorfragen, beratende Sozialwissenschaft, soziale Sicherung, Mitbestimmung, Verteilungs- und Vermögenspolitik, Ordnungspolitik, besonders Einzelwirtschaftspolitik. Göttingen: Schwartz.

WHO (1946): Verfassung der Weltgesundheitsorganisation. www.admin.ch/ch/d/sr/i8/0.810.1.de.pdf. (Abfrage: 25.10.2011).

WHO (2005): ICF Checkliste. Deutsche Fassung. www.harry-fuchs.de/docs/icf_checkliste_2006.pdf (Abfrage: 04.09.2014).

Wiesner, Reinhard (2011a): § 39 SGB VIII. In: Wiesner, Reinhard (Hrsg.): SGB VIII – Kinder- und Jugendhilfe. Kommentar. 4. Auflage. München: Beck, S. 600–614.

Wiesner, Reinhard (2011b): SGB VIII – Kinder- und Jugendhilfe. Kommentar. 4. Auflage. München: Beck.

Wiesner, Reinhard/Kößler, Melanie (2014): Rechtsprechung der Verwaltungsgerichte zur Durchsetzung des Rechtsanspruchs auf einen Betreuungsplatz für unter 3-Jährige. Expertise im Auftrag des Deutschen Jugendinstituts. www.dji.de/fileadmin/user_upload/dasdji/thema/2014/06/Expertise_Wiesner_Koessler_Rechtsprechung_2014.pdf (Abfrage: 05.07.2014).

Wilkening, Friedrich/Freund, Alexandra M./Martin, Mike (2009): Entwicklungspsychologie. Kompakt. Weinheim und Basel: Beltz.

Wilmers, Nicola/Enzmann, Dirk/Schaefer, Dagmar/Herbers, Karin/Greve, Werner/Wetzels, Peter (2002): Jugendliche in Deutschland zur Jahrtausendwende, gefährlich oder gefährdet? Ergebnisse wiederholter, repräsentativer Dunkelfelduntersuchungen zu Gewalt und Kriminalität im Leben junger Menschen 1998–2000. Baden-Baden: Nomos.

Winkler, Jürgen (2011): SGB VIII. In: Kreikebohm, Ralf/Spellbrink, Wolfgang/Waltermann, Raimund (Hrsg.): Kommentar zum Sozialrecht. EWG-VO 1408/71, SGB I bis SGB XII, SGG, BAföG, BEEG, WoGG. 2. Auflage. München: Beck, S. 2062–2087.

Wollschläger, Frank (2009a): § 55 SGB IX. In: Kossens, Michael/von der Heide, Dirk/Maaß, Michael (Hrsg.): SGB IX. Rehabilitation und Teilhabe behinderter Menschen. Kommentar. 3. Auflage. München: Beck, E-Book.

Wollschläger, Frank (2009b): § 57 SGB IX. In: Kossens, Michael/von der Heide, Dirk/Maaß, Michael (Hrsg.): SGB IX. Rehabilitation und Teilhabe behinderter Menschen. Kommentar. 3. Auflage. München: Beck, E-Book.

Wollschläger, Frank (2009c): § 58 SGB IX. In: Kossens, Michael/von der Heide, Dirk/Maaß, Michael (Hrsg.): SGB IX. Rehabilitation und Teilhabe behinderter Menschen. Kommentar. 3. Auflage. München: Beck, E-Book.

Wüstendörfer, Werner (2008): „Dass man immer nein sagen muss“. Eine Befragung der Eltern von Grundschulkindern mit Nürnberg-Pass. www.nuernberg.de/imperia/md/sozialreferat/dokumente/befragung_nuernberg_pass.pdf (Abfrage: 29.09.2012).

Wustmann, Corina (2011): Resilienzförderung in der Frühpädagogik – Verlässliche Beziehungen, Selbstwirksamkeit erfahren. In: Zander, Margherita (Hrsg.): Handbuch Resilienzförderung. Wiesbaden: VS Verlag für Sozialwissenschaften, S. 350–359.

Zander, Margherita (2009): Armes Kind – starkes Kind? Die Chance der Resilienz. 2. Auflage. Wiesbaden: VS Verlag für Sozialwissenschaften.

Zander, Margherita (Hrsg.) (2011): Handbuch Resilienzförderung. Wiesbaden: VS Verlag für Sozialwissenschaften.

Zeiher, Helga (2013): Kindheit im Zeitraster. Altersnormen strukturieren den Verlauf. In: Förster, Charis/Höhn, Kariane/Schreiner, Sonja A. (Hrsg.): Kindheitsbilder – Familienrealitäten. Prägende Elemente in der pädagogischen Arbeit. Freiburg im Breisgau: Herder, S. 34–40.

Tabellenverzeichnis

Abbildungsverzeichnis

Danksagung

Die vorliegende Arbeit ist in den Jahren 2010 bis 2015 als Dissertation an der Friedrich-Schiller-Universität Jena entstanden. Eine wesentliche Voraussetzung für das Gelingen einer solchen Arbeit ist die Begleitung, Unterstützung, Hilfe, Anregung und Motivation von und durch andere Menschen, denen ich an dieser Stelle meinen Dank aussprechen möchte.

Der größte Dank gilt meinem Doktorvater Prof. Dr. Roland Merten, der mir die Möglichkeit geboten hat, an seinem Lehrstuhl für Sozialpädagogik und außerschulische Bildung an der Friedrich-Schiller-Universität in Jena von 2007 bis 2013 zu arbeiten und mich dabei immer wieder vor neue Herausforderungen gestellt hat, die mich in meiner wissenschaftlichen Laufbahn gestärkt haben. Er motivierte und begeisterte mich immer wieder neu, mich mit Fragen von Armut und sozialer Ungleichheit auseinanderzusetzen. Sein auf rechtliche Aspekte gerichteter Blick und seine Affinität für amtliche Daten haben wesentlich zu meinen Überlegungen beigetragen.

Weiterhin danke ich meinem Zweitgutachter Prof. Dr. Dr. h.c. mult. Hans-Uwe Otto für die kurzfristige Übernahme der Begutachtung und die Wertschätzung meiner Arbeit.

Ein Dank gilt auch meinen Kolleg*innen von der Friedrich-Schiller-Universität Jena, die vor allem bei der Themenfindung und der inhaltlichen Fokussierung einen großen Beitrag geleistet haben. Zu nennen sind hier insbesondere Tobias Kosellek, Prof. Dr. Jörg Fischer und Prof. Dr. Dr. h.c. Eberhard Eichenhofer.

Ich danke meinen Kolleg*innen am Forschungsverbund DJI/TU Dortmund und hier in besonderer Weise Dr. Matthias Schilling, der mich vor allem in der Schlussphase unterstützt und mir Freiräume verschafft hat. Zudem gilt mein Dank Prof. Dr. Thomas Rauschenbach, dessen vielfältige konstruktive Kritik in anderen Arbeitszusammenhängen immer wieder zur kritischen Reflexion meiner Argumentationen beigetragen hat.

Darüber hinaus haben mich eine Vielzahl von Freund*innen und Kolleg*innen von der Themenfindung bis zur Veröffentlichung begleitet, unterstützt, motiviert und konstruktive Kritik geäußert. Die vielen Rückmeldungen und anregungsreichen Gespräche waren mir in allen Phasen eine große Hilfe. Dafür möchte ich besonders Dr. Susanne Frewer-Graumann, Dr. Stefan Fothe,

Dr. Silke Geithner, Sophie Geithner, Sarah Henn, Nora Jehles, Dr. Katja Joel, Annemarie Körber, Dr. Christian Lüders, Dr. Diana Maak, Janine Näder, Prof. Dr. Pablo Pirnay-Dummer, Ulrike Schwerin und Beate Weber-Kehr danken.

Ich danke außerdem meiner Familie und dabei vor allem Theresa Meiner und Rebecca Hofmann für die engagierte Hilfe bei der Digitalisierung und Maritta Hofmann für ihre mentale Unterstützung in allen Phasen der Arbeit.

Schließlich möchte ich mich ganz besonders bei meinem Mann Sören Teubner bedanken, für die vielen anregenden und konstruktiven Gespräche, sein zeitaufwändiges Engagement bei der technischen Umsetzung und vor allem die dauerhafte und zuverlässige mentale Unterstützung.

Bochum, Juni 2017 Christiane Meiner-Teubner